The New Cambridge Modern History
VOL.11: Material Progress and World Wide Problems, 1870-1898

⑪
新编剑桥世界近代史
物质进步与世界范围的问题 1870—1898年

[英] F.H.欣斯利（F.H. Hinsley） 编
中国社会科学院世界历史研究所组译

CAMBRIDGE

中国社会科学出版社

图字：01-2018-7943号

图书在版编目（CIP）数据

新编剑桥世界近代史．第11卷：物质进步与世界范围的问题：1870—1898年／（英）F. H. 欣斯利（F. H. Hinsley）编；中国社会科学院世界历史研究所组译．—北京：中国社会科学出版社，2018.12（2023.2重印）

书名原文：The New Cambridge Modern History Vol. 11, Material Progress and World Wide Problems, 1870-1898

ISBN 978-7-5203-2595-0

Ⅰ.①新… Ⅱ.①F…②中… Ⅲ.①世界史—近代史—1870-1898 Ⅳ.①K14

中国版本图书馆CIP数据核字（2018）第242330号

出 版 人	赵剑英	
责任编辑	郭沂纹	
特约编辑	张　湉	
责任校对	冯英爽	
责任印制	李寡寡	

出　　版	中国社会科学出版社	
社　　址	北京鼓楼西大街甲158号	
邮　　编	100720	
网　　址	http://www.csspw.cn	
发 行 部	010-84083685	
门 市 部	010-84029450	
经　　销	新华书店及其他书店	
印刷装订	北京市十月印刷有限公司	
版　　次	2018年12月第1版	
印　　次	2023年2月第3次印刷	
开　　本	650×960　1/16	
印　　张	54.25	
字　　数	859千字	
定　　价	186.00元	

凡购买中国社会科学出版社图书，如有质量问题请与本社营销中心联系调换
电话：010-84083683
版权所有　侵权必究

This is a Simplified-Chinese translation edition of the following title published by Cambridge University Press:

The New Cambridge Modern History Vol. 11: Material Progress and World Wide Problems, 1870 – 1898

ISBN 978 – 0521291095

© Cambridge University Press 1995

This Simplified-Chinese translation edition for the People's Republic of China (excluding Hong Kong, Macau and Taiwan) is published by arrangement with the Press Syndicate of the University of Cambridge, Cambridge, United Kingdom.

© Cambridge University Press and China Social Sciences Press 2018

This Simplified-Chinese translation edition is authorized for sale in the People's Republic of China (excluding Hong Kong, Macau and Taiwan) only. Unauthorised export of this Simplified-Chinese translation edition is a violation of the Copyright Act. No part of this publication may be reproduced or distributed by any means, or stored in a database or retrieval system, without the prior written permission of Cambridge University Press and China Social Sciences Press.

出 版 前 言

英国剑桥大学出版的世界通史分为古代史、中世纪史、近代史三部。近代史由阿克顿勋爵主编，共14卷。20世纪初出版。经过几十年后，到50年代，剑桥大学出版社又出版了由克拉克爵士主编的《新编剑桥世界近代史》。新编本仍为14卷，论述自文艺复兴到第二次世界大战结束，即自1493—1945年间共400多年的世界历史。国别史、地区史、专题史交错论述，由英语国家著名学者分别执笔。新编本反映了他们最新的研究成果，有许多新的材料，内容也更为充实，代表了西方的较高学术水平，有较大的影响。

为了供我国世界史研究工作者和广大读者参考，我们将这部书分卷陆续翻译、出版(地图集一卷暂不出)。需要指出的是，书中有些观点我们并不同意，希望读者阅读时注意鉴别。

目　录

第 一 章
导　言
剑桥大学圣约翰学院研究员、历史学主讲人
F. H. 欣斯利　著

这个时代的总特点 ……………………………………………………（1）
经济发展 ………………………………………………………………（2）
社会变化：向组织和管理方面发展的趋势 …………………………（11）
近代国家的兴起 ………………………………………………………（18）
国内政治：稳定与保守主义；自由主义的衰落；社会
　　主义的萌芽 ………………………………………………………（26）
国际关系；军备；帝国主义 …………………………………………（35）

第 二 章
经 济 状 况
剑桥大学耶稣学院研究员、历史学主讲人
查尔斯·威尔逊　著

工业、运输、资本和经济的成长 ……………………………………（51）
世界贸易与国际支付 …………………………………………………（56）
经济均势的变化：美国和德国成长为新的工业国家 ………………（59）
英国经济的调整 ………………………………………………………（67）
经济波动：对于商业机构产生的影响 ………………………………（74）

第 三 章
科学与技术
《努力》杂志编辑
特雷弗·I. 威威斯 著

科学与技术日益密切的关系 …………………………………………（81）
物理学的发展 ……………………………………………………………（82）
生物学的发展 ……………………………………………………………（85）
化学的发展 ………………………………………………………………（88）
技术的发展：电力工业 …………………………………………………（91）
化学工业 …………………………………………………………………（95）
冶金工业 …………………………………………………………………（98）
运输；石油工业和橡胶工业 ……………………………………………（101）
纺织工业；印刷；工作母机 ……………………………………………（103）

第 四 章
社会政治思想
剑桥大学西德尼·苏塞克斯学院院长、历史学主讲人
戴维·汤姆森 著

马克思主义与达尔文主义 ………………………………………………（106）
科学思想和政治发展的影响 ……………………………………………（109）
达尔文主义的应用 ………………………………………………………（110）
马克思主义的应用 ………………………………………………………（115）
索列尔和尼采 ……………………………………………………………（119）
唯心主义、功利主义和实证主义 ………………………………………（120）
基督教神学和思想 ………………………………………………………（124）

第 五 章
文 学
苏塞克斯大学欧洲问题研究学院德文主讲人
A. K. 索尔比 著

颓废的迹象 ………………………………………………………………（129）
英国的作品 ………………………………………………………………（130）
法国文学：象征主义，自然主义 ………………………………………（139）

日尔曼人地区的文学 …………………………………………（151）
易卜生和斯特林堡 ……………………………………………（159）
契诃夫和托尔斯泰 ……………………………………………（163）

第 六 章
艺术与建筑
伦敦大学伯克贝克学院艺术史教授
尼古劳斯·佩夫斯纳　著

绘画占有最重要的地位 ………………………………………（169）
印象主义和印象派画家 ………………………………………（170）
惠司勒和威廉·莫里斯 ………………………………………（174）
建筑：英国的"家庭艺术复兴"运动；美国的新流派 ………（179）
新印象派画家：塞尚，高庚，梵高 ……………………………（183）
新艺术派 ………………………………………………………（188）
新技术用于建筑的前景 ………………………………………（194）

第 七 章
教　育
赫尔大学教育学荣誉教授、前剑桥大学切森特学院院长
A. 维克托·默里　著

从培养社会杰出人才转变到培养教育杰出人才 ……………（197）
大学教育 ………………………………………………………（201）
教育成为国家所关心的事：教育世俗化运动 ………………（204）
中等教育 ………………………………………………………（209）
教育理论 ………………………………………………………（210）
科学运动 ………………………………………………………（215）
妇女教育 ………………………………………………………（218）
成人教育与技术教育的发展 …………………………………（221）

第 八 章
武 装 力 量
伦敦大学王家学院军事学主讲人
M. E. 霍华德　著

概况 ……………………………………………………………（226）

技术的发展：轻武器；火炮；防御工事 ……………………………… (228)
战术：步兵；骑兵 …………………………………………………… (230)
战略和动员；战略铁路 ……………………………………………… (233)
征兵制 ………………………………………………………………… (237)
组织工作；军官团；他们对政策的影响 …………………………… (239)
殖民地战争 …………………………………………………………… (247)
英国的军事改革 ……………………………………………………… (248)
海军的发展：造舰和炮术；鱼雷艇和潜艇 ………………………… (251)
海军政策；马汉的影响 ……………………………………………… (257)
新兴的海军强国；德国，美国，日本 ……………………………… (258)
军费的增加；第一次海牙会议 ……………………………………… (263)

第 九 章
欧洲政治和社会的发展
科隆大学中世纪史和近代史教授
特奥多尔·席德尔 著

这个时期的概貌 ……………………………………………………… (266)
人口的增加，都市化与人口外移 …………………………………… (268)
民族国家和欧洲各国制度 …………………………………………… (271)
各国的政体和国内政治的发展 ……………………………………… (278)
自由主义面临的问题：保护贸易主义；国家干涉主义；
　　帝国主义；政教关系 …………………………………………… (286)
社会主义的兴起 ……………………………………………………… (292)

第 十 章
德意志帝国
海德尔堡大学历史学教授
威尔纳·孔策 著

保守主义与民族活力之间的冲突 …………………………………… (298)
帝国宪法：政党 ……………………………………………………… (300)
社会与经济的发展 …………………………………………………… (309)
俾斯麦的政策：文化斗争；对社会民主党的进攻；
　　社会改革；经济和财政措施；殖民政策 ……………………… (311)
新皇帝的即位与俾斯麦的辞职 ……………………………………… (318)

俾斯麦下台后的发展 ……………………………………………………（319）

第 十 一 章
法兰西共和国
前卡昂大学历史学主讲人
J. 内雷 著

巴黎公社；和约的缔结；新宪法 ……………………………………（326）
1877 年的危机与"天生的共和派"的胜利 …………………………（330）
共和派的分裂：机会主义者与激进派 ………………………………（331）
经济停滞 ………………………………………………………………（335）
经济萧条的政治后果；布朗热主义 …………………………………（335）
机会主义者的社会政策；天主教归顺运动 …………………………（338）
社会主义的兴起；右翼的衰落；政治力量的重新组合 ……………（342）
德雷福斯案件与激进派的胜利 ………………………………………（346）
文化艺术活动；巴黎的支配地位的衰落 ……………………………（348）

第 十 二 章
奥匈帝国、土耳其和巴尔干诸国
伦敦大学政治经济学院国际史史蒂文森讲座教授
W. N. 梅德利科特 著

衰落中的两个帝国 ……………………………………………………（351）
19 世纪 70 年代巴尔干诸国和奥斯曼帝国的形势 …………………（352）
奥匈帝国的形势 ………………………………………………………（359）
柏林会议后奥地利在巴尔干诸国的推进及穆斯林的抵抗：
　　波斯尼亚、波马克、阿尔巴尼亚 ………………………………（373）
亚美尼亚和马其顿问题 ………………………………………………（378）
阿卜杜勒·哈米德在土耳其的统治 …………………………………（379）

第 十 三 章
俄　　国
伦敦大学斯拉夫与东欧问题研究学院俄国近代史主讲人
J. L. H. 基普 著

解放农奴和 19 世纪 60 年代的改革 ………………………………（383）
知识界的思想动向；泛斯拉夫主义；波兰起义；俄土战争；
　　亚历山大二世被刺 ………………………………………………（390）

亚历山大三世统治下反动的镇压措施；外交政策方面结盟
　　方针的改变：法俄联盟 ………………………………………（395）
经济和社会状况；工业化的开始；农村的落后状况；知识
　　界的不满情绪 …………………………………………………（399）
在远东的冒险遭到惨败；1905年革命；批准实行议会制度 ……（406）
解散议会，专制制度获胜 …………………………………………（412）

第十四章
英国和英帝国
威斯康星大学历史学荣誉教授
保罗·纳普伦德　著

英国的世界地位：对海外帝国态度的改变 ………………………（416）
英国和自治殖民地的政治形势 ……………………………………（419）
它们向政治民主进展 ………………………………………………（423）
交通通信的改进与经济结构的变化 ………………………………（428）
社会和文化的发展 …………………………………………………（437）
英国和自治殖民地之间的分歧；殖民地自治的进展 ……………（441）

第十五章
1840—1905年的印度
剑桥大学塞尔温学院研究员
珀西瓦尔·斯皮尔　著

大不列颠与印度 ……………………………………………………（446）
1840—1858年：东印度公司统治的完成 …………………………（448）
兵变 …………………………………………………………………（449）
1858—1880年：兵变的影响与帝国主义的全盛时期 ……………（459）
1880—1905年：印度殖民地帝国与印度民族主义的开始 ………（470）

第十六章
中　　国
堪培拉澳大利亚国立大学远东史
C.P.菲茨杰拉德教授　著

阿礼国协议遭到否决；"天津教案"和"同治中兴"维新
　　事业的失败 ……………………………………………………（476）

清王朝与慈禧太后 …………………………………………………… (484)
对外关系：1885 年以前对中国邻国的蚕食 …………………………… (485)
维新派与守旧派之间的分歧 …………………………………………… (491)
1894—1895 年的中日战争；"争夺租借地之战"；再次实行
　　维新和改革的尝试 ……………………………………………… (491)
1898 年改革运动的失败；义和团运动；1900 年对北京的
　　围攻和解救 ……………………………………………………… (493)

第 十 七 章
日　　本
伦敦大学东方与非洲问题研究学院远东史教育
W. G. 比斯利　著

幕府的倒台与明治维新 ………………………………………………… (501)
明治时代领袖们的现代化纲领 ………………………………………… (507)
政治和宪政的发展 ……………………………………………………… (512)
日本国际地位的变化：中日战争 ……………………………………… (519)
战争的经济和政治后果 ………………………………………………… (521)
英日同盟 ………………………………………………………………… (523)

第 十 八 章
美　　国
剑桥大学塞尔温学院研究员、美国史主讲人
W. R. 布罗克　著

政治结构；共和党与民主党；州立法机构 …………………………… (524)
国会；最高法院；总统职位；文官制度 ……………………………… (527)
南部的重建；南部各州后来的发展 …………………………………… (531)
中西部的农业激进主义 ………………………………………………… (538)
社会设想与经济问题；放任主义与管制；资本与劳工；
　　城市与移民 ……………………………………………………… (542)
民族主义与保守主义 …………………………………………………… (550)

第 十 九 章
拉丁美洲各国
纽约州波基普西地方瓦萨学院历史学教授
查尔斯·C. 格里芬　著

与外部世界联系的迅速发展 …………………………………………… (554)

各国的经济发展 …………………………………………………（557）
各国的政治生活的变化 …………………………………………（563）
对寡头独裁制度开始提出抗议 …………………………………（568）
古巴革命 …………………………………………………………（570）
各国的战争与对抗 ………………………………………………（571）
学术与文化的发展 ………………………………………………（574）

第 二 十 章
国 际 关 系
牛津大学莫德林学院研究员、国际史主讲人
A.J.P. 泰勒 著

欧洲的均势 ………………………………………………………（580）
东方问题与柏林会议 ……………………………………………（582）
"欧洲协同体"的尾声；同盟体系的开端 ………………………（589）
英国占领埃及；英国的孤立；俾斯麦的外交 …………………（593）
法俄同盟；欧洲均势改变后出现的相持局面，欧洲以外的
　　抗衡的增长 …………………………………………………（599）
欧洲的抗衡蔓延到非洲和远东 …………………………………（602）
布尔战争与英日同盟；欧洲僵局的告终…………………………（605）

第二十一章
在地中海、中东和埃及的角逐
多伦多大学历史学教授
A.P. 桑顿 著

欧洲列强的权益和政策 …………………………………………（608）
东方问题：1877—1878年的俄土战争和英国对塞浦
　　路斯的占领 …………………………………………………（613）
地方统治者；欧洲列强面临的问题 ……………………………（615）
英俄在中亚细亚的角逐；阿富汗战争；平狄事件；在
　　波斯的斗争 …………………………………………………（617）
英国占领埃及；占领对列强之间关系造成的后果 ……………（626）
德国侵入中东；土耳其和波斯的铁路系统 ……………………（634）
注意力从中东转向非洲、远东和欧洲 …………………………（636）

第二十二章
非洲的瓜分

剑桥大学圣约翰学院研究员、历史学主讲人
R.E. 鲁宾逊
和剑桥大学三一学院研究员、殖民地问题研究主讲人
J. 加拉格尔合 著

在非洲的帝国主义的性质	(637)
北非的形势；突尼斯和埃及被占领	(639)
对热带非洲的瓜分：西非(1883—1891年)	(648)
对热带非洲的瓜分：东非(1883—1891年)	(659)
非洲社会的类型	(665)
法国在西非(1891—1896年)	(669)
埃及与争夺尼罗河的斗争(1891—1898年)	(671)
英法两国在西非的角逐(1896—1900年)	(679)
在南非的斗争(1870—1900年)	(683)
帝国主义与非洲民族主义	(690)

第二十三章
太平洋上的扩张和对中国的争夺

不列颠哥伦比亚大学经济学和政治学主讲人
F.C. 兰登 著

太平洋岛屿上的骚乱和冲突：斐济和萨摩亚	(693)
中国的边境地区；日本的扩张	(697)
英国、德国和美国在太平洋区：新几内亚、萨摩亚、夏威夷	(700)
法国在印度支那	(702)
在朝鲜的角逐；中日战争	(704)
欧洲列强在中国争夺特权	(710)
美国在太平洋区的扩张：占领菲律宾；萨摩亚	(714)
在中国的斗争；满洲危机，英日同盟	(716)

第二十四章
美国与旧世界
牛津大学基布尔学院研究员
A. E. 坎贝尔　著

美国在外交事务方面的看法；太平洋事务；与拉丁美洲的关系 ………………………………………………………………	（721）
19世纪90年代与英国的竞争；委内瑞拉争端；阿拉斯加边界问题；巴拿马运河 …………………………………………	（723）
美西战争与占领菲律宾 ………………………………………	（733）
美国与在中国的斗争 …………………………………………	（737）
与旧世界的非外交联系：贸易；移民 ………………………	（742）
美国作为强国而兴起 …………………………………………	（747）
索　　引 ………………………………………………………	（749）

第 一 章
导　　言

如果要问19世纪最后30年的重大发展究竟是什么，人们不禁想起人间事物具有连贯性的力量以及很少发生突然的变化。在这个时代中，人们在下列各方面取得了显著的发展：如物质力量和财富；工业主义和都市化；技术和科学知识；运输、交通和贸易；人口和人口迁移；中央集权制政府；民主政治；阅读与写作能力和教育；舆论和报刊等——所有这些发展在以1870年为终点的那个世代中，如果不是整个19世纪的话，几乎也是同样显著的；而这些相同的发展对于了解从20世纪初到今天的这段岁月，也同样是极其重要的。如果我们将这个时期简单地称作物质改善或工业发展或民主进步的时代，那就没有说出它的许多重要性。而且，这个时期还有另一特点，就是这些持续性的巨大发展，或其中的大部分，只发生在欧洲社会及其在北美和其他白人殖民地的衍生社会，但对这一特点进行探索，也无助于我们对这一时期做出更明确的定义。这种限制以及伴随而来的欧洲的势力与文明在世界上所占的优势，早在1870年以前就已经存在了。它们将延续到1900年以后。在1900年，欧洲对所有这些进步的垄断地位，还不曾受到日本发生的变化的影响，同时，欧洲社会与不够先进的社会之间的差异比以前变得更为明显了。在研究这个时期的这另一特点时，如同在分析更发达的地区发生的变化一样，第一个问题是给予这个时期在更漫长的一段时期中应有的适当地位，在这段更漫长的时期中，同一的力量和关系一直占有显著的优势，但却始终没有停止不变。

第二个问题也产生了。这个时期的某些主要特点之间的矛盾乍看之下令人惊讶。这些年代既有巨大的物质发展，也有经济萧条；既向世界经济更紧密的结合突飞猛进,也对自由贸易经济产生强烈反应;既提高了生活水平,同时也存在着贫困和社会上的堕落现象;既有迅速的社会变化,也有国家内政方面的停滞状态;既传布了民主政治,也加强了政府甚至专制主义;既维持了国际和平,但也在武装的状态下维持和平——另一方面,在思想上和文化上,这些年代既产生了宣布启蒙时代胜利的作品,也产生了触及深刻幻灭和绝望的作品。但是,任何时代的各种发展之间的矛盾或表面矛盾,作为一个整体来进行研究时就显得突出,直到更细致的研究能顺利地对它们做出解释或加以解决。而了解这个时代的另一途径也就是对这些矛盾进行解释或予以解决。

从经济和物质的观点看,这个时代的特征由于两个事实而变得显著。这个时代比任何更早的世代,在更大的程度上,见证了近代的工业在地理上传播到它的发源国家以外,以及科学和技术被应用于工业和农业;结果,工业和农业的生产总额,在前所未有的更大的规模上,如果说不是在更快的速度上,有了增长。这一点不难解释。它不是把这个时代与某些其他时代区别开来的特点:物质生产的增长和扩展以及科学技术的发展,在整个近代时期,一直是一个持续的过程,实际上也是自发的过程。第二个事实要显著得多。由于物质产量比以前需求增长的幅度更大更快,因此,这些年月也是价格、利润和投资收益一律下降的年月,以至被称为"大萧条"时期。

1870年,只有英国和比利时的经济可以说是高度工业化了;在这一年,即便是英国,在开矿、采石、金属工业、工程和造船业方面的总劳动力,仍然赶不上纺织工人和成衣工人的数目,或农业劳工,或家庭佣工的数目。在以后的30年中,工业在美国和西欧大多数国家的经济中占有优势地位,而在欧洲其他地区和日本,发展的程度则较慢。从这个时期开始,在比较高度工业化的国家中,产生了崭新的工业——电力工业和化学工业。这些工业是完全由于科学上的发现而兴起的第一批工业。它们的起源,空前的发展速度以及在增加工业生产并使之多样化方面所产生的直接效果,只不过是关于工业、技术和科学在前所未有的程度上互相紧密结合的最显著的例证,尤其是电力的发展,为热、光和动力提供了全新的来源。多数的早期发明是那些仅有很少科学理论知识的实践工匠们取得的成果。现在，整整一个世纪在纯科学，特别是热力学、电磁学、化学、地质学方面的缓慢进展和重新陈述，开始与实际的机械工程，尤其是工作母机的生产以及工业方法的迅速发展结合起来。所有这三者的相互影响变得逐步增加，以至难以区别彼此的因果关系，而在这三者相互影响的过程中，不仅新的工业得到发展，新的动力来源被提供出来，如内燃机由于热力学理论的发展而产生，它仅比电力次要。而且，无数的现有工业，都得到了改造并扩展了，其中采矿和筑路、炼钢、农业、石油、橡胶、混凝土只是少数几个实例而已。无数的新产品如近代的自行车、电话、打字机、漆布、气胎、廉价纸、人造丝、铝、现成衣服和鞋首次制造出来，并在市场上销售。正是在这个时期内，机械化首次成为一般工业的特点，虽然传统的、经验主义的方法还没有完全被摒弃，而且在某些工业中仍占优势，同时工业产品的范围达到了与现在相仿的广度。

　　随之而来的总产量的增长是巨大的。在1870年至1900年间，世界工业生产增加了几乎4倍。① 世界生铁产量增加到三倍多，从1225万吨增加到3700万吨以上。在1830年至1850年间，它增加了将近两倍，从大约160万吨增至447万吨；在1850年至1870年间，它增加将近两倍，从447万吨增至1225万吨。在1870年至1900年间的增长率不如在1830年至1850年间或1850年至1870年间那么大，但增长的数量却大大超过以前的40年。世界的煤产量增加了两倍半，从大约2.2亿吨增至约8亿吨。在1830年至1870年间，它增加了大约6倍，从3000万吨增至2.2亿吨，增长率每10年为60%—70%。因此，同样地，早期的这种增长率在1870年至1900年间并没有保持下来，但增长的数量却大大地超过了早年。棉锭的数量在整个欧洲和美国几乎增加了1倍；在德国、意大利和俄国则超过了1倍。

　　如果生产增长率随着工业化扩展到新的地区而下降，则它在开始实现工业化较早的那些国家中，下降得最为显著。英国的工业生产大约增长了1倍，结果，英国在世界总产量中所占份额从1870年的大

---

① 必须强调，关于这个时期的几乎所有数量上的估计都是近似值，由于许多统计数字不全或根本没有，因而很可能存在着错误。关于所有的引证数字，也应考虑到这点。

约1/3降至1900年的1/5；在19世纪80年代初期被美国超过，在20世纪最初10年中被德国超过。在1871年至1895年间，法国冶金工业的产量实际上没有增长，而在德国则增加了3倍，在美国增加了4倍。但在较老的地区，特别是英国，使得工业基地和社会本身变得日益复杂和多样化的这一过程，这在很大程度上，抵消了这个相对的下降。在较新的领域里，产品有了很大的增长。这在轻工业方面是由于技术的进步而变得可能，而在消费品如肥皂、巧克力、浓缩牛肉汁和廉价报纸等的生产方面，则是由于分配方法较前低廉和生活水平的提高而变得可能，正如在这些最先进的社会中，从事分配工作、办公室工作和专业工作的人员数目有了很大的增加。

总的财富随着总的生产而增长。在英国，资本投资并未能按照1873年以前的30年的同一比率增长，但在以后的25年中，它像在法国一样，还增加了1倍，而在德国则增加了3倍，在美国增加了3倍以上。在英国，每人的实际收入在1851年至1878年这一整个时期，增长了大约30%，而在1870年至1900年间，尽管总人口日益增加，每10年则以17%至25%的比率增长。这个比率在以前从未保持一个相当长的时期，而在以后的年月里也没有保持下去。在其他正在实现工业化的国家里，根据在一个工业社会的基本设备如铁路、船坞和城镇方面仍然需要大量投资的情况，国民收入的增长速度较慢，但同以前所经历的情况相比，速度仍较快，程度也大得多。

生产和财富的增长，不限于工业以及已经工业化和正在实现工业化的国家。欧洲的海外投资，甚至在1870年以前就使得一些海外地区能够为世界市场生产粮食和原料，而这时仍继续增长。英国的海外投资，如同它的国内投资一样，并没有保持早期的增长率，但在这个时期中，却增长了几乎3倍，而在某些地区，它们的增长要大得多。例如在阿根廷，在1870年至1900年间，它们增长了10倍。法国的海外投资总额增加了一倍多；德国的海外投资从一无所有，增加到英国的1/3。这些增长率代表着输出资金的数量的巨大增长。英国的海外资金在1855年的总额大约为2亿英镑，在1875年为10.5亿英镑，在1885年大约共计15.3亿英镑，1900年大约24亿英镑，1907年接近27亿英镑。而且，欧洲输出的不仅是资金。

欧洲人口向海外的迁移，有了很大的增长。欧洲人对于外部世界的地理和地质情况的知识有了巨大的进步。在1821年至1924年间，从欧洲向海外移民的5500万人中，有2100万人是在1870年至1900年间移居的，其中半数前去美国，半数去其他地区，如拉丁美洲、加拿大、南非、澳大利亚和新西兰。这个数字没有考虑下列事实：随着交通的改进，也许多至1/3的移民这时又回到了欧洲，而且，经常做短暂的和季节性的移居的人们所占的比例日益增加。迁移的人数仍比以往任何时候都多。正是在这同一的30年中，世界上许多未开发的农业地区被开发了，而且随着地质知识的增长，世界上许多重要的矿产地区也被发现，尽管不是全部都已经加以开发。许多移民，尤其是来自英国的移民，是熟练工匠，对于接受他们的那些国家的工业的创办和扩展起了显著的作用。但是，将那些国家开发为基本供应地区，则是这种移居、随着移居而发生的资金转移以及在知识方面和长距离运输与交通方面同时取得的巨大跃进所产生的主要影响，而运输和交通方面的巨大跃进，对于刺激人口向海外移居和资本输出，也起了非常重要的作用。不论在历史上任何时期，世界都没有如此迅速地在自然财富方面获得如此巨大的增长。在1869年以苏伊士运河开航和第一条横贯美国大陆的铁路通车作为开端的一个时代里，由于铁路在效率上有了改进并扩展到欧洲以外的地区，由于世界航运从1870年的1600万净吨位增至1900年的3000万净吨位，并且世界航运的运载量在同一时期内增加了4倍（世界轮船吨位到了19世纪90年代中期与帆船的吨位相等，一艘轮船的载运量与一艘比它的净吨位重4倍的帆船的载运量相等），以前的外围地区开始以过去难以想象的规模进行生产和输出，而从新地区运到旧世界的食品和原料则不断增长。直到20世纪初期，供应品中除了羊毛以外，均以美国所提供的为主，但是到了19世纪末，其他国家——澳大利亚和新西兰、南非、阿根廷和其他拉丁美洲国家——开始大规模地向外输出。最初，增加的物品主要是谷物、羊毛和腌制食品。美国达科他地区和阿根廷1880年在小麦生产方面并不占重要地位，到了1887年，则分别输出6200万和800万蒲式耳小麦。1897年，阿根廷输出1亿蒲式耳小麦和玉米。1877年，第一艘冷藏船装载羊肉离开了阿根廷；1882年，第一艘满载新西兰羊肉的船抵达英国；到了1890年，随着采矿和冷藏船的发展，输出品中有石油、矿物、肉类和乳类制品，热带和亚热带水果，以及各种不属于体积过大和容易损坏之类的物品。

在欧洲以外的地区，不论在耕种面积以及应用机械去开矿和耕作方面，还是在人口方面，都有了迅速的增长。由于这些新地区对欧洲产品的需求也在扩大，因此，它们作为输入者和输出者，在刺激那些更先进国家的工业化方面都起了很大的作用。它们的发展为旧有产品和新型的制成品提供了新市场，同时也增加了财富和产品范围，从而也增加了较老的社会内部对货物的需求。它们也在世界贸易交流中承担了比以前更大的份额。阿根廷的对外贸易在1870年至1900年间增加了两倍，印度和欧洲之间的贸易增加了一倍多。1860年，对外贸易在许多国家的经济中是一个不重要的因素，但在1870年至1900年间，随着制造国和初级产品生产国之间分工的加强，对于大多数国家来说，它已成为必不可少的了。这个发展在西北欧国家的经济和美国的经济之间尤其显著。但是，一个单一的大西洋集团的更紧密的经济结合不是唯一的结果。在欧洲本身，有新的专业发展，特别引人注目的是斯堪的纳维亚半岛的木材和铁矿的生产和输出扩大了。遥远的初级产品生产国的范围，从北美洲、罗马尼亚和俄国扩展到热带和亚热带地区，以及比它们更远的澳大拉西亚①和南非。以前是独立自给的贸易地区和贸易联系融化为一个世界规模的单一经济。金融和财务服务的改进以及通信联络的改进（随着海底电报的扩展和在本时期末无线电报的开始使用），同时将世界更紧密地结合在一起，制造了一个单一的、多面的国际支付体系。一个由世界价格支配的世界市场第一次出现了。在19世纪的最后25年，世界上更多地区在经济上和财政上，比以前或许也比以后的任何时期，都更紧密地连接在一起了。

最初看来觉得奇怪的是，当工业与农业的扩展和多样化增加了世界的财富和生产时，当交通、通信和财政方面的巨大改进一同使世界经济结合起来时，这些情况却没有使世界贸易总额的增长率比以前得到更大的发展。世界贸易总额比以前任何一个时代都增多了。在19世纪70年代中期以后的30年中，它的黄金比值也许增加了一倍多，每年从大约28亿英镑增至50亿英镑，而且鉴于价格的下降，它的数

---

① 澳大拉西亚（Australasia），一个不明确的地理名词，有时指马来群岛和大洋洲，有时专指马来群岛和澳大利亚，一般仅指马来群岛。——译者

额可能增至3倍。由于价格和贸易额在1896年至20世纪最初十年中期上升很多,因此,1873年至1896年间,在价值和数额方面的增长,比这个全面数字所表示的要小。当时它的价值也许从28亿英镑增至39亿英镑,数额大约增至两倍;这个数字虽然还是相当大,但在价值上却比1860年至1872年这段时期(只相当于上述一半时间)的增长要小,而且用价值或数额来衡量,其增长率比19世纪20年代以来的任何时候都要低。① 但这种降低了的增长率,则是工农业的扩展和改进的必然结果。这些过程发生得如此迅速,以至世界工农业的生产暂时增至超过世界需求量增长的程度。在19世纪90年代中期以后,世界贸易重又按照19世纪70年代中期以前的速度迅速增长(在1898年至1913年间它的价值增加了1倍),但在这些日期之间,正是这种超额生产把价格降低了;而降低了的价格在很大程度上说明了世界贸易价值增长率的降低。这也降低了贸易量的增长率。在这种情况下,只要在工业扩展和工业生产增长的地方,其后果是供应以前由国外来供应的国内市场,从而增加了国内的商业活动,但却降低了工业国之间的贸易量的增长率。英国和欧洲国家之间的贸易,作为它们对外贸易总额的一个部分,在1880年后一直不断地下降,英国和美国之间的贸易在1890年后也同样下降。由于同样的情况,在工业化地区和新的农业地区之间的贸易,也由于国家保护农业和工业这一决定性的倾向而受到了阻碍。

总的形势的影响,尤其是采取关税措施的影响不应过分予以夸大。世界贸易,尽管在19世纪70年代中期和90年代中期之间,比以前或以后时期增长的速度放慢,但在绝对数额上仍然有了可观的增长。在主要的贸易国家中,只有法国的输出额在1895年比1875年或1883年要小。生产的扩大迫使贸易总量上升的程度比它限制贸易增长率的程度更大,而向保护贸易主义的倒退则被国际贸易中不断扩大

---

① A. H. 艾姆拉:《英国统治下的和平的经济基础》(哈佛,1958年),第189页,及以下各页列举了最近的估计数字,但它只能是近似值。按照这些数字,1873年至1896年间在价值上的增长,与1850年至1860年间80%的增长和1860年至1872年间几乎100%的增长相比,为1/3。这些较早时期都是价格增长时期;但是如果贸易以量来衡量,它在1800年至1840年间价格下降时,增长了将近300%(每年7%),而在1840年至1872年间当价格上升时增长了约400%(每年超过13%),与此相比,1873年到1896年间当价格下降时它增长了100%(每年4%)。但是,在1898年至1913年间世界贸易重新以近乎早期的比率增长,在价格上增加了1倍,每年从39亿镑增至83.6亿镑。

的机会大大抵消了。而且，这种倒退并不如有时设想得那么剧烈和广泛。也许因为国家和商人的自然倾向是要实行保护贸易主义，所以贸易自由化的倾向在早期一直是缓慢的，而在19世纪70年代保护贸易主义重新恢复时，贸易的自由化远远没有完成。要消除对国际贸易的障碍，需要依靠许多条件，其中包括各国在其他税收来源正在扩大而国家支出也在增长的时候，是否有能力经得起关税收入的损失，或者找到一种替代的收入。同样地，在欧洲，经济的自由化和自由贸易与政治自由主义联系在一起，而政治自由主义是享有特权的统治阶级所深恶痛绝的。曾经有过实行低关税的倾向——例如在德意志关税同盟、美国和法国——但这只是在1850年以后的情况。虽然在那一年以后，有明显的倾向要降低进口税，而且没有多少增加关税的实例，但是，到了19世纪70年代，只有在罕见的实例中才有完全取消税收的情况。甚至在英国，税收的削减和取消在19世纪20年代已经开始，但在1870年，还存在着17种可征税的进口货物。另一方面，在19世纪70年代以后，某些国家抵制了增加关税的措施。

然而，这些国家是些例外，它们坚持自由贸易是有特殊原因的。在英国和比利时，工业和商业的利益在经济上和政治上的重要性超过了农业的利益，而且，工业发展到如此先进的地步，以至保护关税主义将会降低、而不是刺激国内外对工业的需求。在荷兰，如同在英国和比利时一样，商业占有极大的优势，使保护关税主义难以实行。丹麦对农产品出口的依赖，使自由贸易成为必要，并且相反地，迫使它采用专门的农业耕作来逃避新的农业竞争。在土耳其，关税只有在获得大国的同意时才能提高。它们的政策不能改变这样一个事实：同一发展过程，在一个水平上，使世界总产量产生巨大的增长并使其经济结合起来，而在另一个水平上，则有助于脱离自由贸易，而且，这个时代是一个关税时代，同时也是一个世界经济日益结合为一个整体的时代——这一情况如此明显，以至那些例外的国家，特别是世界最大的国际贸易国英国，在大多数国家正在采取日益严格的保护关税政策时，如果不向一切国家的进口货大开方便之门的话，世界经济就不可能取得实际上取得的发展。

这是因为供给与需求之间正在变化的全面关系，不但限制总的贸易中的增长率，而且是在地理上的距离正被大大缩短的时候，在一个变化中的地理结构中发生的。它正在制造这样一个问题，即在个别的国家之间重新调整供给与需求，这些国家不能迅速采用专业化经济，或者轻易地实行国际分工。人们不禁要假定，保护关税主义，对于经历了19世纪50年代和60年代的战争而现在维持着武装和平的那一代人来说，具有一种特殊的政治吸引力。事实上，采取增加关税的决定，对于政治局势或政治目标，没有多大直接关系。英国尽管深深地陷入国际政治纠葛，却仍坚持自由贸易，而美国尽管对世界政治采取疏远态度，它的关税却比欧洲任何国家都高。美国关税从1869年的47%上升至1890年的49.5%，而且（经过一些减轻以后）在1897年升至57%。加拿大和其他英国自治领，在政治上甚至比美国更无关联，却筑起极高的关税壁垒。甚至在拉丁美洲，也采取了关税手段来保护新建的工业，如果工业界由于力量强大而提出了这个要求的话，例如在智利的情况。在欧洲，关税战并不总是和政治抗衡相一致的。1879年后，当俾斯麦渴望保持俄德两国之间的友谊时，德国对外国谷物设置阻碍，在俄国引起了严重的埋怨。而且，按照合乎理智的水准，政治抗衡很少用来作为采取保护关税主义的理由。人们适应改变了的经济形势，正如他们在19世纪50年代和60年代要求实行自由放任政策那样，他们对此提出同样的要求，不论是有很多理由，还是没有多少理由。如果使一些国家避免遭受其他国家的剥削，从而保证所有的国家都能达到享受国际和睦和物质福利这一幸福目标，这就会使全人类都获得益处。当人们对这种改变了的形势加以考虑时，则很难避免这一观点：如果一些国家处于和平状态，它们就会回到实行关税措施上来，甚至像早期的战争和自由贸易的倾向相巧合那样，而且，除了像在那些特殊的国家里有特殊的经济情况予以抵消的时候，很自然的情况是，人们会比以前更容易认定，没有国家的保护，他们就不能繁荣起来。

问题究竟是什么，结合农产品来看，就显得特别清楚了。以前，农业繁荣几乎自动地伴随着一个国家的工业发展，因为不断增长的需要在当地得到了满足。英国的农业在19世纪40年代和70年代之间曾经迅速发展，尽管谷物法已经废除。从19世纪70年代中期开始，由于世界其他地区农业的精耕细作，世界的生产尤其是谷物生产，迅猛地增长，它超过了人口的增长，而且确实增长得过分迅速，以至不能以令人满意的价格轻易地被世界市场吸收；同时，产品经过长距离的运输而所需运费低廉，大陆与大陆之间的运费并不高于一度在省与省之间的运费，从而使整个欧洲面临农业危机的威胁。于是，在19世纪70年代，欧洲最早的关税增长中对于农业就有某种保护，而在1885年后，大部分的进一步增长都是为了农业利益而实现的。即便如此，在1871年和1895年间，欧洲的小麦价格下跌一半。其目的是要在下列这种经济中保持平衡，关于这种经济，英国由于自己坚持自由贸易已经把它丧失，但是对于有些社会来说，将它加以保存是比较重要的，因为这些社会尽管实现了工业化，却仍比英国更着重于农业。工业也获得保护，这里的动机是，需要防止其他地区迅速工业化造成的后果，以及希望促进国内的工业化。朝着这个方向首先采取慎重步骤的，有这样一些国家——例如美国在1875年，俄国在1876年，西班牙在1877年，意大利在1878年——虽然这些国家的工业已有了一个开端，但仍处于萌芽状态。采取这些步骤的时候，正值1873年开始的工业不景气情况，由于工业化较高国家大量倾销其产品而被弄得严重起来。嗣后，为了保护工业而提高关税，从既适用于工业而又适用于农业的1879年德国高关税开始，关税的增加仍然是由于下列情况：虽然工业化正在扩展，但在不同国家的不同工业之间，它处于不同的发展水平和效能水平。但是，不论在什么地方，只要关税增加，那就会刺激工业化，而且保护现有的工业。因此，关税的增加对于这些萧条情况的持续起了促进作用，萧条情况的产生，不论在工业或农业中，都是因为生产的扩展和加强超过了世界的需求直接吸收其结果的那种力量。

然而，萧条状况限于价格、利润和投资收益的范围。这个时期不是一个全面经济萧条的时期。如同上面已经表明的，根据对生产、消费和收入的考查，与对价格和利润的考查相反，这是一个发展和繁荣的时期。而且，价格的下降并不全是萧条的症状。在前一个世代，经过不断上升以后，价格向下移动，直到19世纪90年代初期，这时的价格一般比1873年低40%，而且直到1896年，才又重新恢复上升。但是，这种下降既因为运输费的大大降低，技术的改进和生产规模的增大，同时也由于生产超过了需求。正是由于方法有了改进，生产有了增加，加上运输上发生了革命，这才迫使粮食和原料价格下降。仅举工业上的一个例子来说，方法的改进、生产的增加以及原料费用的降低，使欧洲的钢轨价格在1872年至1881年间降低了60%，并使得美国的钢轨在1898年的销售价格仅是1875年销售价格的1/10稍多一些。同样地，铁的价格与一般的趋势相反，在前一个世代曾经下降，从1825年的每吨10英镑降到1866年的每吨3英镑。当时曾经是例外的情况，这时变为一般的，即便不是普遍的倾向。而且，由于所有这些因素都被牵涉进去，价格的下跌并不一定同时伴随着利润幅度的下降。运输费和原料价格的降低、方法的改进、市场的扩大和生产的增长等有利条件，能够引向相反的结果。

然而，一般利润也同价格一样下降，而且几乎达到同样的程度。它们的下降作为大萧条的重要特征是由于两个原因。这种情况之所以产生部分是由于暂时生产过剩的因素，而生产过剩也是（尽管同样也部分是）价格下降的原因。这主要是由于这一事实，当时的有利条件被每个市场和每个领域中日益增长的竞争性公司所利用。关于在交换日益扩大和增长的时候，重新恢复关税的解释是，越来越多的国家日益参加整个交换；对于大萧条的解释是，在总的生产和总的利润增长时，个体公司的利润——虽然有例外，但那是在开发新领域中迅速适应和开创的结果——一般都随着企业的激增和竞争的增长而下降。世界经济作为一个整体是繁荣的；国家经济作为一个整体也是繁荣的，其繁荣程度取决于它们参加并适应正在变化中的世界经济的程度；但是对于数目迅速增加的个体公司来说，境况是日益艰难了。

物质的发展和日益增长的竞争二者结合起来，在国际范围内既使世界经济更成为一个整体，又使保护关税主义较前增长；既使产量增加，又使利润下降。这也是在更先进的社会中所发生的变化的基础。这些变化反映了一个摆脱自由放任政策的明显趋势，而倾向于在经济企业中实行联合，在雇佣劳动者中实行集体自助和在经济领域与社会领域中实行国家管制。如同为实现更多的物质生产的运动以及在技术上和生产方法上取得的进步一样（这些都是与下列倾向有密切关系的过程），在人们中间，作为专门团体和作为整个社会向更大的组合发展的倾向，在整个近代时期几乎一直持续不断，而且其重要性不断地增加。但是，在1870年以后的这一代中，当这种倾向由于各个社会所面临的更大问题和更大机会的相互作用而大大地加快时，上述那些形式和态度才第一次明显地变为今天存在的形式。

问题不仅是物质生产的增长和经济竞争所造成的。虽然这些问题在更先进的社会内部以及国际上表现出来，但它们也是由于在增长的人口中实现工业化和都市化的进程所造成的日益复杂和迅速改变的社会结构中产生出来的。人口在这些国家比以前的任何时候都增加得更快。即便考虑到向海外移居人数占人口自然增长率的40%，但欧洲的人口在1870年至1900年间仍增加了30%以上，即增加了1亿——从3亿至4亿。而与此相对比，在1850年至1870年间则增加了3000万，即11%。由于移民的帮助，欧洲在南北美洲、澳大利亚、新西兰和南非的海外边远地区的人口，甚至以更快的速度上升，在同一时期内增加了6000万。在这些地区中工业化程度最高的地区，人口涌往城镇的规模如此之大，以至城镇和郊区人口的增加，与总人口中这种巨大的增加相等。在其他地区——阿根廷、巴西和智利、俄国的欧洲部分、奥地利和澳大拉西亚——同样的发展仍造成巨大的即便是孤立的城市人口增加，如同在这些地区以外的印度和日本，那里的人口也迅速增加，但工业化程度甚至更低。① 德国在1870年超过10万人口的城市有8个，而到1900年则有41个。除了在法国——那里的人口增加特别慢，但在这些年总的人口增加中的几乎半数，大约80万人，都是在巴黎自然增加的——以外，同样规模的都市化也在西欧和美国发生。即便在俄国的欧洲部分，这类城市的数目到了1900年也从6个增加到17个。到了这时，美国人口的1/3住在工业中心，英格兰和威尔士人口的1/10集中在伦敦，德国的城镇化率从1870年的36%升到54%，而柏林、维也纳、圣彼得堡、莫斯科、纽约、芝加哥、费城、布宜诺斯艾利斯、里约热内卢、东京、大阪和加尔各答作为拥有100万以上人口的城市而与伦敦和巴黎并列。而且，事实也不是这样一个简单的情况：人口迅速增加，越来越多的人被吸引到工业

---

① 这种人口增加不是世界性的。它在印度和俄国增加的速度与在工业化程度较高的社会中增加的速度几乎同样迅速，而且在那里它远远超过了其他发展，以至造成饥荒或饥荒状态。但在其他地区，物质条件仍然如此低劣，因此，人口停止增加（在非洲可能如此），甚至下降（如在中国，据估计，1850年长江下游一带人口比1950年要多，而且仅仅在19世纪70年代中，华北灾荒就使1500多万人死亡）。

区和城市区中去。

工业的组织和工业中的工作条件变得更为复杂。工业与整个经济之间、都市地区与它们所在的社会之间的关系正在发生变化。在组织工业生产和处理它的产品中所涉及的越来越多的具体困难，以及工业组合如要发挥它们在整个社会中的作用，就必须完成的日益复杂的任务——这些与人口密集的广大地区的扩大而造成的社会问题，以及由于工业中竞争加剧而引起的经济问题同时并存。

工业和其他形式的企业必然对这些变化做出反应。更早世代的大部分工业、商业和金融方面的扩展，都由家庭公司和小型合伙公司在比较简单的技术和社会条件下进行的，所有合伙人负有无限责任，而能干的人则享有无限自由。现在在商业组织和商业方法中发生的从小单位和无限责任的原则向大型合股企业的过渡，其程度容易被夸大。股份公司自从19世纪40年代以来在经营公用事业方面——运河、铁路、自来水和煤气供应、银行业和码头——证明变得日益必要，而在19世纪50年代，私人公司和有限责任等原则已经牢固地确立了。在1900年以后很久，家庭营业和小型公司在各国都仍处于支配地位：在德国，在20世纪开始时，有93%的工业企业仍由个体业主经营，而产业工人中有1/3仍被不超过5名工人的作坊所雇用；1914年在英国，甚至在62762个活跃的股份公司中，有4/5都是以新的姿态出现的私人公司、家庭公司和私人合伙企业。另外，虽然有限责任最后成为通过证券交易所为工业筹措资金的一个新方法，但是，直到1890年后，它才开始在大范围内被用于这个目的。然而，在1870年以后，小公司越来越被大型有限责任公司所取代，这种大型公司现在第一次进入工业、商业和金融领域。

到了1900年，在工业化国家中出现了一种二重性的经济——一个未曾被组织变革所触及的庞大的传统部分，与一个有限的但经济上却占优势的近代部分，形成了强烈的对比。上述近代部分包括主要工业和一大部分商业金融企业，其典型单位是一种具有相当规模的有限责任的企业。这是由于比较大型的公司的规模和资本有了增长以及一些公司进行了合并而产生的。补充这些过程的还有：为了取得一致的价格而形成的联合公司，为了追求垄断而建立的托拉斯——最早的是洛克菲勒的美孚石油公司（1882年）——以及建立卡特尔，通过卡特尔，一种工业的公司设法控制有关的和附属的工业中它们所依靠的部分。这些发展在国际范围和各国内部发生。1883年，在英国、德国和比利时的钢铁公司之间达成了一项关于均分市场的协议。这个协议的寿命不长，但接着在工业家和银行家之间，为了分配生产者，确定航运量、回扣和运费，做了许多类似的安排。军火制造商如阿姆斯特朗、克虏伯和勒克勒佐达成了关于均分外国市场的协议。1886年，诺贝尔成立了第一个国际托拉斯——甘油炸药托拉斯有限公司。在19世纪90年代，科茨股份有限公司把与它竞争的英国、欧洲大陆和美国的公司加以合并后，对棉线几乎取得了世界性的垄断。因为这些都必然是不连续的发展——这类发展一旦进行以后，不能重复或继续很长时间——所以，19世纪末期不但和较早时期而且和1900年后的那个世代之间的区别，在于这些发展当时产生的范围的大小。

这些发展是企业及其经营所在的那个社会的复杂性迅速增长所造成的后果，也是这种情况所带来的更大困难与更大机会所造成的后果。公司随着生产的扩大和技术的应用而成长，由于这些过程，公司就必须要有更大的规模和数额更多的资金。公司越大，它就越容易指望能合并其他公司，而且依靠技术上的突破和社会日益增加的一体化，它也就更容易控制价格并取得垄断。诺贝尔、洛克菲勒和其他大企业的先驱们所积累的财富，都表明抓住这种机会所能获得的成功的实例，而且无疑地，这就是那位伟大的个人主义者洛克菲勒心中所想的那些机会，当时他声称："合并的日子将在这里保持下去。个人主义已经一去不复返了。"但是，当公司迅速地成倍增加，当传统方法由于革新而被废弃不用的事实正在变成工业生活中的一个持续的而不是偶然的特点时，困难就如同机会那样时常发生。每有一个公司扩大了自己的规模或企图将别人合并，就会不只有一个公司由于不能扩大或者不能幸免于新的竞争而被别人加以合并。与每个寻求联合和垄断，以便扩大市场和利润的公司相对照，另一个公司被引向这个方向，则是因为它需要保住这些市场和利润，因为它对安全更加关切，而这种关切的根源是，在日益增长的竞争情况下，必须要有更多数量的资金。这是在农业生产者中间要求组织起来的运动后面的主要推动力量。由于不能按照制造商或金融家的形式集中，各地的农业生产者都对改变了的条件做出了反应（在法国和丹麦从19世纪80年代初期，爱尔兰从1889年，其余地方从19世纪90年代开始），建立了越来越多的合作社，以便提供信贷，为防风险提供保险措施，以及为产品进行加工和在市场上销售。

旨在实行组织和联合的运动不仅限于雇主和生产者。1880年后，在雇佣劳动者和消费者中间，由新的立法所保护的互助会和合作商店成倍地增加，遍布英国、西欧和美国各地。互助会在英国于1875年后受到立法保护。1885年，它们的会员约有700万人，1910年约有1400万人。合作社于1876年在英国得到法律上认可，1900年全国有1400多个合作商店。互助会和合作商店在美国和欧洲的发展程度与此极其相仿。在同一时期，这些国家的工会有了增加，而它们的性质也发生了显著的变化。1890年后，这些发展传到其他地区、欧洲的其余部分和拉丁美洲。工会最后在法律上也获得承认，例如在比利时于1866年，在奥地利于1870年，在英国于1870年至1876年，在西班牙于1881年，在法国于1884年（1862年曾获得部分承认），在德国于1890年在反社会主义立法失败以后获得承认，然而，在俄国，直到1906年，它一直被认为是不合法的。工人的违约行为已从刑事犯罪项目中删去。从19世纪80年代中期开始，"新工联主义"随着立法而产生了。

工会以前是行会组织，其会员主要限于个别行业的熟练工人，其职能限于为防止疾病、事故和死亡提供互相保险并在雇主和雇员之间作为调解机构。"新工联主义"寻求一种全国范围的和按工业划分的、而不是地区性的和按行业划分的工人阶级组织。这是为了适应这样一种形势：随着国内交通的改进，一度曾是局部性的地区和职业正在变得互相竞争了。为了适应工业变化的强大影响和初等教育的传播在增加半熟练工人的比重和提升机会方面所产生的作用，"新工联主义"不仅吸收熟练工人，而且还吸收不熟练工人和半熟练工人参加。同早期的工会相比，这个运动在目标方面更具有战斗性和政治色彩，同时与政治信念，特别是社会主义或社会观点更密不可分，如法国、奥地利、意大利、德国和比利时由天主教赞助的工会，以及19世纪90年代在阿根廷、智利和墨西哥的无政府工团主义工会的情况一样。

如果工会开始具备它们的近代特性，则它们在这些年增加的会员数目要比互助会和合作社少得多，而且在1900年以后，增加的数目也比它们慢得多。在1886年至1900年间，工会会员数目在英国从125万（在1875年约有100万）上升至200万，在德国从30万上升至85万，在法国从5万上升至25万。在美国，劳工联合会在1900年只有50万会员。到了1913年，在英国，工会会员增至400万（大部分增长数，从250万至400万，是在1906年后发生的）；在德国，增至300万；在法国，增至100万。在美国，美国劳工联合会到了1904年，拥有150万会员。它们在20世纪初期以前在新的职能方面，也没有多大进展。这些事实部分通过所增加的问题，部分通过当代正在改善的条件而再一次得到了说明。

工业化和都市化的发展，虽然使工人具体地比较容易组织起来，却也在生活条件方面引起了大量意外的、不愉快的巨大变动，使人遭受新的暂时性和周期性的失业——这是更迅速的、连续不断的技术变化和工业改组所带来的后果。人们毫不奇怪：在这种情况下，日益增多的实行集体自助的可能性，被唯一能提供这种自助的越来越多的熟练工人和半熟练工人，通过互助的福利计划，主要应用于为家庭和个人提供物质供应的问题；或者，不熟练工人中的工会会员（他们在某些行业中是可能的竞争者，在境况不佳时被迫在雇主面前抢饭碗，愿拿较低的工资）在19世纪80年代暂时成功地被组织起来，加入一般工会后，又迅速地脱离，直到20世纪最初10年中才恢复。而且，一般工会和最强大的工会（即代表特殊行业的熟练工人和半熟练工人的工会），重又继续为各地区或个别的行业在相互间的利己主义的竞争中进行谈判，这种情况一直持续到1900年以后；它们没有朝着合作或联合的方向发展，以便实现代表全部工业的全国性行动，更谈不到制定政治纲领和建立政党，以便代表工人向政府施加压力了。而这不仅因为永久性就业的不可靠性诱使他们继续为自己寻找生路。朝着这一方向的进展，需要对工人在社会中的地位有一个新的认识。虽然它们有必然的前途，但工会在这个时期仍然是群众中间的组织，而不是群众自己的组织，因为公共舆论，包括工人本身的舆论，由于它们要注意更直接有关的事务，而不能迅速认识到劳工有权为强制实行它们的要求而团结起来。正因为这个原因，工会在一些较新的国家如澳大利亚，就比在欧洲发展得更快。

另一方面，在美国，几乎同样一个新的国家，工会的发展却比在欧洲要慢。这是因为在这两个地区，有利的环境延缓了它们发展成为社会上的一个主要力量，尽管从程度上来说，在美国比在欧洲要大一些。虽然这些年是暂时失业增长的岁月，但是，尽管属于工作年龄的人口有了很大的增加，总的就业还是很好地保持下去。在英国，总失业的增长率只是从4%或4.5%增至5%，尽管工人人口在1870年至1901年间从1000万增至1450万。总体来看，除了少数情况外，长期性的不充分就业让位于非经常性的和有限的失业。这些年是实际工资增长的时期，这在美国特别明显，但在所有的工业国家中，在很大程度上，也是如此。在英国，实际工资上升了大约75%，在美国超过了这一数字，在法国和德国比这个数字少些。这是既同以前它们增长少得多的那个世代相比（在英国，1875年至1898年间的增长，比1853年至1873年间的增长大6倍多，在美国大12倍多，在法国则大一倍多），又同1898年至1914年间它们处于停滞状态的那段岁月相比。这是由于物价下跌，由于在多数工业中，熟练工人和半熟练工人对不熟练工人的比例，报酬较高的职业的比例有了不断增长。在1850年至1888年间，熟练工人的比例在英国增加了1倍，嗣后至少以同样的速度继续增加。熟练工人和不熟练工人之间的工资级差也稳步增长，到了1900年，熟练工人的工资为不熟练工人的工资的1倍。随着较好的就业水平和工资的增加，价廉的消费品范围也日益扩大，而且一般家庭的规模也正在缩小。在1860年至1885年间，英国每个家庭有5.71个孩子，而在1880年至1905年间，则减少到4.66个孩子。在这些年间，生活水平有了提高，因此，人们就逐渐地不大需要让孩子去工作，逐渐地不大需要让结了婚的妇女为挣工资而去工作，同时也逐渐地可能出于自愿增加闲暇而减少了工作时间。

在所有这些社会中，国民收入增长中的一个最大份额，归于少数人，不过，却归于数目扩大了的少数人，归于比较富有的中产阶级，而不是贵族。但是，在雇佣劳动者阶级中间正转入报酬较丰的职业的人数不断增长，从而扩大了中产阶级。除此以外，广大的雇佣劳动者以他们在1870年前的收入来对比，甚至比中产阶级更改善了地位。在整个这一时期，这种相对的改善，持续地即便是缓慢地进行下去。对于大多数的人来说，也许从来未曾有过一个时刻，物质状况如此之好；而在接踵而至的那一世代，情况就不继续这样好了。有数目可观的少数人却未分享这种物质状况的改善。也许，随着都市化的发展和不大富于营养的廉价食品的销售，最贫穷的人们的生活不是改善了。而是变得更苦了。但是，他们在社会上所占的比例比以往任何时期都更小了，尽管我们没有理由相信他们在绝对数目方面减少了。较好的环境使大多数人而且数目越来越多的人适应他们生活条件和工作条件中的变化。而且，在推迟工会和工人阶级政党的发展方面，同样重要的一个因素是，在这些年中，人们看到工人阶级的命运由于国家的直接行动，第一次有了相当大的改善。

　　近代国家这个题目正如中产阶级的兴起一样，十分容易将人引入歧途。近代国家的发展史是漫长的，因此，人们有时无可奈何地下结论说，近代国家一直在兴起中。但不容争辩的是下面这些事实：不论在什么地方，只要政府不是在甚至更近的时期发展起来的话，那么，在19世纪最后的1/3时期内，它第一次从事于对社会的全面管制。虽然在这个方面还有更早的步骤，因为所有这些发展都是经过长期的酝酿，缓慢地成长起来的。但按上述这个意义所说的政府在1870年[①]，不论在什么地方都不存在。在那个日期以后，政府除了衰落和垮台以外，只要它发展，它就开始具有这个特性，并且迅速地采取这种行动。比较先进的国家在以后的30年中，都看到政府的权力和职能有了空前的增加，而且，政府和社会之间的关系发生了根本的改变。这些发展并不因为从此以后这些权力和职能继续增加和这些关系朝着同一方向继续变化，就变为次要了。

　　如同想要在一个国家之内，也就是说，要在雇主和雇佣劳动者之间，生产者与消费者之间实现进一步组织的那些运动一样，上述过程的产生是由于越来越紧迫的问题和处理这些问题的更大的可能性二者

---

① 把1870年作为一个重要的分界线，在这方面（无论如何，这只是约略的划分），英国是唯一重要的例外。人们一致认为，大约从1830年起，在所谓"自由放任时代"，英国发生了"19世纪的政府方面的革命"，管理性的国家的萌芽体现在以下方面：建立首都警察（1829年），任命第一批工厂监督（1833年）和第一批移民官（1833年），国家承担关于初等教育的部分责任（1833年），设立济贫法委员职位（1834年）以及建立监狱视察制度（1835年）。但是，即便在英国，在19世纪40年代至1870年间，对集体倾向也有很大的犹豫以及某种倒退，而从1870年前后开始，在这个范围内有了很大的进展，在立法语调上也有重要的变化。

同时出现所造成的。它比那些其他的运动发展得更深入、更迅速，而且它的进展也部分推迟了它们的发展，因为这些年的特点之一就是，各式各样的社会问题具有如此专门的特性和如此复杂的内容，因此，集体自助办法，尽管在企业单位、互助会和合作社以及工会的发展中取得了进展，却越来越不能处理那些问题。另一方面，却又出现了新的方法，而只有国家才能加以利用。自愿的私人组织的情况如此，地方政府当局的情况亦复如此。虽然这些地方政府经过改善和改革，虽然有些地方政府（如伯明翰在1873年以后，维也纳在1890年以后）在公共计划和管制方面做出了重要的首创工作，虽然其他城镇，至少在欧洲，也跟着它们这么做，或更经常的是由于中央政府的行动强迫它们这么做，但是，如果没有中央的帮助和控制，它们就变得软弱无力。在国内运输革命、工业发展、人口迁移、城市地区的扩大和社会的复杂化等方面的每一个更深入的阶段，都使地方当局的力量变得更加不足，除非其担任中央政府的代理人。而这主要是因为在有关科学和行政的知识方面的每一个进展都表明，如果这种知识要加以应用的话，只有中央政府采取行动才能够办到。

这种知识，和这些问题一样，也很快地取得了发展。这部分是科学自动发展的结果，而在公共卫生的范围内情况尤其如此。在1867年以后的10年中，如果没有像巴斯德、李斯特、微耳和科赫这些预防药物创始人成功地确定，许多疾病都是由于细菌造成的，可以用例如无菌操作和接种等简单的预防措施和方法加以防止的话，那么，现在在公共卫生领域内所取得的巨大进步，就不大可能实现。另一方面，上述知识的发展，也部分是由于越来越多的专家（自命的改革家或官员们）对社会新条件的实际经验的积累所促成的。检查人员和行政人员在管理工厂、矿山和公共卫生方面所积累的经验如同在监督教育方面一样，是一种十分强大的影响，促成了政府的行动并把政府的注意力扩大到越来越广泛的领域。但是，科学家的工作和个别改革家的鼓动，如同官员的经验一样，如果没有中央政府的力量作为后盾的话，则不会有多大效果。

如果这些考虑为政府制造了机会，如同社会的都市化和工业化制造了或至少增加了问题那样，则政府现在比以往任何时候都更加抓紧了这个机会，因为中央的行动正变得更加可行和更加必要了。社会的变化正在制造这些问题，同时也使得处理这些问题的办法变得更加可行。坚持在密集的人口中以及由快速运输工具为之服务的人口中提供用水、环境卫生、医院和道路等条件，比在分散的和联系不便的居民中采取这样的行动更加容易，同时管理和监督像工作条件这类事情也变得更加容易。而且，采取这种做法也更有必要了。例如，在群众集中居住和集中工作的条件下，当防止流行很广的疾病或不卫生的工作环境已成为一项有关公共效能和政治需要的事，而不是出于个人需要和私人良心的时候，即便通过国家采取的行动，也是可以防止的。正是由于这两个原因，结果对于70年代以前的大部分19世纪的历史所做的说明，则是政府不能或不愿按照社会变化必需的速度，也许不能或不愿按照由于知识的增加而使之可能的速度，来调整它们的态度和扩大它们的活动，而现在的一些政府的态度和活动则开始符合更紧迫的问题了。不论在什么地方，只要工业化、都市化和知识的发展，或者寻求工业化、都市化和对知识的使用的更迅速发展，如在奥地利和英国、在日本和拉丁美洲以及欧洲的情况那样，迫使政府按照不同社会中的不同变化速度和不同的政府效率，做出不同程度的反应，但又不大考虑政府的政治状况的时候，政府的统治便发生了同样的增长。地方当局的代理人中开始由中央政府的代理人参加进去并加以监督；越来越多的专家和官员要求中央政府认识到需要大量增加立法和扩大它们自己的权力：政府开始使用最严厉的强制权，以实现社会目标与公共目标，而"普通立法的基本原理获得了强制实行这一新颖的优点"。①

这个过程在四个领域中发展得最快也最深入，而截至1870年，不论在什么地方，在这些领域中只是采取过最踌躇的步骤。这四个领域是公共卫生、初等教育、工作条件规则和政府对公用事业的占有或控制。在这些领域中，上述过程在不同的国家内，按不同的速度发展。

在以后的30年中，在整个西欧、北美和澳大拉西亚，以英国在1860年至1875年间通过的一连串关于食品饮料标准、环境卫生、健

---

① 约翰·西蒙博士：《1866年英国公共卫生法令》，G.基特森·克拉克在《近代国家与近代社会》一书中引用，英国皇家学会记录汇编，第37卷（1959年），第561—562页。

康和居住条件的法令作为开端，在公共卫生事业中，继续通过了关于这些问题的立法，继续发展了管理和执行机构。尤其在城镇中，这种效果是惊人的，而且是这些地区内人口巨大增加的重要原因。早在1880年，为消灭重要的致命疾病——瘟疫、斑疹伤寒、伤寒、天花、霍乱、猩红热——而展开的战斗正获得胜利，而城市在历史上第一次正变得比农村更加卫生。英格兰和威尔士的死亡率在1870年为22‰，与1840年一样高，而对某些城市来说，则比整个国家要高一倍，但1870年以后，几乎每5年下降一次，在19世纪90年代降到18.1‰。在20世纪最初10年，降至15.2‰。在同一时期，平均寿命增长了10年以上。在所有这些地区内，取得了类似的进步。作为对比，在俄国，1890年的死亡率仍为35‰，在欧洲是最高的，而在欧洲以外地区，死亡率则更高。

在上述这些地区（在这个范围以外，例外的情况是在日本），由于经济和社会发生了迅速的变化，对于熟练和半熟练劳工以及办公室人员的需要日益增加，甚至对于不熟练工人，也要求给予更好的训练。这就需要（而且看来也需要）对于提供免费的义务初等教育给予同等注意。1870年，在英国，儿童中的很大一部分，在日本，也许全部的儿童，都仍然处于一种愚昧无知和未受教育的状态。从这个状况出发，国家教育制度发展得非常快，到了1895年，除了迅速发展的城镇以外，在英国，每个儿童，而在日本，61%的儿童都有上学的地方，并且，到了1906年，日本95%的儿童都上了学。这些数字是衡量所有先进国家截至上述日期所取得的进步的一个尺度。提供的教育仍属于最简单的一类。中等教育的发展缓慢得多。但这一变化对于社会和个人产生的影响，不论怎么估计，也不是过高的。

伴随公共卫生和教育的进展，在大部分这类国家中，政府扩大了对工作条件的管制。19世纪70年代在比利时、荷兰和瑞士，从1883年开始在奥地利，从1886年起在意大利和西班牙，90年代在法国，通过了工厂法。凡是已经有了工厂法的国家，则对它加以扩充，如1878年、1886年、1891年和1901年的英国工厂法令所做的那样。最后两项法令把委托立法原则引进英国，准许内政部不经过进一步的立法，就可以对规章做进一步的较大改动。这些改动涉及商店、洗衣店以及工厂，涉及男女以及儿童的工作时间，涉及对职业病的控制以及比较简单的安全措施。一个更新颖的做法就是开始为工人施行对事故和疾病的强制保险。在这方面，德国做出了榜样。在1887年至19世纪结束时期，俾斯麦的1883—1889年的保险方案被许多欧洲国家所仿效，奥地利于1887—1888年，瑞士于1890年，丹麦于1891年和1898年，比利时于1894年和1903年，意大利于1898年分别加以采纳。在工业化的国家如英国（在那里，国家至少强迫雇主赔偿工人因事故而遭受的损失）和美国，上述方案未被采纳。这是因为私人企业和强烈的自由主义传统在较早时期的发展抵制了国家的干预，而这种抵制是不容易克服的。

由于这个原因，同时也由于为个人提供的机会现在正迅速地扩大，美国在发展有关工厂和保险的立法方面，以及在发展有关违反自由契约原则的其他措施方面，则比英国和西欧落后。然而，甚至在那种情况下，由于个人自由得到强调，国家为了进行报复，不得不设法对有利于自由竞争的资本主义加以管制。虽然在1900年以前进展很慢，但1887年通过的关于管理铁路的法令和1890年的谢尔曼反托拉斯法带头使托拉斯约束自己，不得进行不合法的贸易，并使企业界有遭受中央政府代理人起诉的危险；甚至在美国，尽管有联邦制、政党分赃制以及对职业文官制度（被当作一种贵族制）的根深蒂固的反对，但是，特别在1883年以后，在扩大中央政府的权力方面，以及为了这项和其他任务而在发展职业文官制度方面，都取得了很大的进步。中央政府和文官们比美国历史上以前任何时期都做出了更多的工作，因此，国会的委员会有必要增多。

由于同样的理由，美国以及英国在较小的规模上，都在下列过程中落后了。这个过程是政府由于经济扩展和公共效率的需要，被迫将较复杂的公用事业国有化，或以其他方法予以控制。在英国，由于地方当局的早期发展和私人企业继续保持力量，接管电报和越来越多的电话业务，是对中央政府直接提供的各项服务所增加的唯一重要的项目。在美国，甚至这些仍控制在私人手中；两国的铁路也是如此，虽然它们接受政府津贴的帮助，并开始受政府管制的初步措施的限制。在英国（但不在美国），地方当局在中央的贷款和拨款的帮助下，它们的职能远比以前更扩大了。到了1900年，地方当局强行取得了国家大部分的自来水厂以及许多煤气、电力和电车企业。然而，在后面几个领域内，私人企业继续兴旺发达，而一些最大的、发展最快的公司都是私营的，而不是市办的。另一方面，在许多欧洲国家，在比利时、挪威、奥地利、德国、意大利、俄国、罗马尼亚、塞尔维亚，电报与电话业务和铁路，从这一时期开始，就由政府接管，而中央政府在提供其他公用事业方面，给予私人企业较小的自由，同时，对地方当局也给予较少的自由处理权。在欧洲和欧洲以外的不发达国家，在日本和拉丁美洲，在英国统治下的印度以及在努力使自己更加发达的任何地方，有关公共卫生、劳工立法和义务教育[①]的进展，由于经济和行政管理的落后状况而变得困难并且收效不大，但在上述其他方面，却朝着中央管理的方向，甚至迈了很大的步伐。在印度，铁路和广大的灌溉系统（这些发展在改善公共卫生方面有了间接效果，因为印度在1880年至1943年间消灭了由于饥饿而造成的死亡），在拉丁美洲，不仅铁路，而且有煤气、电力、水和其他事业，在俄国和日本，不仅公用事业，而且有很大一部分工业、金融和商业都划归中央所有，或由中央严格管理。

如果卫生、教育、企业工作条件和公用事业最迫切地要求给以注意，而且在这些不同的程度上和不同的环境中获得了最大的注意，那么，对于在迅速变化的社会中正在扩大的政府来说，在更必要或次要的任务之间，就没有明确的分界线了。而且，"不断扩大和改善政府机构……日益应用一种新的集中制"[②]的趋势一旦开始以后，它本身就变成一个几乎自主的力量。它在条件所必需的情况下，在具体困难及社会习惯和政治利益造成的阻力所允许的范围以内，尽量迅速地、尽量向远处蔓延。在俄国、东欧和南欧的部分地区，在欧洲以外这个趋势确已开始的许多地区，甚至在迫切需要的领域内，它也由于人们的落后状态和反对而受到了限制。在美国，除了在被认为是个人权利的教育领域以外，它同样受到限制，但由于固有的传统，联邦结构和私人企业的上升趋势所造成的限制却比具体困难造成的限制要多。然而，在英国和西欧，国家对社会的有效干涉，不论是直接的，还是通过中央管理地方当局的途径，在所有这些领域中和更广泛的战线上建

[①] 但是，日本在这方面是一个很大的例外。参阅本书原文第20、179、472页。关于其他方面，印度和一些拉丁美洲国家的初等教育只有微小的进步，而其他地区则根本没有。

[②] A. V. 戴赛：《19世纪的法律与舆论》（1914年，第2版），第306—307页。

立起来：设置并监督监狱和教养院、疗养院和医院以及学校；提供津贴并为了佃农的利益，强行规定固定的地租和为了进行改善所需的补偿，以及规定工厂条件；而且同样重要的，采取征收所得税的手段，来支付社会服务事业不断增加的支出，并且把征税办法本身（分级征收所得税和资本税）作为实行社会改革和控制财富的一个手段。

直到1870年前后，在英国，中央政府的大部分岁入都来自对消费品征课的间接税，而一半以上的支出，则用于支付国债利息和处理国债所需的费用。它的主要财政任务是把一小部分来自穷人的国民收入重新分配给富人。在其他国家中，这种情况甚至达到更大的程度。虽然在同一方向的变化，从20世纪最初10年开始，发展得要快得多，但到了19世纪结束时，在这方面已经发生了一个根本的变化。所得税在英国，从19世纪80年代开始，已不再被当作一个不幸的应急措施，而且从19世纪90年代开始，在一些欧洲国家，如德国、意大利、奥地利、挪威和西班牙第一次被采纳。所得税，由于对它要求更多，开始分成等级，以便使较重的负担由收入较高者承担，并且在英国，在80年代以后，特别是1894年以后，在法国，从1901年开始，用征收遗产税的办法来加以补充。在英国，除了来自对财产所征的地方税的岁入，从1870年开始比来自国家税的岁入在比例上要大得多以外，所得税在总税收（地方税和国家税）中所占的比例，也从微不足道的数目上升到30%。在欧洲国家中，变化的速度和程度都比较低，而较大一部分增加的支出则仍然依靠对消费品所课的间接税来偿付。越来越大的支出对于这类国家中的某些政府来说，也许和正在变化中的世界经济形势同样重要，成为在19世纪70年代以后采取较高关税的一个理由。但是这些国家以及英国，正是在19世纪最后这些年才在对待税收与支出的旧态度方面，做了第一次突破。

实际上，到19世纪结束时，在这些国家中所完成的工作如此之多，因此，对于那些尚未完成或尚未尝试的工作加以详细说明，是很重要的。在公共卫生方面取得的进展，主要由于对自然环境进行了控制，只是到了1900年以后，才在医疗事业和卫生实践方面取得了巨大的改进，这二者共同使死亡率，尤其是婴儿和老人的死亡率进一步下降。在1891年至1901年间，婴儿死亡率同19世纪40年代同样高；对于超过45岁的人来说，死亡率减少得很慢，而这主要是影响到35岁以下的成人。由国家或市政当局为工人阶级提供住房问题仍待将来解决；在1914年时，提供住房的规模仍然很小。扩大的工厂立法只处理工作时间、年龄限制和安全与健康标准；而且，工作时间尽管稍有减少，仍然很长。在英国，从1870年以来，工作时间由每周60小时降至55小时，但最低工资还必须等待更关心社会的一代来确定。采取最低工资率是脱离维多利亚女王时代的正统观念的一个主要做法，首先在英国于1909年、1912年和1914年实行。与事故和疾病保险相对的失业保险，与雇主和雇佣劳工出钱的保险相对的国家保险，在1911年以前的各种保险方案中没有它们的地位。不论在什么地方，公共的社会政策都没有对贫穷问题表示关注，也许这个时代的最大失败是，贫穷现象竟被允许在富足中继续存在下去，如果不是更增加的话。没有一个国家这时具有50年后在许多国家中一同使得经济管理和防止失业成为政策主要目标的那种知识或见解。有关提供普及的义务初等教育的措施涉及行政管理，建造校舍和培训师资等庞大方案，这些只能慢慢地进行。在1900年，在任何地方，这些都未完成，而且，不论在什么地方，与个人积极性和私人捐助相比，国家对于大学和中学教育没有提供很大的援助。征收所得税，甚至分级所得税已经实行，以满足政府不断增加的支出，但即便在最先进的社会中，每英镑征收1先令2便士的所得税，在1901年被人们认为这在和平时期几乎是无法忍受的。英国的所得税从1875年开始不断上升，直到1885年达到8便士。它从这个数目再没有上升，直到19世纪末布尔战争爆发时，它达到了1先令3便士。布尔战争结束后，它又回到1先令，但在1910年至1914年间，曾经回到1先令2便士。许多国家仍然主要依靠直接的消费品税，特别是依靠关税，这些税收由穷人和富人同样负担。然而，由中央政府供给社会需要和控制社会问题，尽管其规模受到这些限制，至少在最先进的欧洲国家中，到了20世纪初，在30年中有了如此巨大的进展，结果如论述1888年英国地方政府法案时所说的，它们已经"改变了生活的……结构"，并把"一般生活的全部过程，从诞生，甚至从生前一直至安葬时止……都纳入公共关心和注意的范围以内"。①

---

① G. M. 扬：《维多利亚女王时期的英国：一个时代的描述》，第151页。

这些政策，一旦被采纳后，不能撤销或搁置一边，而且，如果不能倒退回去，则同样不可能停滞不前。从20世纪初期开始，在比较先进的社会中，循着同一方向的进一步发展，是日益迫不及待地对受欢迎的政府所进行的考验。没有多久，在世界其余地方的政府，将面临的选择是招致政治上的混乱，还是试图仿效。在1870年至1900年间，事情还不是如此。与经济、技术和社会等方面变化的潜流形成强烈的对比，而且也是由于这些变化的缘故，这个时期是国内政治比较稳定，宪法领域的发展无足轻重和政治观点方面采取保守主义的一个时期。

在截至1875年的100年中，革命或企图进行的革命以及政权的剧烈变动，已经成为通常发生的事件，甚至在这一时期的最后15年中，发生了美国南北战争、波兰起义、日本明治维新、法兰西帝国崩溃、西班牙君主复辟以及德意志统一和意大利统一所涉及的许多重新调整。从1905年以来，在世界大部分地区，国内政局也同样不安定。在中间的这一世代，至少在卷入经济和社会变革的那些国家中，情况并不如此。在古老的和主要实行君主制的欧洲，除了新国家（它们本身也是君主制）在罗马尼亚和保加利亚，在巴尔干的民族主义和奥斯曼帝国的衰落的基础上建立起来；在新世界（主要实行共和制）除了在巴西的唯一君主国的垮台，西班牙在古巴的统治由于当地的民族主义和美国的扩张的共同力量而被推翻，以及在几乎未被经济和社会变革所能触及的拉丁美洲较小的国家中继续发生内战和军事政变；在实行更新的制度的日本；在欧洲以外其他的白人的殖民中心地区——在所有上述这些地区都没有发生过关于政权方面的变化，或企图实现这方面的变化。这是它们在19世纪，以及在以往的150年中，所经历的最长的一个国内政治比较持续稳定的时期。

甚至在确立的政权组织以内，也没有多大宪法上的变革。在除了日本和俄国以外的所有这些国家中①，它们的宪法于1870年已经确立了一种议会；但所有这些议会，除了英国、比利时和美国的以外，

---

① 在整个欧洲，其他不设议会的国家只是门的内哥罗、梅克伦堡—什未林、梅克伦堡—施特赖里茨（直到1918年仍保持中世纪的等级制度）和土耳其。在欧洲以外，在已提及的地区内，比较不重要的拉丁美洲国家是除日本外的唯一例外。

对于行政部门只有名义上的权力。在这以后的 30 年中，除了在日本以外，没有建立任何新议会；除法国外，在任何国家中，立法机构都没有取得重大的进展来建立一种议会控制行政部门的制度，即一种可以同在更早时期英国、比利时和美国所发展的议会相媲美的议会制度。在其余地方，行政机构，不论是君主制还是共和制，都容易保持它的权力和地位或加以扩大。甚至在英国、比利时和美国，尽管议会的控制仍然牢固地确立，但立法机构在与行政部门的对比关系中开始衰落。美国在这个时期开始时，企图实现国会对总统和最高法院的压倒优势，但结果由于总统权力的扩大以及最高法院对国会通过的法案加以否决和进行解释的情况不断增加，国会只好退却。在英国，以议员享有独立地位和下院享有立法动议权作为标志的黄金时代已经过去，接踵而至的是政党组织的增加和控制多数党的内阁对议会事务的控制的日益增加。在比利时，利奥波德二世成功地使海外活动与政策不再受议会的监督，特别是通过他的国际非洲协会，建立了对刚果自由邦一种个人的、虽然不能说是专制的君权。

在政治的另一方面，由于行政部门与立法机构对比，力量继续增长，因此，许多国家的政党，或是成为猎取职位、脱离公众的寡头政治家和著名人士的小集团，或者如果成为像德国社会民主党那样的群众党派，则继续失去政治影响或掌权的希望。在这一方面，英国及其实行自治的殖民地、美国和法国的改治制度，也许是唯一经历过明显的内部发展的制度，这种发展是在政府与被统治者之间的复杂关系中产生的有机变化，而不是为了维持旧政治结构所发展的新策略。它们趋向政治观点上的保守主义，从而证明这个时代盛行的政治特征。

在英国，拥护共和体制的情绪在 19 世纪 70 年代并不罕见，在 1880 年至 1885 年间，一个任期很长的自由党政府掌握了政权，但在以后的 20 年，则由保守党进行了几乎不间断的统治。从南北战争到 19 世纪结束这一时期，美国这个一度曾是欧洲激进派的灯塔的国家，稳步地向藏在保守信念后面的一致性发展；日益变得保守的共和党的权势正蒸蒸日上；主张政治和经济改革的激进的提案越来越得不到赞助；甚至这个时期平民党进行的鼓动，看来可能是对这些倾向形成了一个例外，但它却与这些倾向相一致，因为它基本上要求实行更多的统治。它抗议这样一个事实：即由于对其统治继续采取自由放任的态度，美国1880年后在社会改革和工业立法方面落后于西欧。在法国——甚至在法国——宪法问题几乎到处失去了它一度拥有的力量，关于它的分歧和武断见解，在机会主义的共和党人的决心面前已失去了重要性。这些共和党人奉行保守主义和经验主义，从19世纪80年代初到1898年间几乎不间断地执政，他们的决心就是要避免一切有争议的方案来进行统治，但他们为了坚持社会改革而提出的方案则不在此列。

在这些西方国家中的保守主义，将保存一个较早的自由主义时期的伟大成就；它的实践者们是在一个得到接受的和持续的自由主义思潮中工作。另一方面，在俄国和土耳其，正是针对这些成就和这样一种社会思潮，保守主义采取了比以前更进一步的反对态度。然而，上述那些国家也经历了保守主义倾向，即便那里的保守主义倾向，经过19世纪60年代和70年代由独裁政府施行自由化政策的时期以后，采取了反动的形式。那种倾向的另一方面，即自由主义的衰落，情况也是如此。这是一个过程，只要历史学家被名称（按照吉本的说法，人们被名称所统治）。引入歧途，它的广大范围就被掩盖了。所谓的"自由"党在几个国家中仍然掌握政权。不论在什么地方，只要它们在任何一段时间内掌权，如在拉丁美洲、意大利、匈牙利和罗马尼亚那样，它们的观点和纲领便与传统的西欧自由主义的观点和纲领几乎没有相同之处。按照自由党遵循那个观点和那些纲领的程度，它们或者像在俄国和土耳其那样受到排斥，或者在其他情况下失去了影响、追随者和职位，经历了那种内部分裂，使想象力变得狭隘，有利于宗派主义和武断的信念，而这种分裂到了20世纪最后促成了它们的衰落。这一过程在整个西欧、英国、以及美国都可看到，而在美国，民主党比它的对手共和党更严格地奉行自由主义。

自由主义衰落的不同性质如保守主义目标的不同性质一样，可能提示人们，即使是为了做出必要的概括而认为这类形形色色的国家都具有共同的政治倾向，那也会令人产生误解；而且，把那些倾向解释为产生于同样的原因，则更令人产生误解。事实上，证据表明所有这些国家从不同的出发点，朝着一个保守主义方向前进，值得注意的是，即便在不同的水平上，它们都朝着同样的保守主义方向前进。关于这点，有一个主要原因：当它们处在不同的经济发展阶段，拥有不同的政治结构（这些都是它们以前不同的历史的产物）的时候，它们受到了时代的经济与社会变化的冲击。它们在不同程度上经历了这些变化。但是，它们全都经历了那些变化的重大政治后果，即近代政府的开端。如果它们也全都经历了一个政治稳定或停滞时期，如果在一个总的保守主义倾向中，自由主义在某些国家中消失殆尽，在其他国家中受到歪曲，而在另一些国家中受到挫败，这主要是因为近代国家的兴起，不论其后果对于未来如何，这时却支撑住政府的现有形式——不论这些形式如何——而所采取的手段则是使政府的态度社会化，并增加政府的权力。

　　至于结局是稳定还是停滞，它的产生是更多地由于一个政府改变了的态度，还是由于一个政府依靠它所增长的力量，这决定于每个国家一系列的过去与现在的情况。在某些国家（总的说来，那些政治上最先进并经历了最迅速的社会与经济变化的西北欧国家和英语世界），政府态度的改变是至关重要的。在这里，要求政府进行政治变革的压力也减少了，因为经济和技术的进步已改善了实际工资和生活水平。这个事实有助于推迟工会和工人阶级政党的发展，并使他们不去进行政治鼓动，同时，结合对工人组织的危险性的恐惧，有助于使正在成长的中产阶级和保守主义政府结成同盟。这个事实在美国尤其有影响，因为那里总有某些事业比政治更有利可图，在德国也同样很有影响，因为那里的社会民主党尽管在鼓动上和纲领上是马克思主义的，然而，在实践中却变成了修正主义的，不过它却没有使中产阶级放心。它成为一个压力集团，它为工人在工业的利润中谋取更大的份额，而不是要削弱社会的基础或在国家的统治中为工人谋取甚至更多的地位。然而，除了在美国这另一过程被推迟以外，不论在什么地方，物质改善本身都不如下列事实产生那么大的影响，这个事实就是，政府已经先解决了那些不满，否则，这些不满将支持或制造对政治变革的要求。除了在美国以外，在所有这些国家中，扩大社会领域中的中央控制和干预都有两个共同点，它使社会上最需要改善的不大富裕的阶层获得最大的好处；它由于政府的主动而产生，而不是由于政治鼓动的结果。在英国，当时被认为自相矛盾的是，对于社会产生如此巨大影响的而且在实行以后受到如此广泛欢迎的措施，在事先并没有多少公众提出要求。

政府对于社会的控制增长的情况，对于这些年来在这些政府活动的政治范畴内所造成的一项直接变化，即选举的民主化来说，也是适用的。虽然在20世纪以前，除了在澳大利亚和新西兰以外，不论在什么地方，妇女都没有获得选举权（在其他地方，芬兰和挪威于1907年开了先例），但是，普遍的平等的男子选举权在1870年只存在于美国（南方黑人除外）和英国实行自治的殖民地，这时在这些国家中它正被提到议程上来，而在某些国家中已经实现了。它在不同的国家中，在不同的程度上和不同的时候进行，但是选举权在不同程度上的扩大是由于政府的创议而产生的，不是由获得选举权的人们迫使政府做出的让步。有时，对于这种扩大产生了抵制，比对政府对于社会事务的干预进行抵制的情况还多。尽管有这个事实，有些政府仍然坚持实行。在这个问题上，如同扩大政府在社会中的职能一样，这些政府，不论其处境如何不同，其动机之间的差别却不易察觉：一般说来，采取创议的原因，如迪斯累里和俾斯麦在这个时期初所做的那样，是由于相信人数扩大后的选民主要将是保守的。另一方面，这个由政府采取创议，而没有发生政治鼓动的时期和下列那个时代之间的差别很大，那个时代认为，按照墨尔本勋爵的说法，"政府的全部责任是防止犯罪和保护契约"；而且，那个时代在英国产生了有关第一个改革法令、宪章运动和废除谷物法的斗争，并在欧洲引起了1830年至1849年间的革命。同时，对于政府采取创议和没有发生鼓动这二者之间的联系，不能有任何怀疑。正是主要由于政府采取行动来管理社会，实行直接的、分等级的征税并扩大选举权，阶级怨恨才逐渐减轻，并且在这些年间，普遍维持了政治稳定的局面。

在另一个极端，则是这样一些国家，它们对选举权没有加以扩大，如葡萄牙、瑞典、丹麦、奥地利、匈牙利、罗马尼亚、塞尔维亚和德意志的一些邦保留它们高度限制性的选举制，虽然奥地利1896年曾扩大它的4个等级的间接代表制度，以便将代表群众的第五个等级包括进去；或者，如俄国直到1905年的革命以后，或土耳其直到1908年的革命以后，选举权都仍然是不存在的。在这里，政府不大依靠预防不满的措施，而更多地依靠它日益增长的力量来压制不满情绪。在东欧，情况尤其如此。在这个地区，传统形式的政府，多年来没有受到多大变动，恰好同这样一种形势相合，即经济与社会变化制造了恶化的而不是改善的物质条件，同时又未能同人种区域相一致。同一人口增加，对于德国的工业革命做出了主要的贡献；而在俄国和东欧，则超过了工业化的速度，在那里，发生了在欧洲几乎是绝无仅有的情况，即农业人口较以前任何时候都增加得更快，造成了贫穷、土地不足和普遍的经济动荡。这些情况也适用于意大利南部、西班牙和葡萄牙，但规模较小，并且从这些地区向外国移居也比较容易。同一的社会与经济变化和同一的民族感情，在西欧使中产阶级同已确立的权威取得和解，但在这个地区，在不大发达的政治结构中，却导致那些阶级中至少某一部分反对上述权威，如半个世纪以前，西欧的情况那样。在类似这样的情况下，尤其显著地是在俄国和土耳其，那里不存在议会，而政党仍然被看作阴谋集团，严重的不满情绪只是依靠警察、军队和行政机构日益增加的效能，才能予以压制。缺乏政治上和宪法上的变化，在一些国家中主要是政府态度的改变和政府与社会之间的关系的改变，在经济条件改善的帮助下所带来的后果，而在这里，在社会与经济情况恶化的条件下，则主要是政府权力得到了较大增强所带来的后果。

在这些极端实例之间，还有各种不同的情况。在一些国家中，选举权只是稍加扩大。在意大利，1882年的立法，即这个时期的唯一的扩大，将选举权扩大到7%的人口；在日本，根据1890年选举法，选举权第一次给予大约1/10的人口，而他们主要是地主；在印度，英国政府在1880年决定按西方方式发展代议机构，到了1892年，选举原则从地方议会扩大到国家议会，尽管选民仍受限制。在其他国家，只是在这个时期结束时，一种高度限制性的选举制才突然被废弃，通常赞成采纳普选制：如1890年在西班牙，1893年在比利时，1898年在挪威，1900年在巴登，1906年在巴伐利亚和符腾堡。同其他国家中的政府情况相比，在一些国家中，政府的社会活动更能与公众的思想同时并进，而且政府的压制行动也比较缓和。造成的某些结果是，如在印度的集权而又开明的专制主义，又如在日本和拉丁美洲的主张秩序和进步并且日益提高效率的独裁主义，它们往往以一些社会纲领和一种宪政主义的伪装来掩盖它们寡头政体和使用暴力的性质。但是，我们不能做一般性的结论，而只能说，在所有这些情况下，政府依靠暴力和改革的混合物来防止不满和维护秩序，虽然程度不同，但比起极端的实例的情况来，在程度上要大得多。

另一方面，也有可能把极端的实例的差别加以夸大，而这样做，将会把最先进国家的历史上这个时期的一些重要的特性掩盖起来。这些政府着手社会改革和扩大选举权，与民主政治的发展不是同一件事。如果关于采取这些步骤的决定通常是行政措施而不是政治策略（即运用确认的权威的实践，而不是为争取拥有权威的斗争所带来的结果），那么，这些决定在改变统治阶级成员方面至今还没有产生多大影响。它们在任何国家内，都几乎没有像在英国由于1872年的无记名投票法和1885年的选区重新划分法那样，同时也规定了关于秘密投票和公平地划分选区等办法。虽然由于创造了大批选民而扩大了选举权，这将有一天会改变政治的形式和制度，也就是说，将迫使政党将自己从寡头政体改为群众组织，收纳新人作为会员，采用新的演讲术和新闻技巧，促使选民去投票。但这个改变，由于上述原因以及议会与行政部门对比，议会的权力继续受到限制的缘故，而成为一个缓慢的过程。

即便在英国，由于议会的权力和秘密投票的措施，使这个改变很早就开始，但继续实行一人多选区投票权的办法（50万选民在1885年后仍然行使一人多选区投票权，某些个人享有9票之多），以及一个长期确立并得到承认的统治阶级的存在，延缓了这个改变，并保证民主体制不会迅猛地向前发展。统治阶级的社会结构在中产阶级增长时缓慢地变化：从1885年开始，在贵族中的工业家人数开始有显著的增长。但在政治上，1900年的形势和在19世纪70年代的形势没有什么重大的差别，当时有80名贵族的儿子在下院任议员，而内阁成员则有1/3至半数是贵族。德国社会民主党，尽管受到限制，却是英国和美国以外发展大量拥护者的唯一政党，它发现政府组织不准许政党的力量化为政治影响和权力。美国是久已确立具有这一意义的民主体制并确实使之得到发展的唯一国家，在那里，甚至对民主体制也有一种强烈的反应。在这一时期，在知识分子和富人中间，开始对民主体制产生了严重的怀疑，他们因为未能确立一个得到承认的统治阶级而感到懊丧。当时是1870年至1910年这段岁月，美国女继承人和欧洲贵族之间基于利害关系而结婚的现象特别常见。这个事实不论它如何阐明欧洲贵族的历史，却确实说明了美国富人中间的舆论动向。虽然普选权原则上是不可根除的，但要把它扩大到黑人，在实践中却由于宪法上的推诿予以躲避。正是由于害怕强大的利益集团实行多数统治，以及随之而来的希望，即要尊重宪法而不是《独立宣言》，并将宪法置于选民力所能及的范围以外，结果使最高法院的权势比国会和联邦各州议会的权势，有了增加。

如果即便在独裁程度最低的国家中，统治阶级的组成没有多大改变，民主政治没有多大进展，而且对它还有某些反作用，那么，下列情况也是事实，即在那些国家中，如同在更加独裁的国家中的情况一样，权威的力量稳步地增长——正如在某些独裁制国家中，至少有一种要想治理和改进社会的努力。关于这个时期的所有扩张的政府，可以说它们不仅是为了社会的利益才在社会领域内进行干预，而且，也不仅在社会范围内才增加了它们的效能和力量。所有的政府，包括独裁程度最低和最高的，都在行政和管理效能方面有了进步；所有的政府都依靠这种发展：即依靠官僚、军队和警察的成长和专业化；依靠武器和运输的巨大改进；依靠通过对报刊的影响，越来越可能控制舆论和取得公众的效忠；依靠广泛实行征兵制和提供国家教育等措施；依靠增加中央集权的所有这些原因和结果来维持稳定的局面。这种依靠，按照它受到继承下来的政治结构和一种进步的统治态度的影响的多少，而达到不同的程度和采取不同的形式。但是，即便在独裁程度最低的国家中，它在维持秩序与政治稳定等方面也起了作用，这种作用，即便是间接的，也比以前要大得多，而且只是比社会改革、扩大选举权以及这些事情所导致的政府与社会之间的日益增长的信任次要一些。

这些事实对于了解这个时代的政治是至关重要的。即便在独裁程度最低的国家中，它既有增长权威，又有扩大民主的特点，而且，它的特点与其说是扩大民主体制并使政府民主化，不如说是走向政府政策的民主化，以及政府在其中活动的政治结构的民主化。正是这些事实说明了自由主义衰亡的原因——说明它在比较民主的国家中已经衰落，在不大民主的环境中遭到了挫败，而且在介乎上述两种情况之间的条件下，遭到了歪曲。

19世纪70年代，在西欧的先进国家中，当自由主义在它的欧洲发源地正达到高峰时，奉行自由主义的政府抛弃了自由主义对国家权力的反对，同时把国家看作是在改变了的环境中实现自由主义关于自由的概念的最有效的手段。这时，这些政府接受了关于不可避免地扩大政府职能的早期步骤，并对个人使用了前所未有的国家强制力量来实现社会目标——接受国家教育的概念，给予工会合法的地位，证明公共卫生措施的正确性，采纳了甚至保险立法与工厂立法。在这些国家中，事实上没有一个政府（不论其政治色彩如何）能够反对这些发展，然而，从19世纪70年代末期开始，这些政府在那些国家中，却被群众和近代国家这两个相关的力量的进一步发展所压倒和推翻。国家作用的每种扩展，社会问题的每个新方面，对于群众的出现的每种承认，政策的每个新转变（不论是转向保护关税主义和帝国主义，还是转向社会管制和扩大选举权）都同自由主义关于契约自由和企业自由、自由贸易、个人自由、公共经济和政府尽量少进行干预等信念发生冲突。作为自由主义的伟大贡献的宪政国家及其指导原则，即个人自由、法律平等以及同教会的冲突，根据它们在这些国家中已经确立的不同程度，已被具有更多的经验主义和保守主义的政治家们接收过去。自由主义变得更加教条，更狭隘地同城市的和大企业的利益结合起来，甚至当工业组织本身，随着从个人控制转向社团控制的运动，正在摒弃自由主义的时候，也是如此。自由主义政党在这些当前的问题上分裂为温和的（民族的、社会的或帝国主义的）和激进的派别，并失去了职位。自由主义统治或其相等物于1885年在英国、1878年在德国、1879年在奥地利和荷兰、1880年在瑞典、1884年在比利时、1885年在法国告终。在德普列蒂斯与克里斯比统治下的意大利和在西欧以外的一些国家中，自由主义政党仍继续执政。但是，它们只在名义上奉行自由主义，开始实行保护关税主义和帝国主义，从事社会管理，而在旧有的自由主义信条中，只继续保持反对扩大选举权和教会的权利。在这些国家中，如同在甚至更加独裁的国家中，真正的自由主义仍然成为反对已确立的权威的一个有关的、即便是削弱了的基础。但是，即便在这个任务中，即便当它不受到日益增加的遭到压制的可能性的约束，它也注定要遭受挫败，因为对于社会管制和强有力的政府的需要日益增加，而且广大的群众也要求这些东西。

自由主义的衰落，在1880年后从保守主义政党获得的新生命中，从政局中新的教派政党的成立中反映了出来。这些教派政党中的大多数代表着一个天主教—社会运动，正如德国的中央党、奥地利的基督教社会主义党、比利时、荷兰和瑞士的教权主义党、法国的"自由主义行动"和意大利的"大众行动"那样，它们全都以它们对传统制度的忠诚，对作为自由主义经济理论基础的实利主义所进行的批评，和采取社会纲领以及同样地传播社会主义的观点，来提出一个民主的呼吁。保守主义倾向事实上由于社会主义的竞争而增强。社会主义在历史上是自由主义的取代者，而且作为对现存社会的批评者和对抗者来说，在逻辑上也是它的继承者。这仅是因为它向群众进行呼吁：它本身将使用近代政府的一切权势和近代镇压措施的一切手段来实现它的目的，即便它相信，当这些目的实现后，对于镇压的需要和国家本身都将消亡。但是，社会主义迄今造成的恐惧，比它赢得的拥护给人以更深刻的印象。在独裁国家中，它由于受到压制而被延迟和挫败，在那里，有一天它将因此而更强烈地表现自己；在比较自由主义化的国家中，它由于人们主张宪政改革，甚至对君主权威进行妥协而失势，被经济条件的改善和政府采取的预先行动所延迟和挫败；不论在什么地方，它会由于一种十分精确而又全面的信条，在其追随者中间必然引起的那种教条主义的争吵，而被延迟和挫败。

战争及其带来的后果：道德上和物质上产生的纷乱，对于某些政府丧失信心，而另一些政府又失去权势，正是这些情况最后将为社会主义提供它的第一个机会和许多追随者。但是，在19世纪的最后1/3时间内，却惹人注目地没有发生任何大规模的战争，正如没有发生国内的政治与宪政的变化一样。

在1871年以后，而且一直持续到1914年，在各大国之间保持和平的时期，甚至比1815年至1854年还要长久，而这个时期尤其没有被一些比较次要的战争所扰乱。在1854年至1870年的16年中，曾发生过5次战争，涉及全部位于欧洲的世界上最主要的国家中的一个或几个：经过一段岁月，在这些国家的相对力量缓慢地发生了变化以后，现存的国际秩序（1815年和解方案中的领土安排和政治设想）已经不再代表力量和利益的真正分布。那些冲突中最近的和最重大的冲突——其结局是强使奥地利不得过问意大利和德意志；普鲁士击败法国；意大利未经宣战或国际会议的认可，占领了罗马和教皇统治的各邦；普鲁士未经一次会议或公民投票的认可而占领了阿尔萨斯和洛林——证明是一个调整过程中的最后步骤，是一个时代的结束而不是开端。至少30年来，欧洲的新现状，正如它所取代的1854年前的形势那样，没有遭到挑战，并且广泛地得到了接受。只是在巴尔干半岛，疆界有所改变，或主权有所转移；甚至这些改变也是强加给那些不乐意的大国，而不是由它们引起的；甚至这个东方问题也没有严重地危害了和平，虽然它支配了欧洲关系，因为这些大国不能回避由于土耳其的崩溃而造成的复杂局面，但又不能同意采取瓜分土耳其的办法来加以解决。相反地，在欧洲以外，疆界和主权发生了重大的变化，比以前的任何一个时代的变化，都更加迅速和更加广泛。这些变化的实现，没有在主要大国之间引起战争，或严重的战争危险。在这种流动性很大而行动方向未曾探明的情况下，外交活动证明是与它在旧大陆的拥挤而熟悉的道路上前进的时候，同样产生作用。而且，政府也证明是同样谨慎行事的。

在欧洲以外，如同在欧洲以内一样，这种情况基本上是由于欧洲主要国家之间新的力量均衡所造成的。欧洲以外的新国家正在兴起；它们为追求它们的利益，甚至能够正式向另一国家宣战，如日本于1894年对中国宣战，美国于1898年对西班牙宣战。但是，日本在击败中国后必须更加谨慎，美国在远东必须比在新世界更加谨慎，因为直到20世纪最初10年——直到美西战争，经过这场战争，美国占领了菲律宾，兼并了夏威夷，作为一个太平洋强国出现；而且也直到俄国在1904—1905年间的日俄战争中失败——欧洲以外的许多问题都由欧洲强国所左右，除了像北美洲那样的特殊地区被门罗主义和门罗主义所依赖的英国舰队封锁，以及像拉丁美洲那样，在中部和南部国家之间发展了地区的力量均衡。在那些国家中，只有英国，由于它的特殊地位，甚至对一个小国正式宣战，如对布尔人宣战；或者，如在法绍达危机时，甚至能够对另一个大国以宣战进行公开威胁；或者，如在1882年对埃及实行占领时，能够着手把当前的力量均衡进行严重的改变。俄国在19世纪70年代的近东危机时对土耳其宣战，虽然它公开宣称它具有基督教的和欧洲的目标，而不是自私的目的；它和其他欧洲国家后来都不能避免在欧洲以外的活动，甚至战斗。但是，即便在欧洲以外的范围内，而更多的时候是在欧洲内部本身，所有的国家都由于在它们中间存在的那种相互关系的体制而受到约束，不采取轻率的活动——不互相作战，不同其他国家进行正式战争，不为自己攫取那种其他国家不能攫取的利益。

  柏林代替了维也纳和巴黎，成为那个体制的中心。新的德国的力量十分强大，足以保证使奥地利和法国都不能在没有援助的情况下改变形势，而且使它们得不到支持来改变形势。但是，这两个国家尽管遭到过失败，如同俄国尽管在克里米亚战争中遭受耻辱一样，仍然是大国，而当时正是大国与比较弱小的国家之间的鸿沟变得很大的时期。① 许多同时代的人们早就盼望法国对德国进行复仇战争，在他们的眼中，对于奥地利和法国的恢复元气，并不存在明显的障碍，而它们的潜在力量也不亚于德国。如果有一些同时代的人们认识到或者担心它们的相对衰落，他们也同意或坚决认为，德国要想扩大它已经取得的优越地位，不能不冒很大的风险：对任何一个被削弱的国家进行袭击，必然会促使其他国家给予这个国家援助。俄国和英国本来对奥地利和法国早期的失败漠不关心地旁观，但在1875年却表示它们不会容忍普法战争的重演，正如它们不会帮助推翻普法战争的结局一样。而且，这也不是唯一证据来表明，最近的变化非但远远没有建立一种达到危险程度的德国优势，而且还使欧洲摆脱了随着拿破仑三世而重新出现的法国优势的威胁，同时却又没有让德国的优势取而代之。俾斯麦尽管进行种种威胁，却坚决认为德国是一个得到满足的国

---

① 人们只需列举一些国家，就可看出这个差距有多大。1871年在欧洲，与德国、英国、法国、奥匈帝国、俄国和意大利并列的，有11个较小的国家：土耳其、西班牙、瑞典—挪威、丹麦、葡萄牙、荷兰、瑞士、比利时、希腊、塞尔维亚和门的内哥罗。在这些国家中，只有土耳其、西班牙、瑞典—挪威和丹麦是完全的主权国家。塞尔维亚和门的内哥罗，虽然是自治的，但法律上仍属于土耳其帝国。希腊保证遵照三个保护国的忠告，这三国是俄国、英国和法国。比利时受1839年大国强加给它的中立条约的约束。瑞士和荷兰受维也纳会议的同样约束。葡萄牙传统上与英国联合。在19世纪结束前，只有罗马尼亚（1878年）和保加利亚（1878—1886年）加入了这些国家的行列。在欧洲以外，只有美国在1871年被认为属于大国等级。但它和迅速兴起后的日本都不能说是在19世纪结束前已经被纳入国际体系之内。

家，它只是经常特别畏惧别的国家结盟，企图安抚俄国和奥地利并孤立法国，这不是没有道理的；同样地，没有任何一个国家（包括最痛恨俾斯麦的花招的法国在内）认真地认为俾斯麦的花招，以及使他能够施展这些花招的从巴黎向柏林的中心转移，对于上述体制或者和平是危险的；这也不是没有道理的。

　　主要由于这些原因，在一种力量分布大体相等和总的方面达到均衡的情势下，列强选择了和平而不要战争。这种形势接近于、尽管不能完全达到那种完全的和平状态，"如果在世界上的一切地方，实力与实力并存，而且没有软弱点和腐朽点存在的话"①，这种和平状态将会存在。但是，这种形势不只是鼓励它们重新采取19世纪上半叶的那种自我克制。它使它们能够继续奉行这样一些原则，在这些原则的基础上，在较早时期建立了一种关于列强的集体主义和"欧洲协同体"的认识。这些原则，如条约不应当以单方面的行动而抛弃不顾，个别国家要取得利益，不能不得到普遍的同意，而且在通常的情况下，不能不给其他国家以补偿，列强对于欧洲的问题负有共同的责任，在1854年至1871年的战争中，不可避免地被停止应用了。但是，既然它们从来没有被解释为在战时可以适用（关于战争的法规同样地而且也合乎逻辑地是大家所接受的公法的一部分），它们在停止使用期间，却仍然限制了那些战争的目的：关于这些战争的显著的事实是，它们所造成的改变是有意识地加以限制的，尽管也谈到了在一定程度上煽起战争的民族主义所具有的爆炸力量。上述那些原则在战后也幸存下来：对它们继续默认，是广泛地接受新的现状和一同下定决心在1871年后保全和平这二者的基础，正如由于力量均衡而产生的现实考虑所引起的自我克制，也同样是它们的基础一样，虽然这两个因素是互相支持的。列强之间的力量均衡遏制了危险的活动，而自我克制的这个另一来源正促使力量均衡能够发生作用。

　　然而，国际关系在性质上和1815年后较早的和平时期的国际关系不同。列强之间的均势及其在避免战争方面的共同利益——这些东西使得承袭下来的关于公法的即便是原始法律的概念持续下去；它们不允许回到、更不用说扩大"欧洲协同体"所体现的那种合作形

---

① F.迈因克：《马基雅弗里主义》，第420页。

式。列强的会议和大会如同公法本身一样，在1854年至1871年的战争时期已变得难以实行；与1856年的解决方案曾经采取列强会议的方式不同，1870—1871年的解决方案没有加以采用。在1871年以后，这个途径并没有立即予以抛弃。直到19世纪80年代中期，召开大会的方法不但加以恢复；而且为了回答近期发生的战争所引起的恐惧，还做出努力来改进它早期取得的规模。1871年的伦敦会议批准了俄国废弃黑海条款。然而，批准它时，却按照这一原则，如果没有列强的全体同意，不能获得好处；而这次会议也对"条约的尊严"加以重申。在下一次于1875年至1878年间由于东方问题而引起的危机中，俄国在它遵循列强取得协议的决定时获得了好处。在君士坦丁堡会议后，当土耳其不遵照会议的建议进行改革时，没有任何国家会采取行动来保护它不受俄国的袭击。但是，当俄国背离了这项作为"欧洲协同体"的基础的原则，把圣斯特法诺条约强加给土耳其时，它便使其他列强失去了忍耐；正是英国出面为东方问题是全体列强关注的问题这一原则进行呼吁，因而它在1878—1879年间的柏林会议上获得了辉煌的胜利。柏林会议不仅在名义上，而且在许多方面又回到维也纳会议的原题。接着，出现了格莱斯顿的决定，即在英国于1882年占领埃及后，把埃及事务置于"欧洲协同体"的监督之下，以及1884年在关于非洲问题的柏林会议上确立了关于有效占领奉开化国家的规章。然而，尽管做出这些努力，列强之间经常举行会议的做法日益在一种几乎普遍的感情下被放弃了，这种感情就是，每个大国必须独立自主——而且能够独立自主，同时又不会使上述体制遭到严重损害。1884年关于非洲问题的柏林会议，除了流产的1899年海牙会议以外，是二十多年来最后一次关于政治问题的大规模国际会议。在政治家中；只有格莱斯顿继续鼓吹联合行动，而不主张个别行动。俾斯麦和索尔兹伯里勋爵对于格莱斯顿的意见，从理智上加以蔑视。他们却更能代表那个时代。[38]

如果这些人就是那个时代的代表人物，则结盟是它典型的外交手段。在19世纪上半叶，列强之间的协议曾是不明确的和暂时的——即谅解而不是结盟。从1879年的奥德同盟开始，产生了一系列以书面写成的许诺，具有曾经与旧的政府一同消失的那种细致特点。每个主要的欧洲大陆国家开始对某个其他国家做出正式保证并经常地予以更新。甚至英国，尽管它有特殊的地位，在1887年后，若干年也不能避免这种做法，当时，它在地中海协定中接受了一项比它20年后同法国和俄国订立的协议中所包含许诺更有约束性的许诺。这些盟约限于欧洲的意外事端，尽管它们时常遏制，有时刺激而经常影响在欧洲以外的欧洲国家之间的竞争。欧洲以外的国家迄今还未卷入。在两个方面，1902年的英日同盟是国际关系中一个新阶段的开始，也是一个提示，它表明对于权力和均势的追求已经变为世界性的，扩展到欧洲列强的狭小圈子以外去了。

英日同盟也是1879年以来所缔结的一切同盟中的第一个同盟，这个同盟如果只是从日本方面来说，对于战争与和平同样有关，而且，既与改变现状又与维持现状有关。直到那时，如果国际关系与19世纪上半叶的国际关系不同，它们也不同于18世纪的国际关系。由于对于和平的决心更大，由于接受了18世纪几乎不熟悉的公法，新的同盟与旧国家的同盟（以及与1854年至1870年的战争时期的同盟）不同，都毫无例外地是防御性的。① 许多同盟都明确地以保全现状作为目标；其余的同盟同样缺乏改变现状的意图。没有任何一个同盟是侵略性的盟约，即那些成为其他时期特征的盟约，而其主要目的是要在一场计划进行的战争中取得另一个国家的援助或中立。它们和1858年的普朗比埃尔条约完全不同，那是"19世纪第一个确切的战争阴谋"，是法国和意大利关于寻找一个战争理由的协议；它们不同

---

① 1873年的三皇同盟开始时是俄德协议，规定它们之间的一方或另一方受到袭击时实行互助，最后，奥俄两国取得了协议，即在受到侵略的威胁时共同进行商讨，于是，这个同盟便完成了。

1879年的奥德同盟是纯防御性的，主要是两个国家做出保证，共同抵抗俄国的袭击，而在任何不受俄国援助的其他国家发动袭击时，提供友善的中立。

1881年的三皇同盟是一个防御性同盟。在除了对土耳其作战以外的任何战争中，德国、俄国和奥地利互相保证只遵守友善的中立。而与土耳其发生任何战争时，他们事先一同商讨，在没有取得协议的情况下，对东南欧不做任何改变。在这最后一方面，它主要是德国强加给不乐意的奥地利和俄国的一个自我克制的法令。在这背后，则是所有三国的这一愿望，即急于想保护现有的征服地——阿尔萨斯—洛林，比萨拉比亚和保加利亚，波斯尼亚和黑塞哥维那。

1882年的三国同盟，即由于意大利加入而予以扩大的奥德同盟，主要是防御性的。如果意大利遭到法国袭击，德国和奥地利将给它援助；如果德国被法国袭击，意大利将援助它；如果这些国家之一遭到两个或更多的其他国家袭击，所有的国家都会一同参加。意大利保证在俄奥发生战争时保持中立。在这个同盟背后，是急于保护现有征服地的愿望——意大利的愿望与德奥的愿望结合起来，以免其他两国在关于教皇国家的问题上支持教皇。

1887年德俄之间的再保险条约是两国所做的中立保证，但在俄国袭击奥地利或德国袭击法国时除外，这些保留一向存在，但现在使之成为正式的规定。

1892—1894年法俄同盟规定，如果法国被德国袭击，或被由德国支持的意大利袭击，俄国将使用全部力量反对德国，而如果俄国被德国或被由德国支持的奥地利袭击，法国将袭击德国。

于法国和俄国的1859年3月的秘密条约，那是规定在法国和奥地利开战时俄国保守中立；也不同于1866年的意普同盟，那是以下列假设作为基础，即如果战争在3个月内没有爆发，盟约将无效。在列强缔结即便是防御性的盟约与坚持它们的独立自主这二者之间，存在着一个矛盾，这个矛盾富于讽刺意味，尽管也许是不可避免的，但它们对于这点，却敏锐地认识到了。直到19世纪90年代（在1891年，三国同盟过早地展期12年，而作为法俄同盟基础的1892年的法俄军事协定缔结的期限"将与三国同盟持续同样长的时间"），所有的同盟缔结的期限都是短暂的，通常为三五年①，其理由同样是因为这些同盟细致地处理确切的和防御性的意外事端：每个国家都不愿放弃它的行动自由。

在1890年后，和以前一样，每个盟约的谈判基调仍是勉强的情绪。列强不乐意缔结盟约中的第一个，即奥德盟约，从下列事实中可以看到：尽管这个盟约是"秘密的"，德国皇帝却坚持将一个副本送交俄国，以证明它的防御性质，而奥地利则通知英国关于这个盟约的存在。奥地利、意大利和德国关于缔结和展期三国同盟的那种勉强情绪，在三国之间不时发生变化，但在谈判过程中则一直是一个因素。法俄同盟在俄国和法国之间是一项声名狼藉、不受欢迎的交易，而双方的勉强情绪往往被误解为仅仅是由于沙皇制和法国共和制之间的互不信任。至少英国是极不乐意在1902年缔结英日同盟的，而且如果不是德国决心保持自由，这本来会成为一个英—德—日三国同盟。部分由于这种不乐意情绪，尽管这些盟约从法律意义上说都是秘密的盟约，但它们的存在和它们的内容往往对于所有国家的外交部来说，一般都是知道的。② 由于盟约内容精确，期限短暂，而且根据法律意义来说是秘密的，所以，它们如同本来的意图那样，使列强除了对加以

---

① 1873年的三皇同盟（它是一种旧式的谅解，即神圣同盟或1854年前的谅解的一种再现）没有规定期限，而1879年后的一切同盟都故意是短期的（3—5年，有时10年，如1881年的奥地利—塞尔维亚同盟），但可以展期。

1879年的奥德同盟首次是缔结5年，每隔5年展期一次。
1881年的三皇同盟订为3年，1884年展期，1887年满期。
1882年的三国同盟订为5年，1887年展期5年；但在1891年未到期时，展期12年。
1883年的奥地利—德国—罗马尼亚同盟订为5年，时常展期。
1887年的再保险条约订为3年，1890年满期。

② 英日同盟的部分内容已发表，但它有秘密条款。直到那时，同盟都是秘密的。尽管如此，就其内容已被了解的程度来说，研究工作至今做得不够。显然，整体来说，内容是已知的。

说明的、范围狭窄的意外事端以外，在其他各方面都可以自由行动。列强也使用了这种自由。如果认为同盟的体制是一个外表，除了在举行隆重仪式时和被易于受骗者加以重视以外，往往遭到漠视，那也是过甚其词。我们可以肯定地说，除非强调它对于互相对立的同盟成员（奥地利与俄国、法国与德国、德国与俄国、意大利与法国）之间的了解，或者对于同盟者（意大利与奥地利、法国与俄国、奥地利与德国）之间的分歧不是一个障碍，否则，它的性质就不能理解。任何一个国家试图进行冒险，就会受到它的同盟者和反对者的同样约束。俾斯麦甚至同奥地利和俄国，同奥地利和意大利缔结不相容的同盟。曾经有过这种时候：英国政府不能想起它曾签订过地中海协定，或者不能决定这些协定是否已经过期。列强全都企图在事实上变为孤立主义者，如英国通常所能做的那样。它们的同盟关系证明它们希望独立自主，同样也证明它们取得独立自主的困难。

多疑的主权国家的存在包含着这个困难。由于武器和战争艺术的巨大发展，困难便增加了。奥德同盟的起因是由于俾斯麦决心要维护1871年的有利的现状，他害怕另一次欧洲战争不能局部化，可能以德国被削弱或分解而告终。为了防止这个危险，他除了依靠外交手腕，还依靠德国在军事上已做好准备。但是，正如第一个同盟不可抗拒地导致其他的同盟一样，如果军事上已做好准备，那就日益需要有一个同盟了。将科学、技术和工业应用到战争手段，将国家日益增长的效能和官僚制度应用到军事机构，这就使得持续的准备、迅速的动员、庞大的兵力和普遍的征兵制，在抵抗那种使用近代运输工具和近代武器所发动的进攻时，成为取胜的必要条件。所有主要的大陆国家仿效德国在这些方面的榜样，第一次成为和平时期的备战国家。另一方面，这些发展的唯一最重大的后果就是武器的发展。从16世纪以来，武器的发展比移动能力的改进要快，并且使战术越来越静止不动，而这时它比以往更向前突飞猛进了。武器的射程在1870年时比拿破仑一世时期大10倍；到了1898年，则大40倍。武器的效能也同样向前猛进，尤其是19世纪60年代机关枪的发展和1889年马克辛式的真正自动机关枪的发展。但是，战场上的机动性和灵活性，与由于铁路的发展而产生的日益增长的战略机动性相对照，却因为较大型的武器的产生而削弱，直到后来在1914年以后，将汽油引擎应用于战争。战场上的机动性与武器的威力相对比，变得比以前更加不相适应了。这是海军和陆军的发展在这个时期的巨大差别。海军在速度和机动性以及武器威力方面都取得了进展，因为海上的推动力量和陆上的自动力量相比，前者的发展早得多，而且取得了这么大的进展，结果它们遇到的困难，如1914年的大战所表明的，是如何使敌方的舰队来应战。

在向一个做好准备的敌人展开陆地进攻中取得胜利，即使这不是完全不可能的话，结果也需要进攻一方对防守一方，在力量对比上拥有不断增长的优势。当列强不论如何全都做好了准备，当技术发展经常增加武器的费用及其报废速度，当日益复杂而有效率的总参谋部计划展开正面进攻（这是他们的习惯做法，而且，鉴于缺乏战术上的机动性，在某种程度上，以后还需要继续这样做），并且作为他们的职责，计划要获得胜利而不仅是成功的防御，另一方面，就在上述这样一个时刻，当各国政府在教育、福利和其他社会措施方面的花费越来越多，结果从财政上和心理上来说，负担十分沉重，以至列强感到不得不缔结同盟。如果这些盟约都涉及确切的意外事端，那么，它们在规定互相提供军事援助的细节方面，会达到最大的精确性。到了1892年，这个事实变得非常明显，结果那个最后变成法俄同盟的盟约起源于两个国家之间的一个严格的军事协定，缔结的目的在于同德、奥、意三国同盟的军事力量相抗衡，而法俄两国无意将它们的政策统一起来，同时也没有承担关于实行这种统一的义务。

如果只是因为它们直接由于军备形势而变为必要，那么，这些同盟，尽管因为它们使列强面临一个全面战争或全面和平的唯一选择，而加强了这个时代的防御性质，事实上却没有抵消这个时代在国际交往中的主要特征：每个国家最终依靠自力更生。俾斯麦开创了一个同盟网，因为他的各种同盟，不论其最后效果如何，都增加了他对国际政治的控制。由于欧洲的僵局变得更加全面，特别是在1892年后，这种局面鼓励列强在欧洲大陆以外寻求足以补偿的利益和消除差别的效果，从而加剧了它们的殖民活动。俄国日益转向波斯和中国北部；法国转向中国南部和非洲；意大利转向非洲；奥地利和德国转向土耳其方面。这些活动所占据的兵力，与用来保全欧洲的均势所做的努力和关注相比，是微不足道的。截至当时，而且直到俄国在1904年日俄战争的序幕中弄巧成拙时止，这些活动一直从属于维持那种均势与和平，虽然有时，而且也越来越频繁地，只是在它们引起了国际危机以后才这样做。但是它们并不从属于欧洲盟国的希望或利益。正是由于这些独立活动超越了处理纯粹欧洲意外事端的盟约并且数量有所增加，结果才在1892年后特别有助于促使盟国之间日益增长的互相渗透。在这个时期结束时，当它们在国际关系中，随着致克留格尔的电报、法绍达危机和对中国的争夺的发生，已经造成一个额外的紧张局势来源，俄国这个首先发觉军备负担非常沉重的国家，建议召开海牙会议，以便讨论过多的军备和保全和平的手段。尽管所有被邀请的政府同意出席，但没有一个政府，按索尔兹伯里勋爵的说法，"十分认真地"对待这次会议，而且都一致同意德皇的话："这个会议是乌托邦式的。"这些问题并没有被看作是需要恢复旧的"欧洲协同体"机构，或者采用任何新形式的国际合作，只是建立一个纯粹自愿的仲裁法庭，而且，甚至这个步骤也几乎促使冯·霍尔施坦辞去他在德国外交部担任的要职。除了政府以外，在19世纪90年代，对于防止战争的问题的关注显然地有了增加，但是，诺贝尔、卡内基、德斯土尔内耳、伊凡·布洛克所代表的流行看法仍然是，进步的政府能够采用联合行动来解决这个问题，而不需要那种复杂的国际机构，以及对于主权的限制。关于这些，在18世纪早期曾予以鼓吹，而且在20世纪将重新予以鼓吹，并且以18世纪的做法作为支援。

列强继续相信它们有力量不要一个机构也能展开工作，这如同"欧洲协同体"本身早期受到掩盖的情况一样，是当时最显著的发展的一个反映。这个反映在下列事实中更为显著，即正当自由放任原则由于国际机构之间的交往增加，同样也由于国家内部的发展而在其他方面变得过时的时候，它们却这样重新得到维护，作为国际政治关系的基础。据统计，关于这类事项的国际联盟和协定，从1878年至1880年间的20个增至80年代的31个，90年代的61个和1900年至1904年的108个。正当自由和个人主义让位于国内事务中的管制和组织时，而且正当世界必然经历着第一次大量增加国际立法和与各国均有关的行政技术事宜如邮政电报和公共卫生等委员会时，各国便以前所未有的态度，坚持国际政治中的自主地位；它们开始尽可能地完全依靠它们之间的一种均势来控制国际形势；它们开始相信在外交事务中，如同在关税这类事务中一样，每个国家享有的最大自由，将自动地产生对大家都是最好的结果。在国内机构和国际法及国际执行机构的成长背后的同一发展，即政府职能和权限的扩展以及每个政府与它的社会之间的关系的改变，对于国际关系来说，具有明显的矛盾后果。它们使各国互相保持密切的和更持续的接触，甚至使各国在组织上彼此更加类似，但是，它们同时强调它们政治上的独立存在，并限制它们之间的政治团结。

君主间的团结的衰落是这种变化的一个征兆而不是原因。直到19世纪70年代，不论如何削弱，这种团结，在那些即便是在不同程度上却都防范着国内不同意见的政府中间，一直成为一种普遍的感情，而一种"欧洲协同体"的体制，就以这种感情作为基础建立起来。它现在却衰落了，而取代君庄政治或王朝统治的，不是一种将各国政府团结起来的新的忠诚，而是一个新的国家观念，按照这个观念，每个国家的政府宁可和它自己的社会结为一体，而不和其他政府并列来反对自己的社会。不论在什么地方，对于作为民族国家象征的武装部队的感情联系的加深，只是这个过程的一个表现。民族主义本身经过了一个变化。在中欧和东欧这些地方，至少当时是民族主义感情浓厚和未曾得到满足的唯一重要地区，除此以外，对民族的忠诚在一般群众中让位于对国家的忠诚。在那个地区，反对得到确认的政府的民族主义运动，现在比较容易压制下去。有一点始终是真实的，即这类运动往往只有在一个坚强的政府加以接受，其他国家政府表示赞同的情况下才会获得成功；它们现在受到国家权力的更大来源以及下列事实的障碍，这个事实是，各个政府本身，而且包括尤其是以前从民族原则获得好处的德意两国政府，在现存的疆界内，实行强烈的民族主义政策。柏林会议甚至比以前的维也纳会议更忽视了民族原则。土耳其被剥夺了它一半的欧洲领土；但这是为了使列强的领土变得完整，有利于它们之间的均势，而不是为了解放少数民族的事业。撇开其他一切考虑，当各国政府在它们本国内，获得广大群众的拥护，赞成建立多数民族，竭尽最大的努力以同化少数民族的办法来制造同一民族的人口；当德国政府正在把波兰人和丹麦人德意志化；当意大利的中央集权制如同奥地利一样忽视少数民族和地方主义，当俄罗斯化与马扎尔化一样残酷，甚至更为广泛，那么，对于捷克人或波兰人，塞尔维亚人或波罗的海地区人怎能有同情，更不用说是支援了。甚至在英国，格莱斯顿发现，公众的情绪顽固地反对他关于给予爱尔兰自治的计划，甚至在小国——如在比利时，当地的法兰西民族对佛兰芒民族的优势稳步地发展——各国政府同样也采取一种中央集权和民族统一的政策。

这种转移，以及伴随而来的政府对于限制责任和维护它们自己国家安全的关注的增加，使得各国政府不愿甚至在与它们全体有利害关系的政治纠葛中，实行会议的方法。不仅在东方问题中，而且也不仅在俾斯麦看来，在19世纪70年代以后，这类麻烦和风险越来越被人们看作不值得为之牺牲一兵一卒。在这样一种气氛中，更加肯定的是，像格莱斯顿这类人所做的努力，目的不仅要恢复"欧洲协同体"，而且要加以扩大，使之回到会议体制，但这只会导致它的垮台。然而，格莱斯顿企图提交给它的问题如埃及的内部行政，奥斯曼帝国的改革或解体，对非洲的开发等，则表明向同一方向发生作用的另一发展的重要性。如果各国政府比以前更不乐意在解决甚至是共同的问题方面进行合作，则下列情况也同样是真实的，即越来越多的国际政治问题，对一个纯粹欧洲国家的结构来说，不是共同关心的或至少不是同样关心的事。同时，尽管这些国家继续占有卓越的地位，但产生的某些问题并不仅仅是欧洲国家所关注的事。这个时期的问题，比以往在更大的程度上发生在欧洲以外的地区，在这些地区内，由于这两种原因而不存在条件来应用一个欧洲协调机构，或甚至应用这类机构一度所依据的欧洲公法的一般概念，尽管在1884年关于非洲问题的会议中，以及对刚果自由邦地位的国际保证中曾做过努力，要将它们予以应用。

这第二个发展是其他两项发展的直接后果，世界上发达部分和不发达部分的差异正在变得尖锐。它变得尖锐的时期，正当欧洲的世界随着交通的巨大发展而缩小，而且也正当开拓不发达地区的可能性，正由于这个和其他的技术上和组织上的发展而大大地扩大。由于世界上不同部分的不同环境和以前不同的历史，工业与技术革命和近代国家的兴起（不论在何处发生，都表现为这个时期的这种显著的特点），并没有到处发生，而只在某些国家内发生，正如在它们确实发生的地方，并没有达到同样的程度和同样的速度一样。但是，它们对于国际关系的影响却很巨大。不仅新的国家在欧洲以外正在首次出现。从18世纪以来，在西欧和其他地区之间一直存在着日益增长的差异，那些比较发达的国家不是第一次，而是比以前更迅速、更广泛和更直接地扩展（也许不能避免扩展）它们对于下述地区的干预和控制，而在这些地区，社会和政府仍然像它们在欧洲中世纪那样。这种情况，从1870年前后开始，发生在土耳其的欧洲省份和中亚；从大约1880年开始，发生在土耳其的北非领地、近东和波斯，在不发达的非洲和不发达的太平洋地区；从大约1885年起，发生在中国和朝鲜；甚至从大约1890年起，发生在新世界，当时美国从它自己的大陆扩展到加勒比海，从事于开凿巴拿马运河，并在门罗主义指引下，维护它在南美以及北美作为一个支配国家的权利。而且，当这个比较广泛的政治世界的问题没有一个涉及所有这些欧洲国家，当几乎没有什么问题以同样的程度来影响那些国家，当有些问题更直接地受到欧洲以外新的国家的关注，超过它们受到有些欧洲国家的关注，这时毫不足怪的是，这些发展证实了维护一个较老的、纯粹欧洲的习惯和合作体制是不可能的。或者，尽管美国、日本、中国、暹罗和墨西哥以及欧洲国家参加了海牙会议，它们也没有做出任何努力来鼓励一个比较广泛的体制的成长。

不论做出一个全面的分析还可能需要什么进一步的细节，这些发展已构成充分原因，导致帝国主义活动和帝国主义情绪的增长，使之成为本世纪最后15年或20年的特征。这种帝国主义的许多特性，而且无疑地还有它的进一步推动力，一方面来自大萧条的特殊经济条件和欧洲的国际形势，另一方面则来自日益增加的人道主义和传教活动。这个时代是一个基督教教会进行不断增加的传教活动的时代。这种传教活动由于物质上的发展（如运输的成长、廉价印刷的发展、对疾病控制的改进以及西方国家的财富的不断增长使这项工作不断获得的财政援助）而获得了便利，姑且不论这还归功于为了传播福音和照顾落后国家而继续显示的也许是不断增长的献身精神。19世纪70年代，拉维热里创建了白袍僧。1885年剑桥大学赴华传教团成立。随后，全世界的天主教和新教的传教团成倍地增加。到了1900年，基督教在非洲、亚洲和太平洋地区的传教团体的人数，可以同任何一个大国驻海外的武装力量相比，共有4.1万余名天主教士、1.8万余名新教教士，2000余名东正教教士（以上数字均包括当地的教士）。他们的活动由于刺激了公众对海外扩展的兴趣，而且由于采用了更加直接的方法，无疑地刺激了帝国主义情绪。但是如果帝国主义现在在程度上超过了更早时期的帝国主义，这主要是因为世界上比较有效率的地区和不发达地区的差异正变得更加显著，而当时正值由有效率的地区进行扩展和开发的可能性，比以前增长得更快。因此，殖民主义的扩张至少比以前更为广泛，并且被数目更多的国家所偏爱。

人们不禁要假定这个事实增加了，正如人们不禁要假定这个时期的军备、同盟和关税战增加了国际关系中的猜忌和紧张状态。同样可以论证的是，猜忌和紧张状态是主权国家之间关系中的必要因素，帝国主义由于各国之间的抗衡既被限制而又被加速，正如这些其他的表现既被遏制而又被鼓励一样。如果国际紧张关系果真在1900年比1870年有任何增长——这个论点没有多少同代人会接受——那么，它由于有一个比帝国主义、同盟、军备和各国的经济政策更为基本的原因。各国之间的均势本身正在变化，它们抗衡的目标也在随之变化。

当这个时期，即以发达国家和不发达国家之间的差异变得明显而又不断增加作为特征的一个时期宣告结束时，另一个差异（即比较发达的各国、即列强本身之间的差异）正在变得显著。自从19世纪的60年代和70年代以来，这个差异正在出现。德意志的统一、美国南北战争的告终、俄国农奴制的废除、明治维新和1877年日本最后一次的封建叛乱的失败——这些发展已经在当时奠定了一个与近代一直盛行的体制不同的国际体制的基础。直到本世纪结束，尽管在这些基础上的工作正在迅速进行，而在德国比在其他地方更为迅速；尽管其他国家，如在1870年前发展得最快的英国和法国，现在正丧失它们早期的领先地位；尽管还有一些国家，如奥地利和意大利，发觉自己的机会和作为近代强国的资源受到限制，但力量对比的转移一直不迅速或明显，而且它被较旧的国际秩序的牵制与平衡所压倒。比较旧的秩序仍然和新的秩序一同继续坚持下去。德国在1870年已经比法国强大，而法国是第二个强大的大陆国家，德国拥有超过法国一倍的煤产量和几乎一倍的铁产量；它在1871年击败法国后，变得更为强大；嗣后，它不断地向前猛进，超过了法国和其他大陆国家。但是直到

1890年，它在物质力量方面仍在英国之下，而且没有超过欧洲列强的联合力量。然而，到了20世纪最初10年，德国在欧洲内部接近取得的物质优势，是1815年来没有一个大陆国家所拥有的，而且牵制与平衡也无法掩盖的。10年来，尤其是从1895—1896年间的萧条结束以来，它在工业生产方面迅速增强它的领先地位，除了英国以外，超过了每一个其他欧洲国家。它很快地和英国并驾齐驱，而在一些重要方面，取得了领先地位。例如，在钢铁生产方面，到了19世纪80年代中期，美国已取代英国，成为最大的生产者，到了1900年，德国取得了名列第二的地位，当时美国生产世界钢产量的1/4，德国为1/5，而英国则不到1/6。德国生产了740万吨，英国600万吨；对比之下，法国生产了190万吨。在同一时期，德国的人口超过了除俄国以外的每个欧洲国家。另一方面，虽然它的人口保持在5600万，它的出生率和西欧许多国家的出生率一样，开始下降，但从70年代以来，人口中最显著的变化是，俄国人口从7200万增至16600万，美国人口接近于8000万。更为严重的是，正是在19世纪90年代，俄国尽管仍然不发达，美国经过以前比较缓慢的发展后，开始经历德国已经经历了30年的工业和技术的迅速成长。德国现有的优势地位，或它能利用这种地位的时间有限的想法，在这两个考虑中究竟哪一个对它更有分量，这是不容易决定的。但毋庸置疑的是，它受了两方面的影响。

自从1871年以来，尽管在某些方面，德国对一些个别国家享有领先地位，但它一直关注着它的当前弱点。它现在开始被它的最后危险所震惊，并考虑它的当前力量。从19世纪90年代后期开始，它以前的审慎政策开始具有一种反复无常的和不稳定的性质，而它的利益以前集中于欧洲和它的陆军，现在则鼓励它把欧洲与帝国结合起来，除了在它的陆军方面以外，还在海军方面做出努力。从20世纪最初10年的早期开始，它的政策引起了其他国家的恐惧，招惹了报复，而它不断增长的相对力量本身在一定时候也会引起这样的后果。在嗣后的斗争中以及在国际历史上的一个新阶段中（这个阶段一直持续到1945年，而在这个阶段，在世界主要国家之间的有效力量的分布中出现了严重的和正在改变的不相等状况，从而代替了欧洲国家之间以前的均势），德国寻求一个世纪以来任何一个国家未曾寻求过的那种对欧洲的霸权，同时所有的国家最后抛开了它们的一些原则和它们的集体感，而这些原则和集体感，尽管"欧洲协同体"本身已经瓦解，在19世纪最后1/3时间内，却有助于约束它们。尽管后来在国际组织方面有过许多实验，但这些却没有加以恢复。

（张自谋　译）

第 二 章
经 济 状 况

　　突然的变化不是历史上经济发展过程具有的特征。在许多方面，甚至到了19世纪，人们还在比以往大得多的规模上，探索从较早时期承袭下来的一些方法的逻辑性。19世纪和以往若干世纪愈来愈不相同，因为国际贸易和投资把先进地区发生的经济变化这一手段，传送到落后地区，无远弗届；而且，它传送范围的广泛，也可以用来说明这一世纪经济发展所取得的速度，以及它的节奏和规模。先进地区向不发达国家出售（多半是采取贷款形式）资本设备，其中有铁路、机车、车辆、采矿装置、水泵和各种机械。这就加快了这些国家内部经济安排和社会结构的改造速度。由于贸易的内容不仅限于货物的交换，而且意味着一种永久性的投资关系，一种新型的政治经济关系随之涌现，这种关系给人们在物质方面带来了无穷的希望，在政治上却也带来了巨大的风险。英国在1900年，许多方面仍不失为一个主要的经济大国。它的大部分对外贸易所依赖的，是和一些国家签订的合同，这些合同的目的是以最简单的条件，帮助那些没有能力用往来账户支付资本设备的国家，通过借贷的方式来添置设备。这些交易是以这样一种设想作为基础的，就是认为这种交易所创造的机会，可以使借方有能力将来连本带利偿还贷方。

　　这种现象在1870年并不新鲜。但是在19世纪中叶以前，欧洲大陆开始进入铁路建设时期，这种现象曾有新的突出意义。在这一世纪的最后25年中，由于人们修建新的铁路，用钢轨更换旧有的铁轨，这种现象继续蓬勃发展。英国在当时作为主要的制铁厂商和铁路技术的先驱，已经成为世界各地修建铁路所需的人才和材料的出口国。路轨和车辆是由英国制铁商承造的，铁路通常是由英国承包商修筑的，筑路的资金是英国投资者借给的。有时候，这些任务由一方全部包下来了。19世纪中叶，南威尔士的制铁厂商同意那些购置铁轨的铁路公司，用它发行的债券来支付厂商们向北美出口的铁轨的部分费用。这一情况最能说明当时所谓"资本外流"的性质。这是英国和它那些充满发展前途但又缺少现金的主顾做生意的唯一途径。到1900年，英国在海外积累储存的资本，在20亿至25亿英镑之间。其中大概有1/5是对北美铁路事业的投资。在其他地方——特别是印度、南美、近东——它对铁路事业的投资比例究竟有多少，不大清楚，但无疑是十分巨大的。它对矿山、煤气、自来水、电车、电话，还有有线电报等企业提供设备并进行开发。这在发展国际资本信贷制度方面，也起了很大的作用。

这一制度本身，加上这一制度所促成的货物与劳务的借出借进，日益成为一种推动变化的巨大力量。重商主义的思想家们从不掩饰，他们对于允许那些潜在的竞争者购买或借贷英国早年在工业上赖以取得高超技艺（主要是纺织业）的工具和机器所造成的结果，表示担心。然而，铁路比起珍妮纺纱机或蒸汽纺织机来，却是更为强大的变化动力。运输技术既是物质进步的基础，也是最终发生社会变革和政治变革的基础。它的直接影响也扰乱了那个普遍提供资金的重要国家本身的经济。在1870年后的一二十年中，英国目睹它和美洲、欧洲的关系发生了彻底的变化，这种变化是通过它自己的资本和创造发明，在它们的经济之中造成的。

美国的经济在1870年至1900年间起了根本变化，因为这个最大的食品和原料生产国，也变成为第一流的工业生产国。在这段时期内，从事工业生产和运输业的美国人所占的百分比，超过了务农人数的百分比。在西弗吉尼亚州有一些采矿业城镇，在新英格兰有机械制造业城镇，在宾夕法尼亚州有炼铁业城镇。到1900年，有1/3的美国人住在这些城镇，那里的人口增长，比整个国家的人口增长要快。这一新兴的工业社会的主宰者就是那些巨头，就是美国民间政治神话中那些"强盗大王"。他们具有精力充沛的而往往又是冷酷无情的创业精神，替美国的民间传说创造了一些半是英雄、半是恶棍、难下定论的人物：洛克菲勒家族、哈里曼家族、希尔顿家族、摩根家族、卡内基家族，以及其他一些人。他们中间有许多人是直接或间接以铁路起家成为巨富的,这不是偶然的,因为新美洲就是靠铁路才得以兴起的。J. P. 摩根的事业也不是出于偶然,他是靠他的家庭和伦敦的关系而开始的。他决心要在英国投资人中间(这些人拥有在美国的外资投资总额60亿美元的一半以上)保持他这家商号的信誉,从而使他的事业达到顶峰。1873年以后,北美的铁路系统日益使用酸性转炉钢。苏必利尔湖的矿砂,现在可以经由铁路,越过这个大陆的1/3的土地,被运送到新的转炉中去。美国到1886年,凭借着基本上是英国的一些创造发明,取代了英国而成为世界上最大的产钢国家。美国的炼钢厂商,就像许多制造其他产品的厂商那样,乐意拆除旧有的工厂,投资去盖新厂,这种做法使他们突出地成为一个资本消费国,正如他们早已以其他许多商品的消费国著称一样。

欧洲的主要铁路系统到1870年亦已建成。铁路绕过比利牛斯山脉的两端,穿越了阿尔卑斯山脉。甚至俄国也修筑了1万英里以上的路轨。在随后的二三十年中,这一进程还在继续。欧洲的铁路网的密度增加了,许多铁路被连接起来——有圣哥达和辛普朗那样十分重要的隧道,有通往君士坦丁堡、萨洛尼加和符拉迪沃斯托克的长途铁路运输。① 1900年,西伯利亚铁路竣工,它在欧洲那一端是在1891年开始修筑的;约有4000英里的路轨是由国营企业花费1亿英镑筑成的。如同加拿大太平洋铁路以及美国的铁路那样,它的作用是把东西两端连接起来,开辟一个不冻港,并把大西洋和太平洋连在一起。典型的事例是,俄国在主要的国家中是地处最东面的国家,而在经济和社会方面则是最不发达的国家,但到了这个世纪末期,竟成为修筑铁路最快的国家;促成这一快速发展的原因,不仅由于如维特伯爵这样的大臣们的新重商主义的抱负,而且,因为那些亲斯拉夫者和泛斯拉夫主义者,对于西方的制度和思想都一致反对;在他们看来,这个铁路系统是把俄国从西方的束缚下解放出来的一个手段。然而,古怪而具有讽刺意味的是,它反而把俄国和它的西方邻国更紧密地结合在一起了。这些国家的铁路系统同样也在扩展。比利时仍然是欧洲铁路服务最好的国家;意大利、西班牙、荷兰和瑞士加入了这个铁路国家的

---

① 欧洲铁轨里数的增长如下:
年份	1860	1870	1880	1890	1900
公里	51900	104900	169000	224000	283500

大家庭。德国增加了约3万公里的轨道；法国增加了约2.5万公里。

德国的铁路系统是国内资本迅速积累的佐证，给人的印象至为深刻。到1875年，它那与日俱增的人口——包括劳工，由于农村产业的衰落而引起过剩——使得铁路的建筑费用相对地低廉。法国的厄运同德国的兴旺是分不开的。德国的一位经济学家在1903年写道："可以这样说，通过战争赔款，法国替我们完成了我们的主要铁路网。"推动运输方面这一巨大进展的工业基础，是在19世纪的70年代和80年代中迅速而坚定地奠定的。普鲁士在色当战役后的4个繁荣的年头里建立起来的制铁企业和各种工程企业，其数量要比这一世纪的以往所有年代的都多。但是，大跃进是在80年代来到的，德国人在这方面的成就，全靠一个名叫西德尼·吉尔克里斯特·托马斯的年轻的伦敦化学家。此人和他的表兄弟P.C.吉尔克里斯特发明了一种炼钢除硫法。这本是贝色麦和西门子无法解决的问题。吉尔克里斯特—托马斯炼钢法，为广泛地发展以阿尔萨斯—洛林矿砂为基础的钢铁制造业打开了大门。自从1871年把阿尔萨斯—洛林从法国人手里夺来以后，由于这里的矿砂含磷，一直无法利用。从此以后，欧洲的钢铁生产，依赖这一矿床和鲁尔的焦煤的比例数字日益增大。英国的钢产量从1880年的370万吨，上升到1900年的600万吨弱；法国的产量从140万吨，上升到190万吨；而德国的产量则从150万吨增长到740万吨，而且，以后增长得甚至比这还要快。这一增长反过来为各种冶金工业的上层结构，打下了基础。德国到1900年已为自己建造了接近150万吨数的钢制汽轮，供它的商船队之用。这也是它从19世纪70年代以来取得进步的一个标志，当时德国汽轮的吨数比不上法国，甚至也不如西班牙。

一直持续到19世纪80年代的物质上的进步，有一个方面并不是像人们所想象的那样，应归功于冶金和电力这两项技术。风帆的"黄金时代"是在1851年的博览会至80年代后期的不景气之间的这些年代。这个时期，即维多利亚鼎盛时期的中叶，帆船的效率达到了顶峰。它极力斗争以保持它对动力推动的船只的优势，这些动力船只当时还有尚未解决的技术问题，因而在发展方面受到了阻碍。即便是铁壳船，经营起来仍然是所费不赀，因为船底黏满了海藻、贝壳之类，航行缓慢，延误时日，而且清除船底也要花钱。因此，用铜包底的木帆船仍然有许多可取之处。联合王国1870年的帆船吨位仍有450万吨,而蒸汽铁壳船的吨位才超过100万吨。帆船继续载运体积大的货物——铁、煤、麻、大米、羊毛、小麦、硝酸盐——环绕着半个世界航行。即便铁路在19世纪70年代中开发了中西部的草原,但是几乎所有运出的谷物和鸟粪以及回载的货物煤,都是用帆船装运横渡大西洋的。1882年,有500多艘几乎全部是英国的帆船,从美国西海岸装运谷物去欧洲,虽然这时新的设计已使50年代的装货舱位扩大了1倍,因而制造铁壳船并装上钢制船桅变得合算了。从19世纪60年代起,由于轮船引擎要想和风帆做有效的竞争,需要更大的压力,人们对于由此而引起的问题,正在进行研究。这些问题一直到19世纪70年代末和80年代初才得到解决。这时,由于改进了钢锅炉和钢管道,造船商们因而能够制造出一些装有在150磅或以上的压力下进行工作的三次膨胀引擎的船只。1881年阿伯丁白星航运公司的"阿伯丁"号轮船在格拉斯哥下水。这标志着帆船在这场顽强的竞争中已成为强弩之末。1883年,英国的轮船吨数已和帆船的吨数相等。10年后,全世界的吨数也达到同样的情况。

　　轮船引擎的效率与日俱增,这是其他一些方面的发展促成的。影响最大的是苏伊士运河,它把西欧和中国之间的距离缩短了3000英里。正像过去多次那样,这一次也是法国人提出了开凿这条运河的想法。然而,别的国家从德莱塞普斯的远见和勇气中得到的好处,要比法国为多。查尔斯·迪尔克爵士曾预料说,法国将会发现它"花费了好几百万法郎开凿了一条运河,却供英国使用",这番话说的不是不中肯的。7年后,欧仁妮皇后于1869年亲自主持这条运河的通航典礼,对于法国的威望来说,这是一次胜利;当时还演出专为这次典礼而创作的歌剧《阿依达》。迪斯累里及时地买下了埃及统治者的股份,使英国政府成为主要的股东。此后,这条运河主要是由英国的船只使用,直到20世纪时止。新的巨型轮船也需要改进港口、码头的设施。这就要求投入巨额的资本,加深航道,建造更大的码头、更大的货栈以及挖泥船、起重机和升降机。1872年,鹿特丹的一位工程师卡兰德修造了一条把鹿特丹直接和北海连接起来的"新水道"。1887年至1895年间,连接北海和波罗的海的基尔运河建成。曼彻斯特的"通航运河"接着于1894年凿成。这些运河和苏伊士运河相比，微不足道，但是，在西欧的生活中，它们对于方便和刺激商品的流通这一任务，是极其重要的。

海底电缆在连接世界各地的市场方面所起的重要作用，并不亚于这些运河。在这方面，主要的所有权又属于英国人——甚至在1900年，世界上的海洋电缆有3/5是属于英国所有——但是，最初的发明既归功于英国，同样也归功于德国。不论从科学方面还是从商业方面来说，威廉·西门子都是一个主要人物。他是来自哈尔茨山区的一个农民出身的德国移民，是德国技术教育制度培养出来的一个杰出学生。1843年，他作为他的家庭所经营的买卖的代理人前来英国。19世纪，有一些德国科学家对英国的经济产生了影响，西门子便是其中之一。到1863年，他在伍尔威治已经建立了他的海底电缆厂，就在德莱塞普斯开凿苏伊士运河的时候，西门子正在敷设他的第一批海底电缆。1871年，印度至欧洲之间的电缆完成了，它从洛斯托夫特开始，经过北海海底通往德国，穿过中东，经德黑兰至印度。到1874年，已敷设5条电缆，横贯大西洋。到1883年西门子去世时，西门子兄弟公司已经制造并敷设了将近1.3万英里的重要海底电缆——足够绕地球半周还多。

发明和技术，尤其是动力和冶金方面的发明和技术；陆路和海上运输及其辅助交通体系的发展；以及国际资本投资机构的成立——这些都是促使世界贸易的性质和规模发生彻底变革的因素。其中某些因素到19世纪中叶，甚至在更早时期就已经发生作用；但是，所有这些力量合在一起，对欧洲和欧洲以外世界的经济生活产生影响，却是19世纪最后25年中的事。任何一种概括或统计学的解析，都无法说明已经深深渗透到维多利亚时代后期经济的以及政治和社会的习惯做法中去的这些变化的全部影响。最能说明问题的，是国际贸易增长的数字。在19世纪70年代中期以后的30年中，国际贸易的价值以黄金计算，大概翻了一番还多。如果把价格下跌这一因素计算进去，贸易额很可能增加了两倍。

而且，这种贸易的性质及其规模正在起变化。17、18世纪的国际贸易主要是纺织品占支配地位。即使到了1900年，棉毛织品和其他纺织品仍然是英国出口商品单上数量最大的一项。但是1870年以来，无论是单独地还是和金属、机器的出口相比，纺织品的价值，都在下降。这一变化，在某种程度上，反映了英国经济特有的问题——关税的影响以及新兴工业国的竞争。但是，这也是这个时代的一个标志。德国出口的钢铁以及用钢铁制成的商品和机器，到1900年就已超过英国。事实是，对外贸易在19世纪的前半叶，在大多数的欧洲国家的生活中，还是一个不重要的因素，而到了1900年，新兴的运输业已使对外贸易成为一个必不可少的因素。体积庞大的货物，现在可以轻易地搬运到很远的地方。因此，在欧洲制造业国家中心集团和位于遥远外沿的生产初级产品的国家或地区之间，便产生了一种分工；那些初级产品生产国或地区，如美国的南方各州、中西部草原、印度、马来亚、中国、澳大利亚、新西兰和俄国，到80年代全都向欧洲供应食品和原料。法国需要的煤有1/3依靠外国供应；德国几乎要全部进口它所需要的原羊毛；英国需要的小麦有4/5要从外国输入。这3个国家全都依靠对外贸易来提供和支付所有输入的棉花、橡胶、黄麻、大米、几乎所有输入的锡、铜和矿物油。英国特别依赖进口食物，法国和德国在步它的后尘，甚至美国也愈来愈倾向于使它的食物输出与输入保持平衡。德国在19世纪80年代和90年代中，把它食物的输入值加了1倍。英国和其他国家之间有这样一个差异：它买进的是主要的食物——特别是小麦——而其他国家买进的有一大部分是奢侈品，必要时，可以取消进口。英、法、德三国依靠进口工业原料的程度增加得很快。

工业国和初级产品国之间的这种分工，使工业化的国家日益依赖热带和亚热带的国家。它们不再是欧洲商人偶尔过访的边缘地区，也不只限于一年一度地把它们的货物运往西方。就像中世纪每年举行的集市让位于17、18世纪的贸易中心那样，这些中心——它们的皮货、香料、细布、酒等交易虽然比较经常但仍然是间歇性的——现在却让位于一年四季几乎没有间歇的国际贸易交流。收成可能仍然会影响物价，冬令会使加拿大和俄国的河流和港湾的货运受到决定性的影响；但是，一般来说，贸易往来不再像以前那样受大自然的支配了。而且，在很长的一个时期内，正如我们将会看到的，资本投资有助于缩小出口货与进口货价值之间的差距，并导致高度的互惠性，这就可以使国际支付问题比较容易解决。商业银行业务的广泛开展（大部分业务受伦敦的管理）减少了贵金属作为偿付手段的重要性。金条和金币在很大程度上，成为银行家的最终的储备；硬币在国际收支平衡中，只是作为一种最后的手段，通常总是在情况十分不妙的时候才加以使用。当贸易按正常的途径进行，不受战争、战争谣言或紧急危机的干扰时，金银的流动减少到只是涓涓细流。伦敦的银行日益频繁地协助远在半个世界之外的买卖双方的商品贸易筹措资金，而这些商品却从来也没有到过欧洲附近。

紧随海外资本投资而来的，是日益高涨的商品流通的浪潮，而使这一运动顺利进行的，则是劳务。英国虽然在提供商品和劳务这两个方面仍然领先，不过，现在德国和法国也参加进来了。这种商品浪潮再加上这种劳务，就产生了一个新现象：一个受世界价格支配的世界市场出现了。同时，它也带来了支付的新问题。过去多少是自给自足的贸易地区（例如英国—印度—中国之间的贸易）已经和范围更为广阔的世界经济相融合，因为中国、印度和日本开始在世界市场上销售货物。英国和这半个世界的有形贸易有逆差，但和另外半个世界的贸易有顺差，足以取得平衡。英国这一维持逆差的能力，成为国际支付机构的中心支点。从19世纪80年代起，由于北美富饶的自然资源，英国对美国的逆差稳步上升。美国对欧洲和亚洲的逆差就由英国来偿付；美国对加拿大和阿根廷的顺差日益增加，这就使它能够有钱从巴西和印度输入货物。英国除了对美国有逆差以外，对其他国家还有巨额逆差。由于资本投资带来了硕果，生产和出口有了增加（比如说，阿根廷从19世纪90年代起，它和英国之间的贸易从逆差变为顺差），这些新兴国家常常把它们的顺差用于别的工业生产国家，而不是花在英国身上。英国看到它和南北美洲、欧洲和自治领在贸易上的顺差消失，同时由于关税和竞争的关系，英国的产品更加难以向海外输出，它也必然愈来愈依靠它和一些不太发达的国家如土耳其、日本，最主要的是印度仍然保持着的顺差，来偿付它和欧洲以及美洲的逆差。据说在1914年以前的三四十年中，英国敞开大门让世界各地的货物输入，因而对于世界经济的顺利运行，做出了最重大的贡献。英国在国际支付中的多边格局，愈来愈取决于它和印度之间的经济关系；印度对欧洲和美国的出口，帮助印度弥补它对英国的逆差。通过这一办法，到1900年时，英国对印度的顺差大概可以用来支付英国对其他国家的全部逆差的2/3。这一多边体制，对于国际贸易有很大的价值，而且，尽管要求改革关税制度的呼声越来越高，这一体制的受益者无疑地包括许多英国出口商在内；其他工业国家通过这一体制，可以不必输出工业品作为双边的偿付手段，来取得它们所需的食品和原料，这就使英国制造商在他们欧洲以外的市场上，不会遇到可能的竞争。可以说，几乎人人都在不同程度上受惠，只有英国的农场主除外。从这一世界贸易体制所引起的偿付义务，有一个以伦敦为中心的主要机构来进行结算。这个机构接受各个大陆买主的交款账单，把它当作支付的款项。北京 1894 年通过英格兰银行向东京偿付战争赔款，是世界经济新秩序最生动不过的象征。

在国际贸易总额日益增长的情况下，经济均势方面发生了显著的变化，这在 19 世纪的最后 20 年中，尤为突出。英国在 1870 年的优势是无敌的，但是到了 1900 年，虽然它在许多方面仍然保持着首位，但已受到挑战，在走下坡路。英国在 1880 年到 1900 年间的份额，从 25% 降到 21%；法国的份额，从 11% 下降到 8%。相反地，德国的份额，则从 9% 上升到 12%，美国从 10% 上升到 11%。用外贸的价值来计算，当时人们认为在前一时期，英国和英国殖民地的对外贸易超过法国、德国和意大利三国的总和。到 1880 年就不再如此，尽管到 1890 年，英国的贸易仍然超过法、德两国加在一起的贸易。到 1900 年，德、法两国的贸易总额加在一起比起英国来，如果还有差别的话，也少不了许多，而在某些方面，比英国还要多些。

在美国，情况正在变化，但是美国的制造业仍然把注意力主要集中在广阔的国内市场方面，那里如果资本不算充足，原料和劳力的供应都是无比充足的。美国作为一个输出国，直到转向 20 世纪，仍然把主要的注意力放在初级商品和食物——棉花、粮食和烟草——向工业化的欧洲出售方面。当时在国外市场上，它的竞争还不足以引起英国制造商的严重担忧，不过，那些在美国旅行、较有眼光的英国实业家在 19 世纪 90 年代就已忧心忡忡地看到，那里的技术和干劲正在迅速地把美国的许多工业变成现代化、经济实惠而又有效率的样板。那里有一个庞大而又受到保护的国内市场，它那显然无穷的需求，促使美国钢铁业巨擘把生产计划的规格提高到英国不可能实现的地步。产量在上升，价格则下降。1875 年，钢轨的成本是每吨 160 美元，而到 1898 年，只是原来价格的 1/10 稍多一点。南威尔士马口铁制造商发现，美国的石油和食品罐头工业给他们的订单，转向一项新兴的蓬勃发展的工业，这种工业是在威尔士技术人员的帮助下，在1890年的麦金莱关税法的保护下成长起来的。这个发展的背后存在着这样一些因素：制造商的进取心，一支放弃怠工、信心十足的劳动大军，经常把资金用于省工省料的装备，通过广告来探索并开辟市场。这些因素在这个世纪末就被人们看到了，当时的心情是既感兴趣，又有点担心。但是，这种担心还不是剧烈的。美国在把它的注意力转向外部世界以前，在国内还有许多事情要办。只要美国的创造性集中于生产那些用来制造鞋靴、廉价的纺织品和英格索尔先生的名牌表的机器，人们的议论就可能是温和的。

法国和美国一样，并不站在制造商寻求新的扩展中的市场这个竞争的前列。但是，就它本身的情况而言，这是因为它的工业化的进度较慢，且有明显的困难。直到1890年前后，法国工业中的动力机器发展缓慢，产量增加也慢，说明这个国家只是勉强地接受了从乡村的个体生活方式中转变过来这一事实。这绝不是说，法国人创造性天才的火焰不如别人的那么光亮。在科学方面，有如人文学科方面一样，都有大量的证据，说明法国人的活力。18世纪，那种创造发明的传统，看来和过去一样的旺盛。水下潜望镜、柴油引擎、照相平版印刷术、陀螺仪以及其他许多发明，不都是起源于法国吗？第一次驯服阿尔卑斯山两侧奔腾而下的"白煤"的，不就是后来成为水力发电的鼻祖、法国格勒诺布尔地方的造纸商贝尔热吗？法国人勒瓦瑟生产了近代汽车的雏形。巴斯德和居里夫妇在19世纪80年代和90年代的发现，使法国成为新医药业的不容争辩的创始人。法国确实是个"伟大发明的国家"。但是，从发明到用于工业的发展速度来说，法国则比其他国家的人民缓慢。直到19世纪90年代中期，它的工业化的进程是缓慢的。从此以后，它加快了速度，但是，比起德国来，步伐还是慢得多。到19世纪末，法国的钢产量，一年不到200万吨，只及英国的1/3，德国的1/4。纺织品产量——特别是棉、毛和丝织品——因采用动力而增加得很快；而法国的蒸汽动力在90年代中增加了一倍多，从不到100万匹马力，增加到200万匹马力左右。但是，和同时期的德国工业的奔腾步伐相比，它只能算是慢步徐进。

法国的竞争是独特而有限的。同时，美国仍然忙于国内的市场，

第二章　经济状况

因此，只剩下英国和德国能在世界市场的制造业方面一争短长。德国从一个农业国一跃而为欧洲最先进的工业经济国，这个转变一直是经济史上的奇迹之一。这个突然变化，对于经济史这门学科来说，是少有的。同1816年普鲁士相比，新的德意志帝国的农业特性迟至1871年，不过略有减少，而工业化的程度也只是稍有提高。随后，在19世纪最后30年中，所有刺激工业发展的力量合在一起，发生了作用。在这些年代中，人口从4100万增加到5600万，住在城镇里的德国人，在同期内从36%增加到54%。这些数字给人的印象是"举国一致涌向城镇"①，而最大的人流则是涌向最近的城镇。现在具有吸引力的，不是宾夕法尼亚或是中西部，而是柏林、埃森、多特蒙德、杜塞尔多夫和莱比锡，这些城市吸引着来自东部的工人和矿工，使得东普鲁士、波美拉尼亚和西里西亚的农场缺少所需的劳动力。整个社会这种剧烈的调整，给社会造成了负担：工资按英美的标准经常是较低的，伙食和劳动条件很差；德国工人是世界上食用廉价的黄油代用品最多的消费者；劳资关系带来了难以对付的问题。但是毫无疑问（就如特赖奇克所说的那样），铁路把德国人的潜能释放出来了。

这种释放出来的能量有其惊人的后果，它反映在煤的产量上。在1871年到1900年间，德国的产量（包括褐煤）从3800万吨上升到15000万吨；英国的产量从11800万吨上升到22800万吨；法国从1300万吨上升到3300万吨。这些，再加上洛林和卢森堡的矿床，构成了钢铁工业的基础。这个工业从1870年的小规模开始，到了1900年，超过了英国。而且，出口煤也成了一项行业，为这期间迅速发展的商船业提供了业务。德国人在工业设想和技术方面，并不是新手。相反地，农村工业，主要是粗糙的纺织业，从中世纪开始，就在德国普遍发展。中世纪德国的玩具制造商、钟表制造商、军火制造商的技艺，与制造发动机、各种机器、提高羊毛、毛纺、丝、棉工业产量的新工业之间，是有一种连续性的，对于这一点，谁又能怀疑呢？而且，有些古代的行业，如莱茵兰地区佐林根的刀具工人这一行，是通过德国在电力技术方面的绝技而保存下来，并得到巩固的，因为它在电力工业方面的技术，为那些小人物提供了工作需要的照明和开动车

---

① J. H. 克拉芬：《19世纪法国和德国的经济发展》，第279页。

床、转轮和砂轮的动力。

从统计数字上来看，德国工业对它的出口贸易的贡献，不同于英国工业对英国出口贸易的贡献：因为英国的出口货，在传统上首先是以纺织品为基础的，而德国则是用相反的顺序来处理它的事务。首先是钢铁，随后是机器，再后是煤炭，接着才是毛、棉及其他纺织品。这不是没有道理的，因为德国的纺织工业，在很大程度上依靠外国的原料。如果说英国人吃的要靠外国，那么，德国人穿的要靠外国。但是，这一事实不应掩盖它通过技术教育，通过德国特有的工业组织形式，正在发展中的一些新的变化过程的特殊性，即它的重化学工业和电力工业。它的化学工业在19世纪60年代，还几乎是个空白，发展成现代这一方面的最大的工业的物质基础，就是普鲁士的萨克森丰富的盐和钾碱的蕴藏量。它的科学基础是国家的教育体制。一个国家出了利比格、本生、霍夫曼这样的人物以及其他许多杰出的化学家，它十分重视科学教育是很自然的。远在德国化学工业的规模形成以前，亨利·罗斯科曾对科学教育特别委员会说，在德国，"为爱好科学和知识而爱好科学和知识的情况，在大学里要比在我们英国的大学里普遍得多"。亨利·罗斯科只是通过自己艰巨的身体力行做出榜样，才制止了曼彻斯特的欧文斯学院取消他所主持的化学讲座。在柏林，一个学生一年只要花20英镑稍多一点的钱，就够缴纳学费和实验室做实验的费用；在其他地方就更加便宜。高等技术学校是和工业挂钩的，工业科学家们在这个学校里学习应用科学，而且水平要比英国的机械学院高。普鲁士1870年花在这些人身上的钱达25000英镑；到了1900年，为117000英镑。这一笔投资及时地为德国化学工业源源不断地输送了一批批训练有素的基层技术人员，领导他们的则是一些大学出身的、具有创造才能的化学家和工程师等高等骨干。正当法国、英国的化工厂商日益感受到为过时的工厂所束缚——特别是作为化学工业主要基础的勒布兰制碱法——的时候，德国却在放手发展像索尔韦制碱法那样的新方法。德国的硫酸制造商可以任意侵袭染料和农用化肥的市场。在1870年到1900年间，各个生产部门都有巨大的增产——硫酸和强碱的产量增加了7倍，染料的产量大约增加了3倍。德国精细化工产品和合成染料工业是工业上的一个光辉榜样：它以英、法的创造发明为基础，依靠教育和进取精神，把这些发明创造实际变成了德国的垄断。到了1900年，推广使用化学染料合成法的一些德国小厂家，已经变成巨大的康采恩，其产量约占世界染料产量的90%。

电力工业的创立是近代德国最大的经济成就。某些基本发明的出现，又是比本章所叙述的这一时期为早。威纳尔·冯·西门子是1843年到英国去的一个年轻德国科学家的同胞兄弟，很有冲劲。他6年后设计并创造了德国第一台主要的电报机，这台电报机于1849年在皇帝选立后的一小时内，把这个消息传递给柏林，轰动一时。这就是西门子和哈尔斯基伟大事业的开端。这家公司多年来一直和威廉·西门子创立的英国企业有联系。1867年惠纳发明了发电机。1861年发明电话，几年内，德国成为使用电话最多的国家。继发电机的发明而来的，是传送电力和电力牵引的试验，试验成功后，又为德国城市提供了电力照明和电车。英国的旅行家看到德国在这些方面比英国远为先进。一个巨大的新兴工业的崛起，为新设备提供所需要的发电机器、电报材料、电缆和灯。1882年的人口调查中，还没有电力工业工人一栏，可是，1895年，电力工业工人就有25000人，到1906—1907年，则达107000人。

电力工业和化学工业一样，由于集中（它为三家大公司所控制），说明了它的一个特点，这一特点正是大规模生产和耗资巨大的工厂所需求的。这一工业的大部分市场是在国外，如意大利、瑞士和斯堪的纳维亚半岛，这些国家通过水力发电，现在能从天然燃料匮乏的情况下解脱出来。发电厂通常是在德国建造的，这就使德国为欧洲工业化的第三阶段提供了工业革命的手段，就像英国曾为第二阶段制造过当时工业革命的手段那样。

德国出口贸易的结构，它对重型生产资料的强调，它在1875年到1895年间的迅猛发展，西方的运输和公用事业发展所达到的先进阶段——所有这些，再加上德国的地理位置和传统的政治习惯，促使德国的工业对国外市场发生一种特殊的兴趣，特别是对中东和远东的市场。但是，不能完全（甚至主要的也不行）把新兴的德意志帝国主义归罪于德国的工业。新的重商主义和旧的一样，是许多种力量、动机、雄心的产物，绝不全是经济上的产物。那些以古斯塔夫·施莫勒尔为首的所谓"历史经济学家"曾经表达了重商主义的抱负。施莫勒尔1882年后在柏林大学任教授。对于他和他的学派来说，（在其他国家中，还没有类似的学派）世界上不存在任何时候都有效的经济规律。经济理论只是在和实践、历史和实际的制度发生关系的时候，才能有它的价值。而在德国，这些就要求国家干预并调整经济事务，以便促进国家的富强，这也就是这项政策的双重的、一贯相连的目的。1900年的海军法就有其思想上的根源，这就是25年来日趋成熟的一些学说。经济上的进步和国家政治制度的效率被等同起来。施莫勒尔在1884年写道："正是由于这些政府懂得如何使得它们的舰队和海军部的力量，以及海关法和航海法这一套工具，迅速地、大胆地而且明确地为本民族和本国的经济利益服务，它们从而才能在这场斗争中，在财富和工业繁荣方面，处于领先的地位。"

前10年间的波动已经削弱了东部农业巨子——一般是玉米出口商——对自由贸易的信心。1877年以后，俾斯麦更加全神贯注地聆听西部工业界的抱怨，特别是因为他的财政部也已经感到萧条带来的拮据。从1879年起，德国实行一种计划经济，在这种经济的范围内，工业在国家的赞助和合作下，打算在关税的保护下取得稳定。德国的工业可以自由制定价格协议，组织它的原料供应，划分并组织它的市场。不论是个人主义的传统或政治权贵的怀疑，都没有妨碍德国工业建立大联合企业来保护自己避免萧条。而在英国，特别是在美国，在19世纪70年代、80年代和90年代的艰难日子里，舆论都曾经起了妨碍的作用。投入那些新兴工业的固定资本数额是可观的，这意味着不能听任市场去碰运气，供求必须是"有组织的"。这一理论在工程、电气两项工业和它们的"主顾们"的关系之间，得到了合乎逻辑的最大限度发挥。那些"主顾们"本身就是一些公司——消费公司，它们是在供应公司的帮助下，建立起来购买它的产品的。这一过程只不过是把垂直联合企业这一原理，向前推进一步而已，通过这种垂直联合企业，每家商号成员把它的产品卖给一个离最终市场更接近一层的"主顾"。而且，也只有"联合体"这一极端的例子（这些联合体是通过贷款银行扶植起来的），在19世纪后期的德国衍生，恣意践踏那些即使不是所有的英国实业家至少也是英国经济学家仍然珍惜的自由竞争原则。德国的工业家和管理公共事务的政府公职人员，在观点上，并不存在什么显著的分歧。经济学本身是法律的一个分支，而作为行政管理法学家所得到的训练，同样可以在商界或一些专门行业里任职。18世纪的财政管理家，即皇室财库的经管人员，在德国往往行使在别的国家里是私人企业家行使的职能；这一传统直到俾斯麦时代的德国，仍然没有完全消亡。资源仍然是比较贫乏的，无论是政治家，还是经济学家，都不准备把开发资源这样的事，听凭那套放任自由的做法来摆布。容克地主、工业家、官僚和经济学家结成了联盟，这一联盟保证他们的新重商主义的无可争辩的统治；而卡特尔和托拉斯在美国和英国，不得不和舆论进行艰苦的战斗，而任何有影响的舆论，都不反对德国对卡特尔和托拉斯的需要。1900年的危机以后，达姆斯塔特银行指出，"大工业集团的共同利益，通过卡特尔这一表现形成，保障工业不像卡特尔建立前那样所费不赀和突然倒闭"。

它们所起的作用，实际上还不止于此。对于像梅维森（达姆施塔特银行的创始人）、威纳尔·冯·西门子、工程师哈尔科特以及其他几十个那样的人来说，为寻求世界市场而进行的工业斗争，看来就是为德国争取威望的一项使命。他们认为，他们有权取得德国国家的支持，如保护性关税、补助金、特惠货运价格等等。结果是德国错过了自由贸易这一时期，"几乎毫无间歇地从科尔贝尔[①]的时代，进入沙赫特博士[②]的时代"[③]。

德国的新重商主义有些什么影响，一直引起很大的争论。评论家们认为，德国在这些年中，是在建立一个危险的、头重脚轻的经济，拥有太多的勉强设立、受到各种照顾的工业，使它不堪重负。这些工业除了迎合那些闭关自守者和军事野心家的意志以外，对于德国既无需要，也非所长。即便把新建的工业需要保护、取得新的技术需要时间这些因素充分地考虑进去，这一代价肯定仍是很高的。于是，德国人民的生活水平，又一次被压得比他们的技能和劳动本来应得的水平要低。其原因之一，就是由于实行保护关税、补贴和"共同利益"政策，以鼓励非经济投资并使之继续下去。1876年至1900年间，德国按人口计算的平均年实际收入，从24英镑增至32英镑。而在英

---

① 科尔贝尔是法国17世纪的一个政府官员，重商主义者。——译者
② 沙赫特博士是德国20世纪的金融家。——译者
③ A. J. P. 泰勒：《德国历史进程》（伦敦，1954年），第126页。

国，则从28英镑上升到51英镑，分别增长33%和82%。工会运动的缓慢发展无疑与此有关。工会会员人数在19世纪，从来没有达到百万大关。在工人中间，社会主义思想广泛流传；在雇主中间，保守思想强烈。这两者难以使双方通过集体的讨价还价，达成工资协议。对德国经济的另一种批评，是说它有生产过剩的趋向，迟早要走向使用政治或军事手段来寻求出路。对于这一批评，更加难以评价。在某些德国工业家和蛊惑人心的政客（他们在19世纪的最后几年中开始左右德国的政治）之间，肯定关系密切。至于他们在制定政策的过程中，究竟有些什么影响，仍然是看法各有不同。

与此同时，从19世纪70年代开始，英国的观察家们带着日益严重的不安心情，一直注视着外国工业，特别是德国工业竞争的崛起。从70年代起，英国驻在外国各地的领事们开始逐渐地发来警告。法国人开始争夺意大利的纺织品市场。比利时的铁开始在西班牙打开销路。罗马尼亚的农民开始对德国生产的犁有所偏爱。这一阴影当时仍然只有巴掌那么大小。可是到了80年代中期，这片阴影显然要比过去大得多。英国驻希腊的一位领事哀叹别国——现在无可争辩地主要是指德国——损害了英国出口商的利益而得到好处。他认为英国的制造商不能随着潮流而前进，也根本不去考虑外国消费者的口味和需求。相反，德国人"没有成见"，如果他们发现某一形状的货品，在任何一个特定国家能够立即有销路，他们就会去生产……"尽管这对他们自己的口味和需求来说，是多么不合适的"。这样的指责持续有好多年。不管是对是错，"贸易工业萧条调查委员会"1885年对于这种事实有着深刻的印象："〔德国人〕在世界各地的竞争愈益严重，德国人坚韧不拔的精神和事业心，正在使人们对之有所感觉。在商品的实际生产方面，我们超过他们的长处，即使有，也不多。而在对世界市场的了解，在迎合当地人的口味和癖好方面，在一切可能的地方立定脚跟的决心以及在保持这种立足点的顽强性等方面，他们看上去是在胜过我们。"

英国人对于这些不利于他们的对比，因时间、地点的不同而产生不同的反应。那些最聪明的商人——如柴郡的路德维希·蒙德和他的伙伴、邻郡的威廉·利弗，或沃林顿的克罗斯菲尔德——都承认德国人的科学知识的价值，大量购进这种知识，或借用掌握这种知识的人。化学工业中的进步人士，在那些年中，充分利用了德国专家。其他工业较为自满。德国钢铁工厂的做法是把各个生产过程，尽可能地、继续不断地连接在一起，以节约热力和电力。英国的钢铁在模仿这一做法时，相对地说，是缓慢的。这些工业无疑地遇到了一些没有受到足够重视的问题。实际上，在英国制造业中，真正的"大规模生产"堪称占支配地位的部门很少。相对来说，大部分工业都是小批生产，而且，往往是为专门的订货生产；各项生产过程和工厂仍然在许多方面受到手工匠和传统技艺的限制。"质量市场"的性质的形成缓慢——就毛织品而论，竟历时好几个世纪，私人买卖固有的个人主义，总是不鼓励可能影响质量的降低成本的革新。还有一种保守思想就更加说不过去了。它的根源在于纯属无知或漫不经心，譬如说，就像威尔士的马口铁制造商的那种保守思想。这种人对一项新的生产方法的反应，就是问："是不是还有任何别的傻瓜，已经试用过这个方法？"

后来，天空的阴霾在19世纪80年代消散，商人天生的乐观情绪很快又重新振作起来。1891年至1895年间严重的经济萧条使议员们提出抗议。他们怒气冲冲地反对外交部购买巴伐利亚制造的铅笔，或者进口德国罪犯生产的廉价刷子。不过，在这个世纪最后几年中，贸易和就业在增长，这一情况看来又一次使英国的恐慌心情平静了下来。德国的竞争这时已经成为必须接受的一种现实。采取保护性措施，不大容易得到人民的支持。即使那些受到德国竞争打击最厉害的工业，它们要放弃一个信念，也是慢吞吞的，因为它们树立起这一信念，就曾花费了一个很长的时间。

只有英国和西欧的小国仍然是自由贸易者。法国步俾斯麦1879年关税的后尘，从1881年开始，提高了关税。1892年，法国关税全面提高了。俄国在1881年和1882年也提高了关税。1890年的麦金莱税率和1897年的丁利税率，把美国的税率提高到最高税率之列。英国殖民地也征收了关税：加拿大和维多利亚在1879年采取高关税；1900年全澳大利亚采取了保护关税政策。

在这种情况下，英国真正蒙受持续的自由贸易之害的是农场主。他们两次遭殃：第一次在19世纪70年代，第二次是90年代中期。工业方面，英国在日益增长的贸易总额中所占的份额，一直在下降，在这种情况下，主要的后果就是出口市场中各种制造业的相对重要性有了转变。

纺织品和棉纱，特别是兰开夏的棉纱是制造业中的最大一户，它在19世纪80年代初期，约占英国全部出口值的一半。它最大的市场是印度和中国，但是美国、德国和中欧国家，特别是就那些高级纺织品来说，绝不是无足轻重的主顾。而难处也就在这里。欧美的关税增加了，落后国家的经济发展了——这一发展通常是借助英国的资本和资本货物而取得的——因此，英国在这些国家中的布匹市场不再存在了。到1900年，英国棉织品出口商被迫重返亚洲市场，可是，即使是亚洲，它也开始兴建棉纺厂了。在19世纪的最后10年中，英国甚至在毛织品方面，也只能保持原来的局面而已。另一方面，就在日益增高的关税壁垒后面成长起来的工业，又需要煤、铁、钢和机械来装备新的工厂和提供能源。提供这些装备和能源的英国工业从而又得到了促进。下面表格中的出口数字，清楚地说明了19世纪最后几十年中的情况。

英国主要出口货物的价值（以千英镑计）

	输往所有的国家		输往十个主要采取保护政策的国家	
	1880年	1900年	1880年	1900年
棉织品	75564	69751	15990	13840
毛织品、绒线	21488	21806	13526	11475
钢铁等	32000	37638	17626	15171
机械等	9264	19620	5797	10892
煤、焦炭	8373	38620	4822	23349

英国工业的一个部分，正在向外国竞争者提供武器用来对付英国工业的其他一些部分，这是难以否认的。美国赖以把英国竞争者抛在后面的自动机器，大部分是英国发明的，有些还是英国制造的。装备主顾，使这些主顾不再向英国购货，对这一明显的蠢事是不乏批评的。煤炭出口——它是潜在的竞争者所需要的一项原料——也容易受到类似的反对。不过，在这方面，可以这样辩解：煤是必须外运的大宗货物，它可以为运进英国几百万工业人口所需要的粮食、木材和饲料的英国庞大的商船队节约经营费用。对于这些批评的真正的回答

是：英国不可能指望在经济上的民族主义高涨的浪潮前面坚持下去并维持一个垄断性的、十分危险的专业化的经济。唯一的补救办法就是广开门路。因此，工业多样化的过程，即使反映在各种工业兴起的时候（这些工业看来正在产生相互斗争的根源），也是最终补救办法的一个部分，尽管及时进行调整是痛苦的。

就在制造业仍然是英国经济的中心的时候，销售和处置货品的方法，正在成为一项更为重要的收入来源；早年贷出的款项所产生的日渐增多的进益，在英国的账册中所起的作用也越来越大。自从拿破仑战争以来，英国有形贸易的逆差一直上升，到1871—1875年间，平均每年逆差达6500万英镑左右。但是，英国从它向外国提供的商业劳务中取得的收入——保险、货物的装卸、回扣、经纪贸易，更重要的是航运，却上升得非常之快，因此，每年仍可有大约2300万英镑的总盈余，这还没有把从英国累积起来的海外投资所得的每年收入大约5000万英镑计算在内。船运方面的收入非常可观，它从19世纪中叶的每年1800万英镑，上升到近乎5000万英镑。到20世纪的头5年中，这笔收入每年几达7000万英镑。英国在陆地上丧失领先地位很久以后，在海上仍处于领先地位。即使在19世纪90年代末期，英国船坞为英国船只制造的吨位，只比90年代初期的最高数字略低一些，而它为外国船只制造的吨位，则比过去要多得多。

在19世纪70年代的后半期，国家的账册上出现了一个根本变化。输入英国的货物价值急剧上升，有形贸易的逆差于是增加到每年约12500万英镑（约100%）。英国的工业品出口——逐吨计算——同1873年的萧条时期以前相比，收入少多了。也就是说，进出口货价之间的比例暂时的趋向，是不利于工业品生产国的，而英国在有形贸易和劳务方面的总盈余，在这些年中每年逆差很大，达3200万英镑。自从滑铁卢战役以来，账目第一次只能依靠海外投资的收益来平衡——海外投资这时已大大超过10亿英镑，每年给英国的投资人带来大约5500万英镑的收入。从1881年起，事情有些起色；随着进出口货价之间的比例有所好转，有形贸易的逆差下降了。可是，从1891年到1906年间，英国每年都不得不依靠它从国外投资方面的巨额收入，来帮助它自己支付亏欠。它也确实很容易地就能这样做到，因为它在这方面累积的收入本身，在1870年到1900年间，已经翻了一番，从每年5000万英镑，变成1.12亿英镑。显然，英国经济各界之间的平衡，以及它的境况和它的资本曾经帮助发展过的国家相比，正在改变。但是，这一变化也会被渲染过甚。完全不能肯定，这个"出口顺差"的时期到1875年，就像一些作者经常所说的那样，已经成为过去。相反，在1880年到1914年间的这些年中，英国仍然能够显示出，它在和世界其他各地进行的贸易和劳务中，是有盈余的。

对于有时被称为对外投资"政策"的批评，一直没有间断过。不过，一种表示自觉地指导事务的字眼，能否被正确地用来形容这样众多的私人决定，还是值得怀疑的。反对这种海外投资的主要理由是：第一，它无利可图；第二，它意味着，甚至需要对借钱的国家的事务进行新的、不受欢迎的干涉，换言之，经济的渗透和帝国主义是携手并进的；第三，输出的"资本"在国内可能得到更好的利用，而且资本的外流滋生了一个靠投资生活的阶级，它的主要利益是在英国国外。最近的调查表明，英国的投资者，特别是在1875年后，投资时通常是审慎的，而且是有利可图的。维多利亚后期的政府，是否支持早先历届政府所不会支持的帝国主义政策，看来是值得怀疑的。维多利亚中期的英国，把印度发展成为一个经济殖民地，把拉丁美洲发展成一个私人贸易和投资的范围，而在维多利亚后期，情况没有多大变化。投资源源不断地流向英帝国各国和英帝国以外的国家。在海外企业中，维多利亚后期的一些赫赫有名的企业家，如非洲的塞西尔·罗得斯、巴纳托和拜特或在埃及的卡斯尔，像在国内企业中的威廉·利弗或托马斯·利普顿一样，都称不上"典型"。但是，它们的"特点"在于它们是在开拓新的地理疆域，就好比那些新兴的工业家是在开辟国内消费的新领域一样。但是，如果因此就认为那些比较老一点的地区，在这两方面都没有早先那样重要，那就错了，因为事实上，它们就像冰山的水下部分，只是不大容易被人注意到罢了。1888年以后对非洲的争夺，不应该完全转移历史学家的视线，使他们不去注意早先使印度、拉丁美洲和加拿大繁荣起来所产生的影响，这种繁荣，现在正在结出果实。

人们对资本"输出"的许多批评，都没有看出，这种输出和生产过程本身是多么深刻地、错综复杂地交织在一起。如果投资者不愿把资本借给外国主顾，让他们用来购买这些出口货物，那么，出口工业就无法找到和维持它们的市场,更不要说扩展这些市场了。因此,南威尔士的制铁商接受了美国铁路公债,作为他们售出的铁轨货款的一部分。谢菲尔德、格拉斯哥和斯旺西的炼钢厂商,对西班牙铁矿区的发展进行投资,这些地方生产了英国当时所需要的矿砂量的一半。出口工业和资本外流之间的关系,当然不总是这么直接或紧密的,但是,其效果仍然是显而易见的。铁路的修建、汽轮和收割机带来了粮食的丰收——70年代末是从北美,1885年以后是从南美——这是维多利亚时代晚期的英国工人实际工资增长的主要因素。资本输出促进了出口,从而增加了就业。它加速了食物和原料的进口,从而提高了福利、健康和生活享受的水平。这些事实本身就是对下述指责的部分答复:英国如果把它的资本留在国内,情况还会更好些。实际上,在19世纪的英国,当时没有其他的选择,因为无论私人企业或政府企业,都不可能为钢铁、铁路车辆、电报事业、机器等找到另外的出路。

在19世纪和20世纪交替时期,对外投资的一般好处,在英国似乎正在减少。看来,进一步的投资,不大可能降低进口货物的成本,从而也不大可能降低生活费用。相反,它却更有可能加剧外国的竞争。主要靠在原先是进口国家的关税壁垒保护下开设工厂的这种资本输出形式,这也许是最不容易受到抨击的一种资本输出形式。反正早先的那种出口贸易慢慢地被绞杀,已是无法的了。正如一个资本家所说的那样:"当关税超过了在别处经营和在别处设厂所花的成本的时候,那么,在〔购进〕国家设厂,将是经济实惠的,我们的主顾可以从这些厂家获得更为便宜的供应。"① 这种做法在1900年以后是常见的。

投资也不是集中在国外。从19世纪80年代初期起,英国的生活水平在许多方面都有所提高,除了北美突飞猛进的经济所能达到的水平以外,它比其他任何地方所能达到的水平都要高出许多,这是国内企业经营和海外投资的直接结果。实际工资在1860年到1900年间增长了大约75%,而这一增长的1/4是在19世纪的最后10年

---

① C.威尔逊:《尤尼莱佛史》(1954年)第1卷,第99页。(尤尼莱佛〔Unilver〕为"利弗联合公司"的音译。——译者)

中取得的。这种增长基本上是由于财富的增加，而这些财富是从早年的经营和投资得来的。而工资增加范围的广泛，并深深地渗透到社会的各个方面，部分原因是因为比较便宜的食物和原料进口像回潮一样涌进，生活费用下跌。这些又是早先的海外投资，特别是在铁路方面的投资所带来的好处。同时，这在某种程度上也是工会对雇主不断施加压力的结果，是19世纪90年代"繁荣罢工"和一切形式的集体讨价还价的结果。由于必需品价格下降，可以省出更多的钱来买半需品，甚至购买奢侈品。总之，在一千多万劳动人民和他们的妻子中间，存在着一个巨大的市场，这一市场吸引了当时一些最活跃的商业头脑的想象力。正如一个富有观察力的新闻记者说的那样，这些人看到"工厂的家庭主妇节俭，爱清洁，健谈，往往是十分精明的"。一些规模很大的工业在80年代和90年代发展起来，主要是靠这些主妇挣得的和积蓄起来的一个一个便士。1860年，全国肥皂的消费和生产，大概1年为10万吨，比1800年增加了1倍。到1890年，它就达到26万吨，而到了1900年，则是32万吨。还有其他许多工业，对于为新兴的手艺匠人创造更高的生活水平和享受，甚至是娱乐，都有所裨益。食品加工工业颇为突出，有巧克力、果酱、茶叶、人造黄油、牛肉汁、鱼和肉类罐头、香肠等等。联营的杂货铺，通过专营一两种商品，如黄油、人造黄油、鸡蛋，把价格削低，这在这些年中是很典型的。这一类的实业家人数颇多，首先要推托马斯·利普顿，他于80年代在格拉斯哥创办了他的店铺，到90年代，向南发展到伦敦及其周围6郡。正当利普顿为工人们的饮食操心时，像艾尔弗雷德·哈姆斯沃思和阿瑟·皮尔逊这样的人便赶紧抓住国民义务教育所提供的机会，出版了半便士一份的报纸，传播政治新闻和那同等重要的赛马消息。这些新兴企业和那些旧有的企业，为争夺工人阶级的腰包进行激烈的竞争。那些旧有的企业，直至当时一直供应大部分工人阶级的饮食必需品，以及不小一部分工人阶级赖以消遣的东西——啤酒。

在社会阶梯的更上层，出现了当时很典型的另一套设施——迎合中产阶级市场需要的伦敦百货商店。正如维多利亚时代的英国一位历史学家所说的："大工业的领先地位正在消失。于是，为了取得补偿，资本、劳力和智慧全都涌向轻工业、分配业和推销业。"① 正是在这个方面，在这些新兴的工业里，塞缪尔·斯迈尔斯②的天然信徒，投机分子和广告业者大量涌现。他们对工业所做的贡献和他们的前辈所做的贡献不同，这些先辈的才智中具有更多的技术知识的因素。而这些人则侧重于推销货品，他们大力推广销售术，无意中扩大了他们和老一辈工业家之间的鸿沟，而后者对前者的那一套做法仍然是侧目而视的。这些新人中有一位这样说："广告的全部目的，就是在货物的周围造起一道灵光。"这些人本身多半出身于专唱反调的自由主义分子，往往代表一种真诚的而又是从自身利益出发的社会启蒙运动，因为他们知道，他们的生意的前途和他们的销售对象——上百万主要是工人阶级的主顾，息息相关。1879年设立的伯恩维尔和1888年设立的桑莱特港——利润分配计划和模范工业村——是他们在改善工业关系中所做的独特贡献。很难说，这类工业在总的生产中占有多大的比例。它肯定是在增加中，但这类工业仍然只是一个正在变化中的社会的"特点"，而不是"典型"。"基础"工业仍然是经济的中心。不过，这些新兴的工业，对于工业生产的方法和关系的改变，毕竟做了很大的贡献。而且，这些工业还有一个日见重要的特征：哪里可能出现一个潜在的市场，他们就可以相当轻易地在那里建立工厂。因此，这些工业能够而且确实通过在当地建立一套生产和供应的方法来避免征税。

  当时的人们对于这种日趋成熟的经济成长状况和前景，存在着尖锐的意见分歧。对舆论颇有影响的统计学家罗伯特·吉芬爵士认为，英国的经济正在迅速上升，对工人阶级特别有利。他认为，耐心将能治好在暂时性的波动中产生的大部分弊端；他对自由经济的信念，丝毫没有因为"大萧条"的变迁而稍减。他同意某些大工业的发展将会缓慢下来，但这种发展在人们不大注意的地方，正在继续进行。他在1887年写道："工业根据一项自然法则正在变得愈来愈庞杂，而且由于人口的增长，这些庞杂的工业中被雇用人数的增长和在可称作精神职业中受雇的人如教师、艺术家等的增长，都是不相称的。这就阻

---

① G. M. 杨格：《一个时代的景象》（1949年）。
② 苏格兰著作家，主张在个体企业和自由贸易的基础上，取得物质上的进步。——译者

碍了主要产品继续以过去那样的速度增长。"其他一些人，包括艾尔弗雷德·马歇尔在内，不是那样肯定地认为一切都是顺利的。这两种看法都有一些不到之处。但至少在某些方面，正如那位研究维多利亚时代经济的历史学家所说的，新的竞争动摇了英国的保守主义，而"英国正在准备证明，它并不像它的敌人和朋友都经常说的那样，正在没落下去"。① 最新的统计调查同样也做出结论说，19世纪的最后30年是英国经济持续发展最快的一个时期。②

对于这一时期，甚至应比近代史上最近的各个阶段做出更多的历史设想，其任务就是要了解经济成长的过程，这个过程存在于一系列的波动之中，而不是存在于一个稳定的发展之中。在这个过程中，有些部门，如英国的农业，受到了挫折；有些行业，如欧洲许多农民的手艺，实际上是被扼杀了。但是，这一阶段整个来说，是增产的阶段，每一个周期阶段涌现出来的财富累积，比过去增多了，而不是减少了。经济波动本身并不新鲜。新鲜的是波动的幅度和普遍性。对波动的原因所做的调查，比绝大多数的经济调查更加证明，它是一个无底洞。周期的成因以及组成这些周期的各种经济现象的相互关系，在许多方面，仍然是假设性的。如果说，主要波动的发生，是各类发明之间巨大摩擦的结果，是大规模生产、投资、货币与货品供应、需求变化和战争的结果，那只是老生常谈。但是，如果只是为了说明，从表面上看，一种经济不大可能在迅速不断地发生变化的条件下，按照正常的节奏行事，那么，说明一下也是值得的。重资本货物市场，和消费品市场的表现不同。譬如说，在19世纪90年代初的经济萧条期间，英国纺织业生产，相对地说，下降不多，而钢铁生产则大幅度下降，达1/3之多。1885年到1886年间——这是许多工业倒霉的年头——英国肥皂制造业协会的成员是如此富裕，以至要劝说他们有必要去参加会议，是不容易的。反之，80年代末的复苏，却没有他们的份。他们的命运几乎完全和原料价格联系在一起。厄运的发生在国与国之间也不一样：80年代中期的危机在英国比在德国严重；1900年的一次危机又恰恰相反。

---

① J. H. 克拉彭：《现代英国经济史》（剑桥大学出版社，1938年版）第3卷，第23页。
② P. 迪安：《19世纪下半叶国民收入的最新估计》，《经济史评论》第2辑，第9卷，第3期（1957年）。

这些年间周期性的进展大致可以归纳如下：1870年到1873年间，欧洲是处在一次历时很久的物价、利润上升趋势的末尾。资本仍然流向铁路建设，工业仍然为了适应这些和那些需要而在发展。雇主、银行家和农场主都享受一份繁荣，《笨拙》杂志竟然能刊载英国矿工喝香槟酒的漫画。接着，从1873年6月起，欧洲市场崩溃了。此后，大约有1/4世纪，投资的收益低，价格水平也低。相反，劳工的实际工资，以及工资收入带来的生活水平，在这一通常被称为"大萧条"期间却上升了。在特别坏的年头，特别是在和资本货物出口有关的行业里，英国失业人数上升，但是，90%以上的工人的工资，在1874年至1900年间每年增长2%。所谓的"大萧条"是指某些商业的价格和利润下降，在以前价格上升时期内迅速发展的重工业，尤其严重。铁路钢轨的价格在1872年至1881年间，下跌了60%。重工业这种暂时的过度发展，再加上由于早先的投资因而谷物以及其他物资的大量涌来，这就造成了物价的普遍下跌。在这时刻，财富造成了困境。

美洲的新发展在1879年至1882年间带来了一些复苏。南非的黄金、巴拿马运河计划以及美洲和英帝国的发展，在1887年至1890年间带来了新的希望。但是，这种繁荣在一片破产、赖账和失望声中消失了。风暴的中心是那个在南美事务中陷得很深的巴林家族①的垮台。直到1896年，才能重新辨认出一次重新上升的动向。它的基础是欧洲、美洲和英帝国各地对钢轨新的需求，但现在对于电力、化学、石油、汽车和其他一些新兴工业，可以供给新的装备，这一新的刺激一直持续到1914年。

经济波动的原因可能是由来已久而且是不可思议的。但波动的影响并非如此。这个世纪第三个25年的普遍繁荣中出现的不受限制的竞争，对于19世纪80年代的商人来说，气氛确实是太振奋人心了。在每个国家中，他们不但在国家关税的保护下，而且在旨在限制他们通常称之为"你死我活的竞争"的协议保护下，设法躲过阵阵的寒风。这些协议可以分成两大类：一类协议，目的在于保持一些企业的主权独立——这些企业都已自动参加了限制竞争的合同。还有一类，

---

① 英国银行业著名家族。——译者

它们的目的是要创立一个更大的企业单位，办法是把现有的各种企业的同一性，纳入一个更大的企业的同一性中去。前一种办法名目繁多——卡特尔、辛迪加、普尔（联营）、康弗伦斯（联盟）、康特瓦（同业联盟），但是，这一办法通常总是预示着政策相似。卡特尔的成员要一致同意，不在低于某一价格的情况下出售他们的产品，而且他们也完全可能做出安排来瓜分市场，或按地理区域来瓜分，或根据份额制。这就可能最终产生一个中央销售机构。特别是在英国，这种安排有时是从那些历史悠久得多的同业公会中产生出来的，而这些同业公会所表现的一般善行，往往是笼统的，但又是虔诚的。现在需要的，是更具体、更切实的东西。譬如说，肥皂业多年来已经有了这样一个公会。但直到19世纪90年代，它才开始公开地确定价格。然而，即使到这个时刻，这种违背英国自由贸易传统的做法，仍足以促使公会的秘书辞职。许多小商业本性难移，这就意味着限制竞争的协议所取得的平衡，总是不可靠的。一旦情况好转，协议就被撕毁。因此，这些协议对消费者利益的威胁是非常有限的。对限制贸易有强烈偏见的法律传统，也无法帮助想出这些办法的人，根据人们客气地称之为"联合的原则"行事。

因此，寻求稳定的英国工业，宁愿建立一种更有永久性的联合体。就在19世纪80年代中期的危机和19世纪末之间，一些非常庞大的联合体组成了，如1888年组成的联合制盐公司，它包括柴郡所有的生产者以及其他一些生产者。还有1891年成立的联合制碱公司，它包括了所有用勒布兰法的纯碱制造商。这两个联合体是其中最重要的。纺织业大规模的合并开始于90年代中期。1895年，生产缝纫用线的 J. 和 P. 科茨公司和它的4个最大的对手合并。使用苏尔维法制造纯碱的大化工企业布伦纳—蒙德公司，1895年后，就把它的竞争者吸收到它的系统中。接着就是棉布印染公司、约克郡羊毛精梳机公司、英国棉花和羊毛染色公司等等。至于实现联合的具体办法——一家公司直截了当地把其他公司购买过来，交换股票，或成立一个新的控股公司——与企业单位的规模持久地扩大这一事实相比，就不是那么重要了。有些联合是要发挥更大的效率，有的是要迅速获利，少数的则是直截了当地要搞垄断。一般来说，凡是把它们自身组织起来，遵循一贯的经营方针的，就取得了成功。

一般而论，德国对这方面的发展，比起英国来，是更为肥沃的土壤。巴伐利亚的一处法院，1873年做出了一项裁决，支持某家卡特尔的合法性；从此，卡特尔的数目激增。这些卡特尔再加上1879年的关税率，大大地保护了德国工业，使之不受1873年对它造成严重威胁的那种外国竞争的压迫。有三家大卡特尔掌握了对于这一发展阶段中的德国至关重要的产品：这就是为了制止生产过剩而在1879年成立的钾碱辛迪加，1879年以后成立的威斯特伐利亚各个煤炭卡特尔，以及70年代以后成立的各个钢铁卡特尔。德国的卡特尔大部分是80年代创始的，它们是逆境的产物，和英国的同业公会一样，在生意兴隆的时候，就不太牢靠。可是，在某些工业中——如化学工业——这种卡特尔证明确是产生更具永久性的集团的场所。它们在德国比较容易组成，因为许多企业都互有关联，它们的董事都是由银行指派的。德国工业是通过一系列错综复杂的渠道交织起来的，这些渠道触犯了古典经济学的全部教条，但是，德国人却把这些渠道看作完全正常的。

德英两国企业联合的倡导人，都是以美国作为他们的样板的，特别是"美孚石油联盟"。约翰·D.洛克菲勒在1872年至1881年间，把美国的大部分石油工业并入这个联盟。洛克菲勒在石油方面，卡内基和摩根在钢铁方面，哈里曼和希尔在铁路方面，都创立了大托拉斯。这些托拉斯达到了它们限制竞争的目的，非常有效，以致引起了一阵抗议的风暴。竭力反对托拉斯的亨利·德马雷斯特·劳埃德1894年写道："一批为数不多的人物，正在取得一种权力，除了他们自己，谁也不得向人民提供现代生活和工业所熟知的几乎一切形式的火，从火柴到火车头和电力。"自由主义派的忧虑，一部分是出于经济上的考虑，但更多的是政治上的考虑——唯恐美国正在创立的各种组织如此富有，以致能败坏全部政治并永远毁掉自由社会的基础。1890年的谢尔曼反托拉斯法就企图遏止这一运动；但是，1900年罗斯福上台后，就无所作为了。甚至罗福斯的审慎，也遭到杜利先生的讥讽。他说："这些托拉斯是可怕的怪物——一方面，我要把它们踩在脚下，另一方面，又不要踩得那么紧。"

销售和利润方面的波动，导致了主要是"水平面式"的联合体，也就是说，出售同一种或类似产品的企业之间的联合。同时，技术又使人设想建立一种"垂直式"的联合体。到了19世纪70年代,米德尔斯布勒的博尔考·沃恩在西班牙和非洲拥有12处煤矿和矿藏,还有成队的汽轮,雇用了数达1万名的人员,而且,正从炼铁业转向制钢业。凡是要求生产顺利"流动"的工业,在任何地方,都有这样一个特点:努力取得原料的稳定供应。化工制造商购买盐田以取得碱的供应,陶器制造商从事采掘瓷土矿,肥皂制造商则经营植物油厂。

这两类扩展所需的资金来源,都要比合伙经营或凭家族关系所能弄到的资金来源大得多。1875年《泰晤士报》商业栏的标题,仍然是"股票、铁路和其他证券行情"。这里,"其他"是指几家电报公司,还有6家工业单位。到了1900年,这些证券还包括南非的矿山,14家大酒厂,7家钢铁公司,化工、纺织和伦敦的大百货商店以及联营的杂货铺。这样,贸易循环加上技术,形成了工业的规模。规模需要资本,资本需要保证,而保证需要合并。制造商们往往仍然是真诚信奉自由经济和个人主义的。但是,规模愈大则愈合算这一点,也不容忽视。这将是经常出现的怪事;竞争总是扼杀竞争。

从早先的阶段开始,德国的工业就已经表现出极权和"集体"的倾向,和英国那种微小地应付当前需要的办法大不一样。在英国,工业革命的创业者就是像阿克莱和卡特赖特[①]那样搞修修补补的人。在一个财富相当分散的国家里,取得资金的种种问题,深深地影响着工业组织。重工业方面的企业家们,一开始就不得不向银行求助,而银行在1870年后建立公司方面起着愈来愈大的作用。合股银行不仅是个信贷组织,而且也是一个把德国变成一个工业国的政治经济机构。19世纪80年代里,贷给钢铁业的资金带有投机性。1894年至1900年间,埃森信贷银行把它的资本增加了两倍,为的是向周围的采矿和冶金业贷给资本。在70年代和80年代建立的许多银行,如德意志银行、德累斯顿银行和帝国银行,就是发挥这种作用的。这种形式的金融组织不鼓励最大限度的竞争,这种竞争被英国的经济学家和商人(至少在理论上)认为是一种经济体制健康的准则。银行指派的工业董事,能够左右这一工业的政策,有时甚至通过出售这些银行

---

① 英国织布机等的两个发明者。——译者

的证券，来左右这一工业的股票价格。这些银行本身同时也在经历不断的组合过程。这一制度为政府提供了相当范围的干预和控制。德国的经济学家，一般也不反对这一制度的某些含义。资本家之间的联系，从通过卡特尔在价格方面达成非正式的协议，到完全结成一体的康来恩，没有被看成是走上邪路，而被认为是经济发展走向垄断这种正常情况所造成的一个现象。这一制度有它存在的理由，因为它提供了更大程度的稳定性，免得利润和就业发生波动。

集体自助这一趋势，不仅影响了商品，而且也影响了劳务。如果说一个工业社会的性质，使得工联主义显得更有必要，那么，它也使得组织工会这件事，变得更为容易。一道在矿井或工厂里工作的人们，比起分散在小屋或小作坊里工作的人来，更会产生一种休戚与共感，而且要实现它。但是，工会的发展有两个条件。第一，舆论、政治权利和法律，必须赞许工人提出的关于组织起来并行使他们的权利的主张。第二，这一劳动大军，必须是由具有工资工人这一永久性身份意识的挣工资者所组成的一个稳定团体。在大多数国家中，缺少这两个条件中的一个，或者两者都不具备。在法国，对于劳工联合的限制，直到1884年才取消，1895年成立的劳动联合总会，在20世纪以前，一直没有做出任何努力，使该会直接行动的宗旨付诸实施。比利时从1866年开始，允许成立工会，但仍然惩处罢工者。在德国，工联主义在1868年至1875年间取得进展，但在俾斯麦1878年对"社会祸害"宣战以后，有一百多个工会被取缔。作为补偿，又投下了诱饵，对疾病、事故、丧失工作能力和老年实行保险，而从政治上来说，这一诱饵并不是没有获得成功。在美国，这一问题有所不同：工人中间存在着高度的流动性——社会方面和地理方面的流动性。如果一个人不能被擢升，他随时可以另谋出路。在这种情况下，就不能有稳定的工会。在不祥的日子里，早年的那些理想主义的工会全垮了。即便是劳联，它在1900年也只有大约50万会员。英国劳工运动的成就，比起美国这种逡巡不前的开端来，就显得斐然可观了。1875年通过的迪斯累里法，消除了半个世纪以来在法律上的疑虑，使集体交涉以及它所引起的事件合法化。19世纪70年代就曾出现了活跃的行动，有1871年的所谓"繁荣罢工"和1873年、1875年举行的反对削减工资的罢工。工联主义受到1889年码头工人大罢工的鼓舞，于90年代迅猛发展,它深入到整个工业劳工中去,而不仅是几个行业的工人,并且把他们组织起来。到了1900年,工会会员人数超过了200万人。工会通过停工、罢工,使人们感到它的力量。1893年损失的工作日就达3000万个以上。有些大工会,如联合工程师协会,碰上了针锋相对的雇主组织,如工程界雇主联合会,它在1897年至1898年间进行了激烈的斗争。

因此,1900年的世界,已在各个方面并在不同程度上,逐渐地离开了自由竞争,走向集体的或国家的干预。即便说,自由竞争在某种意义上,一直是若干经济学家心目中的"天堂"(这些人的想法,就是完全的自由和竞争,但在政治家、官僚和商人的"人间",也只有微弱的反映),1870年以来的变化,还是一个现实的变化。但是,设想事物的经济性质会发生更大变化的思想家,是否不止寥寥可数的几个,这是值得怀疑的。即使那些被人雇来对这些问题进行探讨和写作的人,他们的头脑里也没有这种趋向。对大多数的人来说,经济问题是直接的东西,必须用经验主义的办法来对待。在英国,就在19世纪结束的时候,在南非发生的战争,对于大多数人来说,似乎比经济上的预言重要得多。黄金正在流入银行,货币市场看来也比过去更有希望。在德国,贸易非常顺利。但缺少运煤车辆。美国是繁荣昌盛的。维多利亚时代的人们,对于经济问题想得少,对其他许多事情想得多。人类历史上最革命的世纪结束了,它的告终所激起的想法,大概没有比下述的想法更为深刻的了:"贸易从来没有这样昌盛,工资从来没有这样优厚,失业工人也从来没有这样少。"《泰晤士报》1899年12月30日就是这样写的。

(任家桢 译)

第 三 章
科学与技术

  1870年到1900年之间，科学与技术的关系，比以前任何时期都密切得多。19世纪最后30年间，几乎没有什么工业部门未曾受到科学新发现的影响，虽然这不是说传统的、来自经验的方法全盘或甚至大部分都被抛弃了。经验主义在许多工业中仍然占统治地位；有些工业时至今日依然如此。但是，1870年以后，我们可以清楚地看到20世纪科学工业的开端。新兴工业，诸如电气工业等这些完全是在科学发现中首创的工业，其面貌的改变当然要比那些早已建立的工业显著得多；在这些早已建立的工业中，科学的应用只是在很大程度上改进旧的生产方法，而不是建立崭新的生产方法。

  尽管在这个阶段中，科学与技术的密切关系是一目了然的，但是，在许多情况下，要区分因果关系却是非常困难的。有时，一项纯科学的发现，在研究时并没有什么实际目的，可是，它所具有的实际重要意义是这样的明显，因而自然而然就应用于商业方面。染料工业的发展就是一个明显的例子：第一批煤焦油染料，是由于想用人工合成奎宁而做的一次不成功的（我们现在知道，完全是误入歧途的）尝试所取得的。然而，另外一些科学发现之所以变得具有重要意义，主要是因为当时的环境有利于对它们加以利用；在不同的情况下，它们的历史意义也许微不足道，或者是经过很长时间以后，才变得明显起来。例如，汽轮机广泛地应用于船只中，并不是直接由于船舶机械师需要一种不同的推进动力。它主要是由于新兴的发电工业需要一种能够比往复式蒸汽机转动得快得多的汽轮机。

  虽然这个时期是科学与技术共同改变历史进程的时期，然而，两者又是分别前进的。在科学方面，对于我们通常所谓的纯研究工作

（与应用研究工作相对而言）说来，这是一个硕果累累的时期，许许多多的发现，都有助于丰富人类知识的宝库，但是，对于事态的发展并没有直接的影响。例如，门捷列夫1869年制出了他的著名的元素周期表，但是，它的深刻意义，特别是与原子结构相关的意义，只是到后代才理解；而很多与他同时代的人，对于他的想法确实抱有极大的怀疑态度。硅的有机化合物，在19世纪结束以前，早为人们所熟知，并且进行了仔细的研究，可是，直到第二次世界大战时，由于军事上的需要才使它们具有实际的重要性，硅这个词才开始普遍使用。

科学能够沿着自己的道路前进，同样，技术也是如此。内燃机终于在陆上运输中引起了革命，它最初是由一些讲究实际和有决心的人几乎完全凭借经验发展起来的，而这些人对现代科学的发展却很少或毫无知识。同样，汽车制造业所必需的新的石油工业，并不是由科学家，而是由一些具有革新才能并有敏锐的商业感的人们所建立的。

因为许多技术的发展是基础科学研究工作的结果，因此，在研究工业中发生的深刻变化以前，先讨论同一时期科学进展的一些主要方面是适宜的。虽然我们主要应该考虑1870—1900年这段时期，但是，也有必要考虑一下在此以前发生的一些事情，因为就科学史而言，这30年，并不具有任何特殊的重要意义。这30年在科学上确实是很活跃的年代，但是，很多重要的发现都是来源于更早的研究工作。虽然技术的进展，在很大程度上是整个世界中一些具有历史意义的事件所形成的，但公平地说，总的来看，科学却是在孤立状态中发展的。这种事态一直到进入20世纪以后很久还在持续着。

在物理学的许多部门中，这是一个紧张活跃的时期，但是，很难挑出任何一个特别的研究领域，说它具有非常重大的历史意义。尽管如此，人们仍然一致承认，热力学和电磁学理论的发展，总的来说，对于物理学的未来发展具有特别重要的意义。

热的真正性质和它同机械运动的关系，尽管从最早的时代起，就引起了人们的思索，然而，开始对它有所了解，也不过是一百来年的事情。在19世纪中叶，还有热质论（即把热看成是某种不可称量的流体）的拥护者。这正如在化学方面一样，在拉瓦锡等人的研究说明了燃烧理论的真正性质以后很久，关于燃烧的燃素说还迟迟没有消失。关于热和温度的区别这样一些基本概念的确立，所花的时间也长得惊人。但是，到 1870 年，一些重要的原理已经确立：热是能量的一种形式，在一切通常的物理过程中，能量守恒，也就是说，某种形式的能量消失了，那么，同等数量另一种形式的能量则出现。能量守恒的理论和早先的质量守恒的理论，具有同样的基本重要的意义。直到 19 世纪末，物理学还是基于这种假说上：质量守恒和能量守恒是两个普遍的、但却是各不相关的定律。将二者统一为一个具有更加根本重要意义的理论——质量能量守恒定律，那是我们这个世纪的成就，但是，正如我们所要看到的，这一深刻重大的综合，其种子则是在本文讨论的这个时期播下的。

对热的本性的种种思想的澄清，导致了热力学诸定律的确定。大致说来，热力学是一门研究热转化为功和功转化为热定律的科学。第一定律与能量守恒有关，第二定律于 1851 年提出，阐明任何热机的效率，都有一个理论上的极限。第三定律实际说明，转换愈多，则可用于有用功的热能愈少。① 这些定律是怎样论证出来以及有关其应用的讨论，远远超出了本书这种一般性著作的范围。这里我们只需说明：这种看起来似乎简单的归纳，在研究任何一种包含热能的过程时，不论是属于蒸汽机，还是属于化学反应，都是十分有用的。作为一种科学工具，它们的重要性很快就为人们所理解，例如威拉德·吉布斯（1839—1903 年）在 1876 年②建立了相律这样一个极其重要的物理化学理论。但是，它们在工艺方面的重大意义，则是逐渐为人们所认识的。

迈克尔·法拉第（1791—1867 年）确立了电和磁之间的关系。这件事产生了许多重要的后果，其中之一是使电力工业得以建立。然而，他的定律是根据经验确立的，后来詹姆斯·克拉克·麦克斯韦（1831—1879 年）把它向前推进重要的一步，用数学的理论来表述法拉第的想法，确定了电和磁的基本单位之间的量的关系。他推导出电磁波速度的理论数值，发现它和光速大体相同。从这一点，可以得出结论：光是一种电磁现象。麦克斯韦的研究工作以充分发展的形式，写在他的著作《电学和磁学》（1873 年）一书中，并在英国立即为

---

① 此处原文如此。按热力学第三定律应为"不能用有限手续使系统的温度达到绝对零度"。——译者

② 应为 1878 年。——译者

人们所接受。但是，它和当时盛行的概念相去太远，因而在欧洲大陆上却很少引起人们的注意。它在大陆上得到承认，在很大程度上是由于海因里希·赫兹（1857—1894年）杰出的研究工作；他发现了电（无线电）波；而电波的存在，已经由麦克斯韦作为他的理论的必然的后果而推论出来。赫兹证实了电波和光波的基本相似之处，并且，以他的实验所能达到的准确程度证明光速和它们的传播速度是相等的。赫兹的研究工作在我们这个世纪所具有的实践上的重要意义，无须着重说明。托马斯·杨和菲涅耳在19世纪初提出了光的波动说的有力的实验证据。光的波动说的牢固建立，标志着第一次打破了牛顿的物理学。

关于光的实质的争论，并未妨碍对它的各方面的特性进行的实验研究。其中光速问题特别引人注目，因为如上所述，这证明它是电学中一个具有重大意义的物理常数。例如，精确地了解它的数值，对于设计海底电缆是必不可少的。从1676年以来，一直采用天文学的方法测定光速，但是，在地球上相对短距离内做第一次测定，是由阿蒙·菲梭（1819—1896年）在1894年进行的，随后的多次测定，导致了迈克耳孙在1887年进行的著名实验。这次实验产生了一个出人意料的结果：观测到的速度与光源的运动无关。这项实验对于1905年爱因斯坦提出的狭义相对论的形成，具有关键性的重要意义。这又导致了他在1915年提出的广义相对论，它是原子物理学的真正基础。

牛顿用三棱镜所做的尽人皆知的实验，证明太阳光，而且实际上通常遇到的其他一切光，事实上都是由几种不同颜色的光组成的。在19世纪后半叶，光谱分析已经达到非常高度的发展，可以用来得出发光体性质的详细资料。罗·威·冯·本生（1811—1899年）和古斯塔夫·基尔霍夫（1824—1887年）都是著名的先驱者。由于他们的工作，才得以测定许多甚至是极其微量的化学元素。用这种方法，终于发现了两种新的化学元素：铯和铷。但是，最引人注目的结果却是在天文学领域取得的，因为对太阳和星体发出的光进行详细的光谱分析，可以得到关于它们的化学成分的大量资料。1878年，约瑟夫·洛克耶爵士（1836—1920年）在太阳光谱的绿色区观察到一条线，在地球上没有任何已知元素是和它对应的。他和爱德华·弗兰克兰爵士（1825—1899年）满怀信心地预言，在太阳中存在着一种新元素，他们命名为氦。威廉·拉姆赛爵士（1852—1916年）在沥青铀矿中发现了氦，从而惊人地证明了他们的信心是正确的。几年之内，又发现了4种未知的气体元素。

光谱天文学变得越来越重要了。在这方面做出卓越贡献的人们中间有威廉·哈金斯爵士（1824—1910年），他是一位把著名的多普勒效应用于天文学研究工作中的先驱。多普勒效应所依据的是这一事实：当波源和观察者有相对运动时，观测到的频率和它们处于静止状态时的不同，这个差异就是相对速度的测度。就星体而言，它们与地球的相对运动，就可以用精确测量它们的光谱的办法来测定。这种测量大大增加了对星球运动的认识，并且构成了近代宇宙理论的基础。J. J. 巴尔默（1825—1898年）于1885年第一次揭示了，某些光谱线（氢的光谱线）的频率，有一种简单的数学关系。

虽然近代意义的原子物理学主要是20世纪发展的产物，但在19世纪后期已经可以清楚地看出它的发端。例如，前面已经提到的迈克耳孙对光速进行的极其重要的实验。威廉·伦琴（1845—1923年）于1895年发现X射线具有同等重要意义；除了在医疗方面的重要意义以外，这些射线后来又卓有成效地用于确定晶体的原子结构。次年，安托万·贝克勒尔（1852—1908年）发现铀化合物放射出一种具有穿透力的射线，从而奠定了放射性研究的基础。1898年居里夫妇从沥青铀矿中分离出镭。

19世纪最后的30年，在生物学方面也同在物理学方面一样，不再是一个界限明确的历史阶段。这些年学术活动十分活跃，取得了许多重大的发现，形成了许多新的观念，但是，所有这一切都是起源于前一个时期，而且又毫不间断地继续到20世纪。有两个发展是具有特殊的重要意义的。查尔斯·达尔文（1809—1882年）和艾尔弗雷德·拉塞尔·华莱士（1823—1913年）于1858年第一次明确提出的生物进化论，经过激烈的争论后，终于牢固地确立了；这一理论的确立，在很大程度上要归功于托马斯·赫胥黎（1825—1895年）卓有识见的拥护。虽然在1900年之前格莱哥尔·孟德尔（1822—1889年）的工作实际上一直默默无闻，他却已经发现了自然进化赖以进行的机理。其次，活力论①越来越不时兴了。这种学说不是根据支配无生命宇宙的各种规律，而是以存在某种无法说明的"活力因素"来解释生命的过程。这两条思想路线的探索，自然而然地使科学家们同教会发生直接的冲突。1860年威尔伯福斯主教与赫胥黎在牛津英国科学促进协会的会议上展开的那次著名争论，绝不是一次孤立的事件。

但是，不能就此认为，达尔文的自然选择使得生物进化的理论迅即得到科学界无条件地支持，尽管在此之前生物学家们已做了许多工作，使人们对接受这种新思想在心理上有所准备。在这些生物学家中应当提及的，有埃蒂耶纳·圣伊雷尔、罗伯特·钱伯斯和更负盛名的拉马克。然而，达尔文从他的前辈那里取得教益的，主要不是一位生物学家，而是一位经济学家；这真是一个思想交流相互得益的有趣事例。达尔文在自传中记载说，使他第一次获得生物进化如何进行的明确概念的，是马尔萨斯的《人口论》(1789年)。

虽然达尔文最初在1838年就酝酿成熟了他的学说，但是，他并未试图公之于世，而是在他一生中随后的20年里，充分搜集证据来支持或反驳他的学说；这是那个时代的典型做法。甚至当1858年他收到华莱士的一封信，其中包括了他自己的学说的主要论点时，他也不愿声称他的学说发现在先。最后，通过林奈学会做出了联合发表的安排。达尔文这时才把他搜集的大量证据写进他的《物种起源》一书中，这一著作无疑地是对人类思想所做出的最伟大的贡献之一。

进化论的学说，使生物思想界发生了一次革命。它不仅给现有的大量知识赋予了新的重大意义，而且还为许多条新的探索道路提供了理论基础。从这一学说获得显著教益的有人类学家和地质学家，前者得以看出人类各种不同种族的分布格局；后者则得到了对化石的合理解释。

活力论有一种天然的哲学上的吸引力，至今自然还有许多拥护者。但是，19世纪下半叶提出了许多不利于它的证据。物理学和化学的基本原理日益为人们所认识，因此，就有可能用纯自然科学的道理，来解释许多生命过程，如呼吸和消化作用。人们对自然发生的信

---

① 亦称"生机论"。——译者

念破灭了,这主要是由于法国的路易·巴斯德(1822—1895 年)所做的工作。经过证明,具有活的有机体特征的某些物质如尿素,可以在实验室里制造出来。例如能够把糖变成酒精的酵素母中的酵素,当把它从它通常存在的活细胞中分离出来以后,证明它仍然是活跃的。事实证明,能量守恒定律不仅适用于无生物,也适用于生物。既然这样多的现象能够不依靠活力论而得到解释,那么,假设一切现象都可以这样解释,看来也是合理的。这就不可避免地使科学和教会发生进一步的冲突。但这绝不是说,除了在科学本身的领域以外,进化论引起深远反响的只有在宗教思想方面。哲学思想,从而政治思想的某些重要方面也受到影响。在某些人看来,适者生存这一原则最后必然导致这样的结论:基本的道德价值并不就是那些适于生存的道德价值。例如弗里德里希·尼采(1844—1900 年)就否定宗教,寻求创造一种超人的种族,把这看成是最强的种族强行自我表现的结果。人们普遍认为,他鼓吹的"主宰者的道德",对于在德国出现的那种把它两度引向世界大战的心理状态,产生了很大的影响。

人们对进化论普遍感兴趣所造成的后果之一,就是主张暴力和自私,认为人类和一切生物都必须冷酷无情,"牙齿和爪子沾满鲜血"。然而,从这个学说中也产生了与此截然相反的看法。有人认为,道德本能有利于社会安定,因而有助于人类生存;因此,自然选择的一个后果应当是促进人类社会的道德本能,并使之万古长存。

虽然进化论的形成是 19 世纪生物学的最大特色,并且引起关于人在宇宙中的地位问题的激烈争论;但在生物学的其他领域,虽然并未从进化论得到多大的帮助,却也取得了巨大的进展。在微生物方面进行的工作是特别重要的,巴斯德就是这方面极其卓越的先驱。关于微生物的生长和功能的各种观念得到了澄清(显微镜的改进在这方面起了重大的作用),这具有深远的影响。

巴斯德证明某些疾病,如炭疽病和蚕病,是由某些特定的微生物引起的。这就为一些重大医学发展铺平了道路。约瑟夫·李斯特(1827—1912 年)发现巴斯德的看法是对他的观点的补充,即在外科手术和妇女分娩中,有可能防止由于感染而引起的死亡。消毒技术——大量使用苯酚之类的杀菌剂——第一次制止了感染的发展。随后,又采用了无菌技术,即保持极端的清洁来消除传染的媒介。这些发展是十分及时的，因为在此以前发现和使用麻醉剂，固然使得以前无法施行的外科手术得以施行，但手术后的感染造成很高的死亡率，在很大程度上使手术前功尽弃。麻醉技术再加上广泛使用消毒和无菌技术，在医学实践上引起了一场革命。这场革命并不是没有遭到反对就获得成功的。教会对麻醉技术的最有价值的用途之一（即将它用于减轻妇女分娩的痛苦）所持反对的态度，直到1870年才算消除。1853年约翰·斯诺在维多利亚女王生利奥波德王子时使用了氯仿麻醉法以后，潮流才发生了转变。李斯特的方法虽逃过了教会的批评，却没有逃过他自己同事的批评，他们中间有许多人嘲笑他的看法。尽管如此，到19世纪末，近代外科的原理已经牢固地确立起来了。

对疾病性质的知识日益增多，也产生了其他一些重大的实际结果。到19世纪末，已经确证了许多重要的病原菌和某些致病的原生动物。例如1880年发现了疟疾的病原体，17年后，罗纳德·罗斯爵士确证了疟蚊乃是疟疾的传染媒介。经过某些名家如罗伯特·科赫（1843—1910年）和保罗·埃尔利希（1854—1915年）之手，新研制出了苯胺染料，对利用对比着色法鉴定细菌，用处很大。还可附带提一下，这种对比着色法对于用显微镜观察广泛的生物物质，也具有很大的价值。

发现不同的生理组织对染料有不同的亲和力，这就导致一种新学科即化学疗法的建立：用一些对侵入人体的微生物有很高毒性，而对病人身体组织无害的化学药物治疗疾病。埃尔利希曾设想利用这样一种"魔弹"杀死致病的细菌而又不伤害人体。虽然在1909年发现洒尔佛散（六〇六）以前在这方面并没有取得显著的成就，但是化学疗法的基础却是在19世纪最后20年奠定的。现代的磺胺药物和抗生素均可溯源于当时的这些成就。

到1876年，人们已经非常了解致病微生物的某些作用，是由于它们产生的特定毒素引起的；到1888年，某些这样的毒素已经可以提纯。这方面的发展使免疫技术大有改进。例如给马注入白喉病毒素，马的身体组织就会产生抗毒素。从经过这样处理的马的血液中取出血清，可用于防治白喉症。巴斯德还证明，通过适当的接种，可以预防狂犬病。

化学发现的某些方面已如上述，这并不奇怪，因为化学是最重要的基础科学。例如已经谈到利用光谱进行化学分析，解释呼吸过程的化学性质，合成化学药品。整个化学在这一时期有了巨大发展，但是，最重大的进展毫无疑问在有机化学方面；因为在这方面展现出一个崭新的世界。

顾名思义，有机化学原来所研究的是能够从植物或动物中取得的范围广泛的物质，而且原来也认为这些物质只能从这些来源中取得。1828年维勒发现，他可以人工制出尿素，而"不需要一个动物的肾脏，不管是人肾或是狗肾"；这个发现开创了一个新时代，不过仍然保留了原来的名称。实际上，所有生物的组成部分都是碳元素的化合物；通常只是与自然界中另外91种元素之中的少数几种结合在一起，其中主要有氮、氧、氢、硫和磷。有机化学从专门与生物体中存在的物质有关，逐渐地包括了数目迅速增加的纯粹是合成的碳化合物，而在自然界中并不存在与之相应的化合物。有机化学事实上成了一个元素即碳元素的化学。

从1828年开始，合成了大量的有机物，并开始产生了对这些碳元子相互之间以及碳元子与其他元素的原子之间排列方式的明确看法，研究工作一直进行了大约40年，到1870年，近代有机化学的绝大多数重要原理都已确立。但是，1856年出现了一个事件，在19世纪其余年代，而且确实直到今天，还深刻地影响着化学和化学工业的发展。那一年，威廉·柏琴（1838—1907年）想人工合成重要的药品奎宁。他失败了，这并不足为奇，因为我们现在已经懂得，他当时使用的方法是没有成功希望的。然而，他却合成了苯胺紫。这是第一次人工合成的苯胺染料，从而开创了一种新的工业，并大大地推动了有机化学的研究工作。

如上所述，柏琴发现苯胺紫染料是出于偶然。海因里希·卡罗（1834—1910年）最初合成茜素也是如此；在一次实验进行到关键时刻，有人把他叫走了，混合物加热过头了，他回来时发现一种烧焦了的残渣，而它的粉红色的硬皮，却正是他在寻求的染料。当时的有机化学，事实上大都是一半靠经验，但是这类新物质比比皆是，有待人们去发现，只要观察敏锐，就可收获累累。然而，与此同时，在理论方面也取得了重大进展。具有特别重要意义的是弗里德里希·凯库勒（1829—1896年）阐明了苯的分子结构。这种物质具有最根本的重要意义，因为从它可以得出上万种不同的化学物质，即所谓的"芳香族化合物"，如染料和药品等。苯的分子是非常简单的，只有6个碳原子和6个氢原子。长期以来，都想不出一种方式来排列这12个原子，使之能符合苯的化学特性。凯库勒却找到了正确的答案：6个碳原子不是排列成直链或支链，而是一个圆圈。这个看来似乎微不足道的意见——这在今天看来是不言而喻的——却改变了19世纪下半叶的化学思想。

另一个理论发展的重要领域是立体化学。路易·巴斯德（1822—1895年）的不朽的研究工作，确立了这样一个根本重要事实：某些物质如酒石酸可以两种形态存在，它们在化学上是无法区别的，但在物理上却有重大的区别，特别是对偏振光的效应。这种区别通常是用这一事实来说明：晶体的一种面式是另一种面式的镜像；一种晶型可以看作一双手中的左手，而另一种晶型则可以看作右手。这种几乎难以觉察到的区别也许看来没有什么重要关系，可是，事实上，这种区别却是极为重要的，特别是在生命过程的化学中。比如人体能从糖的一种立体异构体"葡萄糖"得到大量的能量，而另一种立体异构体则无法利用。

巴斯德的发现从两位年轻的化学家约瑟夫·勒贝尔（1897—1930年）[①] 和雅科布·范特荷甫（1852—1911年）所进行的工作中得到了正确的解释。他们确定，这种现象的出现，是由于组成分子的原子是按照严格的几何图形排列的，而碳原子价——也就是与其他原子连接的纽带——在立体空间的分布情况，使得在某些分子中同一类的原子有可能出现两种不同几何图形的排列。范特·荷甫于1874年第一次发表了他的结论；这些结论首先是无人理睬，后来又遭到嘲笑。过了一年多，德国大化学家约翰奈斯·维斯里辛努斯（1835—1902年）看出了这些结论意义重大，并给予支持。

范特荷甫的名字，也同另一项重大的化学发展，即溶液理论密切关联在一起。他对渗透作用所做的实验证明：当固体在一种液体中溶解时，固体的粒子活动的方式，非常像占有与溶液同等容积的一种气体的粒子。举例来说，用这种方法，就可以解释这样一些重要的植物

[①] 按勒贝尔的生卒年应为1847—1930年，此处原书疑有误。——译者

生理现象：从土壤摄取矿物质和体液在树中向上流动。然而，这一概念应用到某些通称为电解质的重要物质（由于它的水溶液能够导电而称为电解质）的时候，就碰到很大的困难。这类物质的典型就是普通的食盐，即氯化钠。为了解释这类物质的特性，瑞典化学家斯万特·阿列纽斯（1859—1927年）提出了革命性的假说：这类物质的分子在溶液中离解为所谓离子，也就是带电荷的原子。他说，氯化钠是作为带正电荷的钠原子和带负电荷的氯原子存在于溶液中。阿列纽斯怀着忐忑不安的心情，把他的这个光辉的假说写入他在乌普萨拉大学的博士论文中。他的不安是有根据的；他的论文只给他博得了一个4等学位，比彻底的失败略好一些。正如阿列纽斯所预见到的，困难在于那个时代的化学家无法理解，带电荷原子的特性，可能完全不同于不带电荷原子的特性。人所共知，钠遇到水，要发生极其强烈的反应，而提出任何形式的钠原子能够在有水的地方存在，这似乎十分荒谬，使人无法接受。直到里加大学的化学教授威廉·奥斯特瓦尔德（1853—1932年）得到了这篇论文的副本，这篇论文才算找到了一位别具慧眼、影响很大的读者，得到认真的考虑。阿列纽斯终于获得机会，同奥斯特瓦尔德、范特荷甫以及欧洲其他大化学家一道工作，并且使他的电解质在溶液中离解的理论臻于完善。同范特荷甫的合作特别重要，因为阿列纽斯的理论完全阐明了电解质溶液的异常的渗透压。可是，许多化学家仍然拒不接受这些野蛮的"离子人"[①]的见解。直到1890年，也就是奥斯特瓦尔德第一次支持阿列纽斯的见解后大约7年，反对派才算是最后彻底失败了。这些情况是值得回忆的，因为这能够提醒人们，科学绝不是一个冷静的、论理的工作，它像人类其他一切活动一样，也受到人类弱点的影响。1890年在利兹举行的英国科学促进协会的会议，邀请阿列纽斯、奥斯特瓦尔德和范特荷甫在会上阐明他们的理论。人们满以为他们会经受不住正统观念的压力而信誉扫地。事实上，结果适得其反："离子人"的见解占了上风。

  谈到技术问题，应该再次着重指出，目前有一种倾向，即把技术

[①] "离子人"原文 Ionians，与古希腊"爱奥尼亚人"的写法相同，此处一语双关，有挖苦之意。——译者

与应用科学混为一谈。这是大错特错的，因为许多技术部门，早在近代意义的科学诞生以前，就已经有了高度的发展。自17世纪以来，科学在工业中变得日益重要；但是，甚至到19世纪末，如果说，许多重要的工艺过程由于科学发现的结果而有所变化的话，那也是微不足道的。在这方面固然有所进步，但这主要是依靠经验，通过改进设计、提高技艺和改善企业管理来取得的。那些采用科学见解的地方，则往往是缓慢而又勉强地这样做的。

然而，在某些领域内，科学发现取得了立竿见影的显著效果，在以前是空白的方面，创建了新的工业。在这方面，最突出的是电力工业，它提供了崭新的光、热、动力和通信的能源。电力工业可分为3个单独的项目来考虑：发电、配电和使用。虽然这样划分有点武断——例如，配电方式可能要取决于发电的方式——但至少它和这一工业目前仍然存在的工作和利益的划分是一致的。

在这方面，本文主要论述机械发电，而不是很早以前就采用、目前仍占重要地位的通过电池的化学变化发电的办法。电磁原理是迈克尔·法拉第（1791—1867年）创立的，他证明导体在磁场中运动时可产生电压。尽管第一批机械发电机早在1832年就在巴黎出现了（最早，显然是由伊波利特·皮克西制造的），可是，过了许多年以后，发电机才具有足够的功率和充分的可靠性，使电能够实际应用。最早的发电机是由永久磁铁推动的，最初产生的电流是所谓的交流电，也就是说，电流的方向在每秒钟内改变或者说交替变化多次。人们最初对电流的方向的变化是不满意的，这大概是因为早期的工人全都更熟悉由电池产生的直流电，于是就设计整流设备，将其调整为单一方向。然而，整流设备常常引起麻烦，而且，人们也逐渐理解，交流电不仅在许多方面和直流电同样有用，而且还有一些技术上的优点，特别是从输电方面来考虑。1881年，在巴黎博览会上展出了交流发电机，到19世纪末就广泛地使用了。在交流和直流何者为优的问题上，进行了长期的争论，直到19世纪末以后，还没有最后得到解决。在这以前很久，出现了另一种与以前完全不同的非常重要的设计，这就是应用自激原理。早期发电机中的永久磁铁，换成了用发电机本身产生的一部分转向电来激励的电磁铁。

到19世纪80年代，大规模发电事业，不论直流或交流，均已牢固建立。1882年投产的位于霍尔本栈桥的爱迪生公司的发电站，是向私人用户供电的第一家公司。几年内就建立了大量发电站，其中许多电站是专门供应一个或少数几个大主顾的，如地方当局、街灯照明等，但同时也向私人用户供电。这些发电站的设计，主要还是单纯供应当地用户。有些人已经看到，发电工业的前途，在于修建向大片地区供电的大得多的电站。齐阿尼·德·费朗蒂就是最早看到这一点的一个，他设计的德特福德发电厂，在当时是极为先进的。该厂于1891年全部投产运行。早期的发电站绝大多数以蒸汽为动力；首批大型水力发电计划之一，是1893年在尼亚加拉瀑布城开始兴建的发电站。

用户越来越多，向用户送电的问题也越来越多，这些问题大大影响着电力工业的发展。正是由于这种考虑，最后交流电大量取代了直流电。高压电比低压电的传输损失小得多，而且，从技术上说，生产高压交流电又比生产高压直流电容易。采用非机械装置，即人们熟知的变压器，可以把高压交流电降到多种实际需要的低压电。在19世纪80年代，这已经在电力工业中普遍使用。输送大量高压电，给电缆设计提出了许多问题，从绝缘观点来看，更是如此。费朗蒂在德特福德发电站采用了同轴铜管。

电的最早重要用途之一是照明，特别是用于灯塔，因为在灯塔中，非常明亮的光源是很重要的。这方面最重要的发展是弧光灯，在弧光灯中，两个电极之间发生电火花。南福雷兰灯塔于1858年装上了弧光灯，邓杰内斯则在4年后装上。作为家用，即使是最小的弧光灯，光线也嫌太强，但是，不久便在较大的设施中广泛地使用了。在法国，1875年米卢兹的一家面粉厂采用了电力照明，一年后，夏佩勒车站也采用了。英国则是1878年在娱乐剧院①首先采用。

白炽灯问世以后，电力照明就普遍了。约瑟夫·斯旺（1828—1914年）和托马斯·爱迪生（1847—1931年）在白炽灯的早期发展中曾做出了特别积极的努力。能够取得这样简单、廉价和有效的光源，使得电力照明得以迅速广泛地采用。早在1880年，爱迪生就以每月5000盏灯的速度从事生产。在短短几年内，白炽灯就在各种类

---

① The Gaiety Theatre，在曼彻斯特。——译者

型和规模的建筑物中广泛使用。电力照明比煤气照明要优越得多。虽说煤气照明在出现时曾经是个创举，但是，它还依靠鱼尾形和类似的灯头，就相形见绌了。1886年采用了韦尔斯巴赫的白炽灯罩后，煤气照明再次显示出它的竞争能力。

电动机实质上是反过来工作的发电机。虽然法拉第早在1821年就阐明了电动机的原理，但第一台有实用价值的电动机到1873年才在市场上出现。这是一台直流电动机；交流电动机是到1888年才使用的。电动机早期用于牵引。1879年，在柏林展示了第一条电气铁路，第一条伦敦电气化地下铁路则是在1887—1890年间修建的。1895年，第一条铁路干线从蒸汽机车改用电气机车；这项非常重要的革新发生在巴尔的摩—俄亥俄铁路上。在公路上使用电力牵引，除有轨电车外，有赖于蓄电池的发展，只有它才能不和外界联结，单独提供所需的强电流。普兰特式蓄电池出现于1880年前后，电动三轮车出现了1882年。1897—1899年间，曾在伦敦街头短暂地出现过一队电动出租汽车，在19世纪最后10年中出现了各式各样的电动车辆。但是，蓄电池的电力有限，严重地限制了它们的使用，至今依然如此。

从技术上来看，电动机——或许可以一般地说电——的最重要的应用是把它作为一种小型、有力和机动的动力装置用于工厂。虽然在19世纪末已可看到这种用途的开始，但是，它主要还是在20世纪中发展的，因此，本章不拟赘述。当时人们已经适当地考虑到电报和电话，虽然它们消费的电力是比较少的。快速通信具有非常的重要性，现时已无须再加以强调，到1870年，已经为一般人所认识。在帕丁顿与西德雷顿之间敷设的第一条电报线路于1839年建成，到1870年已经有一个广泛的电报通信网。使用橡胶作为电线的绝缘材料，在远距离电讯线路上采用继电系统，以及建立电报局，这都是一些重大的发展。新世界和旧世界①之间的电讯于1858年第一次建立，但直到1865年才敷设了一条令人满意的电缆。1861年第一次出现了电话，但电话作为一种实用的工具，则要归功于亚历山大·格雷厄姆·贝尔（1847—1922年），他在1876年申请了第一项专利。1878年，英国

---

① "新世界"亦称"新大陆"，指美洲大陆；"旧世界"指欧、亚、非三洲。——译者

建立了商用电话，次年，伦敦有了第一个电话局。实际使用无线电报是在 20 世纪，但基本实验则是在 1900 年以前进行的。海因里希·赫兹（1857—1894 年）早在 1887 年就阐明了无线电报的原理。到 1895 年，古利耶利莫·马可尼（1874—1937 年）在一英里多的距离间收发了电报，1901 年他沟通了大西洋；马可尼无线电报公司于 1897 年建立。

电力工业与这时迅速发展起来的化学工业直接联系起来。电的某些化学效应早已为人们所熟知，例如，汉弗莱·戴维 1807 年通过电解熔融的氢氧化钠而分离出钠。工业上要应用这些效应却有待价廉、正规和充足的电力供应的出现。一旦具备了这种条件，电化学工业就迅速发展起来。电力供应是使一种金属，即铝能够迅速得到商业性开发的直接原因；许多年来，人们一直知道这种金属的许多宝贵的性能，但由于价格过于高昂而不能有效利用。19 世纪中叶，提炼铝的方法是用钠来还原氯化铝，但钠的价格昂贵，而且，这种方法的操作过程一般又很困难，得到的铝价格太高，只能用于奢侈品。19 世纪 80 年代中，H. Y. 卡斯特纳（1858—1899 年）设计出一种比较便宜的制钠方法，使得生产商业用铝成为可能，并且为此目的在伯明翰建立了一家工厂。但是 C. M. 霍尔（1863—1914 年）在美国，P. L. T. 埃鲁（1863—1914 年）在法国，分别研究出电解法，使卡斯特纳的方法几乎立即就过时了。这种新方法是将矾土，即一般天然存在的铝的氧化物，溶于熔融冰晶石中进行电解，而取得铝。几年以内，长期以来一直不过是一种科学珍品的铝得到广泛的应用。多年以来，电力工业和化学工业之间相互配合，共同提炼这种第一流的用于建筑业的新金属。

如上所述，卡斯特纳的制铝法一出现几乎就过时了。这最初对他似乎带来致命的影响，因为他当时仅有的本钱只是一种便宜的制钠法，而钠在市场上已不复需要。但他很快又研究出各种利用钠的化学方法。他的产品中有一种是氰化钠，它在日益发展的澳洲、美洲、南非等地的金矿中找到了广大的市场。他在这些方面的工作极其成功，以至在短期内就不得不扩大他的制钠能力。为此，他开始注意用电化学方法，特别是电解熔融氢氧化钠的方法来制钠。然而发现，他当时购买到的最好的商品氢氧化钠含有大量杂质，以致使得他最后设计出的方法无法进行。于是，他着手用电解盐水的办法来制造接近纯净的氢氧化钠。结果，他既满足了自己的需要，又能把纯度几乎达到百分之百的氢氧化钠投入市场，而这种纯度的产品，当时在制碱行业中几乎是闻所未闻的。烧碱比一般家庭用碱的碱性要强得多，是许多工业，特别是肥皂制造业所需要的。这种生产的副产品是大量的氯气，氯气转变成为漂白粉，是许多工业，包括纺织工业所大量需求的。电解法生产烧碱成功，使这种生产法在美国得以推行，1896年在尼亚加拉建立了一座工厂；由于3年前在那里建成了巨大的水力发电站，因而可以得到大量廉价电力的供应。

然而，这些以及其他一些电化学方面的发展，还不过是19世纪最后30年，在化学工业方面实现的巨大技术变革的一部分。具有突出重要意义的，是制造纯碱和硫酸的新方法，二者在工业上都具有非常重要的意义。许多年以来，纯碱几乎完全是用勒布兰法从盐中提取。这种方法有许多固有的缺点。特别是它很脏，产生大量令人讨厌的废物，处理起来很困难；它产生盐酸气雾；而且，还需用大量的燃料。人们一方面对这种生产法做了重大的改进，特别是从盐酸中回收氯，用以制造漂白粉。同时，对另一种称之为氨碱法的替代方法愈来愈注意。这种方法开始也是用盐作为基本原料，但用氨作为媒介。尽管这种方法原理非常简单，但使之完善而用于商业性生产，却花费了多年时间。第一次尝试始于19世纪30年代，可是直到1861年，才由一位比利时的化学家欧内斯特·苏尔维（1838—1922年）申请专利，随后的工业生产就是以这项专利做基础的。即使如此，直到1867年，在库耶勒建立的第一座工厂才开始进行令人满意的生产。进一步的关键性专利是在1872年提出的。那年，路德维希·蒙德（1829—1909年）和约翰·布伦纳（1842—1919年）取得了英国的专利权，在柴郡盐场的温宁顿建造了氨碱工厂。不久，美国、俄国、德国、奥地利、匈牙利、西班牙、意大利和加拿大都采用了这种方法。从此，勒布兰法的命运就注定了，虽然进入20世纪以后，它还继续存在了较长时间。1902年，全世界纯碱产量为180万吨，其中至少有165万吨用苏尔维法生产的。

在19世纪最后的几十年中，另一项早已在工业中确立的化学方法，遇到了第一个劲敌。在此以前，硫酸一直用铅室法生产。这种方法在 19 世纪有了很大的改进，但并没有根本性的改变。早在 1831 年，布里斯托尔的一个制醋商佩里格林·菲利普斯提出了另一种更为简单的方法，申请了专利。这种方法通过一种称作催化剂的媒介物，把二氧化硫直接转变为三氧化硫，在操作中催化剂保持不变。由此产生的三氧化硫能够直接与水作用变为硫酸。但是，直到 1870 年才克服了这种方法的全部技术难题。在锡尔弗城建立了一个生产硫酸的工厂，生产能力最后上升到每周 1000 吨。在几年内，全世界许多地方都建立了用接触法生产硫酸的工厂。染料工业的迅速发展提供了巨大的推动力，因为接触法生产的硫酸比铅室法生产的硫酸浓度大得多。这种高浓度的硫酸，人们称之为发烟硫酸，以前实际上只能从波希米亚的工厂得到。它是从当地一种特殊类型的板岩制得的，成本非常高。制造硫酸的接触法，并不像氨碱法对勒布兰法那样，置较老的铅室法于死地，因为两种方法并行不悖。

在这一时期，由于肥料工业迅速发展而需要大量的硫酸，尤以制造过磷酸钙所需量为大。过磷酸钙通过用硫酸处理骨头，后来则是处理磷酸盐矿而取得的。19 世纪初，詹姆斯·默里（1788—1871 年）首先在都柏林附近从事这种生产；但是，直到 1843 年，约翰·贝内特·劳斯（1814—1900 年）才建造了第一个真正大型的过磷酸钙工厂。它位于伦敦附近，到 19 世纪 70 年代，年产量约 4 万吨。

当然，磷不过是植物所需要的许多元素之一。另一种基本元素是氮。在我们论及的这一时期，氮的最重要产地是智利，硝酸钠以生硝的形式天然地存在那里。1900 年，世界硝酸钠的消费量是 135 万吨，其中绝大部分用于农业。植物所需要的第三种基本元素是钾。直到大约 1870 年为止，用于肥料和制造业的钾盐的主要来源是草木灰。在加拿大，木灰的生产特别重要。1871 年，那里有 500 座木灰厂，一年消耗木材 400 万吨以上。然而，到 19 世纪末，由于开采了施塔斯富特的巨大的天然钾盐矿藏，加拿大的草木灰工业濒于灭绝。

上面谈到，制造染料需要发烟硫酸，这是 19 世纪后期发生另一次极其重要的技术变革的标志。以前，实际上到 1860 年为止，纺织业使用的全部染料几乎都是天然的。到 19 世纪末，合成染料就变得非常重要了。这一革命性的变化开始于 1856 年，当时威廉·珀金第一次发现了苯胺染料——苯胺紫。他很快就在英国建厂制造，短短几年内，就有了其他许多种合成染料。其中有些完全是新创的，其余则是许多世纪以来一直沿用的天然染料用人工合成的制品，在后一类染料中，有两种发现特别有趣。1869年，柏琴在英国，海因里希·卡罗（1834—1910年）在德国，几乎同时申请制造茜素（存在于茜草中的染料）的专利。这种发展迅即给茜草种植业带来了灾难性的后果。与此相类似，1897年首次进入市场的合成靛蓝染料的制造，几乎顷刻间就挤垮了印度的靛青种植园，当时印度用于生产靛青的土地约达20万英亩。

也许比这些天然染料的人工合成产品具有更重要的意义的，是同时可染羊毛和棉花的品类繁多的新合成染料。采用这些新染料，普遍对纺织工业产生了深刻影响。合成染料工业虽然发轫于英国，但是，很快就转向德国；到19世纪末，德国染料工业已经取得了统治地位。然而，这只不过是德国工业在19世纪末兴起的一个事例，其他一些事例将在别处论及。

化学工业另一个重要的新部门，就是与制造现在称之为烈性炸药有关的工业。早在1845年，就发现硝化甘油具有高度爆炸性能，但是过了很多年，才找出安全处理这种价值很高的物质的办法。这方面的先驱是阿尔弗雷德·诺贝尔（1833—1896年）。他在19世纪60年代发明了甘油炸药，就是硝化甘油和一种称之为硅藻土的纯良矿物质两者的混合物。爆炸胶在19世纪80年代开始使用。把这些非常强烈的炸药变成安全的形态而加以使用，当然会在采矿和土木工程方面具有深远的影响。在军事方面，其后果也非常重大，采用硝化甘油，不论在陆军和海军的一切种类的军备中，都引起了一次全面的革命。在这个时期，硝化甘油用作发射剂的两种极其重要的形态，就是无烟火药和无烟线状火药。除了硝化甘油以外，在19世纪结束以前，又采用了另一种新的烈性炸药。这就是黄色炸药，是由硝酸作用于苯酚而制成。1886年证明它适用于填充炮弹。

上面我们较详细地论述了电力工业和化学工业，因为一个是崭新的工业，一个则在这个时期经历了革命性变化。不仅如此，两者对其他技术部门产生了深远的影响。与此同时，许多原已建立的工业也有了重大的变化，其中许多是采用了科学知识和科学方法。例如，我们前面附带提到的冶金工业，不论在提炼方法和制作方法上都出现了重大的改变。用铝作为一种崭新的建筑金属材料,就是具有头等重要意义的事情。几乎在所有冶金过程中,第一个必要的阶段是精选原矿石,以便除去不需要的杂质。随着富矿和最易开采的矿石的枯竭,必须利用品位较低的矿石,这一加工过程自然就变得越来越重要。于是便采用了三种新的选矿法。1895年采用了威尔弗莱法,在装有淘汰盘格条的斜床上,在水中搅动磨碎的矿石来进行精选。1860年首次提出了浮选法,用油和水的混合液来搅拌磨细的矿粉;这种办法在19世纪末开始商业性应用。这两种方法在现代采矿中都具有最根本的重要意义。第三种主要的精选法则是可以普遍应用电力的结果。这就是磁选法,办法是让磨碎的矿石在强大的电磁铁的两极间通过。

在这段时间,对铜的需求大为增加,因为它的优良的导电性能,使它在电器应用方面特别理想。铜的生产基本上还是沿用传统的老办法,但是,也出现了一项非常重要的革新。这就是采用了电解提炼法。这也是普遍应用电力后才得以实现的又一发展。只有最纯的铜才表现出理想的导电性能,而这种高纯度只有用电解法才能比较容易地取得。第一座电解铜提炼工厂1896年在南威尔士建立。1892年,铜的电解提炼法传入美洲。

另一种重要性也大增的金属是镍。从19世纪开始,对这种金属的需求就一直在缓慢地增长。但在1889年,证明钢经过加镍以后可以大大增加它的韧性,因此,这种金属很快就被大量使用。1893年宣布了一种改良的工艺过程,称之为奥尔福德"顶部与底层"法。用奥尔福德法炼得的金属铸成锭块,把锭块用作进一步电解过程中的阳极,于是就得到了极纯的产品。1890年,路德维希·蒙德提出了一种崭新的炼镍法。根据这种方法,先将这种金属变成一种易挥发的物质羰基镍,进一步加热分解,就产生镍。到19世纪末,蒙德炼镍法从商业上说,已经牢固地确立了,镍的重要性增加,人们的注意力就被引向新的矿石供应来源。1883年,在修建加拿大太平洋铁路时,在萨德伯里(安大略)发现了大量矿藏。规模之大,可使今后许多年供应无虞。

锌能防止暴露在外的铁器生锈,这使这种金属的生产量在19世纪末大为增加,以便用于电镀。1860年,设计出连续电镀铁丝的办法,大量电镀铁丝运往新发展起来的海外领地。美国大约在1880年采用了带刺铁丝,在欧洲,则过了一些年以后才普遍采用。

在金属加工方面最突出的变化在于:机械化程度日益增加;金属加工业的许多部门中,可加工的坯料体积的增大。1842年采用了内史密斯首创的汽锤,这件事突出地说明了机械化日益增长的力量。到1887年,在设菲尔德安装了一台4000吨的水压机,用以锻造钢锭。在铜的加工方面,到1873年就能轧制重达两吨以上的铜板。

对用于围栏的铁丝,用于吊桥的钢缆等,需求量本已增加,而电报系统和输电系统的迅速扩展,又进一步刺激了这种需求。最初,电报电缆用铁制成,但很快铜就开始在一切电力工程中几乎居于独占的地位。多年来,金属线的制造都是用穿过一个拉丝模拉延的办法,但是在1875年开始出现了多头拉丝机。为了提高产量,加快了拉丝的速度,到1890年,就达到了每分钟1000英尺。

到现在为止,我们还只讨论了有色金属,因为这个时期钢铁工业的变化非常深刻,有必要单独加以论述。1850年,英国是当时世界上最大的黑色金属生产国,生产了250万吨铁,但是,钢却不超过6万吨。到1900年,全世界钢的年产量为2800万吨,而且美国取代了英国成为主要的生产国。在这个时期,钢在许多建筑用途方面,代替了熟铁和铸铁。形成这种发展的主要原因是,人们发现在生铁处于熔态时吹进空气可以使它变成钢。这一发展的技术史很复杂,过于具体而且争论纷纭,因此,本章无法详述。但这里必须指出,在这方面的先驱者是亨利·贝色麦(1813—1898年),他的炼钢法举世闻名。从19世纪60年代开始,许多国家都修建了贝氏转炉。

弗里德里希·西门子(1826—1904年)设计出一种不同的但具有同样效果的方法。西门子后来与法国炼钢专家比埃尔·马丁联合起来。西门子—马丁炼钢法得到广泛采用,到19世纪末,也许比贝氏炼钢法还要普遍。然而,贝氏炼钢法和平炉炼钢法都有根本的缺陷,即两者都不能使用含磷的矿石。这对英国来说,后果尚非十分严重,因为它拥有大量不含磷的矿藏,但是在欧洲大陆,特别是在比利时、法国和德国,却大为不利。1875年,西德尼·吉尔克里斯特·托马斯(1850—1885)找到了解决这个问题的办法,不过他的发明经过许多年以后,才得到普遍采用。托马斯的发明的原理,是用从煅烧白云石得到的碱性物质作为炉衬。当这种炉衬与磷作用达到饱和时将之除去，然后可用来作为宝贵的肥料。这一发明大大推动了德国的炼钢工业；它从1871年已经接收了洛林的丰富的铁矿，而这些矿石含有大量的磷，在采用碱性炼钢法以前，对德国几乎没有什么价值。

19世纪下半叶，推动炼钢工业发展的许多因素之一，是世界上铁路系统的大扩展。一直到1880年前后，路轨多半是铁制的，但从那以后，就广泛地采用了钢轨，因为钢轨有巨大的优点，比铁轨的寿命长15倍到20倍。钢也越来越多地用于许多其他方面。1860年前后，钢板开始用于制造锅炉。造船商很快采用贝氏钢，第一艘钢壳船于1863年横渡大西洋。尽管它对造船商有利，但是，约在1890年以前，还看不出从铁壳船向钢壳船转变的决定性动向。

钢变成了一种具有头等重要意义的建筑材料。1883—1890年间建成第一座全部钢造的桥梁，横跨在福思湾上。1889年建立起来的埃菲尔塔是用法国炼出的平炉钢建造的。首先由美国工程人员建造的高层建筑，也是在19世纪末主要用钢材建造的。1885年出现了十分重大的发展：采用了曼涅斯曼法来制造无缝钢管。

钢产量大量增加，对于军火工业也有极大的重要意义。到1861年已经证明，可以压延一英尺厚的熟铁板，但即使这种铁板也抵挡不住由于掌握了硝化甘油而可能制出的高爆炸性炮弹。到1892年，皇家海军就采用钢板作为装甲；19世纪末，已经能够轧制规格很大的钢板了。例如，德国的克虏伯工厂就能够轧制厚12英寸、重达130吨的钢板。

运输技术发展的某些方面，例如采用钢轨以及用钢壳船代替铁壳船，前已述及。这些都不过是海陆交通运输中不断变革的一部分。在海运中，出现了一种新型蒸汽机。1897年，在斯皮特黑德检阅海军时，查尔斯·帕森斯爵士（1854—1931年）的第一艘用蒸汽涡轮机推动的船"杜宾尼亚"号引起了轰动。这艘船的速度达到34.5海里，创造了当时水上航速的最高纪录。非常奇怪的是，帕森斯最初对蒸汽涡轮机的兴趣与船舶推进器毫无关系。他的主要兴趣在于当时迅速发展的电力工业；他感到急需一种蒸汽发动机，其转速需大大超过当时通用的往复式发动机。他的第一台涡轮发电机制于1884年。到19世纪末，蒸汽涡轮已经被确认为是用于发电的最令人满意的蒸汽发动机了。在当时已决定性地胜过运河的铁路上，蒸汽发动机已在盛行,人们尚未感到电力牵引和内燃机牵引的挑战。但是,到19世纪末,公路运输已经有效地撒下了大力竞争的种子。到1900年,已经制成令人满意的汽油和柴油发动机;而且,虽然汽车和卡车仍然很稀少,引不起人们的注意,但现代车辆的一切必要条件几乎都已具备。可以很公平地说,1900年的汽车工程师,在今天的汽车中也不会看出有多少新的特点;当然,他将会看出在设计和制造材料上有很大的变化。

虽然公路车辆对石油和汽油的需求量,即使到1900年也仍然很小,但石油工业在这个时期已经稳固地建立起来,因为它的某些产品在其他用途中的需要量还是很大的。石油的挥发性强的馏分没有什么需要,但是沸点较高的馏分,即人们所熟知的火油或煤油,在取暖和照明两方面都已大量使用。煤油炉通过1878年规模甚大的巴黎博览会而变得家喻户晓,在随后的10年内,竟售出50万只。到19世纪末,石油广泛用于点燃船舶的锅炉,而煤油灯则几乎在全世界都使用了。各式各样的机器的广泛使用,大量需要润滑剂,其中许多是用石油制造的。

很多年以来,人们已经知道天然石油的存在,事实上,在古代的美索不达米亚就知道沥青了。然而,之近代石油工业则是从1857年开始的。当时在汉诺威打出了一些油井。但石油工业真正的中心却是在美国,1859年在宾夕法尼亚州钻探石油达到70英尺的深度。然而,之所以能打成这些油井,和在此之前其他领域中取得的技术进展是分不开的。虽然在中国凿深井已有几百年之久,但在19世纪以前,欧洲或北美洲均未广泛采用。最初促使人们改进技术的是农业需要用水,化学工业需要盐水。北美洲最初的油井是用带有钢刃的熟铁钻头打成的,设备用蒸汽机驱动。然而,1864年,由于采用金刚石钻孔而实现了非常巨大的改进,结果在19世纪末,钻井深度即达7000英尺之谱。早期提炼石油的方法粗糙而效率不高。厂家主要是提取其中具有中等挥发性的成分,即火油或煤油。较轻的成分,即人所共知的汽油,易于燃烧,很危险,直到出现汽油发动机以前,大都让它白白地浪费掉。差不多直到19世纪末,其运输主要是用木桶或铁桶。油船和铁路上的油罐车,大约是在1870年开始出现的。

由于公路运输发生变化而受到重大影响的一项工业是橡胶工业。

橡胶产品具有绝缘性能，这对于电力工业有重大的意义。但是，使橡胶工业发展成目前这样庞大的组织的，是对轮胎的需求，先是实心胎，然后是充气胎。充气胎于 1895 年首次用于汽车，但在此以前，它已很广泛地用于自行车；自行车大约从 1885 年起即已普遍使用。第一条邓禄普充气轮胎制造于 1900 年。

最初，橡胶工业用的主要是来自南美洲的野生橡胶，但即使在出现轮胎工业以前，就已供不应求。早在 19 世纪中叶，就已经提出了建立橡胶种植园的计划，但是，直到 1870 年，这种计划才开始得到官方的考虑。1873 年，印度事务部从南美洲得到了橡胶树种子，打算把它们种植在加尔各答，但是，这个计划没有成功。1876 年又做了一次尝试，这一次，有相当大一部分幼苗长成了大树。从这一个小小的开端，逐渐发展成目前这样庞大的种植园橡胶工业。到 19 世纪末，已经有很大数量的种植园橡胶供应伦敦和其他的国际市场了。

纺织工业中的一项极其重要的革新，即广泛采用合成染料，已在有关化学工业部分谈到。虽然纺织工业相对来说革新不大，但在 19 世纪最后 30 年中，也发生了许多其他变化。恰当地说，这主要是越来越向机械化发展的趋势。几乎所有的基本工序都发生了某些相当大的改进。最大的一项革新也许是自动织机。这是 J. H. 诺斯罗普在 1890—1894 年在美国设计出的。但是，这仅仅是在织布方面应用机械方法的一个例子。这一时期，动力织布机战胜了手工织布机，旧式的提花机也发生了非常重大的变化。社会环境的变化，造成了对各种地板铺垫物的巨大需求。亚麻油毡就是当时的产品之一，这导致了地毯工业的大量机械化。大型的羊毛地毯动力织机，1876 年在美国造成，两年后传入英国。廉价缝纫机的普遍使用预示成衣工业的发轫，也导致精密机器首次进入普通的家务劳动。在纺纱方面，这一时期的标志是朝着今天已广泛应用的环锭纺纱法发生了决定性的转变。这个方法虽然 1828 年在美国即已发明，但直到 1870 年才为英国纺织工业广泛采用。对比之下，针织工业采用机械化则很缓慢；甚至在 1870 年，针织品还多半是靠手工或至少是手摇机器制作的。以后，机械化则越来越普遍。1890 年出现了一项重大的发展，一位美国发明家 R. W. 斯科特应用一种针织机，能完整地织出一只袜子来，只是在脚尖部位有一条小接缝。

19世纪这些重大变化，以及居民中识字的人数稳步增长，自然就大量需要各种印刷品。出版书籍的地方没有很大的改变，但是出版报纸、期刊以及其他廉价读物和寿命较短的读物的方法，却有很大的发展。对报纸和类似出版物的需求大增，这就要求扩大机械化程度，以便提高生产效率并降低生产成本。在这方面，《泰晤士报》起了带头作用。布鲁斯的铸字机于1850年问世，但是，第一次真正取得成功的这类机器，则是《泰晤士报》的轮转铸字机。这台机器是弗里德里希·威克斯在1881年取得专利的。它每小时可铸6万个铅字，因此印刷完毕后铅字不必拆版再用，只需回炉重铸即可。机械排版则是发明家多年来无法解决的一项难题。在1822年到1890年间，做出了许多设计，但直到行型排铸机问世之前，迄未令人完全满意。这项美国发明的突出特点是它只需一人操作。它于1890年出现，1900年已经在全世界使用了。例如，伦敦有20家日报，在其他各地有250家报纸和期刊，采用行型活字铸造机排版。

　　在印刷机方面，轮转式印刷机的制成是一项重大的发展，它大大提高了工作速度。1855年，英国取消报纸税以后，大大推动人们设计这种令人满意的机器。然而，早在1846年就已经设计出一台成功的轮转印刷机。《费城询问报》1865年采用威廉·布洛克设计的一台轮转机印刷。《泰晤士报》则于1868年采用著名的沃尔特式轮转机印刷。两年后，开始用机器裁切和折叠报纸。

　　大量生产群众性读物，对插图画家提出了要求。在我们论述的这个时期开始时，仍然广泛使用木版，但是在1880年开始用金属版印线条画；《每日电讯报》早在1881年就采用金属版。用网目铜版复印照片始于1877年，是在维也纳发明的，到19世纪80年代，开始为报纸广泛采用。到1900年，则通用于全世界。复印彩色插图的原理，在19世纪初即已确定，但直到1870年才普遍使用这种大量生产的方法。

　　人们说，工业革命的基本特点是创造生产工具的工具，这种说法是很有道理的。尽管这种说法也许过分简单化，但是无疑地，工作母机制造工业具有极大重要性；因此，在19世纪最后30年中，全世界绝大多数地区工业出现巨大发展的时候，工作母机制造工业有了重大的发展，这就不足为奇了。在这样一个广泛而复杂的领域里，要加以概括是很困难的；但是，这样说也许是公平的：相对来说，新型机器问世并不多，主要变化是在设计和制造材料方面，以及向自动化工作转变的显著趋势方面。后一种趋势在美国特别显著，因为美国经济发展迅速，造成了劳动力的缺乏，从而形成了一股转而使用机器的强大动力。而在欧洲，新的机器在造成失业之虞，因此，趋势常常恰好相反。人们需要用工作母机来制造技术装备工业各个部门的所有产品，如制造铁路机车、自行车、打字机、纺织机械、印刷机以及我们已经提到过的其他许多种类的机器，因此，工作母机对于工业的根本重要意义，就不难想象了。

一般认为，自动化基本上是 20 世纪中叶的一个特点。因此值得指出：事实上它大约已有百年的历史了，因为自动车床是在 1861—1865 年南北战争后不久就开始在美国问世的。在战时和战后，熟练劳动力奇缺，从而就大大需要自动化机械。新机器的需要量极大，而在许多情况下，新机器要求的精确度大大超过技术准备工业以前一般达到的水平。因此，对精确度特别注意，设计出了精密的度量仪器。约瑟夫·惠特沃斯爵士在这方面起了特别显著的作用。由于普遍采用了机器零件相互通用的原则，精确度就逐渐变得越来越重要。

前面已经指出最重要的发展之一，即采用比以前能够得到的硬度大得多的钢。这一变化大体上可追溯到 1868 年，当时发现含有钒和钨的钢，每分钟能切削 60 英尺，而以前能够炼出的最好的钢，每分钟只能切削 40 英尺。1900 年出现了另一次大跃进，泰勒和怀特的合金钢能把切削速度提高到每分钟 120 英尺，即 30 年前达到的速度的 3 倍。当时发现，现有的机械在许多情况下都不够精确、不够牢固，无法利用这些新的切削材料，因而在 19 世纪末和 20 世纪初，设计方面发生了相当大的变化。

（张　扬　译）

第 四 章
社会政治思想

　　一个以卡尔·马克思的《资本论》(1867年)、查尔斯·达尔文的《人类起源》(1871年)、克拉克·麦克斯韦的《电学和磁学论》(1873年)和弗里德里希·尼采的《悲剧的诞生》(1872年)作为开端的时期，必然会引起思想上的动荡。在19世纪最后30年中，对社会、政治和宗教思想影响最大的人要算马克思和达尔文。但是，这种影响的性质，在很大程度上，却受一般科学思想和社会思想日益改变的性质以及科学思想对社会思想所产生的波动所左右。急剧变化的社会和政治情况对于社会思想也产生了深刻影响，这种情况正是科学发明、工业发展和新的社会政治组织形式所造成的。思想史与经济史和政治史之间的关系，比其他任何时期更加密不可分，这是科学在思想上和行动上取得胜利所带来的必然结果。由于一方面受到马克思主义和达尔文主义的冲击，另一方面又受到迅猛异常的社会变化的影响，那些维护旧的政治哲学和社会信仰的人们，也不得不改变他们的论点与观点。功利主义、唯心主义和实证主义仍然是有势力的思想流派。但是，这些流派是在一种新的哲学和宗教信仰的环境中，在一种新的精神和物质情况下保留下来的；这种环境影响了这些学派的整个发展。

　　马克思在《资本论》中对经济力量的分析，旨在为他和他的合作者弗里德里希·恩格斯从1848年《共产党宣言》发表以来所提出的政治学说奠定坚实的基础。《资本论》名义上是马克思的《政治经济学批判》的"续篇"，它却为辩证唯物主义规律的运用提供了详尽的证据。这部著作阐述了他认为必然导致无产阶级革命的经济学原则。它是当时用经济学原则和社会历史演变来解释工业文明的最有系统的尝试。《资本论》第一卷以德文出版于 1867 年；后两卷在他去世后于 1885 年和 1894 年出版。1886 年出版了第一卷的英译本，并没有引起注意。作为一种政治学说，马克思主义的传播主要靠恩格斯和其他门徒为报刊撰写文章和进行论战活动，特别是在德国和法国。到 19 世纪末，通常被恩格斯以及后来被列宁斥为异端邪说或离经叛道的各种变相学说，已经影响了大多数欧洲国家中的社会民主党及其党纲的发展。

达尔文的《人类起源及性的选择》，正如书名所表明的，实际上是两本书。书的前 7 章是《通过自然选择的物种起源》（与马克思的《政治经济学批判》一样，也出版于 1859 年）的续篇。《物种起源》推翻了各种动植物都是各自不同和分别创造出来的看法，并且为所有生物基本相同和有着共同起源提供了令人信服的证据。达尔文这时已经把搜集的证据整理出来，主张人和其他一切生物一样，都是通过自然选择从早期比较简单的生物演化而来。正是这个在《物种起源》中还只是加以暗示的结论，引起了 19 世纪 60 年代对达尔文主义的普遍争论。达尔文提出的更加明确的论证并没有因此免遭新的攻击和谴责，尽管这时它已经比较容易为科学家和知识分子所接受。这部著作的另外 14 章对他原来的论点做了某些修改，这种论点认为，在生存竞争过程中进行的自然选择说明了不同生物种类的存在。这 14 章研究了性的选择，认为它是物种演化的一个因素。正如他所强调的那样，这完全是另外一个问题，因为自然选择意味着两性都经受生活中的危险而得以保存下来，而性的选择则是同一物种、甚至同一性别中的某一个体战胜其他个体。达尔文的这本书和先前那部名著一起提供了托马斯·赫胥黎所说的一种"由于贯穿着一个中心思想而富有活力的生命概观"。

以后 30 年中，在哲学、神学和社会政治学说中发生的思想上的重大动荡，大部分都是马克思主义与达尔文主义这两种因素引起的。造成这种动荡局面持续存在的，主要倒不是学说的创始人，而是他们的主要使徒托马斯·赫胥黎和弗里德里希·恩格斯，因为达尔文和马克思分别于 1882 年和 1883 年去世，而赫胥黎和恩格斯都活到 1895 年。赫胥黎比达尔文更富有战斗精神，自从 1860 年英国科学促进协会在牛津开了那次值得纪念的会议以后，一直捍卫着他所崇敬的伟人。30年以后,他同格莱斯顿先生进行了一场几乎同样激烈的争论,那是关于加大拉人的猪的奇迹①是否可信的问题。"不可知论者"这个词就是这些大论战的产物。通过这些论战,赫胥黎终于使进化思想成了人类整个生命观的一个组成部分。如果说赫胥黎是"达尔文的斗犬",那么,恩格斯对于马克思的关系也可以这样说。1878年,恩格斯在他的《反杜林论(欧根·杜林先生在科学中实行的变革)》一书中,提出了比马克思本人写的任何著作都更加完整的一套马克思主义政治理论。这是一本论战性极强的书,书中抨击了杜林认为政治比经济更为重要的主张,并发展为阐明马克思主义对于社会主义政治理论具有什么意义的论著。恩格斯后来在《家庭、私有制和国家的起源》(1884年)和《法德农民问题》(1894年)中,虽然进一步把马克思主义应用到社会思想方面,但《反杜林论》仍然是他最有影响的著作。爱德华·伯恩施坦承认,他第一次读到这本书,就使他"改信"马克思主义了。

马克思主义与达尔文主义的哲学影响由于它们的相似之处而更加突出。马克思和恩格斯一直认为他们的思想与达尔文的思想方向一致,具有同样的科学性。马克思宣称他把社会演变看作"自然史的进程"。他想把《资本论》第一卷献给达尔文,可是,达尔文以他独有的审慎,没有接受这种荣誉;恩格斯在马克思墓前演说词中宣称:"正像达尔文发现有机界的发展规律一样,马克思发现了人类历史的发展规律。"② 这两位思想家确实都在耐心地核对了大量详细的事实和观察结果后,找到具有说服力的重要观念,这些统一的基本观念的阐明把以前一直是分离的事实连贯起来了。两位思想家都发现了一条简单的运动和发展原则,找到了更好地理解整个人类历史的关键。两个假说都带有革命性,意思是说它们猛烈冲击着关于人类和人生的传统看法,使人不得不重新考虑许多以前认为是天经地义的事。两个学说都发现变化的原因在于斗争——生存竞争和阶级斗争。两个学说都是严守基本原理的学说,因为它们都是用一个重要的单纯原理去说明历史,像万有引力那样明白易懂。两者可以同样言之成理地(尽管

---

① 事见《新约全书·马太福音》,第8章28节以下。——译者
② 《马克思恩格斯选集》第3卷,人民出版社1972年版,第574页。——译者

往往不免歪曲和只使用类比）应用于其他思想领域。这样的学说在任何时候都具有破坏性；一旦结合起来，它们就成为革命力量。

除了同时出现这一点外，还有两个条件使得达尔文主义和马克思主义成为特别强大的思想力量。一是整个科学思想同时也在前进；二是整个西方文明出现了新的政治结构。

化学、力学和物理学这些科学，在当时已经达到需要重新做出概括和综合的阶段。人们发现化学元素按照原子量排列成一个整齐的数学序列；1871 年，德米特里·门捷列夫提出了便于发现新元素的周期表（1871 年发现镓，1879 年发现钪，1886 年发现锗，1895 年发现氦）。詹姆斯·焦耳发现了热与化学能或者与产生热所消耗的功之间的等价关系；赫尔姆霍兹把这个原理推广，应用到整个自然界，称为热力学第一定律，即能量守恒原理。凯尔文勋爵又补充了热力学第二定律，即有用的能量普遍可以转化为被消耗的热能的原理。克拉克·麦克斯韦在他的《电学和磁学论》（1873 年）一书中，把他在这些领域中的发现纳入力学和热力学的新的模式中去。他提出的论点是：电像光波和辐射热一样是以波动形式运动的物质，因此各种能最后可能都有电磁能。

新物理学与新生物学之间相类似的情况给人们造成很深的印象。正像物理学是从最初认为原子是有固定重量的台球形状的固体，逐渐发展成为把物质与能联系起来的分子说一样，生物学也是从认为物种各自独立存在，逐渐发展成为把不同物种看作相互关联着的进化学说。与此类似的是，马克思用辩证唯物论这个包罗万象的学说取代古典经济学家一成不变的经济"法则"，用阶级社会学说不仅说明经济变化，而且也说明政治与文化。发现重大的基本原理，从而对知识与思想的各个不同方面做出新的综合，这是当时的风尚。马克思主义也试图说明变化、运动和发展，它具有似乎符合这种风尚的优点，因此获得了科学假说的声誉。

达尔文主义和马克思主义对于社会政治思想所起的特别影响，也必须结合 19 世纪 70 年代西方文明的新的政治结构来估价。19 世纪 60 年代的结局是重新划分了政治地图：规定了新的边疆，创建了新的国家，旧的国家重新建立，新的政治制度得到了巩固。由于北方在内战中获胜，美利坚合众国才得以保存下来。由于 1867 年的英属北美法到1873年的充分生效，才建立了统一的加拿大。由于成立了奥匈帝国，哈布斯堡王朝才继续在奥地利和匈牙利统治下去。意大利王国和德意志帝国在政治上获得统一。爱尔兰独立运动受到挫折，法国巴黎公社也被镇压下去。甚至罗马教皇的坚持教权，终于导致在1870年举行了梵蒂冈会议。所有这些事件都表示更强有力的中央集权制度得到了巩固或建立。19世纪后期的国家比起前几代的国家来，在统治和管理上成了一个更加强大、稳定和具有活动能力的机构。由于事实和情况的改变以及受到新学说的挑战，政治思想家们不得不认真考虑国家权力和权威的根本性质，政治义务的根据，及导致成功的革命行动的新的先决条件。

另外，这些新国家的兴起也是长期斗争和重大战争造成的结果。美国南北战争，俾斯麦对丹麦、奥匈帝国和法国所进行的一系列战争，意大利为争取统一而进行的长期战争，以及马克思曾生动论述过的法兰西内战，都说明暴力很自然地伴随着近代国家的建立。19世纪70年代的新欧洲可以看作达尔文所说的生存竞争的最新表现，又可以看作唯物辩证法所指的历史上阶级斗争的新阶段。马克思确曾把巴黎公社当作即将来临的无产阶级革命的开始。不管采取哪一种看法，权力、斗争和暴力都是政治的基本内容。政治事件也赋予政治社会思想以一些残酷和暴力的观念。

斗争的基调首先影响了那些把达尔文主义应用于政治社会理论的作家，这些人后来被称为"社会达尔文主义者"。在英美两国，早已发表过大量社会学理论的赫伯特·斯宾塞成了"社会达尔文主义"的主要传播者。斯宾塞的多卷本《综合哲学体系》发表于19世纪60年代。他那部颇有影响的《社会学原理》最初发表于1872—1873年，是在美国的《大众科学》月刊和英国的《当代评论》上分期连载的。由于他在哲学上带有决定论的倾向，而在政治上则主张放任的个人主义，所以他认为："最大的善就是让社会进步不受阻碍地自由发展下去；而为了追求错误想法而采取的政策，则会由于干扰、歪曲和镇压而造成很大的损害。"他主张，社会政治科学必须承认和采纳生物学的"普遍真理"，绝不能"由于人为地把那些最不会生活的人保留下来"而违反自然选择的原理。

这样一种看法到处受到保守派的热烈欢迎。法国人对阿尔弗雷德·埃斯皮纳斯的《动物社会》（1877年）所表示的欢迎，也属于这种情况。在美国南北战争以后，这种看法也受到保守派的热烈欢迎，这些保守派从中为放任主义的竞争和他们对于进步所抱的信念找到了根据。安德鲁·卡内基后来写道，当他读达尔文和斯宾塞的著作时，就好像见到了"无限光明"，"我不仅摆脱了神学与超自然的力量，而且还找到了进化的真理。'万事大吉，因为一切都在变好'成了我的座右铭，成了我内心快乐的真正源泉"。① 无怪乎美国社会学研究的创始人之一、耶鲁大学的威廉·格雷厄姆·萨姆纳当时写道："百万富翁是自然选择的产物，这种选择对全体人类起着作用，目的在于精选出适合完成某些工作的人。……他们有很高的薪水，过着豪华的生活，但是，这对社会来说，还是合算的一笔交易。"② 达尔文主义也能够支持沾沾自喜的实用主义。正像一位批判这种态度的英国唯心主义者戴·乔·里奇所指出的："照自然选择来讲，道德无非就是'一事成则万事成'。"③

达尔文主义在一些重要方面是对马尔萨斯所说的人类（以几何级数增长）与动植物（只以算术级数增长）之间的基本区别的反驳，这一事实只有马克思主义者才注意到。马克思主义者之所以欢迎达尔文主义，就是因为它反对马尔萨斯的主张，否认生活本身必然产生贫困的看法，从而得出只有资本主义才产生贫困的结论。马克思写道："值得注意的是达尔文在野兽和植物之中认识到他的英国社会，这社会有它的劳动分工、竞争、开辟新市场、'发明'和马尔萨斯的'生存斗争'。"④

然而，超出斯宾塞的广泛传布范围，达尔文主义在政治哲学上的真正含义却复杂得难以做出评价。甚至斯宾塞也抱着机械论的看法（可以从他于1864年出版的《社会静力学》或1881年出版的《人与国家》中看出），他往往把有机体思想仅仅当作粗浅的类比来使用。

---

① 《安德鲁·卡内基自传》（波士顿，1920年），第327页。
② 威·格·萨姆纳：《事实的挑战与其他论文》（纽黑文，1913年），第90页。
③ 戴·乔·里奇：《达尔文主义与政治》（伦敦，纽约，1895年），第13页。
④ 马克思致恩格斯信（1862年6月18日），R. I. 米克在《马克思、恩格斯论马尔萨斯》一书中引用，见该书第173页。另参阅弗·恩格斯：《自然辩证法》（1872—1882年）引文见同上书，第185—188页。（译文见《马克思恩格斯通信集》，生活·读书·新知三联书店1958年版，第3卷，第88页。——译者）

通常被划入那个容易被人误解的"社会达尔文主义者"范畴的其他许多思想家，运用生物学原理来研究社会，得出各自不同的、往往互相矛盾的推论。人类学和地质学对他们的思想产生的影响并不亚于新的生物学。人们即使正确理解了达尔文主义，也从中找到了他们想要找到的东西；而关于历史发展规律的概念，则是从黑格尔、孔德这些先于达尔文的思想家们那里得来的。达尔文主义思想往往被人用来加强或仅仅用来装饰那些实质上产生于十分不同思想来源的论证。

英国自由主义者沃尔特·白哲特和奥地利社会学家路德维希·龚普洛维奇看出了新生物学的更精微的含义，把它同爱德华·泰勒、刘易斯·摩尔根和威廉·冯特的新人类学结合起来。白哲特的《物理学与政治学》（1872年）包括6篇发人深省的文章，写得简练精辟；而斯宾塞的著作则冗长烦琐。这本书的主题可以从其副标题《关于把"自然选择"和"遗传"原理应用于政治社会的一些看法》中看出。他的论点是，政治组织从前固然有助于建立"固定的习俗"，维系社会的统一，使之在生存竞争中不致灭亡，而在比较近代的情况下，要取得进步就需要打破这种"固定的习俗"。灵活性首先来自思想自由，这种自由受到"推崇理智"的"讨论的时代"的鼓舞；它培养近代政府妥善治理所必需的那种"生气勃勃的稳健性"。这样他就把着重点从保守主义转移到自由主义上来。龚普洛维奇则更倾向于决定论。他认为，国家以及一切政治制度都是社会集团之间进行斗争、某一集团终于战胜其他集团的结果。物质的、社会的甚至思想的进步都靠适者获胜这一事实；这种进步全凭"社会的作用和反作用，完全不以个人的主动性和意志为转移，同个人的思想、意愿和社会奋斗背道而驰"。这种集团斗争的看法有时很接近马克思主义，尽管它并没有从马克思主义本身得到启发。

龚普洛维奇坚信国家就是"少数人对多数人进行有组织的控制"。在这一点上，他又很接近德国思想家的"强权政治"学派，这派中前后主张最为一贯和最有影响的要算是海因里希·冯·特赖奇克。但是特赖奇克强调伟大的领袖人物在创建国家方面所表现的创建意志。他直接师承黑格尔哲学，又得力于19世纪60年代国家兴起的经验；照他本人所说，事实上他的学说可以上溯到马基雅弗利的传统。

美国社会学家莱斯特·华德和龚普洛维奇不仅有私交,而且哲学观点也一致。他从达尔文主义中引申出与斯宾塞恰好相反的结论。他攻击放任主义而赞成社会计划。他认为:不能简单地把生物学的真理搬到社会科学中来,认为自然界的规律并不就是人类的规律。他在1893年写道:"生物学的基本原则是自然选择,而社会学的基本原则则是人为选择。适者生存就是强者生存,这意味着弱者的毁灭,我们最好就用这个说法。如果说自然界的进化是靠毁灭弱者,人类进化却是保护弱者。"华德承认龚普洛维奇关于集团斗争的看法,认为它适用于将来的种族斗争,但他又认为,在进步的社会中,合理的政策会代替过去的暴力和残忍,这正是托马斯·赫胥黎同一年在罗马尼斯讲座所作的关于《进化论与伦理学》的讲演中所主张的论点。①

后来的种族理论家们都热衷于利用达尔文思想,当时的种族主义通常和帝国主义有着密切的关系。美国种族主义和帝国主义的最响亮的鼓吹者乔赛亚·斯特朗牧师,在1885年出版了他那本极为流行的书《我国:其未来前途和当前危机》。他扬扬得意地引证了达尔文本人在《人类起源》一书中的看法,"把美国取得的辉煌进步和美国人的性格看作自然选择的结果,这显然含有不少真理;在过去10代到12代中,从欧洲各国移居到美国这个伟大国家的人,比较精力充沛,不辞劳苦和富有勇气,因此,在那里获得了最大的成功"②。斯特朗看到下一阶段世界历史将是争夺生存空间的大规模斗争。"这是种族之间最后的竞争,为此盎格鲁撒克逊人正在接受锻炼"。取得德国国籍的英国人豪斯顿·斯图尔特·张伯伦,1899年出版了一部在1914年以前的德国风行一时并对希特勒产生过某些影响的著作《19世纪的基础》。他大量引用达尔文的著作,以及其他生物学家和人类学家的论述,认为"杂交会消除特征",主张保持种族纯粹是进步的先决条件,日耳曼民族必须为了保持血统的纯粹和统治世界进行斗争。

然而,种族理论绝非达尔文首创,因为达尔文认为种族差别的重要性不大,甚至也不是来自一般生物学。首先于1853年提出种族理

---

① 托马斯·赫胥黎和朱利安·赫胥黎:《进化论与伦理学,1893—1943》(伦敦,1947年),第81页:"社会进步意味着宇宙进程在每一步都受到抑制,并代之以另外一种可以叫作伦理进程的东西。"(《进化论与伦理学》的一部分即严复译《天演论》。罗马尼斯为英国生物学家,达尔文的朋友,在牛津大学创立了一年一度的罗马尼斯讲座。——译者)

② 查尔斯·达尔文:《人类起源》第1卷,第179页。

论的人是法国的阿尔蒂尔·德·戈宾诺伯爵；它来自根深蒂固的传统偏见，来自整个19世纪欧洲人与非欧洲人之间日益增多的接触，来自包括爱·奥·弗里曼和查尔斯·金斯莱在内的"条顿"历史学派。法国的爱德华·德律蒙、德国的阿道夫·施特克尔和维也纳的卡尔·卢格等反犹太顽固分子对这种种族理论做了非常不科学的表述；它受到法国的居斯塔夫·勒蓬或俄国的尼古拉·达尼列夫斯基等假科学社会学家的支持。正像在其他论证范围内一样，达尔文主义在这里也由于人们的滥用，被歪曲得面目全非。大部分所谓"社会达尔文主义"不过是一些空论或者是论战的伪装，算不上真正的思想力量。

为了把达尔文主义的不同用途完全列举出来，有必要提一下两种与种族主义和帝国主义完全相反的政治学说。这就是英国的费边主义和俄国的哲学无政府主义。19世纪80年代的费边主义者的经济思想来自亨利·乔治的《进步和贫穷》（1879年）而不是来自马克思；但是他们都从达尔文学说中找到了相信"渐变的必然性"的理论根据。如果身体上的微小变化积累起来，就能够使生物种类各不相同，那么，社会变化就必然可以通过一系列逐步改良，而不是暴力革命来完成。这种思想是英国人所理解的以进化论为根据的那种社会主义的基本观点。费边社秘书和费边社历史的撰写者爱德华·皮斯对达尔文主义做出了很高的评价，认为它是形成19世纪80年代青年思想的重大因素。"我们的父母既没有读过斯宾塞，也没有读过赫胥黎，他们的思想世界和我们的全然不同；由于我们与从所受教育中承袭下来的传统割断了联系，我们就不得不亲自去发现当时新建立的社会学的真正原则。"① 西德尼·维伯在《费边社会主义论丛》（1889年）一书中，就曾主张"用有意识的'直接适应'逐步取代生存竞争的早期形式——无意识的和代价高昂的'间接适应'，认为在当今的文明条件下，被选择的单位不是个体，而是社会"②。在费边社社员手中，以进化论为根据的达尔文主义成了对付革命的马克思主义的一种手段。彼得·克鲁泡特金亲王在《互助论》（1902年）中也以动物学为根据，辩称社会合作和互助这种本能同战斗和斗争的本能一样强

---

① 爱德华·皮斯：《费边社历史》（伦敦，1916年），1925年修订版，第18页。
② 《费边社会主义论丛》（伦敦，1889年），1920年版，第57—58页。

烈。他正确地提出,达尔文曾强调人的道德意识在进化中的重要意义,认为人与人之间的斗争实质上并不是一种有益的进化力量。但是,同他的看法最接近的还是比埃尔·约瑟夫·蒲鲁东的"互助主义",而不是任何其他学说。

那么,我们是不是必然会得出结论说,达尔文主义(以及整个生物学)对社会政治学说产生的影响是如此千差万别,因此谈不上有任何意义呢?达尔文主义的直接和具体影响常常被人加以渲染夸大。它的作用,倒不如说是同其他领域(特别是自然科学和人类学)的科学知识和思想的进步结合在一起,打破旧的政治主张和信念,打开对社会政治思想进行大胆探索和彻底重新思考的大门,并加深政治哲学与神学、形而上学和伦理学之间的早已存在的鸿沟。由于达尔文主义思想易于应用到社会思想方面来,它就助长了实证主义哲学倡导的那种搜集精确的社会资料和寻找可证实的社会"法则"的倾向;新生物学赋予实证主义原理以新的生命,正像它在某些方面助长了马克思主义的发展一样。但是,达尔文主义思想最有力地渗入哲学领域却悄悄发生在20世纪,是在赫胥黎雷鸣般的战鼓声已经停息后,通过亨利·柏格森这样一位哲学家来完成的。

同时,马克思主义也按照大体相似的过程,渗透到人们的头脑和思想习惯中去。它的信徒几乎遍布各个欧洲国家,他们宣传和传播马克思主义学说,并组织政党。1889年,第二国际成立后,这些存在于各个国家的政党,有了一个借以讨论原则和政策的公共论坛。但是,因为大多数国家的工人阶级运动和社会主义政党在马克思主义出现以前就有深厚的基础,因此,大部分讨论不是研究正统的革命马克思主义与改良主义的社会主义之间的理论关系问题,就是研究工会组织和工人运动与人数较少但却肩负使命、斗争性强的马克思主义者这两方之间的实际工作关系问题。结果是各种不同的社会主义思想派别竞相出现;因为同达尔文和赫胥黎一样,马克思和恩格斯发现,魔鬼也可以为了自己的目的而援引经文。正统的马克思主义发现本身陷进了一场几乎是按照达尔文所说的那种生存竞争的斗争之中。直到1900年,它还远远没有找到任何可以同"以进化论作根据的社会主义"的信念和平共处的基础。德国的爱德华·伯恩施坦或法国的让·饶勒斯就曾把这些信念讲得娓娓动听。

在19世纪70年代后期或80年代，有好几个国家成立了明确信奉马克思主义的政党：1879年，朱尔·盖德的"法国工人党"成立，同年成立的还有"比利时社会党"；在英国，1881年亨利·海德门成立的"民主联盟"，两年后改称"社会民主联盟"；1883年，由普列汉诺夫和阿克雪里罗德在瑞士建立的"劳动解放社"起了伟大的历史作用，成为未来的俄国布尔什维克党的萌芽。但这些政党都是在60年代和70年代的长期努力和争吵的背景下建立的。产生这一背景与马克思和恩格斯想从斐迪南·拉萨尔及其信徒手中夺取德国社会主义运动领导权但未能成功，以及与1864—1876年寿命不长的第一国际有关。最重要的结果是在1875年的哥达纲领的基础上成立了德国社会民主党。马克思尖锐地批判了这个纲领，他的批判后来由恩格斯在1891年发表，对马克思主义思想产生了重大影响。但是，60年代中间，正统的马克思主义与拉萨尔所主张的国家社会主义学说势均力敌，使得哥达纲领成为在德国建党的一个良好基础。纲领从"劳动是一切财富和一切文化的源泉"出发，要求"把劳动资料提高为社会的公共财产，在用于公益目的的条件下，集体调节总劳动并公平分配劳动所得"。纲领接着要求实现通常的民主权利：自由国家，通过不记名义务投票来进行普选，"以人民军队代替常备军"，废除"一切限制思想自由和探讨自由的法律"，实行免费诉讼以及普遍的、免费和义务的公众教育。纲领还要求制定社会福利立法、享有自由结社的权利并用单一的累进所得税代替各种间接税。①

马克思对哥达纲领逐条进行了抨击，指出各条不是意义含混或前后矛盾，就是表现出不理解唯物辩证法。马克思的抨击主要是重新阐述马克思主义这个教条："在资本主义社会和共产主义社会之间，有一个从前者变为后者的革命转变时期。同这个时期相适应的也有一个政治上的过渡时期，这个时期的国家只能是无产阶级的革命专政。"②恩格斯在当时给奥古斯特·倍倍尔的信中把马克思主义的政治主张说得更为明确："既然国家只是在斗争中、在革命中用来对敌人实行暴力镇压的一种暂时的机关，那么，说自由的人民国家，就纯粹是无稽

---

① 本段中引语中译文参见马克思：《哥达纲领批判》，人民出版社1965年版，第7、67、68页。——译者
② 见马克思：《哥达纲领批判》，人民出版社1974年版，第22—23页。——译者

之谈了;当无产阶级还需要国家的时候,它之所以需要,并不是为了自由,而是为了镇压自己的敌人,一到有可能谈自由的时候,国家本身就不再存在了。"① 这些基本不同的国家概念不仅是马克思主义者与拉萨尔的追随者,而且也是与形形色色的改良主义的社会主义者冲突的根源。

德国社会民主党在1891年的爱尔福特纲领中采纳了马克思的学说;特别是认识到垄断资本主义与贫穷的无产阶级之间的分化日益加深以及把主要生产资料社会化的必要性。但是,纲领还是保留下很多拉萨尔对于国家权力所抱的信念,因而添上了这样的话:"工人阶级反对资本主义剥削的斗争,必然是一场政治斗争。工人阶级不能在没有政治权利的条件下,去进行经济斗争和发展经济组织。工人阶级不取得政权,就不能完成把生产资料收归集体社会所有这一改变。"这种看法在欧洲各国日益发展的社会民主党中自然会逐步取得统治地位,因为这些政党正企图通过议会程序取得权力并成为有组织的劳工的代言人。这一立场还产生了某些政治争论——社会主义者是否应该同自由主义政党联合,他们应该在哪一方面抵制民族国家的要求以便支持"没有祖国"的工人的要求,他们能够合理地拥护什么样的国家军队。这些问题一直萦绕着第二国际的历届大会,并使法国的社会主义者同德国的社会主义者发生争吵。

社会民主党人在获得选票以及同那些旨在提高工会会员的直接物质利益的工会建立联系方面所取得的成功,助长了这种看法,即认为社会主义社会毕竟可以通过逐步改革或宪法程序来实现,而无须经过马克思所预言的启示录式的无产阶级革命阶段。由保尔·布鲁斯领导的法国可能派、英国的工党、德国的爱德华·伯恩施坦的追随者、奥地利的维克托·阿德勒的追随者和意大利的菲立浦·屠拉梯的追随者,走的都是这条路。凡是使用选举权范围比较宽广而议会机构又比较强大,从而使社会主义有可能通过宪法途径取得权力的地方,极端的马克思主义就发展缓慢并遭到失败。让·饶勒斯以雄辩的口才,大讲当时在欧洲大部地区正在形成的一种自由社会主义的信念。在

---

① 《马克思恩格斯选集》(伦敦,1950年,两卷本)第2卷,第39页。(译文见马克思:《哥达纲领批判》,人民出版社1965年版,第35页。——译者)

1914年以前，一种适应一时需要的最高纲领与最低纲领之别，在纸面上保持了目标的一致。最高纲领是用彻底的马克思主义词汇来表述的，而最低纲领则是罗列一些可以在现存的资本主义社会结构范围内通过宪法程序实现的政治和社会改革。只有在俄国，列宁所阐述的马克思主义理论才成为社会民主党的奋斗目标，因为在那里连最低的要求也具有革命的实质。

马克思主义在19世纪欧洲所取得的实际成就小得出人意料。马克思主义的信徒遍布各国，其国际影响把许多国家的社会主义者都聚集在第二国际之内。它给社会主义思想带来一种新的理论上的严密性和思想深度；但也带来一些死搬教条的僵硬做法和更加激烈的争吵。人们以经院式的狂热来争论社会主义学说中的细枝末节和政治策略上的微妙差别。社会主义由于本身的内部分裂以及第一次世界大战造成的巨大变乱而受到重大损失，不得不于1918年后彻底改弦更张。这时，由列宁重新解释的马克思主义已经在俄国取得了第一次胜利。

1900年以前，马克思主义对于哲学和社会思想产生的影响还不十分明显；然而，马克思的思想已经深入人心，并使19世纪思想中原来处于低音调的唯物主义变成了高音调。在马克思以后，特别是经济学再也不能原封不动了，正像达尔文以后生物学发生的变化一样。许多不承认马克思唯物主义决定论的人，也吸收了其中某些唯物主义成分，从而不得不改变他们的一些基本观点。人们对经济史早已开始给予更大的注意，这同马克思主义毫不相干，不过20世纪经济史研究上取得的迅速进展却多半与马克思主义有关。经济学说的新流派，英国主张边际效用的人或德国的"讲坛社会主义者"，主要是受到马克思的对手而不是马克思的影响。奥古斯特·倍倍尔和威廉·李卜克内西所领导的党，在1869年的爱森纳赫纲领中甚至宣称："社会问题同政治问题是不可分割的，前者的解决取决于后者，而且只有在民主国家中才有可能。"[①] 但是，对于所有经济学家来说，正像对于所有政治上的社会主义者来说一样，由于马克思主义的意识形态是十分严格的，它便成了一种外部的衡量标准，一种用来衡量形形色色的唯物主义和形形色色的决定论之间的差别的绝对尺度。在这一方面，它澄

---

① 见马克思：《哥达纲领批判》附录，人民出版社1965年版，第65页。——译者

清了思想，尽管其直接影响带来了很大的混乱；这一点，它很像达尔文主义。至少在一位阅读《资本论》第一卷的喀山青年看来是如此。列宁把马克思主义比作"一块坚固的钢，你只要取消其中一个基本假定，就会陷进资产阶级反动派的错误中去"。

可是，马克思主义早已不得不进行两条战线上的斗争了。它不仅要反对那些赞同伯恩施坦在《以进化论为根据的社会主义》（1898年）一书中所提出的各项原则的右翼社会主义者，而且要反对在实践中由法国各工会和在理论上由若尔日·索列尔所发展的左翼革命工团主义。索列尔坚信马克思关于阶级斗争不可避免和必须通过无产阶级革命来建立没有阶级的社会的学说。他并不笃信辩证唯物主义的全部福音。他主张通过天然的无产阶级组织即工会采取直接行动；主张由"少数勇敢的人"来领导，这些人把每次罢工都作为阶级斗争中的一次小规模战斗来部署，懂得利用暴力摧毁资产阶级国家的必要性；他主张在无产阶级可以通过总罢工获得胜利这一"神话"的鼓舞下采取直接行动。他的主要著作和影响虽然属于20世纪，但他早在1898年就在《工团的社会主义前途》一书中系统地提出他的一些基本看法。索列尔被人称为"棱镜思想家"，意思是说许多思想光辉集中照射在他身上，又从他身上折射出去。如果说他的社会经济方面的见解主要来自马克思，那么，他的心理学上的见解则来自弗里德里希·尼采。

在这几十年中，只有尼采在地位上可以同达尔文和马克思相提并论。尼采的第一部著作《悲剧的诞生》于1872年问世；他死于1900年。从1878年起到1888年精神失常止，他每年出版一部书。他那极度专心、善于沉思和内省的气质，孕育出一种生与死的哲学，反对一切现有的和传统的学说。在上述三位巨人当中，他大概要算是最具有独创性的天才了。尼采领悟到一些心理学上的真理，这些正是在他死后由西格蒙德·弗洛伊德、亨利·柏格森和卡尔·荣格所阐明的；然而，柏格森和弗洛伊德似乎都没有意识到尼采对他们有什么思想启发。若尔日·索列尔大概要算是他的第一个重要的思想继承人。通过研究索列尔，可以无意中发现马克思与尼采之间有许多共同点：同他们一样，索列尔也深信资产阶级社会的堕落，他相信只有暴力才是医治它的罪恶的唯一药方，他歌颂战争，鄙视自由主义的民主政体。他把马克思的两种道德（无产阶级的和资产阶级的）同尼采的两种道德（主人的和奴隶的）混合在一起。① 索列尔从革命工团主义走向法西斯主义的思想演变，标志着在他的哲学中尼采的成分战胜了马克思主义的成分。

人们可以把来源于达尔文、马克思和尼采的整个思想倾向，说成是对唯心主义哲学的一次总攻击；因为尽管尼采强烈主张人的意志的重要性，反对达尔文和马克思的决定论，他所说的意志并不是合乎理性的理智所表现的意志，并不是黑格尔及其门徒所说的纯粹理念或精神的表现。唯心主义思想家们认为，关键在于这是对他们的世界观提出的挑战，因为他们把世界看作绝对理念与价值的不完全的然而却在不断扩大的体现。这一点在贝内戴托·柯罗齐写的一篇短文"1870年以来各种政治理想之对比"中就曾谈到过。他写道："生存竞争和适者生存的学说占有最重要的地位。在政治思想上受到这种学说启发的，既有共产主义（主张阶级斗争和由数量上最强大、擅长生产生活资料的阶级实行专政），也有帝国主义或民族主义（主张把社会阶级斗争转到国家或民族斗争上来）。这种学说在以一个精神上受着折磨的诗人尼采命名的那样一种不宁静的宗教中，找到了带有英雄气概和贵族风度的表现形式。它的弱点表现在它与道德观念的剧烈冲突上，因为它对后者深恶痛绝。"② 现在回过头来看，新旧思想的冲突似乎比当时人们看到的要激烈得多；其他各种政治思想流派则由于以前面所提到的各种方式，部分地吸收或适应了新的思想，设法缓和——或者至少推迟——它们与"道德观念的剧烈冲突"。

一个时代的政治学说不仅包括新颖的思想，而且包括为人们所熟悉的各派旧思想的引申、完善和改变。奇怪的是，在这些年代中，功利主义、唯心主义和实证主义各派哲学的发展竟然与达尔文主义和马克思主义所造成的动荡局面处于半隔绝的状态，受到尼采思想的影响就更少。我们还要简单说一下这些发展的主要轮廓。

约翰·斯图尔特·穆勒在他去世那年（1873年）出版的《自传》中，对当时功利主义的发展和困境做了经典式的表述。这部书

---

① E. H. 卡尔：《关于革命的研究》（伦敦，1950年），第154—157页。
② 贝·柯罗齐：《政治与道德》（伦敦，1946年），第91—92页。

既没有提到达尔文,也没有谈到马克思。但它却告诉我们:对于真理的真诚探索和敏锐的社会意识是怎样使得一位受边沁派的正统思想影响很深的思想家,进而主张大大扩充国家活动的范围的。"我们认为未来的社会问题,就是怎样把最大的个人行动自由,同地球上原料的公有及平均享用共同劳动成果结合起来"。① 穆勒的激进主义成了格莱斯顿的自由主义的来源。为在英国复兴唯心主义哲学而做出很大贡献的托马斯·希尔·格林的自由派唯心主义,也是格莱斯顿的自由主义的来源之一。有人讲,穆勒的《自传》,实际上"最能说明为什么边沁主义不能满足 19 世纪后期英国的需要,及为什么 1870 年以后格林取代穆勒而成为最有影响的社会哲学著作家"。② 但是个人主义的功利主义思想传统并没有中断。这一传统的代表有像艾伯特·戴西那样的法学家,他写的《英国 19 世纪法律与舆论的关系讲演集》(1905 年)特别探讨了"边沁主义对集体主义的影响";③ 有詹·法·斯蒂芬爵士,他写的《自由、平等、博爱》(1873 年)从旧激进主义的立场抨击了穆勒的《论自由》;还有哲学家亨利·西奇威克,他的《政治学精义》(1891 年)公开承认他的思想"来自边沁和穆勒的著作",很少谈到甚至根本不提达尔文和马克思。边沁关于立法应以增进最大多数人的最大幸福为宗旨的理论,同自由放任的主张是有区别的,并且像穆勒和西奇威克所表明的,可以用来证明大量的国家活动是必要的。

由于这种原因,格林的温和黑格尔主义在现实政治中可找到与后来的功利主义很多相同之处。1879 年到 1880 年之间的冬天,格林在牛津大学做了他那有名的《政治义务原理讲演》,比他的同事弗朗西斯·布拉德雷发表《伦理研究》一书晚 3 年。同布拉德雷相比,格林受康德的影响较多,而受黑格尔的影响则较少。但是,他们却共同创立了牛津唯心主义学派,其中包括伯纳德·鲍桑葵、约翰·米尔黑德和戴维·里奇(他写的《达尔文主义与政治》(1889 年)和《达尔文与黑格尔》(1893 年)把唯心主义思想与生物学思想融合在一

---

① 约·斯·穆勒:《自传》(伦敦,1873 年),1924 年版,第 196 页。
② H. J. 拉斯基为穆勒的《自传》(牛津,1924 年)写的引言。见该书第 10 页。
③ 关于戴西较早时期写的更有权威性的著作《宪法之法的研究导论》(1885 年)一书,其现代编者 E.C.S. 韦德曾说,"历史学家若想正确评价维多利亚女王后期辉格党政治思想的一个重要代表的看法,这部著作的优点是无须推荐的"(同上书,第 9 版,1939 年,第 14 页)。

起）。由于格林对个人自由的意义重新做了非功利主义的阐述，以及他用伦理的和精神的、而不是唯物主义的说法提出了"共同的善"这一概念，从而在当时提出了一个比边沁的学说更令人满意的关于自由改革的政治学说。

在其他国家，特别是在德国和意大利，唯心主义哲学也得到了复兴。诚然，德国的唯心主义与其说得到复兴，不如说没有中断，因为人们从未失去对康德和黑格尔的崇拜，实证主义从未像在法国、甚至意大利那样流行。在伟大的利奥波德·冯·兰克（他在孜孜不倦地进行了60年的历史编纂工作后，于1886年去世）的影响下，威廉·狄尔泰、弗里德里希·迈内克和恩斯特·特勒尔奇等德国思想家，想一方面根据历史的研究，另一方面吸收自然科学的方法和成果，建立一种自成体系的哲学。黑格尔的思想体系非常适合这一宏图，并且与康德哲学结合起来。狄尔泰的《精神科学导言》（1883年）就是以自然科学所研究的自然界与以同样合乎科学但又根本不同于自然科学方法的科学方法所研究的人文界（历史、社会、文化）之间的差异为其基础的。就这种意义来讲，狄尔泰和他的同事对实证主义进行了反击，反对简单地把人等同于动物和把社会等同于自然。社会和文化科学领域内的知识，必须通过某种内在过程，通过生活体验与理解才能得到。就某些方面来说，他们为弗洛伊德心理学和所谓的"非理性主义者"的政治思想铺平了道路。这派思想的成果有马克斯·维贝尔的社会学，就宗教与经济、精神与物质在历史中的相互作用，做了富有独创性的说明。维贝尔的名著《新教伦理与资本主义精神》一书，首先是以论文形式于1904—1905年间发表的。这本书成为20世纪社会思想的伟大的首创性著作之一。有人认为，"在他的同代人当中，维贝尔是唯一能把实证主义与唯心主义之间的鸿沟填平的人"。[1]

在意大利，用柯罗齐的话来说，"马克思的社会主义终于填充了意大利的思想和理想所出现的空白"。这种社会主义一方面同实证主义，另一方面又同唯心主义合流。相比之下，正统的马克思主义倒成了一种极其贫乏的运动。维尔弗雷多·帕雷托的思想以实证主义为基础，把马克思的阶级斗争学说扩大为更加复杂的集团斗争学说；他的

---

[1] 斯图尔特·休斯：《意识与社会》（伦敦，1959年），第335页。

《社会主义制度》（1902年）一书成为反驳马克思主义社会学以及马克思主义经济学的经典著作。柯罗齐本人从1895年到1899年有过一段认真研究马克思主义的奇怪的"插曲"，当时他从意大利唯一重要的马克思主义理论家安东尼奥·拉布里奥拉那里学习马克思主义学说。后来，他又回到他那基本上是唯心主义的历史哲学和美学研究上去。柯罗齐把唯物史观当作他的思想的磨刀石，用它来加强他那早已开始形成的关于历史和历史编纂学的理论。他以马克思主义为武器，打击实证主义，纠正他的唯心主义思想；然后，又随意地加以抛弃。如果我们想找到马克思主义同实证主义和唯心主义之间的相互影响，最明显的例子要算这些年代中的意大利哲学了。

实证主义在法国比在意大利更为流行。但是，法国的实证主义已经失去其早期激进的功利主义阶段所特有的那种乐观主义，这是由于它部分地受到新生物学和法国知识分子中的反教权主义这种更为重要的影响的缘故。它已经成为一种更严峻、更不注重个人和带有更多宿命论色彩的教条。当然，厄内斯特·雷南也还在继续宣传一种温文尔雅、四平八稳的科学观，想把政治思想像伦理学一样建立在一种平静而合理的人生观的基础之上。他那本小书《精神和道德的改革》（1871年）就是有感于当时法国一些骚动事件而写的，并企图找到造成这些事件的永久性力量。1890年，他出版了一本最初在1849年写成的题为《科学的未来》的著作。这是他写的一部最详细地论述用实证主义方法研究历史和社会的书。然而，他那敏锐的、有批判能力的、不爱武断的头脑，甚至对实证主义也抱着怀疑的态度。尽管他拥有许多读者，但是没有什么门徒，只能唱独角戏。

法国实证主义的主要人物是伊波利特·泰纳，他直接师承孔德，生卒年月几乎和雷南完全同时。实证主义所特有的那些教条式的、机械论的、甚至决定论的特点在泰纳身上得到了充分表现。"有关人类的一切事实，不管是肉体的还是道德的，都有其原因，并受法则的支配；因此，一切人类创造——艺术、宗教、哲学、文学以及道德的、政治的或社会的现象，都只不过是那些必须由科学方法来确定的普遍原因所造成的结果。"这是他在1870年写的；[1] 他还进一步揭示在法

---

[1] 伊·泰纳：《论智力》（1870年）。

国历史进程中起过作用的这类普遍原因。他为历史研究树立了严格标准，从而开创了对历史资料更加符合科学方法的研究；他那本大部头的著作《当代法国的起源》（1875—1885年），由于其教条式的结论和带有强烈的民族主义倾向的解释，成了同朱尔·米希勒在该世纪初期已形成的影响相对立的一种保守主义的（但同样是民族主义的）力量。从辞典编纂家埃米尔·利特雷、文学批评家埃米尔·法盖、社会学家埃米尔·涂尔干、社会理论家阿尔弗雷德·雷耶这些人身上看，法国学术界仍然充满着可以称之为实证主义残余的东西。这些思想家有的接受了马克思主义的挑战（如涂尔干），有的接受了达尔文主义的挑战（如富耶）。他们试图用一种适应这些新思想的实证主义重新阐述当代的问题。

在英国，一些受人欢迎的理性主义著作家的观点，以孔德的实证主义为基础，这种实证主义在某种程度上是通过约翰·斯图尔特·穆勒介绍过来的，他在1865年带着某种保留态度写了《奥古斯特·孔德与实证主义》一书，并且在19世纪40年代曾与孔德通信。弗雷德里克·哈里逊、约翰·莫利、莱斯利·斯蒂芬和许多其他撰稿人把《双周评论》办成了维多利亚时代后期自由主义的有力喉舌。可是，正如在法国一样，英国的实证主义这时已经残缺不全，由于去掉了一些机械论的成分和增加了一些唯心主义的成分而发生了很大的变化。在美国，查尔斯·皮尔斯和威廉·詹姆斯的实用主义代表着实证主义向另外一个哲学方向的发展。

基督教思想，不论是新教还是罗马天主教，全都受到了上面说过的各种新思想和新情况的挑战。一方面，教会面对着人们不再重视宗教仪式和信仰，面对着在意大利和德国新兴的民族国家的世俗势力；另一方面，神学则受到新科学以及由于校勘《圣经》而形成的崇拜"现代主义"的势力的挑战。在这段时期，教会与国家之间出现了一系列公开冲突，例如法国宗教人士与反宗教人士关于教育问题的论战，德国的"文化斗争"，以及梵蒂冈与新意大利王国之间的长期不和。这种政治与社会斗争背景加剧了神学中原教旨主义派与现代派之间的争论。在思想领域中，特别是在政治和社会思想方面，两种倾向大有迅速蔓延之势：一种是新教思想中主张"多行善事"的倾向；一种是鼓吹社会天主教和天主教民主主义的倾向。

在新教世界中出现了新的宗教运动。1878年，在英国成立了救世军，19世纪70年代，在美国出现了"基督教科学派"运动。新教信徒开始把更多精力放在人道主义、教育、慈善和社会改革以及（同天主教徒一样）海外传教事业上。除了英国许多早已成立的团体，又出现了许多戒酒运动、少年团、保护儿童和动物的团体以及旨在消除社会贫困的各种运动。新教神学有分为敌对的两派的趋势：一派重新肯定对圣经作原教旨主义的解释，另一派则采取现代主义的方法，将新科学的思想吸收到神学中去，并使他们的信念与之相适应。

罗马教会经历了前后两个阶段。第一个阶段表现为教会对于自由主义和民族主义采取顽强抵抗态度，这是由于它对1870年教皇失去俗权和对梵蒂冈公会议的结果总是耿耿于怀而造成的。1878年，教皇庇护九世的充满骚乱的任职年代告终。这位教皇在1864年颁布了《现在错误学说汇编》，把认为"罗马教皇可以而且应当同'进步'、自由主义和世俗社会当前的发展和谐一致"的看法也包括在应受谴责的思想之内。他的继承人利奥十三世发表了一系列通谕，偏重从正面解释罗马天主教关于国家和社会的学说的含义，特别是《不朽的神》(1885年)、《自由》(1888年) 和《新事物》(1891年)。由于他复活并发展了托马斯主义及其能够把信仰与理智、神学与科学调和一致的特点，从而为"归顺"和适应新形势的政策奠定了神学方面的基础，这一政策使社会天主教的兴起成为可能。教皇虽仍然谴责唯物主义、世俗主义和不可知论；但这时已（有条件地）承认民主主义和自由主义，目的在于将基督教教义注入其中，以反对富有斗争性的民族主义和社会主义这些世俗思想。在《新事物》通谕中，资本家把劳动力当作商品来剥削的现象，同马克思的阶级斗争学说受到同样严厉的谴责。国家有权力和责任鼓励成立自由的工人协会，并以立法手段反对经济压迫和社会贫困。

在教皇的鼓励下，大多数西欧国家都成立了天主教工会。这些工会，凭借自己的工人阶级产业组织，同社会主义和工团主义运动分庭抗礼。一些组织严密、即便往往人数不多的政党，以社会天主教思想为基础，也在同自由主义的和社会主义的政党抗衡。这样，教会承认现有制度是进行政治活动的正当手段。这些发展产生了许多富有建设性的社会思想。在法国，在蒙塔朗贝尔和拉梅耐早已开拓的基础上，像在《垄沟》杂志上发表文章的马克·桑尼埃以及阿尔贝·德·门和勒内·德·拉图尔·杜班等人都设法把利奥十三世宣布的"归顺"政策,①既当作一种政治力量,又当作一种精神的和思想的现实。在教皇庇护十世于1903年即位以后,教会与国家的关系又趋恶化,在法国尤其如此。但是,天主教民主主义的理论和运动却得以延续下来,后来到20世纪又取得成效。

在德国,社会天主教思想在早先就由阿道尔夫·柯尔平和冯·凯特勒主教做过阐述,到1870年建立了一个公开声明其宗教信仰的中央党。这个党由于经受了德国文化斗争的风暴而大大加强,并得到广泛的支持,制定了一整套建设性的社会改革纲领。在奥匈帝国,基督教社会主义强有力的鼓吹者是卡尔·冯·福格耳臧男爵,而维也纳的那位令人敬畏的卡尔·卢格则以基督教的名义对社会主义和资本主义,马克思主义者和犹太人进行了同样猛烈的攻击。在奥地利,主要由格奥尔格·冯·舍纳雷尔鼓动的泛德意志民族主义,也具有强烈的反犹性质;而意味深长的是,犹太复国主义运动正是由奥地利犹太人发起的。1896年,泰奥多尔·赫茨尔出版了他的《犹太国家》一书,翌年,他就创立了"犹太复国运动大会"。各种宗教和种族力量之间的冲突似乎就是奥地利政治的关键所在,这至少是1909年住在维也纳简陋的小客栈里的一个穷困潦倒的年轻人的印象。阿道夫·希特勒在《我的奋斗》一书中讲到舍纳雷尔、卢格和赫茨尔的思想给他留下的深刻印象,并说他越来越相信"关于犹太人的知识是了解社会民主主义的本质,因而也是了解其真正目标的唯一钥匙"。同其他已经提到的种族主义者一样,希特勒也是用赤裸裸的达尔文主义的字眼来看待政治斗争的。"斗争的观念同生命一样久远,因为生命的保存全靠其他生物在斗争中的灭亡。……在这种斗争中,强者、能者获胜,而弱者、愚者失败。"②

19世纪最后30年的思想大动荡所产生的全部后果,其性质和意义是多方面的。但这却是20世纪的伟大播种时期。唯物主义哲学由于有了马克思主义和达尔文主义这样强有力的生力军,更加风靡一时

---

① 罗马教皇利奥十三世要求法国天主教徒归顺第三共和国的政策。——译者
② 1928年2月5日希特勒在库姆巴赫的演讲,引自A.布洛克:《希特勒:暴政的研究》(伦敦,1952年),第31页。

而且深入人心。1870年以前在西方政治思想中盛极一时的功利主义和实证主义,也受这种哲学的影响。另一方面,唯心主义和基督教哲学则想方设法吸收很多科学和社会学的思想,而未向唯物主义屈服。20世纪最大的经济学家约翰·梅纳德·凯恩斯在同时反对功利主义和马克思主义中,为其人道自由主义找到了哲学根据。凯恩斯在写到本世纪初他在剑桥大学时那批志同道合的人时说:"在我们这一代人当中,我们是最早的也许是仅有的能够背离边沁传统的人。……此外,正是由于这种背离,加上我们哲学上坚定的个人主义,我们大家才得以免受边沁主义的决定性否证即马克思主义的侵害。"①

这种思想动荡本身比政治哲学家们的直接影响更为重要。它带来两种具有重大意义的新倾向。其一是人们认识到,人的社会行为受非理性的、下意识冲动的影响;其二是人们相信,"直接行动",或者说有组织的暴力行动,作为推动社会政治变化的手段,具有一定效能。把前一种倾向同尼采的哲学等同起来,把后一种倾向同索列尔的哲学等同起来,都不完全符合实际情况。从西格蒙德·弗洛伊德(他的《释梦》出版于1899年)的发现中,从威廉·詹姆斯的实用主义中,或从沙尔·莫拉斯和"法兰西行动"② 所表现的那种实证主义与反理智的种族主义的独特混合体中也都找不到这两种倾向的完整的说明。实际上,那些日后利用非理性主义的伟大人物和行动主义的实践家们都是在这些年月里臻于成熟的。列宁生于1870年,斯大林生于1879年,墨索里尼生于1883年,希特勒生于1889年。但是,作为影响他们思想形成的力量,当时的思想环境与当时的各种暴力和非理性的运动是分不开的。美西战争和南非战争,法国德雷福斯案件引起的动荡和1905年的俄国革命,大众新闻和国际外交活动所起的激动人心的作用,所有这些都形成一种黯淡的背景,无疑在向哲学上的理性主义和享乐主义的正当性提出挑战。一种全新的思想和行动倾向——一种新的信仰,在20世纪初逐渐占了上风。

在思想和行动上,新时代的先驱是列宁,他的小册子《怎么办?》(1902年)可以同时看作前一代政治哲学的尾声和下一代政治

---

① 约·梅·凯恩斯:《两篇回忆录》(伦敦,1949年),第96—97页。
② "法兰西行动",1898年在法国成立的鼓吹以暴力推翻第三共和国的保王派组织,先后易名"法兰西行动委员会"和"法兰西行动联盟"。莫拉斯为创始人和主要领导者之一。——译者

行动的前奏。它不仅包括布尔什维主义，而且包括所有一党专政制度的基本思想。他认为："没有革命的理论，就不会有革命的运动"；"政治活动有自己的逻辑，而不管那些号召采取恐怖手段或者号召赋予经济斗争本身以政治性质的人怀有怎样善良的愿望。"政治行动成功的先决条件在于有"由最可靠、最有经验、经过最多的锻炼的工人组成一种人数不多的紧密团结的核心，它在各主要区域都有自己的代表，并且按照严格的秘密工作的种种规则同革命家组织发生联系"。[①] 当1903年以后他着手建立这样一种组织并领导它走向胜利时，政治进入了一个新的纪元。

（张金言　译）

[①] 以上引文见《列宁选集》（人民出版社1975年版）第1卷，第241、290、329—330页。——译者

第 五 章
文　　学

　　19世纪后期的文学表现出明显的颓废迹象。所谓颓废是指文艺复兴以来的文学传统颓废了。在文艺复兴时期，关于文学作品的基本风格、表现世界与正确描绘人生经历的常用手法都重新做了规定。这个传统主要是以这样一个信念作为基础的，即艺术的想象能真实地反映自然；后来在主题和表现方法上虽有各种变化，但这一信念却持续未变。现实主义和浪漫主义之间的巨大区别，使得19世纪初期的文学产生了各种主要变化，但仍然没有打破这个传统。相反地，它丰富了这个传统，使人们更敏锐地感到诗所反映的世界与散文反映的世界之间是有差别的，而且表明人们更充分地认识到在思想感情方面完全主观的探索所起的作用是很有趣的。这时人们仍然相信艺术有能力反映这些更为丰富的各种可能性所具有的真实含义和形式。然而，到了19世纪末，人们对于凭想象来发现事物的"真实"状况并认识事物的意义是否可靠，也就是是否负责，产生了严重的怀疑。看来几乎可以用任何方法写任何事物，可以欣赏简直是无数的观点，但是在文学范围内和自由方面所取得的成就却同时带来了一项损失——即丧失了创作上对人的真正形象和地位的肯定。在这一时期涌现出来的使人眼花缭乱的各式各样的风格和流派中，只可能找出一个共同特点：寻求一种可靠的表现形式。这种表现形式在于科学的准确性呢，还是纯粹的想象？在于道义上的判断，还是玩世不恭的超然态度呢？在于健全的思想，还是美妙动听的言辞呢？这是当时提出的一部分问题，而即便是这些问题的答案，也带有不确定的味道。正是这种不确定性使得后世的读者感到，这一时期许多作品的风格和形式、语言和思想之中有某些不完全是"健全的东西"，有某些矫揉造作和偏重理智的东西：所有这些描述都与艺术中的"世纪末"一词有联系。19世纪最后几十年中，有各式各样的很有思想内容的作品，其中许多作品的危险就在于显得过时。如果只有思想，而不完全相信想象力，因而也不与实际经验融为一体，那么，不论这种思想本身多么光辉，它也始终要归于失败。

纵观维多利亚后期的文坛，亨利·詹姆斯（1843—1916年）无愧于他所占有的头等重要地位。他作为一个寻求一种传统的美国人到欧洲来，但是他虽然学到了这一传统后期的各种细腻的表现手法，而且有时表现出对美学的过于微妙的悟性，却从来没有失去自己固有的精神活力。这些特点在他的同时代的作家身上，开始显得往往是互相排斥的，但他却以罕见的才能把这些特点结合起来。因而产生了《贵妇人画像》（1881年）和《使节》（1903年）这样的杰作。詹姆斯深知问题的所在，从中找到了他的主题：艺术和他通常所说的对丰富古老文化的"更细致的感受"二者不能摆脱道德败坏和邪恶。热恋、崇拜、求知，这些就要经受痛苦折磨，而占有就意味着悲剧：这就是詹姆斯那些毫无实质情节的、描写继承遗产、认识事物和自我克制的故事所具有的纯精神结构。他写的悲惨故事不同于寻常的一类：斗争总是在不同的看法、不同的道德准则之间进行的，被杀害的不是人，而是人的灵魂。他的作品中很少直接接触到暴力，不论是行动上的或是感情上的均属少见，就连具体的场景似乎也越来越失去重要性了。《鸽翼》（1902年）和《金碗》（1904年）的实际"题材"几乎可以说，只不过是对意识的精心运用而已，对于人物本身的描写几乎被变成对内在联系的研究，而且主要是对抽象联系的研究。然而，这一异乎寻常的创作手法的目的是很清楚的；全凭精神之美来弥补人间的邪恶。詹姆斯后期作品中的所有女主人公，从《波英顿的珍藏品》（1897年）中的弗莱达·魏契开始，以至《梅瑟知道的事情》（1897年）中那个令人惊异的小女孩，都有"纠正错误"的本领；她们的爱超越了狡诈、失败与死亡。这些故事的寓意，如果不是有关精湛艺术的真谛，则可能被认为带有基督教色彩，而詹姆斯认为只有精湛的艺术才能"构成生活、引起兴趣、具有重要性"，结果他最后几部小说的成就在一定程度上好比在不可言状的灾难面前提出的冠冕堂皇的托词,仿佛"承认就要引起雪崩",因而"几乎在任何方面,对于具体的东西都完全加以禁止"。然而,这一批评对于他早期创作的小说却是不大适用的,如《美国人》(1877年),《卡萨玛西玛公主》(1886年),《贵妇人画像》,在这些小说中,邪恶势力最后确实挣脱出来,尽管它只是在如同惩恶扬善的通俗剧的情节中出现。詹姆斯认为这些作品的风格极不完美,但是它们对有关颓废倾向的一些问题所做的比较直观地说明,在一个对于具有"美好形式"的外表缺乏信心的时代中,也许是更可取的。

托马斯·哈代(1840—1928年)在小说的创作技巧方面与詹姆斯相比,站在另一个相反的极端。他的风格比较朴素,以农村为背景,他塑造的最成功的人物是朴实的乡下人,他写的悲剧是现实的。他的突出的才能在于辨识戏剧性的时机,他所描写的情景足以使他能够和伊丽莎白时代的剧作家相媲美。然而,他的这种才能也为他招致了批评,因为他不能确定如何使用这种才能,也无法断定它的含意。哈代知道纯粹现实主义的小说家所面临的危险:"一个故事必须有讲述的价值,而生活的一大部分是根本不值得讲述的。"因此,他提出的论点是,艺术就在于它与现实的不相对称。他虚构了一些不大可信的情节或场面,显示出了他在这一方面的才能。《一双蓝眼睛》(1873年)这部作品中就有最不可思议的例子。但是他这种习惯做法自始至终贯穿在他的全部作品之中,而且产生了许多极好的效果。这也是他所有最优秀的短篇小说获得成功的秘诀。例如载于《韦塞克斯故事集》的《三个陌生人》(1888年)就是如此。然而,哈代不仅用这一技巧使永恒的人间悲喜剧获得新的生命,而且也用这一技巧来对它们做了新的解释。他想建立一套关于偶然事件和不幸遭遇的理论,这就使他塑造的人物不必负全部责任。他这样做,对他塑造的人物是不利的,在一定程度上,甚至对他自己作为塑造者来说,也是不利的,因为对一切文学作品的兴趣来源于在纷纭的事物中看出个人的命运的能力,并抓住一个人的生活中能够形成他的独特的故事的那些特点。哈代的哲学思想远不如他所塑造的人物那样有说服力,他的人物把偶然遭遇的不幸变为自己的可怕的命运。哈代只是想到宇宙基本上是混乱的,毫无意义的,而他的想象力却自然地感到,在鼓舞他写作的所有那些不寻常的事情和惊人的场面之中,存在着戏剧性事件和表明重要意义的某种强烈启示。这个意义究竟是什么，可能无法在理论上加以说明，因为它几乎不能和他本能地感到值得讲述的各种细节分开：富有抒情味的优美境界和田园诗般的美妙情景（比如在《绿荫下》〔1872年〕和《号兵长》〔1880年〕中可以看到），神话的神奇色彩和悲剧的恐怖性（见《还乡》〔1878年〕和《卡斯特桥市长》〔1886年〕这两本最好的小说），神奇的力量和无穷的蠢事（见之于《远离尘嚣》〔1874年〕和《林中之人》〔1887年〕）。缺少的只是一样东西，那就是整个作品最后的一致性。哈代的诗人眼光受到了作为散文家的洞察力的影响，这一缺点破坏了他的风格，这在他的诗作《韦塞克斯诗集》（1898年）中表现得尤为明显。他的诗，大部分是在他放弃小说创作以后写的，因此不属于这一时期。他可能确实感到美和快乐之中都掺杂着残酷与忧伤，感到他所热爱的自然界没有怜悯，是冷漠的；这一切都是非常明显而且真实的，然而由于他的陈腐的不满之词和一番理论上的评论，因而失去了智慧上的纯朴。他的"现代的"思想，在《德伯家的苔丝》（1891年）和《无名的裘德》（1896年）发表的时候，招来了非议。他的这些思想原本是为了使人们避免遭受痛苦的，但是书中的男女主人公以高尚的精神忍受痛苦，相形之下，他的思想只不过是索然寡味的老生常谈罢了。

希望文学能起规劝的作用，这种想法对于乔治·梅瑞狄斯（1828—1909年）的作品来说，不能算是一种缺点。这始终是他的灵感的源泉。他取得成功是缓慢的，但是随着《包尚的事业》（1876年），《利己主义者》（1879年）和《十字路口的黛安娜》（1885年）的发表，他也成为英国小说界中一位知名的作家了。确切地说，他的长处不在善于讲故事，社会现实主义或朴实的"人物塑造"等传统的优点，他在这些方面并不擅长，而在于他把小说从哲学的角度，以分析的方法加以运用而产生的价值。在一篇题为《论喜剧》（1877年）的著名文章中，他明确地指出："喜剧的精神"可以纠正人世间的各种错误。这一概念是从戏剧引申而来的，而且和戏剧本身有同样悠久的历史，但在梅瑞狄斯的人生哲学中却具有新的重要意义。这就是以常识为基础的一种理论，但其特殊之处主要在于它采取一种玄妙深奥地宣扬哲理的形式，这也正是梅瑞狄斯特有的风格。过多地宣扬精神节制，以那样复杂的语言来分析普通事物，在这方面没有能超过梅瑞狄斯的诗文的了。他的理想是超出自我而能看到生活的本来面貌，然而他的著作却充满了理性上的自负和烦琐的自我反省，这是众所周知的。这种自相矛盾的情况是梅瑞狄斯的作品的实质内容，它不能通过更加透彻地阐明他的思想来加以解释，而是需要了解这种思维对他来说意味着什么。思维好比是一种智力竞技：一项人为的活动中表现出的真正的技能，为了精神的健美而拼命练习一些不必要的困难动作。因此，举例来说，梅瑞狄斯可以声称，即使一个人并不信神，祈祷对他的心理也是有益的。梅瑞狄斯的风格鲜明地表现出活力；它时而富于哲理，时而充满警句，时而又抒情写意；它把喜剧、传奇、悲剧、讽刺作品结合在一起；不过，它不能令人十分信服地说明他采取的任何一种形式就完全是这种形式，或者是完全必要的，是作品的主题所必须采取的形式。梅瑞狄斯在这里已经接触到20世纪艺术方面的一个主要问题，即真实性问题，也正是因为这个缘故，人们称他为现代作家。但是他以他自己的那个时代比较乐观的精神来解释这个问题，认为一个完整的传统的语言和思想现在全部可以用来为最纯粹的智力游戏服务，这样他实际上就成了庄重文体的有名的倡导者。因此，他的进步的理论变得高雅、尊贵，甚至适合于维多利亚时代的仕女，他对上层社会的讽刺像阔人喝酒聊天一样不会造成危害。他抨击人们的自私自利的心理和未能实现的虚荣心支配人们的生活，然而只不过使得人们更加相信，自己是能够掌握自己的命运和世界的命运的。梅瑞狄斯支持妇女的解放事业，这个主题反复出现于他晚期的全部作品，如《一个征服我们的人》（1891年），《奥芒勋爵和他的阿民塔》（1894年），《一桩惊人的婚事》（1895年）。他的主张，不是在政治方面，而是在心理方面；即他认为迫使妇女具有不同的思想和行为标准，这是男人为了夸耀他们自己的浪漫情趣而设计的温情主义的发明。这个问题是当时的一个中心问题，似乎可能损害社会上以及文学作品中许多传统的道德准则。然而，梅瑞狄斯对这个问题的处理，却只是有些人为地把浪漫故事与心理描写混合在一起。他维护才子佳人原有的一切好处，同时却造成一种令人满意的假象，好像他在把"性"的关系从一切虚伪的偏见和习俗之中解放出来。

这一时期的其他小说家没有一个堪称英国的"大文豪"。许多小说家，如马克·拉瑟福德（1831—1913年）和汉弗莱·华德夫人

（1851—1920年），可能会被人们遗忘；而迅速涌现出来的大批才华较为逊色的作家，现在恐怕也只能作为一种历史现象而引起人们的兴趣。当时，越来越多的明智人士把他们的问题和经历写成"文学作品"，以便使之具有意义，并得到承认。对于各种精神活动的能力来说，传统的生活方式和思想方法已无法容纳或满足其要求，而小说似乎特别为这种能力提供了出路。因此，从西格蒙德·弗洛伊德（1856—1939年）的心理学中可以看出，虚构的作品是为了补偿作者在现实生活中无法得到的满足，这也就不足为怪了。在塞缪尔·巴特勒（1835—1902年）身上肯定显示出一个幻想破灭的神学家的影子，在乔治·吉辛（1857—1903年）身上也肯定有怀才不遇的文人的痕迹。斯蒂文生（1850—1894年）的著名的探险故事好像儿童寻找刺激的愿望在幻梦中得到了实现，甚至约瑟夫·康拉德（1857—1924年）唯恐昔日海上的英雄业绩失传，因而就像从遥远偏僻的地方带回的宝藏一样，把他所知道的传闻轶事写了下来。从巴特勒关于"乌有乡"的两部小说（1872和1901年）的鲜明的讽刺，到康拉德的《吉姆勋爵》（1900年）的阴郁的悲剧，无不使读者感到传统的一套生活方式和观点都是虚假的。但是，究竟什么才是真实的呢，读者仍然没有被说服，或者仍然是不清楚的。真实似乎就在于能够逃避残暴的信念和虚伪的保证——这正是巴特勒的《众生之路》（1903年）的主题；这也就是康拉德对险恶的神秘事务所进行的惊险的探索，而不问它的最后"意义"是多么不可捉摸；实际上，真实寓于一种新型的文学创作自由之中。

"为艺术而艺术"的理论，就是这一时期最独特的一项创见。这一理论最初起源于观赏艺术，它也使文学摆脱了它对于道德、宗教或哲学关于真实的看法所应负的责任。人们没有必要相信，更没有必要宣扬艺术中的这些观点，只要感觉美就行了。至于这种美是否"真实"，那是无关紧要的，因为一切都取决于艺术家感受美的能力。这种理论的重要性，必须联系到当时的背景来加以判断，当时神学对宇宙的解释和科学对宇宙的解释正僵持不下。在19世纪所有争论中，以这次争论最为有名。牛津大学是一个中心。它形成了一条普遍坚固的阵线，既反对唯物论者，也反对不可知论者。在这里看到了"精神"的事业能够取得明显进展的唯一基础：即通过基督教与希腊文化的结合,通过伟大的文学作品的保证使日益衰落的信仰得以复兴,这正是马修·阿诺德孜孜以求的,也是约翰·罗斯金在绘画和建筑方面热心的再探索所加强的,而且也集中表现在沃尔特·佩特(1839—1894年)的作品中。他的《文艺复兴史研究》(1873年)和富有哲理的传奇《贪吃的马理斯》(1885年)是这一时期极有影响的两本书。他的渊博精深的文风本身就是一篇完美的文章,反映出他"改进一切对内对外直觉途径"的理想,而且努力"达到预卜我们的实际经验——如果我们愿意,也可以使之成为'幸福的预卜'"。这是最后一次以浪漫主义的手法把天才加以神化,预示着美学对怀疑的胜利。人生可能只不过是一种毫无意义的、永无休止的变迁,而瞬息间的美却可以在艺术中得到永生;甚至世界上已被唾弃的概念在诗中都是长期有意义的。史文朋说得好(《黎明前的诗歌》〔1871年〕):

光荣归于至高无上的人!因为人是万物的主宰。

佩特的思想在同时代的许多作家的作品中可以听到共鸣。康拉德在《纳西索斯的黑人》(1898年)这部作品的序言中使用的语言就有惊人的相似之处。甚至吉辛也说"人的生活只有作为艺术材料才有意义"。吉辛的极端现实主义使他坚持"按原样"描写《德谟斯》(1886年)、《阴间》(1889年)或《新格罗布街》(1891年)所包含的种种丑陋与平凡的东西,这种极端现实主义与更明显的唯美主义者,如乔治·摩尔(1852—1933年)和奥斯卡·王尔德(1854—1900年)直接从佩特学来的对美与才华的崇拜,有着意想不到的密切关系。这两种倾向是相关的,因为它们都试图把生活中或多或少暧昧地摒弃了人们公认的真、善、美概念的那些方面,看作纯粹的艺术。这就是为什么英国人对法国文学引以为自豪的伤风败俗的行为倾倒,而道德败坏据说正是可以保证其美的纯正性的标志。然而,在英国是没有人能和福楼拜、龚古尔兄弟、于伊斯芒斯、莫泊桑相比的。吉辛的作品既不是采取讥讽的超然态度,风格方面也不过分雕琢。他的作品在道德方面是令人沮丧的,因为他的风格不是压制而是纵容自己感情上的苦恼。史文朋在《咏别》(载于《诗歌与民谣》1866/1878/1889年)这部作品中欢呼波德莱尔为兄弟,然而,相形之下他却显得肤浅：他所鼓吹的诗歌应不拘一格而且具有反抗精神，这与其说出于真实的体验，不如说有点追求修辞效果的味道。摩尔在《一个年轻人的自白》（1888年）中所分析的青年人的放纵行为和模仿外国的做法，是故意的矫揉造作；他的《艾斯特·华特》（1894年）引起了一场小小的丑闻，然而，此书内容涉及了一些被视为禁区的主题，这一点现在却不如其对传统道德的同情那样显得突出。甚至王尔德的名声不佳的《道林·格雷的画像》（1891年），尽管有显示其才华的变态思想，但仍算是第二流的小说。另一方面，他最令人感动的散文《惨痛的呼声》（1895年入狱后写的），记录了他在美学方面的冒险做法的悲惨结局，表明实际上他已放弃了这种做法。这一年，《黄皮书》（1894—1897年）出版了最后一期，这是一本以书的形式出版的期刊，它集中体现了一种追求耸人听闻的情节的次要风尚。《卷心菜》（1896年）更加公开地宣扬为艺术而艺术的理论，只维持了8个月。到了1902年，亨利·詹姆斯显然是认为唯美主义已经成为陈迹，却把它比作"来自海外的味道很浓的奇异水果"，它永远不会适合英国人的胃口。

王尔德最富有异国情调的作品《莎乐美》，最初也异乎寻常地用法文写成。这个剧在伦敦被禁演，后来在巴黎出版并上演（1893—1896年）。王尔德的社会喜剧证明是更容易被接受的。《温德美尔夫人的扇子》（1892年）和《理想的丈夫》（1894年）中关于道德败坏的暗示可以被看作不过是一个假想的传统世界里有趣的俏皮话。王尔德的杰作是《名叫欧纳斯特的重要性》（1895年）。作者的机智主要依靠颠倒是非的推理，而这个剧本则成功地把这种推理恰好变成不会招致批评的富有灵感的胡说；有趣的地方就在于看到究竟有多少与喜剧格格不入的正常情况在新的环境中产生了喜剧的效果。

这可能是英国公众知道如何就艺术本身的价值来欣赏艺术的唯一领域，因为他们在童年时代已读过爱德华·里尔（1812—1888年）和路易斯·凯洛尔（1832—1898年）的作品，而长大以后，又把吉尔伯特和沙立文的滑稽歌剧作为正统来接受。吉尔伯特（1836—1911年）善于讽刺，然而，除了有名的歌剧从《由陪审员审判》（1875年）到《大公》（1896年）之外，他的那些非喜剧性的剧本，尤其不公道的是《巴布歌谣》（1869—1873年），现在都已被人遗忘了。

在上述有名的歌剧中，他通过音乐和哑剧，把讽刺转化为无害的笑料。他幽默地嘲弄英国人的习俗和特性，不久就成了歌颂喜爱这些习俗特性的爱国热情的一种方式。比较年轻的讽刺剧作家萧伯纳（1856—1950年）把自己的幽默用来达到更加严肃的目的。他的嘲笑军人的喜剧《武器与人》（1894年）所包含的思想内容是《英轮"皮纳福"号》（1878年）之类的作品所没有的。因为萧伯纳自称对社会问题采取激进的态度，这一方面是因为他虽然不是始终如一，却是赞成西德尼·维伯的政治观点的，并曾为他编辑了《费边社会主义论丛》（1889年），另一方面也是因为他希望在这些社会问题之中能找到他在《易卜生主义精华》（1891年）一书中所说的近代戏剧复兴的基础。虽然他的大部分作品不属于这一时期，但是，他的《愉快的戏剧和不愉快的戏剧》（1898年）和《为清教徒写的三个戏剧》（1901年）相当充分地表现了近代戏剧复兴的基础和规模。这些作品显然不是以易卜生的戏剧中那种富有想象力的材料构成的。萧伯纳作为19世纪90年代的知识分子，有自己的特色，他的机智是在时兴的反论流派中训练出来的，而在这一方面王尔德和马克斯·比尔博姆是最擅长的。他是一个有经验的音乐评论家和文学批评家，他希望艺术"能够发展并提高我们的感觉和官能，直到视、听、触、嗅、味对我们来说都变成高度自觉的、带有判断力的行为，强烈地抵制丑陋的形象、嘈杂的声音、刺耳的语言、龌龊的衣着和污浊的空气"。这听起来又像是佩特的话了，它被当作一个社会改良计划而提出来了。评论萧伯纳的人们必然会对他把艺术用来实现伦理目的提出疑问，他们一致的反对意见就是："他的想法是好的，但是他写的人物和情节是不自然的。"事实上，当萧伯纳从激进的思想中找到真正的可能性来创造戏剧性的对话和喜剧场面的时候，他的天才才充分地显示出来；更确切地说，正是思想在这个过程中变得不自然了，而他的戏剧，因为具有为了艺术、为了取得文学效果和显示聪明才智等伦理目的，所以才是最成问题的。

与这一时期艺术上偏重理智的倾向相对比，必须提出明显地崇拜帝国和丈夫气概的一些例子。这种例子在拉迪亚德·吉卜林（1865—1936年）的作品中，或者在人们几乎忘却的威廉·亨雷（1849—1903年）的作品中，就可以看到。吉卜林的《兵营谣曲》（1892年）

和《七大洋》（1896年），人们不予重视，认为不过是"歌谣"。但是，他努力挽救抒情的主题和语言，使之脱离对许多维多利亚时代的诗人颇有吸引力的、充满虚饰浮夸的浪漫主义的幻想世界，在这过程中，他即使没有写出多少重要的诗篇，却触及了诗的一个重要问题。吉卜林的解决办法是使用方言和俗语，坚持使用实有其地和实有其事的传奇故事，他还特别提倡要意识到社会性和人们的共同经历，这种认识自从18世纪以来已逐渐从诗中消失。从他的短篇小说《山中轶事》（1888年），《三个士兵》（1888年）等可以看出，他不长于细致地描写性格，而善于叙述故事，他在印度曾亲身经历过一些惊心动魄的场面，因为英国人在印度要经受现实生活基本的一课，而在其文明日渐衰落的祖国，他们就可以避免这一课。吉卜林既是自由派的天然敌人，也是唯美主义者的天然敌人。不幸的是，他不如他们有头脑，而且毫无批判地把自己和帝国的成就的一些无法辩护的方面联系在一起。他既没有萧伯纳的才气，也没有威尔斯（1866—1946年）的独创性。然而他意识到事物持久的规律，要认识这一规律，只有好奇心和勇敢才是唯一的关键。大概正是由于这个原因，他的作品虽然大都并不深刻，而且有时味同嚼蜡，但似乎比他们的作品更接近于诗的传统源泉。

恢复具有充分表达力的语言的源泉，也就是说，重新掌握那些能表达具有重大意义的事物、本身也具有重大意义的词汇，这就是诗的传统在将来的中心任务。杰勒德·曼利·霍普金斯（1844—1889年）和威廉·巴特勒·叶芝（1865—1939年）肯定都是受了它的影响的。无论他们的成就是代表着一个新的开端，还是一场最后的实验，他们仍被看作英国近代最伟大的诗人。霍普金斯的简短的作品，大约1400行诗句，直到1918年才发表，而叶芝早期的集子，如《十字路口》（1889年），《玫瑰花》（1893年），《风吹芦苇》（1899年），使人不大能看出他后来在成名作《塔》（1928年）中所取得的成就。然而，在这里稍稍探讨一下他们的风格还是必要的，因为他们的风格与19世纪下半叶欧洲普遍开始出现的诗歌运动有密切的联系，这在霍普金斯就表现得更为突出，因为他没有受外国的影响。这一运动虽然不如前一时期的"浪漫主义"运动那样明确，却同样广泛。称它为"象征主义"只是指它的主要特点，而不是指它的公认的名称。

它的各种形式具有的共同特点是放松了对使用比喻的限制。根据传统，诗中的形象必须完全服从于含义，象征主义的出现是由于不相信和不完全遵守这种传统的规则。在近代诗中，一个象征究竟"意味"着什么，往往不予说明，也许永远是很不清楚的。在极端的例子中，它甚至仿佛是无关紧要的。因为摆脱了通常的思想环境，所以，思想中的形象和言语的声音就在新的艺术环境中显得很突出。因此，霍普金斯曾试图使用各种奇异的句法，而叶芝则使用许多深奥的思想，而且往往不予解释。

因为象征主义作家的目的是提高诗的表现手法的地位，他就不采用漫谈或叙事的风格，这种风格，正如叶芝所说，产生了他早期的诗篇中的"装饰性的风景和静物"。这个说法也可以用来形容霍普金斯的不成熟的风格残存的情况。事实上，象征主义作家都不满足于就某一事物进行写作。如果只是以激昂慷慨的语言就某个题目来表达思想感情，他担心这只会导致辞藻的堆砌，而这种因袭的做法，现在就像绘画中的现实主义一样不为人们所接受。对叶芝来说，诗的语言必须起到类似宗教的作用，但其含义却与传道相反。伟大的诗篇就像一座"教堂，其中只有祭坛，而没有布道坛"，因为它歌颂奥理玄义，与之相比，道德上的评论是肤浅的。这就是为什么叶芝对于凯尔特族的神话，神秘的象征，"空想"的作品以及历史上的启示性运动都感兴趣。这些主题大都还需要以散文来阐明；诗篇力图以某种形式来表现或唤起这些主题，仿佛诗的语言本身在宗教仪式中起一定的作用。这就是为什么叶芝如此崇拜曾"宣布艺术是一种宗教"的布莱克，为什么在他回顾斯宾塞时代（当时"大地还是神圣的，可以起庇护作用"）时，他如此痛切地感到诗已经失去了这种神圣庇护的意义。霍普金斯确实成为一个耶稣会牧师，这个决定起初使他不得不放弃写作，因为他认为写作完全不符合虔诚和神圣礼拜的要求。当最后他以写作《德意志的毁灭》（1876年）作为一个新的开端时，他创作了他的最优秀、最独特的作品，在这部作品中，他以极大的力量给那种由于被用于世俗目的和亵渎神灵的传统而变得陈腐的语言注入他强烈的信念，从而使写作成为一种赞美行为。

"象征主义"作为一个文学名词产生于法国。让·莫雷阿斯（1856—1910年）于1885年首先提出。虽然当时只有一些不大有名的诗人公开宣称属于这一流派,但从那时以来,人们认为它包括阿尔图尔·兰波(1854—1891年)、斯特凡·马拉美(1842—1898年)和保罗·魏尔伦(1844—1896年)的作品。兰波的创作活动只有3年多的时间。1870年当时还是一个中学生的时候,他就写出了最初的诗篇,显示出空前未有的早慧,表明自己能够掌握19世纪法国诗坛的一切成就,并与之媲美,在气势上甚至可以与波德莱尔争雄,在技巧上又可与戈蒂埃匹敌。他的《灵感》一书是1886年他已放弃写作后才由魏尔伦为他出版的。这本书探讨了象征主义仍然可能取得的成就会有什么限度。他的诗集确实可以被看作一部关于近代诗人思想的象征派的历史。这种思想最突出地表现在那部奇特而阴郁的题名为《地狱中的一季》(1873年)的作品中。它记录了近代诗人思想的最后绝望的情绪。诗的形象是从灵魂的哪一部分产生的呢?难道语言具有产生任何体验的神奇力量吗?难道语言是产生幻觉的开端吗?这就是兰波进行探索的问题,但他不是从哲学的角度来探索,而是通过与所能想象到的思想感情方面的一切可能性所进行的实验,甚至有步骤地打乱自己正常的感官以求"达到未知的境界"。他认为通过"语言的炼金术",可以从精神错乱中产生诗篇,在这种思想的诱惑下,他有时似乎使自己与现实世界完全隔绝,有时则又充分意识到物质的事物。他把当时在对事物感知的两个极端做法,即把完全是思想产物的诗歌与诗歌厌恶和否定的现实主义结合起来。他看到奇异的美的幻象,却觉得自己是在地狱之中,而且知道"撒旦……希望作家不要有描写或教诲的才能"。这位象征派大师的数量不多的作品被笼罩在一种遭受可怕谴责的阴影;他想用诗歌的光辉来改造宇宙,使之超脱善与恶,而几乎一下子就使宇宙失去了任何确定的意义。

相形之下,马拉美就黯然失色了。他的诗作不多,但也同样晦涩,然而他的诗歌不是靠诗兴勃发的灵感写成的。许多迹象细致地表明,他在思想上经过精雕细镂近40年之久。他在散文中,如《文选》(1891年)、《音乐与文学》(1894年)、《乱弹集》(1897年),以及偶尔在某些诗句中,都表达了他把音乐当作运用文字的最后秘诀的这一理想,同时把他古怪地称作唯一的另一提法为幻想。这另一提法是"主张语言应包含物质的现实事物"。这就重复了一场古代的哲学辩论,在这种辩论中,一位象征主义的诗人现在对现实主义重新展开攻击，他采取的立场是坚持一种标榜高超微妙的心理描写的艺术观。在诗里，一句话之所以真实，在于它有所启示，它有能力造成梦境般的情景，它的节奏给人以感情上的满足，它可以人为地刺激人们的想象力。据说，其结果就是某种纯粹的精神享受，像音乐那样远离现实。然而，仅仅单纯地脱离一般的体验，并不就是衡量艺术伟大的标准，而感情也不因为是来自精神，而非"现实"，就一定纯洁，这一点马拉美可能已在兰波的例子中看到，甚至在瓦格纳的音乐中听到，他的《致意》就是为瓦格纳而写的。他的诗歌实际的成就是把抽象观念与声色欲望融为一体，在这种状况中，几乎是毫无意义的形象对神经产生了刺激作用，而模糊不清的思想片断与混乱的愿望结合在一起。《牧神的午后》（1876年）和《海洛狄亚德》（1899年）多少可以明显地看出是色情的幻想。后一作品以自我陶醉的处女生活为主题，使马拉美一生都受它的困扰。这两篇著作同样妄想把真正的感情提炼为"纯粹的"美的感受。《骰子一掷永远取消不了偶然》（1897年）既不是散文，也不是诗歌，这篇作品只是把一些词组毫无规律地排列在纸上，留出空白，以表现马拉美唯一"真实的"体验：对字的理解的体验。对他来说，完美的词语，或者可以说神奇的字，是在尚未形成完整句子的时候就出现了，而且可能永远不会产生通过理性可以理解的主题。传统的概念是只有某种前后一致的整体才谈得上美，才有意义，这样的概念在马拉美看来几乎已不存在，因为萦绕在他思想中的是各个部分。马拉美坚持使用的只有单一的形象，即几个音节的巧妙组合。这就是他的"绝对之物"，因为他只对此感到有把握。然而，他也知道这样的思想完全是"掷骰子"式的，全凭"运气"：庸俗的世界不过是偶然事件组成的，超出了他思想的狭隘的范畴。

魏尔伦的象征主义要简单得多，不会使读者在理解上感到多少困难。虽然他的《诗的艺术》（1884年）批评了传统的修辞手段，而且把字仿佛当作颜色或者音乐效果来看待，实际上，他还是用字来描写容易辨认的体验，主要是在节奏上有创造性，不受正统的束缚。这样做的目的，是为了有助于创造一种基调，这种基调是他的诗的主要特点，和他同时代的一位不甚出名的诗人特里斯坦·柯比埃曾把他的这种基调称为"大杂烩"。魏尔伦采用了丰富多彩的形象，但结果调子都是极其相同的。根据《可怜的勒里昂》——他为自己的散文集《被诅咒的诗人》(1884—1888年) 所写的评论——一文来判断，这种调子是他经过慎重考虑后而提出的一个理想。"人既是神秘而耽于享乐的，却又仍然是一个有头脑的动物"，他希望对于人的这两种截然不同的体验会有共同的反应，因为它们各自不过是"同一个思想在发展变化之中的不同表现而已"。因此，对善与恶兼收并蓄这种聪明的做法，就成了一种把二者均视为诗的感觉的技巧；甚至对罪的感觉似乎也是一种优美的艺术享受。魏尔伦的技巧在于他能使他的精神的片断产生感情的魅力，甚至切实的魅力；在于他能在自己比较现实的活动中觉察到某种微妙的或情感上的颤动。从他的早期作品如《美好的歌》(1870年) 到后来的《平行集》(1888年)，主题无疑是越来越严肃，但是技巧却依然未变。灵与肉之间的相互交替使艺术效果有所不同，而未赋予道德的意义，直到最后，这种只在基调与言辞的美妙上面下功夫的手法，便显得十分单调了。魏尔伦的气质过于消沉，因而创作不出真正伟大的作品。他既有放肆的堕落行为，又有虔诚的献身精神。因此，他所描写的伤感中掺杂着纵情享乐的情绪，而他所描写的堕落却由于悔恨而显得低沉。

唯美主义对于人生的发掘和象征主义对于形象的探索，都表明一种态度，即对于人们在世界上曾经一度共有的准则与体验，表示极端厌恶或怀疑。这种态度可能采取成为佩特的特色的那种表现形式，即酷爱各种思想与信条，也可能采取像保罗·瓦勒里 (1871—1945年) 在《与台斯特先生夜叙》(1896年) 一书中所特有的那种表现形式。瓦勒里认为语言过于真实，不能表达纯粹的思想。因此他几乎不得不保持沉默。这一时期最有名的唯美主义者是埃桑泰斯公爵和奥斯堡的阿克塞尔伯爵。这两个小说中虚构的贵族人物，反映了人的内心世界。前者是 J. K. 于伊斯芒斯 (1848—1907年) 的小说《倒逆》(1884年) 中的主人公。他生活在孤独的"天堂"里。这是一个局限在室内的天地，里面摆满各种能够刺激他的好奇感官的东西，以及丰富的颓废派著作。他隐居在这里，与社会完全隔绝，深信即使"自然界也不再是"一个引起人们兴趣的题目了，而且觉得现在没有必要亲自去同世界进行任何接触，因为通过读书与想象去接触世界会更有意思了。《阿克塞尔》(1890年) 是维里埃尔·德·伊斯勒·亚当（1838—1889年）写的一篇散文体裁的戏剧诗。它表达的是一种更崇高的，却也更值得怀疑的关于精神升华的主题，采用了丰富的音调和激起情欲的场面。这大概原来是为了产生瓦格纳式的宏伟效果，但是读起来却像是埃德加·爱伦·坡的作品。阿克塞尔伯爵在黑森林的深处，一所古堡里研究炼金术士的神秘哲理。他不想获得可能到手的巨大财富，他弄死了自称为"现实生活"的体现者，因为她来扰乱了他内心的宁静。一位美丽的姑娘以她能获得广大的世界向他提供的一切这种富于浪漫色彩的梦想来进行引诱。但是他又拒绝了。他们在想象中"享受了未来的一切"。对比之下，现实是全无意义的："生活？让仆人们替我们去生活吧。"他们就在风华正茂的青春时期，在光耀夺目的财宝面前，怀着爱情破灭的巨大苦痛，双双自杀。

维里埃尔出自天主教徒的良心，对于这一结局是否合乎道德规范感到不安，然而这一结局对于他那富有想象力的生性却有深深的吸引力。这里涉及的不只是情节上具体违反道德准则问题，也不只是阿克塞尔的异教徒的说教。于伊斯芒斯后期的小说如《那边》（1891年），《大教堂》（1898年），《奥布拉特》（1903年）内容越来越符合基督教的教义，然而在思想上也留下了类似的提问。因为，使19世纪末许多作家的颓废的想象力感兴趣的那种将希望寄托于来世的做法，必然要被心理学家所利用，他们从中看到了某些反常的内在需要的表露，而不是外部的或"真实的"实情的表现。要想了解这一差异的性质，就要了解这一时期在思想方面的重大分歧。因为，很明显，社会或个人所遵循的许多准则和概念，如果一旦感到需要加以明确解释的话，可以被解释为各种下意识的动机间接地得到了满足，即心理学家所谓的"升华"。这种解释一直没有得到认真的考虑，比如说，那些一心揭露虚伪的讽刺作家便是如此；它只是慢慢地才具有对文明生活和文明思想的几乎所有的"假冒现象"能给予明显的毁灭性打击的力量。这样一种心理，目的在于使每一种精神现象变为某种更为实际的目标，它显然是仿效关于真理的一种科学观念。但它本身却最多是一种伪科学，是无法确立证据的；称它为一种受科学影响的思想状态，可能更为确切。

在这一时期，人们经常说的一句口头禅，就是认识必须以事实为依据。但是就宗教信仰、道德标准或艺术形式来说，事实究竟是什么呢？在19世纪早些时候，人们认为，所谓事实是属于环境方面的东西，是从外部起作用的，这是从物理学引申而来的一种事物的图式。随后又受到生物学后来发展的影响：环境不过是一个制约性的因素，而意识活动的真正基础是某种生命力，表现为感情的力量，是从内部产生作用的。这种理论极力宣扬以事实作为依据，但是这在很大程度上取决于什么可以算作证据，而且在更大程度上取决于对证据如何解释。有一种倾向在法国表现得特别突出，它在福楼拜的最后一部小说《布瓦尔和佩居榭》（1881年）中发展到了极端：它以近于疯狂的虚无主义的态度揭露一切思想或感情方面的活动，认为这种活动是虚假的，滑稽可笑的。还有一种类似的倾向，在各个国家和各种体裁中表现为自然主义运动，其中包括一些前所未有的对于人类的最丑陋、最绝望的看法。然而，这并不是唯一可能做出的解释。因为它们的出发点是模糊不清的和模棱两可的：大概可以归结为一个笼统的概念，即不论一个人可能抱有什么理想，无论它是关于宗教、道德、实际生活还是艺术的，都可能"只在心理上是真实的"；这种想法也可以从相反的意思、最高傲的意思——象征主义者和唯美主义者的意思——来解释。对他们来说，诗歌只需要在心理上是真实的。人的头脑可以随意创造它本身感到满意的东西，随着制造它感到愉快的东西，它愿意有的知识。人的想象力如果激发适当的感情，甚至可以产生宗教的狂欢。瓦格纳就是这种内心世界杰出的建筑师，将近19世纪末，他的音乐获得人们几乎狂热的崇拜，以歌颂它具有征服灵魂的力量。然而，尽管他天资过人，但如同对《阿克塞尔》持有怀疑那样，现在对《巴赫西法尔》（1882年）的神秘的赞美也持有同样的怀疑。这并不是怀疑许久以来人们努力超越物质世界的那种本领，而只是怀疑表现这种努力的方式。这种怀疑也许只在下列范围内才是正当的，也就是说，瓦格纳、维里埃尔、于伊斯芒斯以及许多其他"精神艺术家"本人都是心理学家，而不是宗教信徒，而且有时他们的口味和天才使他们以追求精神的纯洁为借口而得到微妙的艺术享受。

自然主义在19世纪60年代始于法国，以爱德蒙·德·龚古尔（1822—1896年）及其弟于勒（1830—1870年）合写的小说作为开端。关于自然主义的起源和理论，他们在当时的《日记》中有所论述，他们的日记后来增加了许多内容，于1887年到1896年间由爱德蒙发表。艺术方面的一个新出发点的产生,并非第一次由于人们的这种感想,即过去的传统做法是不合乎自然的,文学作品没有充分反映生活;然而自然主义并不要求回到自然与情感,而是要求对人的行为做更科学的记录。这一新的流派中最伟大的小说家是埃米尔·左拉(1840—1902年)。他在《实验小说》(1880年)中便宣扬这种理想,他采用的方法也是每写一部小说,事先要认真地做大量的笔记,记录事实。他称巴尔扎克为先驱。1866年在一次关于巴尔扎克的早期演讲中,他把巴尔扎克比作一个外科医生,或一位化学家,能够不带偏见地解剖或确定人的机体中的因果关系。这是左拉特别喜爱的一个比喻,它概括了自然主义运动的特点。龚古尔兄弟如果知道这个提法也会同意的,因为他们也曾有过小说的"临床"分析这种相类似的提法。福楼拜可能也会同意。

　　自然主义作家遇到的一个很明显的问题就是:一部小说很难在任何真正的意义上成为一个实验或记录;书中的一切都是虚构的,至少是经过选择的,然后加以安排,在语言表达了赋予一定的风格,这都要根据场面与情节、悬念与结局、伤感与悲剧等非科学的需要。这就是为什么爱德蒙·德·龚古尔声称他们的作品"最突出的一点,就是试图把小说的整个情节加以破坏";这也是为什么福楼拜由于同样意识到科学的目的与艺术的实践之间的矛盾,曾试图在风格上用非同寻常的手法来解决这种矛盾。左拉似乎很少考虑这一困难,在他的写作风格中看不出什么科学的客观态度。他肆无忌惮地巧妙运用文学效果,不惜用一切手段使读者的情感上产生强烈的共鸣。结果,人们认为他的作品耸人听闻、淫秽、粗俗。虽然如此,除了有些段落枯燥无味外,他的作品很有感染力,这是无法否认的。这种力量是他特有的,也许是独一无二的。如果文学感觉的文学理智能够加以区别的话,他的这种感染力作用于前者,而不是作用于后者,使这种文学感觉始终不加鉴别地充满愉快,因而很少变化,即使遇到可怕的或悲伤的主题也是如此。因此,它的主要危险在于显得过分。但是在它并不显得过分的情况下,读者的想象力倒会殷切地期待更多的刺激,它不是通过复杂的惊险行动表现出来,而是来源于与具体形象的不断接触;这种具体形象,如果不是因为全部经历都由文学创造出来的话,则很有可能被当作生活的真正素材。左拉真正的艺术渊源也许同龚古尔兄弟这类专爱挑剔而有头脑的描绘社会状况的作家没有太多近似之处，但和理查德·瓦格纳相似的地方却较多。这位音乐家以同样宏伟的规模来创作他的歌剧，也利用了类似的纯粹感情力量的效果，声称这是为了高尚的真理。

在1871年至1893年之间，左拉发表了20部小说。根据计划，作为一套丛书，总题名是《卢贡-马卡尔家族》，这是"第二帝国时代一个家族的社会史和自然史"。他希望确立的一条真理就是遗传对于"人的性格的全部本能表现"具有决定性的影响，而正是"人的性格的全部本能表现产生出通常所谓的善与恶"。然而，卢贡-马卡尔一家的天生的倾向，无非是具体表现为"过分强烈的自然欲望"，而左拉认为这种欲望在一心追求物质享受的时代里，是有典型意义的。这个家族的成员分布很广，这就使作者有机会来描写国家生活的各个方面；他写得最成功的是巴黎的工人阶级（《小酒店》，1877年），矿区小镇上受人践踏的穷人（《萌芽》，1885年），普法战争中注定要失败的军队（《崩溃》，1892年）以及最后的灾难，关于这场灾难，他曾表白自己说，他"作为艺术家需要这一场灾难"。在他后来的小说中，如《三城市》（1894—1898年）和《西福音书》（1899—1903年），左拉预言会出现一种新型的勇敢的人，他谴责宗教迷信，宣扬繁殖、劳动、真理、正义这四部福音。在他的晚年，由于写了为德雷福斯进行申辩的著名文章《我控诉》，他甚至得到了殉道者的荣誉，并短期离开法国。然而，他的政治思想和哲学思想都显示出他的作品的最弱一面，如果以19世纪的小说达到的思想高度来衡量，他的弱点还在一定程度上表现在他对人物的理解上。左拉在其为《泰雷兹·拉坎》1868年第二版所写的序言中含蓄地为自己做了辩解。他说："我的意图不是研究人物，而是研究性格。"在实践中，这就意味着他自己的富于想象力的性格在他所写的人物的经历中起了支配的作用，这与其说是一个文学家的实践，不如说是一个诗人的实践。其结果，在他的想象力表现得感情最充沛的地方，他似乎把宿命论对于罪恶与堕落的整个广阔的安排推进一步，使之超出了心理分析或从社会角度来做解释的范围，或者使这样的分析或解释变为不必要。他使得对于单纯的感情和具体事物的描写，听起来像是神话中对于神秘的自然力所做的赞美，并使之处于异常强烈的气氛之中，而这与实际的演员、动作和场景的低劣相比，从科学的角度来看，是极不相称的。

1880年，自然主义通过联合出版《梅塘之夜》一书，将自己确立为一个文学流派。这部书的序言以强烈的语言表明了原则，它收集了6位作家的短篇小说，他们是：左拉、于伊斯芒斯（他只是在后来才发现他的真正创作途径是写唯美主义小说和宗教小说），3位次要的小说家：保罗·亚历克西（1851—1901年）、亨利·塞阿尔（1851—1924年）和莱昂·埃尼克（1851—1935年），最后是居伊·德·莫泊桑（1850—1893年）。福楼拜曾是莫泊桑的老师，在他的评价中，他的学生的作品《羊脂球》完全"打败"了其他作家。福楼拜的教诲长期以来对莫泊桑的风格具有明显的影响，他以讽刺的手法陈述事实，文笔简洁精确。他虽然没有左拉那种宏伟的气魄，但显示的天才却优秀得多，尤其擅长创作短篇小说，共写了三百余篇，其中许多堪称杰作。写得最出色的有：《戴家楼》（1881年与《一家人》同时发表）、《菲菲小姐》（1883年）、《密斯哈列蒂》（与《洗礼》同时发表）、《伊韦特》、《巴朗先生》（1884年）。莫泊桑的自然主义使他很快成名，取得了很大的成功。他以高超的技巧写平凡的主题，淋漓尽致地揭露假斯文，用优雅的文笔描述粗鄙的或淫欲的行为，在这过程中，他使粗俗与高雅浑然一体，这种做法适合当时人们的口味，因为他们对于更为严肃的现实主义已经感到厌倦。他一贯悲观，而他的悲观往往流于充满诙谐的略为尖刻的讥讽。虽然他的观察与创作涉及的范围极广，他现在给人一种印象：他大大缩小了生活的潜力。在他的内容最丰富的小说《皮埃尔和若望》（1888年）的序言中，他说"每一个人都对世界有自己的幻想，这种幻想可能是诗意的，或是温情的，或是欢乐的，或者是忧伤的，或者是污秽的，或是阴郁的，根据每个人的性格而定。作家的唯一任务就是忠实地反映这种幻想……"这样的作家有一个危险：这种心理方面的洞察力，实际上可能使一切体验简化为一种类型，即幻想与幻灭，表现的事例变化无穷，但在根本上都是一样的。如果不是由于莫泊桑的艺术技巧高超，能够把他的全部主旨集中体现在一个场面、一个地点、一个人物、一个事件上面，那么效果就可能是冗长乏味的。他擅长描写瞬息即逝的魅力，流露真情的时刻，残忍的意外事件，但他的才智有时似乎不足以用长篇小说的篇幅来说明推动一项事业的力量（《漂亮的朋友》，1885年）或说明整个一生的轮廓（《一生》，1883年）。莫泊桑的幻想世界中唯一真实的东西当然是感觉，这些感觉通过不同的方式或者得到满足，或者受到挫折，莫名其妙地引导生活向前发展，使之有时鲜明，有时阴郁。对自然主义来说，感觉就代表着不可解释的现象，代表着左拉在悲惨的同名小说中所说的"生活的乐趣"，代表着体现在精神空虚之中的现实生活。人是无能为力的，这样一种看法有时甚至在莫泊桑幽默、超然的思想里也会引起怜悯的感情，虽然其中掺杂着憎恶与惊恐的情绪。

阿尔丰斯·都德（1840—1897年）的作品中表达的感情，由于是建立在对人和动物的真挚的爱的基础之上的，所以也就更为纯洁。虽然他与自然主义运动的领袖们有密切的关系，采用他们的办法，把所见所闻都记录下来，而且产生了像《艺术家的妻子》（1874年）这样不厌其烦地记录事实的作品。和《月曜故事集》（1873年）的某些故事中关于战争和贫民窟的阴暗的细节，但都德值得人们纪念的是他关于南方的故事（《磨坊文化》，1869年），所表现的幻想与魅力，尤其是《达拉斯贡的戴达伦》（1872年），这是法国文学中伟大的喜剧作品之一。如果说都德的许多小说已经不像过去一度那样地受欢迎（《小弟弗罗蒙与长兄黎斯雷》，1874年；《富豪》，1877年；《努马·卢梅斯当》，1881年），这种现象可能是由于他后期的技巧和风格中产生了某种不稳定性所引起的。因为，他只部分地接受了自然主义的影响，而部分地仍然是放纵感情的作家，他的第一个主题就是自己的童年（《小东西》，1868年）。虽然都德在《福音传教士》（1883年）中描写了宗教狂热，并把这本书奉献给著名的神经病学家夏尔科，而且由于在《萨芙》（1884年）中分析了一种堕落的感情而受到左拉的称赞，但是他的"自然主义的"心理和他的同情心所具有的力量相比，是软弱的。这种心理很容易变质，成为温情主义，而这是贯穿他的全部作品的忧伤情调中固有的缺点。但是，它最大的好处是引起了他对人们和一些地方的深厚感情，使他同情穷苦人的不幸遭遇，这就使得许多读者感到他很像狄更斯。

一部简明历史是有局限性的，这对于法国文学来说就显得特别不公道，因为许多有名的人物只能一笔带过。这一时期的文学流派尖锐对立,这种状况至少有助于把一些次要的诗人明显地归于象征主义的传统之中。这样的诗人如阿尔贝·萨曼、居斯塔夫·卡恩、勒内·吉尔,以及在美国出生的斯图尔特·梅里尔和弗朗西斯·维厄莱-格里芬。这种状况也进一步便于区别两种戏剧:一种是安德烈·安托万在他的自由剧院上演的自然主义戏剧,在这里,根据左拉的作品改编的戏剧和亨利·贝克创作的戏剧,因为同易卜生的戏剧对比,相形见绌,终被压倒。另一种是吕尼埃-波埃的作品剧院上演的戏剧,这个剧院首先实验演出了莫里斯·梅特林克(1862—1949年)的象征主义的作品。这位比利时剧作家兼哲学家早期的作品虽然往往显得过分随便地使用难以想象的奇异象征,但是这些作品对于别的作家是富有启发性的,皮兰德娄和叶芝都曾受过他的影响。这些作品对戏剧演出者以及后来对电影制片人也都很有启发,尤其是对德彪西,大概正是他的音乐使梅特林克的《普莱雅斯与梅丽桑德》(1892年)免于泯灭①。然而,后来梅特林克发表了他的科学的与玄学的著作(从1901年起,以《蜜蜂的生活》作为一个开端,一系列有名的关于昆虫生活的著作),使他更为出名。虽然《卑微者的财宝》(1896年)等作品以其优美的风格而受到推崇,虽然他作为诗人,对人生的基本神秘性的感受,主要是具有文学价值而不是哲学价值,但他以毕生的精力探索人生意义的过程却属于思想史的范畴。

  这一时期的许多作家思想起伏不定,寻求新的表现形式和可靠的思想以及对人生的一种真实态度,因而不得不在风格、哲理或实验方面不断改变,这就无法把他们归为某一流派。在这一时期被选入法兰西学院的4位诗人:苏利·普律多姆(1881年)、弗朗索瓦·科佩(1884年)、勒孔特·德·李尔(1886年)、J.-M.德·埃雷迪亚(1894年),只有他们与旧的传统手法保持了一定程度的连续性,肯定了一种"高蹈派诗人"的风格与感情,但是,更有趣的发展情况却没有那么高的学术水平。象征主义作家让·莫雷阿斯脱离了象征主义运动,创立了"罗曼派",这标志着一种新古典主义的反应,由过于偏重理智与内省的诗,变为倾向于反映地中海一带富于创造性的纯朴理想的诗。在这一方面,他遇上了有名的沙尔·莫拉斯做他的伙

---

① 德彪西曾将其改编为歌剧,流传较广。——译者

伴。莫拉斯曾是米斯特拉尔的弟子。弗雷德里克·米斯特拉尔（1830—1914年）是普罗旺斯①复兴时期的唯一被人们记得的诗人。普罗旺斯复兴代表着近百年来人们所做的种种努力，想从古代地方传统（这里指的就是11至13世纪法国南部和意大利北部的抒情诗人的传统）之中找到一种生活方式，或者无疑地一种反映生活的创作方式，比在当时都市文明生活中可能找到的更为丰富多彩，更为完美。从这一没有成功希望的背景中，只有比利时的埃米尔·韦拉朗（1855—1916年）偶然写出了一些伟大的诗篇。他使用了象征主义的技巧，这种技巧是在以《黑色的火焰》（1890年）作为顶点的更具有个人色彩的作品中得到发展的。韦拉朗便凭借这种技巧来表达近代人们的生活状况在他心中激起的社会主义的义愤、兄弟般的同情和不切实际的批评。对于亨利·德·雷尼埃（1864—1936年）来说，他认为人们失去的光荣最多只能在充满伤感的回忆和梦一般的幻想之中重新攫住。另一方面，更为年轻的诗人保罗·克洛岱尔和沙尔·贝玑则认为，要想重新得到这种光荣，只有回到天主教的信仰，因为他们相信诗的微妙的感受只有从这里才可以重新获得某种真实的目的和意义。克洛岱尔最初的灵感是与发现兰波的《灵感》一事有密切联系的。他声称他从这显然既有破坏力而又遭受过破坏的想象力所发出的地狱般的可怕光亮中看到了建立神圣秩序的可能性（或许说是一种紧迫的必要性）。当然，看不到这种可能性，就会使诗非常容易倾向于对混乱状态只进行具有讽刺意味的赞扬，朱尔·拉福格（1860—1887年）的作品就具有这一特点。

　　接近19世纪末的散文作家，无论他们是写小说，写评论，还是写哲学著作，都有比较突出的一个倾向，就是在很大程度上恢复了天主教的和保守的思想；而这种倾向的产生与自然主义精神上埃尔的空虚所引起的普遍反映在时间上相合，伯吕纳吉埃尔的评论（《自然主义小说》，1883年）首先做出了这种反应。保罗·布尔热（1852—1935年）对青年受到有害的思想影响而产生的责任感，促使他写了《门徒》（1889年），并在《论当代心理学》（1883—1885年）中，试图对当时的各种思潮进行分析。他以《阶级》（1903年）一书作

---

① 法国东南部的一个地区，濒临地中海。——译者

为开端，写了一系列宗教小说，揭露了一个实利主义的民主国家的缺陷。莫里斯·巴莱士（1862—1923年）虽然生性见异思迁，而且是一个唯美主义者，也逐渐克服了只关心个人内心世界而又全无一定之规的缺点，开始寻求在一个尚未腐败的社会中过健康生活的奥秘；对他来说，这就意味着洛林那个偏狭的、保守的社会，而不是他在《背井离乡的人》（1897年）中所谴责的巴黎；后来，这也意味着一个天主教的社会，如同他更晚期的小说所表明的那样。当然，还有其他解决办法和其他考虑。举两个例子作为结论，也就够了。一个例子是皮埃尔·洛蒂（1850—1923年），这是一个海军军官的笔名。他以叙述发生在遥远的他乡的伤感故事，描写这些地方的风貌以及记载关于那些更为朴实的人民和更为自然的生活方式的见闻（《冰岛渔夫》，1886年）而获得极大的成功。另一个例子是阿纳托尔·法朗士（1844—1924年），他赢得了那部分偏重理智的读者大众。他们希望以文质彬彬和以理服人的方法来对待各种思想，而且准备追随他去实现他的反宗教的社会主义。

上面谈到法国诗人和小说家在探索近代思想和近代世界方面走到了各种互相对立的极端。现在，再来看一看同一时期用德文进行创作的作家（用德语来说，他们可以被称为"散文诗人"，如果不把诗与散文加以严格区分的话）和他们的作品，就会觉得进入了一个完全不同的想象领域。同时，也显然有时间倒转的感觉。有一些明显的标志，比如康拉德·斐迪南·迈尔（1825—1898年）运用历史题材，泰奥多尔·冯塔纳（1819—1898年）在一定程度上也是如此，泰奥多尔·史托姆（1817—1888年）在怀念故乡的回忆中显示出关于过去浪漫主义的更细微的痕迹，戈特弗里德·凯勒（1819—1890年）在他写的那些似乎完全脱离现实环境的故事中，体现了某种完全更古老的传统。除了这些明显的标志以外，这些在其他方面各不相同的作家和过去的历史之间还有一个共同的联系，那就是他们的风格。这种风格就是所谓"诗的现实主义"。它继承并发扬了一种语言的艺术传统，一种古典的风格，可以一直上溯到19世纪初的德国文艺复兴时期。

在工业和科学日益发达的时代，德国文学如此长期地脱离毫无诗意的现实，这究竟是文艺复兴及其浪漫主义音乐与艺术理论的卓越成就，还是由于民族的气质或政治上的分裂乃至落后而出现的一种偶然现象呢？种种解释都不切实际。唯一事实就是，为数众多的德国作家仍然生活在一个理想的世界之中，这个世界所以称为理想的，不是因为它在道德方面是尽善尽美的，而是因为它实现了某些文学上的传统做法。然而，这时，在其他国家，传统做法的局限性却正在彻底地加以改变。因此，当冯塔纳描写他那个时代的柏林和普鲁士各省的时候，他选定的地点以及他那样的描述（例如到乡间去游览或进行正式的访问）都可以放在歌德或施提弗特的作品之中。迈尔也有类似的情况：他写了歌颂英雄的田园诗（《胡腾的末日》，1871年），写了关于瑞士爱国者于尔格·耶纳奇那个充满狂热的悲剧性人物的事迹，他最初试图将它写成剧本，而在1876年却写成了小说。他有描写伟大的英雄、罪犯与充满了极其悲怆的心理"契机"的历史事件等故事（从《圣者》，1879年，到《帕斯卡拉》，1887年，和《安吉拉·保吉亚》，1891年）；此外，他还认为"只有艺术才能使我们摆脱生活琐事"。他崇拜席勒，厌恶"现代题材所涉及的残忍的现实"：这一切都表明他不像一个19世纪晚期的小说家，而像德国古典剧院的一名落选的候选人。

另一位瑞士诗歌现实主义的代表哥特弗里德·凯勒，无疑是德语作家中最优秀、最有独创性的作家之一。但是，如果说他的作品中的幽默成分完全是属于他个人的，则下列一些方面又是属于传统的了。这些方面包括：他利用文学从道德方面进行开导，并永远关注自己的"教育小说"《绿衣亨利》（1854—1879年），此书的第二版在风格和形式上做了改变，其目的是要更清楚地显示从经验中得出的真正教训。而最重要的，是他关于人文主义的理想。"人文主义"一词的概念是无法翻译的，这一概念是奠定德国古典主义的基石。它把人道主义与美学的优点结合起来，从而使人看到美好生活的壮丽前景。凯勒出版过两本故事集：《塞尔德维拉的人们》（1856年，续集出版于1874年）和《苏黎世短篇小说集》（1878年）。他在这两本故事集中所描写的塞尔德维拉和苏黎世这两个地方，与欧洲小说中任何其他地方相比，是多么不同啊！各个国家的地方省市的生活状况可能没有什么明确的差别，但是，凯勒却使它们变成民谣和传奇的素材，以幽默的手法使家庭琐事有时像史诗一样庄重，有时又带有抒情的色彩，而且做得那样自然，以至人们难以相信，福楼拜和乔治·艾略特是和他同时代的专描写地方情景的作家。这批小说家还以诗作著称，他们的诗写得既多又好，而凯勒则是其中首屈一指的。冯塔纳在小说创作方面是最接近于传统的现实主义的，甚至他也写过几个优美的诗篇。泰奥多尔·史托姆之所以受人欢迎，主要是由于他以德国浪漫派的风格所写的诗篇像歌曲一般美妙。他作为一个现实主义作家是经历了一段逐步发展的过程，从开始写《茵梦湖》（1852 年）这种纯粹抒情的故事，直到写《白马骑士》（1888 年），这是他写的最接近于小说的一本著作。人们对这本著作，正如对凯勒的《马丁·萨兰德》（1886年）一样，是有不同看法的。这两本书，就其涉及的范围和内容来说，超出了"诗"的传统的理想界限（更适合短篇小说或长篇故事这种形式），进入了欧洲小说这一更为广阔的领域。在这里，它们的危险在于过分地放松发挥想象力引人入胜的作用，以至显得只是有地方风味而已。

　　冯塔纳就避免了这个缺点，而把传统加以发扬，使它至少包括一个被广泛地认为是现实主义的主题，即关于婚姻与不贞行为的社会问题和心理问题。他所有比较优秀的作品，如《沙赫·冯·乌特诺夫》（1883 年）、《通奸》（1882 年）、《裴多菲伯爵》（1884 年）、《迷惘·混乱》（1887 年）、《施蒂娜》（1890 年）、《无可挽回》（1891年），都表明了爱情与社会习惯势力之间的冲突，在这个社会里，人们对习惯势力赖以存在的道德律的信仰已经开始下降了。剩下的是对不应忍受的苦难竟然违反常情地采取逆来顺受的态度，甚至认为这是光荣。与冯塔纳有关的正是这一点，而不是感情的实际性质。也正是由于这一点，使得他的最成功的小说《艾菲·卜利斯特》（1895 年）不同于描写同一主题的更为成功的作品：福楼拜的《包法利夫人》和托尔斯泰的《安娜·卡列尼娜》。此书所以没有享有上述两部作品的那种国际声誉，一部分原因是它在风格上的优点至关重要，译文难以体现。对于冯塔纳这样一个现实主义的作家来说，他的创作态度极其谨慎，不做直接的描写，在这方面，达到了惊人的程度。在一个爱情故事中，许多可以说是密切相关的情节或情感，他似乎都注意得太少了。另一方面，有些显然是次要的细节，特别是对话，他却处理得巧妙而又细腻。原因在于这是一种艺术上的变通手段，使冯塔纳认为某些事情是不应当有意识地用语言来描写的。事实上，作为一个小说家，他可能过分强烈地感到，他没有充足的理由把人生的各个方面都具体而细微地描写出来。正因为如此，他特别喜爱对话，而把对话记录下来，总是适宜的，同时也正由于这个原因，他又从另一极端出发，喜欢在写景时描述一些不言自明的象征性的细节。冯塔纳的小说中有一种善意嘲弄的情绪，这种情绪是由于他把他的人物能够说的事情和用最隐约的暗示来表明他们所经历与感受的一切进行对比而产生的。

和接受不可驾驭的"生活"现实的情况相反，以较少的嘲弄情绪或比较逊色的才华来接受"文学"的高尚传统，则很容易产生一种流弊，即促使这一时期为讲德语的读者大众所真正喜爱的那种文学作品问世。玛丽·冯·埃布纳-埃申巴赫（1830—1916年）的作品以自然的高尚情操与天生的教育家的权威，表现了对更美好的世界的向往，他可能继续受到尊敬。但是，费利克斯·达恩和尤利乌斯·沃尔夫在小说中对于条顿族的过去大加颂扬；厄内斯特·冯·维登布鲁赫极力想使近代普鲁士的侵略性与传统的人文主义理想调和起来；保罗·海泽以纯洁的风格赞颂爱情；对于这一切，现在没有什么读者会认真地看待了。评价最低然而却最畅销的，是马尔利特的温情主义作品。马尔利特通过年轻的贵族与中产阶级的女儿的拥抱来克服阶级的界限。这就是当时"德国文学的状况"，针对这种状况，一个自然主义运动，以柏林与慕尼黑为中心，用左拉和易卜生的理论做出了反应。

自然主义虽然在德国对各类文学都发生了影响，却只对戏剧产生了决定性的作用，给它注入了革命的活力，把大批的观众吸引到俱乐部主办的剧院（如柏林有名的"自由舞台"剧院）中来。这种剧院可以不受审查，但却特别招引观众。自然主义培养了一代富于创造性的舞台监督，他们的艺术利用发挥想象力的新机会，填补了由于缺乏诗作而产生的空白。奥托·布拉姆以及后来的马克斯·赖因哈特就是这一类艺术提倡者的杰出代表，只到这时，他们才真正表现出他们的才能。此外，还产生了一种"自然主义"的表演风格。这种风格取得了突出成就，使得许多优秀的演员不能再去掌握古典戏剧的动作与节奏，却使他们有所准备，以适应不久以后电影业对他们提出的要求。这种表演方法，奥地利剧作家路德维希·安岑格鲁伯（1839—1889年）在自己的剧作中，曾在一定程度上加以提倡。他的戏剧是用农民的语言写的，并且通过它们的主题，朴素的智慧，粗野的幽默来进一步声称它们代表坦率的现实主义。不仅如此，当自然主义的风格盛极一时，其他一些次要的但具有足够技巧的剧作家，如赫尔曼·苏德曼（1857—1928年）和马克斯·哈尔伯（1865—1944年），与自然主义运动的关系并不密切，却从人们对小巡回法庭法官们的世界早已形成的爱好以及自然主义的表演技巧中获得了好处。

除了格哈特·霍普特曼（1862—1946年）以外，自然主义运动的成员却没有运动本身那样有名。这些成员为：海因里希·哈特（1855—1906年）和他的弟弟尤利乌斯（1857—1930年），他们是《批评的论战》杂志的编辑；M. G. 康拉德（1846—1927年）是《社会》杂志的编辑；阿尔诺·霍尔兹（1863—1929年）和约翰奈斯·施拉夫（1862—1941年），他们合著了《哈姆雷特老爸爸》（1889年）和《赛利凯一家》（1890年）。现在看来，他们在文学方面的抱负在许多方面是自相矛盾的：他们把人描写成环境和遗传的牺牲品，却又相信社会进步的乐观理想；他们揭露人性中的那些更为赤裸裸的细节，显然认为这种可怕的景象一定可以解放思想，提高思想，就好像想到了一个崇高的真理；他们安排在舞台上产生大胆而巧妙的"自然主义"的效果，却又把这些经过艺术加工的东西说成是"真实的东西"而加以维护。冯塔纳称赞年轻的格哈特·霍普特曼的作品取得了他本人无法仿效的成就。他指出："在外行看来只不过是生活的记录，而在某种程度上，它则代表着难以超越的纯粹的艺术技巧。"这样高的评价对于其他的德国自然主义作家来说无疑是过分了；他们用粗俗的陈词滥调来干扰悲剧性的沉思，这可能最多也不过是一次耸人听闻的实验而已。他们试图让观众逐渐习惯于以审美的态度来欣赏猥亵的气息（这一流派最雄辩的代言人之一赫尔曼·康拉第称之为世界的真正气息），以此来引起观众的兴趣，或以"有趣的方式"使他们目瞪口呆，而格哈特·霍普特曼却利用最原始的素材，成功地创造了纯粹的非常感人的悲剧场面。《织工》（1892年）尤其是这样一个剧本。这个剧本没有主人公，几乎没有情节，然而，它却打动人的心弦，使人感到怜惜与恐惧，通过细致紧凑的主题使人感到信服。主要人物是一个乡村里的西里西亚织布工人，他们是受人剥削的穷苦人，几乎不能表达自己的意思，但却用方言土语道出了人们的悲惨境遇。如果说霍普特曼轰动一时的第一个成功的剧本《日出之前》（1889年）因有表示思想信念的冠冕堂皇的词句，以及关于"新世纪的黎明"的预言而仍嫌美中不足，并且过分喧嚣地宣扬带遗传性的酒精中毒这类风行一时的家丑，那么，《织工》这出戏就没有什么寓意。在这出戏里，社会不是社会改良者们所说的夸大的抽象概念，而是一个真实的根深蒂固的格局，它包含着人们的贪婪、痛苦、不合理的希望和莫名其妙的自欺行为。一个年轻叛逆者的反抗宣言，并不比一位老人的基督教徒的顺从态度更受到推崇，就连小镇上的财主，既是坏蛋，也是受害者。霍普特曼就是根据这种惩恶扬善的精神，在一系列自然主义的剧本，包括《车夫汉色尔》（1898年）和《洛色·柏恩特》（1903年）这样的杰作里，使人物具有人格尊严和掌握自己命运的尊严，而这些人物如果用传统的悲剧的标准来衡量，都是渺小的。

霍普特曼在《汉娜的升天》（1893年）一剧中把诗与散文融合在一起，这进一步说明他的想象力并不受任何程序的限制。这个短剧的主题与背景都完全是"自然主义的"：情节是一个无辜的女孩子，因为她的养父是一个酒鬼，而她受不了他的折磨，结果被迫自杀，剧本就描写她自杀前在救济院里度过的最后时刻。然而，霍普特曼的感情十分激动，它变成了真正的激情，最后在守护天使出现的充满诗意的幻景下笼罩着全剧。虽然他以极其可疑的手法，即通过幻觉把普通的人物变成了神，使诗境与现实结合起来，然而，他全凭语言的生动来避免明显的温情主义的危险。霍普特曼在诗剧《沉钟》（1896年）中，进行了更大规模的实验，虽然不甚成功。在这出戏中，光明与黑暗，精神自由与恶魔的羁绊通过多少有些混乱的、使人迷惑的象征性代表，彼此进行着由来已久的斗争。作为一个戏剧家，他后期作品的特点是兼有自然主义的主题和传统诗的主题，交相变化。

正如德国的自然主义是受了法国自然主义的影响，斯蒂凡·盖欧尔格（1868—1933年）的象征派诗作也是受了马拉美和波德莱尔的影响。盖欧尔格主办了一个刊物,题为《为艺术的篇页》(1892—1919年)。这是德国的《黄皮书》,① 然而,这一伙新成员的热情取代了那一伙纨绔子弟的排外的情绪。为这个刊物写稿的为数不多的诗人也认为"一首诗的价值不取决于它的内容……而取决于它的形式"。然而,他们的唯美主义与法国的唯美主义不同,具有某种战斗的和近乎宗教狂热的味道,而盖欧尔格则是他们的首领。这样,他和他的信徒进一步认为,为了维护和发展诗的"纯粹精神",就需要一批聪明而有纪律的中坚人物。他们应当在思想上非常坚强,不仅能抵抗时代的腐蚀,抵抗写实主义、思想怠惰与温情,而且实际上能使民族复苏。或许,盖欧尔格想要起先知作用这一倾向,以及他坚持领导作用并要求忠诚等主张难免被人误解为暴露出法西斯主义的欲望。然而,如果他有什么过错,那也只是在于没有认识到,他企图激起的那种要求实现"民族复苏"的动力,有可能在政治上赤裸裸地被人利用。他的诗作表现出的文化上的愿望,不是要求实现一个以显示民族主义力量而沾沾自喜的近代国家,而是要求实现一个达到古希腊的完美境界的理想国,关于这个理想国,德国诗人的想象力曾通过许多形式梦想过。但是,就盖欧尔格的情况而言,他的差异令人不安,这种差异在于他把古典派作家的传统的平静和谐语调变成了尼采的超人的那种咄咄逼人的优越口吻。然而,预言的调子并不是盖欧尔格全部作品,或者说最佳作品的特征。虽然他的诗作具有连续性,被他的崇拜者尊为一种精神朝圣——从早期的《颂歌》(1890年)和《朝圣》(1891年)开始,然后经过各个不同的艺术领域(包括古希腊阿卡狄亚人的、中世纪的、东方的和文艺复兴时期的艺术领域:《阿尔加巴尔》,1892年;《牧人之书和颂诗》,1895年),探索灵魂深处变化不定的情绪(《灵魂之年》,1897年),以便最后得到包含在《生活的地毯》(1899年)以及后来许多的作品中的启示——然而,这些诗都是抒情的短篇,而其中最佳的作品可以单独列为独立的杰作,而不必考虑它们假托的前后关联。为了使人们对盖欧尔格有所认识,我们把他同一些相近的英国同时代的作家相比,可以说,他的某些主张

---

① 《黄皮书》是1894至1897年间在伦敦出版的季刊,撰稿人有亨利·詹姆斯、阿诺德·贝内特、奥斯卡·王尔德等。——译者

（例如"思想、灵魂与肉体相结合"）和梅瑞狄斯的主张有时相似，也是含糊的、过时的；他对印刷术的爱好则近似威廉·莫里斯的工艺复兴运动的倾向；但是，他能生动地运用象征，决心避免使用表示保守情绪或表情的陈词滥调，这些却又可以使他与叶芝相提并论。

在德国，要衡量盖欧尔格的成就比较容易，只要看一看他的那些不甚重要的对手的作品就行了，这些对手是：迪特莱夫·冯·里林克隆（1844—1909年）、理查德·戴默尔（1863—1920年）、马克斯·道滕代（1867—1918年）。他们的问题显然是后来者在一个传统中所遇到的问题，他们在充满令人厌烦的人云亦云的语言中，力图创新。戴默尔使用的印刷技巧、毫无意义的音节、新颖的形象和勉强的想法，只表明他比里林克隆和道滕代的"印象主义"更自觉地意识到困难的所在，而他们妄想以细腻的笔触和观察这种特意的技巧，从事物之中直接摄取新意。因此，精彩巧妙的词句比比皆是，伟大的诗篇却寥寥无几。在这样的背景下，盖欧尔格的风格就显得非常突出。人们感到这种风格使他的诗句深受影响，它来源于他的权威思想，取决于他的坚定意志，正是这种思想和意志鼓舞他与颓废倾向奋斗终生，鼓舞他寻求并确立崇高的、神圣的准则。

然而，胡果·冯·霍夫曼斯塔尔（1874—1929年）的诗作体现了更为强烈的对比。他在晚年曾为理查·施特劳斯的歌剧作词，但他在25岁的时候出版了一本小小的诗集，表明他具有第一流抒情诗人的才华。这本诗集后来也没有增添内容，因此，应当算是这一时期的作品。（与德国近代最伟大的诗人雷纳·玛丽亚·里尔克〔1875—1926年〕的作品不同，他在19世纪末也同样突然成名，却并没有写出与之相称的作品。）从盖欧尔格与这位年轻的维也纳贵族的通信中可以看出，虽然他们对共同的问题感兴趣，而且在理论上，偶尔也有一致的看法，他们的艺术气质却截然相反。霍夫曼斯塔尔的性格相形之下十分消极，几乎是女性的气质。虽然他也是一位象征派诗人，但对他来说，艺术方面的单纯训练与性格方面的训练恰恰相反；仿佛他的想象力沿着没有止境的岸边随波逐流，对流过的每一件东西都感兴趣，然而，却从来没有停留下来。他的灵感从一开始就与一种解体的感觉密切联系起来，这种感觉在那封著名的"信"（《一封信》，1902年）中达到了顶点。他在"信"中，通过钱多斯勋爵这个虚构的人物，说明自己为什么放弃了写诗。他描写了一种思想境界，在这种思想境界中，传统的思想和思想方法，乃至语言这一传统的表达手段，似乎突然失去了连贯性和意义。对于诗人来说，剩下的只是一个支离破碎的世界，这个支离破碎的世界虽然含混不清，也不连贯，而且互不相干，却吸引了他的注意力，仿佛其中包含着整体所失去的一切意义。这就是对当时许多象征主义作品的神秘根源和意义所做的一个最精辟的说明；这也补充说明了霍夫曼斯塔尔的一些诗篇和短剧（《大门和死亡》，1893年；《法隆的矿山》，1899年）中以不同方式反复出现的主题；采取这种微妙的近代形式的诗作，虽然可能产生一种幻象，似乎想象的景象可以无限地发挥，而且深奥无比，然而，追求这样的诗作却与朴素的现实生活脱节。霍夫曼斯塔尔早期作品的妙处，就在于他对已失去的东西的感情，这种感情激发出无可比拟的抒情格调，其中还包含着忧郁的无可奈何的感情，以及在一定程度上化为悲哀的某种深切的恐惧感。

这一时期众说纷纭、使人无所适从的局面终于被一个言论真有权威的人予以控制。这个人能够把当时的复杂问题写成戏剧，从中再度触及人们动机的永恒源泉，并且揭露了人们困境的无法改变状况。这个人就是挪威诗人、剧作家亨利克·易卜生（1828—1906年）。如果说他是"现代戏剧之父"，他却没有培养出和他同样伟大的剧作家。他的剧作被称作革命的宣言书，在整个欧洲不是受到赞扬，就是受到指责。这些宣言书即使没有使他成为进步的文学改革运动或社会改革运动的奠基人，看来也使他成为运动的同盟者。在论述自然主义的时候，已经谈到了他的名字。但是，我们也有同样充足的理由把他看作一位象征派作家，或者干脆把他看作一位最新出现的、最有才华的"资产阶级悲剧"作家。因为，即使在《群鬼》（1881年）这个涉及遗传性疾病的剧本里，他也不是单纯利用惊人的恐怖场面，而自然主义者却似乎认为这才是唯一真实的东西。对于易卜生来说，灵魂的拯救，善与恶在心理方面而不是在物质方面的斗争，才是最真实的。如果把《玩偶之家》（1879年）仅仅当作一篇争取妇女解放的檄文来读，那就忽略了在这个剧本的爱情故事之中隐约包含着无法逃脱的悲剧性困境。如果说易卜生认为有任何必要的改革，这项改革就

146

必须在个人的内心进行，使个人参与那个古老的斗争，通过斗争而与他的命运取得妥协。这可能确实有悲剧的必要性，但绝不是解决的办法。

上面已经清楚表明，这个时代的文学的特征是多么不明确和难以捉摸。这不只是历史情况的概括问题，而是反映了许多个人在生活中所遇到的实际困境。当时，人们享有前所未有的自由和知识，他们的思想是各种各样的，以致可能自己也弄不清真正要求什么，或者自己的想法究竟是什么。只有当时人们要为自己的思想确定一个特征的问题，大概可以被看作仍是一个真正"普遍存在"的问题。易卜生在他的剧中主人公的生活中全神贯注地对待这个问题，从而使他的作品具有超越流派问题的广泛代表性，这正是最伟大的作家的特色。这个主题最完美地体现在《彼尔·金特》（1867年）一剧中。该剧是国际公认的一部杰作，虽然由于翻译的缘故而使剧中的诗受到了损害。剧中的主人公是一般常见的爱吹牛的喜剧角色，他也像堂吉诃德或福尔斯塔夫一样，确实已经成为整个人类的某种特性的典型代表。他究竟是个什么人呢？他是否做过任何无愧于人的称号的事，担任过任何无愧于人的称号的职务？为了证明他是当之无愧的，也不一定需要以真正优秀的品质作为证据；真正恶劣的品质也行，但必须具有某种道德品质，有一个值得拯救或值得谴责的灵魂，这对于易卜生来说才是问题的关键所在。因为，危险不在于邪恶本身，而在于虚无状态，这种毫无意义的人生，只配重新投入熔炉，化为灰烬，不留痕迹。难道这种状况不是今天人们最深切忧虑的，并与最傲慢的浮夸紧密关联的吗？易卜生坚决认为这是一个保持精神节操的问题，这种节操必须维护，不仅为了反对肉体的堕落，而且为了反对想象力与思想的沦丧。另一方面，最主要的敌人就是一股神秘的力量，它在灵魂偶尔要有作为的时候予以挫败，使它在艰苦努力的过程中失去其原有的实质。如果灵魂确能获得拯救，那就要通过由爱情引起的悲惨苦难才能实现。

想要成为一个"真正的"人，这种需要，或者说这种强烈的愿望，构成了易卜生两个最优秀的剧本的中心思想，这两个剧本是《海达·高布尔》（1890年）和《博克曼》（1896年）。易卜生在其全部作品中都在探索个人为了达到自我体现而进行的同一斗争所包含的各个不同方面。斗争的焦点在于近代世界力图满足其寻求意义的强烈要求的这些方面，即：它希望从令人安逸的旧传统背后得到它认为必然隐藏着的某种"真正的真理"；因此，它好奇地希望了解神秘的性心理；此外，它还提出要有享受艺术的绝对权利。"革命的"戏剧《社会支柱》（1877年）和《人民公敌》（1882年）之所以使人发生兴趣，不在于它们所精选的社会上虚伪与腐败的事例；它们的基本着眼点是人们在怀着理想主义的热情追求真理的过程中所遇到的悲剧性冲突。如果这一冲突只是一场反对虚妄的正面斗争，那么，它就不过像一个情节剧；事实上，它是对人物内心的考验，并且涉及个人的感情和忠实。这一主题最后在《野鸭》（1884年）中得到了最好的发挥。在这个剧中，格雷戈·威利不顾一切，坚持要求彻底了解事实的真相。这在一定程度上是由于他对父亲的强烈不满所造成的，于是，只会给朋友们的生活带来灾难，因为朋友们的生活与痴心妄想、暧昧关系和纯真的爱情是不可分割的。

这个主题的另一种说法，也一直使易卜生全神贯注，从《布朗德》（1866年）到后来的"象征派"剧作《建筑师》（1892年）和《我们死而复苏的时候》（1899年），都是如此。在这里，作家需要忠实于自己的灵感，需要满足对他经受考验的节操所提出的几乎不人道的要求。在易卜生致力于了解艺术特点的模糊性质的时候，他的洞察力看得最远（但有时也接近于辨认不清的境界）。它渴望达到最高的标准，然而，其动机是值得怀疑的；它的光荣接近于虚荣，接近于用贬低爱情来颂扬思想。当它在诱惑之下为生活服务的时候，它对本身就不再忠实了。易卜生揭示了一个时期之中必然出现的艺术方面自相矛盾的地方，因为在这一时期中，理想缺乏现实的基础，而真理也不再符合本能的感觉和信仰了。这样，理想主义就必须带有强烈的反常现象，而且只有奇迹般的希望才能维持它免于崩溃。易卜生就具有这样的希望，虽然一般只是隐晦地暗示一下，或者通过象征和比喻，间接地表现出来。暗示总是千篇一律：通过苦难，特别是通过爱情，连同罪恶与牺牲所包含着的无法根除的道德根源（《罗斯莫庄》，1886年；《小艾友夫》，1894年），灵魂就会被"唤醒"了。

这种用比喻来进行暗示所造成的差异究竟有多大，看一看比易卜生年轻的同时代的瑞典戏剧家奥古斯特·斯特林堡（1849—1912年）的剧作就清楚了。他塑造的人物总是在地狱之中，而且，这个地狱是

148 "用现实主义的笔法来描写的,似乎完全不考虑使用比喻,无论是用诗的形式,还是别的形式"。在《死神的舞蹈》(1901年)这个剧中,初次看到地狱场面的人就有这种感觉。这个剧也和斯特林堡早期的剧作一样,在地狱的狭小范围内囚禁着一对人间的夫妇,被注定是要互相毁灭的。戏逐渐展开以后,他就会进一步了解这个明显地排除了诗的全部含意的地狱。在这里,一切事物都像人们所说的那样"转化为"邪恶。事实上,这种转化的奥秘就在于歪曲人们最大的创造天赋:把实际体验的事物"带入"一个具有精神意义的境界的能力。这种能力已经成了一股邪恶的力量,因为它现在被用来进行破坏,即以魔鬼对残暴的目的和恶毒的用意所作的某种解释,暗中来破坏灵魂所宣扬的一切。灵魂吃掉灵魂,以许诺来引诱牺牲品,以温情使之丧失警惕,在这种弱肉强食的心理面前,无任何神圣事物可言。在斯特林堡的剧作中,表露于外的行为是次要的,这种行为就像扑杀以前所做的种种假动作一样;一旦生命赖以存在的幻想破灭以后,也就没有多少必要进行致命的打击。因此,《债主》(1889年)无疑是文学中表现缓慢的精神折磨最成功的一个戏剧。《父亲》(1887年)一剧也使用了类似的技艺,虽然没有那样细致。在这个剧中,在承认失败的时候,说了这样一句话:"面临决定命运的现实,本来是会使人进行抵抗,使人振奋精神和采取行动的;然而,我的思想已经化为乌有,我的头脑已经空空如也,它终将被付之一炬。"

斯特林堡塑造的男女角色都是"被罪恶拴在一起的"(《鬼魂奏鸣曲》,1907年),谁也逃脱不了;然而,他们的结局并不体现那种传统的劝善惩恶的思想。《罪恶种种,各不相同》(1899年)就带有讽刺意味地说明了这一点。剧中描述一个年轻的剧作家,他认为"如果你已经知道三幕戏如何动笔,那么,第四幕的构思就很简单了"。他在过去种种不端行为的驱使下,现在面临着最后的抉择,是自杀,还是接受宗教的惩罚,但是在最后一幕里,由于意想不到的戏剧效果,他的心情又变得愉快起来。这种前后不协调的地方,并没有采取令人心安理得的喜剧形式,而是像斯特林堡的戏剧手法中的许多其他情况一样,对作为传统戏剧的基础的惯用做法表示怀疑。易卜生努力追求的人物性格的完整性与情节在道德方面的连贯性瓦解了,它们变成了关于生存的可怕景象,在这种情况下,主观的幻觉是与客观的事实不可分割的；而且永远不可能从这种状态中醒悟过来，因为思想完全脱离了任何外界的标准，完全脱离了任何表明可靠的真理的背景，而只有凭借可靠的真理才能判断人的经历，即便是以比喻的形式来做判断。因此，斯特林堡的"自然主义"风格发展成为后来在关于梦的剧作中体现的"象征主义"风格，而这不过是侧重点有所变化而已。他超出了这两个流派的范围，发展到一种地步，使得认为现实与意识是两个完全不相干的领域这种看法开始崩溃，虽然这两个流派曾把这种看法发展到极不相同的程度。他的戏剧与其说接近左拉和梅特林克，还不如说更接近下一世纪的表现主义戏剧。

在斯特林堡最著名的剧作之一《朱丽小姐》（1888年）中，一个地主家庭的容易激动而且近乎神经质的女儿委身于男仆。男仆的性格比较粗犷坚强，不为"荣誉可能危及生命之类的迷信"所动摇。在为生存而进行的斗争中，举止文雅和思想高尚可能是可悲的不利因素，这种看法在这一时期的文学中是经常出现的；在俄国，感触尤深，因为俄国的上层社会看来与老百姓通常关心的事务以及其他努力已经失去了一切联系。安东·契诃夫（1860—1904年）在他最后一个也是最优秀的一个剧作《樱桃园》（1904年）中，也描写了一个狠心的仆人，就是未来的那种迟钝的、白手起家的人物。这个仆人取代了这个地主家庭，因为它已经无法料理自己的事务。他也许会赞成斯特林堡的看法："为了幸福，需要有坚强、健康的人种。"在契诃夫的短篇小说和剧作中，偶尔也讲一些话，表示向往人类更加光明、更加美好的前景。然而批评家们，谁也不能肯定契诃夫本人对此相信到什么程度。他是一个医生，也是一个思想开明的人，准备到库页岛去报道那里监狱的情况，为人们的苦难而忧心如焚；但他也是当时的一位艺术家，就像莫泊桑那样，以超然与讽刺的态度观察人们的心理活动。人们甚至无法断定，根据作家的本意，《樱桃园》究竟是一个喜剧，还是一个悲剧。人们对其他几个剧：《海鸥》（1896年），《万尼亚舅舅》（1899年），《三姐妹》（1901年），也存在着类似的疑问。由于契诃夫有天生的同情心和幽默感，他不像斯特林堡那样夸张，但是，他所塑造的人物也同样不幸地互相隔绝，也同样都是在他们无法控制的局面下，成了牺牲品；事实上，传统戏剧的形式已经面目全非了。譬如，对话似乎往往是由互不相干的话构成的；至于情节，与其说是一个完整的故事，不如说是一连串的各种情绪和小插曲。

  剧作被搬上舞台，是最容易受到破坏的；然而，契诃夫很幸运，因为莫斯科艺术剧院的著名导演斯坦尼斯拉夫斯基能够理解他的作品，能够体会并表现每一个简短的词句所包含的潜在感情，以及标志着一幕戏的发展的"气氛上的"变化。契诃夫的艺术是以对比为基础的，这就是一般表露出来的现象（包括人们实际的行动、言论以及他们表面上的为人）与某种比较深刻的含意的对比。这种对比并不是什么新鲜的东西，每一个哲学家和艺术家都肯定地熟悉它的某种形式，而契诃夫的特殊之处就在于他意识到：作品的含义是不能通过编造一个惯常的剧情、配置角色和人物以及拟定连贯的对话这样的方法，真实地表现出来。这样做，就是使生活具有一定的连贯性，而实际上，生活是不具备这种连贯性的，不过，哲学或艺术当然除外。契诃夫深切地意识到这种常见的似是而非的情况，这种情况对于决心忠实于"事物的真实面貌"的作家是一种限制，使他对每个事物采取讽嘲的态度。他对剧中和许多短篇小说中的人物所热衷的说教，时常采取这种嘲弄的态度，然而，这种嘲弄却从来没有蜕化到玩世不恭的地步。他轻轻地触动一下人物思想上的弱点，抓住人物的回忆和希望中的抑郁情绪，突出地显示出他们的乖戾、荒唐与残暴。契诃夫十分了解，这样一种态度是有局限性的。当他的良知要求他去掉艺术加工，把含意说得更加明白，他就只好像《一个无聊的故事》（1889年）里的著名学者那样回答说不知道——虽然他完全知道，要实现人类幸福这一"状况"，就必须提供一个答案。因为，"如果一个人内心没有比外界事物更坚强、更伟大的东西，那么，一场重感冒就足以打破他平静的心情，而他的悲观情绪、乐观精神、大大小小的各种想法，除了作为症状以外，也就没有别的意义了"。契诃夫知道这一点，所以他在自然主义作家之中是最能克制自己、最富于同情心的作家；而且，他虽然善于捕捉能够反映一个腐朽社会的各个细节，却不坚持任何放肆的自然主义哲学。他的判断能够像左拉或斯特林堡所提出的判断那样使人感到极为不安（《第六病室》，1892年），但是，由于他的真正的人道主义，他的判断是比较缓和的，因为他认识到：他的艺术并没有揭示真理，顶多不过反映了他意识到缺少真理这种可悲的状况。

要使文学提供一个答案，提出具有道德含义的真理，这是列夫·托尔斯泰伯爵（1828—1910年）在一生的最后30年中主要关心的事情。到了19世纪末，托尔斯泰受到人们崇拜，自歌德以来，没有任何作家曾受到过这种尊敬。从欧洲各地都有"朝圣者"到雅斯纳亚波良纳庄园来看望这个小说家与预言家。他的服饰像个农民，穿着一件现在叫作"托尔斯泰服"的宽大的罩衫。虽然持有托尔斯泰所写的某些谴责政府的罪恶行为的小册子，就被警方视为犯罪，但政府却不敢再干扰这位世界闻名的作家了。他的名望现在主要建立在《战争与和平》（1869年）①和《安娜·卡列尼娜》（1877年）上面，虽然他本人在经历了《忏悔录》（1879年）中所述的那种精神危机后感到不得不抛弃这两部著作。《忏悔录》是一部带有强烈感情的极其动人的自传体作品，它标志着托尔斯泰一生事业中的一个转折点。随后，他又写了一系列文章，阐明他那非正统的基督教观点（其要点见于《我的信仰》，1883年），还写了一些简单的有教育意义的故事，如《人靠什么而生存》（1882年）和《一个人需要多少土地》（1886年）。他后来又继续创作小说，写了《复活》（1898年）和《哈泽·穆拉特》（1904年），以及几个短篇小说，包括有名的《克莱采奏鸣曲》（1886年）和《主人与仆人》（1895年）这一杰作；此外，还尝试地写过讽刺剧，如《教育的果实》（1889年），以及较为严肃的"问题剧"，如《黑暗的势力》（1886年）。但是，他后期的所有作品都受他的生活和思想中发生的巨大动荡的影响。

托尔斯泰一开始就对道德问题和哲学问题感兴趣，但他的兴趣所在，不是把这些问题当作有关思想理论的事情，而是在于它们对于人们的生活方式产生的影响。早期的短篇小说如《哥萨克》（1862年）明显地脱胎于一种思想，这种思想自始至终成了贯穿他的作品的一个主题：朴素的"自然的"生活方式比社会、文化、文明所提供的一切，更使人们接近于达到善的境界的秘诀，而对托尔斯泰来说，这也意味着获得幸福的秘诀。在《战争与和平》这部作品中，安德烈公爵和彼尔都经过曲折的道路而认识到同一教训的不同侧面。这部小说

---

① 见第十卷第七章。

的宏伟结构是用一种信念联系在一起的,这个信念就是:历史与英雄行为这种重大问题,同普通生活的真正价值相比,是一种幻想。《安娜·卡列尼娜》的伦理结构就更为明显了。在这部小说中,情欲使人逐渐走向毁灭,它吞噬了日益放纵并陷于孤立的一对情人的灵魂。与此相对照的,则是列文和吉蒂为了寻找自己真正的本质,相互间的认识,以及他们在一个真正的集体中应有的位置而进行的斗争。然而,当托尔斯泰尚未写完这部小说的时候,道德与宗教的危机的紧张程度正开始加剧;他没有认真地修改此书,最后终于把它抛弃了。要想知道他为什么这样做,不是很容易的;因为他的思想的实际内容没有发生多大变化。看来,真正起作用的,是他作为一个作家。作为一个人,对自己的思想相信到什么程度。他把道德问题作为题材来写小说,把这些问题作为生活全貌的一部分,而且仅仅是一部分。他对于生活,"无论是它的光明面,还是黑暗面",比对他想象中的任何东西都更加热爱。他探索过精神觉醒与精神崩溃时的心理活动,尝过其中的欢乐与悲哀,在悲剧中找到了解决办法,从而在艺术方面得到了极大的乐趣。然而,对他那么出色、那么巧妙地予以阐明的真理,他自己是否真的相信呢?他的经历自始至终是一个作家的经历,而公众只是阅读。这些真理对于他或对于公众,是否有所不同呢?但那毕竟不过是由想象所构成的作品,不过是艺术而已。

"什么是艺术?"这个问题起初几乎被托尔斯泰个人关于信仰的表白完全掩盖了,但它在他后来的作品中不可避免地重新出现,并在1897年的一篇用这个题名的文章里得到了系统的阐述。文章的激进论点使人震惊,而且显然是与当时的"美学"观点格格不入的,虽然文章一般地探讨了一部作品以怎样的同情心和感情来"感染"读者的问题,借以避免在教诲问题上陷入狭隘的争论。即使罪恶行径在表面上是受到谴责的,难道作家长时间把自己的想象力放在罪恶行径上面,描述五光十色的细节和引人入胜的心理,是妥当的吗?因为,如果要写得好,就必须吸引住它的兴趣。托尔斯泰这样提出问题,就连莎士比亚的作品也被排斥了,而《圣经》中关于约瑟的故事却依然是一个楷模。这个界限是很难划分的,不过,与看到显然更难以接受的例子而感到愤慨的那些批评家通常所允许的情况相比,它就较为明确。必须承认,只有把这篇文章与托尔斯泰的宗教信念的背景联系起来看，才能领会其中的道理；然而，站在他的宗教信念的极端立场上可以看出：颂扬虚荣与错误，在道德方面可能是有不妥之处的。过去，清教徒曾提出反对艺术，纵然一般来说，这不是艺术家提出的。只要托尔斯泰努力把文学中不真实的东西搁在一边，改用他所描写的现实的东西，他的作品就会具有他所推崇的那种令人赞赏的单纯朴素特色，然而，他却没有这样做。他努力"改变"自己的想象力和自己的艺术，在他写《忏悔录》的时候，他以前所未有的严格认真态度注意自己的文体。

托尔斯泰的传记作者们曾多次暗示说，托尔斯泰始终没有找到他所宣扬的内心宁静，有时并指出，在他对社会弊端发动的进攻中有自我毁灭的成分。这些社会弊端不断地为他提供主题，使他得到满足（在写《复活》的时候，他说他又感到在写《战争与和平》时曾经感到的那种创作激情），但同时也给他带来了怀疑，需要他加以解决。《疯人的笔记》（1881年）生动地说明了对死亡的恐惧，这一恐惧心理与他的信仰危机紧密相连，同时也和邪恶吞噬了近代生活的各个方面这种使他困扰的看法紧密相连。《克莱采奏鸣曲》或《魔鬼》（1889年）对于婚姻的揭露和斯特林堡所做的任何揭露是同样可怕的。但它们不仅在心理方面而且在道德方面所具有的意义是不同的。托尔斯泰一味谴责文明社会，对任何不符合他的理想的东西都感到无法容忍，结果就连契诃夫都反对他，因为契诃夫不能接受这些妄称可以提供一条出路的谴责哲学。托尔斯泰是先知的神话既然已成过去，便不易看到他因自己的天才而感到骄傲与自豪。他的天才曾使他认为自己必须而且能够拯救世界。邪恶能被圣人制服，但是能被作家制服吗？

《安娜·卡列尼娜》的第一章开头是这样写的："幸福的家庭都是相似的，不幸的家庭各有各的不幸。"第一章的章前语是："主说：申冤在我，我必报应。"这两句话就把托尔斯泰所处的困境做了概括。如果不写人的曲折的历程，不写人的失败，便不可能有伟大的文学作品，然而，如果没有上帝牢牢控制的关于善与恶的安排，也同样就没有人的失败。托尔斯泰深感不安的是，他无法相信正教关于最后赎罪与惩治的说法，这种情况在当时是很典型的。从《圣经》中引来的那句话，本意可能只是要反驳那些持偏见的人，他们想从不贞的女人的悲惨结局中得到乐趣，但是，后来他开始感到这句话里包含的真理正是将道德上的责任问题束之高阁。邪恶可以留待来世处理，但眼前这个世界上的不公正、苦难和不幸的遭遇怎么办呢？作为一个作家，他需要这些令人不愉快的东西，但是到了一定的时候，他就觉得无法忍受，必须加以谴责，加以克服，加以纠正。因此，先是作者的自我斗争，接着，便是他与这个罪恶世界的斗争，而且出现了在《伊凡·伊里奇之死》（1886年）、《主人与仆人》和《复活》中所描写的那样的胜利结局。对于托尔斯泰所处的困境来说，具有讽刺意味的是人们特别对于最后一部小说提出的批评。人们批评说由于作者坚持要找到一个解决办法，从而破坏了这部作品；如果说有所弥补的话，那就是作品对人们的软弱和痛苦表示了富有想象力的同情。表现幸福的场面，借以惩治道德方面的罪恶，并解脱自古以来就有的罪过，是不能产生伟大的文学作品的；而如果幸福生活不能通过神圣的手段来实现，便只有引起革命。

（庄绎传　译）

第 六 章
艺术与建筑

有关19世纪艺术史的大多数著作的错误，在于把艺术和建筑分割开来。大家公认，要在斯科特1868年所设计的圣潘克拉斯车站[①]和莫奈1877年所画的圣拉扎尔车站[②]之间找出统一的风格是不容易的。而且，人们一旦把眼光从最熟悉的绘画作品转到最熟悉的建筑物，就可看出其美学质量一落千丈，使人再没有什么兴致花费力气来探讨这种统一的风格。谁也无法否认这种判断艺术价值的看法是正确的，但其中也含有谬误之处。人们往往容易忘记官方的绘画与非官方的建筑的差别，前者就像任何保险公司总公司的建筑一样低劣，后者则即使不如莫奈和修拉的绘画那么优秀，但有时也几乎堪与之媲美。如果人们认识到其全貌，就能够试图对其一切方面做出公正的评价。剩下的唯一困难是，一般外行人——在这方面几乎每个人都是外行——对印象派画家和后印象派画家知之甚详，而对菲利普·韦布和诺曼·萧、亨利·理查森和斯坦福·怀特，甚至包括安东尼·高迪都几乎一无所知。

这就是本章首先论及绘画的一个理由。另一个理由是19世纪的确是一个绘画占最重要地位的世纪，在美学上和在社会上都是如此。这种支配地位在1870年以前即已确立。就社会方面来说，1870年的艺术赞助人已不再是1770年的艺术赞助人。在1770年前后，艺术的社会地位仍然是中世纪、文艺复兴时期和巴罗克艺术流行时期所处的社会地位。当时的赞助者是教会、宫廷和贵族，虽然对偶然赞助艺

[①] 伦敦附近的一个火车站。——译者
[②] 巴黎附近的一个火车站。——译者

的商人、银行家、酿酒商也不应该忽视。赞助人总的来说是有闲阶级，他们所受的教育已包括一些对建筑、工艺和美术的欣赏。一百年以后，建筑师们为简陋的郊区建筑了成百所教堂；建筑师们对这些建筑没有足够的兴趣，而由一些投机商进行建筑，结果是使得广大的新郊区庸俗难看；贵族们早已衰落或正在衰落，新兴工商业阶级出身的赞助人，过去既没有了解艺术问题的机会，后来在生活中也没有闲暇去掌握它们。这就不仅决定了他们对待他们投资兴建的建筑物的态度，也决定了他们对待选来装饰自己住宅的绘画的态度。但是一个建筑师离开赞助人就无法进行建筑，而一个画家只要肯忍饥挨饿，就是没有赞助人也能作画。在艺术史上，枵腹画家最早出现在 17 世纪的荷兰——即第一个中产阶级共和国时期。他成为 19 世纪值得人们提及的画家的典范。米勒为了买一双鞋，卖了 6 幅画。雷诺阿在 1869 年写道："我们不是每天都吃饭的"，莫奈在同一年写道："你瞧，我停顿下来了，因为没有颜料。"能够对这样的生活安之若素的画家，总有一天会等到难得的了解他们的赞助人出现。所以最有信心的画家能够保持美学上的纯正和探索的热情，这是建筑师们望尘莫及的。

通常认为印象画派以爱德华·马奈（1832—1883 年）和他在 1863 年创作的《草地上的午餐》和《奥兰毕亚》这类画为其滥觞。但是这些画并不完全符合条件。使批评家和公众感到震惊的与其说是这些画的手法，莫如说是它们的题材。男人们穿着日常服装去野餐，一个裸体的姑娘和他们在一起，或者说一个年轻女人摆出提香所画过的那种传统姿势，但又显得不像是裸体画而倒像是被剥得一丝不挂似的——库尔贝也这样做过，并且更糟。糟就糟在他作为一个感情外露的、好炫耀的写实主义者，想要他的裸体像含有猥亵的意味，而马奈的裸体女之所以特别令人不快，毫无疑问是因为他是纯粹以美学的超然态度作画的。事实上库尔贝也为《奥兰毕亚》感到震惊，但那是由于这幅画缺乏写实主义。他把她称作"一张纸牌"，可是在这幅画中确实包含了一些新的东西。如果说她看起来平板单调，那是因为强烈的光线直接照射在她身上，看不出起伏不平的表面的细微差别。委拉斯开兹在 17 世纪也这样做过，但是再没有别的人这样做过。马奈在 1865 年访问西班牙时把委拉斯开兹称为"画坛之雄"，这是可以理解的。这种对于直射阳光及其在人体上所产生的效果的兴趣，成为印象派画家最关心的课题之一。另一个课题——虽不那么新颖，但同等重要——是关于当代的、日常生活的题材。第三个课题表现在 1862 年马奈画的《杜伊勒利宫花园音乐会》中：那就是运用让画框任意地切去画面，更多的是用快速、有力、粗线条的笔触和用画笔的运动表现人物的活动这些手法，令人信服地画出人群的问题。

马奈遭到猛烈的攻击。罗赛蒂把他的（和库尔贝的）艺术称为"堕落"，朱尔·克拉雷提把他们的作品贬为"笑料或拙劣的摹仿"。其结果是最优秀的年轻人开始聚集在他周围。他们是埃德加·德加（1834—1917 年）、克劳德·莫奈（1840—1926 年）和奥古斯特·雷诺阿（1840—1919 年）。如果加上卡米耶·毕沙罗（1830—1903 年）和阿尔弗雷德·西斯莱（1839—1899 年），主要的印象派画家就都已列举到了。印象派这个词是稍后才出现的；但是"印象"这个词过去就曾偶尔用来表达风景画家，甚至包括巴比丛派①及其同时代人，即 1820 年前出生的画家们的创作意图。一位批评家在谈到容金时说，"他的一切都存在于印象之中"，另一位评论家则在 1865 年称多比尼为"印象画派的领袖"。刚才说到的 5 个人都出生于 1830 年至 1840 年间，其中 3 个是风景画家，雷诺阿则至少在一定程度上是风景画家。只有德加坚持画人物画。所有的人都受到马奈（还有库尔贝）的影响，但是他们很快就在一个方面超过他，并反过来影响了他。1869 年莫奈和雷诺阿两人都画了塞纳河上布日瓦尔附近的《格勒鲁依叶》，这些画直接抓住阳光投射在叶丛上和水面涟漪上的瞬间即逝的效果，而没有经过画室里的校正。从这一意义来说，它们都是户外画。直接利用外光描绘的画法成为印象画派的基石之一。其他的基石是："印象"，即把眼睛所看见的东西如实地描绘下来；把运动转化到静止的画布上；以及日常生活题材，不论是风景、静物、人物肖像或风俗画，而所谓风俗画就是再现一些除了它们是刚刚发生的之外再无其他意义的事情。诚然，马奈在 1864 年画了美国南北战争中"基尔萨奇"号与"亚拉巴马"号在法国海岸附近的海战②，1867 年画了枪决墨西哥皇帝马克西米连，但是这些在他的作品中都不是典型

---

① 19 世纪 30 至 70 年代盛行的法国风景画派，以其活动中心在巴比丛村而得名。——译者
② 即美国南北战争期间，联邦军舰"基尔萨奇"号于 1864 年 6 月 19 日击沉南部同盟军舰"亚拉巴马"号的战斗。——译者

的，而且无论如何，正如《奥兰毕亚》一样，它们还不完全是印象派作品。德加是画日常生活琐事的大师。大约在1873年他画了勒皮克子爵和他的小女儿们出去在协和广场散步——他们位于画面的前景，画框切去了他们的腿部。左边有另一位绅士，但是我们只看见他的半个身子，因为画框把他纵向切去了一部分。广场周围的房屋和树木只有模糊的轮廓，此外几乎再无他物。然而和德加的另一些作品相比，这幅画所画的还算是大事。他的《熨衣女工》画的是一些忙着熨烫衣服的女工，有的伸胳膊伸腿，有的打着哈欠；还有他画的在浴盆里沐浴的姑娘们，所有这些看上去都是一些毫不自觉，因而是十分吸引人的并不雅观的动作，"好像你是从钥匙孔里看到的"（他自己这样说）；他的《芭蕾舞演员》画的是许多正在排练或表演的芭蕾舞演员——尽管画的都是她们的一些偶然摆出的姿势，但由于学习了日本木刻画的长处，因而能够在画布上安排得十分巧妙而富于高雅的情趣。

对日本艺术的爱好，开始于19世纪50年代，1862年伦敦国际博览会以后就愈来愈趋强烈。其影响因人而异。马奈以一幅日本木刻画作为他1868年为左拉画的肖像的背景，对他来说，感兴趣的是清晰而没有阴影的线条和轻淡的色彩。对德加来说，感兴趣的则是妙趣横生的不对称的人物安排。对惠司勒、对高庚、对梵高等人的影响，我们只好在下面再来探讨。

在1869年以后的5年中，这批当时都是35岁上下的人，紧密地联合在一起，于1897年举行了第一次画展。之所以必须这样做，是因为官方的沙龙①把他们的大部分作品都拒之于门外。展出的作品有莫奈的《卡皮希内大街》，画上的人群被大胆地用一些垂直的笔触画成，树木除靠我们最近的一些树枝外，画成蒙蒙的一片，房屋也只是透过寒雾若隐若现。远处是一片灰色和蓝色，街道就消失在其中。雷诺阿展出的作品有《包厢》，这是在一家剧院包厢里的一对夫妇的出色的画像，是检验印象派画家如何集中表现中心题材的一个范例。在这幅画上，中心是那位年轻女人的面孔，而离中心越远的东西，画得也越简略。颜色是黑色和白色——早年雷诺阿惯用的颜色——背景则

---

① 官方的沙龙，指一度在巴黎举行的当代画家作品展览会。——译者

是他特有的那种玫瑰色和略带淡灰的粉红色。雷诺阿还展出了他的《芭蕾舞演员》，画的是高雅而年轻的演员们，舞衣的薄纱是最轻盈的灰白色，只是缎带上有淡淡的一抹浅蓝，棕色的头发和一只耀眼的黑色手镯。这幅画的背景也是完全不明晰的。展出了10幅德加的、5幅毕沙罗的和5幅西斯莱的作品。在莫奈的5幅作品中，恰巧有一幅题为《印象·日出》，正是这个标题，使《喧哗》周刊产生了把整个这批人称为印象派画家的念头。从此他们的这个名称就固定了下来。

公众和报刊在很长一个时期仍旧怀着敌意。《费加罗报》戏谑地把他们在意大利大街附近勒佩尔蒂埃路的迪朗·吕埃尔画店举行的第二次展览会称之为仅次于最近在歌剧院发生的火灾的一场大灾难。但是盟友开始出现了。左拉早在1866年就曾著文支持他们，预言在罗浮宫中将有马奈的位置，并赞扬莫奈和毕沙罗，而这时，1878年，泰奥多尔·迪雷出版了他的著作《印象派画家》。但就收入说，画家们并未从这种看法的转变中立即获利。他们在头两次画展之后经过努力售出了50至70幅画，但是每幅画的收入平均不到160法郎。1878年拍卖一次。莫奈的画平均每幅185法郎，西斯莱的每幅平均115法郎。当迪雷在1894年不得不出售他的藏画时，情况就不同了。这时莫奈的一些主要作品售价达5000至11000法郎。最初经常的买主中有像亨利·哈夫迈耶那样一些美国人。

对一种新的艺术风格从敌视转变到欣赏，总是一种思想上的转变。就印象派画家而言，这也是一种视觉习惯的改变。当罗斯金把惠司勒的《克雷莫恩花园》说成是"把一罐颜料泼到公众脸上"时，我们姑且可以承认他或许确实未能看出被他讥讽的画布上表现的是什么。但是对于今天的外行人来说，印象派已成为所有绘画作品中最容易为人所欣赏的，而且比18世纪以前的名画家的作品要容易欣赏得多。这丝毫不足为奇，因为印象派画家并非革命派，尽管他们的技巧使他们看来似乎是革命派。他们处在一个绘画的黄金时代的末期，而不是处在一个其美学价值尚未确定、尚未经过考验的新时期的开端。提香在创作的后期，委拉斯开兹、伦勃朗、戈雅、康斯太布尔，都是他们的先驱，因为他们画的是他们接受的各种印象，而不是像拉斐尔或普桑或安格尔那样从众多的印象中提炼出永恒的形象。印象派的特点是人们记得许多熟悉的图画，但是不能从中挑出几幅来作为全体的代表。人们常常会说马奈的这幅风景画跟另一幅一样好,德加的这一幅芭蕾舞演员也跟另一幅一样好。人各有自己的爱好,自然也有突出的成功之作和一般的平庸之作;但技巧始终是惊人的,映入眼帘的一切所产生的愉快之感永不会磨灭。卡米耶·毕沙罗比其他人年龄稍长,更富于思想,他在大约65岁时教导他的学生说,应该"更多地为形象和色彩,而不是为素描去观察"主题;一直到最后都不应该"失去最初的印象","画得准确会破坏印象";"感觉到就必须立刻画下来"。雷诺阿不善于有系统地思考,他写道:"我没有理论。我是为绘画而绘画。"莫奈也不是一个理论家,他在晚年写道,他别无他求,他的"功绩只是直接描绘自然,力求把我所感受到的稍纵即逝的印象表达出来"。他在文章的另一处说他但愿"生来就是一个瞎子,然后忽然重见光明,这样一来他就能够把他所看见的东西画出来,而无须知道这东西是什么"。这种一味主张仅仅是看,然后把看到的东西画出来的狂热,竟使得莫奈在他妻子刚刚去世之后,观察她面孔上呈现的死亡时各种各样的色调。

如果说连死亡都能够变成一种视觉的感受,显然印象派画家是不会对题材的理性价值感兴趣的。对他们说来,并不存在所谓《牧羊人来拜》,不存在所谓《珀西亚斯和安德罗表达》,不存在所谓《托比大叔和华德曼寡妇》,不存在所谓《奴隶市场》。① 画家的领域虽是无限的,但极严格地限于视觉领域。理性的领域对他是关闭的。这里有一个马上就会使人感觉到的局限。莫奈却有勇气去追求其终极的效果。1891年他展出了15幅在不同的光线下画的同一干草垛(每幅以3000至4000法郎售出)。他提出这样做的理由是:谁也不要因为与这些绘画的主题不相干的思想而分散了对我的艺术效果的注意。只需观察并欣赏我的视觉的真实性。写实主义就这样被认为仍然是正当的,而且如此之彻底,正如当初库尔贝曾经以他那种直言无隐的方式说出他以"没有理想、没有宗教"而自豪一样;但是这时写实主义已经是一种升华成为空气和光一样无形存在的写实主义了。

印象派终于传播到所有的国家,为各国文艺界所接受,但这种传播经历了相当长的时间。在英国,这一变化属于沃尔特·西克特

---

① 这些都是宗教和世俗的题材,曾为印象派以前的画家所采用。——译者

(1860—1942年）一代；在德国，属于马克斯·李卜曼（1847—1935年）一代。李卜曼曾于1874年，西克特于1883年来到巴黎；意大利人朱塞佩·德·尼蒂斯（1846—1884年）甚至更早，在1867年就来到巴黎。要不是那些美国人这时不仅作为引人注意的绘画买主，而且作为引人注意的画家开始出现在欧洲舞台上，而且其中最引人注意的詹姆斯·麦克尼尔·惠司勒（1834—1903年）早在1855年就来到巴黎并于1859年决定住在伦敦的话，他本可以被认为是最早皈依印象主义的外国人。因此在《草地上的午餐》和《奥兰毕亚》之后直到《格勒鲁依叶》问世的年代里，惠司勒还不是当时正在形成的那个团体的成员。如果说他1859年的《少女弹钢琴》，1862年的《白衣少女》和1866年的《瓦尔帕莱索港湾》给人以印象派或接近于印象派的感觉的话，其原因也必然在于惠司勒本人独自的努力。他画瓦尔帕莱索港口外的大海，把一切固体的东西都化入一片朦胧的蓝灰色之中，这的确超出了当时巴黎的青年画家们所做的任何尝试，而当惠司勒开始公开地系统阐述他的一些观点时——这已是十几年以后的事了——有不少观点纯属印象主义。只消举一个例子，他评论他的一幅画面上只有一个黑色人像的雪景时说："我对这个黑色人物的过去、现在或将来都不关心，之所以把他放在那里，是因为那地方需要黑色。"

但是惠司勒的其他一些更重要的观点有一个方面与印象派画家的学说相抵触，这在他的早期作品如《少女弹钢琴》中就已经表现出来。《少女弹钢琴》是一幅自觉地创作出来的作品，如同德加在早年，即在他终于转向现代题材以前所画的那些作品一样。所以当德加仍在受各个艺术学校的那些神话题材的束缚的时候，惠司勒即已为着非学院派的创作目的而力图运用对他同时代人的精心安排进行创作了。这些在他最著名的肖像画，即他母亲（1872年）和卡莱尔（1874年）的肖像画中达到了顶点。此外，惠司勒不是谦逊地把他的风景画叫作"印象"，而是比较自负地称为"和声"、"交响乐"或"夜曲"——"灰色和绿色的交响乐"，"灰色和金色的夜曲"，等等——这样就引进了与音乐有关的——即抽象的——含义以及情绪上的含义，而这些含义对于那些沉溺于视觉领域的印象派画家来说是被禁止的。人们绝不会发现莫奈或雷诺阿会像惠司勒那样，说在暮霭中

"高耸的烟囱变成了钟楼",在夜晚"货栈成了宫殿",或者"绘画是视觉的诗篇,正如音乐是音响的诗篇",或者更彻底地说"大自然通常是错误的"。

惠司勒和他的弟子奥斯卡·王尔德一样,好出惊世骇俗之论。拿奥斯卡·王尔德的百合花和惠司勒的手杖和眼镜取笑是很容易的,事实上拿 19 世纪末那些颓废的唯美主义者和纨绔子弟们的一切装饰打扮来取笑都是很容易的,但是在惠司勒关于艺术高于生活的信念中,也有一些积极的有远见的东西。就我们从照片上所能看到的而言,印象派画家对他们自己的住房是缺乏审美观念的。他们作画,而他们与艺术的关系也就仅止于此。惠司勒的住宅,在切尔西的泰特大街上的那幢"白屋子",是他的朋友爱德华·戈德温(1833—1886 年)于 1878 年设计的;这座房屋是对 19 世纪建筑方面的历史循环论和对当时流行的那种笨重的样式和阴暗的色彩的挑战。房屋正面是白色的,门窗的位置独出心裁,室内陈设简单,粉刷成白色和鲜艳的纯黄色。惠司勒首次举行个人画展的展室四壁是灰色的,并摆设着一些中国青花瓷器用来衬托展品。惠司勒对室内装饰的趣味无疑是受了戈德温的影响,早在 1862 年戈德温就把他在布里斯托尔的住宅里的房间漆成素色,布置了少数精选的古式家具,未上漆的地板上铺有几块波斯地毯,挂着一些日本木刻。惠司勒也深为日本艺术所吸引,早在 1865 年就创作了他的《瓷器之国的公主》(《玫瑰红与银白色》)。这幅画形成著名的孔雀厅的中心点;这个厅是 1877 年他在伦敦为利物浦船业大王 F. R. 莱兰布置的,饰以用深蓝色和金色的富丽堂皇的东方式盘旋花纹画成的孔雀。同年,科明斯·卡尔为展出近代艺术,开办了格罗夫纳画廊,现在,读者也就会理解吉尔伯特写的"青枝绿叶的花纹装饰的格罗夫纳画廊"是什么意思了。

同时,注意到下面两点是很有意思的。戈德温在纯净、明朗的色彩和少而精的陈设方面,一定是仿效日本的艺术——他在 19 世纪 70 年代中期为家具业设计了许多略呈纺锤形的家具;而惠司勒对日本艺术的欣赏也一定包含了同样的特点,但也一定包含了那种永远使人感到纤巧精致的构图,这同时也是德加所喜欢的。

在本文中,惠司勒之所以重要,在于他从纯熟的写实主义转变到纯熟的装饰艺术;从维多利亚时代在家具陈设方面的阴暗色调转变到维多利亚时代以后的鲜明色彩。在这方面，他和戈德温的创作超过了在装饰艺术领域的其他方面更有影响得多的作品，即同一时期一位更伟大的人物威廉·莫里斯（1834—1896年）的作品。莫里斯最初在牛津大学攻读神学，后改学建筑，又因不满足于画图板上的工作，而改学绘画。他曾一度就学于罗赛蒂，因此拉斐尔前派画家和他们的辩护士约翰·罗斯金成了他崇拜的人物。他从罗斯金的著作中学会了喜爱中世纪哥特式的艺术，尊重他们的技艺，并对这样的技艺产生了热烈的信念。拉斐尔前派画家的艺术——当时尚年轻而且未受玷污——还使莫里斯对准确且具有装饰性的线条产生了同样强烈的信念。罗斯金一方面鼓吹技艺，一方面鼓吹社会改革。莫里斯把二者结合起来，并且赋予它们一种炽热的力量，一种坚定的进取心和艺术天才，这一切都是罗斯金所缺少的。于是莫里斯同他的拉斐尔前派画家朋友们，特别是他最亲密的朋友建筑师菲利普·韦布（1831—1915年）聚在一起，于1861年决定成立一家他称之为"绘画、雕刻、家具和金属制品美术工匠"的公司。他们设计家具、砖瓦、壁纸、彩色玻璃窗，风格与当时流行的迥然不同。家具不再是过分讲求装饰的，鼓鼓囊囊的那种所谓"自由式或混合式文艺复兴风格"——即从16世纪的意大利到英国詹姆斯一世时期和法国历代路易国王时期形成的各种主题的大杂烩——而是简单、有棱有角、模仿英国农舍的式样。

彩色玻璃，不再是在玻璃上画上逼真的图画，而是回到用纯净鲜明的色彩，绘出简单的平面图形，并在经过深思熟虑而选用的每块玻璃之间镶上框架。壁纸，不再是喜用一束束用自然主义手法画出的花卉和立体的风景，或者二者兼用，而主要用简单的花纹，画成平面，让人看起来壁纸覆盖的是墙面，正像莫里斯所设计的玻璃让人看起来仍然是玻璃面一样。

这种重新回到以实用为基本原则的做法，是装饰艺术的一次革命，而莫里斯本人的设计比起他同时代的设计来更加出类拔萃，正如印象派画家的绘画高人一等一样，无人能对此提出异议。这一革命早在1859年即已开始，当时莫里斯已结婚，让菲利普·韦布给他和妻子设计了他的住宅"红房子"。这幢房子坐落在伦敦东南的贝克斯利希思，朴实无华而不拘格式，不落过去任何一种式样的窠臼，内部陈设的家具都充分体现了莫里斯的理论。特别是有一个壁炉，上面刻着

"人生朝露，艺术千秋"①，它是那样丝毫不落俗套，那样丝毫不尚装饰，其设计那样地注重实用，因此定然会被列为对历史循环论最早的一次打击。它具备了前面提到的戈德温在1862年装饰他的房间时必然也具备的一切大胆创新之处，而且这些特点比莫里斯本人在19世纪70年代和80年代的作品体现得更多。

而正是在这些年里，莫里斯通过演说和写作，系统地阐述了他的美学和社会改革的理论，因而声名大振，并在英国、欧洲大陆和美国转变了艺术家和建筑师们的观点。他的两个出发点是：我们时代的艺术必然是不健康的，因为不管它多么有价值，也只不过是一些大人物的自我表现；同时，建筑和设计也必然是不健康的，因为它们所生产的只不过是在人们住宅里的"成吨成吨十足的垃圾"，以及为富人建的那些"庸俗不堪"，为穷人建的那些"简陋无比"的住宅本身。在中世纪，小城镇是美丽的，人所创造的一切也是美丽的。原因何在呢？莫里斯的回答是：每一个艺术家都是工匠，每一个工匠又都是艺术家。"艺术是人们劳动愉快的表现"。如果艺术要存在下去，必须恢复这一点。机器是敌人，工业是敌人，工业设计师只不过是一个"眯着眼睛看一张纸的人"。当然莫里斯本人也是设计师，但他也是一个狂热的制造者。

社会主义之所以成为他的信条，正如他自己曾经写过的，是由于"对历史的研究和对艺术的热爱与实践"。在他心目中，艺术绝不是某一幅伟大的绘画，而是设计，也就是制造既美丽又有用的东西，并且是为了大家而制造它们。他说："我不愿艺术为少数人服务，正如我不愿教育为少数人服务，或自由为少数人服务一样。"由于他也不相信灵感，但确信人人都能成为一个工匠，因此他认为艺术归根结底既是一种"对制造者和使用者都是一种快乐"的事，也是一种"由人民来做，为人民而做"的事。

至于怎样才能使艺术和生活回复到健康状态，莫里斯始终没有肯定的主张。有时他采取施本格勒的激进路线，比如他曾写道："也许，经过一场可怕的灾难之后，人类可以学会如何努力去获得一种健全的动物性，可能从一种还算不错的动物成为一种原始人，从原始人

---

① 原文为"Ars Longa, Vita Brevis"。——译者

再成为野蛮人,再成为其他等等,经过几千年之后,他们也许会再开始创造我们现在已经失去的那些艺术。"有时,他又采取一种更近于进化论的观点,建议我们"尽我们的一切做好准备,应付这一转变,以便减轻它将引起的震动"。但不管怎么说,他是一个非常积极的人,绝不会坐等他所说的大灾难。他演讲,他写诗,经营他的商店,并且向那些不事生产而单纯消费的人提出建议,让他们做些有用的事。他对他们所说的话,直到今天仍然是人们谈论的话题:同工厂和家庭的烟囱的烟尘做斗争,不要随地乱扔东西,不要在开始建筑房子之前就把树砍倒,等等。还有"不要把任何你不知道会有用处的或者你不相信是美丽的东西放在你家里"。凡是接受这一原则的人都会发现他能够(或者必须)放弃很多东西。莫里斯曾说他宁愿"住在波斯沙漠的帐篷里,或是冰岛山边的茅屋里",也不愿住在今天为"无知的、炫耀金钱的消化机器"建筑的房子里,人们可以相信他说的是真话。

但是莫里斯的整个学说包含一个缺陷。虽然他是一个狂热的工匠,但他所做的和使他成名的大部分东西——特别是他的印花棉布和壁纸——实际上只是由他设计而在工厂里制造的。还有,他的家具生意并不是以帐篷和茅屋为对象,而是在于创造非常文明的、完全有意识地设计出来的环境。所以莫里斯所生产的东西未必总是包含着"劳动的愉快",当然也绝不是"为了人民"。总之,他的商店是一家价格昂贵的商店。他知道这一点。有一次当问起他正在从事何种工作时,他说他在"为富人们卑鄙龌龊的奢侈生活服务",另外一次他更加深思熟虑地说道"一切艺术都要付出时间、辛劳和思想……而金钱只是代表这些事物的筹码"。

所以莫里斯的主张与其说是社会革命,倒不如说是一种美学革命。诚然,他说服了许多有才华的年轻人以工艺作为终身的职业,而且英国的工艺美术运动在其早期也确实产生了许多诚实的、有创见的优美作品。而且,设计方面的美学改革,如果在一开始不是掌握在制造者手中,而是掌握在为工厂服务的设计师手中的话,也确实不会有足够的推动力。但归根结底,获益最多的还是设计师,而如果说20世纪在一开始就出现了一种新颖、实用的风格的话,主要应归功于莫里斯和他为了使人们认识到日用产品比画架上的绘画更为重要而做出的努力。

莫里斯专门进行平面设计。至于家具，则由菲利普·韦布（1831—1915年）为公司设计。韦布还是他那个时代两个最重要的英国建筑师之一。他的"红房子"是大批建筑师设计的许多不拘格式的舒适住宅中的第一幢。整个运动被称为"住宅建筑的复兴"——这个词当然包括莫里斯的工作在内。韦布建筑的房屋不多。他一贯诚实，从不赶时髦，能够大胆地使用材料，并兼收并蓄各种风格之长而融为一体。理查德·诺曼·萧（1831—1912年）具有更敏锐的想象力和更灵巧的技艺。他在19世纪70年代设计的房屋大部分在汉普斯特德和切尔西，而且是为艺术家们设计的。这些房屋都是砖结构，基调是把荷兰和英国17世纪的建筑风格优美别致地融为一体。这种风格不十分确切地被称为安妮女王风格。韦布设计的"红房子"已经表现了这种特色。10年以后，它的发展前景开始为其他人所认识。1868年伊登·内斯菲尔德在丘加登斯建造了一所安妮女王式的住宅，1871年J. J. 史蒂文森在贝斯沃特路建造了一所"红房子"。1872年诺曼·萧在离开他早年的伙伴内斯菲尔德以后，独自发现了这种风格。正是他使这种风格成为那些敏感的和"喜爱艺术"的人的时尚。到了1881年，吉尔伯特就得以在歌剧《忍耐》① 中写道，"仁慈的安妮女王在位时是文化鼎盛时期"。不管所谓安妮女王风格的真正特色是什么，实际上它们是荷兰17世纪和英国威廉与玛丽时代的风格，其结果是产生了一种与维多利亚全盛时期的粗俗形成鲜明对照的优美的家庭建筑。正是这种优美的格调，把法国的印象主义与英国的"住宅建筑复兴"运动联系了起来。库贝尔的写实主义与维多利亚全盛时期的建筑同样粗俗。而这时，精美、雅致、轻快的格调成了理想的东西。与此同时，在政治和社会历史方面，19世纪中期那种什么也不加怀疑的乐观主义也衰落了。

绝不可能给一种风格的出现定出一个确切的日期。"红房子"属于维多利亚时代后期，而不是维多利亚全盛时期，虽然它是在斯科特极力追求维多利亚全盛时期的风格而设计圣潘克拉斯车站之前将近5年设计的。莫里斯的设计，戈德温的建筑和设计，以及诺曼·萧的住

---

① 吉尔伯特和沙利文合作的喜歌剧。——译者

宅也属于维多利亚后期的风格。从第一个先驱作品的出现到一种风格的确立，其间总要相隔一段时间。19 世纪 70 年代应被视为"住宅建筑复兴"运动的典型作品出现的时期，正如它是印象主义典型作品出现的时期一样。诺曼·萧所设计的新西兰会馆（New Zealand Chambers），阿伯特纪念堂①附近的他设计的住宅（现在的皇家地理学会），在汉普斯特德的埃勒戴尔路的他自己的住宅，切尔西的天鹅住宅楼（Swan House）——都建于 1872 年至 1876 年——就是最好的例子，在当时欧洲任何地方都是无与伦比的，而且远比他自己后期设计的新英国巴洛克风格的建筑具有更大的价值和历史意义。诺曼·萧在社会上最有意思的工作是 1875 年受科明斯·卡尔的兄弟乔纳森·卡尔的委托为伦敦特恩哈姆草地的贝德福德公园所做的设计。这是所有花园郊区中的首创之作，19 世纪 90 年代的桑莱特港和伯恩维尔就是按照这个样式设计的。它是从适应有文化的中产阶级的需要转变到适应工人阶级需要的典型。从花园郊区到拥有本身的工业建筑和民用建筑的独立的花园城市，只有一步之差；埃比尼泽·霍华德在他的《明天的花园城市》（1898 年出版）一书中从理论上迈出了这一步。而巴里·帕克和雷蒙德·昂温于 1903 年开始建设的莱奇沃思②则最后在实践上完成了这一步。

这一切在国外产生很大的影响。"花园城市"开始在法国和意大利出现。普鲁士政府于 1896 年派赫尔曼·米特希乌斯去伦敦数年，研究"住宅建筑复兴"运动，莫里斯的著作被翻译成多种文字；爱德蒙·德·龚古尔于 1896 年给这种新的装饰艺术风格起了一个英文名称，叫作"游艇式"。黑森大公委托英国建筑师为他设计在达姆施塔特的府邸。在大陆上，艺术家开始转变为工匠，像英国的艺术家已经做的那样。然而这个运动只停留在设计私人住宅及其陈设这种个人交往范围内。官方的建筑物仍然是富丽堂皇的，正如各国官方的付价昂贵的油画还没有受到印象主义的影响一样。只需翻阅一下巴黎艺术沙龙插图纪念册或是了解一下伦敦皇家艺术院用钱特利遗产基金③购

---

① 阿伯特纪念堂（Albert Hall），1871 年建成的伦敦圆形剧场。以维多利亚女王的丈夫阿伯特亲王的名字命名。——译者
② 英格兰中东部城镇，第一个花园城市。——译者
③ 钱特利爵士（Sir Francis Legatt Chantrey，1781—1841 年），英国雕塑家和画家，死后将遗产大部捐赠给皇家艺术院，作为购买名画的基金。——译者

买美术作品的情况，就足以使人回想到当时的情景——对密莱司和莱顿勋爵的作品付价2000至3000英镑。埃德温·朗的《巴比伦的婚姻市场》于1875年以1700英镑买进，1881年转手卖了6615英镑。

19世纪末以前，在英国以外的建筑物无一可与英国的"住宅建筑复兴"派的建筑相比拟。不论你去罗马参观1884年开始兴建的维克托·埃曼努埃尔二世纪念碑和1888年开始兴建的司法部大楼，或是到柏林去参观1884年动工兴建的国会大厦和1894年动工的大教堂，竟然都是新巴洛克风格。

只有美国是例外。这里，在建筑方面至少像英国一样发生了重大的事情。这里我们只谈及与我们有关的住宅建筑的改革——亨利·霍布森·理查森（1838—1886年）和斯坦福·怀特（1853—1906年）在19世纪80年代建造的房屋，像韦布和萧以及他们的同派人那样自由地随意运用过去的题材，未始不受他们的影响。这些美国房屋，如同惠司勒的绘画一样，标志着美国从一个外省的后座议席的地位跃居于西方艺术的前排席位的时刻，从此以后它再也没有离开这一地位。甚至在官方建筑方面，美国这时也享有超出其他国家的盛名，斯坦福·怀特所属的麦金、米德和怀特公司，于19世纪80年代又转而模仿意大利文艺复兴时期的风格（如1888—1892年建筑的波士顿的公共图书馆），以后又和其他人一起，模仿古典再复兴时期的风格，比欧洲的新巴洛克风格更加严谨（如1906—1910年建筑的纽约宾夕法尼亚车站）。

正是在美国人的这些作品中才应当寻求与高尚的古典风格相类似的东西。这种与印象主义相对立的古典风格，在法国表现在皮埃尔·皮维斯·德夏凡纳（1824—1898年）的给人以冷漠感的灰色壁画中；在德国的汉斯·冯·马雷（1837—1887年）的神秘、沉郁而在技术上质朴的绘画中达到顶点。在这些绘画中，画成正面或侧面的模糊的神话人物，或站立，或静静地走动在庄严的树丛中。构图遵守最基本的中轴线。马雷一生中虽然只有一次受委托创作壁画，但他一贯按照壁画的要求来构思。在这一方面和所有其他方面都与印象主义的原则完全对立。马雷是从古典主义的传统出发形成他的立场，而并非有意识地反对印象主义，因为他对后者几乎丝毫没有认识。

在马雷的晚年，乔治·修拉（1859—1891年）在法国确立了与之不相上下的地位。他的题材与马雷的截然不同，他的色调不同，他运笔的方法也完全不同，但是严格地忠于简练和保持中轴线的信念，把修拉与马雷连在一起。在修拉成熟后的不多几年间，即1884年至1891年间，人们对他议论较多的是他的着色法而不是他的构图。其实更加新颖，因而必然比前者更加令人迷惑的是后者。修拉思想清晰，合乎逻辑，气质冷静。他对谢弗罗尔和其他人的光学论文产生了兴趣，发现如果把调色板上的颜料减少到有限的几种清晰、明亮、不加调配的颜色，再把这种颜色以不掺杂在一起的色点点在画布上，那么眼睛就会完成"光学混合"，从而得到更真实的天然色彩。修拉的科学手法立即赢得追随者，首先是保罗·西涅克（1863—1935年），接着是其他人，如一些法国人，几乎随即又有一些比利时人（包括亨利·范德威尔德）。西涅克在1887年写道："我们的准则是可靠的，能够论证的，我们的绘画是有逻辑性的，不再是任意地作画了。"

这一派人，由于他们使用的手法，被称为"分割派"或"点彩派"，但是更以新印象派而闻名。他们是如此热衷于绘画的科学，以致对构图的规律，线条的方向及其感情上的意义，特别是关于色彩的感情意义也都发生了兴趣。但是，一旦走到了这一点，结果反而不能更加精确地描绘自然，而是根本上背离了这一原则。西涅克画了一幅费利克斯·费内昂的肖像，背景是许多圆圈、星星、明亮的旋涡，波纹状的平行线和另一些有点像凯尔特人的形象。费内昂是最早著文介绍新印象主义的人。这样抽象的背景（它开1910—1915年出现的意大利未来主义的先声），是对费内昂的一种赞扬，因为他曾说西涅克"为了追求阿拉伯式的图饰而舍弃了那种以奇闻逸事为题材的做法"。然而把人物与抽象的形象并列在一起，仍然是罕见的。修拉虽从未发展到这种地步，但他的人物画的背景同样是虚构的和恪守一定风格的，他作画不是抓住转瞬即逝的一刹那，而是建立一种永恒的感觉。按照费内昂的说法，印象画派是被"天空、水、树叶在每秒钟的变化"所吸引、而竭力捕捉"这些转瞬即逝的景象，把它画在画布上"。在修拉1884—1886年画的《大碗岛上的下午》上，每一个人都仿佛固定在一个位置。人物像一些木头玩具，轮廓简单，僵硬，大多数是正面和侧面，只摆出最基本的姿势。构成画面的鲜明的色彩和密集的色点，就是这种有意识地以天真、幼稚和孩子般的态度处理画面的恰当的伴随物。修拉在他后来画的《马戏团》和《喧闹的舞蹈》中，在因袭奇异怪诞的风格方面走得更远。

如果人们承认修拉是一位强行把自然纳入各种基本模式的风格大师（例如，范德威尔德指出修拉是"回到风格"的艺术家时，他正是这样认为的），那么就有可能把他视为与保罗·塞尚（1839—1906年）相辅相成的人物。印象派画家中最聪明也是唯一能了解他们后来的对手的毕沙罗，曾经把塞尚叫作"这个文雅的野蛮人"。塞尚自从1870年前后就顽强地致力于"题材"的简练，风景画上平面的布局，房屋的立体感，女人面孔的苹果般的充实感。但是在所有这一切耐心的研究中，他从没有忽视过自然。修拉的构图与塞尚的比起来仿佛是一条捷径。如果说追求简单的和基本的东西就是目的，那么修拉画的那些玩偶似的人物并不能满足这种要求。但是他也像塞尚一样，相信简单的几何图形可以补救印象派画家的视觉的短暂性。塞尚在一封人们常常引用的写给埃米尔·贝尔纳的信中写道："大自然的一切都是由圆柱体、圆球体和圆锥体形成的。"塞尚的艺术远不止此，他接着就在信中强调说，对于画家来说，所有的绘画都是色彩，所有的造型也都是色彩。所以他的风景画、静物画和肖像画最终都带有一种安详、宁静的高尚气质，不允许留下任何刻意雕琢的痕迹。尽管如此，如果能够找出一个原则作为这一切努力的基础的话，那就是相信几何是安排宇宙万物的秩序的力量。

上面引用的那封信的收信人埃米尔·贝尔纳（1868—1941年），也和梵高有书信来往，并且是高庚的弟子。贝尔纳有几年时间以他的一些宗教画和装饰艺术品而名噪一时。那是在1888—1890年间当贝尔纳和高庚在布列塔尼过从甚密时的产物。贝尔纳不是一个性格坚强的人，他从那些比他坚强的人那里寻求灵感。与其说他是作为艺术家靠着自己的力量而活着，倒不如说他是作为塞尚和梵高的听从者而活着。但是尽管贝尔纳设计的镶饰、刺绣和彩色玻璃无疑受保罗·高庚（1845—1903年）的启示——高庚在同一时期做了一些未加修饰的陶瓷用品和木刻浮雕——然而倒是贝尔纳的宗教画感染了高庚，而不是高庚影响了贝尔纳。贝尔纳1890年创作的《把耶稣从十字架上放下》这幅画上，有一些画得过分细瘦的姿态非常紧张的人物，这是受了中世纪的壁毯和彩色玻璃画的影响，但是这样的绘画，却缺乏紧张感。然而，尽管贝尔纳的画在质量上可能远逊于高庚的画，但回复到具有感情含义的题材这一点仍具有重要意义。高庚自己的宗教画，如《雅各与天使摔跤》、《黄色的基督》和《把耶稣从十字架上放下》，在形式的紧凑和色彩的强烈方面都与主题相称——尽管毫无疑问他画得不如贝尔纳真实，但的确是如此。否则他怎能画出那幅令人难堪的《基督在花园里》，竟然把基督画成了他自己的肖像呢？在他1888年画的《雅各与天使摔跤》中，他们脚下的土地是大红色的，这是他为反对他称之为"那个该死的自然"而选择色彩的一个很早的例子，并且纯粹是出于感情上的原因。高庚曾在布列塔尼度过几个夏天，因为在巴黎住过之后，这个地方给了他一种"粗犷而自然"的感觉。农妇们看着和天使摔跤的雅各的形象而祈祷，或者在《黄色的基督》——这幅是偶然间从布列塔尼一幅中世纪的木刻画临摹而来的——的十字架前祈祷，也表现了有泥土气息的纯朴风格。在这些年里，追求简朴的生活是高庚心目中最重要的事情。这使他在1887年去马提尼克岛度过一年，然后在1891年去塔希提岛。他于1893年重返故土，但1895年又永久地定居在那里了。他在热带找到了他长期追求的东西，获得感官上的满足，丰富多彩的风景、妇女和少女们（他不常画男人）在这样的景色中如同盛开的鲜花。造型是简练的，色彩是暖色而不给人以热感，姿态和背景都减少到最低限度。他在塔希提作的这些画的标题都用当地语写在画上，它们的意义常常是象征性的：《亡魂在守候》或《我们从何处来，现在何处，往何处去？》构图使人联想起壁毯的构图，作为背景的风景被大胆地画成平面并简化，人物静静地站着、坐着或躺着，安排得像横幅构图的浮雕饰带上的一样。正是修拉在不久前说起过"人们在浮雕饰带上走动，几乎一丝不挂"。但是高庚的人物世界不像修拉那样是一个玩偶世界。它更加庄重和高尚，足以与塞尚所庄严地安排的那个宇宙相媲美。另一方面，直接的富有感情的感染力，把高庚与梵高联系在一起。他在布列塔尼时，从塞尚得到灵感，因为他看出那对他是有用的，但是他并没有受梵高的影响，虽然他们在1888年年底一起在阿尔度过了后来招致不幸命运的几个月。

二人结成这样的伙伴是梵高的主意，他相信"一群人聚在一起来实现共同的想法"可以补偿19世纪艺术家们那种离群索居的生活。高庚只是一时逢场作戏画画基督教的题材，随即专心致志地享受他的异教徒的世界；文森特·梵高（1853—1890年）却是一个非常虔诚的基督徒。他在成为画家以前曾当过一个短时期的非专职的传教士。在所有伟大的画家当中，梵高肯定是最没才华的一个。他只是在经过多年顽强而成效不显著的努力之后，才终于掌握了素描和油画。在他获得成就的短短三四年间，他的绘画中表现的强烈感情也就是凝结在他的生活和工作中的强烈感情。这里所说的强烈感情，在三四年前有时被那些认识他的人说成是疯狂。正是这个梵高在1888年年底确实发了疯，而且在这第一次发作之后，又有多次的发作，以致最终自戕而亡，放弃了他曾经以完全清醒的神志对神志不清醒的行为所进行的斗争，这一切对我们都无关紧要。他的艺术并不疯狂——并不比格吕内瓦尔德①的更疯狂；他的病只是打破了在他自己的新教徒头脑中的障碍，这种障碍在1888年以前曾使得他的艺术才能不能充分地发挥出来。从他还在巴黎学习的最后日子，到在他和高庚在阿尔的房间里冲上前去要杀死高庚的那一天为止，中间相隔还不到一年。在阿尔的最初几个月是他最幸福地作画的时候，那时他终于获得彻底的解放，而还没有意识到为了这一解放他必须付出多么沉重的代价。1886—1888年梵高在巴黎接触到印象派画家，随后又接触到新印象派画家，还有日本艺术。他为第一个帮助他的画商唐居伊老爹作肖像画时，在背景上画了日本版画，但他所受的影响同过去马奈、惠司勒、德加和高庚所受的影响也有所不同。对他来说，日本艺术意味着清晰无阴影的色彩和以犀利的笔法画出的轮廓，所以他能够写道："我的全部作品在一定程度上都是以日本艺术为基础的。"当他从巴黎迁到阿尔时，他写信给家中的兄弟说："我觉得我是在日本。"但是，即使在阿尔，他的作品也丝毫没有日本艺术的那种优雅，那种美妙的明暗谐调；一切都是感情的冲动，是在南方的阳光下狂热地工作的结果。他画12个小时，再睡12个小时，常常忘记吃饭；他工作得"像一个着了魔的人"，像一个"在酷热中奋斗"的收割庄稼的人，他具有"惊人的洞察力"，"为热情所折磨……像一个在青铜三角祭

---

① 格吕内瓦尔德（1455—1528年），16世纪德国宗教改革时期的画家。——译者

坛上发布神谕的希腊祭司"。

高庚前往热带，是为了专心致志地去发挥这种发自自然的激情，梵高非常赞同他，以至竟然（赞同地）写道："绘画的前途肯定是在热带。"但是他自己并没有前去，也没有感到必须探索以寓意的、象征的，甚或是宗教的题材来表现它。他羡慕和钦佩高庚的无情的力量和狂热的活力，但那只是很短暂地影响了他。他反对高庚和他的小圈子的那种他称之为"抽象性"的东西，坚持至少他必须保持大自然中的主题，以激发他的思想。他画过一幅《客西马尼》①，但是又把它毁了。他给他兄弟写信说："他们用他们的'基督在花园里'这一题材简直把我逼疯了，那儿什么也看不见"，他警告贝尔纳说，他的宗教画可能是"一种虚构"，是"故弄玄虚"。他问道，难道你真的能够把中世纪的缀锦画恢复过来吗？

梵高没有这样做，他从事于描绘周围的风景，画他每天在室内看见的事物，画平凡的物体的静物画，画他的少数几个朋友的肖像画，但他是以完成一种宗教使命的炽热感情来画它们的。他要"用神像头上的光环通常所象征的那种永恒的东西"，"用以实体为模型的圣贤和圣女的肖像……她们会是今天的中产阶级妇女，但又与早期基督徒有些共同之处"，来表现普通的男人和女人；他要以"像你在乡村历书上看见的那些粗糙的版画"那样简单的手法和技巧去画他们。梵高是一个比巴黎和布列塔尼的那些自觉的象征主义者更地道得多的象征主义者。不管他画什么，都含有超出作品本身之外的意思。构图的因素，尤其是色彩的选择，都包含着丰富的感情。当他画一幅夜晚的咖啡馆时，他用"路易十五时期的柔和的绿色的孔雀蓝，与黄绿色和刺眼的蓝绿色对比……形成一种暗淡的硫黄色的气氛……一个简直使人能毁灭自己，发狂，或者自杀的地方"。当他画一幅黄昏时的书店时，他"把正面画成黄色和玫瑰色"，使之在实际上和象征的意义上都成为"光的焦点"。他在一封信里描述了他是怎样给他的朋友（一位诗人）画像的，怎样在最初画出肖像后，开始"把他头发的金黄色夸大"成为"橙色、铬黄色、淡黄色"；用"最浓艳最强烈的蓝色"象征"无限"，以之代替一间普通房间的后壁；这样做，最后达

---

① 客西马尼（Gethsemane），耶路撒冷附近的花园，耶稣被出卖后被捕处。——译者

到表现出"我对他的全部爱"的效果。在鲁兰夫人的画像（更以《摇篮曲》著名）中，他想画出一幅作品，"会使得水手们——他们同时又是一些天真的和长期受苦难折磨的人——在他们的船舱里看见它……就会感到过去那种摇晃的感觉又攫住了他们"。

虽然他的肖像画的目的在于宁静，然而他成熟的风景画却自始至终是激动的——1888年时是一种昂扬的情调，以后表现为一种永不停歇地创造的强烈力量，最后有时表现为"极度的孤独"。自然之于梵高，不像它之于塞尚，是秩序；也不像它之于高庚，可以包罗万象并滋生万物；自然之于他是一片混乱。他写信给贝尔纳说，你不能"硬把混乱的东西塞进一个容器，因为它之所以是混乱的，正是因为不能硬把它塞进任何我们能够制成的容器之中。但是我们能够做到的是……画出这混乱事物的一个微小组成部分，一匹马，一幅肖像，你的祖母，一些苹果，一幅风景画"。这就是为什么每当他面对着户外或室内的任何题材时，便飞快地挥动手上的钢笔或画笔，或如急驰，或如挥鞭，或如锤击；他的颜料涂得又宽又厚，或鲜艳夺目，或炽热如火，同修拉用的颜料一样纯，但从来不是按科学的道理来运用它。新印象派画家给予他的影响是明显的，但那不是他的艺术的最基本的特点。当他到达阿尔时，他已经知道他需要"夸大最基本的特点"（高庚在1885年已经说过同样的话："只有在极端中才能得到拯救"），运用色彩达到了"像彩色玻璃窗"那样的格调。

前面已经说过，贝尔纳在同一时期制作了一幅用彩色玻璃镶嵌的布列塔尼妇女，这和前面也已提到过的他的另一件镶饰所采用的构图一样。合乎理性的构思，当时在英国导致了工艺美术运动的兴起——英国工艺美术品展览协会成立于1888年——它也使这些法国艺术家不十分自觉地走上同一方向。一个普遍的原则是装饰性，虽然就塞尚和梵高而言，人们不大愿意用这个词。但是和印象画派那种虚无缥缈的自然主义相比，塞尚那犹如墙壁饰画一样坚固的表面，和梵高常常以弯曲或向内卷曲的平行线画出的火焰般或旋涡般的有力笔触，同高庚和修拉的"横幅构图"一样，都是装饰艺术。

这些确实是在19世纪80年代后期发生的变化的两个主要方面：从写实主义转变到对题材和表现手法的一种新信念，和转变到对装饰艺术的一种新信念；这就是说，转变到把一幅油画作为一种具有内在价值的有机体,而不是作为表现在大自然中所看见的某些事物的一种东西。莫里斯·德尼在他最早的一篇文章的开头写道:"一幅画,实质上是用各种色彩按一定的秩序覆盖的一个平面。"甚至连雷诺阿也在一个短时期内经历了同样的转变。他去意大利旅行之后,为了竭力模仿拉斐尔和安格尔,曾尝试加强他的轮廓,其主要成果是1884—1887年完成的一组精美的《浴女》。不单是法国人渴望回到表现艺术和装饰艺术。在荷兰人扬·托罗普(1859—1928年)的绘画(如1891年创作的《丧失信仰》等)中也出现了神秘的主题和颀长的幽灵似的摇摆着的人物;在斐迪南·贺德勒(1853—1918年)的大幅寓言画(如1890年创作的《夜》等)中,出现了线条分明的比较写实的人物,表现在仪式上舞蹈的人们那种生硬夸张的姿态;在爱德华·蒙克(1863—1944年)的油画、石版画和木刻中出现了表现纯粹感情的主题,如《绝望》《吻》《呼喊》《最后的早晨》等。线条也许表现了过多的含意——蒙克1895年创作的《圣母像》的边框架上竟然有精子的描绘——或许它们仅仅是表现一种模糊的渴望;它们总是起伏不定,总是给人以紧张的感觉。

　　上述情况可与19世纪最后10年在纯装饰艺术方面最使人感兴趣的运动相提并论。后者在英文和法文中称为"新艺术"(Art Nouveau),在德文中称"青年派艺术"(Jugendstil),在意大利文中称"自由派艺术"(Stile Liberty)。颇能说明这一运动的特征的是:"青年派艺术"这个名称来自一个杂志的名称,因为装帧书籍的艺术家是最早和最热心地转向新艺术运动的;"自由派艺术"这个名称则来自伦敦的"自由"商店,这家商店起初主要经营远东的货物,因此与英国的装饰艺术复兴运动有关。英国在这方面确实是先驱,阿瑟·H.麦克默多(1851—1942年)的《雷恩的伦敦城教堂》① 一书的扉页,它上面画的那些盘旋缠绕的枝叶和挤在边框左右两边的两只细长细长的小公鸡,是现在国际上公认的新艺术风格的第一个作品。它的创作年代是1883年。溯其源流无疑来自拉斐尔前派、工艺美术运动、莫里斯的壁纸的风格,以及英国哥特式建筑复兴时期的某些装

---

① 克里斯托弗·雷恩(1632—1723年),英国建筑家,设计并负责建成了圣保罗大教堂等五十余座伦敦教堂。——译者

饰品。在19世纪80年代后半期与此相类似的有艾尔弗雷德·吉尔伯特（1854—1934年）的青铜雕塑和装饰，他以创作了皮卡迪利广场①上的厄洛斯（爱神）喷泉（1887—1893年）的雕塑而盛名。这件作品和吉尔伯特的其他同时代的作品上的装饰，同麦克默多的作品上的装饰同样有独创性，同样具有波状起伏的线条，但它们是立体的，并具有一种面团，即熔岩的质感，这又源于其他流派：也许是意大利的样式主义②雕刻和17世纪的荷兰装饰品。但是吉尔伯特的立体作品没有人响应，而麦克默多的平面作品却早就为插图画家和别的版画家，特别是奥布里·比亚兹莱（1872—1898年）所采用。例如，他在1892年创作的《亚瑟王之死》中，用同样的成分炮制出味道异常浓烈但丝毫不利于健康的一剂药，使大陆上的嗜毒者比英国人更加为之陶醉。

比亚兹莱的作品在《画室》杂志第一卷中作为插图发表。该刊创办于1893年，立即在宣传复兴英国装饰艺术和建筑艺术方面居于领导地位。随后不到5年时间，类似的杂志也在法国和德国出现。它们并不总是抱着狭隘的门户之见，同时为印象派画家和后印象派画家，为健康的工艺美术运动和颓废而优雅的唯美主义者，为民间艺术的复兴和使难以捉摸的日本艺术得到理解而进行宣传。各杂志得到各展览组织的支持，其中有属于前面已提到的工艺美术品展览协会举办的展览会，有巴黎的"独立派艺术家沙龙"和同样重要的布鲁塞尔的"二十人沙龙"③（二者都创办于1884年）这一团体举办的展览会。1892年在布鲁塞尔举行的展览会上首次包括了彩色玻璃、刺绣和陶瓷制品——这是高庚和贝尔纳将注意力转向实用艺术4年之后。由于受到英国工艺美术复兴运动和法国的这个小团体的影响，新印象派画家亨利·范德威尔德（1863—1958年）从绘画转向了工艺设计和建筑。他在1892年创作的插图（为《主日》而作）反映了麦克默多的弯曲或者说有弹性的线条，但是用一种抽象的方式来表现的，而不是取材于自然。的确，新艺术派的装饰品有的是采用植物图案，有

---

① 伦敦的交通和娱乐中心。——译者
② 样式主义（Mannerism），一译风格主义，流行于17世纪的欧洲，人物形象较夸张和矫揉造作。——译者
③ "二十人沙龙"（Les Vingt 或 Société des Vingt），1884—1893年比利时的一个象征主义画派。——译者

的则是抽象的。前者尤见于埃米尔·加莱（1846—1904年）的玻璃制品和他所属的南锡画派①的家具等物，也见于奥托·埃克曼（1865—1902年）的德国书籍装帧艺术；后者则见于范德威尔德，比利时建筑家维克托·霍尔塔（1861—1946年），法国建筑家埃克托尔·吉马尔（1867—1942年）和伟大的苏格兰人查尔斯·雷尼·麦金托什（1868—1928年）。但是不论用自然的或抽象的手法，新艺术派的线条总是起伏波动的。它使人联想起鞭梢或花茎，珊瑚或软骨，花丝或蛇体，火焰或泡沫。

　　新艺术派的活动领域主要是在物体的表面，它的工作主要是装饰，正如威廉·莫里斯一样。因此新艺术派在版画艺术方面最有力量，在这方面引起一场大革命，不仅影响到插图艺术，而且影响到印刷工艺和招贴画。这方面最优秀的作品是亨利·德·土鲁斯－劳特累克（1864—1901年）和贝加斯塔福兄弟（威廉·尼科尔森爵士，1872—1949年，和詹姆斯·普赖德，1866—1941年）的作品。土鲁斯－劳特累克是效法德加的画家和图案设计家，但又欣赏后印象派画家，并且是威廉·莫里斯的好友，他曾有一次称莫里斯是复兴书籍装帧艺术和一切日用品艺术的"万事通"；他发挥了新艺术派的全部风格和泼辣手法画夜总会里的歌舞明星。贝加斯塔福兄弟却始终保持一种更加严肃的，实际上是更从实用观点出发的鲜明的平面风格。麦克默多早在19世纪80年代中期已在纺织品上应用了他在1883年画扉页时用的风格。他也设计家具，不仅以运用新艺术派风格装饰镶板而著称，而且以在细长的柱子顶端像戴帽子似的装一个平扁的凸出檐口而著名。如前所述，用细长的式样代替维多利亚全盛时期所喜爱的笨重式样，已经出现在戈德温受日本艺术影响而设计的"艺术家具"中。范德威尔德为他自己在布鲁塞尔附近的于克勒的住宅所设计的家具（1895—1896年），也使用了轻巧明快的式样。但是不久他和新艺术派的大多数其他装饰艺术家又转而采取比较宽大，比较富于曲线的式样了。英国人，从麦克默多到欧内斯特·吉姆森（1864—1919年）等工艺美术运动派最优秀的青年匠人与设计师，再一次保持了比较稳健和比较注重实用的风格，因而实际上置身于新艺术派之外。

---

① 南锡，法国东北部城市，当地有著名的美术博物馆和美术学院。——译者

其风格是复杂的,但是必须加以了解,才能正确评价 1900 年前后欧洲装饰艺术的状况。英国在 19 世纪 80 年代曾是新艺术运动的先驱。该流派在欧洲大陆的流行则在 90 年代,这时英国已经离开新艺术运动而转向一种比较注重理性的,不过分奇特的风格,由此才得以产生 20 世纪的风格。

以上情况发生在英格兰,而不是苏格兰,因为格拉斯哥拥有麦金托什,他是所有新艺术派创造家中最杰出的一个人,并且是把英国工艺美术运动派在嵌板和家具设计方面严格采取长方形样式而表现出来的理性主义与最新颖的抽象的装饰艺术结合在一起的唯一的一个人。色彩虽杂乱——白色、珠母色、淡紫色、淡粉色——但是运用这些颜色所表现的结构则是健全的。在 1895 年至 1900 年间,麦金托什同他的妻子和妻妹这两个麦克唐纳家的人,同其他许多人一起,使格拉斯哥突然成为欧洲的艺术中心之一。1900 年他们在维也纳举行展出,在那里强烈地影响了 1898 年联合起来创建"分离派"的那些年轻的建筑设计师们。

格拉斯哥画派用木头、玻璃、金属为材料进行创作。在英国以外,新艺术派玻璃艺术品最著名的制作者是前面已提到过的加莱和美国人路易斯·C.蒂法尼(1848—1933 年)。提到新艺术派的金属作品,人们立即会想到保罗-埃米尔·詹森大街上霍尔塔设计的住宅(1892—1893 年)①上那些富有幻想意味的铁饰品。铁在 19 世纪末叶的建筑运动中所起的作用是多方面的。我们暂时只谈铁在装饰方面的作用。必须与霍尔塔的作品相提并论的有巴黎地下铁道车站粗犷的铁饰品(1900 年)和通常称为贝朗热城堡的公寓大楼(1894—1898 年)②,两者都出自吉马尔之手。

贝朗热城堡的外观,从其凸肚窗和三角墙以及完全不对称的造型看来,可能是怪诞的,但它是棱角状的,缺少的正是新艺术派风格所特有的那种曲线美的张力。霍尔塔设计的保罗-埃米尔·詹森大街上的住宅的外观也是如此,不过不像前者那么明显,甚至连麦金托什设计的格拉斯哥附近的乡村住宅也是如此,不管它们的构图是多么有独

---

① 指布鲁塞尔的"塔塞尔住宅楼"(Tassel House),这座建筑被认为最新艺术派风格的代表作。——译者
② 贝朗热城堡(Castel Béranger),在巴黎拉封丹大街。——译者

创性和明显的不对称。但是，使麦金托什在职业上获得短暂成功的建筑物——格拉斯哥艺术学院（1897—1899年），在其正面把新艺术派的特色创造性地与大胆的实用主义的特色结合在一起，正如麦金托什在设计室内装饰时所做的那样。画室的大窗户安装着没有装饰线条的窗框和横竖窗棂；而中间的支柱——不是在正中——上则饰有古怪的花纹图案，有的弯弯曲曲，有的有棱有角，有的轻巧，有的粗重，与窗框和窗棂形成鲜明的对比。这里丝毫没有历史循环论的痕迹。附带说一下，在打破历史循环论方面，麦克默多又走在麦金托什的前面。1886年他为他所在的工匠和设计者的行会"世纪协会"制作的一个展览台的正面，就丝毫没有采用过去的题材。全部都是非常细的柱子，柱顶有前面已描述过的那种扁平的盖帽和一个显得很有分量的扁平顶阁楼，也是短柱带有盖帽作为顶饰。但是麦克默多在他的建筑风格方面不久就变得比较稳重了。

从根本上而且毫不含糊地证实新艺术派风格有可能运用于建筑艺术，只能归功于一个人，一个在边远地区和特殊情况下工作的建筑家：安东尼·高迪（1852—1926年）。他住在巴塞罗那，在那里最早设计的是式样奇特的摩尔式-哥特式建筑维森斯大楼（1878—1880年），它那有棱角的形状，外墙的风格，尖长的铁饰品都是粗犷的，而后者已经惊人地接近于新艺术派的风格。从此，高迪的独创性和大胆探索的精神很快发展到越来越高的完全超脱于实用范围的天才的顶峰。继奎尔宫之后是奎尔大教堂的小教堂，奎尔公园①，最后是1905年至1907年在巴塞罗那的两个街区建筑的楼房群，和宏伟但未完成的萨格拉达：法米利亚（Sagrada Familia）② 教堂的后几部分。柱子是倾斜的，建筑物上的小尖塔看上去好像洪水时代③以前的怪物或白蚁堆，彩色墙面用碎杯盘和碎瓷片镶成，不仅是房屋正面，甚至每个单元里房间的形状也呈波状，石料则宛若熔岩。

要超出高迪是不可能的，任何模仿他的尝试都必然导致惨败。然而就新艺术派装饰艺术中那些深奥微妙的最突出的作品，如吉马尔和霍尔塔的铁饰品、比亚兹莱的插图，甚至范德威尔德的书桌等等来

---

① 这些建筑均在巴塞罗那。——译者
② 意为"圣家族"，指圣母玛利亚、约瑟和婴儿时的耶稣。——译者
③ 指基督教《圣经》中洪水灭世时代。——译者

说，情况不也是这样吗？这就是新艺术派的自相矛盾之处。它是由唯美主义者创作，供唯美主义者欣赏的，就这一点来说它仍然属于19世纪；因为19世纪是艺术脱离了满足人们的需要的世纪，是艺术成为个人绝技的世纪，是艺术只由行家来欣赏的世纪。但是就其结束了模仿的时期，重新发挥了独创性这一点来说，新艺术派又预示着20世纪的来临。大家公认，摆脱历史循环论是由诺曼·萧和亨利·霍布森·理查森开始的，但是只有新艺术派才彻底表现了这一倾向。这种激进主义不合英国人的口味。查尔斯·安斯利·沃伊齐（1857—1941年）从萧和早期的麦克默多停止的地方又继续下去，但是他创作的那些十分简单而使人感到亲切的乡间住宅，不管整个外形和各个细部是怎样地简化了，却仍然是源于都铎式的建筑。沃伊齐设计的建筑物，尤其是他为纺织品和家具所作的新颖秀丽的设计，再次在大陆上造成深刻的影响，但与其说是赞成新艺术派，不如说是反对它。如果要最终达到20世纪的规模更大、范围更广的激进主义，或许新艺术派的激进主义是必要的。由于沃伊齐保持了他对都铎式风格的爱好，而萧则在晚年对雷恩的巴洛克式建筑风格产生了爱好，因此英国在20世纪的头25年走上了折中的道路，脱离了致力于寻求新的解决方法的那些国家的行列。

  这些新的解决方法，不论是从哪里找到的，都是对新艺术派的否定，而不是它的继续。新艺术派的激进主义虽然曾经是必要的，但在仅仅10年之后就使新艺术派遭到失败的，也正是这种激进主义。一种艺术风格愈是锋芒毕露于一时，它的寿命也就愈短促。人们会开始感到厌倦，甚至厌恶。维也纳新艺术派的情况就是如此，其结果是出现了20世纪初期的严格的立方形风格，其提倡者是麦金托什，而以约瑟夫·霍夫曼和阿道夫·鲁斯运用得非常自如。柏林的情况也是如此，这表现为彼得·贝伦斯的比较庄重的风格。他作为一个建筑师和工业设计师均同样地有影响。他建筑工厂和办公楼，不再建筑私人住宅；他设计电壶、电扇和弧光灯等物品，不再是家用家具、纺织品和壁纸。莫里斯鼓吹的理性主义、实用主义和社会目的，在这里全部得到表现，正如它们表现在奥古斯特·佩雷在巴黎建筑的早期混凝土建筑和弗兰克·劳埃德·赖特在芝加哥周围建筑的长方形和布局开阔的牧场住宅，以及芝加哥的商业建筑一样。

第六章 艺术与建筑

从 20 世纪的观点来看——即并不严格地从它在本时期的重要性来看——芝加哥的商业建筑确实是 19 世纪 80 年代和 90 年代最令人感兴趣的大事。最清楚地看出它的问题，并以最精湛的美学造诣来解决这些问题的建筑家，是弗兰克·劳埃德·赖特的"尊敬的大师"路易斯·沙利文（1856—1924 年）。由于地价昂贵，也由于宣传的目的，美国发明了摩天大楼。起初那只不过是一幢高大的砖石建筑，但 1884 年在芝加哥采用了铁架结构，用柱子和桁梁支撑建筑物，其间的空隙处装以玻璃或别的轻型材料。作为使用铁和玻璃的能手，欧洲的工程师则领先于美国工程师。水晶宫于 1851 年落成，全部 1850 英尺在 5 个月内就竖立了起来；而 1863—1865 年建成的伦敦圣潘克拉斯火车站的站台天棚是当时跨度最大的建筑物，达 240 英尺。1889 年巴黎世界博览会的机械陈列馆又超过了它；这幢非常优美的建筑物跨度达 385 英尺。居斯塔夫·埃菲尔为同一博览会建造了埃菲尔铁塔，这是人类到那时为止建造的最高建筑物。

但是这些并不是建筑家的作品。有声誉的建筑家都表现出一个特点，他们避免参与这种发展。人们当记得，莫里斯是憎恨机器和工业的成果的，罗斯金则厌恶水晶宫。乔治·吉尔伯特·斯科特爵士这位维多利亚全盛时代最有成就的英国建筑家，口头上称赞金属结构的用途，但是他自己从来不用它。1864 年在利物浦建成的奥里尔办公楼（Oriel Chambers）是由一位不知名的建筑师彼得·埃利斯设计的，这是一座最卓越的维多利亚全盛时期式的建筑物，其中铁和玻璃发挥了主要作用。第一个掌握了新技术的应用并为之找到一种适当的建筑形式的天才建筑家是沙利文。1890—1891 年他在圣路易斯建筑的温赖特大厦是一个方格结构，严格地强调分格式结构和分格式用法。沙利文并不坚持反对装饰；相反，他曾经于 1888 年，在一幢他早期设计的建筑物"大礼堂"（Auditorium）的内部采用了非常新颖的羽状装饰，这几乎和高迪在同一时期的装饰设计一样，成为新艺术派风格的先驱。但是他劝告他的同代人"在一些年当中完全避免使用装饰，以便我们能够将思想敏锐地集中于建造没有任何点缀也美观的建筑物"。这正是 20 世纪所发生的事情。

本章所叙述的在艺术和建筑方面的 30 年，的确既是一个新时代的开始，也是一个旧时代的终结。写实主义最终升华为印象主义。塞尚和梵高，高庚和修拉，托罗普和蒙克都脱离了写实主义，20世纪继续进入表现主义、立体主义和抽象艺术。韦布和诺曼·萧和亨利·理查森使历史循环论达到最后的完美境界。沙利文、麦金托什、高迪则与历史决裂。新艺术派的装饰艺术家也是如此。

但是从画家和建筑家手里继承下来的20世纪，既继承了福，也继承了祸。建筑学和设计艺术，由于它们所继承的遗产，得以形成一种表现新的世纪并能为一切人所理解和接受的风格。然而绘画和雕刻却被推进了甚至更加孤独的境界，比塞尚、高庚和梵高的孤独的命运有过之而无不及。抽象化使建筑学成为一种通用的工具；它却使绘画与雕刻成为一种完全是表现个人的东西，几乎不再能将其含义确实无疑地传达给别人。20世纪最初30多年的艺术和建筑，虽然不可能在这里加以探讨，但也只能是根据这种自相矛盾的情况来加以讨论。

（宋蜀碧　译）

第　七　章
教　育

　　全世界的教育在这 30 年中呈现出某种相似的特点，使我们能够超越国界一并加以研究。因此，我们不必逐一地研究各个国家的情况，只需研究某一特定国家不时表现出的教育的各个方面。

　　研究教育的发展和内容，只能采用社会生态学的方法。各种教育制度不是凭空发展起来的，它们影响社会、政治、知识界和宗教界的结构以及当时的运动，而且也受到它们的影响。19 世纪最后 30 多年的情况比其他任何时期都更加如此。这是一个欧洲、美洲、中国和远东兵连祸结的时期。这是一个工业大发展和工人阶级跃居重要地位的时期。这是一个欧洲扩张到非洲和其他地方的时期。而最重要的是，这是一个世俗化的时期。教会，即使在天主教国家中，也相继失去它对生活与思想的各个领域的控制。教育已成为一种公民权利，从而成为整个社会所关心的事业，而不再是仅仅为私人和地方所关怀的事业。

　　教育最早的目的之一（这种目的可以追溯到柏拉图那个时代），是训练一批具有行政管理才能的社会杰出人才[①]。这种认为有地位就有才能的对待教育的态度，迟迟未能改变。直到 19 世纪，各地才认识到应该以培养"教育"杰出人才来代替单纯培养社会杰出人才。但甚至在 1870 年以后，从培养社会杰出人才过渡到培养教育杰出人才的过程也只取得缓慢的进展。

---

① 本章中"杰出人才"一词，原文为 élite，意为精华、精英、优秀分子。——译者

也许英国的"公"学①是再好不过的例子了。这种学校由于托马斯·阿诺德（1795—1842年）在拉格比进行的改革而获得新生；但是，本世纪中叶科学的发展和对捐款越来越多的批评，使人们注意到它们的不足之处。因而成立了克拉伦敦委员会（1861—1864年），对9所较大的公学进行调查；委员会报告说，这些公学实际并无任何不妥之处。的确，"英国人民对于这些学校培养他们最引以为自豪的这些优秀品质所怀抱的感激之情，是无法估计的。这些优秀品质有：他们治人和克己的能力，他们把自由与秩序结合起来的才能，他们热心公益的精神，他们朝气蓬勃和英雄果断的性格，他们坚定地尊重舆论但又不盲从，他们热爱有益的体育活动和锻炼……他们也许在塑造英国绅士的品格方面，尽了最大的一分力量"。这些美好的情操在1868年的公学法中得到应有的肯定；然而，这个法案只涉及9所公学中的7所学校的委托书，并未做出任何有关检查或监督的安排，这就使得学校校长对教师们处于一种完全独断专行的地位。

考虑到1864年英国已有大批靠捐款兴办的文法学校（grammar school）②，其中有一些早在11世纪即已创立，所以上述7所学校为数并不多。因此，1864年又成立了另一个委员会，"以调查不包括在女王陛下原有的两个委员会（1859年的纽卡斯尔委员会和1861年的克拉伦敦委员会）调查范围之内的各学校的教育情况"。这个极其重要的委员会（称汤顿委员会或学校情况调查委员会）的报告有20卷，包括对800多所用捐款兴办的学校的调查和对147位证人的询问。虽然委员们主要关心的是捐款的使用情况，但是他们也草拟了一份国民教育计划，其中初步涉及今后的发展，并且也认识到用现代的课程代替古典课程的迫切性。为了实施他们的建议，他们主张设立一个中央主管部门和地方主管体系。对所有的学校都应进行审查，教师应仿效法国教师在师范学校接受训练的方法加以培训。至少在这一范围内，委员们已经摈弃了训练社会杰出人才的想法。

虽然，自大革命以来，法国人心目中的杰出人才是知识界的而非

---

① 照英文意义上说，"公"学即学校的管理人员并不拥有这种学校，只不过是受托管理学校，一切收益均归学校所有。此后又对原有的定义加上了一些别的条件，但使用"公"字一词来源于上述定义。

② 原为英国较早时期以拉丁语和希腊语为主课的中等学校，后亦为普通中学的名称，毕业生可升入高等院校。——译者

第七章　教育

社会上的；这种对于杰出人才的看法，与其说是英国教育的一种特色，不如说是法国教育的特色。或许这是由于法国有一个中央主管教育的部门，可以组织各级教育，而在英国，一直到1900年设立了教育委员会，才出现了这样一个中央主管部门。在法国是没有教育捐款的。它们早被大革命一扫而光，因此私立学校几乎都掌握在教会的手中；教会为穷人开办学校，也为有钱人开办学校。当国家接管时，这种分离制度就永远保持下来；法国的中等教育与初等教育是截然不同的两套制度，不可以从低一级转入高一级。

德国制订培养杰出人才的计划，与法国的多少有所不同。这种计划是与进入大学相联系的。只有文科中学（Gymnasium）毕业的学生才能不受限制地进入大学他们所选择的科系。实科中学（Realgymnasium）毕业的学生不能进神学院，高等实科学校（Oberrealschule）①毕业生则不能进医学院和神学院。

专门为培养杰出人才而设置的学校由于收费昂贵而且社会地位优越，不可避免地具有排他性；除此之外，古典课程又进一步设置了一道障碍，从各方面把它们与外部世界的新的爱好隔绝开来。工业和社会的状况在不断变化，日益促进现代学科的设置，但是这方面的变化也仍然是姗姗来迟。在英国，克拉伦敦委员会的委员们几乎忘记了时代已经改变，因为他们对学习希腊文和拉丁文可以陶冶人的灵魂这一点似乎抱着极深的感情。1869年，爱德华·鲍恩（1836—1901年）在哈罗公学创设了"现代课程"，在英国公学中开风气之先，当时人们认为他在学术界降低了自己的身份。在法国，对这方面的强调甚至比在英国更加明显，因为这个问题不像在英国那样由于各种社会方面的考虑而变得复杂。这是一个信念的问题：即使是在民主国家，哲学和政治的传统也要求各方面的杰出人才受古典学科的熏陶。"现代学科"是功利主义的和唯物主义的，对于工商业来说诚然是必不可少的，但其地位却在古典学科之下。然而，1890年的利鲍委员会在肯定古典课程的同时，也对这种不平等的看法提出异议，认为"完全不公平"。

在远东，出现了更加具有决定意义的运动，反对仅仅训练社会杰

---

① 按当时德国的学制，上述3种学校均为9年制，学生毕业后可升入高等学校。——译者

出人才的旧观念。在印度，推行的教育是（英国的）统治者阶级的教育，并且直到19世纪70年代都是用英文施教的。这是一种把杰出人才与人民群众割裂开来的政策。这时，一种新型的杰出人才出现了，它不是社会的，也不是教育的，而是民族主义的。雅利安人协会大约建立于1875年，第一次印度国民大会1885年在孟买举行。在孟加拉建立了完全是印度的国民学校，课程的基础是印度的历史、文学和宗教。在日本，没有外国政府把事情弄得复杂化；1867年德川幕府垮台后，全国热烈地向往着西方的教育方针。天皇宣布，政府以后将任人唯贤，而不问其社会地位如何。新的杰出人才应以教育程度为基础。中国这一时期也向西方学习。直到19世纪末，中国的教育制度一直是以中国的经典著作作为基础的，但是自从1861年开办两所现代高等学校（一所在北京，一所在广州）之后，就出现了一个坚定地追随西方教育的运动，这一场运动在很大程度上是由美国人促成的。中国被日本人打败（这是由于日本已经西方化）后，总督张之洞写了一本书，名叫《中国之惟一希望》（1895年）①，强烈地支持这一运动。

能够更好地说明欧洲人的教育宗旨的，莫过于非洲那些欧洲人的政府能够毫无阻拦地为所欲为的地区了。19世纪的政策（如果可以称之为政策的话），就是把当地居民中比较能够接受教育的人变成欧洲人，虽然不同的政府对此有不同的解释。比如，在塞拉利昂的福拉湾学院，有着由达勒姆大学出资经办的古典方式的高等教育的悠久传统。其他地方，如在莫桑比克，教育的目的仅仅在于给白人造就合格而驯服的仆人。法国在西非的殖民政策远远超过英国，把受教育机会的大门敞得更开。在法国各领地，当地学校的精英被送往巴黎去完成他们的学业，公开宣称的目的是把这些杰出人才培养成非洲的文官。同样，比利时人则把他们最有前途的学生从刚果送往布鲁塞尔。

因此，殖民地人民受教育的目的有所不同，或者是使非洲的杰出人才与欧洲的政府联系在一起，或者是产生更有效率的劳动大军。初等教育和教师的培养，绝大部分是在传教团和其他宗教团体的掌握之中，而已有的高等教育则由政府予以津贴。直到1910年在爱丁堡举

---

① 疑即写于1898年的《劝学篇》。——译者

行盛大的传教士大会之后，各殖民地民族才开始把教育的目的作为本地人民自身道德上、体格上和精神上的发展而加以接受。

1850年以后，在世界上大多数国家中，现代新型大学的发展和旧式大学的改革，是由培养社会杰出人才缓慢地转变为培养教育杰出人才这一运动的一部分。

约翰·亨利·纽曼（1800—1890年）在其《大学教育论文集》中颂扬了英国两所古老大学的导师制和学生住宿制。这种制度是按照旧式的手工业行会制定的。但是牛津大学和剑桥大学并非如他所想象的那样完美无缺。它们有着教权和英国国教的浓厚气息，并由各学院的独身院长组成的严密团体所控制。1854年和1856年的皇家专门调查委员会曾为这两所大学制定了比较民主的章程。1871年的考试法废除了全部宗教考试，只有要想获得神学学位者除外；现在连这些考试也已取消。但是这两所古老的大学仍然不能使一些人满意。

在19世纪，手工业同业公会的师徒关系让位于雇佣关系。由于认为教育是可以买卖的一种商品这一看法的发展，这种变化同样体现在教育中。伦敦大学代表了这种新的精神。该校实际创办人布鲁厄姆勋爵——皮科克的小说中的"博学的朋友"——是一位苏格兰人，他极力主张伦敦大学应尽可能地不同于牛津大学和剑桥大学。它应废除宗教考试，实行授课制而不是导师制，也不应实行住宿制度。经过一段十分激烈的变动之后，该校于1858年进行改组，成为一所仅仅是授予学位的考核机构；各学院之间互不联系，教学上各自为政。1889年和1894年的另外两个皇家专门调查委员会调查的结果，颁布了1900年的法令，以典型的英国方式，决定同时实行它可以采用的两种办法。这所大学成为既是对内的又是对外的，即对内对外均可授予学位，同时又是一所进行教学的大学。尽管伦敦大学在其初期采取了令人难以理解的商业的态度，它对英国的高等教育，甚至对全世界的高等教育，都做出了巨大的贡献。大多数现代英国大学起初都是为取得伦敦大学校外学位做准备的学院，因而能够有一种现成的得到公认的标准作为起点。甚至远在蒙特利尔和锡兰的高等学院也由于它们与伦敦大学的联系而得到了好处。

英国大多数新的大学学院，都成立于1870年以后的时期，创办人的精神可以用乔塞亚·梅森的目标来说明，他于1880年在伯明翰创办了他的学院。他的目标是"促进全面的、系统的教育和训练，使之适合于英格兰中部地区的制造业和工业在实践、机械和艺术方面的要求……取消纯文学的教育和训练以及全部神学教学"。1881年，曼彻斯特、利兹和利物浦的各学院结合起来成立联合制的维多利亚大学，但是在约瑟夫·张伯伦将伯明翰学院改为伯明翰大学——英国第一所"市立"大学——以后，维多利亚大学取消了联合制，从此以后，所有后来成立的大学学院都获得了独立的大学地位。

威尔士大学由于一种特殊的原因，仍然是按照联合制的计划而建立的。威尔士是一个讲两种语言的地区，但是与瑞士的情况不同，它的一种语言只在威尔士地区内使用。和其他地方一样，它在南北之间也存在着明显的差别，在多山地带又分为更小的带有浓厚个体主义色彩的小单位。威尔士在另一方面又分为信仰英国国教和不信奉国教者；而在不信奉国教者之间又另外分为公理会教徒和加尔文卫理公会教徒。在这种形势下，联合的唯一纽带只是威尔士本身的爱国主义；1872年在阿伯里斯威思建立一所学院的运动，给了它一个目标。随后1883年在加的夫，1883年在班戈，又相继建立了学院。1893年在弗里亚姆·琼斯的鼓励下，这三所学院联合成为威尔士大学，这所大学立即成为威尔士民族主义的中心。

当英格兰和威尔士在发展新的大学和学院的时候，苏格兰则仍然只有4所古老的大学来满足人们的需要，这4所大学是圣安德鲁斯大学（1411年）、格拉斯哥大学（1450年）、阿伯丁大学（1494年）和爱丁堡大学（1582年）。这些大学一开始就是按照大陆的模式而不是按照牛津和剑桥的模式创办的，这或许是由于苏格兰人和法国的关系源远流长。但是，苏格兰的大学的体制不同于大陆体制的一个值得注意的特点，是它与国民学校有着紧密的联系。在德国的体制中，大学是一切高等教育的主要机构。它规定接受学生的条件，而小学教育则被忽视。同样，法国的初等教育和中等教育是完全平行地进行的，彼此从不交叉。苏格兰的大学则是纳入学校体制之中的，正因为在中小学一级不存在为培养杰出人才而设置的专门教育，所以乡村子弟若立志进入大学，是没有障碍的。大量的大学新生直接来自初等学校。

英国也受到德国大学的影响。牛津大学林肯学院院长马克·帕蒂森（1813—1884年）写了两篇关于改革大学的著名论文（1868年和1876年），强调研究工作的重要性，并指责当时流行的做法，即把大学作为仅仅是成年的中小学生为应付考试而临时突击功课的业余补习学校。大学的目的应该是"广泛地涉猎知识，训练科学的头脑，并使各种智能协调一致"。

在美国，个人的进取精神在高等教育、特别在大学中是很明显的。这个时期创办的著名大学是康奈尔大学。它的创立应归功于埃兹拉·康奈尔与该校第一任校长安德鲁·怀特的合作。怀特在一次著名的演说中提出三点理由，证明这一新的大胆尝试是正确的。第一，国家对初等教育的政策应该是分散人力财力，但对于大学教育，则应该是集中人力财力。第二，各自为政的学院不符合这种工作要求。第三，高等教育的任何机构应是整个公共教育体系的一部分。为了保证大学与中小学体系的整体性，怀特把为128个议会选区的每一个区提供4个"州奖学金"名额这一条写入了章程。

南北战争以后，美国当时存在的大学获得了新生。这次振兴首先应归功于一批卓越的校长们的努力，怀特就是其中之一。其余的是耶鲁大学的诺亚·波特（1871年），哈佛大学的查尔斯·威廉·埃利奥特（1869年），普林斯顿大学的詹姆斯·麦科什（1868年），密执安大学的詹姆斯·伯里尔·安吉尔（1871年）和约翰·霍普金斯大学的丹尼尔·科伊特·吉尔曼（1875年）。其次，应归功于"青年耶鲁运动"，其目的在于学科的自由化和校友参与学院的管理（因为这方面的安排并不总是适当的）。再次，1862年通过了莫里尔法，根据这一法案，由政府授予土地，帮助设立了农学院和工学院。农业必须打破仅凭经验的做法，而要合乎科学。艾萨克·罗伯茨（1874—1903年）担任校长时的康奈尔大学，在这方面起了示范作用。工学院则已有了比较良好的开端，麻省理工学院在南北战争前即已创立。但是靠政府授予土地而开办的学院并不仅限于这些学科，也不限于招收男生。尽管发生了1873年的经济恐慌，但这些学院仍在不断增加，课程也在扩大。阿萨·格雷、路易·阿加西兹、克拉伦斯·金、约翰·韦斯利·鲍威尔和刘易斯·摩尔根，虽然并不都是名列前茅的科学家，但他们却使科学成为大学教育的主修课程。

这一时期，世界大多数国家的大学教育都有了很大的发展。原有的大学朝着掌握更大的行动自由或摆脱教会的控制（这通常是一回事）并朝着设置技术课程这个方向前进。新的大学应地方的要求而建立起来。与此同时，许多学院，比如苏黎世的学院，开始时是技术学院，这时也沿着大学的道路发展起来。1873年都柏林的三一学院仿效牛津大学1871年的做法，废除了教义考试。1879年爱尔兰的皇家大学成立，贝尔法斯特、科克和高尔韦的三所女王学院便和它联合起来；但是在新的世纪里，都柏林创办了另一所大学，贝尔法斯特也创办了一所新大学。在瑞士，著名的日内瓦专科学校于1876年成为一所大学，随后洛桑神学院也于1891年成为大学。1889年在弗里堡成立了一所新大学，是特地为弗里堡州设立的。一所大学与一个特定地区的结合，标志着早先的观念有了改变，英国的"市立"大学也许是这种结合最为突出的例子。另一方面，斯堪的纳维亚各国的大学——隆德、乌普萨拉、克里斯蒂安尼亚和哥本哈根——都继续与国家所信奉的路德教教会保持密切的联系。种族和宗教的因素在比利时各大学的发展中是很突出的，虽则在荷兰并不这样，那里于1877年成立了新的阿姆斯特丹大学。在加拿大，不仅要顾忌天主教徒与新教徒之间，而且要顾忌新教徒本身内部也存在着的教派分歧，这就影响了大学教育的发展，比如多伦多大学就在章程中规定允许卫理公会教徒、长老会教徒和英国圣公会中的"高教派"与"低教派"的教徒入学。"与教会有关系的学院"的情况也相类似，这种学院正是美国教育的一个显著的特点。在南非，斯泰伦博希的荷兰新教学院正在成为一所单纯使用阿非利卡语的大学。1874年好望角大学按照伦敦大学的方式，只授予学位而不管学生是什么学院毕业的；悉尼大学也是采取同样方式，但它在1884年开始对所属各学院的毕业生授予学位。新西兰大学创办于1870年，将设在奥克兰、克赖斯特彻奇和奥塔哥的各学院作为自己的下属学院。

教育作为一种公民权，已载入联合国的人权宣言。这是从19世纪开始的一个进程的顶点，即教育的逐步世俗化并从宗教与慈善团体的控制下解放出来。同时，"国家"这个常常用作贬义并通常表示"政府"的概念，已开始为一个更加有机的概念所代替，即国家是通过它所挑选出的官员进行活动的整个社会群体。因此，这一时期流行的那种反对意见，即认为国家教育是教育"另外一些人的孩子"的，也逐渐地被认识到是错误的了。

在英国，除了"公学"和许多为上等和中等阶级设置的私人学校以外，还有为劳动阶级设立的学校。这些学校是慈善事业的成果，并且大部分是属于"全国协会"（1810年）的英国国教学校和属于"英国和外国学校协会"（1808年）的非教派学校。国家对教育的"干预"开始于1833年，并且只限于向这两个协会提出补助金，虽然主管官员詹姆斯·凯－沙特尔沃思爵士设法使这项补助金用于提高整个教育的水平。然而，经过修订的1862年的教育法规，却规定这项补助金需根据考核结果而定，考核失败将导致学校失去补助金。这就是根据考核结果来决定是否发给补助的制度，这一制度在英国一直实行到1895年。教育显然成为一种商品，因此可按商品来估价。

1870年的初等教育法给各教育协会一年的时间，在这一年内尽可能开办更多的小学校。在不可能办到的地方，则由纳税人成立地方教育委员会，开办一所公立小学，以每英镑抽三便士的地方税作为资助金。根据1880年的一项法令，无论是教育委员会管理的小学或是教会办的小学，都是义务教育。1870年的法令标志着在英国第一次出现了为教育规定的法定权力和教会与私人对教育控制的削弱。这并非出于任何反宗教的情绪，而纯粹是由于经费不能从私人那里筹措。这种被人称为"世俗的解决办法"，目的在于消除教权的控制，对课程中的宗教内容的处理，只是次要的问题。最坚决主张在小学讲授圣经的，恰恰是最令人信服的主张"世俗的解决办法"的人物之一——托马斯·赫胥黎。但是，教士方面反对由非神职人员担任宗教课的教学工作，迪斯累里也在辩论中指责政府建立了"一个新的神职阶级"，即教师。

在英国，由国家控制教育之所以进展迟缓，有各种原因。第一，是由于英国人的妥协的性格。第二，维多利亚时代的人根深蒂固地认为阶级差别是神的安排。第三，迟迟未认识到教育的必然结果，那就是要求得到更多的教育。没有人能下令停止，说"到此止步"。第四，这样一种信念无法根除，即教育是一种私人的事情，父母在这方面的权利应不容侵犯。第五，缺乏适当的地方政府机构，而英国人又不喜欢为某一问题而专门设置相关的机构。直到1888年根据议会法建立起郡议会，才有了合适的地方当局。

教会并不是反对发展初等教育的唯一的方面。雇主们为反对普及教育进行了不断的斗争，因为推行这种普及教育使得半工半读就业得到了法律的认可。1876年的一项法令禁止雇用10岁以下的儿童为固定职工，规定全日劳力的年龄为13岁。1901年，半工半读的年龄提高到12岁。1918年全日制义务教育的年龄规定为14岁，在达到这个年龄之前，禁止一切固定就业。同年取消全部学费。

在这里把英格兰和苏格兰做一比较是很有意思的。早在16世纪，苏格兰就要求每个教会或教区设立一所教授基础课和拉丁文的学校，毕业于这种学校的比较有才能的学生，不论贫富，都可升入学院接受高等教育，"直到全体国民都能从他们那里得到好处"。这个实际上是"政治性的"目的，虽然也包括在教会的教育目的之中，但是只要它被接受，从长远看来，必然要导致脱离教会的控制。特别是城市，在教权的控制下，日益动荡不安起来。阶级差别的消失，使教育成为人人关心的事；有趣的是，在1872年的苏格兰教育法中，把"初等"一词从标题上删去，因为它带有十分浓厚的英格兰人那种谄上傲下的势利眼气味。教育儿童并不像在英格兰那样被人当作一种几乎是低人一等的职业。像"迪克遗赠"（1828年）那样的信托财产，甚至最简陋的乡村小学校也能得到它的益处。

苏格兰是一个在宗教和社会生活方面比英格兰较为一致的国家，甚至教权的控制也不像英格兰那样形成一个统治阶级。然而，1872年的法令剥夺了长老会长期行使的视察权，1861年的市镇和教区学校法即已废除了教师必须赞同教义陈述的要求。此外，苏格兰是最早成立教师联合会，将之作为取得教师身份的必要步骤的国家之一。苏格兰教育学院创办于1847年，并于1851年获得许可证。各教师联合会又把第三个因素引进了争取教育控制权的斗争中来。由于职业上的利益，这样的联合会既不站在教会一边，也不站在政府一边，不过它们的存在是有助于实现教育与教会分离的趋势的。

丹麦、法国和瑞士也相继成立了类似的教师联合会。在英国，1856年成立的教师学院是一个比较具有学术性的机构，但1870年成立的全国教师联盟则为了教师这个阶层的利益而并不放弃使用政治压力。在美国，贺拉斯·曼和亨利·巴纳德于1849年建立了教育之友全国协会，它在经过种种内部变革之后，于1870年成为全国教育协会。但这并不妨碍各州有自己的联合会，1847年成立于罗得岛的就是其中最早的一个。

教育的世俗化根据各地的情况而采取不同的形式。在美国，政教分离是载入宪法的，因而也无所谓国教；教育中的政教关系之所以为人关注，与其说是由于对教育的控制权问题，不如说是由于教育的经费问题。在这方面，北方和南方之间以及各州之间都存在着明显的差别。

在南方，南北战争以前，主教区和乡村的教育都被视为家长和教会的私事。南北战争破坏了这种原始制度。此外，奴隶从一种重要的财产变为一种严重的负担，迫切需要政府采取某种行动。然而联邦政府援助南方教育的一切尝试却深为人们所不满，虽则南方人并不是不屑于接受像1867年建立的皮博迪教育基金会这样的私人财源的帮助。给予400万主要是文盲的黑人以自由以及随之而来的政治上的平等，这就造成一种困难而危险的局势。政府为帮助黑人而设立的自由民局，在南方非常不得人心，因为它是由北方人管理的。此外，它开始帮助的是那些在教育阶梯的顶端而不是底层的人；而它的第一个行动就是在1867年创办了亚特兰大大学。菲斯克大学于1890年创办于纳什维尔。这项政策受到自由民中比较有野心的人物的欢迎，对他们来说，受到希腊文和拉丁文的教育，就是与白人平等的标志。但是像布克·华盛顿（1858—1915年）这样比较有远见的领袖，却认为黑人首先需要的是经济上的解放，要做到这一点的办法是创造财富，而财富只能通过在工农业方面的训练来创造。华盛顿本人就在弗吉尼亚州汉普顿的阿姆斯特朗将军的农业学院受过训练，他在1881年成为亚拉巴马州特斯基吉的一所农业学院的院长。黑人知识分子瞧不起这些学校，认为它们把黑人限制在体力劳动上，但是显然两种类型的发展都是需要的，因为南方的黑人和南方的白人都不是由一种人组成的。

在北方各州，促进教育发展的一般性团体到处出现。这里也和南方一样，城乡地区之间有着显著的差别。城市地区希望教育应由税收中拨给经费，由公家管理，不属于任何教派，并实行免费义务教育。因此，在这里州当局不是同联邦当局做斗争，而是不得不同成百上千个要求各自为政的小集体做斗争。但是，也和别的地方一样，最后是经费的需要决定了教育应由谁管理。纽约是第一个由州当局设置公立小学督学的州。到1861年34个州中有28个州的教育已经由州管理。教会当局逐渐被排挤出州的体制以外；除西弗吉尼亚以外，没有一个在1858年以后加入合众国的州在其宪法中有与入教会学校有关的任何规定。

这种教育世俗化的进程，在全世界各地都可以看到。澳大利亚各殖民地开始是和英国一样，给各教派团体津贴，1858年在新南威尔士结束了这一制度，到1863年就在整个大陆结束了这一制度。在丹麦，从17世纪以来教育基本上一直是政府管理的事务。丹麦普及教育的真正缔结者霍尔伯格（1684—1754年）曾经宣称："孩子们在成为基督徒之前，必须先成为人。"

法国的情况是复杂的，因为法国虽是一个信奉天主教的国家，它的教育制度却是由共和国制定的，而共和国奉行由世俗人办世俗教育的制度。共和派要求实行义务的、世俗的和免费的教育，讲授不受教会支配的道德观。另一方面，右翼则支持教会在教育和其他方面的权利。于是学校的管理、津贴、课程设置和教师的地位都受到法国政局左右摇摆的影响。然而，法国在1871年战败的结果之一，就是把更多的钱用于学校，在朱尔·费里（1832—1893年）担任国民教育部部长期间，初等教育成为世俗的、免费的义务教育。1901年，所有的宗教团体都需申请政府批准才能继续办学。1904年，在孔布执政期间，各宗教团体在神职人员指导下进行的一切教学都被禁止。

瑞士在经过一系列激烈的政治骚动之后，着手解决教育中的政教问题。1874年，伯尔尼州获得了政府超越教会之上的权利，而日内瓦则要求教士宣誓效忠于宪法。1874年的宪法第二十七条规定把教育完全置于行政机构的管辖之下，并授权联邦对没有履行义务的各州采取必要的措施。

在德国，教育世俗化运动经历了漫长的历史，所有各邦的教育在浪漫主义复兴的全盛时期都得到了蓬勃的发展，这种新兴的人文主义是与教权控制针锋相对的。但是，1848年的革命在德国也和在其他地方一样，结局是极端的反动。有关学校的新规定，以小小的乡村小学校作为准则，而在这种乡村小学里，是连一点革命热情的气味也不可能有的。普鲁士的弗里德里希·威廉四世（1840—1861年）给政局带来一种神秘主义的气氛，这种气氛产生了严重的后果。他笃信君权神授，在他看来，不仅教会，就连国家也是上帝的仆从，因此全国每一所小学都被卷进政治中去。然而，福尔克在1872至1879年间对教育制度的改革，却把责任完全放在国家的肩上。教会管理初等教育的权力被取消了，这项工作交由政府官员担任的督学负责。这样做也影响了课程。德皇威廉二世在1890年召开的一次教育会议上，极力主张设置现代学科，不仅反对学习古代的经典著作，甚至也反对学习德国的经典著作。他说，学习经典著作已经产生了有知识的无产阶级，但这根本不是新的帝国所需要的。歌德的民族性格的思想，让位于俾斯麦的个人服从国家的主张。

因此，德国的政教关系，在欧洲国家中有其独特的方面。除了已取消教会的控制权之外，很难简单地把它说成是世俗化，因为国家现在既然是一个神秘的神授"人物"，国家的控制就不仅是政治方面的，而且也是宗教方面的。这一点从强调爱国主义以及从义务兵役制所起的巨大作用可以看出。每一所学校里的每一个男教师都成为国家武装力量的代表。

在比较落后的欧洲国家中，至少初等教育仍然是直接或间接地处于教会的控制之下。比如，在俄国，当时所存在的初等教育是在东正教最高会议与当地神父的管理之下的。教师不需要教学证明书，神父又是那样忙于他们的教区事务，以致学校处于无人管理的状态。这样的教育几乎纯粹是职业教育。中等教育和高等教育只限于比较富有的阶级，其特点是对自然科学和西方的政治思想抱着很大的怀疑。一直到俄国被日本打败，发生了1905年革命以后，教育才有了普遍的发展。即使在比利时，虽然政府在1878年接管了全部公立学校，神职人员仍然进行抵制，并拒绝赦免"不信上帝的"学校的教师的罪。1884年天主教党政府掌权，又一反前届政府的做法。在西班牙，1857年的一项法律规定初等教育为义务教育，但是这不过是一纸空文，因此直到20世纪初期，大部分人仍然是文盲。1902年萨加斯塔领导下的自由党政府通过一项法律，要求所有的私立学校和学院需经政府批准，并接受政府的检查。但是在阿方索十三世即位后，教会的势力又占了上风。类似的势力在葡萄牙也起着作用，那里甚至更早在1844年即已宣布7岁至15岁的儿童须受义务教育。但是这项法律也是一纸空文，它的目标在政教斗争中根本无法实现。

马修·阿诺德借他在1861年给纽卡斯尔委员会的委员们提出报告的机会，使他们注意到大多数人还认识不到的一些更广泛的问题："我深信，教育委员会的委员们将在千万人的心中激发起他们想象不到的感激之情，如果他们能够在拿出在初等教育方面付出辛勤劳动的成果的同时，又对政府说，'注意不久将来的需要，组织你们的中等教育'的话。"这句话后来成了改革者的口号。

但是，大多数国家已经有一套掌握在私人手中和建立在阶级基础上的中等教育体系，这一事实使情况变得复杂了。英国有为少数阶层的人所设立的它所谓的"公学"。在法国，中学与小学学制是不相连的，由家长决定他们的子女是进中学还是进小学，一旦决定下来就不能再跨越。在苏格兰，已经有一条从教区学校直接升入大学的道路，因此如果政府举办中等教育，那就等于是从大学降低一部分或从小学上升一部分，两种变动都是一样。而一旦中等学校办起来时，立刻就会同专科院校和市镇学校处于同样的地位，因为这两种学校里都有与之同等班级的学生。

还有另一层困难。中等教育的目的是什么呢？是初等教育的延续，即比原规定的课程稍微多一点呢，还是完全应该是另一回事，在形式和内容上都不相同呢？它应该是为进入大学做准备吗？它应该由个人所属的阶级来决定吗？如果是这样，应该是教育他去适合他的那个阶级呢，还是应该帮助他从他所属的那个阶级上升呢？

1870年的初等教育法，在英国产生了一种要求进一步受教育的渴望，在家长愿望非常强烈的地区，一些公立小学自己在小学校里开办了较高的班次，而伦敦和其他一些地方的教育委员会甚至开办了"高等小学"。这一切当然都是完全非法的，因为这是将公共经费用于教育法批准的范围以外的更加广泛的目的了。但是，与这件事有关的不仅是父母。师范学院开始认识到需要有比小学所提供的更高的入学标准。同时也发现孩子们把进师范学院作为获得高等教育的途径，而不管他们以后是否会去教书。大学学院的设立，再次说明需要有中等教育作为基础，特别是在讲授科学方面更是如此。所有这一切势力联合在一起向政府施加压力。

教育部门的一位官员罗伯特·莫兰特爵士向政府审计官科克顿提

供了地方教育委员会的工作的实际情况；科克顿因此就向伦敦地方教育委员会的委员们征收额外的款项，以弥补他们为超过义务教育年龄的儿童提供的教育费用。地方教育委员会上诉失败。此案被称为"科克顿判决案"，成为法律上的一个判例。

这件事促进了立法。必须使伦敦地方教育委员会的做法合法化。但是这只有在更大的计划范围内才能做到。当然，一个困难就是除非在大城市，地方教育委员会单位太小，不能处理超出初等教育范围的任何事情。但是，1888年设立了新的地方政府机构，即郡议会，如前所述，这些新的机构几乎立即受权负责它们地区内的技术教育，从威士忌酒的税收余额中给予津贴。然而，中等教育是一个很大的问题，不能用这种零打碎敲的办法来解决。于是在1894年指派了布赖斯委员会考虑这个问题。根据该委员会的建议，郡议会于1902年成为所辖地区各类教育的主管机构，并于1900年成立了教育委员会，作为在议会之下主管教育的中央权力机构。1944年，教育委员会改为教育部，从而取得与其他各部平行的地位。

在威尔士，组织中等教育是困难的，因为乡村人口过于分散。1889年通过了中间教育法，这项法案规定设立一种新型的走读学校，不过不如在布雷肯、班戈和兰多维里已有的3所文法学校那么有远大的目标。到1895年，已经建立了30所这样的学校。这时感到郡一级的机构已不适于管理这项新的事业了；虽然约翰·里斯爵士和弗里亚姆·琼斯希望由大学来管理这类学校，但1896年还是单独成立了一个威尔士中央教员委员会。这是一个奇特的机构，离它的主管对象很远，因而倾向于强调考试结果。不过1899年的法案规定为英格兰和威尔士设立教育委员会，1902年的法案又应允为中等教育设立一个更加实际的机构，于是这些缺陷也就克服了。

在苏格兰，也设立了各地的地方教育委员会，不过到1918年才取消。苏格兰实际上长期以来就有一个从教区学校到大学的全国教育体系。但是，也非常需要由政府主办的中等学校，于是阿盖尔委员会（1864—1868年）便被任命去调查苏格兰的全部学校，包括中学在内。在所有这些学校中，全苏格兰只有5所算得上是中等学校，因为其余所有的学校都是"幼儿园、小学和中学合而为一"的。"市镇学校"的课程非常注重古典学科，而"专科院校"开始时是讲授科学和商业课程的,虽然到 1864 年它们与市镇学校或文法学校的差别已不很大。如前所述,1872 年的法案设立了地方教育委员会,并且给了它们一年的期限为他们所辖地区的教育提供全部需要,然后给各民办团体以机会来弥补其不足,并为此目的给予补助。英格兰的安排恰恰相反,首先给民办团体以机会,但在建校方面则不给予帮助。

苏格兰各地的地方教育委员会从一开始就对它们所负的责任有比较广泛的见解,但是 1862 年的修订教育法规对教区学校多少有一些不利的影响。虽然修订法规使苏格兰受到的挫伤从来不像英格兰那样严重,但一些高级课程也减少了。于是,指派科尔布鲁克委员会对苏格兰的全部教育捐款进行调查。调查的结果是颁布了 1878 年的捐款管理法,该法授权设立一个 7 人常设委员会来决定捐款的用途,对高等教育特别给予关注。

德国的中等教育是沿着中产阶级的路线发展的,但是几乎比任何别的国家更多地受到政治的影响。实科学校在德国中等教育中与文科中学一样,成为永久的可供选择的学校。这是中产阶级从教会和贵族的控制下获得解放的象征。同时,比这程度较低的中等学校[1]实际上是高等小学而不是中学,它是从国民学校发展而来的,就像在英国高等小学是从小学发展而来的一样。按照 1872 年的一项裁决,儿童们能够在 9 岁时转入这种学校,一直学到 15 岁为止。它比小学有较高的社会价值。它收学费,但是只收中学的一半。因此,正如英国的私立学校对家长们有吸引力一样,德国的中等学校也受到家长们的欢迎。这些家长虽无力支付较高类型的学校的费用,但是另一方面,他们受的又不是免费教育,因而他们的社会等级是比较高的。总共有 6 种类型的中等学校——3 种是九年制的,即文科中学、实科中学和高等实科学校;另外 3 种是六年制,即初等文科中学、初等实科中学和实科学校。

在法国,维克多·杜律伊(1811—1894 年)根据其教育自由化的政策,于 1865 年建立了他称之为中等专业教育的制度。1870 年战争之后,这种教育制度由共和国沿着三条路线加以发展——高等小

---

[1] 六年制的中学,学生毕业后不能直接升入高等学校。——译者

学，补习课程，以及农业、手工业和商业技术学校。但是，直到1880年才开始组织由政府主办的明确的中等教育体系。这时成立了最高委员会和各学术委员会。这些几乎都是选举产生的机构；而且，只有学术界和教育界的人士才能进入这些机构。这是教育行政上的一项果断的创新，因为它把教师与大学教授和政治家们摆在同等地位。自从拿破仑1808年把所有各级教育统统纳入一个叫作"法兰西大学"的单一体制之内以后，法国的教育就总是高度集中的。这一原则的中心思想是创立一个与教会相对的世俗的思想主体。这个原则经历了1848年的革命和普法战争而坚持下来。因此，中等教育并不是从初等教育发展起来的，而是由大学决定了其性质。

高等小学类似威尔士的中间学校或德国的中等学校，给学生安排了两种类型的考试——一种是进入培养小学教师的师范学校的考试，另一种是为取得高等小学毕业证书的考试，其实证书的名称与实际并不相符，这是一种一般的证书。上课时间是上午8点至12点，下午1点至4点，一味地枯燥乏味地死读书，只能收到非常机械刻板的效果。学校还受到没完没了的检查之苦——这种弊病也带进了自1879年起就在每个"部门"中设立的培养教师的师范学校。人们对这些学校非常不满，是不足为奇的。这种不满导致了对整个法国教育制度的检查。利鲍先生1899年对议会的一个委员会声称："全世界到处都听到对中等教育的一片埋怨之声。"

中等教育是由国家办的公立中学和市镇办的中学进行的，同时也允许私立学校进行。智力较好的人只有从这些学校毕业才能获得发展机会。因为中等教育是有这种阶级偏见的。所有这些学校，形式非常相似，而利鲍委员会的委员们的目的之一就是要打破这种千篇一律的状况。就公立中学来说，他们希望把寄宿学校的学生分散到适合的家庭中去，而不是把他们关在一所学校里。有趣的是，这正好与阿诺德博士的计划相反，他是要把孩子们从寄宿人家领出来，集中到学校"宿舍"里去。但是也有另一种倾向，如在德莫兰的著作《盎格鲁－撒克逊民族的优越性是怎样产生的?》（1897年）中所主张的，这一倾向导致按照英国的方式设立了5所寄宿学校。委员会的调查结果导致在1902年，即颁布英国教育法的同一年，改组法国的中等教育。

公立中等学校的课程的设置，是为了将来能够通过业士学位的考试①，这通常成为进入大学的入学资格。市镇中学则较低一级，有自己的证书，而不是业士学位证书。私立中等学校应由国家检查，教师不得属于任何宗教团体，必须有教师的证书。既有公立男子中学，也有公立女子中学，并在塞夫勒建立了一所培养中学女教育的师范学院。

19世纪初期，教育理论有了显著的发展，人们并愿将其付诸实施。在这方面的3个伟大人物是裴斯泰洛齐（1746—1827年）、福禄培尔（1782—1852年）和赫尔巴特（1776—1841年）。他们每个人的著作对教育的影响，都远远超出了他们自己的祖国的范围；人们对他们的著作最初所抱的热情虽早已消失，但这些著作却显示了经久不衰的生命力。裴斯泰洛齐坚持认为教育来自事物，而不是来自书本，教育应随着儿童智力的发展而进行。裴斯泰洛齐认为主要的教师是经验；赫尔巴特根据他的这一见解，形成一种理论，即"多方面的兴趣"对于性格的形成具有重要意义；而福禄培尔又从一切发展都来自内部这一信念出发，形成了他的自我能动性的理论——"儿童有权在每个阶段成为那个阶段所要求的那个样子"。

福禄培尔的思想于1854年传入英国并得到查尔斯·狄更斯的赞同。"幼儿园"一词已作为对福禄培尔式的学校的说明而为英语所采用。但是这个时期创办的学校都是为比较富有的阶级设立的私立学校，直到1874年，福禄培尔的原则才开始对各地的幼儿园产生影响。美国的第一所幼儿园是1860年由伊丽莎白·皮博迪在波士顿创办的，它在威廉·托里·哈里斯博士和苏珊·布洛的影响下，于1873年成为圣路易斯的公立学校体系的一部分。

但是，福禄培尔的思想并不是没有遇到任何批评，至少在英国是如此。夏洛特·梅森小姐于1887年创办了"全国家长教育协会"，她批评幼儿园的课程，因为里面渗进了某种恩赐精神，梅森小姐认为不让儿童读书是错误的，她声称"任何教育不让儿童们在书的世界中遨游，看来就不配称为教育"。

---

① 即中学毕业会考。——译者

如果说裴斯泰洛齐和福禄培尔在小学和幼儿园特别有影响,那么赫尔巴特的影响主要是在更高的阶段。齐累尔(1817—1882年)从赫尔巴特的学说形成一种理论,称为"文化阶段论"。他认为应该根据儿童成长的各个心理阶段来选择教材,而这些阶段是与种族的发展相一致的。当赫尔巴特学说传到美国时,使斯坦利·霍尔(1844—1924年)感兴趣的正是这一方面;他的巨著《青春期,它的心理学和它与生理学、人类学、社会学、科学和教育的关系》的标题就表明了赫尔巴特派的"多方面的兴趣",并且是以接受"文化阶段论"为基础的。在美国,一个更伟大的人物是内科医生、生理学家、心理学家和哲学家威廉·詹姆斯(1842—1910年)。他既关心宗教又关心科学,因此也既关心灵性的感受,又关心教育的指导。他的《心理学原理》(1890年)是这一学科的经典著作之一,他在这部著作中主张心理学应列为一个专门的科学,而不仅仅是生理学或哲学的附属物。他那闲话家常般的通俗文风和他那善于运用生动的词汇和阐明问题的天赋,使他不仅能把普通常识应用于心理学,而且也应用于教育,并且强调二者要与活生生的人相联系,而不仅仅是与理论相联系。他的《对教师们谈谈心理学》对于教育实践的影响,恐怕比这方面的其他任何著作都更大。

这样,赫尔巴特学说在19世纪90年代在美国形成了长期互相冲突的两个对立的学派。它一方面对学习过程提供了合乎理性的逻辑解释,因而和这个时代的科学精神相适合;另一方面,由于它强调文学和历史为两门最能塑造性格的学科,又与当时对科学和数学的普遍热情步调不一致。赫尔巴特学说既给予理性主义者以帮助,他们倾向于认为知识渊博就是美德;也给另一方以帮助,对于这一方来说,教育是培育有教养的想象力和情感的问题。

英国在教育理论方面从来是比较薄弱的,但是19世纪后期的科学运动产生了一本非常有名的著作,它强烈反对古典学科在学校的垄断地位,并赞成新的"现代"学科的教育价值。这就是赫伯特·斯宾塞的著作《教育、智育、德育和体育》(1860年)。斯宾塞(1820—1903年)已经为达尔文的进化论提出了一句口号:"适者生存"。他处于新的科学运动最激烈的时代,他坚信知识即博学多闻。

他把知识按其重要性排列为五大项，以生理学开头，在一长列目次的最下边以文学和美术结尾，"因为它们只占生活的闲暇部分，所以它们也应只占教育的闲暇部分"。

斯宾塞的著作并非特别有创见，但是它引起人们把科学作为教育的一门学科的兴趣，并用它取代古典学科。他的一位同代人托马斯·亨利·赫胥黎（1825—1895年），把科学训练与真正人文主义的人生观结合起来。他比同时代的任何人都看得更清楚，达尔文的学说除了应用于自然科学方面外，还可应用于生活的其他许多方面。这个学说用最简单的形式表达出来，就是：一个有机体的性质和目的应该在它的发展过程中去发现。每一个机构都应当通过它的发展道路而对之进行了解。它是怎样产生的？它经过了哪些阶段？它有什么理由继续存在下去呢？同样的问题也适用于圣经、神学、选举权、工人阶级的地位和妇女的从属地位等。给所有这些机构下一道令状，责问他们根据什么行使职权？不做出满意的答复就不许通过，这对于年轻人和敢于冒险的人是一种痛快的做法。赫胥黎自认为他站在这一帮年轻的战斗者的最前列，这也是不足为奇的。

赫胥黎对教育的影响是巨大的。他相信科学作为一种自由的教育所具有的价值，但是他也十分清楚科学的价值取决于怎样讲授它。他本人是知道怎样讲授科学——也知道怎样写作的。他说，教育"就是按照自然规律传授知识，在自然规律中，我不仅把物及其力量包括进去，而且也把人和他们的生活方式包括在内，并把感情和意志变成为一种同这些规律和谐运动的热切而充满爱的愿望"。就他那一代人来说，赫胥黎是当时最伟大的科学家，但被人遗忘了的（如果说曾有人注意到这一点的话），却是他对文学和圣经的兴趣。在新成立的伦敦地方教育委员会（他是其中的一个成员）中，正是由于他的提倡，圣经才在实际已被提出应予废止的时刻，得以在学校中保留下来。

然而，教育科学所遵循的不是赫胥黎的路线，而是斯宾塞的路线。它已经深入人心，人们谈的是科学，想的是科学，做梦也梦到科学。诚然，欢乐是不断地迸发出来，因为科学给了业余爱好者一些好玩的东西。约翰·亨利·佩珀（"佩珀的幻影"的发明人）甚至使人从他的广为传播的著作的书名上就可以看出，从科学中能够得到何种乐趣——《金属游艺书》、《青年科学游戏》和《科学百科简编》。然而就学校来说，科学在一定程度上被视为一门学科，但主要地是作为一种在世界上生存下去的手段。"知识就是力量"是一句人们喜爱的格言，而所谓知识就是指科学知识。

1872年以后出现了代替初级学校的有组织的科学学校。它们属科学和艺术局管辖，该局于1853年成立于南肯辛顿，它是1851年大博览会激起的人们对工业热情的产物。（它在枢密院领导下，所以与教育局的地位相等。1900年二者均并入教育委员会。）这些学校除科学以外什么也不教，这是打算把类似德国的实科学校介绍到英国来的尝试，但不设文化课程。然而，赫胥黎很快就看出，科学学校只不过是填鸭式的教育；而且这时可以清楚地看出，专门化的教育在英国也像在所有其他地方一样，需要良好的普通教育作为基础。从此以后有组织的科学学校在课程表中增加了文科的课程，同时，这些"根据成果得到报酬"的学校的辛勤经营，也由于科学和艺术局发给科学津贴而得到缓和。

与此同时，科学在高等教育中也争到了一席之地。1881年伦敦矿业学校成为皇家矿业学校，1890年又成为皇家科学学院。在19世纪80年代，"科学"意味着越来越多的应用科学，以至技术教育在科学工作这一总的领域内变成了一门专业。1884年，一个皇家委员会调查了技术教育的准备情况，1889年的技术教育法给予新近设立的郡议会一笔基金，用于技术与科学教育。新成立的大学学院都与科学有关。利兹大学就是先有染色工艺系，然后才有英语系的。

德国的情况与英国并没有什么不同。就在边境那边的瑞士，1854年已在苏黎世创办了一所规模宏大的综合性工艺学校。该校成为德国同类学校的一个样板，以后德国的这类学校都改变成为大学。但是，在中等学校一级，科学和技术教育的准备工作早在18世纪末叶创办的实科学校中即已开始。1870年，在实科学校修完全部9年课程的男生，可以进大学学习数学、自然科学和现代语言，即使如此，实科学校仍被视为供社会上智力较差的人进的一类学校。然而，对现代学科的重视及其发展，说明人们已认识到我们是生活在一个富于竞争性的世界上，一个工业的和商业的社会要求为年青一代提供一种足以使他们在这个世界上立足的教育。自从1890年的教育会议（见第188

页）以来，科学和技术教育得到人们普遍的赞同，因为它与德国在工业和商业方面的野心是一致的。

作为本文所论述这一时期的特征的科学运动，往往容易成为一种新形式的经院哲学。只有教育的内容是新的。人们经历一个漫长的时期才认识到科学在教育上的重要性，因为这需要对讲授科学的特有方法有所了解，而直到当时教授科学和方法与教授任何文科的方法尚无多大区别。的确，据说赫伯特·威尔斯虽获得了理学士学位，却根本没有进过实验室。H. E. 阿姆斯特朗教授是使用新法讲授科学（1844 年）的先驱者，他把这种教学法叫作"启发式的"或"让儿童们自己去发现事物的艺术"。这是对通过实验来教授科学这种方法所起的一个别致的名称；这种方法在今天已是不言而喻，甚至人们会奇怪，为什么竟然花了那么长时间才发现它。把科学的方法应用于儿童的学习，则到 20 世纪初比纳概括出它的智力测验的方法后才实现。

教育对于社会结构和当时思想运动的依赖关系，最明显不过地表现在妇女教育方面。值得注意的是，在这方面除了性别的差异外，还受阶级差别的影响。总的说来，各国工人阶级的女孩子都受到与男孩子相同的教育，并未因性别而有所差异。这倒并不是出于什么男女平等的想法，而是由于人们认为工人阶级的子女是命中注定要靠体力劳动为生的。因此，当我们谈到女子教育，把它们作为一个单独的题目时，我们并不包括工人阶级的女子在内。

在英国，正是在中产阶级和上层阶级中，女子教育非常缺乏，这里性别差异意味着一切。女孩子或是在家庭里跟不合格的家庭女教师学习，或是进私立学校，而这种学校的目的是培养一种非常浅薄的"才艺"。女子的高等教育由于缺乏中小学教育而受到妨碍，因而英国的妇女教育的先驱者们看出她们必须同时着手解决中小学校和大学的问题。学校情况调查（汤顿）委员会于 1864 年揭露了女子教育的贫乏状况，甚至到维多利亚时代，委员们也不得不承认开办女子中学的重要性以及开办这样的学校迫切需要支持和捐款。

女子教育已取得了一些进展。多萝西娅·比尔于 1858 年担任切尔特南女子学院的院长，她担任这个职务一直到 1906 年去世为止。

第七章 教育

在她的领导下,这所学校各方面都得到发展,从培养女子中学女教师的寄宿的师范学院,一直到准备进正式学校的幼儿班。与她的名字联系在一起的是弗朗西斯·玛丽·巴斯(1827—1894年),她原在哈利大街的女王学院与比尔小姐在一起。1850年巴斯小姐创办了北伦敦女子学院;这所学院在1871年改成一所由理事们管理的学校。她以在关于卫生和学习方面具有独特的见解而著称;她把冷水浇在病人脸上,消除了当时流行的晕厥的习惯!①

妇女受高等教育的问题,曾引起对大学发动的一场攻势。关于授予妇女以学位,美国、瑞士和斯堪的纳维亚各国虽都走在英国的前面,但1878年伦敦大学准许妇女享受学位。维多利亚大学从一开始就兼收男女生,爱尔兰皇家大学也是如此。1892年苏格兰的4所大学都向女子开放。

但是,男子特权的真正堡垒是牛津和剑桥,对这些学府发动的攻势至少表明了在社会进步和教育进步方面的一个基本原则。发动这一场攻势的两位领袖是戴维斯小组和克拉夫小姐。格顿学院的创办人埃米莉·戴维斯最初在距离剑桥不远的希钦开始,到1870年才算推进到剑桥的郊区。她为她的女生争取在接受大学课程和考试方面与男子完全平等。安娜·杰迈玛·克拉夫是一位利物浦的妇女,她早已为家庭女教师开设了讲座。她在亨利·西奇威克教授的鼓励下,把她的活动转移到剑桥,于1874年建立了纽纳姆学院,这所学院直接设在剑桥的中心,因为克拉夫小姐所关心的不是参加考试,而是听课。当这两所学院均收到成效后,格顿学院要求准许听课,纽纳姆学院则要求允许参加考试就成为轻而易举的事,而且它们都达到了目的。

但是,这只是做到了一半。学位问题还未解决。这时,剑桥大学提出为妇女建立一所平行的大学,这与拉德克里夫大学是和哈佛大学平行的女子大学的做法有几分相似。克拉夫小姐本来乐意接受这个建议,但是戴维斯小姐却立即加以拒绝。她清楚地看出这里面牵涉这样一个原则,就是,如果你在得到平等之前先得到差别,你就永远得不到平等。必须在男子擅长的方面与他们比试,并在他们擅长的方面压倒他们,然后才能谈到任何差别。1887年事情果然这样发生了,格

---

① 当时英国中上流社会妇女矫揉造作的一种表现。——译者

顿学院的阿格纳塔·拉姆齐在剑桥大学古典文学荣誉学位考试中获得头等中的最高成绩。但是，即使这样的成就也不足为奇，因为1890年纽纳姆学院的菲利帕·福塞特获得至高无上的成就，在数学荣誉学位考试中成绩超过了高年级的一等及格者。从此以后，人们就很少谈论什么所谓妇女智力低人一等了。

1871年，玛丽亚·格雷夫人建立了"改进各阶层妇女教育全国同盟"。次年，女子公立走读学校协会成立。牛津和剑桥制定了允许女子参加的地方考试[1]。妇女教育家把重点放在走读学校，而不放在寄宿学校，并且由于这些学校不像男子的公学那样受到几百年来传统的束缚，因而在教学方法和学科设置方面都能自由地进行试验。不仅如此，由于是走读学校，使父母收入微薄的女子也能入学。这些学校并不全都是一个模式。走读学校是最受称许的，但也按照男子公学的模式设立了三所寄宿学校——圣伦纳兹（1877年）、罗丁（1885年）和威科姆修道院（1896年）。

女子学校的兴起，导致了一场要求男女生同校的运动。在一些公谊会办的学校里总是这样做的，这是遵循这个团体的男女平等的规则；但是，现在人们主张使男女同校本身成为一个原则。1889年通过于威尔士中间教育法，结果建立了一批男女生同校的走读中学。比德尔斯中学创办时原是一所男中，7年后在1900年改为男女同校。在苏格兰，男女生同校已存在了几百年，在市镇学校中已是司空见惯的事情。在美国东部各州，男女同校已成为通例。这种通例由于裴斯泰洛齐在美国的广泛影响和他认为学校应该按照家庭的样式来办的观点而得到加强。于是这在美国就成为普遍的了，虽然也有按照英国模式创办的像格罗顿那样的男子公学和像法林顿斯那样的女子学校。

1870年的战争之后，德国全国各地的教师齐集魏玛，要求让女子受教育，并于1872年成立了"女子高等教育协会"，这在教育方面实现了1865年成立的全德妇女联合会的目标。与整个妇女解放运动的这一联系，进一步推进了创办女子学校的运动。从1888年到1898年，海伦·朗格是这两个运动的领袖。她在1887年提出了一项改革女子教育的方案，1889年在柏林开办了女子实科课程。1893年

---

[1] 地方考试：英国某些大学在各地举行的考试，对考试及格者发给证书。——译者

在卡尔斯鲁厄创办了一所女子文科中学。在许多邦，男子中学也向女子开放，不过许多妇女仍然越过边境到瑞士去受大学教育。个人的进取精神仍与通常一样激励官方机构采取行动，在巴登和巴伐利亚，女子学校的男校长都由通过高中毕业考试而取得资格的妇女替代。德国的教育与教会保持着持续不断的关系，这表现在1902年宗教与教育大臣所规定的女子教育的总原则——这些原则就是以家庭为主，并认为妇女的正当位置应该是在家庭，因此不需受专门的训练。但是这一规定遭到那些要求直到大学阶段均应与男子处于平等地位的人们的反对；1908年建立了一套女子学校体系，从为9岁到16岁的儿童设立的女子中学开始，然后是高等女子中学，给以两年普通课程或者4年培养小学和初中师资的师范课程。但是，想要学习中学课程的男女学生，在13岁时都可转入高等中学学习准备进入大学的三门课程，即古典课程、半古典课程和现代课程。值得注意的是，普鲁士政府虽在对待男子教育方面无法与传统决裂，但在对待"政治上无足轻重的"女子的教育方面，却很乐意着手进行深入的改革。

在法国，直到1867年，在维克多·杜律伊的影响下，女子教育才被人认为是重要的。这里又是个人的进取精神和鼓吹活动走在政府的行动之前，成立了一个女子中等教育协会；该协会设置了最后授予毕业证书的三年中学课程。有些后来成为中学甚至公立中学。卡米耶·塞（1827—1919年）在1877年改组了女子教育，三年之后建立了国立中学。这些学校收费比男子中学低，课程完全是现代的，没有拉丁文，也完全不像男子中学那样为繁重的功课所苦。如同德国那样，女子学校的男校长都已由妇女取代，这就同瑞士的情况形成鲜明的对比，尽管瑞士以民主政府而享有盛誉，但女子学校的教师却全部都是男子。女子学校的风气远比男子学校自由。卡米耶·塞于1883年在塞夫勒创办的师范学校，保证了高标准的工作。欧内斯特·勒古韦说，12岁到17岁的女子教育的目标，是"在差别中求平等"。把这一原则与埃米莉·戴维斯的原则加以比较，是很有意思的。

在此时期，斯堪的纳维亚各国以其发展超过中学和大学学龄的人们的教育而著称。成人教育理所当然地主要是与工人阶级有关，虽然其范围各国有所不同。

丹麦在这方面居于首位。格隆德维格（1783—1872年）和克里斯滕·科尔德（1816—1870年）创办丹麦国民中学的工作受到1864年损失惨重的战争的激励。在这次战争中，丹麦将石勒苏益格－荷尔斯泰因两省割让给德国。正如费希特在耶拿战役以后，罗伯特·李在阿波马托克斯战役以后和维克多·杜律伊在色当战役以后的态度一样，格隆德维格的态度是"在外部损失的，必须在内部找回"。这是一个要求在教育方面向前迈进的号召。丹麦转向国民中学，把它们作为任何军事上的失败都不能损害的民族主义机构。这个运动发展很快。原来在罗丁的学校，越过新的国境线迁到阿斯科夫，在路德维希·施罗德的领导下兴旺了起来。反过来，这些学校在人民心理上产生的影响又帮助丹麦从下一个打击中恢复了过来。丹麦原是一个种植小麦的国家，主要向英国出口谷物。但是，这时加拿大和乌克兰开垦了大片的麦田，使得丹麦完全不可能在世界市场上从事竞争。然而，国民中学大大提高了农民的聪明才智，因而在10年之内，丹麦的经济就从以小麦为基础，改变为以生产乳制品为基础。阿斯科夫的学校在施罗德和保尔·勒科尔领导下，一方面不忘古代斯堪的纳维亚的种种神话，一方面同样重视现代的农业，把二者结合起来。1876年以后，学制扩大到两年，1885年以后成为男女同校。它的课程非常广泛，包括物理、化学、农业、历史、神话、教会史和心理学。哥本哈根市开始重视这一运动，并于1890年开办了一所走读的国民中学。

与此同时，成人教育也在专门培训职业人才方面发展起来。从1867年起就为农业和其他产业工人开办了中学。其中最著名的一些中学是由路德教会的"国内布道团"开办的，支持这种中学的人士中就有泽伦·克尔恺郭尔。它们吸收了格隆德维格完全没有接触过的产业工人。

这一运动在所有斯堪的纳维亚各国开展起来。挪威从1864年开始设立国民中学，性质和格隆德维格所办的一样，信仰基督教，男女同校，几乎完全设在乡村。在瑞典，这个运动恰巧与争取扩大选举权的政治运动同时发生，并成为瑞典自由党所关心的事。瑞典的学校比较注意实用，因此格隆德维格的精神动力不大为人所感觉到。瑞典人的实用性格也在初等教育中表现出来，称作工艺教育的手工训练成为小学课程的一个重要部分。

在芬兰，国民中学运动和丹麦的一样，是民族主义运动的一部分。它的目的是为了反对俄国的影响，并促进了讲芬兰语的工人阶级与具有高度文化的讲瑞典语的少数民族之间的团结。芬兰也步瑞典的后尘，发展"工人专科学校"，这些学校是在市政当局领导下的夜校，创办于 1889 年。

这里应对"成人"教育和"进修"教育加以区别。后者是学校教育的延续，正是这种形式的教育吸引着德国人。在德国，成人教育主要是关于技术方面的，虽然这种形式的教育充分发展是 20 世纪的事，这时克申施泰内在慕尼黑办的业余补习学校闻名于全欧洲。成人职业教育在德国也和在其他地方一样，逐渐取代了学徒制，虽然在德国成立了各种艺徒公会，其职能由 1887 年的一项法令所规定，其中一条是培养雇主与雇工之间的良好关系。为主要工业设立的各种专门学校，是对学徒制的补充，而不是像在法国那样，用来代替学徒制。

在瑞士，成人技术教育的主要中心是苏黎世，联邦拥有技术大学，并根据 1884、1885 和 1895 年的法令，联邦对职业教育给予援助。这包括各音乐学校、艺术学校、丝织学校、兽医学校、师范学校、一所手工艺学校和一所工业学校，还有日内瓦的一所高度专门化的钟表制造学校和布里恩茨的一所木刻学校。

美国北方各州在南北战争之后发展成为高度工业化的社会。迄今，农业一直受到教育家们的注意，1862 年联邦政府根据莫里尔法在每个州设立了"政府授予土地"的农学院。但是，1865 年由于认识到工业需要教育，成立了麻省理工学院。该学院在新世界的地位，相当于苏黎世工艺学院在欧洲的地位。然而，职业教育迟迟没有开始，直到 1898 年美西战争之后，才在全国范围做了一些努力；而且到 1912 年，一个关于职业教育的全国委员会才成立起来。这一迟延，部分原因是约翰·杜威（1859—1952 年）的巨大影响，他认为不需要成立什么专门学校，因为每一所学校都应该成为职业学校，从而成为训练民主的场所。

成人文化教育方面的问题，由于奴隶的解放和外国移民的大量流入而在美国变得尖锐起来。但是，由此而采取的措施是极为有限的，而且是实用主义的。然而，在美国主办成人教育的主要机构是教会。宪法上规定的政教分离给教会加上了一副沉重的但并不是不受欢迎的重担。各种各样由捐款兴办起来的团体创立起来,最初有"学园"讲座,这种讲座在1874年以后又为"肖托夸运动"所代替①。这些机构的最初的目的是要培养主日学校的教师,但是他们不久便为更广泛的公众服务。可是美国人当中很大一部分在就业之前都上过中学或大学,这一事实使得成人教育的吸引力相对地有所减弱。

在此时期,英国成人教育在职业教育与文化教育之间的区别变得非常明显。伦敦同业公会在1880年创办了"伦敦城市和行会学会",作为统一技术的教育审查机构,领导人是菲利普·马格纳斯爵士。1884年该学会自己建立了一所学院,成为伦敦大学的一部分。对技术教育的兴趣也随之而伴生了一些非常奇特的想法。比如,罗斯金就被"技术"这个词的希腊文原义引入歧途,以为他支持这个运动是在支持发展创造性的手工艺技术。领导人们则很少想到这一点,他们想的是如何在世界市场上去击败德国人和美国人。

在成人的文化教育方面,总是显示出这样一个事实,即正是那些受过一些教育的人,才最能意识到教育的重要并要求学习更多的东西。在英国,最初为工人发起的运动,反而对职员、教师和学徒产生了吸引力,而当这些人参加进来以后,工人就退了出去。但是,宪章运动这一真正的工人运动,后来和基督教社会主义运动结合起来,由此而于1854年成立了工人学院。这是第一次把旧式大学和成人普及教育联系起来,它吸引了一批卓越的讲师,免费为它服务。基督教青年会和英国科学研究所是受欢迎的成人教育机构,全国各地都成立了互进会,有的是由教会经办的,有的则是独立地经办的。

安娜·克拉夫小姐在利物浦发起了由大学开办补习班的运动,由詹姆斯·斯图尔特担任第一位讲师,这再一次表现了大学出身的人与工人运动的结合。不足之处是听众太多,不能进行讨论,但是1903年创办的工人教育协会弥补了这一缺点,因为这个协会不是建立在讲大课的基础上,而是以"导师个别指导的班级"为基础。在伦敦的各种大学社会福利团体,是大学出身的人与工人群众卓有成效地结合的又一成果。这些团体中最早的一个叫作汤因比会堂,是以牛津大学

---

① "学园"讲座,19世纪美国以开办讲座等形式推广成人教育的团体,以亚里士多德讲学的"学园"为名,南北战争后,该团体衰落,"肖托夸运动"兴起,以其总部设在纽约州肖托夸而得名,主要以开办暑期主日学校来推广成人教育。——译者

贝利尔学院杰出的年轻学监阿诺德·汤因比（1852—1883 年）而命名的。综合性工艺学校是另一种类型的机构，最早的一所于 1880 年由昆廷·霍格在摄政大街创办。开办头一年就吸引了 6800 人。1883 年伦敦教区慈善事业法允许将部分慈善经费用于建立综合性工艺学校。因此而获益的机构之一是"人民宫"，它后来成为东伦敦学院，再以后成为玛丽女王学院和伦敦大学的一部分。

与此同时，工会开始为自己的利益采取行动。1899 年他们在牛津创办了罗斯金学院，作为训练工会领袖的场所。它设在牛津是有重大意义的。它在 10 年以后的分裂也是有重大意义的，这一分裂使马克思主义派独立出来，在牛津经过一个短时期之后，移往南威尔士，成为中央劳工学院。

（宋蜀碧　译）

第 八 章
武 装 力 量

　　19世纪最后的30年，如果不是给全世界，至少也是给西欧各国人民，带来了实际上从未间断的和平时期。在打破了维也纳体系格局的各次统一战争和后来发展成为第一次世界大战的争夺四分五裂的土耳其帝国领土的各次冲突之间，西欧出现了一段间歇期。即使在这一地区以外，也只发生过三起两个大国之间冲突的事例：1877—1878年的俄土战争，1894年的中日战争和1898年的美西战争；而这些纷争，或者由于它们的性质，或者根据大国间一致同意的政策，也严格地限制在局部范围以内。欧洲列强为了保护和扩大他们在非洲和亚洲的利益，不断地发生小冲突；英国于1899年卷入同南非布尔共和国的战争，这场战争发展到超越了"小规模战争"的范围；但在欧洲本土，除了巴尔干半岛以外，法国和获胜的德意志帝国之间于1871年签订的法兰克福和约，带来了43年的持续和平。

　　然而，在这些年中，大国，特别是欧洲大国，却正在做出近代历史上前所未有的努力，为一场战争进行准备。海陆军兵器的数量、复杂程度和成本都大大地增加。防务费用在国家预算中所占的份额越来越大；欧洲大陆国家的男子，从他们的青春时代后期直到即将进入中年时代晚期之间，都有义务服兵役。由于每一个国家在防务上所做的准备，都被它的邻国看作对它们自身安全的威胁，各大国发现它们自己显然卷入一场无法避免的竞争；这场竞争给国家财政造成日益增大的负担，煽起相互间的疑惧，并在导致第一次世界大战那场大灾难方面起了相当大的作用（许多历史学家会说是起了主要的作用）。

　　在这些岁月里，欧洲表面上的和平后面潜在的紧张局势，有其政治、社会和心理等方面原因，这些原因将在本卷其他的章节中加以论述。然而，这种紧张局势至少部分地可归因于战争的武器和技术获得了事实上自发和自动的发展。这由于当代工业和科学的进展才首次成为可能。现在，拥有优越军备的国家获得了压倒性的优势。1870年法国的崩溃，比1866年奥地利的崩溃更加清楚地表明，那些未曾学会如何训练和部署以现代武器装备的庞大军队的国家，将遭到何等厄运；而且，欧洲国家面临着这样的抉择：或者屈服于以这些技术武装起来的新兴德意志帝国的霸权，或者用这些技术武装自己。在这个新时代中，可靠的防御体系不仅意味着对全体成年男子施以军事训练和获得昂贵而又迅即过时的武器；而且，它也包括建设战略铁路的开支，积累巨量的战争物资，以及保持高度的人口出生率，高度的教育水平和现代的工业潜力。每一个国家，若要维护自己的独立，即使在太平盛世，也必须是"全民皆兵"，能够在几天内部署几十万大军，否则，毫无准备就将为人所乘，导致彻底失败。

这种状况必然要给国际关系带来一种紧张而又不信任的因素；而技术的迅速变革使得事态更为恶化，因为这种变革迫使各国政府平均每20年就要完全更新一次它们的陆军装备，而且，海军面临着更大的军费问题。此外，如此规模的变化，使得对于战略和战术的一切军事评价都成为问题。范围广泛的专业和非专业文献，包括大部头的军事字典和在期刊上连载的研究文章，以至无数不时发行的半政治性的小册子相继问世。在这些文献中，对每一种新的政治上和技术上的发展给战争艺术带来的变化，进行了不断的、极为细致的研究。欧洲各国的参谋总部设置了历史研究部门，出版了详细分析过去和现代战争的文章；总部的情报和测绘部门，则同样编写了有关假想盟国和敌国的资源和武力的详细报告，在编写过程中，这些部门得到谍报网的帮助，但可以大胆地说，这些情报对于编造虚构故事和制造著名政治案件的贡献，比对于获得真正的军事知识要大得多。他们的调查研究最终总是导致同一结论：需要更多的军费。正当国家预算中教育和福利费用所造成的压力不亚于军费时，提出如此的军费需求，就造成新的政治紧张局势。军界认为自己对国家安全负有责任，对民主控制所加给他们的限制感到愤慨。正在增长中的自由主义运动和社会主义运动，从这种念念不忘安全和随之而来的军备竞赛中，看到同样是眼光短浅的"军国主义"，而这种军国主义，尤其在各中欧强国，正与一个军人阶层的社会地位和政治观点相一致,对此,不仅必须通过代议制议会,而且,必要时还要运用总罢工这一武器进行斗争。防务问题不仅在对外事务上,同样在对内事务上也加重了欧洲各国不得不与之进行斗争的那些困难。

在本章所探讨的这个时期中,欧洲列强之间的冲突,对于世界的命运仍然具有决定性;而且,既然列强在军事上首先一心考虑的是陆战而不是海战,本文在此将颠倒英国惯用的先后次序,首先论述陆战。直到19世纪最后10年,欧洲各国一心考虑的,一直是建立、装备和部署陆军的问题;当时只有马汉的著作才提醒这些国家,过去决定它们的命运的,不仅是它们保卫本国边疆的能力,而且是它们同外部世界保持联系的能力,它们长期以来依靠这种联系获得它们的财富,而且,它们很快就依靠这种联系来维持自身的生存。到这时为止,在军事思想方面一直是由柏林、维也纳和巴黎开创新的风气,而其外围各国,诸如土耳其、日本、美国乃至英国本身,都不加批判地照样抄袭。只是到了19世纪末,海上角逐才在有关欧洲和平的各种问题中,与陆上的角逐相提并论。后来,这两个问题在1899年的海牙会议上都加以考虑;虽然在即将进入下一世纪时,欧洲的政治家们(如果不是军人们),显然已看出这个问题的性质及其严重性(召开这次会议就证实了这一点),但这是一个他们之中任何人都没有力量解决的问题。

19世纪的技术革命在军事方面产生的影响不亚于任何其他方面,这是理所当然的。到1870年,冶金技术的发展已能够把拿破仑时代的平均射程各为100码和700码的滑膛前装弹步枪和火炮,改进为有来复线并由后膛装弹的武器,其射程也增加到原来的10倍。普法战争中,交战双方的军队就是用这类枪炮装备的。19世纪70年代初期开始使用金属弹筒,是另一较大的进展。土耳其军队有鉴于此,在1877年时已配备有这种弹药,而大部分俄国军队则尚未采用;但是,在19世纪下半叶,所以能制造出威力愈来愈强大的炸药,正是由于化学方面的发明占据了最重要的地位。传统使用的由硝石、硫黄和木炭配制成的火药,既浪费材料,又不便于使用。这种火药一小半变为气体,其余的则变成厚厚的一层玷污武器的附着物,或一团浓密的白烟。自从火器于500年前初次出现以来，这种浓烟就一直弥漫着战场。后膛装弹的武器具有更快的发射速度，从而相应地增加了这些不利因素，因此，人们努力探索其他类型火药的可能性。阿尔弗雷德·诺贝尔于1861年制造出硝化甘油，但过了许多年以后，才能将其实际应用于军事上。一旦应用硝化甘油制造火药，轻武器和火炮的效能就大为改进，其成就可与40年前采用来复线时相提并论。这种新型火药实际上完全燃烧，因此爆发力更为强大，而所产生的烟却很少。不仅射程增加了1倍，而且由于火药用量减少而爆发能量却加大，枪弹和炮弹的体积得以减小。枪炮的口径也可以比原来的小；小口径武器不仅射程更远、穿透力更强，而且，由于改进的发射火药可以使子弹运动的弹道变低，这就具有更大的杀伤力。在1898年，用无烟火药作弹药的小口径来复枪的有效杀伤射程可达4000码，而采用连发装置又相应地增加了发射速度。1886年，法国首先采用了勒贝尔式来复枪和"B号火药"，德国和奥地利于1888年仿效法国，其后4年中，欧洲的其余国家大多相继采用。

在1870年，普鲁士炮兵曾显示了火炮对小型武器的优势，但由于新式步枪的战术效果如此之大，以致在一个时期内上述优势似乎已根本被推翻。当年在色当击败法国步兵的夏斯波式步枪的普鲁士大炮，倘若遇上的是以勒贝尔式来复枪装备的步枪手，恐怕也只好甘拜下风。但是，火炮同时也在改进。关于制造火炮的材料，究竟使用青铜为好、还是铁为好的讨论，经过一番争论后，确定使用后者，后来又决定使用钢；其结果火炮现在能承受更大的爆发力。同小型武器一样，通过使用无烟火药和改进炮弹结构，炮弹的初速得以增加。不仅如此，无后坐力炮架的发明，开辟了发展速射炮的道路，这种火炮无须每发射一次后重新瞄准；到了19世纪末，欧洲各国陆军已使用最大射程达9000码、有效射程为3000至6000码的野战炮。然而，攻城炮的发展甚至大大超过了上述射程，德国急于在未来战争中速战速胜，因此在这方面一路领先。到了1898年，欧洲各国陆军已装备了重炮、榴弹炮和迫击炮，其标准射程为10公里，而且由于采用了麦宁炸药，它们的穿透力得以相应地增加。

小型武器的改进，迫使火炮也必须改进；同样，火炮的改进，要求防御工事亦须改进。在19世纪50年代采用有来复线的火炮后，城防要塞就有必要在外围构筑堡垒，以进行炮战并保护要塞本身不受轰击，巴黎的伊西、旺夫和蒙德鲁日就是如此。然而，巴黎周围的堡垒群并未能使该城于1871年免遭克虏伯式21厘米口径迫击炮的直接轰击。母体要塞周围的堡垒群向外愈推愈远，到1898年，已经认为要塞地区的直径不得小于18公里。在各个地方，水泥工事取代了石造工事。即使如此。也未能获得充分的防护能力；在19世纪90年代，欧洲各地的军事工程家们，以比利时的布里阿尔蒙将军为首，努力为这一显然无法解决的问题寻求新的解决办法。布里阿尔蒙本人主张，以广阔的设防地区代替要塞；防御越来越依靠地下工事，可以升出地面的圆顶形炮台的发明，使得有可能把整个防御体系设在地下。在20世纪初，诸如安特卫普、凡尔登、波森和伦贝格那样具有历史意义的要塞，都是蜘蛛网般的防御工事的中心；这些工事绵延数百平方英里，绝大部分构筑地下，从地面上一无所见，而它们的建造和维修费用则占去越来越多的国家预算。

然而，在本文所论述的这个时期中，最著名的防御要塞之战并没有依靠复杂而昂贵的永久性防御工事。在1877年，奥斯曼帕夏利用就地挖掘的野战工事，在普列文抵挡住向保加利亚推进的俄国军队达5个月之久；而俄军在进攻中蒙受的伤亡（在参加一次进击的6万兵力中付出1.8万人的伤亡），不能完全归罪于战术和指挥上的错误。普列文战役使俄军懂得了，能够有效地对付后装式来复枪的是铁锹，到战争末期，全部俄国步兵都携带掘壕工具。欧洲其他国家的陆军也仿效他们。到19世纪末，步兵在防御中应掘壕据守，已被公认为正规手段，于是，步兵不仅携带每人自用的掘壕工具，而且往往还要带上大量的铁镐和铁铲。在普列文，俄国部队虽然拥有4倍于敌的火炮，并使用了高爆炸力的炮弹，却无可奈何对方的土筑工事；有鉴于此，现在轮到炮兵必须想出办法对付壕中的步兵。如果说铁锹是对付来复枪的手段，那么，榴霰弹、榴弹炮和迫击炮就是炮兵对付铁锹的手段。但是，火炮的任何发展都未能抵消铁锹和来复枪给处于守势的步兵带来的巨大好处——这种好处甚至在马克沁式弹带机枪出现前很久就显示出来了。由于马克沁机枪消耗很多弹药，并在早期存在一些技术缺陷，直到第一次世界大战爆发前，欧洲各国军队对于这种武器都持怀疑态度。即使对于用19世纪60年代那种原始的后膛装弹步枪装备的步兵来说，要进攻他们也是困难的，这一事实使战术家们大伤脑筋，并且在纳霍特和格拉夫洛特①那样的几场鏖战中得到证实。现在的杀伤射程，估计比夏斯波式步枪时代增加近 4 倍，进攻防御阵地的步兵部队，即便完整无损地通过了炮火发挥其最大威力的 3000 码地带，还需越过 2000 码的距离，而在这一地段内，部队将遭到藏身于堑壕中的敌方来福枪手的射击而大量伤亡。因此，一般认为在进攻者占有火力优势以前，不可能发动攻势：正如一位战术家所说，"步兵的进攻成了一条移动着的火力线"。自从拿破仑时代的战争以来，散兵线比列队进攻占有愈来愈重要的地位，这时，在军事教科书中，前者完全取代了后者，而在 1860—1870 年间的战争实践中，也正是如此。怀疑派提出疑问道：在野战战场上，进攻的部队究竟能否用火力大量消耗对方掘壕据守的步兵，使他们陷入易于被攻克的地位？这一问题得到两个正式答案。一个答案来自《德国步兵操典》。它提出的解决办法是缓慢、耐心而准备周到地向前推进，甚至可能需时数日。这种战术不像野战，而更像攻坚战。另一个是法国提供的答案。法国准备依靠步兵传统的士气和奋斗精神，来克服一切障碍——而俄国陆军受到德拉格米罗夫将军的影响，也很赞同这一观点。1894 年的《法国步兵操典》中规定，在进攻时，不再采用分散队形，而改用几个连队并肩前进的密集队形，其理由是，只有这种队形才能保持进攻者的士气并保证有足够猛烈的火力。科兰上校和奈格里埃将军那样的军事思想家，指责这些战术是自杀性的，但他们的意见一直被人忽视，而法国参谋总部愈加重视保持士气高涨，以便部队能够克服在任何未来战争中可能遇到的十分困难的障碍。

　　随着对 1870 年和 1877 年战争②记忆的逐渐淡忘，同时，在和平时期要保持部队的高度士气，就必须更多地注意战争中鼓舞人心的方面，而少去理会令人沮丧的一面，因此在 19 世纪 90 年代各国军队开始表现出非常缺乏现实感。这一点，在训练骑兵中表现得比其他任何兵种都更为突出。从某些方面来说，武器的新发展，使得骑兵所担负的任务比过去任何时候都更为重要，也更为艰巨。当时，内燃机尚未

---

① 纳霍特是捷克斯洛伐克波希米亚东北部城市，普奥战争中普军于 1866 年 6 月 27 日在此击败奥军。格拉夫洛特是法国东北部村庄，普法战争中普军于 1870 年 8 月 18 日在此击败法军。——译者
② 即普法战争和俄土战争。——译者

发展到可供军事上使用的程度，而且，虽然采纳了其他一些发明并努力加以研究（各国陆军都有自行车部队和观测气球部队，而法国陆军于1884年使用可操纵气球所进行的成功试验，指出了通往属于崭新范畴的发明创造的道路。这些发明创造将超越以往的一切成就），但同作为不可缺少的机动兵种的骑兵相比，所有这一切，其重要性均属可有可无。部署在广阔战场上的庞大的新型军队，使联络和侦察工作具有空前的重要性，也带来无比的困难；同时，通过科学饲养，培育出优良纯种马匹，能够耐受前所未有的役使。然而，侦察和联络只是次要任务。骑兵的传统任务是在战场上发挥的作用：发动冲锋，对动摇的步兵给以最后一击；进行追击，使后撤变成溃败。尽管1870年骑兵在摩尔斯布隆、维昂维尔和弗洛因格遭到大量杀戮，但没有一国的正式骑兵条令接受如下结论：在现代火器占统治地位的战场上，骑兵已无用武之地。人们认为骑兵的作用基本上与拿破仑一世时相同。德国陆军的骑兵操典仍然是以腓特烈大王时期的条例为蓝本。人们争辩说，在新式战场上，骑兵能够发挥更大的作用，因为除了冲锋本身在士气上所造成的效果之外，无烟火药使骑兵得以更好地判断敌方步兵部队何时开始瓦解，陷于易受冲击的境地。

　　这种顽固地坚持过时理论的态度，看来是企图要使深深扎根于19世纪欧洲阶级结构中的一种社会偏见合理化。无可否认，人们对骑兵所抱的那种根深蒂固的感情是很强烈的，在中欧各贵族—君主制国家尤其如此，因此，对骑兵在战场上的作用进行攻击，其含意就超越了纯粹军事范围。然而，撇开作为突击手段这一作用不谈，也没有理由认为骑兵已无用武之地。不仅有上述大量增加的侦察任务，而且人们还广泛地研究了仿照美国南北战争中骑兵长途奔袭的方式，以骑兵深入敌后截断敌方交通线的可能性。在俄国陆军中，把进行这种突击的前景视为国防战略的主要组成部分。当时，人们希望在靠近德国和奥地利边境处集中大量骑兵部队，一旦战争爆发，就立即派出它们去执行破坏公路、铁路和通信的任务。这样就有可能削弱中欧各国由于拥有更迅速的动员手段而占有的优势。其他国家的陆军做出尝试，把骑兵恢复到机动步兵的地位，以便进行包抄进攻；正是为了有利于进行这种包围运动，德国陆军于1898年首先为骑兵部队配备了机枪。他们偏重于把机枪视为进攻用的一种机动火力，而不是用于为防御增添力量。但是，这些尝试和设想过于离奇，也并不可靠。骑兵继续支配着各兵种和各种军事行动，而且没有一个正统的军事思想家公开怀疑，骑兵也将支配整个战场。

这样，只是部分地吸取了1870年那场战争在战术方面的教训。德国的胜利所产生的最深远的影响，是在战略和总的军事方针方面。法国之所以遭到厄运，最明显的解释是由于它未能及时调集足够的兵力——它只能以24万多人对抗毛奇率领的、于8月的第一周越过边境的37万德军。

造成这一状况的近因是，法国动员和集中兵力——如召集预备役兵员入伍并进行编制，把装备齐全的部队送到作战地区——在技术安排方面有缺陷。但是，原因在于普鲁士的整个军事制度具有优越性——普遍实行短期兵役，优于法国在拿破仑时期以后发展的长期服役的职业军队。法国相信质量比数量更为重要，一支数量虽少但顽强的军队，能够战胜大量的义务兵；然而，这一信念彻底破产了。法国共和派也坚信，未经训练的人民武装的热诚本身就构成足够的防御力量，但这个信条也遭到同样的命运。法国战败后开始尽力依样抄袭战胜者的军事制度，而欧洲的其他国家也或多或少照此行事。

迅速动员的重要性，不仅来自有必要使征兵制所提供的受过训练的人员立即发挥作用，以便能够给予（或抵挡）最初的、并且可能是致命的一击。其重要性也部分来自战场本身的性质——来自正面进攻有困难，需要进行包抄和包围，以及为达到这一目的而需要有大量的兵力。即使在1870年的各次战役中，正面进攻从未带来胜利；胜利只有用数量上占优势的兵力包抄敌军两翼才能获得。然而，进行这样的包抄运动，需要有一定的灵活性，而欧洲各国军队愈来愈缺乏这种能力。铁路的发展使得有可能把空前庞大的部队运到战场，或战场后方的集结区。但是，这些部队一旦到达那里，部队的给养仍然完全依靠铁路，因而，他们的活动即使不是取决于也是受限于铁路运输。德国铁路系统优越的运输能力，是它在1870年赢得胜利的一个有利因素，而今后一个国家的军事效能，显然将取决于全国铁路系统的分布情况和里程。在19世纪90年代，德国通往比利时边界的铁路有了相当的发展（4条线路可供运输3个军团）。这就使德国总参谋部能够通过侵犯比利时领土，来避免正面进攻法国边境的要塞地区。

因此，在国防上，发展铁路被视为与发展现代化武器具有同等的迫切性。正如戴莱加盖将军在1890年所著的《现代战争》（第1卷，第165页）中所指出，"一个国家在组织本国边疆的防御时，首先要考虑的事情，不是把国土用要塞地带围起来，而是使铁路网布满全境，以保证尽可能迅速集结兵力"。布龙扎尔特·冯·舍伦多夫将军在他的著作《总参谋部的职责》中称，总参谋部的首要任务之一是，"在和平时期，检查本国铁路系统的确切的运输能力，目的在于能将部队集结于各条不同边境线，并将所得结果，同一个或几个邻国所拥有的集结手段逐一加以详细比较"；他接着写道，"一旦事先发现在这一方面有任何不利之处，可采用由国家拨款扩展铁路系统这一简单手段来加以补救"。铁道兵部队成为每支军队必不可少的机构；民事—军事混合委员会为军用线路进行准备；用铁路调动部队，成为一门可以准确计算的科学。例如，德国人估计一个军团连同全部军需物资，需用117列火车运送，在一条铁路上需时11天，在两条铁路上需时5天；在复线铁路上，9天可运行900公里——这一距离如徒步行军，则需花费两个月。然而，距离越近，使用铁路的优越性也越小。比如，距离112公里的运输，利用铁路需时8天，而利用公路只需5天。因此，铁路提供的战略利益大于战术利益（在1870年的巴黎保卫战和布尔战争中，都使用了装甲列车，但效果均不大），然而，这一战略上的重要性则非常之大。法国和奥地利在发展它们的铁路网方面，仿效德意志帝国首先树立的榜样；1870年到1913年间，法国把通往东部边境的铁路线从3条增加到10条，而德国通往西部的铁路线，从9条增加到16条；同时，德国及其盟国奥地利在东部边境发展了一系列的铁路线，当然，后者的规模较小，这些成就使俄国望尘莫及。

俄国在发展铁路上落后的局面，是它和它的盟国的总参谋部所面临的主要问题之一。为了弥补这一弱点，俄国在建造自己的铁路时采用了比欧洲铁路较宽的轨距（不用4.85英尺而用5英尺），以便俄国一旦遭到入侵时，它的敌国至少不能利用俄国本土的铁路网；然而，这一预防措施使它自食其果，当俄国1877年入侵保加利亚时，一到达罗马尼亚边界，它的整个部队（20万人和1200门火炮）就不得不改用不同的铁路车辆。1891年至1898年间建造的横贯西伯利亚的单线铁路的运输能力之不足，在日俄战争中暴露了出来。开战后最初每天只能运行3列挂30节车厢的列车（而且最高速度每小时只有11英里），从华沙到沈阳需时40天。然而，俄国人能够把100万兵力集中到太平洋沿岸这一事实本身则是一种不祥之兆；在法国资本的援助下，他们直到第一次世界大战爆发之前，一直在努力发展自己的铁路运输能力。德国总参谋部以极其焦虑的心情，注视这一事态的发展。

因此，铁路在现代战争中为取得胜利提供了一个主要条件，而同样重要的是一个组织良好的动员机构。这里再次引用戴莱加盖将军的论述（第一卷，第363页），"原则上，一支未能首先做好准备的军队，就不要想在战争中争取主动，而只能处于被动挨打的局面"。动员问题的范围广泛，并且，随着战时编制的规模增大而愈加扩大。动员工作不仅仅意味着召集预备役兵员回到他们原来所属的各团；它还包括建立新建制、新的后勤和医疗机构和人员配备齐全的司令部，以及和平时期根本不存在的通信联络网。除了俄国以外，各国都采用了普鲁士于19世纪60年代形成的那套办法——动员工作和其他后勤事务分别由各地区司令部承担，每一司令部负责招募、装备并运送一个军团到集结地区。每一地区司令部保存着最新的预备役兵员手册，并储存了大批被服、装备和军火以备使用。一旦接到陆军部的指示，就立即通过给个人拍发电报或通过发布布告来召集预备役兵员；而在陆军部里，必要的电报是已准备好的，只需填上日期就可生效。

由于不断的改进和实践，到19世纪末，德国人估计他们的部队自开始动员之日起，不到两周内，即可准备就绪，投入战斗。法国人对本国部队的估计也大致相同。较差的交通条件和后勤设施妨碍了东欧各国。当军需总监贝克1881年就任奥地利总参谋长时，他大为惊讶地发现，德国军队能在20天内做好准备，向俄国进军，而奥地利却需时45天，因此，"我们将作为一种后备军，进入胜负已定的战场……我不相信这将符合我们的政治或军事的利益。如果我们的军队投入战争，它就必须赢得胜利，而且是决定性的胜利"。他的工作大收成效，到1890年，奥地利军队集结兵力所需的时间，缩短到19天。

俄国人最初无法与之相匹敌。多亏米柳亭根据1876—1877年的经验教训实行了改革,俄国人才有希望能在16天内完成动员工作本身。这主要是由于俄国在和平时期保持着许多司令部和后勤单位,而其他各国则不得不到战时才建立这些机构。但是,俄国的兵力集结,从乌拉尔、乌克兰、西伯利亚和高加索,通过他们运输能力不足的铁路系统运送部队,情况却完全不同;这一缺陷给俄国带来的不利地位,只好以在西部边境保持大量常备掩护部队的办法来弥补。根据一个统计资料,1893年俄国在波兰集结的兵力有442293名,包括一支准备深入普鲁士、西里西亚和加里西亚腹地进行袭击的庞大的骑兵部队,这个数字几达俄国和平时期总兵力的一半。然而,保持这支掩护部队,进一步放慢了动员和集结工作。守卫边疆的任务不能交给从不可靠的波兰边境省份召集来的部队,掩护部队必须由来自俄国国内的团队组成,而这些团队的预备役兵员,在一旦发布动员令时,需费数周才能回到本部;另一方面,波兰部队在俄国国内担任守备任务,因为他们在那里不能制造麻烦,而这些部队也同样存在着上述缺陷。在这种情况下,不可能把动员工作分散到各地区司令部。在欧洲列强中,只有俄国的陆军部继续担负动员军队的具体琐碎的职责——这种安排本身就不利于迅速行事。

　　奥匈帝国是一个充满了民族主义不满情绪的多民族国家。它可能比俄国更为严重地受军队"地区化"之害。但是,为了有利于迅速动员,贝克宁愿冒此风险。如拉德茨基在任时那样,军队企图成为超然于种族之上的组织,军官团由离开本民族地区的军官组成,以德语为统一的军事用语;但是,在军事文件中承认可使用11种其他语言,这是一个发人深省的迹象,表明"帝国和王国陆军"内部管理工作的复杂性。奥匈帝国曾经希望在捷克人、罗塞尼亚人、意大利人、克罗地亚人和加里西亚人所组成的同种族的部队中会充满军队的那种效忠国家的精神;但是,虽然在正规干部中这一希望在很大程度上得以实现,在应征新兵和经过一段平民生活后重新入伍的预备役士兵中,情况却并非如此;所以,在第一次世界大战初期的战斗中,这些正规干部一旦倒下后,部队残余部分的不可靠性就完全暴露出来了。在这一方面,如同在许多其他方面一样(例如推广普及教育和增加国家医疗设施等方面),军事上的需要在打破上述旧的社会格局上起了主要作用,而颇为自相矛盾的是,军事阶层却比其他任何社会阶层都更坚决地维护这个旧的格局。

　　梯也尔曾经指责征兵制是"给每一名社会主义者扛上一条枪"；但是 1870 年以后，这种制度在军事上的需要已是不言而喻，从而压倒了上述反对意见。所有大陆国家都以德国式征兵制为楷模，而第二帝国自己的立法，是以博伊恩于 1814 年为普鲁士拟定的法律和罗昂于 1867 年为北德意志联邦拟定的法律为蓝本的。帝国的宪法第五十七条规定，每一名德国人从 20 岁开始有义务服 3 年现役和 4 年预备役，然后再编入"后备军"（这一组织自 1862 年以后与正规军紧密相结合，以便成为第二线的正规预备部队）直至 39 岁。然而，这种显然无法逃避的义务，由于对非军事方面的考虑做出了某些让步而有所缓和。首先，通过"一年志愿兵役制"（也是"解放战争"遗留下的一种制度），专业人员和有产阶级的利益得到了保护。达到一定教育水平并有能力承担自己的装备和军服的青年人，在格外宽厚的条件下只服役一年，即可获得后备军军官或预备役军官的资格。在第二帝国时代，预备役军官的职衔，成了取得社会地位必不可少的保证。其次，帝国议会通过控制预算来规定军队数量的最大额度——每当重新讨论这一限额时，必然爆发一场政治风暴。最后，在一个社会主义正在迅速传播的社会里，陆军部必须权衡下面两方面的利弊：保持一支人数众多的军队，在军事上是可取的；而就政治上的需要来说，又必须保证这支军队只能由政治上可靠的分子组成。于是，陆军部有选择地对帝国不同地区提出不同的要求；在那些地区里，民事—军事混合委员会根据"品德、健康状况和入伍前的社会关系"来挑选新兵。

　　奥匈帝国于 1868 年效法普鲁士的榜样，根据库斯托扎战役①的胜利者阿尔伯特大公起草的一项法令，实行普遍义务兵役制，直至 1894 年，阿尔伯特大公一直主宰着军队的命运。该国的服役年限也是 3 年现役，然后再服预备役，或在后备军中服役。在那里，也由议会规定军队的最高限额，由地方混合委员会挑选新兵，同时，受过相当教育者和有产者，可以服一年为期的志愿兵役。某些在自己的土地上经营农业的土地所有者完全免服兵役，教师和神学院学生也是如

---

① 库斯托扎（Custozza），意大利北部村庄，普奥战争中奥军于 1866 年在此战胜意大利军队。——译者

此。然而，征兵制暴露了奥匈帝国的弱点。将征兵制强加于罗塞尼亚和特兰西瓦尼亚的农民是很困难的，况且他们之中愈来愈多的人大量移居国外；此外，即使到19世纪末，应征人员中适合于服役者的比例不过1/4。在俄国，这些问题表现得更为尖锐。作为米柳亭广泛的军事改革的一部分，俄国于1874年采用了德国式的普遍兵役制，其服役年限为5年现役和13年预备役；但是，对哥萨克人和芬兰人施行这一制度时，做了相当大的修改，而在地方感情表现得过于敏感的外高加索、土耳其斯坦和其他一些地区，则根本没有施行。不仅如此，俄国在挑选新兵时远比西欧更为注意家庭方面的考虑——这在农民各自耕种自己一块土地的国度里，是一个极为重要的问题。最后，德国的"一年志愿兵役制"，以更广泛的形式被采用，学生根据他们不同的教育水平，得以减免兵役。每一欧洲国家确实认为，一个受过教育并感到满足的专业人员阶级，对于国家的利益来说，至少是和一支庞大的军队同等必要的因素；为了兼有二者，各国都找出自己的折中办法。

法国在1872—1873年的军事改革中，也紧步他们的战胜者的后尘，实施不许顶替的普遍兵役制，同时，也采用了一年志愿兵役制。但是，传统主义者仍有足够的力量，去阻止那种主张完全废除长期服役的职业军队并全盘接受德国的"全民皆兵"思想的做法。为了造就真正的军人，也为了建立一支在愈益严重的内部危机中确实可靠的部队，长期服役仍然被认为有其必要。于是，采取了一个折中办法，即每年的招兵额中，有一部分人服役5年，其余的则服役6至12个月。这样区别对待，一部分是根据体恤某些人的困难，一部分则通过抽签决定。只有短期服役的部队仿照普鲁士的方式，以地区为基础组建；其余的部队都是由离开家乡的士兵组成——由于在非洲紧急需要服役人员，这种办法实际上是无法避免的。那些得以完全免服兵役的人（由于预算拮据，这一部分人有时达到全年征兵额的1/4），受不到任何训练，虽然有几次曾计划为他们建立某种组织。就连组织和训练地方自卫队的工作，也一直等到1889年至1893年沙尔·德·弗雷西内接任陆军部长后才得以实现。服兵役方面的这种不平等状况，不断遭到比较激进的共和主义者的攻击。他们反对这种不仅保存了搞政变的军队，而且完全免除教士和神学学生服役的办法。1889年，众议院表决通过一个服役期为 3 年的平等的兵役方案，但遭到参议院的否决；一直到 1905 年，共和主义者才强行通过了一个法令，实行无例外地服役 2 年的普遍兵役制；这个行动是共和主义者向在"德雷福斯案件"中彰明较著地显示力量的反动堡垒发动总攻击的一环。德国人树立的榜样极有说服力，他们早在 8 年前的 1893 年就实行了服役期为 2 年的兵役制；这既不是出于平等的考虑，也不是出于人道主义，只不过是在面对着一年前形成的法俄的联合威胁，为了加速训练本国可动员的人力而已。面对着来自莱茵河彼岸的强大威胁，兵士们只好默默地接受；但是，许多士兵和加利弗将军一道抱怨说，法国简直是既不要教会，也不要军队了。

由于欧洲列强除英国外都采用了征兵制，受过训练的可服兵役的人数稳步增长。1874 年，德国有正规军 42 万人，战时编制可达 130 万人。到 1897 年，正规军虽只增加了 1/3，为 54.5 万人，但战时编制却达到 340 万人，几乎增加到 3 倍。在同一时期，法国的战时编制从 175 万人增加到 350 万人；奥地利从 113.7 万人增加到 260 万人；俄国从 170 万人，增加到 400 万人；而俄国动员工作中的困难，促使它经常保持约 100 万人的正规军。欧洲各大国能够投入战场的兵力，在这一期间总共增加将近 1000 万人。很明显，未来的任何冲突，其规模将如此巨大，以至很难说有任何一国能够承受在战地维持这么多部队所需要的哪怕是单纯经济方面的负担，且不说在战略方面的各种问题了。这一情况就更加促使在 1891 至 1905 年间任德国总参谋长的史里芬伯爵寻求一种能够避免正面进攻造成的长时间消耗，并能取得速胜（只有这样才能避免国内崩溃）的作战方案。

随着处理军事事务愈来愈接近于完全按科学办事，欧洲各国的军队在组织方面，如同在装备方面一样，彼此愈来愈相像。一些主张维护传统的人在反对科学的统一作战的斗争中取得了一些成功：德国骑兵以长枪作为自己的常规武器；法国步兵保留了有历史意义的红色军裤；但是，欧洲各国军队在阅兵时军装五花八门，令人眼花缭乱；而在战争中，却由于军事上的需要，不得不都是清一色的黄褐色，二者之间的差距越来越大。在等级森严的组织里，这些差别属于一些细节。在各个国家，军团是自身配备有一切武器和辅助设施的最小单位，它由约 3 万名战斗人员组成；由于不可能在一天的时间里把更多的人员部署到纵队的先头部位，因此，军团的规模受到严格的限制。如前所述，在大多数欧洲国家，军团与某一固定地区建立关系，它从这一地区征召全部新兵和预备役兵员。因此，军团指挥官不仅要负责组织并指挥他属下的部队，而且还负有相当的责任（俄国和英国除外），在和平时期执行军事方针，以及在战争爆发时实行动员。一个标准的军团包括两个步兵师，每师辖有一个骑兵旅、两个步兵旅（每一旅由两个团组成）和一个野战炮团；此外还有一个直属军团的重炮团。在20世纪初，武器也同样实行标准化。步兵配备8或9毫米连发步枪，野战炮兵配备8厘米口径钢炮，攻城炮兵和重炮兵则配备15厘米和21厘米口径的大炮、迫击炮和榴弹炮。军团之下，还配置有工程部队和后勤部队，其机构越来越复杂：医疗队，电信队，铁道支队（其任务不仅负责维护现有线路，而且要铺设新线路——在波兰进行的一次战役中尤为必要），气球支队，自行车部队，架桥部队，以及为了在战地维持如此规模的军团而设置的庞大的后勤机构。

在掌握和管理这些庞大的机构的工作中，未经训练的外行人是没有什么用处的。在平时对军队的管理和训练中，参谋工作变得愈加严格、愈加繁重，犹如在战时一样。德国总参谋部，由于下属机构井然有序，办事程序固定而又灵活，掌握着军事训练工作，它的总长享有极大的权力，因而成为其他各国军队模仿的榜样。总参谋长在各方面都成为有影响的人物——虽然很少有人能和冯·毛奇那样的人物相比。在俄国，总参谋部仍被置于陆军部之下；在奥匈帝国，阿尔伯特大公的行动和强硬意见，使贝克那样的总参谋长无用武之地，只是在这位亲王死后，强有力的总参谋长康拉德·冯·霍曾道夫才得以大权在握。在法国，这一职务在1888年前是一项政治任命，随内阁的更迭而更迭，而且与指挥战场上的军队毫无关系，只不过是和陆军部有联系而已。在英国，直到1904年的伊谢尔改革①以后才设置这一职务。然而，在各国，总参谋部的威信和重要性日益增加；同时，军官的军事教育在各国也愈来愈受到重视。在1870年以前很久，就曾设置军事学院和参谋学院，虽然这些院校几乎未曾兴盛过。奥地利的玛

---

① 伊谢尔（Reginald Baliol Brett Esher, 1852—1930），英国政治家，以在第一次世界大战前推动军队改革而著称。——译者

丽亚·特蕾西亚军事学院、圣彼得堡的尼古拉总参谋学院和坎伯利的参谋学院，都与普鲁士的军事学院同时存在，此外还有许多不同兵种的军官训练学校，不胜枚举。但是在1870年以后，这些院校在19世纪上半叶里所表现的那种自由散漫的气氛已不复存在；入学要求提高了，课程更加充实，竞争更为激烈。军人不仅是一种天职，而且已成为一种专门职业；军官与其说像是骑士，不如说更像是工程师。

欧洲各国的军队的规模日益增大，意味着军官不再能完全来自上层阶级，而18世纪时，这一阶级实际上垄断了军官职务。俄国比任何其他国家更不可能这样做：在它庞大的常备军中，大部分军官不得不来自地主阶级出身的士官（一般是从行伍中提升的候补军官），他们的教育水平和社会地位远比士官学校毕业生（他们的志向是担任近卫军军官）为低。法国军队中也明显地存在同一倾向，自大革命以后，上层阶级已经不能够垄断军官的职务了。1815年以后，贵族不屑于从事军职，只是到了第二帝国时期，他们才开始回到军界。在第三共和国时期，法国军官团的性质愈来愈贵族化并坚持正统思想，这是因为法国上层阶级的成员受到19世纪70年代农业萧条的影响，被迫离开他们的庄园，而他们发现法国共和派新统治者的偏见或政策阻碍了他们从事其他职业（文职、法律、政治）的途径。于是，法国军队在1880年至1900年之间，获得了贵族阶级的许多特征，如果不是在政治上，至少在社会上有此倾向。这些特征是普鲁士军官团一向具有，而且这时仍在极力保持的。

在德国，随着军队的扩大，不得不招纳越来越多的中产阶级成员，他们不仅被派往特种技术兵种，或担任预备役军官，而且，还被派往正规军本身。1890年，威廉二世公开号召具有贵族气质的人挺身而出，协助贵族出身的人向军队提供军官。其结果并不像保守主义者所担心的那么糟。来自中产阶级的新兵不仅使军事效能有了新的提高，而且也模仿他们现在有权与之交往的上等人士的作风和观点。济贝尔、特赖奇克和伯恩哈迪等人的著作，1870年的光荣传统，这一切都使德国中产阶级更易于接受在1860年前不可想象的那种程度的军国主义化。对于奥地利人来说，军队的扩张所引起的问题，更多的是民族问题而不是阶级问题。哈布斯堡王朝传统的4根支柱（教会、贵族、官僚和军队）中，在19世纪进入末期时，前两根支柱的作用不断衰落,其结果军队的重要性增加了。奥国军官一再被提醒注意他们作为皇室的直接支持者所处的凌驾于阶级和民族之上的特殊地位;在他们的队伍中存在一种"同志感",这同德国军队特有的那种严格的上下级关系形成鲜明的对比。但是,欧洲的3个帝国——俄国、奥地利和德意志——在军事方针上全都表现出下述共同的特征:通过将广大民众置于一个忠诚的军官团的控制和指导之下,征兵制可以用来作为一种抵制民主主义和激进主义发展的工具,因为这些思想的发展威胁着支撑他们的社会结构的基础本身。在法国,由于没有一个君主政权可以维护秩序、传统和教权这些理想的尊严,于是,军队感到自己有更大的义务去保卫这些东西。

这样,虽然各国的军事领袖(也许西班牙和拉丁美洲除外,因为自从西班牙帝国崩溃后,那些国家是由军方的种种宣言决定国家的命运的)都表示,他们对于政治既无兴趣,也不喜欢,但他们受到相当大的压力,要他们登上政治舞台。奥匈帝国闹对立的民族主义,德国的社会民主主义和法国的激进共和主义均有发展。这一切在军队内部各阶层都引起反响,军事领袖们看来具有充分的职业上的理由(而且往往还有强烈的个人倾向),去运用他们的全部影响来反对这些东西。俄国的情况属于例外。在那里,总参谋部的中坚分子加入了自由派,即"西方化"分子的行列,这派人的强烈要求是:如果俄国想要得到识字的新兵、充足的装备和铁路,那么,就必须实行更大程度的工业化、普及教育以及一切必要的社会和经济变革。这种军事自由主义,在工业落后的国家里并非罕见,因为这些国家的军事能力取决于技术和教育发展的迅速程度。土耳其以及奥斯曼帝国的各继承国在20世纪也表现了颇为类似的趋势;而到了19世纪末期,甚至在德国内部,总参谋部和帝国军人内阁之间也产生了分歧,前者决心推行史里芬的设想,组织一支几百万人的军队,并承担由此产生的一切社会和经济后果;而后者作为负责任命和晋升的机构,却希望尽可能使军队保持这样一种规模,即主要由贵族和老资格的正规军军士充当它所需要的军官。

在法国和德国,军事领袖们的目的主要不在于干预政治,而在于保证政治家们不要干涉军事。这种情况,部分是由于专家们不愿让外行人过问他们所做的规定。1874年,当德国议会企图削减或改变政

第八章　武装力量

府所要求的军队规模时,毛奇就警告他们说,"你们变动这一数字,就使许多范围广泛的准备工作没有把握完成,而这些准备工作是必须提前很久就着手进行,而且必须一丝不苟地予以完成的"。一方面,技术的发展使有效的武器系统的费用增加了,另一方面,普选又使那些发誓要把更多的经费用于教育和社会事业的政府上台,因此,各国议会和内阁内部的斗争日益尖锐。1887年,俾斯麦宁肯解散帝国议会,也不肯向议会提出的每3年而不是每7年讨论一次军队的规模这一要求让步。在1894年,过于庞大的海军预算在导致最后一届格莱斯顿内阁的倒台中起了重要作用。

武装部队的规模和装备,只是军队和行政双方之间争议的许多问题之一。在日益自由化的社会里,军队的司法、上下级关系和纪律这一整套机器,受到吹毛求疵般的批评和攻击。在德国,军官团企图在庞大的军队里保持普鲁士古老传统的盲目服从精神和军人的骄矜习气（这种习气在威廉二世的支持下已扩散到正规军队伍以外,使每一个以能穿着军装为荣的资产阶级预备役军人受到沾染）,这一切在社会主义者和自由主义者之间引起了强烈的反应,像《西卜里齐西姆斯》那样的讽刺刊物的文章中,就清楚地表明了这一点。由于帝国议会中反对军队的情绪越来越高涨,结果德国军队便设法抽掉陆军大臣所掌管的军政工作中最重要的部分,从而使军队事务完全摆脱议会的控制,因为陆军大臣是帝国议会在领导军事事务方面唯一应向议会负责的官员。由于在德国——实际上在奥地利、俄国以及很大程度上在英国也一样——武装力量仍被视为专归皇帝统辖,应该使之保持完好无损,不应受到正在侵袭社会其他领域的民主主义的影响,这就使这种企图摆脱控制的做法更加容易实现。德国皇帝通过自己的军事内阁,奥地利皇帝则通过他的军事办公厅,控制着对军职的任命,他们的总参谋长直接对他们负责。军官同他们的君主保持一种特殊的半封建式的效忠关系,这与公民对国家元首表现的正常的忠顺迥然不同。干涉武装部队的内部事务,被看作如同干涉皇室事务一样的亵渎行为——军队实际上就是皇室的延伸。

然而,很难避免得出如下结论:忠诚与其说是为保持欧洲各国军队的"团结精神"而提出的一个理由,毋宁说是一种借口。在法国军队中,根本没有一个可以表达这种忠诚的中心,有的只是对陆军部长的等级森严的服从，而部长本人虽然是由政府任命的军人，但他在陆军部里犹如一位军队派驻的大使，而不是民主管理的工具。虽然如此，法国军队的"团结精神"丝毫不逊于德国或奥地利。法国军队也许比那两国的军队更加为自己保持纯洁，不受时代精神的污染而感到自豪。1870年以后，曾经有过很长的一段蜜月时期，那时，法国的中产阶级和农民不仅把军队视为命中注定的为民族雪耻的工具，而且也是社会秩序的保卫者；同时，相当一部分法国思想家和政治家把军队当作培养法国人的爱国主义、自我牺牲和尊敬权威这些美德的学校，而1870年的败北，暴露出他们多么明显地缺乏这些美德。德泰的军事题材的画片畅销各地，流行歌曲赞颂军队，而且，当那位不幸的布朗热将军发现自己被推到民族大救星的地位时，他的支持者中至少有同右翼的保皇党人和持不同政见的保守主义者同样多的左翼人士，戴鲁莱德和"爱国者同盟"使这个左翼保持了雅各宾党军事传统。但是到了19世纪80年代末，这一段蜜月已近结束。当时出现了一股写反对军队文章的浪潮，德泰让位于卡朗·达什，军队的缺点开始受到敌对而有才干的人们的挑剔。法国军事领导人像他们的德国同行一样，也认为这样的批评不仅是不了解情况，而且肯定对国家安全和士气有害；因此，当有关德雷福斯上尉1894年因间谍罪被判刑的遭遇的种种传闻开始传播时，他们的第一个反应是宣称这纯系内部事务，第二个反应是反对重新审理此案的任何企图，第三个反应是做出这样的结论：既然军队的声誉现在取决于德雷福斯的罪行，而国家安全又有赖于军队的声誉，那就必须不惜采取伪证或伪造文件等手段，使其罪行得以确立。

然而，也许德雷福斯案件最有意思的一面，并不在于法国军队为了维护军队的独立和国家的威信竟然准备走得这么远，而在于它在这么做时，公众给予支持的那种程度。这一案件在社会上自上而下造成了分裂，在各行各业以及持各种政见的人们中间，都有反德雷福斯分子。军队是国家的象征，必须不惜一切代价来维护其神圣地位。在德国，这种感情更为强烈；在奥匈帝国和俄国，只是由于皇帝和沙皇本身唤起了程度更为强烈的忠诚之心，才使这一感情有所减轻；而在英国，皇家海军到了19世纪末，在其周围已经聚集了一批政论家，他们那种感情激昂的强烈劲头，在三年多年前是不可想象的。要探索欧洲各国对国家主权的象征和工具——国旗、武装力量和君主本人——的感情何以如此高涨,将远远超越本章的论述范围。在此只需指明,陆军和海军的领袖们,在争取拥有更大的军事力量并自主地领导这支力量的斗争中,不仅代表一个职业集团的利益;他们作为国家安全的捍卫者,能够获得公众的大力支持,这是他们与之争执的那些文职官员的领袖们有时所得不到的;毫无疑问,意识到能够获得这种支持,就进一步激励他们之中能力较强的人——德国的瓦德西、英国的费希尔、奥地利的康拉德、俄国的斯科鲍列夫——企图去影响国家的政策。

军方对国内政策的影响,似乎总是有限的。还必须考虑到社会、文化、经济等许许多多其他方面的利益。但是,在制定外交政策时,对于海军和陆军顾问们出自国家安全的最低要求而提出的种种考虑,则必须给予仔细的注意。法兰克福和约的条款在很大程度上是根据毛奇和总参谋部坚持占有梅斯和斯特拉斯堡两处要塞的要求而制定的,同时占有贝尔福的要求只是勉强才放弃的。英国的海军和陆军顾问如此坚决地要求建立海外基地以保护供应线,以致索尔兹伯里伯爵声称,"如果听任他们放手行事,他们会坚持月球对保卫我们免遭火星的进攻具有重要地位"。从要求获得保护性的基地,就能轻而易举地发展到要求发动预防性战争。这方面有两个最为臭名昭著的例子——费希尔非正式地建议给予德国舰队以"哥本哈根式"的打击①,以及康拉德·冯·霍曾道夫对奥地利政府不断施加压力,要求消灭塞尔维亚——均非本文讨论的范围。然而,奥地利和德国军事当局对俄国所采取的一些行动,则肯定在本文的讨论范围以内。

正如俾斯麦在外交领域中那样,1888年以前一直担任德国总参谋长的毛奇,更多地意识到新德意志帝国的弱点,而不是它的力量。他不安地注视着法国的军事力量东山再起;当法国在1876至1878年间修筑了一条巨大的要塞地带以保护它的东北部边境,从而使得1870年那种速胜显然不可能重演时,毛奇就更加感到不安。因为毛奇既担心同俄国进行战争的前景,同样也担心俄国由于米柳亭的改革

---

① 指19世纪初拿破仑法国与英国的战争中,英国摧毁丹麦舰队并占领哥本哈根的军事行动。——译者

产生效果而使它的军事效能日益增长。两线作战，只有指望在一条战线上能够迅速取胜时才有可能获得成功；既然法国的要塞地带看来已使在西线取得速胜的一切希望破灭，毛奇便决心在莱茵河以西新赢得的领土上采取守势，而将他的注意力转向东线。做出这一决定，不仅恰巧是1879年德国和奥匈帝国缔结两国同盟一事之时，而且也是俄国发现了1876—1877年间动员计划中的种种缺陷而决定在西部各军区维持一支常备部队之时，这支部队据德国和奥地利总参谋部估计达60万人之多。这样的对手，只有联合起来才能对付，于是两国总参谋部在未得到各自政府的正式授权下，于1882年开始制订计划。当有人问到俾斯麦对于这些会谈的态度将会如何时，毛奇傲然回答说："我的地位使我无须依靠外交部。"到了1887年，当巴尔干日益加剧的紧张局势终于导致保加利亚危机时，战争爆发的可能性看来如此之大，以至德国和奥地利的总参谋部都认为，只有首先发动进攻才能保障安全；于是，毛奇的副手和继任者瓦德西与贝克共同草拟了一项军事协定，计划在1888年对俄国发动一场预防性进攻。甚至毛奇都认为这未免太过分了。俾斯麦不得不决心进行干预，并摆脱这些急躁的军人们。但不久，他又不得不对付一位急躁的皇帝。1889年，威廉二世摆脱了俾斯麦的约束后，向贝克许诺说，"不管你为了什么原因进行动员，不管是否为了保加利亚，你开始动员的那一天，也就是我的军队进入动员的一天，首相爱怎么说就怎么说好了"。一年后，俾斯麦去职了。维也纳的军人们公开表示他们感到满意。

　　维也纳的高兴未免过早。1891年，瓦德西本人也被免职，他的继任者史里芬不久就放弃了他的方针。俄国部队的重新部署，以及纳雷夫河和涅曼河要塞地区的加强，使得在那条战线上的速胜同样没有可能；而且，史里芬无论如何不相信奥地利军队有能力完成共同制定的战略中它们那部分任务。在19世纪结束前，他已将注意力转回西线，开始拟订通过比利时进行大迂回、一举包抄法军和要塞地带的著名计划。这个计划终于体现为臭名远扬的1914年的进军。

　　在19世纪最后的25年间，德国军事计划制订者一直根据这样一种设想进行工作：法国和俄国在任何未来的战争中都将结成同盟。一反俾斯麦的和平政策而听任中止同俄国的再保险条约的人物卡普里维伯爵，居然是一个职业军人，这一点也许并非偶然巧合。无论如何，为俾斯麦所畏惧而总参谋部视为不可避免的法俄协约，只是到了俾斯麦辞职以后才形成，并且是作为一项军事协定而发起的。这个协定的产生，除了出于对德国的共同畏惧以外，还有几个因素。对英国的敌视也是一个有力的原因，同时，俄国很自然地指望法国向它提供它发展铁路和军用资源所需的资金和工业援助，因为德国愈来愈不愿提供这些援助。两国的政府首脑（俄国的吉尔斯、法国的利鲍和弗雷西内）都表现出不愿缔结任何特定的军事协定。正如俄国人不愿为阿尔萨斯-洛林而战一样，法国政治家也反对为君士坦丁堡而参加战争。但是，1891年法国舰队到喀浪施塔得进行友好访问时，法国副总参谋长德布瓦戴弗尔将军与俄国副总参谋长举行了试探性会谈，通过会谈清楚地看出，只有采取为相互支援而立即进行动员的手段，才能产生一些军事价值。法国人知道，除非俄国人立即发动牵制性进攻，他们自己无法抵挡全部德军的猛攻；俄国人也同样为他们在波兰的前沿部队的暴露的阵地感到担心，因为奥地利和德国依靠他们优越的铁路设施，能够集中占压倒性优势的兵力来进攻这些部队。1892年，在沙皇亚历山大三世的大力支持下，军事专家们克服了政府方面的犹豫态度，签署了俄法协定，根据协定，两国不仅一致同意在德国进攻任何一方时相互给予支援，而且，如果三国同盟的任何一个成员国进行动员，则其他两国也要开始动员。这项协议的批准一直拖延到第二年；但到那时德国已开始实施两年兵役制，从而增加了该国经过训练的人员的数量。这也就足以打消最后的一些顾虑了。

以上我们只集中论述了欧洲的事务，因为虽然各国对海外世界的兴趣和依赖程度日益增加，但各国在这一时期的军事政策和军事组织都是设法应付纯属欧洲的威胁。中欧各国，除为了在非洲作战而装备的一小部分德国军队以外，可以把它们的军事能力完全用于制订欧洲战争的计划。但是，西欧沿海的殖民帝国法国、西班牙，尤其是英国，除了应付邻国入侵以外，还要准备应付其他军事事变。这些国家在海外广泛地承担的义务，使它们卷入一些边界战争，而它们的对手，虽然常常只具有工业化以前的文明程度，却表现得有手段、有勇气，足以给为了对付他们而所能动用的有限兵力造成相当紧张的局势——自从在世界各地的市场上能够购得现代化来复枪以后，这种紧张局势大为加剧。的确，1881年和1899年，英国在南非发现布尔共和国这个敌人起初拥有优于自己的技术和装备。美国于1898年摆脱了孤立主义，同欧洲独占帝国主义权益的情况展开了竞争，从而给世界政治带来一个新因素：欧洲以外的一个充分工业化的强国。

　　海外领地的防务问题，不仅包括保卫或拓展边疆，还必须安抚这些领地境内的居民，而这只有采用军事镇压与开明的行政管理和深刻的社会和经济改革措施相结合的办法才能做到。因此，19世纪后期的军人有两种基本类型。一种是欧洲的参谋军官，他们能熟练地掌握发展武器、供应、铁路运输以及管理庞大部队等复杂的工作。另一种是吉钦纳和利奥泰一类兼擅军事和行政的人才，他们独当一面，兼顾多方，既关心军事组织，也关心民事机构，既注意消灭反对者，也注意依法治理，是一种典型的帝国殖民地总督。在海外服役的英军和法军部队（实际上也包括在高加索和中亚细亚的俄国部队），从事建筑工程、改进交通、救济饥荒等工作。这些工作，只有就最广泛的意义而言，才与军事有关。在印度支那、马达加斯加和摩洛哥，法国军队中有高度教养的司令官，如加利埃尼和利奥泰等人，提出了一种军事理论。根据这个理论，征服的方法与其说是取决于军事上的考虑，不如说更多地取决于在征服以后进行安抚和行政管理方面的种种需要；在英国军队中，即使没有在任何地方明确地形成这种理论，但实际上往往是这样实行了。

　　对于欧洲大陆各国的军队，即便是对于法国的军队来说，同保证本国不受欧洲邻国入侵的需要相比，在殖民地的作战只居于相对次要的地位。另一方面，对英国来说，这样的作战却是军队存在的理由：对于经常分散于全球各地驻防的一支军队，所有其他欧洲列强均采用的短期兵役制原则，即使在政治上可行（在维多利亚时代中期的英国则不可行），其效果也值得怀疑。尽管如此，英国同欧洲其他各国一样，也感受到普鲁士于1866年和1870年所获得的胜利的影响，从而加速了业已进行的军事改革运动。自从15年前克里米亚战役惨败以来，在一个原封不动地保持了18世纪军事组织原则的军队中，一些最有害的反常现象正在慢慢地得到消除；当时，格莱斯顿内阁正以热心于节约和改革的精神，改变着英国的整个行政、司法和教育制度。当爱德华·卡德韦尔1868年把这种热诚带到陆军部时，清除反常现象的进程加快了。卡德韦尔为了追求效率和节约，不得不推倒旧秩序的两根支柱：一根是把军队的统辖权分属于对君主负责的皇家总司令和对国会负责的陆军大臣的二分制；另一根是保证把军队控制在有产阶级的手中的那种购买军职制度。这些只有根据早已过时的问题和爱好才有理由存在的反常现象，都及时地得到消除。总司令被降到"陆军大臣的军事顾问"的地位；关于购买军职制度，卡德韦尔则争辩说，废除这种制度完全属于国王的权限，因此，可以通过国王颁布敕令来进行改革，从而他得以驳回议会的反对。此外，对军队本身也进行了改组。海上运输愈来愈方便、迅速，因此，不再需要在海外驻地多年不动地保持大量的守备部队；而那些幅员辽阔的海外领地——澳大利亚、新西兰、加拿大和南非——则已自行解决防务问题。通过减少海外驻军的人数，卡德韦尔得以在国内训练出一批干部，派往新建立的 66 个军区的每一训练营地，既可作为海外驻军的姐妹部队，又可管理地方民兵部队的训练工作；自王政复辟以来，民兵的训练工作一直由各郡的军事长官管辖，现在则再次改归国王掌管。这样，卡德韦尔实行了一种经过修改的德国式"军管区"制，使每一支部队都同一个地区联系在一起，从那里招募新兵，定期补充兵员，并获得经过训练的预备役人员。缩短海外服役年限，也使得有可能采纳一种加以修改的大陆式短期兵役制，1870 年的陆军入伍法规定新兵只需服 12 年兵役——6 年现役，6 年预备役。军队第一次对它招募的人员能够有所选择。入伍津贴被废除，品德恶劣者被开除；在最近两任总司令，加尼特·沃尔斯利爵士和弗雷德里克·罗伯茨爵士的影响之下，英国军队越来越注意兵员的舒适、福利和教育。由于没有实行征兵制，军队和国家还不能够像在欧洲大陆国家那样成为一体；但是，军人已不再是终生从事一种受到平民忽视和蔑视的职业的被社会遗弃的人；到 19 世纪末，由于拉迪亚德·吉卜林、斯潘塞·威尔金森和查尔斯·迪尔克爵士等作家活动的结果，英国军队逐步地获得公众前所未有的爱戴和尊敬。

然而，还有进一步进行改革的很大余地。总司令的办事机构完全无力处理复杂的军政问题，这些问题在欧洲大陆上统统归日益扩大的总参谋部管理。哈廷顿勋爵领导的一个委员会于 1888 年建议根本撤销上述机构，以一个相当于海军部的陆军委员会和一个德国式的总参谋部来代替它。维多利亚女王为这个"真正可恶的"报告所触怒，于是，报告中的各项建议经过种种折中，修改得面目全非。直到布尔战争之后，这些建议才得以实施；而且，布尔战争还暴露了其他急需补救的缺点。卡德韦尔把军队组织得能够向帝国各驻防地源源不断地提供增援，同时，又提供一支本土防卫部队和一支人数很少的战略预备部队。它却不能提供一支在给养、人员和后勤等方面都已组织停当的大部队，去同"文明的"敌人进行一场持久的海外战役。这一切不得不临时筹措；到1901年，可以明显地看出，如果英国军队要成为推行国家政策的有效工具，那就仍然需要进行至少同卡德韦尔的任何改革同等广泛的军政改革。所需进行的这种改革，也并非纯属军政方面。1899年10月至1900年8月之间10个月的战争表明，军队的战术、训练和专业领导水平完全不足以满足现代战争的要求；为了在远方作战的需要而重新部署帝国武装力量所牵涉的海军以及陆军方面的许多问题，都表明有必要建立某种中央计划机构，其管辖范围将超越纯军事的问题，而涉及帝国长远的防务问题。在19世纪后半叶的前25年，人们就已时常感到并强调有必要建立这样一个机构。哈廷顿委员会曾建议设置一个以首相为主席的海陆军联合委员会，索尔兹伯里勋爵于1895年设立了内阁国防委员会；但是到了1902年，才成立一个专门性的帝国防务委员会，其任务是"全面考察帝国在战略方面的军事需要"。它的成员除了首相和秘书处以外，保持很大的流动性，以便不仅能视情况需要招请海军和陆军专家，而且还能招请经济、财政、外交和政治方面的专家。在冲突行将成为全球规模的时代里，对于英国这样一个承担如此广泛义务的国家，这样一个机构对制定军事计划是至关重要的，正如同德国"大总参谋部"在较小规模的欧洲战争中的重要性一样。

　　十分自然，英国首先是从海军的角度来看待战争的。的确，历史学家，特别是英国历史学家，往往容易指责大陆上的战略家们目光狭隘，认为这些人只看到拿破仑或毛奇等人的业绩，而完全不考虑控制海洋在战争中所起的作用；但是，一个没有易受攻击的陆上边界的国家，对于这个问题不能做出公正的判断。在欧洲各国中，海军事务对于英国是生命攸关的；对于法国和意大利是次要的；而对于德国和俄国，就无关紧要了。法国的海军优势虽推迟了1870年的失败，但却未能避免败绩。然而，进入 20 世纪时，海军军备和海上战争问题，即使在欧洲大陆各国和主要的非欧洲国家美国和日本，也都引起关切；本文现在即将把注意力转到这种国防手段所涉及的技术和政治问题。

1870 年，由于蒸汽机和铁的使用以及造炮术的发展所带来的造舰技术的革命，已经造成了非常巨大的变化。自从 19 世纪 50 年代中期以来，蒸汽机就已替代风帆，成为军舰的主要推进工具；而 1853 年土耳其的木造舰队在锡诺普被俄国炮火所摧毁一事，已十分明显地说明了装甲是不可缺少的；1862 年 3 月美国南部同盟的铁甲舰"梅里麦克"号在汉普顿停泊地所取得的战绩，更证明了装甲的必要性是毋庸置疑的；当时，幸而北部联邦的"蒙尼陀"号正巧出现在战场，才使联邦舰队免于被炮火和撞角所摧毁。由拿破仑三世和迪皮伊·德·洛姆大胆首创的蒸汽铁甲舰"光荣"号和它的姐妹舰只于 1859 年下水，这种军舰遂被广泛采用，而那些曾参加过特拉法尔加海战的舰只，则如一位维多利亚时代的政论家所说，"像古代三层橹战船那样地过时了"。为了完全同过去决裂，只需再迈出两步：放弃用木材作为建造海军舰只的主要材料；放弃使用即使是作为辅助动力的风帆。英国已经迈出了第一步。铁材有其缺点，在远洋航行中尤其严重（铁制船底比木材包铜的更易腐蚀）。但是，使用铁材能够建造大得多的舰只；同时，对于一个工业国家来说，它的价格低廉。英国拥有丰富铁矿，但没有足够的木材。1859 年下水的"勇士"号是英国建造的第一艘铁制军舰。意大利于 1861 年，俄国于 1864 年步其后尘；但是，法国迟迟未放弃它所采用的铁甲木制军舰，这种舰只能够很充分地满足它较为有限的需要。直到 1872 年，在它战后的第一次造舰计划中，法国才将铁材视为最经济并且能够最大限度地加大舰体的材料而加以采用。此后，欧洲的海军造舰工程师实际上放弃了使用木材；欧洲大陆上日益发展的冶金工业，也由于造船合同而兴旺起来。

第二步，具有同样深远的影响。在 1870 年 9 月 8 日发生的一场灾难后，英国海军部迈出了这一步。当时，扬满全帆的蒸汽铁甲舰"舰长"号翻船沉没，船员几乎全部遇难。由于风帆简直可以无法估计地增加巡航能力,各国海军不愿意放弃它是可以理解的;但是,保存全帆同影响海军造舰的其他一些考虑正相矛盾。在这些考虑中间,主要的问题是在敌人威力强大的新式火炮面前,必须把暴露的目标尽可能缩小,因而就要把吃水线以上的干舷部分降到最低限度;而正是这种低干舷(仅有 6 英尺高)加上扬满全帆的桅樯导致了"舰长"号的那场灾难。但是,低干舷也意味着必须放弃传统的舷侧炮——采取这一步骤还有另外两个因素。一个是希望将火炮安装的位置改变,使军舰在炮击和冲撞敌舰时,能够越过舰首向前射击。以蒸汽机代替风帆为控制军舰的行动创造了新的可能性。一般认为,这将导致在近距离进行海战,采取冲撞或登上敌舰等手段;就像"梅里麦克"号在汉普顿停泊地撞毁它的敌舰,和奥地利海军上将泰格特霍夫于 1866 年的利萨海战中撞毁意大利旗舰那样;这两次行动的结果,决定了 50 年间大部分时间的海军作战思想。于是,撞角和向前发射的炮塔就成为海军装备的必要部分。第二个因素是海军火炮的体积和重量均有增加。海军火炮的重量从 5 吨增加到 19 世纪 70 年代的 80 吨。要增加发射火药首先就要求大大加固后膛;慢燃火药的采用,又要求加长炮筒,以便充分发挥爆炸力——这一发展迫使英国海军部放弃他们在 1880 年以前一直死抱住不放的前膛装弹的火炮。这样巨大的火炮,只能够安装在舰只的中轴部位;旧式的炮门让位于炮塔、中央炮塔或固定炮塔。

于是,19 世纪 70 年代的铁甲舰所采用的形式是,距水面较低的装甲平台,在它上面,矗立着装有重炮的重装甲中央炮塔,炮塔周围是未加装甲的水兵活动区。英国的"劫掠"号和"刚劲"号,法国的"劲敌"号和意大利的"杜利奥"号均属这一类军舰。但是,这些舰只也有它们的缺点。将全部火炮集中到军舰上的一个区域,就使得一门火炮的硝烟妨碍所有火炮的视界;而且,由于炮弹的穿透力增加,要在所有要害部位(特别是水线部位和中央炮塔)都装上足够的装甲已属不可能。以 1874 年建造的"刚劲"号为例,其要害部位不得不使用有时厚至 24 英寸的铁甲板来保护。法国人完全放弃了中央炮塔,他们于 1876 年建造的"迪佩雷海军上将"号只对水线部位施加装甲,并把火炮安装在前炮塔和后炮塔中。英国人不准备仿效这种看来为了保护舰只而无情地牺牲了对水兵的保护的做法。不久,科学就给他们以帮助。美国的哈维和英国的贝色麦正在改善一种淬硬钢的新工艺，到了 19 世纪 80 年代就已能获得一种轻、薄而又强韧的新式装甲板；这样，不仅舰只可以不再像在 19 世纪 70 年代那样，犹如囚犯似地非穿着笨重铁制紧束衣不可，而且也可以为巡洋舰装甲，不再需要为了速度而牺牲防护了。1890 年的"君主"号和 1895 年的"尊严"号标志着英国海军又回到高干舷，这一改变意味着在舒适条件和速度上获得改进；其他国家的海军造船工程师迅即仿效此法。中央炮塔终于消失了，重炮安装在旋转炮塔里，并以较小的 12 磅、6 磅和 3 磅炮弹的速射炮，乃至霍奇基斯和诺登费尔特发明的机关枪作为辅助火力。到了 19 世纪末，战列舰的排水量达 14000—15000 吨，以蒸汽为动力的航行时速可达 18 海里，并装有 12 或 13 英寸口径大炮，炮弹初速达每秒钟两千英尺以上。

显然，在这些载有巨炮的战舰之间进行的海战，在性质上和程度上，都将不同于纳尔逊时代的战舰之间的海战。那个时候，风向和天气等偶尔可能帮助一支巧妙地操纵的较弱的舰队。正如法国人在 18 世纪所学会的那样，占据上风位置并击落敌舰的帆索，就能够给较强的敌人以创伤而自身安然逃脱。但是，现在面对着更强大的蒸汽机和更大的火炮，幸运或航海技术都无法提供解救办法。一支较弱的舰队一旦被发现后，甚至无法再在海上航行；而火炮的有效射程达到 4000 码左右时，这支舰队再也不能靠短兵相接的一场混战来补救自己的劣势。1894 年，在鸭绿江口外的海面上，日本舰队单凭炮火就击败了数量上占优势的中国舰队，当时根本没有接近到进行冲撞或登舰的距离；4 年后，美国舰队在马尼拉和圣地亚哥再次给人以同样的教训。那些速度更快、装甲更好、火炮更有威力、训练更精的军舰将会赢得胜利。在陆战中，未来战争的结局看来将取决于经过长期准备的征兵政策和动员计划；而海战中的优势愈来愈掌握在设计师和海军造舰工程师的手中。对法国和俄国造舰活动的恐惧，驱使英国加快了步伐。对德国和意大利的造舰活动的恐惧，又驱使法国加快了步伐。美国和日本害怕在武力和威信上落后于人，也驱使他们急起直追。相互对抗的各国政策，促使战列舰的吨位及其火炮的口径一步步地加大。

然而，除了战列舰以外，海军设计师们还发展了其他一些武器。

在克里米亚战争中，俄国人有效地使用了系列水雷，在那场冲突结束后10年，阿瑟·怀特黑德获得他的第一种自动鱼雷的专利权。最初的几种类型速度慢，不准确，射程有限，并且非常难以发射；但是到了1877年，俄国人能够用它有效地攻击停泊中的土耳其舰只，于是鱼雷战很快成为海上作战全部技能的一个新的、重要的组成部分。鱼雷艇不仅成为必备的海岸防守手段，使得任何近岸封锁成为不大可能，而且还给海战增加了另一因素。它们被视为海上骑兵。英国专家H.W.威尔逊在《战斗中的铁甲舰》（1898年）一书中写道："在战列舰完好无损时，舰上的速射火炮处于良好状态，炮手们也未产生动摇。这时，不大可能派遣鱼雷艇去攻击它们；在战斗趋于结束时，鱼雷艇大显身手的时机便来到，这时，战斗已使一堆堆巨大的钢铁百孔千疮；这时，这些目标已失去行动的能力；这时，舰上人员人数减少，并已经过紧张的战斗而疲惫不堪。"到了19世纪末，人们的确愈来愈怀疑，鱼雷艇是否有能力穿越战列舰能够在自身周围构成的火力网，尤其是这时舰只已不再为旧式的火药的浓密硝烟所笼罩；但是，已经开始发展潜艇，这种舰艇能够更为安全地取代鱼雷艇的地位。

　　正像许多其他的军事发明一样，潜艇的起源也可追溯到美国南北战争；但是，当时所采用的不甚奏效的原始类型已得到改进，首先是荷兰于1877年发明了水平舵，使得对潜水动作的控制成为可能；其次是蓄电池的发展，使得储存电力成为可能。如同在这一时代的许多其他重大的海军发明一样，法国海军在这方面也发挥了先驱的作用。到1899年，法国制造了"居斯塔夫·泽代"号，这艘潜艇可在60英尺的水下航行，时速达8海里；这或许是可供实战使用的第一艘潜艇。两年以后，除了已有的8艘以外，法国又订购了23艘这样的潜艇，于是，法国的潜艇力量超过了其余各国的总和。1901年，英国海军部试探性地定制了5艘，他们在关于预算的备忘录中声称，"这些舰艇在海战中将来的价值如何，只能属于猜测之事"。过了5年，德国海军才步其后尘。海军上将约翰·费希尔爵士于1904年颇有道理地写道："我感到惊奇，非常惊奇，我们之中一些最优秀的人物居然认识不到潜艇在海军作战和海军战略中将完成广泛的革命。"

第八章 武装力量

法国人首先发明潜艇战并非偶然。在法国海军中，对路易十四时代的历次战争中他们的强大的私掠船对英国贸易发动的"突袭战"，一直没有被人遗忘；在某些法国海军理论家的心目中，19世纪海军和经济的发展，给他们的海员带来一个良机，只要他们能够抓住这个良机，就能取得超过迪居埃－特鲁安和让－巴尔①的成就。这个少壮派的发言人曾指出，英国现在比过去任何时代都更加依赖于它的海外贸易，不仅维持它的生活，而且维持其本身的生存；海外贸易受到干扰，不仅将引起商业恐慌和工人失业，而且会造成饥馑。即使美国南北战争时期南部同盟用来袭击商船的武装快船的有限活动，已足以表明利用少数大胆而装备齐全的舰只能够取得多么大的成就。现在，蒸汽时代给袭击商船的武装快船带来了新的有利条件。由于燃料的限制，商船总是沿着经常行驶的航道航行，而不能安全地在汪洋大海上航行；而武装巡洋舰却能建造得具有满载的商船根本无法与之相比的高速度。像加布里埃尔·夏尔姆这样的作家，就曾在19世纪80年代的著作中强调指出，英国的海上霸权已成为往事。鱼雷艇将使英国不能使用近岸封锁这一武器，而袭击商船的武装舰艇却能够给英国的商船队造成如此严重的损失（这种袭击必要时可以毫不考虑现行的战争准则），以至很快就能使它屈服。"别人尽可以抗议；我们自己却把这些新的破坏手段，视为我们坚信不疑的进化法则的发展而加以接受，最终的结果将是完全消除战争。"这就是海军上将泰奥菲尔·奥贝以当时流行的达尔文主义的口气所写的话。他于19世纪80年代在海军部任职期间，实现了少壮派的许多主张。法国海军开始将精力集中于鱼雷艇和巡洋舰的作战，并且热情地关怀潜艇的发展前途。解决法绍达危机的办法，还在于建造"居斯塔夫·泽德"号这样的潜艇；至少有一位热衷于此的人德阿马尔，在他所著《潜艇与对英战争》（1899年）一书中，主张法国应完全放弃建造战列舰，而依靠装甲巡洋舰去破坏敌人的商业活动，依靠潜艇去消灭敌人的舰队。

但是，少壮派即使在法国也未能完全实现他们的主张。法国海军部承认巡洋舰、鱼雷艇和潜艇是战列舰的辅助舰艇，但绝不能以它们来替代战列舰。1900年，法国海军部采纳一个建造6艘15000吨级

---

① 二人均为17世纪下半叶至18世纪初法国著名私掠船长和海军军官。——译者

战列舰和 5 艘 12500 吨级装甲巡洋舰的七年计划时，海军部长所做的解释是依据英国海军理论家一直未曾放弃的正统观点。他声称，在海上保持威力尽可能强大的火炮尤为重要。只有在宽阔稳定的平台上，才能做到这一点；而这样的船身平台，再加上必要的装甲和速度方面的要求，其结果就是战列舰。海军力量的对比，终究是以大型战列舰来计算的。

英国的确就是这么考虑的。在 19 世纪 80 年代，它发现如果它的两个主要对手法国和俄国一旦把力量联合起来，那么，英国的海军力量就不够充足。如果说德国总参谋部为法国和俄国联合兵力的数字所烦扰，那么，英国的海军理论家也同样为法国和俄国舰艇的总和感到担忧。由于英国在非洲和亚洲同这两个国家一再发生矛盾，10 年来，它和它们的摩擦一直在增加；不仅如此，1885 年的保加利亚危机还暴露了英国海军的动员和训练措施同它的打击力量是一样的不充分，而这场危机当时看来显然有可能引起战争。在报刊上和国会中掀起的一场运动，终于导致正式采纳"两强标准"。英国海军的战列舰要保持相当于两个仅次于英国的主要海军强国的联合舰队的力量。正是为了实施这一政策，1889 年通过了海军防务法——这一步骤带来了一场空前激烈的军备竞赛。英国决意实行一项海军建设计划，耗资 2150 万英镑，要在今后 3 年内建造 10 艘战列舰（其中 8 艘是新型的"君主"号级，吨位超过 14000 吨），以及 9 艘大型巡洋舰和 33 艘较小的巡洋舰，以对付少壮派的那些舰艇。这只是事情的开始。同法俄两国竞争（1891 年这两国海军之间表现出令人讨厌的亲睦关系后，这一竞争被视为尤其具有威胁性），以及海军舰只迅速变得陈旧过时，这两方面的刺激，迫使英国计划在 1904 年前建造 42 艘战列舰和 45 艘装甲巡洋舰，并在 1893 年至 1904 年间平均每年下水 7 艘主力舰。在新成立的海军协会的推动下，保守主义者、激进主义者和自由派帝国主义者通力合作，促使加快步伐。只有格莱斯顿先生宣称，海军部的要求是"发疯！发疯！发疯！"，他宁肯辞职，也不批准一项他认为将致命地损害经济与和平事业的政策。

技术发展的必然结果，以及传统的殖民地争夺所带来的恐惧，本身就足以构成进入 20 世纪后即开始出现的海军军备竞赛的原因。军备竞赛牵涉的范围不仅限于舰只。放弃使用即使是作为辅助动力的风帆，就使得一切船只必须完全依赖沿着它们的航线每隔不远处能够得到加煤站；而对于军舰来说，如果它们要在遥远的海域处于临战状态并保持这种状态，那就需要比燃料更多的东西了。军舰将需要军火和食物供应，船坞设施，海军营房和医院，即一个完善的海军基地所应具备的一切设施。因此，如果各国政府要对本国的商业给予传统上它所应得的保护，他们就必须在世界各地建立海军基地，才能做到这一点。这些基地本身需要得到保护；连续各个基地的交通线也是如此；于是，就需要更多的舰只和经费。因此，扩张海军的要求不仅来自负责安全问题的军界；而且，由于西欧和美国的多种商业和财政利益依赖于维持并扩大繁荣的世界贸易，因而也扩展到财经界。那些从事造船、冶金和军火生产的大企业，依靠政府合同获得繁荣。假如它们没有对全欧各地和美国成立的海军协会给予道义上和财政上的支持的话，本来还可以表现出一定程度的超然脱俗的姿态，但事实上并非如此，因为成立这些海军协会，就是为了鼓吹继续推行并加强一项不仅对于保护国家利益至关紧要，而且本身也是大为有利可图的政策。

正如让-雅克·卢梭将情感和个人主义对18世纪形式主义的总反叛加以具体化并加以阐述那样，美国海军的艾尔弗雷德·塞耶·马汉海军上校成为这种新的"海军主义"的鼓吹者。1890年，马汉出版了他在美国海军学院所作的讲演集《海上力量对历史的影响》。这些讲演的大部分内容是详细分析17和18世纪时海战的战术与战略；但是，它们包括了有关海上力量的性质和组成因素，以及海上力量对于国家繁荣昌盛的关系等问题的综合归纳，集"海军主义者"正在形成的信念之大成。朱利安·科贝特爵士写道："这是第一次将海军史建立于哲学基础之上。"这样的论断，对于在科贝特本国正在发展的思想，特别是海军少将菲利普·科洛姆的思想来说是不公正的，科洛姆的《海战》这部有分析性的伟大著作与马汉的名著同时问世。但是，马汉的论断听来具有权威和说服力，使得它们易于被引用，并且易于翻译，而科洛姆的用词谨慎的专门术语却不是如此。直到1914年去世以前，马汉在一系列的著作和文章中继续阐述有关海军力量和政策的前后一贯的主张，这些主张已成为全世界每一海军国家所接受的原则。他主张海上力量、商业和殖民地这三者紧密相关，它们是国家取得财富和繁盛的不可或缺的基础。他写道："从这三个方面，即生产以及交换产品的必要性；赖以进行交换的航运；可以帮助和扩大航运活动，并通过增加安全的立足点而有助于保护航运的殖民地，人们将会找到解释沿海国家许多历史问题和政策问题的关键。"再者，海上力量不仅保护商业，它也从商业中获得力量。他写道，海上力量"不仅包括以武力统治海洋或海洋的任何一部分的水上军事力量，而且也包括和平的通商和航运，因为只有通过它们，一支军事舰队才能自然而健康地生长，同时，舰队的安全也有赖于它们"。没有商业，就没有海军；没有海军，也就没有商业。而商业和海军都需要海外基地。马汉于1893年写道，"控制海洋……在构成国家强大和繁荣的单纯物质因素中是首要的"。"……由此必然导致下述原则，即，作为控制海洋的辅助手段，只要能够正当地做到，就必须立即占有那些有助于获得制海权的海上据点"。

马汉的主张更多地着重于现行的政策，而不是制定新的政策。当他抨击突袭战整个方针的文章发表时，少壮派已经在走下坡路，而对海外基地的争夺已进行了很久。他只能敦促他的同胞们加入这场争夺。他提出，美国首先应占据能够使它控制巴拿马地峡的一些据点，由于商业上和战略上的考虑，迫切需要立即修建一条横跨地峡的运河；其次，应在太平洋占据基地，以保护美国在远东的利益，在那里，正在进行扩张并互相猜忌的三个新强国日本、德国和美国，加入了原来的宿敌英国、法国和俄国的行列；而所有这些国家的统治者都是马汉的狂热信徒。

德国作为海军大国的出现，有一个同自己的民族传统彻底决裂的过程。自从德意志帝国成立以来，个别德国舰只或舰队一直在显示帝国国旗并保护商业：1872年在海地，要求对德国贸易商人的损失做出赔偿；1876年在中国沿海，同其他欧洲国家一起采取共同步骤以镇压海盗；以及1883年在安格拉皮奎那和1885年在桑给巴尔的行动。但是这些活动对德国的海军政策并无多大影响。自从阿尔勃莱希特·冯·罗昂1867年创建德意志海军以来，它一直像是陆军部的继子，主管该部的军人虽然有效地尽了他们的监护之责，却认为海军的作用主要在于卸去陆军的防守海岸线的责任。除了分派负责保护贸易的无装甲的轻巡洋舰和炮舰，以及少数铁甲巡洋舰以外，德国舰队主要由鱼雷艇和海防舰艇组成——这支舰队的威力已足以引起法国的担

第八章 武装力量

心，因为一旦发生战争，它完全有可能用来袭击法国的海岸和港口。这就是俾斯麦在外交方面实行的有限责任政策所强加给海军的紧束衣，到了19世纪80年代，这件紧束衣就开始使身体钳痛得难以忍受了。早在1884年，海军部在提交给德国议会的备忘录中就抱怨说，德国赖以保护贸易的无装甲舰只，在战时将毫无价值；这一论点投合了正在发展中的商业和工业阶层的心意，他们在议会中的代表，既出自政治上、也出自经济上的动机，就不愿再提供陆军部吞噬的那愈来愈庞大的款项。一支强大的海军不仅能够在世界上为德国赢得它的勤劳、才能和命运所赋予它的地位，而且能够在不增加容克贵族势力（他们仍然垄断着比他们应得的份额更多的权力）的情况下做到这一点。俾斯麦的失势排除了在德国推行海军主义政策的主要障碍。具有重要意义的是，新皇帝居然设置了独立的海军部，并引用海军的一句话打比喻说："舰艇的命令照旧：全速前进！"从而开辟了一个新的时代。

威廉二世是一个不甘心落后于世界思潮最新发展的人物。他"狼吞虎咽似的"攻读了马汉的著作，并且在德国海军的每一艘舰艇上放置了这些著作的译本；他于1892年授予他的海军参谋长冯·提尔皮茨海军上将以直接晋谒之权，他的首席陆军顾问已享有此权。提尔皮茨是作为鱼雷艇指挥官而崭露头角的，但在他看来，德国海军应发挥比单纯防守海岸远为重要得多的作用。他于1894年写道，"没有一支能够发动攻势的舰队，德国就不可能发展世界贸易、世界工业，以及在某种程度上的公海捕鱼、世界交往和殖民地"。不仅如此，提尔皮茨比马汉更迈前一步。他看到，即使在和平时期，一支强大"舰队的存在"，也能给外交谈判增加力量和作用——这一论点特别为他的皇帝所赏识。但是，强大的舰队意味着战列舰，而且如果这支舰队不只是单纯用于防御的话，战列舰的数量就必须足以给英国人以深刻的印象才行。正是为了满足最后这一点，提尔皮茨才提出了他著名的"风险"论。德国舰队至少应该强大到足以在同英国交锋时使之蒙受如此巨大的损失，以致英国舰队无力再同它的对手法国和俄国交战。因此，同德国海军进行决战所带来的风险，就会对英国起威慑作用，使之不再指望靠大大增加舰队规模的办法就能有效地打击德国。这是一种企图以低廉的代价来建立海上力量的做法；提尔皮茨于

1897年就任海军大臣时所采取的步骤是比较谨慎的；建造7艘新战列舰（在很大程度上可以说是为了更换过时的舰只），以便使德国总共拥有19艘战列舰。

甚至1898年的第一个海军法，既可以看成是扩军措施，也可以看成是合理化和标准化的措施。该法将海军力量定为19艘战列舰和12艘大型巡洋舰，并规定了支出的最高限额。但是，两年以后论调改变了。提尔皮茨发现，比起皇帝和他费了很大力量才建立起来的海军协会来，他的热情已瞠乎其后。英国看起来已不再是一个强大到只有在冒风险和求平衡的基础上才能对付的海军强国了。布尔战争不仅暴露了英国在军事上的不足，而且也暴露了它在外交上的孤立；1897年英国舰队在斯皮特黑德举行的庆祝维多利亚女王即位60周年阅舰式，虽然给人以深刻印象，但事情很明显，英国在海外承担的义务如此广泛，因此，德国海军要同英国海军留驻本国海域的舰队平分秋色，并非不可想象之事。1896年，基尔运河的开通大大增加了德国在北海的潜力，同时，在埃姆登和威廉港正在建造新的大型船坞。1900年的海军法规定德国海军的主力舰数量增加1倍；当帝国议会中提出异议，反对为此增加开支因而不得不做出让步时，被牺牲的是巡洋舰，而不是主力舰。于是，20世纪以德国决定建造一支威力强大的作战舰队为开端，而英国人不久就无法避免地得出如下结论：这支舰队主要是针对他们的。

美国不同于德国，没有感到有必要以英国的海军实力作为确切的标准，来衡量他们舰队的规模究竟以多大为宜。但是，如同德国的一样，美国的海军政策到了19世纪末，已经远远摆脱了自南北战争以来就成为它的特色的那种单纯依靠海岸防御工事和袭击商船活动等做法，变得同马汉海军上校在公开场合和私下里坚持不懈地传播的学说趋于一致。直到19世纪80年代，美国既未感到有必要，也没有劲头去参加欧洲各国所热衷的那种所费不赀的建造铁甲舰的竞赛。没有海外权益，依赖同外界遥遥隔绝的力量，孜孜于国内的事务，这一切都妨碍了美国海军的发展。直到1883年，美国海军是由木制舰只组成；甚至那一年下水的3艘钢制军舰，也是以袭击商船为目的的装有满帆的巡洋舰。当南美洲的一些共和国开始从欧洲的造船厂那里获得能够把整个美国舰队从海洋上一扫而光的现代化舰艇时，可以明显地看出，这样一种审慎的政策甚至连最起码的防御要求也无法满足。美国人开始谨慎地进行建造战列舰的试验；1889年，海军部长本杰明·F.特雷西大胆地确定了一条新方针。他在这年的年度报告中宣称，美国海岸的防务，只能由那些能够在公海上击败敌舰的舰只来承担。他主张，"要对付铁甲舰的攻击，就必须拥有铁甲舰"。"我们需要一支使我国免除战争的海军，但是，唯一能够完成这一任务的海军，是一支能够进行战争的海军"。这样的一支力量，他估计须有20艘战列舰和40艘现代化巡洋舰。这一要求对国会来说是过于极端，因此，特雷西只得到3艘战列舰。然而，这是一个开端。次年，《海上力量的影响》一书出版了；书中的论点本已赢得海军部的赞同，这时很快地就使那些将会接受政府合同的工业家、行将在远东开辟市场的商业家，以及开始意识到美国将成为大国的"天定命运"的一般公众改变了主意。特雷西的继任者希拉里·赫伯特规定，海军应保持"如此有效的状态，以便它能够为我国政府认为适宜而采取的任何政策添加分量和力量"。这样的政策不可能是纯属防御性的。海军必须"向身居国外的我国公民提供切实的保护，对我国外交给予有效的支援，并且在一切情况下维护我国的荣誉"。在这种压力下，国会的犹豫消除了。同西班牙的冲突虽然为时短暂，却起到最后的刺激作用。1898年，美国海军拥有5艘战列舰；1901年，当西奥多·罗斯福入主白宫时，海军共有已服役和建造中的战列舰17艘。

强大的舰队和繁荣的商业是马汉的三位一体学说中的两个要素。海外基地是第三个要素；而如前文所述，马汉把他的同胞的注意力转向应该建立这种基地的两个地区：加勒比海地区和太平洋地区。前者是为了保卫大西洋上的通商；后者是为了保护同中国和日本的日益发展的交往；而且，顺理成章地还有两洋之间的地峡——在那里开辟一条通道，不仅会增加美国商业的潜力，而且会减轻保护商业的困难。这时，在上述两个地区，美国人目睹了一个欧洲大国（它在一度曾是一个伟大帝国的最后的一片废墟上松松垮垮地施行着弊政）衰落的情景。古巴反对西班牙统治的叛乱，对美国来说，犹如对自己国内事务一样关切；而1898年2月美国军舰"缅因"号在哈瓦那港被神秘地炸沉一事，只是提供了介入冲突的因由。当时舆论大哗，促使美国政府投入了这场冲突。美国人很难再找到一个更好的对手来增长自己的本领了。西班牙海军只有一艘战列舰，而美国有 5 艘；西班牙的舰艇破旧，水兵未经训练。杜威于 5 月 1 日在马尼拉消灭了太平洋舰队，桑普森于 7 月 3 日在圣地亚哥消灭了大西洋舰队，菲律宾和古巴的守备部队与他们的本国隔绝，当地的土著居民又发生叛乱，占领这二地就成为唾手可得之事了。马汉关于海上力量的理论，看来得到非常成功的印证。

但是，美西战争并不完全是一场海军的战斗。在古巴登陆是经过计划而勉勉强强地实现的；这一行动所涉及的组织和作战问题使美国人认识到——正如布尔战争中出现的类似问题一年后使英国人所认识到的那样——如果要将战争一直进行到赢得最后胜利，只靠海上力量本身是不够的。1898 年，美国陆军的作战装备不良，如海军在 10 年前时一样。陆军的 2.8 万名士兵分为小支队，散驻在全国各地，从未集中进行训练。此外，国民警卫队虽提供了另外的 11.4 万名兵员，但它出于猜忌而保持着自己对正规军的独立地位，这在相当程度上损害了它的军事效能。加上志愿兵，陆军部统辖的总兵力达到 22.5 万人。而该部却完全无力为他们供应充分的食物、被服和营房。这比在古巴登陆的部队未能突破圣地亚哥防线一事，更为引起公众的关注。1899 年 7 月，伊莱休·鲁特就任陆军部长，他的任务是整顿混乱局面，并且保证不再发生这种情况。他在他的第一个年度报告中，描述了陆军必须进行改组所应采取的方针。2.8 万人已不足以承担美国新的殖民任务。美国在和平时期的兵力，必须增加到 10 万人，并应采取一切步骤，使这支部队在战时能够立即得到扩充。鲁特要求美国建立这时在欧洲早已尽人皆知的一切军事机构：扩大的陆军部、总参谋部、国立军事学院，以及受过训练的后备役军人体系。这个计划既不为将被改革的旧正规军所喜爱，也不为将为之付出款项的国会所欢迎；但是在 20 世纪的头几年里，美国人民逐渐适应了这种必要性。美国同欧洲各强国一样，不得不把自己变成一个"全民皆兵"的国家。

亚洲新兴的强国日本也是如此。日本人从闭关自守状态中觉醒过来，正在使自己能够成为与欧洲各国旗鼓相当的伙伴；在这一过程中，一个重要的因素是仿效西方的陆军和海军模式。1866 年，幕府将军①从法国邀请一个陆军顾问团,从英国邀请一个海军顾问团来日本,以便为日本的新式军队打下基础。这些顾问团的工作由于导致建立天皇亲政的那场叛乱②而告中断;但是他们于1872年重返日本,发现他们的学生颇能适应而且勤奋。1875年,天皇发布诏书,废除士族对武力的垄断,采取了普遍征兵制,从而在这一方面同欧洲各强国并列。他宣称,"朕希望全民族将成为军队"。10年以后,德意志帝国的陆军顾问团,继法国顾问团后接踵而来,自此日本的军事训练和组织机构就更加接近地模仿德国的模式。实行3年现役、4年后备役的义务兵役制;仿效德国后备军而建立地方军队;建立地方军区制;实行一年志愿兵制,所有这一切都通过1889年的立法而建立或者加以确认。

1894年的中日战争和1900年日本与西方各国共同发动的惩罚性远征,只不过是日本军事效能在世界各国面前初试锋芒而已;1904年至1905年的对俄战争,证实了它具有多么大的破坏力。但是1894年日本海军获得了更大的机会来显示它从英国老师那里学到了多少东西。海军的发展远远落后于陆军。1894年,海军只拥有3艘装甲舰,它们是型号完全过时、有20年舰龄的铁甲舰。海军的主要力量在于装有战列舰重型火炮的3艘无装甲巡洋舰。但是在航海术、训练和炮火方面,日本人表现出他们比拥有更强大武装的对手远为优越,在鸭绿江口外的海战中,他们夺得了制海权。唯其如此,才得以在大陆上获得胜利。此后,日本政府努力加强这样一支其作用得到如此明显证实的军事力量。1895年,开始实施一项造舰计划。它包括建造4艘15000吨级战列舰和4艘7500吨级装甲巡洋舰——其中的一般战列舰和两艘巡洋舰是在日本本国的船坞中建造的,这些船坞的扩建和重新装备,是这项新计划的一个重要组成部分。1904年,日本海军以6艘第一流的战列舰和8艘装甲巡洋舰迎战俄国人,并在太平洋海域建立优势。这对实力的对比产生了深刻的影响。

根据布洛克在他所著《现代战争》一书(第4卷,第280页)

---

① 指德川幕府。——译者
② 指明治维新。——译者

中的估计，1874年至1896年间，欧洲各主要国家的防务开支总额增加了50%稍强。在此期间，德意志帝国的防务开支上升79%，俄国上升75%，而英国、法国和奥匈帝国依次分别增加47%、43%和21%。对西欧各国而言，这个负担尚不是严重的；这些国家的经济正在发展，并且劳资双方的巨大利益，都依靠兴旺的造船厂和阿姆斯特朗、施奈德、斯科达和克虏伯这些庞大而往往又相关联的企业。但是，俄国承受这一负担的能力较小。1883至1897年间，俄国的军费开支从20156462卢布上升到284379994卢布——这还不包括建设战略铁路的相当可观的费用；而整个这笔款项必须由总额只有1414000000卢布的国家预算中支出。毫无疑问，为了在它难以承担的军备竞赛中赶上他国而承受的重压，是一个强有力的（如果说不是唯一的）因素，促使帝俄政府于1898年8月建议各国应协商"保证各国人民享受真正持久和平的最有效办法，首先是结束不断扩展现有军备的最有效办法"。

各国以带有怀疑的礼貌态度接受了帝俄向各国发出的照会；这和这些国家对待拿破仑战争以后俄国提出的启示式的建议的态度非常相似；但所有被邀参加协商的国家（除了与圣彼得堡建有外交关系的各国以外，还包括卢森堡、门的内哥罗和暹罗），都派出代表出席了1899年5月18日在海牙举行的会议。说裁军而言，这次会议是一次失败。俄国的建议包括：在5年内禁止增加军费和扩大和平时期的军队规模，以及限制采用比目前使用的更为强烈的火药，或更为有效的武器。这些建议几乎遭到与会者的一致反对。裁军小组委员会提出报告说，"对国防的其他因素不同时做出规定而想限定现役兵额，即使是为期5年也是很困难的；（因此）要想通过国际协定来限制各国根据不同原则而组织起来的上述国防各因素，将会同样地困难"。至于限制进一步发明创造的问题，美国代表干脆宣称，他的政府"不认为在使用军事发明方面做出限制，将会有助于世界和平"。最后，会议仅投票通过了关于军备的三项限制。一项是有关"从气球上投掷抛射物"的限制——为期只有5年，因为期满时可能发明出某种可以辨别目标的轰炸方法；其他两项是有关使用软弹头子弹和窒息性毒气的——这两项限制尽管遭到美国和英国的反对，却表决通过了。

然而，海牙会议在两个方面却取得了相当大的成就。第一，它在使战争变得人道方面，进一步采取了两个步骤，这将大为减轻 20 世纪的残酷战争。1864 年的日内瓦公约，连同有关医务人员和医疗单位中立化以及保证对所有伤员给予平等照顾的各项条款，今后也适用于海上战争；而且，所有未曾签署该公约的国家，现在都签字了。同时，1874 年在布鲁塞尔会议上曾经拟定的《关于战时法和战争惯例的宣言》，经过审查修改，体现在一个新的公约中。该公约规定了各交战国的地位，对间谍和战俘的正确对待，军队在作战中或占领敌方领土时应遵守的限制，以及休战和停战所应遵守的草约。第二，出席会议的各国承认，仲裁是解决属于法律性质的国际争端的"最有效同时也是最公正"的方式。于是，着手组织一个常设的仲裁法庭以及必要的秘书处，设在海牙。如同后来抱负更大的建立国际组织的尝试一样，海牙法庭只能为那些抱有充分的良好愿望和自我克制精神的国家提供一个可使用的机构；而且，除非依靠交战各国的人道主义和开明的利己主义，否则，海牙公约所规定的各项限制，也不可能具有约束力。这些只不过是用来束缚那些利用破坏力愈来愈大的战争工具为自己的生存进行搏斗的强大的主权国家的几条纤细的线罢了。

（李家骅　译）

第 九 章
欧洲政治和社会的发展

　　1870年前后，欧洲的历史由于德国和意大利最后形成了民族国家，因而进入了一个新的时期。中欧出现了两个民族国家，标志着从维也纳会议到第一次世界大战之间的100年中欧洲国家体系发生的唯一重大变化。这种变化使这个体系改观，但没有使它瓦解。19世纪的两个主要特征——自由宪政和民族原则，构成这个事件的特色；这个时代的第三种动力，即社会主义，在1871年巴黎公社起义以前，尚未出现。

　　19世纪70年代，自由主义在其历史进程中达到了顶峰。它促使欧洲的绝大多数国家产生了成文宪法和议会，扩大了选举权，并在宪法上明文规定要保障人身自由。1848年的革命和俄国1861年废除农奴制，把法律上的不平等和束缚的最后残余清除了。法律面前人人平等和人身自由，尽管遭到封建贵族和资产阶级的强烈反对，但实际上在每个国家都已经成为法定的原则。因此，自由主义在民权方面实现了它的纲领；但是，自由主义者在宪政方面的目标，即政府由议会控制和立法机构的权力不受限制，只是在不同的国家中，在不同程度上部分地实现了。大约从19世纪70年代中期起，一直是由中产阶级中的显要人物组成的各个自由党，日益陷入引起形式与组织上的各种问题的困境。到19世纪末，工人阶级的社会问题，使自由主义到处面临着一个任务，这就是如何在社会结构的范围内把法律上的自由变为实际上的自由。如果不触犯像国家不得干涉社会和经济领域方面的问题等这样一些激进的自由主义原则，要做到这一点看来是不可能的；因此，全心全意地实行社会自由主义根本是不可能的事。

民族原则在德国和意大利取得了它在这个世纪中的最大胜利。俾斯麦和加富尔缔造了各自的国家乃是这一胜利的顶峰。但是，成为民族主义进一步高涨的障碍的，也正是这两个国家。诚然，这种障碍在意大利由于受到民族统一主义的冲击而被打开了缺口；但是，俾斯麦缔造的德意志帝国，则长期以来起着阻挠民族主义发展的作用，尤其是在东南部，即奥地利，情况更是这样。在民族杂居的东欧地区，建立民族国家的运动暂时只是在土耳其的欧洲部分才得到发展；在这部分领土上，保加利亚和罗马尼亚到19世纪末获得了自治。

保守势力和保守党派在和这个时代方兴未艾的各种力量，特别是民主思想和民族思想进行较量中，极力想要保持其阵地。在英国，保守党沿着"民主托利主义"的路线发展；在普鲁士和德国，保守党则充当了农民利益的代表。几乎在每个国家，就像在英国那样，立宪民主制及其各种议会集团仍然和有势力的君主制度并存着。西班牙在经过卡洛斯战争后，君主制再次战胜了共和制（1875年）；德意志帝国和意大利这两个中欧新建立的民族国家，都是由强有力的君主政体统一并结合起来的；在土耳其帝国内，保加利亚和罗马尼亚这两个新建立的国家，也都是由君主统治的。在法国，第二帝国垮台后建立起来的共和政体依然存在了下来，不过即使在这里也一再有人企图恢复君主制。在奥匈帝国和俄国，君主制的统治是强有力的，因此，民主化的过程由于种种原因而进展甚微。在德国，1871年建立的皇权，与其说是要受议会的制约，不如说是受联邦的约束，而在1890年以后就开始朝着皇帝"个人统治"的方向演变，尽管宪法从来没有批准这一点。到19世纪末，欧洲基本上实行的仍然是君主制。很明显，除了法国和实行共和制的瑞士是一种例外情况，俄国是另一种例外情况，在欧洲的几乎每个国家，中产阶级至少在当时倾向于君主政体，而不是共和政体。

与此同时，尽管与外国订立的条约，如德意志帝国、奥匈帝国和意大利之间的三国同盟等，其目的往往还是为了加强君主制原则；但是，君主制已经完全失去了历史上那种独立存在的力量，现在它只能依靠诸如立宪政体这样一些当代更强的势力而同时存在。它在许多情况下确实给予这些势力以有效的支持，但同时又受到这些势力的限制和约束。不仅如此，产业工人组成的各种协会和他们的各种政治组织，几乎全都支持民主共和的原则。在第一次世界大战结束时促使中欧、东欧的一些君主大国垮台的，主要就是这些组织。许多人梦想做到的，特别是在德国从洛伦兹·施泰因到弗里德里希·瑙曼这些作家们所宣扬的君主制与工人阶级的联盟，即社会君权，在任何地方都从来没有成为现实。

在从普法战争到19世纪末的30年中，19世纪上半叶欧洲一些国家中普遍存在的君主政体与中产阶级之间的紧张关系，除俄国外，都已得到缓和。革命传统所遗留下来的影响，虽已演变成为工人阶级运动，但它仍然还缺少发动一次决定性进攻所需要的那种意识形态上和政治上的势头。这就足以说明，何以从巴黎公社起义到俄国1905年第一次革命之间的几十年，会成为19世纪截至第一次世界大战为止没有发生任何革命动乱的最长的一个阶段。

在这几十年间，国家的力量不仅在一国范围内有了空前的扩大和增长，而且也超越了国家的界限。这种力量愈来愈注意发掘技术科学的资源和潜力以及发展工业体系。为产业革命所动员起来的社会大众，变成了一种超越任何国家疆界的动力。所有国家人口都在增加、集中和移动，国家只能部分地加以控制。这些被动员起来的社会大众所具有的强烈欲望，又进而支配着国家本身；他们大批地涌向欧洲以外的地方，凭着一股迫不及待的政治扩张热情，使经历了许多世纪的海外发现和海外殖民大功告成。作为这个新时代特征的帝国主义，只不过是为国内的变化和改革提供的一条出路，也可以说是一个过程的政治方面，在欧洲发轫的产业革命通过这一过程进而席卷整个世界。

欧洲人口不断地增加，构成19世纪一切政治和社会发展的背景。这种增加稍稍超过了整个世界人口增加的幅度。欧洲人口的增加率，从1800年前后的22.4%上升到1900年前后的25.9%。欧洲人口在1800年前后大约为1.87亿，1850年增加到2.66亿，1900年则增加到4.01亿；换言之，在一个世纪内增加了一倍多。这一增加的曲线不再能表明出生人数的增加，因为差不多在欧洲的每个国家，出生率到1890年已越过其最高峰，而且，在某些国家，例如法国、挪威和瑞典，出生人数逐渐下降的情况出现得更早。① 这种增加主要是由于死亡率下降的结果；所以，出生超过死亡的最高值，通常要比出生率最高值出现得晚（最清楚不过的例子是德国，1901—1905 年间平均每年出生超过死亡为 14.4‰，意大利在 1903—1913 年间为 12‰，奥匈帝国在 1901—1905 年间为 11.2‰）。

欧洲各国人口的增长速度在 19 世纪最后 30 年中各不相同。法国的变化最小（1872 年为 3610 万人；1901 年为 3870 万人）；英国和爱尔兰从 1871 年的 3150 万人增至 1901 年的 4150 万人；德国从 1870 年的 4080 万人增至 1900 年的 5670 万人；意大利从 1871 年的 2680 万人增至 1901 年的 3250 万人；奥匈帝国从 1869 年的 3590 万人增至 1900 年的 4540 万人。但是，正如这些数字所表明的，欧洲的任何一个国家和另一个国家相比较，并没有多大的差别；而且，它们还在海外寻求补偿。只有俄国欧洲部分的人口增加（由 1867 年的 7220 万增至 1897 年的 11590 万），预示着对斯拉夫各民族有利的重大变化。

但是，人口大规模增长的整个过程，应该更多地从欧洲当时正在出现的工业发展的观点来看待，而不仅从国家或民族的观点来看待。欧洲各国的过剩人口，现在麇集在各个大工业区，特别是下莱茵地区以及英吉利海峡两岸。鲁尔区的增长此时超过其他地区，但是，像英格兰中部各郡、萨克森、波希米亚边界地区这样一些较老的工业区，也同样出现高潮，尽管这些地方的人口增长的最高潮出现在 1870 年以前。在这以后，各地城市化的过程加快起来，这决定了欧洲工业社会的生活方式和结构形式。城市愈大，人口的增加就愈快。1871 年

---

① 出生人数达到最高峰时的千分率如下：

1861—1870 年	英国和威尔士	35.2
	比利时	31.6
	荷兰	35.3
	俄国	50.0
1871—1880 年	德意志帝国	39.1
	奥地利	41.8
	苏格兰	35.1
	爱尔兰	30.2
	丹麦	34.0
1881—1890 年	匈牙利	44.0
	意大利	37.8

只有保加利亚和罗马尼亚在稍后才达到最高峰。俄国欧洲部分的数字不完全可靠，但是，尽管实际上达到的要比这个数字为高，这些数字还是表明从 19 世纪 60 年代起已在缓慢下降（引自 J·康拉德《政治经济学研究纲要》，1923 年版）。

德国 10 万以上人口的城市有 8 个；1900 年即达 33 个。另一方面，农村人口则停滞不变甚或下降。这种趋势，在 1870 年以后的英国最为明显。在东德意志，施泰因男爵解放农民后，农村的人口曾达到最大程度的增长；但在 19 世纪 80 年代中期即呈现停止状态。只有在俄国欧洲部分（由于 1861 年解放农奴的影响）和在东南欧，农村人口这时开始出现最大程度的增长。

工业人口日益集中，这主要是因为人口外迁地区的范围在不断扩大。人口充斥远近郊区，工业城市便应运而生。人们从德国东部涌入鲁尔地区定居，说明从更远的地方迁徙而来的人口构成了工业人口增长的一个相当重要的因素——在某些地方实际上是基本的因素。成百万的人涌入欧洲各国首都，经常是由各种特殊情况所决定的；谁也难以确定这些地区的范围，虽然在柏林这样的地方有可能做到这一点。

在工业发展的最后几十年期间，人口的这种大量移动，并没有造成欧洲社会基本民族结构的变化。只有在个别地方，由于经济变革而造成的移民，才超越了欧洲的国家边界。头一个例子是法国，法国人口的增长停止最早，所以主要来自意大利的移民的大量涌入就很引人注意；波兰的农业工人（最初主要是季节工）则流入了德国的东部。但是，19 世纪最后 30 年间，欧洲大多数国家向海外的移民，还是大大加强并扩大了白人在世界上、特别是在北美洲定居的区域。1871 年到 1900 年间，欧洲向美国的移民达 1050 万人；其中欧洲各国所占比例，在各个时期相差甚远（详见第二十四章）。移居海外其他地区的人数，亦与此相当。这些人外移的动机，主要是属于经济的和社会的，很少像 19 世纪前半叶那样出于政治的或宗教的原因（也许东欧的几个大国和爱尔兰的情况除外）。但是，移民也说明交通比以前方便，同时世界已逐步成长成为一个经济整体。在欧洲范围内，民族差异从未消除，而在这些新的国家中，民族的隔阂则比较容易消除。在美国，新的社会集体不仅就教派和阶级来说，而且就民族来说也日益成为一个熔炉。

欧洲人口外移是一个迹象，说明欧洲的经济和技术的发展赶不上人口的增长。然而，特别是在 19 世纪的最后 30 年间，工业化还是取得了长足的进步，工业生产方式的发展席卷了所有欧洲各国之后，又席卷了北美洲的各个移民区。商品生产有了增长，交通得到改进，商品的交换日益增多。这种情况就使一个世界体系逐渐形成。这个体系各方面周密地协调一致,任何一个地方发生动荡,反应就会极为灵敏。这是一个无所不包的经济体系,在技术上、财政上和政治上受欧洲的支配,也是与世界政治发展相对应的经济方面的发展。自由主义的经济学家们,在19世纪中叶把当时正在开始定型的世界经济看成是一个有机的体系,它将用一个协调一致的社会来代替民族和国家的传统的多元化状况。经济自由主义的典型协定,1860年英法缔结的科布顿条约所体现的国际自由贸易原则,即将促使世界贸易、世界团结和世界和平这三者协调一致起来。但是事与愿违,1873年的世界经济危机(其影响到19世纪90年代中期仍然可以感觉到)动摇了这种认为经济将不断发展的天真想法;而且除美国和俄国之外各国实际均已实行的自由贸易,也正在宣告结束。19世纪70年代末到90年代这段时间内,欧洲的绝大多数国家转而实行保护贸易政策;只有英国、荷兰、丹麦和土耳其由于不同的原因,仍然坚持实行自由贸易政策。在经济事务方面保护贸易政策风行一时,乃是作为这一时期标志的加强国家控制的做法的一个征兆,而且在后来还采取了其他形式,例如国家在社会政治领域进行干涉和实行殖民帝国主义等。国际贸易变为相互竞争的各国之间的经济斗争;支持各种左右贸易和经济行动的那种力量,又间接地转向政治领域;而各大国彼此之间由于自身的经济利益而造成的强烈敌意对此投上一层阴影。

由于意大利王国和德意志帝国的形成而改变中欧面貌的大动荡局面,并没有把1815年建立的秩序彻底打乱,只是在某些重要的方面改变了它的结构。民族国家的思想,在维也纳会议希望防止其出现的那些地区占了上风。但是,1870年以后,看来主要的是应当限制民族国家思想的发展,使它不要再超过形成德、意民族国家的那些战争所达到的程度。从1882年以后,意大利的民族统一主义,由于奥匈帝国和德国结盟而受到遏制,未能充分发展。俾斯麦把他所缔造的德意志帝国说成是"已充分满足了要求",因此,他对任何一种民族统一主义,即便是为了居住在奥地利和俄国的波罗的海沿岸各省中的日耳曼人的利益而由帝国进行干涉的事,也漠然置之。而且,俾斯麦的继任者们坚持奉行这一方针。1890年以后成立的泛日耳曼组织的成员们，属于对德国官方政策持敌对态度的反对派，他们对官方政策的影响是微不足道的。

在整个东欧，几个大帝国所面临的内部问题，仍然是民族问题。这个问题影响着彼此之间的政策。在俄国，一种由泛斯拉夫思想发展而成的民族主义的影响在增大，以致削弱了那些主张向超民族和联邦制发展的人们的影响，并促使这个国家变成一个由大俄罗斯构成的民族国家。在波罗的海沿岸各省（1881年即位的亚历山大三世是第一个不认可这些省的传统特权的沙皇），19世纪80年代是加紧推行俄罗斯化的时期，在学校中尤其如此。19世纪结束时，芬兰大公领地的自治政体已陷于瘫痪。1863年波兰起义以后，波兰的由俄国占有的部分，已失去最后的一点独立，而且日益受到俄罗斯化政策的压力。在德国，波兰人和丹麦人这些德国东部和北部的非日耳曼少数民族的地位，在1871年德意志帝国建立后发生了根本的改变，因为这个国家这时在理论上接受了德意志国家这个原则，而且在实际上也采取了与之相适应的做法。德意志帝国和奥地利于1878年一致同意放弃1866年布拉格条约的第五条，而这一条本来是允许北部石勒苏益格的居民就同丹麦合并问题进行自由的公民投票的。在匈牙利居统治地位的马扎尔人企图把奥匈帝国东半部建成马扎尔民族国家，其影响在多少年以后仍然可以感到。在这些事件发生之际，格莱斯顿也试图让议会通过他的爱尔兰自治法案，旨在结束爱尔兰人的从属地位而允许其实行自治，但未能如愿。

在这段时间里，各大国政府几乎毫无例外地决定支持居于多数的民族；这些政府从他们那里得到支持，并且尽量设法使他们在语言和民族感情上一致起来。在典型的民族国家的政治制度中，少数民族谈不上享有什么特权。只有土耳其这样一个衰弱、没落的国家，各民族继续朝着自治的方向发展，并形成了新国家，如罗马尼亚（1878年）和保加利亚（1878和1887年）。以保加利亚的情况来说，民族运动只花费了几年的时间，就（于1887年）把柏林会议为了保持均势而将该国分成两个国家的决定予以废除。争取民族独立的运动在北欧亦颇引人注目，以至在该地区愈来愈看得清楚，瑞典和挪威的联合已不能持久。挪威终于在1905年使联合解体。而在一些属于多民族结构的国家，例如在奥匈帝国的内莱塔尼亚这一半地区，民族问题对组织和体制都产生了影响。1870年后，曾经不止一次地试图放宽约瑟夫二世根据奥地利—日耳曼人居统治地位而实行的中央集权制，将波希米亚和摩拉维亚这两个民族争执中心的民族和语言置于平等的地位。这些尝试在一个敏感点上触动了奥地利—日耳曼人的传统支配地位（参见霍亨瓦尔特内阁1871年为调整日耳曼人和捷克人之间的分歧所做的努力和巴戴尼1897年的语言法令）。虽然在这个地区范围内，只有一两个地方有可能使尖锐的民族敌对情绪得到缓和，如1905年解决摩拉维亚问题那样，但瑞士却继续处于民族倾轧的风暴区之外。1874年的宪法改革批准了联邦政体，这种政体本身表明它是消除多语种民族主义最有效的手段。

这时盛行于欧洲的民族国家，采取了十分不同的形式。在法国，大革命已经破坏了过去历史上形成的各省，因此它甚至在第三共和国时期仍然保持着中央集权制。没有任何环节将中央集权的政府和政治组织与各地区、特别是各选区热烈的政治生活联系起来。意大利的民族君主制仿效法国的这一体制，并竭力仿效法国和比利时，建立一个中央集权政府，下面是一些消除了过去各个国家的畛域而新建的省份。这种体制是为反对存在着由外国王朝控制的各个分散的国家的局面而举行的一次民族革命起义的结果；但是它和意大利各个不同省份的丰富的历史和文化遗产，以及它们的各种不同的经济和社会结构都毫无联系，因此，遭到了激烈的反对，特别是在南方。尽管意大利新政府的"皮埃蒙特主义"受到非难，但是，各省要求权力分散、要求自治的呼声并没有得到满足。德国1871年的民族国家和意大利的不同，它是由各个君主国家结成的联邦，是各王国和自由城市的联盟。宪法使普鲁士牢固地建立起霸权地位，虽然是以自己的独特方式把这种霸权地位与联邦和中央集权这样一些特点糅合在一起。到俾斯麦的任期行将届满时，他作为宪法制定者同国会发生愈来愈多矛盾，因此，他曾考虑解散1870—1871年的联盟并且发动政变成立新的联盟，削弱或者甚至彻底取消国会的民族民主制。1890年俾斯麦下台后，出现了皇帝的"亲政"。这种做法是没有宪法根据的，但是，它无疑地扩大了皇权，使之成为比建立帝国当初的任何规定都更加令人注目的民族统一的象征。

英国和欧洲大陆各国不同，它的宪法的基本精神既不是中央集权，也不是联邦，而是联合。传统上组成英国的各个国家通过这个联合国家的统一体及其各种体制，特别是议会，既保持了本身的存在又融汇成一体。只是在信仰天主教的爱尔兰，这种体制才被认为是一种压迫，一种强制，因而遭到抵抗：因为爱尔兰的问题是一个民族问题，而不仅仅是宪法问题。在1886年和1893年最初为制定爱尔兰自治法进行努力时，由于受到来自多方面的极其强烈的反对而被挫败。但是，爱尔兰问题的重要性远远超过了争取自治法的斗争，在于当时形成的那种要改变整个英帝国面貌的自治概念。因为在帝国主义时代，在政治和宪法方面的一些最大的问题已不再是关系到民族国家的发展，而是关系到帝国的庞大结构。

在这个阶段，各处的殖民扩张明显地是在国家的支持下进行的，其结果是导致某种形式的官方的兼并，虽然有时这种兼并只不过是在现存的地方政权或土著政权之上构成一种保护性的上层建筑。于是，欧洲的民族国家就发展成为在世界范围进行统治的机构，而这时支配着这些民族国家的宪法和政府的却仍然是与民族国家相适应的政策观念。这方面的典型例子就是英帝国。它在殖民扩张方面遥遥领先，任何其他大国不能与其相比拟。英帝国主义这时将其力量主要放在非洲；在非洲，它制订了一些庞大的扩张和控制计划，以及一项政治纲领。同样是在非洲，它深深地卷入了政治和军事两方面的各种问题（从1882年在埃及进行干涉到布尔战争）。但是，如果说这个大规模扩张的最后阶段无疑迫切需要解决组织一个世界帝国的问题，用西利的著名的话来说，这个问题是在"不知不觉中"产生的；那么，由此而出现的各种基本主张中，有两种是从母国的政治传统中产生出来的。这就是责任自治的主张和托管的概念。英帝国的大殖民地区——加拿大、澳大利亚、新西兰和南非——的地位，由于自治范围的扩大而大大地改变了。在其他类型的殖民地中——旧日的英国直辖殖民地、马来亚各邦、塞浦路斯和非洲的各个地区——代表土著民族实行托管的主张，就具有了新的重要性。从理论上来说，即使理论不总是和比较严酷的现实相符合，托管的概念现在还是肯定了殖民地拥有主权这个原则，而不是对之表示怀疑。1876年迪斯累里把"印度女皇"的头衔授予英国女王，这同样也着重说明印度是作为英帝国范围内的一个单独的政治单位而存在的。

对于英帝国来说，就像对于欧洲大陆上较小的哈布斯堡帝国一样，组成单位的增多，马上就提出了如何把帝国组成一个整体这一问题。这就是何以第三种主张，即要求组成联邦的主张成为一种积极力量的原因所在。这种主张不可能从联合王国的以母国为中心的现代立宪政体中脱胎而来，它显然脱胎于曾经对以联邦为基础的自治领政体产生影响的美国模式。美国的情况也否定了过去的偏见，即认为自治必然会导致帝国的各个组成部分的分散。1872年迪斯累里在其著名的水晶宫演说中首先宣称这种看法是错误的。从西利以后，认为联邦其实是一种扩张形式的主张日益得势。1884年成立的帝国联邦同盟，鼓吹帝国应采取联邦形式。但是，这种改组成为一个联邦体系的梦想不久即告破灭，因为1887年和1897年的两次殖民地会议在这一点上未能取得一致意见。在约瑟夫·张伯伦担任殖民大臣时，他把联邦会议称为"我们的最终理想"，但各自治领并不支持他的这一观点。结果只是设立了帝国会议和一个很不健全的军事和经济组织。这种在美洲和欧洲大陆上的各帝国发展起来的联邦思想，不能教条式地应用于任何像英帝国这样结构完全不同的地方。英帝国的统一一直是依靠一种松散的依附关系，而不是正式的体制。

欧洲大陆的各大国中，殖民扩张对整个国家结构的改变，都没有达到像英国那样的程度。以意大利和德意志帝国而论，所取得的殖民地，无论如何也没有大到具有什么重大意义的地步。意大利的克里斯比时代野心勃勃的殖民扩张，在签订乌西阿利条约（1889年）和将尼格斯①的帝国变成保护国时达到了登峰造极的地步，但是，在埃塞俄比亚的阿杜瓦战败后（1896年），便一蹶不振。1884年在俾斯麦执政时推行的德意志帝国的殖民政策，最初的目的既不是想要直接攫取帝国的殖民地，也不是想要建立一个殖民帝国，而只是想建立一些由贸易公司控制的"保护"区。这一制度到处都证明是失败的，最明显不过的是在东非（1888年）和新几内亚（1898年），于是，根据1900年的法案，这些"保护"区就直接处于帝国即皇帝的宗主权管辖之下，到当时为止只有帝国的领土阿尔萨斯—洛林属于这样的情况。就德国来说，殖民扩张有助于加强母国的中央权力，而这一点也

---

① 尼格斯（Negus），埃塞俄比亚皇帝的称号，意为"万王之王"。——译者

正是欧洲大陆上大多数国家的特点。在这方面最使人感兴趣的例子是法国。法国的殖民地政权在19世纪最后25年中控制了一个幅员广大的殖民帝国（1875—1889年，法属赤道非洲；1885—1896年，马达加斯加；1881年，突尼斯；1883—1884年，东京和安南）。这个政权完全是以在法国本土也是盛行的中央集权作为基础的，它只不过是法兰西国家的分支。法国的殖民地管理机构到1889年为止一直是海军部的一个下属机构，以后又改属商务部。直到1894年，它才有殖民地部这样一个专门的机构。这个部的目的从一开始就是要使各殖民地成为"统一的政权管辖下的一个整体"，尽管这些殖民地无论在地理方面或是在生活水平方面都是彼此相去很远的。由于许多新取得的殖民领地在文化和历史上都和法国没有什么关系，这就使得这一目的受到限制。因此，在20世纪初，1900年4月13日的法案就导致殖民地管理机构某些权力的分散。尽管受到英国殖民地体制的一些影响，但是，殖民地自治的原则从未在任何地方实行；在各保护国情况也是一样，法国政府在这方面的情况，要比英国在其保护国的情况更为明显。

整个说来，欧洲大陆各国的政治结构由于殖民帝国主义而发生的变化是很小的。由于这些国家一味从事于民族主义的帝国主义事业，从而促进而不是阻止了因强调民族主义而已经造成和仍在继续造成的欧洲分裂局面。但是，它们在殖民领地上相遇，并非时时处处都作为竞争者和对手。殖民主义时代在一定程度上促使人们普遍认识到，国与国之间的关系必须以国际法的准则作为基础，必须在既定的制度范围内确定这些关系。广大的新地区不仅受欧洲大国宗主权的管辖，而且也受在欧洲发展起来的国际法的约束。一方面是欧洲大国的权术，另一方面是出于人道和经济的动机，这二者凑在一起产生了一个奇异的结果，这就是在比利时国王利奥波德二世领导下成立了独立的刚果自由邦和他的国际非洲协会，并在1884年年底到1885年年初关于刚果问题的柏林会议上得到承认。1885年的刚果法宣称，在中非促进贸易和文明，乃是建立刚果自由邦及这项法案各签字国的基本目的。法案宣布贸易完全自由，禁止奴隶贸易，并确立刚果河流域的中立。就这样，比利时本身在欧洲的中立立场，也反映在非洲大陆上。也正是这样，它阻碍了各大国间的角逐。各大国在该法案中宣称，把文明带给不发达地区作为传教士的一种世俗使命,乃是殖民化的目的,虽然就刚果的情况来说,这一计划并未全部实现。

各国政策中谋取本国利益与进行合作之间的紧张状况并不局限于在殖民地问题上。在帝国主义时代,它充满在国与国之间的全部关系中。在这个时代,由于交通、通信日益方便而迅速,使得各国彼此更加接近。同时,由于他们的民族意识日益增长,又使他们彼此疏远。到19世纪末,过去对国家主权的限制已经毫无踪迹;欧洲各国之间的团结已被忘得一干二净。像1878年在柏林举行的大规模会议或1884年年底到1885年年初的刚果问题会议,这时已成为能够表明各国仍然是一个大家庭,而不仅仅是互不相干的成员的唯一标志。然而,这个大家庭现已扩大到欧洲以外,开始包括整个世界。有美国参加的刚果问题会议,最清楚不过地说明了这一点。而且,召开一些特定的会议,也已不足以巩固政治和经济的联系,并使各国在技术和商业交往的各个方面较紧密地团结一致。为了满足这种需要,一些新的合作形式出现了;1870年以后,各国间为了特定的目的而达成的政府之间的联盟和协议,每10年都有增加——19世纪70年代到80年代有20个;80年代到90年代增加到31个,90年代到1900年为61个,1900年到1904年就增加到108个。国际组织和国家之间的条约网开始形成,目的在于以技术上和法律上的国际主义同每个国家的政治上的和各自的民族主义相抗衡。这就要设法尽可能地把在一个国家内所建立的法律保障以及技术成就的有效范围扩大到整个国际大家庭。因此,这些特定的协议首先是在交通、通信、统一标准单位、货物和思想的交流等问题上做出决定。例如,根据1874年的伯尔尼条约和1878年的万国邮政公约,产生了万国邮政联盟;1875年成立了度量衡协会及其所属设在圣克卢的国际度量衡局,以便管理公制。接着,1886年有10个国家签订了保护文学艺术作品的伯尔尼公约;10年后签订的国际私法协定,主要是确定国与国关系中法律援助的形式。

过去为了一些特定目的而在某些地区实施的办法,现在被开始试用于处理各国之间的政治交往,解决战争与和平这样至关重大的问题。这首先在1899年和1907年的海牙和会上进行尝试。诚然,由于某些策略上的考虑,使沙皇倡议的这两次会议的召开受到了影响;但是，这一事实并没有妨碍人们得到这样的印象，即三大洲的代表参加的这些会议，为了制止国与国之间团结的涣散，正在采取坚决的行动来建立超越于个别国家之上的法律准则。虽然那种认为只要有一种充分发展和牢固确立的国际法就可以结束一切战争的希望并未实现；但是，在一个国家主权正在提出愈来愈多的要求，大规模的战争能够造成空前毁灭的时期，人们正在确立在战时与平时国与国之间关系的公认的法律约束。继1874年布鲁塞尔宣言之后，又订立了陆战法规与惯例公约。这个公约在1907年海牙会议上以海牙陆战法规的形式出现，至今仍被认为有效。它对国际军事法规的各个方面做了明确的规定（关于交战国，占领军的权利，战俘的地位等均有明确规定）。关于成立国际仲裁法庭的主张，在第一次世界大战后有了进一步的发展，体现为在海牙成立了常设仲裁法庭。当时它还不是一个常设的审判法庭，而是为就某些案件进行仲裁组成法庭提供方便的一个机构。它是为国际大家庭提供能够坚持正义原则的体制而第一次做出的尝试。

此外，尽管在对外政策上有着种种隔阂，但是，各个国家的体制和这些国家的宪政，却彼此日益相似。各国的政治结构与社会结构之间仍然存在着历史和民族根源上的深刻差别，而且这些差别后来在第一次世界大战中又一次暴露出来；但是，整个说来这个时代在宪政模式和社会体制方面是日趋一致的。特别是民主原则以不同的方式向前发展。强大的势力仍在反对它，尤以俄国为最，但是，这些势力在理论上和政治上已到处退居守势。

有两个问题可以清楚地说明这几十年间宪政发展的情况。它们涉及议会制的类型和选举权的逐步扩大。到这时为止，除俄国外所有国家均已有了议会，不过其作用和权限各不相同。但在各大国中，唯有英国和法国才有真正的议会政体；特别是在这两个国家，19世纪的最后几十年是发生重大变化和发展的时期。在英国，为通过逐步改革而实现普遍选举权的理想，采取了一些决定性的步骤。1867年和1868年的两个选举改革法，在城镇中大大地扩大了选举权，准许工人中的一大部分人享有选举权。根据1884年的第三次选举改革法案，格莱斯顿政府把乡村地区的代表名额同城镇加以划一。1885年的选区重新划分法使各选区的代表权一致起来,并且采取每个选区只选一名议员的原则。这些改革不仅使选区数目几乎增加一倍,而且对整个宪政结构产生了相当大的影响。全民投票的原则这时已明显地确立起来。格莱斯顿在中洛锡安进行的著名的竞选活动(1879—1880年)就是这种呼吁选民群众给予支持的做法的重大发展,连政治活动也出现了民主化,现在终于和贵族政治的传统决裂了。各政党参与了这个民主化的过程。这是一个各政党在全国范围建立组织、并使自己转变成为民主的群众性组织的时期。这反过来又影响了议会的作用。大臣们在选举失败后,不再采取不首先会见议会议员就辞职的做法。迪斯累里在1868年12月和1880年4月以及格莱斯顿在1874年都是采取了这样的做法,而索尔兹伯里在1892年夏天则是一直等到在议会中遭到失败才辞职的。另一方面,在下院遭到失败,继而更迭政府后,这时通常是导致宣布举行选举。1885年格莱斯顿的第二届内阁垮台后,索尔兹伯里作为新的政府首脑就是这样做的;而格莱斯顿自己1886年夏季在下院失败后,同样也是要求立即进行选举的。要求选民给予支持的做法,虽然是英国宪政制度的一个不可分割的部分,而且完全符合选举权民主化的原则,然而,这却是和英王指定人组成政府、特别是提名政府首脑的无可争辩的权力相冲突的。但是,由于政党和公认的反对党领袖的出现;除非在非常情况下,这种权力正在消失。1880年维多利亚女王试图阻止任命格莱斯顿时的情况即是这样。在19世纪最后几十年期间发展起来的传统的英国议会制,其作用决定于宪法中各种因素之间,即在英王、议会和作为选民这个民主体的人民之间保持的均衡。但是,它的作用也决定于两党制这一传统形式,尽管这种传统形式有时会受到干扰,如在1885年年底的选举中由于出现了巴涅尔的爱尔兰党,或1886年夏季由于自由党的分裂而受到干扰那样。

　　法兰西第三共和国的宪政制度与英国迥然不同。它是在1875年的第三共和国宪法中确立的,在1877年的政治危机期间大体上最后定型。人民的权力作为一种思想体现为议会拥有最高权力,即"议会政治",任何力量均不能与之相抗衡,而没有关于公民投票,或关于总统拥有权威性的控制权的规定。1875年2月25日的宪法法案的第五条预料到总统有可能下令解散议会,但规定必须取得参议院的同意。1877年共和国总统麦克马洪元帅与议会发生冲突并解散议会时，他的行动事实上是合乎宪法的，但却等于是发动了一次政变。自此以后，总统解散议会的权力实际上就停止使用。如仅仅几年以后发生的布朗热危机所表明的那样，人们认为上述权利具有君主制的倾向而不符合公民投票式的民主的原则。

与议会在第三共和国享有绝对的最高权力的情况相辅而存在的是没有得到充分发展的多党制。这些政党缺乏一定的组织，即"党的机器"。这就在议会内形成了小集团。议会中多数派变化无常，这就意味着政府的组成形式只可能是不同集团的联合。这种做法看起来是完全符合自由主义的代议制这种思想的，然而在议会具有明显的独立性的情况下，这种做法实际上是它所激烈反对的。不过，尽管政府不断更迭，这种制度却有着相当普遍的稳定性，它也满足了法国人民大众对安全的需求和对自由的向往。他们承认这种议会独揽大权的制度为他们提供了一个体现民主原则的最好表现方式。法国人生活中的强烈的个人主义特点，是和比较严格的政党组织格格不入的，它支持由地方提名并选出的议员拥有权力。

比利时是一个在宪政制度方面最接近英国的欧洲国家，而意大利在宪政方面的政策则表现出罕有的摇摆不定。它是以1848年皮埃蒙特—撒丁王国的宪法为基础的。在意大利统一过程中，该法规也就适用于新建立的意大利民族国家的其他地方。在1848年皮埃蒙特宪法中君主制所占有的强有力的地位，从理论上说也扩大到整个意大利民族国家；但是，它从一开始就被削弱了，因为萨瓦王朝在自己所辖领土以外是没有任何根基的。所以，君主制度丝毫不足以同议会进行任何有效的抗衡。人民大众的意见也丝毫无法民主地表达出来，因为意大利的人民大众在政治上还没有充分觉悟。此外，到1882年为止实行的选举制度，规定有相当高的纳税额的人才能成为选民，这就把选民限制在60万人左右。1882年的选举改革大大地降低了这个纳税条件，并把现行的受教育情况的条件，降低到受过义务初等教育即可。选民人数因而增加到200万人以上，接近于普遍享有选举权，不过，由于有数目比较多的文盲，继续使之受到限制。由于君主制和民主制的因素相对来说都比较软弱，因此，在意大利，宪政方针的重点就落在了众议院身上。自从意大利民族国家建立以来，众议院的政治结构有了很大的改变。在1876年以前，右翼党是当时的执政党，左翼党是反对党。英国的两党制似乎有可能成为仿效的榜样。但在1876年3月右翼政府倒台后，马上可以清楚地看出，实行这种制度是毫无基础的。虽然左翼党政府（德普列蒂斯，克里斯比）这时接替了右翼党政府，但它已不再代表一个明显可供选择的反对党了。政党解散了，意大利成了一个"典型的无政党的国家"。议会中以个人或地区的关系组成集团和派系（就像法国那样，不过更加具有排他性的色彩），代替了壁垒鲜明的政党的地位。政府由某些政治家的个人追随者所组成，而不再代表任何明确的政治倾向。在这种政治气候中，反议会的批评和思潮盛行起来。政治不稳定成了"改造"一词所体现的一个原则。

在意大利仿效法国的模式而趋向于使议会享有最高权力的时候，在另一个新成立的民族国家德意志帝国中，议会只限于单纯地行使立法职责，宪法未保证它对政府具有任何直接的影响。根据1866年至1871年间由奥托·冯·俾斯麦制定的复杂的宪法，帝国国会在性质上是民主的和全国性的，并以普遍选举权作为基础，这抵消了各邦及其统治者所持有的那种由各邦享有独立地位的作用。帝国国会同另一个宪政机构联邦议院相互并存，而这个联邦议院并不是上院，只是一种"政府联盟"式的联合政府。自由主义者在宪法开始实施时和1878—1879年的危机中，都没有能够建立对帝国国会负责的帝国政府；帝国首相单独对帝国的政策负政治上的责任，至于是否得到帝国国会的信任，对他无关紧要。德意志帝国的每任首相只要取得皇帝的信任就可获得这个职位，失去皇帝的信任也就失掉这个职位。尽管如此，帝国国会在撤销这个负有帝国重任的政治家的职位问题上，也并不是完全没有政治影响。即使在导致俾斯麦下台的1890年的首相危机中，情况也是这样。而更加明显的例子是1909年首相冯·比洛的被免职。因此，可以说，国会是逐步取得帝国宪法中的控制权的。

德国的宪政制度可以称之为一种联邦式的君主立宪制。它有两个缺点：第一是帝国及其首要的邦——普鲁士在宪法上性质不一样。虽然在帝国已经实行普遍选举权，但普鲁士却始终保持着它那不平等的三级选举制。第二个缺点是作为帝国国会基础的广泛选举权和国会的有限权力很不相称。普遍选举权有利于群众性政党的兴起，从19世纪70年代后期起，这些政党大都把注意力集中在代表各种社会势力上。然而，那些控制政党的人物并未因此而取得公职。只有为数很少的政党领袖设法获得了政府职务：例如民族自由党的约翰·米凯尔当上了普鲁士的财政大臣。在德国，有组织的政党体系与国家之间存在着不可逾越的鸿沟。宪法中所包含的民主成分，仅限于几个方面。于是一种罕见的"分权"现象出现了，因为议会、政府和皇帝并立，而皇帝不像在联邦国家中那样作为领导权的代表，而是作为掌握特别军事指挥权的人物。

1874年修订的瑞士联邦宪法，代表一种完全不同类型的联邦宪法。它不是各君主政权的联合体，而是在古老的人民法律的基础上形成的各州的联合体，因此，它最终要比德意志联邦国家由各君主政权组成的情况更能够防止联邦权力过大的现象。联邦权力是通过一个联邦议会来行使的，联邦议会由在普遍选举基础上产生的国民院和代表各州的联邦院组成。这些议会机构占据优势地位，使联邦政府，即一个由7名委员组成的联邦委员会的作用降低到只是一个不受议会多数影响的行政委员会的水平。此外，1874年修订的第八十九条还增加了公民投票的成分，即由公民对联邦法律进行投票，这个规定以后起了重大的作用。必须记住，这个宪法是为一个多语言的国家拟定的；而且，虽然在宪法本身并非十分明显，但在这一联邦制的目的中，包含着各语言集团之间的妥协。尽管在别的地方，民主化的结果几乎总是加深了民族主义的紧张局势，然而瑞士的民主制却是个例外，这是由于它的联邦结构起了重要作用。

另一方面，二元帝国，即奥匈帝国，它的存在同时受到这个时代的民族和民主趋势的威胁，却未能制定出任何能够制止这种威胁的宪政方针。它的宪法以1867年的奥匈协定为基础。这个协定改组了匈牙利王国，然后共同就匈牙利和帝国的西半部做出安排并建立了各种机构。陆军、外交和财政三个共同的部以及由两个分立的议会的代表团组成的、代表帝国两个部分的各种组织机构，构成了帝国的体制。但把两个君主政权实际上联结起来的只是那位皇帝兼国王的人。这个君主政权的"二元制"看起来有利于在帝国两个部分中占多数的各民族，但实际上只有马扎尔人充分得到了好处。日耳曼人虽在帝国西半部居于领先地位，但陷于四分五裂。不论在帝国的东半部或西半部，在选举权和议会权力的民主化方面做出任何让步，都意味着其余各个民族中的民族主义分子的抬头。在19世纪的最后几十年中，为了寻求某种办法以摆脱这种困境，曾做过种种尝试，其中一个主张是实行三分制，给波希米亚王室各领地以特殊的地位。此外，为了消除各民族间的紧张关系，在各地区，特别是波希米亚和摩拉维亚，也曾经做过种种尝试。这些努力只在摩拉维亚（1905年的摩拉维亚问题解决办法）和布科维纳收到效果。在帝国的西半部，除了现行的特殊等级选举制外，于1896年实行了普遍选举制，把24岁以上的全体公民包括进来，但只有权选举425名议员中的72名。一直到1907年才在内莱塔尼亚王国实行普遍选举制，而且直到第一次世界大战以前，还没有扩大到匈牙利。

由于奥匈帝国的两半部的发展不同，因此，这个二元帝国整个说来很难说有什么宪政制度。在东西两部分，两个议会都迟迟不实行民主代议制的原则。特别是在内莱塔尼亚王国，政治动荡与其说是由于政党和政党势力的变化造成的，不如说是不同民族的影响造成的。造成政府更迭的，事实上是民族问题。

欧洲大陆上的任何大国都没有产生像英国的议会制那样的东西。在德国，这是由于宪法具有偏袒君主专制主义和联邦主义的成分而受到阻碍；在奥匈帝国，则是由于国家的复杂的多民族结构；在法国和意大利，则是由于政党的软弱无力。但是，也有可能实行一种两党制，不过它起着与在英国不同的作用。我们在伊比利亚半岛和巴尔干半岛各国中可以看到这种情况。在希腊和罗马尼亚，在西班牙和葡萄牙，都有两党制，而且都是一方面是一些进步—自由党派，另一方面是一些保守的党派，然而，这些党派只是一些集团和一些志同道合的人形成的小圈子，在国内都没有牢固的根基。这种议会政权往往是猝然之间就发生更迭，因此，政治上缺乏连续性，也就不可能在政治上做出重大的决策。这种情况在1875到1876年波旁王朝复辟后的西班牙特别明显。在那里，自由党内阁和自由保守党内阁的更替，根本不能说明相互竞争的两大力量之间不断发生消长，只不过是上层进行操纵的结果而已。每届政府在取得权力后就操纵选举以取得议会的多数。在葡萄牙就像在意大利那样，进步党和保守党两大政党频频从执政党变成反对党。到头来，简直很难把那里的制度称作两党制。

从整个欧洲来说，19世纪末是一个宪政发展日趋衰落的时代。宪政思想本身已不具有什么力量，不过这时同新国家的建立，同民族地位的原则结合在一起。只有在法国和英国，国家的结构呈现出内部的演变。只有在一直没有任何立宪政体的俄国，宪政才是一种革命的因素。特别是在一些比较小的国家（1874年的瑞士，1893年的比利时，1887年的荷兰），对宪法进行了一些技术性的修正，但这些都不能算是政府结构的根本改变。在这个时期，任何国家都没有做过任何尝试，试图解决工人的政治运动将会对主要是由中产阶级制定宪法的那些国家产生什么影响的问题。在政治方面和意识形态方面的工人领袖们，曾试图揭露自由宪政制度不过是中产阶级统治的一个幌子，这一点至今仍是革命的社会主义的一条原则。但实际上立宪民主制度开始迎着工人的社会革命运动而向前迈进。

在这几十年中宪政发展的一个最重大的事件，更加把这一过程向前推进了一步。这就是选举权的民主化使大多数国家已接近实行全体男性公民的普遍选举制，在某些国家则实际上已经实行。没有重大条件限制的普遍而平等的选举权在德意志帝国从1867年到1871年在法律上（根据帝国宪法第二十条）即已存在（但在它所属的各个邦中并不存在，1904年时的巴登除外）。法国从1870年到1875年，西班牙于1890年，瑞士于1874年，希腊于1864年，保加利亚于1879年，挪威在1898年亦均存在这一制度。几乎是纯属名义上的财产条件限制则仍然在例如英国（到1884年）、意大利（1882年）、荷兰（1896年）这些国家存在。在罗马尼亚（1866年宪法规定实行三级选举制）和比利时（1893年宪法规定实行一人多选区投票制）选举权是普遍的，但却不平等。作为联结政府和人民群众的最重要的纽带之一的选举权，现在开始发挥它本身的力量，并改变着政治的形式和结构。政党的情况尤其是这样：大多数国家的政党这时已从社会显要人物结成的组织松懈、通常只是在选举期间才像是个团体的俱乐部，发展成为有固定核心和扎根全国各地的群众性政党。英国自由党的情况是最清楚不过的。该党自1867年以后，首先从伯明翰选区开始，仿效美国政党决策委员会的形式，建立了一些纪律严格的组织，并把政治活动带到群众中。但是，在其他国家，自由党则是最反对任何形式的民主化的政党之一，并且长期保持其只是由一群头面人物组成的集团这一性质。另一方面，大陆上的社会主义者建立了群众性的政党。最初建立的是德国的社会民主党，它在实行反社会主义者非常法的时代结束后，于90年代起走上这条路。这些政党有统一的领导，并受到广大追随者的支持和资助；它们通过它们的组织系统，渗透到文化、社会和经济生活的各个部门。这些社会主义者拥有一批社会地位相类似的追随者。但是，一些教派团体，特别是罗马天主教的成员也组织了一种完全不同类型的现代群众性政党，例如在1869年后的比利时（天主教团体联合会），在瑞士、荷兰、奥匈帝国，在1870年到1871年以后的德国。最后是在意大利，在该国，最初教皇曾禁止任何教会团体进入议会。从德国中央党的结构可以十分清楚地看出这些教派政党的组织形式。它没有真正的党的机器，而是以天主教德国人民联盟之类的教会团体和教派行会作为基础的。这样的党不是结构严密的群众性组织，而是以争取各个团体的利益为中心的松散的结构。其他国家中的天主教党也是沿着类似的联合路线组织起来的。

我们不应由于欧洲各国政党的结构类似或相同，因而看不到它们在不同的国家社会中所起的作用各有不同。政治接触人民大众仍然只不过刚刚开始，例如在巴尔干各国，在西班牙和葡萄牙的情况。由于中产阶级软弱无力，因此，尽管根据宪法条文的规定，这些政党本来是可以在扩大它们的影响方面大有作为的，但它们只不过仍然保持着小集团的性质。在其他国家，如在法国，公众生活中强烈的个人主义和地方主义色彩，妨碍了这些政党的充分发展。而在俄国，由于根本没有任何宪法可言，因此，组织任何政党仍然被看作是一种革命的密谋。以德国为例，花费气力去组织政党未必就能在国内产生政治影响。国家生活的传统方式方法，往往在政党内部发生影响。譬如，在英国，各种宗教派别运动以及它们在国内的传教活动影响着群众；在德国，则是受国家限制的教会中，以及后来的哲学学派中的那些学院式和教条式的成分。几乎在每个国家，尽管封建的传统和晋升方式依然根深蒂固，但政党这时已成为人才荟萃之地，政界领导人物多是从中所遴选。这种从政党中遴选政界领导人物的方法，在拉丁语系国家法国和意大利所起的作用最大；当然，在英国也由来已久，不过在这里，贵族势力仍在起强有力的作用，例如在外交界。德国政党的不幸就在于它不能通过政党政治而涉足于公职。

19世纪末，自由主义在重大的政治运动中仍然居于统治地位；但是，从这个世纪中叶以来，它在政治上的作用，它在社会上的影响范围和它的一部分思想根源已有很大的变化。欧洲的自由主义过去的伟大成就，在于缔造并发展了自由的国家，实行了宪政和法治；在于坚持了某些政治指导原则，这些原则后来也被各种非自由主义的运动和政党所采纳，包括教派的，社会主义的，贵族的，有时甚至是保守的运动和政党。它的成就还在于自由党人对民族和民族国家的发展（特别是在德国和意大利，还有东欧和巴尔干各国）起了决定性的作用。自由主义所要求的宪政国家，只要得到民族主义的帮助，甚至在那些反自由主义的力量以独立发展为标榜而盘踞的国家（如像意大利）也实现了。意大利的统一，是把一个宪法，即皮埃蒙特宪法，扩大到更大范围从而形成一个民族国家的典型例子。自由主义起作用的第三个大的方面是经济政策方面以及对经济政策所起的推动作用，例如曼彻斯特学派的作用。

1870年后，自由主义遇到了一系列新的问题。最为重要的是社会问题。这个问题在自由主义者看来有两个方面。第一个问题是：在一个除了中产阶级外，另一个人数不断增加、按照严格的路线组织起来的新阶级——工人阶级正在成长的时代，自由党究竟应在社会的哪些领域进行活动？第二个问题是关于国家在随着产业革命而出现的社会危机中究竟应起什么作用的问题。因为如果按照曼彻斯特学派的不干涉政策行事，显然解决不了这种社会危机。自由主义在这些问题上没有得出任何一致的答案，并且在对待当代推行民族国家政策的政治运动，即帝国主义的态度上彻底陷于分裂。自由主义对待这一问题的态度，是在这几十年中左右其政策的另一个带有普遍意义的重大课题。然而，另外还有一个重大课题，在这个课题上，老自由主义的传统甚至更为强大，这就是政教关系问题，或者不如说是富于自由主义思想的国家同与当代的自由主义精神大相径庭的各种制度，特别是梵蒂冈宗教会议以来的罗马天主教会的各种制度之间的关系问题。

在欧洲的自由主义进入其历史的这一阶段时，它所持的态度是什么，它的对策是什么呢？几乎在每一个国家中，它都组成了政党，或与别的党共同执政，或独自执政。英国的自由党在当时最重要的自由主义政治家威·尤·格莱斯顿的领导下,曾与保守党内阁轮流执政,有四次接管政府(1868—1874年,1880—1885年,1886年,1892—1894年)。它进行改组以适应大众民主的现实情况,并在其政策中把辉格党的传统和在议会外成长起来的激进主义融汇在一起。意大利和法国的内阁变化无常,其组成只不过反映了不同程度的自由主义。意大利1876年以后的"改造"时期和法国在麦克马洪辞职(1879年)与德雷福斯危机之间一段时期的政局,就是这种情况。法国当时由共和党执政,它的各派支持一种共和的、反对公民投票的议会自由主义。后来(1899年以后),激进社会党取得了领导权。在1867年至1878年之间的德国,民族自由党人在帝国国会中掌权,但是,俾斯麦打算把他们直接拉进政府(1878年以鲁道夫·冯·卞尼格先为大臣候选人)的企图未能得逞,因为这位首相和民族自由党人的目的是互相对立的。德国的左翼自由党人在1874年以后毫不动摇地对政府持反对态度;它的右翼则从未打算放弃它固有的那种既反对又支持的自相矛盾的立场,尽管整个来说在1884年以后它愈来愈站在政府的一边。在1905年以前的俄国,既然还没有什么宪法,也就不可能出现什么自由党,尽管地方自治机构"地方自治会"是朝着这个方向迈出的第一步。自由主义在俄国的任务仍然是从事争取宪法和立宪制的斗争,因此几乎被人认为是一种革命的政治活动。土耳其的情况也大致相同。

撇开英国的特殊情况不谈,各国自由党的组织都是松散的。它们仍然保持着那种由上层和中层社会组成的俱乐部的性质,和当时的群众民主潮流从未发生任何接触。自由党人在任何国家都从未深入工人阶级之中,即使在英国也从未在任何时候这样做过。在所有情况下,这些活动都是由社会主义政党组织的。在某些国家,例如在1888年后的荷兰以及在比利时,人们可以看出自由党在19世纪开始以来所出现的衰落过程已经开始。但是,在这个时期,属于自由主义类型的人物和思想仍然在当代发生的一些重大事件中起着关键作用。在某些国家(匈牙利和罗马尼亚),自由党始终在执政。然而,从自由主义在政治上日益四分五裂就可以看出它的力量已有些衰退。这一过程在德国和意大利特别明显。在英国,自由党也于1886年在爱尔兰地方自治问题上陷于分裂。到这一世纪末,自由主义日益变成机会主义性质，面对着当时的保护贸易政策、国家干预社会问题，以及和这两个问题息息相关的帝国主义问题这些重大问题，已不复保持任何团结。

转向保护贸易政策即保护关税政策，引起自由党人的激烈反对。这种情况在德国实际上造成了政府与到那时为止一直支持政府的民族自由党之间的决裂。但是，民族自由党反对关税保护政策的行动远不是全面一致的，赞成保护贸易的一派立即从该党中分裂出来。只有代表金融界的自由党左翼始终忠于自由贸易政策。

大多数国家的政府，不管是自由党的或是保守党的，在这个时期都对社会问题进行干预，这是一个非常复杂的问题。鉴于社会状况的急剧改变，自由主义的理论不能总是符合曼彻斯特学派的学说。该学派宣称，在个人的自由受到无法遏制的经济演变过程的威胁时，国家有权进行干预。在英国，托·希·格林和弗朗西斯·查·蒙塔古发表了这种见解。蒙塔古甚至在其1885年发表的《个人自由的限度》一文中这样写道："在那些个人既没有生产充裕的财富所必需的资本，也没有这种能力的国家，国家不得不经营这种生产所必不可少的许多工业企业。"自由主义对于把这种干预政策付诸实施十分犹豫，也十分担心——在英国也莫不如此。然而，英国却提供了一个自由主义采取主动行动的范例。格莱斯顿的1881年的土地法，是一个大胆的步骤，它通过由官方固定地租而给爱尔兰的佃农提供了减少其地租的某种手段。第一次承担起伟大的社会—政治任务，使工人朝不保夕的生存能够得到某些保障的是一个保守的政府，即俾斯麦的政府。这位德意志帝国的首相制定了疾病保险法（1883年）、意外事故保险法（1884年）和老年保险法（1889年）。德国的自由党人对于这些立法的感受是复杂的。尽管俾斯麦的国家社会主义体现了各自由党自己对社会趋势所做的结论，但是，自由党左翼仍然拼命加以反对。只有在俾斯麦退职后，这一派人才开始采取同一步调，试图改进这种强制保险制度，使之更加灵活。右翼的民族自由党则设法去掉政府建议中来源于国家社会主义和社团思想的东西，但他们最后几乎全体一致投票赞成这些立法。在德国的这些社会立法的影响在欧洲其他许多国家引起关于意外事故保险法的第一次辩论浪潮时（1887年在奥地利；1894年在挪威；1897年英国的"工人赔偿法"；1898年在法国、意大利和丹麦；1900年在西班牙和荷兰；1901年在瑞典；1903年在比利时和俄国），也同样出现了这种矛盾现象。社会自由主义所发挥的促进作用是相当大的，但是，并不能就此说，19世纪末推动社会政策进展的力量完全是或主要是来源于自由党人或自由主义思想。新出现的社会自由主义，尽管有其可称道之处，但它的成就同早期的自由主义在其全盛时在促进宪政方面所取得的成就不能同日而语。

保护贸易政策、国家干预和帝国主义这三者基本上构成一个整体。就是在对待帝国主义政策的问题上，自由主义的阵线也是四分五裂的。英国自由党人的情况尤其如此；他们的观点依然受到科布顿和曼彻斯特学派理论家们的影响。这些理论家们认为，过分地实行自由贸易将会造成英帝国的涣散和解体；将会给母国带来更多的经济利益，而不会保护各旧有的殖民地的利益，也无法再获得新殖民地。激进的和温和的自由党人怀疑地问道：民主制度和帝国究竟是否能够共存。有些人，如第十五代德比伯爵做出结论说，"国王和贵族可以统治帝国，但是，一个民族却不能统治另一个民族"。但是，在早期支持帝国主义扩张的人们中间也有自由党人，例如19世纪80年代的杰出人物、《大英帝国问题》（1868年）的作者迪尔克以及约瑟夫·张伯伦等。从1895年起，英国帝国政策的这个典型阶段是同张伯伦的名字联系在一起的。这一政策是设法使帝国成为一个联邦性质的联合体，同时又是一个实行保护关税政策的关税同盟。

帝国主义问题也使德国的自由党人深感苦恼，虽然他们中的多数人赞同德国进入世界政治舞台，只有社会民主党人才带有反对帝国主义的倾向。像弗里德里希·瑙曼和马克斯·维贝尔这样一些自由党人从德国参加世界政治的过程中看到唯一能够把德国人民训练成为在政治上有觉悟的民族，并使工人阶级和这个民族融合起来的伟大前途。在他们看来，这并不能代替社会改革而是社会改革的先决条件。在意大利，弗朗契斯科·克里斯比首相（1887—1891年，1893—1896年）提供了一个伟大的帝国主义者以及本着一种充满了浓厚的民族主义成分的民主自由主义精神而采取的殖民政策的典型例子。这种政策于1896年遭到惨败后，和平主义的因素有一个时期曾侵入了意大利的自由主义，但从整个来说，民族统一主义在帝国主义的废墟上应运而生。

社会领域中的干涉主义以及帝国主义是当时的潮流，这种潮流即便是随着时间的推移变得愈来愈富有自由主义精神,但它们与传统的自由主义思想并无多大关系,或者说毫无关系。自由主义对造成这几十年期间发展起来的政教关系危机则起着十分重要的作用。导致这种危机的有三件事。世俗化的教育事业的发展,其最终的哲学基础是科学的一元论。由此,产生了一种对教士和教会的明显厌恶,以激进自由主义者和站在他们左边的社会主义者最为典型。即便是英国的激进主义也不能例外,虽然英国的自由主义的特点在于它和不信奉国教的一些教派联系在一起。其次,当民族国家的概念在欧洲取得胜利,而且国家开始在社会和文化生活的几乎每一领域扩大其积极的影响时,国家的权威大大提高了。自由主义最初是以反对这种国家权力增长趋势的力量而出现的;后来,它又采取了黑格尔学派的观点,认为国家是达到自由的最有效的手段,于是,对国家权力的增长做出了实际的贡献。但是,如果说自由和开明是通过国家而实现的话,那么教会在许多自由主义者心目中就成为实际的障碍。特别是罗马天主教,由于其本身的结构,在对待国家权力的关系上,同在任何实行政教合一制度的国家就完全不同。第三,罗马天主教会由于受到时代的趋势和事态发展的威胁(特别是在意大利),于是就通过加强教皇制度和使"宗教法规精神化"(1870年的梵蒂冈公会议),来抵制对它的世俗权力的侵犯。

从这三个方面,形成了一场冲突的根源;于是这场冲突在意大利的最上层爆发了。在那里,罗马教皇管辖的各国被占领并被并入意大利民族国家,乃是罗马教廷与意大利国家之间持续几达60年之久的对抗的开端。梵蒂冈拒绝接受向教皇保证它在罗马享有独立、主权地位的1871年5月13日的意大利保证法,并且认为这个法律是片面宣布的。这项法律还再次宣布实行从皮埃蒙特—撒丁王国的自由主义传统中继承下来的政教分离原则。这就意味着,意大利的国内政策现在是反教会的:实行不举行宗教仪式的公证结婚,公立学校中宗教课程可以选修。意大利的公众生活笼罩着由世俗人左右一切的反教权的自由主义色彩。而且,天主教在政治上也无法形成反对力量,因为1874年的教皇敕令禁止教徒们参加任何选举;这项禁令到1905年才放松。

在德意志帝国成立后不久,就爆发了文化斗争。国家,特别是普鲁士国家,对罗马天主教会实行严厉的政策。根据1873年的五月法令,它竭力把教会的权利限制在相当小的范围内并置于国家的控制之下。这一步颁布的法令规定如触犯上述五月法令要严加惩办。一些主教和神父被撤职、监禁和判刑。俾斯麦首先给这种行动以鼓励,但完全不是出于使国家自由化的原因。不过,这主要是普鲁士教育大臣、自由派官僚福尔克的杰作。国会中的自由派,特别是左翼,在这场斗争中也不再是消极的了。正是他们散布各种口号,给这场冲突提供了远远超出俾斯麦的目标的各种基本论点。首先使用文化斗争一词的鲁道夫·微耳和根据自由派的论证方法,大谈向带有"教皇极权主义特点"的僧侣统治进行斗争,及"为了争取国家的解放,即摆脱教会的桎梏"而进行干涉。自由主义者在这场文化斗争中捍卫自由主义的民族国家,但是,当俾斯麦为了寻求他自己的目的,置他们于不顾而同教廷言归于好时,他们却无法加以阻止。文化斗争的最后结果并不是自由主义的国家战胜了故步自封的教会,充其量不过是把俾斯麦所谓的"僧侣统治"和"国王统治"重新加以区别而已。

这个结果远不及法国第三共和国时期在教会政策方面所做出的那些决定。1877年在法国同样是重要的一年。保皇派的失败和共和派的胜利,同时意味着反教权主义战胜了那些同时支持教会和复辟的分子。共和制国家现在开始在牺牲教会及其组织的情况下扩大国家的权限,实际在为政教彻底分离进行准备。1882年的学校法确立了学校脱离教会而由国家管理的原则,据此不得讲授任何宗教课程。1886年,禁止教士在公立学校任教。有一个时期通称"重新归顺共和国"时期;这时罗马天主教会和共和国关系稍有接近,但在进入20世纪之后冲突又重新爆发。1904年6月实施了一项法律,规定在非教会的公立学校实行义务教育,并不允许任何教派办学;最后,1905年的"政教分离法"造成了一个有利于由世俗人士控制的激进国家的新局面。同样,在其他国家,一旦义务教育制度确立起来,学校也就立刻变成教会的宗派主义观点和世俗的自由主义观点斗争的场所。几乎在任何情况下,自由主义都试图把公立学校义务教育作为一种手段,以实现它建立一种不受任何教义束缚的自由、自主教育的理想。这一斗争也在比利时的非教会公立学校(1879年的法令)和由教会领导下的教区学校(1884年的法令)之间进行。在荷兰(1889年),

教会学校坚持存在，与公立学校并立；而在奥地利，由于政教协议已于1870年中止，并根据1874年的教会法实行了一项开明的宗教政策，教会学校于1883年得以恢复。欧洲各国的自由主义者都在实行类似的政策，但是，英国的自由主义所采取的态度，说明它处于一种比较复杂的进退两难境地。由于自由主义，尤其是其激进派，包含着一种强烈的自由思想即不可知论的成分，那么，它同新教教徒，同不信奉国教者的关系，以及由此而来的如何对待这些人与英国国教之间的对立关系，都不是无关紧要的。英国自由主义的大多数派别（格莱斯顿是其中最突出的一例）比起欧洲大陆上的自由主义来，与宗教及教派问题有着更多的关联。例如，英国的自由主义对待英国国教的态度就很清楚地说明了这一点。具有自由思想的激进派和不信奉国教者在反对国教的问题上可能会是一致的，但他们这样做的理由却是不一致的。因此，使政府与国教分离开来的思想从来没有真正渗入英国的自由主义中。格莱斯顿虽然由于特殊的原因曾促使爱尔兰教会与政府分离，但却坚持在英格兰保持国教，尽管反国教的浪潮此起彼伏。在格莱斯顿第一次担任首相期间颁布的1870年教育法，并没有效法大陆上的方式，单纯建立非教会公立学校体制，而是保留了在国教控制下的教会学校，使之与新建的公立学校并存。尽管自由主义者提出了激烈的批评，但即使是1902年的教育法也没有改变这种做法。

　　柯罗齐把1871年到1914年这个时期称作"自由主义时代"。从这个时期的公众生活以及政治和社会制度充满着自由主义思想这个意义来说，"自由主义时代"一词是适用的；然而，决定这个时代性质的已不再是自由主义一家了。因为程度不同、大同小异的社会主义，这时已终于成为一支政治力量。它以政党、革命运动、工人团体以及国际协会等面目出现，并鼓动国家和政府采取对抗行动，即经济方面和社会政治方面的措施和改革，通过这些来推动政治的发展。卡尔·马克思和弗里德里希·恩格斯提出的"科学社会主义"的理论体系在1870年前后即已存在，但在19世纪80年代和90年代，当恩格斯出版马克思的《资本论》第二卷和第三卷（1885年和1894年）以及他自己的一些最重要的著作后，又给这一理论体系增加了许多思想。大约在19世纪末，马克思主义的理论沿着两条路线发展：一条是爱德华·伯恩施坦在其所著《社会主义的前提和社会民主党的任务》

(1889年)一书中提出的所谓"修正主义"。这本书后来用英文发表,书名为《渐进的社会主义》。它的渐进主义的调子,一部分来自1883年以后在理论和实践方面积极活动的英国费边社的思想。另一条路线则集中并加强马克思理论中的革命成分,以俄国的弗拉基米尔·伊里奇·列宁奉行最力。究竟是民主的社会改革运动,还是推动社会革命,这个分歧本来就包含在马克思的双重性的革命概念之中,因此在本世纪的最后几十年中争论得非常激烈。工人们强烈地意识到有关理论问题的重要性,比在资产阶级革命初期要强烈得多。的确,纯理论性的推敲陷入迷津,往往使行动不知所从。要避免这种情况,只有注重由工会所代表的工人们的具体经济利益,并且有一批身体力行的野心勃勃的革命家;列宁就是其中的一个,他把任何理论上的观点仅仅当作是进行革命的一种技术手段。在直到1870年的这个阶段,充满了关于社会主义理论基础的斗争。从此以后,理论的发展和理论的实际运用结合了起来。

甚至形成社会主义工人运动的方式,也被认为主要是从策略上考虑而产生的,是为过渡时期服务的。然而,这些方式也包括一些影响未来的基本决策。马克思对1864年在伦敦成立国际工人协会起了决定性的作用。在这个协会中,各个国家的工人组织被当作支部,而不是类似政党的独立团体。这些组织全部由作为最高执行机构的总委员会来领导,而在这个总委员会中,马克思本人有着决定性的影响。这个第一国际不仅由于其中的极端分子之间的冲突而陷于瘫痪(这种冲突只是在1872年海牙代表大会上开除了由巴枯宁领导的无政府主义分子以后才平息下来);而且,从一开始就苦于同各个国家的工人运动缺乏密切的接触。总委员会于清除巴枯宁后在马克思的策动下迁往纽约,以后就等于是浮游于真空之中,直到1876年解散为止。部分是由于没有合法性,它不可能充分地具有以各种方式组织起来的社会主义工人运动的国际组织的性质。但是,马克思看到,它是被大多数国家工人政党作为意识形态上的必要条件而存在的。每个国家的政治和社会状况不同,工人们所享有的选举权和在议会中的力量各不相同,工人阶级的政治活动发展不平衡,凡此种种,使得各个社会主义政党的成立,在性质上迥异。但是,它们之间的接触仍然要比各个自由党和民族政党之间的接触多得多。它们的革命战略和策略,成为从狂热的革命热情到英国的费边社和法国的"可能派"所表现出的那种通过演变而实现改革的主张等各种倾向的典型。尽管强大的工团主义势力极力主张采取罢工之类的单纯的经济行动，尽管与无政府主义也偶尔有所接触，但社会主义工人运动几乎一直是在利用自由主义的宪政国家扩大选举权的趋势、它的议会和政党，作为在政治上取得权力的途径。只有俄国的情况特殊。这个专制主义的警察国家完全是向不同的方向转化，即使在1905年允许建立某些自由主义的机构以后，情况亦复如此。

从1870到1900这30年间，社会主义政党建立并开始成长起来——1869年到1875年在德国，1878年在丹麦，1881年在法国，1882年到1892年在意大利，1885年在比利时，1887年在挪威，1888年在奥地利，1889年在瑞典，1893年到1903年在英国，1894年在荷兰。在德国、法国和其他国家，它们有时可以感觉到国家对它们施加的强大压力。最初，各种不同的思潮和派别——工团主义者、无政府主义者、马克思主义者——联合起来进行工作，后来，有的合并在一起，有的又分道扬镳。工人们通常仍然缺乏充分的政治权利；他们在政治上和社会上所处的状况，的确增加了团结一致的必要性并制止了除在有关革命方针的一些重大决策外的分裂趋势，而做出这些决策，往往是要经过尖锐激烈的斗争的。但是，对一些根本性分歧，例如究竟应以革命还是应以演变作为社会政策基础这一问题上的激烈争论，往往掩盖了工人政党内部正在发生的不断适应新情况的过程。例如，德国社会民主党人在1899、1901和1903年的党的集会上一次又一次地正式谴责修正主义，而他们实际的做法却愈来愈接近修正主义。为组成政党而进行的实际工作，在议会中发挥作用，参与解决当今的政治问题，所有这一切都要求各社会主义政党具有相当程度的策略手段和妥协愿望，而这些往往掩盖在革命言辞的后面让人看不出来。在研究社会主义政党的形成阶段时，必须记住这一点。特别是在法国、德国和英国，这种情况可以远溯到1870年以前。

德国的社会主义者是最早带头这样做的。他们分裂成两派，一派支持斐迪南·拉萨尔和他在1863年建立的全德工人联合会；另一派是社会民主党人，其中有奥古斯特·倍倍尔和威廉·李卜克内西。他们都是来自下层中产阶级自由派的左翼，接受了卡尔·马克思的思想。两派以1875年的哥达纲领为基础而合并。这个纲领是拉萨尔的国家社会主义的成分和马克思的国际主义的妥协产物。1878年，年轻的社会民主党刚刚兴起，就受到根据"非常法"而针对它采取的种种措施的遏制；这个"非常法"的宗旨是"控制社会民主党的具有普遍危险性的目的"。该党只是在1890年废除这些法律后，才得以发展和扩大。在爱尔福特党代表大会上它制定了一个新的纲领。这一回该党具有鲜明的马克思主义性质，它的组织得到了发展，加强了集中领导，党员的人数增加了，选民人数增加得更多。它成为所有社会主义政党中最强大的一个党；它对其他国家的社会主义组织的间接影响是相当大的；它在历次国际工人代表大会（第二国际于1889年以后恢复了这个代表大会，作为各国工人政党的联合组织）的各委员会中起着首要的作用。德国社会民主党是一个典型的群众性的民主政党，它有力量统一它的组织和思想。它逐步地——在1891年以后完全地——把马克思主义的理论作为它的政策的思想基础，清除了来自拉萨尔或无政府主义者的影响。然而，虽然它并没有放弃马克思主义关于无产阶级专政的理论，但是它把立足点转向了主张民主的选举竞争和在议会中进行反对和抵制活动的政策。这无须使用任何革命的或恐怖主义的手段。该党政策中的这种改良主义的特点，尽管在意识形态上遭到反对，但由于在工会内部的这种倾向，在19世纪结束后又加强了。

德国社会民主党由于有严格的纪律，有比较严密的思想，因而深入人心。在这一点上，它比其他大多数社会主义政党胜过一筹。在法国，社会主义的传统，或者具体说革命的传统最为悠久，但从1870年以前就存在的分歧使工人运动陷于分裂而无法克服，或者至少是尚未克服。19世纪70年代后期，对曾经参与巴黎公社战斗的人们的残暴而血腥的迫害已经停止，归国的公社社员得到了重新建立社会主义组织的机会，这时候，上述情况就立刻暴露了出来。在10年中间，出现了一个马克思主义派（法国工人党）；一个遵循1789—1871年的革命行动主义传统、以路、奥·布朗基的思想为基础的派别（社会革命党）；第三个是工团主义思想（"交叉双臂的革命"）赖以存在的派别（社会主义工人党）；最后，是法国社会主义劳工联盟，它提出了一个被说成是"可能政策"的社会改革纲领。独立社会主义者埃蒂耶纳·亚历山大·米勒兰则试图把法国的社会主义团结在一个社会改革纲领的旗帜之下，提出了实现社会主义的温和要求；并带有民族的爱国的特点（1896年的圣曼德纲领），这也博得了商人以及小农的欢迎。米勒兰于1899年6月在瓦尔德克·卢梭内阁中任职，这是欧洲社会主义的一个重要日期。但这一步骤又造成了新的分裂，因此，在20世纪开始时又出现了一个由马克思主义者和布郎基主义者组成的更加不妥协的派别和一个以让·饶勒斯和米勒兰为首的比较温和的改良主义派别。真正妨碍马克思主义派取得彻底胜利的原因在于法国的社会结构，法国政治中那种忠于地方的力量，法国民主共和主义中的民族主义因素。

英国和欧洲大陆的情况迥然不同。任何指望进行社会主义革命并以阶级斗争和无产阶级专政为基础的工人政党，要想在这个国家得到发展都是不可能的。英国的激进主义在振兴自由党方面曾经起过巨大的作用。它成为社会改革的思想和理想的一种理论源泉，从这里也可以汲取力量来加强工人的政治热情。1883年以后一直在倡导逐步进行和平的社会改革的费边社就曾起过这种作用。另外还有工会。它们在实际改进工业中的劳动条件方面具有非常重要的意义，因而对政党的发展有相当大的影响，欧洲大陆上的任何工会，即便是德国的工会也望尘莫及。于是，各种不同成分在英国共同形成了一个工人政党：知识分子中的社会改良主义小团体，1893年成立的独立工党之类的独立的政治组织，工会所实行的实际的社会政策以及要求在议会中有直接代表工人利益的力量。特别是最后这种要求，于1900年导致了劳工代表委员会的组成。这个委员会于1903年取名工党，不过，有一段时间它只是一种号召力量，还不是一个独立的政党。

如果说，英国工党的成立标志着社会改革思想的彻底胜利，那么，俄国则是形成激进的社会革命的理论和实践的例子。社会主义在俄国是从知识分子对沙皇政权的独裁专制主义的反抗中产生的。一套有计划的恐怖手段成了这个革命运动的组成部分，因为这个革命运动找不到任何合法的表达意志的方法。马克思主义的思想注入这个运动后，那些主张社会革命的人们开始怀疑：俄国是否必须先演变成为一个资本主义国家才具备社会革命取得胜利的先决条件；或者说，社会主义运动是否就不能同俄国的传统的农业体系中原始的共产主义成分结合起来。这是一个马克思未曾做出明确答案的问题。领导社会民主党多数派布尔什维克的列宁，把这个问题完全撇在一边，提出了一个适应俄国情况的纲领：在俄国的资本主义还没有造就一个有阶级觉悟的无产阶级以前，就举行革命暴动，动员农民中间的革命力量，组织一个革命的行动党，由职业革命家组成参谋部，准备发动武装革命。

在欧洲其他国家的社会主义政党中间，也以许多不同形式存在着上述在4个最大的国家中所看到的种种重大的一致和冲突。在意大利，一种修正主义类型的马克思主义，不得不去战胜革命的无政府主义和民主的马志尼主义的强大潮流。在奥地利，事实证明在一个由所有各民族的社会主义者组成的政党中，要想超脱于民族差别而保持社会民主是办不到的。捷克的一个党分裂出去了，整个党于1897年分成了6个愈来愈独立的民族组织。在斯堪的纳维亚半岛国家，各社会主义政党不久就都仿效英国式的社会改良主义。到20世纪初，组织和思想巩固的阶段在各个国家均告终结，社会主义者所获得的选票开始随着选举权的扩大而增加。一些独立的社会主义政党，特别是德国的党，不久即成为议会中最强大的派别之一。在政府和议会中担任职务，分担政治责任等问题统统提到议事日程上来了。

自由主义能够通过议会制度中所规定的指导原则和通过分担政治责任，而直接地和以不同的方式影响当代的思想。社会主义则不能。它只能激起反对，刺激它的对手在社会政策上采取主动。俾斯麦的帝国在19世纪80年代实行的范围很广的保险法（它是欧洲许多国家采取类似措施的样板），就说明了这种因果关系。但这个时期也还有许多实行国家社会主义的事例，并不是由于对社会主义者的要求做出反应才产生的。例如，许多国家甚至在19世纪结束以前就已经开始把他们的铁路收归国有；普鲁士（在建立俾斯麦所要求的帝国铁路系统失败后）这样做了；比利时、瑞士、挪威、塞尔维亚、罗马尼亚和意大利（1905年）也这样做了。这些都是最初的迹象，说明在经济方面，未来事物的形成并不一定仍然保持典型的自由主义的传统面貌，它的某些特点也将由社会主义来决定。

（丁钟华　译）

第 十 章

德意志帝国

　　1870—1871年的普法战争，完成了旨在给意大利人和德意志人带来民族国家统一的政治运动。无论是在意大利，还是在德国，国家都必须确立它对民族革命运动的控制，这种运动在1848年反对各自的国家时，遭到了失败。在意大利，这种运动在把国家统一成为一个整体方面，要比在德意志更加有所贡献；但是在德意志，在中产阶级自由派的政治领导下，这种运动也对伟大的事业提供了主要的动力，尽管自由主义运动的代表们，在实际创立帝国的过程中，没有被给予任何明显的地位。在与奥地利较量实力的决定时刻，甚至连俾斯麦也毫不迟疑地利用民族革命作为一种政治工具，1866年，如果不是武力迅速取得了结果的话，他就会向哈布斯堡君主国境内的德意志人发出号召——正如还向捷克人、马扎尔人和其他民族发出号召一样——动员他们进行民族革命。但是，在科尼格雷茨[①]所取得的迅速而完全的胜利，意味着外交与军事活动在很大程度上掩盖了民族革命在帝国创建过程中所起的作用。而这正是俾斯麦的企图：他想利用自由主义和民主主义的倾向，但这只限于利用这些倾向帮助他战胜反对他的德国保守的和主张各邦独立的势力。俾斯麦越是不需要民众的支持，他就越是能够，而且的确不得不考虑各个邦的利益，它们在德国（这与在意大利不同）仍然是民族国家的一个组成部分。色当战役（1870年）所导致的最后结局已经证实并且加强了德国统一的这个特点，通过每年把9月2日色当大捷作为国庆日来庆祝，第二帝国的德意志

[①] 赫拉德茨—克拉洛维（在今捷克斯洛伐克）的德文名称，普奥战争中，普军在该地附近的萨多瓦击败奥军，亦称萨多瓦战役。——译者

人就清楚地表明了，帝国的创建归功于对法国的军事胜利，德意志的王公们曾经为了这个目的而在霍亨索伦王朝统治下团结起来，而且，德意志民族的主要贡献在于军事方面。纪念色当大捷日所表现的这一切，使原先为统一而进行的民族运动（这个运动于1848年遭到失败，后来在19世纪60年代又恢复起来）逐渐丧失了它的重要性。

从1871年起，由于民族国家的存在，德国的内外政策，如同意大利的内外政策一样，以一种新的方式联系在一起了。如果说，被德国和意大利所发生的事件暂时打乱了的欧洲国家体系，很快就使自己适应了新的局面，那么，这是由于这两个新兴的民族国家有意识地避免进一步打乱欧洲局势，从而再次肯定了这一体系。俾斯麦在1871年宣布新帝国已经"心满意足"。他在这里所指的是对于一切类型革命的抵抗；因为这种革命可能为了顺应民族感情而改变疆界，或者使现存的政治秩序被欧洲各国内部的社会压力所打乱。他开始抑制德意志人的民族不安感，而过去他却是与这种不安联系在一起的，尽管只是在一定程度上如此。他的决定也意味着，民族国家的原则不适用于奥匈帝国。他希望这个君主国能有保证地继续存在下去，因此，主张那里的各个民族必须像过去那样，不受民族限制地继续联合在一起。他曾不止一次地向奥地利的德意志人指明，任何建立"民族统一的德意志"（Germania Irredenta）的企图都是不相宜的。这位首相需要欧洲内部保持稳定，以便不使他的年轻的帝国受到危害；因此，他一贯反对任何旨在建立"大德意志"的运动，尽管这些运动是由于人们希望建立一个包括德意志人在人口中占优势的一切领土在内的民族国家而自然而然地产生的。为了阻止欧洲民族革命的发展，俾斯麦准备在政治上把德意志民族局限于一个"小德意志"的范围之内，并且打算利用奥匈帝国境内的800万德意志人，来抵消4倍于他们的非德意志人的力量。

与这种限制德意志人离心力量相对应的，则是实行遏止一切民主倾向的对内政策。在国内和在欧洲境内，俾斯麦设法控制他自己在实现建立一个统一帝国的冒险政策时所亲自鼓动起来的那种精神。他不得不在仍然强大并要求采取克制态度的传统力量与要求变革的民族主义和民主力量之间，寻找一条中间道路。这就是1871年到1890年间俾斯麦全部政策的特点。他的联合噩梦和他对革命的恐惧心理结合在一起了。俾斯麦虽对此感到悲观,但他还是果断地企图对联合与革命全部加以控制;最后,这二者在1890年至1918年间使他的继任者全都遭到了失败。因此,从帝国的建立到第一次世界大战,德国国内的历史——这总是与其对外政策紧密地交织在一起的——表现为保守派的僵化和民族的活力之间不断的紧张关系。但是,在强调这一点时,我们不能忘记,在1870年前后德国和欧洲境内,只要这些力量在起作用,要想找到另外一种可以解决这种紧张局势的办法,似乎是不现实的。俾斯麦要沿着他的道路前进,并不是一件容易的事;他必须考虑欧洲各个大国,德意志各邦诸侯要求独立的愿望和他自己的国王威廉一世以及他的贵族同事们所持有的普鲁士式的保守主义,以及已经日益具有政治头脑的人民大众不同的党派倾向。

帝国宪法在各方面都以俾斯麦亲自制定的北德意志联邦的宪法为蓝本,它是俾斯麦在暗礁中前进的危险历程的表现。这部宪法不是按照任何合乎逻辑的体制制定的,它是适应当时的情况,即统一与联邦制之间、君主制原则与主权在民思想之间的妥协产物。它使帝国成为各立宪君主之间的联盟,而帝国本身也是一个君主立宪国家,其最高权威是德意志皇帝("联邦元首")。帝国并不像德意志各邦那样,拥有一部全面而详细的成文宪法,因为许多事情都在帝国的权限之外,要由各邦自行处理。此外,为了迁就各邦,特别是为了迁就普鲁士及其大臣们的本位主义,就有意地没有建立帝国的各个部。代替各部而建立的联邦议会,本来不仅可以具有立法权,而且,还可以通过各个委员会对帝国政府各部门实行某些控制。虽然普鲁士在这个联邦议会中并没有掌握绝对的多数,但实际上,它不大可能在投票中被压倒。这就是那些一贯坚持这一主张的联邦主义者的意图。按照一种相反的意见,帝国的行政管理工作,应由普鲁士的各部来进行。这种"大普鲁士"式的解决方案是与建立普鲁士内阁的愿望一致的。俾斯麦没有明确拒绝这两种方案中的任何一种,因为他知道他势必要做出的让步影响会有多么深远。帝国政府的某些部门被转到了普鲁士的各部,这些部——尤其是陆军部——从而变成了准帝国的部。但在实际上,俾斯麦的意图是既不采取超联邦的方式,也不采取大普鲁士的方式。从1866年秋以后,他就在秘密地谋求由他自己来管辖帝国,管辖的范围尽可能地广泛,并且置于单独一个责任国务大臣的领导之下，而这个国务大臣不是别人，正是他自己。俾斯麦正如他在1867年的北德意志联邦议会中的做法一样，在联邦的各个邦政府和普鲁士国王以及普鲁士内阁之间进行挑拨离间，从而得到了他所寻求的东西，即找到了能使他自己为所欲为的解决方案。他当了联邦首相，1871年以后，又当了帝国首相，从而也就成了一个独裁政府的责任首脑，而不是一个由平起平坐的同僚们组成的多数人负责的行政机构的首脑。的确，官方所用的词汇是"帝国领导"，而不是"帝国政府"。俾斯麦同时仍然是普鲁士的首相，即普鲁士内阁中的"首席大臣"，当时还兼任普鲁士外交大臣。虽然从1870年1月1日起，普鲁士外交部变成了北德意志联邦的外交部（从1871年起又成为德意志帝国的外交部）。但它始终是俾斯麦自己所独管的一个部。在19世纪70年代，帝国政府按照俾斯麦的计划迅速扩大，成立了一个又一个的"帝国署"，而不是"帝国部"。每个帝国署，例如邮政、海军、司法、内政等署，都由一个没有大臣职权的国务秘书来领导。

根据帝国宪法第十七节的规定，帝国首相的"职权"是一个政治和道义的概念，在俾斯麦看来，它说明了在皇帝的主宰地位之下，首相所享有的权威地位。帝国首相不对帝国议会负责。俾斯麦不愿受议会的辖制，正如他不愿受同僚大臣们的辖制一样。因此，德意志帝国及其各邦在德国始终忠实地保持了典型的19世纪式的政体，一种其行政不受议会辖制的君主立宪政体。根据帝国宪法的规定，皇帝可以自由任免首相，完全不受帝国议会的限制。帝国议会与联邦议会一起享有立法权，因此帝国议会的地位是有局限性的。但是，又不可避免地要赋予它以一定的重要地位，因为必须重新制订帝国的法律，而且立法机构控制着预算，包括军事预算在内。

君主立宪制确实是一种适合1870年的德意志的政体。但是，潮流趋向民主制；这清楚地意味着帝国议会和各邦的议会总有一天会加强它们的地位，并决定政府的构成。在一个议会制君主国家中，民主和帝国权威相结合的最大障碍之一（强大的传统反对势力除外）就是德国的政党为数过多，这就妨碍议会做出明确的决定，并阻碍形成任何稳定的政府多数。因此，简单地把英国式的制度搬到德国来是不可能的；甚至连鼓吹议会制的民族自由党人，在帝国刚刚成立时也已认识到了这一点。但是，正如帝国宪法序言中所宣称的那样，沿着民主议会路线发展的主要障碍在于帝国是一个君主们的联盟。帝国议会的任何加强都会不可避免地对帝国的集权性质有利,这是各邦的君主和政府所不能容忍的。俾斯麦曾不得不向联邦的压力屈服。但是,为了与危及帝国统一的联邦主义相抗衡,他利用了对于这个目的最适用的帝国议会,并且还利用了普鲁士的霸权地位这个事实:普鲁士拥有帝国领域的65%和人口的61%,还拥有帝国的3个主要重工业中心,即萨尔、鲁尔和上西里西亚;此外,它在人事和机构方面,还与帝国有着千丝万缕的联系。

到第一次世界大战时为止的德国宪政史,说明了俾斯麦多么成功地调整了他的帝国宪法这个天平,尤其是就联邦主义而言。同北德意志联邦各邦发生的困难于1867年被克服了;在1870年,又给予巴伐利亚和符腾堡以更多的特权,特别是在军事和邮政方面;从那时以后,帝国的历史就不再发生帝国与各邦之间的严重分歧了。联邦议会始终支持帝国的统一,而且,这种统一没有受到几个邦的主张各邦独立的势力的危害,因为俾斯麦在他采取了兼并汉诺威、黑森(黑森—卡塞尔和黑森—拿骚)、法兰克福和石勒苏益格—荷尔斯泰因这种惊人的行动以后,便有意识地对各邦采取克制的态度了。

随着时间的推移,帝国领导与帝国议会之间的关系变得愈加困难了。起初每隔3年,后来改为5年,通过平等、秘密和直接的普选办法,选举一次帝国议会;俾斯麦在19世纪60年代曾认为这种办法是对付自由派的恰当的武器。由于政党为数众多,它们的纲领又是为互不相容的思想体系所支配,以致帝国议会的大多数会议都出现了多变的反对帝国政府政策的消极多数。于是,帝国政府不得不为它所提出的每个议案逐项争取多数。在1871年的第一届帝国议会上,曾经拥护建立帝国的民族自由党,在汉诺威县乡绅冯·卞尼格先的领导下(尽管还有其他拥护帝国的自由派和拥护俾斯麦的"自由保守党人"一起参加)勉强地控制了议会的半数(382席中的168席)。就连这种多数,也早在1874年就丧失了;到了19世纪70年代末期,俾斯麦又解散了他日渐衰落的民族自由党的联盟,而首先转向中央党和保守分子,后来又转向保守分子以及那些已经与其左派断绝关系的民族自由党人。由于这些人的支持,他在1887年的帝国议会选举中,第一次,也是最后一次取得了政府的绝对多数。

从 1867 年起，民族自由党就成了德国全国性的首要政党；他们和从 1860 年起以进步党人为代表的普鲁士反政府的左翼自由派脱离了关系，以便结束国王与议会之间的冲突，按照"政治的现实主义"与政府达成妥协，并促使民族的帝国得以诞生。民族自由党人几乎一成不变地坚持忠于帝国的路线，尽管到 19 世纪 70 年代末期，他们的左翼在一些有名望的议员，特别是在犹太律师拉斯克尔的领导下，极力要求实行议会自由化，因而使他们与俾斯麦的矛盾尖锐化，直至 1880 年终于背弃了该党。

长期处在欧根·李希特尔（威斯特伐利亚省工业城市哈根人）的无可争辩的领导下的左翼自由主义，有着一段分裂与联合多变的历史。他们对于帝国的政策几乎没有采取过什么积极的态度，而是在多半属于消极反对中耗尽了自己的精力。但是，就连这样一个政党也逐渐习惯于现状了；而且，除了比如由弗里德里希·瑙曼后来提出的一些建议之外，它从来没有为推进议会控制下的君主政体这一政治目标做过任何积极的努力。

俾斯麦阻挠了自由派对于宪法所抱希望的全部现实；而且，自由派一旦分裂，就被这位首相所击败。这些事实就形成了"德国自由主义的悲剧"这种说法。但是，为了正确理解这个悲剧，我们就不能仅仅满足于探索俾斯麦与自由主义之间政治的和思想的斗争；我们还必须考虑要求把广大的人民大众组织起来实行民主这种社会—经济潮流。破坏了自由派和他们的理想的，不仅是一个强有力的政府，而且还有朝着日益民主的社会发展的那种趋势，自由派妄图通过例如反对普遍而平等的选举来抗拒这种趋势，但未能奏效。一直到 20 世纪初，才在把自由主义和民主制度并不十分受人欢迎地结合起来以及比较有效地组织自由主义政党方面，进行了认真而稍有成效的尝试。在这方面，人们会想到弗里德里希·瑙曼、路约·布伦坦诺和马克斯·维贝尔，而最后这位马克斯·维贝尔是以他的政治理论精辟而著称的。

保守党人分裂成为两个主要政党。老普鲁士保守党人对于帝国的建立感到不高兴，从一开始就态度冷淡，以此来表明他们对普鲁士国家的忠诚和对民族自由主义的厌恶。1876 年该党经过改组后（这时叫作"德国保守党"），他们效法另一个保守党，即"自由保守党"

的榜样，也转向俾斯麦。此后，他们就越来越支持正向右摆的帝国政策——但丝毫也无意放弃他们那些独特的普鲁士特点。他们的选票几乎毫无例外地来自易北河以东的农业地区。他们的政治领袖绝大部分出身于东方各省的普鲁士贵族。因此，从19世纪80年代起，在大多数德国政党为经济利益所左右的这个总的趋势下，他们变成了代表土地利益的政党，并且采取了于1893年成立的"土地所有者联盟"的宗旨。由于直到1918年普鲁士还在实行"三级"选举制，该党在普鲁士下议院的地位，要比它在实行民主选举制的德意志帝国议会中的地位强大得多。19世纪80年代以后，当俾斯麦允许普鲁士的内政大臣冯·普特卡默执行他的反自由主义政策时，该党在普鲁士取得并且保住了权力，首先是掌握了任命官吏的大权。自由主义时代结束以后，普鲁士政府高级部门的官职主要是留给贵族子弟，或者也可能留给中产阶级的律师。这些律师由于政治观点保守，参加过某种有名的学生军团，并且是预备役军官，因而被列入普鲁士贵族这一等级。普鲁士与帝国是如此密切关联，以至于后者自然地要受到官僚机构中这种人事政策的影响，而这种官僚机构，一般来说，不能被认为是有政治远见的，尽管它在业务上和道义上是卓越的。直到19世纪中叶，普鲁士的"官僚统治"一直是遵循着施泰因和哈登堡的传统，自由主义倾向特别明显；而在19世纪60年代和70年代，部分情况还是如此；从19世纪80年代以后，它的保守主义就变得日益僵化。直到第一次世界大战，君主政体是和以贵族为领导的社会相联合的，它与社会中争取政治地位的中产阶级和无产阶级之间的紧张关系越来越加剧。另一方面，司法在政治上仍然是独立的，而且比较成功地保持了自由主义的观点。

　　社会民主党人力量的增长，极为清楚地表明了当时政治和社会方面的紧张状况；他们在1875年哥达大会以后，形成了一个统一的党，尽管社会民主党人由于他们的革命纲领，由于他们拒绝与国家和解因而被俾斯麦在1878年的非常法中宣布为"帝国的敌人"，然而，每次选举以后，他们的人数都有增加。1871年，他们只赢得了2%的选民，在帝国议会中只得到一个席位；但在1912年的最后一次帝国议会选举中，他们赢得的选民数增长到占选民总数的29%，在帝国议会中获得了28%的席位。这种迅速的增长，首先是由于社会民主党人在那些在帝国成立之初已经有了社会主义觉悟的工人以外，又设法争取到一些新参与政治的人们的支持。社会民主党主要是从下层民众那里获得了力量，这些人从农业地区迁入工业地区，而且他们在成为产业工人前没有行使过选举权。到头来，俾斯麦的希望落空了，他曾希望普遍而平等的选举会使对帝国忠心耿耿的群众支持政府，并在投票中压倒反政府的自由派。

从1890年起，"德国社会民主党"（它的思想基础是1891年爱尔福特代表大会通过的深受群众欢迎的马克思主义纲领）成了迅速壮大、成员众多（第一次世界大战爆发前夕，它拥有将近100万登记过的党员，400万选民），并且具有完善组织的群众性政党。就这些情况以及就它能对其成员实行严密而完整的控制来说，这个党与所谓的中产阶级的各个政党不同，这些政党在组织效率、纪律以及吸引新党员的成效方面，都远远落后于社会民主党。但是，随着党员人数的增多以及组织力量的增长，采取行动的革命热情降低了。马克思主义的思想与政治—社会的现实明显地矛盾，从这个事实中，处于爱德华·伯恩施坦的思想领导之下的"修正主义者"得出了他们的结论。这些结论未被党的委员会所接受，并在1903年的德累斯顿党代表大会上被拒绝。党的首脑倍倍尔及其追随者愿意正式保留革命的学说，因为他们觉得它还具有足够的力量，可以在不太远的将来获得成功。但是，并没有出现像后来成为列宁的共产主义特色的那种革命战略和策略。相反，在1893年发表的关于《社会民主党问答》一书中，党的权威理论家卡尔·考茨基提到了"民主—无产阶级的……所谓和平的阶级斗争方法"，这就是他向党所推荐的方法。德国社会民主党是"一个革命的党，但它不是一个制造革命的党"，这就奠定了党在1890年至1918年整个时期的路线。

从1890年起，在工业经济迅速发展的有利气氛中，工会完全独立于社会民主党，成功地进行了有组织的、"和平的"阶级斗争。虽然德国工人非常愿意相信社会主义思想，并且意识到自己作为一个阶级而存在，但实际上却对提高自己的生活水平和加强自己的政治影响，比对革命更感兴趣。接受现状是更加容易的事，尽管有组织的社会主义在工人中间有相当大的实力，但1914年的德国并没有处于革命的边缘，虽然帝国议会中的投票，尤其是1912年的投票，明确无误地显示了潜在的爆炸性的局势。在战前年代的稳定情况下，不可能爆发革命；要爆发革命，就需要1917—1918年战争最后阶段的那种日益加剧的灾难。

天主教党，即"中央党"，向我们提供了一幅有关一个德国政党的特殊性质的格外清楚的图画。早在1806年以前的旧德意志帝国议会时代，各宗教教团，即"各自行动者"，就已经有一定程度的独立性了，并且在某些特殊情况下突破了邦的严格体系的束缚。从那时起，在社会运动的问题上，教团之间的对立越来越严重。1870年成立的中央党就是来源于1848年德意志法兰克福议会中，以及19世纪50年代和60年代普鲁士议会中的天主教派。这个党认为，它必须执行一项以天主教关于国家和社会的教义为基础的政策，特别是要在1870年的那种极为紧张的局势下，把这项政策付诸实施。天主教与各种形式的（首先是自由主义的）革命之间的全面冲突，在19世纪60年代达到了顶峰，而1870年的梵蒂冈公会议着重地表明了天主教是准备进行斗争的。但是，天主教的政治人物认为德国的局势，特别是1866年以后的局势极为危险。他们的目标本来是联邦制的大德意志。这一点非但没有实现，而且在信奉天主教的奥地利被排斥以后，他们发现自己首先在北德意志联邦中，后又在一个信奉新教的国王兼皇帝统治下的德意志帝国中降为少数，并且为民族自由党人的强大势力所迫，进一步退居守势。中央党认为，自己的使命是反对在帝国范围内谋求统一的一切努力，主张实行联邦制，只要与起码的帝国权威相符合，则范围越广泛越好；另外，还要坚持遵循普鲁士宪法中有关保护教会的规定，并为促使在帝国宪法中采纳各有关条款而努力。他们已经在1871年的选举中取得了某些成就，但是，由于"文化斗争"的结果，他们在帝国议会中的席位在1874年大为增加[①]；此后直到帝国的终结，该党拥有的议席一直保持在100个。换言之，德意志帝国议会的议员，大约有25%属于天主教党，而在帝国的总人口中，信仰天主教的人正好为37%。

最后，德国政党体系的另一个特点是，它们强调具有反抗性质的

---

① 文化斗争原是俾斯麦为打击天主教会和中央党而实行的措施，但最后遭到失败。1874年选举中，该派在帝国议会中的席位反而由原来的63席增加到91席。此后俾斯麦与中央党妥协，合力镇压工人运动。——译者

第十章　德意志帝国

分立主义，而与德意志民族国家针锋相对。从前的汉诺威王国不久前已经变成了普鲁士的一个省；在这里，教皇党是所有想号召抗议普鲁士兼并该王国的人们的团结中心。但是，这些人在居民中只不过是人数日益减少的少数。阿尔萨斯和洛林的人民选出的代表，曾在波尔多的法国国民议会中抗议德意志帝国的兼并；他们以绝大多数的选票，把具有强烈地域主义色彩的成员选进了帝国议会。这些成员持分立主义的态度，因而他们证明了存在着一种地域自治的基本概念，这种概念反对不管是在德国，还是在法国的控制之下的任何统一的民族国家。此外，还常有一两名来自北石勒苏益格的丹麦议员；在那里，因为没有举行过《布拉格和约》（1866年）所规定的公民投票，因此在靠近哈德斯莱夫的北部边疆地带，出现了一个丹麦人占多数的地区。波兰"派"则具有更大的重要性。这一派通常包括15至20名议员，到了19世纪末，它拥有的选民数目逐渐增加到25万人；但是，在1903年、1907年和1912年的帝国议会选举中，它的选民数目猛升到35万、45万和44万人。第一次世界大战前的10年中所出现的这种猛增现象的主要原因，在于波兰人在上西里西亚一部分信仰天主教、讲波兰语的居民中进行了有效的宣传鼓动；他们在过去的700年中，曾经隶属于神圣罗马帝国，他们曾经受到奥地利的影响，以后从1740年开始又受到普鲁士的影响。这些地域主义的党派加在一起，大约一直拥有选民总数的5%，占有帝国议会席位的5%—10%。

帝国议会的选举制，并不能按确切的比例反映选民的意志，因为实行的是个人投票办法，这就有可能在某一选区没有一个候选人在第一轮投票中获得多数票的情况下，再进行第二轮投票。不仅如此，帝国议会选举的选区一直未变，它忽视了人口由农业地区向工业地区的流动。假如我们不去研究帝国议会中的席位数目，而是来研究一下从1871年至1912年这段时期每次选举中所投的票数，那么，我们就会发现这样一个值得注意的事实，即所谓中产阶级党派所得票数的百分比一直未变，尽管在个别选举中，票数会有相当大的波动。例如，各个保守党（包括那些持同情态度的分裂出来的较小派别在内，它们自19世纪70年代以后力量很弱，只拥有10%左右的选民）拥有全体选民的14%—15%，保持中等力量——这些百分比以及下面的各个百分比,均就全体选民而言,包括那些没有行使自己选举权的选民——而右翼和左翼的自由党人,除去1893年至1903年这段特殊软弱无力的时期以外,一直相当稳定地拥有23%的选民。在早些年代民族自由党人占有相当大的优势和经过19世纪80年代的波动以后,这两派自由党人在绝大多数情况下都是旗鼓相当的(1912年分别拥有12%和10%的选民)。中央党仅拥有15%的选民,各分立主义的党派拥有5%;这就表明,他们要比保守党人和自由党人所获得的票数更为一贯稳定。不妨拿社会民主党所拥有的选民数字由2%增加到29%的情况,与这些相对稳定的选举结果对照一下,就可一目了然;而这种增加的幅度,是与没有投票的人数从48%下降到16%这一点密切相符的。用投票的数目衡量政治觉悟的提高,这与社会民主党的发展情况也很相符。在不参加投票的人数的减少超过了社会民主党力量增长的那些地方,受益者就是中央党了;1871年至1874年间,中央党的选民数字由9%上升至16%,而且,如前所述,一直保持了这个水平。

因此,右翼各党,即保守党与民族自由党——它们从19世纪80年代中期起相当一贯地"忠于帝国",并且支持帝国政府的政策——所拥有的选民总数并没有大大地超过全体选民的1/4;由于投票情况有利于社会民主党,1874年又有利于中央党,它们所得到的选票就相应地减少了。帝国诞生的第一年,3个右翼党仍然得到了全部所投票数的57%,尽管人们公认,它们在政治上并不是联合一致的;但是除去1884年的选举失败以外,它们在19世纪70年代和80年代,只得到了47%至48%的选票,而从1890年起逐渐下降到1912年的30%。它们在帝国议会中所拥有的席位比例,虽然通常稍高一些,但仍然是与它们在选票中所占的比例相符合的。然而"文化斗争"一旦偃旗息鼓,中央党也在1879年以后日益发展成为一个愿意与政府合作的党。在帝国时期,它已经在朝着它自1918年以来在德国充当的那种起稳定作用的角色方面发展了。与上述政党相对立的社会民主党人与分立主义者,一贯坚持以原则为基础的反对立场。他们在1871年至1912年这段时期拥有的选民数目,由8%上升到34%;在帝国议会中所占的席位,由6%增加到37%。如果再加上左翼自由党人(他们1912年拥有选民的10%和帝国议会席位的11%),那么,在帝国的末期，几乎有半数的选民和议员，势必要被视为不仅反对、而且是在原则上拒绝接受宪法的。但是，如果我们想到以下两个因素，这种多少令人吃惊的情况，就不会在政治上显得那么严重了。首先，亲帝国的政党和反帝国的政党之间有着种种彼此相通的渠道，这就有可能出现种种变化不定的联合；其次，表面上"反帝国的"那些政党，在很大程度上，全都是习惯于现状的，因此，只要情况没有发生实质性的变化，他们就不会实行任何积极的和建设性的反对政策。一直到第一次世界大战，德国保守党以外的各政党才开始为了实行宪政的改革——特别是改善普鲁士的选举制度和强调议会在德意志帝国宪法中的作用——而积极活动起来。

德国的政治状况是传统的僵化与社会的动荡奇异的结合；这种状况是与社会的变化过程相适应的，而这一过程又与经济发展彼此发生作用与反作用。1871年帝国的成立并不标志着在这方面有了什么新的起点。从经济的观点来看，必须把1850年至1914年，而不是把1871年至第一次世界大战这段时期，视为一个整体。这是德国广泛地实行工业化的时期，第一次经济的迅速增长，出现于19世纪中叶前不久，一直持续到1873年的大衰退，即"创业者的兴旺时期"的结束。1848年的革命是多年来危机的顶峰，它发生在一个严重饥馑时期的末尾；俾斯麦式的帝国是在工业发展与经济繁荣的顶峰之上建立的。"大德意志"革命在严峻时期遭到了失败；"小德意志"帝国则在繁荣中诞生。在1873年以后的20年中，工业经过了几次严峻的萧条时期，又开始比较缓慢地发展了。但是，从19世纪90年代中期以后，又开始了进一步有力的进展，除了一些小危机以外，这种进展持续下来，一直到第一次世界大战的爆发突然将它打断。到了这个时候，半个世纪前虽曾非常活跃却相对贫困的德国，已经成为一个主要的经济强国，与美国和英国并驾齐驱了。1913年，德国采掘了1.9亿吨煤（褐煤不计算在内），生产了1930万吨生铁。

德国的煤炭供应非常充分，吸引了国产生铁和主要产自瑞典的进口生铁以建立重工业，这就是当时那个阶段德国经济和军事力量的主要基础。直到19世纪末，德国经济主要是以煤和铁的结合为基础的；但是后来，在19世纪90年代中期以后的迅速发展中，电气、化学、内燃机以及和它们有关的工业,都起了一定的作用。

下述的一些与德意志帝国时期的德国工业有关的基本情况,在政治方面是具有头等重要意义的。

1871年至1914年间,农业的产量大约增长了1倍。这意味着,在严格的节制下,德国能够在一段时期内不需要进口而勉强养活自己。但是,到了19世纪70年代中期以后,对进口农产品的依赖不断增强;因为都市化的日益发展与生活水平的提高,对粮食有了新的、更大的要求;而且,在70年代末以后,农业,特别是谷物市场,受到了来自海外和俄国的进口价格的压力。

直到19世纪中叶,德国仍然缺乏资金。这种情况在工业发展时期很快就改变了。有密切联系并在迅速增长的银行证券与工业资本,在很大程度上是互相依赖的。很快就开始寻求在国外进行投资的机会。直到19世纪80年代还是输入资本的德国,现在开始输出资本了。1913年,德国资本在国外的投资估计约为300亿马克。德国的对外贸易在1890年以前发展是缓慢的;尔后,到1900年就较快地发展起来,而在1900年至1914年间,则有了急剧的增长;主要由于在国外有资金储备,对外贸易得以维持这样的水平。从工业成品在总输出中所占的比例,可以看出工业的蓬勃发展和它在对外贸易中所占的份额;1872年,这个比例只是大约1/3,到了1913年,就达到大约2/3了。这种增长是与德国对外移民的迅速下降相符合的,当漫长的繁荣时期在19世纪90年代中叶开始的时候,移民也就开始减少了。尽管在帝国时期(1871年至1914年),人口由4000万迅速增长到6700万,但是,从19世纪90年代中期以后,在国内安排增长的人口,同时逐渐普遍提高生活水平,仍然是可能的。

由经济发展的上升趋势所引起的乐观情绪,可以从人口的这种增长中体现出来。自19世纪80年代起,德国经历了一切工业国所共同具有的人口出生率的缓慢下降。但是,只是到了1914年以前的那10年,人口出生率才更急剧地下降到了28‰(死亡率是16‰)。在接近1910年以前的年代里,帝国的人口每年增加80万以上,而每年参军的人数比法国多一倍以上。这是德国人口增长幅度最大的时期,而在20世纪的最初年代里,德国人口的构成也特别有利:32%的人口是14岁以下的少年,65岁以上的老人只占4%强。此外,在帝国存在的几十年中，人口的流动性非常大。农业的生产方法更加集约而合理，使得剩余人口由农业地区（不只是东部各省）流向日益需要劳动力的、人口密集的各个工业中心。

从事农业的人口数字与百分比下降了：1882年为1920万，占总人口的42.5%；1907年为1770万，占28.6%。换言之，从帝国的建立到第一次世界大战，从事农业的人口比例，由总人口的1/2减少为1/4。因此，帝国存在的几十年，正是处在所谓"背井离乡"这一过程的中期，这是一种巨大的推动力，它恰好开始于1850年前后的经济转折点，并且造成了今天德国从事农业的人口只占总人口的大约15%这样一个最低的数字。从事工业的人数在1822—1907年间有了相应的增加（从1610万，即占总人口的35.5%，增加到2640万，即42.8%）；从事商业和运输业的人数也是如此（从450万，即占总人口的10%，增加到830万，即13.4%）。在那个时期，工业和除农业生产以外的其他经济部门都需要大量工人；这个需要可以很容易地用从农村流入的剩余人口来满足（到那时为止，农村人口一直是过剩的），或者通过人口的巨大的自然增长来解决。所有这些数字的增加，并不只是一个人口问题；它使国民经济各个部门都发挥了特长，提高了个人的生活水平，并开始出现了全国范围的商业、社会和文化组织。随之而来的是一种健全乐观的生活方式，这种生活方式的特点，特别是自19世纪90年代受过教育的中产阶级开始对社会和文化提出生动的批判以后，常常被说成是物质第一主义的。

但是，在此以前，即在1873年的经济大危机中，被这种上升趋势鼓舞起来的信心，第一次受到了严重的打击而动摇，而在接踵而来的20年中的主要情况，对于维持这种信心不起什么作用。着重说明下述的事实是很重要的，即经常为国内问题所苦恼的俾斯麦，在经济不景气和停滞的年代中的绝大部分时间里，是帝国政策的指导力量，而威廉二世的首相们，却在经济大发展中捞到了好处。这种动向一方面使他们的对内政策简单化（尽管社会民主主义已经兴起），一方面又给这种政策带来了危险，因为它诱使人们对尚未解决的问题掉以轻心。

俾斯麦在1871年至1890年的对内政策，正如他的对外政策一样，可以追溯到唯一的一个指导原则，即保证帝国安全无虞，因为帝国的缔造者要比大多数德意志人能够更直接地意识到什么在威胁着帝国。他们很快就开始把他们的民族国家，这个他们整整两代人为之奋斗的目标，视为理所当然地要取得的财产。俾斯麦知道，他一直在国内和国外向所有"帝国的敌人"进行着一场防御战。众所周知，他在对外政策方面，经常为了防御的目的而运用出人意料的、大胆的外交手腕和结盟方法。他甚至玩弄过预防性战争这样的手法，但是他一直知道这种做法是多么不可靠，与总参谋长毛奇伯爵和瓦德西伯爵不同，他从没有真正想使用它。俾斯麦处理国内政治纠纷的方法是与此相类似，这确实暴露了俾斯麦作为一个处理国内问题的政治人物的局限性。固然，他具有高度的责任感，这一点远远超过当时的或以后的批评家们所承认的程度，这种责任感深深扎根于他对新教的信仰；他是一个为正义的国家服务的政治家，超越于一切党派之上。但是，实际上他发现自己经常受到很大的压力，要在几条战线上进行战斗，因而总是被迫采取一些措施，这些措施称之为"国内的预防性战争"再恰当不过了。

俾斯麦当年做出了重大决定，要与中央党，也就是要与普鲁士的天主教会进行较量时，情况尤其如此。这个决定是在帝国初建，而且特别需要各个派别和解的那一年做出的。但是，俾斯麦无意卷入自由党人与天主教徒之间的那种哲理战，而"文化斗争"的主张和他的思想也是格格不入的。（"文化斗争"一词最初是鲁道夫·微耳和教授使用的，他是进步党人中最坚信这一点的国会议员之一）这位首相的目的其实是要消除这样一种危险：国内外一切天主教势力结成联盟来对付他的帝国。也就是说，害怕奥地利、法国（在那里王政复辟是有可能的）和德国的中央党及其在战术上的同盟军波兰人和教皇党之间结成联盟。对按照小德意志的原则建立帝国持有敌意，并与帝国的宿敌奥地利联合在一起的天主教政治势力，竟在国内政治中建立了中央党这样一种先头部队，这个情况使得俾斯麦非常恼火。在俾斯麦看来，基督教的一个派别自己组成一个政党，就像居民中的工人阶层自己组成一个阶级并组织一个政党，同样具有破坏性。因此，尽管中央党和社会民主党是很对立的，然而，它们还是被俾斯麦统统列为"帝国的敌人"。从国家的利益出发，俾斯麦憎恨一切要求自治并标榜国际观点的群众组织。

俾斯麦在"文化斗争"中的目的,是要政教实行最彻底的分离,同样,教会与教育也要最彻底地分离,并且加强国家对教会和教士的控制。这在当时的欧洲是普遍的倾向。这些倾向在普鲁士不同寻常的与更其严重的特征,乃是通过了咄咄逼人的立法,直至明令加以禁止和绳之以刑法。当教士们对1873年的"五月法令",尤其是对"教士训练与授职法"进行抵抗时,主教与神父们便被起诉。1876年,普鲁士的每个主教不是进了监狱,就是离开了那个国家,许多教区都没有主教了。

俾斯麦认识到自己已经陷入了一场无望的冲突。他曾经认为,为了国家的利益,他不得不进行这场斗争。19世纪70年代以后,当他感到不再需要这种斗争的时候,同样的利益又促使他去寻求缓和这场斗争的办法。他一反过去的做法;当他在1878年至1879年间开始与民族自由党人分手,指望与欧洲信奉天主教的主要大国奥匈帝国结盟时,他设法寻求中央党作为他的同盟者而给予支持。1878年,新教皇继任,这对俾斯麦的计划是有利的。俾斯麦设法离间了教皇利奥十三世与中央党的关系,他和教皇进行了直接谈判,使冲突得以缓和。1879年,中央党对俾斯麦的财政政策与保护贸易政策表示支持。但是,直到1887年,在废除了有争议的那些法令以后,冲突才正式结束;即使到了那个时候,一些重要的变革,如国家对学校实行监督以及不举行宗教仪式的世俗结婚,仍然被保留下来。争论的结局,对于俾斯麦并非不利。但是,它对于人们思想所产生的影响,以后持续了很长时期。经过这场斗争,中央党的天主教政治势力得到了承认和加强。

俾斯麦对社会民主党人发动的预防性战争,也同样失败了。在发生了两次企图暗杀威廉一世皇帝的事件后(尽管这与社会民主党毫不相干),俾斯麦于1878年提出了"反对社会民主党人的危险活动"的议案,从而挑起了这场冲突。这种做法引起了民族自由党人的严重不满,因为尽管他们是社会民主党人的最强硬的对手,但他们在原则上对任何"非常法"都是有顾忌的。一直到议会被解散,他们在选举中遭到失败以后,才在1878年的新的帝国议会中表示支持,"非常法"因而得以通过。这就使得社会民主党的宣传鼓动活动受到很大的限制。集会和出版物遭到禁止,党的工作人员被起诉并被驱逐出境。但是,选举和政治活动仍然被认可进行;尽管警察在执行法律时非常严厉,制造了不少困难,招致了人们的怨恨;然而,这些仍然不能与现代极权主义国家的更加严酷的镇压措施相提并论。与此同时,这个反社会党人法执行了 12 年,使社会民主党的内部更加坚定和纯洁了。这段镇压时期作为"英雄时代"(考茨基语)留在社会党人的记忆中。尽管有反社会党人法,社会民主党的党员人数在增长;在 1890 年,党员人数开始猛增,使该党后来成为拥有数百万党员的政党。

如果认为俾斯麦对付社会民主党的行动只是表明他缺乏社会责任感,那就错了。早在 19 世纪 60 年代,他就深信社会党人的要求是不容忽视的,国家有责任解决社会问题。他之所以和拉萨尔有过短暂的联系,并不仅仅是出自策略上的考虑。在俾斯麦看来,国家进行社会改革责无旁贷,这是和反对社会党人拒绝与国家妥协的斗争联系在一起的。他的社会政策最清楚不过地表明了他对国家的概念,即国家是一个超越一切党派团体的"绵延不断的主体"。

俾斯麦通过三项著名保险法令,即有关疾病(1883 年)、意外灾难(1884 年)以及老年和残废(1889 年)三项法令,提出了国家的社会保险制度。他的原则是由雇主和雇员为保险事业提供款项,另由国家给予财政援助,实现集体自助;国家还应当通过法律使这种保险事业具有强制性。他发现他的自由派对手指责他推行"国家社会主义",而这些自由派是反对国家的一切强制手段或补贴的。这位首相接受了这个语句,并且公开承认这一点。他还预言,将来的趋势不可避免地会越来越走向国家社会主义。他甚至不反对对矿山实行某种形式的国有化。但是,这些建立现代国家保险和发放养老金制度的果断步骤,与俾斯麦完全不愿为保护工人而做出任何尝试这一点形成了鲜明的对比;他不愿禁止星期日劳动,不愿限制女工、童工以及全体工人的劳动时间。俾斯麦作为一个习惯于农村劳动条件的地主,他在这方面的经历,使他恪守传统;而且,他还相信,他这样做并不是在反对工人家庭本身的真正利益。

反社会党人法和国家的社会政策,都与俾斯麦在政治上反对自由主义有关。这里我们接触到在 1879 年起作用的各种势力广泛结合这个问题。这一年必然会被视为帝国的经济和国内政策具有决定意义的转折点,这个转折点基本上决定了整个威廉二世时代。它的直接起因来自双重意义上的经济需要。在宪法中,有关帝国财政的规定不能令人满意,而且只是一些临时性的规定。帝国不能征收任何赋税。即便是在帝国建立的最初年代里,大部主要是来自邮电部的微少岁入也不足以维持帝国不断扩大的行政机构;因此,帝国简直变成了"各邦的寄食者",依靠各邦提供的钱来维持,而就连这些钱也是不够的。因此,帝国的财政进行改革便成了当务之急。俾斯麦试图通过间接税和关税来增加税收。因此,他为帝国财政制订的计划,就与究竟是实行自由贸易,还是实行保护贸易之争密切地联系起来了。而保护贸易是在 19 世纪 70 年代中期就由于经济不景气而引起人们对自由贸易的理论和做法提出批评后,才在德国开始实行的。自由保守党人的领袖威廉·冯·卡尔多尔夫自己的经济利益,既在农业,又在工业;他在凯里的理论影响下,写了一本题为《反潮流》的小册子,并在 1876 年成立了"德国工业家促进与保护本国劳动力中央联盟"。卡尔多尔夫对于俾斯麦有决定性的影响;俾斯麦在 1878 年决心仿效英国之外的几乎所有其他工业国的榜样,放弃自由贸易,实行相当高的关税。由于不仅钢铁工业,而且农业也第一次提出要求实行保护关税,这就使俾斯麦的决心更大了;农业由于生产成本相对地高,因此不能够再与美国和俄国的低价格竞争。这是特别不幸的,因为在 19 世纪 70 年代中期,德国变成了谷物的进口国,而在那以前,东部各省的经济是建立在农产品出口的基础上的。由于谷物出口继续下降,土地所有者急切地希望国内价格能够得到保障。在 1878 年至 1879 年间,谷物种植业和炼铁工业在"保护本国劳动力"的口号下结成了经济联盟。有人提出异议说,消费者由于实行保护性关税带来的价格上涨而受到损失;对此,俾斯麦争辩说,只有通过国家的帮助,企业才能够得到恢复,从而再一次为劳动就业和提高购买力打下基础。他进一步表示希望,当帝国有了自己的足够应付需要的岁入,而各邦因此有可能停止或减少对帝国提供款项时,各邦就能够降低自己的直接税。

俾斯麦为了实行他的关税和财政改革,巧妙地进步了长期的准备。他首先取得财政大臣的支持,然后取得联邦议会的支持,最后取得了帝国议会的支持;而在帝国议会中,到了 1878 年年末,主张保护贸易的议员们所组织的"民族经济联盟",几乎影响到每一个政党。中央党被争取过来了。虽然民族自由党人在这个对他们说来是完全陌生的问题上分裂了,但他们大多数人仍然站在俾斯麦的一边,尽管他们信守自由主义的原则。这就使俾斯麦得到了有保证的多数,而这个多数经过1879年夏季在关税问题上的辩论和由此而引起的分裂中,一直保持不变。但是,他对中央党的依赖,确实也危及了他的主要目标,即关税问题应当和财政问题有效地联系在一起。中央党提出的一项动议被通过了,根据这项动议,每年必须将帝国全部岁收超过1.3亿马克以外的部分转交给某些邦,而这些邦必须根据情况需要向帝国提供款项。这样,与俾斯麦的意图相反,财政上的联邦主义保存下来了,而议会对一大部分帝国岁入的控制权也保存下来了。因此,俾斯麦只获得了一半胜利。帝国的财政体制一直是个非常棘手的问题。支出日益增加,对各邦的依赖性就越来越大,帝国的债台也就越筑越高。

1879年以后,与影响欧洲大多数国家的总的趋势相一致,德国的农业仍然依赖于对价格实行保障;而在工业方面则组织了卡特尔,以便保护新的对外贸易政策。同时,各种同业公会的势力越来越大,尤其是重工业方面的公会以及易北河以东的土地所有者的公会,这两者的利益在1879年汇合到一起了,尽管后来二者又经常发生冲突。

虽然俾斯麦的保护贸易政策,是在别无其他选择的情况下,出自他的经济目的,但这个政策在国内政治和党派政治方面的后果,对他是同样重要的。他在争取中央党方面获得了一半的成功;民族自由党人的队伍被他分裂后,失去了权威性的影响;他把这看成是一个重大的胜利。此外,他的政策导致最终摒弃议会制政府,这个问题在1877年曾经又成了俾斯麦和卞尼格先谈判的课题。俾斯麦对议会和议员们的厌恶(他并不隐讳这一点),可以追溯到1879年;在1881年至1884年这段时期帝国议会开会时,多数议员都反对他,他屡次被难以驾驭的帝国议会所挫败。在这种情绪下,他甚至(尽管从来没有认真地)考虑到修改宪法,实行集体代议制。

总的说来,19世纪80年代比70年代更加是俾斯麦遭到敌视和面临日益加剧的摩擦的年代。这方面的原因很多。帝国议会分裂为许多党派,不能形成可靠的多数。俾斯麦所想保持的欧洲平衡不断受到威胁。其他极为重要的因素是，由于这位首相个人所决定的政策常常遭受挫折而造成权力的损失，以及霍亨索伦王朝各代人之间的倾轧。所有这些都影响了俾斯麦那经常受到严酷考验，而他自己又使之每况愈下的健康状况。他脾气粗暴，刚愎自用，生性多疑，从而折磨着自己以及所有和他打交道的人。他行动的基础是决心不依靠任何人。他在这方面做得太过分，以致无法与之建立亲密的友谊。他想一手扭转乾坤，然而他却完全明白，一个舵手处在这样的风浪之中，他的能力毕竟有限——他有时也使用这个比喻，比如他的一句座右铭就是"要战胜风浪，不要被它所制伏"。随着紧张局面的持续，俾斯麦不止一次不由自主地采取了一些妨碍自己目标的措施。这些情况不仅包括他缺乏自知之明，表面上是为了国家利益，实际是既不尊重权利，又不重视正义，而且也包括他在政策方面的一些根本性决定。

从这个角度来探讨一下俾斯麦的殖民地政策是适宜的。德国在很短时期内不声不响地取得了它的殖民地。这个时期的出现，其间接原因是1879年在商业政策方面出现了转折点。1882年，德意志殖民协会成立；1884年，成立了德国殖民地协会；到了1884年至1885年，在非洲和南太平洋地区攫取殖民地的活动实际上已经完成。这些要归功于几个有进取心的商人和柏林贴现公司的银行家们。他们的活动是以迅速在中产阶级中间传播开的殖民宣传为背景的。帝国政府只不过是在私人采取的最初活动之后继续加以发展而已。起初，俾斯麦表现冷淡，因为他想避免使他的欧洲帝国卷入任何国际纠葛中去。其后，他设法使帝国仅限于对拥有殖民领地的贸易公司履行保护的职责。但是，这种保留态度是与当时开拓殖民地的总趋势背道而驰的，而在这种总趋势下，德国感到，尽管自己是个后来者，也是有权分得一份的。于是，俾斯麦顺应潮流，终于在实际上有意识地和深思熟虑地这样做了，以便他有可能利用民族团结的口号，使自己在国内政治中的困难地位有所稳固。但是，他从来没有打算通过建立殖民地的途径，为德国制定一项帝国主义的国际政策。他害怕殖民力量与海军力量结合在一起，而从19世纪90年代起，这实际上成为不可抗拒的潮流。

甚至关于在东部各省的德意志人和波兰人杂居地区建立德意志农民居住点来开展"国内殖民"的想法——这是一个符合民族自由党的路线的想法——也是别人向他提出，他只是勉强地加以接受的。因为他仍然坚持以前的看法，即尽管波兰贵族与其同盟者波兰教士是普鲁士—德意志国家的敌人，然而波兰居民，尤其是波兰农民，始终表现他们是忠诚的臣民，正如不久前，他们在1864年至1871年间的战争中作为士兵所表明的那样。他屈服于1894年以后由于"德意志东进协会"的成立而加强的德意志化趋势，又一次接受了他原先反对的一个群众性的民族运动。这时，波兰人和德意志人，都被卷入了这个运动。自从"文化斗争"以来，曾经围绕着语言和教育问题（波兰人被禁止使用本民族的语言）展开了一场艰巨的斗争；1886年以后，由于普鲁士"殖民委员会"的成立，又展开了争夺土地的斗争。波兰人以其村社式的合作制度来与德意志的国家援助相抗衡，而且，他们通过积极购买土地并向那里移民的办法，成功地坚持了斗争，直到帝国的终结。

在威廉一世统治的末期，俾斯麦通过1887年的所谓"七年选举制"，赢得了国内政策方面的另一个巨大胜利。对内政策和对外政策再一次以典型的俾斯麦方式密切交织在一起。实际而直接的起因是军事问题。由于1885年至1886年的保加利亚危机，又鉴于法国在其陆军部长布朗热的领导下复仇精神加剧了，俾斯麦对德国的武装力量的建设落后于法国感到不安。法国在这方面的开支远远超过德国，其征兵制度也远比德国严格，结果是，尽管法国人口数目小得多，法国1886年的平时兵力却超过了德国。于是，俾斯麦不得不提出一项议案，要求将陆军增加10%；正如过去的军事议案一样，这项议案也实行"七年制"，以7年为期。这件事本身是十分重大的，但是，俾斯麦的主要动机却是出于在对内政策方面的策略考虑，以对付帝国议会。帝国议会否决了"七年为期"，尽管没有连增加陆军的兵力的要求也一起否决，而这正是俾斯麦所需要的。这给他提供了解散帝国议会的有力借口，也提供了在新选举中提出的口号："祖国在危急中。"这是一个很大的胜利。三个右翼政党，即联合起来组成"政党联盟"的保守党、自由保守党和民族自由党，在很大程度上由于动员了大部分原先不参加投票的选民参加了投票，赢得了397个议席中的绝对多数，即220席。这使俾斯麦大大地松了一口气，虽然好景不长，因为政党联盟在1890年就解体了。

王位继承方面同时发生的两次变化，在1888年为俾斯麦和帝国

第十章 德意志帝国

带来了一个新的局面。这位首相失去了威廉一世这位君主，而他可以说是这位君主忠心耿耿的臣下，虽然在关键时刻俾斯麦总是强使自己的意志占上风。他担心具有自由主义思想的皇帝弗里德里希三世及其热心于政治的皇后维多利亚（即英国维多利亚女王的女儿，俾斯麦的死对头），会通过一种"格莱斯顿内阁"进行统治，而这个"内阁"在巴登人冯·罗根巴赫男爵的领导下，对外会过于亲英，对内会过于自由。但是，皇帝已经病入膏肓，没有产生什么明显的影响就在3个月后去世了。他的29岁的儿子威廉二世皇帝的态度一直是尖锐反对其双亲的。尽管他头脑灵活，兴趣广泛，但他性格的危险的一面立刻就表现出来了；他情绪不稳，喜欢阿谀奉承，倾向专制君主的"亲政"，而且，过于重视军事方面的事务并使军队的情调在社会上风行起来，这正反映了他在波茨坦近卫军团所受过的训练。

这位乐观的年轻君主，胸怀大志，渴望自己独立行事。他对一贯独断专行的老首相不能容忍。这是1890年3月20日俾斯麦被罢官的根本原因。宫廷牧师、基督教社会党反犹太主义运动的领袖施特克尔，以及与俾斯麦相反、致力于同俄国打一场预防性战争的总参谋长瓦德西伯爵，是参与反对他的阴谋的主要人物。1889年鲁尔矿工大罢工以后，1890年年初就在社会政策问题上以及就有关"反社会党人法"的争论上发生了冲突。皇帝希望社会政策以保护工人的措施为基础；俾斯麦希望以一种更加激烈的方式延长反社会党人法，而威廉二世则希望废除这个法令，以便实现和解。帝国议会否决了延长这个法令，3个右翼政党的政党联盟解体。在帝国议会解散后，于2月间举行的新选举中，俾斯麦明显地失败了，而社会民主党人和左翼自由党人取得了相当大的胜利。这一事实在皇帝与首相之间的争吵中确实起了重要作用。俾斯麦决心抗拒帝国议会。这就是说，他当时显然倾向于再次解散议会，而且，如有必要，他将毫不畏缩地改变选举制度并实施新宪法。这种极端的行动方针，和威廉二世当时的见解迥然不同；因此，俾斯麦便在激烈而又带挑衅性的争论中提出辞呈，而皇帝也就以宽慰的心情接受了辞呈。

众所周知，俾斯麦的去职，在某些方面标志着对外政策中一个时代的结束：俄国谋求延长1887年的再保险条约遭到了拒绝；特别是，被枢密顾问官霍尔施坦斥责为太难捉摸的俾斯麦的诡计多端的外交政策,彻底被一种"简化"政策所代替。而在国内事务中,一个根据自己的需要曾经制定了帝国宪法的人物的离去,也具有深远的意义。俾斯麦的断任者们,谁也没有他那样的才干;这些人中,谁也不能填补他根据宪法日理万机的地位。首相的"职责"和那位实际才能远不足以"亲政"的皇帝所要求的专制之间的关系,仍然无法确定。帝国议会的重要性增加了。最重要的是,从此以后,一方面是首相的政治领导,一方面是相当独立的陆军部和海军部的领导,二者完全脱节的情况,比过去更加严重了。现在只有通过皇帝本人,才能使它们发生联系,而这种联系是极不完善的。

在事后判断是非,人们会说把俾斯麦撤职是对的,因为不只社会改革,就连宪政改革也给耽误了,而人们寄予重望的"社会皇帝"威廉二世,本来是有可能实现这些改革的。考虑到潜在的宪政危机,难道除了俾斯麦所设想的反议会的政变以外,就没有别的途径可循,即修改宪法,实行民主的议会控制吗?在当时的政党制度下,这样做肯定要冒政治风险;但是,这将比任何反民主的做法,更能适应时代的潮流。结果,威廉二世避免在宪政方面做出任何决定。社会改革是半心半意的;在宪政方针方面,根本不敢采取任何行动。俾斯麦解职后没有几年,威廉二世自己也考虑要发动政变了;1894年9月6日,他在柯尼斯堡的一次演说中,发出了一个夸夸其谈而不合时宜的号召:"为了宗教,为了道义与巩固的秩序,反对那些存坏性的政党。"——在这里,"政党"一词用的是复数,表明所指帝国的敌人不仅是社会民主党。于是,对"新政"的幻想很快就破灭了;无论如何,这是继俾斯麦而能胜任帝国首相的、旧普鲁士忠心耿耿的典范冯·卡普里维的力量所做不到的。皇帝及其臣属对像社会学家马克斯·维贝尔这样的批评者,根本不予理会。1895年,维贝尔在弗赖堡大学的就职演说中,主张建立一个经济不断发展的强大的民族国家,并且对国内政策做了严峻的、悲观的预测。弗里德里希·瑙曼那本有着政纲一样书名的著作《民主制度与帝国的尊严》虽然曾轰动一时,却没有被认真看待。尽管皇帝对现代技术、航海和文化艺术运动不抱成见,但是,他对于国家和社会的看法是与现实隔绝的,就像被关在封建宫廷里,对他自己的人民中间已经改变了的社会状况无动于衷。

第十章 德意志帝国

冯·卡普里维1894年下台后，一位巴伐利亚贵族、自由派天主教徒、已无领导能力的老人克洛德维希·冯·霍亨洛埃－席林格菲尔斯特亲王当了6年的帝国首相。虽然霍亨洛埃没有对此做出什么贡献，但这几年却决定了威廉二世的德国将要走的道路。经济繁荣已经蓬勃地开始，而且开始产生效果。皇帝打算首先解决海军问题，以便使德国的地位适应于新的情况。德国的对外贸易已经仅次于英国而居欧洲第三位，但德国的海军却远远落后于英国，也落后于法国、俄国和意大利。这时，德国虽然为时已晚，但还是投身于"新海军主义"的总潮流中去了。鉴于对外贸易日益发展并且新近在中国和南太平洋取得了殖民的立足点，德国的海上利益已不容忽视，那么，现在还要像当年俾斯麦那样置身于"世界政治"之外，看来是不大可能的了。对外贸易、海上力量以及国际政治的相互关系，指导着皇帝的全部治国之道，而他最殷切的愿望，莫过于建立一支强大的德国海军。在这方面，他有意识地抛弃了俾斯麦的建立一个"心满意足"的帝国的欧洲政策。如果我们正确地考虑经济的实际情况和当时的时代精神，我们就不能把威廉二世的决策说成是一种不负责任的傲慢表现，这是按当时一般采取的方式承认一个迅速发展的新工业国的迫切需要。德国不得不超越俾斯麦的尺度。但问题是，要在新的情况下找到一个新的尺度，并且控制由于德国在陆上和海上的重要地理位置所产生的各种后果（特别是涉及英国的）。威廉二世这一代人，由于政治上受到海因里希·冯·特赖奇克这类历史学家关于建立强大的民族国家并推行积极的国际政策的主张的熏陶，容易乐观地意识到自己的力量，却对德国政治的这一根本问题估计不足。

最初，在国内贯彻这种海军政策很困难，经常被批评为"亲英"的外交部进行了阻挠。帝国首相则只听从皇帝的意旨。保守党人的利益主要在于土地方面，因此对此表示淡漠与怀疑。欧根·李希特尔的进步党和社会民主党，自然反对庞大的海军计划所带来的负担。因此，1897年春，在帝国议会进行有关海军问题的辩论时，皇帝的目标未能达到。威廉二世曾考虑发动政变。但他没有采取这个值得怀疑的步骤，而是试图通过更换大臣的办法实现他的目标。他任命海军上将冯·提尔皮茨为海军大臣，并于1897年任命冯·比洛伯爵（后为亲王）为外交大臣。后来，比洛在1900年又担任了帝国首相。

在任命提尔皮茨以后，海军政策进展得很快，并且总是成为国内政治中激烈争论的根源。各有关工业部门支持海军协会，这个组织变得极为活跃，它鼓舞了右翼，却激怒了左翼。它常常提出一些要求，其范围之广，大大超过了提尔皮茨或比洛所欢迎的程度。这个组织由于成员众多，已增长到五十多万人，因而成了政治"压力集团"中最有效的一个，这些"压力集团"在中产阶级中是与无产阶级组织，即工会和社会民主党旗鼓相当的力量。通过这些团体，就可以了解右翼中产阶级的政治组织。除了海军协会以外，还有德意志殖民协会、帝国反社会民主联盟、德意志东进协会和国防协会。国防协会直到第一次世界大战爆发前几年才成立，它不仅谋求扩大陆军，而实际上也谋求根据国家民主的原则改革陆军；因为陆军通过其领导人表现出一种贵族式的冷淡态度，而从这一点就可以说，它比海军落后了。人们在谈论"全民武装"的问题，它的任务是进行一场"生存还是毁灭"①的斗争，一旦出现紧急情况，为自己的生存和民族的荣誉而战。对于深受旧普鲁士传统熏陶的高级军官来说，甚至对于从1891年至1905年一直担任总参谋长的冯·史里芬将军这样一个"十足的军人"来说，这种精神也是格格不入的，令人生疑的。"泛德意志联盟"虽然成员较少（第一次世界大战前一直没有超过两万多人），却是这些组织中最极端的一个。他信口开河地提出实现全面的民族主义的要求，再加上不仅是德国才有的政治上的达尔文主义的成分；这样，"泛德意志联盟"就已经在明显地滋长着后来成为国家社会主义特色的形形色色"大众"思想的大杂烩。通过帝国议会的右翼议员，在较小程度上通过大学教授，以及通过商业和官僚机构内部错综的关系，泛德意志主义者产生了很大的影响。比洛，尤其是他的继任者贝特曼－霍尔威克领导下的帝国政府（1909—1917年），虽看出了泛德意志联盟的宣传鼓动是一种动荡的因素，但却无法避免它所产生的影响。

我们在这里涉及这样一个中心问题：德国1914年以前究竟在多大程度上被引向战争和鼓励发展战争目标的势力所驱使。德国官

---

① 这句话引自莎士比亚：《哈姆莱特》第三幕，第一场。——译者

方对外政策的某些特点清楚地表明，德国在坚决实行调整使自己适应所谓帝国主义时代的国际政治新形势方面，并没有成功；在这方面，皇帝时而表现出来的荒唐行径不是没有影响的。但是，尽管商业扩大了，扩建海军的政策实行了，并且举办了诸如修建巴格达铁路这样一些事业，但是并没有形成改变现状的真正意向，更谈不上用强力来打破这种现状了。官方政策还是认为帝国所要达到的是俾斯麦所说的那种"心满意足"的程度。为驱使德国超越这个限度提供推动力和危险性爆炸物的，不是政府或陆军的领导，而是一个全国性的中产阶级运动。在这个运动中，古典自由主义时代的理想主义与顺利发展着的商业野心相结合，产生了一种被夸大了的民族意识与意志力；而且，就像突然树立了雄心壮志、"觉悟起来"的民族那样，这种意志是如此强烈，以致有使人们丧失原则性和分寸感的危险。这种民族冲动的浪潮，甚至波及天主教中央党和左翼政党，尽管这种浪潮往往受到它们的抵制，有时也受到旧普鲁士的保守派的坚决抵制。

因此，1906年，在国内政治中，出现了一种在某些方面与1887年的"政党联盟"选举颇为相似的局面。帝国首相冯·比洛到那时为止虽相当巧妙地对付了各个党派，但没有对付各党派的任何真正的全面计划。在中央党和社会民主党人拒绝为在德属西南非洲进行殖民战争而追加预算以后，他于1906年底解散了帝国议会，并且针对中央党和社会民主党人提出了他的选举口号，"保守党精神与自由党精神相结合"。欧根·李希特尔死后，甚至左翼自由党人也与保守党和自由党"集团"站到了一起，于是，这个"集团"在下一届帝国议会选举中获得了一半的席位。帝国议会中终于出现了与某种联合政府相类似的各种力量的联合。

所谓的"《每日电讯报》事件"，暴露出帝国议会这时已经在多大程度上超越了宪法所赋予它的作用。事情是由1908年10月20日伦敦《每日电讯报》的一篇文章引起的。这篇文章的题目是"德皇在英国"，引用了威廉二世对英国人斯图尔特·沃尔特利上校所发表的谈话。皇帝对英国表示了友好态度，但他在这样做时不注意策略地重提布尔战争的往事。这篇文章立刻引起了轩然大波，而且在德国比在英国更为严重。皇帝曾对发表的文章感到满意，但是他曾把这篇文章送交比洛审阅，因此把责任推到了比洛身上。比洛没有阅读文章就把它转给外交部去研究处理，经过稍加修改后，便在德国发表了，而这时他自己仍然没有读过原文。在这个问题上，正在海滨度假并专心注意于刚刚爆发的波斯尼亚危机的首相，太草率从事了。他应当负全部责任，因为他负责辅助皇帝指导对外政策。但是，事情刚刚过了几天，舆论对威廉二世本人和他滥用"亲政"的批评，大大超过了对首相的批评。而比洛虽然知道责任在于自己，但他在帝国议会上进行解释时，却尽量把自己与威廉二世分开。他的主要目的是摆脱自己与此事的干系，以便保持清白。他答应务必要使皇帝"在将来，即便是在私下谈话中，也要审慎从事，而为了政策的统一和君主的权威，这种审慎态度是不可缺少的"。威廉签署了一项保证，重申宪法为自己所规定的职责，并向比洛保证完全信任他。这位皇帝已经到了精神崩溃的地步，甚至打算退位。

在直到1914年为止的威廉二世统治期间，"《每日电讯报》事件"几乎与具有决定意义的1897年一样，是一个最重要的转折点。皇帝的自信心破产了，他放弃了"亲政"的倾向。帝国议会显示了自己的力量，并且对他进行了严厉的谴责。帝国首相看来很轻松地过了关。但是，如果说他屡次都表现得很狡猾，他在道德上也是心胸狭隘的；而且，尽管他们表面上和解了，但是，他还是失去了君主的信任。1909年夏，帝国议会否决了帝国第一个直接税，即遗产税的议案后，他被撤职。保守党、中央党及一些较小的党派都投票反对这个议案。这几乎开了议会搞垮首相的先例。

"《每日电讯报》事件"和比洛的去职，标志着开始朝着实现帝国宪法所规定的议会权威的方面演变。这种演变在第一次世界大战前的那些年里，是一个不安定的因素，直到1917—1918年，在战争的压力下，这种演变才最后完成。

比洛的继任者是国务大臣兼普鲁士内政大臣冯·贝特曼－霍尔威克。他是个杰出的、兴趣极为广泛的行政官员。他对德国的对外和对内问题的洞察力，要比当时"官僚界"的大多数代表人物都更加深刻。但是他太缺乏信心，没有足够的魄力，因而无论在战前的日益恶化的国内政治局势中，或是在后来的战争过程中，都不能贯彻自己的主张。他所能做的只是在对立的力量之间保持平衡。德意志帝国虽然表面上显赫一时，而且日益繁荣，但是也有许多国内问题尚未解决，它就是带着这些走向了世界大战——这是帝国政府既没有打算，也没有准备进行的一场战争；但是，许多德国人却有着当时欧洲人所普遍持有的想法，认为这场战争是不可避免的。

（赵书汉　译）

第 十 一 章

法兰西共和国

在 1871 年，法国人对于自 1789 年以来的 3/4 世纪这个多事之秋记忆犹新。如果不首先了解这一点，那么，对以下的章节也就无法理解。① 农民依然是人数最多的社会集团，他们接受新思想十分缓慢。他们仍然担心贵族和僧侣的统治会卷土重来，将封建的苛捐杂税重新加在他们头上；反之，他们对自己的财产权开始有了强烈的意识，尤其是从 1848 年以来，很容易引起他们对"赤色分子"或"共享派"（重新分配派）产生一种莫名其妙的恐惧心理。他们所说的"共享派"，就是指的政治上比较先进的城市居民；这些城市居民会来夺走他们的土地，至少要夺走他们藏在出名的羊毛袜子里的积蓄。无疑地，土地贵族（在某些地区仍然是很有势力的）和上层中产阶级，既不梦想去再次反对 1789 年颁布的各项自由，甚至也不打算再去触犯拿破仑法典规定的公民平等；但是，他们一想到 1793—1794 年的恐怖时期，出现七月王朝的那次起义，1848 年的二月革命以及 1848 年 6 月的起义，就不免心有余悸。因此，他们不愿对新思想和新的阶层的普遍要求，采取任何妥协的态度，因为他们从中只能看到纯属破坏性的力量。至于坚定的共和派（产业工人、手工业工人以及许多商人和自由职业者），他们的理想是 1793 年：共和元年宪法。这部宪法不仅提出了一种非常自由、非常民主、地方享有充分权力的制度；还提出了国民公会和各个委员会享有最高权力；换言之，即一

---

① 如果说第三共和国的历史，甚至连一部分都还没有编写，这也不算什么夸大其词。无数论述这段历史的著作，直到最近往往都是根据先入为主的政治偏见或只是为了提供一个提纲挈领的概要，而不是在有条理的研究工作基础上写成的。但是，在最近几年中，许多研究论文已列入写作计划；很明显，这些论文一旦发表，许多问题都会重新提了出来。因而本章提出的仍属初步意见，主要是以个人研究史料的一孔之见为根据，至少对布朗热主义时期的论述是这样。

个其权力不受任何限制的全权议会。因此,他们在每件事情上都以 1793 年作为先例和榜样。

工人和资产阶级之间的阶级斗争,对于一个重工业并不十分发达的国家的直接影响并不很大;可是,它在感情上激起的反应确实相当大。工人们并没有原谅资产阶级,甚至包括共和派的资产阶级在内,因为资产阶级镇压了 1848 年的六月起义,而现在又出现了另外一个事件,把原有的对立情绪推向了顶峰,这就是巴黎公社。

对于最后发生的这段插曲,人们现在还在激烈地辩论着。本文不打算对对立的观点评断是非,但不妨对当时的情况做一简短的回顾。巴黎被围一段时间以后刚刚向德国人投降;被围期间,巴黎的居民身心方面受到严重的摧残;法国其他各地,正像下面即将叙述到的,刚刚选出了一个以保皇党人为多数的国民议会。经过一些偶发事件后(说来话长,这里无法概述),于 1871 年 3 月 18 日爆发了一场人民起义;梯也尔政府退到凡尔赛,放弃了巴黎并把它交给了起义者。首都在两个月中由它所选出的议会掌握。这个议会自称为"公社"。在这个人民运动中,受到挫伤的爱国主义,共和派对受到威胁的那种理想的渴望,一向惯于对各省发号施令的首都,现在却面临各省要把它们的意志强加于它这一局面而感到的愤怒,最后还有各贫困阶级的悲惨生活,所有这些因素,其重要性究竟孰重孰轻,这就很难确定了。社会主义者(这样称呼很恰当)在公社里起着显著的作用,可是他们只是少数。然而,可以断言,当梯也尔指挥的军队重新攻占巴黎的时候,抵抗最顽强的巴黎东部的工人区。重新攻占巴黎——1871 年的"五月流血周"——具有极其残酷的性质,致使这两个敌手长期怀恨在心。秩序的维护者们——凡尔赛分子——长久地谴责公社处死了人质,焚毁了巴黎市中心的许多纪念物,他们把所有主张公社改革的人都贴上"公社社员"的标签。在工人这一边,他们则不能宽恕资产阶级采取的处死和大批流放的做法。社会主义者后来每年都照例要到公社的最后一批保卫者牺牲的地方拉雪兹神父墓地去朝拜。

与此同时,在法国的其他地方,也发生了许多事情。俾斯麦虽然和 1870 年 9 月 4 日成立的临时政府开始谈判,但是,他只想和一个法国将来无法否认的有代表性的、没有争议的政府缔结和约。因此,在一个大部分领土被敌人占领的国家中,必须赶快进行选举。选举于

1871年2月8日举行。当选的有共和党人150名,自由党人80名,保皇党人400名,波拿巴主义者20名。既然选出的数字情况如此,这又如何能在几年内建立起一个共和国呢?对这个看来是自相矛盾的事实,现在有必要加以解释。

首先,选举主要是在战争与和平的问题上进行斗争。共和派最出名的领袖甘必大,是奋战到底的一派的化身。共和派当选名单上的那些人,经常利用他的名字和他的各种主张。另一方面,保守派则宣称自己是主和派,并利用梯也尔的威望作为庇护。绝大多数选举人,首先是农村中的选举人,深信战争已经输定了,因此,首先需要的是和平。不仅如此,当时几乎任何地方都没有时间或机会来进行一次真正的竞选运动。公民们只能选举他们所知道的那些候选人,也就是当地知名人士中那些没有因为替第二帝国效劳而信誉扫地的人物;换言之,选出的大多是大土地所有者和律师,而这些人通常是保守派。但是,法兰克福和约一经签订,恢复君主制的问题便又提出来了,农民们开始担心这种试验将会使"旧制度"卷土重来。从此以后,在补缺选举时,通常是共和派人取胜。

在国民议会内部,占多数的保皇派主要是由自由保守分子组成(50名至80名极右议员除外)。他们不但不攻击革命的社会成就,而且还真诚地赞成代议制,自然也就向往议会政府。但是,正统主义的王位觊觎者尚博尔伯爵是一个"旧制度"的人物。他要求拥有权力,是根据他那君权神授说,而不是根据享有主权的人民的委派。事实上,他本来也许是想不理会革命以后的社会所建立的新体制,但不接受那个社会的原则,而在当时的法国这些原则是起着重要的作用的。他竟然希望把亨利四世的白旗拿来作为国旗,以代替革命的三色旗。这就是这种冲突的象征。1871年7月和1873年10—11月,国民议会不得不两次放弃将他推上王位的企图,因为从他那里得不到对时代精神做出的必要的让步。保皇的多数派不得不采取拖延时间的办法,因为尚博尔伯爵一死,他的权力和王位要求就要转到奥尔良家族的代表、路易·菲力浦的继承人,因而也就是革命的继承人巴黎伯爵的手中。因此,国民议会将麦克马洪元帅的任期定为7年(他是一个保皇派军官,于1873年5月代替梯也尔担任总统),并且着手制定一部到时候能够适用于君主制的宪法。

但是，国民议会非常清楚地认识到，它正在失去对国家的控制；而且历史的教训历历在目，因此它认为它的首要任务是要打击颠覆性的理论。正如国民议会的一位最有权威的代表巴特比向议会提出的正式报告中所说的："在我们这个不幸的国家里，存在着一支制造动乱的队伍，它比其他国家的这样的队伍人数更多，力量更强。……1848年，这支队伍的士兵自称为社会主义者；1871年，自称为'公社社员'，今天，则通常被人称为激进派，这个名字在最近这些日子里，被人用来表示旨在导致我们毁灭的那个联盟。"梯也尔所以落选并由麦克马洪取代，正是由于他拒绝一致向"激进主义"作斗争。从1873年5月到1874年5月，布洛利公爵以麦克马洪的名义主持"道德秩序内阁"。这个名称本身就能说明问题：它所要捍卫的不仅是各统治阶级的利益，而且还有它认为受到威胁的一整套复杂的宗教、社会和家庭的准则。但是，政府在与反对派共和派进行斗争中，除了一些没有多大作用的官僚主义的应急手段之外，拿不出任何现成的办法。它没有向全国提出最需要的东西：一条摆脱临时政府的道路。它只是使天主教和政治上、社会上的反动势力比以往更加完全地结合起来，从而使保守的多数派中潜在的分裂更为加深。

正是由于这些分裂，1875年的宪法条文才最后确定了一种为共和派所易于接受的制度。奥尔良党人的领袖布洛利公爵曾设想成立一个相当于英国上议院或法国贵族院的大参政院，以保障保守派的利益。大参政院的成员有些是凭本人的地位，其他则由总统任命。大参政院将起着与普选产生的，谁也不会想要取消的众议院相互平衡的作用。可是这种想法并没有得到实现，参议院仅仅成了省参议会和市参议会所派出的人员组成的机构。但它在权力和地位上仍然与众议院不相上下，另外还设立了共和国总统。共和国总统可以轻而易举地一变而成为国王，而且，他的权力远远超过当时英国的君主。共和国总统拥有提出法律的创议权；如果他对一项措施不满意，他有权强制两院中的任何一院重新审议；他可以根据参议院的建议解散众议院。他遴选各部部长。这些部长固然要对两院负责，但是他们究竟是个人，还是集体对两院负责，则不明确；没有规定设总理一职。总地说来，不妨推测，1875年宪法本来是能够发展成为美国式的总统制的，而且，还要注意到，梯也尔于1871年至1873年掌权期间，即已朝着这种制度演变。

但是，事态却朝着相反的方向发展。1876年3月，在保守派处于混乱时选出的众议院中，共和派是多数；麦克马洪总统和参议院依然是保守的。在这种状况下，部长们的工作逐渐变得无法进行了；1877年5月16日，麦克马洪撤销了部长们的职务，并根据参议院的建议解散众议院，诉诸国民公断。"五月十六日事件"并不像人们在斗争白热化时所说的那样是一场政变：总统并没有越出宪法所赋予权力的范围。不过在当时的形势下，他的行动看起来像是对普选权的蔑视。尽管政府方面施加压力，普选的结果，共和派仍占多数。麦克马洪在接见为新选的众议院所能接受的内阁时，不得不在致辞中宣称："1875年的宪法确定了各部部长的集体的和个人的责任，同时也就确定了我的不承担责任的地位，这样就是创立了一个议会制的共和国。"真正确立了议会制度的，正是这个解释性的文件。

1879年1月，参议院进行部分改选，共和派成为多数，于是麦克马洪辞职，由共和党人朱尔·格雷维接替总统职务。从此以后，充满信心的共和派，即"天生的共和派"，便成为共和国的主宰。他们毫不迟延地确定自己最重大的使命就是要使国家权力"世俗化"。当时法国的大部分还是掌握在天主教的手里，除非记住这一点，否则不易懂得"世俗化"这个概念。必须记得，罗马教会是等级森严的组织，它以权力的原则为基础，以坚持万事不变的教条为己任。1864年，教皇庇护九世颁布了《现代错误学说汇编》，列数被教会谴责的谬论条目。许多人把这些条目的颁布解释为天主教向现代思想、科学精神、民主自由、人民主权的原则等宣战。这种解释是否真有道理，可以讨论；但是绝大多数的共和派都有这种看法，因此，他们就把天主教看作天然的敌人。不仅如此，这些共和派中有许多人并没有任何宗教信仰，而是渴望建立一个以科学代替宗教信仰的新世界。为了达到这个目的，必须首先使教育摆脱教会的控制。

法国的初等教育是归村镇负责的；而且，这种教育往往是由宗教"修会"的成员，即修士和修女进行的。至于男孩子的中等教育，拿破仑一世已经创办了公立中等学校，与这种公立学校并存的，还有由耶稣会等团体经办的教会中学；可是，需要接受初等以上教育的女孩子，则是在女修道院中长大的。只有高等教育才完全是由国家任命的教师负责的。起初，曾经打算禁止未经批准的修会的成员任教；后来，由于这项措施遭到参议院的反对，于是，这些人员索性被赶走，其中主要是耶稣会士。女孩子的中等教育，开始时与男孩子类似，采取公立中等学校形式。最后，于1882年宣布，国家的教育事业是"世俗的"，就是说，不但要不受教会的控制，而且要摆脱所有的宗教思想；宗教教育可以由教派的教长进行，但是，必须是在教学时间以外，而且，与其他教学毫不相干。这些改革方案中绝大多数虽以朱尔·费里的名字命名，但是，他在把这些改革方案付诸实施时，得到许多热心的合作者的支持，得到几乎所有共和派的赞助。而且，有关学校的法律也并不是仅仅作为一种"斗争的手段"才提出来的。使初等教育摆脱教会的束缚并成为义务教育，被看成是能使法国人与"普鲁士人"相抗衡的爱国行动（据说，普鲁士所以能战胜法国，应归功于普鲁士的小学教师）。人们也认为，法国正在实现一场保证使所有公民机会均等的极好的社会改革。然而，教育"世俗化的"法律最重要的作用，也许还在于它们的政治后果。这些法律加深了"两个法国"之间的鸿沟，从此以后，在许多农村里，共和党居然被说成是与"僧侣党"相对立的"小学教师党"。因此，新的初等教育在决定第三共和国的思想和政治阵营的划分方面起着很大的作用。与此同时，政府慷慨地给予基本自由：出版自由（今后如依然违反这类规章，将要受到法庭的审讯）和集会自由。仅仅结社自由这一项，虽然实际上是被承认了，但在法律上还未被认可，因为这要牵涉到如何对待"修会"的问题。还通过了一项法律，授予市、镇议会以任命市、镇长的权力，不过中央政府保有监督权。

但是，即便是在这项重大工作正在进行期间，共和派中间也出现了深刻的分裂，这个分裂一直到19世纪末都在支配着政治生活："机会主义者"（他们的各色各样的领袖担任公职直到1885年）遭到"激进派"的反对。起初，这只是一种策略上的矛盾。共和派的许多人考虑到共和国为了巩固自身已经有许多困难必须去克服，因而认为不应该再去触动那一部分在很大程度上还没有表示支持哪一派的舆论，特别是在农村中。他们的准则是："凡是全国大多数人所不能立即接受的事，均不得纳入共和派的纲领。"激进派或称"不妥协派"则针锋相对地回敬道："必须要求彻底实施共和主义的学说，除非有证据说明全国人民不需要它，否则，纲领中的任何一点均不得放弃。"

这种策略上的分歧，在某种程度上是和两代人之间的矛盾相一致的。激进派是一些喜欢谈论原则的人，往往爱感情用事，他们是"1848年的共和派"的继承人（他们的第一个议会党团正是由"1848年的共和派"成员之一路易·勃朗所建立的）；他们从老激进派中间和从那些本能地会走向极端的年轻人中吸收新的力量。机会主义者往往属于介于中间的一代，这一代是在充分利用当时所剩无几的各种半自由而与第二帝国进行斗争中形成的。这是比较积极、比较现实的一代，更着眼于当前，而不是生活在对1793年的回忆中。这两派人首先在气质和习性上有所不同。在机会主义者看来，实行统治，就是治理国家，处理出现的问题：他们是经验主义者。而激进主义者认为，统治就是改革。二者都是反教权和相信科学的，但激进派通常希望科学能给人类社会提供一些法则，就像支配宇宙的法则一样；而机会主义者则借鉴于科学研究的方法，从中获得"实验政治学"的方法。当然，由于个人情况不同，问题弄得比较复杂起来。机会主义者伟大的先驱莱昂·甘必大直到1877年5月16日为止一贯是激进派的领袖；他那敏捷的地中海人的才智，热情洋溢的口才，以及他所具有的法国人称之为"国家意识"的深厚天赋，使他擅长于用最极端的共和主义的言辞来掩饰最温和的、最实际的主张。也许，只有他才能够为共和党人打开一条从过去的反对派转为今天的执政党所必须采取的捷径；但是，正是他的这种性格的力量，给他的敌人以可乘之机，指责他是："专制主义。"他于1882年12月过早地去世。他在政治上的继承人朱尔·费里的性格迥然不同：他是法国东部人，为人冷漠、沉默寡言，往往粗鲁无礼，他的错误在于把一些本应说得含糊其词的问题，说得太明确了。例如，有一次他在谴责激进派的骚乱和越轨行为时，他说的一句话立刻被人理解为是说"危险在于左翼"。这在当时是许多共和派所难以想象的，几乎是荒谬到了极点。此外还必须提到，克列孟梭这位被人多少有些夸张地称为"倒阁专家"的激进派首领，他的鲁莽急躁，以至整个性格，也无助于息事宁人。

对甘必大独断专行的攻击和对费里表现出的厌恶情绪，基本上是许多人对于那些已经放弃了大部分共和派原有纲领的人的一种蔑视的表示，而甘必大本人正是靠着这个纲领于 1869 年在贝尔维尔（巴黎的一个地区，相当于伦敦的怀特查佩尔①）当选的。事实上也是如此，机会主义者虽然实行了许多意义深远的改革，但他们却失去了其他许多东西。

许多共和派认为，政权一经到手，就必须废除 1875 年的君主主义的宪法，以及自第一帝国以来几乎原封未动的政治体制。贝尔维尔纲领甚至还包括这样一个建议，所有公职人员应由选举产生。极端共和派分子的敌对情绪，首先是针对参议院、各省省长和国务会议。但是，机会主义者 1884 年只是对宪法做了非常有限的修改，从此以后，他们就成了这部宪法的坚定的捍卫者了；特别是他们认为参议院是一个有用的机构，可以对众议院一时欠考虑的冲动行为起制约作用，可以忠实地反映一些农村选民的意志。这些农村选民是他们特别害怕惊动的，他们担心这些人会对共和国疏远。在共和派看来，拿破仑的中央集权制，只要他们一旦加以掌握，也有许多可取之处；如果他们废除了这个制度，他们就会使得君主主义者再次在一系列的部门中自由行事，特别是"世俗的"法律也就无法在这些部门中实施。选举法官，这是他们在这一方面曾经严肃考虑到的唯一措施，最后也于 1882 年 7 月放弃了。这样，一个与最热情的共和派所梦寐以求的大不相同的政权，一点一点地巩固起来。

机会主义者十分重视物质利益和经济繁荣，这是完全可以理解的。但是，他们时乖运蹇，恰恰就在他们执政期间，法国经济体系遭到前所未有的情况最糟、时间最长的危机。这次危机虽与 1873 年至 1896 年间涉及许多国家，特别是欧洲国家的那次经济萧条相联系，但它又有自己的特点。举个例子来说，1873 年国际性的金融崩溃对于法国的经济只产生了轻微的影响；在法国，第二帝国的繁荣一直持续到 1882 年。但是，1882 年带来的不仅是一系列的困难年头；停滞，有许多地区甚至是倒退，开始出现，至少一直延续到 1895 年。和其他的主要国家相比，这是一个不利的条件；有人会说法国直到最近几年才把它克服。只要举出一个例子就可以说明，在工业大国中，1895 年的出口额低于 1875 年和 1883 年的，只有法国一个国家。

---

① 怀特查佩尔（Whitechapel），意为"白教堂"，伦敦东区贫民和犹太人居住区。——译者

造成这次危机的头一个原因是农业。无疑地,作为法国的主要经济活动的农业,由于新的农业生产国家,特别是产麦国的竞争而受到严重的损失,小麦价格在1871年到1895年间降低了一半。与此同时,法国的另一主要作物葡萄,遭受到一场真正的灾难,葡蚜的侵袭毁灭了一个又一个地区。结果,破产的农民自然就少买工业产品了。

但是,法国的工业还受到其他方面的打击。法国工业的一些最重要的部门的声誉和繁荣,本来是从生产优质奢侈商品而来的。在许多情况下,它胜过竞争对手的主要优势,在于工人们(主要是手工艺工人)生产时的"诀窍"和典雅风格。这类工业部门,尤其是出口工业,它们的销售对象是贵族阶层的顾客。但是,当19世纪接近尾声时,世界正日益走向民主化;奢侈品的销路每况愈下,在萧条的年代里更是如此。质量高、价格昂贵的商品让位于价格比较低廉、质量比较一般而且做工不大精巧并可逐渐用机器来生产的那些商品。这类质量一般的消费品,正是那些新近实现工业化的国家,特别是中欧的工业化国家所着手生产的。纯丝和纯毛织品是法国工业的骄傲,现在遇到丝毛、毛棉、棉丝等混纺品的竞争。制革工业不再用坚硬的皮革而采用质地柔软的皮革。此外,美洲饲养牛群的大国,也已开始自己制革。而法国很难适应这种发展情况。这是由于它的传统,由于它的手工艺所特有的高质量(因而在一定情况下较高的工资)的缘故,许多法国制造商认为,追随这些他们看来不过是昙花一现而且俗不可耐的时尚,无疑是堕落。

但是,首先法国的设备简陋,要实现机械生产就需要大量的工厂、金属和动力。在19世纪末,煤的主导地位已经达到了高峰,而法国却缺煤。更为严重的也许是,即使开采法国所有的煤,其成本之高也使人不敢问津。法国最重要的煤田——诺尔省和加来海峡省的煤田,由于煤层较深和地质上的缺陷,开采起来更是困难;中央高原的煤田则离开主要消费中心很远,而且该地区又没有可通航的水道,只能利用铁路,因此运输成本较高。结果,法国就成了这样一个唯一的工业大国,它的煤的消费量尽管很低,可是煤的生产量却比消费量更低。其后果是,法国的冶金生产在1895年以前几乎完全没有增长,而德国却增长了两倍,美国增长了3倍。至于英国的冶金业,在整个这一时期中,一直是法国的4倍。从第二帝国时代起,法国一直是世界上第二财政强国，即第二个债权国。但是，随着时间的推移，越来越清楚，法国由于矿藏贫乏，因而缺乏强国的物质基础。

法国的经济停滞，还有另一个根本原因。大约从 1825 年以来，法国人口增长率持续地下降。每 1 万居民中，每年净增数从 1821—1825 年的 65 人降为 1881—1885 年的 27 人。这种现象与 1920 年以后在经济上最先进的国家，特别是英国，所看到的属于不同类型。因为法国人口出生率的急剧下降，远远发生在物质福利和现代生活方式获得大发展以前，而不是以后。出现这种十分反常的现象的原因，至今没有得到令人满意的解释。另一方面，它的影响却是十分清楚的：法国未能得到由于新兴的消费者——他们同时迅速地成为新兴的生产者——的出现而带来的那种刺激。经济大危机反过来又使人口的恢复受到严重的挫折。每一万名居民中，每年净增数从 1881—1885 年的 27 人，降到 1886—1890 年的 12 人，又进而降到 1891—1895 年的 3 人，只有在 1896—1900 年间才回升到 16 人。法国处于螺旋下降的趋势，所以人口、市场、生产全都减少。把这个阶段当作一个持续衰退的开始，而不是一次短暂的危机，这种看法并不过分。

这次经济大萧条持续不断，在许多领域内造成非常重大的后果。农业方面首当其冲的是大土地所有者。他们同时还受到地价暴跌、地租下降的影响；因此，"缙绅们"在经济上的衰退，又促使他们在政治上没落。与此同时，无地的农民、短工、农场短工大量流入城市，数目日益增加。耕种自己土地的有地农民的数目上升，这种发展情况被人兴高采烈地欢呼为社会和政治稳定的象征，但它并不总是经济发展的一个标志。相反，小农的偿付能力并不能证明它能经得起竞争，而只是证明农民家庭的生活只能依靠农场。为了它自己的需要，什么都得生产一些，而购买和销售的只是最低限度的东西。至于产业工人，如果总的说来，他们的工资保持不变，甚至有所增加的话，他们中间有许多人却经受着长期失业的痛苦。虽然缺乏统计材料，但看来在几个最重要的工业部门中，实际的就业人数在持续地下降。但是，由于许多人放弃农业和工业而经商，商品便膨胀起来。结果，贸易部门的畸重以及由此而引起的价格高昂，造成了法国经济所必须承担的最沉重的负担之一。这种情况至今仍然未变。

这场危机时间之长、后果之严重，也使法国的进取精神受到挫伤。法国裹足不前了。保护贸易主义的胜利，就是这种心情最好的明证。早在1885年和1887年，就提高了谷物和牲畜的税率。1892年通过了一项新的总税率，即梅利纳关税法；它不仅提高了许多产品的关税率，而且严格地限制政府在谈判商业条约中的行动自由。

这场经济危机的政治后果也同样是重大的。它首先反映在1885年的选举中。在这次选举中，1881年曾经大大地下降了的保守派的得票数，又上升几乎达到1877年的水平。选票的增加，不仅由于天主教对"世俗化"法律的不满，而且因为农民们已经听信了这种说法，即农民的不幸是由于各届共和党政府的所作所为：而它们的财政管理尤其受到攻击。激进派方面的席位增加到3倍以上，主要是利用了大城市中工人们的苦难和小商人的困难。如果说这两股势力都由于东京湾远征中的失误（有真实的，也有谣传的）而增加了力量，这也是实在的；但是殖民政策并没有造成任何政治上的重新组合：攻击殖民政策的人，早已在许多国内政治问题上成为机会主义者当权的历届政府的反对派了。

实际的结果是，1885年选出的众议院里没有多数派；机会主义者、激进主义者和保守主义者这三个相互对立的派别几乎势均力敌。由此而造成的众议院的无能，不久就引起一个强烈的反议会的潮流。这就是布朗热运动的主要因素之一。

如果把布朗热主义看成是企图搞一场军事政变，这就大错特错了。在很大程度上它也不是右派推翻政府的阴谋活动，至少它的本意并非如此。至于说布朗热主义反映了民族主义和"复仇"的心理状态，那么，有一件事必须弄清楚。希望要为1870年的失败复仇雪耻，很久以来不过是极少数人的希望；绝大多数法国人认为，对于孤立无援的法国来说，德国实在是太强大了。可是，有许多人认为——这是错误的——德国人为了使1870年的胜利更加彻底和肢解法国，只是在等待一个借口。因此，民族主义不过反映了一种防御的本能，然而，它也很容易一变而为被围困者的歇斯底里。这就是1887年实际发生的情况。这时俾斯麦认为可以通过以战争相威胁的办法，达到成立一个俯首帖耳的国会的目的，以便通过他所提出的七年军事预算法。在这以后，又发生了几起边境事件，特别是施奈贝累事件，于是，布朗热主义就自然得势了。

但是，布朗热主义首先是一个极左的人民运动，甚至有社会主义的一面。一些走在前面的共和派企图使军队民主化。布朗热将军的政治生涯是从此开始的。第二帝国军队建立的基础是通过抽签挑选一定数量的士兵的长期服役制。当时处于反对派地位的共和派，要求取消作为个人权力主要支柱的常规军，而代之以民兵。1870年的战争迫使他们考虑国防的需要，因而取消了这项计划。但是，他们至少确实要求实行短期征兵制，每一个人都有义务服役，这样就不可能利用士兵去反对其他公民。1872年的军事法只是使他们得到部分的满足：实现了普遍征兵制，但是，大多数士兵的服役期仍为5年；而对于那些根据以财富和教育为基础的挑选制度而享有特权的人，则规定的年限要短得多；对于那些将要成为教师，或者——更糟的是！——教会人士则完全免除兵役。共和派便设法要使这项法律同他们的原则一致起来。

此外，军队越来越成为保皇主义者和波拿巴主义者的大家族子弟们的避难所了。这些人从1879年以来，实际上从许多政府部门中被排挤出来。固然这些军官并没有梦想利用自己的指挥权，以武力来重新建立君主制，但是，他们对共和国讥笑辱骂以示反抗，并且经常地对共和派或非天主教徒军官加以歧视，或拒绝和他们往来。这种情况同样需要改革。

正是为了实现这个双重任务，激进派于1886年1月迫使政府任命布朗热为陆军部长。他在担任这项职务期间，孜孜不倦地为改善普通士兵的福利而努力，从而使他赢得了士兵群众的无比爱戴。相反，许多职业军官对他极为反感，认为他那种渴望成名的野心，以及他惩罚某些不合时宜地发泄感情的保守派军官时所采用的方法，都是不可宽恕的。而在机会主义者方面，则对他炫耀他的激进派联盟的做法感到愤怒，因此，从1866年的夏季以后，朱尔·费里就同他发生了冲突。1887年春，机会主义者和保守主义者，利用布朗热在法德关系紧张时期由于一时冲动而做出的轻率言行，结成同盟要把他赶下台。激进派的许多人认为这一行动是针对他们的。于是，他们激烈地攻击不再包括布朗热将军在内的各部部长，这些部长只能仰承右翼的鼻息而苟存下去。而且，布朗热并不甘心就此销声匿迹。他又几次大发雷霆，终于使他在军队中又被撤职。这时，他在几次补缺选举中被提名为候选人，作为对机会主义者政策的一种抗议；而且，右翼中有很大一部分人或多或少地在幕后插手支持他，目的是为了使共和派的混乱情况更加严重。由于右翼和极左翼的支持，布朗热在选举中赢得了巨大的胜利。最引人注目的是，他在诺尔省两次当选（1888年4月和8月），在塞纳省一次当选（1889年1月）；换句话说，他在法国两个最大的，也是工业最发达的省拥有多数。大致说来，布朗热的纲领包括了老激进派的各种要求：他要求由制宪会议修改宪法；他的追随者、一些老的激进派分子则向工人们解释说，取消参议院，就会为结束他们全部苦难的社会改革清除主要障碍。至于和保皇派结盟的问题（因为布朗热运动的宣传费用就是他们提供的），当然是秘而不宣的。

激进派由于处于深刻的分歧和混乱之中，因而无法和布朗热主义进行有效的斗争。这项工作实际是由机会主义者领导的政府承担了。这位前将军被吓得仓皇出逃，先到比利时，后到英国；参议院根据宪法作为最高法院，对他和他的主要支持者提出了控诉。在1889年的选举中，布朗热分子当选的只有几十名（主要是在巴黎，它过去曾是激进派的大本营），共和派保持了他们的多数。经过这次事件而产生的政权得到了加强，但是它也带来了严重的后果。激进派的基础已大为动摇：他们的主要主张，即修改宪法，已经无人相信，因为布朗热分子曾经利用了它。保守派由于与布朗热结成同盟而牺牲了它们的原则，它们隐蔽的合作关系终于暴露；而且，他们也不再有任何推翻共和国的适当的机会了；至今一直追随他们的青年们也有走进一条死胡同的危险。最后的结果是，许多工人突然抛弃了传统的共和派政党：这对未来是一个不祥之兆。

但在这时，机会主义者由于战胜了布朗热而重新振作起来，从1889年至1898年几乎毫未间断地继续掌权。就法国的标准而言，这个时期可算是政局稳定：先后有两届内阁，任期各达两年。这个时期也做出了不少的成就。经过长期谈判后，出现了法俄同盟，因而法国的孤立地位宣告结束，共和国也终于得到了欧洲各君主国家某种正式的承认。殖民扩张政策经过了多年的争论以后，也终于取胜。法国的社会立法体制，也大部分是在这个时期建立起来的。虽然过去任期4年的立法机构所制定的新的社会法律，没有一届曾经超过5项以上，但在1889年到1893年间却通过了15项，1893年到1898年间通过了

17 项。这种情况实属罕见，值得注意。

工人，至少是大城镇的工人，历来是共和党最坚定的支持者。共和党重新上台后，必然要深切关怀工人们的问题，并且准备满足他们的要求；此外，政治上的平等（这是该党的根本原则之一）和经济上的不平等二者之间明显的差异，也是它全心关注的问题。在这方面，激进派和机会主义者之间并没有什么深刻的分歧。机会主义者往往推举从前做过工的人担任自己的领导人，这些人虽然已成为政治上的温和派，却没有忘记自己当工人时的经验和问题：泥瓦工马丁·纳多已成为议员和甘必大的顾问之一；铸铜工人托伦1864年曾在自治团体"工人运动"活动初期起过主要作用，这时成为参议员和塞纳省机会主义者的领袖之一。与此相反，像伊夫·居奥等某些激进派则成为放任主义经济最坚定的拥护者，并以他们的名义反对国家对劳动条件进行任何干预。

然而，法国的共和派是生活在一个重工业发展特别缓慢的国家；因而，对于重工业发展带来的新问题也只是慢慢地才认识到。他们生在一个以农民和手工业工人为主的国家，满以为只要普及教育，并成立自由工人协会以逐步替代雇主，就是解决社会问题的真正办法。他们显然是受了法国伟大的社会主义思想家蒲鲁东的影响。为了实现他的思想，他们实行了义务制的初等教育，并于1884年给予各种工会以法律上的承认。要理解从法律上承认工会这件事的重大意义，必须考虑到共和国还没有确立结社自由，因为执政党担心这样一来会保护宗教团体；而且，根据刑法，凡是20人以上的团体，必须呈报政府批准。所以说，工会现在是处于一种享有特权的地位。

1880年到1885年之间，还讨论了其他许多有关社会方面的建议，甚至获得众议院的通过。但是，这些建议却为代表农村选民的参议院所否决。这些选民或者不懂得新兴城市和工业社会的必要，或者甚至反对给城市居民特权的想法，因为他们自己从中得不到什么好处。

在从1885年到1889年这段岁月中，在这一方面和其他方面，几乎是没有什么成效的。但也许正是在这个时期中，舆论的变化加快，许多问题变得尖锐起来。首先是1884年的工会法并没有完全产生预期的效果。在许多地方，工会的成立遭到雇主顽固的反对；"产业工人协会"仍然是一个梦想而非现实；经济危机的影响所及，使得工人们忍无可忍，改革势在必行了；而且，在政治家们看来，布朗热派的企图更显示出危险确实存在。

所以，机会主义者从1889年起重新掌权以后，便利用自己的权力推进改革运动，并把他们自己的意志强加给参议院。而参议院由于本身的政治信念，既无权又无理由对他们表示怀疑或加以阻挠。早在1890年，"工人身份证"这个帝国时期警察制度的残余，就已经被取消了；并且通过了一项法律，规定设工人代表，其任务是保证各矿场的卫生和安全的各项规定得到执行。这项法律于1893年扩大到所有工业；1891年，法律规定缩短女工和童工的劳动时间。1898年终于通过了一项有关工伤事故的法律；这是经过长期的酝酿才产生的，因为必须放弃按照习惯法有关民事责任的原则，并树立起职工保险这种概念。最后于1891年，弗雷西内的机会主义者政府提出了发给工人养老金的计划，但20年以后才得以实行。

因此，虽然机会主义者保证说，尽管发生了许多表面性的事件，政府还是应当真正稳定下来；但是，法国政治生活的基础却正在经历着深刻的变化。到这个时候为止，法国鲜明地分为两个阵营：一边为共和派，不管他们在某些特殊问题上意见如何不同，但是他们信仰的基本原则相同：即信仰政治自由；忠于民主制度，认为它能解决一切问题，能使任何新的革命暴力变得非法；信仰实际上意味着"反教权主义"的"世俗政治"。任何时候，只要共和国处于危急之中，所有的共和派都准备捐弃前嫌，团结对敌。反对共和派的，是与它势不两立的右派，他们的政治和社会观念毫无疑问绝不是融洽一致的，但是，他们主要的联系纽带就是捍卫天主教的一切。然而，从这个时候起，由于出现了天主教徒归顺共和国的运动，从而开始了消除法国人之间的大分裂的努力。另一方面，出现了一个日益重要的政治因素，即社会主义政党。这个政党至少在理论上与"资产阶级共和国"一刀两断，并为新的革命，即社会革命而奋斗。

天主教徒"归顺"共和国，这是几种因素造成的后果。首先是保守派由于已无发展前途而自然削弱了；时间越向前推移，他们重新掌权的机会就越少，布朗热主义的失败，是对他们的最后一击。早在1885年选举以后，接着又在1889年选举以后，曾经有一度做出努力，打算建立一个承认现存体制的"宪政派"右翼；但是，保守派直到当时为止，已毫无自信，没有得到多少人的支持。

当时起决定性作用的是教皇利奥十三世。他以头脑灵活、目光锐利、具有政治才干而著称。他针对当时流行的对《现代错误学说汇编》的解释，在1888年的《自由》通谕中宣称："有人硬说教会对绝大多数现代政治制度持否定的态度，并对当代天才的所有发现一概加以拒绝，这是一种徒劳而且毫无根据的诽谤。"因此，对他来说，法兰西共和国在原则上并不是比任何其他政权更不可接受。此外，他对法国当时的形势也了如指掌，看清这个共和国的未来寿命将会很长。如果天主教徒坚持不妥协的反对立场，必将自食其果。1884年2月，利奥十三世公布了题为《高贵的高卢人民》通谕，他在其中坚决要求必须维护1802年的政教协议。形势逐渐开始对他有利。1886年最后一项"世俗化"法律通过以后，反教权主义就不再具有可以动员共和派的明确目标了；因为，虽然激进派一直在要求进一步实行政教分离，换言之，即谴责1802年的政教协议，但是，这种要求却遭到机会主义者的拒绝。与此同时，布朗热主义的失势，也使得保皇派知道自己的希望是不切实际的。

利奥十三世看清了当时法国的形势。本着这种精神，非洲大主教拉维热里红衣主教在1890年接待一些海军军官时，曾提议为共和国干杯。这一主动行为引起了强烈的反响。不仅保皇派感到愤怒，而且天主教徒，尤其是各个主教，群起攻击共和国迫害天主教。但是，过了一些时间以后，利奥十三世对这种指责进行了反驳。1892年2月，他公布了用法文写的通谕《在关怀之中》；他在其中声称：所有各国已经确立的政府都是合法的；天主教徒必须致力于修改立法。同时，教皇还表示，他并不希望成立天主教政党，以免使天主教重新卷入法国的政治斗争中去；而是希望成立一个不公开申明宗教信仰的大执政党，这样的政党天主教徒可以参加，而且将会把那些教条主义的反教权主义者赶回到反对派一边。右翼保皇派议员于1892年6月毫不含糊地投了不赞成票，以此作为回答；他们宣称，虽然他们作为天主教徒，在一切信仰问题上应服从教皇，但作为公民，他们的政治行为不需要听从其他任何人的忠告。然而，他们之中有一定数量的人退出了政治生活。所有这一切造成的结果是右翼发生了深刻的分裂。在

1893年的选举中,"天主教归顺派"的候选人当选的只有35名。但并不能据此得出结论说,利奥十三世的政策失败了。事实上,从1893年到1898年的议会会议期间,温和的共和派对"归顺派"的进步做出的反应是主张结束宗教斗争。但是,要做到结束宗教斗争,还需要一段漫长的时间;而且,在本章所论述的这些年代中,最微不足道的事件也会成为借口,重新燃起教士和反教权主义者两派之间的激烈争吵。

1893年的选举也第一次把40至50名"社会主义者"议员送进了众议院。他们从哪里来的?法国的社会主义运动的历史是最复杂不过的了。1870年以前法国产生了为数颇多的各种社会主义体系的思想家和作家,其中最近的一个即蒲鲁东的影响无疑是最大的。但是,对巴黎公社的镇压使社会主义运动完全销声匿迹。幸存下来的或当时组织起来的寥寥可数的几个工会,主要忙于自己的工会问题。

1877年共和派上台后,人们有机会再次听到社会主义的宣传。新的主张出来了。它们不再是根据法国的传统,而是受到卡尔·马克思的启示。这种变化的主设计师是朱尔·盖德。1879年。他建立了一个"工人党"。这个工人党仿效德国社会民主党的榜样,是马克思主义的,由一些政治团体和工会组成,这些工会是从属于党的。但是,它的人数一直很少,并于1882年分裂:朱尔·盖德被认为过分拘泥于教条,在选举中被称为"可能派"的一派人赶下了台。可能派绝大多数是工人。他们比"知识分子"更急于想要取得眼前的结果,在保尔·布鲁斯的领导下,组成了"法国社会主义劳工联盟"。与此同时,于1880年成立了"中央革命委员会"(社会革命党),以奥古斯特·布朗基为它的先知。这个委员会在某种程度上是按照秘密团体的形式组织起来的,不包括任何工会,也不奉行马克思主义的理论,而是准备利用任何时机发动暴动。此外,还有许多激进派也任意自称为"社会主义者",只不过想表明他们对工人阶级的状况特别关怀而已。

很明显,这次经济大危机不能不在工人群众中造成各种反响和苦难。但是,这些社会主义的小宗派,把大部分时间消磨在互相争吵不休上,因而未能立即从这场危机中得到好处。相反,1886年却致力于建立一个"工会联合会",这个联合会既要奉行革命的原则,又应独立于各种政治组织以外；这种概念后来成为法国工人阶级运动的特色，它本来是由于希望工会的行动不致因政治派别的争论而瘫痪。从此以后，这种向独立的工联主义（即工会运动）发展的趋势，同时得到来自两方面的支持而得到加强，一方面是那些从原则上就反对一切政治行为的无政府主义者；另一方面是各个宗派里富于战斗性的分子，他们在政治斗争中处于不利的地位。

从工人们的不满情绪中得到最大好处的是布朗热主义运动。它把过去投票支持激进派的一大部分工人从激进派中分化出来。面对着布朗热主义，各社会主义派别虽尽了一切努力，但就是没有能够采取一个共同的立场：可能派全力以赴地与之进行斗争，而布朗基主义者则在很大程度上支持它。这种情况又在两派中引起新的分裂；结果是，巧妙地避免深深卷入这场斗争从而保持了自身团结的盖德派，成为最有影响的派别。因此，他们一方面对选举运动越来越感兴趣，一方面寻求一种能立即实现的实际可行的纲领，从而在几年内终于控制了各个工会。

在工会的内部，不仅在无政府主义者的压力下，而且也在可能派的压力下，正在发生变化。这时，富有战斗性的工人，甚至其中那些最坚决的分子，已经完全为了实际目的而放弃了武装起义的想法。由于盖德派在议会和选举中的活动也遭到否定，仿效英国工会的"渐进主义"又为人们所唾弃，因此必须找出某种新的道路。总罢工的主张于是应运而生，这是一种仅仅依靠经济手段和共同行动来完成革命的主张。因此，在最终的目标依然是革命的前提下，工会在费尔南·佩卢蒂埃的领导下，努力从事过去往往为人所不屑进行的实际工作。在当时的法国，进行这种工作的极其重要的一个工具，不是人数众多的某一产业或行业的工会联合会，而是"劳工同盟"。劳工同盟把一个城镇的各行各业的所有工会联合在一起，进行劳工交流、失业津贴、普通教育和技术教育以及经济研究等活动。

但是，各工会和社会主义团体在每年举行的五一劳动节大游行时和在争取八小时工作制上已经携手合作。这就显示出工人阶级联合行动可能具有的威力。从另一方面，有一定数量的激进派议员，他们不再满足于激进派传统的态度，设想创立一种摆脱教条主义的空谈和宗派主义的争吵的社会主义。它应是那些自称是社会主义者而又没有像

"盖德派"或任何现有团体的派别分子走得那样远的人们的信条。米勒兰和前议员、说话"简明扼要"的共和党人饶勒斯，就是这种重新组合的鼓舞者；这种重新组合在原来的各社会主义派别的周围创造了一种同情的气氛，从而帮助了这些派别；另一方面，又把相当数量的前布朗热主义者吸引到自己一边。

这就是社会党人在1893年选举中获胜的历史背景。必须提出这样一个问题——虽然这当然是无法答复的——所以能比较容易地取得这些胜利，是否由于巴拿马事件深深震撼了当时的政界人物？在这家从事开凿巴拿马地峡运河的法国公司破产后不久，某些政界要人和许多不大知名的议员，被控告曾经接受贿赂而偏袒这家公司，特别是批准了以奖券形式发行股票（顺便提一下，这次发行奖券的失败就是这家公司最终倒闭的信号）。当时，大多数被控告的个人，并无确凿的证据。但是，这一事件被人充分利用，首先是被布朗热分子和保守派充分利用来诋毁共和派，而社会党人也不失时机地痛斥资本主义的腐败。公众产生了这样的想法：所有的政客们，或者说几乎所有的政客们都是腐败透顶，满脑子想的只是如何利用他们的地位来自肥。这绝不能肯定地说明，那个时期法国的公共道德标准，比任何其他国家要低。但是应当看到，特别是在巴黎，当时政治性日报的数量是很多的（是今天的10倍以上）；每个议员都必须有自己的喉舌来表达自己独特的见解（而法国的政治思想，在这种细微的差别上，是极为丰富的），证实自己的独特的立场。当然，这类报纸中的绝大多数，如果靠它们公开宣称的财源是无法维持的；它们的销路十分有限；几乎很难定期发行，没有经常性的广告收入。因此，他们不得不取得金融界和商业界的支持，或者为他们做宣传，或者用揭发不愉快的内幕来威吓它们。提供款项最经常的，自然是那些冒险性最大的企业，而从事开凿巴拿马运河的企业，就更是如此。因此，许多政客就和一些不正当的商人沆瀣一气，其目的并不是为了取得钱财过花天酒地的生活，而是为了给他们的政治活动提供经费，特别是为了弥补他们报纸的亏空。很明显，巴拿马事件大大地改变了利用报纸的方式，而且在一定程度上更换了政治生活中的登场人物。但是，除了社会主义者的兴起之外，议会中各党派的力量对比几乎未受影响。

保皇派右翼已经削弱到无能为力的地步，它的解体已在所难免。

而宪政共和派则牢牢地掌握着权力。看来，法国就要进入一个"和睦时代"了；在这种形势下，政治斗争将大大失去它的重要意义。但事实是，在法国，这种形势只是在伴随着巨大困难的情况下才出现的。1893年和1894两年，由于无政府主义者的一系列的暴行，特别动荡不安；这种暴行以共和国总统萨迪·卡诺被刺而达到最高峰。为什么不前不后，偏偏在这个时候发生这些暴行，人们做出了几种解释，但是没有一种解释是能够令人完全满意的。这些暴行，虽然当时造成群情激愤，但最后并没有十分重大的结果。不过，各届政府都通过了镇压暴行的措施；这又引起了社会主义者和极端激进派的激烈反对：他们把这些措施称之为"罪恶的法律"。

更为重要的是当时已经开始的政治上的重新组合。机会主义者由于受到老右翼中一个派别的支持而逐渐得到好处，而激进派则正在试图寻求一个新的学说和一个新的纲领。修改宪法已经无人问津了，激进派加紧推行他们的反教权运动，并对天主教归顺派的一切姿态表示蔑视而加以拒绝。但是，这样做还是不够的。他们的真正问题在于决定他们对社会党人抱什么态度。社会党人的主张，他们不能接受，因为这是和他们的个人主义哲学水火不相容的；但是他们已经不能再一味地攻击他们，因为这样做就会"使他们重新依靠右翼"。因此，他们就试图（但是并不怎么成功）创立一种能够使自由主义和国家干涉调和起来的新社会学说：莱昂·布尔热瓦的"社会连带主义"。他们由于与社会党人结成了事实上的同盟而取得了更大的成就。而且，这些社会党人也正在促成和解；他们毫无异议地让他们的一位领袖米勒兰在1896年5月的"圣·芒代演说"中描述出一种温和得多的社会主义；这种社会主义采用议会的，即非暴力的方法，对少量财产不再构成威胁，对爱国主义也不再表示怀疑。在此以前，社会党议员也投票赞成莱昂·布尔热瓦领导的一个彻底的激进派内阁，这个内阁大力实施成为激进派纲领中要旨的所得税。

法国的财政制度，从大革命以来很少变化；长期以来就被人们谴责为不公平的和不民主的。估定直接税额所依据的方法，要么是武断的（如动产税），要么就是完全过时的（如地产税）。国家收入大部分来自对日常消费品的间接税，而这种间接税的重担，是落在穷人身上而不是富人身上，虽然主要的一项间接税是酒税。以社会正义为理由来反对酒税，并不能令人十分信服。很久以来，曾就几个方面提出了财政改革方案。但是莱昂·布尔热瓦内阁是第一个把自身的生存押在实行一项全面税收的计划上的政府。这项计划规定对每个纳税人的全部收入，经过仔细核实后，实行征税。这个制度从理论来说是无可指责的。但是，由于实行上和心理上的巨大困难而告失败。法国的特点是它的小型企业太多（如在贸易、手工业和农业中的情况），这些企业没有严格的会计制度，而且它们的实际的财政情况很难搞清。此外，法国人也不能容忍他们的邻居或国家了解自己的情况。只有在法国农村生活过的人，才能充分地体会到法国人的这种强烈的不信任感。全面征收所得税，如果不是变成一场笑话的话，本来是可以消除这种传统的保守秘密的做法的；但是，这种"财政上的审讯"已经受到攻击。代表农村势力的参议院故意制造一系列障碍，迫使布尔热瓦政府屈服。所得税经过长期而激烈的争论虽然最后算是通过了，但那已经是1914年大战的前夕，而农业收入则到这时候仍不能适当加以监督。

布尔热瓦政府下台后，由梅利纳的长命的温和政府打着政治"缓和"的旗帜上台。但可以说，这是暴风雨前的宁静，因为正是在这个政府执政时期爆发了德雷福斯案件。这个事件彻底地打乱了政治方面和道义方面的形势，从而明白无误地结束了一个时代。

德雷福斯案件首先可以被看成是历史上最优秀的、情节最复杂而最离奇的侦探小说之一。这个案件一直没有真相大白，尽管有关此案的材料卷帙浩繁。虽然提出了各种假设，但是其中没有一条是有充分的说服力的。1894年，阿尔弗雷德·德雷福斯上尉被发现犯有间谍罪，因为据认为一份写明送出若干秘密情报的清单出自他的手笔。据说这份清单是在德国大使馆中发现的（但即使对这一细节也有人提出异议）。这个清单实际上是由另外一名有外国血统的军官埃斯特哈济少校写的。但是，经过多年的讨论和暗中活动，要求重新审理此案一直遭到拒绝。这种不顾事实真相的情况，在很大程度上是由于情报局的亨利少校从中玩弄诡计，因为作为他的工作的一个部分，他从一开始就卷入这个案件之中。为了证明德雷福斯有罪，并中伤发觉埃斯特哈济少校罪行的皮卡尔上校，亨利肆无忌惮地伪造文件。如果亨利的动机大白于天下，这一事件也就毫无神秘可言；不幸的是，当亨利伪造证件的罪行败露时，他自杀了（或者说是蓄意被杀而灭口），从而将他的秘密带进了坟墓。但是，真正要紧的是德雷福斯案件成了打乱人们的政治思想和立场的理由和借口。

在这以后直到1914年这个时期的特点是：第一，激进党取得了胜利；他们从1889年以来一直一筹莫展，但从这时起几乎是连续执政，往往是在迅速抬头的社会党人的帮助下上台的。第二，反教权运动又重新蓬勃兴起，不过1892年以后似乎有逐渐消逝的趋势。第三，过去在所有各种政治见解中，特别是在左翼方面所能看到的，而在激进党人中间尤为突出的那种极其强烈的爱国主义或民族主义的感情，从这时起似乎只有右翼才在那里维护了。

对这些十分重要的现象加以评论的不乏其人，值得注意的是小品文作家沙尔·贝玑就曾问道："神秘主义怎么会退化成为政治的？"但是我们至今并没有对这个问题进行必不可少的科学研究，所以，人们今天在写有关这个问题的文章时，主要是靠猜测。特别是各个党派的未来命运是怎样直接取决于它们对德雷福斯案件所持的态度，这一点现在还弄不清楚。虽然这个案件在巴黎是件大事，但法国的广大地区对于此事却不甚了了。最早、最积极的德雷福斯案件声援派是一些孤立的、具有迥然不同政治倾向的人；右翼的《费加罗报》和左翼的《震旦报》都是他们的主要支持者。在激进党人中，前领袖克列孟梭是极力主张重审德雷福斯案件的人们中的一个。而他们当时的领袖卡芬雅克则竭尽全力反对重审。在政治上即将被这个案件搞垮的机会主义者，产生了不少知名的"重审派"——舒勒—凯斯特纳、约瑟夫·赖纳克、瓦尔德克－卢梭，以及日益成为党的希望的彭加勒和巴尔图。但另一方面，梅利纳总理则试图阻挠调查一个使他的政府处于十分尴尬境地的案件。

另一方面，许多天主教徒则激烈而大吵大嚷地反对那些声援德雷福斯的人，《十字架报》尤为突出。也许，他们中间许多人所以如此不留情面，可以解释为他们是要发泄对于违反他们的意愿而强加给他们的"归顺"政策的愤恨；尽管利奥十三世本人深信德雷福斯是无罪的，但他一直无法使他们的运动有所缓和。军界人物都是反对声援德雷福斯的，而且来势如此猛烈，因而使声援德雷福斯的运动往往不得不带有一种反对军队的性质。但是，这里如果一概而论，也会流于轻率。在紧接而来的那个时期中，最积极的德雷福斯声援者中间有许多人，表现出既是不妥协的爱国者，又是军队的有力的捍卫者，如机会主义者约瑟夫·赖纳克，前社会党人沙尔·贝玑以及他们之中最杰出的激进党人乔治·克列孟梭。

诚然，反对声援德雷福斯的情绪所以如此激烈，在很大程度上可以解释为是由于当时在法国（在欧洲其他国家甚至更为激烈）出现的反犹太主义的趋势。但是，这种趋势本身，在基本思想上似乎也含糊不清。它已经发展若干年了，主要是在两派截然不同的意见中发展的。对一般天主教徒来说，厌恶犹太人由来已久，因而可以说已经成了该宗教的一个部分。对于极端分子，即社会主义者、左翼分子而言，犹太人则正好是体现这个时代一切罪恶渊源的大金融集团的化身。最后，从1892年以来，存在着一个由爱德华·德律蒙鼓动的以明确地排犹为宗旨的运动，鼓噪一时，令许多政界人士害怕。最初要求重新审理德雷福斯案件所做的努力，被谴责为"犹太人的阴谋"，起初许多社会党人接受了这种说法。另一方面，饶勒斯是最激烈的声援德雷福斯的人们中的一个。他当时的这种行动是造成从那时起至1905年止社会党两大派"饶勒斯派"和"盖德派"之间彼此斗争的原因之一。

但是，在德雷福斯案件过程中形成的政治力量改组的历史，与下一阶段的政治力量改组的历史是难以分开的。因此，我们的叙述必须到此为止；那些激动人心的年月中的疯狂情绪现在既然已经平息，我们可以把1898年到1902年这几年作为一种历史学家的"荒地"，即一个广阔的研究领域，留给新的研究工作者。

关于这个时期的文化生活，即文学和艺术生活，因在其他章节已有叙述，本章不再赘述。但这并不是说，这里对于任何基本因素可以省略，也不是说，拿不出一份或多或少像人们所希望的那么详细的这个时期的艺术家及其作品的目录，就像其他时期那样。但是，给历史学家以深刻印象的，是这个时期内把知识界的生活和这个国家其他各界的生活隔绝开来的那条鸿沟。当维克多·雨果于1885年去世时，举国为他致哀，他的作品可以在许多贫苦人家中找到，而且在那里为人们所背诵。他的作品家喻户晓，其程度可以与1848年时拉马丁的作品相媲美，甚至更胜一筹，但它们属于已经逝去的那个时代。第三共和国的作家们,既没有如此广大的读者,对于他们的那个时代,也没有产生这般的影响;实际上,他们往往还对它采取蔑视或回避态度。无疑,埃米尔·左拉曾试图广泛地描绘他所处的那个社会的面貌,他也具有那个时代的某些主张和某些抱负,并试图把它们表达出来。但是,像斯特凡·马拉美其人,或者像《自我崇拜》一书的作者莫里斯·巴莱士,他们只是以最聪敏、最有才智的人为读者。阿纳托尔·法朗士的作品,虽然比较易懂,但是,这些作品过于喜欢雕琢词句,怀疑论的色彩也过浓,因而不能深深地打动他的读者。就造型艺术而言,这个时代是官方学院派盛行的时期,相形之下,如印象派画家则未能取得多大的进展。"一九〇〇年风格"在任何领域中都没有留下什么值得纪念的东西。只是在音乐方面,华格纳去世后,法兰西学派的比才、夏布里埃、塞扎尔·弗兰克以及其后的福莱和德彪西等人取得了某种卓越成就,但音乐在法国只是一小部分爱好者所崇尚的东西。

我们实际上已经看到,共和政权是如何从一开始就与一种将科学放在第一位的哲学联系在一起的。但是这种官方哲学并没有被任何一位伟大的思想家所接受。诚然,泰纳和勒南二人曾经颂扬过科学,但是他们那种开明的保守派的信仰与一个民主制在胜利发展的时代格格不入。而思想深邃的拉希利埃,甚至是令人眩惑的柏格森,都没有想去动摇同时代人那十分天真的科学信念;他们的同时代人将科学的形象过分简单化了,因此,他们的信念称为"唯科学主义"。

老实说,当时在人们的日常交谈中,尤其是报纸上连篇累牍地充斥着文化生活中十分庸俗的东西。在"林荫大道上"演出的新剧①,总是"一个巴黎味十足的结局"。巴黎总是在向被它吸引来的外国人提供同样具有诱惑力的东西。但是必须着重指出,首都五光十色的生活,这时已是一种表面现象;那些根据在巴黎逗留时的观感来判断法国的人——今天有许多人也是这样做的——必然要犯错误。从1789年到1870年,巴黎确实支配着法国,毫无阻力地把自己的爱好和感情,以及一个接一个的政治制度强加给这个国家。但是在实行普选制以后,巴黎就只不过是国家的一个部分了;而在公社时期以后,巴黎

---

① 指在巴黎林荫大道一带的剧场演出的通俗喜剧。——译者

则处于对立地位了。这个首都先是拥护过布朗热,其后又支持过反对声援德雷福斯的民族主义,而绝大多数法国人则明确地表示对这些运动持敌对态度。第三共和国是十足的外省统治制。

(沈一民 译)

第 十 二 章
奥匈帝国、土耳其和巴尔干诸国

　　意大利和德国的民族主义于1870年取得最后胜利之后，多瑙河流域各国和巴尔干半岛仍然是欧洲民族主义愿望未得到满足的一片广大地区。这种民族主义愿望对多民族的奥匈帝国和土耳其帝国构成了心腹之患。然而，尽管面临新近的挑战，这两个帝国的王朝却仍依仗传统的习惯势力而得以延续下去；它们业已存在了很久，尽管帝国的魅力或任何其他笼络人心的作用均已每况愈下，每个人却都还可以不无理由地提出这样一个问题：用什么去取而代之呢？在国际方面，这个问题可以从新建立的德国和从英国那里得到现成的回答。前者将立即告诉俄国：欧洲不能没有奥匈帝国，而后者则一直在为土耳其提出同样过分的要求。如果是俄国的看法有分歧，也并没有达到最大的限度。在国内，许多人仍然觉得没有皇帝或苏丹的日子是不能想象的。查理·施瓦尔岑堡亲王仿效帕拉茨基的说法，在1891年向青年捷克党人中的极端分子问道："对于你们这个小得难以独自生存的国家，你们打算怎么办呢？"1897年，流亡在外的青年土耳其党人穆拉特贝伊说道：当今的王朝必须继续统治帝国，否则土耳其的势力就不复存在。然而，哈布斯堡王朝和奥斯曼王朝能否继续生存下去，越来越无产依靠往日的光荣和今日的机遇，而是越来越取决于以下两个条件：一是1878年以后国际上的对峙局面，二是敌对行动造成了各少数民族之间的分裂，并延续和转移了他们对国家的挑战。本时期初，这两个帝国在对外战争中都蒙受了战败之耻，之后又都得到了恢复，并在一定程度上加强了中央政权，从而一直延续到20世纪。但是，延缓毕竟是暂时的。在19世纪末，虽然哈布斯堡王朝在争取继续生存这方面，似乎比奥斯曼王朝做出了出色的努力，但实际上这两个王朝都已临近末日了。

奥匈帝国之所以看来略为景气一些，一方面是由于阿卜杜勒·哈米德的累累罪行骇人听闻，他那世间少有的统治残暴无比；一方面则是由于奥德联盟的威望；进入20世纪以来马扎尔人那种崇尚自由的习气；奥匈帝国的官僚制度比奥斯曼帝国的优越得多；另外，这个君主国内部的民族主义斗争错综复杂（在外国人看来是如此）。如果单从地理位置的接近来看，这两个帝国与巴尔干半岛奥斯曼帝国各继承国紧密相连，在它们的关系中还存在着互相交恶的伙伴之间某种纠缠不清的利害交易，这一点也突出地表现在各自的纯内部事务中。从许多方面来看，君士坦丁堡和维也纳相互支持以对付巴尔干各国中日益高涨的斯拉夫民族主义浪潮，是符合他们的利益的；虽然俄国声称它在一定程度上对这两个帝国在政治上的继续存在感兴趣，但这两个帝国和巴尔干诸小国都有过教训，对俄国的企图抱有某种怀疑。

19世纪70年代初，虽然深知底细的人已经感到不安，但奥斯曼帝国政府在西欧仍然有着许多朋友和良好的声誉。1856年的敕令[①]中许诺或者说预示要实行的改革计划并未完全失败。土耳其的军队和政府似乎尚有足够的生气和决心，人民群众也许尚有一定程度的忠心或者说听天由命的情绪，可以使土耳其中央政府继续挣扎，扭转困境，甚至取得若干成就。国际形势并非不利，任何一个大国都不愿意看到近东出现危机。虽然基督教徒的反叛旷日持久，遍及各地，在欧洲造成了难以估量的后果，但臣民们暂时还是平静无事的。

自谢里姆三世在位（1789—1807年）以来的近百年中，进行改革的倡议一直来自苏丹；阿卜杜勒·阿齐兹（1861—1876年在位）的即位为进行新的改革带来了希望。君士坦丁堡欧化的、本意是善良的坦齐马特派，特别是穆罕默德·克谢吉－扎德·法德帕夏和穆罕默德·埃明·阿里帕夏这两位宰相，给人留下了良好的印象。1867年，英国、法国、奥地利和俄国政府对改革的进展情况做了一番考察之后，尽管认为改革效率差，情况混乱，但它们得出的结论并不完全是

[①] 1856年颁发的敕令（Hatti-Humayyoun），一译"哈特－伊·胡马云"。——译者

悲观的。土耳其政府也提出了一份报告，宣称它对各基督教米勒特①传统的公民权利和宗教权利持审慎的态度。它争辩说，如果说敕令第九条——此条规定向帝国的全体公民敞开进入民事和政治机构的大门——普遍被忽视的话，错误也并不完全在土耳其当局方面；因为，基督教雷亚②显然不喜欢服军役，而且通常总是胆小怕事，在担任公职时不能表明自己的主张。他们也不大愿意在自己的米勒特中进行改革。以法国的行政管理立法为蓝本而新实行的行省（维拉耶特）制，1864年至1867年间在米德哈特帕夏领导下被认为在多瑙河省获得了明显的成功，并于1867—1868年推广到除伊拉克和也门以外的其他各省。1868年年初，组成了以米德哈特为主席的国务会议，成员中包括基督教徒和伊斯兰，负责规划进一步的改革和制订预算和其他工作。虽然法国人认为这些发展说明他们的中央集权纲领是正确的，但阿里帕夏之所以这样做，是为了对行政部门的专制主义实行群众性监督。但是进展甚微，事实证明，要想保持进步的外表是越来越困难了；阿里和法德只不过处于朝不保夕的地位，而苏丹——据说他在1863年曾把宰相职务交给了一位上了年纪的会跳舞的托钵僧担任——则终于成了破坏他的大臣们的改革纲领的罪魁祸首。

在西方列强看来，改革首先意味着加强土耳其的武装力量，改善国家的支付能力，改变行政制度，以便使苏丹治下的各省臣民服从政府领导。这三个问题紧密相关，因为一支强大而忠诚的军队无论对于国内治安或抵御外侮都极为重要，但花费巨大；而财政破产的威胁必然会加剧包税人的横征暴敛，使各行省发生骚乱最直接的起因趋于激化。法国人所希望的是形成能听从一个开明、有效率和有偿付能力的中央政府领导的土耳其国家，这个国家通过逐步真心实意地实施行政统一以及公民权利和政治权利的平等这些原则，将会达到帝国内部各民族的融合。拉希德—法德—阿里这一派的改革家们也许是真心诚意地准备接受这样一个土耳其国家的，尽管从他们对基督教徒所做的极为表面和有限的让步中，看不出任何迹象表明他们真正认识到，基督教徒和伊斯兰的融合意味着观点和政策上一场巨大的革命。正如法国

---

① 米勒特（Millet），奥斯曼帝国时期对基督教和其他非伊斯兰宗教集团的称谓，意为"奥斯曼帝国内有特殊信仰的集团或民族"。——译者
② 雷亚（ra'iyeh），奥斯曼帝国对一般纳税的臣民的称谓。——译者

人正确地估计的那样，有一点是非常清楚的：只有在中央持续不断的压力下才能实现这种近乎奇迹的融合。但是在中央，法德和阿里以及他们培养的少数能干的进步官员，却须听任苏丹喜怒无常的性格的摆布。

然而，即使阿卜杜勒·阿齐兹及其周围的人所表现出来的这种包含在奥斯曼人对旧日专制政权宏伟成就的怀念之中的反应方式，也未能在虔诚而正统的伊斯兰所持有的那种保守思想中找到任何真正的响应，于是他们便设法在土耳其的知识分子中鼓动土耳其民族主义情绪。19世纪60年代，这种民族主义情绪最先在一些土耳其作家中明显表现出来，他们开始懂得了西方文学，尤其是法国文学，并开始使用西方民族主义者所使用的自由主义的语言。只要一谈到祖国和代议制政府，马上就引起对苏丹的专制制度的更具体的抨击，并断言为使国家强盛，必须以西方的体制作为基础。如同大多数革命的自由主义者那样，他们准备容忍少数民族存在，但不打算把他们当作伙伴。这就是第一阶段的青年土耳其（或称"新奥斯曼"）运动。当时这个运动在政治上似乎还无足轻重。其领导人的著作虽然在国内人数不多的一个圈子里拥有读者，但他们觉得还是生活在国外比较合适。里法特贝伊于1864年在伦敦创办了青年土耳其党人的第一份报纸《自由报》。那米克·凯末尔的爱国主义剧本《祖国，还是锡利斯特拉？》于1873年首次上演。他们以及齐亚贝伊、希纳西·埃芬迪、努里贝伊和阿里·苏阿维等其他作家，通过他们的作品使圈子虽小而人数却日益增多的人对立宪民族主义国家的面貌有所了解。这些人后来在1876年的革命中发挥了一定作用。

不论是这些人还是主张改革的宰相们，以及1877年以后的阿卜杜勒·哈米德，都不懂得需要一种现代化的经济来支持和推进改革。西方列强为这个国家行将破产的前景感到震惊，但它们也只是把财政改革看成是唯一能够拯救这个国家的办法。然而，造成土耳其的特殊困难的根本原因，无疑应追溯到马哈穆德二世，他曾试图创建一支欧洲式的职业军队而以此巨大的代价来拯救国家，却没有在经济生活方面进行相应的改革。在同样的情况下，埃及的穆罕默德·阿里尽管最终并未获得较大的成功，但对于需要取得经济进展这一点却有着较多的认识。到19世纪70年代初期，土耳其军队的状况在许多方面都给人以深刻的印象,这当然是改革时期最切实的成就。由退役的英国海军少将霍巴特帕夏掌管的海军,尽管缺乏海上训练,而且军官的素质也令人怀疑,但拥有优秀的水兵和 21 艘铁甲舰,在欧洲海军强国中名列第三。1877 年年初,詹姆斯·贝克上校虽承认"就数目而言,土耳其陆军比起其他国家来更加徒有其名"。但他仍估计其总兵力为 416530 人,此外尚有 250000 人可以征召,以补偿伤亡减员。他认为,这支陆军"就士兵而言,是最好的",其大部分装备的质量也给人以深刻印象。巨大的军费开支虽尚未能解决一支合格和有效率的军队的问题,但军队改革的最后阶段——这个阶段的改革在很大程度上是由侯赛因·阿伍尼帕夏在 1869 年后推行的——表明,培训军官的重要性至少已引起重视。从 8 所军官预备学校抽调出来一批 16 岁的学生,送到一些优秀的军事学院去深造。马哈穆德二世创办的帝国军事学院的学员经 5 年学习直接进入陆军任上尉。炮兵和军事工程学院则以 4 年的学制培养中尉军官。1875 年建立了初级军校,为军官预备学校输送学员。在君士坦丁堡还有一所军事医学院。

雄心勃勃的努力在克里米亚战争中得到了明显的报偿,在普勒夫纳战役中又再次得到了证明;但土耳其倘若不能继续得到西欧列强的军事支援,这种努力在政治上的价值就将大部分丧失。而这也可能是早已过时的土耳其经济因沉重的军备负担而彻底崩溃的结果,宫廷的大肆挥霍也在加速这种崩溃。军事方面的努力无论如何是不足的。军事院校的工作和经费似乎一直没有收到什么效果。薪饷不能按时照发,升迁前景渺茫,获得较高军阶的人往往并无军事才干,而是由于得宠。这些情况无疑使经过训练的青年军官灰心丧气;何况他们还看到,有些军官虽然几乎未受过任何训练,却连连得到擢升。所以,军校毕业生最后都纷纷加入主张政治改革的青年土耳其运动,这就不足为奇了。征兵给某些地区带来沉重的负担,这也是土耳其陷于穷困的一个原因。据贝克估计,每 450 个伊斯兰中,每年有一人应征入伍;况且,各军团的兵员限于在一定的军区征集,而有的军区基督教徒又占多数,所以在许多地区伊斯兰居民人口减少情况十分严重。然而,这种负担不可能有任何减轻。因为,对于一支时刻要准备同欧洲第一流强国进行旷日持久战争的军队来说,由于帝国疆域辽阔而基督教徒又免征,因此兵源是远远不足的。

因此土耳其要继续生存下去就有一个难以解决的问题，苏丹本人的干预只不过使人看到，在他身上显示出来的正是这个病入膏肓的国家最明显最奇特的病症。他的大量非生产性开支虽包括购置战舰，但也包括建造大理石宫殿。如果他多少还能在公共事务方面坚持做点儿合理的事情的话，那么他个人的一些怪癖——越来越喜欢恭维的言辞和献媚的礼仪，火树银花的节日和花天酒地的生活——也许还可以被认为只不过是一个精神失常的人的怪诞想法而已。可是1871年阿里死后，苏丹对中央政府的干扰更加露骨而荒谬，在这样的情况下改革派就势必要把他当作1875—1876年骚乱的替罪羊了。一方面，苏丹大造宫殿，嫔妃成群，豢养亲信，满足个人嗜好，为此而挥霍无度，使国库收入几乎为之耗尽；另一方面，他肆无忌惮地任用能满足他在钱财和其他方面的要求的亲信。从1871年9月到1874年2月，宰相六度易人。在这段时间内，尽管中央政府不断宣布对改革方案增加新的内容，但这些新内容看来只不过是越来越令人难以相信地粉饰一下政府政策日益令人沮丧的实际而已。到1874年，大臣们早就不再指望宫廷能正视财政危机的严重性了。1875年8月，宫廷在奥斯曼帝国银行账户上的款项告罄，银行拒绝继续付款；但是，当英国大使向外交大臣问及苏丹将对此做何反应时，外交大臣回答说，他怀疑苏丹是否会听到这个消息。

土耳其现已濒临国家破产的边缘。由于没有取得足够的经济进展来增加国家的岁入，帝国政府不得不靠外债应付日益增多的开支；在没有正常的节余，甚至没有一种行之有效的税收制度的情况下，这种权宜之计虽不费力，后果却是致命的。1839年和1856年的改革方案曾宣布废除包税制，1875年又重申这项决定，但由于计划实行的财政体制现代化看来并不能提供急需的收入，每次宣布废除后又不得不予以恢复。为了应付克里米亚战争的开支，1854年发行了第一笔公债，总额为300万英镑，发行价格为80%，利率为6%，由伦敦的登特和帕尔默先生经办，以埃及的贡赋作提保。截至1875年，又发行了13笔公债，票面总额为184981783英镑。1874年发行的最后一笔为4000万英镑，利率为5%，发行价格仅为43.5%，它是紧接着在1873年试图以58.5%的发行价格筹集2800万英镑的计划惨遭失败之后发行的。债权人主要是英国人和法国人。在债台高筑的过程中，越来越多的收入来源被当作担保：埃及贡赋的剩余部分，叙利亚的关税，君士坦丁堡的关税和货物入市税、烟税、盐税、印花税、执照税，鲁米利亚和爱琴海地区的羊税，托卡特的矿产税，以及"土耳其现在和未来的总岁收"。无论是以全部或部分拒付债款，还是以部分地暂时或长期地停止付息的形式出现的国家破产，都可能意味着这个"欧洲病夫"① 由于中央政府陷于瘫痪和由于完全无法用军队来抗击内外敌人而寿终正寝；这也将意味着土耳其在西方想方设法博得的追求进步的名声化为乌有。这也将给法国坚信不疑的开明中央集权制抹黑。据信，俄国大使曾怂恿土耳其在1875年10月宣布部分停付利息，这并不令人感到意外。

在此期间，各行省的行政机构度过了阿卡杜勒·阿齐兹在位时期频繁的危机而继续存在下来；只是在波斯尼亚，由于各种情况交织在一起，最后发生了接连不断的起义。看来，即使实行了1865年敕令中许诺的在税收方面订出公平合理的标准，在法律面前人人平等，维持传统的宗教特权，忠实地执行治安措施，恐怕也不足以恢复人民以往对苏丹的忠心，使基督教徒和伊斯兰言归于好，并扭转民族主义在巴尔干地区兴起的局面。尽管马哈穆德二世成功地阻止了帝国伊斯兰地区（除埃及外）的分崩离析，但是，塞尔维亚、门的内哥罗、希腊等边远地区的基督教徒聚居区和一些小公国，到19世纪中叶时都已获得了事实上的独立或完全的独立。帝国政府之所以在别的地方还能保持其权威，主要是靠时刻保持警觉，把革命暴力消灭在萌芽状态；地方上到处出现的不满情绪尚未发展成暴力和广泛蔓延的程度时，就把它压制下去。不过，由于苏丹治下的基督教徒和伊斯兰臣民部族混杂，他们中间社会、宗教、种族，也许还有经济方面的利益和冲突错综复杂，这就使得基本上只能勉强支撑局面的土耳其当局经常得到很大好处，因而任何带有普遍性的或协同一致的起义都很难持久。

在保加利亚地区，虽然一些冲突已经预示着将要出现不满情绪，土耳其人却始终能保持其权威。居住在多瑙河流域和巴尔干山脉之间的保加利亚农民，基本上是一个单一的整体，但即使在这一地区，他

---

① 指土耳其帝国。——译者

们中间也夹杂着一些伊斯兰人，在别的地方，如巴尔干半岛南端和马其顿，则夹杂着人数较多的土耳其人、希腊人、塞尔维亚人或阿尔马尼亚人。大多数保加利亚人武器简陋，离土耳其的主要军事中心很近，因而不可能举行成功的起义。长久以来，他们一直本能地忌恨土耳其人，因为土耳其人是异教徒、收税人和征服者。土耳其人虽通过保护希腊教会消除了某些敌意，但并未最终消除相互之间的隔阂。可是，由于1870年建立了保加利亚大主教区，有效地消除了基督教徒的联合反抗达40年之久。1864年以来从俄国的重压下逃出来的切尔克斯人在保加利亚人中间建立了移民点，这件事又增添了保加利亚人的不满。另一方面，农民的生活，特别是米德哈特掌管多瑙河省以后，是比较富裕的。上等阶层，即少数富裕的中产阶级和商人，则只求平平安安地发展，倾向于坐待奥斯曼帝国不可避免地日趋衰落，或者说，至少是俄国军队的到来；与此同时，他们对土耳其—保加利亚二元体制的解决办法也持赞成态度。那些名副其实的极端主义小集团，即那些积极筹划不切实际的起义的革命派，则往往对俄国政府持怀疑态度，而俄国政府对他们也同样不放心。俄国政府在1829年和1853年曾坐视保加利亚人的起义受挫，对1853年前10年间在巴尔干发生遍及各地的危机也没有准备，现在看到，年轻的保加利亚极端主义分子和俄国的虚无主义革命分子之间有着令人不快的相似之处。可是，这并没有阻止俄国大使伊格纳切夫插手保加利亚人的某些阴谋活动，特别是通过一位名叫纳伊丁·格罗夫的同时担任俄国驻菲利波波利斯①副领事的保加利亚人参与其事。例如，1867年和1868年的小规模起义就是经由这条渠道获得部分经费的。但令人吃惊的是，这两次起义，1872年的几次起义和1875年9月旧扎果腊的起义都不光彩地遭到了失败；革命者没有得到普遍的支持，而土耳其人则消息灵通，采取了果断而又并不过火的反击措施。

然而，波斯尼亚问题却远为复杂得多，因为当地的伊斯兰少数民族居于统治地位，而且有3个外国在那里角逐。土耳其人不愿过分压制他们的伊斯兰臣民；另一方面，倘若基督教徒居民的反叛使土耳其人的统治难以为继，那么，奥匈帝国或较小的塞尔维亚和门的内哥罗

---

① 即今保加利亚普罗夫迪夫。——译者

第十二章 奥匈帝国、土耳其和巴尔干诸国

等斯拉夫国家就会坐收渔利。自1463年土耳其征服这些地方后,土地拥有者大多皈依了伊斯兰教。到19世纪,这些贝伊①连同他们的半封建臣属,约占全部人口的1/3强。他们极为保守,在政治上忠于帝国,实际上是苏丹属下有权任意行事的诸侯。他们对手无寸铁、备受剥削的基督教徒农民无所不用其极地加以压制。由马哈穆德二世开始的旷日持久的斗争,终于在1850至1852年间由奥马尔帕夏取得了胜利,摧毁了贝伊们那些实际上独立的封建王国;从理论上说,波斯尼亚现已置于对中央政府负责的奥斯曼帝国官员的管辖之下,从而成为坦齐马特改革派适宜的活动场所。但实际上不满情绪依然存在。虽然改革包括改善雷亚的法律地位,但奥斯曼当局从未冒完全疏远贝伊的风险,而且或多或少地有意默认了由伊斯兰继续保持统治地位的现实。在土耳其欧洲部分新成立的各地方议会中,通常有一名基督教徒代表,基督教徒的证言和伊斯兰处于平等地位;实际上,在这些议会中伊斯兰一律占多数,而且在波斯尼亚,他们以态度顽固、反复无常而著称。在税收方面,可以大致无误地说:新税制保留了地主可以得到农民1/3收成的权利,并且使奥斯曼包税人得到凶狠的警察的支持;与旧税制相比,它减少了其残暴的程度,但敲诈勒索的手段反而更加完备。贝伊们感到征赋之重,于是便增加他们的要求;而帝国的财政状况已达到岌岌可危的地步,不允许对税收有丝毫的减免,更不必说取消包税制了。在这种情况下,便造成了周期性的、严重程度不同的起义,接着是镇压,然后是居民迁徙这样的局面;1874年的歉收和收税人无休止的压榨,最终导致各地差不多在同一时间内发生多次冲突,其中1875年6月发生在黑塞哥维那的奈韦西涅地方的东正教徒和伊斯兰的冲突,通常被认为是波斯尼亚大起义的直接起因。

土耳其在波斯尼亚统治的崩溃,必然要深深动摇奥匈帝国不稳固的政治力量均势。在这个君主国中起破坏作用的因素是国内政治上的对峙局面,这种局面虽然使帝国政府避免受到任何根本性的挑战,但也妨碍了人们对国家抱有至高无上的忠诚,在内政或外交政策路线上

---

① 贝伊(Bey 或 Beg),奥斯曼帝国贵族或王室成员的尊称,地位次于帕夏,后地方上的首领亦称贝伊。——译者

也难以取得任何令人满意的重大进展。有人认为奥匈帝国既已被赶出意大利和德国,因而它今后将主要在近东寻找机会,这种说法显然是正确的。但是,由于内政和外交形势在1866年后均已发生变化,它利用即使这种机会的可能性也受到了严重的限制,这一点也是确实的。

弗兰茨·约瑟夫与马扎尔人之间由于利害关系而结成的联盟,在1867年奥匈帝国成立时已经显露出征兆,而于1871年宣告建立,它左右着奥匈帝国的内政外交,直到该帝国的终结,并且在很大程度上促成了该帝国的终结。它是帝国内部仅有的两派真正的保守势力之间的一种权宜的而不是相互尊重的联盟。这位皇帝处理国事谨小慎微,沉默寡言,官僚主义作风严重,同时反映出他的专制主义思想,求生图存的愿望和政治上的缺乏创见。到19世纪70年代,他已是一个历经沧桑,在某种程度上幻想已破灭的机会主义者,他知道马扎尔人那种坚强不屈的性格所构成的危险。然而,他也看到,单纯依赖德意志自由派一定会遭受失败。在对究竟应走向何处尚无十分清楚的概念的情况下,他就在1866年着手进行一系列宪政改革,其出发点是要雪萨多瓦战役之耻[①],但最终促使他下定决心这样干的还是超国家体制的失败;据认为,1866年和1859年的败北充分表明了这种体制的失败。他制订了军队改革计划,任命萨克森首相博伊斯特伯爵为外交大臣,这些行动似乎清楚地表明了他最初的目的;但雪耻的事未能立即做到,而且俾斯麦迅即粉碎了奥地利(和法国)在南德意志各邦进行的反击措施。当为适应新的事态发展而随之进行的调整本身也成了问题时,反普鲁士的意图就不知不觉地变成了一种观望政策;而当1870年法国的战败证实了这种转变的正确后,就不仅从外交方面,而且同样可以从内政方面找到它的原因了。

在1867年的奥匈协议中,马扎尔人为匈牙利取得完全的内部自治,使之无论在宪法上或事实上都与这个帝国广大而富庶的"另一半"(现称奥地利,有时亦称内莱塔尼亚)处于平等地位。整个帝国仍然是一个"共同君主国",有陆军、外交和财政三位大臣处理其事务。帝国两部分各派60名代表组成的代表团轮流在维也纳和布达佩

---

① 萨多瓦(Sadowa),即科尼格雷茨,普奥战争中普军于1866年在此击败奥军。——译者

斯举行会议，讨论帝国的共同事务，共同的支出由奥地利承担70%，匈牙利承担30%。双方结成关税同盟，每10年重订一次。迄今一直鼓吹和主要支持"统一的国家"这一主张的奥地利的德意志人，是这些协议最明显的受害者，因为随着奥匈协议的签订，不仅超国家帝国的概念消失了，而且德意志人在自己的土地上毋庸置疑的优势地位也已不复存在。之所以如此，一方面是由于弗兰茨·约瑟夫在当时虽然想把政府工作交付给德意志自由派，但与马扎尔人的野心相比，这些德意志自由派的野心更使他恼火；另一方面则是由于就新政策本身的性质来说，必须对匈牙利以外的其他民族集团也作出让步。在皇帝和帝国的官僚们看来，这"另一半"是一些有历史渊源的政治单位，而不是哈布斯堡王朝剩余遗产的继承人。尽管他们愿意给予那些大叫大嚷、气势汹汹的民族以更多的地方自治权，但他们比任何时候都更加意识到，必须保持中央的最高权威。按照这种条件达成满意交易的只有一件事。1871年奥地利设立了一个专管加里西亚事务的部；波兰语被承认为在行政和中等教育中使用的语言，财政上也做了有利的安排。于是，政府在帝国议会中得到了波兰人的投票支持，波兰人在加里西亚的支配地位也得到了肯定。此后波兰人就变得顺从和忠诚起来，只是有一点还支配着他们，那就是对建立一个独立的波兰所抱的高于一切和压倒一切的忠诚。在加里西亚，仍然还有一些处于从属地位、但最初还没有表达出自己的愿望的罗塞尼亚族农民，他们也可能成为大俄罗斯人，也可能成为独立的乌克兰人，尚待做出抉择。这就提醒波兰贵族，使他们想到，帝国政府手中还留着罗塞尼亚人这张牌。

在别的地方，就再没有这样方便的交易可做了。捷克人自1868年以来也一直要求取得与匈牙利人类似的地位；1871年霍亨瓦尔特内阁的建议曾使捷克人的要求似乎有了实现的希望。捷克人在1871年的波希米亚议会以后提出的最后形式的要求得到了皇帝的批示，他答应承认波希米亚王国的各项权利，并举行加冕宣誓来确认这项承认。捷克人的要求包括18项"基本条款"，是由内阁同捷克人的领袖们谈判拟定的。他们并没有提出过高的要求，主张成立一个奥地利—匈牙利—波希米亚三元制王国；他们承认二元制，但建议由波希米亚和其他行省的议会直接选举代表团中的奥地利代表。不过，他们希望波希米亚议会应接管奥地利帝国议会的几乎全部职能，这个议会将变成仅仅是联邦制奥地利国家中各方代表的一个代表大会。这样，奥地利的德意志人就将在帝国和内莱塔尼亚的政府机构、商业，也许还有文化生活中失去他们的影响和重要性，还将失去对摩拉维亚和西里西亚的政治控制。马扎尔人既预见到权力扩大了的捷克人将同匈牙利的斯拉夫少数民族发生冲突，又预见到马扎尔人的影响可能因心怀不满的奥地利德意志人同新建立的德意志帝国结成联盟而遭到削弱。倘若当初捷克人的要求不那么多，毫无疑问，他们本来会得到有利的和确实很大的让步；但是，尽管弗兰茨·约瑟夫的态度已不那么坚决，而在拉迪斯劳斯·里格尔领导下的捷克人却因他们的盟友、波希米亚土地贵族的领袖亨利·克拉姆—马提尼茨伯爵寸步不让而未能达成任何妥协。不过，根本问题还在于德意志人经过一番踌躇之后由博伊斯特发出了公开的挑战，而马扎尔人也由安德拉西表示了彻头彻尾的反对。于是，霍亨瓦尔特下了台，安德拉西接替了博伊斯特，哈布斯堡王室和马扎尔人便基于利害关系而亲密结合起来。

从根本上看，这是以一种多少有点玩弄人的手法利用德意志人的忠诚，来维持弗兰茨·约瑟夫统治的长久基础。以阿道夫·奥尔施佩格亲王为首的德意志自由派内阁接替了霍亨瓦尔特内阁，其阁僚是一些空谈理论，在政治上缺乏经验的奥地利德意志人，他们的理论非常适合于对少数民族进行镇压。布拉格军事总督科勒将军严厉地推行这种政策，他封闭报馆，向德意志人组成的陪审团对捷克新闻工作者提出公诉，严格限制公共集会。捷克人满怀愤怒，拒不屈服，不但抵制奥地利帝国议会，而且还抵制布尔诺和布拉格议会。不仅如此，1873年发生了财政崩溃，带来了困苦，出现了议会丑闻，政权因而更加削弱。

在这种情况下，不管是德意志人或是马扎尔人的政治领袖们，都不会高兴看到帝国内斯拉夫居民的增加，虽然他们同样不欢迎把波斯尼亚并入塞尔维亚或门的内哥罗而组成一个南斯拉夫国家。鉴于这一切，尽管霍夫堡①本身抱有扩张野心，但最简单的办法乃是尽可能长久地保持土耳其的统治。然而，这种办法被认为无非是把迟早要遇到

---

① 霍夫堡（Hofburg），奥地利皇宫的名称，此处指奥地利宫廷。——译者

的事情推迟一些时日而已,何况奥匈帝国并不乏理由在它自己认为合适的时机采取进一步行动。

1870年,确实有人试探过塞尔维亚摄政团对瓜分波斯尼亚的计划所持的态度,根据这个计划,主要由信奉天主教的克罗地亚人居住的西北部三角地带将划归奥匈帝国,而其余部分则将划归塞尔维亚。安德拉西受多少有些亲塞尔维亚的驻贝尔格莱德领事本亚明·卡莱的影响,起初同意这个计划。因为这个计划除了向奥地利的达尔马提亚提供一个后方地带从而满足了军事需要之外,还在克罗地亚人与塞尔维亚人之间制造了一个将会引起纠纷的导因,从而会使塞尔维亚亲近并依附奥匈帝国。可是,正如安德拉西正确猜测的那样,塞尔维亚希望通过适当的办法获得整个波斯尼亚,因而拒绝考虑这些建议;接着,塞尔维亚摄政团转而采取亲俄政策,安德拉西也就开始怒气冲冲地谈论起泛塞尔维亚的主张。然而,事态的这种变化却把人们的注意力吸引到一些不重要的问题上来。

克罗地亚人没有很多可抱怨的事,至少马扎尔人是这样看的。1867年,他们被允许尽可能与匈牙利达成谅解,并自行向马扎尔人做出了妥协。他们已从德亚克和埃特韦什那里取得了在匈牙利王国范围内独立存在、成立一个在很大程度上实行自治的统一的克罗地亚—斯洛文尼亚国家的权利,不过财政仍严格地、但并非不公平地控制在匈牙利议会手中。他们在代表团和匈牙利议会中都拥有代表,从而使他们在处理帝国的共同事务中分享的权利得到了承认;他们还可以在任何地方讲克罗地亚语。即便如此,在政治权利问题上还是常常发生激烈的争执,甚至发生了一些小规模的起义。在财政和教育方面也做出了一些让步,1873年又任命一位农民出身的著名诗人伊凡·马茹腊尼克为总督,使得紧张关系有所缓和,温和的舆论得以满足。但是,克罗地亚人仍然憎恨马扎尔人的统治,对于自己为哈布斯堡所抛弃也耿耿于怀,于是便开始从建立南斯拉夫这种主张的诱惑中去寻找安慰。这个运动以两种形式出现,其一是19世纪40年代盖伊所鼓吹的"伊利里亚主义"[①],另一种是斯特罗斯迈尔主教及其追随者在19世纪60和70年代进行的关于南部斯拉夫文化的宣传活动;这个运动

---

① 伊利里亚(Illyria)为古代巴尔干半岛西北地区的名称。——译者

一方面是对哈布斯堡—马扎尔政权的挑战，另一方面也是对塞尔维亚人的愿望的挑战。正是出于这个原因，安德拉西十分希望塞尔维亚人同克罗地亚人的对立能无休止地延续下去，因为这至少可望削弱克罗地亚人在对匈牙利政府表示不满时所抱的自信。

　　除了这一点之外，再要制订什么有把握实现的计划就很困难了。斯特罗斯迈尔的热情而宽大的纲领，给克罗地亚学术界以极大的鼓励，但其影响及于所有南部斯拉夫人中的各种文化团体和活动；它具有这样的政治愿望，即希望斯拉夫人中的东正教徒和天主教徒能在一个统一的国家里和睦相处。有一批克罗地亚人渴望在一个国王领导下，建立一个全体南部斯拉夫人的统一国家，以阿格拉姆（萨格勒布）[①]为首府，人口大约 600 万。它将包括三元制王国（克罗地亚—斯洛文尼亚—达尔马提亚）、波斯尼亚—黑塞哥维那、门的内哥罗、塞尔维亚和旧塞尔维亚；克罗地亚的其他人则所抱希望不大，仅仅包括三元制王国也就满足了。塞尔维亚人的愿望仅限于把居住在萨瓦河右岸的斯拉夫人统一起来；对克罗地亚人及其天主教徒们的宣传表示怀疑，而那些泛塞尔维亚扩张主义者则无论如何也不可能认真地想过要把奥匈帝国境内的斯拉夫人居住区从这个二元帝国中分离出去。然而，一个在损害土耳其的利益的条件下扩大而成的大塞尔维亚将会包括旧塞尔维亚、波斯尼亚—黑塞哥维那以及门的内哥罗。甚至不乏更大的幻想。在伏伊伏丁那的匈牙利塞尔维亚居民中，有人梦想组成一个包括保加利亚人在内的南斯拉夫联邦，有人甚至主张把罗马尼亚和布科维纳也包括进去。匈牙利塞尔维亚人的领袖人物斯韦托扎尔·米莱蒂奇一贯的毛病是热衷于实现无所不包的斯拉夫统一计划，再加上总是与大多数邻国争吵。他对于把迄今称为军事边界的地区移交给匈牙利政府控制颇为不满。这些地区的居民是克罗地亚人和塞尔维亚人血统的村民，从小就受忠于哈布斯堡王朝的传统的熏陶。数百年以来，一直是奥地利进攻土耳其人的先锋和抗御土耳其人的第一道防线；他们一直受维也纳陆军部长的管辖。米莱蒂奇与塞尔维亚摄政团和东正教教士的关系也不好，对俄国的泛斯拉夫主义亦颇多指摘。

　　但权衡利弊，在安德拉西看来，占领波斯尼亚虽可在克罗地亚人

[①] 阿格拉姆是萨格勒布的德文名称。——译者

和塞尔维亚之间打进一个楔子，但也很可能使匈牙利的塞尔维亚人变得比以往更加难以驾驭。对此，还必须考虑到俄国人究竟抱什么目的，而这一点是难以估计的。众所周知，俄国人有两种论调，而这两种论调本身又是模棱两可的。如果说俄国外交部不赞成塞尔维亚和保加利亚青年的革命激进主义，它却对门的内哥罗的尼古拉亲王的愿望加以鼓励，并在波斯尼亚和马其顿开设了许许多多的领事馆和副领事馆，而在这些地方他们并没有什么正经的事需要处理；如果是伊格纳切夫和领事们所表白的那样，他们只不过是为土耳其统治下的基督教徒谋求福利，但他们之中却也有那么一些人毫不掩饰他们的革命狂热和敌意，而这往往与其说是针对土耳其人的，毋宁说是针对奥地利人的。在这种情况下，往往就夸大了俄国的影响。这对克罗地亚人丝毫不起作用。在塞尔维亚人中间有一个叫作塞尔维亚青年联盟的秘密团体，自1866年成立以来，米莱蒂奇一直在其中发挥着积极作用。这个团体同塞尔维亚政府的关系有点紧张，维也纳和布达佩斯的许多官方人士当然就把它看作俄国泛斯拉夫主义的工具，尽管看来它并非如此。

奥地利之所以奉行一项推进政策，是出于对威望、战略和贸易利益的考虑。只要在对外关系上取得一些引人注目而并非十分困难的成就，便可抵消它在1859年和1866年的损失。军界希望得到一部分或整个波斯尼亚，以便为奥地利狭窄的达尔马提亚领土提供一个后方基地。人们认为，军事边界的移交增加了向前推进的需要（或者说更加有理由这样做）。尽管1871年后安德拉西越来越小心谨慎，但不论是从整个欧洲的角度考虑，还是作为向皇帝做出的一种姿态，他都很容易接受关于保持威望的论点。他也许同样或者更强烈地受到了下述信念的影响：奥匈帝国必须坚持认为自己是西巴尔干各族人民的天然保护者，它的天然任务就是作为一个强大的好邻邦，以保证西巴尔干各族人民得到土耳其人的公正对待。贸易方面的论点也是根据防卫和扩张的利益提出的。克里米亚战争前，奥匈帝国控制着土耳其欧洲领土的对外贸易；而在克里米亚战争后，这种地位在很大程度上丧失给了英国。从萨洛尼卡到米特罗维察，从君士坦丁堡到亚得里亚堡[①]和

[①] 即今土耳其埃迪尔内。——译者

菲利波波利斯的铁路以及通往德德阿加奇①和扬博尔的支线的通车促成了这一过程。在米特罗维察和巴尔干山脉以北的土耳其领土上只有两条铁路,一条由多瑙河通往黑海,另一条更短的线路从奥地利边界通往波斯尼亚北部的巴尼亚卢卡。19世纪70年代,奥地利贸易界意识到有必要也有可能从北方开辟适当的商路;在1875—1879年东方危机期间,奥地利外交部贸易局有影响的局长施韦格尔男爵终于使之完全实现。主要目标是完成由维也纳通往君士坦丁堡的大东方铁路,使之在尼什与土耳其段相接,并与萨洛尼卡—米特罗维察线相接;占领波斯尼亚可以为奥地利发挥政治影响提供便利条件,从而把塞尔维亚保持在奥地利的贸易势力范围内,并保障它的通过斯库台的商路的安全。这反过来又表现出与北部阿尔巴尼亚各部族的友好关系,以及对新帕扎尔行政区的控制。它表明抑制对门的内哥罗的领土野心有一个经济上的原因。

尽管安德拉西在外交部任职期间(1871—1879年)取得了一些眼前的成就,但他只不过把奥地利内政上的僵局长期转移到外交政策中罢了。1878年波斯尼亚—黑塞哥维那由于俄国的帮助而落入帝国的控制,这时安德拉西对自己的外交才干颇有些扬扬得意;但总地说来,1875—1879年的近东危机充分证实了这样一种看法,即奥地利对外关系中的任何变化都会产生适得其反的效果,所以从政治上和战略上来看,可能奉行的最好政策是根本避免变化。安德拉西从柏林会议上得到的,是在巴尔干半岛形成了一种使所有政治和战略争端都尖锐起来的均势。在比萨拉比亚的俄国人回到了多瑙河,这是保加利亚的一个自治小国,它把俄国人的影响带到了巴尔干山脉;马其顿仍然处在土耳其统治下,但已受到保加利亚、希腊、塞尔维亚甚至阿尔巴尼亚的民族主义的威胁;奥匈帝国占领了波斯尼亚—黑塞哥维那;愤愤不满和威信扫地的塞尔维亚已为俄国所抛弃,正以厌恶的神情考虑是否有必要与奥匈帝国和解。

帝国国内许多人不安地注视着新的局势,在占领波斯尼亚这件与长远的外交问题无任何直接关系的事情上,安德拉西不得不面对重重困难。不论对那些想要得到更多的土耳其领土的人,还是对那些对国

---

① 今希腊亚历山德鲁波利斯的土耳其名称。——译者

内种族和政治均势遭到即使这种程度的破坏亦感到惴惴不安的人来说，占领波斯尼亚都不能使他们感到满意。各派之间展开了公开、激烈而势不两立的斗争。阿格拉姆的克罗地亚人和莱巴赫①的斯洛文尼亚人强烈表示支持巴尔干斯拉夫人的愿望；捷克人和南部斯拉夫人极力称赞沙皇和俄国军队，里格尔曾向俄国的泛斯拉夫主义者伊凡·阿克萨柯夫表示，斯拉夫民族如果不是由于分裂而削弱了力量的话，就能够对人类做出巨大贡献。但是，1877年土耳其战败后，在布达佩斯举行的一次群众集会上号召向俄国开战，并对土耳其普遍表示同情。布达佩斯的公民把一支象征荣誉的剑献给了1876年征服塞尔维亚的阿卜杜勒·克里姆，而捷克人则把一支象征荣誉的剑献给塞尔维亚的败将车尔尼亚耶夫。扩张主义者包括皇帝本人在内，在军队的将领中也不乏其人；在他们看来，安德拉西白白放过了一次不但可以立即兼并波斯尼亚—黑塞哥维那，而且可以控制甚至兼并远达萨洛尼卡的西部巴尔干地区的天赐良机。弗兰茨·约瑟夫对推进政策表示明确的支持，在一定程度上帮助了安德拉西；皇帝的愿望促使柏林条约在奥地利和匈牙利都获得了批准，不过在批准之前却经历了重大的政治危机。

　　各个国家攻击的理由有某些共同之处。在奥地利，在爱德华·赫布斯特和德意志自由派其他领导人不太谨慎的领导和《新自由报》的支持下，这种攻击并不表明他们对土耳其人的感情怀有特殊的关切，但反映了他们极其惶恐不安，唯恐200万斯拉夫人涌入境内危及奥地利德意志人岌岌可危的地位，同时也是为了发泄由于该党在外交政策上的发言权实际上已被剥夺而积累起来的不满。在匈牙利，对斯拉夫人的大量涌入基本上也存在着恐惧心理，但这种攻击来自保守势力和独立党方面，而且受到某种亲土耳其的自发感情的影响。人们对于政治现状的任何变化都极为关注，因为这会削弱匈牙利在帝国事务中的相对实力。结果使弗兰茨·约瑟夫和安德拉西都感到德意志自由派不再对他们有什么用处了，因为这些人的主要长处在于能逆来顺受。在帝国丧失了影响的阿道夫·奥尔施佩格亲王辞去了职务，该党在1879年6月的大选中遭到了失败。而另一方面，在匈牙利，自由

---

① 南斯拉夫卢布尔雅那的德文名称。——译者

党党魁、1875年以来在匈牙利鼓吹二元体制的首相科洛曼·蒂萨虽因支持占领波斯尼亚而大为失势,但这次危机的最终结果却巩固了他在皇帝心目中的地位。

结果,奥匈帝国内部二元体制所固有的对峙局面更加严重;1878年俄国和奥地利向巴尔干各国推进后出现在该地区的对峙局面则长期存在下去。但是对奥匈帝国来说,眼前的后果是有利的:在国内政治方面,它获得了一个相对的安定时期,而在巴尔干,则成功地支撑住它目前尚无意打扰的土耳其国家。

对于弗兰茨·约瑟夫来说,1879年至1893年任奥地利首相的爱德华·塔菲伯爵是一个忠诚而顺从的仆人,他可以尽量利用这一短暂的有利形势。帝国在国外的地位的增强和国内异己分子的削弱,使他得以在整个19世纪80年代把一批支持者团结在一起("铁环"①),并提高皇帝的影响和权威。捷克人不妥协态度的失败乃是塔菲取得成功的基础。1868年以来对帝国议会的抵制没有给里格尔及其追随者带来好处,1878年他不得不说服他的同胞中那些打算看看合作能带来什么好处的人。这样,塔菲就把捷克议员们争取过来支持他的内阁。准备有条件地响应皇帝的效忠号召的波兰人和天主教中央党人,是使他得以超过德意志自由派和进步分子而获得多数地位的另外两支力量。这三个集团的规模大体相等,因此塔菲在一方面避免做出根本改变的情况下,一方面可能做出某种程度的眼前让步,并给予最终解决民族主义要求的希望。捷克人虽不满意,但也并未失望,他们得到了各种报酬,主要是在语言和文化方面:捷克语在波希米亚和摩拉维亚的公共事务中获得了与德语平等的地位;1881年在布拉格创办了一所捷克国立大学,建立了一些捷克中学;在国家机关中捷克人可以担任某些职位。波兰人和保守派也得到了报酬。在此期间,奥地利的国家财政慢慢走上正轨,国家恢复了对铁路的管理。"奥地利思想"虽然在政治上不再能博得普遍的承认,但由于建立起一套称职的和无所不包的官僚机构,从行政管理方面证明这种思想还是正确的。但是,帝国的一切基本问题依然存在,塔菲只不过是弗兰茨·约瑟夫用来拖延最终解决这些问题的一个最合意和最干练的工具而已。

---

① 塔菲政府存在时间较久也较稳定,被人们称为"铁环"(the iron ring)。——译者

帝国要继续存在下去，就必须赢得各民族的忍让，但这些民族彼此之间却毫无忍让之意。奥地利的德意志人不愿再向捷克人要求让步，同样，马扎尔人也不愿再向克罗地亚人的要求让步。它们拒不妥协并非由于要想搞垮帝国，相反，把不可调和的民族主义要求扩大到情理所允许的极限，必须以有一个不可动摇的帝国结构为先决条件，因为在这样的帝国结构内才能为争取让步而进行无尽无休的斗争。80年代后期，塔菲能做出的让步已经到尽头，里格尔及其"老捷克派"追随者便由于青年捷克党的兴起而迅速失势，而青年捷克党后来又被捷克激进派和平均地权派弄得坐立不安。青年捷克党人在1889年的选举中控制了波希米亚议会。他们遇到的是一个同样毫不妥协的德意志人反对派。1882年的"德意志民族主义者林茨纲领"就是在奥地利恢复德意志人最高地位的一次尝试；该纲领寄希望于俾斯麦的帮助（但俾斯麦并无此意），并通过日益加剧的反犹太主义突出表现了其排外性。这种反犹太主义正是他们的首领之一舍纳雷尔用煽动暴力来控制该运动的一种手段。整个80年代中，斗争在波希米亚激烈地进行。德意志人大声谴责泛斯拉夫主义的危险，在语言、教育和行政方面对捷克人寸步不让，而捷克人也同样顽强地为每一个可能取得的让步而斗争。为了谋求解决办法，1890年1月在塔菲的倡议下进行了协商，结果制订了一项方案，规定每个民族在各自所在地区的行政管理工作中占据优势。这实际上等于是将波希米亚的行政由德意志人和捷克人分管。对此，"老捷克派"表示同意，而青年捷克党人则不打算放弃他们对整个波希米亚的要求。德意志人尽管是少数也不打算接受少数的地位。塔菲的妥协方案归于失败。1893年，塔菲提出一个实行几乎是普选权的建议，使他的追随者差不多全都大吃一惊，接着他就被解除了职务。塔菲认为，给公民以选举权，就会全部消除构成现有各党派政治生活的那些出于狭隘利益的争端。皇帝不想采取这种猛烈的措施，他认为这样做会使他碰到的问题比他逃避的问题更多，并会迫使他接受代议制政府，从而肯定会危及他的权力。他召集了一些非选举产生的政客集团组成今后几年执政的政府，但他们除了对普遍选举共同表示反感外，再没有任何一致之处，因而也就无法找到解决德意志人—捷克人争端的办法。

　　匈牙利的对峙局面有它自己的表现形式，但在这里民族主义问题是一个牢牢掌握了政权的集团的问题。占人口总数达50%的马扎尔人牢牢地控制着其他集团。在奥地利，德意志化运动处于守势地位；而在匈牙利，马扎尔化运动仍在被推向最大限度。在林茨纲领中，德意志人完全是心甘情愿地提出把达尔马提亚、波斯尼亚、加里西亚和布科维纳变成完全由匈牙利人统治，此举固然会使马扎尔人决定性地处于少数地位，而加强德意志人在奥地利的势力，但也主要表明，他们进一步承认解决帝国的基本问题已宣告失败。虽然匈牙利人本亚明·卡莱于1882年作为财政大臣而被授予掌管波斯尼亚的权力，但该地区仍然处于二元体制的控制之下。在1875—1890年间担任匈牙利首相的科洛曼·蒂萨主要是依靠贵族的支持而领导着一个由虽然忠实可靠但苛求无已的追随者所组成的自由派内阁。蒂萨及其追随者谴责泛斯拉夫主义和对各个民族实行彻底的高压政策，以此作为实际可行的办法来表明他们虽然效忠于皇帝，但仍然是名副其实的马扎尔人。有限制的选举权建立在严格的语言基础上，使马扎尔人甚至在非马扎尔人选区也实际上保持着独占地位。和奥地利一样，这种选举制也把劳动者排斥在外。罗马尼亚人、斯洛伐克人、克罗地亚人和塞尔维亚人在文学或宗教方面的愿望遭到了拒绝；一些较弱小的集团，如特兰西瓦尼亚的撒克逊人，失去了它们在地方上的特权。然而，主要问题还在于克罗地亚人，他们梦想成立一个在三元制王国中的南斯拉夫国家，波斯尼亚被占领后这种欲望变得更加强烈了。他们比别的少数民族较有效地抵御了马扎尔人的几次侵犯，经过几次严重冲突之后，1879年和1889年在匈牙利人和克罗地亚人之间先后重新达成了妥协。与此同时，匈牙利的权贵们制订了他们自己反对二元体制的政策；这证明是一种推翻仍然忠于奥匈协议和皇帝的蒂萨的有效政治手段。然而，国王的称号于1889年改成了"皇帝兼国王"；这导致了取消其他有关象征，如共同的军队等的要求。

到了90年代末期，奥地利立宪政体的垮台和匈牙利民族主义的坚强不屈，意味着奥匈帝国已不再是一个有生命力的国家，但是，它仍然支撑着，因为它的大多数政治家们深信，还没有任何东西可以代替它。

在1875—1878年的历次危机中，土耳其曾面临在内外夹攻下表失其全部欧洲领土的可能。这一事态之所以未继续发展下去,其原因是多方面的:列强虽进行了干预,但无论在1876年、1878年或1880年,都未能就强制措施究竟应执行到什么程度取得一致意见;各基督教少数民族之间继续相互对抗;大多数伊斯兰继续接受哈米德的统治;也许最重要的是,在80年代和90年代,苏丹阿卜杜勒·哈米德不屈不挠地、毫不松懈地维护着自己的权威。然而,这还不足以解开这位"欧洲病夫"仍能继续生存之谜。在土耳其的欧洲部分和在奥地利一样,帝国体制正在做最后的挣扎。但阿卜杜勒·哈米德与哈布斯堡王朝不同,他既无繁荣可言,又无良好的行政管理,更无从以强国的地位去安抚半岛上的基督教徒和穆斯林,使他们感到满意。

1880年以后出现的虽然有限,但确实出现过的复兴,其原因之一是1875—1876年的革命运动至少意味着革除了改革计划中固有的某些严重弊端。阿卜杜勒·阿齐兹的那些异想天开和随心所欲的做法不会再重复了。他于1876年5月29日被迫逊位,6天后被发现他已溘然死去。他的继位人穆拉德五世显然由于在危机中过度紧张而致精神崩溃,8月31日被废黜。继位人阿卜杜勒·哈米德二世虽是个天生吝啬的人,但无论如何国家的破产迫使他也不得不厉行节约。在好几年的时间里情况与以前大不相同:宫廷放弃了一切炫耀排场的旧习,苏丹在正式场合也只穿一件普普通通的军大衣,不佩勋章;侍从们衣着简朴,甚至显得寒酸;达官贵人们小心翼翼地避免显露出奢华和骄矜,许多人的境况也确实拮据。这种节俭的做法使首都的革命分子的不满情绪有所缓和,那些认为这个政权已毫无可取之处的人也不得不承认它已财力有限,因此,阿卜杜勒·哈米德在他即位初期能够一方面称赞改革计划,同时又似乎很有道理地把它推迟执行。

确实,他使许多密切注视他的人相信了他的热忱。他一度还使曾在穆拉德被废黜前夕于1876年8月会见过他的米德哈特帕夏相信了他的话。他不仅接受了颁布新宪法和任命青年土耳其党人齐亚贝伊和凯末尔贝伊为他的私人秘书这样的条件,而且还以十分向往的口吻谈论他主张实行的更进一步的改革。他在同英国大使奥斯汀·亨利·莱亚德爵士多次亲切交谈中痛心而且显然很诚恳地谈到他的抱负和困难,使这位大使也在一定程度上确信不疑。他为自己的安全惶惶不安——这也是在所难免的——这是由于1876年事件迭起,他的两位先王很轻易地就被废黜而造成的后果。1878年5月24日青年土耳其党人阿里·苏阿维因企图夺取会舍拉根宫扶持穆拉德五世复辟而被枪决，此后数日，阿卜杜勒·哈米德处在精神崩溃的边缘，惊慌失措地要求英国大使和德国大使保障他的安全，为他出奔英国做出安排。这次事件发生后，他除了每星期五在一个宫门口的清真寺做守礼拜外，寸步不离他的王宫和御花园。有一段时间人们认为，阿卜杜勒·哈米德所以于1877年2月放逐米德哈特以及其他改革分子和青年土耳其党人，很可能是出于他的这种对个人安全的惊惶，而并非因为他一般地厌恶改革，这种看法可能是有道理的。罢黜了米德哈特之后，他召开了已许诺的议会。该议会于4月批准了对俄战争，一直到1877年6月才被解散。柏林会议之后，他于1878年10月同意英国关于在小亚细亚进行改革的建议，并出人意料地任命粗壮结实的突尼斯人哈伊尔丁帕夏为大臣（此人定过一本糅合西方文明和伊斯兰法规于一体的小册子），似乎进一步保证实行开明政策的意图。即使议会政体被置诸脑后，宪法却仍然存在，他继续在抱怨他只是通过手下的大臣们进行统治。阿卜杜勒·哈米德是一个头脑固执、心胸狭窄而只顾实利的人，即位之前还是一名优秀的手枪射手和精明强干的小地产经营者。像他这样一个人，当然不难懂得，一个稳定的、人人满意的社会能为他带来实惠。他在同莱亚德的谈话中，痛心地谈到严重缺乏能干的人才以及人人只想过骄奢淫逸的生活等情况，越来越多地夹杂着伸手要钱的意思，而且越来越显示出灰心丧气。他对国内的敌人恐惧万分，因而不愿把实权长期交给任何一个人，这是贯穿在他的全部政策中的一条线索。另一条线索是财源确已枯竭，这一点在财政上表现得尤为明显。他由此愈来愈意识到，列强无意卷入近东进一步的危机中。到1881年，他已估量出国内外各方面对手的力量，对哪些该作多大的让步，对哪些又该如何掌握与之相抗衡的分寸，已经了如指掌；因而得以在虽无建树但亦无灾难的情况下，保持王位达20年之久。

首要的问题是尽可能挽回1878年的损失。虽然柏林条约规定要把土耳其领土割让给奥匈帝国（波斯尼亚）、俄国（比萨拉比亚）和巴尔干诸国，但在很多情况下，新边界只是以笼统的措辞在有些地方并不精确的地图上绘出梗概，因此在各划界委员会中大有讨价还价之余地。凡是苏丹在称号上拥有最高权力的地方，如波斯尼亚和保加利亚，都进行了保持残余权力的斗争，尽管不久就可以看出，他只是在反对奥地利人时才有意进行真正的斗争。直到1879年4月21日，双方经过了无数次讨价还价之后，才签订了一个奥土协议，规定了占领波斯尼亚、黑塞哥维那和新巴扎尔行政区的条件，土耳其政府直到最后一刻还在做绝望的努力来说服安德拉西放弃奥地利在新巴扎尔行政区驻军的权利。协议包括一项秘密条款，规定无论哪个强国对该行政区的驻军发动进攻，奥土双方将联合进行抗击。但协议墨迹未干，苏丹就强行要求取消该条款，理由是它很可能把他卷入镇压已被奥地利的暴政和压迫逼得起而叛乱的伊斯兰的作战行动中去。这项条款引起了奥斯曼帕夏的敌意，据说是俄国向土耳其政府告发了此事。5月20日，安德拉西同意取消该条款。阿卜杜勒·哈米德的顾虑或许是真的。然而，他很明白，有三个分布得很广的伊斯兰地区抗拒柏林协议，因此必须慎重地对待自己的伊斯兰臣民。

这三个地区中，波斯尼亚起义的规模最大，起义分子达9万人，主要是伊斯兰和东正教徒；他们在土耳其正规军和阿尔巴尼亚志愿军的支援下态度强硬，抗拒哈布斯堡的军队进入该地区。只有罗马天主教徒居民稍稍表现出热情来欢迎哈布斯堡军队。东正教徒要求同塞尔维亚或门内哥罗联合。伊斯兰的要求则不十分明确，其中有许多人对土耳其政府1875年的所作所为深为不满，他们并不要哈布斯堡的统治。占领军由一位克罗地亚将军率领，经过数周激战，起义被粉碎。然而，由于起义已为举世皆知，使在维也纳和布达佩斯的政府威信扫地；由于镇压极为残酷，也使政府在这两个行省声名狼藉。苏丹虽超然于这次事件之外，但他的统治权和他作为伊斯兰居民领袖的权力，在四月协议中得到了承认。后来的事实表明，这些规定都没有多大意义，而且在起义失败之后，整个行政机构都主要由克罗地亚的官员按照奥匈帝国的制度加以改造，所以1882年又爆发了新的起义。

对伊斯兰起义分子中地位最卑贱、结局最悲惨，而且由于靠近首都因而最易受到打击的那一部分人，即波马克①，无论苏丹或土耳其政府也都未能给予任何帮助。所谓的"罗多皮起义"从1878年4月

---

① 波马克（Pomaks），即保加利亚的伊斯兰。——译者

至10月断断续续地发生，其领导人是一个英国血统的冒险家。在马里查河以南的山区，起义者竭尽全力抵抗俄军，保护从作战地区以及从保加利亚人的敌对行为下逃出来的伊斯兰难民队伍。武装人员一度曾多达5万人，并成立了一个"波马克临时政府"，发表了宣言，据说还曾在君士坦丁堡派有代表。俄国军队和保加利亚民兵的大规模残暴镇压使起义遭到致命打击。有迹象表明，土耳其政府对这样一次虽然在保卫土耳其领土却是自行其是的运动，既是鼓励，同时也感到害怕。

阿尔巴尼亚也发生了同样的问题，其规模更大，更引人注意。那里开始了一场名副其实的民族运动，尽管俾斯麦对此予以否认。在1878年以前阿尔巴尼亚人的起义即不断发生，不过这些起义只是由于征税、征兵和未开化的山区人民顽强抗拒中央集权的压力而引起的，并没有什么统一的政治纲领。圣斯特法诺条约建议把阿尔巴尼亚人居住地区并入门的内哥罗、塞尔维亚、甚至保加利亚的新疆域。为此，阿尔巴尼亚各地区的领导人于1878年6月初在普里兹伦集会，一致同意建立一个"保卫阿尔巴尼亚民族权利联盟"，1878年6月15日，他们向柏林会议递交了一份旨在保卫阿尔巴尼亚人权利的决议。此后为维护阿尔巴尼亚人的要求而进行的斗争，具有3个重要特征。

第一个特征是：阿尔巴尼亚人的武装抵抗起了很大的干扰作用。柏林条约借以保持列强之间的和平的，是一种复杂的、并不牢靠的妥协办法；除非在不太长的时间内新的边界被各方所接受，否则就会再次引起争端。塞尔维亚在未遇到挑战的情况下占领了划给他的一些阿尔巴尼亚地区，但阿尔巴尼亚的部落成员于1878年9月发动大规模的战斗，阻止门的内哥罗军队进占古希涅和普拉瓦。此后两年中，列强打算重新划定疆界，也因阿尔巴尼亚人的敌对行动而均告失败。以阿卜杜勒·弗拉谢里为首的保卫阿尔巴尼亚民族权利联盟的一个南方分部，拥有3万武装部落成员，他们同样坚决地反抗希腊人在伊皮鲁斯的领土要求。对后来的事态发展具有重要意义的教训是，如果列强僵持不下，坚定的巴尔干少数民族在政治上的重要性就会远远超过他们的人数。

由此而产生了第二个重要的特征：这就是，土耳其政府无力利用这个主要是伊斯兰参加的运动来为它自己谋利。诚然，土耳其政府一度曾对阿尔巴尼亚人不妥协的态度表示欢迎，以之作为延缓不可避免的让步的一种手段；国外也普遍认为保卫阿尔巴尼亚民族权利联盟是土耳其政府预先就策划好的工具。但是，随着1880年斗争的发展，可以看得很清楚，让步实际上是不可避免的了——门的内哥罗人终将得到已经许诺给他们的主要东西——而且，保卫民族权利联盟很可能不仅把斗争危险地继续下去，而且将会激发民族自觉，从而对苏丹本人的权力形成威胁。另一方面，苏丹又不愿失去伊斯兰—阿尔巴尼亚人的支持。这种进退两难的局面，由于君士坦丁堡的意见分歧而更加严重。在君士坦丁堡，土耳其政府的官员似乎比苏丹宫廷中的近臣更倾向于镇压阿尔巴尼亚保卫民族权利联盟。在1880年10月英国威胁要夺取士麦那后，苏丹才最后同意采取坚决行动。未经过激烈战斗，阿尔巴尼亚人的抵抗就被由德尔维希·多尔古特帕夏率领的一支强有力的正规军所粉碎。

阿尔巴尼亚问题的第三个特征是，像柏林会议后几乎各方面的发展一样，它也加强了奥地利在巴尔干半岛的经济和外交影响。奥匈帝国巩固了它对波斯尼亚的控制后，决心阻止门的内哥罗和塞尔维亚的扩张，保持从波斯尼亚和新巴扎尔行政区经由马其顿通往萨洛尼卡，以及经由斯库台通往亚得里亚海的商路畅通无阻。英国和奥地利破坏了圣斯特法诺条约中规定建立的包括阿尔巴尼亚科尔察省的一些地区在内的大保加利亚计划；但是，列强在格莱斯顿的领导下于1880年9月举行了支持门的内哥罗的海军示威之后，格莱斯顿虽然曾一度认真地想支持阿尔巴尼亚争取自治的行动，但英国已经很难再被当作一个朋友来看待了。由于俄国公开反对阿尔巴尼亚成为反斯拉夫影响的中心，土耳其政府对阿尔巴尼亚人关于建立地方学校、任用地方官员、建立代议机构以及减免税收等要求的疑虑也日益增加，在此后的20年中，就再也没有什么力量来反对奥地利对西巴尔干各国的统治了。在1881年6月18日关于三皇同盟的谈判中，奥地利已觉得自己强大得足以放弃同英国的合作，并可依靠俾斯麦而使俄国保持缄默了。尽管奥地利对俄国的敌视态度和俄国奸细的阴谋活动表示不满，但是有一点很快就变得显而易见，那就是，在此后若干年内，处于守势的是俄国的政治和经济影响。

在此期间，在1881年12月20日颁布的关于清理欧洲债务问题的穆哈兰敕令①中，苏丹又一次表明，他非常明白他不得不因财政拮据而做出多大让步。柏林会议后，他在财政方面最迫切的需求便是与君士坦丁堡的各地方银行做出一项临时性的安排。这些银行曾经主要以安排其担保颇成问题的短期贷款和谈判成一项国防贷款（伦敦的格林·米尔斯—柯里公司承担了其中的一部分）而为对俄国进行战争提供了经费。柏林会议之后，外援暂时中断。1878年12月英国下议院的态度使得从英国得到贷款的希望全部落空；法国通过托克维尔伯爵提供贷款的尝试到1879年3月也告失败。苏丹既借不到内债，也借不到外债。索尔兹伯里说风凉话道："忍耐和破产将使他老老实实地做人。""不错，他确实得不到贷款，但没有贷款对专制君主也许要好些，因为他只会用它来修宫殿和造军舰。"可是，总是采取一些措施。第一步是同地方银行做出临时解决办法，1879年11月10日达成一个协议，将某些税收给予各银行，满足了它们的要求。不过，土耳其政府保留了把这个协议纳入更广泛的协议中去的权利，而在1880年似乎已经放弃了不再继续让步的一切希望。正当门的内哥罗危机达到顶点时，土耳其政府在1880年10月3日的照会中提出了一个解决财政问题的全面建议，虽然这种巧合似乎使得对土耳其的许诺极不放心的列强低估了这些建议的意义。但是，应土耳其政府的邀请，各个外国债券持有者的全国性集团都指派了代表，于1881年9月在君士坦丁堡开始进行讨论。债券持有者要求得到充分的赔偿，而土耳其政府则决心避免承担这种倾家荡产的义务，和提供使土耳其丧权辱国的偿付保证，结果双方取得了妥协。一方面把全部债务从1.91亿英镑缩减为1.06亿英镑，一方面土耳其政府又"绝对而不可更改地"让出了许多项税收，直到债款全部还清为止。这些税收包括1879年11月10日协议规定拨付的税收，再加上某些直接税和从保加利亚贡赋中得到的收入，塞浦路斯和东鲁米利亚的税收，以及根据柏林条约的规定各继承国应付给帝国政府的任何收入。

意味深长的是，这个涉及面甚广的解决办法一直拖延到关于柏林条约悬而未决的谈判结束后才实现。苏丹顽固地对抗列强，等于警告

---

① 穆哈兰为回历之1月。——译者

他的债权人：土耳其走的不是埃及那条以一个国际金融管理机构为幌子的路子。并没有建立像柏林条约第十八号议定书所设想的那样的国际委员会来监督土耳其的财政，而只是建立了一个由债券持有人的各个全国性集团的代表组成的管理委员会，其中也有土耳其的代表。另一方面，这个委员会拥有广泛的权力和保证；有人担心它会像先前那些机构一样不起作用，但这种担心被证明是没有根据的。敕令规定建立一个设在君士坦丁堡的管理委员会执行委员会，负责征收和管理让出的各项税收。全部收益扣除管理费用后，均根据它的指示而用于偿还债务和支付利息。帝国政府的官员在委员会议事时有咨询权，但明文规定，"他们在任何情况下都不得干涉管理工作"；另一方面，委员会在它认为合适时，可以根据自己的意愿任命、雇用和解雇政府官员。在此基础上，管理委员会在以后的20年中继续使债券持有人感到满意，并且没有受到政府的干涉和阻挠。

但是，阿卜杜勒·哈米德在付出代价保住了他在欧洲的残余领地之后，就专心致志于千方百计保全他的性命和他那勉强维持下去、再也不能指望使帝国永世长存的权力。阿卜杜勒·阿齐兹那种愚蠢至极的风头主义和飞扬跋扈的暴虐作风，以及50年代和60年代实行的半心半意和敷衍了事的改革，已由一种警察统治所取代。它对政治家们的唯一要求就是谨小慎微。苏丹对于列强之间究竟在多大程度上貌合神离，以及究竟应向它们做多大的必要让步，都掌握得很有分寸。在70年代最主要的教训是：在所有列强中，唯有俄国的耐心是有限的。因此，俄国的基本要求得到了满足，而苏丹很快也就发现俄国已经打算把他弃之不顾了。但是这也意味着苏丹不得不把他自己的许多心怀不满的臣属弃之不顾，从而增加他的国内政策的消极性质。1879年夏俄国军队撤离巴尔干半岛时，苏丹未能将他自己的军队进驻巴尔干山区，这样他就丢弃了他从柏林条约中得到的主要好处。这就等于承认，任何对保加利亚的民族主义的挑战都是徒劳的，而据估计俄国是憎恨保加利亚的民族主义的；虽然直到1885年，土耳其一直控制着东鲁米利亚，但土耳其并没有做出任何认真的努力去巩固它在那里的地盘。1885年9月在菲利波波利斯发生了一场不流血的革命之后，两个保加利亚自行宣布联合，尽管沙皇为保加利亚人胆敢自行其是的行为所激怒，纠集了三皇同盟以图维持现状，但苏丹却未进行干预。

由此引起的保加利亚危机在此后 3 年中使国际关系更加复杂，而在这次危机中最引人注目的事，是土耳其政府始终抱消极态度。它所采取的很少几次积极行动之一，是 1886 年 9 月试图阻止任命敌视俄国的威廉·怀特爵士为英国驻君士坦丁堡大使。

8 年之后，亚美尼亚问题引起了一场国际危机，在某些方面与保加利亚危机类似。如同 1876 年在保加利亚一样，1894 年亚美尼亚山民在萨逊地区发动的一次考虑不周的起义，被哈米德的军队所粉碎，接着进行了有组织的屠杀。列强的干涉走得很远，竟至在 1895 年 5 月提出了一项改革计划，而苏丹于 10 月间也接受了这项计划，但是他同时又授权进行屠杀，据信在这场屠杀中有 8 万亚美尼亚人被杀害，这说明他对这些国际干涉无动于衷。1896 年 8 月发生在君士坦丁堡的屠杀规模虽较小，但也同样举世皆知。在亚美尼亚人对奥斯曼银行进行了一次袭击后，土耳其暴民在首都杀害了约 6000 名亚美尼亚人。革命派的领导人犯了一个可悲的错误，以为只要他们遭到报复，外国就会进行干预。然而由于俄国的反对，外国不可能进行干预。比起"忘恩负义"的保加利亚人来，亚美尼亚人与俄国革命团体的联系甚至更多些，在沙皇看来，没有任何理由去干预土耳其镇压一个并不希望得到泛斯拉夫或东正教感情支持的运动；何况这个运动如果获得成功，很可能会削弱土耳其这个有助于对付西方的缓冲国。英国人更加积极地敌视土耳其，但最终并不那么可怕。苏丹断定，旨在促进实施边界协议和在亚洲部分进行改革的 1879 年 10 月和 1880 年 9 月的两次海军示威，只有得到其他列强的支持才可怕。1880 年 8 月苏丹问道，而且当 1895 年亚美尼亚危机期间英国人的愤怒有增无减之时他更有把握地问道：皇家海军的舰只难道能登山吗？为了一步一步摆脱英国的监护，他付出的代价是失去了控制埃及的最后一个机会。他举棋不定，直到 1882 年才对埃及进行干预，但为时已晚。英国于 1887 年提出有条件地撤出该地，也遭到他的拒绝。这种机会再也没有出现。不过，英法两国虽然在 1897 年克里特岛上的基督徒发动反土耳其的骚动之后，曾与其他海军强国合作，于 1898 年 4 月在克里特岛建立了一个国际行政机构，但威廉二世统治下的德国自 1889 年起对土耳其明显地表示友好（苏丹从 1880 年起就一直在寻求德国的支持），法国的兴趣也在于挫败英国，而不是与土耳其政府

第十二章 奥匈帝国、土耳其和巴尔干诸国

为难。

然而,在大国当中唯独奥地利能够利用土耳其在巴尔干分崩离析的局势。它在国王米兰的协助下控制了塞尔维亚的经济和政治生活;80年代初期,希腊曾与它接近,企图结成联盟;罗马尼亚在1883年被拉进了一个秘密的反俄联盟;1881年后,俄国甚至在保加利亚也处于经济和政治上的守势。1880年,波斯尼亚加入了奥匈关税同盟。1888年8月,穿越塞尔维亚和保加利亚的巴尔干铁路干线连接了起来,从而有助于奥地利向巴尔干半岛的进一步贸易渗透。英国人之所以处于有利的贸易地位,在很大程度上是因为海运费用低廉,而且可到达爱琴海沿岸各港,而在整个80年代和90年代,他们的地盘一天天丧失给了在波斯尼亚、塞尔维亚、马其顿北部和保加利亚经营工业品的奥地利商人。而奥地利商品虽然往往质量较差,但通常价格较低廉,推销技术较好,而且较容易获得信贷。马其顿是土耳其在巴尔干实行苛政的最后一块重要的地盘,也是不久将来显然要进一步出现危机的地方,在这里,奥地利也占据着支配地位。在一些小国当中,人们认为,马其顿有朝一日将并入它们之中的某一个,这是在所难免的;但是,这些小国不能同意任何瓜分计划,而且每一个国家都根据经济、文化和历史上的理由来力图加强各自的要求。奥地利无意去鼓励这些野心的发展。它在1881年的三皇同盟谈判中很注意坚持要俄国停止在马其顿的宣传活动,它一度还曾准备怂恿国王米兰要求得到马其顿北部的领土,但以不致破坏奥地利自己的战略计划为限。这些战略计划的矛头显然是对准萨洛尼卡的,尽管马其顿南部从来不是奥地利在商业上有利可图的地区,但它仍在窥视该地。1903年8月终于爆发了马其顿人反对土耳其统治的全面起义;对这次起义,奥地利和俄国在头年的冬季就已经预见到,并建议进行改革来加以防止。

阿卜杜勒·哈米德虽然排除了外国对帝国内政的干预,但他未能有效地利用这一点,因为他既不打算把权力交给别人,也不打算把他有限的财力用于长远的建设计划。土耳其变成了一个警察国家,这不仅由于他大力搜捕实际存在的和臆想出来的反对苏丹的阴谋分子,而且由于苏丹本人对国家事务,特别是一些无关紧要的小事都一点也不放松地加以监督;在行政工作中,不论巨细,事必躬亲,修桥铺路,任命低级外交官员,审阅警察关于无数普通公民的私人生活的报告以

及诸如此类的琐事,占去了这位专制君主的大部分时间,而无暇顾及重大事件。审查制度无孔不入,十分严厉,对高级官员的怀疑甚于以往任何时候。在某些情况下,仍然是一方面对挥霍无度熟视无睹,一方面又不得不过分吝啬。宠臣们依然是高官厚禄,士兵们则仍旧薪饷无着。但总地说来,苏丹对谁都不大信任。大臣更迭频繁,可疑分子每遭流放,这就进一步阻碍了办事效率的提高。这些当然并非是土耳其政府的新特点。宫廷和政府之间的争权夺利也不是什么新特点,虽然阿卜杜勒·哈米德凡属公共生活和政策方面的事务不论大小均亲自控制的做法,算是给这种无效的制度又增加了新的花样。如果不是苏丹案头的文件累积如山(这还是经过秘书们初步转出和选择过的)、问题积压成堆的话,这种由宫廷秘书处治理国家的做法,与由毫无效率可言的帝国政府治理国家的做法相比,本无所谓好坏。阿卜杜勒·哈米德在位后期的首席秘书是达赫辛帕夏,他忙于设法独揽苏丹的一切事务,并排挤他的敌手、副秘书伊泽特帕夏·阿比德。宫廷秘书处里还有其他一些官员,通常是昙花一现。他们为苏丹效力并一味阿谀逢迎,随着苏丹的喜怒而浮沉;他们为苏丹在各部中安插密探,源源不断地把苏丹臆想中的敌手搞阴谋诡计的种种传闻向苏丹告密,使苏丹时而如释重负,时而忐忑不安,从而更多地耗费了每个人的时间。

在这种情况下,无可否认阿卜杜勒·哈米德在重建中央权力方面取得了相当大的成就,尽管除了顽强地抵抗内外压力之外,很难说他的政策有什么雄才大略。他的政策一时获得成功,是由于列强之间的分裂,并不是他分裂了列强。另外,当时国内还没有能够起作用的反对派,因而国内那些批评他的人还没有可以利用的力量。而同样的情况是,在80年代和90年代初期,苏丹曾有过喘息的机会,可以用来建立人们对其政权的切实可靠的忠诚,但他没有利用这个时机。

从苏丹即位之时起,就做出了很大的努力,强调他作为哈里发[①]的地位,自称是整个伊斯兰世界的精神权威。这虽然像俄国的沙皇自称有权保护苏丹治下的东正教徒臣民一样没有充分的根据,然而还是在一定程度上取得了成功。这种努力的目的在于给列强,特别是英国制造困难,使之不敢轻易向一个在感情上受到印度和其他地方的伊斯

---

① 伊斯兰教国家政教合一的领袖的称号。——译者

兰支持的土耳其寻衅。确实,这种政策除了起自卫的作用外,也再无其他目的,因为苏丹也绝对无意追求在政治上控制在宣传中提到的印度人、马来人、中亚土耳其人、波斯人以及帕坦人。90年代青年土耳其党人对苏丹的指责之一,就是他未能有效地利用哈里发的地位。他在自己的疆域内,实实在在地为伊斯兰居民做一些好事,其中包括在安纳托利亚建立了许多小学,1900年以后又修筑了汉志铁路等等,这些都超出了人们通常对他的评价。君士坦丁堡的伊斯兰工人往往觉得受到他们的敌手犹太人、亚美尼亚人和希腊人的愚弄,看来完全愿意把苏丹当作自己的保护人;1896年在首都大规模杀害亚美尼亚人的事件就主要是搬运工人公会干的。然而,当苏丹的伊斯兰臣民不再以那种传统的和多少认为是命中注定的忠心对待苏丹时,他们绝大多数人的怨恨就日益加深;而且如同他的两位先王一样,阿卜杜勒·哈米德的王位也正是丧失在他自己的伊斯兰臣民手上。

但是,一直到19世纪末,他总算使他的敌人未能得逞,而这些敌人显然并非都是他臆想出来的。阿里·苏阿维在1878年试图营救穆拉德五世,只不过是新奥斯曼党人最后一次孤立无援的行动;此后直到80年代末,新的革命运动的迹象才开始出现。1889—1897年间,一个以推翻苏丹为宗旨的革命团体在君士坦丁堡逐渐发展壮大起来。这个团体同流亡在国外、主要是在巴黎的青年土耳其党人关系密切。阿卜杜勒·哈米德在与这两个集团的第一次较量中取得了胜利。君士坦丁堡的革命团体大概成立于1889年,成员是首都军事医学院的学生。这个团体的第一位领袖易卜拉欣·特莫是阿尔巴尼亚人,曾在意大利与共济会会员有过接触,因此试图按照烧炭党的模式来建立他的团体。其成员迅速扩大到陆军学院和海军学院以及其他公立学校的学生。当局很快就获悉有这样一个团体,逮捕了一些人;但这丝毫未能阻止其继续发展;更多的知名人物参加了进来,并开始在学校以外吸收成员。最后,该团体过分自信起来,竟计划于1896年8月发动政变,但就在行动的时刻之前,所有参与其事的人全部被捕,这才使该团体的人大吃一惊。这虽然是由于苏丹的密探们的工作卓有成效,但也令人痛心地表明这些密谋者还不老练。苏丹在以后的一年中取得了一次更大的成功。这不是别的,而正是国外的青年土耳其运动的垮台;该运动内部的分裂倾向是促成这一结果的原因,但并非造成这一结果的根本原因。这个时期两位最杰出的人物艾哈迈德·里扎和穆拉特贝伊，在他们的缺乏想象力的政治纲领上并无多大分歧，他们认为，除阿卜杜勒·哈米德之外，从根本上来说帝国并没有什么不好。只要除掉哈米德，恢复米德哈特的宪法，改革政府机构，那么，帝国就能保护法律不受宫廷的侵犯。"东方的坚韧性能够创造奇迹"，穆拉特在1897年写道，"群众是朝气蓬勃，精力充沛，稳健而又忠诚的，他们的罪过就在于盲目服从声名狼藉的政府当局"。穆拉特认为不能没有苏丹，他说："没有苏丹，就没有土耳其国家。"他是一个泛伊斯兰主义者，而艾哈迈德·里扎则是一个虔诚的孔德主义者，他的实证主义信念使他坚决反对暴力。然而，恰恰是穆拉特这位革命暴力的鼓吹者和反对艾哈迈德·里扎的渐进主义观点的公认领袖，突然同国外的几乎全体青年土耳其党人一道放弃了斗争。

青年土耳其运动的垮台，在很大程度上要归功于阿卜杜勒·哈米德最亲信的密探之一艾哈迈德·杰拉勒丁帕夏的勤奋努力。他发现穆拉特私下怀有和解和回国的愿望。不管原因是什么，总之大部分流亡者都同意放弃他们的宣传活动，以换取一些关于实行改革和逐步实行大赦的空洞诺言；于是包括穆拉特本人在内的许多人回到了君士坦丁堡。这种安排被说成是一种休战，穆拉特则被说成是人质；但他变成了苏丹豢养的帮凶，而严峻、不肯妥协但能力不大的艾哈迈德·里扎则继续同少数追随者一起几乎是孤立无援地进行宣传活动。

奥斯曼帝国就是以这样十分奇特的方式苟延残喘到20世纪。在许多外国的首都，它都受到诅咒，但在所有这些地方，它又为人们所容忍。尽管阿卜杜勒·哈米德80年代在国外树立起来的相当高的威望已经丧失殆尽，但他在回顾90年代时，仍然可以把它当作为自己辩白的证据，因为他凭着他的本领使自己免遭国内外敌人的蓄意谋害。直到1907年重新抬头的土耳其各民族主义团体几乎是偶然地联合起来以后，哈米德的专制统治才最终受到严重的威胁。

(许明龙　译)

第 十 三 章
俄　　国

在所有的欧洲列强中，俄国对19世纪晚期的自由主义精神所做的让步最少。直到1906年，沙皇仍然是大权独揽的专制君主，他可以不经各部大臣同意，随意制定和废除法律，大臣们只对他一人负责。争取宪政改革的努力遭到专制政体的两大堡垒——官僚阶层和地主贵族中保守分子的顽固反对。沙皇政权的存在最终所依赖的，是构成俄国人口绝大多数的农民在政治上的迟钝。近代思想传进俄国农村的速度很慢。在千百万人的心目中，沙皇仍然是一个近乎神一般的人物，认为他关心着他们的利益，并且长期以来一直相信他的统治给他们带来了切实的好处。

广大民众和极少数有教养的人之间，横隔着一条社会和文化的鸿沟。这一批高贵人物，力量如此之大，威望如此之高，似乎是坚不可摧的。但事实上它即将堕入深渊。俄国是一个两极分化的国家，缺乏一个强有力的中产阶级。知识分子是最重要的中间集团，他们充当了反对派运动的领导，但是直到19世纪末和20世纪初，始终没有能得到广大民众的拥护和迫使政府做出让步。然而，在亚历山大二世即位以后不久，专制政权及其反对者之间旷日持久的激烈斗争，就实实在在地展开了。

亚历山大的统治（1855—1881年），以一派吉祥景象开始，着手进行广泛的社会、文化和行政改革计划，但却以一场毫无收获的战争和一阵革命暴力的浪潮而告终，沙皇本人也成了最主要的牺牲品。这种悲剧结局可以部分归咎于亚历山大本人不能贯彻始终。他之所以进行改革乃是出于环境所迫，而非由于信念所致。他用心良好，但意志薄弱，因此，那些只关心维护自身特权的、人数虽少却很有势力的反动集团一旦对他施加压力，他就轻易地屈服了。1863年波兰起义，3年后，又有人打算对他行刺，在这以后，他就变得更不愿意冒险了。改革虽然没有完全停止，但程度上已经缓和很多，步伐也大为放慢。沙皇迅速失去了公众最初对他产生的信任，同时事实证明，他半心半意向之寻求支持的新兴的民族主义思潮，也主要是一种负担，不是一笔资产。

克里米亚战争结束后，情况变得很明显：如果俄国要想取得进步，或者仅仅想要保持其大国地位，首要的一点就是解放当时仍然完全依附于私人地主的2250万受苦的农奴。1861年2月19日①颁布的《解放农奴诏书》成了俄国历史上的一个重大的转折点。农奴制终于被废除了。但是，实行这场大改革的动机，仅仅是由于为国家着想，而不是出于对农民福利的无私关怀。它是比较开明的官僚与贵族当中的反动分子互相妥协的产物，前者力求保证被解放的农奴至少有能力恪尽他们对国家的义务，后者则力图让他们为获得自由付出尽可能高昂的代价。2200万国家农民②和200万采邑农民③作为单独立法的对象，一般都获得了较好的规定条款。因为对于这部分人，改革者没有像贵族的那种利益问题需要加以考虑。

对于以前的农奴说来，解放办法的规定是非常苛刻的。他们要同农奴主签订契约，按照不同的地区，取得面积各不相等的分配地。这些分配地一般都少于他们当农奴时为了维持自身生活而耕种的小块土地，平均面积不到3俄亩④，在人口稠密的中央黑土地带则更少。它们主要是耕地，因为地主为自己保留了份额大得不成比例的牧场、草地和森林。这些分配地必须按照已经上涨很多的、根据以前缴纳的租金算出的价格来赎买，而这类租金同土地的市场价值或可能的产量都毫不相干。赎金通过村社（"米尔"）分期偿付，在付清债款以前，土地归村社公有。可能要经过长达49年之久的一段时间以后，农民才能说，他的土地是归他自己所有了。在签订契约以前，农民仍然有义务像原来那样向地主缴纳租金，或者服劳役。许多农奴迟迟不愿签

---

① 日期是旧历。
② 即耕种国有土地的农民。——译者
③ 即耕种皇室土地的农民。——译者
④ 1俄亩等于2.7英亩。

订条件如此苛刻的契约，因此，迟至1881年，还有15%的从前为人私有的农民，除徒有其名外，实际上依旧是农奴。

村社仍保留着，一方面是作为一种方便的财政和行政管理组织，另一方面是因为相信它会防止形成一个贫困无地的无产阶级。但是，村社制度的鼓吹者没有充分认识到，不管这种制度可能具有什么社会优点，它在经济上却是倒退的。它使古老的三田轮作制延续下来，根据这种耕作制，每户人家只能在不同的地块里拥有一些零散的小片土地，这些土地定期重新分配（至少在大俄罗斯是这样），以保证在各户的人力物力和应尽的义务之间大致保持均衡。这样一来，比较有进取心的村社成员就失去了改良土地的推动力，因为他们随时都可能失去这些土地。农民天生具有的个人主义本能遭到了压抑，或者转入了不正当的投机渠道。村社当局严惩那些拖欠税债或在其他方面触犯法律的村民，并负责发放通行证，没有这种通行证，村民一律不得离开村庄外出旅行。农民要想出售分配地或退出村社，更是困难重重。在村社之上设有乡（沃洛斯特）公所，它被设想为农民的自治机构，但实际上往往蜕变为庞大的官吏阶层的驯顺工具，而这些官吏大多数是从握有乡村最高权力的土地贵族中任命的。农民仍旧构成一个单独的"等级"，可以把各种歧视性立法，任意强加到他们头上。他们虽然不再是农奴，但并没有变成公民。

农民获得解放的苛刻条件，加剧了由于乡村人口的迅速增加而正在发展的危机。当时，单是在俄国的欧洲部分，农村人口就由19世纪60年代初期的5000万人左右，增加到1897年的8200万人，而不论是农业生产率，还是其他就业机会，都没有相应地增长。拖欠的税款数量愈积愈多，富庶的产粮区萨马拉1873年又发生了灾荒，这些都成为动乱日益临近的迹象。农民们本能地感到，只有把地主的田产夺过来，分给缺地的人，才能最有效地改善自己的处境。因此，到处流传着有一份所谓"金敕书"的谣言，据说沙皇在这份敕书中准许他们以暴力夺取按照权利来说应当属于他们的东西。暂时还没有发生叛乱，但是在俄国农村平静的外表下面，暴力行动已成一触即发之势。

地主对解放农奴也怀有他们的不满。按照偿付赎金的规定，应该缴纳给他们的金额，一半由国家扣下来以供偿清旧债，而他们收到的债券的市场价格，则急剧贬跌。一些人任意挥霍他们的资财；许多人不再经营农业；有技术和决心以及必要的资金去改革自己庄园的经营管理的人寥寥无几。由于劳动力丰富，他们就往往容易想至少在表面上竭力保持昔日的荣华。地主贵族已经是一个没落阶级。只有在南乌克兰发展了一些比较繁荣兴旺的新的大农庄，专为西欧市场生产粮食。20年内，出口量增长了4倍，但按照国际标准衡量，产量仍然很低。从19世纪70年代中期开始，北美的竞争造成了俄国农业的不景气，使地主和农民都遭到打击。

俄国陷入了恶性循环：农村的贫困限制了国内市场，从而妨碍了工业的发展；而工业的缺乏，又使造成贫困的主要原因——过剩的农民人口——无法被吸收。尽管政府采取了有力的措施，工业的发展在解放农奴后的25年内仍然没有起色，和西欧同时期的工业发展相比尤为逊色。采矿业和冶金业的主要中心依旧在乌拉尔地区，而其技术之陈旧是闻名遐迩的。到1880年，俄国的煤和生铁产量只分别达到400万吨和50万吨，工业劳动力的人数不足50万，而且几乎全部是非熟练工人；许多工人仍然拥有土地，每年都要回农村去参加收割。雇主为了弥补生产效率的低下，便求助于大多数工业国在工业化初期常见的那种加强剥削的办法。工资很低，而且日趋减少；劳动时间长而且工厂的条件普遍恶劣。国家至今并没有干预这类问题，但是一旦出现工人闹事的任何迹象，警察却行动迅速，立即进行镇压。

经济领域最令人鼓舞的发展，就是这时已经着手实行修筑铁路的宏伟计划，因为在俄国这样一个幅员辽阔的国家，交通不便，一直是经济进步的一个主要障碍。1861年，铁路的总长度还不足1000英里，20年后，却达到了13000英里以上。这时，铁路的交通网把各个主要产粮区和新旧首都以及波罗的海和黑海的港口都连接起来。不过，为这一成就付出的代价是高昂的。财政大臣 M. 冯·路特恩为限制政府开支着想，赞成由私人公司在国外筹集资本来修筑并拥有铁路。财政部通过提供有保障的优厚利率和给予其他种种特别有利的特许权，千方百计地吸引投资者，但由于当局昏庸涣散，投机和贿赂之风盛行。

路特恩的自由放任政策，受到政府官员猛烈的抨击，但他根据财政上的理由，为他的做法辩护。从国外筹集贷款，可引进外国资本并有助于克服当时存在的通货奇缺。自由的资本积累,迄今一直为国家的庞大开支所阻碍;路特恩这时宣布他的目的是要"把新的血液注入已经干涸的商业动脉"。一个分布广泛的私人银行网出现了。国家的收支账目公开了,财政部更加严格地控制其他政府部门,力求避免浪费性的开支。渐渐积聚了一笔储备基金,准备把纸币换成硬币——这是吸引外国投资者必须具备的一个首要条件。但是,路特恩激烈反对的1877年至1878年的俄土战争,使得为一代人实现稳定的希望又被推迟了。战后的俄国,国债大增,年度预算出现一系列的赤字。

财政状况最严重的方面,是岁入经常无法保证,赋税制度基本上仍然没有改革,最沉重的负担继续落在那些最没有力量承担它们的人的身上。只对农民征收的古老的人头税,依然是直接税的主要来源,征收累进制所得税的想法,被认为带有危险的革命色彩而被抛弃。大部分岁入的来源,主要是对大众消费品征收的间接税。因此,俄国仍然是一个贫富悬殊的国家,在这里,制定经济政策的人往往总是把特权阶层的利益当作国家的利益。亚历山大二世的"大改革"导致大踏步走向普遍繁荣的希望破灭了。

亚历山大二世的其他改革,同样也没有实现原先许下的诺言。这些改革尽管受到种种限制并且常常半途而废,它们仍然有助于在一个具有"强权即公理"的传统的国家中,普及对法律和个人尊严的尊重,而且由于培养起一种彼此都是公民的情感,也有助于缓和紧张的社会关系。另一方面,虽然它们具有比彼得大帝时代以来所采取的任何政策更为深远的影响,但由于它们对中央政府的组织没有做任何变动,官僚结构因而也就丝毫没有被触动。而且,改革的势头也没有保持下去。

最重要的变革发生在司法机构和地方政府方面。俄国的司法一向以其武断专横而臭名昭彰,因此,很少有人怀疑彻底改革的必要性,特别是解放农奴的措施,使千百万迄今几乎完全听任主人生杀予夺的农奴,获得法律权利以后,情况更加如此。1864年颁布的若干法令,相当广泛和开明,是十分令人鼓舞的:各法院之间的关系都做了明文规定,并予以简化;案件都按照现代诉讼程序公开审理,被告是否有罪,由陪审团决定;原来的法官常常是愚昧无知而且贪赃枉法,现在则挑选法律界最优秀的人才担任,并规定法官终身任职,以保障他们的独立地位；为防止警察在审查嫌疑犯时滥用权力，而采取了若干措施；最后但并非最不重要的一点是，允许律师开业，并按照西方的做法拥有自己的自治组织。

这给司法管理的真正革新带来了希望。但是，第一，改革进行得缓慢，而且在某些偏僻的或政治上敏感的地区，则始终没有充分实行；此外，还存在着若干漏洞或疏忽。从地方贵族中推选的负责审理农村地区小案件的"治安官"，并没有完全纳入新的司法体系；他们按照当地五花八门的习惯断案，对于他们的判决，也没有地方上诉。第二，改革者们并没有彻底修改早已过时的刑法典，他们只满足于缓和某些刑罚的严厉程度。一些最残酷的肉刑被废除，但是根据法庭的命令，仍然可以拷打农民。第三，仍然还存在着一些新司法体系未曾涉及的方面。官吏只是在他们的上司同意下，才能被传到庭。枢密院被认为是公民防止行政机构滥用权力的主要依靠，但枢密院的组成并未加以改革，其成员仍然是一些被指派的年老政客，他们办起事来，更多地考虑国家的利益，很少考虑个人的权利。更重要的是，政治嫌疑犯仍然可以不经审讯而被长期拘留，或者不经由法庭只凭一纸"行政命令"就被流放。宪兵队或保安警察掌握着相当大的权力，被判处流放西伯利亚服苦役的犯人，处境极其艰苦，受尽残酷的折磨。正是在库页岛的矿山里或施吕塞尔堡的土牢中，沙皇政权显示了它最黑暗的一面：在这些地方，地位低微的小官吏成了至高无上的土皇帝，而法制则几乎荡然无存。

在一个官僚阶层如此掌握大权的国家，独立的司法机构，反而成了某种反常的东西。法院和行政机构之间，很快也就发生了冲突。1867年，大力推行改革的司法大臣 D. N. 扎米亚金被免职，由极端保守的 K. I. 巴伦继任。反动报刊不断地攻击律师是潜在的颠覆分子，陪审团是不伦不类的西方舶来品。司法部门很快便被迫退居守势，但是法律界依然对官僚阶层破坏或玩弄法律的种种行为进行顽强的抵抗。改革一旦获准进行，便不能轻易被取消。

1864年颁布的地方政府法，是一个同等重要的前进的步骤。它规定在俄国欧洲部分各省和各州（边境地区除外）都设立乡村议会，即地方自治会。地方自治会有一个由每年召开一次的代表会议所任命的常设执行委员会；代表会议的代表们由地主、农民和集镇居民分别开会选出。1870年，在大多数城市建立的市代议机构，其宗旨及组织结构，大致和地方自治会相似，但是由于城市人口比较少，这些机构的重要程度比不上乡村的地方自治会。这些机构具有双重意义：第一，它们给以前的农奴和以前的农奴主一个合作的机会，从而在分裂俄国社会的鸿沟上架起了一道脆弱的桥梁；第二，它们鼓励那些至今一直习惯于指望某个远方的、握有全权的当局主动地替他们解决一切问题的人们，能够开始（至少是在地方性的问题上）为自己着想并采取行动。地方自治会鼓励人们拥有广泛的政治抱负，因而被大多数自由派认为是走向立宪的第一步。政府深知这将意味着什么，因此谨慎地把地方自治会的职权仅限于过问教育、卫生、筑路和救灾等问题，并把它们的活动置于官僚阶层的严密控制之下。各个地方自治会的成员不准聚会协调政策，即便是在纯技术性的问题上，也不容许这样做。他们不得不几乎完全依靠向已经负担过重的农民征税来获得经费。把持着大多数地方议会的，都是思想保守的贵族，他们对面临的许多紧迫的社会问题置之不理，总是设法想要削减开支。不过，也还有不少地方自治会的领导人，以堪作楷模的理想主义精神，致力于促进民众的福利，但当他们的工作愈来愈频繁地受到官方的干涉和阻挠时，他们也就心灰意冷了。

尽管存在着这些巨大的障碍，地方自治会的实际成绩，仍然是远远不能忽视的。它们明智地集中力量同乡村中几乎是全部文盲的现象做斗争。到1881年，他们已经办起了将近1万所小学。这至少是一个开端，虽然这些学校的质量不高，而且办学的主要负担，都落在乡或村的行政当局身上。不管某些农民集体是多么渴望获得知识，但他们都负担不起很多费用。教育的普及程度，各地差别很大。一般地说，最贫困的地区，学校的数目也最少。这仅是地方自治会的工作缺乏中央协调的许多方面的表现之一。

在这项至关重要的活动中，它们从政府那里遇到的障碍多于鼓励。1866年，代替自由主义者亚·瓦·戈洛夫宁担任教育大臣的德·安·托尔斯泰，是一个心胸狭隘和自以为是的官吏，看不起任何敢于反对他的政策的人。他所关心的，主要不是普及知识而是扑灭革命思想。他建立了一支强大的督学队伍，在各省充当他的代理人。由地方自治会选举的地方学校管理委员会经过改组，被置于一个贵族代表的监督之下。

中学里感觉到的反动趋势更加严重,由于中学一般都是教育部办的,所以更加容易控制。争议最大的措施,是修改教学计划问题。按照修改后的规定,花在学习古典学科上的时间大大增加了。托尔斯泰的提案虽然遭到许多著名官员以及广大公众的反对,却获得了沙皇的支持,因此,即便是在国务会议上遭到了坚决反对,也未能阻止它变成法律。古典课是以一种特别迂腐的方式讲授的,当局几乎是好像认为用拉丁文动词无穷的变化,就可以分散学生的注意力,使他们不再去注意那些带有可怕的达尔文进化论含义的自然科学。这样做的结果,也就非常自然地使俄国青年加速转向唯物主义。托尔斯泰原则上也并不反对讲授科学,事实上,他还比较有效地促进了这方面的工作。他所考虑的主要是社会方面和政治方面的目的:他在古典的"文科中学"和非古典的"实科中学"之间,划一条明显的界限,并且规定只有从前一类学校毕业的学生,才能进入大学,希望借此来保证大学生的成分更可取和更可靠。

事实上,正是在大学里,托尔斯泰失败得最惨。由地方上的种种不满引起的学潮,很快便具有一种政治色彩,使得涌入激进派阵营的人与日俱增。政府起初试图进行镇压,后来又设法以允许大学内部充分自治(1863年)来解决问题。但是,大学生的反抗情绪始终存在,1866年4月,发生了大学生德·弗·卡拉科佐夫独自一人企图行刺亚历山大的事件。这就导致政府采取了托尔斯泰的更着重镇压的政策,他成立了若干官方委员会,制定出种种更为严格的控制措施。但这些委员会的工作徒劳无益,因为大学当局死抱住1863年给予他们的权利不放。托尔斯泰提出修改有关法律的建议还没有被批准,他就在1880年4月被迫辞职,作为向舆论做出的一种姿态。

托尔斯泰所能采取的手段,本来不足以应付所有国家在某个演变阶段普遍面临的一个复杂的社会学中的问题:即一个知识分子阶层正在兴起的问题。大学生的成分正在发生变化,除去地主和官吏的子弟外,传教士、商人、工匠偶尔还有农民的子弟也进入大学。到1880年,这些所谓的"非贵族出身的知识分子"已经占大学生人数的一半以上。知识分子素来喜欢进行抽象的哲学和政治方面的思考,作为这样一个悠久传统的继承人,他们成了对现状的最尖锐的批评者。思想的传播也由于报刊的发展（在 1856—1865 年间出现的报刊，数量等于前 10 年的 10 倍）和检查制度的放松，而变得大为方便了。根据 1865 年颁布的规定，政府仍保有勒令任何刊物停刊的权力，但它已不再怀疑舆论存在的权利，而作家们又是擅长于同法律斗智的。

大多数知识分子现在都认为，亚·伊·赫尔岑的观点过于温和，因而抛弃了它，虽然他的流亡刊物《钟声报》在亚历山大二世统治的最初几年间，曾经在俄国发生过巨大的影响。他们现在宁愿追随和《现代人》杂志相联系的一些作家，其中最重要的就是社会主义者尼·加·车尔尼雪夫斯基。他的政治哲学是乌托邦理想主义和经济决定论的结合。他以其丰富的经济学和社会学方面的论据，发展了赫尔岑的这一观点，即俄国农民能够在土地集体所有的基础上，以自己特有的方式，建立起一种更美好的社会制度，从而为西欧的无产阶级树立一个榜样。更加走极端的是德·伊·皮萨列夫的观点，他由于崇拜自我和反对公认的社会和道德约束，因而使激进派获得了"虚无主义者"的名称。另一个知名人物是无政府主义的狂热鼓吹者米·亚·巴枯宁，他那丰富多彩的个性，使他深受俄国青年知识分子的欢迎。

然而，这些人打算从言论转向行动的尝试，却没有获得显著的成功。1861 年，地下组织"土地和自由社"在其成员与农民建立联系以前就被警察破获。车尔尼雪夫斯基和皮萨列夫也在次年被捕。由于失去了领导人以及两个主要的激进刊物于 1866 年被封闭，革命运动暂时转入低潮。

产生这种结果的另一个原因是，俄国知识界的情绪，在 1863 年波兰起义后，发生了变化。激荡着华沙的民族主义曲调，在圣彼得堡和莫斯科激起了更加响亮的回声。大多数俄国人都一致反对波兰争取自由和独立的斗争，认为这是破坏帝国统一与完整的一次少数人策划的阴谋。人们纷纷支持政府。那些曾经玩弄议会政治的自由主义者现在确认，实现这类想法的时机还不成熟；一些人埋头于新成立的地方自治会的实际事务，另一些人则参加了爱国主义的合唱。米·尼·卡特柯夫是一位曾经热烈欢迎改革的莫斯科最主要的宣传家，这时成了鼓吹新的民族主义最卖力的代言人。在伊·谢·阿克萨柯夫的著作中，早期的斯拉夫文化优越论发生了微妙的变化，高尚的宗教理想主义让位于更粗鄙的民族至上的主题。莫斯科的报刊记者猛烈抨击据说是沾染了西方自由主义病菌的圣彼得堡官僚。他们宣称，政府必须保持强大，特别是要巩固它对边境地区的控制。只有这样，俄国才能完成它的历史使命，扩大它在亚洲的疆域，并且帮助巴尔干的斯拉夫人摆脱异族统治的桎梏。

对民族主义信条中泛斯拉夫主义这个方面鼓吹得最起劲的，是尼·雅·达尼列夫斯基这类作家，达尼列夫斯基把达尔文的"生存竞争"概念应用到国际关系上，从而给泛斯拉夫主义贴上了一张时髦的伪科学的标签。但是，通常使用的"泛斯拉夫主义"这一名称，根本不足以概括一个复杂的、其内容除巴尔干政策以外还涉及其他许多问题的运动。莫斯科的民族主义分子，在军队和外交界以及宫廷里，都有许多同情者。就连亚历山大二世也时常对他们表示赞赏，因此，虽然在俄罗斯人或其他斯拉夫民族中支持他们的人并不多，但这种在危机时刻能起决定性作用的影响，已足以补偿其群众基础的不足。

实现斯拉夫人统一的主要障碍是波兰问题。继残酷镇压起义以后，随即又进行了一次彻底的土地改革，目的是要削弱政治上不可靠的贵族并赢得农民的支持。此外，还制定了旨在消除波兰的民族主义情感的宗教政策和教育政策。在曾经对起义者表示相当同情的俄国本身的西部各省，也采取了类似措施。与此同时，在波罗的海各省和乌克兰，潜在的民族对立情绪却发展了起来。

当1875年的巴尔干叛乱再次形成了"东部问题"的时候，泛斯拉夫事业遭受了一次更严重的挫折。俄国政府踌躇不决，一方面勉强参与国际合作以实现和平解决，但同时，又被民族主义情感的浪潮推入了单独同土耳其的斗争（1877年4月至1878年3月）。到这时，曾经由于克里米亚战争的失败而大受损害的俄国军事声誉，通过亚历山大二世手下既精明强干而又思想开明的陆军大臣德·亚·米柳亭的几次重大改革，已经在很大程度上得到恢复。米柳亭最重要的一项改革是实行征兵制（1874年），因此，军官团便不再为贵族所把持，而且社会各阶级都要公平分担服兵役的义务。新的俄国军队由人数不多的常备军，加上庞大的经过训练的后备军组成，具备了形成一支令人生畏的军事力量所需要的素质。但是，在这些改革还没有充分收效，而米柳亭本人又极不赞同的情况下，战斗的号角就吹响了。发动奇袭的有利条件失去了，统帅部原以为很有把握，轻而易举就能获得胜利，但这没有实现。军队仍然由于传统的指挥无能和后勤供应的无效率而深受其害。直到 1877 年 12 月，军事要冲普列文才被攻下，通往君士坦丁堡的道路才被打开。

由于这一胜利而得意忘形的最高统帅部，胁迫土耳其人签订了屈辱性的圣斯特法诺和约。但是，这项条约引起奥地利和英国的激烈反对，有几个星期，对英国的战争似乎已迫在眉睫。亚历山大二世虽然一心想要以外交上的胜利，来巩固他军事上的胜利，仍然不得不同意在柏林召开一次会议来修改圣斯特法诺条约。根据柏林和约（1878 年 7 月），俄国所获无几：在亚洲获得巴统和卡尔斯，在欧洲收回 1856 年失去的比萨拉比亚地区。俄国也没有能为它卵翼下的巴尔干国家提供多少帮助，保加利亚的领土被缩减到只有它原来提出的疆域的 1/3（虽然仍旧为俄国的渗透保留了充分的机会），塞尔维亚和门的内哥罗得到了一些领土，但是没有共同的边界；波斯尼亚和黑塞哥维那则被奥地利占领。

柏林条约在俄国激起了强烈的不满。民族主义者谴责政府屈服于西方的压力。但是，俄国外交失败的真正原因，却在于亚历山大二世意识到，俾斯麦时代的欧洲已经远远不足以让单独一个强国成功地进行扩张，哪里还有俄国的份？因为它的经济和社会的落后，已经使得它比过去更加依赖两个日耳曼人帝国的友好态度了。所以，经过几个月无益的孤立后，他便着手修补"三皇同盟"（俄罗斯、德意志和奥匈帝国），这是他的外交政策的关键，但由于巴尔干危机而遭到了破坏。1879 年 9 月，他在亚历山德罗沃会见了威廉一世；两年后，这个联盟，由他的继任者以隆重的仪式，重新建立。从俄国的立场看来，联盟这时主要有助于保护俄国免遭英国的进攻。德、奥两国负责防止土耳其人允许英国军舰通过黑海海峡，来威胁俄国几乎是没有设防的黑海海岸。

在国内，战争的结局也使政府感到惊恐，因为由此而造成的痛苦和混乱，加强了反对派的力量。早在 19 世纪 70 年代初期，革命思想在知识分子中已经非常盛行。一些激进分子为彼·拉·拉甫罗夫和尼·康·米海洛夫斯基的"民粹派"社会主义所吸引，另一些人则倾向于更加令人神往的巴枯宁学说，但他们全都认为应该到农民当中去进行宣传鼓动。1874年夏季，成百上千的青年知识分子抱着这一目的"到民间去"，然而，其结果只是很快就被警察逮捕，而且，警察有时还得到了他们打算去解放的那些人的合作。由于缺乏群众支持，革命派并未构成对沙皇政权的严重威胁，但是宪兵队为了自己从中渔利，往往夸大这种危险，使沙皇及其大臣不断处于提心吊胆的状态。可是，大规模的逮捕和审判，反而使革命派获得了一般公众的同情，而人们对俄土战争的强烈不满，更加强了这种同情心。至于民粹派本身，他们则被迫采取恐怖行动来进行报复。1878年1月，一个贵族出身的女青年薇·伊·查苏利奇为了给被监禁的一个革命同伴报仇而枪击一名高级警官。继她这一壮举以后，发生多起谋刺重要官员的行动，其中有一些获得了成功。但并非所有的民粹派都赞同这种策略，于是，他们的政党，1876年重新建立的"土地和自由社"，在一次议论纷纷的辩论中瓦解，那些赞同采取恐怖行动的人，在安·伊·热里雅波失的领导下，成立了一个新的组织"民意党"，该组织在其纲领中把刺杀沙皇列于头等重要的地位。

对于政府要求公众给予支持的呼吁，一些自由主义者的反应是小心翼翼地请求获得公民权利和政治自由：沙皇既然给予保加利亚人以宪法，为什么就不能给本国人民以宪法呢？1880年2月，民意党在冬宫策划的一次爆炸，险将亚历山大炸死，这使惊恐万状的沙皇认识到，对恐怖主义分子和他们的温和的同情者进行离间，将大有裨益。于是，成立了一个最高执行委员会，它的领导人米·塔·洛利斯—梅里柯夫被赋予几乎是独裁者的权力。在为对付革命暴力而加强保安措施的同时，报刊、地方自治会和学校，却由于行政压力的放松而得到好处。这项政策的成功，使洛利斯－梅里柯夫得以首先解散委员会，同时为自己保留了内政大臣这一重要职位；然后，又进一步拟订了一项召集民选代表起草某些法律的复杂方案（1880年12月）。但是，这些建议（其特点是它们均系秘密拟订的）并没有达到足以使温和的反对派感到满足的程度，更谈不上平息革命派了。1881年3月1日，亚历山大二世在最后批准这一方案后返回皇宫时，被一枚恐怖分子的炸弹炸成致命伤。

民意党的领袖们曾经希望，暗杀沙皇的成功即使不能触发一场农民起义，至少也会使政府大为震惊，从而会同意给予俄国以宪政自由。但这两种希望全都落空了。刺杀沙皇反而妨碍了民意党人为之奋斗的事业。新沙皇亚历山大三世（1881—1894年在位）是一个严厉而专横的人物，以其忠实而勤于国事受人尊敬，但却缺乏想象力和智慧。他秉性保守，而且，由于父亲被暗杀而变本加厉，他认为造成这一事件的原因是前朝政府政策的软弱和不坚定。他立即着手消除革命的威胁，办法是加强他的君主最高权力，加强社会上每一级政府当局，并维护土地贵族的地位。这些倒行逆施的做法，注定是要失败的。俄国社会既然历尽千辛万苦才挣脱了重重桎梏，要想强迫它再长期戴上原来的枷锁，是不可能的。归根结底，专制制度要想求得安全，取决于采取强有力的措施，来解决农村日趋贫困和工业开始兴起所带来的种种紧迫问题，而在这方面，政府的行动是迟缓而远远不足的。

  新沙皇的政见，在很大程度上是东正教最高会议总监康·彼·波别多诺斯采夫的主张。他以前是沙皇的老师，这时是沙皇的亲信。波别多诺斯采夫是一个老朽的人物，根本不配充当俄国的俾斯麦。他对现代文明心怀憎恨，梦想在俄国复活一种死气沉沉的实行僧侣政治的社会，坚决不受诸如宪政或法治这类外来的西方思想的腐蚀。实际说来，他的纲领就是以警察手段来镇压持不同政见者，促进东正教的宗教教育，并使边境地区俄罗斯化。最初，在一个很短的时期内，亚历山大三世还装模作样地要实行洛利斯－梅里柯夫提出的改革，但是，波别多诺斯采夫成功地利用了他的恐惧和疑虑心理，说服他颁布了一道诏书，宣称他"相信君主专制的力量和真理"，以预示不祥之兆的口吻暗示，他将把"秩序和正义贯彻到"他的父皇所确立的各种制度中去（诏书是1881年4月29日颁发的）。

  这是对自由主义派大臣们的直接挑战，他们纷纷辞职或被免职。但是，洛利斯－梅里柯夫的继任者尼·巴·伊格纳切夫是一个斯拉夫文化优越论的同情者，为波别多诺斯采夫所不信任。伊格纳切夫鼓励沙皇和民众直接接触，想用这种方法来加强君主专制。因此他鲁莽地批准了一项想入非非的计划，即准备模仿中世纪时的全俄缙绅会议，召开一次各等级的协商会议。波别多诺斯采夫立即利用这件事把他搞下台，代之以一个更加正统的保守分子德·安·托尔斯泰。托尔斯泰的教育政策在前朝曾经引起舆论的极大注意。此外，波别多诺斯采夫还把一个俯首帖耳的伊·达·捷里扬诺夫安插在教育部。波别多诺斯采夫俨然成为俄国大权独揽的人物，可以任意干涉自己职权范围以外的其他各部，虽然他有许多身居高位的政敌，他们极力阻挠和拖延他们所不赞成的那些极端反动的措施的实行。

新政府相当顺利地恢复了俄国政局表面上的平静。恐怖主义分子的领袖人物被捕获，政府不顾呼吁赦免的要求，将热里雅波夫及其4名同党绞死，其他人则被判处长期监禁和流放。那些设法逃往国外的流亡者，陷入了无谓的理论上的论争，而恢复恐怖活动的努力，未能得逞。英雄时代已经过去。绝大多数对民粹派抱有同情的青年知识分子这时都认为，他们对民众事业最好的援助就是静静地埋头于自己的职业，并且从事法律所允许的那些社会工作和慈善事业。革命运动的衰落，很快也使自由主义派在地方自治会中的宣传鼓动工作销声匿迹。俄国自由主义的一个特点就是，它缺乏坚定的社会基础，基本上是知识分子的一种动向，随着革命潮流的涨落，时兴时衰。由于检查制度变得更加严厉，批评政府的大部分报纸杂志都被迫停刊。当局充分利用了许多温和派对谋杀沙皇事件的厌恶情绪，对政府的指示俯首帖耳的地方自治会重新陷入了过去对国事保持沉默的那种局面。

人们曾对之抱莫大希望的这些机构，这时已完全处于守势，只能小规模地开展它们的活动。德·安·托尔斯泰一度着手把它们并入各级官僚机构，但后来由于不得不考虑反对者的批评，才改变了他的计划。1890年6月的法律，扩大了各省省长和其他官吏的权力，特别是在批准选举结果及人事任命以及暂停执行被认为有损国家利益的决议等方面。选举制度被任意篡改，以便削弱公民的选举权和进一步增加贵族代表的比例。1892年，在市政机关也采取了类似措施。

托尔斯泰在1889年7月设立了"地方长官"，这使他的政策达到登峰造极的地步。这种长官由省长从当地地主中遴选，只对中央政府负责，从而成了俄国农村十足的土皇帝。他们通过简单的手续，就可以否决乡的或村社的大会决议，惩罚经选举产生的农民行政机构。曾经以断案公正赢得良好声誉的治安官制度，现在被取消了，他们的职权移交给地方长官。这就为专横行为开辟了道路，是在有意破坏已经由于损害法官的独立地位、限制陪审团的活动以及其他措施而受到威胁的司法系统的完整。但所有这些改革,都没有收到预期的效果。当贵族的经济力量正在不断和无可挽回地日趋衰微的时候,扩大他们的政治权力是徒劳无益的。1885年成立了贵族土地银行,它们的明确目的是要帮助贵族维持他们的庄园。尽管这家银行暗地给予贵族大笔津贴,他们的土地在1877年到1905年间仍然缩减了1/3以上,从7300万俄亩减少到4600万俄亩。

政府的教育政策同样加强了前一个时代所特有的各种趋势。设施增加了,但是,这应归功于地方自治会和其他公共团体,而并非政府的业绩。在小学里,波别多诺斯采夫大力强调宗教教育,旨在灌输对一切教会的或世俗的权力机关都俯首帖耳的服从精神。虽然东正教最高会议未能像它原先打算的那样全部控制小学网,它还是成立了自己的教育管理机构,从而造成了一种必然会对整个教育发展产生不利影响的竞争局面。从质量上说,教区小学远比那些由世俗机构办的学校低劣。

对中学和大学教育,波别多诺斯采夫希望把它们变成只对上层人士的子弟开门的场所。靠颁布法令是很难使学校与社会隔离的,但是政府试图以提高学费的办法,来间接地做到这一点。大学终于失去自治权(1884年),笼罩上一层军营般的气氛,但结果却促成了对立情绪。大学生们一般都能设法绕开不准成立任何组织的禁令,仍然是"社会的气压表",随时都对政治气候的变化做出反应。波别多诺斯采夫虽能够剥夺俄国知识分子的言论自由,但却不能把他们争取过来,使他们积极地接受他的理想。

他在争取帝国境内非俄罗斯族和非东正教居民的思想上的效忠方面感到更加失望。波别多诺斯采夫毫不尊重宗教信仰自由的原则,千方百计地提高国教的地位。东正教的传教活动得到大力支持,法律禁止东正教徒改信其他宗教。他侵扰和迫害福音派新教,特别是那些其教义带有社会或政治激进主义色彩的教派。由于他的宗教政策主要是从国家安全的考虑出发,这种政策的影响,在边境地区因而令人感到最为强烈。因为在那里,信奉异教者往往同时怀有根深蒂固的民族情绪。

600万犹太人的遭遇最为悲惨,他们被限制在一个指定的允许居住区(或称"居留区")之内。亚历山大三世和他的继任者以及许多显要官员，都持有强烈的反犹观点。前朝实行的比较开明的同化政策，这时被取消了。1882年，禁止犹太人居住在乡村地区，即使是在指定居留区内，也是如此，这就进一步加剧了城镇人口的拥挤和贫困。"入学人数限制条款"规定了允许犹太人接受中等或高等教育的比例。被容许住在居留区以外各城市里的少数享有特权的犹太人，也遭受各种歧视性措施的折磨。

在波兰以及在西部和波罗的海沿岸各省，学校和东正教会成了推行俄罗斯化的主要工具。波罗的海地区的情况，尤为复杂。那里的俄国官员和用德语的贵族阶层展开了竞争，力求把正在迅速产生本民族政治抱负的立陶宛人、拉脱维亚人和爱沙尼亚人拉到自己这一边来。亚历山大三世很少考虑该王朝和波罗的海地区日耳曼贵族之间历史悠久的联系。虽然地方政府仍归他们掌握，警察和司法机构都按照俄国方式进行了改组，教育系统也被置于中央集权的控制之下。这导致了长期以来成绩卓著的路德教学校的衰落，使得居民识字率实际下降。成千上万人动摇于相互敌对的两派宗教信仰之间，在他们的地位问题上，也发生了严重的冲突。但是，波别多诺斯采夫实现统一的努力失败了。他的种种措施完全不足以抵挡汹涌澎湃的民族主义浪潮，这一浪潮这时已经遍布于整个东欧，在俄罗斯帝国内部的声势，也相当可观。政府的镇压措施，虽然并不像同时代人经常认为的那样，是促使少数民族反对俄国人统治的直接原因，但确实也只不过是激起了他们原来打算防止的离心倾向。

波别多诺斯采夫的波罗的海政策所以失败的另一个原因是，俄国不敢让这个比较小的问题破坏它现在比以往任何时候都特别珍视的同德国的良好关系。具有讽刺意味的是，亚历山大三世本来想奉行一种完全因循守旧的外交政策，最后却同意彻底改变结盟路线。到1887年，俄国同德、奥两国的关系已经疏远，这是因为奥地利卷入了保加利亚事件，而德国的俾斯麦则采取了敌视法国的行动。它显然成功地同它的主要敌人英国实现了缓和。"三皇同盟"终于瓦解，而代之以同德国签订的一项对俄国的价值要小得多的再保险条约，而且，仅仅维持了3年，就被俾斯麦的继任者废除。

俄国并不热心于同实行共和制的法国结盟，以消除它由此而陷入的孤立地位。虽然1891年8月达成了没有什么约束力的谅解，但直到1893年12月，俄国才勉强保证，在法国一旦遭到德国进攻时给予支持。而且，从外交方面来说，事实证明这一新的联盟并未妨碍同柏林及维也纳保持良好关系。事实上，俄国从此同奥地利在巴尔干问题上以及同德国都和谐地合作了数年之久。但是，从更广阔的角度来看，结盟路线的改变，是标志俄罗斯帝国衰落的一个里程碑。俄国不再是同德、奥这两个在政治和社会制度方面与自己相似的帝国结盟，反而越来越依靠法国的友谊和贷款了。法俄关系在财政方面的意义，迅速变得重要起来，一直到1905年，法俄同盟已经成了一把钢钳，俄国只是以发生一场革命为代价才摆脱开它。当然，俄国并没有实际损失任何主权，但是，1905年俄德毕由克协定的解体，表明俄国的行动自由已丧失到何种程度，它已无法再疏远法国这个盟邦，因为法国的财政援助已经成为沙皇政权继续存在的保证。

依赖外国贷款是不可避免的，因为俄国的国内财力无法提供发展所必需的资本。政府虽然对国家的经济落后没有直接责任，但它在许多年内，也确实没有为克服这种落后状态尽什么力量。亚历山大三世的第一任财政大臣尼·赫·本格，尽管不是有远见的政治家，仍然认识到实行财政改革的重要性。1882年，在最后一批前农奴被强迫改为交付赎金的农民以后不久，这方面的税收数目就减少了；1885年，不公平的人头税也为时过晚地废除了。国库弥补损失的办法是，把耕种国有土地的农民缴纳的地租，几乎提高了1倍，同时进一步增加了间接税。可是，本格的改良主义措施，尽管规模不大，仍然引起了其他大臣对他的猛烈抨击。他不得不于1887年1月辞职。他的继任者伊·阿·维什涅格拉茨基是一个有经验的金融家，他的注意力主要集中在国际金融市场上。长期受苦的农民则被交给托尔斯泰及其继任者彼·尼·杜尔诺沃掌管。这两个人是单纯从安全观点出发，来考虑土地问题的。所希望于农民的，就是无条件地服从地方长官和其他政府机构的代表。1886年颁布的一项实际上并未生效的法令，要求政府机构批准传统的宗法式农民大家庭分立小户，因为这种大家庭已无法抗拒个人主义的无情压力的冲击。政府还把村社置于自己的管辖之下；农民即使已经赎回他们的份地，如果得不到本村人的同意，依旧不能自由地退出村社并对自己的土地行使全部所有权。这种做法造成的恶果，在1891年至1892年那次灾难性的饥馑中，明显地暴露了出来，那次饥馑加上霍乱流行，夺去了大约50万人的生命。由于没有足够的粮食储备，即便是不严重的歉收，也会造成普遍饥荒。显然，采取更重大的行动来提高群众的生活水平，已成为至关重要的事情。

财政部现在由谢·尤·维特掌管，他是帝国政权日趋没落时期最干练的一个臣仆。作为一位善于和企业界周旋的有经验的行政官员，他深知俄国能否保持世界强国地位，取决于能否迅速开发它丰富的自然资源。他认为工业化和维持沙皇专制政体，完全可以并行不悖；事实上，只有实施一项雄心勃勃的有领导的经济发展计划，专制主义政权才有希望继续存在下去。他辩称，如果国家采取主动，它将获得私人企业的热情合作和一般公众的尊重。维特的性格坚强而又比较喜欢反驳别人，加上虚荣心极重，因此，给自己树立了许多有权势的敌人，但是，他几乎是独掌经济大权达10年之久。

他用来促进工业发展的方法，在原则上和他的历届前任没有什么不同。不过，在实施时，更注意协调一致，目的也比较明确。在19世纪90年代，经过10年的巩固和财政整顿以后，俄国进入了一个主要由国家投资修筑铁路的新时期。在经济上和战略上都最为重要的工程是兴建横贯西伯利亚的铁路，这条铁路于1891年动工，在短短的14年内便全部完工。到1905年，全国铁路总长度已经达到37500英里，其中2/3属国家所有。

国内工业现在已能够提供所需要的大部分铁轨和其他金属设备。在18世纪80年代，顿涅茨盆地迅速出现了一个新的采矿和冶金中心。在1900年，这里出产的生铁已占全国生铁产量三百余万吨的一半；这时煤的产量也达到了1500万吨。这在全世界的产量中仅占很小一部分，但是，在一种日益重要的产品即石油的产量方面，由于在外高加索发现了丰富的石油资源，俄国这时则居首位。集中在莫斯科地区和波兰的纺织工业，也由于中亚细亚植棉业的发展，而迅速前进。在19世纪最后15年内，工业总产量几乎增加到原来的3倍，90年代末期的进展，尤为显著。到1900年，工业和交通运输业雇用的工人，达到了250万到300万人。

工业的这种发展，在很大程度上得力于日益趋向保护主义的政府关税政策。在19世纪80年代，对进口的工业产品和原料征收的税额不断提高，1890年和1891年，又相继做了两次普遍的大幅度的提高。这就导致和德国发生纠纷,德国这时已逐渐取代英国,成为俄国的主要贸易伙伴。俄国刚刚兴起的产业革命的一个甚至更重要的特征,是依靠外国投资。到1900年,外资在20年内增长到8倍,几乎已占俄国私人工业企业总投资的1/3。外国资本还以直接向政府贷款的形式流入俄国。主要是为了吸引外国投资和降低重利率,俄国才实行了金本位制(1897年)。这一步骤大大增强了它的财政地位。

但是,为获得这种援助,不论是直接的还是间接的,都付出了代价,这反映在俄国负债数字的不断增加上。在1894年至1903年间,据估计,每年付给外国债主的钱平均为3亿到4亿卢布。到1904年,仅国债就超过65亿卢布,其中几乎有一半是外债。由于国家预算只有依赖借外债才能平衡,对贷款的需求不断增加,以致恢复偿付能力的前景,似乎更加遥遥无期了。

批评维特的右翼人士担心,过分依赖外国银行家会危害俄国的主权地位,而左翼则要求首先进行土地改革,以提高农民为国家提供岁入的能力。维特可能会答复说:没有外国资本的援助,工业化将大大加重农民的困苦(这一论点已经为苏联后来的经验所证实);而且,从长远来说,只有工业化才能够提供解决土地问题的希望,才有可能打破阻碍经济进步的恶性循环;因此,一定程度的经济紧张应该被认为是不可避免的。俄国工业化的速度越快,转变过程中的痛苦就越小。

但同样真实的是:农民纳税者即便是在工业发展并最终导致普遍繁荣这一有价值的事业中,也负担不了日益加重的负担。在维特的任期内,国家岁入增加了一倍。到1903年,总岁入的1/4是由1894年开始实行的国家酒类专卖提供的。这实际上使国库由于永远保持酗酒现象而获得了某种既得利益,虽然酗酒是众所公认的农民生活中的一大祸害。维特增加国库收入的另一项受到人们怀疑的措施,是国家对甜菜的生产进行控制(1895年),这使甜菜的价格人为地提高,以致对农民来说,食糖更加成为餐桌上的奢侈品了。

到19世纪末和20世纪初,农村的日趋贫困,从官方资料中也显示了出来。图拉省的调查员于1902年发现,农民家庭住在既肮脏又漏雨的茅屋里,用干粪作燃料,吃的是面包、克瓦斯和土豆这类菲薄的食物。在90年代后期,有1/5应征的兵员,体格检查不合格。俄国人的死亡率为35‰，是欧洲最高的；其特点是，农村的死亡率高于城市。从政府的观点看来，最不祥的征兆也许就是欠缴的税款额有增无减，在1896年至1900年间，尽管各地采取了种种豁免和缓缴措施，欠税额仍超过每年平均应缴税款的1/5。

农民怎么能够指望既尽自己对国家的一份义务，同时又能养活自己和妻儿老小呢？由于缺乏足够的贷款便利，要想额外购买土地，变得十分困难。本格1882年创立的农民土地银行的业务，在强大的地主利益集团的压力下受到了限制。据估计，从1861年至1905年，实际从事耕作的农民共购买了1600万俄亩的土地，其中有一半以上是通过农民土地银行购买的。这些土地的很大部分是由村社、其他农民团体或个体农民直接或间接地从贵族手中购买的，贵族的土地从1877年到1905年减少了2700万俄亩（从7300万俄亩减少到4600万俄亩）。在土地较多的地方，租地是一个比较简单的办法；但是在土地严重缺乏的地区，由于供不应求，租金飞跃上涨，特别是最贫苦的农民所订立的短期租约，租金尤高，因为他们仅仅是为了糊口活命才这样做的，往往耗尽了地力。租地耕种也不利于改进技术。从19世纪90年代初期开始，政府为时过晚地开始提供便利条件，鼓励向俄国亚洲部分地广人稀的未开垦地区移民。到1904年，已有将近100万未来的移民越过乌拉尔山。但是，许多人不听官方的劝告，动身时并未做充分的准备，以致中途失望地返回。总之，移民开荒仅仅是吸收了一小部分俄国欧洲部分自然增殖的人口。统计数字表明，不管多么严重地缺乏土地，农民仍然宁愿在离家较近的地方寻找工作——有的是在乌克兰南部的大庄园，那里每年都要从人口过剩的中央地区吸收100万季节工；有的是在城市和工业聚集地区。

在这种工业区，农民突然投身于一种完全陌生的文明，急速紧张的生活节奏和农村缓慢拖沓的旋律形成了鲜明的对比。这种陌生的感觉加剧了他们对工业环境天生的厌恶，而这时的工业环境，仍然和以往一样恶劣。本格虽然在1882年规定了女工和童工的劳动时间，但是来自某些工业利益集团的压力，妨碍了这一法律的普遍施行。直到1897年，男工的工作日才限制为11个半小时。新设置的工厂视察员很快便奴颜婢膝地成为政府当局的鹰犬。工资现在虽然定期以现金支付，却由于农村失业者的大量流入而被压得很低。罢工和任何形式的劳工组织都被严厉禁止。大部分集中在大企业中的产业工人，构成了蕴藏着革命情绪的天然水库，而这农民不满情绪的滚滚洪流，又源源不断地倾注其中。城市里发生了公开的骚动，加上农村中一触即发的愤怒情绪，使形势越发险恶。到19、20世纪之交，君主专制的俄国，尽管表面平静，实际上正在走向革命。

这种群众反抗具有更加有组织的性质，这主要得力于知识分子。1891年的大饥荒，把俄国社会由前10年在压抑下造成的消极状态中惊醒起来。随着地方自治会的活动再次扩大，它的雇员（教师、医师和统计师等）的人数和自信心也大为增加，在各种专业组织和其他机构中都感受到了他们的影响。这种复兴局面也影响了民选的地方自治会的代表们，他们当中有许多人是贵族，但事实表明，他们的为公精神要比托尔斯泰所指望的阶级自私心强烈得多。不过，这时为公众舆论定基调的，已经不是比较微弱的俄国自由主义派的声音。在知识界，围绕着长期争执不休的俄国前途问题而进行的辩论，已经主要是在民粹派和马克思主义者之间进行了。民粹派把农民的贫困归咎于资本主义，在他们看来，资本主义是某种格格不入的东西，是由国家故意人为地强加给俄国淳朴的农业经济的。而在马克思主义者看来，资本主义则是一种自然而然的有机发展，是社会发展过程中不可避免的一个阶段，它开辟了物质高度繁荣以及在工业无产阶级领导下进行革命的前景。他们谴责民粹派是空想和反动；民粹派则攻击他们像维特一样心肠冷酷，对人民的眼前利益漠不关心。在这场发生于俄国知识分子的理智与情感之间的辩论中，胜利属于理智；因为在一个科学日益昌明的时代，民粹派讲求伦理的理想主义，远不如马克思主义理论所具有的周密逻辑性和明显的必然性那么富有吸引力。

信仰马克思主义的知识分子力图把他们的理论化为行动：他们竭力争取对于方兴未艾的劳工运动的领导权，把工人的注意力从产业活动转移到政治目标上来。他们获得了一定的成功，圣彼得堡的纺织厂爆发了一次大罢工（1896年），成立了一个地方工会，其他城市也竞相效法。但是，这些秘密组织很快便由于成员的被捕而解体，在以后几年内，政治性罢工的次数一直比较少。1898年，社会民主党成立，但它并没有获得任何大规模的群众支持。

劳工运动的力量在边界地区比较强大。在那里，民族主义和社会主义奇特地交织在一起，彼此既是盟友，又是对手。乌克兰的反对派主要是社会主义者和统一主义者，但在1900年以后，也出现了民族主义集团。在波兰，自1863年起义失败以后，调和主义的倾向一直流行了25年，但这时出现了政治活动的浪潮。最强有力的团体是波兰社会民主党，该党把争取独立列为其纲领中的首要任务。右翼是民族民主党人，左翼是极端正统的马克思主义者，他们都具有比较浓厚的国际化倾向。俄国最强有力的革命组织是犹太人的社会民主主义组织"崩得"，但由于和各个非犹太人反对派集团相互摩擦而不能和它们紧密合作。许多犹太人被以犹太复国主义为代表的、更具有民族主义色彩的思潮所吸引。更北部的波罗的海沿岸诸省，这时变成了紧张的政治活动舞台，社会民主主义在拉脱维亚盛行，在爱沙尼亚占上风的则是比较温和的民族主义。心怀不满的少数民族大军中又增加了两部分新成员：芬兰人和亚美尼亚人。1899年，致力于实现统一的帝国政府，实际上废除了芬兰长期以来享有的宪法权利，于是，整个芬兰民族都聚集在自由主义派领导人的周围，投入了一场引人注目的消极抵抗运动。在亚美尼亚，政府在1896年的大屠杀中，以默许的态度支持土耳其，从而引起人们的反对。在这里，民族主义证明是一个比社会主义要强大得多的力量；格鲁吉亚的情况也是如此。

  俄国社会中这时已经形成的尖锐紧张关系，对君主专制政权造成了可怕的威胁。它当时只有显示出极高明的预见性和灵活性，才能消除这种紧张形势。但是，继承王位的是一个显然缺乏这类品质的君主。最后一位沙皇尼古拉二世（1894—1917年在位）继承了他父亲的缺点，却没有继承他父亲谦恭的美德。他虽然顽固地主张加强政府的力量，可是性格软弱，而且头脑迟钝。他对那些能力超过他自己的大臣心怀猜忌，却愿依靠那些常常是声名狼藉的幕后顾问。因此，统治集团内部的尔虞我诈、争权夺利，层出不穷，它的影响波及整个官僚阶层。特别是财政大臣和内政大臣之间发生的一场冲突，在某种程度上，反映了大政方针的根本分歧。尼古拉二世不赞同维特所主张的具有能动性的君主专制。他因循守旧，对他自己作为专制帝王，有一种非常天真幼稚的想法。由于他自己所采取的行动，使得君主政权在整个俄国社会中，甚至在那些最温和的分子中陷于孤立，而这些人本来是它反对革命的天然盟友。

第十三章 俄国

尼古拉二世即位不久,就把地方自治会的一些领导人关于实行宪政的愿望粗暴地斥责为"愚蠢的梦想"。他本想使这份诏书产生亚历山大三世登基诏书所产生的作用,但实际上反而激起了反对情绪。在一个彻头彻尾的保守派贵族德·尼·希波夫的领导下,许多地方自治会执行委员会的主席聚集在一起,成立了一个协调各地自治会活动的"局"。态度左右摇摆的内政大臣伊·洛·哥烈梅金对此感到恐慌,下令解散这个局。但他摇摆不定的态度也导致他的敌人(包括维特在内)进行策划,把他赶下了台(1899年)。他的继任者德·谢·斯皮亚金推行一种直截了当的堵塞政策,从而扩大了政府和社会之间的对立。在这样一个灾难遍及全国的时候,地方自治会所取得的成就与官僚阶层的愚蠢无能所形成的对比特别引人注目。然而,维特已经拟就一份秘密备忘录,警告沙皇说,地方自治会和维护君主专制是根本不相容的。虽然他谨慎地没有提出解散地方自治会,人们却普遍担心政府已经在考虑这一步骤。人们开始以更大的决心,重新致力于建立全国性的组织。在原来信仰马克思主义后改信自由民主主义的彼·别·司徒卢威的领导下,一批激进的知识分子采取了主动。1902年6月,他开始出版一份秘密报纸——《解放报》,在形成温和派舆论方面,起了重要作用。

几个月前,农民的不满情绪已经导致在乌克兰的两个省发生骚乱。骚乱者不分青红皂白地遭到镇压,与此同时,维特设立了"特别会议"这个机构,来调查农村发生骚乱的根本原因。特别会议这个机构和以前的许多类似机构不同,组织规模非常庞大,有几百个地方委员会,许多这样的委员会,邀请地方自治会的领导人参加。尽管政府做出种种限制,但这些领导人常常扩大讨论范围,提出进行社会改革和政治改革的种种要求,于是,自由主义派就获得了一个宝贵的机会,围绕着一个共同的实践纲领而联合起来。

与此同时,农民的骚乱也极大地鼓励了民粹派,他们这时已经以"社会革命党人"的名义而重新展开活动,在农村进行广泛的宣传。他们的恐怖活动,虽然最终也许并没有太大的意义,但更加引人注目。暗杀的第一批对象之一就是内政大臣(1902年4月遇刺)。

继任的内政大臣维·康·普列维,原是警察头子,他有自己的一套应付危机的独特办法。他为了使地方自治会默认他的做法,私下保证说他赞成和解。但在实际上，地方自治会仍然经常受到干扰，而1903年2月26日颁布的诏书所答应做出的各种各样的让步，却是含糊其词，而且微不足道，令人大失所望。自由主义派很快便拒绝了普列维虚伪的和解建议。1903年7月，他们迈出了决定性的一步，成立了秘密组织"解放同盟"。该同盟在6个月后正式成立，通过了一项激进的纲领，要求由全民普选出一个制宪会议，实行广泛的社会改革和民族自决权。

普列维通过成立由警探操纵的工会来控制劳工运动，最初取得了较大的成功。产业工人虽然愈来愈响应社会民主党人的鼓动，在意识形态上还没有坚定地追随他们。一群流亡国外的马克思主义知识分子，其中最知名的是弗·伊·列宁，企图通过为他们办的报纸《火星报》征募支持者来重新建党。但是在1903年召开的代表大会上，由于领导人之间存在着种种个人的和理论上的分歧，年幼的党竟分裂成为敌对的两派——布尔什维克和孟什维克，每一派都自称是继承了正统的马克思主义的衣钵。这种不稳定的状况给普列维以可乘之机。莫斯科的工人们由于迫切希望抓住一切机会组织起来，纷纷加入了由地方警察头子谢·瓦·祖巴托夫操纵的工会。但是，警察为了保持住对工会的控制，有时却不得不准许工人举行有限度的罢工。这就导致雇主和政府内部反对者的不满。另一项类似的做法，即建立一个表面上"独立的"犹太工人党来削弱"崩得"，但也在无意中触发了乌克兰全境的一次大罢工（1903年7月）。祖巴托夫的活动，结果适得其反：工人当中的革命情绪反而日益高涨了。

普列维也不惜采取更加毒辣的手法：1903年4月，在他的纵容下，在比萨拉比亚的基什尼奥夫，进行了一次"大讨伐"，许多犹太人被屠杀。在芬兰和亚美尼亚，无情地推行了强制居民俄罗斯化的种种措施。但是革命的浪潮仍然高涨。普列维于是又采取了一种始终没有试验过的转移革命浪潮的方法：进行一次"小规模的胜利战争"。结果，由于统治者一心想要在远东取得利益和荣誉，俄国这时就身不由己地被一步一步拖向了这样一场大灾难。

1860年签订北京条约以后的30年中，俄国一直满足于巩固它在太平洋沿岸的地位。但是，中国的分裂局面唤起了它潜在的扩张主义野心。维特急于要避免在俄国当时的软弱状态下发生战争，赞成采取一种承担有限的军事义务和逐步进行经济渗透的政策，并在执行过程中，尽可能争取与中国人合作。但是，大部分将领和外交官都不主张这样玩弄手腕，而宁愿实行直截了当地兼并领土的政策。最初，维特占了上风，但是，到1898年，俄国获得旅顺分地以后，它的势力范围便迅速扩展到整个满洲，从而不仅激起了中国，也激起了日本和英国的坚决反对。

俄国本来可以承认日本在朝鲜拥有像它自己在满洲拥有的那些权利，以收买日本，但在好几个场合，它都贻误了以这种办法达成交易的机会。1901年以后，尼古拉二世愈来愈为一批肆无忌惮的冒险家所左右，这些人终于得到普列维的支持，设法把维特赶下台（1903年8月）。这时，权力终于从正常的政府机构转到了这个不负责任的集团手中。尼古拉二世及其顾问们骄横自大，根本不把日本人看在眼里，并没有为他们的侵略行动势必会导致的战争做任何准备，因此，这场战争于1904年1月在出乎他们意料之外的情况下爆发以后，俄国的海陆军便遭受了一连串无可挽救的惨败。1905年5月14日，在对马海峡终于遭到大败以后，俄国被迫议和，根据同年8月签订的朴次茅斯条约，日本获得库页岛南部和旅顺港，俄国承认日本在朝鲜的权利，不过，还保留着它对北满的控制。就俄国十分迫切需要得到的和约来说，付出的代价可谓极其便宜。

因为到这时，俄国的国内状况已经发生了翻天覆地的变化。从一开始，公众舆论就普遍谴责日俄战争显然不符合国家利益。轻启战端和战事失利的责任，自然无可推卸地落在政府头上。战争起了触媒剂的作用，使各方面的反对浪潮汇聚成一股巨大的怒涛，随着前线失利消息的不断传来，这股怒涛也愈加高涨。君主专制政权以自己的行动有力地证明建立责任制政府的必要。截至这时为止，主要只是少数知识阶层希望实现的要求——公民权利、政治自由、按民主方式进行宪政改革等，这时迅速获得了广大民众的支持。共同反对君主专制这一点，给运动造成了一种团结一致的假象，其实，组成这个运动的是形形色色的力量，每一种力量都有自己的动机和目的。

危机无情地暴露了尼古拉二世缺乏政治家的应有品质。他狂妄地蔑视反对派，大大低估了他们的力量，为了苟延残喘，徒劳地不断变换应急措施来进行挣扎,但就是坚决不肯让出丝毫权力。在普列维1904年7月15日遭暗杀后,他踌躇了一个月之久,才指定忠实而干练的彼·达·斯维亚托波尔克-米尔斯基接任内政大臣,米尔斯基一上任,便着手恢复政府与公众之间的相互信任。米尔斯基缺乏政治经验,很快便被迫做出了大大超过了他的初衷的让步。他没有估计到自己的做法会产生什么后果,便批准地方自治会的领导人举行一次旨在讨论宪法问题的全国代表大会。既然已经批准,再要收回成命,就不可能不损害他的政策业已取得的成功。这次代表大会果然发生了政府最担心的事:它热烈地通过了一项内容广泛的改革计划,甚至要求召开国民会议,而且2/3的与会者,都希望赋予这个国民会议以立法权力。代表大会于1904年11月9日闭幕时,向沙皇发出呼吁,要求立即召开这样的国民会议。

米尔斯基这时想出了一个折中方案,即允许被选出的地方自治会代表参加国务会议。尼古拉二世起初勉强同意了这一方案,但后来由于维特向他警告说,这就是走向宪政的第一步,他又改变了主意。12月12日的一项法令答应在各方面进行改革,其中包括地方自治会代表大会提出的一些问题;但这些改革措施仍旧要按照通常的那套官僚程序规定细则,而不向任何民选代表征求意见;同时还宣布,帝国根本法将"不可动摇地予以维护"。于是,与缓和的舆论实行和平妥协的希望,就此被排除了。俄国只有通过革命行动,作为其间接后果来争取到它的宪法了。

代表大会结束后不到一个月,首都的人民提出了他们自己的要求。在这里,祖巴托夫建立了一个工会,这个工会像以前类似性质的工会一样,是不受警察控制的。它的领导人,其中著名的有身份可疑的格·阿·加邦神父,为适应追随者的情绪,批准了一项在冬宫前面举行大示威的计划,预定在示威中向沙皇呈递请愿书,吁请沙皇注意工人们在经济方面的疾苦,要求进行治本的政治改革。当局接到了关于这项计划的警告,但没有采取有效的反措施。1905年1月9日清晨,示威群众赤手空拳,其中有一些人还举着圣像和沙皇的肖像,但却遭到了血腥的镇压,大约有100人被枪杀,数百人受伤。这次大屠杀使民众对专制政权的最后一点信任,也消除殆尽,从此以后,专制政权便成了足以激起暴烈的憎恨情绪的压迫的象征。

工人骚乱的浪潮自发地蔓延到全国各地。在华沙和里加，发生了和军队的冲突并又造成死亡。在外高加索，亚美尼亚人和鞑靼人之间爆发了激烈冲突。农民也彻底地觉醒了。他们的行动采取了违法放牧，砍伐木材，拒服劳役或缴租，有时甚至抢掠庄园和强占土地等形式。到夏季，俄国欧洲部分已有 1/6 的地区受到骚乱的影响，到秋季，受骚乱影响的地区已达 1/2。在波罗的海沿海沿岸各省和格鲁吉亚，事态的发展特别严重，农民甚至把地主和官吏赶走，建立起他们自己特别的革命委员会。更加严重的是，由于战败而纪律涣散的海军发生了兵变。陆军虽然还没有达到海军那样的地步，但也士气低落，许多部队在政治上都已很不可靠。

这场大动乱是一场自发的而且往往是无政府主义的运动，一些人数很少的、有组织的反对派集团的鼓动，只起着较小的作用。这时，这些反对派集团全都急剧地向左转，以求跟上事态迅速发展的步伐。在所有的边界地区，民族主义政党都向它们的社会主义对手让步。民粹派帮助成立了一个全俄农民联合会，但这个联合会没有足够的机会争取到全国范围的支持。社会民主党人抛弃了他们理论上的顾虑，赞同农民采取直接行动。布尔什维克尤其注意争取农民的支持，但他们的成果微不足道。他们那种号召举行武装起义的刺耳宣传，只博得城市中少数极端好斗分子的欢迎。比较务实的和正统的孟什维克，则竭力鼓吹利用政府权力崩溃的大好时机，成立工会和争取其他权利。他们的策略和"解放同盟"有很多相似之处，成功地建立了许多职业组织，很快又采取松散的协调一致的行动，组成一个工会联盟。

正是巴·尼·米留可夫领导的这个团体，在把地方自治会自由主义人士进一步推向左转方面，起了主要作用。1905 年 4 月，他们在更加具有代议制性质的基础上，举行了第二次代表大会，以绝大多数票通过决议，要求在普选的基础上召开制宪会议，并且提出了一项激进的社会改革纲领，其中甚至包括以有限的赔偿没收一些私人庄园的措施。一个月以后，地方自治会和市政机关的代表在对马海峡惨败的震惊之下开会，向沙皇本人呈递了另一份请愿书，要求立即召开国民会议。尼古拉二世仍像通常那样拒不接受。于是，他们在 7 月再次开会，宣布他们要通过"最紧密地接触广大民众"来争取自由。这似乎表示自由主义派也将投身于普遍的革命洪流之中。但是，由于农民暴力行动的浪潮日益猛烈，一些人因而便唱起一种比较谨慎的调子。有少数代表聚集在希波夫的周围，他只同意召开一种通过有限制的和间接的选举产生的、仅仅是咨询性的议会。可是，就连希波夫也无法接受政府这时提出的那种傀儡式的国民会议。由无能的新任内政大臣亚·格·布里根拟定的召开"国家杜马"的方案，引起了抗议的风暴。

决定了布里根建议的失败命运的，并不是自由主义反对派，而是被他剥夺了选举权的那一部分人。早在10月初，莫斯科地区就爆发了一次铁路工人的罢工。它像野火一样蔓延到其他地区和工业部门，直到意想不到地使全国陷入了一次总罢工。城市瘫痪了，连学校和政府机关都关了门。对于这样一次产生了如此惊人效果的全国性反政府大示威，政府当然感到万分惊恐。尼古拉二世召见维特商讨对策，维特以他一贯的现实态度指出，沙皇除非准备实行军事独裁，否则，就必须答应实行宪政。尼古拉二世没有任何选择的余地。10月17日，沙皇颁布诏书，答应给人民以充分的公民权利，并在广泛的普选基础上选出具有立法权力的杜马。维特被擢升为首相，负责组成新政府。

俄国历史上的一个新时代开始了。但是"十月诏书"的各项许诺还有待于成为现实。维特面临的任务之艰巨难以想象，他要在来自左右两翼的强大反对派面前巩固新秩序。诏书根本不能平息全国广大地区的革命情绪。与此相反，农民骚乱这时达到了最高潮，而产业工人为他们的成功所鼓舞，也热衷于继续进行斗争，直至专制政权永远被推翻，召开制宪会议来擘画一个新的民主的未来。各个社会主义政党竭力鼓吹这一观点，其中以列·达·托洛茨基尤为突出。他是一个持不同政见的孟什维克，这时成为圣彼得堡苏维埃中最知名的人物。苏维埃是一个各工厂代表的组织，本来是为罢工期间相互保持联系而成立的，这时已经巩固了它在首都的地位，和其他城市建立了联系，实际上已经成为一个对抗的政府。这时以立宪民主党的面目出现的自由主义派，也提出了同样激进的要求。他们怀疑维特既不会、也不能实行"十月诏书"的原则，因此，拒绝了维特要他们参加联合政府的邀请，只向他提供有条件的支持。就连希波夫领导的温和派（这时称为"十月党人"）也拒绝参加一个由声名狼藉的彼·尼·杜尔诺沃担任内政大臣的政府。

第十三章 俄国

维特拼命想恢复秩序，踌躇于和解与镇压两种手段之间，但愈来愈着重于后者，因为镇压已经变得切实可行了。苏维埃由于走极端而很快丧失了它的中产阶级同情者。它的领导人过高估计了自己的力量，还没有把握获得农民或军队的支持，就轻率地向政府发出了挑战。杜尔诺沃抓住这个机会，逮捕了苏维埃主席（11月26日），从而挑起了冲突。一个星期以后，苏维埃的全体成员继其主席之后都进了监狱。举行总罢工的最后号召在圣彼得堡很少有人响应，但在莫斯科，几百名追随者在一部分群众支持下，和忠于政府的军队展开了斗争。到1905年年底，政府的地位大为加强。讨伐队巡行全国各地，对被怀疑为进行过革命活动的人，大肆进行报复。

但是，反对革命的斗争每获得一次成功，都削弱了维特本身对付右翼极端分子的地位。在宫廷里众多反对他的人当中，最危险的莫过于沙皇本人。尼古拉二世责备维特不该劝他颁布"十月诏书"，他这时已深感后悔，竭力想收回这份诏书。为了抵消维特的影响，他开始依靠各式各样的反动集团的支持，其中有臭名昭著的极端民族主义派"俄罗斯人民同盟"。这个同盟专门对君主专制的反对者采取暴力行动。说来是一个可悲的矛盾，宪政时代的黎明却是在遍及全国的"大讨伐"之际降临的，而一些高官显贵也时常被直接卷入。尼古拉二世自然乐意对这类非法行为装聋作哑，因为他本人就对之颇为赞同。

在这种情况下，维特感到有必要对右派做出让步。一方面，杜马的选举被允许不受干扰地继续进行；另一方面，则发布了好几道限制杜马权限的敕令。这些敕令规定：杜马提出的建议，必须经国务会议（这时已扩大，包括一部分由选举产生的成员）和沙皇的同意才能成为法律；它对国家预算的监督权和立法动议权也被缩减到最低限度。在杜马召开前几天，颁布了新的"根本法"（也就是宪法），它违反"十月诏书"的精神（如果不说连字面上也是如此的话），规定沙皇仍然行使专制君主的至高权力。同一天（1906年4月23日）维特被免职，从此结束了他的政治生涯。他当初本是想为立宪制度创造条件，结果却只是便利了君主专制在虚伪立法的外衣下复辟。他作为首相的最后一项行动，是帮助谈成了截至那时为止国际金融史上最大的一笔贷款交易，从而使政府能够站在实力地位上对付杜马。

这对俄国议会民主试验的前途是一个不祥之兆。第一届杜马（1906年4月27日—7月9日）忠实地反映了民众幻想破灭的愤怒情绪。将近一半的代表是农民，因为政府在起草选举法时，给他们较多的代表名额，认为他们将构成一支起缓和作用的力量。结果他们却追随了最强大和最有影响的立宪民主党，或者说比该党更左。立宪民主党人力求通过杜马实现革命暴力没有能达到的目标。另一方面，政府却把杜马设想成为一种唯命是从的协商机构。5月13日，新首相哥烈梅金驳回了杜马意在获得立法权的声明，特别是关于在需要的地方强制没收私人庄园，以解决农民缺地问题的主张。这时不可避免的冲突终于到来了。在这以后，代表们又忙于起草很少有机会被通过的各项法律，辩论土地问题，希望在农民骚乱新浪潮的支持下，他们的主张会强迫政府让步。一些政府成员对全国形势如此惊恐，以致赞成向杜马提出的建立责任制内阁的要求让步。政府和立宪民主党领导人私下举行了探索性的会谈，但由于尼古拉二世丝毫不肯让出他的专制权力，会谈毫无结果。尼古拉二世和一部分大臣有着同样的担心，唯恐杜马成为一个危险的宣传鼓动中心。杜马在煽动下采取了超越其合法权限的做法，于是，紧接着它便被解散了。反对派领导人在芬兰的维堡集会，号召全国举行消极抵抗。但他们的号召无人响应；发生的一些暴乱也不过是零零星星的，这表明农民和工人已经再没有什么革命热情，根本无意为一个他们毫不理解的宪法问题去闹事。

这时，政府已由彼·阿·斯托雷平领导，他曾任省长，是一个精力充沛和意志坚强的人物。他企图以无情镇压结合土地改革的两手做法，来平定全国局势。1906年8月，他成立了战地军事法庭，据宣布8个月内就处决了1700人。对斯托雷平来说，国家利益比法律的正当做法更重要。在这个危急时期，他在没有任何应有的宪法权力的情况下，以法令统治俄国。他虽然并不反对和杜马合作，但认为在选举中施加压力，以便产生一个政治色彩可以接受的议会，是合理的。

可是，这些值得怀疑的做法造成的结果，适得其反。事实证明，第二届杜马（1907年2月20日至6月3日召开）甚至比第一届更加棘手。第二届杜马有一个强大的左翼，其中有不下65名社会民主党的代表；另外，还有一个人数虽少但叫嚣得很厉害的右翼极端主义集团。立宪民主党虽然力量大为削弱，却严格在法律允许的范围内行事，力求避免杜马再次被解散。但他们的谨慎只不过激怒了左翼，因为左翼仍然脱离实际地坚持已被事件进程证明过时的革命口号。斯托雷平巧妙地利用了这种争吵，但未能说服杜马批准他的立法计划，特别是他的土地政策。他要求代表们毫不含糊地谴责恐怖主义，以便抵消反动集团要解散杜马的压力，代表们也拒绝照办。当他认识到和杜马已不可能进行合作时，他便马上向杜马提出了证明社会民主党代表从事颠覆活动的证据，要求这些人出庭受审。杜马对此采取拖延态度，于是，就颁布了解散杜马的命令（1907年6月3日）。与此同时，又颁布了新选举法，大大改变了选举规定，使之对有产阶级有利。在发生这次事实上的政变以后，第一次俄国革命也就宣告结束。

从一切表面现象来看，专制政权获得了胜利。积极的反抗已被粉碎，镇压工具重新牢固地掌握在政府手中。但是，判断它是否获得成功的真正标准，要看它究竟在多大程度上缓和了导致革命爆发的尖锐的社会问题和政治问题。

在社会问题上，城市和乡村的情况有很大的差别。城市工人除了尝到一些执掌权力的甜头以外，从革命中并没有得到多少好处。对于某些集团来说，20世纪头10年带来了较高的工资，但是不论在任何地方，生活水平都没有显著提高。虽然这时的法律允许成立工会，但是，在革命中大批涌现出来的各种组织，大多数被视为颠覆组织而遭到镇压。俄国不可能按照西欧的模式发展起稳定的群众性劳工运动。迅速增长的城市无产阶级，这时陷入了满怀积愤的消极状态，但始终是一支一遇危机就很容易被煽动起来的爆炸性力量。

然而在农村，政府毕竟做出了认真的努力，以解决土地问题。革命已经打破了据说村社在起保守作用这样的神话。斯托雷平在1906年11月9日颁布的法令，准许农民脱离村庄和巩固作为他们个人财产的分配地。向西伯利亚移民，受到更加有力的鼓励，许多皇室分配地和国有土地转交给农民土地银行，以便出售给耕种它们的佃户。除去不容许没收贵族庄园以外，斯托雷平想尽了各种办法来解决缺地问题，竭力想创造出一个与现存的社会秩序有密切利害关系的个人性质的农民产业主阶级，而俄国截至那时为止，是明显地缺少这样一个阶级的。可以毫不夸张地说，俄国的前途取决于在下一次革命危机爆发前，它的政策能够在多大程度上消除农民的不满。

在消除政治领域的紧张局势方面，进展不大。1905年4月，给予人民以更大程度的宗教信仰自由，这就消除了一个其作用在日益减少的产生不满情绪的根源。一部分少数民族改善了处境。在事件的发展进程和俄国其他地区相同的芬兰，取消了镇压性的法律，给予人民以公民权和一部民主宪法。但是，由于社会民主党人在新的议会中成为最大的政党，所以，这个议会自然就受到帝国政府的怀疑，而帝国政府是自以为可以不受它自己做出的让步的约束。在外高加索实行了更加开明的政策。但是，在革命斗争中最活跃的立陶宛人和波兰人，却没有获得任何让步。危机到处激起了民族主义情绪——在俄罗斯人自己中间，也有过之而无不及。斯托雷平的新选举法，减少了少数民族在杜马中的代表名额，预示着将重新努力推行俄罗斯化的政策。

更加重要的是，由于缺乏有保障的公民权利和政治权利而引起的紧张状态继续存在。这类只存在于纸面上的自由权利究竟有多少，实际上是由官僚阶层的一时的喜怒来随意决定的。虽然斯托雷平的政权并不像同时代的批评家们时常认为的那样，是一种十足的暴政，但其暴虐的状况确是十分严重，以致大多数知识分子都反对政府。对自由主义的舆论界来说，杜马即使已残缺不全，也仍然是他们的愿望的象征。他们认为，杜马是在君主专制的堡垒上打开了一个缺口，以后可以继续扩大，直到俄国成为一个近代的民主国家。

现在回过头来看得很清楚，这类按照西方的道路前进的希望被夸大了。事实上，1906年出现的"半立宪"或者说"准立宪"政权，是建立在一个很不可靠的基础之上的。这方面存在着一个根本性的矛盾，即杜马和自由主义派所珍视的其他权利，都不是通过他们自己的努力争取到的，而是在千百万民众施加的压力下获得的，但这些收获给这千百万民众带来的好处却非常有限。农民们珍视杜马，主要是把它当作取得他们所渴望的土地的一种工具。工人们自由地谈论民主，他们是从实现经济平等的意义上来理解民主的。除受过教育的少数人以外，对政治权利和个人权利这些东西本身一贯抱有强烈兴趣的人是比较少的。俄国的自由主义获得成功，靠的是群众运动，而群众运动却同样具有明显的非自由主义色彩。

如果做一次测验的话，可以说大多数俄国人都宁愿舍弃自由，而要求实现社会和经济进步的目标。维特认为，一个有活力的、能够不断进步的专制主义政权，将符合俄国的国情，这是正确的；但他以为在这方面可以由君主专制政权来采取主动，却是错误的。帝国王朝和少数社会特权阶层的利益是如此牢不可分，以致它没有可能对权力结构进行彻底的改革。假设尼古拉二世是另一位彼得大帝，也许可以想象维特的主张能收到较大的效果——但这只不过是一种想象而已。俄国的右翼由于受阶级意识和忠于传统的君主专制观念这方面的限制，缺乏独具创见的思想。相反，维特的计划却要由左翼来实现，而且其方式和规模远远超出了他的想象。事实证明，1905年的革命不过是一场更大的翻天覆地的变动的前奏，这场大变动将要把19世纪俄国的遗产扫荡无遗，开辟出令人陶醉而又惊心动魄的新的宏伟前景。

（徐式谷　译）

第 十 四 章
英国和英帝国

维多利亚时代中期，英国是世界上无可争辩的头等强国。它的经济、政治和社会制度都有稳固的基础，并且是欧洲和海外新老国家的典范。英国统治下的帝国包括非洲、美洲、亚洲和澳大拉西亚的大片地区；英国的海军力量统治着各大洋；英国的贸易扩展到全世界；英国在长时期中被认为是世界金融和工业中心。虽然在维多利亚女王统治结束以前，上述情景的某些细节已有所改变，但英国的影响和力量仍然强大，而且1901年时的英帝国比1870年时更庞大，更富有。

在整个充满重大事件的19世纪最后几十年间，英国在世界事务的各个方面都起着领导作用。它是科学技术领域的拓荒者，它推动了海陆交通的发展，促进了非洲、亚洲和大洋洲的欧化，它的资本、企业家的才能和熟练技术帮助开发了边远国家的资源，它的文化、经济、政治和社会的制度被移植到全世界各个地区。这个时期，英国各民族大批向国外移居，从而使英国扮演了一些国家的创建者的角色，这是它事先没有考虑到的。

1870年，英国的一些重要的政治家认为英国的领土已经完全够了，但是在随后的30年，本杰明·迪斯累里和约瑟夫·张伯伦又极力主张帝国的扩张。他们两人都改变了原来的看法而实行这个主张。在19世纪60年代，迪斯累里曾建议放弃英国在西非的前哨据点；80年代初，张伯伦也曾经反对过帝国主义。至于许多其他的英国人改变观点，这可以通过1880年和1900年两次大选结果的对比看出来。在1880年，绝大多数人否定了比康斯菲尔德勋爵的荒诞的帝国主义；但是20年以后，他们却赞同了张伯伦的主张侵略的帝国主义，尽管他的政策引起了代价高昂和使幻想破灭的南非战争。

迅速变化着的世界局势促成了英国对海外帝国态度的这一彻底的改变。1870年以后，大多数欧洲国家的人口迅速增长，它们的工业化也飞速发展。生活水平提高；对舶来品的需求增加，交通条件的改善使这些产品容易得到；国际贸易扩大；国内局势较长时期的稳定，使得欧洲列强把注意力转向夺取和开发非洲和亚洲国家方面。俄国毫不留情地向前推进它的帝国边界；法国紧张不安地设法通过海外冒险来恢复它在1870—1871年战争中失去的声望和自信；德国和意大利则为争夺殖民地和国际贸易中的更大份额而积极地投入竞争。

由于意识到在非洲和亚洲经济上的有利时机，加上因外国竞争者的出现而受到的刺激，英国工商界竭力鼓吹坚决的帝国政策。19世纪70年代，由于埃及、土耳其和几个中南美国家拖欠债务，英国投资者遭受了沉重的损失。他们于是要求新的投资场所，并且要求他们的政府扩大帝国的势力范围。当发现保守党政府和自由党政府都迟迟不愿向外扩展边界线时，一些非官方的帝国建造者就恢复了海外冒险事业的老办法——组织特许公司。19世纪80年代，4个这样的公司授权在婆罗洲和非洲开展业务。虽然在理论上这些公司受政府的严格监督，实际上它们可以自由地同当地的统治者交往。但是，当它们的活动同其他欧洲人发生冲突时，英国政府就不得不插手干涉，因为巨大的经济利益和强烈的人道主义感情很容易被调动起来去支持英国国民的要求。

特别是在非洲，上帝和财神在扩大英帝国的责任方面是密切配合的。19世纪初，英国先后结束了大西洋的奴隶贸易和帝国内部的奴隶制，这时以托马斯·福埃尔·巴克斯顿爵士为首的废奴主义者发起了一个根除奴隶贸易和非洲内部的奴隶制的运动，其办法是发展非洲大陆物资贸易以代替奴隶贸易。他的方案立即得到传教士团体的支持。鉴于阿拉伯奴隶贸易者的掠夺行为所造成的令人发指的后果，非洲土著居民最伟大的朋友戴维·利文斯顿医生宣称，应该从"基督教和商业"中寻求治疗非洲的疾病的药方。对这位"加利利人"① 的忠实仆人所开的药方，基督教人道主义者和商业的促进者都全心全意地加以接受。

---

① 耶稣自称为"加利利人"。——译者

19世纪最后25年间，英国传教士组织在非洲土著居民中积极进行活动。它们在东非特别活跃，因为在乌干达取得的成就使他们相信，东非是一个丰收在望的广阔天地。那些猎捕奴隶的阿拉伯人自然对这些希望同欧洲人，特别是英国商人合作的传教士采取了势不两立的态度。后者终于得到了英国政府的帮助。随着桑给巴尔被占领，阿拉伯人的动掠行为被制止了。虽然牟利是英国贸易公司的基本目标，但他们最积极的代理人哈里·约翰斯顿爵士和弗雷德里克·卢加德勋爵都是热情的人道主义者。奴隶贸易的结束给苦难的非洲人带来了迫切需要的拯救。

在大洋洲，英国的人道主义同样是制定英国政策的重大因素。由于许多棉花和糖料种植园建立在斐济和昆士兰，所以短缺的劳动力是靠按劳动契约制招收来的波利尼西亚人补充的。但是，肆无忌惮的欧洲、美洲和澳大拉西亚商人常常拐骗土著居民，后者在种植园中的地位同奴隶几乎没有区别。经过某种犹豫以后，英会通过了太平洋岛民保护法，兼并了斐济群岛，并建立了西太平洋高级专员公署。随着德国在这个地区商业活动的扩大，一些澳大拉西亚殖民地坚持要求英国进一步兼并，但是直到德国夺取了新几内亚东北部和毗邻的岛屿以后，英国才占领了新几内亚东南部。

虽然一些殖民地要求英国进一步兼并的急切愿望往往会被忽视，但保卫贸易路线和帝国现存边界安全的需要常常引起侵略行动。在苏伊士运河被证明是英国同东方贸易的主要途径之后，情况尤其如此。英国很快就被深深卷入了东地中海、埃及和东非以及红海地区的事务。对印度安全的关心，导致英国占领俾路支和缅甸的剩余领土以及扩大英国在波斯湾地区和马来亚的势力范围。

在各国对非洲领地的争夺中，英国夺取了许多宝贵的战利品。帝国东非公司、皇家尼日尔公司和南非特许公司是英国在非洲扩张的主要工具。对非洲的瓜分是通过会议和有关列强之间的双边协定完成的，没有发生国际冲突，但有些地区的土著民族，如黄金海岸的阿散蒂人，南非的卡菲尔人、马塔贝莱人和祖鲁人以及苏丹的马赫迪派狂热僧徒进行了激烈的反抗。但是，最坚决反对英国兼并的是在南非的两个欧洲人共和国。德兰士瓦境内黄金的发现把英国的冒险家们和资本吸引到这个国家，它的西部边界毗连着把开普殖民地和罗得西亚联结起来的一个比较狭窄的可居住的地带。外国人和本地公民在德兰士瓦发生摩擦,英国对传教士进入内陆传教的交通安全表示忧虑,对德兰士瓦与德国结盟感到担心,以及德兰士瓦人不愿以平等态度对待英国人,凡此种种,引起了从美国革命以来一次最大的英国殖民地战争。英勇的布尔人屡屡战胜英国的优势兵力。虽然在1900年他们的国土就已被兼并,但直到1902年5月31日最后一支布尔人军队在战场上投降,这场力量悬殊的冲突才宣告结束。

到1901年1月维多利亚女王漫长的统治结束时,在她的帝国周围还进行着大量的活动。在南非,战争仍在继续;在马来亚和尼日利亚,英国的统治正在逐步地确立和巩固;在英埃苏丹,英国官员正把秩序和安定带给这个遭受严重掠夺的国家;在印度,老练的总督寇松勋爵努力改善广大居民的处境,使它没有遭受外敌攻击的危险;在远东,英国的特使想方设法捍卫英国宝贵的经济利益。在帝国境内,约瑟夫·张伯伦极力挽救西印度殖民地免于崩溃,并促进英国属地的经济发展和福利。

帝国扩张的动力与对海外帝国新老组成单位的统治所采取的稳定措施和不断适应新变化的办法相配合。英国政府的主要目标是建立一个不再自相残杀、不再以人为牺牲品,并废除奴隶制的有秩序的社会结构,给生命和财产提供保障,给私人企业提供最基本的条件,给投资者提供利润,给当地居民提供职业。在印度许多土邦中普遍实行的间接统治制度推广到了斐济群岛、马来亚和非洲的大部地区。在这种制度下,土著首领继续享有他们以往的声誉和特权,除了有关犯罪的法律,当地的习俗都保留不动。实行这种管理制度的许多地区称为保护领地或保护国,那里的居民不是英国臣民。在埃及,英国通过一个代理人和驻开罗总领事进行统治(受到许多国际上的限制)。从1883年到1907年,办事干练而又精力充沛的克罗默伯爵伊夫林·巴林一直兼任这两个职务。在理论上,英埃苏丹是英国和埃及以所谓共管的办法实行统治的,但实际上英国是居支配地位的一方。

从19世纪中叶起,英国在北美洲和澳大拉西亚的殖民地已经享有自治。稍后,这一权利又扩展到南非好望角和纳塔尔殖民地。把殖民地结成地域性联邦的努力得到帝国当局的有力支持,这种做法在北美洲和澳大拉西亚获得成功,但是在南非和西印度群岛遭到失败。由于没有对自治殖民地的自主权规定确切的界限，它们逐渐获得了主权国家的一些特征。帝国政府严格注意不干涉它们的内政，甚至在对待像1880—1881年新西兰没收毛利人的土地、1897年纽芬兰把公用事业设备出卖给私人商号这样一些被认为不明智的举动上也是如此。殖民地所制定的歧视非欧洲的英国臣民和亚洲友好国家公民的移民法，虽遭到唐宁街的反对，但是殖民地最终还是自行其是。英国经济界对殖民地的保护关税十分不满，但是毫无用处。到19世纪末，殖民地的财政自主既成事实。自治殖民地如果不表示同意，就可以不受英国商务条约的约束。1893年，加拿大又开创了直接同法国谈判签订商务协定的先例。

既然殖民地可以自由地谋求自身的利益，既不向英国缴纳税款，也不对帝国中心尽任何其他义务，所以作为英帝国的成员国对它们有好处。英帝国保护它们不受外敌侵犯；英国领事和外交代表为它们尽职服务；它们是受到优惠待遇的英国投资场所；它们可以以优惠条件在伦敦金融市场借款。

总之，英国是在"自由和自愿"的原则基础上处理帝国内部关系的。直到1895年约瑟夫·张伯伦任殖民大臣后，政府才以一种有目的的、有建设性的帝国政策代替了自由放任政策。作为一个足智多谋的行政官员，张伯伦将海外帝国看成是一项没有充分发展的产业。他承认英国对属地有明确的义务，因此——正如约翰·莫利写到他时所说的那样——他应当通过"把安全、和平和相当的繁荣带给以前从没有享受过这些东西的国家"，来证明他的统治是正确的。他关于发展和福利的计划，是和使殖民地同英国更紧密结合以及扩展帝国边界的努力联系在一起的。但是这些努力都失败了，正如那些热心维护帝国的人们促使帝国结成联盟的一切努力均遭失败一样，因为英国和大英帝国之间的经济和政治利益的矛盾是不可调和的。但是，如果自治殖民地拒绝实行联合，对王室共同的忠诚和定期性的殖民地协商会议仍然联结着英国和大英帝国。主要的殖民地虽享有立法自主权，但它们的法律不能同英国的法律相抵触；英国枢密院司法委员会是英帝国所有海外地区的最高法院。

英国的政治舞台被两个巨人控制着：本杰明·迪斯累里（后为比康斯菲尔德伯爵）和威·尤·格莱斯顿。就像皮特和福克斯的情况一样,这两位领袖人物不是唤起人们忠诚的感情,便是招致强烈的敌意。人们对政治的兴趣十分强烈;议会享有崇高的威望;下院吸引了许多德才兼备之士;议会辩论报道被广泛阅读;格莱斯顿和迪斯累里之间戏剧性的冲突,给党派斗争染上了一层英雄史诗般的色彩。这两位领导人虽然在看法和性格上截然相反,但却互相媲美。格莱斯顿自1868年任内阁首相,这时作为行政家和议会中的雄辩家正处于权力的顶峰。他既是一个卓越的演说家,又是一位热心参与维护道德风尚运动的人。他坚决纠正给予爱尔兰的不公正对待并使英国各种机构、制度自由化。他的政府开始实行用税款资助初等学校的制度;招纳人才担任文官;取消买卖军官职位的做法;保护工会基金;改组英国的司法体系;并扩大政府的管辖以至控制爱尔兰地主与租佃人之间的关系。作为一个强有力的政府首脑,并获得下院中占大多数的自由党人的支持,格莱斯顿使1868—1874年他的第一任内阁执政时期在制定有关改革的法律的历史上,成为一个极为重要的时期。

格莱斯顿的对立面是保守党人公认的领袖本杰明·迪斯累里。他冷静、超然、多疑、能言善辩,是一个十分干练的战略家和策略家。他克服了巨大的阻碍,说服他的党采纳各项改革。称赞他的人虽多,但信赖他的人却很少,女王是后者之一,对他十分倾倒。迪斯累里比她的任何首相都更意识到社会改革的必要性,作为1874—1880年的内阁首相,他支持关于劳动条件和工会、住房问题、围圈公地以及商业航运等方面的立法。但他富于想象力,充满浪漫主义思想,强烈爱好君主制的虚华外表,把帝国的利益看得高于一切。他使女王被宣布为印度女皇,他购买了苏伊士运河公司9/20的股票,批准了帝国在非洲和亚洲的扩张,并在1878年的柏林会议上成为中心人物。

在国内政治舞台上,爱尔兰问题引起了激烈而旷日持久的冲突。格莱斯顿安抚爱尔兰的办法是:在该岛实行政府与圣公会分离并没收该教会的基金,改善爱尔兰农民的处境。最后,在1886年他的第三届政府期间,允许爱尔兰成立单独的议会。这个纲领威胁了保守党人竭力捍卫的特权,但是直到格莱斯顿提出爱尔兰自治法案以后,才真正引起了英国选民的激动情绪。反对者把自治说成是危害联合王国和在爱尔兰建立"罗马统治"①的一项方案,从而重新煽起了英国人的敌对情绪和恐惧心理。格莱斯顿辩解说,英国曾经主张欧洲各民族实体实行自决,并允许自己的海外殖民地实行自决,因此,也应当把这作为一种权利赋予爱尔兰,作为给这个海岛带来和平并使不列颠群岛真诚团结的措施。但这种辩解是徒劳的。这个问题使他自己的党陷于分裂,老朋友和同僚们抛弃了他,人们以过分的言辞谩骂他。爱尔兰自治问题除引起了英国政治和社会的深刻分裂以外,还阻碍了经济和社会改革的进展。它损害了英国和澳大利亚、加拿大,特别是同美国的关系,那里的爱尔兰移民在内心深处对英国怀着强烈的敌意,把这种敌意灌输给子女,并带入美国政治中去。

随着1881年比康斯菲尔德勋爵去世和13年后格莱斯顿退休,政治舞台上消失了两位最重要的角色。索尔兹伯里勋爵,作为19世纪末期保守党的领袖,得到议会大多数的支持,并受到女王信任。但是,索尔兹伯里善于处理对外关系,却不重视紧迫的社会问题。19世纪80年代,还是卓越的伦道夫·丘吉尔勋爵像流星一样出现,旋即悲惨地下台的年代;也是精明强干但冷酷无情的爱尔兰领袖查尔斯·斯图尔特·巴涅尔取得非凡成功而又最终失败的年代。19世纪70年代,约瑟夫·张伯伦被全国公认为社会改革战士;到80年代后半期,则成为爱尔兰自治的不可调和的敌人;到1895年,他就以索尔兹伯里政府最杰出的成员和最热情、最坚决的英国帝国主义分子而出现了。

在海外国家,政治家们是在规模很小的民主社会的狭小天地里进行活动的,移植过来的英国各种制度必须适应这些边远地区的条件。所有殖民地虽然自然资源丰富,但都苦于缺少资金和人力,它们的领导人面临的问题也同英国的根本不同。在英帝国内,在发展中的国家中最大的是加拿大自治领,它的宪政体制部分地仿效美国,但管理制度——君主制、议会制政府和法院——则是学英国的。在这里,保守党人约翰·亚历山大·麦克唐纳爵士成功地领导这个幅员辽阔但人口稀少的国家度过了它最艰难的创业时期。他的政敌、自由党人威尔弗

---

① 这是人们以谐声的说法攻击自治法案是实行专制统治。英文"自治"为"Home rule","罗马统治"为"Rome rule"。——译者

里德·洛里埃爵士，则在 19 世纪作为加拿大国家的缔造者而继承了麦克唐纳的事业。洛里埃虽以法国血统而自豪，但和麦克唐纳一样忠于加拿大和英国的关系，并献身于将它建设成像英国那样的国家。他 1896 年出任首相，标志着一个漫长的空前进步时期的开始。洛里埃乐观地宣称，20 世纪将是加拿大世纪。

在英国其他的自治殖民地，只有新西兰产生过两位领袖，其成就堪与麦克唐纳和洛里埃并列而被称为国家的缔造者。19 世纪 70 年代，德籍犹太移民朱利叶斯·跃格尔（以后封为爵士）领导新西兰摆脱了由于一系列国内战争而带来的严重萧条。他促进公共建设工程，吸引投资和移民，使这个殖民地从一个松散的各省联邦变成了紧密结合的单一国家。20 年后，新西兰出生的威廉·彭伯·里夫斯率先进行了一系列改革，使得南太平洋上这个小小的民主国家作为经济和社会实验的场所而引起全世界的注意。新西兰取得进步的基本因素是母国提供保护、资本、人力和熟练的技术。

维多利亚时代后期，英国和大英帝国的一个共同点就是向政治民主稳步前进。在英国国内，国家管理的传统方针仍然未变，但其组织细节发生了实质性的变化。1876 年选举改革法给了城镇劳动者以选举权，1884 年的选举改革法又把这一权利扩大到农村地区。此外，随着这些改革而实行的下院席位的重新分配，把代表权置于更公平的按人口分配的基础上。1872 年的秘密投票法减少了威吓投票人的机会，稍后的惩治行贿法则限制了金钱在大选中的作用。

但是，在向政治民主前进中，英国落后于自治殖民地。由澳大利亚带头（南澳大利亚州在 1855 年，维多利亚州在 1857 年，新南威尔士州在 1858 年），各自治殖民地早就实现了成年男子的普遍选举权，到 1901 年，新西兰和南澳大利亚的妇女也得到了选举权。此外，殖民地还普遍实行了"一人一票"制。而在英国，1884 年的选举改革法仍然拒绝给居住在家里的儿辈和仆人以选举权，他们大约占成年男性人口的 15% 到 20%；而经商的人或在几个区都有住所的人则可能在每个地方都符合选举条件，因而有几个投票权。由于并非所有选区均在同一天投票，就增加了这种一人多选区投票的可能性。享有多选区投票权的人数虽然不多，但他们往往可在票数相近的竞争中决定结局。而且因为这些人一般都属于上层阶级，所以这种现象对保守党有利。英国下院议员不领取报酬的惯例也造成类似的效果。比较民主的殖民地社会是付给议员薪俸的。不过，英国和大英帝国立法机构之间的主要区别在第二院。在英国，上院及其大多数世袭贵族继续拥有许多权力。而且"改革或者废除"上院的建议也很少引起公众的兴趣，即使在党人在上院占压倒性的多数，以致使之几乎变成了一党制议院的情况下也是如此。在海外，第二院的成员既有任命的，也有选举的。然而，不管是在英国还是在殖民地，立法的惯常做法或选举方法的改变都削弱了他们的权力，使之不得不顾及公众舆论。

在英国，一系列的改革在地方一级促进了民主。根据1870年教育法设立的学校委员会通过选举产生，妇女也有投票权。1888年，以索尔兹伯里勋爵为首的保守党人，废除了由治安官通过季度会议治理各郡的旧制度，而代之以选举产生的地方议会。6年以后，自由党人继续推进民主化运动，设立了选举产生的教区和分教区议会。但是，爱尔兰的改革落后于大不列颠，直到1898年，选举原则才贯彻到这个"约翰牛的另一岛屿"的地方政府中。

英国的郡政府制度没有移植到主要的海外殖民地。澳大拉西亚、加拿大和南非以各不相同的方式处理地方事务，不过均以遵循明确的民主路线作为普遍的模式。

1867年选举改革法通过以后，英国选举改革的著名反对者罗伯特·洛说："现在，我们必须教育我们的主人"。这种情绪促使英国采取免费的义务初等教育；在劳动者得到选举权以后，一种对成年人的政治教育也迅速普及。因为伦敦的贵族政治俱乐部已不能指望操纵群众投票，所以两党想出了新的办法。他们从地方小单位起直到强大的全国性组织止，给选民提供机会，挑选制定政治战略的管理人。约瑟夫·张伯伦"坚决主张"——我们再次引用莫利的话——"民主要强大，必须集中；如果各个单位不是为了选举的目的而参加到自由的、公开的、有代表性的、有自由选出的公认领袖的地方团体中去的话，民主的力量就会浪费了。"在开始时，格莱斯顿赞扬这种变革；但是，在保守党人中倡导这一变革的伦道夫·丘吉尔勋爵却难以取得索尔兹伯里的赞同。群众的兴趣被激起来了，政治团体的范围也被这种新型的政党组织扩大了。党的团结和纪律的增强使政党的督导员比以前更重要，这就为政党首领的出现廓清了道路。直到1890年为止，

第十四章 英国和英帝国

查尔斯·斯图尔特·巴涅尔保持对爱尔兰民族主义党的绝对控制达数年之久，当时他就已经享有这种地位。

英国妇女虽然在全国选举中没有选举权，但是在1883年的惩治行贿法规定花钱雇用竞选人员为非法以后，她们被录用为政党的义务工作人员。樱草会无报酬地为保守党效劳，妇女自由联合会则要求她们所支持的候选人应当支持妇女的参政权。她们没有取得什么成功。新西兰和南澳大利亚的妇女比她们的英国姐妹们早25年得到了选举权。

群众的政治教育在1879年11月向前迈进了一大步。当时格莱斯顿在苏格兰中洛锡安郡开始他有名的竞选运动。在对大量听众发表的一系列重要演说中，他分析了当时的形势，指责保守党政府在国内外事务中道德松弛。他有力地揭露了保守党的错误，强烈呼吁选民主持正义和公道。王国政府的一位前任首相竟然在群众集会上讨论重要的政治问题，这使女王大为愤慨；比康斯菲尔德也讥笑自己的对手"花言巧语"；而选民们却喜欢被称为有理智的人。他们使格莱斯顿得以上台执政。从此以后，格莱斯顿这种诉诸群众的办法成为英国政治运动中的通常做法。而这种做法在格莱斯顿发动他的中洛锡安竞选运动以前很久，就在殖民地采用了。

习惯于靠"上司"指引的英国劳动者阶级，却迟迟没有运用历次选举改革法所赋予他们的权利来为自己谋利益。尽管许多工业界头子和商业大亨支持自由党，而且格莱斯顿本人是一个坚定地拥护个人主义的人，但群众还是信任他和他的党。对群众来说，自由党人代表进步，格莱斯顿主持正义，他成了"人民的威廉"。他扩大社会就业的努力和他的道德标准对读圣经的劳动者有强大的吸引力。认识到吸引工人选票必要性的迪斯累里提出了"君主与民众一体"的口号，含义是政府应当像家长一样。1874—1880年在他的内阁中任内政大臣的R. A. 克罗斯（后来封为勋爵）在首相的协助下，通过了几项社会改革法案。比康斯菲尔德死后，"托利民主政治"由伦道夫·丘吉尔勋爵继续坚持。但是，普通劳动人民不信任保守党，因为在保守党里，"名门世家结成的实力集团"仍然很有势力，而对地主阶级和教会的种种特权继续表示十分关切。由于两党制传统左右着政治，劳工领袖们便从内部动摇这个传统的基础，以便为其本阶级谋利益。

19世纪80年代，有两个纠正经济弊病的新方案提供给英国公众：马克思的社会主义和亨利·乔治的单一说。一些中等阶级知识分子接受马克思主义，而国内外的劳动群众对上述两种灵丹妙药都不相信。但在19世纪90年代后期，他们被主张采取独立政治行动的倡议所吸引。时世艰辛，工人们不相信自己"生来只是为了受苦"。他们仍然从宗教中寻求安慰，而且可能结队前去参加在卫理公会教堂里举行的劳动者集会，唱着：

啊，上帝！过去世世代代帮助了我们，
您是我们未来的希望。

但是上帝的支持看来不知拖到何年何月才会降临。1894年"人民的威廉"退出了政治舞台。一年以后，约瑟夫·张伯伦为了帝国主义的事业，而把社会改革事业束之高阁。索尔兹伯里超然地无所事事，没有给下层社会带来任何希望。在澳大利亚，一个年轻的工党正在成长壮大。英国职工大会则勉强地赞同采取独立政治行动的提议。到19世纪末，英国工人才为组织一个全国性工人政党的目标迈出了第一步。在政治方面如同在统治体制方面一样，殖民地也仿效英国。但是在尚未开发的地区，一个古老社会的各种惯例往往不是起促进作用，反而会起阻碍作用。殖民地社会是民主的，但是英国的社会结构基本上仍然是贵族式的。因为殖民地还不是主权国家，所以它们的自然资源的发展比对外关系更能影响政党的政策。只有在南非，对外关系问题是一个重要问题；也只有在这里，非欧洲居民的存在具有更严重的复杂性。

加拿大政党的名称是借用英国的。保守党人麦克唐纳研究迪斯累里的政治思想；自由党人洛里埃则从格莱斯顿那里汲取力量。然而在这个新的联邦国家，政党的力量组合更接近美国的而不是英国的模式。像保护关税和地方权力这样一些问题，是在国境线以南而不是在联合王国，有其相同的情况。在澳大利亚也是如此，关税问题经过多次讨论，把成立联邦问题拖延了下来。土地和劳动力问题，不论以哪种形式表现出来，始终是海外殖民地政治纲领中长期存在的问题。加拿大采取美国的办法，把空闲土地划成中等面积授予永久定居的移民；但是在澳大拉西亚，大面积的公地早在殖民初期就已经转入了个人所有者或占领者手中，因而，究竟应当由王国政府重新拥有这些土地，还是应当把大地产加以分散，就成为政治运动中最为人们所关心的话题。所有自治殖民地都需要劳动力，但是这种需要随经济繁荣的消长而变化不定，因此，资助移民的问题引起了无休止的辩论，于是产生了应当接纳谁的问题。西加拿大和东非的铁路建设是从中国和印度招募苦力；斐济、纳塔尔、昆士兰和西印度群岛的种植园主按照劳工契约，从印度和波利尼西亚招收劳工。在自治殖民地，这些做法引起了激烈的争论，因为当地的劳工担心亚洲人的拥入将会降低生活水平。在英属哥伦比亚和澳大拉西亚，排斥亚洲人和波利尼西亚人的行为引起了激愤。澳大利亚联邦刚一成立，就通过了一个保障白人澳大利亚联邦法。

关于排斥亚洲人的争论促使劳工登上政治舞台，并鼓励澳大利亚殖民地结成联邦。为保持澳大利亚是一个白人的大陆，需要有统一的立法。促使澳大利亚劳工在移民问题上采取了坚决立场的，并非种族优越感，而是保护本身工作的愿望。在不景气的19世纪90年代，新南威尔士的劳工作为一个独立的政党进入了政界，新西兰的劳工则组成了自由党—工党联盟，以促成有利于劳工的立法。

尽管有这些不同情况，殖民地一般也还是接受英国的政治概念和方法。操法语的加拿大人和操阿非利加语的南非人都熟练地运用着来自英国的政府统治手段。19世纪末在印度兴起了一个民族主义运动；1885年建立的印度国大党，其目的是要保证这个亚洲次大陆的各古老种族实行以英国为模式的自治。1901年1月26日，英国一家主要刊物《经济学家》评论说："作为一个国家，我们并不为整个世界所十分爱戴；但显然我们的政治力量的源泉却为人们所赞赏。"英国的政府制度被全世界所广泛采用这一事实即是明证。关于不久前去世的维多利亚女王，这家刊物说，她是"唯一这样一个人，在她生命的最后30年，她的千百万臣民，不论是征服者还是被征服者，都会通过公民投票选举她占据王位"。不管这篇社论的作者还是广大群众，他们都不知道女王在1880年曾感情激动地宣称，她不愿成为一个民主国家的统治者。这个秘密保守得很严。国家稳步地向更加民主化发展，但她并没有退位。1871年时，共和派的声音在英国是软弱无力的，20年以后，在澳大利亚曾甚嚣尘上，但到1901年就无声无息了。

交通的改进对英国和英帝国事态的发展产生了深远的影响。在造船业中，钢铁代替了木材；新的复式蒸汽机比原来的蒸汽机效率高得多；到19世纪末，内燃机带来了陆地和海上机械推进器的革命，英国成了世界上最大的船舶制造者、船舶所有者和燃料煤的供应者。英国仍拥有海上霸权，它的商船大大有助于扩大英国的势力范围和贸易，加强了帝国中心同遥远属地之间的紧密联系。货运、经纪人业务、保险、海运以及其他业务的收入已占很大比例。冷藏船只的使用大大推动了澳大拉西亚乳品制造业的发展。

在英国，铁路建设的伟大时代到1870年已经过去了，但它成为铁路设备的重要生产者，它的工程技术人员享有极高的声誉，它有可供在帝国内外建设铁路的资本。在1870—1901年间，英国的企业和资金把许多国家牢牢地联结在一起，并为在非洲、美洲、亚洲和澳大拉西亚开发农业和矿业资源创造了条件。英国资本大都以供给修筑和装备铁路所需物资的形式输出。火车车轮的铿锵声响，宣布加拿大草原和澳大利亚丛林居民们美好生活的日子已经降临。只是由于交通条件的改善，才使他们的艰苦生活变得安适些，并使他们胸中燃起了获得报酬的希望。但是随着运费的降低，商品的生产和销售竞争十分激烈。对海外的牧场主、牛奶场主和小麦农场主来说是有利的事，对他们的英国同行来说则意味着破产。

1869年苏伊士运河的通航是一件对英帝国有重要经济、政治意义的大事。在英国，地区范围的运河在同铁路的竞争中被淘汰了，唯一的一项开凿新运河的大工程，是曼彻斯特通航运河，它把曼彻斯特这个内陆城市变成了海港。在加拿大则不同，在那里，通过运河在国内运送小麦或其他笨重的产品仍然是最便宜的办法。从蒙特利尔到苏必利尔湖的水路在1885—1900年间有了很大的改进。自行车和有轨电车改善了工作和娱乐条件。但是，英国在发展内燃机方面落后于欧洲大陆和美国。英国规定机动车时速不得超过4英里，这拖延了汽车的使用。

电报事业的状况则不同。在英国，这种设施属于国有，它改革了新闻事业，使伦敦能和遥远的地方直接联系。电报不仅对经济很重要，在文化和政治方面对英帝国也具有重大意义。移居国外的英国人每天都能很快地得到国内的消息。帝国政府也不需要再像印度兵变时那样，成周地甚至是成月地等待有关边远地区情况的情报。必要的援助和指示能够及时发出。殖民地总督不再享有很大的自由，可以就地权宜行事，而成为一位在电话线终端接受唐宁街命令的官员了。虽然人们已不再把唯唯诺诺看成是"总督的怪癖"，但英帝国也并非完全没有具有独立见解的总督，1898—1905年任驻印度总督的寇松勋爵就是其中突出的例子。

交通的改进带来了贸易的扩大，新的地区可以到达，更多的资源得到开发。人口的增长和生活水平的提高刺激对商品的需求。船只、外轮的燃用煤以及生产资料，特别是机器，在英国出口项目中名列前茅。转口贸易仍占重要的地位。英国商人继续充当殖民地的以及欧洲大陆大批消费者的贸易中间人。然而，有许多因素干扰英国的工业家和商人。1873年以后，物价水平虽有波动但已下降，到1894—1895年降到了最低纪录。据调查贸易萧条问题皇家委员会1886年的调查报告透露，英国遇到了强大的对手，其中德国和美国是最难对付的。作为工业家和国际贸易商来说，这两个国家的国民虽是新手，但却没有旧传统的束缚。它们精力旺盛，机智灵活，毫不迟疑地采用最新方法制造和出售商品。它们不像英国制造商那样，认为必须权衡新工厂与老工厂的利弊，它们没有这些障碍。美国和德国的推销员比英国的更善于随机应变，它们竭力取悦于顾客；德国人还特别得益于灵活的信贷制度。德国和美国都有丰富的自然资源和广阔的国内市场，它们都用关税来保护新兴的工业。理查德·科布顿曾梦想全世界普遍实行自由贸易政策，这种幻想已经破灭。除新南威尔士和开普殖民地以外，英国的自治殖民地都拒绝实行自由贸易政策。对加拿大人来说，"民族政策"就意味着保护他们自己的工业。甚至小小的维多利亚都试图以征收高额进口税来实现工业化。在英国的各属地中，只有印度制定的税收制度对英国制造商有利。虽然英国没有给从帝国各殖民地进口的商品以关税优待，1896年加拿大却开始给英国制造的某些商品提供特惠待遇。

直到19世纪末，英国工业家一直坚持自由贸易。19世纪80年代一次软弱无力的公平贸易运动惨遭失败。为了销售产品，英国不得不从国外购买商品。因为廉价的食品适合工厂主以及工人双方的利益，所以西印度群岛的种植园主和英国的农场主面对残酷的国外竞争处于孤立无援的地位。政治的变化和最主要的经济理论都妨害英国和西印度群岛的农业利益。

在张伯伦任殖民大臣以后，有利于西印度群岛的变化终于来到。他认识到英国殖民地的糖业生产者面临着欧洲大陆受资助的甜菜糖的不公平的竞争，便采取了显示其独有的魄力的行动。他扬言要对受资助的糖业征收反倾销税，从而稍稍减轻了西印度群岛的萧条状况。但是后来，当张伯伦真正着手进行关税改革时，他并没有给英国农场主以帮助。

到19世纪最后几十年，英国土地所有者集团丧失了他们在政府中一度起主导作用的影响，英国农业在生产低成本、高质量的产品方面也不再占世界生产的领先地位。美国生产的小麦新品种的磨粉质量超过了英国。美国大草原上的处女地不需要施肥而年复一年地生产着各种农产品。在英国，土地要维持三个不同的阶级——土地所有者、农场主和农业工人——的需求。只有10%至15%的英格兰和威尔士土地是由土地所有者和实际占有者自己耕种的。在美国，一个典型的小麦农场主是免费或以很低的代价从政府或铁路公司获得土地的。他同雇工一起在田间劳动，后者一般是从欧洲新来的移民，劳动的时间长而工资甚低。他们只在农忙季节受雇，一年中的其余时间他们可以去菠萝园工作或从事农场主的家庭杂役，只供食宿。美国的农民知道他们很快也能成为自由占有土地的农场主，所以他们工作速度之快，在旧世界是前所未有的。而且新式机器大大地降低了美国和加拿大小麦的生产成本。以改进的方法散运谷物，而且运费低廉，这对英国消费者来说意味着廉价食品，但是对英国小麦农场主来说则意味着灾难。

19世纪80年代，冷藏船开始长途运输易腐烂的货物。从那时起，来自美国和澳大拉西亚的奶制品和冷冻肉以合理的价格大量出现在英国市场上。1900年这一年，仅新西兰就向英国运去400万只冷冻的羊羔和羊。为了控制英国市场，澳大拉西亚的牛奶场主至今还在和丹麦同行进行竞争。

各种发明和科学发现有利于牛奶场主，正如其曾经有利于小麦种植者一样。精心的饲养改良了牲畜品种，适宜的肥料和草类使饲草和牧草的品种更加丰富。奶油分离器和牛奶检验器彻底改进了牛奶的加工，黄油和干酪工厂也建立了起来。安蒂波德斯群岛上一般的农场主都比他们的英国同行先进得多，后者不善于利用他们靠近世界上最好的奶品市场这一条件。

19世纪70年代，自然条件和经济因素结合在一起，加重了英国农场主的灾难。持续的降雨破坏了收成，而胜利的工会运动却使工资增加了。价格的直线下跌，给英国的农业带来毁灭性的打击，1894—1895年，小麦价格下降到150年以来的最低水平。地方税收负担的减轻和地租的稍稍降低也未能改善英格兰和威尔士农场主的处境。1870—1901年间，有250万英亩耕地荒芜，农业工人减少了大约30万人。苏格兰的情况和英格兰相类似，不过爱尔兰的情况在将近19世纪末时有了改进。主要出于政治原因，爱尔兰的土地问题引起人们的很大关注。新法律改善了租佃农的命运，愿意成为土地所有者的人还可得到一大笔条件很宽的贷款。在霍勒斯·普隆克特爵士领导下，在爱尔兰大力推行农业改革运动，强调进行农业教育、发展乳制品业和兴办丹麦式的合作社的必要性，并请来了丹麦的专家。到1900年，前景已大有希望。

到19世纪晚期，英国恢复了对科学耕种的兴趣。设立了农业部，任命了农业大臣，强调农业教育，成立了英国农业学会，研究工作受到政府资助。但是，因为一般英国农场主不接受新思想，因而迟迟不见成效。由于进口粮食，使粮食出口国有了购买英国工业品的支付能力，英国人就认为没有必要增加农业生产了。

殖民地的情况则不同。特别是澳大拉西亚要用农产品换取铁路物资、重型机器和其他生产资料。羊毛仍是经济的主要支柱，但在有些殖民地，特别是新西兰，肉类和奶制品生产正迅速发展起来。新西兰的北岛，由于气候适宜，雨量充足，具有发展奶制品业的许多天然优越性。这些优越性被机敏的农学家们巧妙地加以利用，他们采用了最新的发明，建立奶油和干酪工厂，并充分利用从丹麦人首创的农业合作中学来的经验。1891年以后，新西兰政府发展了更多的农场，发放条件很宽的农村贷款并帮助改进奶制品的生产。促进这一运动的动力是实际的经验，而不是抽象的理论。

和在国内的政策相反，英国政府积极寻找途径增加各属地初级商品的生产。为了当地居民的利益和帝国的利益，做出了特别的努力以改善经济情况。采矿业仍用私人企业经营，但种植业由政府给予鼓励。对可可、咖啡、棉花、花生、西沙尔麻和茶叶的生产都给予支持。丘镇皇家种植园成了整个帝国的总部，它推广种子和幼苗，提供专家咨询，和在锡兰、海峡殖民地以及西印度群岛的植物研究机构保持联系。为了帮助种植园主和农民，还开办了试验站。对利润的追求把私人资本吸引到了各殖民地。在锡兰和马来亚，茶叶和橡胶种植园迅速发展起来，交通得到改善，贸易得到促进。虽然某些较新的植物学学科如遗传学和植物病理学仍处于初步发展阶段，但英国政府努力把一切已知的科学成果推广到各属地去。

在大型的制造业，如钢铁和纺织业方面，英国长期以来居于统治地位。但随着它通过改善交通和输出资本、机器、科学思想和熟练技术来传播工业革命，它的突出地位逐渐降低，竞争的对手已向它的领导地位提出了挑战。在钢铁工业方面，尤其如此。1880年，英国的出口额是法国、德国和美国总和的两倍。但以后10年，英国的钢铁生产就停滞不前。德国和美国的钢铁制造商应用英国的发明和发现，产量大增；而保守的英国工业巨头们却对这些发明和发现熟视无睹。英国的钢铁制造商不愿意抛弃陈旧的机器和工厂，在和从头开始的外国对手的竞争中遭到了失败。而且，德国和美国蕴藏着大量煤和富铁矿，它们本国的市场又受到关税保护。结果，在1900年以前，美国和德国的钢产量都迅速超过了英国。

尽管遇到了剧烈的竞争，英国的纺织厂主们却保持了自己的地位。大部分原棉仍来自美国，澳大拉西亚则供给大量优质羊毛。英国纺织业中心兰开夏在政治上颇有影响，因此，当日益发展的印度棉纺工业威胁到这个重要市场时，兰开夏的棉纺厂主就热心地参与了争取制定人道主义的印度工厂法的斗争，他们促成的另一项措施是，向印度棉纺厂主强征货物税，其数额相当于向进口棉纺织品所征收的财政税。

阻挠英国钢铁制造商采纳英国新炼钢法的保守主义，也妨碍了英国化学工业的发展。英国人发明的从煤焦油提炼染料的方法，在英国不如在德国那么快获得重视。强大的德国化学工业迅速发展起来，它的苯胺染料很快地从世界市场上排挤了植物染料。由于有些植物染料是用西印度群岛的苏木制造的，因而这门新工业又给贫困的英属西印度群岛增添了困难。

到1901年时，英国某些工业虽遭受了种种挫折，但它在财政方面，和在航运方面一样，仍无可争辩地居于首位。金本位的英镑仍然是世界上最稳定的通货，号称金融界"直布罗陀"①的英格兰银行，发挥着英帝国储备银行的作用。5家英国股份银行通过合并和分支行的发展，取得了惊人的权力。虽然1879年格拉斯哥城银行的破产和11年后巴林银行的倒闭使英国的银行系统受到震动，但是它却经受了严峻的考验维持了下来，而在其他国家中却使银行遭到破产；这就为健全的金融活动提供了必要的保证。由于意识到自己对储户和投资者的责任，英国股份银行在提供贷款方面是很慎重的，而且不轻易在英国以外开展业务，5家银行中，只有巴克利斯银行有海外支行。随着殖民地自治化，帝国对殖民地银行的控制也消失了。殖民地银行欢迎存款，但对伦敦（各大殖民地银行在这里仍拥有储备）方面的监督则表示不满。有些特许在海外开设并用英国资本建立起来的银行，其总行设在伦敦，因为这里是商业、保险、采矿、航运和其他事业公司的中心，这些公司的业务遍及全世界。实际上"伦敦城"是一个比英帝国更广泛得多的金融王国的首都。

不管是自由党还是保守党的财政大臣，他们都遵循着罗伯特·皮尔爵士和威·尤·格莱斯顿制定的原则——他们是对政府开支"负有神圣责任"的、受到人民群众"信赖和信任"的管家。其结果是，赋税负担减轻了，国债从1870年的7.47亿英镑下降到1899年的6.35亿英镑，利率从3%降至2.5%。这样一来，就有更多的资金能够用于商业活动，其中的大部分流入帝国各殖民地。尽管遭到一些重大损失，英国在国外的长期投资在1870—1900年期间，还是由10亿英镑增加到25亿，其中约有一半投放在英帝国范围内。这些投资的利润，加上银行、保险和航运事业的收入，促进了英国对外贸易收支的平衡，大大增加了国民收入。

从财政上说，所有的属地都是债务人，但都从它们同英国的联系

---

① 直布罗陀被英国人称为攻不破的要塞。——译者

中得到巨大收益。在非洲和西印度群岛各属地,按照殖民地贷款法,以很低的利率向公共工程和救济提供了资金。由于英国的政治统治保持稳定,印度和其他殖民地政府能在伦敦以低利息借到贷款,用于港口和水利工程、铁路、电报和电话的建设。在这方面,1900年的殖民地公债券法给借方提供了巨大的利益,这个法令允许给殖民地的债券提供信用资金。政治的安定还鼓励英国投资者和企业家们在帝国许多地方(包括印度在内)着手发展工业。

资本外流通常采取出售生产资料、向海外企业投资、向政府或私人提供贷款以及银行存款等形式。印度的水利工程,印度和其他地方的铁路、船坞、港口和公用事业设备都得以兴办,因为能够从伦敦以低利息借到资金;张伯伦的殖民地公债券法在这方面起了特别有益的作用。私人企业资本有的投入前已提及的各特许公司,有的用于在殖民地建立种植园、开发森林、开采矿山和开办其他有利可图的企业。19世纪80年代末,已有大笔英国资金存入澳大利亚各银行。但事实证明这样做是失策,因为大宗存款鼓励了投机活动;当巴林银行破产使伦敦货币市场吃紧时,澳大利亚各银行才发现长期贷出而短期借入是干了蠢事。存款被纷纷提取,银行被迫关闭。

在19世纪90年代初期的财政危机中,英帝国各殖民地政府采取了各不相同的政策。受到各股份银行的资助但没有得到政府支持的英格兰银行在巴林银行危机中得以避免大的恐慌。维多利亚州政府未能采取行动,那里的一些银行因而关闭。在新南威尔士州和新西兰,则由于政府采取了果断行动而挽救了局势。英国最老的但自治程度最低的殖民地纽芬兰遭到的打击十分严重,致使各地方银行永久关闭。1894年,一家加拿大银行,蒙特利尔银行,根据请求在该岛建立了一个分行。加拿大有些银行机构,特别是蒙特利尔银行和新斯科舍银行已经变得非常强大,足以在自治领以外开展业务。在加拿大银行中,苏格兰的影响很大。加拿大只批准了少数几家银行在殖民点扩大和需要更多银行的情况下成立分行。

在殖民地,新的资本构成在许多情况下采取了从那以后被称为"公营部分"的形式。澳大拉西亚和印度的铁路是由几个政府修建的,因为这些亟须修建的路线获得利润的希望极小,所以私人公司不愿意承担它们的修筑任务。纽芬兰修筑了一条短距离的铁路线,后来，这条铁路连同其他公用设施，差不多是免费送给了一个加拿大资本家。在1867年成立联邦时，加拿大铁路属私人所有。但连接哈利法克斯和魁北克的殖民地之间的铁路是由政府修建和经营的；加拿大太平洋铁路则是由一家公司修筑的，这家公司得到自治领政府大量的援助。决定大英帝国铁路政策的是实际的需要，而不是关于政府所有权的理论。

最终使所有重要贸易国都采用了金本位的货币政策的趋势，导致商品价格下跌，到90年代时行将引起灾难。在此关键时刻，非洲、美洲和澳大利亚黄金的发现挽救了局势。这些发现有许多是在英帝国领地上，它们全都激励了金融界的行动，结果引起的价格回升对整个英帝国的经济都是有利的。

除资本以外，英国还给年轻的海外国家提供了人力。在1870年至1901年间，有600多万人移居国外。这样的大量移民缓和了国内失业，给新国家提供了大量年轻力壮的财富创造者。虽然约有65%的移民迁居到美国，但也有成千上万的人愿意继续做英国国民，在大英帝国的无人居住地区定居，开发那里的自然资源。新西兰的人口增加了两倍；澳大利亚的人口也大量增加；在加拿大，英国移民的拥入补偿了迁往美国的移民。

各种类型的移民改变了帝国若干地区的人口情况。从中国招募的苦力帮助修建了加拿大太平洋铁路；印度则提供了在东非修筑铁路的劳动力；斐济群岛像纳塔尔和西印度群岛一样，给种植园招来了印度工人。昆士兰种植园主企图吸收波利尼西亚人，但由于澳大利亚劳工和英国人道主义者的联合反对而受到阻挠。最终导致各自治殖民地想出种种办法排挤东方人。加拿大对待来自欧洲的移民比澳大利亚要友好。到19世纪末以前，曼尼托巴省已出现了许多由德国人、冰岛人、俄罗斯人和乌克兰人组成的操多种语言的社会群体，而澳大拉西亚人则保持着他们对英格兰和苏格兰移民明显的偏爱。

在英伦三岛内部，人口的移动不仅加剧了原有的困难，而且增加了新的麻烦。大量人口从农村迁到城市地区，从爱尔兰、苏格兰迁到英格兰，带来了严重的住房和环境卫生问题。犹太难民从波兰和俄罗斯蜂拥而来，增加了贫民区居民的数量，并促进了那些靠工人血汗劳动的工业的发展。但是血汗劳动并不足限于英国城市。19世纪90年代初，这种劳动在墨尔本的盛行就曾使维多利亚州的社会工作者感到焦虑。

英国农场主的困境对工业劳工是有益的。由于食品价格下跌，实际工资因而上升。然而，千百万人仍然生活在贫困之中，缺衣少食。据英国一位船业主查尔斯·布思主办的关于《伦敦人民的生活和劳动》的调查表明，在这个世界上最富有的城市里，有成千上万的人营养不良，居住在不适宜于人住的地方。在英国其他城市，特别是格拉斯哥和利物浦，也有大片地区居民生活状况恶劣。这种住房拥挤而不卫生的情况，也不仅局限于城市。苏格兰的雇农和佃户，爱尔兰的农民，他们所居住的茅屋与牛棚相差无几。主要由保守党人倡议的关于住房问题的立法也未能改善这种状况。19世纪90年代新成立的伦敦市议会收到的成效还稍稍好些。

与此同时，在基督教的和世俗的人道主义激发下进行的各种活动，唤醒了英国人民的社会道德心。基督教救世军的创建者威廉·布思在他的《最黑暗的英国》一书中描绘了一幅大城市里可怕的悲惨情景，并真诚地呼吁筹集款项给予救济。救世军和巴纳多博士（他终生从事改善伦敦东区流浪者的命运）都试图帮助那些贫困的、无亲无故的、无家可归的孩子和成年人移居国外，使他们开始新生活。牛津大学教授阿诺德·汤因比唤起人们对下层社会的疾苦的极大关注，以至在他死后，在伦敦东区建立起一所以他的名字命名的济贫院。英国国教的牧师们对社会问题比以前任何时候都更加关心。传教团体在帝国内外扩大他们的活动，并且从单纯指责偶像崇拜的邪恶转向积极改进非洲人、亚洲人和南太平洋诸岛岛民的世俗生活。格伦费尔医生的医疗团体在拉布拉多岛的活动，说明改善帝国的这一被忽视地区操英语居民的生活的必要性。

公众对火柴厂女工和码头工人为争取增加工资和改善工作条件而进行的罢工斗争的支持，证明了对劳动群众的命运迅速增长的同情心。码头工人有约翰·伯恩斯、托姆·曼和本·提列特等人精明强干的领导；这些人得到红衣主教曼宁的宝贵帮助和澳大利亚工人的大量物质支援。他们的罢工取得了胜利，他们的领袖于是强迫保守的工会代表大会接纳非熟练工人的代表参加该组织的审议工作。这样就产生了新工联主义，工人运动的步伐明显地加快了。

根据19世纪70年代的立法，英国工会的地位有了很大改善，工厂法也加强和扩大了。保守党和自由党人都争取工人的选票；文盲的扫除和廉价通俗报纸的出现，开辟了联系普通群众的新途径。受到卡尔·马克思的福音影响的中产阶级知识分子对此表示赞赏，他们中间最有天赋的一伙志同道合者建立了费边社，希望通过"渐进"过程"按最高的道德标准"重建社会。为此目的，该社出版了大量讨论紧迫的经济和社会问题的小册子。社会民主联盟和独立工党持更明确的马克思主义观点。但是这些组织都未能在群众中吸引大批追随者，真正的群众领袖的社会思想还是以基督教传统为基础的。统治阶级注意到了欧洲大陆上社会主义学说的传播和社会主义的发展，他们也对劳动力大量离开土地和工人完全依赖日工资的状况感到不安。为了改善这种状况，曾建议在政府的帮助下，分配或出售小块农田给工人。为达到此目的，通过了若干法律。但是这些法律并未能对英国经济和社会状况产生多大影响。

虽然在社会立法方面英国落后于德国和澳大拉西亚，但也不乏各种减轻社会弊病和结束浪费的经济冲突的主张。政治理论家们强调考虑人的尊严和自尊；务实的政治家们则主张实行老年退休金和由政府仲裁解决劳动纠纷。但是，爱尔兰自治问题引起的激动情绪和对帝国扩张的重新重视转移了人们对"英国的状况问题"的注意力。新兴的海外社会群体由于没有社会的那种缚住人们手脚的影响的阻挠，能够更全心全意地献身于使"生命的才华更有价值，使人与这种才华更相称"。用他们的领导人之一威廉·彭伯·里夫斯在他的《澳大利亚和新西兰的国家实验》（1902年）一书中的话说，澳大拉西亚各民族"把他们的殖民地看成是许多合作团体，他们这些男男女女都是股东，而政府是选举产生的董事会"。虽然他们采用了许多英国的和某些美国的思想，但是"他们的需要、他们的目的、他们的方法以及他们的论据主要是他们的周围环境和地方经验的产物"。呼吸着"一个未开发国家的自由空气"，但又具有遵守秩序的教养的澳大拉西亚人，有英国作为他们的银行家和保卫者，能够倾全力于解决地方问题。他们通过了内容广泛的工厂法，限制了劳动时间并确定了工资最低限额；他们取消了血汗劳动；成立了工资评议会，建立了强制仲裁劳资纠纷的制度，并开始发放老年退休金。他们把大地产分散，为缺地农民提供农场，发放条件优厚的农业贷款，并促进合作社的建立。1895年以后价格的上涨和较宽的贷款条件促进了各种试验活动，吸引了越来越多的移民。

在加拿大，社会立法的权力属于各省，但它们在解决社会问题方面落后于澳大利亚。在魁北克有只能维持生计的农业，加拿大所实行的宅地法，在伐木场和铁路建筑方面具有的就业机会，同吸引着寻求职业者的美国接壤；工业发展的落后，以及对政府干涉的反感，这一切交织在一起，就使得加拿大人对社会和经济问题的一般看法与澳大拉西亚人普遍持有的看法大不相同。在南非和西印度群岛，殖民地居民面临一大堆问题，但他们既没有办法，也没有兴趣加以解决。在印度也是如此，那里千百万受苦受难的人所受的教育是，耐心忍受人世间的一切苦难，期望在来世有更好的境遇。

在教育领域，变化很大，但是进步快慢不一。民族主义的愿望、种族和宗教的差异、财源的匮乏以及目标和方法的不一致，都妨碍着人们在探求知识方面的进步。如人们所料，在英国、澳大拉西亚和北美洲各自治殖民地，受教育的机会在飞速增加。初等教育是义务的和免费的，不过，只有在澳大拉西亚，它才完全摆脱了宗教的控制。公办的中等学校、大学和高等学院在英国和海外都建立起来。在非洲和印度，基督教传教团体在各级教育中继续起着重要的作用。在各直辖殖民地中，只有锡兰在对所有的儿童实行义务教育方面做了认真的努力。牛津和剑桥为新成立的大学提供课程设置方案，并常常为这些学校培养教学人员，但在行政管理方面，它们通常是以伦敦大学的学院联合制为榜样。

在英国和英帝国，主张宗教与教育分离和主张宗教应是全部教育的基础这两派之间的斗争很激烈。强调自然科学的德国教育所取得的成功，又在主张保持传统的古典学科的人们和主张采纳德国制度的革新者之间引起了冲突。对一切人的免费教育是否应只限于初等教育阶段，大学应不应该招收女生等问题，为烦琐的学究式的争论提供了新课题，结果是传统主义者一步步地丧失阵地，特别是在各殖民地。

随着时间的推移，受教育机会平等的民主思想赢得了广泛的承认。在许多问题上都代表了真正的进步主张的约瑟夫·张伯伦，赞成在教育方面架起"雅各的天梯"①,使"我们中间最贫困的人,只要他有才能……就能上升到文化的尖端"。主要的传统主义者牛津大学贝利奥尔学院院长本杰明·乔伊特不相信新的哲学体系、热忱和感情用事。他警告大学的导师们要"避免任何种类的改变信仰的做法",但为了适应现在观点,他欢迎缩小"阶级与阶级之间的隔阂"。在乔伊特看来,教育的主要目的是在学生中焕发"通过扎实的工作而产生的力量感"。他轻视那些混得伊顿公学和牛津大学资格而自以为高人一等的贵族懒汉。他的箴言是一句挑战性的话:"勿再随波逐流。"在他的领导下,"贝利奥尔学院变成了主教、殖民地总督和内阁大臣的摇篮"。

乔伊特的影响波及帝国的许多大学,不过他的"勿再随波逐流"的告诫对牛津的学生比对殖民地居民更适用,因为后者在生活中遇到了不断的挑战,要求修改移植来的东西,在新创的社会群体中建立起新的制度。在英帝国的各大学里,英格兰和苏格兰的影响是很大的,但是在19世纪末之前,有的大学在课程设置上效法德国;加拿大的大学则逃脱不掉来自边界南边的"传染"。然而,魁北克是一个明显的例外。在那里,操法语的加拿大人按照早已不理睬他们的母国法国的模式建立了自己的教育制度。

尽管知识分子日益采取唯物主义的和世俗的态度,但在新的民主时代,普通人依旧不仅是政治的人而且是宗教的人。由于宗教分歧而引起的争端,常常在国内和海外的报刊上和立法大厅中引起愤怒的辩论。为取得大学学位而进行的宗教考试已废除(当然神学系除外),实现了普遍的宗教平等,英国国教在爱尔兰和几乎全部西印度群岛都已与政府分离;19世纪90年代初,在威尔士也出现了要求国教与政府分离的要求。旨在使英国的初等教育世俗化的努力失败了。在加拿大某些省份,各教派对教育的控制受到宪法的保护;废除教派学校在曼尼托巴激起了尖锐的政治争论。在加拿大和澳大利亚的大学里还出现了教派学院,虽然这些学院没有取得像牛津大学和剑桥大学各学院那样的学术地位,但它们清楚地表明在大学界内部出现了宗教分裂。在英国,关于爱尔兰自治的辩论也带有宗教偏见的色彩。在安大略

---

① 《圣经》中雅各在梦中看见的天使上下的天梯。见《创世记》第28章,第12节。——译者

省、魁北克省和澳大利亚的维多利亚,宗教是一个尚在争论中的政治问题。在英国,参加国教和非国教礼拜的人可能减少了,但是在格莱斯顿退休以后很久,不信奉国教的新教徒形成了一支确定无疑的政治力量。对宗教的兴趣仍很强烈:向在遥远的国家里活动的基督教传教团体提供了大量的捐款;伦敦人成千上万地聚集在一起,听浸礼会传教士查·哈·斯珀吉昂讲道;《圣经》是最畅销的书籍;就决定英国工人的社会态度来说,"登山宝训"① 比《共产党宣言》更起作用。

　　随着文化水平的提高,报纸读者的人数大大增加。一种特殊类型的廉价报纸风行一时,如布赖斯勋爵在他的《现代民主国家》一书中指出的那样,这种报纸迎合了"未受过教育的、缺乏批判能力的和不苛求的读者群众"的心理。《泰晤士报》在它的著名主笔约翰·撒迪厄斯·德兰主持下,避开庸俗的商业手段,摒弃党派的偏见,设法引导和推动舆论。德兰的继任者则背离了他某些最有益的思想。随着爱尔兰自治问题的争论,《泰晤士报》变得具有不健康的党派色彩,当揭发出那些破坏爱尔兰领导人的信誉并在《泰晤士报》上公布的文件均属伪造之后,该报就丧失了其左右英国新闻界的地位。甚至在这次大挫折之前,《泰晤士报》就已经不再受那些喜欢鲜明而巧妙地写成的富于刺激性的新闻的人所欢迎了。一些新型的新闻工作者,著名的如威·托·斯特德,运用他们的才能推动舆论,要求实行迫切需要的社会改革,另一些人则主要关心的是牟利,而取得成功的却是后者。他们之中的首要人物是艾尔弗雷德·哈姆斯沃思(后为诺思克利夫勋爵),他的成就是19世纪90年代惊人的成功故事之一。他和他这一派的新闻工作者不是诉诸人们的理智,而是打动他们的感情。他们夸大琐事,以宣扬丑闻为乐事,大肆散布流言蜚语,把谣言说成事实。列强之间日益增长的紧张局势为耸人听闻的报纸大字标题提供了材料;在爱国主义的外衣下隐藏着庸俗的商业主义;仇恨在千百万人的心中滋长。索尔兹伯里勋爵虽然可以讥讽哈姆斯沃思的《每日邮报》是由"办事员为办事员"而写的,但是到1901年,它的每日发行量达到了100万份,成为左右舆论的重要工具。

---

① 《圣经》中耶稣对门徒们的训诫。见《马太福音》第5—7章,《路加福音》第6章20—49节。——译者

在海外的主要报纸中，多伦多的《环球报》和墨尔本的《时代报》在政治上都有强烈的党派色彩。虽然它们在社论专页中都强调本地区的特殊利益，但来自英国的新闻在它们的各个专栏中均刊登在显著的地位，以便对原来的母国的记忆永存心中。

对户外运动日益增长的兴趣，不论对社会或对英帝国都具有重要意义。板球和足球费钱不多，给青年人提供了赢得荣誉的机会，而不受种族或社会等级的影响。在1870年到1901年，这些运动项目非常普及，地区性的或帝国范围的比赛使散布四处的帝国各地区之间保持了友好的联系。英国的体育道德标准甚至也传播到帝国各个遥远角落。

许多19世纪的殖民地政治领袖均出生于英国。其中著名的有新南威尔士的亨利·帕克斯爵士和新西兰的理查德·约翰·塞登。因为他们和他们的一些同事都出身于普通工人，所以他们的英国出身与其说有助于各殖民地和英国之间更好地了解，不如说更容易妨碍这种了解。在殖民地政界，如同在美国一样，低微的社会出身被认为是一种资产；但是在英国，那些曾在有名的公学和全国性大学受过教育的人，甚至在工人阶级的选区也占有有利的地位。英国社会对殖民地的来客采取傲慢的态度，是英国和英帝国各国之间精诚团结的一个严重障碍。

虽然由于英国的社会和政治改革取得了进展，殖民地的社会优良风尚和财富也已经增长，从而缩小了这两个社会之间的差距，但鸿沟仍然是既宽而又非常具体的。富于冒险精神和进取心的男男女女割断了与家庭的联系，在遥远的地区建立起新的社会。他们反对白厅控制他们的政府和经济生活；他们挫败了强迫他们信奉国教的努力；他们基本上是平等主义者，对贵族的优越感怀抱不满。旅居殖民地的英国人对殖民地社会感到震惊，犹如查尔斯·狄更斯和特罗洛普夫人对美国社会生活的感受一样。正是在澳大利亚的11年，使罗伯特·洛成了英国政治改革的一个激烈反对者；总督阿瑟·戈登爵士在新不伦瑞克和新西兰的殖民地议会的经历，使他确信殖民地自治是一个错误。1872年迪斯累里也悲叹，在授予殖民地自治权时，英国没有保留对直辖殖民地和关税的监督权，也没有强行要求他们执行关于在战时各殖民地有义务支援母国的规定。而海外英国的这种真正的精神则受到他的政敌格莱斯顿的充分赞赏。格莱斯顿作为爱德蒙·伯克的拥护者，坚决主张"自由和自愿的原则"应是英国和殖民地之间的关系准则；他宣称他坚信，只要给它们以自由，它们将会在经受考验的时候出于自愿慷慨地帮助英国。这一信念在英布战争时期得到了充分证明，当时成千上万的加拿大和澳大拉西亚的志愿士兵为英国而战。

殖民地自治取得了进展，在1870—1901年期间变得更有意义了。到这时期结束时，澳大利亚联邦已完全具备了条件同加拿大自治领并驾齐驱，成为一个有巨大发展前途的联邦国家。海外大家庭在政治上迅速向主权国家发展，但是在文化上和经济上依旧处于附属地位。在艺术、教育和文学方面英国的模式占统治地位。殖民者在征服荒野时表现出的那种自信，在文化领域则无法与之相比。他们的社会在这方面尚属原始草创时期，以致像凯塞琳·曼斯菲尔德这样有抱负的作家不得不到英国寻求职业。美国则吸引了有才能的加拿大人。只有一部殖民地小说《一个非洲庄园的故事》在它的产生地以外得到人们的赏识，它的作者奥利夫·旭莱纳是一个在贝专纳传教的德国路德教传教士的女儿。

1894年3月，格莱斯顿辞去首相职位退休时，曾悲叹道"今天的世界已非我生长、受教育和大半时光生活于其中的那个世界了"。他说得很对，不过，在许多领域，正是由于他自己实行的改革——即他感到非常自豪的所谓"打开窗户"——加上迪斯累里所支持的各项改革才产生了这些变化。经济和社会状况的迅速改变和政治民主的发展，迫使自由党和保守党政府都抛弃了约翰·斯图尔特·穆勒的个人主义理论，而支持对既得利益集团进行干预。工厂、农场和船只的所有者必须接受政府的监督；父母必须送子女上学；房主必须遵守卫生规则。电报和电话系统归全国政府所有，公用事业由市政当局管理。只有当国家的权力也用来革除弊病和扶弱抑强时，人民向往的美好生活才能实现。

1901年，政府应当"民治、民享"的原则，在海外比在英国得到更广泛的承认。澳大利亚各殖民地接受了这样的信念——再引布赖斯勋爵所著书的说法——即"由'多数人'辛勤劳动所创造的财富绝不容许积聚在'少数人'手中"。在英国国内，斯坦利·杰文斯、托·希·格林和其他19世纪80年代的理论家们强调，要促进"人类

第十四章 英国和英帝国

最丰富多彩的发展",只有当国家向个人提供这样的发展机会时才能成功。这样,他们就推翻了穆勒的理论。到 19 世纪末,上述原则在澳大拉西亚殖民地比在英国得到更广泛的运用,原因很简单,因为管理着自己的政府的人民,要求改善其经济和社会状况。作为个人,他们要求过好生活,但这种生活只有在政府帮助下才能得到。这些小小的社会变成了外部世界所密切注视着的进行立法试验的实验室。英国的属国就是这样改变了关于国家职能的老观念。

达尔文进化论广泛为人民所接受,这在知识界形成了一种与格莱斯顿"生长和受教育"的时代完全不同的理论气氛。这位老政治活动家曾确认他对"坚如磐石的圣经"具有不可动摇的信仰,企图以此英勇地阻挡日趋扩大的唯物主义和怀疑主义潮流。支持他的是一位能力出众的政治对手阿瑟·詹姆斯·贝尔福。1895 年贝尔福发表了一篇立论巧妙的论战性文章:《信仰的基础》。但是"不信仰"的毒素正在传播。由于英国劳动者以工人的神殿代替了教堂,他们的思想中越来越充满唯物主义信条。

英国已经向着政治民主前进,随着受教育的机会大大增加,也就为实行在各殖民地建立起来的那种社会民主奠定了基础。但是,到 1901 年时,在表面上还看不出有这一变化过程的迹象。英国的旧的社会结构虽不断遭到破坏,但社会的虚华外表依然未变:贵族富丽堂皇的城市宅第和乡间大厦仍配备有全班人马;新加封的贵族热心于追求古代世袭贵族所建立的那一套风俗习尚;地位稍低的那些人对他们毕恭毕敬;他们的金银财宝用之不尽。尽管如此,还是有些政治活动家感到不安。外国的竞争日益激烈,外交上陷于孤立的危险不容忽视。在事先察觉到危机临头的人当中有约瑟夫·张伯伦。他焦虑不安,于是,考虑实行新的关税政策的可能性,并且主张建立英、德、美三国联盟。但是,不论是他的同胞,或是预期中的盟友,都不同意他关于结盟的建议。

不论是英国还是英帝国都受到 19 世纪即将结束时不断壮大起来的民族主义潮流的冲击。任命了苏格兰事务大臣,允许威尔士成立国立大学,爱尔兰的民族运动扩及文化和语言方面。印度复兴的迹象大大增加,这个幅员广大的亚洲次大陆上的各古老种族在政治上已经发展得难以控制了。澳大拉西亚人虽然尚未产生一种真正"当家做主"

的思想，但是他们已变得更加坚持自己的要求了。他们同英国之间在借款关系上出现了摩擦。和加拿大一样，他们也许以享有作为"母家"的女儿所应有的特权而高兴，但是他们同时又坚持要求承认他们是自己家里的全权女主人。

在加拿大，民族主义的发展由于讲法语的和讲英语的两部分加拿大人的尖锐分裂而受到阻碍。前一部分人认为他们是这块土地上第一批定居者，因此他们，而且只有他们，才是真正的加拿大人。他们珍爱他们的语言和他们所信奉的罗马天主教。后一部分人是前一部分人和安大略人民之间的障碍。在安大略，强大的奥伦治党人协会保持着来自爱尔兰的强烈宗教仇恨。然而，魁北克的法裔加拿大人、安大略的奥伦治党人和抛弃了在美国的家园，坚持做英国国民的那些亲英分子，因决心不让他们的家园被强大的邻国吞并而联合在一起。他们愿意做加拿大人，并且证明，文化上的差别不会妨碍加拿大发展成一个民族国家。他们的总理威尔弗里德·洛里埃爵士可以很有说服力地向英国听众表明他作为一个英国国民的骄傲，但是他一再指出，他首先是一个加拿大人，是他的祖先于1665年踏上的这块土地的真正儿子。

1901年，由于英国在前一年吞并了德兰士瓦和奥伦治自由邦这两个布尔人共和国，白人的南非在政治上实现了统一。原指望这次吞并能促使在非洲次大陆建立起一个类似加拿大自治领那样的新国家。但是，其至在英国人和布尔人卷入南非战争的殊死战斗以前，就有迹象表明，一个新的扎根于南非土地上的新的民族运动正在兴起，其主要宗旨是永远不忘他们那些移居到这块土地上，深入内地建立自己的国家，战胜凶猛的部落，并坚定地拒绝英国化的先辈们。南非的阿非利卡人和讲法语的加拿大人不同，他们渴望割断同母国荷兰的文化联系，以抬高他们通用的阿非利卡语的地位。他们希望，通过世世代代的冲突斗争和辛勤劳动所创造的这种语言和建立起来的传统，能成为一个欧洲人的南非国家的基础。

此时，年迈的女王已经时日不多了。她在位的年代比英国历史上任何一个国王都长，变化也最多。她对她在位时期得到广泛承认的民主思想是不赞同的。她从来没有访问过她的任何一个海外自治领地。对女王来说，激励海外领地各族人民的那种精神，在许多方面不仅是外来的，而且实际上使她反感。不过，对她的国民来说，她仍然是一种鼓舞力量；她是这个庞大帝国团结的外部象征。她的坚强勇气、严格忠于职守的精神和十分坚强的性格，树立了品德方面的榜样，并在艰难时期给人以鼓舞和希望。当不吉利的消息频频从南非传来时，传出这样的话：女王并没有沮丧。这个家喻户晓的信息到处都产生了振奋人心的效果。从她即位以来，英帝国已大大成长了。女王欢迎领土的兼并，对放弃不论是非洲还是亚洲的据点表示不满。她坚决反对爱尔兰自治的主张。但是，维多利亚女王批准给予海外殖民地自治权，从而使英国进一步成为国家缔造者。她在历史上的地位可以同英国的"格罗里亚娜"伊丽莎白一世[①]相媲美。

（程西筠　译）

[①] "格罗里亚娜"（Gloriana），意为"光荣女王"，是英国文艺复兴时期诗人斯宾塞的长诗《仙女王》中的仙女王的名字。这个形象代表着伊丽莎白一世。——译者

第 十 五 章

1840—1905 年的印度

在追溯印度在 19 世纪后半叶的发展时，重要的是应仔细地权衡印度和英国这两方面所起的作用孰轻孰重。而英国一方又不仅是英国，同时还有欧洲与西方，因为从其大量活动来看，英国人与其说是为盎格鲁撒克逊人征购粮食，不如说是传播整个西方文化的先驱。过去存在一种倾向，把维多利亚时代印度的重要特征，看成是英国完成了它的重要统治，看成是逐步推广英国的行政管理技术和公共事业，以及传播西方的文化思想和西方的人道价值标准。决定把西方制度介绍到印度的人们认为：印度的制度是无能的，而且印度的传统思想意识，即使不是确实有害，也是低级的。他们指望逐渐以欧洲的事物取代印度的事物，虽然他们并没有都用麦考莱那种生动形象的比喻来表达他们的期望。论述英属印度问题的第一个学派的作家，被英国力量的崛起这一景象所陶醉，认为在印度帝国漫长的历史过程中，英国力量所起的作用是最为显著而持久的。随后，从詹姆斯·穆勒的《英属印度史》为过渡，出现了一批作家，他们认为英属印度历史的真正意义就在于输入了西方制度。这两派学者都把注意力集中在英国统治方面，在第一派强调"统治"这一概念时，第二派则注重"英国"这个概念。他们和当时绝大多数政府官员一道，都认为印度本身没有什么有价值的东西可以贡献给它自己的未来。当印度人似乎并不那么积极地接受西方事物时，这一现象被说成是出自愚昧或顽固，而旁遮普学派则进而提出一种行政管理方面的清教主义，主张辛勤地工作而不期望（从印度那里）得到报酬，决心给印度做好事而不考虑印度会怎样对待。

在 20 世纪，随着民族主义运动的兴起，这种观点起了根本性的变化。人们认识到不仅印度对它自己的未来大有切身关系，而且形成印度舆论的力量，也绝非全部是西方的。在维多利亚时代的大多数人所低估的印度思想，是和西方思想同样重要的，而印度人的观点的重要性，也同样不亚于白厅或西姆拉①的观点。对于印度观点和印度社会发展的研究，在18世纪末实际上处于停顿状态，这时又恢复起来，并被看作与关于英国政策或管理措施的研究具有同样的重要意义。印度历史又一次被看作印度人的历史。它的重要意义不仅在于英国在印度做了些什么，而且在于印度人是如何做出反应的。这一变化过程，在英国和印度历史学家手里，还要经历一段很长的路程，才能达到一种真正的平衡状态，但本章的概述正是试图从这一观点出发的。我们首先看到一股西方影响的潮流冲击着显然是一潭死水的传统的印度。然后，我们又见到这潭死水自己又翻滚起来，在20世纪形成一股其成分比例难以分析的混合水流，朝着未知的目的流去。这就是对英国人做了些什么和印度人对它们有些什么想法的研究。

在18世纪末，印度内战加剧而形成了无政府状态，同时随着拿破仑的出现而再次产生法国的威胁，只是到了这时，东印度公司和英国政府才一致认为，霸权是继续进行贸易的重要条件。1815年做出了最后决定，1818年就赢得了霸权。这样一来，尽管议会坚持英国在印度的统治必须是一种公正的统治，实际上这种统治是为贸易服务的。它的主要目的既不是为了荣誉，也不是为了福利事业。

在最终建立霸权的同时，东印度公司感到自由贸易的威力和当时在英国各处传播的人道主义的趋势。因此，就在霸权行将实现的前夕，允许私商和传教士进入印度。在货物和思想这两个领域，将同时出现自由的贸易往来和思想交流。控制印度的这个政治上的决定和这种垄断局面的结束，激起了一些思想和舆论上的骚动，这种骚动反过来又对做出进一步的决策产生影响。排除来自西北方向和来自海外的竞争者是必要的。阿富汗的另一边是波斯，而波斯再过去还有俄国。基于这样一些考虑，历届印度和英国政府制定了西北政策。在印度本身，有必要在稳定的基础上组织行政管理工作。这意味着要对原来的税收体制进行一次彻底改革，并对税收主要来源的古老的土地制度，

---

① 白厅指英国政府，西姆拉指印度殖民当局（该地曾为英属印度首都）。——译者

进行一次深入的研究。这还包含着要调整一下与印度各王公的关系，因为他们还统治着印度一半以上的领土和1/3的人口。还有，就是在管理人民的同时，还存在一个对人民的思想和传统采取什么政策的问题。

1820年至1830年这10年间，制定了19世纪英国对印度政策的第二个重大决策。在英国，极力促使制定这一政策的人是功利主义者和福音派的信徒；他们在印度最先受到以拉姆·摩罕·罗易以及他在加尔各答的朋友们为代表的公众舆论的支持。把英国制度和西方知识（后者通过英语作为媒介）输入印度的决定，意味着东印度公司的统治将不再是变本加厉的莫卧儿古老帝国，不再是沃伦·哈斯丁和老派英裔印度人的概念。它意味着开展一场文化革命，其目的是印度最终实现西方化。它的方法是以温和为特色，并且是英国式的。印度的制度，除极少数之外，将不受到公开的抨击或撇在一边。可以说是让它们和英国制度展开竞争，而由人民自由地在这两者中间进行选择。这一决策是由英国改良时期的辉格党政府和在印度的威廉·本廷克勋爵付诸实施的。

第三项决策也属于这一时期，尽管在任何政策法令或声明中都找不到它。它被认为是理所当然而无须争论的。那就是印度在经济上隶属于英国。在东印度公司时代，从来没有想过，为了印度可能得到的利益，而给英国的贸易设置障碍。对这个总的态度，还要加上两个因素。自由贸易理论当时正在扩大影响，这就使下述主张得以成立，即在印度不对贸易加以控制是符合经济学说的，因而，也就对印度本身最为有利。其次，工业革命已经发展到这个地步，使用美国原料的棉纺技术制成的成品，可以比用印度原料在当地手工织出的成品更便宜地在印度出售。印度在某种程度上成为英国工业的市场，这在过去是从来未有过的。理论和利益这两方面都决定了上述状态应该不受干扰地继续下去，而技术的进展又决定了古老的印度纺织工业注定要消灭。

在1840年以后的年代里，我们看到的正是这些决策和发展的效果在发生作用。在政治方面，一个新的全印政府逐步形成，和先前的莫卧儿王朝政府有明显的相似之处。西方思想逐渐地、踌躇地被引进来，出自谨慎从事的考虑，规定改变应当是在一些枝节问题上，而不是带根本性的。在国际上，印度再一次成为一个统一体，而且成为亚洲国家中的一员。印度政府如同16世纪那样，是由外国人控制的，但在16世纪，外国影响来自西北，而在19世纪，这种外国影响则来自海外。两个政府都奉行扩张主义，但扩张的方向相反，莫卧儿帝国是从西北向东南稳步地扩展，而英国则是从东南向西北推进。然而，新的印度政府的对外政策，受到了莫卧儿帝国从未受到过的外界因素的影响。它的边境政策和外交政策受到欧洲强权政治的影响，俄国在巴尔干半岛或东欧、乃至中亚的活动，能够改变印度政府的行动。

第二个重要后果是一场社会的和文化的革命。通过一系列并非专门为这一目的而制定的措施，摧毁了旧的统治阶级，促进了一个新阶级的诞生，这个阶级的利益和新政权紧密相关。与此同时，通过新的西方化教育政策，掀起了一场文化革命。这两个革命是相互关联的，因为社会变革把那些坚持旧文化的旧阶段推入失势境地，同时，在新的阶级中，为西方文化的扎根提供了社会土壤。通过这样一些措施，就产生了近代印度的温床和种子。

第三个后果是进入一个经济上的殖民主义时期，在这时期中，印度被视为英国工业原料来源地和英国产品的市场。上述第二个后果是英国在近代印度能够享有友好和权势的原因，而这第三个后果却引起20世纪那些具有政治头脑的阶级的许多批评和愤懑。

这一时期可以分为三个阶段。第一阶段到1858年为止，包括东印度公司实现对印度的全面统治以及兵变和镇压。第二阶段持续到1880年，这一阶段对于英国的统治，在实际上和理论上没有任何力量与之竞争。从这一意义来说，这个阶段可称为帝国主义的全盛时期。第三阶段是从1880年到1905年，在这个阶段，英国在印度的势力显然达到了它的顶峰，而这个阶段之所以更为重要，是因为最终取代英国统治的力量得到发展。在论述第一阶段时，回顾一下造成各种发展条件的政治背景是有好处的。印度政府远不是一个由英国内阁牵线操纵的傀儡政府，但它是英国的一个下属机构。一位总督可以兼并一个省份，尔后再报告白厅，但他这样做也有可能被召回，而且，实际上有时被召回过。地方权限相当大，但印度的政策大体上就是伦敦的政策。这一阶段开始时正值主张改革的墨尔本勋爵的辉格党政府进入衰老的最后阶段。被提名为印度总督的奥克兰勋爵与他的前任威廉·本廷克勋爵相比,反映出辉格党的力量正在衰退。由于抱着要做一个从事改革的总督这样一种愿望,在他那些政治顾问和帕麦斯顿勋爵共同怂恿下,他卷入了阿富汗事件。在以罗伯特·皮尔爵士为首的保守党政府成立时,他退职了,他的继任人是威灵顿内阁时期的督察委员会①主席埃伦伯勒勋爵。埃伦伯勒发现自己面临着像1841年至1842年在阿富汗遭到的那样悲惨局面②,经过一段犹豫以后,巧妙地把东印度公司从中解脱出来。但他那种丰富的想象力,促使他在令人质疑的情况下兼并了信德,与此同时,他那独断专行的脾气遭到很多人的反对,以致在他统治印度两年多以后,董事会③最后一次行使了召回权。为缓和对他的这一打击,皮尔内阁任命他的姻兄弟哈丁第一代勋爵为他的继任人。哈丁勋爵曾参加过滑铁卢战役,是一位小心谨慎的军人政治家,曾担任过陆军大臣和爱尔兰大臣。这次被遴选为继任人,部分原因是锡克教徒引起的危险局势。他把第一次锡克战争进行到底,并于辉格党人再一次在约翰·拉塞尔勋爵领导之下掌权时辞职。虽然他靠军事成就而闻名,但事实上,他继续执行了他的几位前任的对内政策。皮尔的新保守主义与其说是源出于威灵顿或埃尔登,不如说是从19世纪20世年代的坎宁和赫斯基森等自由派保守党人那里发展起来的。在印度内部事务方面,党内不存在严重分歧,而在对外政策方面的分歧,是和英国整个对外政策的争论联系在一起的。因此,在印度各土邦内禁止寡妇自焚殉夫——寡妇在丈夫火葬的柴堆上烧死——以及禁止杀害婴儿等措施都受到鼓励,而且,教育事业也不受阻碍地继续发展下去。此外,巨大的恒河水利工程开始动工,并且还制订出印度铁路系统的第一批建设计划。

哈丁的继承人是大贺胥伯爵,他是一位皮尔派人士,在皮尔内阁的格莱斯顿领导下的贸易部任副大臣时出了名,他竭尽全力去控制19世纪40年代迅猛发展的铁路事业。大贺胥只有36岁,他年富力强,意志坚定,在以后的8年里,他一直统治着印度。他脾气专横而

---

① 督察委员会是根据1784年的"改善东印度公司的管理及印度的不列颠领地法"而设置的机构,有权决定印度的一切重大问题,并监督东印度公司的活动。——译者
② 1841年,英国在喀布尔的驻扎官被杀死。1842年,英军从喀布尔撤退时大半被歼。——译者
③ 董事会是东印度公司的管理机构。——译者

又积极肯干,富于想象力但没有多少对人的同情心,这样一个为了工作使自己筋疲力竭而又对任何监督批评都具有艺术家一样敏感的人,本来是容易和英国本土的当权者发生冲突的。这种情况之所以没有发生,原因有二:一个原因是他的观点与英国维多利亚时代早期的精神是一致的。他体现了英国这一时期不停地工作的精神,以及对物质进步和西方文明的优越性所抱的信念;另外一个原因是当时英国国内混乱的政治局势。1846年保守党的分裂,使得辉格党和皮尔派中的核心人物实际上掌管了英国,而激进分子和保护贸易主义者则在两旁争论不休。在大贺胥任职期间,共有四届内阁,他们都倾向于听任他们那位在印度的有能力的代理人自行其是。假如他当时精力过分充沛地回到英国的话,他能不去改组他们吗?1848年,大贺胥作为一个西方进步的热心倡导者和希望加快西方化步伐的人来到印度。在旁遮普发生的穆尔拉吉叛乱,转移了他的注意力,结果旁遮普被兼并。但是,就他的本意来说,他并不是一个兼并主义者。他之所以这样做,是由于他对西方进步的坚定信念。他相信,对人民来说,西方的政府要比印度的政府具有无限的优越性,因此,被并入的印度土邦自然是越多越好。在批评他的帝国主义政策,以及在有关丧失权利说的争论中,("丧失权利说"认为,各土邦王公的后裔,只有得到英国的承认,才拥有至高无上的权力。在没有嫡系嗣子为继承人时,按照印度人的法律可以收养嗣子。但"丧失权利说"则坚决认为其所收养的嗣子必须得到最高政府的认可,否则,依据"丧失权利说",这个土邦就归东印度公司所有),往往忽视他执政时所做的其他一些事情,而他对西方主义的信念正是他做这些事情的原因。正是他制订了兴建印度铁路系统的计划,引进了电报;他和查尔斯·伍德爵士一起,设计了第一批印度大学;他还建议让印度人进入新的一院制议会。曾有过这样的说法,认为旁遮普和旁遮普学派是他施政的纪念碑,而他的政治遗产却是兵变;但是,较之上述两者都更为重要的,则是他为20世纪的印度奠定了基础。

我们可以从下述背景,即在英国得到了坚定的支持,对西方精神的优越性、物质进步,以及经济贸易的功效等抱有纯朴的信念,来理解这18年所发生的事件。在政权方面,政策是以安全为原则。印度政府从来都无意于进行侵略,也就是说,它仅满足于印度天然边界的安全，除此以外，别无他求。然而，它不时地为可能出现的危险而感到不安，并倾向于对被夸大了的危险采取过分的安全措施。后来，伟大的索尔兹伯里勋爵曾把这种心理状态描述为主张去占领月球以防止来自火星的袭击。1838年至1842年第一次卷入阿富汗纠纷，在一定程度上就是由于这种不正常的精神状态，以及帕麦斯顿勋爵的对俄政策所造成的紧急局面和糟糕透顶的判断的结果。第二次阿富汗战争，第三次缅甸战争（1885—1886年）和寇松的入侵西藏，都是因过分恐惧而进行侵略的实例。在缅甸，引起恐惧的对象是法国人，其他地方则为俄国人。在第二次缅甸战争（1852年）和西藏战役中，我们还看到了另一个基本的动机在起作用，即认为愚昧无知的政权正在拒绝那些诚实的商人获得市场的愿望。

阿富汗冒险行动的结果，使当权者认识到印度没有统治伊朗高原的力量。整个下一代采取的政策是依赖这一地区国家的弱点，并利用一个友好的阿富汗作为缓冲国。这一政策一直执行到19世纪70年代，当神经紧张状态再一次压倒理智时才被改变。就历史上的地理政治论观点来看，印度的安全主要依赖于在印度北部有一个强大的能够有效地控制次大陆的国家。在这种条件不存在的情况下，过去曾经有过对印度的大举入侵，而且获得成功，例如贵霜人、匈奴人和土耳其人、帖木儿①、巴卑尔②和英国人的入侵。甚至成吉思汗也未能敲开坚决抵抗的图格拉克王朝时代德里苏丹国的大门。而如果上述条件具备的话，安全的进一步要求就是在东部有一个友好的或安定的印度尼西亚，在西北部有一个同样的伊朗高原。历史上印度尼西亚从来没有构成过威胁。在西北高原存在一个历史古国伊朗，伊朗的那一边是中亚地区，土耳其人和蒙古人不时地从这方面入侵。中亚可以比作一个水库，它的水源来自暗流，水库里的水不时地、而且说不清什么时候会溢出，以致泛滥到它的邻近地区。既然印度不能统治伊朗，它的利害关系就在于有一个强大的伊朗国家，足以作为一道政治堤坝，以防止中亚水库的泛滥。东印度公司于18世纪末叶曾经试图在印度内部寻求而未能找到的那种自然的平衡力量，实际上只能在外部找到。这

---

① 帖木儿于14世纪90年代侵入印度。——译者
② 巴卑尔于1526年侵入印度半岛，建立莫卧儿帝国。——译者

种力量存在于北部印度和伊朗的势力中心之间，这两方面势力之间得到承认的力量平衡，将使他们能抵挡来自西部、北部和东部的压力。这种条件在16和17世纪都得到实现，因为当时莫卧儿印度帝国和波斯的萨法维德王朝之间的力量对比，堪称势均力敌。在18世纪，这两个政权都宣告瓦解。东印度公司在19世纪重建了印度政权，英国借助于海上力量，实际上控制了东印度群岛的荷兰统治者，从而巩固了这个政权的东部。然而，在西北部的伊朗依然很弱，而且第一次阿富汗战争证明了企图由印度来控制高原是冒险的。在伊朗的那一边，土耳其斯坦各汗国正明显地衰弱下去。正当他们的力量逐渐消亡之际，俄国人开始取代了他们的地位，犹如一股要把水库重新装满的强大水源。除了对欧洲的考虑之外，印度的西北政策还要取决于中亚这个水库的流量大小。

在印度内部，强权政治表现为建立完全的统治权。可以看出其中包含有安全的动机、商业的动机，甚至是人道主义的动机，然而，占主导地位的还是安全的动机。在阿富汗战争时，把独立的信德作为一条通道，因为随着1839年旁遮普统治者兰吉特·辛格之死，出现了不安的状况，在这种情况下，如果全部依靠旁遮普这一条路是不可取的。信德的几个埃米尔是彼此分离的，无能的，而且是蒙昧主义者。他们是从原先的阿富汗杜兰尼王朝分裂出来的小邦，因而无权称他们自己是合法的。他们的国家需要发展，对边境安全的要求也是强烈的。他们的领土于1843年被兼并，米亚尼战役[①]所获得的这一点荣誉，就作为埃伦伯勒从阿富汗撤退的某种补偿。此后，它的征服者查尔斯·纳皮尔爵士粗暴地对它统治了数年。它成为孟买管区的一部分，新得到的卡拉奇则成为旁遮普的一个港口和一座典型城市。旁遮普是1845年至1846年和1848年至1849年这两次战争的战果。随着1839年兰吉特·辛格之死而产生的无政府状态，导致第一次战争的爆发。英勇的锡克军队，分裂成为由残忍而又野心勃勃的头目操纵的集团所控制的小股部队。在6年中，先后换了4个统治者，这支军队最后在摄政会议的鼓动下，渡过苏特里杰河，指望英国人会不再进

---

① 1843年4月17日英印军队与信德各土邦在米亚尼镇决战，结果各土邦被打败，信德被吞并。——译者

逼。第一次议和时，试图采用裁减军队和建立以亨利·劳伦斯为首的摄政会议这样一种对待保护国的办法。1848年，穆尔坦发生了叛乱，在整个炎热的季节里，都听其积聚力量，后来经过一系列残酷的战斗才将它镇压下去。英国的指挥才能并不比锡克教徒高明多少，但他们有增援部队。在这种情况下，大贺胥未经请示伦敦，便自行决定进行兼并。他的理由是锡克的"萨达尔"明显地持势不两立的态度。"萨达尔"这个词在印度北部，特别是在锡克人中间，被广泛地使用，指贵族、领袖和绅士。他的另一个理由是必须保卫西北部边境。锡克教徒是一个不受人欢迎的占统治地位的少数民族，这一事实减少了内部搞阴谋的危险，而约翰·劳伦斯采取的以牺牲"萨达尔"的利益为代价来鼓励农民和改善物质条件的政策，又进一步减少了这种危险。水利灌溉冲掉了复仇之火。赢得旁遮普是靠刀剑，而保住它要靠铁锹。在发生兵变的危机时，可以依赖穆斯林来制止锡克人的任何叛乱企图，另一方面，锡克人又为挫败了德里的莫卧儿势力东山再起而感到高兴。可以这样说，凡属对旁遮普有利的事，英国人都干，唯独不使它的人民团结一致。建立完全的统治权的第三个措施是兼并缅甸。1852年，由于缅甸方面反应迟钝和英国人在商业上急于求成这两个几乎居于同等重要地位的因素而引起一场战争，经过一个典型战役后，大贺胥兼并了下缅甸和仰光。这才是英属缅甸的真正开始，因为这里的人是显然与若开和德林达依的山区部落不同的缅甸人，而且，这里是大米产区，它将为近代缅甸提供财富，也造成它的各种问题。上缅甸是在1886年从愚蠢的锡袍国那里兼并过来的。采取后一行动的动机对法国影响的恐惧和想要抵消他们对暹罗侵略的威胁。缅甸人无论在种族方面还是文化方面，都和印度各族人民不同，而且从来没有被同化过。大贺胥派来的首席专员费尔小心谨慎地实施印度的管理制度，事实证明这是完全不合适的。

在印度内部，它的政府不得不和那些原先掌权的残余分子打交道。英国统治的兴起曾有效地抑制了他们的军事力量，然而，他们当中许多人还保留着一种传统的或宗族的号召力。他们当中最重要的一个，就是在德里的莫卧儿皇帝本人。1803年，卫尔兹力一方面为失明的沙阿·阿拉姆提供舒适的生活和荣誉，另一方面又小心地回避做出对他效忠或不承认他的权力的表示。用查尔斯·梅特卡的话来说，

第十五章 1840—1905年的印度

以后几任官员逐渐"放弃他们原来效忠帖木儿王室的做法"。莫卧儿王室已经成为一个开销极大的包袱。1833年的特许状法宣告了英王在印度的君权,并逐渐减少对莫卧儿王室地位的承认,直到1856年,莫卧儿王室的继承人被迫同意在他父亲去世时搬出王宫,并放弃国王称号。王公的情况则与此有点不同,因为他们依然控制着全印度近一半国土和1/3的人口。东印度公司的最高权力是僭取的,而不是正式宣布的。但那些王公并没有和新的制度结成一体。他们被置于"从属的孤立状态",仿佛被置于与世隔绝的领地里,不与外界来往,继续过着古老的生活,不为外界西方的进步对印度的冲击所干扰。这项政策的困难在于,要把这个新世界和欧洲人排除在外,实际上是不可能做到的。而与此同时,英国一方面通过遏制政策,打掉王公们的野心,另一方面又通过支持的办法,去掉他们的恐惧心理,从而使他们对参加政府失去兴趣。这就使英国和王公们在行动准则上形成一个鲜明的对照,这一对照给统治力量提出了一个道德上的难题。怎样才能使不干涉既符合王公的,又符合英国公众的行动准则,或者说,怎样才能使干涉与英国承担的义务相一致?大贺胥首先试图从他的兼并政策来解决这个难题。大贺胥相信,英国的行政管理要比印度的无比优越,只要条件许可,兼并总是可取的。虽然他并非看不到古老的权利和当代的各种危险,但他充分具有他这一代的那种自信。他的政策的一个方面就是"丧失权利说"。这使他能在没有直接继承人情况下,把包括面积辽阔的那格浦尔和有影响的萨塔拉在内的几个信奉印度教的土邦接管过来。他的政策另一个方面是,他认为由于政府无能而进行接管是合乎道理的,因此,他通过征服而获得旁遮普,通过谈判而得到贝拉尔,以及通过兼并而得到奥德。在8年的时间里,印度由王公控制的土地面积和人口减少了1/4,后来由于兵变,这一过程才突然中止。

在这一时期,政府本身的权力达到最高度的集中。1833年的特许状法规定设置印度总督,以取代孟加拉的威廉堡①。立法权集中在加尔各答,它和行政机构唯一不同之处是,为了立法目的而在参事会

---

① 威廉堡(Fort William)在加尔各答,原为东印度公司总部所在地,后成为英国统治印度的中心,亦作为印度英国殖民当局的代称。——译者

中增加一位成员（第一位"立法成员"是托马斯·巴宾顿·麦考莱）。其他管区事实上成为地方机构，尽管它们保留自己的军队，但军队的规模和威望不能和孟加拉军队相比。行政机构也同样地有所区别，孟加拉相应地占据比较突出的地位。1853年，对文职人员的录用采取公开竞争的办法，结果虽然特殊人才的数目没有增长，但一般的水平有所提高。最有意义的进展是1853年成立一个独立的立法会议，这一机构尽管是由政府人员和法官组成，但它还是具有某些代表性，并且很快就声称享有言论自由，从而为这一立法机构赢得了一个小型议会的美称。

这一时期的第三个主题是西方影响。这个运动得到威廉·本廷克勋爵和他的顾问们的正式承认，稳步地向前发展。它具有三个主要方面。第一是旧的统治阶级和特权阶级的垮台，这一结果是这个运动主观上没有料想到，但却是整个运动过程的重要部分。第二是引进西方的教育和思想以及建立相应机构的政策。第三是兴建公共工程的政策，而兴建这种工程则包括需要西方技术，以及一个为维持这种工程而经过西方训练的阶级。第一个方面采取的一整套措施，撤换了那些在政治和文化方面坚持旧秩序的阶级，并使他们不再拥有权力；而第二和第三方面采取的措施，则向这个国家灌输西方思想，并且为建立一个吸收这些思想的阶级创造了条件。近代印度的兴起，不仅要依靠向印度输入西方思想，而且还需要一个特别形成的阶级去吸收这种思想。

在18世纪末叶，康华理时期开始了一场社会变革，这场革命没有受到什么重视，但对于理解近代印度却有重要意义。其表面的标志是把印度人从政府高级部门中排除出去。1793年的特许状法为那些与管区具过结的公职人员保留了年薪在500英镑以上的全部行政职位，而印度人没有一个是具过结的公职人员。印度政治传统的保持者于是自谋出路，或被安置到土邦的部门中工作。更为重要的是实施一系列土地整理，这个过程从实行"永久土地管理"开始，到兵变以后仍在继续。这项工作做得越来越精确，并认真参照当地条件而进行。这项工作的用意是做出规定和划定界限，公平地对待农民和地主，并尽可能保留村社制度。然而，当代革新精神终归会渗透进来，使事情发生突然变化，摧毁了旧土地贵族，并消灭了村社。起初，由于无知,出现了一种征税过高的总趋势。对于那些不能按时纳税,或不能交清全部税额者的惩罚是剥夺财产,这种惩罚不是印度原有的,而是由令人憎恨的销售法所规定的。通过这些手段,孟加拉和比哈尔的整个土地占有阶级的性质起了变化,而在其他地方,许多土地也更换了主人。不交租金的土地使用权广泛恢复,并在印度北部和西部大规模地实行,一直到兵变,这些做法加快了上述过程。R. M. 伯德和 J. 托马森在西北各邦,以及在孟买的伊纳姆事务委员会①,也都推行这种做法。这些被剥夺的土地或被作为服务的报酬而授给人,或被作为教育和宗教活动之用,而在许多情况下,这些授予的土地或被忘掉,或被任意移作他用。这种大规模没收的结果是,消灭了那些支持旧文化和宗教的有影响的阶级。由于被剥夺了官职,丧失了土地和公众的尊敬,这个阶级被迫不再积极参与国家生活,销声匿迹,沉湎于对过去荣誉的缅怀之中。

他们的地位要被一个富有新思想的新阶级所取代。然而,首先必须使人们能够得到这种新思想。1835年,本廷克和麦考莱开始执行一项通过英语做媒介来输入西方知识的政策。在后来的20年中,中小学校已经遍布全国。1835年,由于查尔斯·伍德爵士的果断行动,教育补助金制度得以建立起来。这就使私立中小学和学院有可能开设,教育体制能够形成,并从1857年创办最早的三所大学而使教育体制更臻完善。在看到政府这方面活动的同时,也必须看到基督教传教士的活动。他们最出色的领袖是加尔各答的亚历山大·达夫,而他们最重要的业绩则是创办了马德拉斯基督教学院。随着西方教育一起传入的,还有西方的法律。1861年,以英国法律为基础制定的新的刑法典终于开始生效。也许更为重要的还是东印度公司法庭所采用的英国的诉讼程序和司法基本原则。西方的法律观点被一些新型律师所吸收,因为它们是到处传播的。印度教和穆斯林的私法依然保留,但对许多难以决断的案件,则按英国衡平法的原则予以判决。法庭上的许多英国影响都是潜在的,而非明文规定的,但也许正因为如此,就更为有效。就政府方面受西方影响的情况而言,最后一项就是英语取

---

① 伊纳姆(Inam)是当时印度的一种封建土地所有制,英国殖民当局曾在孟买等管区设立伊纳姆事务委员会。——译者

代波斯语作为法庭及官方的用语。这就为学习英语提供了一个紧迫的理由，因而学习英语就意味着进入新的学院，并吸收西方思想。全印度的政府公职人员、律师、商人及专业人员，为了工作都需要会英语。而学习英语，就如同学习波斯语或法语一样，不可能不领略到哪怕是一点点这个国家的文化。专业教育机构也帮助推进了这个过程，如加尔各答医学院里所做的解剖意味着打破高等种姓的条规。类似的机构还有设在鲁尔基的大贺胥创办的工程学院。除直接进行传教（可能弊多利少）以外，传教机构在创办学校、医院和孤儿院方面的活动，在农村进一步把这一过程推向前进。

西方影响的另一个方面就是发展公共工程的政策。推行这一政策可以不用顾虑会触犯种姓和文化、伦理观和当地风俗等令人烦恼的问题。思想改革家和传统习惯拥护者、革新者和敏感的现实主义者，可以在砖石与灰浆的问题上进行妥协。这方面的发展，与大贺胥特别有关。第一项工作就是建立交通网。在1818年后，就开始有系统地建筑公路。在这方面的显著成效可以说是由大贺胥建成的而他自己也为之感到激动的通向白沙瓦的公路大干线，和在西姆拉山区开辟一条通向西藏边境的公路。1850年，他在距平原200英里的偏僻的奇尼山寨治理印度达数月之久。公路是修筑铁路的前奏。修筑铁路的工程是由哈丁勋爵开始的，然而，把铁路修建成一个铁路网的规划，则是大贺胥的功绩。他利用英国19世纪40年代铁路建设昌盛时期的经验，开始在一个广泛的规模上进行规划。在伦敦的查尔斯·伍德爵士的支持下，他在1853年提出的铁路备忘录，成为铁路交通完整体系的基础，而铁路交通将给这个国家带来不可估量的成果。由于除孟加拉和北部平原外没有河流可以通航，铁路就为社会和经济交流提供一条交往的途径。通过这条途径，新印度生命所必需的血液可以畅通无阻。公共工程的第三种形式是水利。这方面的第一个步骤是在1820年修复了从朱木拿河上游到德里的一段莫卧儿和图格拉克时代的运河。早期的主要水利工程有：1835—1836年在南部跨考维里河修建的长两英里的大水坝和1854年由大贺胥建成的恒河运河。这些措施加在一起，开始把印度结合成前所未有的实在的统一体，并且开始第一次向以周期性的饥饿折磨印度农民的自然灾害展开认真的斗争。

印度人对于这些影响的反映是具有重要意义的。尽管慈善家们所

第十五章 1840—1905年的印度

希望的印度社会和宗教制度的尽早崩溃未能实现，但在孟加拉，聚集在著名人士拉姆·摩罕·罗易（他于1833年访英时逝世）周围的那一小批人，对西方思想和西方工程都是表示欢迎的。由罗易在1828年创办并得到泰戈尔家族支持的"梵社"，开始了在宗教和社会方面吸收外来文化的过程。土地所有者协会和英属协印度协会这类团体，把这项工作推广到政治领域。这一小批人的思想通过新的出版物、个人接触、新的交往工具，以及让孟加拉人迁往北方政府机构中去工作等途径，彻底渗入到那个拥护政府新活动并日益壮大的阶级中。

在大贺胥执政期间，这里所提到的各种发展获得更快的速度，也可说是更强烈的紧迫感。大贺胥是维多利亚时代进步精神的体现者。由于他过分急于向前推进，以致未能觉察到习惯与偏见的石块给前进的车轮造成的颠簸。他的经历是一部不停顿地工作的记录：在政治方面是兼并；在物质方面是公共工程（公共工程部就是他在1853年创立的）和水利；在思想领域是西方教育。当时普遍存在着信任感和安全感。

就在这样一个正在按部就班地发展着的社会里，爆发了孟加拉军队的兵变。这次兵变的日期，一般记载都确定为1857年5月10日在密拉特爆发的那天，或者5月11日夺取德里的那一天。这次兵变的起因是行政管理不善引起种姓方面的不满，后来发展成为在许多地区得到农民和宗教运动支持的孟加拉军队的全面起义。莫卧儿和马拉塔①这两种感情，同与帝国感情截然不同的穆斯林的感情交织在一起。从军事角度来看，这一局势得以挽救，是由于保住了勒克瑙，固守德里以抵御极占优势的兵力，以及约翰·劳伦斯在旁遮普采取了坚定的措施②。就政治方面而言，还多亏了锡克教徒和王公们对政府的忠诚。值得注意的特点是兵变爆发所引起的震惊，以及双方各自对往事的回忆和苦难所唤起的强烈感情。在我们分析起作用的因素时，可以明显地看出，士兵并不是因为孤立的种姓方面的不满而起来叛乱。士兵，甚至在某种程度上整个国家，正在遭受到精神上被分割的痛苦，而他们行动的激烈程度，是与他们所遭受痛苦的严重程度成正比

---

① 莫卧儿帝国和马拉塔国都是在英国侵占印度后被消灭的国家。——译者
② 当时劳伦斯任旁遮普省督。他镇压了该省的起义，并率英军收复了德里。——译者

的。对士兵来说，他们的选择似乎是：要么是表示出忠诚，而失去种姓和自尊——但"自尊"这个词并没有充分表达出其深刻含意，这个含意是用一个难以翻译的词"伊泽特"（izzat）① 来表达的——；要么是叛乱和几乎可以肯定的死亡，因为很快就断定英国人是不会宽恕的。只有从这样一种角度，才能说明这次表示效忠之后，突然发生兵变的原因。士兵的猜疑是有普遍的背景的。他们对普遍服役征兵法案，或者对兼并奥德的不满等这样一些具体问题，并不能说明这次兵变爆发的性质，同样，涂油子弹事件② 也解释不了兵变爆发的性质，这只不过是落在炸药导火线上的火星而已。要是在另外的局势下，这个意外事件本来是完全可以解释清楚，然后予以忘却的。然而，这一次的情况则是，当局越是想进行解释并设法补救，士兵就越以为当局是怀有恶意的。士兵们通过自己的家庭联系所感受到的这一个国家普遍的情绪，是来自那些新的措施对传统社会的冲击。新措施和新思想二者都向传统的习惯势力及其假定的基本原则提出了挑战。废除寡妇殉葬的习俗，允许基督教徒继承其家庭的一份财产，以及加尔各答进步阶级对种姓特权所持的否定态度等，从各个不同方面威胁着种姓制度的种种清规戒律，而通过法律和各学院所传播的平等和道德义务的新思想，与婆罗门教的不平等和特权思想完全背道而驰。仍处于婆罗门影响下的正统社会受到冒犯，而把某些基督教传教士的活动轻而易举地当作替罪羊。印度教的印度在政治上已经放弃了斗争，并把东印度公司作为一个新的、不可抗拒的莫卧儿王朝接受下来，感到自己受到威胁的正是坚持正统观念的印度。这样，印度教的印度就在其最重要的方面，即宗教和传统习俗方面，受到了扰乱。在这样一种不安定的情况下，爆发了印度兵起义，并使这次起义成为大家注意的中心。总的说来，这一次兵变基本上是印度保守主义势力的一次急剧的行动，以便在为时还不太晚的时候向后倒退。十分明显的是，哪里兵变取得成功，哪里就退回到传统的模式，即莫卧儿或马拉塔的模式。新的西方化了的阶级，近代民族主义者的先驱，到处都站在英国一方，对反叛者来说，他们是旧秩序的敌人。

---

① 印地文，个人尊严和荣誉之意。——译者
② 当时英国在印度军队中开始使用恩菲尔德式火枪，据传子弹的润滑油是用猪油和牛油制作的，士兵们认为玷辱了伊斯兰教徒和印度教徒而拒绝使用，遭到英国军官的镇压。——译者

穆斯林有他们自己的不满，兵变的爆发最后比归咎于印度教徒更多地归咎于他们。在这里，穆斯林的政治家也放弃了斗争。但正统的伊斯兰教徒长期以来对英国的占领一直持反对态度，并且在好斗的"瓦哈比"运动中表现了出来。正统思想对西方的许多革新都持反对态度。这种反对与其说是教义上的原因，不如说是道德意识和习俗上的原因，因为在基本概念方面，伊斯兰教虽比印度教更接近基督教的西方，但它对革新和变革的极端厌恶程度，要比印度教更强烈一些。穆斯林法律专家与较为敏感的婆罗门教徒不同，一直保持不受西方思想的任何影响，并且停留在烦琐哲学和对经文进行争论的中世纪时代里。对他们来说，印度就是战争之家，在这里，造反从道义上来说是无可非议的。因此，尽管他们没有参与发动起义，但他们得到的好处却比印度教的学者——像法扎巴德的毛勒维①这样的人——要多，这就招来了要对叛乱负主要责任的臭名。除了这点以外，还有对帝国的怀念，英国人和马拉塔人正是在这个帝国里取代了他们的地位。德里以及住在那里的领养老金的莫卧儿王朝皇帝②，自然是莫卧儿帝国的中心，这就是占领德里对反叛取得胜利来说为什么那么重要的原因所在。

英国的强烈反应产生了许多重要后果，需要加以说明。恒河流域的尼尔事件③和旁遮普地区的库珀事件，仅仅是这许多事件中的几个极端的例子，说明了兵变令人恐惧的另一个方面。这样一场发生在一个完全出乎意料的地区的暴动，使英国人感到震惊，并使他们产生一种极端不安全的感觉；同时，他们也感到恐惧，因为他们突然发现自己在一个人口众多而又持敌对态度的国度中，处于孤立状态；这种对于暴动的震惊和对于孤立的恐惧，就形成了当时英国特有的精神状态。双方这些行为所带来的后果是，在印度关系之间形成一个需要经历两代人的时间才能使之愈合的伤痕。

总之，兵变不是不可避免的，但由于西方对传统的印度所造成的冲击，结果酿成了兵变。其实，谨慎从事本来可以避免事件爆发，直

---

① 即毛勒维·艾哈迈德·沙阿，起义士兵拆毁了法扎巴德的监狱，释放了他，拥戴他为领袖。——译者
② 指当时仍保留着印度皇帝称号的莫卧儿王朝的末代皇帝巴哈杜尔·沙二世。——译者
③ 英军指挥官尼尔，在阿拉哈巴德等地残酷屠杀参加兵变的军队和无辜人民。——译者

到感情冲动的危险完全消失，但在这样强大而且互不相同的各种力量相遇时，谁也无法阻挡这一紧张局势的发展。保守的印度在进行抗议后，平静下来和新的世界达成协议；在这个过程中，产生了一定程度的愤怒情绪，这种情绪在后来许多年间，一直成为增进双方互相了解的障碍。

后来20年，可以说是帝国主义的全盛时期。英国政府不仅是强有力的，而且在公众的眼里看来也确实如此。它在思想领域里不仅有主动权，而且被公认拥有这种主动权。威廉·亨特爵士在这个时期结束时写的《女王的印度》一书所表现的信心，似乎是有一定道理的。

首先值得注意的是兵变对外界的影响。最初，出现进行报复的呼声，要求把德里的居民赶出该城，并建议拆毁沙·贾汗①伊斯兰教大寺院。当这种主张被印度的坎宁和约翰·劳伦斯在英国当局支持下压下去后，占统治地位的情绪就是"绝不能再发生类似事情"。稳妥的主张逐渐恢复了它的统治地位。采取具体防范措施的主张，让位给进行改善和改良的主张。失去的与人民的联系也必须恢复过来。在兵变平息后，最初采取的大多数措施中，都可以见到这两种倾向的存在。东印度公司被撤销了，英国女王成为印度的君主。对军队进行了改组，旁遮普人、锡克人、帕坦人和廓尔喀人被吸收到军队中，替换了恒河流域的婆罗门教徒。除一些山炮连外，炮兵部队被撤销了。与此同时，英国军官和他们士兵的关系变得亲密无间，树立起一种"团结一致"的关系，这种关系一直保持到独立。英国军队的比例增加了。交通系统得到了改进，特别是铁路网的建设进度加快了。

下一步采取的一系列措施，更为清楚地体现出要避免重犯过去错误的愿望，同时也表明认识到过去的错误主要在于过分地不尊重印度人的传统习惯，以及对公众思想活动的过于无知。大贺胥曾把那些王公们看成是过去时代的腐朽的残存者。他们在兵变过程中普遍表现出对政府的忠诚，使得坎宁把他们称作"暴风雨中的防波堤"。他们的这种态度，事实上使他们的存在延长了几乎一个世纪。"丧失权利说"废止了，各邦的完整得到了保证，并授予承认状。在东印度公

---

① 沙·贾汗（Shah Jahan, 1592—1666），莫卧儿皇帝。——译者

司统治时期实行的"从属的孤立"政策,改为英王政府统治下的"从属的伙伴关系"的政策。这项政策一直被坚定地贯彻执行着,并且按照其他的必然的规律而有所发展,直到1914年第一次世界大战爆发时,王公们迸发出来的忠诚,显示了这一政策的令人鼓舞的成功。其根本问题是使各土邦的行政管理标准,与英属印度的行政管理标准互相协调起来。在从属关系时值得想望的东西,到了伙伴关系时就变成必不可少的了。解决的办法是,找出一个具有共同基础的政策,并对王公们进行教育,使他们能接受这项政策。这个共同的基础就是开明的专制政治。对具有自由思想的人,难于接受的字眼是专制,而对王公来说,最重要的字眼是开明。他们从16世纪的印度,被带到了18世纪的欧洲,使用的方法是鼓励和进行西方教育。他们得到了新的尊敬和同情。梅奥勋爵创办了第一批供土邦首领入学的学院——1869年在阿杰米尔建立的梅奥学院和在拉合尔办的艾奇逊学院。1881年,里彭勋爵把迈索尔交还给旧的统治家族。利顿勋爵建立了印度的贵族爵位。达弗林勋爵创建了帝国军团,各土邦的士官在该军团中接受新式的军事训练,收到明显的效果。虽然对某些王公来说,西方文化引导他们过巴黎式的夜生活,但另外一些王公(他们是举足轻重的)却在认真严肃地担负着他们的统治任务。到了1905年,马拉塔的瓜利奥尔和巴罗达,拉杰普特的比卡内尔,以及南方的迈索尔和特拉凡哥尔,都可以说已与英属印度的行政管理标准不相上下,在某些方面已经有所超过。

1858年接管印度政府时,英国女王在公告中强调了宗教中立论。事实上,这一理论从来就没有放弃过,现在则进而避免产生一切违犯这一理论的现象。官员们小心地避开参与福音派的基督教活动。最重要的效果是官员们不愿介入社会问题,即使是在充满活力的西方化阶级要求介入时,他们仍然不介入。

最后一项改革措施是设法与印度人的舆论保持更为密切的联系。一些最明智的官员的看法与最有权威的印度人如赛义德·艾哈迈德·汗的看法是一致的。他们认为,官员脱离人民与军官脱离士兵是灾难的主要原因。由此产生了行政机关和咨议机构印度化的双重政策。在印度化政策方面,最初一些步骤是由威廉·本廷克勋爵采取的,当时他允许印度人担任两个等级的法官。从1853年起,印度人可以有资格参加文官考试的竞争，可是直到1863年才有了第一个印度人萨蒂恩德拉．纳特·泰戈尔担任了文官，而且，种种条件限制大批的印度人通过这一途径进入文官的行列。但在司法部门，一直到高等法院这一级，担任法官职务的大门对于印度人都是敞开的，此外省一级的文官（全印度的文官有1/6是从省一级录用的）几乎已完全由印度人担任。这样就开始形成实际上由当地人组成的行政机关，不过从表面上看，几乎完全是英国式的。咨议机构采取了建立立法会议的形式。1853年的全部由英国人组成的立法会议，于1861年进行改组，允许印度人以非政府官员的名义参加。第一届立法会议有3名印度人参加。在马德拉斯和孟买建立了立法会议，后来，又推广到其他主要省份。这些立法会议被说成是"政府机构获得有关立法的咨询和帮助委员会"。事实上，这些立法会议是印度传统的"觐见"制[①]的表现形式。统治者们通过"觐见"来听取顾问们的意见，然后，做出自己的决定。不过，这是一种披着西方外衣的"觐见"办法，从而使以后比较容易地把西方的代议制和责任制政府的内容装进去。这种"觐见"办法的原则是在1909年的莫利—明托改革中才最后形成的。但在这以前，1892年的印度立法会议法事实上已经以实行"荐举"为名把代表制的原则偷偷地塞了进去。"荐举"的办法就是，由各个公众团体推荐一些人，提请政府任命他们参加各立法会议，政府很快就做出任命。

　　这次兵变给整个英印关系带来震动。不仅事后不可避免地要调查分析这次兵变的原因，而且就英国政府在印度所要达到的目的及采取的手段进行了彻底的探讨。英国对西方文明的优越性，以及对进步势在必行的信念，比以往任何时候都更为坚定。整个知识界几乎尚未意识到应对印度的艺术和哲学，以及梵文文学进行新的了解并做出论断。在19世纪30年代保证西方化政策得以贯彻执行的那种精神上的迫切要求和那种信心并没有丝毫减弱。但在推行这种政策时，却更加谨慎从事，对其能否为印度人所接受已不像先前那样乐观。早期的革新者认为，印度人由于受到迷信、传统以及僧侣权术的束缚，只是等

[①] "觐见"即"达巴尔"（durbar），印度王公们接受下属谒见，询问下情并接受下属效忠表示的一种传统做法。——译者

待理智之光从黑暗中照射出来,而新的一代则倾向于认为,他们都是反应迟钝和不可救药的人。只有少数人能够觉察到,印度本身已经在起变化。态度上的这种变化的一个标志就是以"觐见"协商的办法作为政治发展的原则,而不再推行西方的自治制度(这种自治制度是1883年由麦考莱正式宣布实行,并仍为大贺胥所接受的)。

沿着西方路线前进的决心和对印度人的反应持悲观态度之间的紧张状况,造成旁遮普行政管理学校所具有的那种奇特的特征。这所学校的创始人是大贺胥,亨利·劳伦斯是该校的领导人,而为这所学校奠定了永久形式的则是约翰·劳伦斯。工作勤奋和生活刻苦的准则,忠于职守,对于公共工程抱满腔热忱,在这一切背后,有一种设想:即使印度本身不肯进步,也一定要使它进步起来。早期的旁遮普官员,有一些罗耀拉①的味道——"辛勤工作而不图安逸,努力劳动而不计报酬……"由于印度人的思想似乎非常闭塞,因此,人们就把注意力集中到以公共工程的形式表现出的西方物质方面。教育形成物质与精神之间的一座桥梁,因为个人利益可以作为到传授西方知识的学校去求学的动机。这种态度在整个印度普遍存在。其准则是:不去理会印度人的冷淡,避免与它的传统发生公开冲突,同时,加紧公共工程的建设和加强教育工作。这种普遍的态度犹如领地监管人的态度一样,自认为他们大概要对可以预见到的未来负责。许多人的确怀疑那些受监护的人将来能否具有接管能力。这样一种态度与埃尔芬斯通、本廷克和1830年的改革者截然不同。新兴的印度民族主义政治家阶级发现,正是这种态度控制着19世纪80年代的政府部门,而且这种态度在他们头脑中所引起的猜疑,直到1947年才被消除。

事实上,印度政府一直以一定的热诚继续在印度人中间寻求合作者,但他们一直在悲叹未能找到这样的合作者。这是因为这个政府一直向错误的方向去寻求。在印度各土邦,对王公进行的教育早已开始,并已初见成效。在英属印度,也希望能有同样的阶级出现。而这个阶级的成员却不肯这样做,因为他们无法进入他们唯一所愿意从事的那种工作。他们得不到在军队中任军官的机会,没有资格参加在伦

---

① 依纳爵·罗耀拉(1491—1556年),西班牙天主教士,创建耶稣会,按照军队的纪律制定了"会规"。——译者

敦举行的印度文官考试，并且，几乎没有机会成为公共机构的成员。他们对旧文化是忠诚和热爱的，如果西方教育甚至连一点儿实利也不提供的话，他们就不会选择西方教育。1879年，利顿勋爵曾努力解决这个问题，他规定通过提名可以获准成为法定文官，而且1/6的印度文官将从"法定文官"中录用。但是这种办法也和利顿的其他许多措施一样，虽富有想象力，却没有成功。

把印度看成是一块有待改进的领地这一概念有很多方面。如果说这种看法目光短浅，但事实就是如此。如果说这种认识讲究实际，那么它也是颇具见解的。这一概念既包括佃户，即印度人，也包括地主，亦即英国人。首先对财政进行了改革，这项工作是由詹姆斯·威尔逊和塞缪尔·莱恩于1858年到1862年进行的。印度建立了有年度预算、所得税和关税制度的近代化财政体制。随后，于19世纪60年代又允许为公共工程提供贷款。公共工程是维多利亚时代中期在印度的行政官员一心追求的目标。铁路和水利工程是两项最显著的成就。1857年，有200英里长的铁路供交通运输用。到1880年，印度就有了一个完整的铁路系统，成为亚洲第一。到了1905年，铁路的里程数达到33000英里。水利工程在兵变以前就有很大进展，而且，一直在顺利地稳步推进，信德的苏库尔拦河坝就是水利方面的最大的成就。到英国统治时期结束的时候，灌溉面积为可耕地面积的1/5——在1940年达到3250万英亩。第三个成就是战胜了饥荒。由于没有剩余粮食和缺乏运输工具，这种周期性的饥荒所造成的破坏，实际上曾经是无法挽救的。1866年奥里萨的灾荒，由于孟加拉当局没有及时采取措施曾夺走了近100万人的生命。1876年至1878年的大灾荒受到了有力的回击，并建立了1880年的赈灾委员会和制定了1883年的赈灾法。从那时起直到1943年，通过使用铁路、海运及采取相应的工程程序，食物的严重缺乏现象消失了，而出现了工作机会的严重短缺现象。由于政府机构提供食物，饥荒已经不再造成饥饿，仅仅是农活无法进行。与公共工程同时并进的还有教育，其道理上文已经讲过。教育的里程碑是1882年建立的亨特委员会和寇松对加尔各答大学的改革。在牺牲初等教育的情况下，大大加强了中等和高等教育，但到这个世纪末，中小学和大学已经遍及全国，形成一个教育网。这就是培养西方化阶级的园地。

这些措施可以说是为印度"佃户们"造福,而与此同时,英国"地主们"也没有被遗忘。当印度贸易在1813年实行开放时,原指望不需要政府的协助,私人企业就可以发展印度这一潜在市场。但是,很快就可以清楚地看出,由于这个国家的幅员广阔,加上缺乏良好的交通条件,这就给私人企业的活动造成一些不可克服的实际障碍。无论是市场,还是原材料,都不容易得到。在1815年以后,英国资金在欧洲及美洲都比在印度有更好的前景。这时,印度的贸易大体上仅局限在已经从事经营的人手里,他们的资金是依靠政府公职人员的积蓄以及他们本身所得的利润。直到采取了一系列的有效措施解决了交通困难以后,贸易才有了大规模的发展。在这些措施中,最重要的一项是铁路,上文对此已做了一些论述。在兵变后,安全与牟利动机相结合,促进了铁路的建设,同时,也从英国得到了资金。在1855年至1870年间,英国在印度在全部1.5亿英镑投资中,有一半用于铁路建设。政府在把铁路的所有权和规划掌握在自己手中的同时,也吸收了私人企业家从事铁路建筑和经营。这些私人企业家,对印度情况仔细观察研究得出结论,鼓励他们实现由于铁路的发展而开辟的各种可能性。铁路的建设是近代印度经济发展的转折点。铁路的重建打开了印度近代工业化的大门。首先,铁路吸引了资金,然后,资金又充分地利用了它所造成的新条件。

受影响的最重要的工业是棉布业。来自英国的兰开夏的棉制品(使用美棉),已经破坏了这里古老的具有高度技巧的手工棉纺织业。铁路使兰开夏的棉制品得以深入内地,从而完成了这一破坏过程。但铁路也使印度西部的地方棉纺织工业得以建立起来。其中心在孟买和艾哈迈达巴德,是由那些有事业心的印度祆教徒和印度教徒首先兴办起来的。在这里,铁路的作用是把原棉从德干高原运往各工厂,并把成品运往各地。第一个成功的纱厂是1853年在孟买创建的。一些大工厂则是继詹·纳·塔塔于1887年在那格浦尔创办的女皇纺织厂后创办的。塔塔又把从棉纺织业获得的利润的一部分用于发展制铁工业。他的几个儿子1907年在比哈尔创办了塔塔钢铁公司,于1911年第一次出铁,到1914年又生产了钢。在生产钢铁很早以前,铁路就使大规模发展煤炭工业成为可能。在沃伦·哈斯丁时期就开始探矿,从1814年起就一直顺利地进行采煤,到1846年,煤的年产量为

91000吨。铁路可以把煤运到各地，而铁路本身则要消耗掉煤产量的1/3。到1900年，煤产量达到600万吨，1938年达3800万吨。这就使印度在它的重工业的一个重要组成部分中做到自给。在1838年，黄麻首次出口到苏格兰的敦提。克里米亚战争期间，俄国停止供应黄麻造成印度黄麻的繁荣，从而促使加尔各答的黄麻工业于1859年前后发展起来。除此以外还有种植园业，其中最重要的是茶叶和咖啡。起初，阿萨姆的茶树被看成是一种野草，仅仅由于难以用中国茶树来代替印度茶树，这才导致种植印度茶树。1850年以后，制茶工业迅速发展。1869年，英国进口的印度茶为1000万磅，而进口的中国茶叶为印度的10倍；到1900年，从印度进口的茶叶增加到13700万磅，而来自中国的茶叶为2400万磅。在南方的咖啡业虽盛衰无常，但依然是有重大价值的。

所有这些活动都为英国企业提供了多种出路。棉纺工业以及后来的钢铁工业，主要是用印度资金建立起来的，但却在很大程度上依赖英国的经理人员和技术人员。煤炭工业和种植园业则完全依赖英国的资金和管理，而黄麻业的所有权则是一半对一半。英国提供资金，成品在印度销售，中间的环节则由"经营机构"来填补。这些机构为投资者和生产者提供必要的当地知识和必要的服务。这些人可称为当地的金融转换家。这些人也都是英国人。

这些经济活动的规模和性质，必然会引起印度人思想上的反应。普遍的看法是，只要不触动印度人的宗教感情，他们是会持冷漠的旁观态度。但这种看法从一开始就是错误的。上述的一切活动，从在一所学校里教授英语到建设桥梁和开采煤矿，没有一项能够在缺乏掌握技术的印度人给予协助的情况下进行。到了1860年，有相当一部分人靠技能和通过就业而献身于新时代。有钱人虽可以自由自在地不参与这些活动，但要自食游手好闲的后果。最初的反应来自人们预料在印度会自然做出反应的地方。对待新鲜事物，有一种传统上的本能上的厌恶。抱正统观念的人总是发现新事物打乱了种姓制度，因为新事物往往会触动种姓制度所涉及的那种错综复杂的关系网。这种保守的反应，由于兵变的爆发而得到了发泄的机会。此后，印度社会作为一个整体认识到，它必须以某种方法和新世界达成妥协。问题是怎样妥协？有一批孟加拉的知识分子，他们受到德罗齐奥的启发和民族主义

第十五章 1840—1905年的印度

者黑尔以及传教士达夫的鼓动，主张与过去彻底决裂，在某些情况下，达到连西方的宗教信仰也和它的学问和科学一起接受的程度。这些主张虽然到19世纪40年代已经销声匿迹，但随后出现了一系列运动，从各个方面对西方文化的挑战采取正视态度。由拉姆·摩罕·罗易于1828年创办的"梵社"，把传统的一神论和基督教伦理的特点结合起来。1875年，在旁遮普创办的"雅利安人协会"是一个富于军事性的团体，它以基督教新教的方式，倒退到对《吠陀经》的原始的信仰。罗摩克里希纳和维韦卡南达（他们出席1893年芝加哥世界宗教信仰代表大会时，第一次公开表明印度宗教信仰的生命力），把印度教的认识论和基督教传教士行善事的工作方法结合起来。在穆斯林中间则有瓦哈比派以及其他团体，他们想通过恢复原始的伊斯兰教而寻求复兴的道路。

所有这些团体都获得一定程度的成就，但都没有办法赢得整个国家。特别是它们仅仅争取到正在兴起的西方化阶级中一小部分人的支持，而这个阶级由于他们所受的训练、他们的职业和信念而和新时代结合在一起的。其所以没有赢得整个国家的原因是，所有这些运动（也许上述第一个运动是例外），都在某种程度上以不赞成的眼光来对待西方事物。因此，他们无法满足这个以某种程度上接受西方事物为先决条件的新阶级的内在需要。这个新阶级的要求是，通过为旧的事物辩解而不是为新的事物辩解，来达到新与旧的调和。为印度教徒提供这种调和基础的，是孟加拉思想家拉姆·摩罕·罗易（约1770—1833年）的思想，而为穆斯林提供这种基础的，则是在1875年创办了阿利加尔学院的赛义德·艾哈迈德汗（1816—1898年）的思想。两个人都在理智原则方面发现了联系新旧两个体系的纽带，提供了一个既能剔除旧的弊病，又可接受新的真理的准则。通过这个准则，新的阶级既能够接受眼前的东西，而又避免有一种背叛过去的痛苦感情。

在这个新的环境里，他们缺少一件东西：一种宗教献身精神。而这种献身精神都来自一个人们意料不到的地方，它是世俗的西方信仰，即民族主义。在不同的大陆上，感情上的同样需要，孕育了同样的结果。由于事实上并不存在印度民族，所以，这些新的阶级便着手创了一个印度民族。一些像般金·钱德拉·查特基这样的天才人物，把印度想象为一个在某种程度上与过去完全不同的人。文字上虚构的事物变成了一个政治神话，这个政治神话反过来又产生一个目标和政治纲领。这种折中办法不是永久性的，但它能够满足当时的需要。这些新的阶级生活在两个世界里：在个人生活方面盛行着传统的方式，而在社会生活方面则盛行西方概念。这两种不同的生活早晚会发生冲突，但时机尚未来到。这种双重性生活产生了许多稀奇古怪的、引起无情的观察家冷嘲热讽的后果。但这不是人们因身着不合适的衣服而带来的窘况，而是动物在换毛过程中的那种难堪。在英国本土的当局毫无所知和印度国内高傲的官员们尚未觉察的情况下，那些使他们感到可笑的部下正在形成一个富有生气的，能够用三代人的时间接管这个国家的少数派。

这个时期的最后25年，是英帝国在印度的权力和威望达到高峰时期。这个时期可以称为帝国的印度时期，它是从1876年利顿举行的盛大的"觐见"开始的，当时宣布英国女王为印度女皇；而1902年寇松勋爵举行的"觐见礼"，则宣告了这一时期的结束。它虽呈现出夏末午后那种表面上的光辉，但在有洞察力的人看来，帝国的太阳耀眼的光芒背后，阴影正明显地弥漫开来。兵变后印度的开明专制政治，具有给人印象深刻的效果，但它正开始受到挑战。作为一种制度和作为一种政治概念，它已到了寿终正寝的时刻，人们正日益从创造性的活动转向自我赞赏。前途另有所属。

这时，印度成为英国党派之间争论的一个中心问题，而这是自沃伦·哈斯丁时代以来从未有过的现象。争论的是对外政策问题，在这个问题上，印度卷入了迪斯累里的对俄政策。还有民主自治也是争论的一个问题，而格莱斯顿曾把建立这样一种制度作为他的第二届内阁期间印度发展的最终目标。前一个问题一度使对印政策成为党派之间一个敏感的问题，并导致两位总督辞职；而后一个问题则使得里彭勋爵的政府（1880—1884年）成为在本廷克政府（1828—1835年）与1926—1931年的欧文勋爵（后来的哈利法克斯伯爵）政府之间最有争议的一个政府。这两个问题的争论到19世纪80年代中期方告结束，一个是由于英国各党派就对外政策问题达成默契，另一个是由于1886年在爱尔兰自治问题上造成分裂，以及自由党的帝国主义势力增强使该党的激进派几乎处于软弱无力的地位。里彭具有自由主义思想但不果断，达弗林令人敬佩但冷漠无情，而19世纪自由党最后一任印度总督额尔金，则可以说是属于这两派中的任何一派，或者哪一派也不是。随着经济和教育的发展，行政机构的日益成熟，英国人继续占据高位，以及抱着对仁慈的专制政治的优越性和对印度人需要给予无限期的监护所树立的信念，这个帝国车队在向前推进，但给人的第一个深刻印象是它那威严的队形，同时，伴随它出现了最初征兆，表明驾驶员们将要易人。

整个19世纪中期，当对印度接受西方影响所抱的信心正在下降的时候，像科布顿·布赖特以及约瑟夫·休姆这些激进分子和人道主义者，则始终让19世纪30年代的那一种理想保持其青春活力。但直到格莱斯顿执政时间较久，才试图把这种理想变为现实。1880年，他在第二届内阁任期开始时，做出了两项对未来意义最为重大的决策。一是开始在印度建立代议制，另一是为达到此目的而采用西方的模式。通过这些决策，实际上把印度宪法发展过程中规定的"觐见制"取消了。莫利在1906年和以后发现，要推广代议制原则，必须采用西方体制，因为这方面的一些措施实际上已经生效。这项决策包括把未来交给新的西方化的阶级，因为他们是唯一需要、或者至少是理解这种体制的人。他们对这种体制的运用所以还不够完善，是因为他们对它尚未完全理解，而他们和政府之间的摩擦，则是由于在下面实行代议制和某种程度的民主，而上面仍是独裁统治，两者形成对立。官员们作为一个阶级，把新阶级的鲁莽而不圆通与旧阶级的彬彬有礼而老练加以对比，基本上依然期望自上而下推行自治，而讨厌那些开始强加给他们来自下面的东西。

1880年以前，除孟买外，没有什么地方自治。里彭建设性的成就在于以市政委员会或地区委员会的形式建立起地方的代议机构。这些机构的成员有一半到2/3是经过当地纳税人选举产生的。他们在教育、卫生、公共工程与保健方面享有相当大的权力；他们有权征收货物上市税、集市税、财产税和其他税；他们可以选举不由官方任命的主席。接替里彭的达弗林又前进了一步，他提议把选举推广到省和全印立法会议。这个提议经过5年之久的讨论后，于1892年通过印度立法会议法，才变换说法，以"荐举"的名义付诸实施。这个法案虽然直接效果甚微,但它能使一小部分精明强干的新型印度人登上全国性的政治舞台。从这一方面来看,这个法案是很重要的。这些人一旦登上这个舞台,他们就形成印度人注目的焦点和印度新的公众舆论力量的团结中心。这些人一旦登上这个舞台,他们通过个人接触,开始使英国官员改变他们在里彭时代就形成的"除英国人外谁也没有能力办事"这一总的是信念。他们之中最著名的人士是浦那的婆罗门种姓的戈卡尔,他因此成为一位全国闻名的人物。

要不是在印度人中存在一个愿意利用这些措施的阶级,这些措施是不会有任何效果的。在印度的许多地方,英国的统治迄今已有一个多世纪。以英语为媒介,西方教育也发展了近50年。政府的活动稳步地开展着,吸引着许多具有一定西方知识和技术的印度人参加。铁路、电报、公共工程、中学、大学以及法院,就是这些活动的部分内容。印度人可以获得的职位大多是低级的,但有些也担负着实际责任,而像法律、教学及医务等职业,为有资格从事这方面工作的人提供了独立的职业。还有一个由孟买的印度袄教徒和孟加拉的柴明达尔等有钱人组成的西方化阶级。由于以共同的意识形态为背景并与外来的统治有着共同的联系,这些人正在形成一种全印的思想意识,这种思想意识表现为对一个很大程度上仍然只是在理论上存在的印度民族所抱的感情。因为在他们的头脑里存在着民族主义的思想,所以就需要创造出一个印度民族。第一步是要求从孟加拉土地所有者已组成的团体中产生代表。英属印度协会于1852年提出了第一个印度人的宪法方案。

在鼓励和激愤这两方面的因素的推动下,这个运动壮大起来。鼓励方面的因素,包括欧洲人对梵文文学和哲学的发现。最初是威廉·琼斯爵士发现梵文与其他雅利安语言有亲缘关系。随后,又有许多学者,如普林塞普·穆勒、霍勒斯·威尔逊、多伊森和马克斯·缪勒,他们使那些好思考的欧洲人得到认识梵文文学,并深刻地理解这种文学的广度和深度。随后,詹姆斯·托德又重新发现了佛教,孔雀王朝和笈多王朝的成就,并对拉杰普特人做了传奇式的描述。就这样,正当西方化的印度人寻求他们可以为之骄傲的过去时,印度人的印度却在欧洲的知识界受到了赞赏。这种对印度事物的赞赏,经过詹姆斯·弗格森和亚历山大·坎宁安等人的努力,进而扩及建筑,后来又扩雕刻和绘画艺术。在学者们鼓励这些新型印度人为他们的过去而骄傲的同时，一部分具有自由主义思想的英国人则鼓励他们应对未来抱有信心。埃文·科顿爵士、威廉·韦德伯思爵士、A. S. 休姆和戴维·裕尔爵士等人（其中前三人是1885—1900年间的印度国大党主席），鼓励那些新阶级领导人考虑按照西方标准而最终实现自治。他们祖先的成就是他们的子孙后代具有潜力的保证。

再就是激愤的推动因素。这种推动力的起因之一是种族情绪和种族歧视。由于英国人与原来对之平等相待的贵族失去联系，由于他们当中从事商业的人随着英国企业的发展而增多，于是，这种种族情绪和种族歧视也就日益增长。在本来就容易酿起事端的各种原因之上，兵变又增添了恐惧和不满的情绪，从而加速了已经发展着的这一进程。种族情绪更多地表现在那些文化水平不高的西方人身上，而正是这些人和新型的印度人接触最多，而且他们的粗鲁也更加令人恼怒。大多数人仍然愿意和老的地主阶级共事，而把受过教育的新阶级的出现看成是暴发户的兴起而感到讨厌。对一个敏感的民族抱这种偏见，其后果是深远的，虽然很难予以说明。它造成一个极易产生怀疑与不满的舆论气候。这种怀疑和不满与这个阶级原来对西方事物的钦佩掺杂在一起，形成互相矛盾的思想。这使得许多西方观察家在以后的50年中一直感到难以理解。

正是在这种思想状态中，许多具体的不满以更尖锐的形式表现出来，而在其他情况下可能不会如此。由于难以参加在伦敦的印度文官考试，印度人实际上不能担任高级的行政职务。1879年降低了年龄的限制，这被认为是使印度人更难担任高级职务而有意采取的一个步骤。在经济领域，1879年为兰开夏的利益而取消棉织品进口税，被看作是一种歧视政策，而这种看法，又为1895年的棉织品货物税所证实。在政治领域，则对1879年的本地语言新闻所规定的出版限制表示不满，同时，也对由印度出钱派印度军队参加诸如第二次阿富汗战争这样的冒险行动，并于1878年把印度军队派往塞浦路斯等表示愤懑。最后的刺激是1883年的伊尔伯特法，该法建议欧洲人应服从某些由印度法官主持的法庭的裁决。那些不担任公职的欧洲人提出了强烈抗议，甚至提出要绑架总督。他们还得到了许多官员的暗地支持，从而导致优柔寡断的里彭同意采取一项妥协方案，但对此双方都不满意。新型的印度人感到在他们已经取得较大进展的法律领域中受到挑衅。正是在这种情况下，在欧洲一些自由派人士的支持下，印度国大党于1885年诞生。

国大党在成立后的最初几年里是谨慎而有节制的。它意识到它的赞助者为数甚微。达弗林勋爵把它的支持者说成是"微弱的少数"，但他没有认识到，事实上这是有创造能力的少数，他们将领导印度的全体人民，无论如何，它为政治问题的讨论提供了一个全印的论坛。它逐渐形成为一种代议制的和民主的机器，并逐渐赢得了全国的注意。它的年会成为非官方的一件大事。国大党推举了苏伦德拉纳特·班纳吉、戈·克·戈卡尔和巴·甘·提拉克为它的卓越领袖，而提拉克是一个不仅仅局限于仿效格莱斯顿式的自由主义的人。他一方面求助于正统的情绪和当地马拉塔人的情绪，另一方面则试图采取直接行动的办法。在一段时间里，国大党支持了寇松的改革，如果说还是相当小心谨慎的话；但是，正是由于他在1905年不顾群众抗议而实行孟加拉分治，才使得一个中产阶级的运动转变成一个半群众性的政党。这是一个对每一个孟加拉人都具有吸引力的问题，它使西化的印度人和信奉印度教的孟加拉人达到感情上的谅解。民众的集会和示威，抵制外国布匹和开展"斯瓦德希"运动——提倡使用国货，抵制外货——以至在宗教的支持下采取近乎恐怖主义的行动，使得这一民族运动在孟加拉成为群众性的运动。对整个印度来说，这一过程则是由甘地来完成的。

尽管这个新印度的内部正在发生这样的变化，但帝国的外表却显得比以往任何时候都更加光彩。政治和行政事务吸引着公职人员，这些人以他们的光辉业绩，使得当代的历史学家为之茫然。边境政策由于推行"前进"派的主张，导致1893年杜兰德线的划定和19世纪末的部落战争。赈济饥荒政策已成为法律并得到发展，卢比被贬值，教育却获得了发展。吉卜林为帝国巨人高唱他的赞美诗。印度历史的这一阶段，由寇松勋爵1898年到1905年的总督任期恰当地做了总结。他是一个正直诚实、精力充沛、富有想象力和具有历史感的人。他为他的国家感到骄傲，正如他为自己感到骄傲一样。他用他自己的方式，坚持不懈地努力为印度效劳。在处理一切行政管理事务方面，他是卓越无比的，而在需要具备理解能力的其他方面，他则是有欠缺的和失败的。他能救济饥荒、发展水利、建筑铁路、鼓励经商、重整边界,并彻底整顿教育机构,劝勉王公们并坚持种族平等。他能宣传为帝国服务的信念,并能以身作则。但是,他不能理解新型印度人的思想活动,不懂得他们的情感,或同情他们的抱负。他不知道他的道德说教使印度人感到憎恶,他不了解他管理加尔各答大学的方式被印度人看作是试图对印度人在某种程度上享受自治权的唯一领域加以限制,而且,他不了解他的孟加拉分治计划虽然就行政管理上讲颇有理由,但却是对孟加拉人和所有受过教育的印度人的一种严重伤害。他的感觉迟钝犹如他的热情洋溢和精力充沛一样,都集中地体现了英国人陷入的那种进退两难的困境。他们自己创造的,而后来又未能认清其本性的这个阶级,正在叩敲着权力的大门。70年前,即已展示了这个大门的美好前景,而现在,当印度人接近它的时候,却发现帝国主义、优越感和既得利益为它设置了重重的障碍。

(林柏根 译)

第 十 六 章

中 国

　　1870年夏，中国发生了两大事件，联系在一起被认为标志着中国史学家所说的"同治中兴"的失败。所谓"同治中兴"就是在成功地镇压了大规模的太平天国叛乱（1850—1864年）后重振王朝的运动。1870年7月7日，英国外交次官在下院宣布，政府决定不批准英国驻华公使拉瑟福德·阿礼国爵士前一年10月23日在北京同中国全权代表所签订的阿礼国协议。6月21日，在通商口岸天津发生了激烈的排外暴乱，有数人死亡，通称"天津教案"。阿礼国协议遭到否决，标志着"同治中兴"所实行的外交政策的失败；天津教案则同样突出地显示了那些反对中兴派政治家所实行的谨慎的近代化纲领的守旧势力的胜利。这两起事件都是人民愚昧的排外主义的产物：一起是由于欧洲在华商人集团的自负和贪婪所激起的，另一起则是由于中国人的愚昧无知、夜郎自大和盲目仇外所酿成。

　　英国政府放弃了自己比较正确的判断，而屈从于上海和中国其他口岸的商人的叫嚣。这种叫嚣不仅仅是针对流产的阿礼国协议在两国通商关系方面做了一些有利于中国的适当更改这一事实，更主要的是针对使这一外交主动行动的当事人受到鼓舞的那种政策。阿礼国认为中国的近代化必须循序渐进，商人们所要求的那种一蹴而就的改良是不可能实现的，而且实际上也不会立即见效。他还认为，中国在外交谈判中应享受平等地位的待遇。这个以他的名字命名的流产的协议，被恰当地称为"一次在相互让步的基础上修订条约的真正尝试"。这是中国政府第一次，也是许多年来最后一次，在毫无武力威胁和危机气氛的情况下，在平等的基础上同西方强国自由地谈判一项协定。

　　中国政府本身并未插手天津教案。这场悲剧之所以发生是因为法国领事的傲慢和愚蠢，加剧并触发了天津民众的愤怒。中国政府一方面由于屈服于外国人的无理要求而受到本国臣民的攻击，另一方面又被谴责为煽动民众暴乱和纵容暴力行为，而实际上，它十分诚心诚意地力图管理和保护基督教传教士的活动。中英两方，凡是试图建立更加正常的两国关系的政治家均遭到了打击和排挤，而那些随时准备顺应或接受民众偏见的政治家却仍然大权在握。列强重新回到以高压手段为基础的政策，即"炮舰外交"，而中国政府则落到那些不信任西方世界及其所作所为的人们手中。"同治中兴"的希望根本没有实现过，于是，中国走上了一条通往虽然尚属遥远、但此后几乎是不可避免的革命的道路。无论正确与否，中国近代史学家深信1860—1880年这段时期是中国在现有政权的领导下，避免革命、内战和外国入侵的灾难而做出使国家走向近代化的变革和调整的最后一次机会。

1861年，清朝第七代皇帝奕詝（年号咸丰）逝世时，遗下两位皇后，即无子嗣的慈安和皇太子的生母慈禧。慈禧出身于叶赫那拉氏，即后来著名的西太后。这两位皇后在咸丰皇帝逝世时，被授予一定的权力，并掌管了国玺。没有国玺，任何命令都不能生效。皇帝一死，两位太后与八位赞襄政务的王公大臣之间便开始了一场危险的冲突。两位太后联合当时控制着京城的恭亲王奕䜣，逮捕了这八位大臣，判定他们犯有阴谋篡权之罪，立即予以处决。这样，当时26岁的年轻的慈禧太后，在另一位性情谦逊、比她软弱得多的慈安太后的协助下，开始垂帘听政；而且，在此后的40多年中，从未真正地放弃过权力。

在两位太后第一次听政的11年期间，大部分皇权由恭亲王奕䜣行使。虽然恭亲王由于自己学历浅以及朝廷中的保守主义而受到限制，但是，他逐渐认识到改革和谨慎的现代化的必要。因此，所谓中兴运动便在皇室中最有势力的成员，也就是这些年来掌握和控制摄政权的这位人物的支持下，进一步得到发展。然而，无论是恭亲王，还是在镇压太平天国叛乱期间发迹的大臣（这些人除个别例外，均为汉人而不是满人），都不是名副其实的改良派或维新派。他们的目的在于恢复儒家的地位，使这个失魂落魄的帝国恢复传统专制制度那种平静安稳的统治，这种制度由受过经典教育的官吏组成的统治集团来保持。这些官吏首先必须是学者，而不是管理任何行政部门的专家。

因此，这些人对西方的学术和技术成就，持防范和怀疑的态度。他们认为，其中一部分是有用的，但是，整个西方文化，尽他们所知，是与儒家的哲学以及建立在这种哲学基础上的国家制度互不相容的。因此，对于西方文化必须保持一定距离。

长期战争的经验，的确使他们确信中国必须进行某些改革。在他们看来，现代武器是西方文明的最有用和最独特的产物。在中兴运动的最初阶段，上海、南京和福州等地便开设了兵工厂和造船厂。那些多年转战于长江上下游的各省总督看到了轮船的用途，但对于修建铁路的提议则一概反对，认为铁路会有助于外国入侵者深入中国内地。他们认为外国贸易虽是祸害，乃属非接受不可，但他们拒绝接受外国商人再次表示的在中国任何地方自由进行贸易和旅行的愿望。贸易只限在通商口岸进行，而中国政府此时根本无意增加通商口岸的数目。像拉瑟福德·阿礼国爵士这样一些西方外交官已对中国了如指掌，所以，在这些事情上他们往往赞同中国人的看法，而不迁就那些商人的意见。阿礼国再三表示怀疑"开放内地"（用现代的用语来说）能否给贸易带来好处，同时他确有充分的理由，担心这样做会引起暴乱、谋杀和不测事件，而这是他和中国当局同样希望避免的。

因为，与当时在中国的外国人普遍流行的看法相反，中国民众对外国人所抱的那种普遍而执着的憎恨态度，并非受到帝国高级官吏的鼓励，虽然一些颇有势力的地方士绅也参与其间。激起广大民众怒火的，主要是外国传教士的到来和那些皈依基督教的中国人的所作所为。产生这样愤怒情绪的原因是普遍而实际存在的。对于一个具有由于千百年的闭关自守而形成的十分强烈的社会团结感和广为传播而又十分丰富的文化的民族来说，传播新的宗教，而且随之还有一种与这个民族的许多古老社会习惯相冲突、与普遍信奉的信念相抵触的异族文化，无论如何，是一种令人质疑和挑衅性的活动。官吏和绅士们并没有忘记，民众造反往往是某些秘密的佛教派所煽动和组织的；而太平天国叛乱本身就受到其领导人和发起人的类似基督教的思想的强烈影响。每当中国教徒们和他们的乡邻发生冲突时，他们往往寻求外国传教士的保护。新的宗教禁止他们参加由村庄和贸易行会捐款举办的节日社火，这些教徒便拒绝出上述捐款。他们在婚姻和教育子女等一类事情上，也拒绝听从不信基督教的长辈们的教导。因此，人们认为他们破坏了中国社会的支柱——家族制度。

知识阶级，即地方士绅，无论在朝在野，都反对基督教传教士和教徒。不过，反对的理由截然不同。在他们看来，基督教义无论多么神圣而高尚，总是从根基上破坏了整个中国文化。这种看法也许是过虑，但也不无道理。基督教在儒家的正统观念之外，又建立了一种新的正统观念。它传播的是一种新的、外来的学说，与中国传统的经学迥异，对那些苦读"四书""五经"的人来说是生疏的。它是外国的东西，而且是由外国人宣讲的。最后这一点，就连在对待已传入中国近两千年的佛教的态度上，也仍然可以感觉到。中国的伊斯兰，尽管已经长期同化，但人们不但把他们看成信仰不同，而且看成是不同的种族。由于头脑中存在着这种根深蒂固的偏见，中国的士人很难容忍那些皈依基督教的人，或者去赞助基督教，也就是外国传教士。人们绝不会忘记：只是由于中国在1839—1842年的战争，即鸦片战争中败北，这些传教士才得以有权在中国居住和传教。外国的贸易和外国的生活方式，促使一个新的阶级——城市商人——财富日渐增多，势力不断扩大，他们中间那些同外国人有关系的人，尤其如此。人们通常用一个葡萄牙语名词称后者为"买办"。地方士绅也十分讨厌这个新的阶级，特别是因为其中大部分人是广州人。而他们的故乡素以帝国中最不稳定、最反抗朝廷、最容易出麻烦的地区而闻名。

因此，"同治中兴"由于中国的统治者未能果断地解决两个最大的问题而告失败。一是需要使中国近代化，从而避免外国侵略的威胁；二是与此同时产生的，需要给人民以这样的明确领导，即能够战胜反动与顽固的势力，而把他们的精力用在重建国家上。就在中国经历数十年而未能解决这些问题的时候，日本也遇到了同样的问题，但明治政府却采用了大胆的、几乎是革命性的政策来解决了。同治时期的伟大政治家中，有些人起码与日本明治天皇手下的大臣同样有能力而爱国。但是，在这些关键的年月中，在最上层，在最高的宝座上，清王朝却没有一位已臻成熟之年而能真正掌权、英明睿智而知道什么是势在必行、众望所归而得以推行改良政策的君主。

清王朝无论如何必须克服一个巨大的障碍，即它的异族血统。尽管满族在征服帝国以前就已深受汉族文化的影响，但它仍然是一个外来民族。它在这块被征服的土地上，建立了一个明显地表现出不信任其汉族臣民的政体。如果说这个政体经过200年的历程，在施政方面已较为温和，汉族士大夫阶级对之已不再强烈反对，但它仍然授予只占少数的满族人以完全不相称的权力和特权。无论是反英的鸦片战争，还是太平天国叛乱，都表明满族人的旧军事组织已经毫无用处。多亏那些统率汉族军队的忠君的汉族将领，才保住了王朝。然而，在中兴期间和以后，朝廷丝毫没有打算改变强加给汉族人的种种限制。文官中汉人只能占一半，而满族权贵，尽管往往是无所作为、平庸无能、不学无术，却原封不动地保持着他们的特权。

在太平天国运动中，王朝受到一个声称要使中国摆脱异族统治的对手的挑战。这一号召在南方各省引起了强烈的反响。这些省份在北方归顺清朝以后，曾抵抗清朝的征服近40年之久。太平天国的领导人采取了基督教的形式，从而削弱了其事业，因为广大人民对此既感陌生，也不欢迎，地方贵族对之也极为反感，因而均投向朝廷。此外，太平天国的领导人当胜利在望之际，又犯了严重的军事错误，内部倾轧削弱了他们的运动，而且，也未能得到外国的承认。即使如此，这场运动曾得到了中国南方百姓的广泛支持；在其得势的初期，也曾为减轻农民的痛苦和改革中国的政治制度，做出了实实在在的、经过深思熟虑的尝试。太平天国运动旷日持久，取得不少局部战役的大捷，得到了人民的支持，这对朝廷本应是一个意味深长的警告。如果朝廷在胜利后能领导并鼓励推行坚决彻底的改良政策，当可挽救王朝并确定中国此后100年的历史进程。但是，占据皇位的不过是个孩童，摄政者又是毫无见识、难以承担这样领导的无知女流之辈。

在清朝末期，恭亲王奕䜣是皇室中最有能力的亲王。然而，由于他身为臣属，甚至连摄政的权力也没有，加之性格软弱，不能坚持自己的主张，听任皇帝的母亲慈禧太后的权力和野心步步扩大。在听政初期，恭亲王曾掌握重权。他享有议政王这一新头衔，为新成立的总理衙门（中国历史上第一个外交部）大臣和军机大臣（在某些方面相当总理的职位），同时还指挥着禁卫军。禁卫军是少数几支配备近代武器的军队之一。然而，在1865年，他的这些权力遽然被大大削弱。他不明不白地突然被解除了所有的官职；经朝廷一些重臣的求情，才恢复了他的总理衙门大臣和军机大臣的职务，但未能重任议政王。于是，西太后取得了一个重要的胜利，表明她虽为听政的太后之一，但已足能压倒皇室中这位居高位的亲王的权力。

在两位太后的第一次听政时期（1861—1873 年），帝国的大部分疆土仍然处于咸丰在位时期兴起的各种叛乱的骚扰之下。虽然 1873 年清军攻克肃州，平定了甘肃省，但西北各省的回民叛乱一直持续到 1878 年。因此，中国本土各省（即区别于诸如新疆之类的边远藩属）实际上一直到听政结束时，才完全平定下来。连年不断的长期混乱，使同治时期的政治家们无心着手实行虽然意义深远却会使人心浮动的改革，相反地，他们力图平定各省，恢复传统的统治方式。

这一时期的重要官吏，无论多么精明强干，克尽职守，却几乎都不具备任何经济事务方面的素养和知识。他们认为高级官吏不需要具备这种专门知识，这不过是那些低级顾问的事。儒家的一个基本信条是，凡擅长经营工商的人，不可能具备经典学者的那种纯正而高尚的德行。因此，如果说那些高级官吏中有人真正从这场大规模叛乱中吸取了教训的话，那也只是寥寥无几。他们没有意识到在前一世纪康熙、乾隆两朝长期太平时期人口的大幅度增长，给农业土地造成的压力已达到前所未有的程度。略有歉收或遇严重水灾，必然造成极大的苦难，而由于没有任何现代交通工具，即使是最慈善、最有作为的政府，也无法提供任何有效的救济。大规模的叛乱就是由这种灾患带来的苦难所引起的。防止其重演的唯一实际的办法就是改进交通和发展工业。然而，修建铁路、开发矿藏以及开办工厂，全都是外国的新鲜事物，这些都是为官吏们所极不信任的。

1868—1870 年间，英国驻北京公使同以恭亲王为首的总理衙门的官员们，曾就修改 1860 年为结束"'亚罗'号战争"而签订的《天津条约》和《北京条约》一事进行谈判。双方都意识到，这两个条约已不符合现实形势的要求，所以，为修改这些条约而进行的谈判为双方所欢迎。不幸的是，虽然阿礼国和英国政府认为应该向中国做一些让步，并且认识到中国政府在不受武力威胁的情况下自由地谈判并签订的条约，一定会不断带来实际而持久的好处，但是，上海、广州和香港等地的在华外国商人所一味追求的，只是捞取新的利益和扩大特权的机会。阿礼国不断受到欧洲人在华发行的报刊的激烈抨击，他的政敌在国内也鼓动人们反对他。中方的谈判人员则受到守旧派的批评，加上在中国发行的外国报刊的攻击甚嚣尘上，使他们心绪不宁，因此，表现得迫不及待地急于签订这一条约。虽然英方在这一条约中做出的让步远不及他们所希望的，但是，毕竟还是做了某些重大的调整，至少是承认了中国有权享有平等的地位。条约于1869年10月23日在北京签订。中国人还不充分了解西方外交的全部细节，因而错误地认为，这一条约既已盖有皇帝的御玺和恭亲王以及四位大臣的印信，就已具有约束力。因此，数月以后，当1870年6月和7月间，英国政府由于屈服于在华与国内商界人士的叫嚣，显然已不会批准这一条约时，就使恭亲王严重地"失了面子"，而他的对手们则得到极大的满足。

在这些人们中，有一个人尽管仍然隐在幕后，但也必须计算在内，这就是皇帝（当时15岁）的母亲、仍在与另一位太后共同听政的慈禧太后。几年来，这位太后与恭亲王之间的不和日益加剧，1869年发生的一件事使这种不和变成了公开的敌对。恭亲王曾试图断然去掉慈禧的一个心腹太监，以便控制她的权力。这一行动使慈禧"丢了面子"，而对于那个时代的中国人来说，这是极其严重的事。当英国拒绝批准由恭亲王谈判并用过印的条约时，慈禧便借机进行了报复。

就在英国即将宣布拒绝批准条约的时候，发生了一起使这位负责帝国对外关系事务的亲王更加难堪的事件。"'亚罗'号战争"以后，法国于1860年占据了天津，直到1863年才撤离这座城市和外国租界。外国军队与民众之间不可避免地发生过争执，使相互之间产生严重恶感。法国人还将他们的领事馆设在以前的一所皇家别墅中，并在一座中国庙宇的废墟上建造了一所教堂。所有这一切都触怒了当地的士绅。与此同时，特别是在1870年夏季，民众被一系列拐卖儿童的案件所激怒，他们将这些案件归咎于法国仁慈堂的修女。这些修女一直从事于救济被遗弃的孤儿的慈善事业，并且，对于将儿童活着送到修道院的人给以少量酬金，这是极不明智的做法。这就鼓励了那些拐子们去诱拐儿童，赚取酬金。当时，一种在夏季极为常见的流行病正在蔓延，孤儿院的儿童大量死亡。这些事实一经透露，人们怒不可遏，加上法国领事丰大业又采取了不明智的暴力行动，更是火上浇油，于是，民众杀死了他和两名法国神父，10名仁慈堂修女以及他们的一些中国仆人。教堂、修道院和其他一些房屋也遭到焚烧和洗劫。

这起事件,即 1870 年 6 月 21 日发生的天津教案,在中国与西方关系方面以及清廷政策的内在演变方面,均成为一个转变的标志。只是由于这年法国与普鲁士之间发生了战争,才避免了一场中法战争;所有旨在进一步修订条约的倡议均告破产;而中国为了避免冲突,迫不得已派遣一位高级满族官员崇厚出使法国,对杀害丰大业一事向法国政府道歉。由于这位专使本人也曾险遭那位法国领事击毙,所以,中国人很自然地感到,崇厚此行是屈服于外国的威胁和暴力的软弱投降行为。天津教案长期留在人们的记忆之中,加深了双方的怨恨,可以说至今难以磨灭。因为,多年来人们都不断地指责孤儿院诱拐和虐待儿童的行为,不但义和团重新提出这种指责,而且,中国现政府对虐待儿童的指责也表示赞同。

毋庸置疑,1870 年的两起事件——英国政府拒绝批准阿礼国协议和天津教案及其后果——大大地加强了中国守旧派的地位,削弱了像恭亲王奕訢这样的人的势力。随之而掌握了大权的慈禧太后便成为守旧派的领袖。她与这些人持有同样的偏见,而且由于其性别和地位所限,根本得不到有关整个世界的广泛知识,而总理衙门的官吏以及各省的总督们则开始对此有所认识。

1871 年,同治皇帝(本人名叫载淳)年满 16 岁,按照朝廷的惯例,已到亲政年龄。但是,仍然有人奏请慈禧太后继续听政两年。朝廷竟心安理得地接受了这种违反王朝成规的做法。这成为一个不祥之兆,表明慈禧太后已经取得了怎样的支配地位。翌年,年轻的皇帝与一个贵族女子成婚。1873 年 2 月 3 日正式宣布皇帝亲政。两宫听政随即取消,但实际上,慈禧太后继续控制着政府和她软弱的儿子。

从表面上看,同治皇帝亲政似乎诸事顺遂。云南回民叛乱终于被镇压下去。左宗棠收复了肃州,将西北回民叛乱分子赶出中国本土。6 月 29 日,皇帝第一次赐见各国公使,按照条约的规定,接见时免行"叩头"礼。但是,对于了解宫廷内情者来说,形势似乎并不乐观。皇帝体弱多病,懒散无为,生活放荡。他很快就陷入那些腐败的太监们为他设置的种种诱惑而不有自拔。他不喜欢他凛然可畏的母亲,与她发生龃龉。他选中了一位蒙古族高级官吏的女儿做皇后,而他的母亲则不同意。他与自己的叔父恭亲王奕訢也不和,因为恭亲王指责他挥霍无度，行为不检。1874年11月，皇帝染上了天花。此病当时在中国极为常见，被认为是年轻人必染之症。载淳由于体质虚弱，所以卧病不起。12月18日，慈禧太后以皇帝久病不愈为借口，宣布再次听政。1875年1月12日，年轻的皇帝去世，时年19岁，同治朝至此结束。同治帝身后无子嗣。这样不到两年，原来想要获得成熟的领导和成年皇帝的希望便告破灭，于是，出现了性质极为严重的皇位继承危机。

　　清朝所采用的皇位继承规则，在一个很重要的方面不同于中国历朝所沿用的成法。为了避免过去在皇太子周围频繁发生的玩弄阴谋诡计的情况，规定由皇帝将其所选定的继承皇位的儿子的名字写在纸上，在皇帝逝世以前秘而不宣。皇帝若无子嗣，他就应当从下一辈人中间，挑选一位侄子作为继承人。这位膺选者便正式成为皇帝的嗣子，有资格在祭祖时奉祀亡君的灵位；而与皇帝同辈的兄弟或堂兄弟则不能这样做，因为他们与皇帝不是父子关系。清朝的头7位皇帝都有子嗣，其中之一被立为皇嗣，所以，实际上从未出现过上述选嗣的必要。已故同治皇帝载淳不仅是清朝第一位无子嗣的皇帝，而且也是咸丰皇帝唯一活下来的儿子，因此，也无侄子。所以，只能从道光皇帝（死于1851年）的曾孙中物色继承人。这意味着唯一可能的人选是皇族溥伦。溥伦是亲王载漪的长子，当时还是一个孩童。但是，这里还存在着另一难处：载漪本人并非道光皇帝的孙子，只是道光皇帝的长子奕纬的过继儿子。载漪在血缘关系上只是乾隆皇帝（死于1799年）的玄孙。道光皇帝有孙子数人，都是他5个小儿子所生，当时亦均年幼。但这些孩子当然与已故皇帝是同辈，按照继承法的严格规定，没有资格继位。

　　已故皇帝的遗孀此时正怀孕在身，因此军机处的某些大臣提议，先立摄政，到她分娩时生的若是儿子，便可立为皇嗣。慈禧太后根本不赞同这一主张。他的儿媳倘若果真生下一个儿子，那么，在这样一个婴儿成年以前的漫长岁月里，听政的将是他的儿媳，而不是她，何况她是极不喜欢这位儿媳的。如果出现上述情况，她在政府中再无立足之地，将被迫隐退。因此她宣称，帝国局势十分严重，不可一日无君，所以，必须即刻挑选一位继承人。于是，有人提出以溥伦为嗣，但慈禧马上表示反对，因为他的父亲只不过是奕纬的过继儿子，因此，他不能被认为是真正的继位人。这种说法无论从惯例上还是从成法上讲，都是没有根据的。因为在中国，过继被认为是确立起一种明确的、具有约束力的关系。如果溥伦不在考虑之列，就只剩下已故皇帝的堂兄弟们可做皇帝，其中最年长者是恭亲王奕䜣之子载滢，当时14岁。如果他成为皇帝，则到他成年即位为期甚短，而且其父亲亲王显然将成为摄政王。但是慈禧不喜欢恭亲王，而且她非常清楚，恭亲王摄政之日，将是她的权力告终之时。

因此，她提议立醇亲王奕譞之子，当时4岁的载湉为皇嗣。奕譞是道光皇帝第七子、恭亲王奕䜣之弟。但奕譞之妻乃是慈禧的胞妹，所以载湉是她的姨侄。因此，载湉是皇室中唯一与慈禧关系密切的成员，他的母亲是她的妹妹，这样便可保证她能够听政多年。载湉的父亲奕譞，为人软弱，缺少恭亲王奕䜣的能力。假如恭亲王的意志更坚强一些，假如他的威望没有因为不久前外交事务上的失败而受到损害，他很可能会抵制这种篡权行为。众所周知，他对此是极为不满的。但太后的野心既已得到军机处中善于谄媚逢迎的多数人的支持，恭亲王也只好听之任之了。这样，慈禧太后竟然明目张胆地破坏皇位继承法而继续长期控制政权，其结果最终使清朝走向灭亡。

载湉膺选，两位太后再次宣布共同听政。已故皇帝的遗孀被完全弃置一旁。几星期以后，她突然去世。据说，她是为抗议这种篡权行为而自尽的。显然，皇后之死至少正中慈禧太后之意，因为，如果同治皇帝的遗腹子出世，对于她的野心将是一大障碍。在此后的14年中，慈禧得遂独揽大权的野心。1881年4月7日，共同听政的慈安太后病了很短时间便死去。人们一直传说，是慈禧下令将她毒死的。慈安的去世削弱了恭亲王奕䜣的地位，并为他的下台铺平了道路。

光绪朝的最初几年，在两宫听政之下，外交事务仍然是政府的主要问题。1878年，清朝终于征服了新疆（或称"中国土耳其斯坦"）的穆斯林叛乱，平定历10年之久的国内叛乱的最后阶段遂告完成。但是，这件事使清朝卷入了一个具有危险性质的新的外交问题。1870年，当叛乱者仍然完全控制着新疆（浩罕的阿古柏是其主要领袖），而且还控制着中国西北部分地区时，俄国占据了新疆伊犁地区，以便保护他的商人。在俄国人占据该地区整整10年以后，中国此时能否收复这部分领土，看来至少是令人怀疑的。由于参与天津教案而曾奉命出使法国的崇厚,此时是中国唯一具有直接与外国办交涉经验的高级官吏。他于1879年被派往俄国,就归还伊犁事进行谈判。

崇厚在圣彼得堡开始谈判后,又随着俄国宫廷前往黑海边的里瓦几亚,于1879年10月2日在那里签订了《里瓦几亚条约》。这项条约规定,俄国撤离所占领土的1/3,中国付给俄国大笔赔款,并且还提供各种有利于俄国的贸易特权。这一条约遭到中国许多高级官吏的强烈谴责;其中最著名的是一位刚刚崭露头角的才能出众的人,即张之洞。主要由于他的猛烈抨击,崇厚被革职并监禁,条约也被废除。这位不幸的专使全仗外国公使的斡旋,才得以保全性命。这些外国公使自然不愿意看到一位外交使节由于有辱使命而被处死。守旧派自以为里瓦几亚条约的废除是他们的大功劳。其实,曾纪泽之所以能在圣彼得堡条约(1881年2月24日)中从俄国方面争到比较有利的条款,实际上是由于这位专使熟练的外交手腕,虽然他同意增加补偿给俄国的"占领费"的数目,但是,他得以收复很大一部分有争议的领土,包括伊犁与喀什之间的各个战略要隘。

与俄国人的这些谈判比较成功,得以收复失去的领土,并避免了一场即将发生的战争。但相形之下,与英国的关系却恶化了。关系恶化是由于英国国民马嘉理于1875年2月19日被杀害而引起的。马嘉理从上海启程,穿过中国西南去缅甸的八莫,在那里迎接一个英国贸易使团。这个贸易使团的任务是在当时已被英国并吞的下缅甸与中国西南的云南省之间探查并开辟一条新的商路。在返回中国时,马嘉理比贸易使团略提前一步。他在缅滇边境中国一侧的丛林中遭到袭击并被杀害。这一地区当时非常荒凉(现在也仍然如此),而且仅在两年前才从叛乱的回民手中收复回来。在叛乱期间,一个英国贸易使团曾受到叛乱当局的接待,但帝国的军队却阻止该使团继续前进。因此,当地人对英国抱有一种偏见,因为英国对缅甸的渗透当时正在迅速扩展。英国驻北京公使威妥玛爵士以及一般西方的舆论都把马嘉理的被害归咎于该省总督岑毓英。威妥玛要求由中英官员进行现场调查,并惩罚对此应负责任的人员。朝廷要求岑毓英禀报实情,但云南远在2000英里以外,无论是传令,还是回禀,都无法在数月内到达。与此同时,威妥玛一再坚持他的要求,并且离开北京前往上海,扬言要发动战争。当收到岑毓英的报告时,再次证实中国人的看法,即马嘉理是被当地土匪和散兵游勇所害，岑毓英对此毫无责任可言。威妥玛拒绝接受这一报告。而中国政府同样也不愿意把这一位曾为朝廷立下卓越功勋而且确实无可指责的高级官员作为牺牲品。

如果遵照外国人的旨意，将这位忠贞干练，甚得人心的有势力的人物解职，就会激起一次新的非常危险的叛乱，朝廷在各省也会威信扫地。恭亲王没有采取这种做法，而是建议以其他的让步来满足英国人的要求。经李鸿章与威妥玛谈判，于1876年9月13日签订《烟台条约》，解决了"马嘉理事件"。条约同意增开通商口岸，给予新的通商特权，并且订立了接待外国使节程序的规定。像马嘉理案这样的偶然事件，虽然由无关紧要的原因引起，但中国朝廷却在战争的威胁之下，被迫向外国做出让步，帝国的高级官员虽然对此事毫无责任，却为此受到指责。这就大大削弱了开明派官吏的权威，并激起了人民和地方士绅的排外情绪。

从1881年慈禧单独听政到1889年光绪皇帝亲政，这一期间清政权的日趋衰落更加明显地显露出来。虽然这时帝国国内终于安定下来，但是中国在其边远藩属中的地位，却由于法国在南面的侵犯与日本在北面的势力扩张而受到挑战。许多世纪以来，中国一直对接受中国文明最彻底的毗邻的王国——南面的安南和北面的朝鲜——行使着微弱的宗主权。远在汉朝，两国曾是中华帝国的行省。以后数百年中，两个王国分别实行了地方独立。但是，无论中国哪一朝代当政，它们都承认中国皇帝的最高权力。满族推翻明朝后继承了这种宗主权。但中国仅仅是索取一种名义上的，也就是礼节性的朝贡，并且让朝鲜和安南的国王按照自己的意愿治理国家。它也没有向这两个属国提供任何保护，没有驻扎军队，也没有与它们建立任何正式的防御联盟体系。如果这两个属国受到攻击，它们将向中国的皇帝求援；不过没有任何条文规定，皇帝是否必须提供这种援助，或者援助应采取何种方式。19世纪80年代初，由于西方帝国主义推行侵略政策，日本也善于趁火打劫，这种自古以来的关系就受到了挑战，后来终于被打破了。

早在1862年，当中国苦于应付太平天国叛乱和"'亚罗'号战争"而无暇他顾之际，法国就强迫安南国王割让王国南部通称为交趾支那的三个省，包括重要城市西贡①。普法战争以后，法国重新在安南推行其进逼政策，1874年获得了进一步的权利，包括在东京的红河通航的权利。中国拒绝放弃其宗主权并且不允许法国进入邻近的云南进行贸易。但法国在1882年继续施加压力。同年4月，派遣一支远征军占领了东京首府、安南王国的北部——河内。安南王国不敢公开向中国求救，而中国政府也不愿意干涉此事，以致同法国交战。于是便鼓励东京当地的爱国者组成一支称为"黑旗军"的军队进行抵抗，其指挥官是以前的一个土匪，名叫刘永福。中国在1882年支援安南抗击法国的方式，非常像是中国在70年后支持越盟从法国统治下重新获得独立时所采取的方式的预兆。到1883年年中，尽管中国根据李鸿章—福禄诺协定，同意开放广西和云南两省对法通商，但局势已经恶化到中法之间发生了战争。到1884年年中，中国军队几次受挫，中国沿海也受到法国军舰的威胁②。

慈禧太后很久以来就在寻找机会消除恭亲王奕䜣同她在权力上的竞争。此时，她借几位主战派的监察御史指责指挥作战无方之机，不仅将恭亲王，而且将军机处所有大臣均予革职。对这次人事变动，无人提出异议，这表明慈禧太后已最后取得支配一切的地位。慈禧挑选庆亲王奕劻接任恭亲王的总理衙门（外交部）大臣职务。庆亲王是乾隆皇帝的曾孙，皇室一个旁支的首领。他的才干远不如奕䜣。他在一定程度上持有开明的观点，但对于慈禧太后一向唯唯诺诺，总是尽可能避免卷入任何危险的争端，而且他本人素以贪污腐败、从事卖官鬻爵的勾当而著称。此人当时48岁，成为帝国的首席大臣，直到清朝灭亡时一直担任此职。奕䜣已经失势，奕劻则丝毫不足以限制慈禧太后的权势。奕劻接替奕䜣一事标志着清朝向着衰落大大接近了一步。

与此同时，虽然恭亲王因为所谓的贻误军机而被革职，但是中国人仍然继续对法国人进行了英勇的抵抗。无论是比20年前在抗击法国人和英国人的"'亚罗'号战争"中，还是比10年以后在抗击日本人的进攻中的表现，都更加值得赞扬。然而，尽管中国人在东京取

---

① 见原书第664页注。
② 详见原书第650—652页。

得了胜利,两国还是在中国海关总税务司英国人赫德德爵士的调停下,以1883年流产的李鸿章—福禄诺条约为基础,重新开始了和谈。1885年4月4日签订了合约,中国撤离东京并且放弃了对安南的宗主权。这一结局确实是荒谬绝伦的:李鸿章所做出的这些让步,是两年前主战派所坚决反对的,而现在,当主战派的政策意外地获得了未曾预料的成功以后,却被接受了。做出这种决定的原因之一,固然在于同法国的战争有扩大的危险,但主要原因大概还在于:就在同法国交战的同时,中国不得不应付在帝国的另一端——朝鲜所发生的同样严重的危机。李鸿章和其他高级官员深知,即使在对法战争中有可能取得某些胜利,也不可能指望中国在同时与法国和日本作战的情况下取得胜利。

正像法国之所以能扩张到安南北部,其首要原因是中国未能支持其属国安南抗击法国对交趾支那的侵犯一样,日本此时对朝鲜的干涉,也恰恰是由于中国对朝鲜事务不闻不问所致。1875年,日本与朝鲜就朝鲜沿海居民抢劫和虐待失事职员的海员一事发生争端。中国拒绝对朝鲜的行为承担任何责任。于是,第二年,即1876年7月23日,日本就直接与朝鲜国王交涉解决此事。这样一来,就有损于中国的宗主权,并且削弱了中国在这个朝鲜半岛上的王国中的地位。另一方面,在以后的几年中,当朝鲜国内局势恶化时,中国和日本均派遣军队去恢复秩序。在中国军队和日本军队经过一次交火以后,日本军队于1884年12月被迫撤出,中国人则仍然占据着汉城。[①]

因此,在1885年年初,确实存在着这样一种可能性,即在东京受挫的法国人和被赶出汉城的日本人将会结成联盟来反对中国。由于中国在4月间同法国签订了合约,从而避免了这种危险。同月,李鸿章与伊藤博文在天津会晤并缔结了一项条约。根据条约,双方同意从朝鲜撤兵,此后,不得在未事先通知另一方的情况下,派遣军队进入该国。虽然中国暂时还没有完全丧失它对朝鲜的宗主权,但实际上它承认了日本在该国享有与它同等的地位。这种勉强达成的解决办法包含着进一步发生冲突的种子。在以后的八年中,朝鲜继续处于动乱之中,直到1894年另一场危机引起了中日战争。

---

① 见第二十三章。

1886年，年轻的皇帝年满16岁。按照朝廷的成法和伟大的康熙皇帝所创立的不可违反的先例（他也是在未成年时继位的），皇帝已届亲政年龄。光绪皇帝载湉是一位很有出息的青年：聪明睿智，遇事能深思熟虑，生活习惯庄重朴实。和他的前几代皇帝不同，这位清朝的倒数第二代皇帝能够成为一位颇有作为、思想开明的统治者。慈禧太后无疑非常了解她这位姨侄的性格，而且已经对她所挑选的这位皇嗣感到失望。以皇帝软弱无能的父亲醇亲王奕譞为首的整个朝廷，不但没有结束太后听政，而奏请她继续听政两年。皇太后欣然应允。

1889年，皇帝亲政已无法再行推迟。2月26日，他同慈禧的一个侄女成婚。他对这位皇后从未有过任何感情，而这位皇后一直都充当了其姑母监视皇帝的密探的角色。慈禧太后在稳固了他的权势以后，于3月4日正式退居北京附近的颐和园，不过，所有诏令仍然要经她过目，其重要者在颁发前须经她批准。她毫无从此隐退之意。确实，她对颐和园自从1860年遭英国人部分毁坏以来，断壁残垣年久失修的状况并不满足，她要求修复和重建颐和园。当时没有其他资金可用，她便挪用了为建设和装备一支近代海军，以代替并扩充中法战争中被摧毁的舰队而筹集的经费。皇帝和他手下的大臣，甚至连曾对建设海军特别而且真正关心的皇帝的生父醇亲王，都未能制止这一不法行为。

正是在光绪皇帝部分摆脱束缚的这一时期，在中国，南方出身的官吏和北方出身的官吏之间出现了重大而且日趋严重的分歧。满族官吏则往往与北方官吏站在一起。这种不和局面的危机由来已久。清朝不仅建都于远在北方的北京，因而北方可以得到朝廷的恩惠，而且，它从一开始就受到北方人的欢迎，南方人则远非如此。南方的不满情绪一旦公开危及王朝，便会被粉碎，对政政府没有什么影响。然而，自太平天国叛乱以来，清朝的存亡系于南方的军队和南方将领，例如曾国藩和左宗棠（均系湖南人）。这时效忠皇帝的南方官吏就变得更有势力，并且开始主张和采取比较开明的政策，而不是附和满族的王爷们及其北方汉族同僚。总的来讲，南方人，即来自江苏、浙江、安徽、湖南和湖北这些富庶而文化发达省份的人，多半精明强干，而且这些地区与西方人接触较多。虽然这些外国人在南方也同样不受欢迎，但是南方人对他们的创造发明、他们的习惯和力量则更为了解。

在军机处逐渐形成了两派：一方是以皇帝的师父翁同龢为首的开明派，或者更确切地说，谨慎的维新派。另一方是以徐桐和刚毅为首的守旧派。刚毅是满族人，是一个狂热的排外分子。翁同龢和他的追随者均为南方人，徐桐及其他守旧派则是北方人。南方派受到大多数南方总督的暗中支持，这些人有：统治着长江中游的湖南、湖北两省的张之洞，多年在长江下游的江苏、江西和安徽任总督的刘坤一，此时虽未负责统治南方任何一省，但无疑是高级官吏中维新派领袖的李鸿章。

维新派取得了一些成功。自19世纪80年代以来，他们逐渐打破了对于修建铁路的偏见，1881年开始略有建树，兴建了从煤城唐山至天津的铁路。从1884年起，架设了连接各大城市与北京及各大城市间的电报线路。中法战争以后，李鸿章于1885年在天津创办了一所按照近代方式训练军官和士兵的军事学校。清末民初统治中国政府而造成极大灾难的军人，全都出身于这所学校。1898年，铁路从天津延伸到北京，并开始动工修建北京通往南方的大铁路（即后来的京广铁路）。这项工程为湖广总督张之洞所特别关心，是由他擘画和促成的。

谨慎的维新政策是当时能够得到充分支持而实际可行的最上策，但不幸的是，中国以外的事态发展之快，远远超过了那些最开明的官吏所准备迈出的步子。日本本国的维新政策已证明是成功之举，它已准备好向外扩张，所畏惧的是俄国对混乱不堪的朝鲜王国所抱的野心。1893年，朝鲜又爆发了一场激烈排外的暴乱，即东学党运动，促成了1894—1895年的中日战争。1895年3月，中国战败。显然中国已无法阻止日本人向北京挺进。李鸿章奉命前往日本谋求停战。4月17日签订和约。此时，李已谋取德、俄、法三国的支持，以遏止日本人的野心。4月23日，三国履行诺言，插手干预，联合向日本提出坚持要求取消条约中有关将辽东半岛（包括旅顺和大连湾）割让给日本的条款①。这是中国当时推行"以夷制夷"的外交政策的最重要的一个例子。李鸿章正是靠这样的手段才暂时避免了丢失更多的领土。但是，中国失去了对朝鲜的宗主权，给日本商人以新的特权，巨

---

① 此处原文为租让，按马关条约规定为割让辽东半岛。——译者

大的赔款。这些条款本身已足以使中国丧失面子；将不容置疑是帝国领土一部分的台湾割让给日本，则为以后接连不断的冲突插下了种子，而且迄今仍使远东不得安宁。①

这场灾难性战争所产生的间接后果更为严重。此时，中国在全世界面前暴露出它是一个软弱衰败的帝国，是一个比有名的"欧洲病夫"更虚弱的"东亚病夫"。接踵而来的是一段极不光彩的插曲，即通常所说的"争夺租借地之战"。当时，如事实所证明的，看来帝国的瓦解已为期不远，各国都决定要抢到一份。中国面临着被蚕食和鲸吞的局面，用中国的话来说，即将被"瓜分"。中日战争结束后不到两个月，争夺即已开始，不出两年，西方各强国便全力以赴地争夺他们的猎物了②。

为了对付这个外国瓜分的浪潮，朝野上下以各自不同的方式做出了反应。1898年，当各国公开商讨攫取各自的势力范围，并开始采取步骤看管这些未来的殖民地的时候，皇帝在开明派和南方大臣的忠告之下，着手进行孤注一掷的变法维新；而仍然受到自古以来的自豪心情和仇外情绪激励的人民，则被吸引到一个社团中。这个社团采取了自古以来笼络人心的传统做法，就是它的信徒只要拒绝一切外国的影响、事物和习俗，在战斗中就可以刀枪不入。同在1898年，光绪皇帝开始进行通称为"百日维新"的改良运动，而义和团也在当时外国人压迫最严重的山东省兴起了。

维新运动失败后，许多外国人写文章对维新运动的种种措施极尽嘲讽之能事，把它们说成是鲁莽、考虑不周，时机不成熟就草率从事。然而，在50年以后来看，这个变法纲领就当时民族和王朝的绝望处境来说，倒是非常细微的改革。光绪皇帝值得称赞之处在于他知道当时的困境所在，敢于冒巨大的风险同保守势力，包括同他那位炙手可热的姨母决裂，以便最后挽救朝廷。所有变法措施均作为帝国的法令在1898年6、7、8月间颁布，规定今后不多年内均须实行。而在以后的年月中，中国人民满怀热情地接受了比这更加彻底的革新。

颁布的主要变法措施如下：

---

① 详见原书第655—657页。
② 详见原书第658页以下。

1. 废除以八股文作为考试科目的传统科举制度。
2. 设立京师大学堂。
3. 军队现代化。
4. 革新各省学制。
5. 多余的庙宇和佛寺改为学堂。
6. 开设经济特科考试。
7. 准许低级官吏和平民直接向皇帝上书奏事。
8. 派遣学生出国留学。
9. 设立一个国家总署以促进商业、农业、矿业和铁路建设。
10. 改革各省官府、裁汰闲散官职。

这个变法纲领在其短暂的实行期间虽不够平衡，也不够协调，但至少其中一部分，比如第九条，包含了有计划的国家发展纲领的思想萌芽。这种发展纲领在近代改革了中国的经济。

慈禧太后虽然名义上退居颐和园，但她究竟是从一开始就决定镇压变法运动，剥夺她姨侄的权力，还是先看看他会走多远，然后再采取行动呢，这一点无法断定。但是，变法运动伊始，她就给予致命的打击，其目的无疑是为了一旦时机来到，即可轻而易举地采取反措施。6月15日，即第一道变法命令颁布仅仅4天以后，皇帝最亲信的顾问、变法纲领的策划者翁同龢被革去所有职务，退居原籍。皇帝无力制止这一行动。这一事实表明，皇帝一旦违背其姨母的意志，他的权力实际上就非常有限。没有翁同龢以及由他的资历、地位和业绩给变法纲领增添的威信，皇帝及其年轻的理想主义的支持者康有为、谭嗣同、梁启超在朝廷上便陷于孤立，不断受到这时对事态的发展趋势日益感到惊慌的顽固守旧派的反对。

虽然主要的维新派人士都是杰出的学者和卓越的人才，但当时他们都没有任何从政经验，在文职官员中无一人身居要津。因此，他们突然间平步青云而且声势显赫，就遭到那些逐级晋升起来的官吏们的冷眼相待。这些人即使思想开明，也不免忌妒他们的地位和特权。假如皇帝能够把高级官吏中某些温和派的首要人物如张之洞或李鸿章拉拢过来，那么，他便有可能组成一个强大的派别，足以控制和压倒守旧派。他没有这样做，因此各省总督均持观望态度。李鸿章由于不久前在外交事务上遭到失败（即他一贯反对的中日战争所造成的灾难性后果）而处境不利；张之洞则扮演了一个特殊的角色，先是著书立说支持维新，但在政治上却不给予积极的支持。这可能是由于翁同龢的革职使他警觉起来。他机警地意识到，守旧势力仍然强大，很可能会取得胜利。坐镇南京的两江总督刘坤一（任此职已达20年之久）丝毫不介入朝政。他几乎是同治朝高级官吏中硕果仅存者——忠诚、干练、稳健——但绝不是康有为式的维新派人物。

1898年9月初，第一道变法令颁发以后仅3个月，皇帝意识到，太后策划的一次守旧派的政变正威胁着他。在那些较保守的亲王和满族贵族的怂恿和徐桐等汉人的支持下，慈禧决定，必须制止变法纲领的实行。要做到这一点，就必须实际上废黜皇帝。皇帝预定要乘火车首次巡视天津。而铁路这一新鲜事物本身就深为守旧派所憎恶。于是，计划在皇帝出京城时将其拘禁，并将政府再次置于太后听政之下。

皇帝决定，他必须先发制人，制止这次政变；为此，他必须调走太后的心腹——北洋军统帅荣禄，而换一个他所信任的将领。新任统帅将率军至颐和园，拘拿皇太后，而且无疑会将她处死。但是，皇帝的计划被出卖了，太后得到了消息，于1898年9月23日在军队的伴随下秘密返回北京，使皇帝措手不及，并将他幽禁在紫禁城旁中南海的一个岛上。9月25日，宣布慈禧太后重新听政。变法运动遭到镇压。除康有为、梁启超设法逃到国外，其余维新派人士均被捕获处死。谭嗣同拒绝逃走．他相信不辞一死将表明他对皇帝的忠贞，并更有利于变法维新。

在1898年剩下的几个月中，人们普遍认为光绪皇帝的日子已经屈指可数，在他"生病"以后，紧接着将会宣布他去世。这一行动之所以推迟，是因为接到了南方各大总督的警告，特别是南京的刘坤一，他直言不讳地告诉太后，如果皇帝去世，在南方会认为是一次谋杀，可能会激起一场公开的革命。英国公使也告诉清廷，皇帝如果去世，外国将不会容忍，它们决不会相信皇帝死于自然原因的说法。尽管如此，太后还是采取了史无前例的做法。立端王的年轻儿子溥儁为皇储。端王是道光皇帝第五个儿子之子。所以溥儁乃是光绪皇帝生父奕譞的兄长的后裔。这就表明光绪现在被视为篡位者。而最适合被立为真正继承人的皇族溥伦，再一次被置之不理。新皇储的父亲端王是一名臭名昭著的守旧派和激烈的排外主义者。各国公使没有表示任何祝贺，以表明他们不赞同册立端王之子。立溥儁为皇储一事确实是再次违反了皇位继承法，因为它以前一直禁止在皇帝在世期间指定皇储，而是将宣布膺选王子的名字一事作为君主临终以前的最后一项安排。

1898年秋，黄河决堤，致使山东西部及其接壤地区遭受严重灾害。庄稼歉收，加上当时驻扎在青岛的德国军队横行霸道，已使该省鸡犬不宁，政府又一次落入极端守旧派手中，于是，义和团运动便在饥饿的农民中间迅速发展起来。10月，义和团在该省几个地方公开袭击中国的基督教徒，而山东巡抚毓贤对这些骚乱一味姑息，如果说不是实际上加以怂恿的话。1898年12月，在外国的抗议之下，毓贤被撤换，但并未失宠，1900年3月调任山西巡抚。袁世凯接替了毓贤在山东的职位，立即开始大力镇压义和团。朝廷对于此举的态度一开始就是自相矛盾的。1900年1月，朝廷警告袁世凯，说他失之过严。但是，他继续进行镇压，将义和团从山东驱入毗邻的直隶（河北）省，即北京所在的省份。直隶总督裕禄举棋不定，于是朝廷于1900年1月11日和4月17日接连发出上谕，要求对义和团运动采取宽容的态度，不得过分严厉。外交使团于1月27日和3月2日对第一道上谕提出抗议，但朝廷并没有将其撤回，所以普遍认为义和团得到了朝廷的支持。不久，义和团自己也这样公开宣称，于是，追随者迅速增加。

这时，朝廷中有一派人势力很大，他们主张承认义和团，将它收编为由官方领导的民团，理由是朝廷应该爱护它所表现的爱国热情，使之为朝廷效劳，而不要听任这样一个运动在人民中间自行发展。各省的高级官吏根本不同意这种看法。当时的山东巡抚袁世凯坚决反对这种主张。直隶总督裕禄，起初虽然允许义和团在他的省的范围以内发展，这时也表示反对。5月间，裕禄的军队与义和团交火，并击败他们，很明显地打破了义和团刀枪不入的神话。但裕禄了解朝廷的动向，没有继这次行动之后再给予义和团以决定性的打击。5月下旬，义和团重新发起进攻。这时，他们开始拆毁电报线并破坏华北的铁路。驻北京的外国使节一方面十分害怕义和团在农村的暴行，传教士和铁路工程人员均因此而纷纷撤离；一方面也十分害怕已经为极端守旧派控制的朝廷所表现的暧昧态度。5月28日，义和团焚烧了就在北京以南的铁路枢纽丰台车站。各公使馆决定请求在中国水域的外国海军舰队派遣军队前来担任使馆的卫队。这些军队于5月31日到达北京。

破坏铁路的行动激怒了帝国的军事将领和各省官吏。6月4日，一位高级军官聂士成在京津铁路线上的黄村，与大队义和团作战，予以重创。总督裕禄这时请求朝廷允许他以武力镇压义和团（6月6日）。北京到保定的铁路（即将修建的京汉铁路的第一段）亦遭破坏。这使倡议修建这条铁路的湖广总督张之洞十分愤怒。他上奏朝廷，强烈要求镇压拳匪。

慈禧太后的宠臣、北洋军统帅荣禄身居举足轻重的职位。假如他投入他的兵力去镇压义和团运动，那么，粉碎这个运动就比袁世凯在山东摧毁义和团更加容易。但是，荣禄与朝廷的接触极为密切，他知道以新皇储的父亲端王为首的守旧派是狂热的亲义和团分子；太后虽然摇摆不定，但是她厌恶那离不开洋字的近代事物，仇恨那受外国思想影响的维新派，这就使她必然要支持和赞同极端排外的那一派。荣禄并不支持义和团，他也肯定知道，如果让义和团为所欲为，就有同外国人全面开战的危险。但是他天天接到前后矛盾、相互抵触的指示，所以他按兵不动，以为权宜之计。

6月7日，朝廷派极端排外的满族军机大臣刚毅前往位于北京以南80英里左右的涿州会见义和团首领。无论他所带去的真正指示是什么，选择此人本身就肯定说明义和团将受到朝廷的承认。事实上，刚毅命令所有帝国军队撤退，让义和团自由地向京城挺进。6月9日，英国公使窦纳乐爵士请求驻华舰队提督西摩尔派遣军队登陆，占领天津的外国租界并增援北京的使馆卫队。

从北京发出的最后一列火车于6月3日离京。到6月5日，京城与天津之间的铁路就全部中断并遭到破坏。十分奇怪的是，义和团一直让电报线路畅通到6月12日。在这天以前，西摩尔已率领500人在天津登陆，加上几支已经在天津的分遣队，共有兵力1945人，于6月10日向北京进发。6月13日，朝廷命令帝国将领迎战并击退这支军队。这天，西摩尔的军队在前往北京的中途的廊坊同帝国军队遭遇。西摩尔遇到强有力的抵抗受阻，被迫冒险向天津撤退，6月26日方始返回。在此以前，中国已与外国处于战争状态。6月13日下午，义和团武装进入北京，随即开始屠杀中国的基督教徒，焚烧教堂，骚扰外国侨民。日本公馆使成员杉山彬先生6月11日在城外附近被杀。驻天津的外国海军指挥官认定，只有让中国人放弃作为天津屏障、海河入口的大沽炮台，天津的外国租界和西摩尔的军队才可保无虞。他们要求大沽炮台守军指挥官放弃炮台。守军指挥官没有接到北京的命令，因此加以拒绝。6月15日夜间，炮台被登陆的海军部队攻占。

直到大沽炮台失守以前，朝廷一直抱这样的态度：外国公使应该依靠中国政府的保护，义和团运动是中国的内政，外国公使无权过问。看起来，皇太后可能仍然希望通过推行守旧派好战的，但又不至于引起战争的政策来威慑外国。而另一方面，像端王这样一些彻头彻尾的亲义和团分子，则决心肆无忌惮地干下去。6月16日，召开了御前会议，被幽禁的皇帝这次也破例地被拉来参加。端正及其党羽力主开战，太后也倾向于他们一边。皇帝毫不畏惧地反对他们的主张，得到军机大臣袁昶的支持。袁昶是最后仍然保留着职位的温和派中的一个。会议没有做出任何决定。

次日，御前会议继续举行。慈禧太后制造了一份据她说是当日收到的驻北京的外国公使的最后通牒。其中包括四项要求：（一）指明一地，令中国皇帝居住。（二）所有钱粮均由外国公使征收。（三）所有军务均按外国公使指示办理。（四）皇帝恢复执政。这些要求纯系捏造，几乎可以肯定是出于端王之手。他从6月起已被任命为总理衙门（即外交部）大臣。皇太后似乎对这些要求信以为真。虽然立山和总理衙门的其他高级官吏次日奉命前去会见窦纳乐爵士，但他们并未受命询问这些要求是真是假。不过，他们所有人从会议大致情况看出，这些要求纯属子虚乌有。另一方面，窦纳乐则拒绝接受请他制止外国军队登陆和进军北京的要求。

6月19日，朝廷得悉大沽炮台失守。太后认为这是一次战争行动，指示总理衙门同外国断绝关系，命令他们的代表在中国军队保护下离开北京。外国公使拒绝接受这一命令，因为他们有充分的理由认为，这样保护是毫无作用的，离开北京将招致一场大屠杀。6月21日，中国对西方列强宣战。在第一天，6月20日，德国公使克林德男爵前往总理衙门，准备就义和团袭击使馆卫队一事提出抗议。当他乘官轿到达哈德门大街时，被亲义和团的庄亲王直接指使的一个士兵拦住并杀害。当天晚上，北京的义和团对外国使馆发起总攻。外国居民在他们的使馆中进行防御，以围有高墙的英国公使馆（以前是一位满族的府邸）作为他们抵抗的中心点。

与此同时，义和团亦在攻击天津的外国租界，于是，一支从海军舰队和远东租界港口抽调来的国际部队正在集结，准备保卫天津和援救北京的使馆。6月24日，两千人在天津登陆。从此，外国租界的危局才真正解除。在北京，外国居民成功地击退了义和团无数次接连不断的进攻。另一方面，帝国的军队，特别是由一位极端排外的回族将领董福祥（他也参加了进攻）指挥的甘肃回族军队，则没有装备大炮。虽然荣禄的军队配备有新式大炮可供其使用，但是他一直没使用这些大炮轰击使馆。出现这样奇怪的克制行为的来龙去脉，从未能予以充分解释。假如荣禄允许动用他的大炮，他肯定能够夷平使馆。朝廷公开支持义和团，而这位统帅却按兵不动，而根据这时他致南方几位总督的电报（6月26日）来看，他哀叹自己不能左右太后的政策。

南方几位大总督做出了一项极其重要的决定。6月21日，他们接到向列强宣战的谕旨，湖广总督张之洞、两江总督刘坤一、当时任两广总督的李鸿章（驻节广州），以及山东巡抚袁世凯经相互电商，一致同意将宣战谕旨秘而不宣，并保持中立。在这一决定中起了非常重要作用的是邮电局长盛宣怀。盛宣怀驻在上海，是位思想开明的官吏；其官衔虽不甚高，但由于其职务是负责收转各省消息，所以是一个颇能影响全局的人物。从6月24日至6月26日，盛宣怀曾就保护上海的外国租界和维持长江流域和平，同各国驻上海领事进行谈判，达成一项协议（虽然从未正式签署）。根据协议，如果各国不派军队登陆，并且不派军舰沿江而上，南方各总督和各省巡抚就可负责保护外国侨民，镇压义和团的渗入，并维护正常的贸易。南方实际上是脱离了朝廷，从而使大部分中国免受义和团叛乱所带来的后患。

南方各总督实际上准备走得比这更远。他们敦促离北京较近的袁世凯率领他的军队向京城进军，镇压义和团，结束这场动乱。假如袁世凯这样做，毫无疑问他会成功，但是，这样一来，他本人的处境就会格外困难。6月28日，他拒绝了这一建议，仍然按兵不动，既拒义和团于山东境外，也不对当时入侵邻省直隶的外国军队采取任何行

第十六章 中国

动。帝国的四分五裂局面已经暴露无遗。

7月14日,联军攻占中国的天津城,粉碎了对外国租界的进攻。这一胜利使北京的守旧派暂时有所踌躇。很明显,义和团越来越令人失望,他们对各使馆的进攻毫无进展。中国这时正与准备入侵的几个世界上最强的国家交战。这样一种前景,本应使那些即使比端王和慈禧太后还顽固的守旧派也有所畏惧的,但是,他们几乎没有采取什么措施来避免这场大难。7月14日至26日,对各使馆的进攻实际上暂时停止。他们再次试图要被困的外交人员在中国军队的护送下离京,但是,这项建议又遭到拒绝。这时又发生了另一起怪事,表明不是朝廷的政策出尔反尔,就是它的下属各行其是。华盛顺收到了美国驻北京公使康格先生的一封电报,提供了有关各使馆局势的消息,并且从各使馆被围困起来第一次证实各使馆仍在坚守。这使外部世界松了一口气。这封电报竟是通过总理衙门送到中国驻华盛顿公使手中的,而总理衙门的头子正是臭名昭著的端王本人。

6天以后,即7月26日,慈禧太后又一次改变政策,重新向公使馆发起进攻。两天以后,又将军机处剩下的两位反义和团的温和派大臣袁昶和许景澄处决。8月4日,联军离开天津向北京挺进。京城当时的局势混乱不堪。甘肃军和义和团遍布街头,凡被怀疑同情外国人和具有外国习惯、知识或举止者,均格杀勿论。他们闯入有权有势的官吏家中进行抢劫。成千上万的有钱人纷纷逃离这座大祸临头的城市。然而,朝廷似乎既无法控制军队,也不理解这场已经降临到王朝和民族头上的灾难的性质。不足两万兵力的联军进攻迅速,势不可当。8月8日,直隶总督裕禄战败,他的军队四处溃逃,他也于当晚自尽。9日,另一支由李秉衡将军指挥的军队亦被击溃。11日,大运河的起点通州失陷,李秉衡亦自杀身亡。这时,联军距北京已不到12英里。

败局已无法掩饰或逃避。就在通州失守的同日,朝廷电召远在广州任职的李鸿章火速北上,同外国进行和谈。但李鸿章并不急于承担这一吃力不讨好的使命。他首先是等待,看中枢有无真正的改弦更张的迹象,因为他知道,只要端王和其他亲义和团的领导人在慈禧太后左右,任何谈判都是浪费时间。

1900年8月14日下午,联军到达北京城下,几乎未受到任何抵抗就开进城内,解了使馆之围。次日,即8月15日黎明,在一片慌乱之中，太后装扮成中国农妇模样，在皇帝和皇储溥儁以及一些侍从的伴随下，乘坐普通的马车逃离了皇宫和京城。临行前，太后命令将皇帝的宠妃，他唯一挚爱的女子和知心人珍妃投入靠近紫禁城北门庭院内一口井中。17日，他们首先逃到了长城外的怀来，才第一次得到了援助和接济。联军的追兵似乎节节逼近，所以他们继续西逃，9月10日抵达山西省会太原，最后于10月26日到达陕西省会西安，方才停歇下来。与此同时，北京落入联军手中。李鸿章姗姗而行，9月19日才抵达天津，开始谈判。

在此后一年过程中，这些谈判以及义和团运动的后果，决定了中国在清朝历史最后10年期间的地位。1900年秋，俄国占领了满洲。在南方，各大总督采取的明智政策，在同一时期避免了外国人进一步的侵略和提出新的要求，并延缓了一场已经威胁着这个威望扫地的王朝的革命。远在西安的朝廷，起初仍在亲义和团的亲王和大臣的控制之下，但慢慢地认识到，只有放弃这些人的政策并惩处和清除他们，才能够平息列强的愤怒，并防止这个已无可救药的帝国遭到瓜分。1901年1月初，端王之子溥儁被废去皇储的地位，赶出皇宫。李鸿章费了很大气力，才设法挽救了端王本人的性命，而将他终身发配到边远地区新疆去。其他亲义和团的亲王、大臣和巡抚，如毓贤等人，或者令其自裁，或者将其斩首。

1901年9月7日，李鸿章签订了合约。两个月后，这位年迈的政治家，曾与太平天国作战，并在本身存在着种种局限性的条件下竭力挽救王朝的一代伟人中的最后一位，于1901年11月7日逝世。慈禧太后及其意气相投的支持者们所推行的反动政策，终于把帝国拖入落后、软弱、四分五裂的混乱局面，一直到半个世纪以后才得到复兴。这一复兴之实现，全是革命者的功绩。而与这些革命者相比，像康有为这些维新派人士、太后的眼中钉，就成了最大的保守派。光绪皇帝如此狂热信奉并引起如此强烈反应的变法纲领，相形之下也成了最温和的保守政策。由于守旧派的政策所造成的这场不可避免的革命，不仅使皇冠落地，王朝覆灭，而且埋葬了旧中国的整个社会制度和经济制度。

（朱小红　译）

第 十 七 章
日　　本

把1868年看作日本近代史的一个转折点是适当的。这年1月，一批新的领导人在当时的帝国首都京都夺取了权力。尽管后来在政策上和人事上有所变动，但这些人物开始给日本的政治、经济和社会制度带来了革命性的变革，并终于把日本提高到一个具有很高国际威望的大国地位。

自从17世纪开始以来，政权一直掌握在德川家族的历代封建统治者的手中。他们称为将军，名义上是天皇的军事代表，实际上却拥有世袭君主的权力；他们直接管辖自己在各地的辽阔领地，并有效地统辖在全国其他各地大片领地上割据的诸侯。他们设法阻挠变革，以此来保存自己的权力，并取得显著的成就。约在1640年以后，他们下令使日本同世界其他各地几乎完全割断联系；而在国内，政治关系则牢牢地固定于17世纪的模式，同时严格地划分了社会等级，并强迫各阶层人民一体施行，他们甚至企图禁止经济上的变革。

这种政策在经济领域中则收效最小。到了18世纪，国内商业有了发展，而大部分居住在城镇①里的封建阶级即武士，这时已习惯于更高的生活水平。但是，他们的税收或收入却未能相应地增多。因此，各藩政府也罢，武士个人也罢，都愈来愈依靠向城市米商和金融业者告贷。领地主企图从农产品中占有更大的份额的打算，引起了农民的反叛。藩政府与城市商人合作垄断商业的种种办法，使得富农和新兴的农村经商者和它们离心离德。而这些措施，并没有使大多数的武士受益。大部分武士不是直接从土地上取得收入，而是从诸侯的藩

---

① 镇（castle-town），日文为城下町，意即在封建领主城堡周围发展起来的城镇。——译者

库领取禄米。这些禄米非但没有增加,而且在藩库遇到财政困难时,往往被削减。

因此,到了1850年,日本全国已广泛地认识到,德川幕府统治的社会正面临着一场严重的危机。对这一政权的反抗几乎遍及全国各地。不少最强大的封建诸侯对于他们从属于德川幕府之下,不断吐露怨言——中央政府的一大部分机构,确实是用来钳制这些诸侯的野心的。贫困使下层武士的忠诚之心减弱了,而他们之中那些比较精明强干的人,则对于堵塞自己的政治野心的世袭官职制感到愤恨。城镇的富裕商人,虽然和封建的财政有千丝万缕的联系,因而不会一心一意反对这一制度,但也对于强加给他们的低下的社会地位感到不满。农民则越来越多地以暴力来表示他们的憎恨。

所有这些因素都在促使德川幕府垮台的过程中起着作用。由于动机迥然不同,因为始终没有形成一个目标一致的单一运动。另一方面,有两个因素除了单纯的变革要求之外,为合作提供了基础。19世纪上半叶,人们日益意识到,日本的闭关自守,由于西方各国在中国和亚洲大陆北部的扩张而受到威胁。这一估计,由于1853年一支美国舰队在日本出现,要求建立条约关系,显然得到了证实。由于日本的军事实力显然不足以保证奉行闭关自守的政策,于是不得不签订条约。而且,许多人认为,这种外来的威胁,使得进行彻底改革的需要变得更加迫切。

既然德川幕府负责处理对外关系,它就不得不对向西方让步这种不得人心的做法承担责任。这一事实就使得天皇宫廷更孚众望,因为宫廷是与幕府争夺合法权力中心的唯一潜在对手,而宫廷始终是对西方的要求采取毫不妥协的敌视态度的。一个多世纪以来,一些人士一直极力主张要恢复宫廷的威望,因此,天皇这时开始在反对德川幕府的运动中起着双重作用:至少在表面上成为超越宗派利益之上的效忠中心,使以他的名义进行的革命活动具有一种令人尊敬的气氛。

因此,到1868年,所谓的"尊王"运动就使倒幕势力得以联合起来。时机一到,由日本西部的四个大藩——萨摩、长州、土佐和肥前——的一批中级武士所领导的松散的联合力量,就夺取了政权。他们事先已经控制了他们自己的藩政府,从而掌握了武装力量的核心,并得到这些藩主的合作,不过,这种合作并不总是自愿的。他们和宫廷的下层贵族结成盟友,这作为接近天皇的一个手段,是极为重要的。最后,他们能够指望得到一部分商人的财政援助,以及农村的许多地方领袖的积极帮助。这些就是终于构成近代日本的统治阶级的各个因素。

1868年1月,倒幕领袖们指挥下的部队占领了京都的皇宫。这时,以少年天皇明治——这是他的在位年号,他的名字是睦仁——的名义发布敕令,剥夺了幕府将军的权力和领地,并再次宣布天皇亲政。过去的国家行政机构一扫而尽,行政工作被委于新的顾问官手中。德川幕府的追随者几乎立即拿起武器,保卫他们的特权,但他们于2月间在京都附近的交战中被打败,此后却出人意料地没有进行什么反抗。4月间,经过谈判,将军投降,他的首府江户被正式占领。几个月后,天皇的宫廷迁移到那里,并将该市更名东京,至此,这一城市恢复了国家政府中心的作用。在此期间,在北部和东北部继续进行一些零星战斗。一直到1869年初夏,才最终攻克德川幕府的最后一些孤立的抵抗据点。

明治政府在它诞生后最初的一年半中,面临着一些急待解决的问题,无暇顾及改革问题。政府执政之初缺乏财源,没有政府机构,因为这两者过去都是由德川幕府用自己的人力和物力来维持的。随着战争的进展,越来越多的德川领地归于天皇政府的控制。过去的幕府官员也是如此,其中有许多人终于为天皇效劳。然而,在此期间必须找到财源并建立一个机构,以便进行内战。于是就向同情天皇一方的商人筹措贷款。德川幕府的现金储备一经发现,即被没收,并印行纸币以弥补支出不足。另一个当务之急是军队,于是通过效忠天皇事业的各藩属,筹集小股兵力以建立军队,每支部队均由其藩主率领。但是,这支军队要全力与德川幕府作战,不得成为对大多数诸侯施加压力的手段;这些诸侯在各自的领地内几乎完全享有自治权,而且要等着看一看这场斗争的结局如何,才决定宣布效忠于谁。因此,在1868年的头几个月中,新政府只能够在首都附近以及忠于它的军队正在作战的那些地区行使权力。这时,日本根本没有一个有效的中央政府。

在这种情况下,为新政权建立一套体制结构的工作进展缓慢,就不足为奇了。1868年1月采取的第一个步骤是,在天皇周周为倒幕联盟的成员们设置一些官职。任命一位亲王为政府的名义首脑。在他之下设两批参议：上级参议①包括几名宫廷成员和一些诸侯；下级参议②人数较多，包括下层宫廷贵族和结盟各藩的士族领袖。同年2月，成立了各行政部门，并任命参议担任其中一些领导部门的领导职务。这些部门的职能，如同它们的成员一样，是有限的。例如它们不得不干预地方事务时，行使这种权力要取决于诸侯们的同意，即使在参议们本人出身的领地亦如是，或许更甚。只要对内战的结局存有任何疑问，情况就一直是这样。为了解决这一困难并扩大支持的基础，3月间召集了各藩士族代表，组成了一种类似协商会议的机构；同时，宫廷于4月6日颁布了一项称为《五条誓文》的天皇政府声明，以含糊但令人安心的语言，表达了它今后的施政方针。《誓文》的要点是许诺：一切重大决策均须经过广泛协商，破除旧有的"陋习"，以及向"全世界"寻求新知识，作为改革的基础。

随着4月间德川将军的投降，以及不久后对江户的占领，天皇政府感到更为安全了。1868年6月11日，作为实现《五条誓文》的明显表示，政府颁布了经过修订的对中央行政机构的安排。这些安排反映了受到西方影响的三权分立的原则，但实际上行政机构仍居于最高地位，而立法机构的真正职能，正如在它以前的士族会议一样，是作为封建势力的喉舌。在北方战争结束几周后，于1869年8月实行的再次改组中，这一点就更加明显了。立法机构③现在失去了立法权，在举行过几次会议后，于1870年10月宣布无限期休会。从此再也没有举行会议，便于1873年6月被废除。行政机构被置于一个中枢部门的广泛的监管之下，名为太政官，下设6个省（部）：内务省、大藏省、兵部省、司法省、宫内省和外务省。同时，减少了高级官职的数目并对任官职者，不论其社会出身如何，授予同他们所负责任相应的宫廷阶位。

然而，反映这一阶段最重要的演变的，是所做出的这些任命的性质，而不是组织机构的变化。最初，在同德川幕府的斗争仍在继续的时候，维护联盟并尽可能地和"中立的"意见取得一致，是有必要

---

① 日语称"议定"。——译者
② 日语称"参与"。——译者
③ 日语称"议政官"。——译者

的。因此，被任命官职的不仅是那些倒幕运动队伍中表现最积极的宫廷贵族、诸侯和士族，而且，还有那些表示愿意合作（在同样的社会阶层范围内）的其他一些人士。但是，随着新政府的日益强大，选择的基础就缩小了。1868年6月以后，从宫廷中任命的参议减少，封建领地出身的参议则大部分来自萨摩、长州、土佐和肥前等藩。1869年8月，余下的王政复古运动的挂名领袖们——上层宫廷贵族和原来结盟时的诸侯——被免去国家最高领导职务，让位于长期以来在幕后决策的一小批地位较低的人物。这些人包括宫廷贵族岩仓具视和一些士族：萨摩的大久保利通和西乡隆盛；长州的木户孝允、伊藤博文和山县有朋；肥前的大隈重信；土佐的后藤象二郎和板垣退助。这些人和与他们出身相仿的直接下属，形成了新的领导核心。

如果说日本的新统治者从一开始就有一个关于如何行使他们的权力的详尽计划，那是错误的。他们的最终目的非常清楚：日本必须从内部的混乱和外来的威胁中得到拯救。为此而要采取的确切方法，以及这些方法孰先孰后，则是较难确定的；但至少有一点是清楚的，即不管有其他什么事情需要做，政府的权力必须实现，它的决策必须在全国各地行之有效。封建割据是要达到这一目标的一个最大的障碍。正如明治时代的一个领袖人物在大约30年之后所写的那样："消灭以专制的封建地方势力为表现形式的离心力，是把全国统一在一个强有力的中央政府之下的必要步骤，没有这种统一，我们就不可能以一个联合阵线来对付外部势力……"

没有证据说明，新的领袖们在掌权以前就已决定要切除封建主义，尽管他们最初就打算建立天皇政府的至高无上的地位，以此对付任何其他传统的效忠对象。神道教由于强调天皇是神，因此在新的官方等级制中，被赋予重要的地位。而且更直接地打算采取某种措施，控制封建领地的事务。早在1868年3月，进入中央政府任职的士族，就奉命割断与他们的领地的关系，翌年，其中最有势力的一些人物，则由天皇赐以俸饷并授予宫廷阶位。1868年6月，又对诸侯相互之间的行动自由施加了某些限制。同年年底，诸侯们奉命指派专门官员担任同政府的联络工作，并且要按照东京规定的模式，将他们领地内的行政管理工作标准化。在处理从德川幕府那里没收来的土地的方法中，也可以明显地看出类似的中央集权的倾向。在战争期间，经过一段短暂的军管时期以后，这些领地被改称为府或县，直属中央政府管辖。

对某些人来说，这还不够。甚至在1868年6月以前，木户就曾提出要求诸侯交出他们的全部土地，因为这是保证有效地实行中央集权的唯一办法。当他的同僚们拒绝了他的建议后，他转而努力去说服他自己的藩主长州的毛利，并终于把他争取过来，只附带一个条件，即萨摩藩也做出同样的表示。木户于11月间向大久保利通提出此事，后者同意对其他萨摩的领袖们施加他的影响。到了1869年2月，他们都表示支持，土佐的板垣和肥前的大隈也同样表示支持。3月2日，这4个藩的藩主呈上请求书，将他们的领地和人民交由天皇处理。在御前会议的讨论中，有人极力主张这是废藩置县的机会；但木户和大久保都坚持说，政府还太软弱，采取这一步骤不会成功。一直到7月才做出决定，接受请求书，并命令其他诸侯采取类似的行动；于是，过去的封建领主现在被任命为他们所交出的领地的知事。

这种妥协办法，尽管使思想比较激进的人大失所望，看来却大致符合诸侯们和他们的许多家臣的期望。他们之中有些人，特别是在长州和萨摩，对于即使这样有限的中央控制也感到不满。另一方面，在政府看来，这一改革也并不是完全成功的，因为地方官员仍由地方任命，往往对东京只怀有表面上的忠诚。至少对大久保和木户这样的人来说，事情越来越清楚，这个过程一旦开始，就必须将其进行下去，直到获得其应有的结果。在整个1870年，他们试图克服他们本藩的同僚们的反对，但未能如愿。1871年年初，看来在这个问题上意见继续分歧下去，就有可能摧毁这个政权的整个基础，于是，他们就请求天皇干预，并重新努力以求得一致。这一次，他们得到了成功。4月间做出安排，一旦出现动乱，即将萨摩、长州和土佐的部队开进东京。8月29日，57名藩知事（过去的诸侯）奉召面谒天皇，并告以行将废除各藩，此后全国版图划分为县，由天皇直接控制。

清除了国内的政治藩篱，就有可能解决向政府提供充足而稳定的岁收这一迫切问题。由于废藩，政府就继承了各藩的债务和其他义务，其中最大的一项是，每年士族俸禄的花费。政府也继承了各藩的封建贡租。不利之处在于这种贡租不仅因地段不同而大有差异，而且是按收获量的百分比以实物交纳。因此贡租随着年成的好坏而增减，并且也不易征收。只有用以现金支付的土地税来代替贡租,才能找到解决的办法;但是,这个办法必须首先确定每块土地的所有权(从而确定由谁负责交纳地税),才得以实行。1872年2月,德川幕府制定的不得买卖土地的禁令被解除。大约在此同时,政府开始颁发土地执照,首先是1月间发给东京的某些种类的土地,7月起,即在全国各地推行这一工作。

实行地税始于1873年。地税是按土地估定价格的3%,以现金交纳;此外,准许地方当局另行课以最多不超过1%的税款。土地是这样估价的:总收入大致与过去的封建贡租相等,但是,由于地税必须在固定的日期以现金缴纳,而且不管年景丰歉,逐年不变,因此大多数农民对它感到不满。尽管1876年地税降低为地价的2.5%,但到1881年为止,地税收入平均约达正常岁收的78%之多;从这一计算中,可以看出它对政府多么重要。

因此,到1873年,明治政府在掌权几乎5年以后,已为自己的权威奠定了基础。它建立了有效的中央行政体系,直接控制了地方事务,并使自己有一个可以预计的岁收。它也在建立一支不再是效忠于任何封建势力的武装力量方面,迈出了最初的几步。

1872年颁布了征兵法,次年开始训练应征入伍的军队,终于为对付封建叛乱提供一种有效的武器,并在镇压农民暴乱中,给新成立的警察部队以无法估价的支持。与此同时,政府已经开始把它的注意力集中到国力和国际政治等问题。

明治政权1868年采取的几乎头一个行动,就是明确地否定它自己过去提出的排外口号,并且采取步骤,制止它自己的追随者所进行的那些可能造成日本与西方列强之间发生冲突的活动。尽管如此,日本人的思想中仍然存在着强烈的敌视西方的成分。这种敌视的主要目标是1858年签订、1866年增订的一系列条约。根据这些条约,日本被剥夺了在它的港口中对外籍国民的法律管辖权,以及修改对外贸易关税的权利。1871年废藩后,岩仓具视率领一个代表团出国访问,探索修改条约的可能性。在华盛顿,代表团——除岩仓外,还有大久保、木户和伊藤——清楚地看到早日修改条约的希望很小;此后,代表团对于获得知识,要比对于外交谈判更为关心。在伦敦,伊藤考察了工厂。在柏林,俾斯麦向岩仓讲解了现实政治。经过大约18个月的旅行，这部分日本领导人开始深信，只有通过实行一项比他们过去所设想的要广泛得多的国内改革计划，他们的国家才能得到列强的尊重。

与此同时，那些留在东京的人物正在走另一条道路。这时，由于朝鲜坚持奉行日本当时业已放弃了的同样的闭关自守政策，日本与朝鲜发生了一系列的争端；1873 年夏日本的留守政府（其中最有势力的成员是西乡隆盛）决定以武力支持它的要求。这一决定的消息，使岩仓代表团赶忙从欧洲回国。他们同西乡进行了一场激烈的争论后，改变了这一决定，于是西乡同其他人等向政府辞职。[①] 这次危机的结局决定了此后 20 年间日本内外政策的模式。那些被赶下野成为反对派的人物，不断攻击他们过去的同僚，并如后文所述，成功地修改了日本宪政发展的方针，但是，他们始终未能夺回领导权。大久保直到 1878 年被暗杀前，一直是左右政局的人物，他得到岩仓和木户的支持，虽然后者并不是一贯地支持他。木户于 1877 年，岩仓于 1883 年相继去世，但他们的继承人与他们的思想相似，特别是伊藤博文和山县有朋。政策上没有发生根本的变化。一直到 1893 年以前，日本在国外的行动一直采取克制的态度。在国内，日本政府采取了彻底改革的计划。

要叙述中央和地方政府机构的改革情况，最方便的办法，莫过于通过政治上的竞争和立宪斗争的来龙去脉来进行，下文将分别加以论述。这里只需着重说明在朝鲜危机后的那些年代中出现的发展过程的总性质。对行政工作的控制逐渐加紧，同时一个职业官僚机构成长了起来，其成员所以能够被任命并得到提升，至少部分原因是国家的考试制度。与此同时，西方的方法和思想，源源不断地传入，部分目的是为了提高效率，部分是为了使日本具有从西方的意义来说的"体面"的外表。这对于修改条约是必要的前奏。例如，1875 年成立了一个委员会，来起草一部新的民法典，不过，修订工作直到 20 多年以后才完成。这部民法最后于 1898 年通过并实施，从它的内容来看，是受到了法国、德国和英国等各种西方模式的影响。在不那么正式的事务方面，日本的风俗习惯，也受到政府的注意，特别是那些可能引

[①] 详情请参阅原文第 645—646 页。

起国外批评的风俗习惯。官方的规定与告诫包括种种内容,从日本在海外旅游者的行为,到贩卖少女做娼妓、色情文学,乃至舞台上的戏谑等等。

这些年间最重要的成就之一,就是建立了义务教育制。德川时代建立的高等教育机构,主要从事培养官吏,在新政府的监督之下,继续存在了一段时间。1877年,一些这样的机构合并成为东京帝国大学。不久,又增设了其他几所国立大学,而一些从事西方教育的私立学校,也获得大学地位。在此以前,文部省于1872年公布了一个小学教育计划,规定自6岁入学,当时设想,按大约每600人口设立一所小学。尽管缺少经费和师资,小学的发展却很快,使得受义务教育的时间,从最初的16个月增加到1880年的3年,到1886年又增加到4年。到这个时候,46%的学龄儿童都在接受小学教育。1896年,这个数字上升到61%,10年后,达到95%。1872年,开始兴办培养师资的师范学校,1894年增设了高等学校。

教育行政最初根据法国的方式,但1880年到1885年期间采用了美国方式,包括采用选举产生的学校董事会。然而,1885年森有礼就任文部大臣以后,民族主义的影响有所增加,又转而采用德国的由政府实行监督的方式。课程大部分仍然用于讲授"实科"亦即西方的学科,但是,也出现了强调学习日本的历史和文学的新倾向,同时,又蓄意大力灌输国民的忠诚和服从精神。由于1890年发布了教育敕谕,这一倾向更为加强。这一文件的语句清楚地表明,此后教育的一个主要目的,是要为一个专制国家培养有用而守纪律的公民。

在日本建设一个近代化交通通信网的计划,其特点也是由政府经营管理。政府的邮政设施建于1871年,到1873年已扩展到各主要人口中心,从那时起就禁止私人竞争。电报在前一年已成为国家垄断的事业,主要电报干线的敷设,或多或少是在以后10年中完成的。电话传入日本后不久,于1890年对它也做了类似的决定。铁路的发展虽然不完全由国家经营,但在财政和技术援助方面主要还是依赖政府,这就使得政府官员能够在修筑铁路时决定孰先孰后。第一条线路是东京和横滨之间的铁路,于1870年开工,1872年通车;但这条线路被视为连接东京和大阪的铁路线的第一段,全线到1888年才竣工。从此以后,铁路事业在政府和私人创业精神的推动下,得到迅速的发展。

　　为促进教育和交通通信的发展而采取的步骤，在促进经济发展方面起了重要的作用，而提供一个有法律保障和政治秩序的环境，也起到同样的作用。然而，政府对经济事务的干预，远不止是创造一个有利于发展的环境，在工业化方面尤其如此。明治政府的领袖们从他们的前辈德川幕府，以及从某些大藩那里，接收了不少新近建立的西方式的企业。这些企业包括像在横须贺那样的造船厂和几所兵工厂。这类直接与军事实力有关的具有战略意义的工业，必然引起那些看到自己的国家受到外来威胁的人们的关切；于是，这一部分经济如交通通信，仍由政府直接掌握。类似的理由促使政府对另一些类些的工业企业也感兴趣。人们认识到，财富是军事力量的基础——这些年的口号是"富国强兵"。其他一些动机也促使事情向同一方向发展。开放港口使得大量廉价的外国商品流入日本，对于这些商品的需求量，比日本可供出口的东西要大得多。在1868—1881年期间，由于上述原因而出现的贸易逆差，造成了不断的、令人不安的硬币外流。不仅如此，进口外国货物，破坏了负担重税的农民赖以获得现金收入的不少国内手工艺工业。因此，工业化计划除了它与国防问题有关以外，还有多方面的吸引力。它可以用日本制造的货物代替外国货，从而减少进口量；而新工厂如果设在那些受到外国竞争严重打击的地区，则可以为农村剩余劳动力提供另一就业机会。

　　这并不能说明明治政府之所以创办、不单纯是鼓励发展新型经济企业的原因。答案在于：一部分是由于需要速度，以免日本很快就屈服于外国的压力；一部分是由于缺乏可供投资的资本。德川时代的商业发展不大，不能促进任何规模的资本的广泛积累。而那些曾经出现的富有的金融家族，除极少数的例外，都因他们的事业赖以生存的封建制度的崩溃而破了产。此外，1868年后，地租和利率仍然很高，地产和高利贷是比工厂更为吸引人的投资目标。因此，为了迅速地行动起来，政府本身就不得不带头这样做。

　　它这样做时，采取了多种多样的途径。聘请外国技术人员充当教师和顾问——单是工部省到1879年聘请的人数就多达130名；同时，派出留学生到国外去培训。创办了技术学校，组织了贸易展览会。政府进口外国商品和设备，以便借给地方当局作为样板，甚至从国外购入纺纱机器,再以分期付款方式转售给日本的企业家。政府直接从事对外贸易,出售大批大批的大米、丝绸和茶叶,以支付进口的费用。最后,政府兴办了自己的工厂,其中例如爱知县的棉纺厂(1878年),主要是用来作为训练中心;其他如深川水泥厂(1875年),则是为了供应如不生产就不得不以高价进口的产品。据估计,1868—1880年间政府对工业的总投资,平均至少达到正常岁收的5.5%。到这一阶段末期,国营企业已拥有3所造船厂、5所兵工厂、10处矿山和52所工厂。

为这个计划提供资金,给一个没有储备的政府带来了许多困难。向外国贷款不是可行的权宜手段;这一方面是因为外国投资者不愿把资金投在日本冒险,又因为日本人自己也怕这样做会给外国人控制日本经济打开道路。既然对于农民的课税已达顶峰,而条约又禁止对于关税做任何变动,于是,大量印刷纸币就成为暂时的解决办法。有一段时间,由于经济活动的增长,还能够吸收流通中的大量发行的纸币。但是1877年以后,通货膨胀开始迅速恶化。物价上涨,特别是米价,给农村带来了一时的繁荣。另一方面,物价高涨也使政府岁收的主要来源——地税的实际价值大大降低。1881年10月,松方正义就任大藏大臣后,采取了坚决的措施来恢复国家财政的稳定,包括对米酒和烟草课以新税,严格节约行政开支,以及减少政府补助与津贴。正是在这种情况下,决定处理由国家创办并仍在经营的大部分工业企业。出售这些企业,至少可以部分地收回政府在其中的投资,并使政府摆脱在经营中不断遭受的损失。政府只保留军事工业,其他企业大都在1884年遇有机会即行出售;而且,总是以便宜的价格售给与政府有关系的人物,从而在政府与财政—工业大集团(财阀)之间建立密切关系中起了作用,而这种密切关系是此后经济发展的一个显著特征。

松方的政策在平衡预算和恢复币值方面取得了成功。然而,这种政策在取得成就的同时,也不可避免地牺牲了一部分人的利益,特别是在农村,因而,此后几年中在农村此起彼伏的骚乱,大部分应归咎于这一政策。这一事实着重说明了明治政府的领袖们是何等重视他们的现代化计划。1881年以前和以后,他们都表示,如有必要,即使牺牲农民的利益,也要继续推行这一计划,而这样做是要冒相当大的政治风险的。然而,他们对农业还是真正关心的,如果说对于从事农业的人并非如此的话。在政府的经济培训计划中,有许多是针对改进农业生产方法的,其结果是大米和其他谷物的产量不断提高,几乎与人口的增长和个人消费量的逐步增加并驾齐驱。事实上,到1893年,尽管政府做了推进工业化的努力,日本基本上仍是一个农业国。现代化的工厂为数很少,规模也小。对外贸易量平平,其重要性主要在于技术上的借鉴。绝大部分人口仍居住在小村落,主要从事农业,而地税仍然是政府岁收的主要来源。直到中日战争以后,经济才开始迅速向新的形式发展。

在这些年代里,政治结构方面的发展情况,则不能说是一样的。除了为提高效率而进行的行政上的变革以外,还有另外一些截然不同的——而且是最突出的——变化,这些变化是由于政府与批评政府的人之间争夺权力的激烈斗争而产生的。

19世纪70年代给政府造成最大困难的反抗,是由于士族的不满而产生的那种反抗。中央政权日益强大后,便逐渐放弃了对士族意见委曲求全的政策,并代之以一系列消除封建特权的措施。最初的一些措施包括颁布法令,规定不同的阶级之间在法律上享有平等地位,禁止士族穿着独特的服装或带佩刀。此外,征兵法虽未立即生效,但不久就构成剥夺士族在军事上的特殊地位的威胁。但是,只是到了他们的经济地位受到危害时,他们才以大规模的暴力行动来表示他们的愤懑。1871年废藩后,政府承担了支付士族俸禄的责任,但数额有所减少,而且不同阶层的士族之间各有差别。诸侯本人得到优厚的待遇。这实际上是为了取得他们对这一变革的同意而设下的诱饵。但是,对于在旧制度下已经陷于困境的许多下层士族来说,现在实行的减俸,使他们的收入下降到不足以维持起码的生活。即使如此,他们也没有完全失去效忠之心,因为在1873年上半年,他们在镇压地方农民暴乱中,同警察进行了广泛的合作。这可能是因为他们至少对于某些新的领袖仍然抱有信心。到了同年年末,情况就不再是这样了。大久保和他的同僚在朝鲜问题的争论中获胜,这就打破了士族对于在海外进行征服的希望,并促使西乡隆盛、江藤新平和其他一些人辞职。剩余的那部分封建俸禄,几乎立即受到威胁。面临日益增加的开支,政府设法用让士族选择领取产业资金以代替年俸的办法来节约支出。将近3年以后,到1876年,就强制实行这一办法了。所有过去的士族都被迫接受一笔附有利息的政府公债。这比他们原来的俸禄要少得多。新公债的每年付息总额约为1150万日元,而1871年俸禄总额的市场价值约为2260万日元,过去各藩每年俸禄总额的估值,则达3460万日元。从上述事实,也可得出关于所产生的后果的一些概念。

这种发展引起士族的公开叛乱。由于叛乱集中发生在明治政府领袖们自己的出身地区,因而更加令人不安。1874年2月,江藤新平在肥前领导了一场叛乱。在长州几乎立即爆发了另一起叛乱。然而,最严重的一场叛乱,则在3年后发生于萨摩。西乡隆盛于1873年向政府辞职后,退居到他的家乡县份,忙于为士族组织"学校"。这种"学校"有双重目的,即培养一批经过训练的军事管理人员,以及通过合作达到自助。在很短的时间里,他的追随者就实际上控制了县政府,并能够任意置东京的命令于不顾。1877年1月,政府在几经犹豫以后,采取了将该地区重新纳入控制之下的第一个步骤,下令把储存在鹿儿岛县首府的武器运走。西乡的追随者迅速夺取了军火库,发动了公开的叛乱。此后,战事持续了6个月,到那时,西乡率领他的残余部队1.5万人被迫退却到鹿儿岛,他在那里自尽身亡。政府不得不把整个3.2万人的常备军和1万名后备部队,以及大部分国家警察,投入到这场战争中去。

镇压萨摩叛乱虽然代价很大,但却表明,封建叛乱在近代国家中——即使像日本这样新诞生的近代国家中——是不能得逞的。士族仍然不时地采取暴力行动,最初作为农民暴动的领袖,最后则成了政治刺客——1858—1868年间的事态使这一类政治行动几乎变得受人尊敬——但从此以后,所谓的"自由民权运动"成了反对政府的主流。这一运动也是由于1873年寡头统治集团的分裂而找到了有才能的领袖。肥前和萨摩出身的人如江藤和西乡,拿起武器来支持自己的观点;而土佐集团,尤其是板垣退助和后藤象二郎,却宁愿采用合法的宣传鼓动手段,来争取建立一个代议制的议会。

1874年,这一运动的领袖呈递的两封陈情书,表明了这个"自由主义"运动的动机和它的局限性。1月17日递的第一封陈情书内称:当政者的独断专行正在失去民众的支持,从而危害国家。建立一个由选举产生的议会,将能实现国家的团结:"到那时,而且只有到那时,国家才能强盛。"虽然引用了西方政治哲学来支持这一论点,但它实质上是对当权的一派人提出的挑战。它同意以达到国家的强盛为目标,但争论点主要在于实现这一目标所要采取的办法。它不是一个以个人权利为基础的呼吁书。事实上,当一个支持政府的人批评说,要求成立议会为时过早,因为"除目前的政府官员外,全国具有真才实学之士不过六七十人"时,板垣和后藤回答说,他们并不打算立即实行普选。他们写道,"我们首先只给士族和较富裕的农民以及商人以选举权,因为正是从他们中间产生了1868年维新的领袖。"

因此,这一运动是直接向反德川联盟中的一些人发出呼吁。这些人有理由对他们曾经帮助实现的变革的结果感到失望。运动的领袖来自土佐和肥前这样一些对萨摩和长州出身的人在中央政府中日益占据统治地位感到不满的藩。最初,运动的基本成员大多是上述地区的士族。从早期为使这个运动具有某种团结力量而组成的一些政治组织的成员情况,就可以明显地看出这一点。这些组织有1874年组成的爱国党,以及继之而成立的爱国社,而土佐的一个完全由士族组成的团体立志社,这一点表现得尤为明显。然而,在农村是有可能得到更广泛的支持的。地主和农村的企业经营者,虽然从王政复古中得到经济上的好处,却也欢迎在国家政治中发挥更大作用的前景,而且他们认为政府在税收方面偏袒城市,对此尤为耿耿于怀,农民也憎恨地税。他们还有许多其他的不满,从高额的地租到征兵,乃至学校和电报这样一些新花样。1881年10月成立了日本的第一个近代政党——自由党,从而开始把这些团体纳入一个有组织的反对派。

然而,在此以前,政府不得不重新考虑它在发展宪政问题上的立场。早在1873年,木户就主张实行代议制,但大久保认为时机尚不成熟,不过他同意,作为维护安定和国家团结的手段,制定某种成文宪法是可取的。实际上,大久保和他的同僚这一方的观点与反对派领袖们那一方的观点之间的主要分歧在于:前者寻求制定一部将会确认他们的权力的宪法,而后者寻求的则是一个可以打破他们这种权力的宪法。从1878—1880年期间政府领袖们就有关宪法的各种建议所进行的讨论中,就可以清楚地看出这一点。伊藤对此说得最简单明了不过了。他对现有的反对党的性质，做了一番简短的分析以后说："政府的责任在于奉行一个和解的政策，并使自己适应这些倾向，以便我们能够控制而不是加剧局势。我们要放松对政府的控制，但不是把它交出去。"

寡头统治集团的队伍内部进一步发生分裂，这就导致了新的行动。自从大久保于1878年去世，争夺全面领导权的主要竞争对手是得到岩仓和长州利益集团支持的伊藤与肥前的大隈重信。大隈最初在宪法问题上并没有表态，但在1881年3月，显然是企图利用煽动群众来支持他争夺权力的斗争。他公然出面赞同立即制定一部英国式的宪法。他说，它必须包括这些规定：设置由选举产生的立法机构，按议会中的多数组成政党内阁。根据伊藤和岩仓的意见，这个建议于6月被拒绝。10月，他们成功地把大隈本人赶下台，于是大隈便组织了他自己的政党——立宪改进党，其组成人员有比较年轻的官僚中他的许多追随者，一批城市知识分子和以庞大的岩崎（三菱）联合企业为首的一些新兴工业家。

在大隈被迫辞职的同时，伊藤和岩仓设法使天皇发布诏书，许诺将颁布一部宪法，但不是像大隈所要求的那样立即颁布，而是在1889年。这样做有双重好处，既可削弱反对党的攻击，又可获得时间，进行准备。不久以后，他们于1882年组织了自己的政党立宪帝政党，但这个党软弱无力，而且普遍不受欢迎。而有效得多的是他们对付反对党派所采取的直接手段。1875年的新闻条例规定，批评政府将受到惩处。这一条例已被广泛地用来钳制，有时是镇压反对党的报刊。此外，伊藤于1880年还曾制定法律，将政治集会置于警察控制之下，并禁止政治组织为集会登广告，拉人入会，或与其他地方的类似组织通信往来。最初制定的镇压手段，本是用来对付板垣的追随者的，现在又转而用来对付改进党了。这些措施，由于往往成功地使自由党和改进党之间相互对立，因而得到加强。最后，于1887年12月颁布了保安条例，这个条例又进一步扩大了警察的权力，使它能够把政治嫌疑犯逐出首都。

反对派各政党没有力量经受住这些措施。尤其在自由党内部，由于政府禁止通信往来和合并的规定，其后果是削弱了在中央的士族领袖们的控制权，使权力得以转移到一般由地主控制的地方委员会手中。而且，松方的财政政策1881年后给农村造成的萧条，带来了一系列租佃争端，在这种争端的影响下，该党的农民一翼在观点上日益激进，在行动上愈加暴烈，而地主则变得愈来愈保守了。面对着这些困难，板垣和他的同僚于1884年10月决定解散自由党。大约在同时，大隈退出改进党，从此该党就不再具有危害作用了。

政府在此期间已着手为它的政策的积极一面，即为颁布一部成文宪法作准备。这一切并不完全由于政府的国内政敌所施加的压力，或者是为了使自己永远掌权而不择手段地玩弄权术。这些至少在某种程度上可以说是以近代方式取得政治统一的必然阶段，是打击地方分离主义的延续。正如伊藤在论述这一过程时所说的，日本人民"缓慢地但是坚定地被引导着来开阔他们的视野，使之超出他们村落的范围以外，把他们本区和本县的事务看作自己的事务，直到最后能够使他们对国家和民族的事务，如对他们本村的事务感到同样强烈、甚至更为强烈的兴趣"。1874年，朝着这一方向迈出了第一步，设立了一个县知事会议。1878年，又迈出了另一步，增设了由选举产生的各县县议会，来讨论包括税收在内的地方事务，不过选民人数有限，而且又授予内务大臣和他的下属以广泛的否决权和停止执行权。对于1880年设立的市、町会和村会的活动，也加以类似的限制。由于同一时期，中央政府对地方官员加紧了控制，而地方官员又对一般民众加紧了控制，因此很明显，这些议事机构只不过是反映了寡头统治集团的控制在表面上有所放松而已。

在决定颁布一部宪法后，中央政府的结构就发生了变化，这些变化同制宪的准备工作有着更直接的联系。首先于1884年制定了新的贵族爵位制。公开的目的是要对于忠诚的效劳给予奖赏，但引人注目地把大隈和板垣排除在外，尽管他们在政府工作中做出了杰出的成就。这就表明，此举也是为了给将来的贵族院输送政治上可靠的成员。翌年12月，采用了德国式的近代内阁制度，伊藤任首相，全面主管政策，下设各部大臣，每人直接向天皇负责。1888年4月，设置了由任命产生的枢密院。这是又一个寡头统治集团势力的堡垒。

宪法的整个轮廓已经于1881年7月由伊藤和岩仓确定下来，而且岩仓所拟的一套"总原则"，实际上就是8年后要颁布的这一文件的大纲，也已于同年10月获得太政官的通过。因此，伊藤于1882年至1883年间进行的著名的欧洲访问，表面上是要研究外国的宪法，实际上只是与确定宪法的细目有关。既然岩仓的意见是"按普鲁士方式组成一个不向国会负责的内阁"，伊藤自然把大部分时间花费在柏林和维也纳，他在那里听到的讲课肯定了他原来的设想。他对巴黎和伦敦只进行了短暂的访问，即于1883年夏返回日本。此后，在他亲自领导下，草拟了宪法的最后文本；1889年2月11日，举行隆重的仪式，颁布了宪法。这部宪法于1890年开始生效。

明治宪法几乎没有向大隈和板垣的观点做出任何让步。这部宪法是天皇赐予的，他保留修改的权利。而且，这部宪法确认了几乎绝对的君权，包括宣战、媾和、缔结条约，对官僚和陆、军的控制，以及发布敕令的权力。臣民的义务，诸如服兵役和纳税，均有明确规定。他们的权利（言论自由、公正的审判等）受法律条文的约束。在政府的反对派看来，更为令人不安的是有关议会的部分，因为虽然天皇"在帝国议会的同意下"行使立法权，但大臣们却不对由选举产生的众议院负责，而贵族院这个注定是保守的机构，实际上拥有对一切议案的否决权。在财政事务方面，"行使天皇大权所需的"一切开支——随后明确包括武装力量的开支以及许多文武官吏的薪俸在内——均不受议会的控制。年度财政预算须获得众议院的通过，但如遭到否决，政府有权按上一年的预算行事。各政党要想利用宪法来实现它们的野心，几乎没有可能。事实上，这部宪法是建立近代国家结构的最后一个步骤，而不是政府的反对派从政府那里争夺来的让步。

1890年的选举法规定了以纳税额作为选举资格的条件，这样，在4000万总人口中，选民总数被限制为约45万人。由于地税所占的比率很高，在选民中地主就成为最大的一个集团。这一事实在第一次大选（1890年）中得到反映。当时，众议院300名议员中，有90%以上是依靠农村的选票的。具有更为直接重要意义的是当时经过改组的各政党的力量。板垣、后藤和大隈领导的各派控制了160席，从而拥有超过政府支持者的多数。他们企图利用这一多数来争取人们接受政党内阁的主张，而首相山县和他的大部分同僚则断然反对这一政策。结果，在寡头统治集团领袖和国会众议院之间发生了正面冲突。从一开始，冲突就集中在预算问题上。在第一届会议（1890—1891年）上，众议院提议削减10%，山县只是在使用了广泛行贿和恐吓手段后才达成妥协。他的继任者松方遇到更大的困难，于是在1891年12月解散了众议院，企图使用警察和贿赂来控制随后举行的选举。结果造成25人死亡和数百人受伤，但是反对党的力量并没有多大削弱。围绕着预算的斗争继续进行下去。1892年年末，接替松方的伊藤，通过请求天皇的直接干预，暂时打破了僵局，即使如此，他仍然不得不在1893年12月和1894年6月再次解散众议院。

在1894—1895年间，由于热衷于对华战争而带来政治上的休战。此后，政治活动开始缓慢地出现了一种新的格局。各党派由于很少取得成就而感到失望，并且由于一再负担选举费用而感到恐慌；因此，希望分享政府官职的愿望，使得他们比过去较为愿意做出妥协。同样，寡头统治集团的某些成员这时也准备宁愿与众议院合作，而不是与之对抗。伊藤树立了一个榜样，他于1895年和板垣的自由党联合；当他的政府于1896年下台后，继之而来的是松方和大隈的联合政府。但是，这两次联合都由于在宪法原则上和职位分配上发生争执而受到削弱。结果，1898年在一个短暂时期里又回到过去原有的格局，自由党和进步党合并组成一个单一的政党——宪政党，并且在伊藤的首倡下，大隈和板垣组成了一个联合内阁。这一尝试未取得成果。对行政实行改革的企图为官僚机构所阻挠；为制定具体政策而进行的努力，引起了自由党所代表的农村利益和进步党所代表的城市利益之间的冲突；在官职分配的问题上意见分歧无尽无休。不出几个月，甚至政府尚未与议会打交道，这一联合就瓦解为原来的各个组成部分。结果，山县重新掌权，组成一个没有特定党派关系的政府。

这时，伊藤和山县之间出现了意见分歧；于是，伊藤着手与一些政党政治家们建立起紧密的联合，以加强自己的地位。这一联合比寡头统治集团的任何成员迄今所建立的联合都要密切得多。1900年9月，伊藤组成了他自己的政党——立宪政友会，其成员大部分是过去的自由党党员。在这场交易中，伊藤方面答应他的追随者，他们将在内阁中获得一些职位，对政策也可有所影响。正如他在成立大会的致辞中所表明的那样，作为交换条件，他们必须放弃政党政府的原则。结果，政友会先在伊藤，后在西园寺的领导下，掌握了10年的有限权力——虽然有时要以支持山县所提名的桂内阁为代价——而争取实行政党责任内阁制的斗争却被搁置一边，几达20年之久。

第十七章 日本

1890年以后日本政治和宪政的发展，在一些外国观察家看来，肯定比不上日本的国际地位和威望的迅速变化那样突出。这一点首先从修改条约问题上可以清楚地看出。1878年以后，日本外交政策的主要课题，就是试图废除治外法权和对关税的控制，这两点都体现在德川时代末期签订的所谓的"不平等条约"中。这一年，美国同意给予日本以关税自主权，但必须获得其他列强的认可，然而英国的反对使这一谈判于1879年年初中止。1882年关于治外法权的谈判的命运与此相同。1886年，就建立由外国法官和日本法官共同组成的混合法庭以取代领事裁判权问题，原则上达成了协议；但是，这一妥协的消息在东京传开后，舆论的猛烈批评阻止了做出任何最后的决定。大隈担任外务大臣后，于1888—1889年间重新开始谈判；这次谈判是在欧洲各国的首都举行的，但是结果也大致相同。在伦敦过早地发表了达成协议的消息后，在日本再次引起了激烈的反应。

在这些妥协的尝试失败后，日本谈判代表的态度变硬了。1893年，伊藤政府的外务大臣陆奥重新开始谈判时，打算使英国同意完全废除治外法权。他的态度比他的几个前任的态度要坚定得多。他强调了再度冒犯日本舆论的危险性，而当时议会中群情沸腾，就代表了这种舆论；他甚至暗示，日本有可能不得不单方面废弃这些条约。尽管双方在观点上发生了一些尖锐的冲突，但终于达成协议。1894年7月，他同英国签订了条约，条约中规定在日本颁布新的民法典一年后，那里的治外法权即行结束。这一条约以及随后与其他列强签订的条约，均于1899年8月生效。即便如此，直到1911年关税条约有效期满时，日本才得到完全的关税自主权。

在陆奥的指导下，日本的政策表现出更大的自信心，这一点在日本处理同它的邻国的事务中，表现得更为明显。1890年以前，日本历届政府处理事务都是小心翼翼，特别是有可能和这一个或那一个强国发生冲突的危险时，更是如此，虽然他们在争夺千岛群岛和琉球群岛这些次要领土要求时获得了成功。甚至在朝鲜问题上，他们自1873年以来也表现出相当大的耐心。但在1894年，日本提出要求在它的指导下在朝鲜实行改革，这就构成了中日战争的直接起因。

日本1894年的政策和10年前在同一争端中所奉行的政策，有显著的不同；由于在两次争端时伊藤均任首相，这种显著的不同就更加引人注意。历史学家在企图解释这一变化时，产生了意见分歧。某些人强调说，1894 年，中国的政策更加顽固了，而在这 10 年内，日本在朝鲜的经济利益又愈来愈重要。另一些人则设法从反对党在议会中的活动给伊藤造成的政治压力中寻求解释。两种论点都有说服力，但至少第二个论点是有懈可击的。的确，大部分政党领袖是属于 1873 年由于在朝鲜问题上的争端而辞职的那一批人，而且他们发现，批评政府外交政策中的"软弱性"是争取选票的现成手段。在 1853—1868 年间由于西方的行动而引起了恐惧后，外交政策一直是一个容易引起感情激动的问题。另一方面，并没有什么证据足以说明，各党派已经十分强大，足以迫使政府实现它们的愿望。以更加极端的形式施加压力的，是各爱国团体；这些团体喜好强制手段；他们所设想的日本扩张计划，需要完全抛弃对西方外交惯例的尊重，而明治政府是有义务尊重这些惯例的。由曾与萨摩叛乱密切相关的政治不满分子于 1881 年组成的玄洋社等组织，企图通过幕后操纵和恐吓等手段，使政府接受他们的观点，但直到 20 世纪，他们和他们的后继者才在制定日本的政策中得到了有效的发言权。

如果我们记住 1873 年伊藤强烈支持不进攻朝鲜的决定时所持的理由是，当时进行海外冒险既有危险又不可行，那么，就可以对于伊藤的对华政策有更清楚地理解。在那以后，类似的理由继续促使政府谨慎行事。但到了 1894 年，这种论点已经在很大程度上失去了说服力，日本的领袖们已能够怀着更大的信心面对世界。日本已经获得相当程度的政治上和财政上的稳定。它拥有一个日益现代化的工商业，一支规模虽小但却有效的西方式海军，以及一支经过改组（特别是在 1882 年后）的陆军，这一改组使它成为能够被用于海外的有效工具。由于取得了这许多成就，在朝鲜进行战争的前景，就不那么令人担心，而且，正是由于这一事实，这个前景变得颇有吸引力。从这个意义上来说，中国政策的变化以及平息国内反对意见的必要这两点，只不过是次要的原因。①

战争本身的进展很快就变得对日本有利。日本的海军在几周内就

---

① 详情参阅原文第 644 页以下。

取得了朝鲜和华北之间的制海权，从而切断了中国对朝鲜半岛的最有利的增援路线。到1895年年初，日本已占领了整个朝鲜，旅顺口及其辽东后方地区，以及南满的部分地区。中国不得不设法媾和，最后派李鸿章赴日与伊藤谈判。根据1895年4月签订的马关条约，中国同意承认朝鲜的独立；把台湾、澎湖列岛和辽东半岛割让给日本；再开放4个城市作为通商口岸，并偿付2亿两白银的战争赔款。但是，这个条约立即引起俄国、法国和德国的干涉，它们要求日本归还辽东半岛。日本政府勉强同意，于是对条约做了修改。日本得到的唯一安慰是战争赔款增加了。

中日战争为日本开辟了一个新时代，因为它在国内政治和经济的发展以及外交事务中，都有着重大的反响。胜利引起的热情和3大国干涉造成的屈辱感，正好与条约的修改同时出现，这就给民族主义的发展带来了新的推动力，并且使日本所抱的中心愿望不再是取得平等地位，而是向外扩张了。同时，日本跃居远东国际事务的积极参与者，这就要求完全重新考虑它的地位。1895年4月发生的种种事件表明，要实现它的希望就不可避免地要与俄国角逐，也许是公开的冲突。然而，日本对此并无准备。它要想有力量在必要时不惜以战争为代价来拒绝某一大国的"劝告"，还有许多事情有待完成。

日本在建立一个强大的经济方面，已经取得了许多成就。特别是在纺织品贸易方面，虽然促进纺织品的出口，是由于签订了马关条约而比较容易地进入中国和朝鲜的市场，但1890年以后的迅速发展，并不是靠政府的财政资助或国家的经济政策。但是，日本的重工业还远不能支撑一场重大的战争；于是，政府的注意力这时便集中于经济领域中的这一部分。建立诸如1896年的保险银行和1900年的劝业银行这样一批专业银行，提供了一种手段，可以把投资引向政府所期望的方面。邮政储蓄运动也起到同样作用。结果，工业取得了迅速的发展，虽然按照西方标准，直到1914年它的规模一直较小。例如，机械工业的已缴资本，从1893年的260万日元增加1903年的1460万日元，到1913年则达6110万日元。1896年，航运公司使用700吨以上的铁制或钢铁制船只可以得到补贴；到1899年后，使用日本建造的船只可以得到更多的补贴。日本的商船队和造船厂的生产量稳步增长：到 1903 年，进入日本各港口的船只中，有 38% 属于日本所有，与此相比，10 年前只有 14%。1901 年，当政府出资创办的八幡制铁所投入生产后，具有相当规模的钢铁工业诞生了。不久，又相继建立了一些私营公司。煤炭生产从 1885—1894 年间的年平均产量 260 万公吨，增加到 1895—1904 年间的年平均产量 800 万公吨。

因此，在中日战争 10 年后，日本的经济已经出现重大的变化。1900 年，丝和棉的纺织品，包括棉纱在内，占出口货物的 22%。原棉的进口有了相应的增加，而诸如大米和茶叶之类的农产品的出口相对减少了。人口的增长终于超过了农业生产的增长，日本成为食物的净进口国。政府的支出 10 年内增加了 3 倍，这主要是由于军备费用和开发新殖民地的费用造成的，结果征税和政府的债务都增加了。1894 年至 1903 年间，国债增加了 1 倍以上。

经济发展的性质是由政府的政策所决定的，从这一点来说，它从根源上和目的上都与国际形势有关。另一方面，虽然发展迅速，但这种发展还不足以鼓励在外交上采取贸然行动。国内的政治形势也不允许这样做：在签订《马关条约》以后的 6 年里，日本更换了 6 届内阁。因此，它对待对外问题一直持谨慎态度，目的在于避免卷入与列强的纠纷。[①] 这终于导致同列强中的一国结盟。朝鲜到 1898 年初一直是兴趣的中心，日本曾试图在那里与俄国合作。在以 1898 年德国攫取青岛和俄国租借旅顺口为开端的对中国的争夺中，日本发现自己处于困难的地位。这一发展形势危及它自己将来在大陆上进行贸易的前景，而俄国夺取辽东，则又触痛了三国干涉留下的创伤。另一方面，日本知道自己太弱小，不能够控制事态，甚至不能为了自己的利益而参加这场竞争。因此，它不得不谨慎行事。在 1899 年义和团起事所造成的局势中，情况亦复如此。在所有的有关国家中，日本最有可能提供部队去援救在北京的各国外交使团，但它害怕得罪列强，因此，一直等到它被邀时才参加干预，而且一有可能，就立即撤回了军队。但是，俄国占领满洲却是另一回事，因为它直接威胁了日本在朝鲜的利益，也威胁了列强在中国的利益。伊藤政府的外务大臣加藤于 1901 年春向圣彼得堡提出最强烈的抗议，尽管他未能得到英国的有

[①] 详情参阅原书第 658 页以下。

效合作。

英日同盟的谈判，主要是满洲危机引起的。自1895年以来，两国中都有一些有影响的人物鼓吹两国结盟，并且已经进行了几次试探性的讨论。不仅如此，在有关中国，特别是有关义和团事件的赔款问题的谈判中，已经进行了合作。这一切创造了一种气氛，在这种气氛中，有可能做出某种更为正式的安排。但即使这个计划有明显的优点，从这里到缔结军事同盟，还需迈出很大的一步。英国将能获得阻止俄国在远东向前推进的手段和缓和它海军兵力紧张的好机会。日本则将能大大提高它在国际事务中的影响。然而，双方也有理由犹豫不决，因为同盟意味着对俄国的威胁。这就可能使得同俄国达成协议更为困难，从而带来新的复杂局面。由于这个原因，1901年7月在伦敦开始的谈判进展缓慢；谈判开始后，伊藤在一段时期里继续试探同俄国达成协议的可能性；同时，在英日同盟的最后文本里，英国许诺支持日本在朝鲜的地位的那一条款措辞谨慎，以避免对日本的野心给予不适当的鼓励。尽管如此，英日同盟终于在1902年1月30日签字，衡量起来，日本似乎从谈判中得益最多。对它来说，这至少是一个值得庆祝的时刻。

在许多方面，英日同盟确实代表着明治政府所取得的成就的顶峰。这个政府最初处于变化不定和内战之中，但是，它逐渐建立了日本过去从未有过的一个有效率的政府行政机构。一个人数不多的领导集团，成功地抵制了对他们控制政府机构的挑战，首先在日本的社会和经济中实行了意义深远的改革；通过这些改革，他们终于实现了修改条约（这就构成各国对日本在国际事务中享有正式平等地位的承认），并在对外战争中赢得了胜利。同最大的强国之一结盟，又使他们的成功有了保障。而且，在历史纪年上——如果说不是在因果关系上的话——这也是一个新的出发点。在20世纪里，日本势所难免地将要在远东事务中起主要作用；在国内的扩张主义情绪的压力下，在国外出现的机会的诱惑下，日本开始了一个创建帝国的计划，但这一计划最终给它带来了灾难。

（李家骅　译）

第 十 八 章
美　　国

　　在 19 世纪后期，美国丧失了以前在欧洲人想象中的地位。到了 1900 年，诸如不成熟、实利主义以及一味自我吹嘘这些原来保守派批评家们惯用的指责，连欧洲的左派也已接受。尽管人们企图把这一时期说成是"企业时代"，但近代的美国人则一直倾向于同意上述的批评，普遍的看法仍然认为这是一个"浮夸的时代"，表面上很富裕，本质上一钱不值。即使如此，美国不论是对成百万贫苦的欧洲移民或是对富有的投资者来说，依然是个充满机会的地方；而美国人自己也从内战时期的猜疑和分裂转向自信、社会安定以及在基本信念上出人意料的一致性。各种抗议和批评运动都呼吁恢复传统的美国原则；在政治、社会和经济制度方面，实行根本改革的主张几乎无人支持。对批评家以及保守派来说，美国人的理想国仍然是美国。

　　这个时代的主要特征是，一个高度发达的工业和资本主义的社会在北部和中西部兴起。这个社会虽亦经历了与其他工业社会相似的内部关系紧张的情况，但避免了由于阶级而产生的重大政治分裂。直到 19 世纪最后几年，它虽未遇到海外属地的问题，但在与占美国领土大部分的不够发达农村的地区的关系方面，也面临着相类似的问题。由于政治制度允许这些"殖民"地区参加全国政府，鼓励不同地区的各个集团联合一致，从而缓和了由于大权集中于美国一个地区而造成的影响；但是，政治由于不是毫无作为，就是腐败无能，往往看起来损害了这个国家各个不同地区的关系，而不是使它们和谐一致。1888 年，布赖斯勋爵在他的《美国共和政治》一书中谈到两大政党时说：目的和原则似乎已不复存在，"除了当官或者希望当官之外，一切均已丧失无遗"；像詹姆斯·吉·布莱恩其人，在党内举足轻重并赢得了他个人的追随者们的忠诚拥护，但回顾其所作所为，似乎不过是个浅薄无知、不讲公德之徒，而且从未参与采取重大措施和制定重要政策。不过，美利坚合众国本来就是一个政治产物，也只有靠政治权术才能使之保持下去。

南北战争和南部的重建助长了一种新的忠诚观念和关于政治目的的新定义，从1896年的选举中，可以看出党派斗争和各利益集团的实际冲突是一致的；在介于其间的一段斗争缓和的时期，两党都竞相仿效，以便扩大自己的地盘。在感情冲突的整个时期里，各政党都依靠过去的历史维持自己的地位；在经历了这一时期以后，对政治家来说，进行政治活动的组织本身就可能成为一个目的。在"一切均已丧失无遗"之后，剩下的只有一大批各自为政的地方党派组织，它们结成一种松散的联盟，其目的在于选举一位总统。成功的领袖要做的就是，设法控制这些由较次要的职业政客组成的地方组织，而且即使是有声望的全国性人物也免不了一心忙于搞政党分肥、培植势力和玩弄政治权术这样一些无法否认的事实。正派的政府官员也许会变得容忍他们在私下诅咒的那些做法；这个制度也会培植起一批政党首脑人物和"分肥者"，即搞党政分肥的捐客，他们以玩世不恭的冷漠态度，看待他们所利用的各种原则。这种职业政治制度，有时看起来与由企业家们形成的真正美国历史毫无关系；但是，政治和经济是千丝万缕地纠缠在一起的，就像同国家生活的其他一切方面纠缠在一起一样。在这个民主社会中，权力的构成方式要比民治政府的正规结构更为繁复，而且比那些建立在等级制基础上的社会更为复杂。

共和党原本脱胎于一个持反对意见、抱不满情绪和具有理想的运动。它是南北战争中产生的一个得到工人阶级支持的中产阶级政党。它罗致了大部分知识分子，把理想主义和改良主义的热情同对当时生气勃勃的经济力量的广泛重视结合在一起。共和党人认为，福利和个人主义之间并无矛盾。后来的一些评论家们认为，这一事实证明他们的思想贫乏或有意自欺欺人，但这正是他们的力量的主要源泉。该党认为自己不是大商业的仆从，而是为小企业主、辛勤劳动的农场主、正派的市民和正直的贫民服务的。当党的势头减退以后，它就愈来愈靠政党分肥，靠令人激动的对南北战争的回忆，并且靠讨好商业利益集团了。一个为了防止扩大奴隶制而建立的政党,结果却把提高税率列为自己政纲的核心;如果说,这一时期它以类似格莱斯顿式的自由主义的东西作为开端,那么,又以同索尔兹伯里勋爵的保守主义非常近似的东西作为结束。然而,它却在不断地宣称,它是19世纪启蒙运动的党,在接踵而来的那个时期中出现的进步主义,正是从共和党的肥沃土壤中成长起来的。

虽然共和党在19世纪末期处于优势地位,但从1865年到1901年间的18届国会中,有9届是民主党在众议院拥有多数。共和党在参议院虽除4年以外均居于多数地位,但在1877年到1891年,这个多数一直没有超过3个席位。1860年在共和党的腹地中西部,道格拉斯曾赢得几乎与林肯同样多的选票,而且,民主党除已积蓄起来的这样大的力量之外,这时又得到愈来愈多的国外出生的罗马天主教徒和城市低工资工人们这些补充力量。在南部,共和党到1877年已经绝迹,原来的辉格党人领导了一个重新兴起的坚如磐石的民主党。在北部,民主党在城市中和在比较贫穷的农场主中间仍然保存了力量,而数目较少的富人(其中大多来自纽约州并与国际银行业和海外商业有着分支关系)则在党内拥有和他们的人数无法相比的影响。各个集团的目标仍然相当一致,但随着力量的消长,此一集团或彼一集团取得压倒的优势,这就使该党走向极端的混乱。民主党人从来无法肯定,他们究竟应主张实行硬通货政策,还是实行通货膨胀政策呢;究竟应实行自由贸易,还是对关税实行温和的改革呢;究竟应实行改革,还是奉行保守主义呢。民主党安于在政治上无所作为,并且,如该党在东部各州的主要喉舌纽约州的《世界报》所说,它试图坚持"民主党的旧主张……凡是学区同样能做的事,就不要让城镇去做;凡是县、市能做的事,就不要让州去做;凡是州能够有把握完全做好的事,就不要让联邦政府去做"(1865年3月7日)。对于这样一个党来说,上述不一致的情况,其影响比可能想象的要小。对于那些由于这样或那样的原因要求自由行事的人来说,地方自治仍然有着吸引力。民主党可能自称是普通老百姓的党,但它的真正支持者来自小的既得利益集团和地方实力派。所以,在纽约州,民主党的地方自治原则使坦慕尼协会得以处在掌权的地位;在南部,该党则成为上层寡头政治集团手中的一个有效武器。共和党人被指责为实行"集权主义",但在许多民主党人的眼中,该党真正的罪过在于企图保护黑人免受由于南部实行地方自治而带来的危害。民主党在19世纪末虽然与农业激进派结成了联盟,但它对有组织的工人很少表示同情,对熟练工人并无吸引力,它仍然被它的许多拥护者看成是保守派,因此,必须在20世纪经过一番变革,才能成为工业时代的改革力量。

两党都在设法争取同一个中产阶级的选票,因此它们的全国纲领往往只不过是设法用两种说法解释同一件事;然而,它们在气质上和原则上都有所不同,这使得当时的人们相信它们不是在装模作样地打假仗。共和党是由个人组成的党,民主党则是由少数人的集团组成的党。民主党仍然主张在放弃脱离联邦的条件下实行州权,共和党则认为州权不包括损害人或财产的权利。民主党人数虽多,但政策不够高明;共和党代表着有教养和有地位的人们,但由于它在选举中处于没有把握的地位,于是,就不得不专门玩弄政治策略,因而也就顾不得什么公共道德了。两党都靠过去来保持其地位,但民主党是真正相信过去,而共和党则是利用过去而已。

如果认为所有担任公积的人都是无赖,或者认为商界已把政界的一切优秀人才挖走,那将是错误的。大多数担任国家职务的人是可尊敬的,而且许多人是有能力的;而许多在商业方面获得突出成就的人,如投身政界则会成为平庸的政治领袖。而且,除非是在一个柏拉图式的共和国里,否则政治也不可能指望把最优秀的人才囊括无遗。美国缺少的是一个既能胜任公职,又能保持正人君子的行为准则的公认的上等阶层;南部的战败把这样的阶层赶出了中央地位,领导人才不得不从那些能够在地方政治的剧烈斗争中取得成功的人们中间产生。像早期一样,从事法律业务是进入政界的捷径,但在政治上飞黄腾达的,往往是一些只受过粗浅职业训练的小城市律师。大多数政界人物声称,他们主要是对选民负责,但实际上,对选民负责往往意味着为那些最有势力和最敢于讲话的人效劳。在这个时期,院外集团和压力集团愈来愈重要,那些拥有现成的核心组织的人们,例如大企业利益集团和"共和国大军"① 等,在争权夺利的竞赛中,早已捷足先登。

---

① 联邦海陆军的南北战争退伍军人于1866年建立的组织。——译者

国会的办事程序更加深了这样的印象，即政治往最好处说，不过是原则的妥协，往最坏处说，则是互相争夺报酬而已。充斥参众两院的那些中产阶级人物，把他们自己那种镇静自若而有条不紊的习惯带入政界，像韦伯斯特和克莱那种类型的滔滔不绝的演说已经不合时宜。越来越多的事情是在委员会的秘密会议中处理的，而且，尽管比以往任何时期搜集的情报都多，处理的事情也多，但公众从国会得不到任何印象，说明它在有目的地进行着领导。由于宪法未做明确规定，制定政策这样至关重要的职能，是在避开公众眼目的情况下和容易引人怀疑的气氛中执行的。对院外集团表示的关注，可以辩解为在政府事务中进行协商的必要一面，但这也可能更加使人相信财富比国家更重要。最发人深省的不是偶尔发生的丑闻，而是何以无法防止丑闻的重复发生，何以无私的政治显然不能和政党组织的要求协调一致。州议会更加容易受到压力，某些州还赢得了由大公司所操纵的政府进行统治的恶名。众议院的威信下降了，部分原因是死板的辩论法规使人们宁愿要用委员会来进行统治。参议院的声誉有所提高，但就整个国会来说，人们普遍的印象是国会议员没有尽到他们的责任。

在本时期开始时，人们坚决要求立法机构享有最高权力，这势必会使总统和最高法院在政府中退居次要地位。共和党继承了辉格党议会政治的传统——林肯所以拥有广泛的权力，人们可以解释为是由于战争的紧急状态，虽然这种解释往往难以自圆其说——因此，1865年12月，国会多数派从约翰逊总统手中夺去了主动权一事，并非如某些人所认为的是什么创新。南部重建联合委员会作为一种国会内阁本可以开创新的途径，它虽无行政权，但承担着汇集、拟定和提出立法措施的任务。1867年的任职法是企图建立立法机构最高权力的一次更加直接的行动。它完全改变了国会1789年的一项决定。这项决定规定，虽然宪法要求联邦政府官员的任命要由参议院批准，包括内阁部长的任命，但免职的权力则归于总统。倘若上述法案的规定不是在1869年撤销了的话，它将会构成像18世纪英国宪法最不稳定的因素——大臣们向行政和立法负有双重责任——而又没有提出解决英国宪法难题的那种集体责任制。最后，对约翰逊总统的弹劾虽然表面上是因为他违反了任职法，但实际上是由于他坚持一项受到国会和选民谴责的政策；弹劾如果成功的话，势必会开创先例，使行政在更加大得多的程度上依靠国会，并对国会负责。但是，挽救了约翰逊使他免于被参议院定罪的那一票，挫败了立法机构权力至上的运动。格兰特继任总统后，多数人宁愿让行政和立法两个部门的关系重新回到过去那种界限不明确的局面。国会政策就其想要达到立法机构权力至上这一目的来说，遭到了失败。因为，它是作为对一些特殊形势做出的一系列反应而提出的，几乎没有考虑总的问题，并且对宪法理论也没有做出任何明确的阐述。

总统作为政府首脑并负责任命一切联邦官员，掌握着强有力的武器，可用以影响国会，并使他的党唯他的意志是从。有一个时期，这种权力由于一些拥有压倒势力的大"分肥者"的影响而受到限制，但事实证明，对于一个总统来说，要打破这些人对党的控制是出人意料的容易。否决权仍然是总统手中保留的巨大权力，以使用这一权力相威胁，可以在影响立法方面起到作用。国会议员们谁也不会在一个他们明知其不会通过的议案上浪费精力和时间。而且，这种权力只有在两院都有 2/3 的人数反对某项否决案的罕见情况下，才会遭到挫败。因此，总统拥有只要充分利用即可十分有效的权力。克利夫兰上台时，对总统的职权持十分谨慎的看法。尽管如此，1892 年，他运用一切可用的办法，使犹豫不决的国会通过决议废除白银收购法。麦金莱是一位老练的政治策略家，他虽未使用那样咄咄逼人的手段，但却能从国会那里得到他所要求的大部分东西。在 1865 年至 1868 年间，共和党曾将总统的权力削减到该党的传统和政治利益所要求的地步。但到了 19 世纪末，国会显然已经达到并越过其权力的顶峰，而总统则显然拥有仍有待于发展的巨大潜在权力。

1865 年，共和党对最高法院做出的评价不佳，对于最高法院可以通过宣告法律无效来干涉国会的政策感到不满。废除国会法案只有两个先例，而且第二个先例（德雷德·斯科特判决案），在 1865 年对于提高最高法院的威望并无好处。最高法院有利于米利根的判决案——即不论是总统还是国会，均无权下令在战场之外进行军事审判——严重破坏了国会在南部的政策，而在南部，军事法庭是黑人公民权利的主要保护者。《民族》周刊（第四卷，第 30 页）曾发表社论指出，在德雷德·斯科特和米利根两个案件中，最高法院背离了它一贯的做法，即政治问题由国会处理，并指出："我们不能相信这样的做法会再重复。如果再重复的话，人民对待它就不仅是蔑视，而将是惩罚。"1868年3月，国会剥夺了最高法院受理军事法庭上诉案件的权力；1869年，最高法院的成员扩大为9人，从而使格兰特总统得以任命两名新的最高法院法官，并推翻了一项与当时的国会货币政策相抵触的裁决。最高法院默认1868年的法案，也许使它免于受到更加严厉的限制，例如宣布国会法案无效必须有2/3的多数通过，或由国会重新审议失效法案的规定等。不过，以后几年宪法的改变是朝着司法部门解释立法的方向发展，而不是离开这个方向。

即使在蔡斯任最高法院首席法官期间（1864—1873年），也有十项法案被裁决无效。接着，司法部门否决法案的情况就更为增多。1895年，最高法院拒绝了一项联邦所得税法，而该法乃是国内政策方面的一项主要立法。最高法院承担了裁定国会1887年的州际商务法和1890年的反托拉斯法的真正含义的责任。当它这样做以后，其结果远远背离了热烈支持这些措施的人们的意图。这个时期最重要的立法案是宪法第十四条修正案，而最高法院赋予它的意义是该案倡议人所未曾料想到的；它所受到的限制，也是这些人满心打算予以否决的。在这一时期，最高法院对各州的社会和经济立法，加上了种种严格的限制。这些侵犯立法自由的措施之所以能够实行，是因为有势力的利益集团害怕人们滥用多数规则。工业资本主义社会的各统治集团把宪法和解释宪法的最高法院视为对安全和稳定的保障。合众国的缔造者们开始时建立了一个法治政府而不是人治政府，而他们的继承人现在所需要的是超越人力所及的法律，于是，就由最高法院而不是由国会来满足这种需要了。

如果根本法可以超脱于政治之外，那么，似乎同样也有充足的理由对政府采取这样的做法。中央文官制度方面的缺点和地方政治中政党机器的兴起，大都是19世纪初叶民主政治的产物。因此，19世纪末叶的改革家们便以矫正由于实行多数规则而造成的这些现象为己任。以通过考试而录用、根据功绩而晋升为目的的文官制度改革，成为中产阶级改革家们最向往的一个目标，并且得到实业界愈来愈多的支持。要实现这项改革就必须坚持反对人们对于一切像是贵族统治的事务所抱有的那种根深蒂固的猜疑，以及有经验的政客们的种种需要。一批有学问的杰出人物很容易被人们描绘成最坏的一种贵族统治形式，而一个人若提出，比起其他保持政治权力的手段来，政党分肥制并非最为有害的，这也未必就是冷嘲热讽之言。尽管如此，到1883年，要求改革文官制度的压力已十分强大，于是，国会通过，并经阿瑟总统（他本人原是赞成政党分肥制的，现在主张改革了）签署了彭德尔顿文官服务条例，把大批职务进行"分类"，规定这些职位将通过考试来任命，只要能有效地行使职责，即可继续担任。麦金莱总统虽曾将一批职位从分类中取消，但到19世纪末，美国已在建立职业文官制方面取得了巨大进展。但比起激励着许多改革家的堪称楷模的英国文官制度来，它仍然相去甚远：部长级的高级职位仍属于政治任命；没有什么刺激能鼓动有杰出成就的人物争取担任较低的职务；政客们把持一部分公职的现象虽已减少，但任意授予官职制并未打破，而且，由于这种做法比较起来不大会造成引起公愤的政府丑闻，似乎反而变本加厉了。

在政治天平的另一端，中产阶级的改革家们竭力主张建立有效、节约而诚实的市政府，反对由党魁、集团和政党机器进行统治。地方上的这种改革运动偶尔也取得了早期的引人注目的成就，但一旦政治气温下降，就很少能阻止党魁重新掌权。一些"善良的公民"为实现改革所做的尝试，给人留下一定的印象，而在主张对文官制度和市政进行改革的人们与下一代的进步分子之间也存在直接的联系，但是，由于他们拒绝经常参与混乱的地方政治斗争，而且，为他们的社会哲学所限，他们的活动是零星分散的，成效也是肤浅的。

许多被误认为是政治争论的事其实微不足道，因此并没有减少各种实际政治问题的重要性。在这个时期的开始和结束时——即南部的重建和平民党的反抗运动——存在着两大冲突，它们确定了美国的工业资本主义社会与农业地区之间的关系。重建南部提出了两个基本问题：黑人的前途和联邦的前途。获得胜利的北部是不是要坚持种族平等而彻底改变南部的社会呢？如不进行这样的变革，联邦能够维持下去吗？在北部，约翰逊总统和在国会占少数地位的民主党认为：战争的目的，即维持联邦的存在，在南部投降后业已达到，剩下的唯一问题只是恢复南部正常的统治和各州与联邦之间的正常关系。这种看法忽视了战争的经验，忽视了作战双方的那种激动的情绪，忽视了由于解放奴隶而带来的巨大的社会变革，以及在北部出现的一种信念，即认为战争的目的不仅在于恢复联邦，而且要建立一个更为完美的联邦。在信教的人们中间，战争曾具有启示的意义：流血是恕罪所必需的，巨大的牺牲胜过循规蹈矩的辩论，在长期的邪恶统治以后，上帝的选民又再次前进。林肯用世俗的语言把这场斗争说成是为争取自由政府而进行的斗争；《民族》周刊（该刊后来成为北部知识界的主要喉舌）在它1865年7月5日发行的第一期中则声称："我们说在少数人与多数人、特权与平等、法律与强权、舆论与武力之间长期存在的矛盾，并没有在李将军放下武器的那天结束，问题无疑地依然存在。我们这样说，并不是毫无根据的夸张。"这种不可思议的狂言，比起某些历史学家所强调的北部实业家的经济目的来，要重要得多，虽然对这一代的共和党人来说，北部经济利益的扩张和北部启蒙思想的扩张是一回事。即使对那些没有热情，也没有经济野心的北部人来说，也还有一个令人困惑而无法逃避的义务：400万奴隶获得了自由，而他们作为美国公民，前途如何，取决于北部怎样安排。

1865年夏季，约翰逊着手实行他的恢复政策。战争一旦结束，就不难在南部各州罗致一个愿意发誓效忠于合众国的多数，约翰逊就是在这个基础上，邀请这些人组成各州的新政府的。虽然南部同盟的首要分子不属于他所宣布的大赦范围，但他又宽宏大量地发布一些赦免令来放宽这一规定。他要求批准废除奴隶制的宪法第十三条修正案，但对黑人的公民权却没有要求给予保证。在这种虽属宽宏大量但却有失慎重的政策指导下，各州政府成立了，南部人中间又重新恢复了希望，认为他们终究又能够掌握自己的命运了。与此同时，在北部，人们日益感到惊恐，由于在选举中南部各州提出的国会议员人选都是以前南部同盟的显要人物。此外又通过了"黑人法典"，其中虽有某些为获得自由的黑人规定的必要的社会条文，但同时却又硬说黑人永远处于低下地位，这就证实了这种惊恐是有根据的。当具有重大意义的第三十九届国会于1865年12月召开时，政治气氛充满了忧虑和愤懑。南部人和他们的北部民主党盟友们看到恢复的权力几乎已在他们的掌握之中；另一方面，老的废奴主义者则看到黑人仍然由他们以前的主人任意摆布而深感震惊；温和的联邦主义者看到南部人（由于黑人在国会选举的比例分配上不再被算作3/5个人，因此，南部人的代表额增加了）将会恢复以前他们在国家中的统治地位而忧虑不安，那些忠于共和党的人则担心共和党成为全国的少数派。所有这些忧虑虽然并非完全出于高尚的动机，但全都是合乎人情和可以理解的，而且，也没有必要把共和党的政策理解为北部将采取严厉的报复手段。这个政策是要从总统手中夺过重建南部的控制权，并且，制定一个能够体现人们认为必要的各种保障的纲领。

形势把共和党激进派推到显著的地位，他们具有那种坚定的少数派的某些特点，这些特点是一切革命要取得成功所必需的。在参议院中领导激进派的是查尔斯·萨姆纳。他从1850年起，代表了新英格兰思想。他对人类有着炽烈的爱，但对人性的了解却十分不完全。在众议院，性格狭隘但刚强的撒迪厄斯·史蒂文斯建立了特殊的支配地位。史蒂文斯懂得一切政治权术并且毫不吝惜地运用这些权术，但是，他的同时代人怀特洛·里德却发现他之所以有力量，其奥秘就在于"平庸的政治家们很少注意的那个方面——他对一种崇高思想怀有的高尚的、全心全意的献身精神"。

激进派的这种"崇高思想"就是种族平等，但是他们却必须同那些缺少这种信念的同僚们共事，而导致通过宪法第十四条修正案的第一阶段重建国会的活动是一次妥协。这个修正案企图通过取消所有曾宣誓效忠合众国（如公职人员或议员），后来又参与叛乱的人的公职，从而把南部的旧统治阶级赶下台。它处理争论不休的选举权和代表名额分配问题的办法是：由各州掌握给予选举权的权力，但是，凡任何一部分成年男子的选举权被剥夺，则这个州在国会的代表名额即应按比例减少。然而，上述宪法修正案中的第一条款规定，通过国家对公民权的保护来实行宪法改革；它禁止各州制定任何法律来"剥夺合众国公民的特权或豁免权"，或"未经正当法律程序"剥夺"任何人的生命、自由或财产"，或"对其管辖下的任何人，不给予同等的法律保护"。国会被授予实施此项修正案的权力，由于这一修正案而引起的案件可由联邦法院受理。查尔斯·萨姆纳认为全国政府一向拥有这样的权力（虽然由于奴隶主集团的阻挠而未能行使，其他人则认为这种权力来自第十三条宪法修正案，因为该修正案在废除奴隶制的同时，还赋予国会以"通过适当的立法来实施这一条款的权力"。但是第十四条修正案使公民权得到国家的保护，从而消除了一切疑虑。过去认为各州是使个人权利免受国家权力干涉的当然保护者，从那时起，情况变得完全相反，旧宪法所理解的联邦主义已不复存在了。

国会的多数党也许认为，只要南部议员接受这一修正案，就足以作为根据而将他们重新接纳入国会；但是在南部各州，除田纳西州以外，该修正案为压倒的多数所否决。于是，重建国会的第一阶段陷入停顿，但共和党人的目标依然未变，而实现这些目标的手段已经准备就绪。在老的废奴主义者强烈要求而温和派加以反对的情况下，被搁置一边的黑人选举权问题一直等待的正是这样的机会。南部的白人采取了不妥协的态度，加上在1866年的国会选举中共和党获得压倒的胜利，使得激进派的领导更加坚定，于是，开始了重建国会的第二阶段。1867年，通过了重建南部法，从而使现有的南部各州政府告终，恢复了军事管制，并指示军事指挥官召开由全体成年男子（根据宪法第十四条修正案被剥夺公职者除外）选举的制宪会议。一个州重新加入联邦的条件是：在该州的宪法中规定一切成年男子均有选举权，州立法机构批准第十四条修正案，并且有足够数目的州表示同意，使该修正案得以通过成为法律。重建工作由于宪法第十五条修正案而取得了最大的成就。该修正案规定选举权不得"因种族、肤色、或以前的奴隶身份的关系"而被剥夺，因而实行的不是普遍选举权，而是当时人们称之为公正的选举权制度，允许各州自行规定任何选举条件，只要平等适用于一切种族。从法律的意义来说，重建南部的各项法律所形成的纲领获得了成功。各州的新宪法都按北部各州最好的范本来拟订；黑人成为州议员、行政官员，甚至成为国会议员；到1868年6月，有7个州被批准重新加入联邦，而到1870年6月，以前的叛乱诸州均已重新成为联邦成员。脱离主义势力的复活已被制止，不分肤色的民主制度已经实现，共和党和联邦建立在忠诚一致的黑人选票的基础之上，而且，由于获得新的全国性的权力，使整个结构结合成为一体。唯一剩下未予考虑的，只是南部白人的态度问题。

彻底的政治革命，在英国农业工人还没有选举权的时候就给南部带来了不分肤色的民主，这也掩盖了一些严重的弱点。撒迪厄斯·史蒂文斯曾经希望，在杰弗逊的完全拥有土地的主张这个牢固的基础上，建立黑人的民主。但是国会对于他提出的没收叛乱分子的地产，将它分配给获得自由的黑人的建议,置若罔闻。大多数黑人农民最后成为谷物分成的佃农。他们虽占用土地,但必须将收获的一半缴给土地所有者作为地租,往往又将其余的一半抵押给商人以维持生计。这样,上层阶级虽然由于被剥夺担任公职的资格,并需向没有地产的人的代表交纳地产税,因而在政治上受到排斥,但它的经济优势却得到了保证。一方面,黑人大众依然是低等的农民,另一方面,又出现了一个人数很少的黑人中产阶级,这就加剧了比较贫穷的白人的不满。同时,种族混合的威胁,又刺激了根深蒂固的情绪。重建时期的历史还同你死我活的经济斗争交织在一起。这种经济斗争却把投机商业引上了政治舞台,而没有吸引那些稳定的利益集团对新政府给予支持。没落了的种植园主家族抓住一切可能的机会;其中少数人把他们的命运同重建时期的政权联系在一起,而多数人则把赌注押在恢复白人的至高权势上;但是不管他们采取什么办法,它都会使他们同那些到南部来寻求未开发的资源,便宜透顶的劳动力和想从州的立法机构得到优惠的北部投机家们展开竞争。如果对各个重建时的政府做公正的研究,也许会发现他们持有的善良愿望和对公众负责的比较正确的见解,比通常人们所认为的要多——流传至今的许多说法都是南部白人愿意相信的——但也曾发生过轻微的偷窃行为、少数重大的丑闻和许多缺乏经验的情况。对黑人选举权所做的辩护,都是按照传统的美国方式,说这是穷人赖以维护其权利的保护性措施,而就这个论点来说,黑人选民的无知问题也没有多大关系;但是,当要求黑人民主制度发挥积极的政府职能的时候,这个问题就变得明显而重要了。当时的环境迫使这些未经过考验的政府必须像近代的政府那样工作,而不能按南部过去的老一套办事。它们必须收税、借款和支出;必须赞同恢复经济和吸收资金;必须提供救济和建立公立教育体系。虽然它们的大部分工作,就像他们赖以存在的那些制度一样,在它们垮台后依然继续存在。而且"新的"南部的建设,主要归功于那些"毯囊客"①的活动的刺激,尽管南部不大愿意承认这一点。但是,对于一个逆着传统潮流而行动的没有经验的人来说,这些责任是太大了。南部的重建注定要成为一场失败了的革命的典型例子。

---

① 南部人对南北战争后自带毯囊去南部帮助建设的北部人的讥称。——译者

战争和重建削弱了南部社会的凝聚力，暂时只有靠联邦军队或像臭名昭著的"三K党"之类非法的白人保护团体行使的武力来维持秩序，制止无政府状态。必须在旧社会的废墟上建立一个新社会，而对新社会的组成方式，出现了思想互相对立的两派主张：一派以种族平等和《独立宣言》所提出的诺言为基础，另一派则以白人至上和旧南部的理想图景为基础。但是，虽然有一半南部人的思想是坚决主张倒退的，而另一半人则欢迎一次经济革命，以便使南部重新得到战场上失去的东西。随着铁路系统的恢复和发展，棉花种植的恢复，棉纺厂数目的增长，以及钢铁和煤炭生产的发展，南部开始了一场工业革命。它同时吸引了原来的拥有土地的家族和白人劳工的热情支持，这种情况是罕有其匹的。随着这场经济革命的来临，某些旧日的领袖人物除了家族声望之外，又增加了抬高身价和充当领导的力量。早在1870年，反革命活动就在南部大多数州中进行着，一旦"拯救者"既得到群众的支持，又拥有经济力量，黑人选举权问题就比较容易解决了。暴力的威胁，经济的压制和社会的压力，迫使黑人不敢去投票或者被迫去投民主党的票。旧日的辉格党种植园主和边远地区的农场主捐弃前嫌，联合起来促使民主党大获全胜。到1876年，共和党政府只在三个州中仍然存在，而且全都是依靠联邦军队来支持。次年，联邦军队撤离后，共和党在南部的统治就结束了。

南部的"拯救"虽是自发的和南部人自己进行的，但其成功在一定程度上是由于北部人热情的衰退。虽然"三K党"的暴行一直激起人们的愤怒，并促使实施宪法第十四条和第十五条修正案的各项法律获得通过，但激进主义的信心已经减弱，并陷入了分裂。1872年，萨姆纳和其他老的废奴主义者加入了主张与南部妥协（虽然不是以牺牲黑人的利益为代价）的共和党自由派运动，激进主义由于没有了他们，也就变成了仅仅是共和党的政治战略。由于成功的前景已属渺茫，人们也就愈来愈不愿支持失败者。虽然1875年国会确实通过了民权法（萨姆纳直到前一年逝世时为止，一直为此而奋斗），但辩论表明，国会并不愿意用能使公民平等实现的唯一途径，来约束个人行为。1883年最高法院宣告民权法无效，从而证实了上述怀疑是有根据的；1896年，最高法院又裁决宪法第十四条修正案中所说"同等的法律保护"与种族隔离并不相悖，只要各种设施"虽然分开但是平等的"。1890年，参议院拒绝通过一项实施宪法第十五条修正案的法案。激进派所进行的不分肤色的民主的实验宣告失败，占多数的南部白人赢得了"自治"。在清算激进主义的背后，一个保守派联盟形成了，这个联盟对于未来有着重大的作用。北部的实业界把重建看成不过是一场输了的赌博，于是，转而和南部的实业界携手；热衷于保持反革命局面的南部领袖人物，则与北方佬的保守派并进。在政治上，北部的保守派将停止在种族问题上进行宣传鼓动，而南部的保守派也将制止农业对商业领导地位的攻击；在实业方面，给予南部领袖人物以地方自治，但最后的控制权仍然掌握在北部的大企业主和大金融家手中。这个并未见诸文字的保守派联盟，在以后的许多年中一直控制着国会，特别是参议院；它似乎是实利主义的，斤斤计较，而且往往不近人情，但应当记住：凡在激进主义失败的地方，它都取得了成功，对恢复国家团结做出了重大贡献。

在本世纪其余的年代，南部当地的政治对全国的局面并无多大影响，因为无论如何，南部各州仍然是由民主党代表的，而南部的激进派在他们的地区以外除了举止粗鲁外，与上层阶级或搞"拯救"的极端保守的领袖人物并无二致。对重建时期的回忆，使人们把正常的经济和社会斗争理想化了，所以，当本世纪末农业激进运动日益强大的时候，它成功的关键就在于把政治上的不满和种族极端主义结合起来。在民主党内的农村煽动家们领导下，边远地区的农场主取得了胜利，正是这种胜利导致了严格而合法地强制实行种族隔离并实际取消黑人的选举权。在"拯救"以后，黑人仍有一定数目的人参加投票。在"黑人地带"，极端保守分子的优势在一定程度上依靠黑人的选票，并且还有少数几个黑人担任了州议员。由于强制实行了选举资格的规定才使上述局面告终。这种规定虽不违反宪法第十五条修正案，但其实施却是有意破坏该修正案的宗旨。州政府当局任意规定文化程度、财产和纳税等有关选举资格条件，以此来剥夺黑人的选举权，却使贫穷的白人能够投票。如南卡罗来纳的本·蒂尔曼1895年在该州制宪会议上所指出的，选民登记官"对他的良心和他的上帝负责；除此之外，对其他任何人都不负责任……这正表现了偏袒，或许有歧视"。

南部白人在崩溃和失败30年以后，恢复了他们的自尊，经济比以往任何时候都更加多样化，北部人也停止了他们重新安排社会的努力。为了取得这一成就不得不付出代价。新秩序是依靠回避宪法修正案才建立起来的，而这些修正案正代表了从美国政治传统推出的合理结论。这就造成了一种不健康的气氛。美化过去，使南部人不能正视未来的实际问题。由于对重建行动做出的反应，各个州政府做起事来束手束脚。各重建政府创办的公立教育体系虽取得某些进展，但也还是在私人慈善事业的鼓励下取得的，而且，比起北部和西部各州已经完善的教育体系来，其成果依然是微不足道的。南部还没有一个州制定了义务入学的法律，不论在白人或黑人中，文盲仍很普遍。像以前各个时期一样，南部吸引不了移民。在落后的农村地区，许多南部人依旧在疾病、贫困和无知之中过着18世纪的生活，还不知工厂、学校或近代医药为何物，而各州政府也没有采取什么措施改变这种状况。付出代价最大的必然是黑人。他们的贫穷和卑贱地位似乎证明种族不平等乃是理所当然的。即使如此，谁也不能在1900年时，严肃认真地说黑人在奴隶制下面生活得更好，而且，苛刻的歧视性法律也往往由于白人和黑人之间友好相处而得到缓和。人数不多的黑人中产阶级在慢慢地出现，最伟大的黑人领袖布克·托·华盛顿正是由此而看到了本种族最美好的希望。他发表意见，反对政治煽动，主张受教育、办企业和积聚财富。对平等的热烈要求从来只不过激励了很少数黑人；而更符合他们的性格和实际可行的，倒是表明黑人只是另一种优秀的美国人。像其他有理由心怀不满的人群一样，黑人也求助于美国的传统而不是背离这一传统；再没有比这更令人信服的证据，足以说明美国理想的吸引力了。

和南部不同，另一个广阔的农村地区，即大平原，接受了北部社会在知识方面的傲慢态度，但设法拒绝经济上的控制。南北战争后，大量移民涌向西部，他们是为追求独立而来的；然而，没有一个地区比这里更依赖于一个发达的资本主义文明所提供的资源了。广阔的平原是贫瘠不毛之地，只有很少仍处于原始状态的交通线，并且远离它们的市场。不仅是繁荣，即使是想生存下去，也要依靠铁路、大规模的销售组织、银行业机构和制造厂。不管1862年的《宅地法》（该法规定真心诚意的定居者可以无偿获得160英亩的土地）可能会使人们产生什么样的梦想,农场主们发现自己逃不出资本主义经济的罗网,并受到他们既不了解,也无法控制的各种力量的支配。如果说小面积的耕作不保险的话,那么,经营大规模的小麦种植或养牛业可以得到相当大的收益。这就有力地推动人们设法逃避宅地法中关于拥有土地最多不得超过 160 英亩,在占有和耕种 5 年后才完全享有所有权的规定。铁路授地原已不受宅地法的约束,再加上逃避宅地法规定而得到的土地,这就使得这一地区以外的资本家利益集团往往拥有并控制了大面积的土地。与此同时,西部的农场主如果能在政治上组织起来的话,其数目是足以抗衡外来的大规模资本主义势力的,于是,一个名为农民协进会的全国性的农民教育和合作团体便登上了政治舞台,并取得了相当大的成就。农民煽动家们的主要目标是大铁路公司,因为它们可以随意获得土地,并迫使它们拥有垄断权的那些地区,以高运费来补贴长距离的竞争性运输,况且它们往往热衷于迅速获得利润,而不愿致力于它们为之服务的那些地区的长期发展工作。

  管制铁路成为农业激进主义的一大主题,另一大主题是货币改革。高利率、拒绝贷款、取消抵押品赎回权、拥有完全所有权的独立业主变成了某些外地公司的承租人,这些都是由于华尔街和硬通货的幽灵作祟而造成的。此外对金本位制的攻击,反映了农业的西部和工业的东部之间存在的深刻分歧,因为真正的争论在于采取什么样的方法才能得到资金的问题。西部的农场主有充分的理由认为,金融系统不适当地限制了资金向他们的农业地区流动——阻碍扩大资金并夸大投资的危险——而另一方也同样有力地争辩说:工业的发展必须依靠外国资本,如果实行通货膨胀政策,将会妨碍这种投资。所以存在着一种真正的利害冲突,把感情和激动的心情掺杂到争论中去:一方面农业激进派把"稳定的"货币看成是他们正在设法要控制的难以捉摸的外部力量的象征,而另一方面的人则把坚持金本位视为代表一切文明、合理和进步的东西。在胆小的东部人心目中,货币改革是与暴力、无政府主义和倒退联系在一起的。

  要求发行低值货币在美国历史上虽有很深的渊源,但其近因则起源于南北战争及战后,而且是在东部,不在西部。南北战争的财源,部分地依靠发行一种不能兑现的绿背纸币来维持,这种纸币尽管已经贬值,却受到那些在战争中得到好处的人们——制造商、经商的农场主和投机商人——的欢迎；纽约的银行家、进口商和依靠固定收入的人则不欢迎它。最著名的美国经济学家亨利·凯里主张，继续保持由政府管理的纸币，作为国家经济制度的一个组成部分，这个制度是以保护关税来防止廉价劳动力竞争的。在战争刚刚结束后，绿背纸币也得到撒迪厄斯·史蒂文斯、威廉·凯利和本·巴特勒这样一些激进分子的有力支持。人们把这个问题同公债问题混淆了起来，而且，由于民主党在1868年采用了以纸币支付国债的"俄亥俄方案"，在共和党看来，低值货币在某种程度上已经丧失了信用。尽管如此，在国会中占多数的共和党仍然拒绝批准立即缩减绿背纸币（这项措施本可以使绿背纸币恢复到其票面价值，并为恢复硬币支付铺平道路的）；相反，他们采取了折中方案，根据这个方案，绿背纸币在企业的经营额增加到使这种货币恢复其票面价值后，将可兑现。1873年萧条开始，这项政策的实现推迟了，并产生了发行新纸币以作为缓和措施的要求；但是，格兰特否决了体现这项措施的一个议案，结果，共和党就更加有责任恢复硬币支付，最后，于1879年得到实现。

在此期间，货币改革的重心转移到西部，1877年成立但存在不久的绿背纸币劳工党得到最多支持的，正是在西部各州。这一运动正好是在1879年至1884年间农业稍现繁荣的时期兴起的。但1884年出现的物价下跌，直至1896年才被制止；1887年，又开始了持续不断的旱灾，使西部的许多农场破产。这一时期，由于农村的不满情绪而形成的规模最大的运动开始兴起。1892年在内布拉斯加州奥马哈成立了平民党，从而使这个运动达到高潮。在平民党1892年7月4日政纲前言中，平民主义将西部具有不满情绪的各派人都纠合在一起，向在美国社会中占统治地位的各种力量提出了挑战，宣称"我们在一个道德、政治和物质均濒于崩溃边缘的国家中聚集一起……千百万人以血汗换来的果实被肆无忌惮地盗窃，用来为少数人积聚巨大的财富……我们从政府的不公正这个多产的子宫中孕育了两大阶级——流浪乞丐和百万富翁"。平民主义并没有停留在辞藻上，而是提出了铁路公有、分级课取所得税、直接选举参议员、通过发挥地方的积极性和公民投票而实行民主管理、为了劳工的利益而限制移民等主张。但它最大的注意力则集中在货币问题和要求不受限制地铸造银币这两个方面。在南北战争以前，美国实行的是金银复本位制，但是，由于根据官方的金银比价，银价过高，因此白银没有投入流通，而且又在1873年停止了银币的铸造。在以后的数年中，西部新银矿的生产使银价下降，按照原定16∶1的金银比价，将白银售给造币厂将会有利可图。用一种同样是美国宝贵财富的贵金属作货币，似乎可以避免不能兑现的纸币的种种缺陷，而且，也提出了一种容易用群众易懂的行话加以说明的通货膨胀理论。国会对鼓吹铸造银币的主张做出了反应，于1890年，通过了谢尔曼白银购买法，供给白银作为货币，但不采用银本位制。这一措施遭到正统的主张稳定的货币的人们的严厉抨击，他们抗议说，只要世界的货币市场伦敦墨守金本位制，任何实行复本位制的做法都将招致灾难。

当平民党的宣传鼓动达到高峰之际，入主白宫的是民主党人总统格罗弗·克利夫兰。民主党人很久以来就分成主张实行稳定的货币和主张实行低值货币的两派。不过，由于纽约在该党中的影响，所有总统候选人都是主张实行稳定的货币的人，克利夫兰也不例外。1893年一场激烈的经济危机骤然使美国的黄金不断外流。白银购买法的实施，更加剧了这种情况。因为，按照该法的规定，人们可以将白银售给铸币厂，得到法币券，再将法币券换成黄金，然后，就可以将黄金以相当高的利润出口。克利夫兰强迫国会废除该法，同时与约·皮·摩根协商设法充实国家的黄金储备；这种回复到硬通货和同上层金融界结成联盟的做法，使民主党陷于分裂，并且导致了政策上的彻底变革。在1896年的全国代表大会上，该党以"自由铸造银币"为纲领，提名内布拉斯加州的威廉·詹宁斯·布赖恩为总统候选人，从而突然跳到了农业激进主义方面。布赖恩的雄辩获得了胜利，聚集在一起的党的代表们以一举迸发出来的激情，响应他提出的告诫："你们不应该把人类钉在黄金的十字架上。"平民党有些勉强地支持了布赖恩，其实，他除了自由铸造银币之外，并没有答应该党的任何要求。这样就给1861年以来最重要、最激动人心的一次选举布置好了舞台。农业界摆好了阵势要与工业界交锋，农业煽动家反对银行家，不甚发达的属地反对高度发达的"祖国"。共和党人为了保卫由东部的一个民主党人提出的政策而紧密团结起来，而民主党人则收获了西部共和党人的土地分配政策所造成的不满情绪的果实。

共和党候选人威廉·麦金莱说得很少,并赢得了实业界空前热烈的支持。布赖恩说得很多,在农业地区激起热情的响应,但失去了东部地区民主党保守派的支持,在熟练的产业工人中间影响也很小。共和党的胜利并不能仅仅由实业界的宣传鼓动加上某些经济上的高压手段来说明。布赖恩在每一个单纯经营农业的州中,均以绝大多数选票获胜,但在所有以工业为主的州中,他却失去了1892年克利夫兰获得的选票。反对布赖恩,使知识界和实业界携起手来,据称大学的全体教师都坚决支持麦金莱;大多数后来成为进步党运动著名人物的人,也投了共和党的票,或许大多数工会会员也是如此。共和党的胜利决定了美国历史未来的进程,因为农业激进主义从此以后再也不能赢得某一大党的支持或设法控制这个国家了。如果说平民主义预示了后来的自由主义的某些特征的话,那也不过是具有地方色彩,反对理性,反对犹太人,反对外国移民,以及充满了不近人情的狭隘情绪这样一些特征。它试图解决许多使美国感到困惑的问题,但是,它没有提出任何适用于一个以工业为主、城市人口逐年增加的国家的有条理的哲理。

1865年1月16日,前面提到过的那个老废奴主义者、劳工之友、绿背纸币党人和狂热的关税保护主义者、精力充沛的激进分子威廉·G.凯利在众议院向国会谈到新时代已现曙光。他宣称:"历史并不是在重演。我们正在揭开国家生活的新的一页。过去已经一去不复返了。"在这新的一页上,凯利看到:大众化的报纸、电报、铁路、工业发明、宅地法、对贫困移民的欢迎、美国传教士协会、解放奴隶、免费公立学校,以及通过廉价的书籍传播知识。这和上面列举的任何一项进步一样,是一个很好的总结,足以使北部和中西部社会的成员相信,他们正走在进步潮流的前列。有人怀疑,由于美国陷入内战,因此,它的实验已告失败。但这种怀疑几乎没有影响这充满希望的一代人的思想。如果说有些人认识到美国文化的各种缺陷的话,那也只有很少的人产生了对欧洲的怀念之情。美国文化也并非没有开发自己的源泉:尽管新闻界名声不好,但每个地区都有一些消息灵通和认真负责的报纸;像《哈泼斯》《世纪》《论坛》和《大西洋季刊》等期刊,在它们各自的领域中都是佼佼者;美国的大学已开始建立培养研究生的制度，这将是20世纪学术研究的中心。

在这个新社会中，占据舞台中心的是正在兴起的实业家阶级。虽然他们在参与政治方面显得处于最不利的地位，但他们的真正力量却在小城镇。在这些地方，他们是繁荣的创造者，地方上的施主和公益活动的组织者。他们不择手段的行为与虔诚的慈善活动显然是大相径庭的，但几乎不为人们所注意（后一代的人喜欢发现这种矛盾）；一个人在商业交易中违背自己的利益行事，会受到蔑视，但人们却又希望他拿出时间、精力和金钱去进行义务的和慈善的事业。不管这些社会活动是出于自发的利他主义，还是由于社会的压力，它们造成了惊人的结果。经济势力的严密结构是靠互相交织在一起的社会义务来维系的，即使是互助团体（实业家作为一个单独的阶级开始在这类团体中享有自己的独立地位），表面上也标榜人道和慈善的宗旨。如果说人们希望普通的实业家都能这样行事的话，那么对拥有大量财富的人，就更是希望他们能够慷慨解囊了。医院、大学、博物馆、公园，最后还有现代的各种慈善基金会，都是19世纪财富的副产品和实业家们创办的事业。安德鲁·卡内基于1889年出版的《财富的福音》一书，为美国人社会交往中形成的捐赠习惯，提出了合乎情理的解释。卡内基虽然认为在一个健康的社会中必然会出现一些拥有巨大财富的人，这对社会也是有益的；然而，卡内基对于为了使这些富人发财致富所付出的代价，感到不安。他提出的补救办法是：富人应将自己看成是受社会的委托管理财富的人，他们有责任将这些财富重新分配到诸如医疗、教育和文化等渠道中，以便这些财富能为人类的不断进步与提高做出贡献。对有权势的人们所做的虔诚告诫，在20世纪的思想中是不受人重视的，但是，不了解这种做法对富豪们的行为曾起过什么作用，就无法了解19世纪晚期的美国。在欧洲的批评家以及后来的一些作家们的眼中，美国的实业家们看来是狭隘的、粗野的，除了金元的价值以外，对于其他任何事物的价值根本不懂；而在他的同乡们看来，他很可能是一位乐善好施的巨子，是他发迹的那个社会的骄傲。

然而，这些构成商业文明的人们，在从事各自的事业的时候，也意识到一个共同的目的。新教所信奉的上帝、古典经济学以及新兴的进化论，共同构成了一种信念，即认为存在着一个自然法则，在这个法则范围内，人类的能动力量得以发挥并协调一致，而竞争则可使人类获得进步与提高。这个道德、政治和经济思想的合成体，被总称为自由放任主义，虽然国家不干涉经济这样一种理论，在一代人的思想中仅仅是一个方面，但这一代人正埋首于人类改善自己境况的努力之中，并且由于这种改善而不断增强信心。增强信心有时是必要的，因为有许多理论上和实际上的困难必须加以克服。如果说自然的平衡保证了人们在为自己服务时就不自觉地在为人类服务，那么，这是不是意味着对贪婪和滥用权力的现象应当加以宽恕呢？如果说自然法则乃是决定人的命运的自动的和不可抗拒的力量，那么，人们是不是应该放弃他们教育人应集体控制自己的环境的那一部分理论呢？有权自由采取行动的政治家们应该自愿放弃使用这种权力吗？个人主义可以和适者生存并行不悖吗？这些问题最终将驱使有理智的人或者接受由国家或大公司实行的集体主义，或者像人们反抗一种理论的专横武断那样，提出愤怒的告诫和悲观的预言，这种理论看起来就像生物界的生存斗争那样需要高昂的代价而又冷漠无情，但它所做的比拟却以这种生存斗争作为根据。

　　学术界的正统观念往往赋予经济科学的各种假设以自然属性，就连金本位制这种纯属人为地设计出来的办法，也成了自然规律的一部分。大多数知识分子甚至在赫伯特·斯宾塞的说法已经受到事实的挑战时，还在为他的教条式的乐观主义拍手叫好。在1873年开始的大萧条以后，要让人们心悦诚服地相信不加控制的经济活动有什么好处，已经是困难的了；而在1877年的罢工和随之而发生的暴力事件以后，要让人相信社会是天然地和谐一致的也就困难了。在农村的贫民区和大城市中，赤贫者的数目日益增多，他们的境遇看来每况愈下。小实业家抱怨来自垄断巨头的不公平的竞争。约翰·戴·洛克菲勒晚年回顾他在1882年创办美孚石油托拉斯时说："联合企业的时代已扎下了根，个人主义已一去不复返了。"如果说那些白手起家的巨贾大亨还可以同一个机会均等的社会相一致的话，那么要说约翰·皮尔庞特·摩根的情况也是这样，就比较困难了。因为，他是从一个与人们相去遥远的上层社会来行使庞大的金融权力的。但是，经济变革形成的压力，并没有像在其他工业社会那样产生明显的后果。美国社会的"安全阀"（某些人认为是现存的无人居住的西部土地）是：技术革命提供了广阔的机会,大量未经开发的自然资源和迅速扩大的国内市场。对雄心勃勃的美国人来说,从事某些事业往往比进行政治煽动更加有利可图。尽管如此,上述那些问题还是助长了隐藏在这个社会的表面下的种种忧虑不安的情绪。

对于美国的新秩序提出批评最有影响的人物是亨利·乔治。他在1879年出版了《进步和贫穷》一书。乔治要求人们注意"我们时代一个不可思议的重大问题",即尽管生产率以惊人的速度提高,贫穷却继续存在。这正是经济理论应予解决而却回避解决的一个问题。乔治一直坚信竞争性的资本主义是有好处的,只要能将其缺点加以排除和纠正;他自己所做的分析使他得出了这样的结论,即罪恶的根源在于土地的私有,因为他认为土地是一切财富的源泉。他提出的补救办法是,无须没收土地,而是对土地价值课税以代替其他一切形式的税收,将劳动和技能所赢得的价值的增长转给国库,并使政府成为"仅仅是为了公共的利益而管理公共财产的机构"。他的主张吸引了许多追随者,并在近代社会思想中形成一股往往不被人承认,但却很强大的潜流。但是,他满怀激情地对本可避免的贫穷现象进行抨击的那股力量,在就单一税问题进行技术性辩论时却没有了。比较深刻但却影响不大的一部著作是《动态社会学》,于1883年问世,作者是一位文官和科学家莱斯特·华德。华德将人类的进化和自然界的进化区别开来,认为人类的理智应控制社会,不应屈从于社会上的各种不合理的力量。他把人类进行指导和控制的力量置于自然规律的范围以内,从而给进化论遇到的难题提供了一个解决办法。

自由放任模式受到了来自各利益集团和有组织的人们的政治压力的一次更严重的打击。在主张自由贸易的人的笔下,保护关税政策的历史被说成是由各既得利益集团强加的一项不得人心的和毫无根据的政策。事实上,保护关税在某些地区作为群众拥护并能赢得选票的政策,已有很长的历史;而且,随着工业的兴起,日益深入人心;有组织的劳工一般是支持它的,甚至连农场主也要求受到平等的保护而不是不要保护。很明显,高关税对某些利益集团没有好处,但是对于这些集团的代表所作的道貌岸然的说教也必须持怀疑的态度。如果美国人想要垄断世界上最大的自由贸易地区的利益的话,那么,只要他们准备付出代价,没什么特殊的理由说明他们不应该这样做。保护关税主义者的成就，可以从一些特定的物资税额的平均水平看出来：1869年为47%，1890年上升到49.5%，克利夫兰执政时稍有放宽，到1897年又上升到57%。

  如果说在这一头不干涉政策失败了，那么，在另一头又出现了必须对资本主义加以控制的主张。不信任垄断是美国的一个老传统，老一辈的美国人认为州的经济活动除宪法所明确规定者外，是无限制的。有一派思想认为宪法应规定自由企业神圣不可侵犯，但这一学派尚不成熟。在最初，西部的农民协进会曾采取步骤控制公司的活动，并得到他们这一派人以外的某些人的同情。农民协进会的原则在1876年"芒恩控告伊利诺伊州案"中受到了考验。当时最高法院的多数法官同意首席法官怀特的意见，即"财产如果能通过对公众具有重大意义并影响整个社会的方式而被使用时，即带有公共利益的性质"。这项理论允许州具有广泛的控制权，但另外一种反对的意见也得到很多人的支持，因此在19世纪剩余的年代中，最高法院一心想要把它所打开的门关上。1873年，最高法院驳斥了这种意见，即认为宪法第十四条修正案所保护的特权和豁免权，包括不受立法干涉而从事商业活动的权利。但是到了1890年，它又接受了这样的看法，即控制很可能就是不经过适当的法律手续对财产进行剥夺，而宪法第十四条修正案是禁止各州这样做的。1886年，最高法院裁决：公司作为"个人"，有权享受宪法修正案的保护。对州的控制权的另一打击来自对商业条款的一项解释，即只有国会才拥有对州际商业活动的排他性的管辖权。因此，如果州要对那些在几个州里进行经营活动的大公司进行控制，即便不是不可能的话，那也是困难的。

  对控制的目的所做的界说，从一开始就很混乱，莫衷一是。其目的也可能是保护消费者不受垄断的危害，也可能是保护小企业主不受"不公平的"竞争的危害。对第一个目的来说，实行直截了当的监督和控制的办法也就够了；但要实现第二个目的，就要求实施一个公平竞争的法规；或者由政府当局充当价格机构的公断人而不是照搬资本主义企业的形式，或者废除垄断而强制实行自由竞争。19世纪末的政策采取了两条路同时走的方针，但未收效，而且行政管理机构的力量也不足，然而所创的先例对于今后却具有重要的意义。

  1887年的州际商务法遵循的是控制的第一个原则，它使联邦政

第十八章 美国

府插足于最高法院已经不许各州过问的领域。联邦政府设立了一个负责监督州际铁路的联邦委员会，但却没有明确授予它以确定运费的权力，而且不久就根据对法律的解释而拒绝授予它这一权力。法官们怀疑这将会集行政、司法和立法三权于一体，从而形成对宪法的改革。因此，到19世纪末，该委员会的工作在很大的程度上只限于收集和公布铁路的统计资料。1890年的谢尔曼反托拉斯法把实行竞争载入法律。洛克菲勒石油托拉斯的巨大名声对于通过这项法案起了刺激作用，因为该托拉斯控制了美国大部分的炼油业。上述法令断然宣称"任何契约、任何以托拉斯或类似形式构成的联合企业或任何密谋，只要它限制几个州之间或与外国之间的贸易或商业，均属非法"。该法所根据的原则与州际商务法迥然不同；它对成文法做了修改，将它的实施权交给了法院，而起诉的责任则主要归于联邦政府的司法官员。限制贸易的契约是无效的，这在以往的习惯法原则中不乏可靠的先例，但困难在于它使用的词句过分精确而又过分含糊。在文字上宣布所有限制贸易的联合企业为非法，就可能把那些谁也无法反对的正常的商业协定包括进去，而检察官则不得不证明限制的存在以便反驳那种似乎有理的辩护，即实现联合以后，企业将会扩充，效率也会提高。所以，真正的困难在于对法令的解释，因此也就无须责怪法院给予被告优待，为他做出最有利的解释。就克利夫兰和麦金莱两届政府而言，它们也不愿提出起诉，而在这一时期内，大企业找到了更有效的组织方法。企业联合的传统障碍在于州政府所发的特许状中一般都规定一个公司不能持有另一个公司的股份；"托拉斯"则是由名义上各自独立的一些公司的股东把他们的利益交给一些"受托管理人"，从最好的方面来说，它也是一个很麻烦的办法。当新泽西州废除了它的特许状中的旧条款后，大企业主才得以组成控股公司，然后由这些控股公司取得营业分公司的股份。在反托拉斯法通过后的头10年中，企业的联合与其说是受到了抑制，不如说是被加快了；而且，这个法案带来的一个适得其反的后果是：一些执行贸易合同的小公司很可能遭到成功的指控，而工业巨头反倒可以逃脱。尽管上述控制资本主义企业的两大措施的实行经过令人失望，但还是确立了一些重要的原则：这两个方案均载入了法令全书，从而得以执行或加以补充；国会已做出了决定。法院也已经承认经营企业应当有规定；朝着由政府当局确立这些规定的方向已经迈出了重要的一步。

受控制的资本主义是农业激进派和小企业共同做出的试图恢复小企业主天下的一种尝试,但有一个时期,整个雇主阶级几乎全都被迫起而抵抗。一个相信阶级斗争即将来临的观察家,可能于1886年就已预言这种斗争将在美国的土地上决一雌雄。这年,一个自称拥有70万熟练工人和非熟练工人会员的名为"劳动骑士团"的很大的劳工组织,在同雇主斗争中刚刚赢得一些引人注目的胜利,并有迹象表明行将步入政治领域。与此同时,新近来自德国的移民中有许多社会主义者和无政府主义者,他们的影响似乎也在增长。但是,"劳动骑士团"的力量掩盖了在这样一个国家里组织劳工的实际困难:在这个国家里,教育和就业机会使之难以产生可能的领袖人物,小产业主在政治上占优势,熟练工人和非熟练工人之间的差距由于种族和宗教的不同而扩大,而且,宣传鼓动被认为是对社会的一种威胁而必须动员一切法律力量来对付它。在这样的形势下,外国鼓动分子的影响对正当的工会运动起了特别不幸的作用,而当1886年在芝加哥发生的炸弹暴行败坏了整个劳工运动的名声以后,这一点就更为明显了。野心过大的组织"劳动骑士团"力量太小,不足以克服这些困难,而且它的势力昙花一现,迅速地就从顶点上衰落下来,影响日益减少。

"劳动骑士团"衰落后,美国劳工联合会(创立于1885年)在它的任职多年的第一任主席塞缪尔·冈帕斯的领导下兴盛起来。冈帕斯为人干练,准备终生献身于劳工事业,但只有按照他自己提出的条件办事才行。吸收会员的对象应是熟练工人而不是非熟练工人,争取改善这部分人数有限的工人工资和劳动条件将是长期不懈的努力,但应在资本主义制度范围内争取当前的利益而不是推翻这种制度;在政治方面,工会应恩怨分明,但不应将自己许诺于任何政党和政治纲领,并应避免与知识界的激进派实行联合。熟练工人应得到中产阶级的地位并接受中产阶级社会的习俗;有成就的劳工领袖应使自己成为社会的有用成员,他能够使工人保持纪律以换得雇主的让步。19世纪末的劳工运动史远远不是平静的:霍姆斯特德钢铁厂曾经发生过惊人的事件。当时为了对付占领工厂的罢工工人,先是动用了平克顿侦查局的大批私人侦探,后来又动用了宾夕法尼亚州的民团。1894年又曾动用联邦军队对付芝加哥地区的铁路罢工工人。也就是在这一时期，同情雇主的法官开始广泛地利用禁令，命令罢工工人停止采取威胁财产的行动，并不经陪审团的审讯，就以蔑视法庭罪惩罚那些违反禁令的人。这些事件把少数劳工领袖推向社会主义一边，但他们也显示了冈帕斯的谨慎政策的明智之处，这是一种为避免在劳工与法律和秩序这样有组织的力量之间造成冲突而精心制定的政策。更加保守的是吸引了劳工大军中的技术精华的铁路兄弟会。到1904年，美国劳工联合会自称200万工会会员中有3/4是它的成员。它虽然与新成立的美国制造商协会不断地进行宣传战，但已变得甚至更加固执地反对社会主义。

尽管初步形成的工业文明中心，草率成立，极不完善，但看起来生气勃勃，很有希望。不过大城市的情况则并非如此。在大城市，除了旧世界所有的罪恶之外，似乎又增加了某些美国特有的东西。1890年，一位丹麦裔美国新闻工作者雅各布·里斯出版了一本书，揭露了纽约人口拥挤不堪的经济公寓区的情况，书名为《另一半美国人是怎样生活的》。这本书引起人们的广泛的注意，它不同意宗教的和进化的思想所做的轻率的说法，即恶劣的社会状况是堕落的结果而非原因。在19世纪的改革家们看来，城市社会更加明显的罪恶是由政界头子和政治集团实行的统治。这虽然明显地是世界上最恶劣的政治弊端之一，但似乎是牢不可破地建立在由赤贫者举行的群众性投票的基础之上。在一些几乎毫无社会公用事业的城市中，以及在一个对那些麇集在城镇里的人一向持不信任态度的国家，贫民区的居民从政界头子及其亲信那里得到的，是微不足道的施舍、保护、工作，最重要的是同那个使人眼花缭乱的权势世界进行的接触。虽然一些善良的公民不承认政界头子在防止革命思想在这块充满不满情绪的土地上蔓延方面，为他们做出了重要的贡献，但是，毋庸置疑，需要政界头子的存在这一点，说明了美国文明的一个重大失败。贫民区和城市治理方面的各种弊端使大多数明智的美国人看不清这样一个明显的事实，即美国新文明的旗手是城市而不是农村；城市既是社会罪恶的渊薮，同时也是文明和高等教育的中心，而且，特别是在中西部，为潦倒的或过剩的农村人口提供出路和机会的正是城市。对一部分美国人来说，这一点是很明显的，因此，在这一时期黑人开始大量从南部移居北部城市。

城市问题又同在国外出生的问题纠缠在一起。这种人继续大量移来，他们同那些以英语为本国语言的人们大不相同，他们绝大部分人都进入大城市。但是，他们的同化，长期以来是爱国的美国人引以为豪的事情。一般来说，美国社会对他们也一直表示欢迎的态度。凡是美国教育系统能够接触到移民的地方，它就起了明显的灌输教育作用。而移民为了其子女成功的需要而接受美国化，就更加便利了这种教育。在大多数接受了移民的地区，免费初等教育的传统建立起来（如果说不是一贯坚持实行的话），其中大多数地区制定了强制入学的法律。浓厚的地方自豪感和大量的公益活动，在办好小学教育中起了作用。在此期间，免费中等教育在许多地区也正在开始建立。虽然教育的进步是一种自发取得的成就，而且遵循的也是早期的各种思潮所确定的方向，但是它的目的和方法都受到要培养具有美国公民精神的新美国人这一需要的影响。研究一下学校的课程，就会有效地表明美国人打算为自己和世界描绘出一幅什么样的图景。没有作为古代君主制度象征的那种虚饰浮华；在短短的历史中致力于达到中产阶级的理想，而不是追求军事上的荣耀或装腔作势的骑士风度；而且对刚刚过去的内战记忆犹新，因此，19世纪末期的美国人究竟应该如何歌颂或解释自己的民族存在，也许是一个困难的任务。尽管这样，到1900年时，没有人比美国人更能意识到民族的同一性，或者更能自觉地意识到这一同一性的价值；美国的爱国主义超越了各种各样的种族根源，在一个似乎并非众望所归的政府的领导下发扬光大起来。

1898年与西班牙的战争，往往被说成是美国民族性格中一个新时代的开始；它似乎一下子就消除了地区之间的不和，并使美国人从一个内向的民族转变成为一个外向的民族。不过，民族感情本是潜在的，战争使之焕发出来，并不是创造了它。这场战争并不是由于发达的资本主义社会领袖人物们想打它，而是遭到许多保持着北部人良知的人们的强烈反对。但是它却唤起了那些过去与美国的进步毫不相干的人们的热情：南部人、西部人和那些被爱国的报刊激发起热情的普通的报纸读者。在长时期的地区倾轧中似乎已经丧失了的民族主义，其实保住了它那强大的号召力，而且它的潜在力量一旦焕发出来，以前北部和中西部地区特有的那种自信，就遍及全国了。

第十八章 美国

使美国民族主义在19世纪末获得新生的各种因素中，最主要的是物质成就。尽管发生了周期性的危机，但是很明显，绝大多数美国人的境况比过去任何时候都好，美国在各工业国的竞争中遥遥领先。对普通的美国人来说，物质进步不仅仅是财富和生产的问题，而是一个富于浪漫色彩的概念，它把19世纪末文明的丑恶面转变成人类战胜自然和战胜贵族制度、君主制度这些古老桎梏的象征。没有再比征服北美大陆这件事更能有力地唤起人们的想象力了。一望无际的麦田覆盖着早先被地理学家们标明为北美大陆荒瘠心脏地带的土地上；五条铁路干线横贯西部地区；在太平洋沿岸，一个日益繁荣兴旺的美国新社会已经出现。以兴办铁路为名进行招摇撞骗的行为，宅地法的失败，移民和牧业大王之间的武装战斗，消灭和残酷迫害印第安人的战争，以及西部社会的无法无天和唯利是图的现象，统统变成了一首言过其实的歌颂成就的史诗。奋力向西部扩张并粉碎旧社会的桎梏，难道不能产生许多美好的事物吗？中西部的文明似乎做出了肯定的回答，因为这个地区没有什么需要向旧世界的传统表示感恩的，它完全是美国人一手缔造出来的。在这里，贫富的悬殊能够顺应社会的流动性；和睦相处似乎与占有的本能并行不悖；不同种族的人融为一体，产生了一代新人；民主政治可以自由地和大力地推行。即使东部的学究们也为西部的这种成就感到兴奋，当年轻的中西部历史学者弗·杰·特纳于1893年发表他的《边疆论》后，立即得到了响应。在特纳看来，美国的文明是独特的，并不是仅仅模仿欧洲；它的特色来源于无可比拟的历史经历，正是不断移动的边界铸成了美国人的性格。特纳的理论也许会受到悲观主义的曲解。因为它产生的契机正是1890年人口普查时对边境的"关闭"，因此具有这样的含义：美国历史上这个扩张和创造性的阶段现在已经过去。但对大多数人来说，这种理论的影响在于他对民族的性格做出了解释。而且一个人若还记得美国政治气候造成的各种变化的话，那么他不一定会忘记旧世界。就在1893年这一年，注定要比特纳产生更大影响的另一个年轻的学者伍德罗·威尔逊写道："深入到这个大陆中来的旧生活的每种成分，都被消化并变成了新生活的一种成分。构成我国历史的正是这种转变。"

这种对民族性的看法虽源于经济上的成就和向西部的扩张，但美国人当然还是把政治看成是最足以说明民族存在的标志。特纳认为美国的民主制乃是"从美国森林中茁壮地成长起来并充满生命力的"美国经验的最高成果。美国的传统是作为一种政治传统而出现的，人们对之忠贞不渝的是一套政治学说；因此，人们特别感兴趣的是那些坚持18世纪在农村天地中形成的各种思想和制度的力量。政治实践对这些信念的破坏作用，比人们想象的要小。因为，这种政治制度虽有种种缺陷，但它富有韧性，能够保持它兼容持有不满情绪的人的能力，并能提出一些准则，使各不相同的利益协调一致。南部之所以能接受它在国家中新的从属地位，在很大程度上可以这样来解释，它在一个主要政党中起到了重要作用。农业激进派发出的不满呼声，由于农业的代表在政党和全国政府中分享了地位而消除了。平民党的大规模骚动之所以未能在全国造成持久的混乱，是因为该党先是被一个大党所吸收，接着又在一次正常的选举斗争中被击败。同时地方政治活动，又给那些没有能够在全国施展抱负的人们提供用武之地。虽然不满情绪在竞选时很可能被人利用，但政党政治总的趋势是消除不满情绪的锋芒而使意见分歧的各派协调一致起来。政治活动中的一些不太值得称赞的方面，也起着同样的作用。城市的政界头面人物为了防止城市民众受到革命影响而做出的一些有益的事情，已如上述。在更上一层，愈来愈多地利用压力集团，那些利益集团就有希望得到他们所需要的东西；这种情况就使得这些利益集团宁愿与一些政客们携起手来，而不愿去反对他们，并且保证要使那些拥有权势而且具有组织才能的人不致背离代议制政治。同样，政治的性质与有组织的劳工安于在资本主义世界中生活，也有很大的关系。所以，政治反映了并着重说明了这样一个社会的特点：在这个社会中仍然有着许多巨大机会；阶级偏见和特征并不会使发家致富的人感到为难，而且社会方面和地理方面的流动性使得很多人能够从生活中得到他们所需要的一切。

事态的发展显示了政治传统所具有的力量，这个传统是以革命原则为基础，而又体现了有保守思想的人们所珍视的各种制约和平衡。有不满情绪的人可以求助于这一传统，而又不致被人指责为异端；统治集团则可以从这一传统中取得恰恰是他们在经济方面和社会中所需要的东西。当人们想到别的国家政治的特点是分裂时，那么就可以看出，受到诋毁的美国政治制度却具有更重要的意义，并有助于说明何以美国到1900年就能达到社会安定。19世纪末，进步主义正是在这个已经确立的体制的范围内，利用了人们所熟悉的口号和补救办法而开始酝酿起来的。它的三大激励人心的口号——反托拉斯、反政界头面人物和反贫民窟——不过是一般公认的主题的改头换面的提法，正在革新的知识界并没有产生曾严重影响他们的欧洲同行的那种深刻的格格不入的感觉。

把一种保守的社会秩序与一种仍然是激进的政治信念调和起来，必然会在美国思想界的一些领袖中间引起怀疑和分裂，而且要明显改变原来的主张，共和党激进派关于国家权力系于平等权利的观念失去了基础；由于重建时期民主制度的失败和城市治理的种种弊病，幻灭的情绪在受过教育的上层阶级中蔓延开来。少数知识分子不再拥护公正的选举权制度，因为这将剥夺各个种族中没有受过教育的人的选举权，他们转而对民主制度产生了深刻的怀疑。亨利·亚当斯在他的小说《民主》和他的《亨利·亚当斯的教育》中，以明显的方式说明了这种脱离流行的信念的情况。反民主的情绪在法律界，特别是在较高级的法院中，表现得不大公开。在这些法院中，保护财产不受民主选出的多数人的侵犯，成为一个主要的课题。官员们公开赞扬民主，尽管在私下持保留态度；但是，如果赞成实行白人民主，那么就得放弃黑人民主。到本世纪末，有影响的少数派强调种族的重要性，以及领袖在种族中的重要性。海军上校艾尔弗雷德·马汉认为盎格鲁—撒克逊人负有使命，他主张建立海军力量，因为只有建立了海军力量，这一使命才能完成。拉迪亚德·吉卜林认为美国人肩负不起白种人的重担，年轻的西奥多·罗斯福则受到种族命运的神秘概念的影响。精神状态的不断变化，反映在对美国历史的传统和象征的强调也在不断变化。国家的建设代替革命成为早期美国历史的伟大主题；尽管民主党抱有传统的忠诚，但杰斐逊之星已稍显黯淡，而汉密尔顿之星则照耀得更为明亮。最主要的是，"合众国的缔造者们"这个便于包括各种不同信仰的人的字眼，在美国的伟人祠中占据了第一位；而《独立宣言》这一革命的宣言则将其在美国舞台中心的地位，让给了象征着有秩序而又平衡的政治的宪法。

(郭　健　译)

第 十 九 章
拉丁美洲各国

　　自从西班牙和葡萄牙在美洲大陆上的殖民地取得独立以来,到19世纪70年代末已经过了两代。在此期间,这些新成立的国家维护了它们的独立,和欧洲发展了商务、文化关系,走向政治上的稳定。在与母国斗争中兴起的6个较大的西属美洲单位,大致相当于殖民地时期的总督区和都督区,这时已经分裂成16个各自为政的共和国。国家的感情,在每一个共和国里滋长,愈来愈有理由产生一幅新的政治区划图,而这样一张地图一开始并没有真正把这些国家的人民分开。相形之下,葡属美洲已经顺利地经受住离心力的倾向。到1870年,巴西帝国是拉丁美洲最大、最强盛、最稳定的国家。西印度群岛的政治形式则仍然是殖民地式的;古巴和波多黎各依然处在西班牙的统治之下;小安的列斯群岛则听命于它们各自在欧洲的宗主国;唯独那与世隔绝的海地,还有那朝不保夕的主权国家多米尼加,在加勒比地区代表着共和国的原则。

　　1870年以后,这一地区变化的主要起因是它和外部联系的空前发展。欧洲和美国不断扩大的工业需要更大量的原料,诸如皮革、棉花、羊毛;新兴的化学和电力工业需要更多的橡胶、铜、锌、铅和其他金属。城市人口有新的集中,这也要求大幅度增加食物的进口,如食糖、小麦、肉类、咖啡和可可。与此同时,那些经济上先进的国家已拥有资金和工程技术,可以用来发展生产以满足这些新的需求。同样值得注意的是南欧各国如葡萄牙、西班牙和意大利的移民大量涌向南美的温带地区。

　　欧洲的投资者敏锐地看到,紧接着这些地方获得独立,在拉丁美洲是有利可图的。但是,那里新成立的政府从伦敦筹措来的贷款,几乎全都拖欠不还。那些在19世纪20年代在智利和墨西哥的矿业投资的人，他们的奢望业已落空。从这一时期起，资金进入这个地区的速度放慢了，可是，在1870年后，情况迅速发生变化。我们无从获得全部数字，但据计算，到1880年，在伦敦发行了票面值达179490261英镑的拉丁美洲证券。其中大约有7000万英镑是拉丁美洲各国政府拖欠的公债，但有56412255英镑是在拉丁美洲商业企业中的直接投资。到1900年，这些数目猛增，不过，新增加的资金多半是在19世纪90年代末的经济萧条之前投入的。在伦敦证券交易所上市的拉丁美洲证券，到19世纪末，其票面总值是5.4亿英镑，而这笔数目中的一大半是直接投资，不是拉丁美洲政府公债。当然，还有许多投资没有列入伦敦交易所的记载。到1897年，美国在拉丁美洲的投资，总计3亿美元，主要是在墨西哥的矿山和铁路方面的投资，以及在古巴糖业方面的投资。同时，还有法国、德国和其他欧洲国家的投资，为数相当可观，而英国在投资总额中的份额是最大的。1913年，经过10年迅速扩大的投资，英国的投资仍然两倍于美国，4倍于法、德投资的价值。1900年时英国在这方面的活动甚至更为突出，这几乎是可以肯定的。

英国在拉丁美洲的直接投资有很大一部分是在铁路方面，1890年约占70%。矿业、公用事业，还有在智利的硝石工业，则占英国其余直接投资的大部分。

资本的绝大部分是流往巴西、乌拉圭、阿根廷、智利、秘鲁、墨西哥和古巴的，它促进变化的效果，无论如何估计也不会过高的。它带来了公用设施的现代化，这里所指的是拉丁美洲主要城市中的煤气、电力、自来水以及市内有轨电车那样的公共运输事业。它使得有可能建设铁路，把矿区和偏僻的农业区与海港、主要城市、内地各省及港口连接起来。此外，机器、蒸汽机、发电机和电动机在劳动大军中也引起了变化，因为这些东西要求他们掌握新的机械上的技能。这就在原先几乎全部是农民（债役农）和土地所有者（雇主）居住的国度里开始形成了一个产业无产阶级。

欧洲移民的影响，比起外国投资的影响来是局部性的。虽然在拉丁美洲，凡是具有一定规模的中心城市，都有欧洲商人和专业人员、经理和技术人员聚居的地方，但就他们对人口的种族构成所起的影响而言，为数是微乎其微的。有3个国家是例外。在这期间，几乎所有去拉丁美洲的欧洲移民都是到阿根廷和巴西。总的移民数字中含有许多错误，没有把有时为数十分可观的移民倒流考虑进去。但是，在1870—1900年的30年中，仍有400万欧洲人移居拉丁美洲。这些年中，移民人数在稳步增加。在1870—1879年间，抵达的移民略少于50万，在随后的10年中，差不多有150万，1890年至1899年间，超过了200万。

这些移民中的绝大多数是到阿根廷和巴西去的，除此以外，乌拉圭也是大批移民的目标。早在1860年，它的人口中有20%以上是在欧洲出生的。1900年，将近15万欧洲出生的人在这个国家里定居。智利接纳的人数要少一点。有相当一部分人集中在它的南部边境地区，很多是德国人或瑞士人。这多少使这些人显得更加突出。如果他们分布的范围更加宽广一些，本来是不会显得如此突出的。因为他们总的人数，从殖民开始到19世纪末，还不到10万，其中包括政府招来的和自由移居来的人。

移民中最大的部分是意大利人，其次是西班牙人和葡萄牙人，他们的人数要少一些（主要是移往巴西），然后是几部分数目少得多，却相当庞杂的人：他们中间有德国人、法国人、英国人、犹太人，以及为数很少的斯拉夫人。在他们定居的地方，他们的人数压倒了当地的克里奥尔人。在巴西，从圣保罗到它的南方，在乌拉圭的蒙得维的亚及其周围，在阿根廷的大部分（它的北部边远地区和西部各省除外），欧洲人占绝对优势。

和投资、移民密切相关的是，欧洲和拉丁美洲之间以及美国和拉丁美洲的北部加勒比地区之间的交通和通信有了改善。在1865年至1890年间铺设了海底电缆，经过太平洋海岸先把墨西哥和中美洲，随后把整个南美同美国连接起来。另外，还有一些线路把南美的东岸和欧洲相连接。尤其显著的是海上运输的改进。这是普遍使用供客运、货运的钢制轮船的缘故。南美东海岸的海运量最大，因而那里的海运最为发达。欧洲所有的海运国都在这一地区竞争。英、法、德、西班牙和意大利的客轮开进巴西和拉普拉塔河的港口，此外还有更多其他国籍的货轮。

在加勒比海上，美国的船只驶向中美、墨西哥、西印度群岛的古巴和伊斯帕尼奥拉。在太平洋沿岸,英国的航运对南美是至为重要的,美国太平洋邮船公司则把中美的西海岸以及巴拿马和美国在太平洋的港口连接起来。但在美国和巴西、阿根廷之间都没有任何直接的客运航线。这说明美国和拉丁美洲这一地区之间的商务关系,在19世纪后半期,相对来说不是那么重要的。

和航运、电信相辅相成,作为贸易的一种辅助工具的,是银行业所提供的服务。第一批专门向对外贸易提供资金的社团法人银行机构,是英国在阿根廷开设的伦敦和拉普拉塔河银行和英国南美银行。两家都是在1870年前创办的。伦敦和巴西银行创于同一时期(1862年)。从那时起到19世纪末,意、法、德利益集团都建立银行,向这些国家和布宜诺斯艾利斯之间的贸易提供资金。后来,在乌拉圭、智利和其他地方都开设了分行。

为了弄清楚这一时期的经济变化,有必要回顾一下各国的发展情况,因为各国的经验很不一样。

阿根廷的经济成长最为显著。它在19世纪初叶是西班牙帝国版图中最不发达、人口最少的地区之一。但在19世纪的最后30年中,它在人口增长的速度、移民的数量、修建铁路的里程、对外贸易的发展方面,都超过了其他拉丁美洲国家。1852年罗萨斯政府垮台后,移民迅即开始。但是直到1860年后,人数始终不多。1870年到1900年之间,有220多万移民进入阿根廷。他们中间一部分在圣菲、恩特雷里奥斯和布宜诺斯艾利斯等省农业殖民点定居;还有许多人成为阿根廷牧场主所拥有的土地上的佃户,这些牧场主这时愈来愈致力于农业;其余的人则留在发展中的布宜诺斯艾利斯、罗萨里奥和布兰卡港等城市。最大的移民群是意大利人。其次是西班牙人,为数略少。这两个民族的人构成了准许入境的全部移民的绝大多数。1897年,阿根廷人口调查表明,这一年的居民数和1869年相比,增加了1倍,这一半是由于新的人种流入的结果,但是,克里奥尔人口的迅速增长也是一个原因。布宜诺斯艾利斯这座城市的发展速度,甚至更快。铁路建设在20世纪50年代就已开始,到1870年,投入使用的线路只有458英里。但到1880年,线路就增加到1500英里以上,到1900年达到1万英里。阿根廷的铁路网超过了其他所有拉美国家。在1880年到1900年间,仅英国方面的投资,其票面值就从2000万英镑上升到 2 亿英镑以上。

铁路加上移民，破天荒第一次促成了小麦和其他谷物的大规模生产，以供出口之用。国内耕地，从 1870 年的 150 万英亩增加到 1901 年的 1700 万英亩以上。到 1899 年，阿根廷在 30 年内从一个进口谷物的国家，一跃而为出口 1 亿蒲式耳小麦和玉米的国家。与此同时，冷藏技术的出现，引起了肉类产品出口的根本变化。1877 年，第一艘冷藏船满载冰冻羊肉开往欧洲。1883 年，第一家现代化食品加工厂在布宜诺斯艾利斯附近兴建。到 19 世纪末，每年有成千上万吨的冰冻牛肉和冰冻羊肉运往欧洲。这一发展给传统的养牛业带来了变革；它原来只是生产供出口用的皮革、牛角、牛脂和干牛肉。现在冻肉有了市场。这就促进了纯种达勒姆牛和赫里福德牛的进口，结果是提高了本地牛畜的质量。为了饲养这些比较值钱的牲口，有必要圈起牧场，控制虫害和牛的疾病，发展种植苜蓿和其他饲料作物的人工牧场，提供更好的水源，以及使用比过去更多的劳力。由于这一经济发展的结果，阿根廷的外贸额（进出口总额）在 1870 年和 1900 年之间几乎增加了 2 倍。

这些年来，没有一个拉丁美洲国家在物质上的进步堪与阿根廷相匹敌。它们中间的任何一国，都缺少像在阿根廷所出现的那些有利条件中的一项或几项。

19 世纪 70 年代以前，巴西的发展在国土面积方面超过了阿根廷，但现在的发展虽然还是相当可观，已不那么显著。这里移民又是导致变化的主要因素，不过，它主要是在圣保罗到里奥格朗德之间的南方引起了变化。巴西开始接受移民要早于阿根廷，但直到 70 年代废除奴隶制的前夕，人数一直很少。随着咖啡业推行工资制劳动以及奴隶制劳动的消失，欧洲移民的涌入变得颇为重要。移民在 19 世纪 70 年代还不到 20 万，到 80 年代的 10 年中增加到 50 多万，到 90 年代已超过了 100 万。直到 1889 年帝国时代告终为止，葡萄牙人数目最多，此后意大利人在数目上超过了葡萄牙人。绝大多数人移向正在迅速发展中的圣保罗州。在移民和铁路建设的双重刺激下，咖啡生产在圣保罗州蓬勃发展，就如谷物生产在阿根廷蓬勃发展一样。以营运中的铁路里程来计算，巴西并不落后于阿根廷多少。到 1889 年，它有 6000 多英里，1904 年达到 1 万英里；自然，这个国家的幅员远比阿根廷为大，这些线路所发挥的效用就显得不足了。铁路大部分是在圣保罗州修建的，一些干线把这个州和南面的里奥格朗德以及北面和东面的里约热内卢和米纳斯各州连接起来。咖啡出口在1870年到1875年期间平均是4亿磅，到19世纪的最后5年里，平均达到11.3亿磅。巴西和阿根廷不同，阿根廷可以依靠的主要出口产品种类多，而巴西的外贸在很大程度上依靠咖啡，约占它出口总值的2/3。它的外贸额在1870年是阿根廷的2倍，智利、秘鲁和墨西哥的3倍。不过，此后它没有阿根廷那样的发展速度。橡胶似乎一度给这个国家带来了合乎需要的多样化。亚马孙河流域提供的出口量从1870年的1000万磅上升到1900年的5200万磅。但是，这种蓬勃发展不过是昙花一现而已，不久就垮下来了。可可豆、肉类产品、木材和林产品，在出口货物中只是些次要的项目。

在19世纪的最后10年中，巴西在一个方面领先于阿根廷。棉纺业到1905年扩大到100多家工厂，雇用约4万工人，生产了将近25万米棉布。1889年巴西帝国崩溃，共和国成立后的最初几年中，人们竞相向工业方面投资。除了纺织业外，这些厂家专门生产帽子、鞋子、服装，并对各种食品进行加工。咖啡种植园主赢利优厚，劳动力有保证，水力资源在19世纪末已为水力发电厂所利用，这一切在圣保罗促成了一个工业综合体。

尽管巴西的这些经济发展是很有希望的，但进展的速度无疑地不如阿根廷迅速。人口增长得慢一些，在1870年到1900年期间，总数从1000万增长到1700万，但没有能像在阿根廷那样增加1倍。还有，如果英国的投资可以作为表明增长率的一种标志，那么，巴西在这一方面是落后的。1870年，英国在巴西的投资比在阿根廷的多；到1900年，在那里的投资却不及在阿根廷共和国投资额的一半。

智利又是一个例子。它是另一个取得一些经济辉煌成就的国家，但是变化没有阿根廷那样大。移民不多，外国的投资也比阿根廷或巴西要少。1900年的外资总额稍多于巴西的1/3，基本上均衡地分布在矿山（包括硝石工厂）、铁路和政府公债方面。铁路建设虽然就其国土面积而言是可观的，但是，总的里程远远落后于阿根廷和巴西，到1900年，约在3000英里，其中国营和私营的线路各占一半。智利的农业虽然是多样化的，并有广泛的灌溉系统，但没有得到发展，而人口的增长也远比阿根廷或巴西为慢。1870年约有200万人，到1900年才增加到将近300万。

智利这些年内在北方沙漠地区的硝石工业方面确有非凡的进展，这个地区是在太平洋战争中取胜后从玻利维亚和秘鲁手里取得的。1870年，智利还不生产硝石，但到1880年就生产25万公吨，1900年为140万公吨，约占世界总产量的3/4。这大大促进了政府收入、公用事业、铁路建设和工业的成长。到1900年，智利已在制造各种各样的消费品：帽子、鞋子、卷烟、面粉、猪油、纺织品、皮革、家具、绳索、纸张、锡器和陶器、水泥、火柴、肥皂、蜡烛、肥料以及工业用化工制品。还出现了重要的机械和金属产品工厂，可以维修铁路和工业机械并制造零件。智利的工商业者已在组织一个全国性的制造商联合会，并拥有足够的影响来说服政府采取一项明显的保护性关税政策。

所以，只是在矿业方面，智利到1900年可以说是超过了阿根廷和巴西。但如以按人口计算提出的一些统计数字来比，或以每平方英里计算，其结果就对智利有利得多。总之，智利正在取得很大的进步，但规模要小一些。这对一个面积和人口比它在大西洋沿岸的邻国要小得多的国家来说，也是很自然的。

在这期间取得大量经济成就的国家中，也应该把乌拉圭包括在内，尽管它这些成就的规模比智利的还要小一些。到1900年只有约100万人住在这个国家中；然而，人口却在稳步增长，因为在1870年才有大约60万人。导致阿根廷的畜牧业扩大和改进的力量，在乌拉圭同样起作用，该国的牛羊头数增加非常之快。羊从19世纪中叶不足100万头增加到1900年的1800万头以上；牛在同一时期从不到200万头增加到将近700万头。干牛肉是重要的输出品，1900年，有21家厂商从事生产肉干。在乌拉圭还有首创生产牛肉汁的厂家，最早的一家是1863年在弗赖本托斯建立的利比格工厂。就其国土面积而论，乌拉圭的铁路有相当大的进展，到1900年，投入使用的铁路有1000多英里。在这个国家的3600万镑的投资总额中，有1100万镑就是投资在铁路事业。这个共和国的外贸额在1870年到1900年间翻了一番。但是，必须看到，除畜牧业外，乌拉圭的农业并无重要的进展。所以，比起其他具有更加广泛基础的地方，这里的繁荣发展就不那么稳定。

秘鲁到1870年算得上是一个经济取得显著进展的国家。这几乎要完全归功于它多岩石的海岸和沿海岛屿上的鸟粪的出口。几千年来，无数鸟类在那里留下的粪便造成可作肥料的堆积物，价值极大。政府依靠输出鸟粪的收入来支付在公用事业和修建铁路方面的大量费用。这也造成金钱上的浪费，以及那些和政府有关系的私人企业在这些活动中为它们自身获得了暴利。更糟的也许是它的外债，膨胀得出乎常情之外。何塞·巴尔塔总统的政府为了对付濒于破产的威胁，创建了一个经营鸟粪的垄断组织，目的是今后消灭那为数众多的经纪人，这些人曾经承包了在欧洲和殖民地市场上的鸟粪销售事宜。该政府于是和一家法国银行企业德雷福斯公司订立了合同，给予它垄断鸟粪交易的权利；作为交换条件，这家公司同意代为支付外债的利息，并贷款给秘鲁。这本来有可能帮助这个共和国井井有条地清除它在财政上的困难，但巴尔塔政府却开始边借边花，不顾一切地把将来的鸟粪出口抵押出去。这时，有个美国推销商和铁路修建商叫作亨利·梅格斯，正在从事他的宏伟的建设计划。秘鲁当时表面上似乎正在迅速前进，其实，这种显而易见的进展是建立在相当不牢靠的鸟粪业上的。一旦鸟粪价格下降或对它的需求减少，就会带来灾难。

这是个带有投机性的繁荣时期，接踵而来的是1879年至1883年的太平洋战争，秘鲁吃了败仗。它在敌占区中的产业到处遭到洗劫和破坏，其结果是破产和停滞。1890年后才开始恢复，但即使到了1900年，秘鲁的贸易总额还是小于1870年。30年中，人口仅从320万增加到400万。欧洲来的移民不多，早先在1870年前曾从中国招来劳工，到90年代又加上来自日本的工人。1900年，秘鲁经济力量中的新的主要因素是大规模商业性农业在沿海灌溉地区的发展，生产了大量的糖和棉花。还有矿业的复兴，它在新的、技术先进的外国管理之下，把秘鲁变成一个重要的铜和其他金属的生产国。修建铁路花了大量的钱，工程非常艰巨，成本很高，但是投入使用的总里程却比智利少得多。在秘鲁，促使经济发展的各种影响为一些相反的力量所抵消。

在拉丁美洲的北部，只有两个国家所取得的经济成就可以和阿根廷、巴西和智利相比。那就是墨西哥和古巴。1870年，墨西哥的人口超过900万,在拉丁美洲国家中仅次于巴西,但是总的经济进展和它的人口不相称。国内只有一条铁路把墨西哥城和维拉克鲁斯连接起来。墨西哥的对外贸易比不上秘鲁和智利,远远落后于阿根廷。绝大多数墨西哥人从事农业,赖以糊口。即使那些大庄园,其经营范围也只限于供应本地的市场。采矿业占它的出口额的大部分,平时发展就缓慢,在多次内战中更是深受影响。不过,波菲利奥·迪亚斯的独裁政府在1876年后采取了有利于吸收外资的政策。这就导致大量修建铁路,并把墨西哥的铁路线和美国的铁路连接起来。在20世纪80年代,采矿业出现了一个新时期,应用现代化技术,并能够使用低质矿石。虽然采银仍然占重要的地位,过去不受重视的铜和其他金属现在却大规模地生产了。采煤业到90年代也变得重要起来。外资还进入公用事业这一领域,也以较小的规模进入制造业,建立了黄麻和亚麻布工厂,肥皂和植物油厂,一家水泥厂以及其他企业。墨西哥的石油工业发轫于1890年,以美资创设的墨西哥石油公司为始。从某些方面衡量,墨西哥的经济进展是可观的。政府信誉卓著。到1900年,共和国的外贸年值比1870年增加了3倍。另一方面,墨西哥的农业没有真正进展;广大农民的处境比1870年时更为悲惨,人口增长很慢。墨西哥和巴西在1870年的人口几乎相等,可是到1900年,巴西竟然比墨西哥多出350万。到1900年,估计墨西哥吸收了约6700万英镑的英国资本,此外,还有2亿多美元的美国资本。因此,墨西哥和巴西两国的外国投资大致是相等的,这就充分说明总的经济进展还有赖于其他许多因素。

  在19世纪后几十年取得显著进展的国家中,古巴要算一个。但是,它和秘鲁一样,这一进展为战争所抵消。古巴曾连续两次发生独立战争,一次在1868—1878年,另一次在1895—1898年。在这两次冲突之中,作为古巴财富的主要基础的甘蔗种植园受到很大破坏。此外,这个国家直到1898年还是个殖民地,所以很难把它和其他独立国家相比。不过,古巴显然代表了经济取得进展的地区之一。该岛人口随着糖业的繁荣而增长,接受从西班牙、牙买加和其他西印度群岛来的移民,那些地方正苦于不能充分就业。美国投入古巴糖业的资金达5000多万美元。英国的投资包括投入铁路和制造业的约1000万英镑。1900年,古巴还没有从独立斗争造成的巨大损失中恢复过来。

虽然如此，古巴的贸易额当时大于其他9个拉丁美洲国家。古巴作为糖的主要来源，对世界其他各国是重要的。

至此还未提到的国家是从危地马拉到巴拉圭的一些位于美洲热带地区的国家。不能说这些国家在经济上是完全停滞不前的，但它们的进展相对来说是微小的。所有这些国家的经济成长，主要是依靠一种或两种供出口的作物或矿物，不过，这些物资在国际市场上的需求并不稳定。这就难以取得稳步的进展。在哥伦比亚和几个中美洲国家，咖啡生产开始在19世纪末取得明显的进展。可可豆的生产在委内瑞拉和厄瓜多尔如同在巴西蓬勃发展。秘鲁、玻利维亚、哥伦比亚和委内瑞拉在某种程度上都分享了橡胶生产的景气，橡胶生产在1900年在亚马孙平原突飞猛进。到19世纪90年代末，玻利维亚的矿物生产增加，取代了在太平洋战争中被智利攫走的硝石生产的重要地位。玻利维亚锡的生产是在这个时候开始的，后来变得十分重要。巴拉圭在19世纪结束的时候也有所恢复。它的外贸额在1880年到1900年之间翻了一番，但和邻国乌拉圭相比，其总值仍然是小的。

在拉美国家的经济生活中产生的地区差异表现在：委内瑞拉和哥伦比亚的外贸额加在一起还比不上乌拉圭一国，而智利运营中的铁路比10个热带国家中的里程还要多。

拉丁美洲政治生活中的变化表现出一种倾向，即它同各国经济进展的不同速度相互关联。政治活动的某些特有形式，在取得独立到1870年期间在拉丁美洲出现，这在不同的程度上在各国表现出来。其中包括政治上的动荡，其表现是未能产生一种切实可行的宪政秩序；内战和政变频仍；个人对具有声望的领袖效忠，甚于对思想信念的效忠，于是就流行以"考迪略"的威信为基础的强权政府；政治冲突采取自由派和保守派之间互相斗争的形式，这些自由派首先是反教会的，同时又坚持民主理论和地方自治或联邦制，而保守派所坚持的主张是一个等级制的、贵族式的政治社会秩序，以及国家和罗马教会进行密切合作。这些倾向在1870年后还在持续，不过在一些国家中，在几个重要的方面有些改变。在某些国家，政治稳定大有起色。这种稳定是建立在日益加强的"开明"寡头政治这一基础之上的。这些寡头人物，或者是通过在宪政制度下运行的政治机器，或者是通过和一个"开明"的独裁者进行合作来统治的。和这一在较大程度上的稳定同时发生的是官僚主义的大发展，以及军事服役的职业化。到这个时期的末年，还能看到人们开始对少数人为了私人利益统治广大人民表示抗议。

有些国家既是经济变化的范例，又是政治上的稳定获得加强的范例，阿根廷是其中之一。到1870年，内地的一些"考迪略"的零零星星的叛乱已被全部平定。但是，它仍然受到布宜诺斯艾利斯市和省里发生的冲突的干扰；因为有人主张把这座城市"联邦化"，有人反对，冲突就是在这两部分人之间发生的。这个问题引起了1874年的战斗，1880年又再次发生战斗。但在后一次战斗中问题得到了明确的解决，成立了一个联邦地区，布宜诺斯艾利斯这座城市则脱离布宜诺斯艾利斯省。保持国家权力的观点获胜了。虽然阿根廷的宪法采取联邦制的形式，但联邦政府的权力在削弱各省权力的情况下迅速增长。1820年以来一直支配着阿根廷政治的主张中央集权的和主张实行联邦制的一些老的政党消失了。一个保守的、讲究实务的寡头政治集团在阿根廷实行了统治。政府还在根据宪法行事，至少在表面上是如此，选举定期举行。但是，由于选举法中并无秘密投票的规定，这就给执政的保守党人以可乘之机，对选举加以控制。

在智利，政治上的演变采取不尽相同的形式。宪政的稳定是前一时期取得的成就，开始于1830年。从1870年至1890年，行政的权力逐渐被削弱，不像过去那样，拥有几乎是无边无际的权力，能够通过内政部和警察来左右议会选举的结果。于是，这一早先原是强有力的总统制政权，就开始向议会中的各党各派起更大作用的制度过渡。在这一转变过程中，行政部门愈益成为保守党和自由党这两个主要政党内部派系交替进行各种联合的工具；在这些联合之中，民族主义者（一个较小的中间派别）和左翼激进派只起了次要作用。虽然1833年的宪法并无明文规定，但历届总统相沿成习，都通过受到议会中多数派所支持的内阁来治理国家。这一趋向已经达到那样的程度，以致1891年当刚复自用的行政首脑何塞·曼努埃尔·巴尔马塞达对这种做法表示异议的时候，爆发了一场革命，经过激烈的战斗，这位总统被赶下台。巴尔马塞达失败后自尽，从此智利的议会制便牢固地建立起来了，一直延续到下一世纪30年代修改宪法时为止。另一方面，尽管保守党已不再占优势，尽管自由党（它主要代表一种要求限制教会权力的倾向）愈来愈得势，两党却都支持拥有土地的贵族的利益。议会是寡头政治的据点，行政部门受它的支配，但是，它根据宪法所规定的法律和政府的全部形式进行统治。

巴西是"新世界"唯一的君主国。它在19世纪末叶的大事就是帝国的崩溃和巴西合众国的成立。尽管佩德罗二世个人颇孚众望，但共和主义思想在1870年以后就开始得势。这种思想和在知识分子中间已经取得统治地位的实证主义哲学是一致的，和当时正在轰动全国的要求废除奴隶制的运动也是一致的。与此同时，巴西皇帝已经接受逐渐解放奴隶的政策，因此拥有奴隶的贵族对帝国制度的热诚就减退了。当时，教会对君主也已经疏远。这是因为皇帝从君权至上这一思想出发，干预教会，不准教会惩治共济会成员。经济上的均势也正在转移，从东北部以前的种植园地区转向圣保罗新的咖啡生产地区和更南边的其他各省。这些地方正是当时欧洲移民中的绝大部分的去处，而这里的工商业领袖对传统所表示的同情是比不上伯南布哥和巴伊亚等地的。新的力量增进了自由党人的权力，这些人开展运动反对这样一种制度：一方面是国民议会彬彬有礼地对政府的问题展开讨论，摆出一副英国式议会制政府的架势，自由党和保守党内阁井然有序地互相更替；另一方面是皇帝小心翼翼地注意保住他自己的特权，内阁的寿命要视他的意向而定，而不是由议会中的多数派来决定，因为这些多数派经常又是为了支持他所成立的内阁而制造出来的。

危机是在1888年开始的。当时，经过多年激烈的鼓动，政府屈从了立即解放剩下来的所有的奴隶这一要求。废除奴隶制的立法没有规定对奴隶主给予损失补偿。这就触怒了保守党人，不然他们是会拥护帝国的，现在，当1889年发生军事叛变宣布成立共和国的时候，他们却置身事外。革命派几乎是兵不血刃就夺取了政权。全国接受了这个新政权，佩德罗二世和他的家族被流放到欧洲。

武装部队没有效忠皇室，部队原因是实证主义者在军事院校里灌输的那一套思想，部分原因是佩德罗二世表现出一种文人的偏见，另外，也是由于高级军官有政治野心而造成的。在共和国成立后的若干年中，陆军和海军军人出任新政府的要职。1893年，陆军和海军为了争夺优势而发生火并。不过，新政府宪法的形式还是联邦制的，并为国内正在上升的工商界提供了很大的活动余地。由于工商界对圣保罗和米纳斯吉拉斯这两个最强大的州的政府的控制愈来愈得手，他们终于能够在表面上是军事领导而从幕后进行控制。在第一任总统迪奥多罗·丰塞卡及其继任弗洛里亚诺·佩绍托以后，接任的历届总统都是文人。

阿根廷在1880年后取得的宪政秩序方面的成就、智利所建立的议会制政府、巴西实施的共和国制度，这些发展虽然好像毫不相干，但实际上同样都把寡头政治的政府推上了台。与此同时，这些国家的行事和整个西方世界流行的宪政、共和国体制和代议制政府又是一致的。在其他一些拉丁美洲国家里，那些关心拥有土地和从事工商业的阶级的政府，采取了稍有不同的形式："有秩序而进步的专政。"这样的专政和早先那种个人统治的政权迥异，因为它们全都自称是自由主义的和反对教会的。不过，他们的这种自由主义的内容，由于他们接受了实证主义的政治哲学而有很大的改变。即使最终目标是自由主义的民主，实证主义者强调需要通过工作和教育来一步步取得进步。但实证主义者不相信革命，不相信通过宣传自由主义的原则就可以取得民主和进步。这些政权实际上同样也经常使用残酷的镇压手段，来保持他们执政的地位并消灭它们的反对派——这些手段正是早先那些思想上较少装模作样的独裁政权所使用从而为人们所熟知的。这些政权依靠一部分拥有土地的贵族的支持来治理国家，此外，还得到工商界，经常还有外国资本家们的拥护。

墨西哥在马克西米连的帝国崩溃后，由贝尼托·胡亚雷斯恢复了自由主义的共和国，而迪亚斯的政权又是从这个共和国演变而来的。迪亚斯是反对法国的战争中的主要英雄人物之一。他想通过投票箱当上总统的企图失败后，于1876年做了第二次尝试，通过暴乱当上了总统。在他漫长的任职期间，他一直保持了他所标榜的自由主义的外表，但他就任后不久便建立了一个高度独裁的政治秩序。军队、土地所有者、外国投资者、商人、有野心的年轻政客，甚至教会——全都得到他们急欲到手的东西，他以此来博得这些人的好感。任何反对这个政权的人都会发现自己的处境极为不妙。

军队对迪亚斯（他们的自己人）有信心，将军们被广泛地任用，职位都是政治上和行政上的肥缺。土地所有者对心怀不满、负债累累的佃农有自由处置之权;他们发现已为他们低价买进公地大开方便之门;他们对于迪亚斯的乡警在农村中维持秩序的效率非常赞赏。外国的资本家们对于迪亚斯重新建立了墨西哥政府的信誉一事表示钦佩,乐意借钱给他。凡是希望在铁路、矿山或农场方面投资的人,发现政府采取合作态度。迪亚斯尽管有反对教会的传统,但也逐渐放松执行那些教会所不满的法律,虽然这些法律在法令全书中仍然存在。所以,教会当局觉得和这个独裁者可以相处,也就不足为奇了。迪亚斯在自己周围聚集了一群年轻有为、有抱负的人,即所谓的"学者",这些人满怀当时的那种实证主义思想。教育是落后的,农业停滞不前,但在其他方面,墨西哥在经济上的进步是独立以来前所未有的。

安东尼奥·古斯曼·布兰科从1870年到1888年间在委内瑞拉的20年的统治,和墨西哥的迪亚斯政权在许多方面有类似之处。他和迪亚斯一样,具有自由主义的传统,虽然这种传统在政治上的表现,就是一些开明的"考迪略"们对旧日的贵族和保守党进行的成功的反叛。在他掌权期间,他比迪亚斯还要起劲儿地继续保持自由主义的某些习俗。他庇护共济会,实现政教分离,建立世俗的婚姻仪式和世俗的初等教育,并废止宗教仪式。他同时又赞助经济进步,从欧洲借款来营造精心设计和装饰美观的公共工程并修建铁路。他的政策带来了某种稳定。然而,就在自由主义外表的背后,不难看出这位暴君不给人民政治自由,迫害政敌,并把宪法和选举视同儿戏。

在这一世纪的最后几年,拉丁美洲就有好几个类似的政权。胡斯托·鲁菲诺·巴里奥斯在1871年到1885年间统治危地马拉,也是自由主义革命者的一个榜样,这种人就职后就成为施仁政的专制君主。他遵循的是一种对工商业、土地所有者和外国资本有利的经济政策。他发起了一项资助农业和商业、铁路修建和其他公共工程的计划。不幸的是,由于他一心想重建中美洲的政治统一,在这些方面的建树就没有原来所预期的那样出色。还有一些统治者本来可以归入这一类型,但他们中间没有一个人的执政时间长到足够建立一个真正可以被认为是"有秩序而进步的"专政那样的政权。

除了在发生上述这种类型的政治新发展的国家以外,拉丁美洲的政治仍然遵循早先建立的那种模式。特别是巴拉圭,它为保卫自己的领土英勇斗争到底,由于敌我悬殊,损失惨重,几十年也无法恢复元气。1870年它还被外国军队占领着，媾和条件要等到将来才能最后确定下来。战争中的伤亡、饥馑和疾病，把国内的人口从战前的100万左右减少了一大半。在那次冲突中，几乎所有能够拿起武器的人，不是丧了命就是变成了残疾。从1870年开始，巴拉圭不再能够在拉普拉塔河地区的政治中扮演一个主要或独立的角色，愈来愈趋向于成为正在迅速壮大的阿根廷的一个卫星国，而且，只有通过阿根廷的领土，巴拉圭才有可能和外界往来。在和巴拉圭的战争中，乌拉圭被迫成为阿根廷和巴西的盟国，这场战争在这个国家中确实导致一种反对军事头目左右政治的反应。1870年，属于两个传统政党的年轻的文职人员，发起了一个旨在实现以原则为基础的新政治联盟的运动；然而，这一运动是短命的，乌拉圭人对他们传统的政党和将领们有深厚的感情，这证明是改不掉的。由贝南西奥·弗洛雷斯领导的革命取得胜利后，红党得以执政，它在表面上一直是掌权的。而实际上，权力是掌握在一批将军们的手里，他们主要是为了他们自己和他们的同伙人谋利益。在玻利维亚、厄瓜多尔、秘鲁、哥伦比亚、中美洲和多米尼加共和国以及海地，战争、革命和独裁，一个接着一个发生，但不值得一记。

但是如果不讲人们如何开始对寡头统治和独裁进行抗议，那就不能结束对这一时期拉丁美洲政治的探讨。这些抗议运动是从民主理想主义、社会主义、无政府工团主义和工人运动中产生的。在19世纪末以前，这些运动没有一个堪称取得了重要的成果，但是，不能忽视它们的开端，因为在1900年以后不久，这些运动都变得相当重要。

自由主义的民主理想主义在阿根廷的成长最为显著。米格尔·胡亚雷斯·塞尔曼总统的政府误国腐化，导致一个抗议集团"公民联盟"的形成，为首的是理想主义者莱安德罗·阿莱姆。后来在阿根廷政治中扮演主要角色的许多人都和他有联系，如伊波利特·伊里戈延、马尔塞洛·阿尔维阿尔、利桑德罗·德拉托雷等。公民联盟在1890年组织的一次起义虽然失败，却大大削弱了总统的地位，以致他辞职下台。公民联盟的某些领导人接受了一项妥协性的解决办法，但是，阿莱姆和伊里戈延拒不接受并成立了"激进公民联盟"，后来称为"激进党"。激进党人开展一项运动，反对在选举中经常发生的弄虚作假和使用暴力。他们认为改革选举是解决一切问题的关键。他们在1893年再次发动叛乱，又一次被镇压下去，但是，日益赢得舆论的支持。在下一时期之初，他们就将成为阿根廷占统治地位的政党。

除了在阿根廷，自由主义民主思想并没有导致有组织的政治活动，不过，智利激进党的左翼，可以算是持有这种观点的政党。尽管如此，许多重要人士都表示反对时弊。在墨西哥，著名诗人伊格纳西奥·阿尔塔米拉诺表示反对官方的实证主义学说，这一学说不承认人的权利。何塞·马蒂在古巴和在流亡中，用他的笔锤炼出的民主学说，后来成为古巴共和国的意识形态。在秘鲁，伟大的爱国主义者和自由主义者曼努埃尔·冈萨雷斯·普拉达，号召他的同胞们为国家的幸福诚实地而又有纪律地工作。在乌拉圭，何塞·巴特列·伊·奥多涅斯在他那家报纸的专栏里和他在国民议会的演讲中，呼吁采取超越国内传统的党派政治的政策。这些人仅仅是许多人中的几个，他们通过新闻和政治活动，在许多国家中坚持要求自由主义和民主。但是，很难说他们在1900年以前已取得许多重要的成果。

在拉丁美洲，左翼激进主义在一开始也是分散的，甚至更没有什么具体的成就。在19世纪90年代，无政府工团主义者开始在几个国家里，在具有这种信仰的领导人赞助下，进行宣传鼓动和组织工会的活动。在墨西哥，宣传这一观点的主要人物是里卡多·弗洛雷斯·马冈；他和他的兄弟恩里克以及另外一些人的活动是从1892年开始的。1891年，一个工团主义的总工会在布宜诺斯艾利斯成立。佩得罗·阿巴德·德·桑蒂连是这一思想在阿根廷的主要代表。就在19世纪末，1897年以后，工团主义的工会和刊物在智利北部的硝石产区出现。由于无政府主义学说在西班牙占有重要地位，在拉丁美洲的无产阶级的不满情绪所采取的最早形式之一很自然的就是无政府工团主义。工团主义的主要对手社会主义，在1900年之前，除了阿根廷以外，几乎没有在拉丁美洲的任何地方立足。阿根廷社会党是在1896年由胡安·胡斯托和阿尔弗雷多·帕拉西奥斯创立的。这个党不是一个教条主义的马克思主义政党，而是一个改良主义组织，主张通过立法在政治上采取行动，它所遵循的是类似英国费边社的路线。

除了上述一些代表工人阶级利益的各种类型的激进思想和组织以

外，还有一些零星的、范围较小、更为温和的劳工组织。在墨西哥，早在1890年就组织起一个铁路工人工会。在阿根廷，最早的例子似乎是在1874年建立的制革工人工会。不过，大部分工会不是从属于社会主义的组织，就是从属于无政府主义的组织。在布宜诺斯艾利斯，1891年后，既有工团主义的总工会，又有社会主义的总工会。1900年以前，在古巴和智利的工会主要是受工团主义的影响。工人运动和工人阶级的宣传鼓动在欧洲和美国已经取得重要地位很久以后。拉丁美洲在这方面仍然迟迟没有作为。这一运动和宣传鼓动，很自然地首先是在受资本主义进步的影响最多的国家，如阿根廷、智利、古巴和墨西哥出现的。巴西在这个运动中是落后的，原因何在还说不清。

  对这一时期拉丁美洲国家的政府进行考察时，不能忽视西班牙美洲共和国大家庭中出现的一个新成员——古巴。虽然在西属美洲大陆取得独立的时候，这颗"安的列斯群岛的明珠"仍然留在西班牙的手里，但它并不是毫无动静的。在美国南北战争结束后不久，古巴人对实行歧视和剥削的西班牙殖民政权的不满，引起了第一个争取本岛独立的强有力的运动。1868年的一次革命集会曾宣布实现独立，结束奴隶制，建立一个自由而民主的共和政权。在贵族人物卡洛斯·玛丽亚·德·塞斯佩德斯以及其他一些有地位的人的领导下，起义者向古巴各阶级发出呼吁。一些拉美国家承认了古巴共和国，但美国没有承认。由于没有得到承认，就不容易得到军火，于是这场战争变成游击战。西班牙当局无法把游击队压制下去，战争持续了十年。最后，双方都筋疲力尽，这就导致妥协，和西班牙总督兼总司令马丁内斯·坎波斯将军签订了《桑洪条约》。西班牙人没有全部恪守当时所做出的承诺，革命的动乱继续在潜伏中。何塞·马蒂在狱中，在流放中，体现出古巴人对自由的渴望。他的著作和他的榜样，在这些年中煽起了古巴人的民族精神。1895年革命再次爆发。马蒂在首次战役一开始就以身殉职，但死后如在世时一样，他的事业把古巴人统一起来了，反抗的势头愈来愈强大。起义游击队的政策是烧毁甘蔗田，西班牙人针锋相对的政策是把农村的居民关进集中营。生命财产到处遭到毁灭，古巴人在受苦受难，对此欧洲和美洲都有广泛的报道。

美国在古巴革命开始3年后终于介入,关于这方面的情况,不在本章叙述的范围之内。随后的美西战争的结果,是西班牙在美洲的势力全部覆灭。这一事实是尽人皆知的。然而,还必须看到一点:古巴人认为他们已经赢得了自由。就在和西班牙进行战争的时候,古巴和美国双方的军事当局已有摩擦。当美国在古巴建立了一个军政府时,岛上的人民感到沮丧。美国在干涉伊始,国会曾正式宣布美国并无兼并古巴之心,它希望能有一个独立的古巴。但在战争结束的时候,这种兼并之心却在增加,虽然还不足以完全改变原来的立场。不过,美国确实强加在古巴身上一项举世闻名的限制,限制这一新生共和国的主权,那就是"普拉特修正案"。这一修正案牢牢地扎根在美国和古巴的永久性条约以及古巴的宪法之中。修正案中有一条规定,即美国为了维护"古巴的独立,维持一个政府以便保护生命财产和个人自由",可以对古巴进行干涉。古巴人在被迫的情况下,无可奈何地接受了这些条件,这时美国才撤走了它的军政府。古巴共和国在1902年得以控制该岛。西班牙帝国在美洲的告终,在许多方面有它的意义,不仅仅是因为西班牙和它的殖民地之间重新建立亲善关系不再存在任何障碍,而且西班牙的和西裔美洲人的艺术家、作家和知识分子之间友好关系的建立,将是随后一个时代中的在文化方面的重要事件。

在19世纪后期,拉丁美洲国家之间的冲突和竞争对这些国家的政治、经济生活产生了显著的影响。冲突往往是由于边界争端引起的,许多争执一直不能解决。这是由于双方的民族主义感情无法妥协,而且,对于通常涉及的荒无人烟在内的悬而未决的边远地区缺乏确切的地理知识,也造成了一些困难。此外,那些较强的国家总想控制邻近的弱国,由于这样的政策,引起了更多国家的敌视。随着时间的推移,以那些比较强大的南美国家为中心,形成了一种均势,而这个大陆上的其他大多数国家也都被卷入。在中美洲,有明显的类似过程,范围较小,但和南美这种关系形成的体系却无关联。

这个大陆体系,是从早年拉普拉塔河地区的地方冲突和太平洋沿岸各共和国之间的冲突之中演化出来的。在前一地区,冲突的因素是阿根廷和巴西之间竞争的野心。双方都企图对较小的邻国乌拉圭和巴拉圭的政治事务施加影响，以利于他们自己。1870年，具有破坏性的巴拉圭战争告终。这个小而好战的国家元气丧尽，它的野心勃勃的独裁者弗朗西斯科·索拉诺·洛佩斯也跟着死去。那是一场历时近5年的反对阿根廷、巴西和乌拉圭联军的斗争。两个较大的战胜国都向巴拉圭要求割地和赔款，双方都有制止对方把这个战败国拉进自己的势力范围的企图。巴西和阿根廷在乌拉圭经常动乱着的政治中讨好互相敌对的派系，也就成为一种传统。主要是由于这些对抗，阿根廷和巴西卷入一场争夺军事优势的竞赛。两国都开始发展更加训练有素的职业军官（阿根廷军事学院是在1870年成立的）。两国都向外国购买舰艇，从而奠定了现代海军的基础。

太平洋沿岸的国际关系，在19世纪70年代初是和谐的。就在几年以前，智利、厄瓜多尔和玻利维亚在秘鲁抵抗西班牙海军的干预中和秘鲁站在一起。然而，在这表面现象的后面，智利和秘鲁之间在传统上是互相妒忌的。在殖民地时期，秘鲁一直是西班牙总督当局的驻地，照例比边远的智利省要得到更多的优慧。这些抗衡自古就存在，本来是可以保持相安无事的，可是在秘鲁南部和玻利维亚的沿海干旱地区硝石工业的兴起，重又勾起了这一宿怨。智利的工商业者在开发这一新型的矿物财富方面很活跃；既然这片沙漠现在突然变得十分值钱，早先对这片领土的要求并不起劲的智利政府，现在却迫切地提出它的权利要求。玻利维亚是个弱国，而且政治并不修明。它在智利的外交压力面前做出让步，1866年签订了一项条约，把南纬25°以南的土地割让出去，并同意和智利共管南纬23°—25°的土地，两国都可以在那里开发鸟粪和硝石之类的资源，分享从这方面取得的收入。但是，随后在1873年秘鲁和玻利维亚结成了同盟。智利的历史学家对这个同盟的解释是，两国采取步骤在硝石工业的垄断价格上采取一项共同政策，并且企图不让智利参加进去。秘鲁和玻利维亚方面的史学家则把这个同盟说成纯粹是一项防御性措施，用以对付一个显然具有侵略意图的邻国，否认有任何秘密条款或附加的协定。

智利和玻利维亚两国1866年的条约执行得不好。双方对于如何分享收入，无法取得一致的意见。由于智利提出抗议，1874年又签订了一项新的条约，把边界定在南纬24°，并规定玻利维亚在25年内不增加在它管辖范围以内经营的智利各硝石公司的税收。玻利维亚总统达萨在两个强邻所施加的压力的夹攻下,决定与秘鲁合作。他对设在安托法加斯塔的一家智利硝石公司增收出口税。对此,公司和智利政府提出抗议,玻利维亚当局不为所动,坚持开征,并且在对方拒绝付税的情况下,没收了智利这家公司的财产。智利的部队随即于1879年2月占领了安托法加斯塔。秘鲁政府试图调停智利和玻利维亚之间的争执,可是,智利认为玻利维亚的政策是在秘鲁的纵容下制定的,拒绝调停,并要求立即解除1873年建立的秘鲁和玻利维亚之间的同盟。这两个同盟国拒绝了这一要求,战争随之而起。

这一场战争被称为太平洋战争,分为几个阶段。第一阶段,智利夺取了玻利维亚的沿海地区,但由于智利的舰队未能控制海上通道,它的继续推进被阻挡了,直到后来舰队总算把秘鲁的快速巡洋舰"瓦斯卡尔"号击毁。第二阶段,一支智利部队击败联军并占领塔拉帕卡省。1879年年末,这场灾难性的战争在秘鲁引起了政治危机。马里亚诺·普拉多总统突然出国去欧洲,表面上是去购买军火,这使全国为之张皇失措。这一非常事件发生不久,尼古拉斯·德·彼罗拉成功地领导了一次起义,在全国的一致支援下,试图继续组织保卫祖国的战斗。可是,智利的军队一胜秘鲁人于塔克纳,再胜于阿里卡。到1880年年中,这两个省完全落入智利的手中。当时打算进行和谈未成,美国出面进行斡旋或调停,但是手法笨拙,做得很不适当,所以也没有成功。1880年年底,智利的军队向北推进,指向利马。1881年1月,秘鲁首都经过在它郊外的一场殊死战斗后被攻占。彼罗拉政权倒台,只有在内地的某些游击队还在坚持抵抗。占领军肆行抢劫,破坏财产,这就引起冲突,给和谈带来了困难。在秘鲁的领导人中,没有一个人能够取得人们的普遍支持,也无一人能找到一个和智利谈判的基础。最后,总算由米格尔·伊格莱西亚斯将军出来,面对大势所趋的现实,签订了《安康条约》,把塔拉帕卡省割让给智利,并同意智利占领塔克纳和阿里卡10年,然后举行公民投票,决定最后如何处置这两个省。

太平洋战争除了对交战国产生影响以外,还引起了各种反响。反响之一表现在智利和阿根廷的关系上面。这两个国家在边界问题上有争议,已有好几十年。争议地区在大陆的极南端,是一块除了少数印第安人以外无人居住的地方,直到19世纪中叶,智利才在那里建立了一个名叫阿雷纳斯角的城镇。但是，这时两国都开始认为这个地方愈来愈重要。双方的主张有很大的距离，而且，谁也不肯让步。阿根廷愿意拖延下去，它的打算是它的财富和人口的增长更为迅速，最终会对它有利。智利试图争取巴西支持它的领土要求，但是没有成功。在太平洋战争中，出现了危机。智利在这场冲突中不敢坚持强硬立场，因为这可能会促使阿根廷插手这场战争。于是，在1881年就一项条约达成协议，把在巴塔戈尼亚有争议的地区的大部分土地让给阿根廷，智利只能控制麦哲伦海峡。

太平洋战争以后的几个年头里，在阿根廷、巴西和智利之间出现了相互抗衡高涨的局面。智利已被尊为南美洲太平洋沿岸的头等强国。阿根廷和智利对两国山地边界的确切方位的争议尚待解决，智利在军事上取得的成就，促使阿根廷增加它的陆海军人员和战斗力。在巴拉那河上游密西昂奈斯地区，巴西和阿根廷存在争议，1889年双方同意接受仲裁，从而消除了两国之间的紧张状态，边界的划定工作也在19世纪末完成。阿根廷和智利对两国边界究竟应该依照山脉的高峰还是大陆分水岭来划分，存在争议；1896年两国取得协议，把这一争议付诸仲裁。1899年至1902年间根据这一协议做出的决定正式公布。有一时期盛传要发生战争，这时此说烟消云散，两国关系有显著的改善。在20世纪的头10年中，著名外交家和政治家德·里奥·布兰科男爵成功地处理了巴西到1900年尚未解决的大部分边界问题。整个20世纪的前半叶，在委内瑞拉和哥伦比亚之间、秘鲁和厄瓜多尔之间、中美洲各国之间，棘手的边界争端持续不已，造成困难。

在1870—1900年这一时期，拉丁美洲的文化生活中出现了新的要素，那是经过吸收欧洲，特别是法国和英国的思想和流派而产生的。文明的某些方面，譬如说，在公共教育方面，在改进大学图书馆和设施方面，在建立图书馆和博物馆方面，在发展宏伟的建筑方面，在一定程度上要视有无资金而定，所以，凡是积聚财富最有成效的国家，在这些方面就能够领先，这是意料之中的事。然而，在文学艺术领域，它和经济上的进步没有相互关系，在贫穷而不发达的国家里却产生了天才作品。

在这个时代，法国的影响占优势，法国的风尚是主要的，这在当时是毋庸置疑的。有教养的阶层读法国书，大学生的教科书也是法文的。拉丁美洲一些大城市新修的林荫路和大道，在很大程度上就是巴黎林荫大道的翻版，如布宜诺斯艾利斯的五月大街，墨西哥城的改良路，还有稍后几年仿效这一式样修筑的里约热内卢的里奥布朗科大街。交通的进步和财富的增加，使得上层阶级的妇女能够依照巴黎的时尚穿戴。

在公共教育方面，德国和美国的影响是重要的。虽然所有的拉丁美洲国家都认识到全体公民都有文化的重要性，并且法律规定要提供某种公共教育，但只有少数几个国家在扫盲工作方面真正取得成就。成就最大的是阿根廷。多明戈·萨米恩托受到在欧洲和美国的考察和旅行中的启发，在任总统期间（1868—1874年）建立了师范学校，为一套教育制度制定了标准和计划，由各省管理，但受中央政府的监督和鼓励。通过请进外国专家和在教育领域出版刊物，教学质量得以提高。乌拉圭1880年以后在萨米恩托的赞赏者何塞·佩德罗·巴雷拉的领导下，取得了类似的进步，只是规模要小得多。在巴西，佩德罗二世做了很大的努力来推进教育事业，特别是在1870年以后。到帝制时代末期，全国各省有6000多所中、小学校，包括在里约热内卢的唐·佩德罗二世帝国学院。

除了已经提到的国家以外，面向群众的普及教育工作做得极少。但在许多其他国家，高等和专门教育取得了进展。智利大学建于共和国的初期，在许多方面是拉丁美洲的一个样板。在19世纪的后几十年中，大多数国家扩大并改进了它们主要学府中的课程和设备。然而在各国，教学和专业学校绝大部分是教法律和医学。大学里的研究工作这一功能，当时还没有发展起来。不过，在所有比较重要的国家里，都创建或改进了国立图书馆和自然历史博物馆，为今后的研究工作提供了材料。

尽管拉丁美洲各国可以吸取西班牙艺术的伟大传统，而且，在有些国家还存在着很有价值的美洲印第安人的艺术遗产，但它们在19世纪后期，在艺术上并无重要的或创造性的建树。在音乐方面就几乎完全是派生的，按照法国和意大利所赞赏的方式，努力追求演奏李斯特或威尔第等浪漫派作品的技巧。在雕塑方面，则限于使用学院派的手法，为公共广场制造纪念性的作品，而且，其中很大一部分实际上是在欧洲的工作室里创作的。在绘画方面，风格还多一些。虽然有许多是为那些有钱有势的人画的学院派的肖像画，以及作为公共建筑物中装饰用的战争场面和其他激发民族感情的历史绘画，但也有一些超出这一范围的作品。乌拉圭画家胡安·曼努埃尔·布拉内斯是个卓越的肖像画大师，他的作品大部是在阿根廷绘制的。他也创作了一些戏剧性的油画，风格近似德拉克鲁瓦。[①] 19世纪阿根廷最杰出的艺术家是普里利迪亚诺·普埃雷东，他的大部分作品是在1870年以前创作的，但他本人一直活到19世纪的晚期。他创作的一些出名的肖像画，对色调的处理尤称一绝，他还创作了一些极为有趣的风俗画。再晚一些时候，在19世纪末，阿根廷最杰出的画家是爱德华多·西沃里，在他的作品中，可以看到库尔贝和马奈[②]的影响。在墨西哥，这一时期最杰出的绘画，出自具有卓越才能的风景画家何塞·玛丽亚·贝拉斯科的手笔。他的墨西哥风光习作，如果说没有胜过同一时期美国一些艺术家的作品，至少也可以和这些人所画的落基山脉和美国西部风景相媲美。贝拉斯科本人出自一个意大利画家的门下，后来是迭戈·里维拉的业师，里维拉以后成为20世纪墨西哥画派最伟大的画家之一。

拉丁美洲人在这一时期最突出的创作成就是在文学方面。19世纪末年文学史上的主要方面表现为两个流派：小说从早期的传奇形式，通过地方色彩派这一过渡形式，演变成得到充分发展的现实主义风格，后来又演变成自然主义风格。巴西在小说方面是个最为重要的国家。若阿金·玛丽亚·马查多·德·阿西斯几乎是举世公认的拉丁美洲最伟大的小说家。他的作品跨越整个走向现实主义的过渡时期。在19世纪末，欧克利德斯·达·库尼亚以其非凡的文艺—哲学—社会学作品《腹地》，还有若泽·佩雷拉·达·格拉萨·阿拉尼亚以其描绘在边境地区环境中互相冲突的各族人民的作品《伽南》，开创了自然主义流派。西班牙美洲的散文，虽然也出现了类似的流派，然而，它所产生的成果，如加列戈斯·里维拉以及其他许多人在20世

---

① 法国19世纪的著名画家。——译者
② 二人均系法国19世纪中叶著名画家。——译者

纪初期的作品，要比在巴西稍晚一些。传奇性的风格在 1900 年以前就已经衰竭，现实主义应运而生，表现这种手法的媒介是风俗派的素描，也就是高卓文学。这种文学作品的流行要归功于何塞·埃尔南德斯等人，而主要应归功于智利作家阿尔维托·布莱斯特·加纳的小说。自然主义于 20 世纪初在墨西哥的费德里科·甘博亚的作品中出现，他的作品似乎脱胎于左拉的模子。

西班牙美洲文学中的诗，从 19 世纪 90 年代开始经历了一个丰富多彩、别开生面的时期。它的现代化运动，在某些方面是从法国诗人魏尔伦和博德莱尔那里汲取了灵感而产生的，但是在更大的程度上，它像是美洲诗人的独立宣言，在诗的形式和词汇方面，不再受西班牙传统的束缚。这一运动的最伟大的代表人物和创始人，是尼加拉瓜的鲁宾·达里奥。他在他的诗篇和散文中，树立了他处理一切感觉印象的典范，自由奔放而又敏感。他还善于创造出新的方法来表达这些印象。凡此都对其他一些年轻诗人作品产生了直接的影响。他们是阿根廷的莱奥波尔多·卢格内斯，秘鲁的何塞·桑托斯·乔卡诺，还有墨西哥的阿马多·内尔沃，都是这一流派中有数的最著名的人物。这一现代化运动，从拉丁美洲传播到西班牙，成为一支重要力量，影响着所有随后使用西班牙文的作家们。

然而，在 1900 年，这些在 19 世纪末给予拉丁美洲文学以新的活力的年轻人，没有一些年事较长，往往是政治家、记者、教师或其他专业人才的人们那样知名，他们对 19 世纪所产生的影响，也比不上那些人。在加勒比地区，马蒂的影响远远超出了他心爱的古巴。在西班牙美洲的文化人中间，一种彼此本是兄弟的情感正在滋长，马蒂在这方面起的作用比任何人都大。另外还有一些知识分子，他们的影响也越出了他们本国的范围。在本文涉及的这一时期之初，多明戈·福斯蒂诺·萨米恩托可以说是这样一个人。他在阿根廷与暴君作对，热心于教育事业。在早年的流亡生涯中，他到了智利，后来去游学，出使外国，到过不少地方。在乌拉圭的教育事业方面，他对巴雷拉有明显的影响。他还做了不少工作，让美国和阿根廷的教育家互相接近。在 19 世纪末，乌拉圭人何塞·恩里克·罗多对整个西班牙美洲的年轻人有很大的影响。他的著名论文《爱丽尔》（1900 年），鼓吹西班牙美洲精神上的团结，警告人们提防所谓的美国物质主义文明，在下一代的理想主义大学生和文人中间被奉为"圣经"。在加勒比地区，波多黎各的欧亨尼奥·玛丽亚·德·奥斯托斯作为一个改革家，后来又作为一个革命者，遍游"新世界"各地，一直是一个反对帝国主义——反对西班牙或美国——的宣传家。他还为改进他本国和多米尼加共和国的教育事业而勇敢地工作。恩里克·何塞·巴罗纳，作为爱国者、哲学家、教育家和诗人，在古巴有非常类似的影响。

在这些人之中有许多人是多才多艺的，这是拉丁美洲独具的特点。这许多人很难把他们归入那一类，因为他们集许多不同性质的活动于一身。仅举两例，就足以说明他们的多方面的发展。巴托洛梅·米特雷在3个不同领域里都是知名人物。他在阿根廷国家组织的危急时刻，是布宜诺斯艾利斯的杰出的政治领袖。在几次内战中，从反对独裁者罗萨斯的战役（1852年）到反对萨米恩托政府的未遂的起义（1874年），他都参加了，并做出不同程度的贡献。他又是阿根廷部队在巴拉圭战争中的领导人，并且出色地率领他的军队作战。还应记住，米特雷是当年阿根廷的第一个新闻工作者。他是《民族报》的创刊人。这家报纸从他那时起直到现在，一向是阿根廷的几家著名报纸之一。在他的第三个活动领域里，米特雷大概是阿根廷最有才能的史学家，也是至今仍拥有读者的少数当年西班牙美洲史学家之一。他的主要著作有《圣马丁及美洲独立史》和《贝尔格拉诺及阿根廷独立史》，这些是米特雷晚年的作品，在19世纪80年代问世。这两部书既有生动叙述的风格，又能尊重文献史实，把二者结合起来。作为一个民族主义者，他无法把自己冷静地置于所要叙述的主题之外，但是他所写出的历史，可以和英国的麦考莱或美国的乔治·班克罗夫特媲美。

拉美文人多才多艺的另一个例子，是智利人迭戈·巴罗斯·阿拉纳，他首先是一位历史学家。最为人们所熟知的是他的不朽之作《智利通史》。这部叙述他本国历史的著作，从西班牙征服以前写起，一直写到智利取得政治独立这一时期为止。这是拉丁美洲这类历史研究专著中最重要、最独具匠心的作品，一直被认为是19世纪的科学性的表现。除了作为一个史学家所做的工作以外，巴罗斯又是智利教育史上的第一流人物。作为一个自由主义的理论家，巴罗斯在他漫长的一生中，一直致力于创建一套完备的世俗公共教育制度。他是著名的圣地亚哥国家学院的教师,又是智利大学的教授。他个人对两代年轻的智利知识分子有重大的影响。作为该大学的校长,他对组织高等教育方面的政策是有影响的。他的第三种活动使他进入国会,为他的国家服务。在国会中,他是个坚决的自由主义派,他又是个外交家。在智利和阿根廷关于巴塔戈尼亚的归属问题的争执中,他运用自己在历史方面的才学为智利辩护。他出面谈判了一项条约,根据这一条约,智利在太平洋战争中于1881年放弃了它对这一地区的要求。

  回顾一下19世纪后半期的拉丁美洲,可以理解当时许多拉丁美洲人对进步抱有的乐观情绪和信心。经济上和物质上的进步是存在的,虽然这些进步的许多方面,在分布上是不平衡的。在有些国家里,政治上的稳定有所加强;然而,为此所付出的代价是高昂的,那就是寡头政治的统治,它无视广大公众的利益;在许多国家,内战和独裁政权似乎已成为地方流行病,这些国家很难说有任何改进。还要再过15年,一个新的时代才会到来。第一次世界大战带来的动乱的影响要波及拉丁美洲,改变传统的关系,因为俄国变成了一个革命的国家,而美国在世界上的地位也起了变化。只有在这个较新的时代中,政治和社会改革的运动才会在拉丁美洲发生,和日益加速的经济变化齐头并进,给这个大陆上千百万贫穷的人民带来比较美好的生活的希望。但是,正如我们在前面所述,20世纪拉丁美洲历史中的主要因素——工人组织及其政治活动,一些地区的工业化和中产阶级的成长,民族主义的和无产阶级的革命运动——在这个时期内就已经有了预兆。这个时期从表面上看来,社会改革停滞不前,而经济进展则突飞猛进。

(任家桢 译)

第 二 十 章
国 际 关 系

19世纪最后30年间，欧洲的均势臻于十分完美的程度：即在5个大国（也许还可以算上第六个）中，每个都能保持自己的独立地位，但没有任何一个，其势力强大得足以支配其余的大国。法国和德国的对立无法调和，奥匈帝国和俄国在巴尔干的对立，尽管不像法德对立那样长期持续，也是无法和解的。这种情况就使得这些大国之间不可能结成任何举足轻重的联盟。欧洲的均势看来仿佛是一个自然规律，它自行发生作用和自行调节；欧洲在近代史上享有最长久的和平时期；各大强国都转而把精力用于"帝国主义的"对外扩张。每个大国都建立起殖民帝国，有的就在自己的后门口，有的则在海外。

1870年7月爆发的普法战争造成了这种罕见的均势。战争的起因本来是法国企图阻止德意志走向统一；而战争的结果却把欧洲从受法国支配的阴影笼罩下解放出来，但并没有使德意志帝国获得主宰地位。这次战争仅在欧洲范围以内，而且限于欧洲强国之间进行的最后一次战争。实际上，战争只限于在两个大国之间进行。这种局面是出乎意料的。英国在比利时的安全一旦获得保证后真正保持了中立。但奥匈帝国则打算站在法国这一边进行干预，尽管这只是在法国打了胜仗以后。俄国最初曾经用暧昧的态度表示要胁迫奥匈帝国保持中立，接着，它又用同样暧昧的态度筹划与奥匈帝国竞争，以讨好法国。所有上述打算都随着战争的演变而突然落空。边境几场战役都对法军不利。9月3日，法军主力被击败，被迫在色当投降。拿破仑三世成了俘虏。法兰西帝国被推翻，共和国在巴黎宣告成立。

色当战役结束了争夺欧洲霸权的斗争。多少世纪以来法国主宰欧洲的局面从此成为陈迹。德意志现在可以自行安排自己的命运了。由于德国要求得到阿尔萨斯和洛林,普法战争又拖延下去。德国提出这个要求的表面理由是出于军事上的安全,而更深刻的原因则是为了满足民族的感情。新成立的德意志帝国要想获得一个良好的开端,首先必须收复旧德意志帝国失去的领土。于是,法国举起了保卫国家的旗帜,由双方内阁开始的战争变成为两个民族间的战争。梯也尔在欧洲到处奔走,寻求盟友,然而毫无成效。不论奥匈帝国或俄国,都不害怕德国获胜。奥国人希望德国在近东方面给予支持,而俄国则盘算一个愤懑难平的法国将会遏制德国。只有英国首相格莱斯顿反对在没有征求当地居民意见的情况下,把阿尔萨斯和洛林割让给德国,其主张是根据道义上的而不是权势方面的理由,但他没有获得他的内阁的支持。

  此外,俄国宣布废除1856年巴黎条约所规定的黑海中立化的条款,从而把国际关系的焦点转移到东方。英国威胁要进行战争,最低限度要恢复"克里米亚联盟"。俾斯麦却不愿造成这样一种局面:即可能使法国找到盟友,或至少使它能在一个国际会议上申述它的理由。俾斯麦干脆利落地解决了这场危机,其办法是让俄国和英国同样都能如愿以偿。俾斯麦建议召集一次限于讨论有关黑海条款的会议,而且,事先保证废除上述条款。这样,俄国就不再被人捆住手脚;在英国方面,它也总算维护了条约只能通过国际协议才能修改的原则。俾斯麦得到的报酬是,大家都许诺,在1871年1月伦敦召开的会议上,绝不提起德法两国之间的战争问题。

  因此,法国只能依靠自己的力量了。但这并不能扭转色当溃败造成的定局。甘必大于是仿效1793年雅各宾派呼吁总动员的做法,宣布国家处于危险状态。虽然他把新军投入前线,但这些新军未能击败德军,也无法防止巴黎的陷落。1871年1月底,法国不得不接受德国的条件,而这些条件成为5月10日在法兰克福签订的最后和约。法国失去了阿尔萨斯和洛林,只是在最后关头才保住了贝尔福;法国必须缴付50亿法郎的赔款(这笔赔款正好相当于1807年拿破仑一世从普鲁士索取的赔款额);在赔款没有偿清以前,法国必须担负德国占领军的费用。这种和约条款确实是战胜国强加于对方的拿破仑式的媾和条款。然而,俾斯麦并未企图控制未来的发展。法国仍然是个大国。法兰克福条约既没有限制它的军事力量,也没有控制它的外交政策。如果法国想要复仇的话，道路是畅通无阻的，但法国却不能走复仇的道路。色当战役及其后果与其说是改变了欧洲的力量对比，不如说是它们象征着这种对比发生了变化，而且这种对比越来越对法国不利。德国的人口和经济资源在不断增长，而法国则几乎停滞不前。

当时人们很少认识到这一点。他们预料法国会早日进行复仇战争。虽然法国在梯也尔领导下一直采取"履行条约"的政策，但它也模仿德国的模式，推行普遍兵役制，并改组了军队。俾斯麦把孤立法国作为外交政策的主要基石。1873年，俾斯麦使奥匈帝国、德国和俄国一同加入"三皇同盟"。表面上，这是一个保守势力的神圣同盟，矛头针对着垂死的社会主义国际（卡尔·马克思刚把社会主义国际移到纽约，使它过早地告终）；实际上，其目的是三国互相约定，不与法国结盟。三皇同盟本身带着致命的病菌，即奥匈帝国和俄国都没有放弃它们在巴尔干半岛方面的敌对意图。相反地，在同盟条约中出现了这样离奇的条款，规定即便当两国在巴尔干地区发生争端的时候，双方都不得使这种争端"影响两国深切关注的最重要的一致"。跟神圣同盟一样，三皇同盟只不过是适合晴朗天气的一种体系，只要巴尔干风暴兴起，它就会被刮得荡然无存。

然而，巴尔干半岛毕竟还是平静无事的，而法国则是可能的风暴中心。1873年，梯也尔被赶下台；继起执政的拥护君主政体的一派人希望采取积极的外交政策来恢复法国的威信。他们朝夕梦想建立一个天主教同盟。他们首先庇护教皇——从1870年9月20日意大利占领罗马以来，被关在梵蒂冈的一名囚犯。后来，在1874年放弃了庇护教皇的方针后，他们又转而猎取更重要的猎物，在"文化斗争"中支持德国罗马天主教徒。俾斯麦一向易于察觉广泛存在的反对他的阴谋，据他自称，他已看出了国际教权主义者对他伸出的黑手。至少，这看来是关于1875年4月俾斯麦策划所谓"战争迫在眉睫"的危机的最合乎情理的解释。俾斯麦未必真正想打一场预防性战争，这条道路是违背他的最深切的感情的。但他打算借此恫吓法国人，使他们不敢利用教权主义者，同时也许会放弃重整军备。与此相反，法国外交部部长德卡兹却利用这个危机得到了好处。他装作大难临头，向其他大国寻求保护，而一些大国果然予以响应。尽管奥匈帝国保持缄默，英俄两国在柏林向德国提出了告诫。俾斯麦假装惊讶，然后，便否认德国有任何侵略意图。这样，危机便告消失。法国算是取得了胜利，尽管它的性质是特殊的。英俄两国联合起来保护法国，并挽救了和平。但是，它们挽救的和平只是《法兰克福和约》基础上的和平。英俄两国都不打算扭转色当战役造成的局面，而是保证这种局面不致重演。两国都对当前的均势感到满意。两国都反对德国进攻法国；同样，也不支持法国进攻德国。这样，说来也怪，"战争迫在眉睫"的危机，反而使欧洲在超过一个时代的时期里没有发生战争。

法德两国的关系这样稳定下来后，只剩下巴尔干还是一个冲突的话题。1875年7月，冲突终于在巴尔干爆发了。土耳其的波斯尼亚省发生叛乱。俄国和奥匈帝国谁都不愿把东方问题挑开；但是只要问题一挑开了，俄国就不能不管巴尔干地区的斯拉夫人，而奥匈帝国却不敢让斯拉夫人获得成功。两国都设法信守在三皇同盟盟约中许诺的保证。他们企图通过在巴尔干进行改革的计划来避免这次危机。奥匈帝国的外交大臣安德拉西首先建议，由各大国领事就地会商，平息波斯尼亚省的叛乱。于是，安德拉西拟订了1875年12月30日的照会，列举各大国应向土耳其建议的改革方案。接着，安德拉西在同俾斯麦和俄国首相哥恰科夫举行的会议上，提出了1876年5月13日的柏林备忘录，备忘录中不但列举了改革条款，还勉强地暗示了为了执行改革将采取的"制裁"。但是，由于土耳其政府的顽固反对，所有这些计划全都成为泡影，因为土耳其政府认为，推行这些改革会导致奥斯曼帝国的瓦解，土耳其的这种说法不是没有道理的。

于是，俄国和奥匈帝国就分道扬镳了。安德拉西不愿逾越三皇同盟向土耳其所提出的劝告范围以外。哥恰科夫则希望以"欧洲协同体"的名义在巴尔干强行改革。他把法国也拉进谈判中来，这就不可避免地使英国也卷进去。在过去，英国曾经一度积极倡导过"欧洲协同体"，但自从1864年在石勒苏益格问题上遭到失败后，英国从此再也不愿过问欧洲的事务了。保持孤立成了英国外交政策的基调；随着孤立政策而来的，当然就是采取孤立的行动。英国在既无盟友、又放弃外交的情况下，只有一个选择：要么大干，要么什么也别干。这就是说，或者完全不过问某个问题，或者诉诸武力。中间道路是没有的。这就难怪从1871年到1904年这段时期中，只有英国独自采取正式的战争威胁来对付另一个大国——1878年和1885年对付俄国，

1898年对付法国。英国政府已经忍受了由领事团就地会商的办法以及安德拉西的照会,虽然这主要是为了保护土耳其的利益。对于柏林备忘录,英国则感到再也不能容忍了——尤其是它传到伦敦时,正值周末假期。英国拒绝了备忘录,派舰队到贝西卡湾,从而鼓励土耳其抵抗列强的压力。

这正是土耳其一向愿做的事情。但平息叛乱,则非他力所能及。6月间,叛乱活动蔓延到保加利亚;土耳其所作的回答是制造了"保加利亚惨案"①——这是19世纪最骇人听闻的暴行,直到20年后,亚美尼亚发生的大屠杀才使之逊色。俄国政府这时虽然还不愿打仗,但禁不住俄国国内斯拉夫民族主义情绪的猛烈冲击。哥恰科夫最初希望奥斯曼帝国会自行瓦解;所以,7月间他和安德拉西在扎库比(德文名称为赖克施塔特)达成协议,俄奥两国都期待这一天的到来,可惜哥恰科夫的美梦落了空。巴尔干地区出现了僵局,叛乱不时发生,屠杀层出不穷,然而奥斯曼帝国并没有崩溃。俄国的干涉看来是迫在眉睫了,沙皇亚历山大二世本人11月间就公开予以暗示。哥恰科夫迫切地想使俄国不致重蹈它在克里米亚战争中孤立无援、遭到失败的覆辙。他请求俾斯麦促使奥匈帝国保持中立,以报答据说是1870年俄国曾对德国的效劳。但俾斯麦加以拒绝。他后来声称,要是俄国肯答应保证让德国占有阿尔萨斯和洛林的话,他本来是会同俄国"患难与共"的。俾斯麦的话不过是说辞。奥匈帝国必须继续作为一个强大国家存在下去,这是俾斯麦对内对外政策体系的主要组成部分;尽管俾斯麦并不反对俄国在巴尔干半岛获得成功,但这必须符合奥匈帝国的利益,而不应加以损害。俾斯麦所做的这个"重要的拒绝"在欧洲各国关系上是一个决定性的行动。从拒绝支持俄国去反对奥匈帝国,转而支持奥匈帝国去反对俄国,这是很容易的事情。1879年,俾斯麦终于采取了这个步骤,从而奠定了未来的发展形势。

哥恰科夫在拉拢德国失败后,又转而试图同法国修好。不料此举又使他失望。法国推托说,他们还没有从1870年普法战争的惨败中恢复元气,这虽也确是事实,但实则是一个合适的托词,它使法国借

---

① 土耳其非正规后备队对正在准备参加暴动的巴塔克村民进行的血腥镇压,杀害了7000居民中的大约5000人。——译者

此免于卷入东方的危机，而不致得罪俄国。俄国的最后一招是向"欧洲协同体"求援，而这并没有使它完全碰壁。甚至英国也向"欧洲协同体"靠拢。"保加利亚惨案"在英国激起了一个由格莱斯顿领导的强烈的抗议运动。当时的保守党政府不得不赞成对土耳其实行改革。1876年12月，欧洲列强在君士坦丁堡举行会议，在为了尽力处理东方问题而举行的多次会议中，只有这一次是真正在现场召开的。这一次又制订了各种彻底的改革方案；而土耳其又一次躲避了——不过，土耳其这一回采取的办法很巧妙，它首先公布了一部宪法，然后坚决认为，任何改革措施都必须交付立宪会议审议，而这个立宪会议却始终未曾召开。尽管这样，君士坦丁堡会议却适合俄国的目的。虽然各大国不愿把会议制订的改革方案强制别人执行，但当俄国着手这样做的时候，各大国却又无法加以反对。"欧洲协同体"既未能在土耳其实行改革，现在也就不会去保卫它了。

甚至英国人这时也愿意站在一边而不介入。他们坚决认为，绝不应当采取任何行动，使埃及受到干扰，关于这件不大可能发生的事，哥恰科夫立即满足了他们的愿望。英国人还声明不能容忍俄国占领君士坦丁堡，哪怕是"暂行的占领"也不行。关于这一点，哥恰科夫也深表同情地应允了。他本来不愿俄国为君士坦丁堡背上包袱。但土耳其要是崩溃了，谁敢保证将来发生什么后果呢？到时候究竟是欺骗英国人，还是欺骗得胜的俄国将军们，关于这个问题，哥恰科夫宁愿暂时将它搁置起来。

俄国所要求于奥匈帝国的，不仅是容忍，而是更积极的许诺。它需要奥匈帝国明确答应，如果俄国军队要安全地通过罗马尼亚这个隘道，它将保持中立。安德拉西准备进行讨价还价。作为最后一招，安德拉西宁愿让俄国在反对土耳其方面获得有限的成功，而不愿欧洲发生一场大战。一旦发生战争，不管是胜是负，总会把这个哈布斯堡王朝的现存秩序打得粉碎。在哥恰科夫这方面，他对泛斯拉夫野心并不是很热情的，因此，他准备对俄国预期获得的好处加以限制。1877年1月15日签订的布达佩斯协定规定，一旦土耳其帝国瓦解了，将不应存在"任何庞大的、组织紧密的国家，不管是斯拉夫国家或其他国家"。作为交换条件，奥匈帝国答允在俄国与土耳其交战时保持善意的中立，而放弃了克里米亚战争后它曾经参加的三国对土耳其的共同保证。对于哥恰科夫来说，这是他在外交上获得的一大胜利，尽管对俄国还施加了一些限制。克里米亚联盟终于瓦解了；而且，直到柏林会议为止，安德拉西是履行了保持中立的诺言的。除此以外，谁能说一旦土耳其真的崩溃后，巴尔干会出现什么样的局面呢？现在又是哥恰科夫可以决定究竟是欺骗安德拉西，还是欺骗泛斯拉夫主义者了。最关紧要的是眼前的利益。由于哥恰科夫的外交手腕，俄国现在可以放手用自己的武力处理东方问题了，这在19世纪中还是从未有过的事。

事情的发展却使人大出意外。俄国的军事实力证明不足以实现它的目的。4月24日，俄国对土耳其宣战，表面上是为了实施君士坦丁堡会议通过的建议案。俄国军队通过罗马尼亚向前逼近，并渡过多瑙河，但俄军在普列文要塞遭到阻挡。他们打得筋疲力尽，直到12月11日才攻下了普列文。在普列文进行的长时间战斗（实际上不是围攻，而是苦战）是第一次世界大战中的那种难以忍受的堑壕战的雏形。所不同的只是普列文战役改变了历史的进程。6月间，当俄国攻打普列文时，土耳其的欧洲部分已经呈现即将土崩瓦解的迹象。而到12月间，俄军已经筋疲力尽；而且，同样重要的是，英国国内的舆论已开始转变过来。普列文的英勇保卫战洗刷了"保加利亚惨案"的耻辱；这使英国保守党政府又回到当初采取的支持土耳其的政策。1878年1月底，俄军好容易才进抵君士坦丁堡的门口；然而，奥斯曼帝国并未崩溃。虽然土耳其军队已经几乎溃不成军，俄军仍然无力给予最后的一击。直到谣传英国舰队开来而且后来真正开到君士坦丁堡时，才使战争告终。

俄国人本来认为只要战争一开始，奥斯曼帝国就会自行瓦解。事情的发展并非如此，现在俄国人不得不在和约上打主意了。他们最初打算要求开放黑海海峡，但是，既然俄国在黑海并没有舰队，因此，即使这个要求达到了，也只是理论上的收获，实际上反而不利。于是，俄国转而增加君士坦丁堡会议主要建议的条件，要求"大保加利亚"获得自治。这倒并不是玩弄权术。取代土耳其统治的唯一办法，看来只能是建立一个民族国家，而俄国的缔结和约者则按照当时最高水平的人种学知识来划定保加利亚的疆界。但土耳其人认识到，这个"大保加利亚"必然会招致其他大国的反对；因此，它接受了3

月3日签订的《圣斯特法诺和约》,充分相信这项和约不久就会被推翻。一场大战似乎迫在眉睫了。英国始终把舰队停驻在君士坦丁堡,而且,示威性地把印度军队也调到马耳他。安德拉西虽然回避英国提出的关于结盟的要求,同时也避免答允俄国,在未来的战争中奥匈帝国保持中立。谁也猜测不出安德拉西的真实意图,也许连安德拉西自己也不明白。可是,俄国如果得不到奥匈帝国保持中立的坚决保证,是不敢重新发动战争的,也许即使有了保证,俄国也不敢发动战争。英国人已经准备在没有盟国的情况下迎战,事实上,甚至在军力不足的条件下迎战。这是一场神经战,英国获得了胜利。5月30日,俄国人同意把《圣斯特法诺条约》提交一个国际会议讨论,并且达成谅解:"大保加利亚"将被取消。4月初就任英国外交大臣的索尔兹伯里还以下述两项协议进一步扩大他的成就:一是他保证了土耳其亚洲部分的安全,作为交换条件,租借了塞浦路斯岛;另一项是他在反对建立"大保加利亚"的问题上,取得了奥匈帝国经过拖延才给予的支持。

1878年6月13日举行的柏林会议是欧洲政治家的一次盛大集会,参加会议的有德国、俄国和英国的首相(他是有史以来第一个参加国际会议的英国首相)和各大国的外长。"大保加利亚"分成三个部分:一个半独立的公国;一个东鲁米利亚自治省;剩下的部分称为"马其顿",仍然归奥斯曼帝国治理。奥匈帝国则负责治理波斯尼亚和黑塞哥维那,即爆发叛乱的两个地区。出人意料的是,柏林会议对黑海海峡归属问题,也提出了严重的挑战。索尔兹伯里于5月30日同意黑海港口巴统应划归俄国;但消息传出后,英国舆论大为愤慨。为了平息国内的舆论,索尔兹伯里宣布说,关于黑海海峡关闭问题,英国今后只能是尊重苏丹的"独立的决定"。在英国看来,苏丹只有采取亲英态度才能算作独立。从此以后,英国就能在他认为适当的任何时候自由通过黑海海峡,对俄国说来,这是多么可怕的前景;驻在黑海的英国舰队的幽灵困扰俄国的政策几乎有20年之久。

柏林会议宣称它使一场大战免于爆发并解决了东方问题。这两种说法都言过其实。早在柏林会议召开以前,战争即已避免。实际上,当俄国军队在君士坦丁堡门前停止前进的时候,战争已经打不起来了。另一方面,柏林会议并不能使奥斯曼帝国重整旗鼓,再度成为一个独立大国。1875年到1878年的事件使奥斯曼帝国的实力已不复存在；虽然此后奥斯曼帝国还苟延残喘地支持了30多年，但这主要是因为各大国忙于别的事情，而且害怕奥斯曼帝国垮台后将引起巨大的骚乱。因此，柏林会议的实际成果是微不足道的。直到俄罗斯帝国垮台后，英国舰队才得以驶进黑海；保加利亚分割成的三部分领土中，两部分没有几年就重新合并，而且得到1878年坚持分割它们的那些大国的赞赏。柏林会议把马其顿重新置于土耳其人的统治之下，是一个错误，而更糟的是，它把波斯尼亚划归奥匈帝国。前一行动引起了1912年的巴尔干战争，后一行动则引起了1914年的世界大战。

这样的大错竟然发生在这次经过精心安排的会议上。更令人费解的是，柏林会议为什么在巴尔干问题上大惊小怪。欧洲大陆上已经发生了巨大的变化；在欧洲大陆以外，也正在酝酿甚至更大的变化。意大利和德国都已经完成统一；法兰西失去了往昔的优势地位，并失掉了两个省；教皇丧失了世俗的权力。非洲很快就要被列强瓜分；几个强国正为瓜分中华帝国而争吵不休。所有当代最伟大的政治家都聚集一堂，人数空前，面临的问题头绪纷纭。但是，他们认为所能讨论的竟然仅仅是少数几个巴尔干村庄的命运问题。更有甚者，在柏林会议以后，东方问题竟继续支配着国际关系达许多年之久。这次会议形成的各种联盟犹如雨后春笋一般地出现。每个国家的外交部部长都围绕东方问题来调整政策，然而却没有发生任何事件。东方危机此起彼伏，似乎层出不穷，人们施展了种种手腕，大家却都平安无事。

为什么发生这一切呢？一些外交家们指出，这种僵局是他们坚持不懈地施展策略的结果。一些冷嘲热讽的急进分子则反驳说，一切所以太平无事，是因为根本不存在任何危急的事情，而东方问题只不过是为了使外交人员捞到一些"额外的好处"而保持下去。这些说法是有一定道理的。保持均衡可以遏制事态的发展，东方问题实质上成为人们已习以为常的一个问题。人们长期以来把它看成是至关重要的问题，以致连这个问题究竟为什么重要也忘却了，即使他们过去曾经知道这一点的话。不过，决定性的原因也许在于东方问题实质上已成为一件消极的事情。如果两个大国之间抱着互相对立的野心的话，它们之间往往可能达成妥协。如果一方仅仅是要把对方排挤出去的话，达成协议就比较困难了。在前一种情况下，占有是达成交易的实际保证；在后一种情况下，则需要依靠对方的诚意——而在东方问题上正是缺少这一点。在俄国人方面，撇开少数泛斯拉夫主义鲁莽分子不谈，他们只不过想拒英国海军于黑海之外，而英国人则仅仅要使俄国人不染指君士坦丁堡。但每一方都深知对方的侵略意图。同样，奥地利人只希望阻止任何敌对国家控制通向萨洛尼卡的通道；法国人则希望保护他们在奥斯曼帝国的投资。各方实际上都希望土耳其保持独立，但每一方又把这种独立解释为土耳其必须从属于它。哪怕是略有一些相互信任或者甚至采取漠不关心的态度，东方问题也就会从国际议事日程上消失。大约20年后，当所有的大国都不理睬巴尔干问题的时候，就发生了这种情况，使他们自己也觉得大出意外。

俾斯麦作为当时最明智的外交首脑，一直主张采取这样的做法。他把巴尔干地区居民说成是"偷羊人"，认为不值得为了巴尔干地区而牺牲士兵的性命，更不用说牺牲波美拉尼亚士兵的性命了。就物质利益而言，这种看法无疑是正确的。和世界上几乎任何其他地区相比，巴尔干只是一个微不足道的争夺目标，一直到今天还是这样。受到威胁的只是声望和战略地位，而这些比物质利益要重要得多。俾斯麦经常教促其他大国不要理睬近东问题；如果做不到这一点，则采取均分的办法——把君士坦丁堡连同东巴尔干地区分给俄国，萨洛尼卡连同西部划归奥匈帝国，英国则可以控制埃及和苏伊士运河。因此，他在柏林会议期间建议索尔兹伯里"占领埃及"。由于同样的原因，又鼓励法国在突尼斯寻求它应有的好处。但是，各大国并不欢迎他的建议。首先，就像4年以后英国人在埃及所做的那样，每个国家都想得到自己的一份，而不愿把任何东西让给别人。更深刻的原因是，各国的目标都具有消极性质，这起了阻碍作用。它们当中任何一个国家都不希望由于瓜分近东而引起纠纷。

更加深刻的原因是，当时各大国都缺乏共同的利益或信赖。在这个时代，各主权国家的混乱状况都发展到顶点；人们都认为，国际事务正如个人之间的经济关系那样，人人享受无限制的自由会自动给大家带来最好的结果。只有格莱斯顿鼓吹"欧洲协同体"。这是一个崇高的目标，但是演奏者如果不同吹一个调子，怎么会有"协同"呢？当时并没有一个崇高的原则信仰能把欧洲团结在一起。君主国家的团结已成过去，各民族间的团结局面还没有出现。甚至对革命或对异教的入侵也还没有一种普遍的恐惧。相反，当时只有一种普遍的信心，认为每个国家都能够独立自主，而不致危及欧洲文明及损害自身。俾斯麦本人在评论"欧洲协同体"时曾经轻蔑地说："无论是谁，谈论欧洲就是错误的，它只是一个地理名词。"他还说过："我听到一位政治家只是在为了给自己捞到某些好处时，才使用'欧洲'这个词的。"俾斯麦赞成国际上的无政府状态，但他有信心，认为他能够控制这种局面以达到自己的目标。这个目标就是和平。当然只要有一个"体系"的话，德国就能加以控制；但是，在俾斯麦的时代，德国的唯一的目的是消极的——它只想防止战争，而不是为了获得利益。由于其他国家也抱有这种消极目的——虽然它们不太意识到这一点——因此它们都默认俾斯麦的方针，尽管有时不免要抱怨一番。

柏林会议以前，俾斯麦曾经帮助俄国和英国设法达成协议。在会议后的几个月中，这个协议比起过去似乎更为渺茫。英国人因为获得成功而感到鼓舞，进而想攫取新的利益。索尔兹伯里计划使奥斯曼帝国在英国的保护下得到复兴。在小亚细亚，英国军事人员云集；英国使者不断地困扰苏丹，向他献计献策，尽管苏丹通常置之不理。在巴尔干诸国中，奥匈帝国和法国支持它们认为会获胜的一方。克里米亚联盟本已在新近发生的危机中消失，现在看来又将恢复。俄罗斯帝国被战争拖得筋疲力尽。这些新的威胁使俄罗斯的统治者们恼怒和惊恐。他们向俾斯麦求援，这一次俾斯麦做出了反应。他并不欢迎克里米亚联盟，正像在克里米亚战争期间普鲁士统治者们也不欢迎这个联盟一样。但另一方面，俾斯麦也不欢迎同俄国合作反对这个联盟。俾斯麦的解决办法——虽然在克里米亚战争期间普鲁士也有过这样的政策考虑——乍看起来出人意料。他不是支持俄国反对英国，而是在1879年10月5日与奥匈帝国缔结了一项对抗俄国的防御联盟。他在当时和事后做了种种解释。有时说，他认为俄国进攻德国的危机迫在眉睫，需要得到奥匈帝国的支持；有时又说，他是在恢复以前神圣罗马帝国的那种大日耳曼联盟。有一个时期，他建议将这个联盟定为德意志帝国的根本大法；在另一个时期，他又劝告他的继任者要在适当时机取消这个联盟。不论是德国的和外国的历史学家又都对此提出了他们自己的理论。

俾斯麦在1879年10月为什么要那样做呢？只要我们问一下：当

时还有什么别的办法？这个问题就很容易解答了。克里米亚联盟会变得强大起来；它会对俄国施加更大的压力；然后会引起一场新的战争或其他事件。更可能的是，使俄国遭受这样的屈辱就会破坏力量的平衡。过去曾经败于德国之手的奥匈帝国和法国，将会恢复威望；而在俄国之后，就该轮到德国了。事实上，奥匈帝国在德国的支持下，对英国人的态度变得冷淡了；巴尔干的事态发展，逐渐被人忘却。俾斯麦自己对这件事说得很清楚，他和俄国大使谈到奥匈帝国时曾说："我要在它和西方各国之间挖一条沟。"而当俾斯麦着手从奥德结盟发展到恢复三皇同盟时，这一点就更加清楚了。大约两年以后，他成功地恢复了三皇同盟。

但是，还有一些更深刻的问题，并不是那么容易解决的。奥德同盟作为解决当前困难的权宜之计，是切实可行的。但是，为什么俾斯麦要对这个同盟赋以那么严格的永久形式呢？在文字上明确规定的联盟，除非是作为战争的前奏，这种做法已经随着旧制度一起而过时了。从维也纳会议到柏林会议，在此期间还没有一个大国承担过这种固定的义务。现在，奥德同盟开创了一个新的时代，在这个时代中，除了英国以外，每个大国都做出正式保证，将采取行动支持某些别的国家。然而，俾斯麦本人却轻视这种约束未来发展的做法。他曾经说，每一个同盟都有一条不成文的条款："情势持续不变。"① 俾斯麦这时已成为一位保守的政治家，或许他不但希望事物静止不变，而且他认为他能够使之静止不变。他或许也忽略了这一点：到了这个时期，同盟不是在君主与君主之间缔结，而是在国与国之间缔结。在18世纪，同盟是家族之间订立的契约，是帝王之间的私人交易。新的同盟则被公众舆论所注意，尽管人们对它们的确切条款毫无所知——但1888年公布的奥德同盟的条款却是公开的。实际上，俾斯麦自己的规则却产生了消极的影响。详尽的条款以及各种保留和限制，其实际效果有如昙花一现。三国同盟和法俄同盟这些响亮的名称已影响了人们的思想，决定了事态发展的格局。俾斯麦在缔结奥德同盟时，本想要保持他纵横捭阖的自由。相反地，每一个大国，包括德国在内，都成为俾斯麦所开创的同盟体制的奴隶了。

---

① 国际法上的一条原则，即条约只是在主要情势未发生变化的条件下才有约束力。——译者

奥德同盟条约一经签订，它的明确的条款与它所产生的普遍意义之间的对比立即显示了出来，而且在条约的全部历史中，情况一直如此。条约的基本条款是两国均允诺抵抗俄国的任何进攻。俾斯麦的本意仅此而已，别无其他。他不会听任奥匈帝国作为一个大国而被消灭，但是，他也不会支持奥匈帝国在巴尔干地区的活动。而奥地利人则从来没有认真地对待这一保留；他们一直认为，德国现在由于条约的约束而和他们"患难与共"了。这样，就在维也纳和柏林之间开始了一场激烈的拔河赛，一直继续到1914年奥地利人把德国拖入战争为止。从1879年10月到俾斯麦下台为止，他的全部外交都是尽力把绳子往回拉，即企图逃脱他自己促成的同盟带来的不可避免的后果。在他看来，最简单的解决办法是使奥匈帝国与俄国和解。但是，由于奥地利人不愿意，和解经常破裂，而每当这种情况发生，俾斯麦就设法为他们寻找其他盟友，这样德国便无须卷入。他的无与伦比的手腕使他能够成功地施展变幻莫测的计策；但是，如果没有缔结奥德同盟的话，这一切也就完全没有必要了。

俄国人没有造成任何麻烦。他们只要求近东的安全——黑海海峡不对英国的战舰开放，巴尔干诸国保持独立而不制造麻烦。他们渴望恢复三皇同盟；而俾斯麦也同意一俟奥德同盟签订，这件事就能实现。奥地利人则坚决反对，他们的政策是依靠英国人的帮助，"永远排除俄国"。1880年4月，这个政策不再有任何可取之处。英国自由党在格莱斯顿的领导下，在大选中击败了保守党。格莱斯顿希望以"欧洲协同体"来代替各国的单独行动，以此为基础在国际关系中开创一个新的时代。他只是在否定一些做法方面获得了成功。他放弃了索尔兹伯里对土耳其的政策；从小亚细亚撤回了军事人员；并无视对土耳其的保证，不过没有归还土耳其作为交换物的塞浦路斯。但是"欧洲协同体"始终没有活跃起来。除了格莱斯顿以外，欧洲的政治家缺乏共同的认识。他们依赖势力均衡，只关心自己国家的利益。即使如此，格莱斯顿的行动自然使奥地利人陷于孤立无援的境地。由于没有更好的办法，他们被迫参加了三皇同盟。

新的同盟翌年才正式成立。最初是奥地利人反对，继而又因亚历山大二世被刺而耽搁下来。1881年6月18日，同盟才最后签字生效。8年前，同盟的前身曾经是君主国家团结一致的宣言书；而现在的同盟则是一宗实际的交易，除了名称以外，没有任何感情上的因素。三皇互相承诺保守中立，他们并宣称，对黑海海峡的控制具有"欧洲的和相互承担义务的性质"——实际上，这是对奥匈帝国在过去所赞成的与英国合作的政策的双重否定。德国可以不必只限于在俄国和奥匈帝国之间进行选择了。俄国在黑海海峡得到了安全，英国不至于不顾所有大陆国家的反对而采取单独行动。但是，奥匈帝国得到了什么好处呢？奥地利人不相信俄国的诺言，不停地抱怨俾斯麦逼迫它陷于这样的处境。俾斯麦想出一个奇特的办法，使他们感到满意。意大利自从1861年完成统一以来，一直寻求跻身于大国之列。它寻求与别国结盟，实际上是想寻求别国承认它具有平等的地位，但这种承认却一直难以得到。在柏林会议上，意大利甚至位居土耳其之下，只是稍高于希腊。它一无所获，空手而归；一怒之下，它就想争夺在突尼斯的控制权。这样就引起了法国的竞争。法国人本来宁愿对突尼斯不再过问，但他们不能容忍在阿尔及利亚的边境上出现一个意大利人的据点。1881年5月12日，突尼斯终于成为法国的保护国。

意大利人比前更受羞辱，君主政体本身岌岌可危。曾经一度是革命同盟者的萨伏依家族，现在转而争取保守势力的尊重。1881年10月，亨伯特国王为了求助于人，亲自前往维也纳，但是，奥地利人拒绝了他提出的相互保证的建议。1882年年初，意大利人偶然地交了好运。在俄国，有一个短时期内泛斯拉夫主义情绪重又流行。俾斯麦害怕俄国可能不信守三皇同盟。作为预防措施，他与意大利进行了谈判，结果在1882年5月20日缔结了三国同盟。在同盟条约中，有现实重要意义的条款只有一条，就是当俄国与奥匈帝国发生战争时，意大利答应保持中立，这样就使奥匈帝国能够抽出4个军团投入加里西亚前线。奥地利人白白地得到了这个好处。德国人所付的代价是同意保卫意大利抗击法国。就纸面上讲，这对于德国来说是一项重要的义务。不过在俾斯麦看来，这比起支持奥匈帝国在巴尔干诸国进行扩张，还是合算一些。无论如何，他始终是以地道的拿破仑作风，认为不管他想做什么事情，总能如愿以偿。他可以设法以某种方式在法国和意大利之间保持和平，这样，他就永远不需要去履行他的义务。

事实证明，俾斯麦的打算是正确的。三国同盟和三皇同盟缚住了欧洲各国的手脚，没有他的认可，谁也无法妄自行动，而他是绝不会允许他们擅自行动的。局势的变化只在欧洲以外发生，其中最大的变化是在埃及。英国和法国在困难重重的情况下，对埃及实行共管，多年来一直在应付由于总督挥霍成性而陷于混乱的国家财政。1882年爆发了反对在埃及的欧洲人的民族主义骚动。两国计划共同进行干涉。但在最后时刻，法国政府由于议会的反对而作罢。英国单独进行干预；1882年9月，对埃及建立了保护关系（在开始时并未公开宣布）。这种关系一直延续了70年之久。这是一件大事，实际上是从色当战役到日俄战争中俄国败绩这段时期内，国际关系中唯一的一件真正的大事。其余所有事件只是玩弄策略而已，战斗双方在结束时与开始时一样毫无进展。英国对埃及的占领改变了力量对比。这不但为英国通向印度的通道提供了安全保证，它还使英国成为东地中海和近东地区的主宰；对于英国人来说，它从此也无须再站在第一线在黑海海峡反对俄国——实际上是根本没有必要再去反对俄国了。此外，作为比较暂时但仍然是重要的后果，占领埃及一事使英国与法国的"自由同盟"解体，从而为10年后的法俄同盟铺平了道路。

然而，这还不是直接的后果。相反，俾斯麦利用法国在埃及问题上的不满，企图通过法德和解来最后完成他的"体系"。这个打算最后是落空了，因此无法确定当初两个国家究竟是在多大程度上认真看待这个打算的——在历史上，失败的事是不会大书特书的。无疑，双方当时都是有保留的。在法国方面，由于阿尔萨斯和洛林问题，绝不会听从俾斯麦建议的"宽恕色当战役，犹如1815年以后他们宽恕了滑铁卢战役那样"。而且，在三国同盟中，德国的伙伴也并非真心实意地反对英国，因为可能有朝一日——当奥地利人反对俄国，意大利人反对法国时——很可能还要求助于英国。此外，以法德为一方，英国为另一方，在非洲爆发了关于殖民地的争执，这就使大多数历史学家推断，法德合作只是这些争执带来的，而不是什么真正的合作。就法国来说，情况也许是如此；但对于俾斯麦来说，正像他自己所说的，他绝不是"一个要求殖民地的人"，因此，他突然提出要求非洲殖民地，这似乎属于他欧洲政策中的一招棋——当然，他不会拒绝接受由于提出这种要求而在德国国内带给他的声誉。

总之，不管出于什么原因，其结果是明白无疑的。不仅英国遭到孤立——这是它自己的抉择——而且它的两个追求建立海外帝国的主要对手法国和俄国，这次也不再为由于担心它们的欧洲安全而受到牵制。不仅如此，它们甚至还能经常指望得到其他国家的支持。这种支持是有限的。也许除了俄国以外，没有一个国家曾经认真考虑过对英国发动战争。从埃及到远东，都发生了严重的争执，但斗争是以外交方式，以借款、照会和铁路特许权作为手段来进行的。武力退居后台，成为几乎已为人们所遗忘的最后制裁手段。埃及的情况表明了这点。英国的陆军控制了埃及，英国的海军称雄于地中海。英国人可以随时宣布吞并埃及，而法国人却束手无策，不能加以制止。但是，英国人宣称，他们是按照债券持有人的利益管理埃及的；埃及问题是在"债务管理局"里的争执，而不是在陆军和海军之间的争执。结果国际关系在两级基础上发展。一级是正式的同盟，保证在某种假设的战争中提供支援，而这种战争从未爆发。另一级是各银行家的和委员会的联合体。在第一级上，英国是大国中最孤立的国家，而在第二级上，则又是牵连最多的国家。它没有同盟关系，但是作为一个在全世界有着最广泛利益的国家，它既有无数的协约，当然也就有无穷的争吵。

即使在外交方面，英国在1884年和1885年年初也经历了一段艰难的时期。不管是出于什么原因，法国和德国在反对英国的殖民地扩张中走到一起去了。1884年7月，为解决埃及问题而召开的会议以破裂告终，未获结果。俾斯麦向法国人提出了缔结海上联盟来反对英国的计划。向其他国家则夸耀他已经恢复了拿破仑一世的大陆联盟体系，不过这一次是以柏林为中心。1884年9月，三国皇帝在斯凯尔涅维采会晤，大陆的团结达到了高潮。这次会议是曾经召开的同类会议的最后一次。同年秋末，为了解决中非问题，特别是刚果河流域问题，在柏林召开了一次国际会议。法德两国又一次显示了联合起来反对英国的伙伴关系，如果说并没有取得什么成就的话，在原则上却是如此。柏林决议书是国际事务中重要的一着。决议书订立了"有效地占领"未开化国家的规定，从而保证了瓜分非洲应在各大国避免发生武装冲突的情况下进行。柏林会议还有附带产生的值得注意的另一点；这次会议以后，在长达20余年的时期中，再也没有召开涉及任何具体问题的国际会议——这实际上证明了欧洲协同体已经解体。每一个大国都是通过追求其本身的目标来为共同利益服务，似乎不需要任何有意识的努力，就可以保证和平。

1885年4月，英国的孤立进入了最危急的时刻。3月30日，一支俄国部队在阿富汗北部边境平狄打败了阿富汗人，从而威胁了作为印度缓冲国的阿富汗的安全。英国人由于没有盟友，只得依靠自己的武力。4月21日，爱好和平的格莱斯顿作为进行战争的第一步，获得了下院的信任投票。英国人计划实行1878年索尔兹伯里的主张，派遣一支远征军通过黑海海峡。俾斯麦的联盟体系正像他当初计划的那样，起到了保护俄国的作用。每一个大国——不仅是德国和奥匈帝国，而且还有法国和意大利——都告诫苏丹不要向英国人开放海峡。从拿破仑一世时代到希特勒时代，这是最有力地显示了建立在反英基础上的欧洲团结的一件事。一旦这种团结取得了胜利，它也就解体了。俄国人已经感觉到海峡形势不稳，因此它要在阿富汗对英国人进行一次反威胁。一旦确信海峡将会继续保持关闭，他们也就对平狄事件失去了兴趣，同意将这一争执交付仲裁——格莱斯顿的强硬态度这样就占了上风。阿富汗继续保持它缓冲国的地位直到今天：它是少数几个始终能在相互竞争的大国间保持其独立的国家之一。

对于英国人来说，平狄事件的和平解决并不是改善它的处境的唯一事例。在1885年夏季，法德协约逐渐瓦解，与其说是由于法国对德国怀有明显的敌意，不如说是法国对殖民地扩张抱有反感。而且，1888年9月，东方问题再度爆发，而俾斯麦由于奥匈帝国的关系，在对待英国人时不得不多加考虑。像前次一样，这一次新的东方危机的中心仍在保加利亚。但是，这次各国的立场正好与上次相反。在1878年，俄国人建立了一个"大保加利亚"。英国和奥匈帝国坚持必须将它解散。在1885年，保加利亚三部分中的两部分已合并——东鲁米利亚并入了现存的公国。俄国人想肢解保加利亚，或者至少要迫使它恢复到从属的地位。奥匈帝国和英国则要维护保加利亚的统一和独立。从1885年9月直到1888年3月，这个危机以各种形式持续下去。首先，俄国企图取消已成事实的统一；继而要委派一位俄国将军担任总督；最后则阻止选举一位反对俄国的国君。但是，所有这些行动都宣告失败。1888年3月，保加利亚名义上的统治者苏丹宣布选举科堡的斐迪南一事不合法，这时俄国人得到了满足，但并未得到实惠。然而，任何事件也没有发生。危机消失了，战争也没有爆发。

回顾历史，人们不禁要说，当时并没有发生任何攸关存亡的大事。虽然保加利亚摆脱了俄国人的庇护，会使俄国人感到丢脸，但近东的局势并没有发生什么根本的变化。对于俄国来说，仅仅为了任命一位保加利亚国君，是否真正值得进行一场大战？无论如何，即使俄国人愿意这样做，他们也没有力量进行这种巨大规模的战争。对当时的人来说，这一切并不是很清楚的，保加利亚危机曾在国际事务中引起了一场动乱。三皇同盟是它的直接受害者。奥地利人不顾俾斯麦怂恿他们采取相反的路线，决心抵抗俄国，并要求德国提供援助。俾斯麦让他们向英国求援。当时索尔兹伯里再度上台，同样不愿援助奥地利。德国和英国在这个问题上竞相采取保留和躲闪的态度——两国都渴望避免战争，甚至避免承担义务，而且作为最后的理由，两国都怀疑战争是否真的迫在眉睫。1886年，在布朗热将军名义上的领导下，民族主义在法国再次狂热地兴起，这时俾斯麦得到了一个好机会。俾斯麦可以说明，德国由于受到法国的严重威胁，因此不能抽出部队去支援奥匈帝国。这是一个巧妙而难以驳回的借口。用俾斯麦的话来说：“我不能凭空造出来一个布朗热，但他的出现正合我的需要。"索尔兹伯里虽然不大关心保加利亚问题，但由于埃及问题的关系，不敢与奥匈帝国和意大利过分疏远，其结果是在1887年3月签订了第一个地中海协定，根据协定，英国、奥匈帝国和意大利承诺在外交上互相支持。就保加利亚问题而言，这当然是奥匈帝国的一大收获，但更直接的结果却是英国以前由于在埃及问题上陷于孤立而受到威胁的情况宣告结束。

　　俾斯麦和索尔兹伯里的竞争尚未分晓。英国关于外交合作的诺言像其他任何承诺一样，几乎不承担任何义务；另一方面俾斯麦自己由于不得不同意恢复三皇同盟而有所妥协。两个人都想恢复自己的自由活动权。索尔兹伯里试图解决埃及问题，并且真的和苏丹（埃及名义上的统治者）订立了一项英国人有条件地撤退的协议。俄国人和法国人提出抗议，吓坏了苏丹，他于是撤销了协议。俄国人的反对是容易理解的。但是法国人的主要动机是想在埃及得到俄国人的支持。然而，如果英国人撤出埃及，这种支持也就没有必要了。这就是国际政策方面的错综复杂情况。无论如何，协议的失败产生了决定性的影响。索尔兹伯里被迫进一步与奥匈帝国和意大利合作。法国除了寻求俄国的友谊外，别无其他抉择，这时，法俄两国缔结同盟只不过是时间问题了。

俾斯麦做得更巧妙。他自己付出很少的代价，帮助俄国人摆脱了在近东的孤立地位。6月18日，三皇同盟就法律意义来说，已届期满，俾斯麦便和俄国人订立了一项新的协定——再保险条约。这项条约重申了保持中立的诺言，但有两个重要的例外：俄国进攻奥匈帝国时条约不适用，德国进攻法国时也不适用。虽然两个签字国谁也不打算发动这种进攻，但这两项保留条件在含义中却一直存在。条约的其他部分具有更实际的作用——德国人将在保加利亚和海峡问题上给俄国以外交上的支持。俄国当时虽还处于少数地位，但它至少还不是孤立无援，因此在道义上满足它的要求，可能有助于使它遵循和平的道路。再保险条约并无任何新的内容，它只不过是把俾斯麦以及在这个问题上俄国人已经反复解释过的政策在文字上固定下来而已。在当时，如果条约的条款公布于世，虽不致使其他大国感到吃惊或被触怒，但必然会粗暴地伤害德国的舆论。正是由于这个原因，俾斯麦将条约秘而不宣——他执行的政策是违反德国人的感情的。德国和俄国之间虽无利害冲突，但是比起对任何其他国家来，德国对俄国怀有更多的敌对情绪。绝大多数德国人希望"西方化"和自由化，而廉价的俄国谷物所造成的威胁也使原来唯一的亲俄集团容克地主阶层与之疏远了。另外，俄国是欧洲大陆上唯一的一个即使在国势极度衰微时仍然顽强保持独立的国家，对于这一点，德国人不自觉地感到不满。俾斯麦知道如何使他的控制适可而止，而其他德国人则是比较难以克制的。

俾斯麦暂时可以随心所欲了。1887年秋，保加利亚危机显然达到了顶点。俾斯麦的保留态度又一次迫使索尔兹伯里摊牌；12月，奥匈帝国、英国和意大利缔结了第二个地中海协定。协定超出了单纯的外交合作，规定针对近东的任何"非法冒险"采取共同行动。比起英国在和平时期订立的任何协定来，这个协定更接近于一种同盟条约。同20年后英国与法国和俄国所订立的协约相比，这个协定当然有更多的约束力，但结果并没有发生什么戏剧性事件。俄国人并不想进行任何"非法冒险"，危机因此也就消失了。这一和平结局是力量均衡所产生的从未有过的最大成果，但是也许正是由于对和平的共同意愿，才使力量均衡得以发挥作用。

毫无疑问，俾斯麦当然愿意使他的"体系"长期存在——俄国虽受到三个地中海国家的遏制，但再保险条约给它以安抚，法国也因而被安全地孤立起来。事实上，俾斯麦的体系直至1890年3月他由于国内问题垮台为止，一直起着作用。此后，似乎随之而来了一次巨大的变动。俾斯麦的继任者，一些主张"新路线"的人物，对于俾斯麦的遏制与平衡的复杂模式表示厌烦。他们非但不承认德国的保留态度推动了英国，相反地，却相信如果德国也无限制地支持奥匈帝国，英国将会成为三国同盟的一个正式成员。因此，他们拒绝使再保险条约展期，并且答应在巴尔干地区支持奥匈帝国。为了讨好英国人，他们宣布德国放弃达到尼罗河上游的任何企图。为了急于采取坚决行动，他们甚至答应支持意大利人在的黎波里反对法国人的野心。事态的发展正如俾斯麦所预料的那样。英国人非但没有被诱加入三国同盟，却乐于看到德国人承担起他们的责任，退向孤立。巴尔干地区幸运地变得很安静，因此，德国支持奥匈帝国的诺言并无实际结果。但是，意大利人却自诩他们在外交上处于坚强的地位，这就引起了法国人的警惕。法国人出于无奈，只得向俄国寻求支持和结盟。

出于无奈，的确是法俄双方缔结同盟的主要原因。这不但因为共和政体与专制君主政体在本质上水火不相容，而且任何一方对于对方的实际利益也没有丝毫的同情。俄国人没有为法国收回阿尔萨斯和洛林的愿望；而法国，从它自己出发，在所有大国中最希望保持土耳其的独立地位。它们唯一的共同利益是免除来自德国的任何威胁，以便每一方可以在其他地方追求各自的目标。但即使在这方面，它们的政策也不完全一致。尽管两国都是英国的对手，但它们与英国的敌对情况并没有部分吻合之处。法国要把英国人赶出埃及，俄国人则希望埃及纠纷继续存在，这样英法两国就会继续不和。俄国人的野心集中在中国的北部，而法国在那里却得不到什么实际利益。尽管德国拒绝使再保险条约展期，但俄国人对德国并无严重的恶感，并认为法俄同盟是世界性的反英大联合。而法国人则希望最终会与英国和解，这样就会加强它反对德国的地位。

即使在军事目标上，这两个将结成同盟的国家也存在着冲突。法国人要求在爆发大战的情况下，应该保证有相当一部分俄国军队用来进攻德国；而俄国人则想打败奥匈帝国，并倾向于认为，只要他们自己能占领布达佩斯和维也纳，那么，即使德国人打下巴黎，也算不了什么灾难。因此，谈判旷日持久才达成协议，也就不足为奇了。第一步，于1891年8月缔结了总的咨商协定；接着于1892年8月缔结了军事协定；最后于1894年1月，政治领导人最后确认了这项军事协定。法国总统直到1895年才被准许提到"同盟"一词，而沙皇则一直到1897年才公开承认这个同盟。就法律意义来说，法俄同盟只不过是在发生对德战争的情况下，两国采取共同行动的一项保证而已。这就使德国不可能威胁一个接一个的国家，因而迫使它保持在俾斯麦当政期间它所乐意保持的和平。从表面上看，法俄同盟对俾斯麦的继任人来说是一个严重的挫折。但实际结果是以另一种方式恢复了俾斯麦的体系。他的压倒一切的目标始终是防止奥匈帝国和俄国之间爆发战争。现在法国人承担了支持俄国的义务，因此也具有同样的目标。无论如何，巴尔干冲突的危机正在消失，法国和德国的影响都加快了这一过程。新的力量对比只提供了一种选择：或者是全面战争，或者是全面和平；而所有的大陆国家都选择在未来的许多年中保持和平。三国同盟和法俄同盟同样都变成了防御性的联合。任何国家想要冒险，它既要受到它的对手的遏制，也同样会受到它的同盟者的约束。

这种约束只适用于欧洲一地，正是欧洲的安全本身，使欧洲各国更易于在其他地区寻求"帝国主义"的目标。欧洲的僵持局面和欧洲以外的扩张，是同一形势下的两个不同方面：每一方面促成了另一方面。在世界范围内拥有利益的英国受到了损失，法俄同盟开始了英国真正"孤立"的时期。英国人以前一直认为，其他人比英国人更需要帮助。正如索尔兹伯里所说的那样："英国不是请求结盟，而是同意结盟。"然而，现在一个欧洲大陆国家，如果同英国缔结同盟，那就非但不会增加它的安全，相反会危及它的安全。英国人也曾认为它的海外对手——特别是法俄两国——会因对它们的欧洲边界忧虑不安而经常不得安宁。但现在，这些边界已经安宁无事。法国在西非和埃及对英国提出了挑战；俄国在远东无情地向前推进；德国人也参与了这场帝国主义的竞争。然而，这种竞争却有一个不公开承认的限度。所有的欧洲大国都在欧洲大陆事务方面选择了和平；因此，它们只是在能够和平地取得帝国主义利益的时候，才这样做。如果法国不愿为了阿尔萨斯和洛林而打仗，他们还会有多少热情为了埃及或暹罗去打仗呢？其他国家也一样。英国人是唯一的例外。他们在欧洲没有什么可丢失的（或可得到的），他们准备为保持他们的帝国地位而战斗。由于英国的舰队在稳步扩充，他们能够成功地进行战斗。孤立地位在最初是一种令人为难的事，但到了后来，由于不受欧洲的约束，它反而使英国人在其他地区的行动不受限制。

新的均势没有多久就显示它的作用。最初，似乎近东可能再次成为冲突的中心，特别是当1894年和1895年的亚美尼亚大屠杀引起了改革，也就是瓜分土耳其帝国的新要求后，情况更加如此。俄国人认为由于他们已和法国结盟，他们在近东的地位已经改善。地位的确是改善了，但只是在消极方面。法俄订立了同盟，英国当然不能按照地中海协定的旧章程行事，指望一旦英国人在君士坦丁堡抵抗俄国，法国会保持中立。现在既然法国成了俄国的盟国，英国人便不敢在后面跟着一个可能对他们采取敌对行动的法国舰队的情况下通过海峡了。英国人建议，德国应该迫使法国保持中立。而这一点也必然是过分的要求，因为如果德国威胁法国，它的盟友俄国就会采取行动。德国和英国都向对方提出了不可能的事。英国人威胁要恢复它的孤立地位；德国人则采取了俾斯麦的相同手法，以结成大陆联盟来威胁英国，作为回答。

两国互相威胁，但是英国的威胁更为有效。由于英国对埃及的控制已经牢固，海峡对它已不再重要；1895年11月，英国舰队终于从爱琴海水域撤走。一个月以后，德国以詹姆森偷袭事件为借口，给克留格尔总统拍了一份声援电报，表示支持布尔共和国，并且暗示德国、俄国和法国向英帝国提出的挑战，将会是一致的行动。当然，这是虚张声势。俾斯麦对欧洲以外的地区没有野心，他也不反对法国或俄国的野心，因此，他搞欧洲联盟或许是有一定道理的。现在，德国希望从法国和俄国得到支持，但又不想让它们因此获得很多好处。然而，法俄两国甚至连在它们自己的帝国事业中都不会互相帮助，要它们帮助德国岂不更加渺茫？此外，比起10年以前，现在的英国海军已发展成为一支更强大的力量。为了回答德国给克留格尔的电报，英国人建立了一支"机动舰队"，表示他们有能力对付任何来犯者。

然而，正当德英两国陷于僵局时，俄国对于海峡的威胁——这是过去一直存在着的——消除了；不是由奥匈帝国或英国，而是由法国消除的。法国人本来想避开这件事，但是其他国家均不过问，他们就只好采取行动了。因为，正如俄国根据法兰克福条约向法国提供安全保证那样，法国在柏林条约的范围内向俄国提供安全保证。1895年12月，当俄国人提出要占领君士坦丁堡时，法国人便回答说："只要阿尔萨斯和洛林问题能同样开始谈判就行。"对于俄国人来说，这个代价太大了。此外，俄国人对黑海海峡的关注实质上是防御性的；现在他们已经逐渐了解，英国人已经放弃了任何通过海峡的打算，俄国也就准备把海峡问题搁置一旁了。奥地利人依然愿意举行反对俄国的方针，但是由于得不到德国和英国的支持，他们也就没有别的办法了。1897年5月，三皇同盟又以更加软弱无力的形式恢复了。俄国和奥匈帝国同意将近东问题冻结起来，并且在以后的一年中继续被搁置起来。这样，每一个欧洲问题都达到了暂时的稳定状态，这种稳定状态竟持续如此之久，以至1914年年初，一位善于审度局势的行家认为，现有的国家和疆界已经"永久地"固定下来了。

每一个大国的活动表明，它们仿佛已享有地理上的安全，这种安全已使英国人能够在"光荣的孤立"的状况下建立他们的帝国。这产生了另一个奇妙的后果。英国的激进主义者，从孤立主义者的地位出发，长期以来认为，外交政策是不必要的，战争是由于统治阶级的邪恶而引起的，这个观点传播到欧洲大陆各国。例如，在较早时期，革命的社会主义者就曾经谴责当时的国际秩序，并把梅特涅和沙皇尼古拉一世斥为和平贩子，因为他们维护一种不公正的现状。而1889年重新成立的社会主义国际则教导人们说，工人阶级没有祖国，并且倡议组织一次总罢工来反对战争，因为任何战争只能是出于"统治阶级"的一种自私的动机。甚至统治阶级出于良心的谴责，也反对战争；1899年举行第一次海牙会议提出国际裁军计划，虽然这次会议的唯一实际结果，只是在自愿的基础上建立了海牙法庭。这个法庭只能解决一些无关紧要的争端。对于诸如波兰问题，或者奥斯曼帝国或哈布斯堡帝国的前途等问题，法庭便无能为力了。海牙会议的建立，事实上证明人们已经忘记了这些问题的存在。

欧洲这种虚妄的僵局开始了一个短暂的"世界政策"时代。人们认为，各国在欧洲以外地区竞争的目标如此之多，因为它们已放弃了在欧洲的争执，但事实恰恰相反。正因为欧洲争端极其棘手，难以处理，所以各大国才不得已把它们搁置起来。俄国和法国一直企图把欧洲与它们的海外帝国合并起来。德国是这场争夺的新参加者。现在德国的经济实力已使它跻身于大国的前列，除了英国和美国外，它已经超过了任何其他国家。德国应该像英美一样，成为一个世界大国，这似乎是合理的。但是，这种发展趋势还有它的政治原因。俾斯麦曾经认为，德国在欧洲的中心地位使它难以在海外进行扩张。他曾经对一个热衷于在非洲进行扩张的人说："这里是法国，这里是俄国。那就是我们的非洲地图。"俾斯麦的继任者则认为，来自法俄两国的威胁已经不复存在。事实上，这两个国家被德国认为是对它绝对有利的。因为，只要法俄两国和英国进行着激烈的竞争，德国便能在既不激起英国的敌意，因而也不激起法俄两国的敌意的情况下，平安无事地追求它的世界目标。德国一度曾是同盟体系的枢纽，现在却变成了"自由行动"的鼓吹者，乐得观看鹬蚌相争，坐收渔翁之利。

这种观点是正确的。德国从来没有和法国发生殖民地纠纷。德国计划修筑一条通往巴格达的铁路，这对俄国造成的威胁要比英国在世界范围内的对抗所造成的威胁要小。最主要的，与法国或俄国相比，德国对英帝国的威胁要小，无论如何，在德国建立强大海军的计划完成以前，情况是如此，而这个计划一直等到1909年才告完成。虽然德国和英国之间在有关设想中的瓜分葡萄牙殖民地问题和在萨摩亚问题上存在着殖民地纠纷，但这些相对地说都是微不足道的；即使德国人没有提出欺诈性的前景，声称如果满足他们的要求，他们或许能成为英国的盟友的话，这些问题也都能轻而易举地予以解决。

在世界政策时代中，决定性的冲突中心是远东。在这里，也像在近东一样，一个衰老腐败的帝国正在欧洲各国的入侵下土崩瓦解。然而，与近东不同的是，这里不存在安全问题——俄国人不必为黑海问题而担心，英国人不必为通往印度的道路而忧虑。唯一的竞争目标是贸易，或者更确切地说，是同一个想象中的巨大的中国市场进行贸易的前景，而事实上，这个前景始终没有成为现实。长期以来，英国人在对华贸易中一直处于差不多是垄断的地位；但是，只要其他国家维护门户开放，英国也并不十分反对与这些国家分享贸易的利益。因此，当德国人于1897年夺取胶州湾①，进入远东时，他们并没有提出严重的抗议；当美国短暂地突然以帝国主义面貌出现，于1898年从西班牙手中征服了菲律宾的时候，英国还曾确实感到高兴。英国人的敌对态度是针对俄国的，因为俄国人虽然在经济上比较软弱，但它使用武力来关闭中国的门户，而不是把它开放。

对于英国人来说，远东比过去的近东更加棘手。海军力量效力不大，盟友也更加难找。俄国人可以通过陆路进入中国的北部；印度支那又有法国人，因此，英国人利用舰队在中国海进行冒险，甚至比不上在君士坦丁堡那样有利。更不利的是，在远东似乎没有相当于奥匈帝国那样的国家，没有一个国家像英国那样迫切地需要反对俄国。在1898年年初，就有了关于瓜分中国已经开始的警报；俄国人事实上已经获得旅顺的长期租借权，控制了黄海。英国人到处寻找盟友。他们试探了日本，因为日本自己曾在1895年提出要求得到旅顺，但没有成功；他们也试探了美国，但日、美两国都避免卷入。英国人主要试探了德国，提出缔结同盟，阻止俄国扩张。从英国人的观点来看，这个建议似乎是可行的。英国和德国都是近代的工业国，两国都要求保存中华帝国并维持门户开放。但计划由于下列容易被忽视的事实而告吹，即德国与英国不一样，它仍然处在欧洲。对于英国人来说，远东战争意味着在远东进行战争；而对于德国人来说，它将是为了生存而进行的一场大陆战争。为了争夺中国市场而付出这种代价，未免过于高昂。德国人必须站在一旁而不介入，聊以自慰的是，他们一定会从英、俄两国必然要发生的战争中获得好处。

英国人由于人力物力不足，被迫后退。他们既无力抵抗俄国，因此只能等待时机，而俄国人始终是乐于如此的。像往常一样，俄国人的计划较之行动具有更大的野心。他们缺乏资金；横贯西伯利亚的铁路尚未建成；旅顺攫取到手后，他们的力量也就消耗殆尽。与此同时，英国人在其他地区则改善了地位。1896年，他们开始再度征服苏丹。1898年9月，他们在恩图曼击溃了伊斯兰僧徒军队。大约在同一时间，一支法国远征军在马尔尚统率下，到达尼罗河上游的法绍达。但是，法国人晚到了两年。这次远征原意是作为外交上的一着

---

① 按德国强占胶州湾应为1898年（光绪二十四年）。——译者

棋，目标在于重新讨论埃及问题，使英国人坐到谈判桌边来。而一旦英国军队挺进到尼罗河上游，外交谈判宣告中止，军事行动便取而代之。英国人拒绝谈判，他们要求马尔尚无条件地撤退。法国人别无他策，只得投降。英国军队能够粉碎马尔尚率领的这支小部队，英国海军控制着地中海。无论是德国，还是俄国，都不会帮助法国。法绍达是"光荣孤立"政策的一次胜利。英国人完全依靠自己的力量建立起对尼罗河流域的统治——事实上，如果有盟友的话，他们就得分享这些利益。此外，法绍达事件使英国人的孤立政策更加安全可靠。现在英国人靠自己的军事力量控制了埃及，已不再需要其他国家投票赞成；英国海军驻守亚历山大，也就可以置海峡于不顾了。

英国人的自信达到了顶点，结果弄巧成拙。他们不费一兵一卒，在尼罗河流域赶走了法国人，满以为可以如法炮制，在南非对付布尔人；法绍达的胜利直接导致了一年后布尔战争的爆发。出乎英国人的预料，这场战争结果成了十分棘手的事。它非但没有使英国人在圣诞节时打到比勒陀利亚，结果却拖了3年，耗尽了他们的一切人力物力。不过，布尔战争也显示出"光荣孤立"的好处。所有欧洲大陆国家都同情一个为争取自由而进行正义斗争的小国，就像各大国通常总是对一个不反对它们的小国表示同情那样。所有这些国家都想让英国丢脸，利用它的困境获得好处。但是，关于缔结欧洲大陆联盟的议论却毫无结果。欧洲本身潜在的纠纷重又显示出来。俄国建议各大国调解布尔战争。法国人机智地回答说，任何事情只要德国人同意，他们也就同意。然而，德国人提出愿意合作，但其前提是各大国"在一个长时期内互相保证它们在欧洲占有的地区"，换句话说，就是法国人要声明放弃阿尔萨斯和洛林，但是，假如仅限于欧洲的话，则不支持俄国在远东的活动。谈判宣告失败。总之，它们是枉费心机。英国海军控制着海洋——它的力量如此强大，因此可以把英国的全部陆军派往南非，而不必担心英伦三岛遭到入侵。而假如全欧洲的军队都动员起来的话，恐怕它连一个士兵也无法到达布尔人那里。

远东仍然是英国的一个弱点，布尔战争使俄国获得机会，轻易地取得了成功。但英国人由于中国人自己的行动而意外地得到了解救。1900年6月爆发了义和团起义，这是自从印度兵变以来非欧洲文明排斥西方的最重大的事件。北京的使馆区受到围攻，德国公使被杀害。这种耻辱迫使德国带头起来反对中国。在德国陆军元帅瓦德西的指挥下,派出了一个国际联军:所有欧洲各大国的军队由一个统帅指挥,这在历史上是仅有的一次。一些敏锐的观察家预期欧洲各国将通过组成开发中国的"国际财团"而达到团结一致,这种看法是不无道理的。其中比较有实际重要意义的是,德国与英国在1900年10月16日缔结了一项协定,一致同意维持中华帝国的完整。德国人所关心的只是阻止英国人为自己攫取"势力范围",而英国人则认为这个协定可以用来反对俄国。不出几个月,英国人似乎就渡过了难关,也炮制了一个相当于地中海协定的远东协定。

然而,英德协定是针对俄国的一种恫吓,但这种恫吓不久就被揭穿。日本人急于抵制俄国的进一步扩张,但是,如果他们要在海外作战,他们一定要免除法国海军的威胁。1901年3月,他们请求英国人设法使法国保持中立。当时英国人还在南非作战,抽不出舰队派往远东,因此便把日本的请求转给德国。德国人的态度暧昧,他们提出"仁慈的中立";后来又解释说,这意味着"严格的和恰当的中立",仅此而已。英德两国在远东合作的神话被戳穿了。英国人提出与德国缔结正式的同盟,企图以此恢复合作,但无论什么建议,其代价都不足以使德国愿意卷入一场欧洲大战。英德两国表面上没有疏远。两国的政治家继续谈论"天然的同盟",但到1901年3月以后,已可以清楚地看出,只要法国和俄国继续保持其独立国家的地位,英德同盟便不会变成有效的行动。

英国人继续等待时机。日本人却有些忍耐不住。他们决心以这种或那种方式来表明他们的立场:或者与俄国订约,共享远东的利益,把其他国家排斥在外;或者与英国结盟,使法国保持中立。1901年11月,日本人与两方同时开始谈判。俄国人口惠而实不至。他们唯一认真的建议是,日本必须像其他国家一样被排除在远东以外。英国人比较乐于合作,特别是由于害怕不这样做的话将会出现俄日联合。南非战争接近尾声,英国人这时已能够抽出军舰调到远东。1902年1月30日,日英两国达成协议,规定任何一方在远东受到其他两国攻击时,要互相帮助。具体地说,这意味着日本可以对抗俄国,而不必害怕在背后遭到法国海军的袭击。当然,这个同盟并不一定意味着同俄国作战。事实上,缔约双方希望这样可以比较容易地与俄国达成妥协，因为现在它们不会由于受到挑拨而互相争斗了。

英日协定也不意味着英国对德国的任何疏远。恰恰相反，英国人认为两国关系将会更加融洽，因为他们不必再向德国求援而使它为难了。从欧洲的观点来看，这个同盟实际上加强了英国人的孤立地位。以前，英国人经常寻求三国同盟中的这个或那个成员的帮助来反对法俄同盟，虽然这种打算始终没有成功。现在，他们像其他国家一样可以高兴地看到这两个同盟互相抵消了。但是，与预料相反，英日协定最后使国际关系陷于混乱状态。它不但排除了德国人原来认为英俄两国不可避免地要发生的战争，而且，由于俄国人荒唐地铸成大错，它导致远东地区的一场大战。这场战争动摇了欧洲的力量均衡，从而结束了使欧洲得以保持前所未有的长期和平的僵持局面。

（符家钦　徐慰曾　译）

第二十一章
在地中海、中东和埃及的角逐

以地中海、红海、阿拉伯海和印度洋、波斯湾以及里海和黑海为界构成的广大地域，既是一个交叉路口，又是一个边境地带。到1870年，欧洲列强在这一广大地区的影响比以往愈加扩张起来，这是很明显的事实了。

圣彼得堡、巴黎和伦敦等首都当然也就久已代替君士坦丁堡、开罗或德黑兰而成为决定近东和中东政策的中心。[①] 如果真正发生了未能预料的情况，出现了当地的自发的事变，那就必须在这些中心迅即采取步骤，控制此类"不幸事件"的后果。1840年至1841年间，欧洲各国所采取的一次一致行动，曾制服了利凡得和平的破坏者、埃及的那位野心勃勃的穆罕默德·阿里。1854年至1856年，又采取过一致行动。这次被制服的却是一个力量更加强大的革新者，一位完全不能算是这一地区的土著的人——俄国沙皇尼古拉一世。1856年，英国人也曾派出炮舰进入波斯湾，阻止波斯国王掠走邻国阿富汗的领土赫拉特。各个强国互相承认各有各的"利益范围"，谁要扩张利益范围就要遭到反对。谁也没有去援助高加索地区切尔克斯人领袖沙密尔，或者去援助喀布尔的舍尔·阿里、突尼斯的贝伊或埃及的艾哈迈德·阿拉比，尽管出现这种情况还有更复杂的原因。谁都承认土耳其的亚美尼亚人处境恶劣，但谁也不去设法加以改善。是下一代而不是这一代的英国官员们才断定应当支持汉志的哈希姆反抗他们的统治

---

① "中东"一词始终是一个不符合时代情况的错误说法。虽然瓦伦丁·契罗尔曾1903年出版了《中东问题》一书，但"中东"一词是到1917年以后才在英国普遍地使用起来的。这个名称显然来源于指挥驻美索不达米亚军队的莫德将军手下的参谋人员，他们把这个词作为部队的标志。现在这个名称仍然被用得很混乱。尤其是美国作者往往宁愿使用较早的说法"近东"，而当他们使用"中东"一词时，往往把印度也包括在内。最好是恢复更早以前使用的名称"利凡得"。

者。在通往东方的道路上的任何地方出现反叛，哪怕只是一种革新，对所有欧洲列强来说都是一种危险，因为在这条通道上，各国的利益在任何地方都紧密相连。从战略上看，主张维持现状的理由总比主张改革的理由更充分。

在19世纪的最后30年间，能否继续维持现状，这就是摆在面前的问题。中东地区是否会继续仅仅作为欧洲外交折冲的棋盘，或者它是否要成为欧洲军人真正采取军事行动的战场，这是当时的一代政治家必须做出抉择的问题。同时，在非洲，他们也面对类似的难局。尽管欧洲恣意侵入了亚洲和非洲两个大陆，但是任何强国都未曾利用一场中东争端或一场非洲争端，作为破坏和平的借口。这应归功于政治家们和他们行事时所处的那种温和的舆论气氛。

在所有列强之中，中东的稳定对英国至关重要。英国的态度反映了帕麦斯顿勋爵的态度，他看到穆罕默德·阿里对克里特岛的控制和他在希腊、叙利亚的帝国主义行径是不祥之兆，所以一贯认为，由土耳其人占领通往印度的道路，要比一个扩张地盘的阿拉伯君主较为可取。尽管继任的外交大臣们认为没有必要维持野蛮的奥斯曼帝国的摇摇欲坠的体制，使之不致瓦解，但他们谁也没有改变方针。一直到1914年，大乱发生，土耳其苏丹与敌方阵营携手合作，这时，英国人才最后决定把苏丹的已被肢解的版图接管过来。

帕麦斯顿曾竭力反对由法国主持在苏伊士地峡开凿运河，也反对由英国主持从利凡得的出口沿幼发拉底河流域修筑铁路，唯一的理由是，利凡得不应被文明强国发生了革命性变化的技术所扰乱，因为这不符合英国的利益。1851年，他对斯特拉福德·坎宁说过，在苏伊士修建运河必然会改变——但不会改进——"某些欧洲海上强国彼此之间的相对地位"。横贯美索不达米亚修筑一条铁路，将需要政府的保证做后盾，而且必然会卷入对土耳其内政的干涉。在苏伊士运河问题上，帕麦斯顿遭到了失败，在幼发拉底铁路问题上则取得了胜利（后一计划由德国人在30年以后才着手进行）。但帕麦斯顿在这方面的一个论点，却使他的继任者们感到痛苦。虽然到1896年，索尔兹伯里勋爵认为保卫君士坦丁堡是"过时了的观点"，并希望英国在1853年就听从沙皇尼古拉一世的意见——当时沙皇和汉密尔顿·西摩爵士进行过一场含义深远的谈话，谈到如何本着互相协作的精神瓜分奥斯曼帝国。比如说,由英国占领埃及——但帕麦斯顿的传统观点依然是根深蒂固的。按照这个传统的观点,俄国是一个必须经常加以监视的国家,是一个像不合群的野兽一样的国家,一个像彗星一样不走正轨的国家,一个唯一置身于欧洲国家体系之外,因而能够坐视这个体系瓦解的国家。这个潜在的敌人这样独处一方,明显地处于居心叵测的孤立状态,就使英国公众的恐俄症愈益严重了。

对于英国人来说,中东政策问题是一个交通问题。英国在印度和远东拥有一个殖民帝国,它必须与这个帝国保持交通畅通,还必须能迅速获得该地的消息。1857年,东印度公司董事会获悉密拉特兵变的消息时,事情已经发生40天了。因此,英国有必要控制位于直接通向印度的路线两侧的国家的外交政策——虽然这种控制正像格莱斯顿1880年在中洛锡安竞选时所说的,真可谓是"骇人的要求"。在某些地方,坚持这种要求是容易做到的。英国是一个占压倒优势的海上强国,与所有拥有海岸线的国家均直接毗邻,而直接通往的路线到处都是海岸线。英国对于拥有海岸线的国家的内政很可以听之任之,尽管按文明的标准,它们的内政是声名狼藉的。因为如果出现危机的话,这些国家是没有力量抗拒海军的压力的。但在另外一些地区就呈现出复杂的情况。达达尼尔海峡和刚建成的苏伊士运河(1869年建成)就是危险的"瓶颈",而英国海军力量达不到的国家造成甚至更严重的困难。波斯固然南濒波斯湾,这一地区特鲁西尔诸国[①]的所有酋长们是可以使之就范的,但要从谟罕默拉赫[②]或卡隆河指挥遥远的北方首都德黑兰的政策,那就办不到了。阿富汗地处深山内陆,谁也不知道那里正在发生的事情。这些国家也是通往印度的"途中旅店"。有无必要拥有这些旅店呢?或者,至少是租给可靠的人去管理呢?可是如何才能断定一个东方首领的可靠性呢?喀布尔的埃米尔和德黑兰的国王可以利用英国人的这种举棋不定的情况,而那个在君士坦丁堡拥有一个强大得多的国家的苏丹却从来没有这种机会。

在1877年5月6日的函件中,英国外交大臣德比为俄国人列举了英国在东方的各项利益。其中包括继续保证黑海海峡、君士坦丁

[①] 即今阿拉伯联合酋长国所管辖的地区。——译者
[②] 现名霍拉姆沙尔(Khorramshahr)。——译者

堡、苏伊士运河以及波斯湾等地不受侵犯。对比之下，俄国人从来没有明确表示过他们在东方政策方面持什么始终一贯的态度。他们肯定决心不许任何强国控制黑海海峡，并于1870年废除了妨碍它行动的1856年巴黎条约中的"黑海条款"。但是，虽然俄国人在从奇姆肯特的陷落（1864年）到对马海战（1904年）这段时间的所作所为是一个扩张的过程，但从常识来判断，还缺乏根据。在克里米亚遭受挫败以后，俄国人便从欧洲转向亚洲，以满足其军事上的虚荣心，可是，困扰沙皇制度的社会和经济难题，在土耳其斯坦一个也得不到解决。俄国外交部希望把征服中亚作为一个杠杆，用以抵消和扭转英国在巴尔干和小亚细亚实行的可恶政策。然而，以圣彼得堡为一方和以第比利斯和塔什干为另一方，二者之间的关系即使不是敌对的，也始终是微妙的。因为第比利斯和塔什干的雄心勃勃的总督有着他们自己的盘算，所以，当白厅愤怒地谴责圣彼得堡玩弄两面手法向中亚推进时，圣彼得堡往往确实是茫然无知的。

在局外人看来，正是由于俄国的官僚机构缺乏工作效率，使得俄国的政策带有神秘的威胁性。1889年，寇松在其所著《俄国在中亚》一书里写到这个问题时，他比哥恰科夫或吉尔斯说得要简单明了。寇松写道："把英国缠在亚洲，以便使它在欧洲安分守己——简言之，这就是俄国政策的主旨。"但是俄国外交人士能够领会这话的含意，并乐于利用英国的忧虑心情。9年以后，维特在圣彼得堡设法把这个主张应用到更为广阔的地区。尼古拉斯·奥康纳爵士向上司报告说："维特提出，俄国并不想打一场无益的海战，而应该准备在一个易受攻击的地区打击英国的力量。要做到这一点，可以从穆尔夫（在土耳其斯坦境内）修一条铁路通到库什克（在阿富汗边境）。如果俄国在中国问题上和英国发生纠纷，这条铁路便可以使俄国进攻阿富汗。"1899年，沙皇尼古拉二世在布尔战争时期曾写道，是中国还是德兰士瓦，到那个时候具体问题就无关紧要了；为了使英国的政策在全球范围失灵，他只要电令动员驻土耳其斯坦的俄国军队就行了。

如果说，在苏伊士的东北方，俄国的威胁令英国不安，那么，在苏伊士的西方和北方，法国的刺激就愈益尖锐了。1870年，法国人对阿尔及利亚的控制刚刚得以巩固，突尼斯和摩洛哥两个侧翼还敞开着，英国的海军预算因而可以保持950万英镑的水平而不担风险。但是，现在法国的交通线已直接穿过英国在地中海的交通线。到1888年，法国在地中海已有15艘战列舰，而英国才有8艘。次年，英国采取了著名的"两强标准"，到1898年，英国便给自己的海军总兵力增加了29艘战列舰和26艘一级巡洋舰。尽管如此，到了19世纪90年代，法国在土伦和突尼斯的比塞大两个基地的设施加起来，仍然超过英国在直布罗陀和马耳他的设施。从长远看，英国舰队是能打败土伦舰队的，但这样一来，英国舰队就再无余力挫败俄国对君士坦丁堡的突然袭击（1877—1878年俄国人由陆路进攻君士坦丁堡失利以后，肯定会改从海上进攻）。法俄同盟一形成，从1894年起（这一年，法俄海军预算合起来是1750万镑，超过了英国）英国海军当局就深信，一旦发生战争，就必须封闭苏伊士运河。并且，如果黑海成为俄国的内湖、黑海海峡成为俄国海军的安全出口，俄国势力的影响将会扩及小亚细亚和叙利亚全境，这样一来，英国势必要绕道好望角，因而将英国与印度和东方分隔开来。作为英国海军优势象征的英国驻爱琴海舰队，由于优势不复存在，只好于1895年撤走。

这类事实加在一起，终于使扩张到了危险程度的英帝国有必要获得一个欧洲盟国，这个盟国应拥有一支陆军，因为不论与法国交战还是与之修好，都少不了这样一个盟国。由于认识到这一点，1895年以后，索尔兹伯里宁愿把君士坦丁堡交给俄国人，只要他能够得到三国同盟的合作，以便共同瓜分奥斯曼帝国。与俄国达成协议，并由此进而与法国达成协议，是索尔兹伯里和约瑟夫·张伯伦两人考虑已久的事。在帝国主义时代，英国所处的孤立地位，给英国的每一项政策都带来了危险。

1870年，拥有奥斯曼帝国公债半数的法国人，在利凡得已无所不在。他们在叙利亚和黎巴嫩的势力范围看来可能要扩大；在埃及，连易斯马仪总督在内，一切都受制于法郎的威力和诱惑。未来局势如何发展，全然不能预计。即使能够预料，也没有一个英国政治家会乐意和法国结成牢固的联盟。

相比之下，意大利虽不是一个大国，但它的地理位置却使它成为一个相当有用的国家。它既是进入俾斯麦的欧洲的前厅，又是进入利凡得的跳板。1892年，索尔兹伯里在罗斯伯里继他出任外交大臣时，向后者进言说，欧洲目前局势的关键，"是我国如何对待意大利和如何通过意大利对待三国同盟"。这个想法来自迪斯累里,他在1878年3月提出的计划中,就包括鼓吹由意、法、奥、德四国建立一个地中海同盟,"以便确保欧洲和东方的贸易交通不受日益扩张的俄国势力的影响"。此外,在所有欧洲各国中,意大利最易受到敌人舰队的攻击。于是,和英国携手合作就成了意大利人的一个基本信条,他们长期以来一直记得正是由于有了帕麦斯顿和拉塞尔这两个可以说是坚定地挺立在英国战列舰上的人,才排除了欧洲对意大利漫长的复兴过程进行干预的可能性。要奉行与英国合作的政策,意大利就不得不吞下一两颗苦药丸。比如,他们看到他们对突尼斯的野心于1881年被法国人所制止,因为法国人事先设法得到英国的赞同。另一方面,意大利人却可以从英意"地中海协定"(1887年2月12日)中获得安慰。他们知道他们总可以依赖英国,因为英国决心把法国排斥在尼罗河流域之外,在红海支持意大利人,并支持意大利人在东北非洲内陆的野心。

在亚得里亚海的对岸,外交形势可与意大利半岛相提并论。只要在侧翼存在一个友好的意大利,在南翼有一个友好的希腊,那么,巴尔干的动乱就不会对海军强国形成大的危险。虽然在这一地区,这一段时期内仅有一次出现一个新因素,但这一因素竟几乎使英国在利凡得的政策受到震动。俄国人根据圣斯特法诺条约(1878年3月3日)把"大保加利亚"强加给遭到失败的土耳其人,这个"大保加利亚"将在爱琴海获得一条海岸海;这样就可以绕得黑海海峡而进入马尔马拉海,而马尔马拉海的安全是英国海军部所念念不忘的。这样一来,圣斯特法诺条约无异让俄国第一次喝了一口令人心旷神怡的"热水"。后来的《柏林条约》(1878年7月13日),不管人们如何评价它,毕竟还是取消了"大保加利亚"并使继之而建立的"东鲁米利亚"成为一个远离南海的内陆国家。这无疑是英国外交政策的巨大成就。

俄土战争以俄国军队占领高加索以南的土耳其诸省而告终,这给英国造成了进一步的问题。1854年,当英国与俄国交战时,英国政府大伤脑筋的难题是鲸如何能有效地抓住熊?现在出现的问题就是那个大难题的一部分。当时,英俄两国终于在克里米亚交战。但是由"英—印"战略家结成的很有势力的一派人认为,英国政策的主要目标应该是从俄国人手里把高加索解放出来。的确,当英国人事实上侵入亚速海并占领若干沿海城市后(1855年5—6月),俄国人大为惊恐,决心不惜一切代价把英法的入侵阻止在克里米亚。在这一点上,他们是成功了。从那以后,他们完全制伏了切尔克斯人并在格鲁吉亚的第比利斯修建了一个巨大的兵站。1877—1878年,英俄第二次冲突看来已不可避免,这时英国的作战计划尚未协调一致。迪斯累里可以侈谈什么派遣印度军从一翼进入土耳其斯坦,英军从另一翼进入第比利斯;他能够两次派出舰队进入贝西卡湾;他能够从印度调动7000士兵,于1878年4月进驻马耳他。但是,这样做究竟如何能解决问题,在情况需要时,如何有效地使用这支部队,不但迪斯累里自己不清楚,就连他那位出色的印度总督利顿也不清楚,后者在奉命派出军队时,还提出了措辞温和的抗议。战争是避免了,但俄国人仍留在卡尔斯和巴统,他们的影响波及很远的地区,使波斯、美索不达米亚和叙利亚不得不"听从他们的北方"。显然,英国不可能从遥远的基地马耳他,对这一广大地区施加能与俄国相抗衡的影响。因此,必须就近在利凡得当地取得另外一个瞭望塔,或者灯塔,或者军队集结地才行。

早在1876年10月,索尔兹伯里就从君士坦丁堡派出了一名暗探,名叫霍姆上校,去访察可能成为土耳其未来安全的"切实保证"的地方,换言之,即在土耳其境内物色英国能够迅速地发挥作用的最佳地点。霍姆考察了加利波利半岛,迪斯累里对该半岛感兴趣,但霍姆认为并不合适,因为该半岛控制不了"必须加以控制的土耳其本身、叙利亚和美索不达米亚"。霍姆继续考察了爱琴海中的米蒂利尼、利姆诺斯、克里特和罗得等岛,最后考察了塞浦路斯岛。他认为塞浦路斯岛是最佳的战略地点。它控制土耳其的门户亚历山大勒达港,距叙利亚仅66英里。别的岛屿,像加利波利一样,过于遥远。克里特岛诚然有其优点,但据霍姆看来,该岛的与希腊合并运动势力颇大,会给外籍总督制造许多政治上的麻烦,从而抵消了这些优点。现在,又在1878年把霍姆的报告从案卷内取了出来。《圣斯特法诺条约》签字后5天,英国内阁采纳了霍姆关于塞浦路斯的意见。当迪斯累里要从印度调军队到地中海的计划尚在议而未决的时候,有人建议让军队在塞浦路斯或干脆在亚历山大勒达登陆。结果,军队开到了马耳他。然而，在柏林会议上，索尔兹伯里十分强调在地中海东部地区建立一个新基地对英帝国的重要意义，以致在《塞浦路斯协约》(1878年7月4日)①公布以前，他就明确地告诉苏丹，英国准备占领该岛，不管苏丹是否颁发同意割让的敕令。柏林会议对这种策略感到惊异，但并未因之采取行动。唯一可能从中作梗的是法国，但索尔兹伯里向法国代表瓦丹通表明，将来法国有关突尼斯的任何计划均不用担心会遭到英国的阻挠，从而巧妙地收买了法国。

塞浦路斯几乎马上令人大失所望。英国对该岛寄予巨大的希望，这可以从派去的第一任高级专员的人选看得出来。这位大员就是英帝国最杰出的军人加尼特·沃尔斯利爵士②，他立即派出副手吉钦纳对该岛做第一次精确的考察。但沃尔斯利又被调任别的更为紧急的帝国职务，当时或后来，就再也没有一个地位相当的人在塞浦路斯接替他。这个岛屿根本不宜于作为军队集结地，那里气候恶劣，港口不足。它也不能作为英国势力标志的灯塔。要从塞浦路斯监视在卡尔斯的俄国人，事实上是办不到的。当英国根据柏林条约在小亚细亚驻有军事领事时，该岛还具有一定价值，但1881年这些领事撤走后，它就全然无用了。只是由于有必要保持英帝国的威望，才没有放弃它。占领塞浦路斯这件事后来继续成为说明拙劣的政治和更拙劣的战略结合到一起的很好例子。

在君士坦丁堡城郊签订的条约理应予以撕毁，而代之以在欧洲某个首都举行的一次会议上所提出的迥然不同的条约，这象征了那一时代的做法。但是，由欧洲掌握战略支配权的地区并非总是像欧洲的外交家们所希望的那样完全处于被动地位。诚然，利凡得地区的文明，如索尔兹伯里所说，是"落后于世界的普遍进程的"，但那里并不缺乏由于公务和个人的长期磨炼而政治头脑敏锐的王公们。既然他们在欧洲人的天平上起不到举足轻重的作用，他们就自然而然求助于诡诈的权术。印度的英国政权在1857年至1863年间，每年付给阿富汗的一个埃米尔20万英镑，1879年答应给另一个埃米尔12万英镑；1881年起付给一个继任者8万英镑，1893年起这个数字又提高到12

---

① 原文如此，据其他资料，此约签订日期应为6月4日。——译者
② 一译吴士礼，曾参加英法联军进攻北京，并参与镇压太平天国的活动。——译者

万英镑。但是，要用这种方式收买他们对外来制度效忠，是难以办到的。这一时期中东地区最卓越的外籍总督克罗默始终认为——引用他在《近代埃及》一书中的话来说——英国官员必须努力记住，"他们不是跟肯特郡或诺福克郡的居民打交道"；如果当地居民只是表示出一种半心半意的默认态度，或者表示出不加掩饰的敌意，于是，就愤恨起来，给这些人民扣上"不忠诚"的帽子，那是很荒谬的。俄国人出不起津贴，因而分文不付；虽然他们把被其征服的中亚伊斯兰民族的成员征募到他们的边防军中，但他们很快就对这些人失去信任，因此，当浩罕或土耳其斯坦爆发叛乱时，俄国人也就没有感到什么意外。法国人竭尽全力为地中海南岸的伊斯兰提供另一种文化，但由于伊斯兰教的文化和信仰是割裂不开来的，所以，利凡得的那些开化分子是底层的无知农民根本不信任的人。亚洲人的意见，不论属于哪一种，总是披着它认为最适合于当时情况的外衣。一位麦加行政长官在评述英国帝国主义时说："它的受害者也不得不活下去。"埃及的阿拉比帕夏于1882年领导的军事政变，具有真正的民族主义的和激进的基础，但他的命运不只是给他同代的埃及人、阿拉伯人和波斯人提出了这样的警告：抛去这种外衣是危险的。

一个东方的当权者自然会同意外国人关于维持现状的重要性这一理论的。然而，他的保守观点根本不足以保证他本人能够生存下去。即使是统治波斯达48年之久的纳赛尔·埃尔·丁国王，结果也是于1896年死于刀下。外国人也许真心希望"保护"受其庇护的国家，由一位驯顺的君主进行治理，而且在这样做的时候，并不干涉其内部事务。但是，很可能会出现三种情况，使他们不可能继续执行这种"无为而治"的政策。有时这位君主可能会背叛其保护人，舍尔·阿里于1875年至1878年间在阿富汗的行为，就被认为是这样；有时，这位君主可能会由于软弱而屈服于另一个争夺保护者地位的国家的压力，俄国和英国就担心波斯国王随时会陷于这种情况。再一种情况是，这位君主的政府可能纯粹由于无能而解体，从而使一个十分重要的地区成为真空地带，于是，某个欧洲强国肯定会自告奋勇去填补真空。埃及就是这种意外情况最恰当的例子。不过，欧洲各大国确实也仅仅由于互相猜忌对方有野心这一固有的特性，才没有根据完全相似的理由而肢解奥斯曼帝国本身。

因此，这段时期的中东历史的关键问题是，如何保证很好地治理这些"落后地区"。对于欧洲的商业、战略和交通来说，这些地区极为重要，但那里的居民的利益和欧洲人的利益却很少有一致的地方。对于这个问题，直接有关的三个欧洲大国的军人们提出了相似且简单的答案。解决办法是，往当地派驻大量兵力。但只有俄国人，因为不缺乏人力，认为这是一个可行的政策。法兰西第三共和国的政治家们一直不信任那些贵族式的僧侣和保皇党徒，可又一时麻痹，把法国的殖民帝国的发展托付给了这批人。因此，他们不愿看到这批人的权势再向任何地方扩展。至于英国人，甚至在一位美国海军史学家使他们更加确信传统的做法以前，便已退回到那种饱尝暴风恶浪而扬威海上的浪漫传统之中，而在舰只上是不需要庞大的陆军的，因此，他们宁愿采取一种进行远距离控制和炫耀帝国威望的理论。但实际上，英国人在苏伊士以东地区所进行的各种交往中，是以他们的印度军队这一支确实存在的力量为后盾的。在这几十年间，这支军队驻在远离印度的马耳他、苏丹、索马里兰和马来西等地。

的确，在中东地区，英国海军与印度陆军结合在一起形成了英国的实力体系（罗斯伯里勋爵曾把这作为"权威性的意见"而很好地加以阐述），在这一地区，没有一个竞争对手能够与之抗衡。迪斯累里是首先认识到实力这一事实的人，一直加以强调。1878年，印度政府入侵阿富汗遭到非难时，迪斯累里就大声疾呼，那不只是开伯尔山口的问题，而是关系到英国在欧洲的声望和影响的问题。那也不只是一个支持土耳其人的问题；真正的问题在于，如维多利亚女王所赞同的那样，世界上究竟是应由英国，还是由俄国称霸。占领塞浦路斯，其行动及目的不在地中海，而在印度。归根到底，一个大国应是一个享有一定的行动自由的国家，一个能够控制和支配局势的国家。索尔兹伯里曾指出过，当欧洲的注意力集中在西班牙境内的冲突时，英国便占领了直布罗陀。当意大利的局势严重时，英国占领了马耳他。当事态似乎表明欧洲的注意力将要集中在小亚细亚或埃及时，英国就占领塞浦路斯。他说这番话以后不久，英国进而占领了埃及，这好像是为了强调他的论点似的。

中东复杂形势中有三件事不可避免地影响欧洲各大国的政策，显示出相似的特征。

阿富汗危机的形成，是由于英国和印度政府表现出一种简单的愿望，想弄清楚俄国在中亚干了些什么。1864年到1869年间，俄国人已大踏步前进了。1864年他们占领了奇姆肯特，1865年占领了塔什干。1866年他们推进到霍占特，摧毁了浩罕可汗的势力。1867年，他们侵入布哈拉汗国，并建立设防据点，远抵锡尔河以南的地方。他们还新设了土耳其斯坦省，使之成为总部设在塔什干的考夫曼将军的一个总督辖地。1868年，他们攻占了布哈拉的首都撒马尔罕，并明确宣布，从此以后该汗国的埃米尔成为俄国人的附庸。1874年，尽管沙皇驻伦敦的私人代表彼得·舒瓦洛夫保证类似的事情不再发生，但希瓦的可汗还是遭到同样的命运。要证明这些中亚汗国丧失主权一事是对人类进步的打击，那是不可能的，因为这些地方的众所周知的特点是搜捕奴隶、贩卖奴隶和普遍存在的疯狂野蛮行为。因此，哥恰科夫宣称，俄国在东方的使命是文明使命，英国人对这种说法就不能仅仅斥之为自我吹嘘，因为英国人长久以来也是坚持以与此同样的原则来处理他们同印度土邦的关系的。

从这种执行文明使命的竞争中，可以找到英国人之所以对俄国人在亚洲的推进感到十分不安的原因。因为这种推进最终必然会使俄国人达到印度的边境。有些"英—印"军人和文官主张英国人也应向前推进，以对付步步进逼的俄国人，这样，将来确定实际接触线时，这条线就可以尽可能远离印度本身。但他们并没有这样做，因为他们害怕遭到俄国军事力量的直接攻击，或者是因为他们夸大了阿富汗的帮助或波斯的友谊所起的作用。印度事务大臣领导下的印度参事会很有影响的成员亨利·罗林森爵士多年来一贯坚持认为，英国应进入克拉特的基达、阿富汗南部的坎大哈和阿富汗西部的赫拉特，这样，英国人就可以"越过现有的疆界，在最易接近的攻击线上，构筑一系列第一流的要塞"。他的理由是，印度是一个被征服的国家，因此，必然总是有"一定程度的不满"积郁在人们心里，只要有一个敌对的欧洲大国煽动，就会燃起扑不灭的大火。罗林森的同僚巴特尔·弗里尔爵士在1874年6月向印度事务部提出警告说，每一个印度王公和酋长都会把俄国人看作"要求在印度建立殖民统治的另一个可能的候补者"；印度所有的不满分子，所有危险的和犯罪的阶层都在随时保持着警觉，一有动静，就会发难。理查德·坦普尔爵士曾把可能成为俄国人走卒的不满分子分了类,他们包括王公、僧侣、军人和暴民。读过坦普尔的《1880 年的印度》一书的外国读者(这样的人不少)很可能感到惊讶,在印度究竟还有谁是"忠诚的"。1888 年在印度任总司令的罗伯茨将军,对女王的这些臣民的"忠诚"程度,甚至抱更为悲观的看法。他们一致认为,一旦俄国人进抵印度边境,英国统治的物质上和心理上的安全保障就会化为乌有。印度就不再成其为"安全岛"。再也不可能在印度问题上宣传"门罗主义"了。其直接的后果是,英国本身将会像任何别的国家那样,成为一个大陆国家。

所以,在亚洲人看来,俄国是以强大的替手的面貌出现,是又一个帝国主义监护人。形成"中亚问题"坚实基础的正是这一点,而不是对俄国陆军的效率有多高,或俄国将军们的野心有多大的任何估计。从俄国—波斯土库曼查伊条约起到 1907 年英俄协约为止的 80 年间,这个"中亚问题"一直困扰着英国外交部。

正如 1860 年拉塞尔所说,英国并不想在中亚和俄国开展一场争夺势力范围的斗争,"但我们的目的是,不能让俄国利用它跟波斯的关系,和它对中亚国家采取的高压手段,去侵犯那些我们认为应由当地统治者掌权,而不应受外国阴谋扰乱的国家"。所以,阿富汗必须继续存在下去,作为俄国和英国两个帝国之间在亚洲的缓冲国。但是,问题还不仅仅是这样。1869 年至 1873 年,英俄举行谈判,要使阿富汗成为两个帝国之间的真正的"中立区",谈判的破裂说明英国对于"外国阴谋"一词有其独特的解释。喀布尔埃米尔舍尔·阿里对印度政府来说是极为重要的,不能照俄国人的意见,让它享有中立国的特权和地位。这位埃米尔无疑必须是"独立的",但他又必须同意与印度政府友好相处。亚洲的生活现实必须如实地予以承认。根据占领地保有原则①(即双方都保证不越过某些限度)与俄国订立任何可靠的条约,那是没有用的。哥恰科夫于 1864 年 11 月曾表示希望俄国军队能在奇姆肯特停止推进,但正如他后来发现的那样,在中亚的一切界限,实际上都不存在。而且,俄国人也好,英国人也好,谁都不能够停留在固定的位置上,因为事态的发展很可能把这一固定位置

---

① uti possidetis,即国际法上允许交战国各方在战争结束时占有实际占领地区的原则。——译者

变成从地理上看十分荒谬的东西。1873年，英俄两国同意，只为舍尔·阿里的国家规定一条北方边界，并且俄国表示，它认为阿富汗处于它的政治势力范围之外。俄国认为，这个协议给予它在中亚的其他地方自由行动的余地。而当它攻陷希瓦，发现英国的想法并非如此后，它真的恼火起来了。不过，至少有一条边界线是划定了，总算建立了一个格局。这样，中亚早就提出了欧洲后来在非洲面临的难题，那就是，除非一方或另一方蓄意把争端引向战争，否则到一定时候，必须就边界问题取得某种国际上的认可。

对亚洲人自己来说，亚洲的生活现实当然是一剂苦药。舍尔·阿里尽管需要印度政府的金钱并得到它的承认，但他也希望印度政府不要去管他的事。他并没有忘记，在他为争取埃米尔宝座而奋斗的5年（1863—1868年）中间，印度政府曾经背弃过他，并且把他的边境省份锡斯坦的大片土地给了他的对头波斯人（1872年）。但是，不许他闭关自守：那样一来，他会怎么干呢？他拒绝英国驻印总督在他的国家派驻英国的"观察员"，这就引起了危机。保守党政府印度事务大臣索尔兹伯里认为不可能继续"让大门的钥匙掌握在其品格大可值得怀疑的看门人的手中，因为这个看门人坚持，他服务的一个必不可少的条件是，不许监视他的行动"。索尔兹伯里虽没有提出要派一个违背阿富汗埃米尔的意愿的英国使团前往阿富汗，但他的确提出"让印度政府设法使埃米尔乐意接受英国使团"。利顿作为总督，极愿按索尔兹伯里的意图办事。利顿认为，舍尔·阿里是一个不可信赖的野人，一有机会，他就会在英俄之间玩弄政治把戏。他与塔什干的考夫曼从1870年开始即书信往来，现在应该是停止的时候了。利顿首先巩固了他在俾路支和克拉特的边界，把基达建成一个基地，然后，开始与舍尔·阿里举行谈判，但未获结果。与此同时，俄国也增加了压力。俄国人预料于1878年春季会同英国开战，于是，他们从撒马尔罕和在里海的基地克拉斯诺沃茨克，把一批批部队派往阿富汗边境。就在欧洲各国在柏林召开会议的同一天，考夫曼从塔什干派了一个军事使团前往喀布尔，6周以后，舍尔·阿里在喀布尔予以隆重的接见。利顿决定要让英国的使团也受到同样的接待，从而一劳永逸地考验了一下这位埃米尔。这个英国使团在边境就遭到舍尔·阿里的断然拒绝，不过没有开枪射击。尽管在英国内阁内部有人警告说并不存在宣布开战的真正理由,但利顿仍于1878年11月派遣印度军队进入阿富汗。这是40年中对阿富汗的第二次进军。

舍尔·阿里逃跑了,神秘地死于俄国的土耳其斯坦(1879年2月)。喀布尔的一个顺从的继任者于5月签署了一项条约,接纳英国代理人,外交政策听由印度政府处理,交换条件是得到一笔可观的薪俸。但是,英国驻扎官及其工作人员在喀布尔遭杀害(9月3日)。新任埃米尔曾参与此事,于是,阿富汗落入一些以劫掠为生的王公们的流窜部队的手中,直到其中最有胆略的阿卜杜勒·拉赫曼从土耳其斯坦回来,按自己的意志巩固了地位为止。他和印度政府达成了类似的交易,但得到的薪俸较少,因为对他的信任也是等而下之。派英国代理人驻在这个国家的尝试现在取消了。自由党人在还是处于反对党地位的时候,就曾谴责说对阿富汗的整个政策是海盗政策。现在决定把印度军队撤出坎大哈省,于是,1881年4月,阿富汗就由这位显然是不可靠的新统治者来掌权了。

批评家断言,任何问题也没有解决,印度大门的钥匙依然由品格可疑的看守掌管着,他依然坚持其行动不应受到监视。对这些批评者的答复是,问题的性质决定了不可能只靠使用军事策略去谋求解决。自由党人宣称,这不只是坎大哈的问题——他们这样恶意地解释迪斯累里早些时候的某些论断——这是影响到英国亚洲政策的整个方针的问题。可以说,实际上常常这样说,英国的印度帝国的周围,在西边从基达直到直布罗陀,在东边从缅甸直到香港和惠灵顿,在这种情况下,英国能派兵防守整个这一地区吗?显然不可能。因此,这半个世界的防御安全绝不能依靠英国陆军,甚至也不能依靠英国海军,而是要依靠英国政策所赢得的尊重和依赖,依靠别的国家在多大程度上相信英国的政策是符合全人类利益的,是旨在促进人类的和平与通商贸易的。如果英国忘记这一点,而去执行侵略的政策,或没收别人财富的政策,它就会马上四面树敌,俄国人在颠覆英帝国的事业中,就不难找到帮手了。

上述论断的正确性,很快就在自由党人自己身上也得到了证明。第二年,自由党政府决定炮轰亚历山大港,并占领了埃及。这一帝国主义行径,使英国的外交政策同法国和德国的外交政策相对比,遭到了损害,影响延及其后20年之久。自由党人虽然以后这些年几乎一直在政治上处于迷惘状态，但坎贝尔－班纳曼用他通常是明白易懂的语言表明，他们仍坚持原来的观点。他说道："实际情况是我们养不起一个好战的帝国，并且，我们无论如何得不到那种兵力。"

的确，企图做到这一点是毫无意义的。俄国自己也远远不是一个"好战的帝国"，而当时欧洲最有效率的军国主义国家——俾斯麦的德意志帝国，在对外政策方面是极其和解的。因此，俄国和英国把外交建立在军事机器上是浪费时间，因为军事机器必然不能应付两国面临的任何考验，正如英国最终在南非、俄国在对马岛的遭遇所证明的那样。所以，英国做出从坎大哈撤军的决定，虽然使圣彼得堡的吉尔斯迷惑不解，但这个决定却开创了在中亚事务上互相妥协的时期。这一政策尔后成功地经受了一些考验，其中有两次——1885年的平狄事件和俄国向波斯的不断渗透——与1878年向喀布尔派遣使团的事件具有同样猛烈的政治爆炸力。

对这一阶段的欧洲外交，在波斯问题上可以最透彻地观察出来。波斯问题从来也没有达到像阿富汗问题那样危险的程度，因为有关的两个大国注意不使问题变得那么严重。这并不是由于波斯的局势不及阿富汗的局势复杂。从英国的角度看，波斯是印度的前厅，远比阿富汗容易被敌对的入侵者闯入。1874年，希瓦落于俄国人之手以后，波斯北面的整个地区（波斯并没有明确的北方边界）被置于俄国将军洛马金管辖之下，他自封为该地区的"全权首领"。占有希瓦后，俄国人就能在奥克苏斯河下游立足，解决了一向最严重的补给和交通问题。在此以前，塔什干和土耳其斯坦省不得不由奥伦堡运送补给，而奥伦堡隔着沙漠，距锡尔河有800英里之远。但从里海通过希瓦和更远的地区，奥克苏斯河是可以通航的。并且，用修筑铁路或公路的办法，很容易计划建设一条新的陆上交通线，其一翼通往撒马尔罕和塔什干，另一翼通往克拉斯诺沃茨克，波斯的侧翼就暴露了出来，那里是未曾划定边界的霍拉桑地区，土库曼部落在该区游牧。这样，俄国人这次新的进犯就使赫拉特不仅成为进入阿富汗西部、喀布尔以及印度，而且成为进入坎大哈和波斯湾的"钥匙"。这样，就印度的安全而言，希瓦的陷落，就将问题的真正重心从阿富汗山区转移到了波斯平原和土库曼平原。

如能得到英国的支持，波斯国王是准备对北部的土库曼人行使统治权的。从1874年以来，英国的政治家和时论作家经常谈到麦尔夫这个名字（人们常认为它是一个大城市，实际上只是一座有绿洲的泥土建成的村落），因为它距赫拉特只有12天的路程；但尽管如此，白厅却不准备承担义务。在霍拉桑的英国军事人员——英国驻圣彼得堡大使曾向吉尔斯保证，这些军事人员在那里是出自"英国人特有的喜好冒险的精神"——继续就俄国影响的增长送来报告。波斯国王于1878年访问了圣彼得堡，把科萨戈夫斯基将军带回德黑兰，后者着手组织一个哥萨克旅——"尔后40年俄国在波斯施加影响的主要武器之一"。索尔兹伯里此时已从印度事务部调到外交部任职，他希望英国很快建立某种足以和俄国抗衡的力量。因为，"很可能在以后某个时期，英国对俄国的立场会急剧转变"，使英国不得不付出大得多的代价以求获得与波斯结盟或波斯的中立。他想把波斯人久已垂涎的赫拉特给予波斯国王。实际上曾就此事草就一项协定（1879年11月8日）。但英国内阁并不喜欢这个意见，因为英国一旦在赫拉特扶植起一个被保护人，它就有义务使他在那里存在下去，这就势必要派一支英国的驻军，因为如果俄国人反对的话，波斯军队是连反抗的样子都不会做出来的。波斯国王想讨价还价，把情况通报了俄国人，英国迅即放弃了那个协定，同时也放弃了波斯国王的地位。新执政的自由党政府急于同俄国人合作，在俄国和波斯谈判部分北方地区的边界线时（1881年12月21日），英国政府没有干预。这个阿哈尔—霍拉桑协议的一个秘密条款规定，波斯放弃对土库曼领土的任何要求，这部分领土从新近达成协议的萨拉赫斯边界，朝奥克苏斯河向东北延伸约200英里。

印度帝国周界上剩下的这一豁口应当封住，这虽不符合俄国的利益，但符合英国的利益。使印度事务部感到忧虑的，依旧是阿富汗而不是波斯的形势，因为，如果俄国军队推进到新的边界，把土库曼人成群地驱入阿富汗境内，并跟踪追击（他们很可能这样干），结果俄阿冲突就极可能发生。但是，这时候英国如向波斯国王提议，说他应就麦尔夫及其所属地区提出领土要求，以便他的主权国家在步步推进的俄国人和未设防的阿富汗侧翼之间作为缓冲国，已经不能把波斯国王争取过来了。麦尔夫于1884年2月落入俄国人之手。印度政府立即向英国外交部力陈"就阿富汗北部和西北部边境的确切边界线同俄国达成明确谅解"的绝对必要性，于是，英俄两国开始谈判，讨论从萨拉赫斯到奥克苏斯河如何妥当地划出一条分界线来。对伦敦提出的每个解决办法，圣彼得堡都认为难以同意，直到1888年才具体划定了那条界线。俄国人之所以能在那时放弃其反对意见，因为他们的起自克拉斯诺沃茨克的里海铁路，已经由安年科夫的工程兵修筑到距赫拉特不到100英里的地方。

1885年3月30日，在阿富汗的一个村庄，俄国人赶走了当地居民，这就是著名的平狄事件。这件事打断了充满着仇恨的边界辩论，它使两个欧洲强国在中亚是和还是战的问题，系于喀布尔的埃米尔阿卜杜勒·拉赫曼的一念之间，因为如果他决定宣布这一事件构成宣战理由的话，那么，他的外交政策的正式保护人印度政府就很难否决他的决定。英国政府在欧洲陷于孤立状态，它的常备部队驻扎在埃及和苏丹，这时，它仓促拟定了进攻符拉迪沃斯托克和高加索的作战计划。英—印战略家们很久以来就认为，高加索是俄国在中东称霸的关键所在。但是，要想到达高加索，就必须穿过黑海海峡，而俾斯麦当时无意表示欧洲会同意任何这种行动。幸亏这位埃米尔没有抓住这个事件不放，但是，如果再发生一个类似的事件的话，各方已经很紧张的神经就有可能受不住了，而且，英国这时比过去任何时候都更加迫切需要同波斯保持友好关系。就在划定阿富汗的边境线期间，俄国对德黑兰施加了更大的压力。1887年8月，俄国取得了一个巨大的胜利：波斯国王同意，不预先同俄国沙皇磋商，绝不把在波斯修筑公路、航道或铁路的特许权授予任何外国公司。看来，俄国打算把整个波斯变成它的势力范围，以便有朝一日把自己的势力扩展到波斯湾。波斯国王对这一点也很清楚，因此，他扬言说，除非英国给他一些实实在在的利益，否则，他将同北方的这只"脾气温和的老虎"休戚与共。

波斯国王所希求的是结成一个同盟。当然，这一目的他是无法达到的。英国保守党政府迫于大势所趋，已经继承了自由党政府有关英俄和睦相处的纲领，而且，索尔兹伯里已经决定对波斯国王不加理会，因为如果给这位国王以机会的话，他必然要损害英国的外交政策。1887年10月，亨利·德拉蒙德·沃尔夫爵士奉派前往波斯，以开创英俄两国在波斯和睦相处的新时代。当然，两国都有权在波斯市场上取得各自的一份合法权益。可是，在这项建议背后，却隐约存在着一个要最后把波斯划分为两个势力范围的政策，索尔兹伯里可能同吉尔斯一样不喜欢这个计划。但是，沃尔夫却继续推行这个计划，并引起欧洲对这一计划的注意，直到后来印度总督兰斯多恩向他指出，当英国忙于在波斯南部修筑铁路的时候，鼓励俄国在波斯北部修筑铁路，这同印度政府一向所依赖的每一项安全原则都是直接相抵触的。沃尔夫的主要成就在于他劝说波斯国王向世界各国的商船开放波斯南部的卡隆河。吉尔斯对此评论说："这只是一种说话的方式而已。"

事实上，俄国人对英国人采取某种新的集中的手段从经济上剥削波斯，比对于英属印度对赫拉特的任何企图感到更大的不安。这是一个帝国主义经济扩张的时代，而在所有的大国中，俄国参加角逐的条件最差。俄国既然没有在波斯修筑铁路的资本，就决心不让任何别国在那里修筑铁路。因此，在1890年10月，波斯国王进一步同意在15年内不接受不论哪个国家提出的任何修筑铁路的计划。这项协议得到了遵守，因为1914年战争在欧洲爆发时，波斯境内还没有任何铁路线。直到那时为止，俄国的势力一直在德黑兰占有统治地位，俄国银行一直是至高无上的，波斯的绝大部分贸易也是同俄国进行的。爱德华·格雷在1903年公正地说："波斯的独立不过是一句空话。"

因此，虽然英国人没有能够在阿富汗和波斯周围建立起一道十分坚固的、"精心构筑的栅栏"，但是，由于他们和俄国人之间力量的平衡，使双方保持了外交上的均势和与之俱来的和平局面。此外，在一个帝国主义竞争的时代，下面这个问题被掩盖了起来，即1887年以后，沙皇和他的军事顾问已把注意力转向了远东，转向了满洲，转向了有可能弄到手的旅顺口不冻港。俄国由于把战线拉得过长，自然更加容易遭受打击。英国并没有忽视俄国这个弱点的重要意义，就在这个时期的结尾（1902年），采取了同日本结盟的做法。到了这时，俄国已经错综复杂地卷入了欧洲国家体系，不能再一味在东方恣意进行冒险活动了，而在帕麦斯顿执政时期，它还没有卷入到这种地步。从英国人的观点来看，与其让德国人在波斯湾控制一条铁路的终点，不如让俄国人控制德黑兰，甚至让俄国人控制君士坦丁堡，也比让德国人在经济上对土耳其渗透要可取一些。到1899年，大声疾呼表示决心要保证奥斯曼帝国领土完整的，已经是俄国人，而不是英国人了。但是，到那时，英国也同样受到其他强国的政策的限制，而且，它也像俄国一样，从来没有设法挣脱这一束缚。

这种情况之所以产生是因为英国在埃及投下了赌注。1882年以后，格雷后来称之为"帝国地位造成的必然结果"的情况——这是他在1915年发现自己不得不答应把君士坦丁堡作为战利品交给沙皇时所用的说法——无疑已迫使英国政府加以注意，而且达到这样的程度，以致索尔兹伯里在1895年以后，极力想同法国和俄国和解，只要不撤离埃及，几乎任何条件都可以答应。这种帝国地位造成的必然结果使得某一国家按照自己的意愿朝任何方向行动都是不安全的。除布尔战争外，1882年对埃及的占领是英帝国所采取的最后一个单方面的行动。

1876年，德比任外交大臣时曾说："我们所要求的只是能够不受阻碍地通过埃及，以及没有任何外国势力控制那个国家。"然而，这将需要很大的努力，因为埃及已经成为欧洲的殖民地。1870年，在该国已经设有17所外国领事馆，代表着在开罗和亚历山大聚居的约10万名外国人。这些外国人在1876年以前根本不向埃及政府缴纳任何税款。正如克罗默后来所说的那样，这个时期的埃及"一定是所有高利贷者的天堂，也是拿三等货卖头等价的商人们的天堂"。通往东方的主要轮船航线苏伊士运河为法国利益集团所拥有，其结果是，法国对埃及总督易斯马仪和他的政府拥有绝对支配权。到1873年，埃及政府所支付的苏伊士运河工程贷款的利息总数达到了600万英镑。埃及所欠外债的利息几乎达到每年500万英镑。这个数目比易斯马仪的前任赛义德统治时期每年的税收总额还要大。这样一来，埃及的偿付能力同欧洲的债券所有人休戚相关。英国财政部主计长斯蒂芬·凯夫1876年的报告中强调说，埃及不能再继续"一方面，以25%的利率支付短期债务的利息，同时，为了应付国家债务的增加，又以12%—15%的利率向人借款了，这样做，国库连一个皮阿斯特①的收入也得不到"。易斯马仪迫于借款的需要，已经不得不把国家最大的财产苏伊士运河作为赌注（到1875年，苏伊士运河股票第一次分红，利率是5%）。1874年，易斯马仪给予一位法国银行家以375

---

① 埃及的货币单位。——译者

万英镑的价格购买埃及政府所拥有的 40% 普通股股票的权利。众所周知，在 1875 年，迪斯累里又通过路特希尔德财团，以 400 多万英镑的价格买下了这 176602 股。

虽然迪斯累里在下院极为正确地指出，这项交易是一项政治上的交易而不是金融上的交易，但并非像他所说的"夫人，您得到它了"这句话所暗示的那样，是一个彻底的胜利：这些普通股并不带有表决权，因为在 1871 年，苏伊士运河公司已剥夺了易斯马仪的这一权利。在谈判中，公司的董事长德·莱赛普斯固然同意将失去的 10 票表决权归还给大不列颠，但他只给了它 24 个成员组成的董事会中的 3 个席位。不过，迪斯累里的这一着妙棋迫使英国政府对埃及的财政给予更大的注意。凯夫的调查使命（1876 年 1 月至 3 月）就是它所产生的直接结果。然而，法国仍然不仅在财政上而且在政治上都占有优势。意味深长的是，在 1878 年的柏林会议上，法国竟不允许把埃及问题——就这个问题来说，还有叙利亚问题、圣地问题和突尼斯问题——列入议事日程。

1878 年 4 月 8 日，易斯马仪被迫暂时停止支付他发行的国库债券本息。5 月 2 日，他颁布了一项法令，成立一个国际性的埃及国债管理处，其成员包括一名法国人、一名意大利人、一名奥地利人和一名英国人（伊夫林·巴林是由英国的债券持有者，而不是英国政府指派的）。这时，开始出现了一系列不光彩的财政纠纷，其中有许多纠纷提交到治外法权法庭审理，而治外法权法庭却有一个未经宣布的原则：只承认本国公民的要求。国债管理处把全部长期和短期债款确定为 9100 万英镑，转为长期借款，规定利率为 7.5%，欧洲的债券持有者对此表示反对。他们的代表若贝尔和戈申重新组织了确定债务的工作，并建议任命两名监督官，一管收入，一管支出。同时，又成立了一个国际委员会，管理铁路、电报和亚历山大港。这些方面的税收都预先指定了用途。对于这种安排，短期债券的持有者（主要是英国人）又提出反对，在这种上下夹攻的情况下，埃及的行政管理陷于停顿。

1878 年 3 月，英法两国政府第一次采取正式行动。它们任命了一个英法调查委员会。到 8 月，这个委员会已使自己变成埃及政府的责任内阁。易斯马仪现在成了他的债权人手中的俘虏。他当然也就故意不同自己的大臣们合作。这些大臣都是基督教徒——努巴尔帕夏、里弗斯·威尔逊和德·布利尼埃。他组织了两次反对他们的群众示威后，在1879年4月，设法排除了他们。他的这个行动太成功了。5月18日，俾斯麦出人意料地自命为欧洲债券持有者的代言人，各大国也对君士坦丁堡的苏丹施加了压力。1879年6月26日，苏丹给易斯马仪发去一份电报，称他为"前埃及总督"。从9月起，易斯马仪的继任者杜非克就被迫严格地从属于由巴林和德·布利尼埃所体现的英法"双重控制"了。虽然他们通过了一项债务"清偿法"（1880年7月17日），但债务利息仍占埃及税收的37%；甚至到了1913年，这个比例数仍然高达22%。他们所采取的另一个经济措施是在1880年以88万英镑的低廉价格，把埃及政府在运河公司中的优先股转卖给土地信贷银行，使这家公司有权获得收益的15%。其结果是，从那时起到1936年，埃及从运河得不到任何税收。

监督官还把埃及军队从45000名官兵减少到18000名，军队将领对此极为不满。然而，艾哈迈德·阿拉比并不仅仅是一个心怀不满的上校，不仅仅代表那些心怀不满的上校们：十多年来在埃及，知识分子中反对土耳其，反对外国势力的激进思想一直在不断增长。但是，不管阿拉比是一个什么样的人，埃及的外国统治者在控制埃及总督和这个国家的问题上，都不能容忍阿拉比的对立竞争。1881年9月，阿拉比迫使杜非克接受了民族主义者所提出的关于成立代议制政府和扩大军队的要求。他在这位总督身上所取得的这一胜利，终于导致英法两国提出了严厉的照会（1882年1月8日），照会的主要策划者是甘必大。照会强调了对杜非克的支持，并对任何反对他的行动发出威吓。照会所产生的主要后果是惹怒了苏丹，使各大国都警惕起来，而且更加引起埃及舆论的不满。从外国人的观点看，埃及的局势在进一步恶化。所以，当杜非克要求列强帮助他摆脱阿拉比及其阴谋时，一支英法联合舰队就在5月间出现在亚历山大港外。

英国依然希望能够由土耳其人出面来改变埃及的局势，因为埃及毕竟是他们的一个从属省份。但是土耳其只是向开罗派遣了两个特派员，一个同总督进行谈判，另一个同阿拉比进行谈判，这样做于事无补。在甘必大去职后，法国人已谈不上有什么一贯的政策；他们的英国同事也是一样，犹豫不决，不能决定究竟是采取联合行动，还是诉诸国际干预；最后，正如迪尔克所说，跌跌撞撞地栽进了埃及。实际上是在亚历山大发生的两次反对外国的暴乱之间，在君士坦丁堡召开的大使会议（6月23日），没有做出任何具体决定。后来，又发生了一些暴乱，终于招致了英国海军舰队的炮击（7月11日）；法国舰队遵照命令未参与此举。在拖延了一个月以后，英国动员了一个陆军军团，由加尼特·沃尔斯利爵士指挥，开往埃及。9月13日，在特勒凯比尔击败了阿拉比的军队。英国人成了埃及的主人。正如约翰·莫利所指出的那样，英国通过这次行动，终于使自己成为称雄地中海地区的强国。帕麦斯顿曾非常担心穿过埃及开凿运河这一想法可能带来危险，他的担心果然成为现实。

1883年1月3日，英国外交大臣格兰维尔通知列强说，英国对埃及的占领只是暂时的。但是，在推翻了埃及唯一的行政管理体系以后，心神不安的自由党人已经无法洗手不干了。他们中间有128人在投票表决沃尔斯利的远征军费时曾经弃权。这些人要求改革埃及行政管理并从埃及撤军，因为如果继续统治埃及，就一定会给已经负担过重的英帝国带来不应有的负担。但是，正如他们自己的总代理人巴林（后封为克罗默勋爵）所尖刻地指出的那样，他们的政策是"一项无法实施的政策"。谁要想在一个东方国家实行改革，他就不得不待在那里以保护这一改革。1883年，达弗林在报告中说，埃及在立宪方面，连一点进步的胚芽都没有。除非有欧洲的权威做后盾，否则，把欧洲的技能引进埃及也是毫无意义的。

巴林对格兰维尔指出，从埃及脱身和从阿富汗脱身是完全不同的事。毕竟除了阿富汗人自己以外，没有人对阿富汗的内政产生任何兴趣。这样一个半野蛮的民族完全可以听凭他们自己的半野蛮的统治者去摆布。固然，埃及人的精神和物质状况几乎和阿富汗人的一样野蛮。但是，就在这些基础上已经建立起"一个头重脚轻的、外来的上层建筑，如庞大的外债，西方式的法庭，完全的契约自由，事实上，是全套的欧洲文明，包括它的某些最坏的特点和少许最好的特点"。他进一步说，他认为欧洲不会袖手旁观，坐视这个上层建筑土崩瓦解。因此，从此以后，英国就以欧洲在埃及的利益的保护人自居。但是，英国担任这个角色，并不能指望得到人们的称赞，因为驻在开罗的欧洲各国的总领事都看出，只有他们的英国同事有一支军队做后盾——到1888年仍有4700人——他可以用这支军队支持他为了欧洲的利益而提出的任何建议。埃及的赤字是一个继续存在的欧洲问题，英国无法实行任何独立的政策。莱昂斯勋爵从巴黎注意到"在埃及问题上，几乎整个欧洲都自然而然地倾向于站在反对我们的一边"。这样，巴林就承担起一项任务，一方面要维持自己国家的权威，同时又要尽最大的可能使人一点也看不出他是在维持这种权威。1892年，年轻的新总督阿拔斯二世想要维护他自己的权力，坚持要更换他自己的内阁成员，巴林就马上使他明白，他身上带着的政治锁链有多长。巴林坚决表示，英国女王陛下政府"期望在更换部长这样重大的问题上要同它进行磋商"，罗斯伯里对此表示支持。巴林很厌烦发生这一事件，抱怨说它"使他不得不走出藏身之处"，而且这样做足以破坏整个体制。

对法国人来说，这种藏身之处从来就不难发现，这个体制从来就是篡夺权力。用弗雷西内的话来说，任何埃及总督都不能不是"英国式的君主"——巴林认为这个评语是一种讽刺，因为他很羡慕法国在突尼斯的地位，在那里，任何法律如果没有法国总督的签字都是无效的。法国本来乐观地期望：在特勒凯比尔战役以后，会重新建立"双重控制"的制度。由于这一希望落空，法国就"保留了他们在埃及的行动自由"；这句话表明，从此以后，法国要尽最大努力阻碍英国实行其在埃及的行政管理和英国总的对外政策。由于丧失了已存在40多年的"英法协约"，英国就越来越需要依赖另一个欧洲强国——德国的亲善友好，因为它同德国之间还不存在直接争吵的理由。这是一个俾斯麦得以充分利用的局势。

英国人找不到任何办法，可以走出他们在埃及钻进的死胡同。他们无法把埃及接管过来，并按照合理的殖民地方式或印度方式加以统治，因为那样做就等于发出全面瓜分奥斯曼帝国的信号，因此，绝不能冒这样的风险。那样一来，法国和俄国就什么事情都干得出来，而已经是两个土耳其属国的监护人的英国，如何能表示反对呢？在苏丹——这一地区可说是属于土耳其，也可以说是无主之地，但肯定不属于英国——出现的没有料到的复杂局面，使得平狄事件真正成为危险的事。当英国同俄国的这场争执正在发展的时候，英国不得不把派往苏丹去援救戈登的5000名军队召回国。这支军队刚刚到达喀土穆，只好又离开那里。这样，苏丹落入哈里发的手中，又混乱了10年之久。埃及问题的重心不在开罗，甚至也不在巴黎，而是在柏林。埃及是俾斯麦可以按照俄国在中亚的方式，对英国政策成功地施加压力的唯一地方。从安格拉皮奎那到新几内亚，到处都可以感觉到这一压力所产生的影响。同时，1884年为制订瓜分非洲的计划和方法而在柏林召开的会议，则完全由俾斯麦和朱尔·费里所控制。会议的决定自然就打乱了乐观的英国人在非洲大陆上划出来的一块块"势力范围"。

像格莱斯顿一样，索尔兹伯里也想退出这条死胡同。他把英国在埃及的处境比作是"一个人暂住在一家旅馆，可是又想从附近的商店赊购东西"时所遇到的困难。他对法国大使瓦丹通保证说，他只是在"寻找体面地撤退的方法"。这种方法他始终没有找到。按照当时的国际行为准则，一个殖民帝国在另一个殖民帝国的压力下要想"体面地"撤退是不可能的。只要是法国命令约翰牛离开埃及，它是不会离开的。而且，索尔兹伯里也同格莱斯顿一样，希望能够劝说土耳其人担负起他们自己对埃及和苏丹的责任。1885年8月，德拉蒙德·沃尔夫在前往波斯从事其冒险生涯以前，先来到了开罗。他得到的指示是接受撤离的原则，但是，不要确定具体的撤离日期，也不能使英国政府承担义务，答应在它决定做任何事情以前，须得到欧洲列强的同意。谈判最后转移到君士坦丁堡举行。在那里，德拉蒙德·沃尔夫于1887年5月22日提出一个条件专横而巧妙的协定，要求苏丹批准。

按照这个协定，英国人保证在3年以内撤离埃及。然而，协定中有一项条款，规定英国人有权"在一旦出现外来的危险时"，重新进入埃及；而是否出现这种危险，要由英国人自己来判断。索尔兹伯里已经向瓦丹通说明：这一条款是英国女王政府最坚持的一条；除非重新进入埃及的权利得到承认，否则英国人无意撤离埃及。另外，德拉蒙德·沃尔夫所提出的协定中的第五条规定：如果埃及总督行为不当，因而在埃及出现混乱，奥斯曼帝国和英国政府双方都有权派出军队维持秩序；而且，即使土耳其人不使用这一权利，英国政府依然可以这样做。好像还嫌不够似的，沃尔夫又规定，如果地中海国家中有一个国家不接受这一协定并不予批准，这种拒绝本身将被视为"出现外来的危险"。这就足以使英国不把一兵一卒撤离埃及海岸。

　　这一协定的条款使外交界为之大哗，并揭开了英法两国在殖民地问题上对抗最激烈的时期。法国和俄国大使对苏丹进行了无情的威逼恫吓，并告诉他如果他批准这份邪恶的文件，法国和俄国就认为，它们从而也得到了占领奥斯曼帝国所属诸如叙利亚和亚美尼亚等省的权利，并且，只有在缔结类似的协定以后，才撤离这些省份。把重新占领埃及的权利给予英国，实际上就是在英国和土耳其苏丹之间平分奥斯曼帝国的管理权。法国绝不能接受埃及永远地由一个强国控制的局面。俄国使节涅利多夫也同样地感情激动。他认为，由于这个协定，俄国就无法把埃及当作一件抵押品——像俄国把土耳其斯坦当作抵押品那样——来逼迫英国对俄国在巴尔干半岛的野心做出让步。这里当然也牵涉到一条原则，他的德国同僚拉多维茨愉快地评论说："很好，你们就维护你们的原则，英国就保卫埃及吧。"英国人是这么做了。沃尔夫的协定既没有得到苏丹的批准，也没有得到其他任何国家的批准。协定所产生的唯一的具体结果是土耳其派遣了一位高级专员前往开罗，使得巴林在那里遇到的国际问题也相应地增加。撤出埃及的事，也像对山鲁佐德的处决①一样，无限期地推迟了。

　　英国之所以占领埃及，是因为有一条苏伊士运河存在。虽然英国为债券持有者担心也是它采取这种态度的部分原因，但是，仅仅这种担心绝不会促使一个自由党政府采取这样的行动。苏伊士运河现在促使英国人继续留在埃及。运河公司依然是一个法国公司，根据土耳其——埃及的特许经营业务。但是，一切有关公司的物质财产的事宜，都是在英国政府的外交庇护下办理的。沃尔斯利在1882年的远征中，曾利用苏伊士运河作为军事基地，这早已引起欧洲列强的注意。不过，一直到1883年1月，格兰维尔才在一份安抚别国的通知照会中提到了这件事。在这份通知照会中，他提议列强应联合起来宣布：苏伊士运河应该保持不设防，对所有船只开放；不允许在运河区卸下任何军队或军火；不允许在运河中或其入口处，或在埃及水域中的任何地方进行敌对行动，即使土耳其是交战的一方，也应如此。但

---

① 山鲁佐德是《一千零一夜》（《天方夜谭》）中善于讲故事的王后。国王每夜娶一王后，翌晨杀害，但山鲁佐德每夜给国王讲一个故事，因此，处决她的日期无限期地推迟下去。——译者

第二十一章 在地中海、中东和埃及的角逐

是，后两项条件不适用于"为保卫埃及而必须采取的"任何措施。这一点要么是毫无意义，要么是居心叵测，列强把它看作是后者也就不足为奇了。法国带头召集了一个国际委员会来进一步研究这一问题，到 1885 年 6 月，委员会草拟出一份文件，把英法两国所提出的建议汇集在一起。但是，英国代表又附加了一个保留条件，其大意是，只要英国军队继续占领着埃及，就要推迟实行这个国际委员会所拟定的所有条款。1888 年，英国固然在这项公约上签了字，同时签字的还有法国和欧洲列强。但是，由于英国继续坚持它在 1885 年提出的保留条件，所以公约并未付诸实行。迪尔克在下院清楚地说明了英国所坚持的观点：即认为这是一个"愚蠢的、发了疯的公约"。根据这个公约，俄国舰队很可能通过这条运河去进攻印度。直到 1904 年举行谈判时，法国在埃及对英国的刺激最后消除，英国才放弃了这种态度。长期以来，英国一直在高喊它关心"海上自由"，但是，尽管苏伊士运河里流的都是海水，埃及的主人却不把它看成是一条国际航道。

这样，英国就在一个必须维护其势力的地区，成功地维护了它的势力。当 1876 年应适当对喀布尔的埃米尔增加压力时，索尔兹伯里给利顿的那个指标，其更广泛的意义现在得到了清楚的证明。索尔兹伯里当时写道："那些最终要依赖英国力量保护的地区，绝不能对有可能正式受权进入这些地区的女王陛下的官员和臣民关闭。"然而，英国政治思想中反对建立殖民帝国的传统这一次发挥了作用。这种传统始终是把推进政策拉向后转的一个强有力的因素。而且，由于英国人对坚持维护这种势力感到十分不安，于是，人们越来越认为，英国人是为了埃及人本身的缘故，才承担起留在埃及的"责任"的。帝国所关心的对象应该是"农民"，而不是那些债券持有者。虽然自由党人从此以后主要是强调"克罗默主义"的这一方面，但格莱斯顿本人却一贯不承认存在着任何这样的责任，因为这取消了一切从埃及撤出的诺言。正像他在 1893 年 5 月描述的那样，埃及政府依然是"一个负担，一个难题，一种风险"。不管怎样，把执行文明使命这个新的因素掺杂到英国对埃及的态度之中，只能是进一步疏远法国，并使那些专门以搜集英国人背信弃义行为的材料为业的人们更加振振有词。

中亚地区的复杂局势至少有一个优点：它仅仅是两个强国范围之内的事。但是在埃及，每个人都有发言权，而且，每个人都发言。克罗默正是因为有过轻信别人说法的痛苦经验，才特别注意在"英埃苏丹"（这是他根据1899年局势的需要而创造出来的）绝不能让外国人得到类似他们在埃及所享有的那种权利或特权。正是这种对英国在埃及所奉行的政策的共同厌恶，促使其他强国在非洲，在远东，事实上在世界上所有英帝国占有疆土的地方联合起来，对英国造成危害。从1892年到1893年，俄国的代理人正渗入克什米尔以北的帕米尔高原，法国人则从他们在印度支那湄公河上的基地进入暹罗。把这看作是向印度展开的一场巨大的"钳形攻势"，虽然不符事实，但其意图已足以使罗斯伯里政府感到惊恐。因而，英国政府在1895年就帕米尔问题同俄国和解速度之快，是其他任何中亚问题所未曾有过的。

　　在利凡得本身，也可以找到英国地位虚弱的其他例证。1894年12月，当亚美尼亚人的骚乱又迫使欧洲列强不得不加以注意的时候，罗斯伯里曾有意让俄国占领土耳其所属的这些亚美尼亚省份，以此来换取俄国承认英国在埃及的"特殊地位"，同时，或许还打算使法国在叙利亚得到一些补偿。英国已经放弃了它维持利凡得现状的原则到了这个程度。此外，在小亚细亚也出现了一种需要应付的新因素。自从1888年第一条铁路从维也纳通到君士坦丁堡以来，德国各铁路公司就一直忙于在安纳托利亚进一步修筑铁路，到1892年，已完成了从博斯普鲁斯到安卡拉的铁路线。在这个时代，铁路被视为不断扩张的帝国主义章鱼的触角。这种看法是有充足的理由的。H. N. 布雷斯福德在《钢铁与黄金的战争》（1914年）一书中，以讽刺的口吻指出，安纳托利亚的铁路是怎样一英里一英里蜿蜒于平坦的原野，而第一英里都为承建者带来更多的额外收入的。然而，在波斯铁路问题上极为敏感的英国人，却无法阻止这种外国势力的推进。这种推进势必会沿着铁轨把外国势力送到一个还没有任何其他帝国的旗帜飘扬过的地区——波斯湾。德国人已向他们清楚地表明了自己的有利地位：1892年12月，当英国驻土耳其大使主动示意要阻碍德国进一步发展铁路的时候，德国就扬言要撤销对英国在埃及的政策的支持。克罗默当时正忙于应付毫不妥协的阿拔斯二世，并急于获得同意在埃及增兵，他说服罗斯伯里千万不要在安纳托利亚再惹恼德国人。甚至在中亚这个传统的外交战场上，英国也不得不做出让步。1900年2月，俄国人废除了1873年的英俄协议，而这项协议包括一个俄国人保证阿富汗不在俄国势力范围之内的条款。事情竟然发展到这种地步，令人困惑不解，这就使得在"英—印"人士中引起的不安更加严重了。

不过，德国的侵入也给中东"俱乐部"的老成员国带来了一个共同的问题。1898年10月，德国皇帝第二次访问了利凡得，在大马士革宣布说，3亿穆斯林可以把他看作他们的朋友。对此，俄国、法国也和英帝国一样，都有理由感到气愤。一个由于受到德国人的热心支持而东山再起的奥斯曼帝国，将会对所有这三大国未来的安定构成长期的威胁。印度总督寇松劝说波斯湾的阿曼苏丹和科威特酋长——科威特最可能成为沿幼发拉底河谷而下修筑的任何铁路的终点——分别同印度政府签订条约。在条约中，他们保证未经英国政府批准，他们绝不割让任何土地，也不接受任何外国代理人。他们在1899年的头两个月签订了条约。但是，就在这年9月，阿曼苏丹正式批准给予一家德国公司以修筑经过他的帝国通往巴格达和巴士拉的铁路的特权。

这样，在中东历史上这个时期将结束的时候，对德国和英国来说，必须决定究竟是各自同德国和解，还是两国之间彼此和解呢，看来这样做对它们都是有利的。在这个时候，除非各强国同柏林保持对话，否则，在中东是什么问题也解决不了的。而事实是：圣彼得堡和伦敦都提不出什么交换条件，可以促使德国人觉得他们值得保持这一对话。虽然英国人令人痛心地迟迟不能认识到这个问题的分量，但是，最后还是采取了行动。为了应付远东现状所受到的威胁，英国同日本以相互承认对方在印度和朝鲜的"特殊地位"为条件，缔结了同盟条约。然后，英国人又成功地同法国恢复了英法协约（1904年），法国终于承认英国在埃及的"特殊地位"，英国则对法国在摩洛哥建立霸权表示赞同（极不明智的是，这样做时没有取得德国人的合作）。3年后，下一届英国政府在中亚问题上同法国的同盟国——俄国签订了协约（1907年）。

这就意味着：英国人实际上愿意为了保持他们在埃及的地位而放弃不参加任何欧洲集团的传统对外政策。作为一个必然的结果，他们终于在1914年参加了一场战争。这场战争最初的起因是奥地利和俄国之间的争执，而这种类型的争执，白厅过去是从不关心的。英国人站到了长期以来一直在中东同大英帝国争权夺利的对手们一边。而且在1914年，英国也没有任何理由认为俄国人和法国人不会再次扮演这种对手的角色。

但是，在这个新旧世纪交替之际，由于非洲和远东问题吸引了欧洲各大国的政府和舆论界的注意力，中东问题被忽略了。与此同时，克罗默则继续向英国议会提交有关埃及问题的年度报告。阿瑟·贝尔福坚持了他在1896年首次发表的意见：对印度和英帝国来说，印度军队在印度河上打一个败仗，同英国海军舰队在英吉利海峡的败仗相比，就只是一个微不足道的损失。南非的危险已经过去了，事实上，沙皇尼古拉二世也没有动员他在土耳其斯坦的军队。英帝国又重新振作起来，把皇家海军提高到了一个更受尊重的地位。但是，不论出现什么需要优先处理的其他事态，也不论欧洲在其他什么地方扩张其边界，三大洲之间的整个中东桥头堡的安全，对于每一个在欧洲以外拥有利益的强国都是一个极其重要的问题。因此，在20世纪，如同在19世纪一样，中东仍然是一个外来者拥有最大发言权的地区。帕麦斯顿曾经担心会有一个"活跃的阿拉伯君主"出现。这样的人物还没有登场，但是，即使有这样一位人物最后在舞台上出现，除了使局面更加复杂化以外，对于世界各大国所面临的基本问题，也不会产生任何影响。

（郭　华　译）

第二十二章
非洲的瓜分

从 19 世纪开始，欧洲人就一直在加强对世界上某些地区的控制。这些地区是在重商主义时代挑选出来的，其中有澳大拉西亚、印度、东南亚，以及最为重要的美洲。这些地区或是白人移民迁居的温带地区，或是已经处于白人统治下的热带国家。白人扩张的方式逐步起了变化：由于自由主义思想和工业的发展，重点已经从建立正式的帝国殖民地转向建立非正式的势力范围。但是，不管采取什么方式，早在 19 世纪末，即在地图上确定具体的分割之前很久，欧洲帝国主义的基石实际上已经奠定了。非洲是引起扩张战略家们兴趣的最后一块大陆；他们似乎认为，他们在这里是在分最后一杯羹了。

分割非洲对欧洲人来说是轻而易举的。他们当时正处在这样一个历史时刻：他们遥遥领先于其他大陆。经济的发展和技术革新给予他们保证和力量，使他们立于不败之地。他们的文化和政治组织又给了他们一种克敌制胜的威力，足以和他们的铁甲舰以及高速枪炮相媲美。欧洲有能力并吞非洲是不言自明的；但是欧洲的统治者有这样做的坚定愿望吗？

短短的 20 年就把非洲大陆分割成了外交几何学家们所发明的若干对称体。到 19 世纪末，只有摩洛哥和埃塞俄比亚还保持独立，而轮到它们被兼并的日子也不远了。可是，划分新国界的政治家们并没有这样做，因为他们要统治和开发那些已经弄到手的地盘。俾斯麦和费里，格莱斯顿和索尔兹伯里对于在非洲建立帝国都没有坚定的信念。他们事实上认为这种努力是一出滑稽戏而嗤之以鼻。在丛林和灌木丛中进行战争的赌博，可能会引起像比利时的利奥波德二世那样一个可怜的国王的兴趣，或者像克里斯比那样一个野心勃勃的政客的兴趣，但是就19世纪80年代的主要瓜分者们来说，在他们进行分割活动的背后，根本不存在建立任何宏伟大帝国的设想。他们不感到需要非洲的殖民地，在这一点上，他们反映了除少数极端分子外的欧洲企业界和政界所持的冷漠态度。在这里，历史学家们必须明白地懂得这一点。因此，不管社会科学家们事后有些什么认识，在分割活动的背后确实不存在任何雄心壮志。在帝国主义漫长的编年史上，非洲的分割是一件荒诞不经的咄咄怪事。在造成整整一个大陆发生剧烈变化的重大事件中，迄今很少有像分割非洲这样偶然促成的事件。

那么，政治家们当时为什么费心劳神地去瓜分非洲大陆呢？人们一贯认为，欧洲社会必定为这个时候在非洲建立帝国提供了较强大的推动力，并且为证明这一假设提出了各式各样的原因。可是，这些原因都毫无例外地存在着一种使人生厌的缺陷：很少能够从中看出有什么强大的新刺激。只是在非洲分割完毕以后很久，资本才到热带非洲来寻找出路，工业才到这里来寻找市场。直到19世纪末，欧洲的经济在其发展过程中仍然绕开了这些前景暗淡的地区，而更注意已证明为有利可图的美洲和亚洲地域。用欧洲人的思想情绪的某种变化来解释分割非洲的运动也是不真实的。在非洲建立帝国的自豪和荣耀，并不合乎公众的口味；直到19世纪90年代分割差不多完成之前，情况一直是如此。只是在非洲被完全分割和划分了势力范围以后，欧洲舆论界才接受帝国的神话。如果把白人变革非洲社会称之为一场运动，就像他们曾经变革印度或爪哇的社会一样，那么，帝国主义并不是实行分割的原因，而只是次要的影响之一。

这并不是说，就不能对此做出合理的解释。这里只是要指出：被许多因素偶然促成的分割运动，并不存在着一个单一的总动因。所有的因素都必须包括进去，因为正是这些因素的相互联系，才造成了分割非洲的后果。而且，除非摆脱迄今一直模糊了我们看法的那种观点，才能把这些因素一一揭示出来。把眼光死盯在欧洲身上找寻原因的帝国主义理论家们，一直是在错误的地点去寻求答案。推动一切因素起作用的决定性变化，发生于非洲内部。把非洲拖进现代历史的，是非洲北部一个旧政权的衰亡和非洲南部一个新政权的崛起。

从非洲大陆对立两端爆发的这些内部危机中，展开了两个互不相关的分割进程。南部非洲的这种进程起始于德兰士瓦金矿的发现，以及从贝专纳到尼亚萨湖殖民地当局与共和国之间竞相扩张的斗争。它终于把南部非洲推进了"詹姆森袭击事件"和布尔战争。第二个危机是"赫迪夫"统治在1879—1882年埃及革命中的崩溃[①]。英国人对这种新的早期民族主义运动处置不当,莽撞地闯到尼罗河畔,结果陷在那里不能自拔。这是一件至关重要的事,它导致英法两国之间在一场波及整个热带非洲的争执中相互仇恨,这场争执直到1898年才在法绍达得到解决。

由此可见,欧洲是通过两场内部危机卷入热带非洲的。先是同埃及早期民族主义者,继而又同遍及苏丹全境的伊斯兰教复兴运动所形成的种种错综复杂的局面,把欧洲列强拖进了一场在东非和西非的大扩张。在南面几千英里的地方,英国人想把阿非利卡民族主义者[②]并进一个陈腐的帝国结构之内的努力,触发了在非洲南部进行的第二次扩张浪潮。因此,19世纪的最后25年,时常被称为"帝国主义时代"。然而,这种帝国主义的推进,大部分都不过是欧洲对于非洲已经兴起的各种各样伊斯兰早期民族主义运动做出的不由自主的反应而已,而这些运动的矛头所向,则是白人逐步扩展的奴役制度。

穆斯林的叛乱迫使费里仓促地占领了突尼斯,从而揭开了分割的序幕;开罗的穆斯林革命使格莱斯顿羁身于埃及,难以摆脱,从而开始了分割本身的进程。北非这部分地区的各族民众有着许多不满的原因。到1880年,来自海外的领事、高利贷者、工程师和慈善家们,使这两个国家陷入了一片混乱。由于埃及控制着通往英属印度的一条通道,又由于突尼斯在法国的地中海政策中居于举足轻重的地位,"赫迪夫"和"贝伊"[③]在长达3/4的世纪里都一直是英法扩张过程中所玩弄的棋子。虽然这两个强国对这些地区的命运不能够漠不关心,但谁也不愿意把这些地区变成殖民地。英国人一心要使奥斯曼帝国保持完整,宁愿从君士坦丁堡监护苏伊士运河。法国人享受着非正式霸占突尼斯和开罗的果实,无意于建立第二个阿尔及利亚。但是,欧洲的投资和贸易额从19世纪30年代以来却与日俱增,而正是欧洲

[①] 隶属于奥斯曼帝国的埃及的总督称为"赫迪夫"。——译者
[②] 阿非利卡人(Afrikeners),从前译作"南非荷兰人"或"南非白人"。"阿非利卡民族主义者"指南非荷兰裔人中主张荷裔保持自身特点建立独立的共和国的那一部分人。——译者
[③] 隶属于奥斯曼帝国的突尼斯的总督称为"贝伊"。——译者

人的投资造成了70年代的冲突；在70年代这个伊斯兰教徒无力偿还债务的黄金时代，连在君士坦丁堡的伊斯兰世界的领袖都被逼得破了产。在开罗和突尼斯，欧洲人在财政上提出的意见竟成了某种金科玉律。债务稽核员负责管理被当地统治者们非常轻率地抵押出去的国家税收；偿付国债利息成了这两国政府的头一份支出；在本国人民的眼里，这两位君主已经沦落成给异教徒征收税款的收债员。这样一来，他们就不可避免地从财政上的破产走向政治上的灾难。他们的军队由于是这些国家中受束缚最少和西方化程度最高的集团，威胁着要发动武装政变；边界地区的部落也在谈论发动叛乱。他们从地主和农民那里搜括的钱越多，反对他们巧取豪夺的叛乱也就越接近。到1881年，埃及和突尼斯已经在滑向大崩溃。在19世纪，几乎所有试图实行欧洲式发展计划的非欧洲国家组织，没有一个能逃脱这种一败涂地的命运。对于实行这种计划来说，伊斯兰教既不能提供合适的法律或制度，也不能提供所需要的社会精神气质；统治者们发现，要实现现代化，他们就必然要失去自己的统治权力或独立地位。

尽管面临着与当地政府破裂的局面，法国人还是非常不愿意占领突尼斯。但是，1877年以后，在意大利人的鼓励下，挪用公款的能手穆斯塔发·本·易斯马仪接替了法国人的走卒赫雷丁的首相职位，并且着手铲除使巴黎可以任意操纵突尼斯经济和政治前途的那些特许权。于是这里出现了一个新局面。在这个局面下，要实现这些特权，光靠炮舰和兜售合同的掮客是不够的了。

在阿尔及利亚，有许多人要求进行讨伐性的远征，但是在法国提出这种要求的人却寥寥无几。有一些海军和陆军将领希望把突尼斯并入他们统治着的阿尔及利亚；有一些投机家摩拳擦掌地等待着股票市场上的大变化，因为要是他们的政府最后为一个战败的"贝伊"的债务做了担保，股票市场上的这种大变化就会到来。但是，法国大多数政治家都认为用兵有得不偿失的风险。"在一个大选的年头派出一支远征军吗？"总理费里对他的外交部部长喊道："我亲爱的圣伊雷尔，这是办不到的。"但是国民议会议长甘必大主张干涉，这是具有决定性的意义的。政府由于有甘必大撑腰，终于把它的军队派了出去。1881年4月22日，开始了对突尼斯的军事讨伐。

法国抱有多大的企求呢？对于所谓的"帝国主义时代"来说，

法国的目的显然渺小得可怜。甘必大对远征的目的做了明确的解说，他写道："我们要让'贝伊'付出一大笔赔款……割让出一大块领土作为对付未来的预防措施，签订一项具有切实保证的条约，然后……在显示了实力，足以永远保证我们在那里据有统治地位，从而与我们在地中海的权力、利益和投资相一致以后，我们就撤军。"费里的想法也是一样，他的目的只是要重新确立对外影响，而不是要获得一块新殖民地，这些有限的目标充分反映在迫使"贝伊"于1881年5月12日签订的巴尔多条约中。条约只宣布突尼斯为法国的被保护国。这本身意味着法国对它的海外关系只实行遥控；可是，就连这样温和的规定在国民议会履行批准手续时，还有120票弃权。法国占领突尼斯并不是出自巴黎主动进取的决策，而不过是对突尼斯内部日益加深的危机做出的反应。巴尔多条约仅仅是同一个已经丧失民众信任的穆斯林统治者做出的安排，他对法国的投降并不能约束他的臣民。

在突尼斯王国境内，正如在阿尔及利亚一样，"萨努西"教派的教士们煽起反对基督教入侵者的愤恨；继奥兰叛乱以后，在南部圣城凯鲁万周围又发生了另一次叛乱。叛乱者宣布发动圣战，拥戴了一个哈里发。远离突尼斯城的部落大批赶来参加这个运动。这种局面实质上和曾经导致19世纪40年代阿尔及利亚爆发了阿卜杜勒·卡德尔领导的野蛮的战争，和即将导致埃属苏丹产生马赫迪的穆斯林神权政治的那类局面一样——这是反对外国人和异教徒实行最高统治的一种宗教狂热，它的爆发犹如闪电般迅猛。

粉碎叛乱，对将军们来说，是不费力的，但是却给政治家们提出了不少棘手的问题。有一件事现在是清楚的。实行非正式控制的那种旧制度的基础已经永远消失，被来自下层的政治和宗教叛乱扫荡干净。到了1881年夏天，法国在突尼斯必须做出像阿卜杜勒·卡德尔在阿尔及利亚曾经向它提出的同样艰难的选择。它要么前进，要么就退出。条约规定的保护国必须予以实现，否则它就必须彻底取消。设法加以实现将会招致国民议会更多的指责。10月份，叛变被粉碎。但是，国民议会对在非洲进行冒险普遍感到憎恶，这意味着国民议会就此通过的决议将是闪烁其词和模棱两可的。甘必大设法让新国民议会通过决议，规定要"彻底实施"巴尔多条约。在这项巧妙地写得含糊其词的方案背后，实际情况完全是另一回事。进犯突尼斯的侵略者现在不得不征服和统治一个他们已无法再从外部控制的民族了。

如此不正常的一种占领，绝不标志着一种新帝国主义的开始。这不是由法国社会内部要扩大其非洲帝国的深刻动因造成的。从议会竞选方面来考虑，它是冒风险的。它使得占领突尼斯的鼓吹者变得声名狼藉。它并没有激起高卢民族喜爱立功扬名的那种热情，虽然历史学家们每逢法国对外扩张引起的种种问题变得过于费解的时候，总是举出这种功名心来做解释。把突尼斯变成被保护国，不过是往昔打入阿尔及利亚的行动的继续，是过去以间接方式向突尼斯境内扩张的一个结局。

两年后开始的对非洲热带地区的瓜分，并不是突尼斯不幸事件造成的后果，也不是出自利奥波德的策划、俾斯麦的阴谋诡计，或是该地区的白人商人和探险家们的争吵。推动瓜分运动的是苏伊士运河危机以及这场危机产生的反响。

到1882年，一场公认的近代民族主义革命正席卷着整个尼罗河三角洲；人们今天对于这场革命的领导人，要比对于把他们镇压下去的总督们熟悉得多。埃及人是对以往6年中英法两国日益加强的干涉做出的反应。英法两国融洽无间地对埃及进行的双重的最高监督以及它们各自在印度和地中海的安全，在很大程度上依赖着这个摇摇欲坠的政权，因此，由于迫切地希望重新树立这个政权，它们曾经使用了高压手段。在它们的指示下，"赫迪夫"政权已经用君主立宪的漂亮外衣装扮起来，军队已经被裁减，地主们被迫纳税，"赫迪夫"易斯马仪被赶走，换上了特伍菲克，2/3的国家岁入都被扣押下来，付给证券持有者。无怪乎出现了这样的局面：贵族显要们不断利用宪法来摆脱外国人加在他们身上的束缚；被欺诈的农民处在叛乱的边缘；穆斯林聚居的峡谷地区纷纷起来反对基督教徒；军队发生哗变，要求召回被开除的弟兄们；帕夏们也在驱逐外国人出境的爱国主义的幌子下，保卫自己的经济利益。到1882年1月，一切力量都团结了起来，共同反对英法两国的财政监督专员以及唯命是从的"赫迪夫"政权。法国领事报告说，特伍菲克已经威信扫地；英国领事则报告，阿拉比及其部属几乎已经接管了全国。

埃及发生的情况比突尼斯"贝伊"倒台造成的后果严重得多。

第二十二章　非洲的瓜分

这里也是"一场注定要转变为狂热的反欧洲运动"①，但这一次却有一支职业军队带头。当时的首相格莱斯顿"十分惊恐地预见到，'监督'政策和任何真正的民族感情都必然会发生冲突，而且深信我们总会以这样或那样的方式遭到失败"。"让埃及人主宰埃及是解决埃及问题的最上策和唯一的妥善方法"。情况确实是这样。但是，由于"（英法两国之间）在这个问题上的团结是两国全面亲善关系的主要象征"，因此，双方在这场危机中都优先考虑步调一致的问题。两国对共同处理危机可能都有所不满，但它们又都不愿意单干。单是在突尼斯所进行的冒险事业不得人心这一点，就足以使弗雷西内内阁不敢在北非再次出兵。格莱斯顿的自由党人刚刚在德兰士瓦和阿富汗结束战争，并从突尼斯和摩洛哥脱身，因此，对于在国外再次进行干涉，也心存顾虑。显而易见，理想的解决办法，同时也是格莱斯顿所说的唯一办法，就是和阿拉比达成协议。这一点他们试着做了。巴黎向阿拉比提出，可以让他带薪度假，去考察欧洲军队；伦敦则尝试让他同赫迪夫政府和解。可是埃及人的感情当时是如此强烈，以致使阿拉比不能接受那似乎不可缺少的一项条件：遵守"财政监督"制度。而只要他拒绝接受这项条件，英国人就始终担心某个外国会割断苏伊士运河的咽喉；法国人就始终害怕土耳其的干涉，这种干涉会使伊斯兰的援军更加接近于他们在突尼斯和阿尔及利亚不听话的臣民。1882年1月6日，两国的联合照会宣布了由甘必大提出的、格莱斯顿勉强表示同意的结论："赫迪夫"政府必须给予支持，财政"监督"制度必须予以维护。照会中没有公开宣布而实际上同样强调的一点是，两国政府都坚信，为达到上述目的而在埃及登陆一支军队必定会适得其反。弗雷西内不能采取行动，因为国民议会反对这样做，所以发动一场入侵，将会把埃及拱手送给英国。格莱斯顿的内阁也进退两难。单独进行干涉将意味着和法国破裂，联合起来干涉，又将使法国对通往东方的海路获得一半权利。外交部的格兰维尔列出了来自各方的反对："埃及人和土耳其人反对；欧洲人忌妒；要承担起在力量不足和环境恶劣的情况下统治一个东方国家的责任；还要估计到法国人会强

---

① 法国驻开罗领事1882年2月21日呈交弗雷西内的报告，《法国外交部档案集》（以下简称 A.E.），埃及卷宗第72号。

烈反对我们的单独占领，正如我们将会同样强烈地反对他们的单独占领一样。"反对进入埃及的官方理由是极其有力的，正如迪斯累里所说，"通向印度的钥匙（仍然是）君士坦丁堡，而不是开罗和苏伊士运河"。在整个19世纪，英法两国在地中海进行的争夺没有几次像这样平静。此外，在维多利亚时代的晚期，人们乐观地认为有可能把"东方人"改变成英国绅士，这也是反对征服新的印度式殖民地的另一个有力理由。因此，所有的计划都是争取留在外部，并从外部解决问题。

但是，在促使帕夏们和清朝官僚们屈从于欧洲人的奇思怪想方面，"道德影响"的手法虽然曾屡奏奇效。可是它们用到阿拉伯主义者、马赫迪分子和义和团身上，不仅没有起到作用，反而造成了更坏的后果，在这些人身上表现出来的群众反抗情绪是伊斯兰教和东方的政治觉醒的信号。炮舰外交和欧洲协作的压力，不仅没有使阿拉比的军官们清醒和挽救"监督"制度，反而增强了"埃及人"阿拉比作为超凡入圣的神奇领袖的号召力。英法两国海军6月的示威行动，激起了欧洲人在亚历山大遭到屠杀的事件。这一事件使阿拉比在英国自由党人当中的名声败坏。结果，虽然法国的舰队撤退了，比彻姆·西摩尔却获准炮轰亚历山大的要塞，以表示至少英国是认真的。但事实表明，使用这种老式的恫吓手段铸下了大错，成了事态无可挽回的转折点。阿拉比宣布对英国人进行"圣战"，骚乱一直蔓延到内地。按照战略上的绝对准则来考虑，如果苏伊士运河受到威胁，就必须不惜一切代价来保卫它。按照英国—印度的正统观念来看，"圣战"是对帝国在整个伊斯兰东方的威信发出了挑战。因此，对格莱斯顿的大臣们来说，"问题（已经）不再是采取哪种干涉方式……最不会引起反感，而是以哪种方式来进行干涉能够最迅速地行动起来"。和法国人合伙或者进行国际合作的机会已经不复存在。但是，在运用惯常的那套恫吓的办法来迫使埃及人就范的时候，英国人押下了很大的赌注，以致他们这时必须采取一切手段来取得上风。8月16日，加尼特·沃尔斯利爵士率领英国军队在苏伊士运河地区登陆，从而发动了另一场小规模的殖民战争。他们在特勒凯比尔击溃埃及军队，囚禁了阿拉比，重新扶植起特伍菲克。格莱斯顿的政府信誓旦旦地保证，一旦运河获得安全和特伍菲克立定足跟，它就会把军队撤回国会，让埃及人

"管理他们自己的事务"。

毫无疑问，这确实是自由党人想做的事。就像法国人在突尼斯一样，他们只希望通过施加影响来恢复旧的保障，并不想扩大他们的统治。派出远征军只是一种帕麦斯顿当政时期的手法，这种手法曾经在1839—1841年使土耳其人听从道理，曾经在两次鸦片战争中教训过中国人，1869年教训过埃塞俄比亚人，1874年教训过阿散蒂。但是，经过许多月以后，他们终于认识到，他们一旦陷了进去，就不可能再从中脱身；他们已经实现了他们本来力图避免的占领。到1844年，他们已经不得不私自承认，"我们原来据以（实行进驻）的理论……不管怎样言之成理，现在已经完全崩溃了"。事实证明，这种干涉的模式已经像建筑水晶宫那样陈旧过时了。从开始到结尾，英国人都打错了算盘。他们曾力图去恢复"阿拉比以前的状态"，结果发现这种状态已经不复存在。他们跑来恢复"赫迪夫"政权，结果发现他离开英国刺刀的支持便毫无价值。因此，他们陷进去，便再也拔不出来了。

首先使他们认清现实情况的是非洲的另一次危机。穆罕默德·阿里曾经征服了东苏丹，把它并入了埃及；"赫迪夫"易斯马仪就对这个地区的民众课征重税，他同时还宣布禁止贩卖奴隶的贸易，从而剥夺了当地人应酬收税官或逃避其棍棒的主要手段。他又雇用白人当地方长官，把基督教道德强加给他的穆斯林臣民。苏丹人对开罗的帝国主义行径深恶痛绝，一旦埃及人被革命和外国入侵解除了武装，他们便趁机进行反击。正如时常在伊斯兰非洲发生的那样，解放运动采取了反对外国统治阶级任意破坏教义的清教徒革命的形式。1881年"马赫迪"穆罕默德·艾哈迈德开始传教，奉行信仰复兴主义的伊斯兰教游方教士团把政治上有不满情绪的酋长和被废黜的苏丹们、奴隶贩子和部落民族组织起来，建立起一支军队和一个国家。最初，远在埃及的英国人由于隔着一道沙漠地带，对"马赫迪国"的意义还不了解，直到1883年11月消息传来，才知道马赫迪的信徒们已经把驻苏丹的埃及军队打得溃不成军。特伍菲克手中既没有军队，又没有金钱，根本守不住喀土穆。瓦迪哈勒法城已经毫无抵抗能力地暴露在马赫迪军队的面前。正当英国人把一种更加充分的独立地位交还特伍菲克，并且正从开罗撤军的时候，马赫迪的推进迫使他们不得不停下来保卫下埃及的边境。最后，伦敦终于明白真相。灾难临头了。正如大臣们所抱怨的，"我们现在已经被迫陷入了充当埃及保护人的处境"。同马赫迪打交道，正像和阿拉比打交道一样，根本没有机会达成一种维多利亚时代中期的老式协议。格莱斯顿不顾埃及人的激烈反对，命令特伍菲克放弃苏丹，以免继续耗费埃及的国库开支，同时派遣戈登去完成那种不可能实现的任务，结果是让他去喀土穆送死。为了迫使埃及放弃苏丹，巴林实际上又不得不控制"赫迪夫"政府，而他对"赫迪夫"政府抓得愈紧，英国人陷入财政困难的程度就愈深。到这时，埃及的惨败招致公众不满的程度，已经类似突尼斯事件在法国引起的反响。情况愈来愈清楚：格莱斯顿内阁已经愚弄了自己。他们曾希望建立一个独立的埃及政府；但是，由于"马赫迪国"的出现、苏丹的陷落、经济的破产以及财政监督官在早期民族主义者当中的不得人心，一句话，由于这些因素的妨碍，英国人找不到埃及合作者，可以安全地把权力移交给他们。同时，只要被激怒的法国人拒绝承认英国人在开罗的独占统治权（英国人认为这是他们应得的酬劳），他们就不能撤军。因为如果他们撤军，法国人就会推翻他们的势力，埃及民族主义者或者苏丹入侵者就会破坏已达成的财政协议，于是，苏伊士运河危机的一切危险就都会重现。

结果，"马赫迪国"把英国人羁绊在埃及，使之不得脱身，在很大程度上就和南部的起义把法国人困在突尼斯一样。只要一个欧洲强国骑到了沿海城市奥斯曼帝国统治者的头上，内陆草原和沙漠地区的游牧部落就会立即抓住机会摆脱帕夏们的桎梏。因此，欧洲人发现他们打算控制或恢复的政权结构，一个个地就在他们的眼前崩溃，他们只能留下来收拾烂摊子。格莱斯顿厌倦地总结了这场事件的后果，好像这些地区在政治上并不存在一个革命中的埃及和一个宗教复兴中的苏丹一样。他说："我们已经了结埃及这桩事；我们就是一个埃及政府。"

英国驻军留守的时间愈长，主张留下来不走的理由就变得愈加有力。到1889年"隐蔽的保护国"已经成为帝国在全世界保持安全的必需品。正如索尔兹伯里所说，"胃口已经愈吃愈大了"。伊夫林·巴林爵士和那些以"赫迪夫"的名义进行统治的英国—印度官吏们，把他们由于职业而养成的对民族主义者的不信任，从加尔各答带到了尼罗河。关于可以信任埃及人实行自治这一点，已经变得难以想象。阿拉伯主义的情绪仍然潜在。在接管这个国家的过程中，英国人使自己的政治策略停留在两可之间。埃及老朽的土耳其统治者已经倒台，但是它新兴的自由主义派领袖也被镇压了下去。所以，巴林不得不代行统治权，以待本地的政权复活，但是，只要巴林在进行统治，本地的政权就很难复活。如果说撤军从内政原因考虑是不可能的话，那么，从外部情况着想，也很快变得不切合实际了。结果，对埃及的占领终于把法国推到了俄国的怀抱；而这种存在于地中海的双重威胁，加上土耳其帝国的进一步崩溃，提高了埃及对于英国的重要性。因此，1889年以后，英国决定留下来压制正在沸腾的革命，而不是撤走军队，让另一个列强来扼住通往印度的要道。从此以后，英国政治家们便沉湎于有关尼罗河流域战略的种种牵强附会的幻想中。为了确保苏伊士运河和下埃及，他们将他们的领土要求溯尼罗河而上，一直推到法绍达，从印度洋扩大到乌干达和苏丹的加扎勒河。

纵观全局，占领埃及看来可能是始于18世纪末的欧洲两大扩张运动的必然结果。其一是英国人在东方长期进行的贸易和权力的扩张；其二是英法两国的势力在埃及和地中海东部诸国的扩张，这种扩张彻底瓦解了奥斯曼帝国在这些地区的统治，从而使通往东方的道路不再能保持安全。可以肯定，这种长期以来形成的趋势必定为事态的发展规定了一个范围。但是，具体决定占领埃及的因素，主要并不是欧洲扩张的长期进程，而是阿拉伯主义者和马赫迪分子为了反对外国人不断加强控制而进行的革命。当这些革命挫败了英法两国一贯奉行的非正式控制的政策之后，要想寻找任何其他的解决办法都已为时过晚，唯一可行的，只能是征服和直接统治。

西摩尔在亚历山大和沃尔斯利在特勒凯比尔发射的炮弹，在全世界都引起了回响。事态终于表明，这些掠过水面飞来的炮弹已经把非洲轰进了一个新的历史时期——近代史阶段。对阿拉比的讨伐触发了英法两国在埃及问题上的长期冲突，这一冲突对于促使非洲被分割成东西两部分起了最重要的作用。截至19世纪90年代，分割还仅仅停留在纸面上。欧洲各国首都的政治家们至少是主观上希望事情就到此为止。在此以前，他们一直不理会本国的商人、传教士和探险家们要求向热带非洲推进的喧嚣。他们这样做是有充分理由的。交通极不方便；内地的各个部落纷争不断，似乎陷进了一片混乱；人们很怀疑能否说服非洲人去工作，或者说非洲人是否有能力制作任何值得生产的东西；贸易和税收的前景看来确实是暗淡的。如果说一些国家的政府有时候费点儿心力去帮助私人贸易，或者派出快舰沿海岸巡逻，以便为曾经进行过奴隶贸易一事赎罪，这类行动也并不被看作义不容辞的责任。由于大的或者稳定的政权机构零零星星地少得可怜，就连最简单的非正式扩张的方法在热带非洲也收效甚微，因此，显然更谈不上建立殖民地了。所以，在1882年以前的几十年中，欧洲列强之间一直有一个君子协定，保证不以彼此的商人和官吏在沿海地区发生的小争吵作为建立帝国的借口。

但是，当格莱斯顿鲁莽地闯进埃及以后，那个时代便结束了。对法国人来说，埃及成为披着伪装的保护国是他们在色当惨败以来所遭受的最大的耻辱。他们的运河以及他们从拿破仑登陆该地以来一直培育着的那个国家，竟然就在他们眼前被抢走了。这就破坏了自由党人建立起的亲善关系，使英法两国发生争执达20年之久。而且，一旦进入埃及，英国就非常容易受到大陆外交的损害。为了整顿埃及的财政，英国需要德国的支持，以对付法国在债务监督委员会中的反对立场，否则，它的大臣们就不得不请求难说话的议会拨款津贴"赫迪夫"。由于这样改变了欧洲的结盟关系，占领埃及事件在19世纪的最后十几年里，就为欧洲列强同时提供了动力和机会，使它们得以打破不在热带非洲扩张的传统协议。当巴林在开罗担当幕后操纵者之际，法国人竭力想把他排挤出去，其方法是让法国的总督们任意侵犯英国在它没有加以控制的非洲地区内的未曾保护的利益，而德国人则趁机在他们的欧洲事务中，大肆要挟英国人给予更多的帮助。一旦列强为了外交目的而支持本国的私人企业，撒哈拉以南地区的商业活动就不再是一个在沿海地区有限地建立势力范围的问题；它变成了一项对广大内陆地区无限制地要求取得控制权的事业。于是，阿拉比的革命和格莱斯顿的重大失算就以这种迂回曲折的方式，使得热带非洲本来很小的争端变得特别重要了，从而把外交官们引起了分割非洲的拍卖行。

在1882年10月以前的西部沿海地区，很少有迹象表明争执双方之间的妥协会如此突然地结束。当时，在商品生产者和作为中间人的酋长们之间沿着不平静的供应线不断地展开的战争，正在扼杀贝宁湾的英法两国贸易站。在过去的20年中，殖民部一直在考虑放弃冈比亚、黄金海岸、拉各斯和塞拉利昂。法国政府已经放弃象牙海岸；到1880年，它又在考虑离开达荷美和加蓬，"因为它在那里的利益微不足道"①。由于内陆地区的动乱，由棕榈油商人草草凑成的非正式的和平协议正在失效；但是，伦敦和巴黎都不愿以代价高昂的殖民地统治秩序来代替它。

作为中间人的酋长封锁着通往内陆的一切道路，欧洲人冲破这种封锁的唯一区域就是沿着三条大河的地带。在塞内加尔河上，到1865年，费德尔布将军已经沿河而上，把法国的势力扩大到卡耶。16年后，驻守当地的法国军人曾打算继续推进，把苏丹西部若干凶猛的穆斯林土邦征服，并修筑一条从塞内加尔到阿尔及利亚的横贯撒哈拉的铁路。这项计划后来被束之高阁。可是，在1881年却成立了一个上塞内加尔司令部，波尔涅斯－戴波德尔上校得到指示，要他在上尼日尔沿着巴福拉贝到巴马科一线建立哨所。但是，当士兵们刚刚遇到麻烦，巴黎的政治家们便立即削减经费，并谈起取消这个司令部的问题。伦敦和巴黎的国务活动家们不愿为这种在塞内加尔的扩张发生争吵，这种争吵并不威胁远在3000公里以外的下尼日尔的英国主要贸易中心。

同时，这里也没有形成一场西非"大争夺"，在这里，利物浦的商人们没有殖民地政府的支援，生意也很兴隆。到1881年，乔治·戈尔迪已经把最富于创业精神的尼日尔商号并入国家非洲公司，以便更有效地垄断尼日尔河上游的贸易，从而把法国竞争者排挤出去。这是一种英法之间的竞争，但是只限于在私人商家之间，以普通的商业方式相互残酷地争夺。只要英法两国之间还保持缓和，两国的政府是不愿意卷入的，正如戈尔迪为自己的公司申请皇家特许状被拒绝时所发现的那样。英法政府对于沿着刚果河无人地带彼此角逐的商人和探险家们也不感兴趣。迪斯累里的内阁大臣们就曾拒绝批准和若干喀麦隆土邦订立的条约，虽然这些条约为他们提供了一个在内陆盆地展开

---

① 海军部长致外交部部长文件，1874年1月6日，A. E.，文件与备忘录（以下简称 A. E. M. D.），非洲问题，第58号。外交部部长致海军部长文件，1880年1月31日，A. E. M. D.，非洲问题，第77号。

政治活动的机会。比利时的利奥波德二世则比较鲁莽。打着他于1876年创办的国际非洲协会的幌子，这位顽固的投机公司发起人多方策划，打算以自由国家的漂亮名义建立一个私人的刚果帝国。1879年，斯坦利去那里着手创办这项事业。为了给本国设在加蓬的贫穷的前哨阵地保持一个后方，法国政府指示布拉柴与当地统治者们签订若干对付比利时人的条约，规定这些条约要"保持住我们的权利而又不承担将来的义务"。所以，这一切都不过是已经进行了几十年的地方性争夺的小小交锋。布拉柴的活动是一次仅仅有助于保持本国政府眼前利益的私人冒险。利奥波德的刚果计划很少有机会实现，正如他过去打算在中国、菲律宾、婆罗洲和德兰士瓦取得租让地的计划一样。比利时政府是不会参与其事的。同时，正如这位国王所承认的，在列强承认他在刚果的权利以前，也不会有人投资半文钱。但是，如果指望投资者们到时会变得非常慷慨，愿意赠给他的王室一项凭他自己的微薄力量无法夺取的巨大的产业，这种机会究竟有多大呢？只要英法两国能够保持协调关系，他想成为一位非洲皇帝的希望就极难实现。

可是，英国人于1882年10月刚把法国人从双重监督机构中排挤出去，上述发生在西非的那些次要的阴谋活动就被牵扯到他们关于埃及问题的争吵中去。在巴黎，关于放弃前哨阵地的议论，减少了，而关于进行扩张以加强外交上对付英国人的能力的推想却增加了。特莱克·拉普莱纳被允许扩大法国在象牙海岸的势力。更加重要的是，法国派驻下尼日尔的领事开始了一场匆忙和当地统治者缔结条约的活动，从而威胁到英国在海岸地区的贸易。1883年年初，格兰维尔试图重新做出旧时的那种双方都保持克制态度的安排。他提出，只要法国人尊重尼日尔河下游的现状，英国愿意承认上尼日尔为法国独占的势力范围。然而，达成这种愉快谅解的日子已经过去。正如英国大使所报告的，破坏有关埃及问题的君子协定已经使法国人愤怒已极，以致这时再也谈不上维持西非的平静局面了。因此，外交部到11月份已经无计可施，只能派出领事休伊特到尼日尔地区去签订各种保护条约，"以便使我国在该地区的商业活动不受干扰"。休伊特的航程被耽误了6个月，因为人们竟然不能说服财政部或者利物浦的商人承担他的旅费！

与此同时，英法关系的恶化也破坏了两国在刚果问题上奉行不干涉政策的协议。巴黎对格兰维尔谋求维持旧协议的努力嗤之以鼻。与此相反，1882年11月，法国国民议会批准了布拉柴宣布法国在尼日尔河右岸有独占权益的条约。一个月以后，格兰维尔进行反击，他宣布承认葡萄牙对刚果的古老权利，条件是保证该地区的自由贸易。在法国人看来，这项条约是英国在埃及伤害法国以后，又到西非来侮辱他们，"是英国人为了不让法国……在刚果河三角洲插足而取得的一项保证"，是对法国早在1786年就已经开始的一项事业的侵犯。作为迅速的回击，费里展开了一场抨击英葡协定的外交攻势。法国一旦取得了对利奥波德的土地的优先购买权，就针锋相对地提出了关于刚果自由国的迫切要求，好像它们已经是它的囊中物一样。1884年3月底，欧洲最有力量的那位政治家也从中插手。俾斯麦本人在谈到有关问题时使用的譬喻很说明问题：他要举起他的"埃及问题的大棒"了。

由于在埃及问题上反目，法英两国都向德国讨好。格兰维尔需要俾斯麦帮助他的政府摆脱在开罗的财政困境；费里要请求德国帮助抵制英葡条约和英国在埃及的野心——这是在巴黎"压倒其他一切问题的考虑"。这位德国首相可以待价而沽，支持出价最高的一方；或者，如果有必要的话，他也可以鼓动实力较弱的一方去反对较强的一方，从而使埃及问题长期不得解决。总之，德国不管怎么样，都能捞到一点儿东西：可能从英国手中收复赫尔戈兰；若干有关殖民地的小好处肯定能获得；或者出现更好的情况，即一个孤立的法国也许就不会同俄国结盟，也不会和英国重归于好，来共同对付阿尔萨斯-洛林的征服者。3月份，俾斯麦开始对这些设想进行试验。他暗示，如果法国强烈要求它在埃及的权益，德国将提供援助，但是费里怀疑俾斯麦"不想做任何事惹恼英国，而……（只）希望别人，特别是（法国）去反对英国"，因此竭力和英国谈判就埃及问题达成协议。6月份，英国答应在1888年撤离埃及，如果法国同意今后在比利时领地的边界线上使它中立化的话。

眼看"埃及问题的大棒"就要从自己的手上脱落，俾斯麦赶紧设法让法国采取强硬立场；他提出，如果法国抬高向格兰维尔提出的条件，德国将给予支持。他还设法消除费里的怀疑，表白德国联法反英也是有它自己的重要原因的。当然，在埃及事实上并不存在这样的原因，正如这位首相过去经常宣布的那样。因此，为了装得确有其事，他把英德两国在非洲沿海地区微小的贸易争执大事宣扬，把它们变成了一场大吵大嚷的反英示威。5月份，他促使德国政府宣布保护安格拉皮奎那的吕德里茨租借地，虽然那是在荒凉的非洲西南沿海地区。一个月后，他对英葡条约发出谴责，要求召开一次国际会议来决定刚果的前途。7月初，他宣布多哥和喀麦隆为德国的保护国。帝国内部当时并没有争取非洲殖民地的普遍要求，而且正像他本人经常坚持的那样，他也"反对建立……要派出官吏和驻军设防的殖民地"。但是，仅仅在纸面上宣布保护国并不需要付出什么代价，而它们却是诱使法国上钩的很好的鱼饵，可以使法国背离英国，而同德国达成协议。令人惊异的是，这种狡猾的外交手法居然获得了成功。在7月的伦敦会议上，俾斯麦伙同法国国民议会和证券持有者，设法破坏了英法在埃及问题上的协议。为了进一步离间英法两国，他建立法德两国在西非问题上达成协议。法国于8月接受了这项建议。"在我们遭到英国人的欺侮以后"，德库塞尔写道，"这种亲善关系对我们是至关紧要的，否则我们就会陷入完全孤立的危险境地"。为了表示诚意，德国人协同法国支持利奥波德的刚果自由国。到1884年10月，这两个大国一致同意在柏林举行一次国际会议来决定尼日尔以及刚果的命运；英国人被迫同意参加，而在这以前，他们已对俾斯麦在非洲问题上提出的一切要求都做出了让步，并且放弃了英葡条约，因为他们害怕"同德国破裂……会损害我们从埃及的困境中体面地脱身的机会，使之变得甚至比现在还要渺茫"。

为了加强本国政府在即将举行的谈判中的实力地位，领事和商人在西部沿海他们希望进行贸易的一切地方，都纷纷展开签订条约的活动。伦敦那些吃惊的大臣们发现，"欧洲列强的注意力，以前所未见的规模……转向在非洲沿海地区建立租借地"。在喀麦隆，纳赫提加尔捷足先登，休伊特便赶忙跑到尼日尔河三角洲，把那里的酋长们置于英国的保护之下，以阻止德国人和法国人的渗入。在下尼日尔，戈尔迪收买了塞内加尔公司和赤道非洲法国公司，并派遣约瑟夫·汤姆森赶在德国远征队之前，与尼日尔北部的索科托和甘杜两个酋长国签订条约。同时，法国人对于下尼日尔不寄予多大希望，正从1883年加利埃尼占领的巴马科向上游前进，把条约的范围扩展到象牙海岸和奴隶海岸。欧洲各国政府听任本地的扩张主义者为所欲为，因为英国占领埃及，早已把领土要求和欧洲的强权政治融为一体了。英国人和法国人在柏林乖乖地屈从德国提出的要求，表明了这些微不足道的非洲冲突，其象征性的意义已变得多么重大。两个主要的海军强国和殖民帝国，居然在一个当时还没有一个殖民地的三流海军国家拍卖时，竞相投标，争夺西非的贸易。

与西非沿岸的狂热分子形成鲜明对照的是，1884年年底在柏林会晤的政治家们发现与会各方都通情达理，随和谦让。事实上，这次会议在某种意义上是由紧张走向缓和的一次转变。会议的主要目的在会议之前已经达到了。"埃及问题的大棒"已经使格莱斯顿有所收敛。法德结成了友好同盟，从而阻止了格兰维尔把埃及宣布为保护国，同时也阻止了他独揽埃及的财政大权。事实上，在这次会议将要结束时，费里和格兰维尔在伦敦协定中一致同意向"赫迪夫"提供一笔国际贷款，并继续对埃及的税收实行国际共管。虽然法国人只好眼巴巴地等待英国人离开开罗，但是，他们至少阻止了英国人对埃及的进一步渗透。因此，有关西非的争端，在柏林顺利地解决了，而这些争端曾经是重大的外交进展的外部标志。实际上，欧洲的舆论界对于这些争端的进展情况很少注意。

外交家们非常敏捷地处理了一些悬而未决的枝节问题：比如，该谁承担尼日尔河上的自由贸易和航行的责任？刚果河上的，又该谁来负责？列强通过承认刚果自由国的法律地位，表现出它们满不在乎的态度。这一年是利奥波德创造奇迹的年头。英法这些"林中之王"们竟同意把刚果河流域一块最大的肥肉送给他，而自己却满足于残羹剩饭。费里替法国拿到的是一个不大的势力范围。刚果河北岸的布拉柴维尔周围的地区将成为加蓬的内地；刚果河的其余部分被置于国际管辖之下。按惯例被称作刚果河盆地的地区，包括中部非洲的大部分地区，则变成一个自由贸易区。格兰维尔在刚果河上做出了让步以后，就能使尼日尔河不受国际共管。河的下游归英国控制，上游归法国。这种安排实际上只是保持现状。虽然柏林条约规定对西非沿岸地区的领土要求，应以有效占领为依据，但是，"有效占领"这个难以捉摸的字眼，其意义是这样含糊不清，实际上等于毫无意义。

政治家们在柏林远远没有为占领非洲制定出基本准则来,他们也根本不打算占领非洲。他们鄙视在热带非洲的殖民冒险活动,延长他们不干涉的协定,在很大程度上就是为了避免占领它。他们最不想做的事,就是使自己承担起管辖这样一些相对而言不甚重要的地方的责任。一旦这些国家,通过调整它们的国际地位,从外国的桎梏中解脱出来,外交家们就准备撒手不管了。俾斯麦把他的那些纸面上的保护国都交给了在那里做生意的德国人,只是喀麦隆和多哥没有交出去,因为那里的商人不接受这种"礼物"。英国在下尼日尔河也赶紧如法炮制。1886年6月,戈尔迪最终以皇家尼日尔公司的名义取得了垄断权。这是"履行在柏林会议上所承担的义务的最便宜的办法"。直到1891年,英国外交部还希望委托利物浦的各公司承担管理尼日尔河三角洲的任务,正如它早先把管理尼日尔河下游的费用推给戈尔迪一样。但是,这些商人拒绝了这种特权。这种情况下,只好把尼日尔海岸保护领地直接置于伦敦的统治之下,别无他法。英国自始至终对尼日尔河持消极的态度。"只要把其他欧洲国家挡在门外,我们就不急于进去"。不管这句格言听起来像什么,反正它不像是帝国主义。

巴黎的政治家们同样不愿意把法国新的势力范围变成殖民地。诚然,直到1885年,费里还在侈谈,法国必须为了投资、市场、威信和传播文明等这样一些通常的理由,拥有殖民地。但是,就在当年的3月,批评他进行殖民冒险活动的反对派把他赶下了台。在费里当政时曾经追随过他的弗雷西内不愿再跟着他一同下台了。十分清楚,法属刚果是一个新包袱,加蓬是一个旧包袱。法国政府对两者都不屑一顾。1887年,法国政府停止了给加蓬的年度津贴,[①] 并傲慢地告诫驻刚果的总专员布拉柴说:"我们不能在探险费用十分昂贵的时期无限制地待下去。"[②] 直到18世纪90年代,在这个地区只有15个法国官员。该地区每年的出口价值只有1500英镑。[③] 巴黎对其在贝宁湾的属地也持同样的怀疑态度。法国外交部所能找到的赞同他们的话不过是:"即便我们承认它们(指贝宁湾地区)没有多大价值……(它

[①] 西非使团团长给德卡兹的信,1885年10月19日,1886年3月25日,法属赤道非洲(以下简称 A. E. F.)总督府档案,卷宗2B,第28号。
[②] 弗雷西内致布拉柴的信,1886年4月12日,A. E. M. D. 非洲第94号。
[③] 备忘录第70号,1890年1月24日,A. E. F. 内地形势报告,1886年10月—1890年2月。

们）仍然是我们讨价还价的筹码，对我们在其他地方的利益还是会有用的。"法国海军部的领导人，"不仅对于法国开发西非缺乏热情，就是单纯地维持在西非已取得的利益也不热心"①。在尼日尔河上游，他们对把势力范围变成完全的殖民地同样缺乏热情。在柏林会议上，他们最迫切想到的是实现尼日尔河的中立化和整个河流沿岸的自由贸易。② 但是，当英国人把尼日尔公司变为尼日尔河下游自由贸易的垄断者时，他们可能欺骗了自己，但是，没有欺骗得了法国人。这种显而易见的言行不一驱使弗雷西内于1887年宣布上尼日尔为保护领地，以遏制这种奇特的自由贸易理论的扩大。③ 政治上，他的意图是以同这个地区的伊斯兰统治者结成不很确定的联盟为限度。1887年年初，加利埃尼同阿马杜·谢胡和萨摩利签订了条约。这两人是穆斯林统治者中最强有力的两个领袖。加利埃尼解释说，他所签订的这些条约并没有使法国承担义务，而且也不会使法国付出任何代价。它们仅仅是为了"扩大我们未来控制的贸易地区，不让外国的势力渗入这些地区"。贸易本该把这些伊斯兰国家和法国联结在一起④，可是没有多少贸易。"开展的贸易只是些零售商业"，加利埃尼的继任者报告说，"缺乏运输工具，使贸易无法扩大。"⑤ 巴黎对于上尼日尔河的设想是，把它作为在这个地区的一个小小的、廉价的、有条件地加以选择的地方。

如果在柏林会议后，外交家和商人一直是依据事情的是非曲直来决定西非问题，那么，事态不至于发展到目前这个地步。但是，像往常一样，他们过去所想的是一个没有非洲人的非洲。所以，他们的意图是一回事，实际的结果又是一回事。由于受到埃及危机的影响，西非的"争夺"不再能随意地制止住了。原先静止不动的安排也不能安然不动了。最后，甚至原先纸面上的保护领地也发生了那种像炼金术似的特殊变化，即一个民族把在远方的其他民族的土地视为己有，

---

① 外交部备忘录，1887年4月15日，A.E.M.D. 非洲，第83号。
② 法国殖民局备忘录，1885年7月17日，法国外交部档案（以下简称 M.F.O.M.），非洲，卷宗A，第12号B。
③ 负责殖民地事务的国务秘书致弗雷西内的信，1886年3月1日，M.F.O.M.，塞内加尔，卷宗4，第84页。
④ 加利埃尼的备忘录，1887年9月24日，M.F.O.M.，塞内加尔，卷宗4，第90号；加利埃尼致殖民部副部长，1887年7月30日，同上。
⑤ 阿尔希纳尔的备忘录，1889年8月19日，M.F.O.M.，塞内加尔，卷宗4，第93号A。

还自诩这是对其他民族的福利负责。不过，这种思想尚未发生巨大的作用；欧洲的帝国情绪对于这次争夺是一个极不重要的原因。真正的原因可以在西非本身找到。这一阵紧张的外交活动迫使政府支持本国的商人们努力越过作为中间人的酋长，并鼓励深入内地进行贸易。结果，为谋求商业特权的竞争就从沿海地区扩展到内地。每一个港口为了争取内地，都同邻近的港口展开了竞争；港口的官员们也更深地陷入了非洲丛林的政治中去。即便如此，大多数欧洲列强还是竭力制止这些局部的倾向。德国在完成了1884年和1885年的外交活动后，对于自己利用英法的分歧改善了德国在欧洲的地位一事扬扬得意，因而没有提出进一步的要求。英国的野心也不大，至少它在西非沿岸的情况是如此。他们不仅在同内地强大的伊斯兰打交道时小心翼翼，不走得太远，而且，在当地的贸易和殖民税收还没有发展到足以支付他们的开销时，他们精打细算，完全停止向前推进。英国人只想保住他们原先在尼日尔河上拥有的一切，至于西非的其他地方，往往就放任不管了。

　　这样，西非就落到了法国人手里。在以后的15年中，法国在非洲大陆的西部各地一直独占鳌头，虽然并非都是出于自择。要是说法国人这样做是由于一种追求功名荣耀的欲望所驱使，那么，这是十分幼稚的想法，因为大多数法国人根本不知道巴福拉贝在何处。不可否认，在法国的殖民事业中，已确立的军事影响使得政治家们倾向于让他们驻在非洲的军队按其自己的意图行事。但是，促使他们在1887年以后轻率地征服尼日尔河中游、象牙海岸北部以及西苏丹的，则是由于跟这些地区好斗的穆斯林神权政治集团发生了一系列不情愿的争端。巴黎那些时运不好的决策者原先谋求的只不过是对这些地区实行一种不明确的最高权威。不幸的是，像埃及人、马赫迪分子和南部突尼斯人一样，这些神权政治集团宁肯进行圣战，而不愿与法国人合作，结果把法国人拖进了规模巨大的帝国征讨战中去了。纸面上的分割使法国军队和一种复兴的、富于反抗精神的伊斯兰教进行搏斗。为了征服伊斯兰教，法国不得不去占领那个纸面上的帝国。

　　在非洲历史上，伊斯兰教从8世纪以来的长期扩张，使欧洲短暂的影响相形见绌。像清教徒似的阿尔摩拉维德人从介于塞内加尔与乍得湖之间和介于沿海森林与撒哈拉沙漠之间的西苏丹出发，进军西班牙和马格里布，夺取了统治地位。① 在这里，马里和加纳两个黄金帝国经历了各自的兴衰。在这里，穆斯林和信奉泛神论者之间曾经斗争了几个世纪。然而，要把部落同化成民族，困难重重，使建立持久的国家的企图化为泡影。直到 17 世纪，这里的伊斯兰教至多是骑在异教徒百姓头上的那些贵族们的宗教信仰。但是，从 18 世纪后半期起，伊斯兰教的教义再一次向前发展了。图库勒人和富拉尼人被穆斯林之间的兄弟情谊的传播及其宗教改革的号召所团结，奋起举行圣战，反对腐败的穆斯林统治者，在泛神主义者基础上建立起新的帝国。在 19 世纪末，当英国闯进这两个国家——现今的尼日利亚北部——时，它们的力量已消耗殆尽。继承索科托帝国那些四分五裂省份的富拉尼人的酋长们，无法抵制英国人对他们实行宗主权。但是，法国人在跟西部的图库勒和曼丁帝国打交道中，没有碰上这样的好运气。到 1864 年，提加尼教派首领埃尔·哈吉·奥马尔已把从富塔到廷巴克图的西苏丹置于他自己的控制之下。正当法国与这个帝国抗衡时，奥马尔的继承人阿马杜·谢胡着手使全国遵奉他对伊斯兰教教义的解释，克服了统治者和被统治者之间的裂痕，形成了一个统一的政权。这样的帝国是在圣战中缔造的，而又用神权政治和信奉者之间的兄弟情谊牢固地加以结合。它具有这样的性质，即它的指挥官，如果与一个基督教国家合作，就无法进行指挥。阿马杜和萨摩利是他们自己的领导制度的囚徒，如果他们不摧毁自己的权威，就无法跟法国签订条约媾和。他们俩都宁肯决一死战而不愿让位。到 1889 年，巴黎觉察到要巩固加利埃尼控制很松的保护领地，实际上就意味着要进行一次军事远征。

  法国海军部的一切传统都反对军事征服。塞内加尔总督表示反对，说道："这是对我们政策的否定……它实际上是发动一场圣战……可怜的塞内加尔！"② 但是，在法国负责阿尔及利亚殖民地事务的副国务秘书艾蒂安的庇护下，当地的陆军指挥官抓住了时机。③ 1890 年阿尔希纳尔上校粉碎了阿马杜政权，从此以后，巴黎的反对

---

  ① 阿尔摩拉维德朝系北非柏柏尔人的穆斯林王朝，在 11 与 12 世纪统治了摩洛哥和穆斯林西班牙。——译者
  ② 瓦隆致负责殖民地事务的副国务秘书的信，1890 年 3 月 22 日，M.F.O.M. 塞内加尔，卷宗 4，第 95 号 C。
  ③ 阿尔希纳尔写的备忘录，1889 年 8 月 19 日，M.F.O.M.，塞内加尔，卷宗 4，第 93 号 A。

已经阻止不了上塞内加尔司令部里凭沙盘指挥作战的思想家们逐个包围和击败严阵以待的伊斯兰的贵族统治阶层。阿尔希纳尔"公然违抗命令"① 接着入侵了萨摩利帝国。在以后的8年中，这位君主和他的流动的索法游牧部落使法国军队疲于奔命，从上尼日尔一直追到象牙海岸。法国人在跟萨摩利和其他叛逆的伊斯兰领袖们的艰苦搏斗中，本想以占领整个西苏丹结束战斗。在80年代，法国人违背他们自己的意志，走过了头。在90年代，按照正确的推理，他们合理地处理了这些轻率的征服。法属非洲必须连成一片；塞内加尔和阿尔及利亚必须与几内亚、象牙海岸和达荷美诸海岸的内地相连接，而这些内地又要在乍得湖畔与法属刚果连接在一起。

英国在很大程度上抱旁观和默认的态度。正如索尔兹伯里讥讽地说的那样，"大不列颠采用通过贸易来求得前进的政策。它并不企图跟它的邻国在军事行动方面进行竞争"。英国在非洲优先考虑的是保护它在埃及的地位，并且为此目的，从1899年起对尼罗河流域实行了封闭。索尔兹伯里希望把关于埃及的争吵平息下去，因而他感到在1889年至1891年间，在西非再给法国一些补偿，没有什么害处。英国的这种慷他人之慨的行为，无论对于给予的一方和接受的一方来说，都不付任何代价，所以巴黎接受了。冈比亚的内地划归法属塞内加尔，塞拉利昂的内地划归法属几内亚。然而，正是1890年8月的协议给了法国最大的意外收获。而英国对于埃及的优先考虑再一次给法国造成了这种机会。在1890年签订的赫利戈兰—桑给巴尔条约中，德国人给了索尔兹伯里在桑给巴尔和尼罗河上活动的自由。为了补偿法国人签订该条约而遭受的损失，索尔兹伯里欣然同意把在阿尔及利亚、塞内加尔和乍得湖上的赛—巴鲁瓦线之间的西苏丹以及撒哈拉的"砂土"让给法国。英国就这样把其他民族的土地大块大块从地图上让予别人。法国外交部在接受时，以同样嘲弄的态度说："没有付出任何重大的努力，没有做出任何重大的牺牲，没有花费任何探险费用……也没有签订一个条约……我们就劝诱英国人承认……阿尔及利亚和塞内加尔应当贯通起来，连成一片。政治上进入乍得湖看来很重要……它也许会成为贸易路线的交叉点……但是，在努力向中非扩大

---

① 艾蒂安致塞内加尔总督的信，1891年4月14日，M.F.O.M.，塞内加尔，第91号B。

我们的活动范围时,有一件更为重要的事需要考虑,它具有更迫切、更具体的利害关系。我们要求对这一点得到永久的承认,那就是,没有一个欧洲国家能抵制我们在撒哈拉的影响,我们在阿尔及利亚永远不会受到来自背后的袭击。"[①] 对于狂热的殖民者说来,这种想法可能具有某种魅力。但是对于掌管国家安全的专家来说,这些广大的、然而不值得考虑的地区,只有真正能改善法国在北非和地中海的安全时,才值得接受过来。如同他们在伦敦的同行一样,法国人在非洲所追求的不是一个新的帝国,他们更为关注的是他们原来在欧洲和东方的利益。对于法国人来说,就是要维护他们在阿尔及利亚内地的安全。但它也意味着要取得在埃及的安全。因此,索尔兹伯里所做的交易不可能结束对非洲的争夺。法国要取得它在西非所能取得的一切,但又不肯因此而在尼罗河流域做出让步。

在东海岸,对埃及的占领打破了原来的妥协局面。直至1884年,英国的海军力量使它从纳塔尔港到瓜尔达富角拥有主要的势力——一种通过桑给巴尔的傀儡苏丹来行使的势力。它的部分目的是使其他强国不得靠近通向印度的通道的侧翼,但主要目的是打击阿拉伯的奴隶贸易。与西非不同,在东非大陆上没有大的国家,也没有大宗的贸易。拖运象牙的是奴隶,种植丁香的是奴隶,商队经营的商品也是奴隶。这种商业活动与欧洲的成见相冲突,而且正在被取缔。列强在这样做的时候,保持了良好的关系。1862年,英法两国达成了一项尊重苏丹独立的君子协定。确实,苏丹的政权正在衰亡。欧洲利用他把基督教的反奴隶制的伦理观点强加在他的伊斯兰臣民身上。这超出了他作为宗教领袖的权力范围。然而,没有一个政府要一个没有多少殖民价值的殖民地。1878年,英国外交部拒绝支持船主威廉·麦金农把桑给巴尔的大陆属地开辟为租借地的要求。4年以后,外交部对苏丹要求充当英国保护领地的请求置若罔闻。伦敦和孟买认为这样做需要很大开支,"得不偿失"。大约1884年年底,卡尔·彼得斯作为艰苦奋斗的殖民俱乐部的代表,像一个行商在坦噶尼喀兜售空白的条约表格;然而,格莱斯顿内阁不愿听到建立一个乞力马扎罗保护国。

[①] 外交部备忘录,"关于英法协议草案的意见",1890年8月13日,A.E.M.O.,非洲,第129号。

但是，1885年2月出现了一个新的因素，破坏了这个均势。以前把彼得斯叫作江湖骗子的俾斯麦现在也承认彼得斯的协定了。在柏林召开的西非会议正要散会时，俾斯麦首相为德国东非公司拼凑了一个纸面上的保护领地。英国和法国正在就埃及的财政问题进行磋商。这时正是一个好机会，可以在非洲找个小岔子跟格兰维尔争吵一番，同时支持一下与法国达成的谅解。"埃及问题的大棒"又起作用了。伦敦接受了俾斯麦的要求，并命令桑给巴尔的苏丹也加以接受。正如格莱斯顿说的那样："消除解决埃及问题的障碍，立即结束这些殖民地的小争执，其重要性确是怎样强调也不会过分的。"尽管如此，印度事务部和外交部却不希望从整个海岸地区被撵走，因为在蒙巴萨和桑给巴尔的港口对于印度的安全具有一定的影响。结果是再一次在纸上进行分割。索尔兹伯里和俾斯麦在他们1886年10月的东非协定中，把大陆部分一分为二，北部给了英国，南部归德国。但是，两国政府打算不进入指定归属它们的地区。最后倒给了麦金农一个机会。伦敦给他的英国东非公司颁发了特许状，以便给它所要求的土地上设立一个岗哨；柏林在南部安插了德国公司掌管它的土地。

这些随便哄骗商人的纸上保证，使得一些有经验的政界人物感到有些厌烦。格兰维尔和德比一致认为："在殖民地的争夺中，有些情况荒诞不经。"他们"不大想参加进去"。格莱斯顿欢迎德国建立保护国。索尔兹伯里对此也不介意，只要这些保护国保证自由贸易。德国对开罗和君士坦丁堡的支持要价是很低的。柏林和巴黎的政治家们对于他们的新殖民地也很不在意。但是在东非，与在西非一样，他们所承担的义务比他们预期的要多。到了1889年，德国公司跟布希里人和斯瓦希里人贩卖奴隶的酋长们发生了战争；柏林政府不得不去营救，替代身无分文的政府代理人，以保全面子。麦金农公司正趋向破产，因为东非对于英国投资者吸引力很小。这一点特别重要，因为到了此时，英国势力范围的内地已经与尼罗河流域的安全以及索尔兹伯里为了在埃及确保印度安全所制订的计划纠缠在一起，密切相关。

巴林未能与埃及的民族主义者们达成协议，对于制订这个牵强的计划，负有一定的责任。持续的占领已经直接改变了地中海的均势。1887年，索尔兹伯里派遣德拉蒙德·沃尔夫去君士坦丁堡，认真地提出了也许是他最后一次关于撤离尼罗河三角洲的建议：英国军队在

3年之内撤走，只要列强同意，一旦情况需要，他们还可以回来。土耳其政府接受了，但是，法国和俄国在外交上联合起来，破坏了这个协议。索尔兹伯里仔细考虑了这次失败的意义。它说明了英国在君士坦丁堡的影响已非畴昔可比了。很显然，1885年以后，平息和停止在埃及的争夺的可能性已愈来愈小了。尽管俾斯麦施展了种种阴谋诡计，法国还是逐步摆脱了孤立状态，80年代末，法俄两国联合了起来。更糟的是，索尔兹伯里发现英国没有足够的装甲舰可以开赴地中海来对付法俄的联合。那么，怎样煽动土耳其去反对俄国呢？由于英国在君士坦丁堡的安全受到了削弱，索尔兹伯里就感到有必要加强它在开罗的安全。为了确保自己在埃及的地位，他采取了不让其他国家进入尼罗河流域的政策。但在这个政策的背后隐藏着一种恐惧，大惊小怪地认为"一个文明的欧洲国家出现在尼罗河流域会减少河水的流量，从而毁灭了埃及"。因此，从1890年起，英国人抬高了要价，提出整个尼罗河及其通路，即从蒙巴萨和瓦迪哈勒法到维多利亚尼安萨湖都属于英国的势力范围。为了赢得这样大的一个地盘，他们准备把大陆上的其他部分作为赔偿让出去。当英国的重心从东地中海的亚洲沿岸转向非洲沿岸时，第二阶段的瓜分从乌干达和埃塞俄比亚扩展到赞比西河，从红海扩展到上尼日尔河。到1891年，非洲已经几乎无地可分了。瓜分实际上已经完毕，只是没有最后确定罢了。

柏林没有从中作梗，同意不进入尼罗河流域。德国经常忧心忡忡，害怕其他国家结成同盟。它比其他参加瓜分非洲的国家更多地受到欧洲形势的牵制。1890年3月，威廉二世和卡普里维就已经决定放弃和俄国签订的再保险条约。他们不反对用放弃他们在东非的许多特权来换取在欧洲与英国建立明显的友好关系。德国人在取得了赫尔戈兰，以及把他们的势力范围从达累斯萨拉姆向西扩张到坦噶尼喀湖和尼亚萨湖的北端后，同意桑给巴尔成为英国正式的保护国；并且放弃对维图的要求。维图本来可以用来阻止英国人从蒙巴萨进入维多利亚湖。德国人还撤回了在北部的要求，把乌干达让给英国人，而且不进入上尼罗河流域。对于索尔兹伯里来说，事情是再好也不过了。他庆贺自己说："这个（赫尔戈兰—桑给巴尔）协议的结果是，在南纬1度（穿过维多利亚湖中部）和埃及边界之间，将不会有与英国势力相抗衡的欧洲竞争者"。索尔兹伯里的目的至少在纸面上达到了。这样，就必然抛弃了罗得斯关于在刚果自由国和德属东非之间建立一条开普敦—开罗走廊的不切实际的幻想。但是，索尔兹伯里是非常讲究实际的。总之，他已经清除了德国人设置的种种障碍，使英国的南非公司顺利地进入现在称为罗得西亚的那个地区。在对付了柏林以后，索尔兹伯里转向对付里斯本。根据1891年的英葡条约，他驳回了葡萄牙很久以前就提出的关于占有在马塔贝莱兰的莫桑比克的要求，从而给英国的南非公司取得了进入该地区的权益。这是一次彻底的瓜分。但是，索尔兹伯里并不到此结束，下一步他便去跟意大利人周旋了。

意大利人来到非洲时，无论在权威或热情方面，都比不上其他欧洲国家。1882年，意大利政府从一家意大利公司手中买下了阿萨布湾；3年后，在英国的怂恿下，占领了红海的马萨瓦港。意大利人比法国人或马赫迪分子要稍好些。这就使新来的罗马人与埃塞俄比亚人接触交往起来。两年后，有人问当时意大利外交大臣罗比兰特关于建立新势力范围的可能性时，他不主张"过于重视那些在非洲，在我们身边寻衅闹事的一小撮强盗"。但是，后来情况变得不同了。靠争取意大利统一的复兴运动得以生存的旧的政府制度陷入一片混乱。从1887年至1896年，弗兰契斯科·克里斯比设法控制了这种混乱局面。在克里斯比上台前，他一贯反对帝国主义。当这个老红衫党人成为他曾经加以批评的那个政权的首脑时，他的极端主义必须找到一个新的活动场所。在非洲的扩张中，他找到了这个场所。在19世纪末，对于那些成功的激进派来说，这是不足为奇的。雄心勃勃的新帝国主义，时常成为那些由左转向右的野心家们利用的手段；因为在跟旧的寡头政治的执政者们结合时，他们放弃了不少他们从前国内惯用的手段。张伯伦忘记了他未经认可的计划；甘必大的继承者背离了新的阶层；克里斯比通过法律反对社会主义者。对于他们这些人所属的过渡政府来说，这是一个最不会引起麻烦的问题，所以，他们都被允许在海外发表在国内闭口不谈的不同见解。

马萨瓦空荡的码头给予克里斯比发挥其独创精神的机会。假如没有内地，这些码头将会继续荒芜下去。意大利曾在多加利被埃塞俄比亚人拉斯·阿卢拉战败，为了雪耻，克里斯比举行了一次讨伐性的远征。这次远征所占领的地区于1890年归并为厄立特里亚殖民地。此外，他还着手计划对埃塞俄比亚建立一种非正式的最高控制权。埃塞俄比亚是一个神秘莫测之地，但是在约翰尼斯皇帝于1889年与马赫迪分子作战中牺牲后，意大利人以为他们以前的被保护人绍阿的酋长曼涅里克将登上皇位，继续充当他们的代理人。曼涅里克似乎是个受西方影响较深的人，可以争取他替意大利效劳，根据5月2日签订的乌西阿利条约，罗马当局宣称曼涅里克已经接受了意大利的保护。但是曼涅里克否认了这种保护，尽管意大利赠给了他400万里拉和几万支火枪。当时厄立特里亚似乎跟埃塞俄比亚有着一个很好的贸易前景。一年以后，为了谋求更大的贸易，鲁迪尼内阁把意大利的殖民地边疆向西推进到卡萨拉。卡萨拉位于尼罗河的一条支流上，在马赫迪信徒的地区内。

意大利人徒劳无益地被拖进了马赫迪信徒和埃塞俄比亚人之间危险的政治旋涡中去了，正如英国人曾被拖进了埃及的旋涡，法国人曾被拖进了突尼斯和西苏丹的旋涡中一样。他们仓促地干预了两个非洲社会，这两个社会通过一种反对异教徒的早期民族主义而紧紧地团结在一起；但是，他们的巨大灾难尚未降临。索尔兹伯里和巴林在1890年所关心的，是这些罗马人对埃塞俄比亚和苏丹的入侵，因为他们太接近神圣不可侵犯的尼罗河了。意大利人向"万王之王"的领地扩张，伦敦并不是不欢迎的。这种扩张的好处是它可以阻挡法国人从红海的吉布提港和奥博克港向尼罗河流域挺进。但是，意大利向卡萨拉推进则另当别论了。索尔兹伯里拒法国人和德国人于尼罗河流域之外，并不是为了让意大利人进来。因此，1891年年初，他就跟意大利人签订了一个条约，在条约中意大利同意"不把手伸进尼罗河的支流"，而英国则承认意大利对非洲之角大部分地区拥有优势，作为酬报。

索尔兹伯里通过逐步建立三国同盟和签订条约让出大片没有占领的非洲土地，以保全自己在埃及的安全，摆脱德国和意大利的干预。但是法国人拒绝做这种交易。用西非的那些"沙土"做馈赠，不能抚慰法国人，一笔勾销在埃及的旧账。巴黎在得到圣彼得堡愈来愈大的支持下，不仅不同意撒手不管尼罗河，反而要求英国从尼罗河撤走。伦敦比以往变得更坚决，断然拒绝法国的这个要求。埃及依然是英法两国关系上一道很深的裂痕。从西部进入尼罗河的通道仍是敞开的。因此，进入19世纪90年代以后，瓜分非洲的斗争仍然进行得异常激烈。

关于造成19世纪80年代非洲这种令人震惊的瓜分局面的外交活动，已经是众所周知了；但是在它们背后的动机却比虚构的小说更加离奇。当列强的政治家们根据条约来绘制新的非洲地图时，他们并没有要在非洲建立殖民地这样单纯和这样严肃的意图。有些商人和传教士大叫大嚷要求帝国支持他们的事业。但是，决定问题的不是他们，而是那些政治家们，而后者没有时间去想让国家采取行动来开发热带地区，以便增进国家的繁荣。在非洲的贸易或许会扩大，随之而来的政治影响或许会增强，但它们也可能全无进展。不管哪种情况，政治家们都乐于把此事留给私人企业去干。而在19世纪末的热带非洲，这就意味着什么都不干，因为私人企业对此毫无准备。那么，目的是不是"想为后代占好地盘呢"？这种陈旧的观点虽有一定道理，但它只是事后的一种推论。随着非洲大陆越来越多的领土被分割，政治家们发现用开辟新市场和传播文明来解释他们的行动，比用私下萦绕在他们头脑中的那些更复杂而又不甚高尚的概念来解释，要容易得多。

那些主持瓜分非洲的人们用一种冷漠、超脱的眼光来看待这个问题。他们着眼的不是非洲本身，而是非洲对他们在欧洲、地中海和东方的巨大利害关系的影响。这种对非洲大陆的想法十分肤浅，只有那些官员们才会这么想。他们根据对国家的利害安危的传统观念行事。他们不是促进贸易或扩大帝国的疆域而是助长了恐惧。

从欧洲的观点看，这些瓜分条约是官员们异想天开的记录，而这种想象能力是他们在面对一幅标明2/3土地无人占领的大陆地图时油然而生的。战略家们预料到各种可能性；外交家们为每一点微不足道的利益争执不休，而地理学家们则告诉他们那些引起争议的地区在何处。从非洲的立场看，他们这番努力的主要结果是在纸面上改变了国际上的领土现状。把虚无的东西变成公认的现实是律师们为之忙碌的事情。非洲人只是在事成很久以后才有事干。

为了在整个世界上不断地寻求安全，列强不得不争夺势力范围，宣布成立保护国和给予公司特许权。但几乎在所有的情况下，这样做的积极目的无非是要排斥其他国家，可以设想，其他国家出现在那里会对一个国家的利益造成一种障碍，尽管这只是一种猜测，也未必成

第二十二章 非洲的瓜分

为事实。因此，俾斯麦在1884年到1885年间也在纸面上建立了一个帝国，主要是使法德同盟看起来合乎道理。1890年增加了卡普里维，使英德终于得以达成和解。由于同一原因，格莱斯顿进入埃及去保护苏伊士；索尔兹伯里提出英属东非洲的计划，以便保障英国在埃及和亚洲的安全。大体说来，英属非洲是对印度帝国的一个重大的补充；而法国同伊斯兰之间的许多长期斗争，则是法国在地中海地区寻求安全所付出的一项代价昂贵的副产品。也许，在19世纪80年代唯一认真缔造帝国的人是克里斯比和利奥波德，可是他们抢到的只是富人宴席上的残羹。对其他人来说，实际上是一场"在非洲的争夺"而决不是"争夺非洲"。

然而，如果说瓜分非洲是外交上传统的做法，而且受到列强之间纷争的影响的话，那决不是说瓜分主要是由欧洲的均势造成的。如果真是如此，那些新的帝国将会自始至终只存在于纸上。英法之间的抗衡给予德国人在非洲的一个可乘之机，而这种抗衡的产生则是由于英国人在埃及革命者和马赫迪分子手下遭到了惨败。同时，它又因为这些复杂的斗争与法国人同西苏丹的伊斯兰的斗争，以及意大利人同埃塞俄比亚的基督教民族主义分子的斗争融为一体而变得加剧了。欧洲人的要求激起了非洲人新的反抗，这些反抗又迫使欧洲人做出更大的反应。于是，瓜分活动得到了一种新动力。19世纪90年代对赤道非洲的加速占领不同于80年代纸面上的瓜分。它是密切相关的两场冲突的高潮之高潮，一方面是法国和英国之间争夺尼罗河控制权的斗争；另一方面是欧洲人、非洲人、基督教徒和穆斯林之间为了扩大对北非和中非的控制而进行的斗争。欧洲的统治者们开始时对非洲的这场争夺掉以轻心，现在都不得不认真对待了。

欧洲正在将其势力伸展进去的这个大陆的性质究竟是什么呢？如果"非洲"仅仅是一个地理名词，那么，它同时也是社会学上的一个速记符号，代表着占据这片大陆的令人眼花缭乱的各种各样语言、宗教信仰和社会。在衡量其居民的能力和成就时，白人们发现在一个极端是一些由微小的、分散的群落组成的人们，他们缺少一个政治权威作为核心；社会的凝聚力量依靠人与人之间的平等地位所形成的统一，而不是通过统治集团自上而下强制实行的统一。这种分散的群落合并在一起，形成了第二种类型，即分散的不统一的国家。这种国家的王权对部落的亲缘特点并无持久影响，而同化的努力也遭到了挫折。在另一个极端则是结构严密的伊斯兰国家和那些最有活力的尼格罗人和班图人国家组成的军事联盟。欧洲人在着手与非洲打交道时，在上述种种类型的社会中都遇到了麻烦。但从瓜分非洲的角度讲，他们同分散的群落制度的斗士们发生的冲突并无多大意义，因为家族间和部落内部的钩心斗角，几乎没有例外地为他们提供了合作者和反对外族控制的反抗者。但在那些组织完善的非洲国家中，情况就大为不同了。他们对待白种人的态度对于19世纪的瓜分活动有着深远的影响，同时也给20世纪非洲的民族主义留下了一份容易引起爆炸性局势的遗产。

他们的反应是各种各样的。有些在开始时进行了抵抗，但是，当榴霰弹的呼啸声一响，他们很快就垮了，此后直到不久以前一直一蹶不振；另一些人接受了新的统治，但不出10年时间又起来反抗；还有一些人干脆就反对一切形式的白人影响，只是在经过长年累月残酷的游击战争以后才被镇压下去。然而，也有一些人轻易地向欧洲人屈服，签署了条约，念起了圣经，并同欧洲的商人们进行了贸易。怎么来解释这些差别呢？究竟是什么使得非洲人有的怒目而视，有的笑脸相迎，有的进了学校，有的进行殊死的战斗呢？也许，这取决于他们拥有什么样的团结一致及其适应程度。

从已经获悉的零星片断情况来看，非洲政治历史上政权的更迭是十分频繁的。与中世纪欧洲各国政权一样，它们的权力中心长期缺乏后备力量来对付权力过大的臣民和惹是生非的教士。跟中世纪的欧洲政府相比，它们在政治交往中更加严重地缺乏有约束力的原则来把被征服的邻国人同化成效忠的臣民。这种情况在泛神主义的非洲特别显著。信奉泛神主义的民族是通过亲缘关系和祖传的宗教结合在一起的。它很难把这些结合的因素传播给它所征服的那些人。在他们创建的国家里，统治者和被统治者总是格格不入的。从组织结构上来说，他们建立的帝国只是放大了的部落。亲缘关系随着一代代人的交替而逐渐淡漠，他们的行省纷纷叛离，权力中心陷入混乱。结果，非洲政治历史的很大一部分就是由这种非常短促的扩张和收缩循环组成的，像人身上的横膈膜起伏一样。为了猎取黄金、食盐和奴隶，他们就扩大他们的领土，但这种地理上的扩张最后往往导致政治上的分裂。因此，他们对欧洲人入侵的反应，部分地取决于他们在这种发展或衰亡的循环中达到什么阶段。在衰亡阶段，他们的统治者就有充分的理由同新的入侵者达成交易。反之，要是在发展阶段受到了挑战，他们就会做出决战到底的抉择。当然政体越是城市化、商业化、官僚化，其统治者就越是想在城镇被摧毁前实行妥协和让步。另一方面，要是国家的团结越是依赖掠夺奴隶、抢劫和迁移来维持，那么，其统治阶层在同欧洲人进行斗争时丧失的东西也就越少。

这就是在解答是合作还是抵抗这个问题时，许多可变因素中的两个因素。不少泛神主义国家的经济是掠夺性的，而且正在不断向外扩张，他们为了独立而奋起战斗。马塔贝莱人和达荷美人都如此做了。但一旦他们被击败，他们就萎靡不振。也许他们的教义没有普遍性，因此他们很容易接受征服者的文化。这场由火药和炮弹开始的事业，可以用《新约全书》来完成。许多前来战斗的人结果都留下来祈祷了。在英国国旗升起不到10年的时间内，巴干达人和尼亚萨人都渴望获得新的知识，并纷纷在东非和中非的政府机构里任职。在法属赤道非洲，巴刚果人当上了白人政府的雇员。在加丹加，巴卢巴人的情况也是一样。

在伊斯兰中取得这样的顺从也是可能的。但这只是对那些定居下来的伊斯兰国家而言，它们已经发展成官僚国家而且正在走下坡路。那些稳重而年高德勋的苏丹和国王们同突尼斯的统治者一样，对号召进行一场护教的圣战不大感兴趣，但是显而易见，宗教信仰同这个问题很有关系，在其他许多伊斯兰国家里，对《古兰经》的严格要求是心甘情愿地予以遵从的。事实非常明显，伊斯兰进行了最长期、最残酷的战斗来反对欧洲势力。欧洲人的一切花招都无法诱使他们变成睦邻。这个任务只能靠枪炮，而不能靠仁慈来完成。

有充分的理由说明为什么那些强盗帝国不肯屈服而继续向黑非洲扩张，继续流动，并依然由宗教先知们来领导。在蔑视和抵抗欧洲人时，他们的地位远比那些泛神主义者优越。伊斯兰教坚决主张在一个法规面前所有信徒一律平等，再加上它广泛的兄弟情谊和层层教职，使得他们的团结比起仅以亲缘关系和祖传宗教结合起来的团结具有更牢固的纽带。再者，它主张普遍的神性原则高于那些使黑非洲四分五裂的局部神灵和偶像崇拜。超部落的伊斯兰机构和纪律有时等于是一种团结一致的和延绵不断的反抗；如果不摧毁伊斯兰的权威和帝国的势力，就无法使他们屈服于信奉基督教的列强。在这些强悍的敌人中，有很多是从伊斯兰的新教主义里积聚力量的。这种新教主义企图用恢复产生于沙漠地区的伊斯兰教原有的纯洁与质朴以及拒绝承认君士坦丁堡腐败的哈里发的权威来消除伊斯兰教中陈腐的东西。在信仰方面，正是那里新的先知们，把这种严峻的、不屈不挠的原教旨主义同部落所持的独立与征服渴望结合在一起。苏丹的马赫迪穆罕默德、萨努西教派的马赫迪赛义德、索法部落的阿马杜·谢胡和萨摩利、拉比，所有这些人都是先知或先知们的哈里发和当地的神权主义者。他们同样也是独立运动的领袖。在非洲的词汇中，独立的意思就是扩张和别人对他们的依附。他们为了真正的信仰，成了异教徒的征服者；不管怎么说，只有那些武装的先知们才免于被摧毁的命运。

　　为了生存，严阵以待的神权主义者必须抵挡住入侵的基督教施加影响的种种手段。他们宣传的新教旨使得世上的一切城市和国家都变得过时。他们号召所有的人都按他们的启示皈依真主，不然，就会被主所摧毁。经过这番说教，如果再跟敌人妥协，那就无异于为自己掘墓。这种对不信仰伊斯兰教的人们所采取的强硬态度，在马赫迪写给埃塞俄比亚信奉基督教的皇帝约翰尼斯的信中，至今尚能见到一斑："做个穆斯林，你就会享有和平……反之，要是你执意违抗，一意孤行……毫无疑问，你一定会败在我们手中。真主许诺我们去占有世界，真主一定会履行他的诺言。……不要让魔鬼缠住了你。"① 非洲的基督教，至少在埃塞俄比亚，同样也是如此固执而不妥协。尽管科普特教会的人神合一教义概念模糊，内容荒诞，但是，它们在意大利人来找麻烦时，仍然有助于使全国团结在皇帝的周围。

　　欧洲在向非洲扩张时，最致命的敌人是那些笃信伊斯兰教或基督教的国家。两者都是超部落的宗教性国家组织，能在国家范围内把各部落团结在一起。这些科普特基督教徒和伊斯兰教徒认为白人既是入侵者，又是异教徒，他们坚信自己的事业是正义的，因而敢于对抗。白人在这种坚定的信念面前被迫做出了他们原来想要避免、实际上曾

---

① 马赫迪致约翰尼斯皇帝的信件（1884—1885年），引自 G.N.桑得森：《非洲人对欧洲人在尼罗河上游争夺的影响》。莱弗霍姆历史会议文件，罗得西亚和尼亚萨兰大学学院，1960年版。

预料能避免的选择。同神权主义者是无法进行理智的谈判的,更不用说让他们改变信仰了。他们的反抗在当地造成了无法掩饰的危机。一旦这些神权国家受到欧洲的挑战,他们就视之为攸关生死存亡的大事。列强在它们自己的来临所激起的反作用旋涡中越陷越深,到了18世纪90年代,他们被迫占领了他们在80年代标在非洲地图上的要求占领的领土。由此造成的引人瞩目的扩张常被称作帝国主义,但深入分析起来,这是对非洲早期民族主义活动的一种反应。

不管白人们喜欢与否,他们现在一定要使19世纪80年代的抽象安排具有实际意义。非洲的严峻现实迫使他们这样做。法国人在英国人的默许和本国殖民军人的大胆战略诱惑下,也走上了这条路。在追击阿马杜的过程中,军队向西一直到了廷巴克图,不久又继续前进到加奥,而且把上尼日尔司令部改称为法属苏丹。巴黎的政治家们认为该收兵了,他们在1891年和1893年下令军队停止前进,宣称"征服和领土扩张阶段已告完全结束"。① 当前的问题已经是怎么使他们新到手的土地变得有利可图。但是那些上校们,一手握着马克辛机枪,另一只手里拿着新的证据,坚持要击溃伊斯兰的抵抗,把他们驱逐到更远的富塔贾隆和上沃尔特地区。巴黎对这些新省份嗤之以鼻。但是绥靖行动本身使得这些省有了虚构的价值,况且这些领土得来不易,岂能轻易放弃。因此,军队就一步步地把巴黎卷入了开发非洲的经济活动中去了。当特朗坦尼安在1895年接管苏丹时,武力征服的时代已经结束。在政府投资把铁路筑向尼日尔河以后,进一步的统治就有可能,昔日的战场从此变成了殖民地。

渐渐地,法国人到达荷美和刚果也越陷越深。1890年,多兹将军在巴黎的艾蒂安庇护下②出动军队,摧毁了达荷美。这个异教的掠夺奴隶的联邦,对沿海岸的法国人来说,早已是一个不能相容的邻居。这样,进入内地的通道打开了。到1894年法国已派人前去侦察尼基,准备进犯为戈尔迪独霸的尼日尔河下游地区界线未定的西翼。他们还意识到有机会把达荷美和他们在塞内加尔、象牙海岸、上沃尔特和上尼日尔等地的势力范围联结在一起。自1889年起,狂热的殖

---

① 德尔卡塞1893年12月4日给格罗德信,M.F.O.M.,苏丹(Ⅱ),第6号A。
② 艾蒂安给塞内加尔总督信,1891年12月4日,M.F.O.M.,塞内加尔(1),第91号B。

民主义者一直敦促政府再接再厉。他们想把这些领土同贫瘠的法属刚果连成一片,过迟地设法把过去 10 年来断断续续所得的进展予以合理的处理。乍得湖将是这种地理上的浪漫主义的核心和象征。

外交家和军人在西非无所作为,白白浪费了 10 年光阴以后,巴黎出现了一批人,要求为自身利益计认真地对待法兰西帝国。1890 年,他们自己筹资派遣克朗佩尔从布拉柴维尔出发,前往乍得湖地区以建立法国在那里的势力,从而保证"我们在阿尔及利亚、塞内加尔和刚果领地之间的连续性"[①]。但外交部对这一想入非非的计划没有多大兴趣,他们在同年 8 月签订条约,把"乍得走廊"划给了英国。为了抗议,克朗佩尔的支持者在 1890 年底组成了"法属非洲委员会"。这是赞成建立热带非洲帝国的第一个重要的压力集团。但它从未引起任何强有力的商业利益集团的注意。尽管它获得艾蒂安的同意,它的直接政治影响却并不引人注目。委员会想把乍得变成法属非洲枢纽的想法虽有某种哗众取宠之处,但决定政治家们行动的不是动人的言词,而是所冒的风险。从北面进军乍得湖意味着横越撒哈拉,这种做法显然同阿尔及尔总督府的政策是背道而驰的。从 1880 年弗拉泰尔斯的远征队遭到图阿雷格人的屠杀以来,阿尔及尔拒绝考虑一切深入撒哈拉的计划,其理由是"冒的风险太大"[②]。从西面进入乍得遭到同样激烈的反对。如果沿着尼日尔河上游推进,则一路上将会遇到伊斯兰的抵抗,这可能会在新组成的法属苏丹引起令人难堪的反响。迟至 1898 年,圣路易总督府还反对这样进军。[③] 看来唯一可行的是从南面进军。1891 年非洲委员会派出了迪波夫斯基,布拉柴派出了富罗,从刚果出发向乍得湖进发,但都被阻截回来。法国的扩张竟然重又弄得自己摆脱不了伊斯兰的抵抗。在加扎勒河流域的阿拉伯奴隶国家被摧毁后,它们的幸存者逃到了瓦代地区,由拉比赫重新组成一个强大的掠夺性国家,他们把欧洲人视为危险的敌手。又一个神权政权建立起来了。拉比赫发现"通过宗教得到的支持和力量要比

[①] 克朗佩尔给负责殖民地事务的副国务秘书的信,1890 年 3 月 12 日,M.F.O.M.,非洲卷宗 5,克朗佩尔档案(1890—1891 年)。

[②] 阿尔及利亚总督致殖民部信,1896 年 5 月 19 日,M.F.O.M.,非洲卷宗 10,富罗档案(1896 年)。

[③] 法属西非总督致殖民部信,1898 年 7 月 12 日,M.F.O.M.,非洲卷宗 11,乍得湖委员会档案

一伙冒险家从掠夺的欲望中得到的动力强大"①；他继续迁移到乍得湖沿岸的巴吉尔米地区，得到了"萨努西"教派的支持，再加上他从埃及带来的军事技术，这就使得他成了一个强大的对手。

在刚果的法兰西共和国专员布拉柴加倍地欢迎非洲委员会对乍得的进军。因为这样做不仅开拓了他的疆域，而且又引起了巴黎对他这块被忽视的殖民地的注意。但他还应当进一步把主张进军乍得湖的少数人的热情同严肃的国家利益联系在一起，才能使殖民部那帮玩世不恭的人发生兴趣。1891年，他向巴黎建议说，对乍得的征讨"能造成一种局面……使我们能和英国人着手谈判，要他们在埃及问题上……做出对等的让步……"② 这就是法国法绍达战略的起因。1891年8月，利奥塔尔被派到尼罗河流域的西大门乌班吉沙立地区，奉命使用布拉柴行之奏效的办法，给那里的小苏丹们施加影响。如果巴黎打算全力以赴重新谈判尼罗河问题的话，这倒是个可以采用的方法，而且连现成的手段都有了。

巴黎果真跃跃欲试。就像在争夺热带非洲的斗争中一切关键性行动一样，这次行动也是由这场长期的埃及危机中出现的一个转折所决定的。索尔兹伯里用断然拒绝讨论的办法把这个问题冷了下来。在1892年英国自由党人再度执政时，法国人曾希望情况有一天会好转，但新的外交大臣罗斯伯里直截了当地告诉巴黎，埃及问题已经结束了。1893年1月，埃及的赫迪夫胆怯地企图发动一场反英政变。克罗默一下子就把他制服了。但在巴黎看来，这场危机也有令人鼓舞之处。它表明埃及的革命局势远未结束。这个国家内部的民族主义者可以利用来同外界的势力结成联盟，把英国人从他们这座堡垒里赶出去。外界采取行动的可能性也是十分令人鼓舞的。到了1893年随着法俄同盟即将形成，一旦沙皇的军舰访问了土伦，对法国海军部来说，东地中海的战略地位就更有了保障。一切听命于英国人的政治局面结束了。

巴黎因此有充分理由在埃及问题上采取更强硬的路线。从外交家的观点来看，非洲的瓜分是牌戏理论的一个大规模的实例。这场牌戏

---

① 克罗兹致殖民部信，1895年8月26日，M.F.O.M.，非洲卷宗9，克罗兹档案。
② 布拉柴致殖民部信，1891年4月18日，A.E.F.（非保密性文件）；布拉柴致殖民部信，1861年6月6日，A.E.F.2B。

的规则之一是，对一条河道取得了控制，等于有了一手好牌、为取得领土而叫牌一样。尼日尔河的情况是这样，刚果河的情况也是如此。为什么不在尼罗河上游驻扎一支法国部队呢？谁都知道尼罗河等于埃及。一旦法国的海军陆战队占据了这条河，尽人皆知的埃及问题又能彻底地重新谈判了。1893年5月，共和国总统卡诺重又实施布拉柴计划。一支特遣部队可以沿着原来的路线开往乍得，朝西北穿越乌班吉沙立地区利奥塔尔的势力范围，然后直取尼罗河。他们势必要从马赫迪分子控制地区的南面和它会合，因为那些伊斯兰狂热分子不欢迎外人。但是神权国家的情况都相仿。在喀土穆南面进击尼罗河，法国人可以跟曼涅里克合作。曼涅里克正在寻求欧洲人的步枪和同情。一小股法国人的出现将会使尼罗河别有一番景色；但如果再加上一支埃塞俄比亚军队同他们在一起，那就简直令人胆战心惊了。

争夺埃及和地中海的较量又一次加剧了。随着较量的加剧，一个又一个边远的非洲国家都被卷入了这场争端：贫穷的刚果殖民地，乍得湖四周的神权国家，乌班吉沙立地区的伊斯兰寡头政权、加扎勒河沼泽地带的游牧部落、埃塞俄比亚的科普特基督教国家和法绍达一带沙滩上居住的石器时代居民都无一例外。至于因争霸而引起这场纷乱的两个欧洲强国则费尽心机，争先恐后地奔向尼罗河上游这片没有多少魅力的不毛之地。沙土地曾一度被视为末等奖。只有19世纪后期的帝国主义者的过人的洞察力，才会把它们看作无价之宝。

但是法绍达计划是充满危险的。外交部不能想象英国人会平心静气地端坐在开罗，眼看着法国人在尼罗河畔安营扎寨。所以，巴黎的政策制定者们不得不抑制一下他们开拓殖民地的狂热。在他们心中，把法国国旗插到尼罗河的计划并不是一个殖民计划，而是一个外交武器。他们想用这支"苏丹问题"的大棒把英国人赶回到埃及问题的谈判桌边来。所以，法绍达计划在执行过程中时断时续，什么时候伦敦变得不易对付，就把它拿出来。巴黎还未下决心把它执行到底，伦敦就已经采取了预防措施。在英国人这一边，他们正努力加强他们在尼罗河流域的实力地位。具体地点在乌干达。在外交部的唆使下，麦金农的公司派遣卢加德深入内地，直达乌干达，加强英国对尼罗河河源地区的控制。在英国新教、法国天主教和非洲伊斯兰传教士们的煽动下，乌干达国内各敌对的派系之间你争我斗，把这个国家搞得乱成一团。1892年年初,卢加德设法把新教徒们扶上了岌岌可危的权力舞台。然而,为了维护新教原则,麦金农耗尽了资财,不得不命令卢加德撤出乌干达。这种做法引起了英国政府的惊慌;因为在埃及的军事情报机构已经预言,一旦麦金农的公司撤离乌干达,法国在乌班吉的部队就会乘虚而入。而且,外交部里的非洲问题专家们又无中生有地谈论来自四面八方的法国威胁。对这些人以及对罗斯伯里勋爵来说,最有效的防御就是向前推进。正式占领乌干达就能拒法国人于尼罗河河源地区之外。把乌干达同蒙巴萨用铁路连接起来,就能进一步使乌干达成为阻挡法国进入尼罗河上游河谷的一个基地。但是内阁中的格莱斯顿派人物却不愿跟罗斯伯里走那么远。他最多只能派波特尔到乌干达去,报告控制这个国家的利弊。

伦敦和巴黎日后都将发现他们投放的保险金额太低了;因为此时另一个非洲瓜分者宣称他对尼罗河流域有兴趣。他比起卡诺或罗斯伯里来,手段更灵活,更狡猾。此人就是比利时国王利奥波德二世。他出人意料地能把君主的圆滑狡诈手段和商人的充沛精力融为一体。尽管洛克菲勒、卡内基和桑福德是平凡起家,但也只有他们可与这位帝王企业家相提并论。他同这些人一样,把赌注押在未来;同他们一样,在一片纷乱中组成了卡特尔;而且,又同他们一样,不考虑后果地孤注一掷。利奥波德白得一个刚果,因为他的这个独立国是列强分歧最小的一个政权。他不用纳税人的钱而自掏腰包来装饰这块新得的皇家领地。但是,正是由于利奥波德的这场非洲赌博不是一个国家行动,而是他私人的冒险,因此,这场赌博一定得有现金收益。在刚果,要做到这一点绝非易事。那里看来既无矿藏,而且老百姓对于为了市场而生产,又没有多少热情。为了使他个人所有的这个帝国能维持下去,利奥波德急需一些可供出口的货品。那里有象牙,也有黑檀木。但是,这些贸易都掌握在阿拉伯人,特别是刚果东部地区的阿拉伯人手中。如果能够的话,他愿意和这些人达成协议。但他的贸易与友好条约对一贯在黑人头上作威作福的寡头政治支持者和垄断商人们毫无吸引力。结果发生了战争,从而把刚果自由国深深地推进到它和尼罗河之间的阿拉伯人领土中了。1891年,它的远征部队在乌班吉建起了哨所,1893年深入到了加扎勒河地区。同年范·克尔奇霍文的部队一直打到了尼罗河上游的拉多。

无论巴黎或伦敦都不欢迎这种迅猛的扩张。法国人对此尤感难堪。利奥波德手下的人无疑地向北越过了1887年利奥波德与法国建议在刚果彼此的势力范围之间大致确定的边界。但是，在1892年到1894年的谈判中，当外交官们想要比较精确地划出这条界线的时候，他们没有一个能对这片土地的位置有丝毫了解。更有甚者，自由国对这片土地的试探性入侵还暴露了法国在乌班吉沙立地区的权威是多么虚弱；而这个地区原定是作为向法绍达采取行动的进击基地的。罗斯伯里也有他自己的困难。他可以命令波特尔把英国的势力范围从乌干达向北扩张；而且，在自由党人最终抛弃了他的领袖格莱斯顿后，他还可以将乌干达本土变成一个正式的保护国。但是，在列强对尼罗河上游地区进行的这场不切实际的角逐中，最保险的方式依然是外交上的纸上谈兵。罗斯伯里在1894年5月确定了两个协议。首先是意大利人成为英国在埃塞俄比亚的利益的控股公司。由于承认了罗马人在欧加登和哈拉尔地区的霸权，罗斯伯里就能理所当然地认为只要意大利人看守着埃塞俄比亚的边境，埃塞俄比亚皇帝对法国人的计划不会有多大用处。其次，英国人想抵消利奥波德的威胁，英国—刚果协定把赤道非洲和加扎勒河的大部分地区置于他的管辖之下，"以制止即将派遣远征队（进入加扎勒河地区）的法国人在那里立足，同时也可以同已经在那里的比利时人周旋……法国人待在那里将是对埃及的一个严重威胁"。

这些外交文件读来娓娓动听，但实际却是枉费心机。罗斯伯里想在尼罗河上游解决埃及问题的笨拙尝试只是招惹法国人做出更激烈的反应。在巴黎，殖民部长认为英刚条约"看来要迫使我方采取新的措施"[①]。其措施之一就是花费7万英镑贷款再次执行取道乌班吉沙立地区进入法绍达的计划。但是，即便到了那时，外交部的阿诺托还想方设法冲淡殖民部的这一计划。远征队将沿着乌班吉河前进，但它却奉命"避免突入尼罗河谷"[②]。到了8月，第二个反击措施也完成了。英刚条约由于法德两国采用联合谴责的传统办法而遭到了破坏。阿诺托感到大为宽慰的是，沿乌班吉河进逼的攻击部队现在可以遣往

---

① 负责殖民地事务的国务秘书致蒙合尔信，1894年7月13日，M.F.O.M.，非洲（Ⅳ），第16~19页（档案19号B）。
② 同①，经阿诺托校订的修正稿。

他处，不致造成危害，以便设法同萨摩利在象牙海岸达成协议。①

罗斯伯里被迫与巴黎直接进行谈判。据传他曾经说"在非洲，只要你们不染指尼罗河流域，想要什么都行"②。就像他的前任索尔兹伯里一样，他希望在西非洲显示他的豁达大度。为了保证埃及的安全，黄金海岸的腹地和在尼日尔河下游介于英法势力范围之间的边界地带均可让出来。但是法国人和英国人一样，对埃及的重视大大地超过了对非洲西海岸的重视，因此，这笔交易无从做起。结果，关于尼罗河和尼日尔河问题的争吵变得日益激烈，以致到了1895年3月，格雷公开警告法国人说，对尼罗河流域的任何推进都将被看作一个"不友好的行动"。形势已经到了剑拔弩张的地步了。

如果说对埃及和尼罗河流域的角逐迄今一直停留在外交活动水平上，那么，现在就将发展为实际的征服和占领了。对非洲的瓜分，随着其高潮的临近，也从开始阶段的漫不经心而变得白热化。旷日持久的瓜分活动，使得新一代政治家们中的某些人物，诸如德尔卡塞和张伯伦之流，不仅把它当作一种旧式的强权政治，而且作为一个非洲的殖民地问题，开始予以认真对待。它使他们在有关地缘政治的问题上患了幽闭恐惧症，担心各国的扩张将把世界上的地盘瓜分殆尽；担心20世纪的强国将是那些把地球上剩下的各个角落都窃取到手的国家。然而，驱使英法两国执行它们尼罗河战略的，却不是这种野心和竞争，而是意大利人在埃塞俄比亚复兴的早期民族主义者手中所遭到的惨败。

这个半封建的一统的犹大狮子国家何以能在数百年来的伊斯兰和加拉游牧部队的袭击下生存下来一直是一个疑问。18世纪中叶以来，皇帝一直只是徒有虚名，而拥立国王的人却掌握着实权。但是，从提奥德罗斯二世于1885年登基后，皇帝和他的封建王公们却慢慢地团结一致来对付日益增长的外族入侵威胁。当1867年纳皮尔的部队进军马格达拉营救被监禁的英国领事时，正是由于他们之间的不团结而使他们无法做有效的抵御。1896年，克里斯比占领蒂格雷并命令意大利军队向埃塞俄比亚高地推进，企图用征服殖民地的胜利来维持他

---

① 负责殖民地事务的国务秘书致蒙台尔信，1894年9月22日，出处同上。
② 法国驻伦敦代办致阿诺托的信，1894年9月22日，A.E. 英国，第897页。

那四分五裂的内阁时,就指望利用这个弱点。但是,他的将军巴拉蒂耶里却比他了解得更清楚。他认为意大利的扩张在埃塞俄比亚人身上"激起了一种消极的爱国主义精神"。① 曼涅里克皇帝不仅通过白人外交的优惠手段搞到现代化武器,而且还得到蒂格雷、戈贾姆、哈勒尔和沃洛的酋长们的支持。1896年3月,这些埃塞俄比亚早期民族主义者在阿杜瓦把意大利人打得溃不成军。这使埃塞俄比亚获得了自由,而克里斯比则被迫下台。这也是非洲的早期民族主义者第一次获得的胜利。马赫迪分子和埃塞俄比亚人一起向意大利的厄立特里亚进逼。意大利人在尼罗河支流阿特巴拉河畔的卡萨拉前哨阵地眼看就要孤立无援了。

阿杜瓦战役使尼罗河流域的政局发生了剧变,12天后,索尔兹伯里命令基钦纳所率领的埃及军队入侵东苏丹。如同他通知克罗默的那样,这一决定"特别是由于想要援助卡萨拉的意大利人而做出的;目的在于阻止伊斯兰教狂热分子赢得意义深远、令人瞩目的胜利;并可使埃及进一步涉足尼罗河流域"。意大利人的困境对英国人来说,确实是个好运气。德国皇帝敦促索尔兹伯里给三国联盟中那个失意的盟友帮点儿忙,这意味着在促使埃及财政部解囊支付入侵费用时,德国人将助一臂之力。但是,如果意大利的失败使英国人有机会进攻马赫迪分子,那么,埃塞俄比亚人的胜利就使得这种进攻势在必行了。在此以前,英国一直尽力使自己不插手埃属苏丹。1890年,索尔兹伯里曾告诉克罗默,"如果马赫迪分子占领了尼罗河流域,他们对未来毫无影响。他们什么也破坏不了,因为没有东西可供他们破坏了"。没有工程技术,他们无法改变尼罗河的流量。"确实……这些人生在世上就是为了把床弄暖了,让别人睡觉"。甚至在1897年,克罗默依然反对向喀土穆进军,因为这样做只会导致获得"大片无用的土地,既难以恰当治理,又耗费钱财"。很明显,那时他们并不急于征服一个新的殖民地。他们小心翼翼地下令入侵,以防止法国人在尼罗河上游采取突然行动。埃塞俄比亚皇帝曼涅里克的胜利似乎使得法国人觉得可以一试了。

---

① S. 鲁宾森:《埃塞俄比亚在非洲争夺中的地位》,莱弗霍姆历史会议文件,罗得西亚和尼亚萨兰大学学院1960年版。

这一着虽然失算，但也有其道理。英国人对于采取这种行动的自满情绪以前是由于下列希望：从西面来犯的法国部队无法一路打到尼罗河；或者即使能够打到，则在意大利蹂躏其国家的情况下，曼涅里克也不会助它一臂之力；或甚至它确实获得了这种帮助，埃及军队也能在任何具有威胁性的法国—埃塞俄比亚联盟形成以前把日益衰落的伊斯兰教狂热分子的国家征服。阿杜瓦战役改变了索尔兹伯里对这些可能情况的估计。埃塞俄比亚人摆脱了意大利人以后，要比原来想象的强大得多。而且，要是他们真像索尔兹伯里错误地怀疑的那样，准备作为法国的同盟者的话，他们确实会变得令人可畏。

　　意大利人的销声匿迹也使得马赫迪分子得以东山再起。据称曼涅里克正谋求与他们结成联盟。这不仅使基钦纳不大可能突破马赫迪分子，并在法绍达挡住法国人；而且使法国人利用马赫迪分子与埃塞俄比亚之间的联盟来对抗埃及本身的这一隐忧再度产生。英国在埃及的赌注太大，因而不允许这种危险情况发生。因此，索尔兹伯里政府决定及时采取预防措施。这样，热带非洲瓜分过程中最后一场大危机的序幕便揭开了。像以前几次危机一样，这次危机也是由于非洲本身事态的变化而引起的。

　　不出所料，对东苏丹的入侵促使巴黎从西面侵入苏丹。① 这使索尔兹伯里的忧虑得到了证实。在基钦纳挥师指向栋古拉后3个月，马尔尚取道布拉柴维尔前往法绍达；拉加尔德返回亚的斯亚贝巴，匆匆与曼涅里克结盟并准备与马尔尚会师尼罗河。埃及军队是否能够把铁路从北面修通下来，是否能够把哈里发打败并在法国人到达以前赶到法绍达，似乎越来越成问题。因此，索尔兹伯里被迫试图从南面来挡住法国人。他加紧修建从蒙巴萨通往乌干达的铁路以补给那里的基地，并于1897年6月，命令麦克唐纳从当地沿尼罗河北上，想在从西面前来的法国人到达以前赶到法绍达。这样，英法对尼罗河地区的争夺触发了4场对埃及苏丹的入侵。法国人正从东西两个方向长途跋涉朝它进发，英国人则南北夹击。

　　长期以来，索尔兹伯里对来自埃塞俄比亚的威胁的担心远远超过他对马尔尚远征军的忧虑。1897年年初，英国派驻曼涅里克朝廷的

---

① 阿尔希纳尔的备忘录，1896年1月20日，M.F.O.M.，非洲，第14号。

特使伦内尔·罗德报告说，曼涅里克看来深受法国人的影响；许多法国人在埃塞俄比亚政府里位居要津，高官厚禄。10月间，这位皇帝又同法国人合作，派遣邦尚的法埃远征队沿着索巴特河直抵法绍达。事实上，曼涅里克只是想利用法国人来对付英国人，因为后者对他的独立看来威胁更大。他又瞒着他们与马赫迪分子达成了协议。对于那次从亚的斯亚贝巴到尼罗河的联合进军，邦尚曾抱怨说："埃塞俄比亚人对这次进军毫无帮助，他们尽一切力量，想方设法不让远征队向尼罗河进发。"①

要是索尔兹伯里早知道这些事实的话，他就不必费那么多心机去征服苏丹的其余地区。但是，根据伦敦所能获得的证据来判断，形势确实不妙。基钦纳到达伯贝拉后，发现马赫迪分子比预料的要强大得多。他对希克斯帕夏在沙漠中遭到的厄运犹有余悸，提出要用白人军队。大臣们却十分不愿意把英国兵派到那里去。原定此时应从南面到达法绍达的麦克唐纳的部队，由于军队的哗变和巴干达人的叛乱，竟然尚未启程。英国在南线的战略，就同法国在东线的战略一样，也出了差错。除了加紧从北面征服苏丹外，别无他法；1898年1月，或许既出于害怕神出鬼没的马赫迪分子的反攻，又出于害怕法国人进逼法绍达，英国人给基钦纳派去于白人援军，命令他攻占喀土穆。于是，英国军队与马赫迪分子之间的困难复杂情势，终于将他们拖入了对东苏丹大片他们并不想要的领土的征服。这和1889年以后法国军队由于同阿摩利的好斗的伊斯兰神权政治组织之间的纠缠而卷入了西部苏丹如出一辙。在这件事中，早期民族主义的宗教狂热对欧洲帝国主义进入非洲所起的作用，远远超过欧洲政治家们和商业利益所能做到的一切。

这种种头绪在1898年夏天集结到一起。9月2日，基钦纳的机关枪被证明比喀土穆哈里发的马赫迪分子更厉害。英埃共管统治不久在苏丹扎了根。6个星期前，一支筋疲力尽的法国—埃塞俄比亚远征队一路跋涉，来到了法绍达附近的索巴特河与尼罗河汇流处，盼望找到马尔尚。马尔尚却不在。一位俄国上校把一面法国旗插在尼罗河的

---

① 邦尚写的备忘录，"与马尔尚会师不可能的理由"，未注明日期，M.F.O.M.，非洲，卷宗Ⅲ，档案第36号A。

一个岛上以后，他们就离开了。3个星期后，马尔尚亲自抵达法绍达时，那里已无人迹。但这种情形没有维持多久。9月19日，基钦纳率领的各团乘炮艇沿河溯流而上，迫使马尔尚逃去。

乍看起来，英国人在法绍达似乎是杀鸡用了牛刀。索尔兹伯里耗费数百万英镑，从下埃及和蒙巴萨两个方向穿过沙漠，越过丛林，把铁路修筑到维多利亚湖和尼罗河上游；他派遣一支庞大军队深入沙漠，差一点儿同法国人开战；而所有这些只是为了恫吓8个法国人！为了尼罗河流域的这片不毛之地，值得如此大动干戈吗？连维多利亚女王这样一位主张帝国扩张的人都反对为了"一个微不足道的可怜的目标"而进行战争。然而，在法绍达，这出戏剧逐渐转入低潮，而在欧洲却引起了一次高潮。整整两个月，形势一触即发，谁也无法预卜英法之间是否会爆发一场战争。当然，这不是仅仅为了法绍达，主要是为了这场穷乡僻壤所象征的英国在埃及和印度的安全。以及法国在地中海的地位。最后，巴黎让步了。在德雷福斯案件以后的一片混乱中，布里松内阁不得不避免与英国人进行一场海战，这场海战，即使有俄国人帮忙，看来他们也难以取胜。1899年3月的英法宣言把法国排除在整个尼罗河流域之外。作为补偿，它获得了东起达尔福尔，西至乍得湖的中部苏丹。埃及问题就这样解决了。1904年的英法协议只是予以确认而已。随着这个问题的解决，对埃及说来，地图上的边界划分最后本来可以和开始时一样，但这已经为时太晚了。到了此时，热带非洲已经没有剩下的地方可分了。

这场为夺取埃及和尼罗河的主要斗争，在非洲其他地方产生了副作用，造成了一系列次要的自成体系的争端。这些争端以英法之间在尼日尔河中游地区的对抗最为严重。19世纪90年代初，这件事还一直像列强争先恐后瓜分非洲的最初10年一样，只是徒有声势。那里的政治气候随着尼罗河问题谈判的情况忽冷忽热。直到基钦纳侵犯了马赫迪分子的苏丹，马尔尚以进军法绍达作为回击的时候，西部非洲的争吵才开始有了实质性内容。1896年后，这场较量日趋激烈。卢加德和其他一些掠夺者在尼日尔河河套一带部族领地周围进行混乱的争夺。从伦敦的立场来看，这种进行抢占和远征的混乱局势是一种令人讨厌的事，因为这对于至关紧要的尼罗河问题无足轻重，除非是为了标明一些地方，作为筹码，以便对不可避免的解决方案讨价还价。

但在巴黎官方的心目中，对尼日尔河中游地区的争夺，都有更为重要的意义，因为它同法国的尼罗河政策有着直接的联系。假如法绍达计划要取得成功，就必须建立从西非基地越过加扎勒河，到达尼罗河上这个新阵地的牢靠的交通联系。同往常一样，这种策划决定了所有的道路一定要通向乍得湖。法国殖民部长写道："我们的主要要求必须是，把我们在（法属）苏丹的属地，同在乌班吉河一带的属地连接在一起，再把后者同尼罗河连接起来。在尼罗河和乌班吉河之间局势是大有希望的。……而在乌班吉和（法属）苏丹之间，我们想要达到预期的目标，就必须依靠派遣（新的）远征队。"① 为了要执行这些指令，他们试图两路并进。一支部队从刚果北上，力争与拉比达成协议，因为他依然占有乍得湖的东岸和南岸。但他们发现拉比并不容易安抚。再者，法属刚果过于贫困，无法大量支援这路进军。另一路派卡泽马儒从法属苏丹出发，越过尼日尔河河套直抵乍得湖西岸。但这路线使他进入了索科托，从而践踏了1890年签订的规定英法势力范围的条约。与此同时，一支来自达荷美的支援部队威胁要把尼基和博尔吉两地从尼日利亚北部的戈尔迪的摇摇欲坠的帝国中分割出去。

简而言之，英国人在西非的一系列退让现在即将告一段落。在殖民部，有几个有权势的政治家急于建立一个非洲帝国来推行新帝国主义。张伯伦就是其中之一。原来的一派对待瓜分的态度是根据承担有限义务这一原则，这个原则支配着他们的全部外交政策，而张伯伦则相信对一个垮台的对手应给予痛击。为了在尼罗河向前推进，他们准备在尼日尔河后退。但张伯伦却主张要么两者兼得，要么两者俱失。他在1896年并吞了阿散蒂后，进而与法国人争夺沃尔特各酋长国的所有权。这场新较量很快使得尼日尔河地区的争吵更趋激烈。为了保住博尔吉和索科托，他迫使戈尔迪的公司也采取好战态度，这种态度既使其利润受到损害，又为外交家们所不齿。他坚持一定要用武力把卡泽马儒逐出索科托，但这位探险家已经死了，这种做法未免多余。双方尽管有这番斗争，还是签署了一个条约。但他们的眼睛却盯着别处。索尔兹伯里否定了他的殖民大臣的政策，并辩解说："如果我们中断谈判，……这只会使我们在尼罗河流域增添困难。"阿诺托则盘

---

① 殖民部致法属刚果总专员信，1897年4月15日，A.E.F.卷宗3D。

算：一个协议可以阻止英国人用"怨言和要求补偿的策略来阻挠我们提出有关埃及问题的要求"。于是，在 1898 年 6 月 14 日，他们终于达成了协议。法国获得了上沃尔特和博尔吉，而比邻的伊洛林和索科托则留给英国。

就伦敦而言，西非问题就到此告终了。由于埃及危机开始而引起的这个问题，在该危机尚未了结以前就能干净利落地被埋藏起来了。然而对巴黎说来，西非问题却仍未了结；它的终结是促使埃及问题继续存在的一个必要环节。乍得湖战略已经完全失败；同英国人达成协议，就有机会保住廷巴克图到法绍达这条路线不受张伯伦的西非边防部队骚扰。当英法谈判正在全力进行的时候，巴黎已在组织一支部队，准备一劳永逸地解决乍得问题了。这支部队起航去非洲的日子，由于时机上的某种巧合，刚好是协议签署后的第二天。这个由武莱和夏努安率领的远征队，从规模上讲，比马尔尚的那个远征队要大。他们朝东进发，从廷巴克图直取乍得。他们在那里将最终给予让蒂尔和刚果政府一个机会，使他们能把他们的意志强加于拉比赫。另一个远在撒哈拉北面的由富罗和拉米所率领的远征队也正在向乍得集结。尽管这支部队不在主要计划之内，但后来证明解决问题的竟是他们。

马尔尚在尼罗河的惨败使这些计划失去了主要内容。法绍达失利后，法国舆论不再赞助在非洲丛林中进行冒险了。政治家们不愿与议会再度发生冲突，想置拉比于不顾，让他自食其果。刚果总专员更不愿冒险；他提议法国应同他达成一项松散的协定，允许他"在贝努埃河左岸随心所欲地行事"。① 武莱和夏努安失去了理智，跟他们的军官同僚们发生了火并，并窜入西苏丹的荒漠中准备自己建立一个帝国。消息传到巴黎，法国更不急于同他们的伊斯兰对手决一雌雄了。但是，决定此事的不是巴黎的深思熟虑，而是当地的局势。同拉比根本无法达成协议；他相继向让蒂尔、撒哈拉远征队、武莱和夏努安的残部发起了攻击。1990 年 4 月 21 日，这三支法国部队会师了。第二天，它们就跟拉比打了一仗，一举解决了乍得争端问题，推翻了拉比，并组成了一个由阿尔及利亚、法属苏丹和法属刚果三者组成的联邦。旷日持久的纠葛终告结束。

---

① 法属刚果总专员致殖民部信，1899 年 11 月 24 日，A.E.F.，卷宗 3D。

摩洛哥、利比亚和刚果还要做进一步调整。但这些调整已是第一次世界大战序曲的一部分，而不属于这次争夺了。到了1900年，那些瓜分非洲的指导者已经把热带非洲处理完毕，就等那些当政者来落实纸面上的协议，从而使他们的征服能有所收益。大局已定，无可挽回。这些征服把欧洲各国与非洲各民族的命运交织在一起，以致将来难分难解了。

决策者们在19世纪80年代的野心只不过是打算在这些领土周围筑起外交篱笆，用非正式的控制手段，把它们原有的统治者牢牢地束缚起来。但是，这种办法对于埃及和埃塞俄比亚早期的民族主义者，对于突尼斯和苏丹的伊斯兰复兴分子，对于尼亚萨兰和刚果的阿拉伯奴隶贩子，对于乌干达和达荷美的泛神主义王国，都无济于事。这些人不愿进行合作。对他们只能加以征服。一旦征服后，就必须给予治理，而进行治理后，则必须加以开发，以便支付行政费用。但由于非洲地图上蓝、红、黄、绿的新色彩在欧洲选民中唤起了自豪或羞耻感，因此，这种开发便被说成是进步和托管了。

这种从纸面上的帝国到实际的殖民地的演变过程，绝不像经济计划或帝国热情那样合情合理或目的明确。索尔兹伯里的尼罗河流域战略的结局是不可思议的，正如它曾经出人意料一样。在20世纪初，为了支付占领埃及和苏丹的耗费，政府不得不动用原定用于在尼罗河上筑坝防止洪水和发展吉齐拉长绒棉的公共基金。为了赚回建造乌干达铁路的费用，政府必须为铁路提供有利可图的货物运输。这是促使白人移居肯尼亚的最大动力，而且也大大地推动巴干达人变成种植经济作物的农民。其他地方的变化过程也完全一样。在鲁梅和蓬蒂治理下的法属西非洲的开发是在总督府经过重新组织，以吸引来自法国的投资后才开始的。而德国由于俾斯麦对法国的政策的突然改变而意外获得的殖民地，则一直遭到冷落，直至1907年德恩伯格才进行全面建设。

所以，对非洲领土进行这种开发是当初占领时所没有预料到的。更重要的是在这场开发中，政府本身被迫带头。企业家们仍不愿轻率地投入非洲的冒险事业中。因此，大部分资金和技术必须从公共部门抽调。时至今日，瓜分非洲的种种策略和错误都被合情合理地辩解成是为了建立非洲帝国。但理解这种帝国主义的关键在于它的因果关系。非洲的瓜分不是由实业家、传教士或帝国缔造者们发起的，而是由一伙外交官发起的。他们只是把非洲大陆作为他们在别的地方谋取利益的一种工具。但是，这种纸面上的瓜分一旦发起后，就由于欧洲人与非洲的早期民族主义者即带有宗教色彩的革命者之间的冲突而变成了占领和殖民地。只是在这个过程将要结束时，企业家们才姗姗来迟。这时，由于欧洲在处理非洲问题时从来不把它的居民考虑在内，已经不得不为这种做法付出代价了。这种因果关系同传统理论所假设的情形恰恰相反。不是帝国主义造成了非洲的瓜分，而是瓜分造成了帝国主义。

正当埃及危机使瓜分非洲的活动变得错综复杂时，另一场自成体系的扩张活动在次大陆的南端也达到了高潮。地处温带的南部非洲，与大陆的其他地方不同，是由白种人开拓的。这些白种人，自从大迁徙以来，一直把他们的家园向北推进，从奥兰治河和瓦尔河流域直达赞比西河及更远的地方。他们一面推进，一面把沿途的班图人征服。而且，在19世纪最后的25年中，投资者和商人们用欧洲的工业力量来开发这里的殖民地经济，其规模之大，亦为非洲其他地方所罕见。自从金矿发现后，殖民地化的进展在深度和广度上更有了显著的增长，使得新的资金和移民源源不断地迅速流入。因此，南方的危机起因于白人殖民社会的迅速发展，而不像大陆的其他地方来源于一个东方帝国的衰亡及其带来的一系列余波。而且，这个危机是因为殖民者之间相互冲突的民族愿望，而不是因为列强间的抗争引起的。英法在埃及问题上的争吵，尽管对其余地区至关紧要，但对非洲的这一部分却毫无影响。偶尔，德国人好像要插一手，但他们在危机中起的作用是微不足道的。这场瓜分与其说是伦敦的帝国政府和当地的殖民者之间的事，不如说根本上是在南非的英国人和布尔人之间的事，而当地的班图人只是在一旁冷眼观望。然而，南非和埃及的紧急情况至少在这一点上有相似之处：两者都不是由帝国主义的野心引起的。两场危机的起因都是由于维多利亚时代后期的人物，为了对付民族主义的挑战，维护旧制度的至高地位，几乎不由自主地征服和占领了更多的土地。就在他们的憧憬和现实之间，他们行动的动机和效果之间，在南非，如同在北非和中非一样，投下了帝国主义这一阴影。

直到19世纪70年代，伦敦官方一直满足于通过对开普殖民地和纳塔尔殖民地的控制来确保经好望角通往印度的航路。他们对内陆地区布尔人的共和国德兰士瓦和奥兰治自由邦的不牢靠的独立听其自然发展。但是，在金伯利发现了钻石并开始投资和修筑铁路后，英国人的目的开始不同于他们在埃及和热带非洲的目的，而变得明显地具有帝国色彩了。对于建立殖民地，英国殖民部先是企图阻止，继而又想置之不理。但是，开拓殖民地的进程已经发展到了如此地步，因此，这时除了将它的属地和那些共和国联合成一个实行自治的自治领外，再没有其他办法了。这种形式的帝国结构，其成功的典型就是澳大利亚的责任制政府和1867年的加拿大联邦。南非殖民地居民团体，一旦在英国国旗下结合在一起，并摆脱了唐宁街形式上的控制，毫无疑问，他们同英国的利害关系将使得他们也效忠于英帝国，而这种关系即便不是血缘和文化方面的，也是贸易和自由方面的。确实，这种促使各阶级实行合作的办法，就开普殖民地荷兰后裔的情况而言，是行之有效的。他们是生在南非的阿非利卡人中最英国化、最商业化的一伙，1872年成立了可靠的自治责任政府。这种做法，在奥兰治河以北地区的布尔人身上，本来也是可行的，但就德兰士瓦的布尔人的情况来说，事实证明却难办得多。他们与英国之间的贸易和文化联系最少；在"大迁徙"中，他们为了摆脱帝国的统治，迁移到最远的地方；因而他们是布尔人中反英情绪最浓厚、共和倾向最强烈的一伙。他们乐意让别的外国宋插手南非事务。幸运的是，或者在迪斯累里的殖民大臣卡纳尔文看来幸运的是，这两万多名来自17世纪欧洲、笃信加尔文教的边境农民，人数不多，十分贫困，并被敌对的班图人所包围，所以无法阻挡19世纪时代前进的步伐。1876年，卡纳尔文兼并了他们的国家，企图迫使他们加入一个帝国联邦，由远比他们更为富裕，人口更多而又更可靠的开普殖民地予以控制。但是，就像埃及人和突尼斯人一样，3年后德兰士瓦人奋起反抗入侵者，争取独立；关于建立联邦的美梦就在1881年的第一次布尔战争的烽火中化为泡影了。更有甚者，帝国侵略的印象在讲阿非利卡语的南非人中唤起了一种民族团结的情感，使他们想要同他们在瓦尔河以北的兄弟们团结起来。格莱斯顿内阁意识到"布尔人将会竭尽全力对抗我们的统治……如果我们征服了这个国家，我们只能用武力来保住它。战争的延续，即使不在开普殖民地本身引起一场叛乱的话，也会把我们卷入一场同自由邦以及德兰士瓦的布尔人的较量"。殖民地的忠诚动摇了,阿非利卡精神在克留格尔的叛乱中似乎使人们团结起来。为了避免在布尔人和英国人之间造成一场"种族战争",英国的自由党人明智地忍受了在马尤巴山蒙受的耻辱,允许德兰士瓦人重新建立他们的共和国。

于是,近代的阿非利卡民族主义运动就在卡纳尔文的粗暴干预引起的反应中出现了。它把"大迁徙"的历史当作它的神话,以"非洲是阿非利卡人的非洲"作为口号。在开普殖民地,霍夫麦耶的农民保护协会,同自由邦和德兰士瓦的阿非利卡协会的扩展结合起来,便显示出布尔人的政治觉悟是怎样在巩固中。同样地,S.J.杜托伊特的阿非利卡语运动和荷兰改革派教会的牧师们也显示了他们准备维护他们自己的文化遗产来反对英国化的决心。阿非利卡人的民族主义,由于面对着这样一个帝国,它对班图人的豁达大度威胁了殖民地居民作为一个白人贵族的地位,因此,这种民族主义必然是反帝的。但他们的领袖们在大部分情况下都是温和派,决不是不愿意同英国当局合作。然而,在兼并德兰士瓦的企图失败后,那里发展的民族主义就变得更为自信,格外极端化了。德兰士瓦人日甚一日地从需要南部非洲的团结转变到坚持一种浪漫的独立自主主义;从为了建立一个新国家,发展到要摧毁一个旧帝国了。

对英国的政治家们来说,想把这个由好斗的民族主义者居住的巴尔干化的南非变成另一个加拿大并不容易。它的边界那边没有一个像美国那样的邻国,以便使布尔人确信帝国是维护他们民族特性的最好保证,如同当年法裔加拿大人被说服的那样。而且,在加拿大,向西开拓殖民地,一直推进到太平洋沿岸的,是占多数的讲英语的加拿大人;而向南非腹地扩张的,则是占多数的讲阿非利卡语的南非人。唐宁街为了维持它在3个阿非利卡人控制的自治政府中的至高无上的权势,要做的事情太多,因而只能把建立自治领的步伐慢慢地加快。直至1895年,英国政府一直等待它的殖民地合作者凭借英国资本和移民的输入,从内部促成一个帝国联盟。它一再使它的政策迁就开普殖民地内阁的观点,以免得罪它这个主要盟友。它非常审慎地对待德兰士瓦,唯恐与民族主义者的公开争吵会像这个国家在1881年曾威胁要做的那样,把阿非利卡人团结起来,反对帝国。由于对殖民地和对共和国一样采取姑息让步,南部非洲的"帝国因素"就逐渐消失,在各方面均以"道义影响"取而代之。只有一方面是例外:伦敦插手帮助殖民地进行扩张,而设法阻挠共和国扩张。其目的是为了保证在最终建立联邦时,帝国的成分可占优势。

因此,一切都有赖于使南部非洲的力量平衡,对开普殖民地的未来有利。1884年,俾斯麦宣布把安格拉皮奎那湾置于德国保护之下,英国听从了开普敦的请求,立即将贝专纳和圣卢西亚湾置于帝国的控制之下,从而挡住德国人和德兰士瓦人的直接接触。然而,具有讽刺意味的是,使得力量平衡变得对开普殖民地不利而使共和国受益的,倒不是德国人的外交,而是在淘金热潮中,倾入德兰士瓦开发威特沃斯特兰的英国资本。到了19世纪80年代末,这种倾向已经日趋明显。随着南非的繁荣中心从海港向共和国的金矿所在地转移,各殖民地如醉如狂地把铁路向北伸延,以追求新的"埃尔多拉多"①的贸易。显而易见,殖民地的岁入和农民的生计,不久将要依赖德兰士瓦的市场了。另一方面,克留格尔政府却宁愿把它新获得的经济力量使用在加强整个南非的共和制度上。他不惜跟开普殖民地的阿非利卡协会相对抗,也不让开普殖民地的铁路通到兰德地区。同时又用新获得的财富来修筑一条通向迪拉果阿湾的铁路线,从而使共和国摆脱殖民地的港口和关税的桎梏。随着这场经济革命而来的是一场以关税、铁路和地盘为武器的求生存的长期斗争。在斗争中,开普殖民地的金融和商业阶层将他们的势力向北扩张,以求未来的发展,而德兰士瓦在铁路和新的讲英语的移民居住点包围下被威逼利诱跟它结成有利可图的商业联盟。

正是南方的这种殖民化行动和资本输入的高潮及这场商业上的内战促使了对领土的争夺,向北到赞比西河,继续伸展到尼亚萨湖和刚果自由国的南部边境。这种开拓疆域、建立帝国的十足劲头,在大陆的任何其他地方,都找不到相似的情况。然而,在这个过程中,身居白厅的人物所起的作用,如果不是名存实亡的话,也是无足轻重的。议会拒绝为一个被保护国或一条殖民地铁路付出任何代价。整个主意、数百万资金及伦敦和开普敦之间的政治安排,一句话,主要的原

---

① 南美关于"镀金人"的传说,后引起了寻找"黄金国"的活动。——译者

动力，都来自一位名叫塞西尔·罗得斯的人的杰出才华。凭借着路特希尔德家族、德比尔斯公司和统一金矿公司对他的绝对信赖，他和利奥波德二世本人一样；熟谙如何使大生意对政治产生作用，而另一方面又熟谙如何使政治为大生意服务，同时却又保留理想主义这件华丽的外衣。他好高骛远，不善深思；然而完成的计划却大大超过他的许诺。他是一个充满幻想、无暇考虑收支平衡的金融家。他不擅长辞令，但作为一个政治家，却又出类拔萃，在南非他俨然是个阿非利卡人，在伦敦他又以一个帝国主义者的面目出现。他对自己和对南非命运特有的炽烈信念，使他的出尔反尔的性格也变得情有可原了。

1887年，他手下的探矿者告诉他，马塔贝莱兰的黄金储藏量将会和约翰内斯堡的一样富饶。他就着手获取这块地方，作为"把一个统一的南非置于英国国旗下"的一种方式。他断定"如果我们得到了马塔贝莱兰，我们就获得了非洲的力量均衡"。这句话充分体现了他的性格。他还说服索尔兹伯里政府同意了这一点，这也是他的特色。政府部长们，由于希望再发现一个和兰德一样的金矿，以及在洛本古拉的王国里建立一个坚强的英国殖民地，以抵消德兰士瓦的崛起，在1889年批准给予罗得斯的南非公司特许状。这场交易的部分内容，就是要罗得斯把开普殖民地的铁路修通到贝专纳，从而使财政部摆脱这个一贫如洗的被保护国的重负；实质上是罗得斯以20种不同的名义，进行各种工作并承担费用。帝国当局既害怕出现反对帝国的议会，又怀疑开普殖民地政府由于阿非利卡协会的阴影而对它不忠诚，也只好利用这位钻石大王而别无他法了。在北方，只有罗得斯才能使帝国的势力保持平衡：只有他一个人，先是作为霍夫麦耶的政治盟友，不久又作为开普殖民地的总理，才能在一场南非的争霸斗争中使阿非利卡协会保持忠诚。克留格尔和他的民族主义自由民们的不妥协态度，迫使罗得斯为取得决定权而承担费用。在罗得斯的坚决要求下，索尔兹伯里不顾葡萄牙的要求和维多利亚女王的抗议，一反他自己原来的意图，在1890年把北罗得西亚和南罗得西亚一起都划归南非公司。而且，又是依靠罗得斯的资助，索尔兹伯里才能在1891年把尼亚萨兰变成了被保护国，从而使这块由利文斯敦开拓的土地不致被信奉天主教的葡萄牙人所进占。从此以后，白厅就牢牢地抓住这位巨人不放了，而罗得斯在南非也俨然成为一个"独立力量"。对白厅来说，问题不在于促进英国的贸易和投资，而是把殖民地居民和资本的固有的中立运动纳入他们既定的帝国蓝图中去。由于害怕激起阿非利卡人的民族情绪所带来的风险，他们即便有钱，也不能直接这样做。而罗得斯不仅财力雄厚，而且在开普殖民地的阿非利卡人中，是个头面人物。所以，这件事必须要他来替他们做。

但是，到了1895年，这位开普殖民地总理的一切规划，看来都快成泡影了。传说中的马塔贝莱兰黄金并未成为事实，而德兰士瓦地层深处的黄金矿脉却是有利可图，并且几乎是取之不尽的。那些原来打算移居罗得西亚殖民地的移民们现在加入了约翰内斯堡的外国移民行列。在此后的一段漫长时间里，林波波河以北地区这个砝码在帝国的天平上几乎是微不足道的。贝专纳铁路和南非公司的股票暴跌，而威特沃特斯兰公司的股票却上涨了。帝国缔造者们一贯想以开普殖民地的优势地位作为基础来建立一个自治领，在他们苦心经营40年之后，如今却确信这一联邦的基石是在他们鞭长莫及的德兰士瓦共和国。1894年，克留格尔开放了迪拉果阿湾铁路。尽管开普殖民地从此有一条铁路线可通兰德，但它在交通运输和贸易上的比重却每况愈下，而德兰士瓦和纳塔尔所占的巨大份额则与日俱增。一年后，这场铁路和关税之战在浅滩危机中，几乎使开普殖民地和共和国之间发生武装冲突。但是，无论什么威胁都无法迫使德兰士瓦人按罗得斯的条件，同他结成一个商业联盟。克留格尔占着各种优势，而且，他知道这一点。可靠的兰德公司和迪拉果阿铁路二者合在一起，使他达到了主宰殖民地贸易前途的地位。罗得斯和张伯伦怀疑他还会决定建立一个南非共和国。于是，他们就打算推翻他的统治。

1895年年底，罗得斯在约翰内斯堡组织了一次外来移民的叛乱，结果以惨败告终。更糟的是，詹姆森博士的"袭击"事件暴露了阴谋，把帝国当局也牵连进去。整个南非的阿非利卡民族主义者再一次团结起来，反对英国的侵略。在开普敦，罗得斯垮台了，政府落入敌对的阿非利卡协会手中。在自由邦，稳健派被更严峻的民族主义者所取代。这些人不久便同德兰士瓦结成了范围广泛的联盟。开普殖民地、奥兰治自由邦和德兰士瓦的阿非利卡人团结一致，保卫共和制度。德国小心翼翼地给克留格尔以外交支持，希望借此机会促使英国人更接近三国联盟。如果说兰德公司打破了经济上的平衡，那么，罗得斯也已经使得政治上的平衡不利于帝国统治的前途了。

这种大祸临头的看法并不是罗得斯独有的。高级专员罗宾逊和米尔纳，殖民大臣张伯伦和塞尔伯恩均有同感。1896年年初，殖民大臣们终于相信，德兰士瓦必须迅速予以兼并"在英国国旗之下，以加拿大的自治领为榜样，成立一个邦联"。不然，它"必然会把（殖民地）合并……成立一个（共和制）的南非合众国"。但是，内阁的其他阁员对这种激烈的论点都十分怀疑。他们想起阿非利卡人的民族主义对第一次布尔战争所产生的反应，认为殖民地的命运尽管一蹶不振，但另一场战争将会使帝国失去整个南非。而且，这样一种争端在英国也会是非常不得人心的。索尔兹伯里内阁决心单凭施加外界压力来迫使克留格尔就范——也许通过占有迪拉果阿湾；或者通过笼络德国人；或者通过威胁和恫吓的手段为外来移民取得选举权；总之，通过战争以外的一切手段，把兰德公司纳入南非贸易联盟中来。他们这种避免武装冲突的努力是在重演格莱斯顿对待阿拉比的故技。但事变再一次不以人们的意志为转移，结局和他们的意愿大相径庭。罗得斯和南非极端的殖民地政党要求使用"道义劝服"这一更加严厉的武器。这些人作为帝国在南非剩下的唯一合作者所表示的忠诚，是帝国不敢丢失的。英国政府听从了他们的话，结果引起了战争。这场战争最后是克留格尔宣布的，这跟以前阿拉比的情况相似。不同的是，格莱斯顿内阁只是在事变以后才认识到他们在埃及铸成的大错，而索尔兹伯里内阁却不幸在事前就心中有数了。希克斯-比奇抗议道："我希望不要让米尔纳和那些外来移民们把我们拖入一场战争。"首相沮丧地承认他们已经做到了这一点。他冷静地、清楚地预见到布尔人的民族主义对帝国的事业将要施加的报复。1899年第二次布尔战争爆发前夕，他就预言道："即使他们屈服了，布尔人也会在一个世代里仇恨你……要是他们进行反抗而被打败的话，他们会对你更加恨之入骨……但考虑这些，也于事无补。米尔纳所做的一切，也无法消除……而这一切都是为了我们所讨厌的人，为了那些既不能为英国带来利润，又不能带来力量的领土。"

因此，占领南北罗得西亚和征服德兰士瓦是实行殖民化的过程所带来的一个结果。在这过程中，阿非利卡人和英国民族主义者的斗争已经退到帝国的控制范围之外。一旦经济发展把反对帝国联系的敌人提高到比殖民合作者更占优势的地位时，伦敦政府就企图从外交上把南非再一次拉回到帝国路线上来。但是，在试图把南非建成另一个加拿大的过程中，他们只是造成了另一个爱尔兰。从这个观点出发，这可以说是"画虎不成反类犬"了。但这一错误还不仅到此为止；因为最后他们为了想在自治领内建立帝国霸权这样一个过时的概念，为了已经成为美妙幻想的事业而打了一仗。

尽管19世纪末，所谓的新帝国主义在亚洲和非洲地图上施展了令人惊异的瓜分花招，但是，它只是早期欧洲的扩张活动所造成的第二种结果。在美洲和其他白人领地建立殖民地，已成为一个持久的成就，因为这是用大西洋沿岸土地的人力、资金和文化来进行建设的。到了这时，它们在经济上逐渐增长的自给自足的状况已使它们摆脱了欧洲控制的轨道，不管欧洲在纸上还可能留下多少当年霸业的遗迹，或者凭借武力，一时还能卷土重来。但是，对欧洲来说，这段时间也并不是它的衰落时期，它当时正把精力用来进行最大限度的推进。旧时的殖民地的潜在力量已经大大成熟，以致自身在当地开始进行扩张。加拿大人和巴西人已经组织开发内地，而美国人和澳大利亚人更是伸展到太平洋地区。南非也已向北扩张到了赞比西河的北岸。不管打着什么旗帜，不管披上什么伪装，欧洲的那种对外扩张的精力仍然在为西方文明或其衍生形式取得永久性的成果。

这种情况对于在亚洲和非洲匆匆拼凑起来的令人眼花缭乱的那些帝国却根本不适用。这种新帝国主义的进展主要是为了弥合那些旧帝国身上的裂痕。这些帝国与欧洲对外扩张的推动力之间的联系是间接的。它们不是国民认真注意的目标。它们在拼凑起来后不过3/4世纪的时间里就分崩离析了。把这些华而不实的创造看成是实力平衡或资本主义最高阶段带来的必然作用，这将是容易受骗的历史编纂法。

尽管如此，对亚洲和非洲说来，这种新帝国主义却是一个十分重要的因素。欧洲进行扩张的副作用之一，就是把以前按照传统方式实行统治的社会的外壳加以磨损或弄破。将近19世纪末,这已经造成了一种社会流动性,对于这种流动性,西方人这时不敢予以认可,也不敢采用支持新生集团中最有活力的部分那种旧办法来加以利用。尽管进行扩张的疆域越来越深入这两个大陆的腹地,但19世纪初期的扩张所显示出来的那种充满自信的盘算却已丧失殆尽了。

诚然,西方现在已推进到非常遥远的地区,因而没有多少余地可以进行原来那种创造性的干预。俄国人没有多大机会同希瓦和布哈拉的伊斯兰酋长们进行卓有成效的合作,正如法国人和英国人没有什么机会同苏丹的神权执政者进行合作一样。当中国、东京湾地区或斐济岛的人民遇到局势动荡的时候,他们的第一个反应就是聚集在王朝的周围。这和非洲的摩洛哥人或埃塞俄比亚人聚集在他们统治者的神授权力周围是一样的。这种运动在它的结果方面是早期民族主义的,但它是一种反抗事实的、浪漫主义的斗争,是被正在变化的新时代所震惊而又无法安心的一些社会集团所提出的激烈抗议。然而,在对待西方问题上,也有更积极的反应。埃及和地中海东岸诸国的更为成熟的民族主义,中国光绪年间的维新派,并入印度国大党的大陆联盟的各个派系以及非洲的分离派教会——它们都以自己不同的方式,计划按西方人的模式来改造他们的性格和重新取得权力。

这些反应也许是各种各样的,但所有这些运动都属于同一种倾向。不论从野蛮的对抗直到老练的合作这种潜在的可能性相差多大,但它们中间的每一种都有自己的成长因素。西方的力量在打破它们的传统方式与引进交换经济和官僚国家的同时,把它们也投入了变革之中。它们逐个地暴露在急剧的社会变化面前,随之而来的是统治者与臣民之间的冲突、新的社会中坚的出现和道德标准的改变。在这一切动乱中,西方能听到的,只是一片告急声。但是,就像它的种族优越感的偏见混淆了对帝国主义的分析一样,它的达尔文主义强调了这些社会的衰落和分崩离析的迹象,而不考虑这掩盖了它们的成长因素。

欧洲是在对付这些早期民族主义者的觉醒的过程中,被诱入所谓的帝国主义时代。这种觉醒又导致了后来出现的近代反对外国统治的斗争。但是，这种习惯的表达方式掩盖了实质。帝国主义一直是社会变革的主要动力，而殖民地的民族主义的作用一直是次要的。世界革命是这两者之间相互作用造成的。民族主义一直是帝国主义通过其他方式的继续。

（姚乃强　徐式谷　译）

第二十三章
太平洋上的扩张和对中国的争夺

在太平洋上和中国地区竞相扩张，是19世纪最后30多年突出的特色；但是，要求扩张的日益增大的压力，在一个很长时期内，不是首先来自欧洲的各国政府。1894年前，这种压力几乎完全来自亚洲各国政府和他们的外国顾问，或来自澳大利亚和新西兰、太平洋各岛以及亚洲的欧洲殖民者和官员。在1882年到1885年的短暂期间，由于一些特殊的原因，后一部分人是受到欧洲的官方的有力支持的；但是，撇开这一点不谈，欧洲各国政府到这个世纪的最后几年，一直不愿把他们的责任和竞争扩大到这个地区。

在这个地区最初出现的一些问题中，有的是由于欧洲人在某些太平洋岛屿上扩大贸易和移民而产生的。欧洲人之间以及欧洲人与土著之间的冲突，早在1870年，由于贸易和种植园农业的兴起和交通的进步，以及由于这些发展打乱了当地固有的社会和政治制度，因而变得严重起来。在斐济岛问题上，英国殖民部已经在12年前拒绝过英国的移民所提出的建议；这些英国移民也害怕斐济被法国兼并，因而建议，这些问题应通过由英国实行兼并的办法来解决。英国不愿冒与法国发生争执的风险。此后，尽管治理不善，混乱日增，移民的人数（主要是从事贸易和棉花生产的英国人）仍不断地增多。1870年，几百名居住在斐济的英国臣民，再次提出请求，要英国兼并这些岛屿。同时，土著领袖们请求英国像美国在夏威夷所做的那样，建立一个保护国并帮助他们建立一个现代化的土著政府。土著居民还向美国和德国提出割让领土。这些请求没有得到反应；所有各国政府抱有同样的愿望，即避免由于殖民地增多而要承担的开支和责任。

澳大利亚和新西兰这两个殖民地，要比英国对于这些岛屿上混乱日益增多的情况更为熟悉，对于其他大国在南太平洋上的扩张，更加感到害怕，而对于欧洲的问题，则不像英国那么关心。许多澳大利亚人公然采取帝国主义的态度。悉尼的约翰·兰牧师写了一本书，极力主张在西南太平洋的大多数岛屿上建立英国的主权；他曾鼓吹说，新南威尔士的立法会议应该不需要英国的授权，即将斐济兼并。许多澳大利亚人害怕其他国家可能会抢在英国前头采取行动，从而有损于澳大利亚和新西兰的利益；而且，还有许多人深信，这些岛屿上的贸易，需要有效的行政管理来对它进行保护，并制止英国冒险家们的胡作非为。1870年，澳大利亚和新西兰这两个殖民地在墨尔本举行了殖民地联席会议；会议做出决议，赞成把斐济变成一个英国的保护领地。这个决议由驻维多利亚的总督转呈上去。就像斐济自己所提出的请求那样，它被英国殖民部拒绝。殖民大臣还说，他可能支持一项由新南威尔士管理斐济的建议，但是，新南威尔士的内阁，虽然极力主张由英国实行兼并，自己却反对接受任何这样一类的建议。

后来，斐济的政治变动，给斐济摆脱这种局面提供了机会。一个由英国商人在其中占统治地位的现代土著政府，经过以前6年中4次尝试失败后，终于在1871年建立起来了。英国政府为了避免干涉的必要，给予这个政府——伍兹政府以事实上的承认。这一做法，使得认为兼并实属必要的新南威尔士感到遗憾；英国领事本人就对斐济政府持有敌意；许多移民也反抗它的权威。不断出现的骚乱，威胁着在澳大利亚的利益中占有很大比重的椰干和棉花企业。与此同时，在英国的政治中拥有势力的传教士们出来支持，把兼并作为一种保护土著福利、特别是反对滥招劳工的措施；这种滥招劳工措施正在附近的岛屿上激起反对欧洲人的暴乱。到了1873年，由于所有这些原因，伍兹政府的软弱无能便逐渐暴露出来；而且，情况如此之糟，因此，虽然这种情况对于殖民扩张特别不利，但是，英国的自由党政府在1874年还是派遣了一个调查委员会前往斐济。委员们违反指示，从土著领袖们那里接受了要把领土割让给英国的又一次请求。大约就在这个时候，英国政府更换了，新的保守党内阁最后决定兼并斐济，以此作为唯一手段来恢复一个遭到英国资本和英国人不法行为荼毒的地区的秩序。尽管这些领袖们不愿接受无条件的割让，但是，他们早先提出的请求，在不考虑其条件的情况下被接受了，于是，斐济便在

1875年1月2日，成了英国皇家殖民地。

新西兰对待萨摩亚采取了比澳大利亚在斐济问题上所采取的更为帝国主义的态度。这两个地区存在的问题相类似；但是，这里广泛牵涉到德国和美国的利益，因此，要单方面地解决萨摩亚问题是不可能的。德国人占有最大份额的土地，主要用于生产椰干，而萨摩亚是他们最初向海外发展的场所。新西兰在萨摩亚既无贸易，也无投资；但是，新西兰总理朱利叶斯·沃格尔在1872年提出建议说，萨摩亚应由英国兼并，这对新西兰的安全是极端重要的；并且指出美国打算攫取帕果帕果作为海军港口，以此证明来自竞争国家的危险。他在1874年建议，由新西兰政府创办一个萨摩亚开发公司。他的建议没有获得英国殖民部的赞同。这并没有减少新西兰关于在英国帮助下兼并萨摩亚的兴趣，虽然它的抱负在半个世纪内，一直未能实现。

美国对于萨摩亚感兴趣，并不是沃格尔凭空臆造的。一个加利福尼亚的推销商，获得了萨摩亚最优良的港口帕果帕果的土地权；他在1872年劝说美国海军的米德司令官和当地的一名首领签订一个条约。为了报答美国的保护，这个首领给予美国以独家建立一个海军站的特权。这个条约并没有得到美国政府的授权，但格兰特总统却对这个条约表示认可。另一个加利福尼亚人又取得了这个港口周围的土地权，并且劝告当地的首领们请求并入美国。因为总统的兴趣在于保护地，于是，国务卿便秘密地派遣艾伯特·斯坦伯格上校前往萨摩亚，以便汇报情况。斯坦伯格于1873年到达时，受到土著人和外国人的热烈欢迎；他们全都希望合并。他协助起草了一个建立现代化土著政府的法规。

在美国，就像在英国一样，对于干预萨摩亚的兴趣不大。参议院拒绝了米德所签订的条约；请求合并一事，也遭到拒绝；而且，在国会肯定了不干涉政策的时候，报界也对总统提出了强烈的批评。但是，斯坦伯格却被允许自费再次前往萨摩亚，带有格兰特总统送给土著首领们的一些礼物；他后来成了萨摩亚国王的首席大臣。他组织了一个相对来说是有效率的政府；这个政府有力量维持和平。但是，它不久就变得不得人心，因为人们指责它太偏向土著人；而且，当他们发现斯坦伯格并没有得到美国政府的支持时，英国和美国的领事便通过他们对萨摩亚国王的影响，把他驱逐出境了。内战再次爆发，萨摩亚国王也在这次由于反对斯坦伯格而进行的干涉所造成的混乱中被废黜了；而英、美领事的干涉，正像斯坦伯格的活动一样，都是未被授权的。

迄今为止，德国对于个人在海外，在斐济、萨摩亚、新几内亚和其他地方的冒险事业，也不给予官方的支持。但是，在英国人拒绝接受德国人由于英国兼并了斐济而提出的要求时，俾斯麦首相对于这样对待德国人的利益，开始感到不满。在萨摩亚的一个代表团于1878年前往华盛顿，并在那里谈判一个为割让帕果帕果以报答美国的帮助的条约时，又给德国人造成一个不良的印象；于是，他们派遣了两艘战舰进入萨摩亚的两个港口，帮助他们为自己取得一个有利的条约。英国因而不得不和萨摩亚的一个恰好在1879年居于统治地位的派别，谈判一项条约。所有这些条约都规定，各国领事拥有对本国国民的领事裁判权，以及各国建立海军站和加煤站的权利。德国、美国和英国的领事们，还根据他们于1879年签订的一项公约，建立了一个中立地区；他们从而控制了阿皮亚这个重镇。这些步骤并没有解决混乱和内战的问题。事实证明，外国政府带有偏颇的干涉，对于由土著人施行行政管理和改革，都是一种障碍；而且，几个外国分遣部队的出现，虽然维护了萨摩亚名义上的独立，但它却意味着，没有一个外国能够控制局势。在土著人中间，内战继续不断，而外国人常常对之积极进行干预。萨摩亚群岛的政治结构，使得土著之间争夺具有无上权力的酋长地位的纷争，为一些支持各个觊觎者的欧洲人，提供了你争我夺的充分机会。

德国政府现在愿意给予居住在萨摩亚的德国国民以支持，这种新的态度，在德国国会中却受到了严重的挫折。一项要求准许政府对德国的一个大型公司"哥德弗洛伊父子公司"予以补贴的议案被否决了，因而这家公司不得不迅速改组，以免落入英国的债权人之手。尽管德国的海外移民和官员们之间开始出现了帝国主义的情绪，但是，德国的政党和舆论，仍然继续反对对殖民地承担义务，因而德国政府也就对英国移民于1880年提出的由英国兼并萨摩亚这个新动议，不表示反对了。而英国外交部则再次得出结论说，兼并将是不适当的。英国人的扩张主义情绪，就像美国人和德国人的那样，由于人民普遍反对在海外承担义务和增加开支，也由于官方不愿承担这项开支或冒与其他国家发生冲突的危险,而仍然被局限于很小的范围。

就在这些岛屿发生上述纷争的时候,由于中国政府的衰落,由于日本社会发生了革命,而且由于中国和日本对于欧洲渗透到远东来的担心,中国的边境上也出现了更加严重的问题。中国四周的地方,几乎已经形成了自成系统的一些国家。在朝鲜、琉球群岛和越南①,统治者们的称号仍然需要由中国的皇帝册封;他们仍然定期派遣使节,携带贡物前往北京,以表示承认中国的上国地位。这些使节提供贸易的机会,交流情况,加强文化和感情的纽带。但实际上,进贡的国家已经独立,管理着自己的事务。一部分由于这种原因,但主要还是因为中国对外国向这些毗邻的纳贡国家以及它的守卫不严的边境地区进行的扩张日益感到惊恐,因此,中国认为不得不给予军事援助,提出主权要求,或在那里扩张自己的控制权,徒劳地企图遏止敌对国家。它在北太平洋的动机,就像澳大利亚和新西兰在南太平洋上各岛屿的动机一样:它试图抢在其他国家的扩张之前,或制止这些扩张。

另一个最直接有关的国家日本,也在一个很长的时期内,注视着欧洲国家和美国朝着日本方向步步扩张。1871年担任外务大臣的副岛种臣认为,如果日本控制了从台湾、琉球到日本、朝鲜这一弧形领土,它就会处于一种更为有利的战略地位。日本就像中国,就像澳大利亚和新西兰那样,设法控制邻近的领土,以便获得有利的防御地位,并且,不让这些领土被竞争对手所染指。日本两翼的这些领土,还可为日本提供一个它可以从那里影响中国和大陆的强有力的地位。

日本政治改革为它控制琉球群岛提供了机会。琉球王一贯向日本萨摩藩的封建领主以及中国的皇帝进贡,虽然这些岛屿实际上是独立的,而且愿意保持这种地位。当日本的中央政府于1871年废除这些封建领地,并把国家改组为几十个县时,琉球名义上被置于天皇统属之下,琉球王在东京被赐予宅第和年金,而和琉球群岛缔有条约的美国、法国和荷兰也被告知说,日本愿意承担条约所引起的义务。通过这种手段,没有遭到反对,日本在这些岛屿上就开始了关于建立现代

---

① 直到最近,通常称为安南,或包括在称为印度支那的地区之内。"越南"这个名称,当地人民自古以来就已用之,这是这个国家的最精确、含义最广泛的名称。这个国家的分裂,包括安南在内,参见本卷原书第650页。

意义的主权的那个过程。

当琉球的渔民在台湾岛的一处人烟稀少的地方，因船只失事而被当地土著人杀害的时候，琉球的问题，便和作为中国的一部分而被治理的台湾的问题，牵连在一起了。日本政府中有一派人决定派遣一支讨伐队，前去惩罚这些土著人，并占领他们居住的那部分中国守卫不严的岛屿。驻东京的美国公使把曾经参加美国派往台湾的讨伐队的李仙得介绍给副岛。这位日本外相雇用了他，并且答应一旦日本长期占领该岛，就委派他任将军和总督；而且，在1873年出使中国的时候，还把李仙得一同带去。这次出使的表面目的是交换被长期拖延的中日通商友好条约的批准书，并祝贺中国皇帝的大婚和登基大典。副岛的真正意图，表明在他给天皇的奏折中："我将不允许觊觎台湾的外国人阻挠我。我将劝说中国人把这个土著领土让与日本。我们要开发这块领土并赢得民心。如果我做不到这一点，那也许就没有人能够做到了。"但是，他似乎没有讨论过派遣一支讨伐队前往台湾的问题，更不用说取得中国人的同意、由日本占领这个岛屿了。他提出了琉球的问题，但中国官员坚持说，这些岛屿仍然是在中国的主权管辖之下。

台湾问题还没有得到解决，朝鲜问题又在日本变得特别重要了。与朝鲜的关系日益恶化，使得日本的民族主义分子达到疯狂的程度。说起来，朝鲜人确实比越南人、中国人以及日本人自己更加排外。因此，他们对于日本的改革以及它和外国保持良好的关系，都抱怀疑的态度；而且，他们还为日本曾经允许法国利用驻扎在日本的部队，于1866年攻打朝鲜一事，耿耿于怀。在日本方面，许多领导人物都受到这种看法的影响，就是，向中国和朝鲜扩张会加强日本，使它不受西方的侵犯。他们采用欧洲的办法和制度，这并不是出于什么对外国人的喜爱。而是为了保护自己不受外国的控制。此外，日本废除了封建制度，却留下许多过去的武士，这些人没有本领或技能去适应正在缔造中的新社会；而某些政府的领导人物本身，也反对日本迅速实现现代化，他们对于这些武士的困难境遇也表示同情。以西乡隆盛为首的一派，主张利用过去的武士阶级进行军事征服，作为使日本走向富强的手段，而不必急于进行改革。西乡提出他出使朝鲜，并设法使自己在那里被暗杀，以便制造开战的借口。这个对朝鲜进行战争的计划，实际上于1873年获得批准；但是，这项计划的实施，一直推迟决定进攻朝鲜的消息,促使岩仓使团匆匆从欧洲回国;岩仓的归来使一场危机急转直下。岩仓使团的成员是另一派的首脑人物;他们认为,鉴于国外列强居于压倒的优势,而日本的财政力量又很薄弱,因此,采取扩张主义政策不是实际可行的。1873年10月14日,在近代的一次最关键性的决策中,岩仓和他的主要同盟者大久保利通,在取消进攻朝鲜的问题上获胜。西乡以及包括副岛在内的主战派辞职。这个新政策,就像1870年以后的德国的政策一样,在国外寻求和解,在国内集中全力于统一、发展和改革。

事实证明要取消远征台湾一事是更加困难的。新任外相极力把这次远征向后推迟。美国政府召回美国驻东京公使,因为他鼓励了日本向朝鲜和台湾扩张;它设法不让李仙得这样的美国公民插手其事,并且,不准利用美国的船只。但是,西乡隆盛的弟弟西乡从道被任命为远征台湾的司令官。他继续在扩张主义者极有势力的日本南方,为远征台湾进行准备;而且,尽管已经成为国内发展派的主导人物的大久保利通,甚至前往南方试图阻止这次远征,但是,西乡从道还是扬帆而去,行前声称,如果政府愿意的话,可以把他视为海盗。大久保前往中国解决由于西乡的远征所造成的困难。只是在英国驻华公使从中调停后。他才得以在1874年取得了解决办法。他为在台湾被杀害的琉球渔民的家庭取得了一笔恤金,并为这次远征的费用取得了一笔偿金。有了这个解决办法,他才能够在西乡对当地土著居民采取某些无甚决定意义的作战行动后,说服他撤离台湾。

既然日本在和中国的谈判中,把琉球的渔民说成是它的臣民,它就已经在强化它对琉球拥有所有权方面,采取了一个重大步骤。这些岛屿继续成为和中国发生尖锐争端的问题。中国坚称它在这些岛屿享有最高权力,但它却无法证明它的论点。日本终于在1879年把这些岛屿并入它的地方政府体制之内,中国人提出了抗议,但无效果。

日本还成功地在别的地方把它的边疆向前推进,并在那里固定下来。1875年,它和俄国达成了一项协议,日本放弃了它对北面的库页岛的主权要求,而俄国则承认日本拥有对千岛群岛的所有权。1873年,美国也仿效英国,放弃了它对日本正南面的小笠原群岛的主权要求,使它归于日本。

19世纪80年代中，虽然太平洋地区内的扩张主义势力远没有减弱，可是欧洲各国政府却对这个地区表现出更大的兴趣，尽管为时短暂，而且尽管只是由于欧洲的情况暂时对英国的对手们有利，因而促使它们和英国抗衡。在远东，就像在非洲的日益尖锐的斗争中一样，俾斯麦的外交胜利（德国、俄国和奥地利重新结成三皇同盟以及德国、奥地利和意大利的三国同盟），使德国的势力得到加强。法国这时是在强有力的总理朱尔·费里的领导下；他深信法国是需要新的殖民地的，他对英国占领埃及感到愤慨，而且，更重要的是，他愿意和德国合作。英国在埃及遇到了难题，而且，在使它的舰队现代化方面进展十分缓慢，因此，法国和德国在第一流的战舰的数目上，可能超过了英国。

由于这些原因，德国便与澳大利亚和新西兰在涉及太平洋岛屿上的利益问题上，发生了冲突；而且，在冲突发生时，英国总是处于弱势。纠纷从新几内亚问题开始，新南威尔士几次强烈地提出建议，主张由英国兼并新几内亚的无人提出主权要求的部分。殖民部曾于1875年、1878年，并再次于1882年，拒绝考虑这一建议。1880年后，德国殖民者已经开始开发东北部的海岸，于是，在当地出现了德国殖民者和英国的移民之间的激烈斗争。尽管就在1883年的1月，德国政府已经宣布不承认占领或政治控制新几内亚的任何计划，但在4月4日，昆士兰殖民地宣称它拥有新几内亚的东部。那里的总督在澳大利亚的其他殖民地的支持下，提出可以支付管理费用。英国立即表示不同意这一步骤，认为它是非法的，而且会触犯德国。英国的行动又促使新西兰的议会从萨摩亚着眼，通过了一项联邦法，以便推进"它在太平洋上的未经某一外国占领或在其保护下的岛屿上，建立其统治的步骤，而任何外国占领这些岛屿，则将损害澳大拉西亚的利益"。英国政府表示，英帝国不同意这一法案，因而使之不能生效。于是，昆士兰便提议，召开殖民地联席会议；这个会议在1883年11月和12月中举行，考虑采取联邦方式，以便对母国政府施加影响，并讨论兼并太平洋上各岛屿的问题。斐济以及新西兰和澳大利亚的各个殖民地，均派出代表。会议做出决议说："任何外国在赤道以南的太平洋上进一步攫取领土，均将严重损害澳大利亚的英国属地的安全和福利,从而也就有害于帝国的利益。"

德国,或者至少可以说德国的移民,对于所有这一切活动感到惊恐。1884年5月,德国的新几内亚公司组织起来了;该公司的代表设法要在新几内亚取得土地。那里的德国移民于8月20日升起了他们的国旗,他们的要求也受到柏林的支持。德国驻伦敦的大使强烈要求德国获得一个保护领地,以便在新几内亚进行贸易。英国政府为了对付德国的立场,也采取了一种立场。它对英国的各殖民地政府匆忙采取的行动感到遗憾,但是,它不能让德国的主动行动得逞。英国外交大臣通知德国说,英国不反对德国在南太平洋上没有被占领的岛屿上殖民;但是,英国对于与澳大利亚各个殖民地利害攸关的新几内亚的那个部分,拥有所有权。当欧洲正在进行讨论的时候,德国政府便准许德国的公司采取行动,仿佛这块领土到10月份将属于德国。

澳大利亚人被德国人走向兼并的步骤弄得慌乱起来,英国政府也是这样。但是,伦敦的自由党内阁,由于对俾斯麦现在用大陆联合这个危险来进行威胁感到吃惊,而且,在埃及的债务问题上需要德国的友谊,因而已经解除了它的防范立场。它在新几内亚不得不做出让步。俾斯麦方面,虽然他对英国坚持反对德国的殖民目的而感到愤怒,可是,他却准备妥协;他过高地估计了在殖民地施加的压力能够迫使英国屈从于他在欧洲的企图的程度,而这种企图对他来说,要比殖民地重要得多。因此,他小心翼翼地不把英国逼得太紧。1885年4月6日发表的一项联合声明,确定了英国和德国在西太平洋上势力范围的界线。新几内亚的东北部以及邻近的岛屿属德国的领土,新几内亚的东南部属英国领土,两国相互予以承认。因此,英国确实获得了一些领土,但并不是它的各个殖民地所希翼的全部领土;而且,英国也没有能够防止德国向其各殖民地邻近扩张,而这是它们最害怕的一点。

与此同时,萨摩亚的首领们于1884年11月再次请求由英国或新西兰予以兼并;于是,新西兰要求伦敦准许它兼并萨摩亚和汤加。它还提出要负起对斐济事务的责任。遗憾的是,刚刚达成的英德两国总的解决方案规定,两国均不得干涉汤加和萨摩亚,这一点不能被推翻。其后,英国、德国和美国在1889年签订的《柏林决议书》重申,除美国在帕果享有权利外,萨摩亚应予独立。这些岛屿继续处于三国的共同保护之下,这个制度实际上实行得非常糟。这个制度为两个保护国联合起来反对第三个保护国,提供了很多的机会。通常是英国和美国联合一致来反对德国。这主要是因为德国在这些岛屿上的贸易额最大,它总是要求占有优势,而另外两国出于共同的利害关系,反对它的这种要求;但是,这种联合一致,由于英国不愿触犯德国,也由于美国不愿被人视为在与英国合作,因而有所变化。许多美国人甚至对于这种程度的牵连,也不愿意。他们把这个三国保护地看作是第一次、而且是不必要地抛弃了原来行之有效的原则,即避免卷入纠缠不清的结盟中去。

至于美国对夏威夷日益感兴趣,并没有出现这种复杂的局面。1875年,美国和夏威夷王签订了一项互惠条约;这项条约给予两国以排他性的贸易特权,并且保证,这些岛屿的独立不受任何第三方的侵犯。这很难说是一个真正的保证。尽管夏威夷曾在1863年有几个月处于英国的统治之下,而且英国和法国仍拥有一定的利益,但是,对这个群岛的独立的真正挑战,却是来自美国本身。美国的资金涌进这个岛屿的制糖工业,而且它们的贸易实际上已被美国先行控制。美国于1887年租借了珍珠港作为海军基地。美国的商业优势一直持续到1891年。丽里奥卡拉尼女王在这一年即位后,曾打算予以抑制。她所进行的努力,迅即得到反应。1893年1月,一个维持治安的临时政府将她废黜,并为夏威夷并入美国开始进行谈判。

本杰明·哈里逊总统的任期只有几个月了。他赞同兼并。但是,在一项条约批准前,他就被格罗弗·克利夫兰取代了。克利夫兰本人承认这个群岛对于美国是重要的。但是,他是一位坚定的反帝国主义者。他对于整个问题持怀疑态度,而且,对于哈里逊所插手的任何事项,倍加怀疑。他从参议院撤回兼并条约;但是,他无法扭转夏威夷的革命。他终于被迫承认夏威夷的临时政府为永久性的政府。这是兼并的前奏,兼并最后于1898年实现。

与此同时,1882年,另一个欧洲政府开始对中国地区表现出愈来愈大的兴趣。法国在19世纪60年代,已经征服了越南的南部交趾支那;而中部安南,北部东京,仍然保持独立并向中国纳贡。欧洲人后来在东京所进行的活动,主要是由于当时在那里的法国人率先采取了行动。1873年3月,越南的官员曾经设法想要制止法国商人让·

迪皮伊非法从东京向中国输出盐。迪皮伊及其一伙175人夺取了河内港口,并向交趾支那总督迪普雷海军上将请求援助。迪普雷当时曾经写道:"我们在同中国接壤的这个富饶的国家中立定脚跟,是一个关系到我们在远东统治的前途的生死存亡的问题。"虽然巴黎提醒他不要在东京引起国际纠纷,他还是在8月里派遣了一支人数不多的部队前往河内,按他对越南皇帝所说,是要把迪皮伊赶走。当法国的部队看到越南人是多么弱小的时候,他们就占据了东京。当迪普雷于12月被中国的前叛乱首领、被越南人雇佣来维持北部秩序的刘永福的军队所杀时,巴黎坚持自己的权利,并命令从东京撤退。但是,1874年3月15日,法国和中国的皇帝签订了一项条约;这项条约允许法国人在东京的各个贸易港口进行贸易,并保持少量的驻军;同时,为了瓦解与中国的联系,条约还规定,越南在有必要时将向法国请求保护。

1882年,法国政府准许400名兵士秘密加强法国在东京的人数不多的驻军,目的是要剿除那里的海盗。这些军队于4月占据了河内。在前驻越南军官、现任海军与殖民部长若雷吉贝里海军上将的推动下,法国内阁又派遣了3000名兵士前往东京,以便把越南变成一个被保护国。中国政府也派遣军队前往边境,并在那里援助越南人。

1883年年初,中国政府判定战争的风险太大,因此命令李鸿章和法国谈判一个解决办法。5月11日,他和法国公使福禄诺签订了一个协定;协定承认法国在东京的利益,并开放广西和云南两省和法国人通商。李鸿章同意在6月底以前从东京撤回全部中国军队;但是,由于害怕朝廷中主战派的反对,他没有把协定中的这一条款公开。1883年5月19日,李鸿章—福禄诺协定签订仅仅一个星期后,刘永福组成的黑旗军,在河内打败了法国人。北京的主战派因此不准中国的军队撤出东京。法国人派去增援部队,迫使黑旗军撤退,并推进到中国的边界;但是于6月23日,在北丽附近又被击退。法国人由于中国破坏了李鸿章—福禄诺协定,因而要求大量赔款。在主战派的影响下,由于打了胜仗而感到鼓舞,中国拒绝了法国的要求,并对法国宣战。安南王对于中国人的保护感到怀疑,于是在8月25日同意成为法国的被保护国。

1884年三四月间,法国人在东京向前推进,在几次遭遇战中,打败了中国军队；并且，从夏初开始，以舰队对中国沿海进行威胁。中国予以反击。8月间，法国人在福州海面彻底摧毁了中国人的陈旧的海军舰队。但是，在同一个月里，法国的登陆部队攻击台湾的基隆被击退；而且，尽管法国人在10月间对台湾进行又一次的袭击，并且占领淡水和基隆，但他们没有拿下首府台北，台北抵抗了一次次的攻击，直至战争结束。次年，他们在东京攻下了谅山，并于2月到达了中国的边界。但是，1885年3月23日，他们在那里遭到惨败。到3月29日，中国人重新攻克了谅山，以及在1884年间在东京丧失的全部领土。

法国总理费里由于这些挫败而被赶下台，但是中国并没有能够阻止法国在其邻邦的扩张。尽管中国打了一些胜仗，李鸿章还是在1885年4月签订了一个和平条约；根据这个和约，中国从东京撤出并承认越南（安南）成为法国的被保护国。他所以这样做，部分原因是因为如果让对法战争扩大，种种危险将会接踵而来；但主要还是因为中国由于日本在朝鲜的活动，而同时受到威胁。

日本已经放弃了它征服朝鲜的计划，但它在1876年设法和朝鲜缔结了江华条约，从而建立了贸易和外交关系。该条约声明，朝鲜是独立的，并开放三个贸易港口；它实际上是仿效两年前法国关于东京问题所缔结的那个条约。中国的总理各国事务衙门，曾经劝说朝鲜接待日本的使团，但这时却不接受这个条约中所暗含的拒绝承认中国对朝鲜的宗主权；而且，朝鲜继续对中国表示忠诚。它甚至派遣一些朝鲜留学生到兵工厂接受训练；当中国政府把掌管朝鲜事务的权力，从北京转移到天津的李鸿章手中时，一名朝鲜的代表就常驻在天津。李鸿章的政策是，朝鲜应当和西方大国缔结条约以防范俄国和日本；但他认为："朝鲜遵循对我朝之一贯礼仪，并不致因与西方大国缔约而有所改变。"正是李鸿章劝说朝鲜人于1882年5月6日与美国人在济物浦[①]缔结了条约，其后不久，又与英国和德国缔约。

在这种令人不安的背景下，亲华的保守派和亲日的激进派之间的激烈斗争，使朝鲜的统治阶级分裂；1882年7月，朝鲜国王之父、前摄政大院君领导下的保守派，袭击了日本公使馆，并企图控制首都

---

① 即今仁川。——译者

汉城。日本公使被迫逃走。中国和日本都派遣军队前往恢复和平。中国人抓住了大院君,把他流放到中国,并恢复了秩序。中国的官员在朝鲜人和前往朝鲜试图解决这次争端的日本外相井上馨的谈判中,为朝鲜人出谋划策。在解决争端中,中国人和日本人之间以及和朝鲜人之间,都自由地进行磋商。中国人要求朝鲜人少做让步,但对最后签订的朝日协定感到满意。根据协定,扩大了日本的贸易和居留特权,并向日本赔款;协定中还商定,中国军队应支持朝鲜的稳健保守分子,而日本公使馆的警卫队,则应保护亲日的激进分子。

日本在取得使用公使馆的警卫队的权利后,即撤军。日本这时采取的政策,目的是要朝鲜独立,以便防止中国或任何其他国家对它进行统治,从而威胁日本,而不是想要直接统治朝鲜人。即便是日本的冒进分子,也是把朝鲜的独立作为他们的目标。日本的自由派支持最进步的一派,希望朝鲜能够效法日本的榜样进行改革,使自己强大起来。另一方面,中国最近的这次干涉标志着中国对朝鲜采取了比过去几百年更加强硬的政策;中国朝廷中的激进派,现在要公开攫取对朝鲜的控制权并进攻日本,以便收复琉球。但是,李鸿章却愿意在汉城派驻一名商务督办,他可以对朝鲜国王提供建议。他反对和日本打仗,理由是必须做好更充分的准备。李鸿章的政策被执行了。他决心增强中国在朝鲜的势力,并且,不通过战争而使朝鲜免受敌对大国的控制。

在1884年中法战争期间,朝鲜的进步派于12月4日和5日发动了另一次政变。日本公使竹添超越他的权限,积极地参与了进步派打算攫取控制权的行动。亲华派的官员逃亡,首相被杀。朝鲜国王被迫向竹添及其公使馆的警卫部队求援。经过两天的迟疑不决后,中国军队与日本军队交战,捉住了国王,迫使日本人撤退,并重新确立了亲华派的统治。在这次冲突中,由中国人训练的朝鲜人参加了中国的军队,由日本人训练的朝鲜人则参加到日本军队的一边。

日本在解决这次事件时,和朝鲜缔结了一个相对来说比较温和的条约,尽管这次事件在日本国内引起了爱国情绪的激奋;同时,日本并没有乘机和法国联合起来反对中国,从而获得利益。相反,在这个世纪末对日本政策具有决定性影响的伊藤博文前往天津,解决中日两国军队在汉城冲突的争端。1885年4月18日和中国达成协议,规定双方撤军，包括公使馆的警卫部队在内，但两国保持在通知另一方的情况下重新派兵前往朝鲜的权利。这样做，从战略观点来看，使中日两国处于平等的地位，然而，从政治上来说，中国比它在过去起着更为重要的作用。在汉城爆发的这两次牵涉到日本的战端，再加上来自欧洲列强的新的威胁，使得李鸿章有可能在日本的默认下，在这个半岛上扩张中国的势力。

天津条约签订仅仅3个星期后，比起某些欧洲大国来说不那么主张扩张的英国，突然侵占了朝鲜沿海的由两个岛屿组成的港口巨文岛。这次事件发生的原因，是由于英俄两国之间在阿富汗问题上爆发了平狄危机。由于可能爆发战争，英国海军部决心占领这个港口，作为海军基地。在4月的第一个星期里，英国海军舰只被派往这个港口；当一艘俄国舰艇在5月的第二个星期中访问这个港口时，那里已经竖起了英国的旗帜。中国驻伦敦公使曾纪泽4月8日就这次占领向英国提出询问。4月26日，他获悉这是一次临时性的占领，以免被另一个大国占领；而且，英国外交部表示，它准备就这一问题和中国达成协议。李鸿章乘机提出英中联盟的建议；但是英国，甚至中国，都没有做出什么反应。中国政府提出的英国应保证朝鲜的独立这个建议，同样没有得到英国的支持。日本驻北京公使提出，由各大国对朝鲜做出国际保证；但是，伦敦还是没有做出反应。然而，从这个时候起，英国和中国之间确实逐渐达成了一种非正式的谅解，它们进行合作，反对它们的共同对手俄国、法国和日本，直到1894年中日战争时英国背离了中国为止。

几乎是在1885年4月巨文岛被占领的同时，英、俄两国之间在阿富汗问题上的紧张关系开始缓和。与此同时，中国和法国的战争以及和日本之间的紧张关系也告结束。但是，这个地区的紧张状况，由于其他大国对于俄国的意图的怀疑日益增加，因而仍未消除。自从俄国于1860年攫取满洲北部的领土，并建立符拉迪沃斯托克以来，它的扩张兴趣便转向东亚。由于那里的港口一年中有4个月封冻，因此，俄国人需要一个适于做海军基地的不冻港。朝鲜有优良的港口。俄国曾经在1861年甚至侵占了朝鲜南面沿海的日本的对马岛，一直到英国的海军舰只提出警告才离去。俄国现在对中国施加压力，对朝鲜人以提供援助作为诱饵，并且威胁要占领朝鲜的口岸，作为对英国占领巨文岛一事的报复。同时,它又为共同保证朝鲜的独立,开始与李鸿章谈判。但是,由于中国人未能领会国际保证的价值,因而错失良机。俄国人坚持维持朝鲜的现状并做出一种安排,根据这种安排,政权只有在大国共同取得一致意见时,才得以变动。李鸿章害怕由于实际上是使这个半岛中立化的安排,将会使中国失去在朝鲜采取行动的自由。于是,这个问题便没有再谈判下去。

英国在得到俄国于1886年年底表示它在朝鲜没有领土野心的保证后,便从巨文岛撤退。于是,中国人就积极地干预这个国家的事务,反对朝鲜国王向国外派出代表和偿清它对其他国家的债务的企图。中国代之以提供贷款,并取得对朝鲜的海关、电报的控制权作为抵押。中国通过这些措施,成功地扩大了它在朝鲜的政治势力,并排斥了任何其他的对手。它是在日本的默认下这样做的;这个国家成了中日两国共同的被保护国。但是,俄国扩张的危险仍然存在。李鸿章做了巨大的努力,来建立一支现代化的作战力量;但是,他依靠的只是他自己那个省的资源,其他各省都不愿向这个软弱腐败的中央政府提供资财。为了对抗俄国的扩张,英国向李鸿章提供顾问,协助他创建一支现代化的舰队,并在满洲的旅顺口建立一个陆海军军事设施。1890年,李鸿章秘密地派遣一名英国工程师,前往调查一条向北直抵俄国边境的铁路路线。这件事情被俄国发觉了。这个警报促使圣彼得堡执行一个建造横贯西伯利亚的铁路的计划;这条铁路的修建于1891年开始。其结果,俄国的力量必然会得到加强,这就使得中日两国的领导人物深感不安;他们开始感到,必须采取紧急行动,以便防患于未然。

日本这时的地位,由于20年来在国内取得的进展,和中国的地位大不相同了。通过国内的发展而加强国力的计划,在很大程度上取得了成功。现代化的法律和法庭以及议会,都在发挥作用;一个现代化的教育体制已经建立;日本得以修订它和各大国所签订的条约,废除外国的领事裁判权,以及妨碍其他东方国家的固定关税。除海军外,又建立了一支现代化的、实行征兵制的陆军。这些进展使得人们对军事部门和外交部门的信心大增;而日本的领袖们曾为此呕心沥血,付出了20年的辛勤努力。与此同时,对于这种迅速变化所带来的社会上和经济上的后果表示不满的议会和各政党,提出了批评,特别对于迄今一直奉行的软弱和平的外交政策,更为不满。

在朝鲜的东学党要求结束政府的腐败无能,因而在朝鲜问题上出现新的危机时,中国的领导人对于日本的状况,做了完全错误的估计。这个党是民族主义的,反西方的和反日的;他们寄希望于敌视现代革新、特别是西方式革新的朝鲜的保守主义。东学党人在朝鲜的许多省中掌握了控制权,并且打败了政府派往镇压他们的军队。朝鲜国王请求中国派军队前往镇压这次叛乱。李鸿章认为日本政府专心致志于国内事务,无暇顾及朝鲜,于是就派出军队。甚至中国驻东京的公使,看到议会中汹涌的政治纷争,也认为日本不可能采取行动。但是,日本这时反对朝鲜的情绪十分强烈:朝鲜曾经打算停止向日本出口大米,而且,一名亲日的朝鲜进步分子金玉均又被杀害。当时的形势与1873年的形势相似。因此,日本的领袖们就像1882年和1884年两次不那么紧张的状况下的做法一样,立即派出军队;这样做,并不使人感到意外。

日本军队到达朝鲜时,东学党人已经散去。中国军队留驻在毗邻中国边境的牙山,以避免发生任何冲突。日本的领袖们乘日本军队仍然留驻在当地的机会,想要在经过多年的毫无结果的努力后,强行要求解决棘手的朝鲜问题。由于日本迅速进行干涉而感到惊慌的李鸿章和中国朝廷,要求日本同时撤军,因为叛乱看来已经结束。日本首相伊藤博文决定不撤兵,但却坚持要求,两国应共同实现朝鲜的内部改革。这样做实际上就会把朝鲜置于两国共管之下,从而结束中国单独自由支配朝鲜的局面。中国的领导人并不打算接受日本的要求。中国常驻汉城的官员、性情直率的袁世凯,要求中国军队向前推进,并从中国派来增援部队。李鸿章要求日本撤兵,因为日本承认了朝鲜的独立,它就不得干涉朝鲜的内政。李鸿章希望俄国会进行干预。日本继续占领汉城,并宣称它要独自改革朝鲜。当日本把中国的官员赶出汉城的时候,李鸿章要求派出援军前往平壤。1894年7月25日,日本海军击沉了一艘中国的运兵船。7月29日,日本军队攻击并打垮了中国集结驻扎在朝鲜西海岸的5000名军队。日本于8月1日宣战。

中国人派出军队增援他们在朝鲜的军队,兵力达到13000人;但是,邻近朝鲜的满洲各省已经无力派出更多的军队;而且,也未做从中国派出更多兵力的准备。此外,由于1894年9月17日,在鸭绿江口外打败了中国的一支海军舰队,日本取得了制海权。这就使得中国人不可能利用这个唯一的交通捷径。在这次海战发生的两天前,日本陆军在平壤（北朝鲜的首都）前方,对人数少于他们的中国军队发动进攻,把他们打败,并把他们赶回中国的边界鸭绿江。在10月和11月间,日本人继续向前推进,进入南满,打了许多胜仗。11月21日,他们攻克了那条海岸线上最优良的港口旅顺。1895年2月,中国舰队的残余力量在威海卫被摧毁,这个港口也被攻占;3月间,日本在条约口岸牛庄附近的营口取得胜利后,对南满的征服就大功告成。

日本为了安慰英国和俄国,就向他们保证日本不会夺取朝鲜的领土：只是进行改革,不会实行日本的控制。英国最初以为,中国将会轻而易举地打胜;但是,当中国一触即溃,因而对实力均衡造成危险时,它就向几个大国建议,共同进行干涉。虽然俄国赞同,但德国和美国表示拒绝。英国内阁于是得出结论,中国过分无能,通过外交努力对它进行援助将是无用的。英国的舆论也不愿帮助中国。但是,正当英国撤回它的建议时,俄国于1895年的2月和3月,向法国和德国建议进行合作,以确保朝鲜的独立和完整。德国迟疑不决;它恐怕中国将被瓜分,于是,就探询英国是否会支持它获得长江口外的舟山群岛。但是,它最后赞同俄国的建议。这就发展成为欧洲三大国的联合;这个联合后来证明对于日本和英国的利益都是一个巨大的威胁。

在1895年4月的和平谈判中,日本坚持朝鲜实现完全的独立,并要求将台湾、澎湖列岛以及包括旅顺口在内的满洲的南端一角,割让与日本。它对大陆领土的要求,超过了20年前副岛的政策。赔款,开放新的港口,在长江上自由航行,以及在中国开办工厂的权利,都包括在和平条款以内。一个包括这些条款在内的条约,于4月17日在日本的马关由李鸿章签了字。英国对于这些条件感到满意：日本所获得的新的商业特权,将会自然而然地给予其他的大国;对于俄国的野心,日本乃是一个比中国更为有力的阻碍。同时,朝鲜行将完全独立并摆脱俄国的羁绊。但是,俄国在西伯利亚铁路筑成前,尚无力夺取中国的领土；法国自1892年到1894年间谈判法俄条约以来,一直是俄国的盟国;而德国唯恐不这样做就会在瓜分中国时没有它的份,于是就联合起来,一道"欢迎"日本放弃南满。如果日本拒绝,俄国就准备轰击日本的港口，从而就可以以中国的救世主自居。

俄国、法国和德国于4月23日发出照会。5月1日，日本提出归还除旅顺口以外的全部领土；但是，5月5日日本完全屈服。它同意在条约批准并能获得一笔数字更大的赔款后，归还它所占领的全部大陆领土。这个条约于5月8日，在卸下炮衣准备开火的俄国舰队的炮口下，在芝罘交换了批准书。

中国的三个朋友，在争取给予中国贷款以便偿还日本的赔款的机会上，发生了纠纷。中国与伦敦和柏林的银行家们的谈判开始了。法国唯恐被遗漏，表示愿意提供可供选择的款项；而俄国则同意向它们提供政府保证表示支持。中国接受了这些建议，并于7月6日，与俄国达成一项协议，同意另外再提供抵押以防拖欠。同时，还同意在不给予俄国以监督并管理它的税收的权利的情况下，也绝不给予任何国家以同样的权利。因此，俄国取得了一种优惠的地位。这就标志着它在中国享有优越地位的开端。德国由于它的银行家们在进行一项有利可图的贷款中受到排挤而感到不满；但是，它欢迎俄国不过问欧洲的事务而转向远东，因此，它没有提出什么抗议。

日本保住了它的胜利的某些果实，它取得了台湾、澎湖列岛，并且摧毁了中国在朝鲜的势力。但是，它却未能向大陆扩张；而这时，中国的软弱已经暴露无遗，再加上最近的法俄联盟对国际结盟的影响，都促使欧洲的列强起而争夺中国的财富和领土。对中国的争夺的特点是取得势力范围——在这个地区内，外国列强获得了修建铁路、开发矿山和开办电报业务的特许权，取得了贸易的优越地位，以及建立海军基地和进行商业活动的租借地。法国是头一个提出这种要求的国家。早在1895年6月20日，法国就强迫中国接受涉及东京的一个边境纠纷解决方案。三个进行贸易的新边境站开放了，中国的关税也降低了。中国同意在开发三个邻近省份的矿藏时，首先向法国申请给予帮助。后来，签订了一项协定，根据这项协定，法国将把铁路和电信延展到中国境内。

英国拥有华南贸易的大部分，并拥有势力，因而受到法国行动的威胁最大；但是，它也有着与之抗衡的优越地位。在法国采取上述行动后，它就立即和法国单独进行谈判，做出一项安排。根据这项安排，两国一致同意分享在华南各省所取得的任何特权。1896年2月，英国使中国同意英国对它提出的关于中国和缅甸之间边界的建议。它也取得了把一条铁路从缅甸延伸到中国境内的权利。这是作为中国对法国让步的补偿。法国于是又要求对英国的补偿进行补偿；1897年6月，它取得了延伸它在中国境内的铁路并优先开采华南各省的矿藏的权利。它提出这些要求的同时，还威胁要停止向中国支付作为对日赔款的贷款。

1896年4月6日，俄国提出了在北满修筑铁路的权利这一极重要的要求。它需要让横贯西伯利亚的铁路有一条更加直接的线路。由于这是一条中国人愿意自己修筑的线路，因此，在李鸿章前往圣彼得堡参加沙皇加冕典礼时，俄国向他提出结成联盟。于是，便在1896年6月3日，签订了一个在朝鲜以及其他领土上抵御日本的秘密防御联盟；对此作为回报，中国同意这条铁路应由华俄道胜银行修筑，租期为80年，虽然中国保留在36年后将其购回的权利。于是，华俄道胜银行和中国政府便组织了一个所谓私营的中东铁路公司。虽然有一些中国人在其中充当职员，但他们并不起什么作用：这个银行的股份全部归俄国政府所有，它不过是俄国用来逐步控制中国北部的一个工具。

日本对于朝鲜的局势并不满意，它也决定要和俄国达成协议。它提出以北纬38度线为界，把朝鲜分成为俄国的和日本的势力范围。1896年6月9日达成一项协定（山县—洛巴诺夫协定），实际上把朝鲜变成了两国共管的保护国。无论是俄国或是日本，都感觉到在朝鲜问题上自己的力量不是强大到可以得罪另一方。它们保证共同支持朝鲜国王，使他能够稳定秩序，建立他的军队和警察，避免财政的崩溃。他们放弃在朝鲜采取单独行动，并且一致同意在必要时派遣军队进入该国的问题上所做的安排。因此，这两个国家暂时保证，任何一国均不得在朝鲜攫取领土，虽然日本可以自由地在这个地区继续进行商业渗透，而俄国在更北的地区，则早已可以自由地进行发展了。

中国和朝鲜得到保障不致受到日本的侵犯；但是，谁也没有保障中国不受俄国、法国或英国的侵犯；这3个国家在北方、南方和中部的各个势力范围内的工商业渗透，早已开始；也没有哪一个国家保障中国不受德国的侵犯。德国的要求现在已经揭开了争夺的第二阶段。德国皇帝迫切需要获得一个海军和商业的基地，因为德国在远东的煤炭和物资供应，是依赖于英属香港的。1897年8月，经过仔细的考虑后，德国皇帝亲自和沙皇商谈德国租借山东的胶州港口的问题。11月1日，两名德国传教士在山东被强盗杀害。德国派遣一个海军舰队前往胶州，将其占领，并且威胁要采取报复行动。这位皇帝宣称，他"坚决要放弃在整个东亚被人认为是软弱的那种过分谨慎的政策；并且要以严厉的态度，必要时，还要以极其残酷的手段对付中国人，以此来表明，对德国的皇帝是不能等闲视之的"。

俄国人对德国的行动提出了强硬的抗议。另一方面，英国由于德国准备对它让步以换取支持，不仅不反对德国的这一步骤，而且对于德国人和俄国人在英国的势力范围以外的华北进行竞争，感到高兴。俄国人支持中国人抗拒德国的要求；但是，这一年年底，他们另有打算，便抛弃了中国人。1898年3月，德国获得了胶州湾这个租借地，为期99年；它在那里不久便建立了青岛这个重要的陆海军基地。尽管规定不明确，德国拥有在全省修筑铁路和开采矿藏的广泛权利：这就在实际上把山东变成了一个德国的保护地。

当德国人在胶州问题上表示决不退让的态度时，俄国舰队准备反对这一占领的命令便撤销了。俄国另行采取的政策是，在中国北方为它自己寻求一个不冻港口。它在采取这一行动前迟疑不决，一方面唯恐由此而造成对中国的瓜分，另一方面因为害怕招致英国和日本的反对。英国和日本反对俄国控制朝鲜的任何一个港口，因为它们害怕，这样将会使俄国的海军在东亚占优势。于是，一个由9艘英国巡洋舰和一些日本舰艇组成的海军舰队被派往朝鲜，着重表示它们反对这一方面的任何举动。日本也开始实行一个将于1904年完成的扩充海军的计划；俄国驻东京的公使报告说，这个计划的目的是要和俄国作战。这些危险造成了俄国政府中的分歧。俄国外交大臣米哈伊尔·穆拉维约夫伯爵极力主张，夺取仅在两年前从那里把日本人赶走的满洲南端的旅顺口；俄国的其他大臣全都反对。财政大臣维特认为，在中国和俄国关系如此友好的时候，没有必要采取行动。相反，他仍然认为，应当把德国人从胶州赶走。可是，穆拉维约夫设法说服了沙皇，沙皇于1897年12月14日对德国皇帝说，一支俄国海军舰队应中国人的邀请，将"暂时地"在旅顺口停泊；他还表示，希望俄国和德国将在远东进行合作。这一决定表示俄国放弃了保护中国领土的政策，而宁愿参加到瓜分中国领土的争夺战中去。

当中国向俄国要求贷款，以便支付第三批对日赔款时，俄国要求中国将黄海上的一个港口租借给俄国，以便和西伯利亚铁路相连接。换言之，俄国要求一个港口和通往满洲沿海的连接线。这正是它曾经迫使日本放弃的那块领土。中国转而向英国请求贷款，企图避开这种压力。英国要求获得能够使它在华南对抗法国并保障英国在华中的势力范围的种种权利，以报答它的支持。两弊相权取其轻，于是，由英国汇丰银行提供贷款，中国则给予英国以某种特许权。

英国政府对于俄国在北方渗透所造成的威胁，感到惊慌。它希望以合作来抵消这种渗透，于是，就和俄国展开了谈判。为了使它能够毫无阻碍地插手整个中国的工商业发展，它需要获得在俄国任何新建立的势力范围内，享有同等经商机会的保证。俄国拒绝在这一点上给以充分的保证；不仅如此，又于1898年3月3日，向中国要求旅顺口、大连和修筑铁路的权利，从而给英俄关系带来一场危机。英国向美国、德国和日本建议共同提出抗议，反对租借旅顺口。3月17日，英国向日本驻伦敦公使建议采取一致行动，加藤高明向本国政府建议缔结一个联盟。这个建议遭到拒绝，于是，加藤便辞职表示抗议，因为日本首相和英国人一样，只要有可能，情愿和俄国达成协议。4月25日，日本和俄国签订了西—罗申协定①；协定重申两国从政治上和军事上不干预朝鲜，而日本在经济上可以自由行事。由于俄国对日本在朝鲜的利益做了稍许让步，日本就对俄国在满洲的渗透表示默认。从日本方面来说，它不愿看到俄国的势力有任何的扩大；但是，日本首相认为，到一定的时候，和俄国之战在所难免，而在军事准备就绪和德法两国支持俄国的可能性减少以前，目前的这种安排是可取的。

俄国占领旅顺口时，英国已经于1月间派遣战舰前往那里；俄国的占领在英国引起了一片强烈的抗议。有几个星期，冲突似乎可能爆发。但是，在传说李鸿章及其他谈判代表已在让步时（中国于3月11日同意把旅顺口租借给俄国），英国政府决定，为旅顺口问题而打仗是没有道理的，特别是因为德国和美国政府已经证明和日本一样，

---

① 西是指当时日本外相西德三郎。——译者

都不愿进行合作。英国转而要求租借山东的一个与旅顺口隔海相望的港口威海卫。日本人自1894年的战争以后就占领了这个地方；但是，现在它愿意把它交给英国；英国向日本和德国保证，这个地方不会用来反对它们。结果，它对俄国的行动的反应，就像俄国对德国的行动的反应一模一样。其他大国也不愿被排除在外。法国要求一个加煤站；坚决要求中国保证不会把华南的法国势力范围中的各省，割让给任何其他国家；并且要求进一步获得修筑铁路的权利。这些要求得到了满足。法国于1898年4月22日，获得了南方的广州湾。1899年，意大利人要求得到浙江的三门湾。但是，这时的中国的态度有了改变。意大利的要求被拒绝了。意大利以战争相威胁，并且召回了它的公使。但是，中国的态度坚决，三门湾的问题也就不了了之。

俄国、英国、法国和德国在中国的争夺所以产生，是由于唯恐好处会被竞相掠夺中国的国家夺去。英国首相索尔兹伯里勋爵1898年5月4日在阿尔伯特纪念堂发表的那个"死气沉沉的国家的演说"中，把激励着各大国的那种精神描述得非常好；他说，"那些生气勃勃的国家将逐步蚕食那些死气沉沉的国家，而文明国家间的冲突的开端将迅速出现。诚然，这并不是说，要让这些生气勃勃的国家中的任何一国来垄断有利可图的对这些不幸的病患者的生杀大权；而发生争论的是，究竟由谁拥有这样做的特权，以及它采取什么手段这样做"。

美国政府由于1898年的美西战争的结果，对在远东的扩张也开始愈来愈多地表示支持。美国的移民多年来一直强烈要求兼并夏威夷；现在，由于对西班牙的战争，而且，因为日本的移民愈来愈多，就使得夏威夷作为一个海军基地很可能丢失；于是，1898年7月6日，夏威夷被兼并了。

1898年5月1日，美国人在马尼拉湾打败了西班牙的舰队；而西班牙的战败引起了它的殖民地的前途问题。德国希望获得这些殖民地。英国就像一贯反对德国的扩张那样，极力要求美国自己取得菲律宾。英国的这个主张，由于德国向马尼拉派遣了一个海军舰队而变得更为有力，因为这就使得德国和美国之间产生恶感。德国政府最初希望取得一个德国的被保护地，后来又希望使菲律宾保持中立，或者把它瓜分。美国对于德国舰只的出现，怀有强烈的敌意。这就加强了美国自己取得菲律宾群岛的决心,改变了它早先的迟疑不决的态度。而且,一反先前只是取得吕宋岛的决定,最后决定要占有全部岛屿。这些岛屿,除了使美国在太平洋上具有优越的战略地位外,还给美国提供了一个靠近中国并和它进行有价值的贸易的领地基地。欧洲列强已经有了这种基地;很明显,它们和日本将要争夺任何尚未被牢固地占据的地区。这些就是为什么美国做出这种决定的理由。根据类似的理由,美国还使西班牙认可它占有关岛的权利。

德国并不是一无所获。它根据1898年9月和12月间与西班牙签订的秘密协定,购得了加罗林群岛、马里亚纳群岛和帕琉群岛;这是一些荒芜不毛的小岛,可以作为海军站和加煤站。但是,它对菲律宾的结果,而且对它和英国关于葡萄牙在非洲的殖民地问题达成的协议的结果,都感到非常失望。因此,在萨摩亚问题重新提出时,它就更加下定决心,要攫取领土。几经废黜、几经复辟的萨摩亚王于1898年去世,内战重新爆发。萨摩亚的美国人首席法官,由于他对萨摩亚王的继承人的选择,使他处境危险,于是他便逃到一艘英国战舰上去。1899年年初,一艘英国舰只运来陆战队登陆,以支持受到美国保护的土著人。1899年3月,一位美国海军上将抵达萨摩亚,他干预当地的政治。这又引起了新的暴乱。在骚乱的过程中,美国和英国的舰只破坏了德国的领事馆。这些事件使德国感到愤怒。它愈来愈下定决心,坚决要求实行它在1898年8月就已提出的瓜分萨摩亚群岛的建议。这些建议本来要求把两个岛屿归美国,两个给德国,汤加归英国人。英国强调新西兰和澳大利亚的反对,因而拒绝了这些建议。但是,1899年5月,在德国的压力下,而且由于英德关系日益恶化,英国同意三个保护国派遣专员前往萨摩亚。后来,部分由于英国在布尔共和国的问题上困难重重,它就倾向于采取一种能使德国感到满意的方式来解决萨摩亚问题,然而,澳大利亚和新西兰仍然反对德国的扩张,这就使英国难以和德国成交;而德国认为,对于一个本来是它首先殖民而且利益最大的地方,它却不得不要经过一番奋斗,因此,仍然感到很不痛快。1899年11月1日达成了最后的协议。德国获得了乌波卢这个主要岛屿和萨瓦伊岛。英国得到了汤加和萨维基,小所罗门群岛以及非洲多哥的一个有争端的地区。美国则取得了萨摩亚的两个它感兴趣的岛屿。

在中国，尽管政府抵制了意大利的要求，但是，外国进一步攫取权利的斗争并未停止。以华俄银行做后台的一个法—比辛迪加，在华中的英国势力范围内取得了修筑铁路的权利；一家英国银行也取得了在满洲修筑铁路的权利。为了补偿俄国的势力从财政上侵入华中，英国通过威胁以及用海军显示力量的办法，也从中国取得了另外一些修筑铁路的权利。但是，由于英俄两国的利益日益发生冲突，两国终于在1899年签订了一个协定，尊重彼此的势力范围，不支持其他强国进入这些势力范围。俄国还做不到答应给予所有进入自己的势力范围内的国家以平等的经商机会，英国本来希望俄国能做到这一点，而且英国愿意在自己的地盘内给予这种机会。

美国的商界已经取得在中国修筑铁路的某些特许权。但是，他们还无法利用这些特许权，主要因为美国不愿在中国投资，而美国政府到目前为止，还没有使自己直接牵涉到在中国所发生的事件中去。因此，1899年9月，美国国务卿约翰·海要求英国、德国和俄国答应，在它们各自在中国的势力范围内，在税收、铁路运费和港口费上对外商要平等对待。这是具有某种重要意义的实行新政策的开端。这种要求和英国的在商业上保持"门户开放"的政策是一致的，是特别针对俄国的；美国政府开始害怕美国的商业利益在满洲会被排挤或受到歧视。英国过去曾经徒劳地提出过建议，要求俄国和美国支持这样一种政策。约翰·海在11月间又要求日本、意大利和法国赞助平等对待的原则。所有收到约翰·海的建议的政府，都对他的建议表示赞同；但是，俄国的答复事实上是躲躲闪闪，避免对商业上平等对待的原则表示同意。美国使中国中立的直接效果是微小的，虽然这种企图后来得到了各主要大国的支持。约翰·海的行动表明，在中国的竞争已经达到严重的程度；但是，他打算找出某种通过合作来阻止吞并中国的方法，却为时过早。

与此同时，中国把日本看作一个努力自救、免遭欧洲侵略的榜样。它派出许多学生前往日本留学，因此，当日本对北京的影响增加时，俄国的影响就暂时削弱了。但是，俄国的扩张主义分子仍然在忙碌着。他们希望在朝鲜取得一个良好的阵地，这样他们就不会像在旅顺口附近为英国人所阻那样，受到阻遏；而且，他们可以在那里控制通往日本和华北的通道。1898年,俄国的一伙外交官员、银行家和商界人士组成了一个"东亚公司",制订了一个出人意料的计划,打算根据一项开发木材的特许权,把两万名军队乔装扮作伐木工人,偷偷地送入朝鲜境内。沙皇批准了这个计划;但是,这个计划却为财政大臣维特伯爵所阻拦,他拒绝支付必要的贷款。俄国的海军当局于是设法要在朝鲜南端的马山浦弄到一个基地。尽管俄国进行威胁,但是,朝鲜人在日本的支持下,在1899年的秋天拒绝了这个要求。1900年3月16日,俄国的一支海军舰队在朝鲜的首都附近停泊,并劝诱朝鲜国王同意它在马山浦建立一个加煤站和一所海军医院。这就造成了俄国同英国和日本两国之间的紧张局势;但是,无论日本,或是俄国,这个时候都不准备打仗。当日本获悉租借马山浦的性质极为有限时,它决定不向俄国挑战。

1900年秋天,中国的义和团叛乱爆发后,虽然俄国政府曾经决定不夺取满洲和华北,但是,当俄国在满洲的一支人数不多的军队受到中国人的袭击时,它就占领了满洲。不大主张扩张的那些俄国领导人,建议不要为援救北京的各国外交使团而采取行动。但是,终于派出了一支小部队,而俄国政府中的其他分子,则希望利用它来乘机控制北京附近的地区。各国使团一得到解救,俄国马上提出建议,各国派往北京的远征联军应立即撤退。包括维特在内的一些俄国人极力主张从北京全面撤军,希望从而可以阻止全面瓜分中国。其他一些人所以支持这个建议,是因为国际部队的存在将会阻碍他们在北京地区的计划。还有一些人至少希望利用这个建议作为一种手段,将来在解决问题时,可以赢得中国人的好感。英国和德国对于这个建议感到惊慌:在它们看来,这个建议的目的,是要劝说中国人把满洲奉送给俄国,以报答它使外国人离开了北京。

英国和德国也害怕瓜分中国。它们于1900年10月16日缔结了一项协定;根据这个协定,它们将"尽它们力所能及地施加影响",支持所有国家在中国全境享有贸易上的平等机会;而且,根据这一协定,它们自己将不寻求占有领土。英国希望,这将使它确保取得德国的支持以对付俄国。但是,德国在谈判这个协定的过程中,确实曾拒绝在满洲问题上使它自己承担义务;因此,它对俄国说,这个协定并不包括满洲,俄国政府在那里可以为所欲为。德国所焦虑的,主要是要防止英国利用这一危机来进一步控制长江流域，因此，它才签订了这个协定。

俄国已经在和中国进行谈判，以便在满洲和毗邻俄国的中国其他地区内，取得一个更加强有力的地位。1901年2月8日，一份协定草案交给了中国驻圣彼得堡的公使。协定草案规定，中国将恢复它的行政管理，但准许俄国军队留驻，给予俄国以新的筑路权并对俄国的各种费用给予补偿。甚至在这个协定草案送交中国以前，日本的外务大臣就曾要求英国和日本一道就此向俄国提出抗议。但是，他没有成功。2月，他建议英国和日本应该联合起来向中国提出警告，反对签订这个协定。英国担心，如对日本的建议置之不理，日本最后将会和俄国达成协议，瓜分中国；但是，它也不愿得罪俄国。因此，它就打算寻求德国同它和日本合作来反对俄国。德国和英国，日本一道向北京提出照会；但是，它们不肯进一步采取行动。俄国人对于这一步骤置之不理，逼迫中国人于2月底签字。日本对攻击俄国一事迟疑不决，因为法国的舰队可能支持俄国。所以，它又寻求英国的支持，询问一旦俄日战争开始，英国是否会牵制法国。

德国希望英国会对日本承担这一义务，从而就会深深地陷入和法国与俄国的纠纷之中。这样它就需要和德国联盟。一些年来，德国一直希望根据它自己的条件结成这种联盟，其中包括要求在英国令人十分恼火地垄断着的海外领地中享有一个较大的份额。在英国和日本再一次要求之下，它答应一旦东亚爆发战争，它将保持中立；但它拒绝支持英国关于在满洲贸易机会均等，即"门户开放"的要求。这就在英国引起了强烈的不满情绪；因为德国在一年以前，似乎同英国一起肯定地表示过对在中国保持"门户开放"政策感兴趣。英国政府为德国的这一态度所困扰，因而一直踌躇不前。日本人于4月6日单独向俄国提出强烈的抗议。俄国人便减少了对中国提出的要求，准许中国在满洲驻扎一部分军队，以换取更多的赔款，并放弃在中国其他地区取得特殊势力范围的要求。李鸿章倾向于接受这些条款，但是，在其他总督们的反对下，中国的总理各国事务衙门再次请求外国列强的援助。英国和日本再一次警告中国不得与俄国签订协定。这样一来，俄国便撤回了它的要求，并坚持说，它从来没有提出过任何要求，只是提出暂时安排的建议。

满洲的危机暂告结束；但是，由于俄国仍然占领着满洲，对于其他列强来说，问题仍然存在。这就是缔结英日同盟的背景。英国和日本于1901年7月在伦敦又一次讨论了这个计划；但是，一直到10月才开始认真地谈判，而即使到那时，又遇到了耽搁。英国希望协定的范围把印度包括在内；但是，日本坚持这个协定只适用于"极东"①。另一个困难是，一方面，英国需要保证它不会被卷入与它本国利益没有直接关系的俄日争端中去，而另一方面，日本却需要确切地获得英国的支持，以实现它在朝鲜的野心。而且，每一方都在犹豫不决，究竟是和俄国达成协议为好，还是两国之间取得协议为宜。但是，它们终于达成协议。最后达成的协议是，共同保证中国和朝鲜的独立和领土完整，以及一切国家在两国的商业和贸易中机会均等；条文的词句表示，日本在朝鲜可以自由行事，但另一方面，在那里不受到不适当的鼓励。此外，每一方允诺，在另一方卷入与第三方的战争时，要保持中立，如果另一国家在冲突中站在反对另一方的一边，则将给予另一方以援助。

这个协定对于英国的主要价值在于：它排除了在损害英国利益的情况下，日俄合作瓜分中国的危险。这个协定还起着保护中国的作用。在日本方面，协定保障了日本在朝鲜的特殊利益。它主要关心的是，不应让俄国进入朝鲜，以免使它可以控制东亚并威胁日本。日本甚至一直愿意让俄国可以在满洲和邻近的中国其他地区中自由行事，只要允许它自己控制朝鲜。俄日谈判成为泡影，因为俄国一直不愿走得很远。一旦西伯利亚铁路建成，俄国就要夺取朝鲜，不管日本反对与否。但是，由于有了英日同盟，日本充满了信心，它可以对付俄国的任何举动了。

俄国和法国获悉这个新的同盟后，既感到惊讶，也感到不愉快。对俄国的影响立竿见影。它宣布，它愿意从满洲撤退，但要求中国和俄华银行另行取得协议，并给予特殊的让步。2月11日，中国人由于美国提出抗议并在这个新的同盟的消息的鼓舞下，拒绝与俄华银行取得协议。2月13日，英国政府在议会中声明，满洲并不排除在这个新同盟的范围之外。虽然日本和英国无意在满洲问题上卷入一场战

---

① "极东"即远东。——译者

争中去，但在技术上说来，这一解释是正确的，而俄国人必然获得了深刻的印象。4月8日，他们终于从满洲撤退。他们尽管做了那么多努力，却一无所得。

英日同盟就这样结束了满洲的危机；而且也结束了（如果说，只不过是暂时地）特别是1894年以来欧洲各国政府以及日本和美国投身其中的、在远东愈演愈烈的竞争过程。

（丁钟华　译）

第二十四章

美国与旧世界[①]

到南北战争时,美国第一阶段的扩张行动已告结束。"天定命运论"最明显的目的业已达到,美国的边疆按理说已经是令人满意的了。美国领土横亘于两大洋之间。它北邻加拿大,也可以说,这块土地总有一天必然会落入美国的怀抱,但急于得到它,对美国既无必要,也不可取。南边毗连的墨西哥,土地干旱贫瘠,无人愿意染指。当地居民的种族、语言、宗教和传统,对大多数美国人来说,是难以理解的。

美国本身尚有足够的土地,精力充沛的人民大有用武之地。早在南北战争以前,"天定命运论"和西部的诱惑就已经不是激励扩张的唯一动力了。南北双方为控制西部地区作为经济和政治力量的来源而展开竞争,这在决定迅速向太平洋扩张方面起了同等重要的作用。真正的扩张主义者曾希望借助于帝国的美梦,来把美国人的注意力从地区之间的争执上转移开。他们虽然未能做到这一点,但这也没有妨碍这种争执本身转变成竞争。当南北战争的胜败分晓时,扩张的最明显的目标已经达到,促使人们扩张的最迫切的动机也就不复存在了。

如果说在美国国内政治方面没有什么因素使得人们对外交发生兴趣,那么,在外部世界也同样没有这样的因素。1870年以后的30年间,引起欧洲列强注意的是欧洲的事务。在那些年,欧洲各帝国的版图大大增加,而到了这时,一些帝国版图的扩大和它们所受到的注意形成了反比。这已成为司空见惯的怪事。当竞争激烈时,宣传报道非常之多,而收获却寥寥无几。帝国的缔造者们总是在无人注意的荫蔽

[①] 旧世界系指美洲新大陆(称为新世界)以外的欧洲、亚洲和非洲。——译者

的情况下攫取利益的。西半球已再无可供殖民的地区，这已是确定无疑的了。除了美国的敌对立场以外，拉丁美洲国家的政治结构也已十分发达，以致在那里推行帝国主义成为一种要求耗费国家相当多的人力物力的事情。这就要求政府进行干预，但欧洲各国政府正专心致志于欧洲事务，无法考虑这种要求。法国对墨西哥的干涉草草收场，其所以如此，与其说是由于美国的反对，不如说是由于在欧洲无法脱身；在这以后，美国的门罗主义原则就没有受到哪怕是最温和的挑战了。门罗主义最初是门罗总统在1823年提出的，主要包括两点：一是不能再把西半球看成是欧洲列强的殖民地区；二是欧洲对美洲的干涉将被美国视为不友好的行动；另外，美国也宣称它无意参与任何欧洲事务。可以表明这一特征的是俄国的态度，它不仅愿意，而且急于放弃阿拉斯加，在1867年以仅仅700万美元的可笑价格，把这块土地卖给了美国。而美国买这块土地的热情，显然不如俄国卖这块土地的热情高。人们根据谈判这笔买卖的安德鲁·约翰逊政府的国务卿威廉·亨利·西沃德的名字，把这块土地称为"西沃德的冰箱"，普遍认为这笔生意是不合算的。美国人漫不经心地就获得了他们最大的利益，真可谓帝国扩张的典型。

随后，美国进入了这样的时期：国内的发展吸引了美国人民的精力，外交则很少受人注意。北方的胜利以及随之而来的政治统治地位，使国家统一起来，虽然在开始时还是表面的，但多年来还未曾有过这样有效的统一。美国的实力增长了——这确是惊人增长的年代——因而使得美国人在一个列强专注于欧洲事务而美国人专注于美洲事务的时代，得以信心十足。但是，美国人所以能有这样的信心，主要还是由于美国人没有注意到产生这种信心的条件。他们对外部世界的看法，是以在南北美洲的经验为根据的；而在南北美洲，他们长期居于领导国的地位。他们能够在西半球的范围内奉行自己的政策，并创造自己的政治奇迹，这是他们的极大的幸运。

必要的条件是在欧洲存在着几个大致势均力敌的大国。如果不是就实际的军事力量，而是就潜力而言，美国已可跻身于列强之列；但它的地理位置使它在欧洲所起的作用，比不上可以同它匹敌的那些国家。那时欧洲列强的阵营还没有固定，任何集团还没有必要把美国拉入欧洲事务，而在别处向美国提出挑战，对所有国家来说，都是不明智的。

在这些年里，美国和欧洲列强虽然并非没有往来，但美国扩张的趋势首先是指向西方——即太平洋。在美国人的心目中，同远东接触从来没有感到往往由于欧洲的"腐败"所引起的那种反感。扩张总是意味着向西扩张。"天定命运论"的神话的一个强有力的要素，便是认为美国连接着东方和西方，居于贸易中心的理想地位。早在1844年，美国就与中国签订了一项贸易协定。1853年，是美国人佩里打开了日本同西方通商的大门。但有很长一个时期，美国即使在远东也抱着它对英国所抱的那种信念：贸易是不受政府干涉的事。对西沃德国务卿来说，购买阿拉斯加是更大的设想的一部分。人们对他此举漠然置之，说明这个更大的设想是如何不为人们所理解。

美国攫取属地的这些最初的事业，当然只会使美国人信心倍增。对夏威夷的统治以及最终于1898年将它吞并，没有遭到欧洲的干涉。在萨摩亚，虽然欧洲列强直接参与了争夺，但相对来说，美国付出的代价不大，竞争也比较缓和（参看第二十三章）。在其他地方，美国在19世纪90年代以前几乎没有与欧洲直接角逐。

而与此同时，和南美的关系则日渐亲密。1881年在加菲尔德总统手下和1889年至1892年间在哈里逊总统手下两次充任国务卿的詹姆斯·布莱恩，是后来被称为泛美主义的思想的主要鼓吹者。他本人虽是一个坚定的保护贸易主义者，但他看到保护政策正损害着美国在南美的影响。南美国家主要还是原材料生产国，它们把大部分产品——咖啡、糖、皮革、羊毛等——出售给美国。然而，它们发现去欧洲购买他们所需要的制成品较为便宜。贸易格局变得不正常，随着欧洲对拉美贸易额的上升，布莱恩担心欧洲的影响也将会增强。他提出的补救措施是建立美洲关税同盟，在这个同盟中，美国货物将在拉美国家享受最惠国待遇；作为交换，美国也给予拉美国家以最惠国待遇。作为他的设想的一部分，布莱恩希望签订仲裁条约，以解决在拉丁美洲的争端，并希望通过泛美会议来促进美洲国家之间的亲密关系。在加菲尔德短暂的总统任期内，布莱恩未能获得机会将其计划付诸实施。当他在哈里逊手下重新任职后，便于1889年召开了第一次美洲国家会议。他提出的关于建立关税同盟和关于仲裁的两项建议均遭否决。拉丁美洲人担心来自北美的统治，而且，既然他们的货物大都已免税进入美国,因此,在他们看来,布莱恩的目的不在经济,而在于政治。就美国方面来说,掌握着布莱恩所属的党的那些企业家,同样怀疑这些条约很可能会限制美国的关税。不过,尽管大会没有承担仲裁义务,布莱恩只是表面上而不是实际上遭到挫折。海斯总统已经就阿根廷和巴拉圭的边界纠纷做出了仲裁,而后来克利夫兰又对阿根廷和巴西之间的另一次边界纠纷做出了仲裁。布莱恩过分急于求成;由于他过高地估计了欧洲的挑战,他企图对拉丁美洲强加美国的影响,其实,这种影响不可避免地正在与日俱增。

简言之,这是商业外交的年代。人们仍然可以说,这时美国除了维护诸如能够使得世界对美国公民来说既安全又有益这样一些国际行为准则以外,它在自己的边界以外并无利益。虽然这似乎是一个简单的前提,它应该使推行一贯的政策成为容易的事,但同构成对外政策基础的其他条件一样,它也有种种局限性。由于几乎没有什么问题可以说成是,甚至被确定为,关系到真正重大民族利益的问题,所以美国的政策更加容易受到地方的或暂时性的压力的影响。在国内,政治上没有任何严重的分歧居于支配地位;于是,在政治家之间,在各方面都完全可以互相迁就,而政府在没有更强烈的反压力的情况下,对之难以加以反对。在美国的对外政策中,并不是每一个动机都完全是自私自利或眼界狭隘的,有许多是富于理想主义的;那些维护局部利益的人的所作所为,往往也并非不当。但是,如此势均力敌,而又如此易于一时失去平衡的各种因素之间的相互作用,使得美国的政策比别的国家更为变化不定。

直到19世纪90年代,美国人才开始充分注意到对外政策上的一些迫切问题。其所以如此,有两个主要原因。第一,自南北战争以来,人口和工业潜力均稳步增长,这使美国成为一个令人生畏的强国。欧洲列强从自己的利益考虑,越来越承认这个事实,这也使美国人开始注意这个事实意味着什么。连别人也在议论孤立主义的局限性,那么要继续奉行这一主义就更为困难了。第二,在19世纪末,欧洲列强的竞争仍以典型的帝国主义形式进行,在中国、非洲和太平洋上的角逐已吸引了公众的注意,这时,盛行于西欧的种种思想也不能不影响到美国。在西欧,一位达尔文主义的社会学家辩称:民族和种族也像自然界的各种生物一样为生存而竞争;适者生存乃是一个合乎道义的进程,从而使强权政治又得到新的支持。实力不仅是安全所必需的,而且是生存权利的证据。这种信念在美国广为传播,由此而产生的雄心也人所共有。尽管如此,美国的政策仍然不同于其他国家。虽然新思想很有感染力,但由于美国的历史、政治传统和地理位置不同,这些思想的影响也就减弱了。帝国主义同旧思想进行着连续不断的战斗,美国的政策则指引着这种斗争。

人们通常恰当地把美西战争看成是一个里程碑。正是美西战争迫使世界各国以及美国人自己注视美国的政策,但这一变化是有先兆的。第一次打开美国人眼界的争端是1895年的委内瑞拉边界危机。委内瑞拉和英属圭亚那之间的边界,从未经过认真勘定,长期以来争执不下。在这个问题上,英国和委内瑞拉的外交交涉为时已久,美国曾多次居间调停。美国早些时候也曾单独表示对此关注,但也只限于一般声明希望看到争执得到解决,并愿做出任何有助于解决争端的努力。委内瑞拉人则希望美国做得更多。他们常常告诉美国,支持一个南美小国反抗一个欧洲大国有好处,其目的或目的之一是要美国人进行干涉。1895年他们的目的达到了。克利夫兰总统和他的国务卿理查德·奥尔尼决心使争端得到解决,必要时美国将采取直接行动。

这项新政策以1895年7月20日奥尔尼给美国驻伦敦大使发出的指示为始。它声称美国有权进行干涉,并引用门罗主义来作为这种权利的根据。如果英国的行动表明英国是在牺牲委内瑞拉的利益,并不顾委内瑞拉的反对而进行领土扩张,那么,这种行动就是与门罗主义相抵触的。奥尔尼说,从此可以得出结论:辨明事实真相,从而判断门罗主义是否适用于这些情况,乃是美国的权利和责任。当时任英国首相兼外交大臣的索尔兹伯里勋爵,在4个多月以后才做出答复。他在11月26日发出的两封态度冷漠傲慢的函件,拒绝承认美国有权进行干涉。他指出门罗主义只是美国的政策原则,并非国际法准则。他认为无论从哪方面说,奥尔尼都是把该项原则加以引申,而运用到与之毫不相干的事情上了。

克利夫兰总统就索尔兹伯里的函件在12月向国会提出了一个特别咨文,从而使争论公开化了。在咨文中,他声称美国政府曾一再努力规劝英国和委内瑞拉和解,然而,这些努力均由于英国持顽固态度而宣告失败,现在已是由美国决定正确的边界,并在必要时以武力强制争论双方加以接受的时候了。作为行动的开始，他建议指定一个美国调查委员会，并要求国会拨出必要的款项。

美国舆论强烈支持克利夫兰的行动。英国舆论则对此表示愤慨，但首先是感到震惊。如詹姆斯·布赖斯在写给西奥多·罗斯福的信中说："在下议院，10个人里也未必有一个人知道还有像委内瑞拉这个悬而未决的问题。"这件事后来的发展是举行了谈判，通过谈判，英国最终接受了美国的干涉，而且美国不仅是干涉，实际上是代替委内瑞拉而成为争端的另一方。索尔兹伯里放弃了反对就边界进行仲裁的立场，得到的只是一个小小的让步，即承认凡占领或在政治上控制某一地区达50年者，均应对其拥有所有权。仲裁法庭由双方各派两名成员和一名中立国法官——一位俄国人——组成。法庭上坐的是两名美国人而没有委内瑞拉人。法庭实际上是受理英国一方的诉讼案。

虽然克利夫兰曾谨慎地说，最初他只是建立一个委员会来调查事实，对案件的是非曲直并不抱偏见，但在双方的许多观察家看来，事情很明显，他采取行动完全是因为他认为英国是错误的。只有出自这样的估计才会使门罗主义与此事有关。不管引用门罗主义是对是错，反正它的目的不是为了保护欧洲的殖民地免受南美各共和国的侵犯。因此，美国的干涉不是公正的，但除开干涉这一事实本身就意味着偏袒某一方这一点不说，如果遵循这个先例，美国可以插手进行干涉的争端的数目就会大大增加。从此以后，任何纠纷，只要是涉及一个美洲国家和一个欧洲国家，就都可以认为是属于门罗主义范围之内的事。有一个时期，这个先例似乎将要确立。后来美国的政策在这方面有了改变，主要是因为在美洲的一些小共和国中，对来自北美的这种监督日益不满。

克利夫兰总统是一位勇敢而诚实的人，一个反对帝国主义的人。他是最后一批反对扩张的人之一。他尽其所能阻止兼并夏威夷；他反对在国外进行冒险活动，反对建设海军以及同列强竞争；因此，他竟然会扩大门罗主义的范围，就更加出人意料。也许，他并没有理解他的所作所为的充分含义。他和奥尔尼一样，认为英国总是不尊重美国的利益，因此决心大力维护这些利益；不过，他的行动也显示出美国帝国主义具有强烈道义因素。当然，这种因素受其他一些因素的制约；它表现在别人身上，并不总是像克利夫兰那样强烈，但这个因素是很重要的。美国政策中常常表现出来的那种激烈情绪,在很大程度上是由此而造成的。克利夫兰和奥尔尼认为,他们是在纠正错误。如果承认仲裁委员会的裁决,那就不能说他们是在纠正错误,但他们自以为是在纠正错误,而且,由于对此深信不疑而理直气壮。

在发生委内瑞拉边界纠纷之际,美国和加拿大之间也在许多问题上互相敌对——从芬尼亚共和主义到捕鱼权等等问题,不一而足。1897年,麦金莱总统接替克利夫兰时,两国在阿拉斯加和加拿大边界问题上发生了旷日持久的争执,直到1903年才最后解决。该边界是根据1825年的英俄条约划定的。1867年,俄国把阿拉斯加卖给美国后,美国人就继承了俄国根据该条约而享有的一切权利。然而,确定边界是一回事,勘定边界却完全是另一回事。实践证明,对边界的确定是不充分的。在19世纪末,边界地区发现黄金以前,边界的准确位置本来无关紧要,但发现黄金后,两国采矿者就开始涌入这一地区,而且有希望开发出取之不竭的矿藏。这样就需要精确地划定边界。从阿拉斯加的主体,有一条港湾密布的狭长海岸地带向南伸延。争执的最主要之点,是边界正好穿过这些港湾。如果穿过这些港湾,加拿大就会在港湾的尽头处取得出海口,得到属于自己所有的便于通往金矿的港口,但这也会使这块美国领土成为与本土隔绝的一些地岬。加拿大人说,这才是对条约的正确解释,而美国人则说,在1890年以前,加拿大人从来没有提出过这个要求,因此它是站不住脚的。

处理这个问题,有两条途径可循。一条是把它看成政治争端,从而可求得妥协。另一条则是把它看成严格的法律上的争讼。加拿大人——当然是由英国政府代表——设法双管齐下求得解决。当这个问题第一次提出时,一个由加拿大和纽芬兰都派有代表参加的联合委员会,已经在审查两国间一些虽不太大但却棘手的争端。确定阿拉斯加边界的问题被提交该委员会,但未获得结果。从这一争端后来的发展情况来看,当时具有讽刺意味的是,美国人竟然抱怨英国首席委员赫谢尔勋爵过于在字面上坚持自己的理由而不愿让步。与此同时,如后文所述,两国还正在就开凿和管理一条地峡运河的条件进行着谈判。加拿大人试图把这个问题同阿拉斯加边界问题扯在一起,但同样没有成功。美国人坚持阿拉斯加边界问题与其他问题毫无关系,应作为单独的问题来解决。这无疑是一种明智稳妥的政策。美国人移居有争议的地区的速度比加拿大人要快，加拿大事实上没有取得出海口。时间对美国有利。1899年10月达成了一项临时协议。而当这项协议消除了在边界上发生纠纷的危险后，当时的国务卿约翰·海就极力拖延而不愿达成永久的协议了。

这样一来，加拿大人就不得不承认美国的主要论点，即这是一个法律上的争论，应由法庭解决，而不应通过谈判来解决。然而，事实证明，要组成这样的法庭是十分困难的。委内瑞拉边界问题是由一个5人组成的法庭来解决的，争论双方各2个，另一人来自中立国。然而，在1897年，英国和美国已签署一个仲裁总条约，规定在6个仲裁人中，每个国家应出3人，而每项决议需有5人同意才能通过。这项条约以微弱的票数之差未获得参议院通过，但经过长期谈判后，在1903年1月达成协议，同意成立这样形式的法庭，不过，没有5/6的多数这条规定。由此可以看出，时间对加拿大是多么不利。到这时，加拿大总理威尔弗雷德·洛里埃爵士已放弃了得到一个港口的希望，急于把做出让步的责任推到一个法庭身上；而美国人则拒绝接受其他任何形式的法庭，甚至连这样的法庭也只是勉强同意的。最后，法庭由三个美国人、两个加拿大人和一个英国人组成。

法庭被接受后，争论马上就转向如何正确解释1825年的条约。双方各执一词，不过，看来美国的理由无疑比较充分。最后，美国获得全胜。加拿大未能在争议地区取得出海口。然而，虽说结局是合理的，但达到这一结局所采取的手段，却是值得怀疑的。这个法庭不论就其组成或就其程序来看，都不是真正公正的。很显然，法庭要想做出一项裁决，起码需要有一个成员对任命他的那个政府所持的理由表示反对，而美国之所以同意成立这样一个法庭，很重要的一点就是因为它知道这一点，从而感到有把握。结果，法庭的英国成员、大法官阿尔弗斯顿勋爵投票支持美国人。他坚持说，他是根据这件事的是非曲直来考虑问题的，并且做出了严格的合乎法律的决定。然而，不论是在美国或在加拿大，没有一个人认为美国成员也是这样做的。1901年麦金莱被刺后接任总统的西奥多·罗斯福，无疑在人选问题上选择了亲信而违反了协议的精神。没有一个人是协议所要求的"著名法学家"（虽然伊莱休·鲁特后来曾担任海牙常设仲裁法庭法官，但当时他是陆军部长，并无司法经验），而且，所有的人在开庭前均已公开表明自己对此事的态度。其实，更不必要进行这些选择，因为罗斯福已公开宣称，他无意接受不利的裁决。

在这样的情况下，成立法庭本身就标志着美国的胜利。这个胜利是罗斯福式的。若依温和而亲英的约翰·海，一定会满足于保持临时解决办法；在建立法庭时，他看出罗斯福的提名没有必要地刺激了对方。然而，罗斯福却认为美国的理由是无懈可击的。他把法庭看成仅仅是给英国政府提供一个摆脱困境的办法，而美国所以同意这样做，则是一种让步。他不准备在最终的解决办法方面做出任何让步，甚至不给人以这样的印象。"嘴上甜言蜜语，手里挥舞大棒"，这是罗斯福最欣赏的格言之一。在从事政治活动中，他的弱点不在于他挥舞大棒，而在于他完全不会甜言蜜语。他不能够理解，甚至没有注意到，加拿大人对他的所作所为感到愤懑。

在阿拉斯加边界问题解决以前不久，缔结了海—庞斯福特运河条约，从而使加拿大一度曾试图将之同边界问题联系起来的有关运河问题的谈判宣告结束。通过中美地峡开凿一条通航运河的可能性已讨论了很多年，对这样一条运河如何管理，被认为是重要的问题。19世纪中期，英美在中美洲的竞争，由于在1850年签订了克莱顿—布尔沃条约而趋于缓和。该条约规定可能修建的任何地峡运河应共同管理，不得设防，并应保持中立，以有利于各国。

南北战争后，美国对通航运河的兴趣日益增长，克莱顿—布尔沃条约渐渐被看成是对美国的束缚。当开凿运河的主张还是商业上的考虑时，存在着对立的利益之争——例如铁路的利益——再加上技术上的种种困难，妨碍了运河的开工；但是，美西战争大大促进了兴建运河的要求。战争爆发后，美国战列舰"俄勒冈"号不得不长途航行，绕过合恩角驶往大西洋才能有效地参战。鼓吹扩张主义和建立强大海军的宣传家们立即指出：在加勒比海的战争中，运河一定会大有用途，因此，重新提出兴修运河的坚决主张，而且不仅是兴修，还应由美国兴修并加以控制。

克莱顿—布尔沃条约成了一道障碍。一些不负责任的美国政界人物企图辩解说，该条约已经失效，可以置之不理；但这不是美国大多数人的意见。虽然有很多人谈论美国废除该条约的可能性，但约翰·

海和他的同僚们仍然坚持严格按照法律办事。约翰·海在1898年12月提出了他的建议。索尔兹伯里勋爵的初步反应是良好的。于是,约翰·海和英国大使朱利安·庞斯福特爵士一道着手进行工作。庞斯福特是一位经过专门训练的律师,而且在此以前曾参与订立苏伊士运河条约,因此对处理类似问题具有专门经验。约翰·海和庞斯福特工作得很快,到1月中旬,他们就拟出了条约草案。要求改变运河条约的压力,完全来自美国方面。英国政府对克莱顿—布尔沃条约已经感到完全满意。再者,他们看到,在通航运河问题上向美国利益做出让步,很可能换取到在别的地方向加拿大做出让步。他们也知道,在同美国继续存在重要争执的时候,对兴修运河有着种种反对意见。因此,他们试图把运河问题和阿拉斯加边界问题联系起来,这使新条约的签订拖延了一年。由于遭到美国的拒绝,才放弃了这样的企图,于是第一次海—庞斯福特条约于1900年2月签订。

　　新条约仅仅将克莱顿—布尔沃条约修改了一处,即撤销了英国关于参加开凿和管理运河的要求。克莱顿—布尔沃条约除被新条约所代替的地方以外,其余仍然有效。但是,尽管约翰·海和庞斯福特注意尽可能少地修改原条约,毫无疑问,美国将是主要的获益者。英国对于经由巴拿马通向东方,兴趣本来不大,而由于苏伊士运河的开凿,就更加无所谓了。从战略上讲,运河的优越性——即必要时美国可将其大西洋和太平洋两支海军舰队集中到一个洋面上——也将属于美国。英国的地位不但不会由于运河建成而得到加强,反而会适得其反。虽然如此,有好几十年时间,人们曾认为建成地峡运河将是对文明的一大贡献。除非使用武力,继续反对是不会有什么效果的。即使人们认识不到这一点,要反对也是困难的。英国无意参加修建运河。即使为了支持加拿大,英国也不能长期拒绝放弃行使它的否决权。

　　因此,英国政府按照草案接受了第一次海—庞斯福特条约;但负责批准这项条约的美国参议院却不予接受。参议院的批评主要有两个方面。第一,它反对条约中邀请其他欧洲国家也要加以遵守的条款。在许多参议员看来,这种邀请协助保证条约在西半球生效的做法,不符合门罗主义。然而,更重要的批评是认为一条中立化的运河的存在,将会加强任何拥有比美国更强大的海军的国家的地位,从而违背美国的利益。这样的强国能够有效地封锁运河,而美国虽然拥有同等的权利，却无法阻止比自己强大的外国舰队通过运河。海军战略家们说，只有在运河可以设防的情况下，它才会对美国有利。

参议院对条约的反对，在1900年春夏日益强烈。到参议院于6月休会时，还未进行投票，而在夏季，布尔战争、美国竞选运动，尤其是中国的义和团叛乱以及接着举行的旷日持久的谈判，转移了两国对运河问题的注意。但在12月参议院复会前，民主党总统候选人威廉·詹宁斯·布赖恩对条约进行了攻击，使它成为一场政治性争论，并纠集起民主党人对它加以反对。最后，参议院对条约做了三项修正而批准了它。第一项修正虽然使克莱顿—布尔沃条约整个被废除这一点明确化，但并非很重要。第二项，也就是最重要的一项修正，是给有关运河中立化的条款增加了另一条规定，即所有这些条款均不应"适用于美国为了以自己的力量保卫美国的安全而认为必须采取的手段……"第三项修正则把邀请其他国家遵守条约的条款一笔勾销。

修改后的条约，实际上是否定了提交参议院的那个草案，因此，英国政府拒绝接受这一修订本。虽然约翰·海和美国驻伦敦大使约瑟夫·乔特竭力劝英国政府说，这些修改都是无关紧要的，但那完全是谎言。约翰·海所担心的是，如果英国不接受新条约，参议院就会无视国际法而废除克莱顿—布尔沃条约。不过，当1901年3月新条约宣告无效（因为它未被接受）时，参议院同时宣布休会，因而如庞斯福特所说，没有"犯什么更大的罪过"。

两个互相对立的条约草案似乎没有调和的余地。当时任外交大臣的兰斯多恩勋爵在对参议院所提的草案进行评论时，提出了些反对意见。这些意见虽是人们所熟知的，但却重要并站得住脚。不过，已有迹象表明，兰斯多恩所真正反对的是参议院采取行动的方式，而并不是修正案的实质。条约草案宣告无效，在1901年夏季，又拟定了另一个新草案，条约于11月18日签订，并由两国顺利地批准。在这个条约，即第二次海—庞斯福特条约中，美国得到了反对第一次条约的那些人所争取的一切。克莱顿—布尔沃条约被明确地废除；运河在战时的中立地位不再予以保证；其他国家不再被邀请遵守该条约。兰斯多恩放弃了他先前的反对意见。在谈判新条约时，他和庞斯福特得到的唯一让步，是保证其他非签字国根据条约受到和英国同样的限制。在获得这一保证后，他们也就对由美国来实施和执行这些限制感到安心了。在他们看来，参议院中支持海军的大多数人士，并不想将英国置于特殊不利的地位。达成的这项协议反映出自从克莱顿—布尔沃条约签订以来的半个世纪中，加勒比地区的力量已发生了很大的变化。这个事实在英国几乎没有引起人们的注意，也丝毫未引起人们的争论。

不论是阿拉斯加边界纠纷，还是控制地峡运河问题上的纠纷，都是美洲大陆本身的问题，因此，比起对较远地方发生的冲突，美国的态度表现得更直率，更强烈，并夹杂着以往的情绪。其直接的后果是，美国决心把每一项谈判加以分别对待。就某一个问题进行的谈判和取得的解决办法，不影响另一个问题。因此，海—庞斯福特条约的签订，并没有改变美国在阿拉斯加问题上的立场。而且，虽然由于英国对美西战争的态度而产生的对英友好感情是真实而明显的，但也未能影响后来同英国谈判的结果。这种把某一谈判同外交政策分开的做法，并非单单在那一时代或单单在美国如此。把外交谈判和某一项外交政策联系在一起是困难的，也并非是必要的；但是，在19世纪90年代的美国政策中，根本就没有打算这样做，这一点比以往更为明显；其原因是美国对自己控制西半球的能力具有不可动摇的信心，而且，对美国有权这样做这一点也同样坚信不疑。这就使得美国在对待最微不足道的争执时，也仿佛是涉及生死攸关的利益一样。这些现象在很大程度上解释了为什么像奥尔尼和西奥多·罗斯福这样的人，在推行美国政策时表现得如此激烈。它们也很能说明为什么这些人倾向于从法律的角度来看待政治问题，却又不顾前后矛盾，运用政治压力来决定这些问题的结果。

当美国的外交活动集中在西半球的时候，它的局限性被掩盖着。美国对自己的实力所具有的信心，事实上是有根据的，但这并不是建立在合理估计的基础上。这种信心其实是70多年以来发展起来、而从未被怀疑过的一种安全感。美国人暂时还可以一方面支持在世界政治中实现一些新的抱负和理论，另一方面则仍然坚持同这些新的抱负和理论相矛盾的旧原则。他们就开凿地峡运河的条件进行的辩论，主要在于战略方面。然而，美国海军界几乎没有做任何努力将他们提出的在运河设防的要求同任何更大范围的政策联系起来。虽然开凿运河的要求包含着更大的野心，但这种野心并没有明确的目标。既然运河是在西半球，对它设防就当然是必要的。而且，由于英国持反对态度，就更应如此。类似的矛盾情况，在美国的政治思想中也可以找到。影响罗斯福和其他人，而且无疑大大促使他们在应付问题时采用激烈手段的，是达尔文主义的政治思想；这种思想必然会导致要求扩大美国的利益和影响，这实际上正是罗斯福一贯为之奋斗的目标。然而，对其他进取精神并不亚于他们的人来说，各种旧思想使他们对政治上的达尔文主义的含义认识不清。正像苏格兰出生的钢铁大王安德鲁·卡内基在委内瑞拉危机时所说的："（英国）可以自由自在地漫游于三大洲，它不会果真舍不得将一个洲给予她在这里的同种人。"

美西战争是对美国政策的第一次真正考验。战争仅持续了几个月，美国并未投入大量的人力和物力；但美国的动机比起战争的规模来要重要得多。这次战争既可以看成是由于一次骤起遽落的帝国主义浪潮而引起的一时反常现象，也可以看成是一个主要转变的起点，即放弃孤立，而不断地、越来越频繁地参与世界事务的开始。这两种看法都是有道理的。美国并未拥有海外属地的正式政治控制权，就这一点来说，不论怎么衡量，它都没有成为帝国主义国家。这种机会已经不复存在，热情也已迅速消失。但是还有其他形式的殖民扩张。有了力量，到一定时候，就会产生使用它的愿望。到1898年以后，孤立主义者就站不住脚了。

美西战争的起因在于美国已经日益准备好要管理西半球的事情。引起这次战争的表面原因，是西班牙未能平息在古巴不断发生的反对其统治的叛乱。美国终于决心结束这场正在毁灭该岛的游击战争。古巴反对西班牙统治的叛乱，在整个19世纪此起彼伏。虽然在多民族的古巴居民中，有相当一部分人是西班牙血统或主要是西班牙血统的古巴人，但这个岛屿却是由从西班牙派来的官员们统治着，古巴人关于自治的要求被置之不理。西班牙人的统治既无能又腐败，因而挥霍无度。最严重的叛乱是从1868年到1878年的10年大规模战争。这次战争与其说反映了摆脱西班牙统治的要求，不如说是反映了改革的要求。最后，以达成一项允诺进行改革的协议而告终。但西班牙人并未遵守协议的精神——甚至连字面上也未遵守——这正是导致1895年爆发一场新叛乱的主要原因。在两场叛乱之间的年代里，古巴领导人中的分立主义者的影响已超过了自治主义者。

南北战争前，许多美国人曾考虑购买或兼并古巴。该岛在加勒比海的位置，使它具有重要的战略意义。它的热带作物，尤其是蔗糖，价值相当可观。不过，热衷于得到古巴的，仅限于南方人；在北方，人们不无理由地怀疑南方之所以热衷于此事，其真实目的在于再建立两个蓄奴州。当地区之间的竞争左右美国政局的时候，这种怀疑足以阻止美国采取行动。但到了1898年，形势已大不相同。奴隶制已不再是政治问题；在古巴，和在大陆一样，它已不复成为一种制度。如果说兼并古巴的主要动机已不复存在，那么，主要的反对意见也随之而消失。而且，兼并也并不是唯一可行的办法，甚至并不是最吸引人的办法。许多美国人不喜欢让古巴成为殖民地，因为他们坚决主张共和制度，而且，同样不愿意再增加大量的混血种公民。在这些人看来，正确而满意的解决办法是让古巴独立。

在叛乱的头几年，美国保持适当的中立，但只是形式上的和官方的中立。克利夫兰总统的拒绝干涉并不受人欢迎，到麦金莱就任总统，美国就开始一步一步走向干涉。然而，即使在美国进行干涉以前，西班牙人就感到他们已经有充分的理由对美国不满。许多古巴人逃到美国，在那里组成集团，搜罗金钱、武器和人员，并进行反西班牙的宣传。这些古巴武装集团的活动已是尽人皆知。西班牙人说，如果没有他们，叛乱早就维持不下去了。他们指责美国政府对这些人不加控制。而这还不算是最主要的不满。西班牙人认为，即使这些人私运军火，也并不足以使叛乱分子有任何机会取胜，而他们之所以继续进行努力，只是寄希望于美国最后会进行干涉。只要美国政府坚决声明美国将不会进行干涉，他们的这种希望就会化为泡影，叛乱也将结束。因此，尽管美国人虚伪地谴责西班牙统治的罪恶，其实，他们自己应对这些罪恶负主要责任。

诚然，截至这时为止，美国舆论是支持古巴叛乱者的，因此，对美国总统来说，要公然反对他们是很困难的。但是造成美国人这种情绪的原因，并不仅仅是商业帝国主义。美国在古巴有大量投资并进口该岛几乎全部的食糖（该岛最重要的产品）。但是，美国商人对古巴的重要性，看法并不一致。只有各糖业公司拥有直接的利益，整个来说，他们所希望的解决办法是恢复西班牙的统治。至于其他商人和保守派，则认为干涉古巴多半会大大分散对远东的关注，而他们希望美国政府进行干涉的是后一地区。促使对古巴进行干涉的,完全是另外一股势力。这股势力产生于概括称之为"进步党运动"的原则,并且满足了他们的情绪。博爱主义是这个运动的基础,它自然就对商业动机抱怀疑态度,并对商业上的自私自利行为表示憎恶。再者,反对进步党运动的人曾采取手段,援引宪法和利用法院来阻止改革,这就使改革者为了进行改革,往往在必要时不注意法律细节,或对这些法律细节置之不理。既然目的是好的,就不应让法律上的技术细节来妨碍其实现,否则就是胆小怕事。

在进步党人看来,国内的改革和国外的改革是分不开的。同样的道义力量促使他们既攻击美国的大商业,也攻击西班牙在古巴的统治。但这两者显然不同。美国的商业是非常成功的,而西班牙的殖民统治则是不成功的。许多美国人本来会毫无疑问地同意由西班牙对古巴进行稳定的统治,现在却感到西班牙既然不能安抚古巴,那它就无权对之进行统治。西班牙人反驳说,美国应对西班牙的困难负主要责任,这遭到几乎所有美国人的反对。他们之所以反对,是因为他们认为拉丁民族天生就是无能、残暴而腐败的,因此,不适于统治他人。西班牙统治的缺点是固有的,不能指望其有所改进。在进步党人中,这种民族优越感很强,它往往形成对世界政局所抱的一贯的观点的基础。当布尔战争爆发时,数目惊人的进步党人不顾反英的传统立场和热衷于追求共和之名的态度,竟认为为了文明着想,英国应当获胜。而对待古巴战争则迥然不同。它是野蛮人,或者说,是堕落分子之间的争斗,颇像土耳其人压迫亚美尼亚人一样。对这样的事,受过文明教养的良知会强烈地加以反对,文明国家有责任加以制止。这就使进步党人对古巴人抱着一种矛盾的态度。一方面真正希望他们获得自由,另一方面又深信他们需要美国的监督。不论从种族,还是从历史来看,他们都不适于自治。

当问题还是如何结束西班牙的暴政时,这种矛盾心理可以被掩盖起来。人们本来很容易相信西班牙人罪大恶极,而纽约的报纸在扩大发行量的竞争中,又报道、夸大甚至虚构了严重歪曲西班牙形象的种种暴行故事,来迎合这种心理。由于这些原因,美国政府非但根本没有劝阻古巴人,反而在1897年9月以后向西班牙施加了更大的压力。西班牙人更加不满,他们现在所不满的,已经不是美国的过失,而是美国的政策。西班牙人准备做出让步，但他们把这种让步看成是为了表示善意，是为了使美国失去国际的支持，并无法找到任何进一步干涉的借口，从而最终迫使它抛弃叛乱分子。美国人则把这种让步看成是在古巴实行自治，甚至是结束西班牙统治的步骤。分歧无法得到弥合。

1898年2月，美国战列舰"缅因"号在访问哈瓦那时发生爆炸而沉没，从而使局势更加恶化。造成这场灾难的原因，一直没有真正查清。虽然与真正争论的问题没有直接关系，但"缅因"号的炸沉使两国的紧张局势加剧，以致无法再保持和平。西班牙是一个弱得多的国家，因此渴望和平，但它除非是冒着国内爆发革命的真正危险，否则无法做出美国所要求的一切让步。它一再设法使其他国家进行干预，但均告失败。然而除英国外，这些国家都对美国的政策感到遗憾，但它们基本上对此事漠不关心。它们决定保持中立，这就意味着美国实际上可以为所欲为；当这一点变得明显后，已经做出了最后让步的西班牙宣布开战。

这场战争本身为时甚短，作战中美国大获全胜。由塞尔维拉海军上将指挥的唯一的一支举足轻重的西班牙舰队，被封锁在圣地亚哥湾内。虽然美国曾企图沉下一艘船来封锁港口未能成功，但塞尔维拉的舰队在港内停留了很长时间，使美国远征军得以未受阻击而登陆。当这支军队在陆上包围了圣地亚哥后，塞尔维拉已陷入无力防守的境地，只好命令舰队出海，但这只不过使他的舰队在一场海战中迅速覆灭。美国在海战中获胜，主要是由于它的火炮优越。随着塞尔维拉舰队的覆没，西班牙陆军的投降就只是时间问题了。

但是，美国在军事上取得胜利竟如此迅速而容易，实属出人意料。在海上，美国人略占优势，但西班牙在该岛上差不多有20万军队，可用来对付大约15000美国人；然而，这支小部队不仅未受到抵抗就登陆，而且，大约在一个星期内就推进到圣地亚哥。当他们真正投入战斗时，只遇到比自己少得多的西班牙部队。西班牙领导人受到的主要指责，是他们未能有效地集中兵力，因为他们既没有能力，也不愿意展开游击战。

古巴战役是这场战争的决定性战役，实际上是继战前的长期争论以后，势所难免的唯一的一次战役。但是，由于海军舰队司令杜威在马尼拉取得了辉煌的功绩，从而转移了人们的注意力，并且使战争的范围扩大了。杜威指挥着美国的亚细亚舰队。战争一开始，他就开往菲律宾，攻入马尼拉湾，全歼了西班牙舰队。他的胜利成了美西战争中第一场最彻底、最引人注目的胜利。这就提出了显然几乎没有一个美国人在战前考虑到的问题——菲律宾的前途问题。美国人高涨的军事自豪感和他们取得的彻底胜利，使得将这些岛屿在战争结束后归还西班牙已不再可能。根据1898年12月10日在巴黎签订的和约的规定，西班牙撤离古巴；将波多黎各和关岛转让给美国；它还转让了菲律宾，为此得到2000万美元的补偿。

对于这些转让，其他国家没有提出强烈的反对。远东不像加勒比地区，其他国家对这里感到浓厚的兴趣。菲律宾的命运使它们都十分关注。西班牙作为这些岛屿的统治者，并不侵犯他人。它非常软弱，除了保住自己，而且还不是十分有效地保住自己以外，其他都已无能为力。美国插手远东的前景却令人不安得多。尽管如此，如果这些岛屿不能归还西班牙的话，那么，留在美国手里就普遍被认为是可取的代替办法。向征服权提出挑战是很困难的，而且由于各国之间的竞争激烈，把这些岛屿转让给其他国家，是谁也不会接受的。这种态度也表明了一般的看法，即认为美国不见得会有效地利用它新获得的这块属地。那些预见到美国将展开行动的观察家们所以有如此看法，一般是因为他们预料美英将进行合作；而多数人则充分认识到，这样做会遇到许多困难。

就菲律宾而言，事实证明国际上的这种判断是对的。战争还没有结束，统治该地的热情在美国即已开始下降。为了反对美国对菲律宾的统治，爆发了一场起义，用了3年时间才镇压下去，耗费远远超过了对西班牙的战争。这使美国人深深认识到统治一块属地意味着什么。但引起人们怀疑的，还不仅仅是因为绥靖和管理菲律宾耗费巨大。许多热心于从西班牙手中解放古巴的改革家们，出于明显的理由，反对美国自己征服菲律宾。仍然控制着民主党的那位西部平民党重要领袖威廉·詹宁斯·布赖恩便是其中的一个。另一方面，大多数进步党人则心安理得地接受了美国帝国主义。毫无疑问，他们的种族适合于统治他人。他们在国内政治舞台上表现的强烈的个人主义，清楚地表明了这一点。如果拒绝在国外承担实力所带来的义务的话，那只会是自相矛盾。美国的改革家们面临着激进派在对外政策方面经常遇到的那种困境。他们在古巴问题上意见几乎是一致的，而这时却开始分裂了。

但是，不管是在美国，还是在其他国家，对菲律宾感兴趣，主要是对中国感兴趣的一种反映，因为中国当时乃是各国竞争的中心。竞争的目的是贸易。长期以来，同中国进行贸易的人，一直在设法比较顺利地进入中国内地，并一直在要求政府进行干预，以消除北京和各省的中国官员们设置的种种障碍。在19世纪90年代末，由于各种原因。他们的要求曾一度得到广泛的支持。未来的中国市场的重要性被过分夸大了。除了通常的推销消费品方面的竞争以外，又增加了一种新的竞争形式，即争取获得铁路筑路权。筑路权就其性质来讲是专有的，铁路是用向中国政府提供的贷款来修筑；不管是筑路权还是贷款，均可用来增加政治影响，而政治影响又是在谈判取得这些特权和贷款时所必需的。中日战争暴露了中国的软弱无能，瓜分的时机似已成熟。尤其是俄国步步紧逼，要控制华北，而控制的目的在于政治而非贸易。这就使许多人担心瓜分已经开始。当时的局势，引起那些鼓吹种族竞争的人们对它做出强烈的反应。

美国人也感到其他人普遍感到的这些忧虑。他们在中国的利益为时已久，并使各种各样的集团联合在一起。同中国进行贸易的人，像他们的欧洲竞争者一样，长期以来要求得到政府更多的支持。但在19世纪90年代，他们的特殊利益似乎不那么特殊了。美国商业界开始担心发生生产过剩的问题。1893年到1898年十分迅速地发展起来的突然的出口盈余，不仅表明生产量已达到惊人的规模，而且表明国内市场已达到饱和。如果美国的生产超过它本身的消费，那么，人们相信，只能靠寻找新的出口市场才能避免发生灾难。由于各种不同的原因，在欧洲、英帝国、非洲，甚至南美洲似乎都无甚希望找到这样的市场。只有中国仍然是有希望的地方，对美国商业界来说，像对欧洲人一样，它的重要性已超过了当时的贸易现状。

总的来说，在中国有利益的商人并非是帝国主义分子。已有的证据表明，一般说来，他们是反对美国战争的。除了这次战争耗费巨大以外，他们认为这将会把本来可以更好地花费在发展对华贸易上的精力用在别的地方。但具有讽刺意味的是，当战争的结果是取得了菲律宾以后,他们认识到这个群岛对他们的事业会是多么重要,于是,大张旗鼓地加以宣扬。他们能够看到,而且准备帮助别人也看到,菲律宾和中国之间的联系。

在这一方面,他们在扩张主义者中间找到了盟友。这些扩张主义者从理论上对东方贸易感觉兴趣。贸易竞争是各国必然要参加的一种竞争形式。必须保卫横越太平洋的贸易航线,这一直被用来作为主张建立一支强大的海军、取得夏威夷、控制地峡运河的一个论据。再者,对华政策由于不存在任何兼并领土的问题,所以对美国激进派来说,不会像取得菲律宾那样遇到严峻的考验。反对掠夺成性的列强而保护中国和维护贸易自由,甚至对在国内反对"大企业"的那些人来说,毫无疑问也是合乎道义的。最后,在中国有为数众多的美国传教士,他们对那里的政治发展日益感到失望,而他们在国内的影响也是相当大的。

这样,来自上述各个集团的压力日益增加,要求政府在中国采取行动;但在美西战争以前丝毫没有效果。克利夫兰总统对于这种要求是不同情的。麦金莱当选后,战争又把注意力从中国移开;麦金莱的第一任国务卿约翰·谢尔曼也缺乏能力。1898年3月,英国大使非正式地问麦金莱,两国是否可在远东进行合作,却被婉言谢绝。麦金莱说,美国一贯的传统是拒绝采取联合行动。由于当时正值古巴危机最尖锐的时刻,英国提出这个主张不合时宜,而美国的政策也毫无改变的迹象。然而,到1898年约翰·海任国务卿后,院外援华集团就有了一个他们更喜爱的代言人。在战争将告结束时,他们便希望实行一项更积极的政策。

对华贸易商和扩张主义者的联合,没有取得成效。原来以为美国的贸易将以菲律宾为基地、以马尼拉为"美国的香港"而迅速扩大,但这种想法证明是一场空想。在巴拿马运河建成以前,即使在菲律宾本地,大部分美国货也必须靠特惠关税来保护。当然,菲律宾作为商业基地,无疑具有一定的价值。不幸的是,中国的问题是政治问题,而不是商业问题;它基本上是一个如何针对其他强国的压力,向中国政府施加有效压力的问题。而这是美国,甚至在西奥多·罗斯福当权时期都不准备做的。尽管他和一些鼓吹者竭力要加强海军,美国在菲律宾却没有一个有效的基地。迟至1902年,还没有能够说服国会通过为防务和设施拨款。然而，美国的远东政策有一个更带根本性的弱点。即使有一个比较有效的基地，它也会由于距离遥远而鞭长莫及。在列强中，只有日本和俄国不存在这种不利条件。要想有效地抵制这两国中的任何一方——虽然当时步步紧逼的主要是俄国——均需其他国家之间进行合作。美国的孤立主义传统仍很牢固，无法打破。而且，在中国的竞争与在欧洲的竞争盘根错节地交织在一起，无法单独对待。卷入中国事务就意味着卷入欧洲事务，而美国还不愿面临这种局面。

由于以上原因，美国占有菲律宾，对远东政局并无重大意义。只有英国对之抱有更多的希望，即希望在遏制俄国的野心时能得到支持。然而，在此期间，英国已将日本在中日战争中占有的威海卫港攫取到手，并向中国提供了贷款，以便付给以威海卫作为担保的赔偿金。索尔兹伯里是考虑到他必须采取某种行动以抗衡德国新近取得胶州湾之举，才勉强地走这一步棋的。但在美国人看来，取得威海卫似乎表明英国已对维护"门户开放"——即各国在中国全国各地享有平等权利的政策——不再抱希望。随后，在1898年，英国政界人士发表了一些演说，因而加深了美国的疑虑；而1899年签订了所谓的斯科特—穆拉维约夫协定，英国答应不在长城以北取得筑路权，为此，俄国也答应不在长城以南取得筑路权，这就更加深了美国人的疑虑。虽然遏制俄国南进这一点大受欢迎，但这样一来，肯定也会把中国划分成贸易"势力范围"。美国的利益集中在中国北部，俄国在这里获得特权，构成了极大的威胁。英国也偶然在更南的地方取得相应的特权，以此来抵消俄国所取得的利益，而美国却没有这样的机会。因此，阻止各国要求获得新的特权，对美国的利益就是特别重要的。

约翰·海为达到此目的而做出的第一次尝试，是他著名的"门户开放"照会。1899年9月6日，他向俄国、英国和德国这些有着最直接关系的国家，发出了内容基本相同的照会，接着，又在11月向法国、意大利和日本发出了同样的照会。这些照会主要是请求各国以他们现有的条约为止境，并同意各国国民在整个中国均应受到平等的待遇。各国对此建议抱着复杂的心情，但均表示接受，其条件是其他国家也都接受。虽然俄国的答复十分含糊，实际上是表示反对，但约翰·海也佯作感到满意。起草这一照会的经过，清楚地说明它主要是针对俄国在华北的扩张。俄国人不大愿意表示赞同，因为他们明白这一点；但他们决定表示赞同，并不表明他们打算修改他们的政策。像照会中提出的这样一种完全消极的政策，能否强加给各国是值得怀疑的。可以肯定的是：凭一纸通知照会，是不能把它强加于人的。很清楚，这个照会是向国际舆论发出的一种呼吁，是设法让各国公开承担义务的一种手段。在这种情况下，它就是美国允诺将不使用武力来反对俄国。约翰·海鼓吹的是一种自我克制的政策，这样，他也就必然要选择这样的方法来推行这一政策。两者都是软弱无力的。

1900年3月20日，约翰·海宣布他接受欧洲各国的答复，3个月后，就爆发了义和团叛乱，暂时掩盖了"门户开放"照会的失败。中国的混乱造成了一种异乎寻常的局势，以致任何一个国家都无法反对另一个国家为保护其侨民而采取的任何措施。不管是有扩张企图的国家，还是没有扩张企图的国家，根据不同的理由，一致认为迫在眉睫的是平息这场危机。在这种形势下，美国扮演什么角色也是在人们意料之中的。约翰·海的第一个反应，是指示美国驻华公使只限于采取独立行动保护美国公民。当形势显然已变得十分严重后，他才同意采取联合行动。他在另一个通知照会中，宣布了他的政策。他借这一机会重申，美国的政策依然是维护中国的完整和同该帝国的"各个部分进行平等公正的贸易的原则"。虽然这个照会常常被认为是美国在中国开始实行一种新的比较积极的政策，或甚至是决心保卫中国领土和行政的统一，但实际上美国的政策还和以前一样小心谨慎。在义和团危机期间，它暂时似乎很有力量，因为所有的强国——也许德国除外——都准备暂时采取温和态度，也许是为了结束谈判以便腾出手来，也许是为了加强中国政府。各国的协调一致和中国的统一，被认为是并行不悖的。当各国都渴望维护前者时，它们就愿意接受后者。

各国的一致掩盖着它们之间的根本分歧，也掩盖着美国政策的弱点。但是，即使为了维护美国本身的利益，美国的行动也只有在这样的紧张情况下才有可能同其他国家协调一致。正如约翰·海在1900年6月23日所指出的："现在我们为了维护我们受到危害的利益而在中国应当做的一切，都将被说成是'屈从于英国'。法国卖身谄媚俄国，却使自己受到严重损害。如果我们做出足够的让步，我们大概可以把德国争取到我们这一边来，而且，也许同英国、德国和日本在一起，就可以使我们免受损失。但是这样的做法会使我们所有的蠢人们在大庭广众之中大发雷霆，而这种蠢人比比皆是。"俄国继续向前推进，直到日俄战争才被阻止。这时，欧洲列强的注意力转回到了欧洲，日本的优势地位也像以前俄国的优势地位一样，成为美国所不欢迎的东西。

因此，南北战争以后的40年中，美国政策模式是：一方面对西半球的支配日益加强，一方面在西半球以外则仍然踟蹰不前。不过，由于地理条件而造成的美国政策上的这些局限性，并不意味着它缺乏信心。倒不如说，正是由于这种局限性，才使它得以保持在孤立状态下形成的那种更大的信心。对国际关系持不相信的态度（有点儿像杰斐逊不相信政府那样），使美国的政策受到了限制。这产生于美国人的理论，而不是由于缺乏信心；它同美国一方面有很强的自尊感、而另一方面又对受侮辱过于敏感的情况是很一致的。因此，美国仍然能够保持有关对外政策的性质的旧观念，而这些旧观念虽然无疑证明是持久的，但已经经不起实践的考验了。由于他们从来没有试探过自己的实力有多大，因此，他们的实力感就更大了。他们开始树立起更大的雄心，但还不具有实现这些雄心的意志。具有讽刺意味的是，使罗斯福得享盛名的美西战争，对确立他所鼓吹的思想却发挥作用极小。归根结底，使罗斯福感到十分愤懑的那种鼠目寸光、偏颇狭隘的观念却是很有道理的。一项世界政策并不能因为它是一个大国所必须具有的，所以就凭空设想出来——它是从国家的需要和利益自然而然地形成的。美国缺乏这个基础，因此向外扩张的热情很快就消失了。

总之，在这些年中，美国与欧洲的外交关系仍然是无足轻重的。美国可以发挥更大的作用，这是美国人和其他人都公认的，但美国在参与世界事务方面犹豫不决，同样是人所公认的。要使美国在美洲以外发挥它的力量，需要做许多工作。但是，美国和欧洲之间的关系，并不仅限于外交方面。美国从来没有一贯地追求经济上的自给自足，它同世界上其他国家的商业联系在继续增加。虽然它仍然是一个债务国——直到第一次世界大战为止这种地位一直未变——但这样的头衔已经名不副实，因为在国际收支上正出现顺差。外国投资越来越变成只不过是再投资。此外，美国的贸易对欧洲国家来说，比对美国来说已愈益重要。这一事实在美西战争时已很明显，而且在外交上至为重要。欧洲大陆各国以及英国不愿支持西班牙反对美国，以免使贸易和投资受到危害。这是迅速达到中立协议的一个原因。

另一个异常有力而重要的纽带，把美国和欧洲联系起来——还没有任何一个欧洲国家像这样同别的国家联系在一起——这就是移民。一开始，大多数移民，不论是自愿地还是被迫地，都不得不作为个人迁移而来，离开他们曾占有一席之地的社会群体。尽管如此，最初的移民，在一块渺无人烟的新土地上所能做到的范围内，很快就重新建立起尽可能接近于他们曾熟悉的那种社会环境。不久，他们的后代就建立起一个也许不如他们离开的那个社会那么严格，但也是既密切又亲近的社会。这就是东部沿海地区的社会。当稳固的居民点建立起来，移民们向西迁徙时，他们就遇到了在西欧未曾见过的自然环境。他们适应了这种环境；美国人专心致志于开发西部地区的这一段时间，使他们发生了变化，其影响比仅仅横渡大西洋给他们造成的影响要大得多。这些新来的移民这时便建立起一个以个人为基础的、充满信心的、有着自己的风俗习惯的社会。甚至当西部地区大都还是荒无人烟的时候，这种变化即已完成。到南北战争结束时，美国成为一个陌生的国度，到这里来的人都有一种置身异乡的感觉。然而，人们却空前地大量涌来。移民和当地美国人之间的相互关系，开始变得比人和环境之间的相互关系更为重要。

美国的移民史，像过去一样，基本上仍然是一部欧洲人的外迁史。在南北战争以前很久，随着奴隶贸易的废除，黑人移民实际上已告停止。从1854年前后起，大量中国人移入美国。1882年达到4万人的最高峰，不过，在其他年份均未超过25000人，比较有代表性的数字是每年5000人至10000人。中国移民很快就遭到反对，不过无论如何这几乎只限于在西海岸。人数更多的是加拿大移民。数字波动甚大，1881年曾达到125000人，但平常却少得多。1885年后，降到几乎等于零，有20年时间未能恢复。不过，从加拿大来的移民，其实也就是欧洲移民再次迁徙而来的。越过边界而来的加拿大人，是一些处于变成美国人过程中的欧洲人，如果不是已经变成美国人的话。这些数字同从欧洲迁徙来的移民数字形成鲜明的对照。后者的波动幅度也很大，原因是多方面的，有些是欧洲造成的，有些则是美国造成的。但1865年以后从未少于101000人，而1878年加拿大移民只不过26000人。1905年欧洲移民增加到944000人——这一年移民总数第一次达到百万以上——其次的最高年份是1882年的648000人。

与移民人数的上升同样重要的是移民国籍的变化。迟至1865年,大多数移民来自英国和德国。来自东欧和南欧的人数仍然无足轻重。但临近19世纪结束时,增加的移民几乎全部来自这些地区。(其数字见下表)

移民国籍表 单位:千人

国家、地区 \ 年份	1865	1870	1875	1880	1885	1890	1895	1900	1905
总数(欧洲)	214	329	183	349	353	446	250	425	974
英国	82	104	48	73	58	70	29	13	84
爱尔兰	30	57	38	72	52	53	46	36	53
斯堪的纳维亚半岛	7	31	14	66	41	50	27	31	61
其他西北欧国家*	8	9	12	15	14	21	7	6	25
德国	83	118	48	85	124	92	32	19	41
波兰	<1	<1	1	2	3	11	<1	*	*
奥匈帝国	<1	4	8	17	27	56	33	115	276
俄国	<1	1	8	5	17	36	36	91	185
其他东欧国家*	<0.1	<0.1	<0.1	<0.1	1	<1	<1	7	11
意大利	1	3	4	12	14	52	35	100	221
其他南欧国家*	1	1	3	2	3	4	3	8	18

* "其他西北欧国家"包括比利时、法国、卢森堡、荷兰和瑞士;"其他东欧国家"包括罗马尼亚、保加利亚和土耳其欧洲部分;"其他南欧国家"包括西班牙、葡萄牙、希腊和未包括在其他项下的欧洲国家。波兰项下的空白是由于1899年至1918年间美国移民当局将波兰人列入俄国、德国或奥匈帝国项下。在19世纪末,在人数增加的奥匈帝国和俄国移民中,波兰人占很大比例,这一趋势一直持续到第一次世界大战爆发。本表数字编选自《从殖民时期至1952年美国历史统计资料》(美国人口调查局),参见其原始资料。

第二十四章 美国与旧世界

除了某些例外情况，美国的基本传统一直是欢迎移民。在一个人烟稀少的国家，不论是为了发展还是为了安全，都需要移民。但移民所以受欢迎，并不仅仅是因为缺乏劳动力，他们之所以受欢迎，是因为他们是前来参加一种试验的。美国很早就成为一个具有独特的自觉意识的国家，它体现了一种政治理论。它是这样一个国家：它得天独厚，使人们有可能着意创建一个美好的新社会，而这个新社会又会培育出优秀的新人。这样的一个国家吸引了那些精力旺盛的和富于冒险精神的人；吸引了那些追求财富的人；但也吸引了那些政治上的理想主义者。如果想要实现这个理想，这种吸引力当然是必要的；但是，这个理想又提供了可以用来评价移民的各项标准。其中潜藏着对外国人的畏惧和憎恨，因为欧洲的腐败风气也非常容易随欧洲人而一同进入美国。美国的排外主义可以分析为三个组成部分，三者又组成一个错综复杂的整体，虽然在不同时期其重要性各不相同，但始终是存在的。第一个组成部分是反天主教的思想，其本身是由于怀疑天主教既不忠诚、又很腐败而形成的一种复杂的心情。说来也许令人难以置信的是，它的第二个组成部分是反激进主义的思想，而且，由于这个国家是在所有革命中最稳健的一场革命中产生的，因而这种思想便更为强烈。法国革命给美国人打下了烙印。他们认为，他们的革命没有走得太远。这成了他们感到自豪的原因，在他们看来，欧洲的激进主义比反动更加危险。第三个组成部分是承认盎格鲁—撒克逊人或条顿人是美国的祖先。应当记住，美国革命者在把要求取得做英国人的权利的主张扩大到要求人权的主张时，曾是十分犹豫不决的。溯本追源，把英国式的自由作为自己的传统，这种趋势依然存在。它形成了美国人的看法，而并没有限制它的眼界，但也带来了某种怀疑其他种族的成分。

上述这些态度，除了由于美国本身发生某些困难而显露出来以外，仍然是潜伏着的。由于新移民的人数和他们的种族这两方面的原因，他们带来了一个新问题。像以前的爱尔兰人一样，意大利人、斯拉夫人或东欧犹太人是很难同化的。这是因为宗教和文化的差别很大；而且他们也遇到德意志人或斯堪的纳维亚人通常遇到的语言困难。他们的人数众多，意味着他们甚至比早先的移民更倾向于集体定居,并坚守自己的风俗习惯。在各大城市里,大规模的种族居住区日益增加,不仅使当地政府愈感困难,而且使州政府和全国政府的行政工作也复杂起来。但是,这些困难虽确实存在,也只不过是加深了主要由于国内原因,即工业社会以空前的速度和规模发展而造成的紧张情况。美国仍然能吸收大量的劳动力——这是美国所以能为人们提供机会的主要条件——但它已开始遇到欧洲存在的种种问题,而直至那时为止,由于空旷的土地、丰富的资源和政治上的民主,使美国还没有遇到过这些问题。自由放任的政策受到了攻击。在这个时期,抗议运动此起彼伏,到平民党起义时达到了顶点。国内的紧张局势,决定了美国对外国人的态度,移民问题也成了基本上属于国内问题的争论中的一个症结。

当争论触及移民问题时,就不简单是一个赞成或反对的问题了。移民的涌入是受欢迎的,而且实际上往往是由那些有土地待耕耘和有矿山待开采的人们所安排和资助的,但却日益引起劳动者的愤懑。移民比当地人报酬低;比较容易慑服和管理,但他们威胁着美国劳动者既得的或正在设法得到的利益。然而,界限并不只是简单地存在于当地人和移民之间。为数甚多的最活跃的工会会员本身就是移民。他们在限制后来的移民的活动中,把根据契约受雇于某人的人——只有这种人是悲惨的——和自行移来的人加以区分。对那些反对劳工的人来说,这个问题也并不简单。移民可以作为驯服的劳动力而受到欢迎,但也可以作为容易被混在他们中间的激进鼓动分子所欺骗的人,或者充其量不过是政治头目们的工具,而为人们所害怕。并不是所有的保守派都是大雇主或他们的同盟者。那些想恢复早期美国个人主义的改革家,同样敌视"大企业"和严密组织起来的劳工。虽然随着经济状况的变化,在经济方面的争论有时激烈,有时缓和,但由于其他方面产生的排外情绪,使这些争论复杂化了。即使在美国,种族主义者也开始争论异族人蜂拥而至将会造成什么样的后果。

不应该把这些疑虑和困难加以夸大。虽然国会在1882年曾承认它有一定责任对欧洲移民加以控制,但在第一次世界大战结束以前,并未对之实行有效的控制。这对美国的物力和财力,以及对美国传统的宽宏大量精神,都是一种贡献。美国的信心并没有发生危机。确实，在1886年建立的自由女神像的基座上镌刻着以下著名诗句①：

> 交给我吧！把你们那千千万万渴望自由呼吸的，
> 筋疲力尽、一贫如洗、困居在一起的人们，
> 你们拥挤的海岸遗弃的苦难的人们……

它显示出一种充满自豪的自信：美国能够把大量无用的材料铸造成有用之物——这种自信是缔造美国的祖先们未必具有的。这并不是说，美国人认为美国主要是一个避难所。把美国看成是一个榜样，这种思想仍然占主导地位；而且社会达尔文主义本身既能够运用于兼容并包的目的，也可以运用于排外的目的。但所有的议论都越来越认识到，美国是一个已经确立的社会，而在这个社会里容纳大批的移民是一项艰巨的任务。至于这个任务究竟有多么艰巨，其利害得失究竟孰大孰小，则众说纷纭，莫衷一是。

所有这些都没有严重地削弱美国人对自己的民族使命所抱的信念，但欧洲人的信念则不够坚定。美国从它存在之日起一直宣称自己是进步的前驱，这种说法也得到了普遍的承认。不论观察家们对美国的前途抱着热情，抑或是感到惊慌，但他们都一致认为，在这里有一些新鲜而有意义的事物。对南北战争的评价尽管众说纷纭，但这场战争也未丝毫动摇这种一致的看法。但如果要想取得领导地位的话，则这种要求只有由一个小国提出才不致触犯别人，也只有由一个既小而且位置又遥远的国家提出才不致招来危险。随着美国的力量的增长，它的贸易的扩大，以及随着交通联络的发展，它在国际天平上的重量比它在政治上的榜样作用更为重要了。在欧洲人看来，它的所作所为越来越和其他强国相似。

同样重要的是，随着时间的推移，曾经是激进派的灯塔的美国，变成了一个保守的国家。它在实现政治民主方面首屈一指；在社会改革方面则瞠乎其后。到1890年，美国在工业立法方面已落后于西欧国家。英国的雇主们越来越抱怨，由于在美国没有能发挥作用的工会，他们的美国对手占有不合理的优势。英国工人也不再认为移居美

---

① 这首长诗的作者为犹太女诗人拉扎鲁斯，这是其中的几行。——译者

国是改善自己景况的捷径。要证明新来的移民总比在他们以前来的移民要贫困是很困难的。大多数移民一直是贫困的。如果说由于美国的工业需要廉价的劳动力，以及各轮船公司积极招揽下等舱乘客，而使得一批批完全是新的移民能够来到美国的话，那么，同样可能的是，他们是受到吸引而来的，并不完全是由于在东欧实在过不下去才被迫离乡背井的。不过，贫困比以前更加是促使他们移民的重要动机——特别是由于别的动机，如冒险精神或政治理想等这时已经很少，所以就更加重要了。

由于这些原因，欧洲的观察家们对美国的兴趣减少了。近50年来，为了适应不断变化的社会的需要而对宪法加以解释所使用的那套权术，当时还没有形成，即使已经形成，也不会给其他国家的人以深刻印象。欧洲的改革家们一度把美国看成是一个由于健全的政治制度而自然导致繁荣的国度，现在他们则认为，在这个国家，仅仅是由于资源丰富，才使得人们能够容忍已经过时的政治制度。美国就是这样在尚未取得政治上的优势和无与伦比的财富的情况下进入20世纪的。这时，它已从一个伟大的试验场所降为列强中的一强了。

（郭　健　陈长青　译）

索　引

（此索引中页码系原书页码，见本书边码）

Abbas Pasha Ⅱ，阿拔斯帕夏二世，埃及总督，587，591

'Abd al-Aziz，阿卜杜勒·阿齐兹·土耳其苏丹，324—325

　　他的性格和花费，327—328，341，346

'Abd al-Hamid Ⅱ，阿卜杜勒·哈米德二世，土耳其苏丹，323，326，340—343，346—347，348—351

　　他作为哈里发的地位，349—350

Abd al-Kerim，阿卜杜勒·克里姆，337

Abd-el-Kader，阿卜杜勒·卡德尔，阿尔及利亚领袖，596

Abdul Fräsheri，阿卜杜勒·弗拉谢里，阿尔巴尼亚领袖，344

Abdur Rahman，阿卜杜勒·拉赫曼，阿富汗埃米尔，578

Aberdeen University，阿伯丁大学，181，198

Aberdeen White Star Line，阿伯丁白星航运公司，52

Action française，法兰西行动，120

Adams, Henry Brooks，亚当斯，亨利·布鲁克斯，美国历史学家，他的《民主》和《亨利·亚当斯的教育》，514

Adler, Victor，阿德勒，维克托，奥地利社会民主党人，111

Adult education，成人教育，201—203

Advertising，广告，57，69

Aestheticism，唯美主义，126—127，132，133，159，162，171

Afghanistan，阿富汗

　　英国与阿富汗，412，414，416，417，569，570，575—579，581，590；英属印度支付的款项，574；英国驻扎官被杀害，578；印度军队进入阿富汗，578—579；英俄划界谈判，581，582

　　俄国与阿富汗，556，570，575—577，578，580，581，590；平狄事件，556，579，581，587，653

　　阿富汗与波斯，567，578

　　国内事务，586

Africa，非洲

　　瓜分非洲，66—667，251—253，384—386，593—640

　　教育，179—180

　　奴隶贸易，384—388，611，618，622，

632
修筑横贯撒哈拉沙漠铁路的计划，603
被瓜分前的社会结构，617
反抗瓜分的斗争，617，618
民族主义，617—620，629，639—640
参见各有关地区条
Africa, East, 东非
　德属东非，252，292
　在英属东非的亚洲劳工，393，401
　瓜分东非，611—617
　铁路，628，629
Africa, South, 南非，见 South Africa 条
Africa, West, 西非，560，602—611，620—633
Agassiz, Jean Louis Rodolphe, 阿加西兹，让·路易·罗道尔夫，瑞士博物学家，哈佛大学自然史教授，183
Age, The,《时代报》，墨尔本报纸，406
Agriculture, 农业
　世界农业生产，2，5—7，9—10，54—55
　农业科学的进步，2—3，397
　萧条的状况，9—10
　农业生产者的组织，14
　肥料工业，91—92
　美国的农业院校，182—183，202
　澳大拉西亚的农业，5，6，54，385，398—399
　丹麦的农业，8，200，398
　法国的农业，14，307，309
　德国的农业，9—10，285—286，290

英国的农业，7，9，64，395—397
爱尔兰的农业，14，264，397
日本的农业，475，477，485
俄国的农业，6，10，54，334，367，369—370，380—381
美国的农业，182—183，202，395—396，500—504
Ahmad Khan, Sir Sayyid, 艾哈迈德汗爵士，赛义德，穆斯林思想家，431
Ahmed Arabi, 艾哈迈德·阿拉比，埃及领袖，567，574，585，586，597，598，599，638
阿拉伯主义者，598，601
Ahmet Jelaleddin Pasha, 艾哈迈德·杰拉勒丁帕夏，351
Ahmet Riza, 艾哈迈德·里扎，土耳其政治家，350—351
Aida,《阿依达》，为苏伊士运河通航而写的歌剧，53
Akhal-Korassan convention, 阿哈尔—霍拉桑协议，581
Aksakov, Ivan, 阿克萨柯夫，伊凡，俄国泛斯拉夫主义者，337，360
Alam, Shah, 阿拉姆，沙阿，莫卧儿王朝皇帝，418
Alaska, 阿拉斯加，669
　美国购买阿拉斯加，670
　阿拉斯加边界争端，673—679
Albania, 阿尔巴尼亚，336，343—345
　保卫阿尔巴尼亚民族权利联盟，343—344
Albert, 阿尔伯特，奥地利大公，215，218
Alcock, Sir Rutherford, 阿礼国爵士，

索　引

拉瑟福德，437，439，442—443
Além, Leandro, 阿莱姆，莱安德罗，阿根廷自由主义者，530—531
AlexanderⅡ, 亚历山大二世，俄国沙皇（1855—1881年），352，358，545
　改革纲领，352，356
　企图行刺亚历山大二世的行动，359，362
　与民族主义者，360
　与三皇同盟，361
　被刺，362，553
AlexanderⅢ, 亚历山大三世，俄国沙皇，224，248，366
　专制统治，363
　他的反犹太主义，365
Alexandria bombarded, 炮击亚历山大港，579，586，599，601
Alexis, Paul, 亚历克西，保罗，法国小说家，136
Alfonso ⅩⅢ, 阿方索十三世，西班牙国王，189
Algeria, 阿尔及利亚，553，570，595—596，598，610，611，621，631
'Alī Pasha, 阿里帕夏，见 Emin'Ali Pasha 条
'Alī Su'āvī, 阿里·苏阿维，青年土耳其党作家，326
　被杀害，341
　企图营救穆拉德五世，350
Allgemeine Deutsche Frauenverein, 全德妇女联合会，199
Alliances, nature of, in this period, 这一时期各联盟的性质，38—43，253，551—554

参见 International relations 条
Alsace-Lorraine, 阿尔萨斯-洛林，35，39n.，252，282，542，543，554，559，561，564
Altamirano, Ignacio, 阿尔塔米拉诺，伊格纳西奥，墨西哥诗人，531
Alula, Ras, 阿卢拉，拉斯，埃塞俄比亚领袖，614
Aluminium, 铝，3
　成为建筑材料，89，93
　改进生产，89—90
Alvear, Marcelo, 阿尔维阿尔，马尔塞洛，阿根廷自由主义者，530
Alverstone, Richard Everard Webster, Lord, 阿尔弗斯顿勋爵，理查德·埃弗拉德·韦伯斯特，英国首席大法官，675
Amadu Shehu, 阿马杜·谢胡，西非穆斯林领袖，608，610，619，620，629
Amalgamated Society of Engineers, 联合工程师协会，75
American Federation of Labour, 美国劳工联合会，15，16，75，510
American Missionary Society, 美国传教士协会，504
American Pacific Mail Company, 美国太平洋邮轮公司，518
Americans as patrons of art, 美国人作为艺术事业的赞助者，157，8
Anaesthetics, 麻醉术，82
Anarchism, 无政府主义，15，108，112，269，359
Anatolia, German rail development in, 德国在安纳托利亚发展铁路，591

Ancón, Treaty of, 安康条约, 535
Andrássy, Count Julius, 安德拉西伯爵, 居拉, 匈牙利首相, 333—337, 342
 担任奥匈帝国外交大臣, 544—545, 546—547, 548
Angell, J. B., 安吉尔, 密执安大学校长, 182
Anglo-Congolese agreement (1894), 1894 年英国—刚果协定, 625
Anglo-Japanese Alliance (1902), 1902 年英日同盟, 38, 40, 40n., 486, 565—566, 665—667
Anglo-Portuguese Treaty (1882), 1882 年英葡条约, 604—605
Anglo-Portuguese Treaty (1891), 1891 年英葡条约, 614
Angra Pequena, 安格拉皮奎那, 235, 587, 605, 635
Animist religions in America, 美洲的泛灵教, 618, 632
Annam, 安南, 252, 449—450, 644, 650—652
 成为法国的保护国, 651
Annenkov, Michael, 安年柯夫, 米哈伊尔, 俄国将军, 581
Anthropology, influence on political thought, 人类学对政治思想的影响, 106, 109
Antilles, 安的列斯群岛, 516
 参见 Cuba 条
Anti-Semitism, 反犹太主义, 108, 119
 在奥地利, 119, 339
 在法国, 321
 在德国, 108

在俄国, 365—366, 374
Antiseptic techniques, 防腐技术, 82
Anti-Trust legislation, 反托拉斯立法, 21, 508
Antoine, André, 安托万, 安德烈, 他与法国自由剧院, 137
Anzengruber, Ludwig, 安岑格鲁伯, 路德维希, 奥地利剧作家, 142
Arabi Pasha, 阿拉比帕夏, 见 Ahmed Arabi 条
Arabists, 阿拉伯主义者, 598, 601
Arakan, 若开, 418
Arana, 阿拉纳, 见 Barros, Diego Arana 条
Aranha, José Pereira da Graça, 阿拉尼亚, 若泽·佩雷拉·达·格拉萨, 巴西作家, 538
Arbitration in international disputes, 国际争端的仲裁, 43, 242, 254
Archinard, Pierre-Louis, 阿尔希纳尔, 皮埃尔-路易, 法国军人, 610, 627n.
Argentina, 阿根廷
 经济事务: 外国投资, 4, 55, 517, 519; 出口贸易, 5, 6, 520; 农业, 5; 银行, 519; 经济的增长, 519
 人口, 12; 欧洲移民, 517, 519
 工会, 15, 531, 532
 铁路, 519
 政治结构和发展, 526, 528, 530—531
 与邻国的关系, 530, 533—536, 670
 武装力量, 534
 文化生活, 536—541

教育，537
Argyll Commission（Scottish schools），
　　阿盖尔委员会（调查苏格兰学校
　　的），191
Aristocracy，贵族
　　贵族的财富，17
　　贵族成分的不断变化（在英国），
　　　31—32
　　继续保持贵族的权力，31—32
　　在美国没有贵族，32，490
Arkwright, Sir Richard，阿克莱爵士，
　　理查德，英国发明家，74
Armar，阿马尔，见 D'Armar 条
Armed forces and armaments，武装力量
　　和军备，41—42，204—242
　　军火制造商，13，240
　　技术的发展，41，92—93，204，
　　　206—208；筑城技术的发展，208
　　征兵制，41，204，214—217；作为
　　　纠正民主倾向的手段，219
　　舰艇和海军军备的发展，41—42，
　　　228—234
　　作为国家的象征，44，222
　　军事预算的负担，205，208，240；
　　　自由党人和社会民主党人反对军
　　　事预算，205
　　战略铁路的重要性，205，211—213
　　海军竞赛，206，228，232—240
　　缺乏现实主义态度，209
　　骑兵战术，209—210
　　军事动员的分散，213
　　陆军的规模，217—218
　　军官的阶级成分，218—219
　　军事对政治的影响，219—225
　　军纪和忠诚，220，221

　　国家安全和预防性战争，222—223
　　在海外承担的义务，225
　　基本类型的军事人员，225
　　裁军建议，43，241
　　海牙会议，241—242
　　关于战争法规和惯例的宣言，241
　　参见各国条
Armenia，亚美尼亚，347，350，372，
　　374，567，588，590
Armenian massacres，亚美尼亚大屠
　　杀，347，350，561
Armstrong，阿姆斯特朗，军火制造
　　商，13，240
Armstrong, H. E.，阿姆斯特朗，英国
　　教育家，196—197
Arnold, Matthew，阿诺德，马修，英
　　国诗人和文艺批评家，126，189
Arnold Thomas，阿诺德，托马斯，拉
　　格比学校校长，177，192
Arrhenius Svante，阿列纽斯，斯万特，
　　瑞典科学家，85—86
Arrow War，"亚罗"号战争（第二次
　　鸦片战争），442，443，449，450
Art and architecture，艺术和建筑"为
　　艺术而艺术"，125，127
　　唯美主义，126—127，132—133，
　　　159，162，171
　　印象派运动，154—159，163，165，
　　　166，168，170，171，175
　　后印象派，154，171
　　巴比松派，155
　　日本的影响，156，160，168，171，
　　　172
　　美国人作为艺术的赞助者，157，
　　　158

拉斐尔前派艺术，160，171

英国的"工艺美术"运动，162，170，171，172

住宅建筑复兴运动，163，164

花园"市郊"和花园"城市"，164

罗马和柏林的新巴洛克式建筑，164

美国的房屋建筑，164—165

绘画中的古典主义，165

新印象派，166，168，170，171

意大利的未来主义，166

新艺术运动（青年派艺术，自由派艺术），170—174，175，176

英国哥特式建筑的复兴，171

巴黎独立派艺术家沙龙，171

布鲁塞尔的"二十人沙龙"，171

抽象派艺术，171—172，176

分离运动（维也纳），173

美国的摩天大楼，175

钢和玻璃结构建筑，175

20世纪的各学派，176

拉丁美洲的艺术和建筑，537—538

Art Nouveau，新艺术运动，170—174，175，176

Arthur, Chester Alan，阿瑟，切斯特·艾伦，美国总统（共和党人），493

Artificial silk，人造丝，3

Arts and Crafts Exhibition Society，工艺美术品展览协会，170，171

Arya Somaj，雅利安人协会，179

Asepsis，防腐技术，82

Ashanti，阿散蒂人，599，630

Asia Minor，小亚细亚，569，570，573，575

德国在小亚细亚兴建铁路，591

Assis, Joaquim Maria Machado de，阿西斯，若阿金·玛丽亚·马查多·德，巴西小说家，538

Association internationale africaine，国际非洲协会，26，253，603

Astronomy，天文学，79

Atlanta University, U.S.A.，美国亚特兰大大学，186

Atlantic community，大西洋共同体，6

Atlantic Quarterly，《大西洋季刊》，美国期刊，504

Aube, Théophile，奥贝，泰奥菲尔，法国海军上将，232

Auckland, George Eden, 1st Earl of，奥克兰，乔治·艾登，第一代奥克兰伯爵，414

Auersperg, Prince Adolph，奥尔施佩格亲王，阿道夫，奥地利首相，333

辞职，337

Aurore, L'，《震旦报》，法国报纸，320

Australasia，澳大拉西亚

作为初级产品生产者，6，54，397，398，399

公共卫生，20

与太平洋上的扩张活动，385，641—642，648

自治，386

地方政府，391

铁路建设，394，401

社会立法，404，408

教育，404，405—406

民族主义，409

参见 Australia, New Zealand 各条

索 引

Australia, 澳大利亚

人口：移民, 4, 11, 12, 393, 401—402

经济结构和发展：粮食出口, 5, 6, 54, 597—599；关税, 64, 393, 396；土地所有制, 393；银行业, 400；发现黄金, 401

贸易和工业, 5, 6

工会, 16

政治和宪政的发展：选举权, 29, 390, 391；自治, 251, 386, 408；联邦, 386, 393, 407—408；工党势力的加强, 392；白人澳大利亚政策, 393, 402；共和主义, 394

教育, 183, 187, 404, 405—406

防务, 226

昆士兰的棉花和糖, 385

联邦, 386, 393, 407—408

宗教, 405, 406

报纸, 406

致力于在太平洋的扩张, 641—642, 648—649, 663

参见 Australasia 条

Austria-Hungary, 奥匈帝国, 323—324, 330—347

人口, 12, 246；200 万斯拉夫人的拥入, 337

社会结构：工会, 15；劳动条件, 31

政治结构和发展：政府控制的加强, 19, 22；公民权, 30, 259；自由主义, 33, 268；社会主义, 34, 111, 119, 270, 273；宪法, 104, 219, 244, 259, 331；反犹太主义, 119, 339；奥地利的犹太人和犹太复国主义, 119；德意志人集团, 119, 248—249, 275, 332—333, 337, 338, 339；君主制和民主制, 244；多民族的结构, 249, 259, 323, 332—333, 338, 340；与马扎尔人的关系, 249, 331—333, 339—340；捷克人集团, 249, 273, 332—333, 337, 338—339；教士的政党, 261；斯拉夫民族主义, 324, 334—337, 340；德意志人与捷克人的竞争, 249, 332—333, 339；加里西亚事务部, 332；占领波斯尼亚, 335—336, 337, 340, 342, 343, 344, 361；宪法政府的垮台, 340；

参见 Hungary 条

经济结构和发展：所得税, 23；消费的分配, 331；关税同盟, 331—332；1873 年的财政危机, 333；塔菲领导下的财政改革, 338

对外关系：联盟体系, 39—40；与柏林会议, 336；在巴尔干半岛日益增长的影响, 344, 348；参见与各国关系部分

与德国的关系, 40—41, 104, 119, 223, 244, 274, 275, 287, 288, 323, 331, 546, 551—552, 647；参见 Dual Alliance, Three Emperors' Alliance, Three Emperors' League, Triple Alliance 各条

与土耳其的关系, 42, 323—324, 333, 336—338, 342, 348

艺术：维也纳的新艺术运动，173—174

武装力量：维也纳的军事思想，206；军备，207；战略铁路，212，224；动员准备，213，多民族成分，214；征兵制，215；作为对付民主的手段，219；陆军的规模，217，219；与政治问题，220，221；陆军作为国家的象征，222；与德国联合制订计划，223—224；防务开支，240；改革计划，331；要求军事占领波斯尼亚领土，335

内莱塔尼亚，249，259，331，333

教育：教会与国家的关系，268

贸易：在巴尔干半岛的利益，336，348；通商道路的重要性，336，344

交通运输：铁路，336，338，344

与俄国的关系，336，361，366—367，545，546—548，551—553，557；参见 Three Emperors' League 条

与意大利的关系，553—554

Austro-German (Dual) Alliance (1879)，1879年的奥德（两国）同盟，38，39n.，40—41，223，323，551—552

Austro-German-Italian (Triple) Alliance (1882)，1882年的奥德意（三国）同盟，39n.，40，42，224，244，552，553—554，557，559，560，566，571，615，638，647

Austro-German-Roumanian Alliance (1883)，1883年的奥德罗同盟，40n.，41

Automatic loom，自动织布机，98

Automation，自动化，100

Axelrod，阿克雪里罗德，他与瑞士劳动解放社，110

Bacongo，巴刚果人，619

Baden，巴登，30，119，260

Badeni, Count Kasimir Felix，巴戴尼伯爵，卡季米尔·费利克斯，匈牙利政治家，他的语言法令，249

Baganda，巴干达人，618，628，632

Bagehot, Walter，白哲特，沃尔特，英国自由主义者，他的《物理学和政治学》，106

Baghdad Railway，巴格达铁路，297，591

Bahr-al-Ghazal，加扎勒河，601，622，623，624，625，630

Baker, James，贝克，詹姆斯，326，327

Bakunin, Mikhail，巴枯宁，米哈伊尔，俄国无政府主义者，269，359，362

Balance of Payments, internatonal，国际支付平衡，55—56

Balance of Power, in international affairs，国际事务中的均势，35—37，47—48，291，542—543，551，558，560，562，566，602

经济均势的变化，47—48，56

Balfour, Arthur James, 1st Earl of Balfour，贝尔福，阿瑟·詹姆斯，第一代贝尔福伯爵，英国保守党政治家他的《信仰的基础》，409

与防务问题，592
Balkan affairs，巴尔干半岛事务，35，223，328—340，342—348，544—550，551，556—557
 民族主义愿望，25，323—324，328，333—336，337，343—345；俄国的泛斯拉夫主义，51，335，360，546—547，553；奥地利的斯拉夫民族主义，324，334—337，340
 铁路，51，297，336，348，591
 土耳其割让领土给奥匈帝国，342
 参见各有关国家条，Berlin, Congress of 条
Balioons, military use of，气球在军事上的应用，209，241
Ballot Act (1872), Great Britain，1872年英国的无记名投票法，31
Balmaceda, José Manuel，巴尔马塞达，何塞·曼努埃尔，智利总统，526
Balmer, J. J.，巴尔默，科学家，80
Balta, José，巴尔塔，何塞，秘鲁总统，523
Baltic provinces，波罗的海沿岸各省
 俄罗斯化，248，366
 民族对立，360，366
 波罗的海沿岸各省的政治活动，372
 参见 Estonia, Latvia, Lithuania 各条
Baltimore and Ohio Railroad，巴尔的摩—俄亥俄铁路，88
Baluba，巴卢巴人，619
Baluchistan，俾路支，385，578
Balzac, Honoré de，巴尔扎克，奥诺雷·德，法国小说家，134

Bancroft, George，班克罗夫特，乔治，美国历史学家，540
Banking，银行业，6，55—56
 在澳大拉西亚，400
 在加拿大，400—401
 在中国，659—660，663，667
 在德国，62，74，292，519
 在英国，50，71，399，400—401
 在日本，484
 在拉丁美洲，519
 在俄国，355，365
 在土耳其，328，345
Banks，银行
 英格兰银行，56，399，400
 达姆施塔特银行，62
 巴林银行，71，399，400
 德意志银行，德累斯顿银行，帝国银行，74
 柏林贴现公司，292
 奥斯曼帝国银行，328
 伦敦的登特和帕尔默财团，328
 君士坦丁堡各银行，345
 格林·米尔斯-柯里公司，345
 俄国贵族土地银行，365
 巴克利斯银行，399
 格拉斯哥城银行，399
 蒙特利尔银行，401
 新斯科舍银行，401
 伦敦和拉普拉塔河银行，英国南美银行，伦敦和巴西银行，519
 德雷福斯公司，523
 路特希尔德，内·迈，584，636
 俄华道胜银行，659，663，667
 汇丰银行，660
Baratieri，巴拉蒂耶里，意大利将军，

626

Barbizon School of painting，巴比丛画派，155

Bardo, Treaty of，巴尔多条约，596，597

Baring, Evelyn，巴林，伊夫林，见 Cromer, Earl of 条

Barnard, Henry，巴纳德，亨利，美国教育家，186

Barnardo, Thomas John，巴纳多，托马斯·约翰，英国慈善家，402

Barnato, Barney，巴纳托，巴尼，南非百万富翁，66

Barrès, Maurice，巴莱士，莫里斯，法国作家，139，322

Barrios, Justo Rufino，巴里奥斯，胡斯托·鲁菲诺，危地马拉总统，529

Barros, Diego Arana，巴罗斯，迭戈·阿拉纳，智利历史学家，540

Barthou, Louis Jean Firmin，巴尔图，路易·让·菲尔曼，法国政治家，321

Batbie, Anselme-Polycarpe，巴特比，昂塞尔姆－波利卡普，法国政治家，302

Batlle y Ordóñez, José，巴特列·伊·奥多涅斯，何塞，乌拉圭自由主义新闻工作者，531

Batum, port of，巴统港，548，572

Baudelaire, Charles Pierre，波德莱尔，沙尔·皮埃尔，法国诗人，126，130，143，539

Bavaria，巴伐利亚
政治选举权，31

教育，199
在德意志帝国内享有特权，278

Beaconsfield, 1st Earl of，第一代比康斯菲尔德伯爵，见 Disraeli, Benjamin 条

Beale, Dorothea，比尔，多萝西娅，切尔特南学院院长，197

Beardsley, Aubrey，比亚兹莱，奥布里，英国艺术家，171

Bebel, Ferdinand August，倍倍尔，斐迪南·奥古斯特，德国社会民主党领导人，110，112，270，281

Bechuanaland，贝专纳，594，635，636，637

Beck, Feldzeugmeister，贝克，军需总监，奥地利总参谋长，213，214，218，223

Becque, Henri，贝克，亨利，法国剧作家，137

Becquerel, Antoine Henri，贝克勒尔，安托万·亨利，法国物理学家，80

Bedales School，比德尔斯学校，199

Bedford Park，贝德福德公园，第一个花园郊区，164

Beef extract，牛肉汁，4，522

Beerbohm, Sir Max，比尔博姆爵士，马克斯，评论家，127

Beggarstaff Brothers，(Sir William Nicholson and James Pryde)，贝加斯塔福兄弟，（威廉·尼科尔森爵士和詹姆斯·普赖德），招贴画艺术家，172

Behrens, Peter，贝伦斯，彼得，德国建筑师和设计师，174

索 引

Beit, 拜特, 英国财政家, 66
Belgium, 比利时
 贸易和工业：工业化, 2; 自由贸易和关税, 8; 钢材市场的划分, 13; 铁的出口, 63
 社会结构和发展：工会, 15, 74; 劳动条件, 21; 社会立法, 265
 政治结构和发展, 22, 26, 250, 256, 260; 选举权, 30, 261; 自由主义, 33, 264; 教士的政党, 34, 261; 社会主义运动, 110, 270; 天主教团体联合会, 261; 社会立法, 265; 教育中的政教关系, 268
 与刚果, 26, 45, 180, 253
 国际关系：利奥波德二世与比利时的国际关系, 26; 中立, 36n.
 艺术, "二十人沙龙"展览会, 171
 教育, 183, 188, 268
 德国计划通过比利时进攻法国, 224
 交通运输：铁路国有化, 273
 在华利益（法比铁路银行团）, 663
 参见 Leopold II 条
Bell Alexander Graham, 贝尔, 亚历山大·格雷厄姆, 苏格兰裔美国发明家, 与电话, 89
Bengal, partition of, 孟加拉的分治, 435, 436
Benin, Bight of, 贝宁湾, 602, 608
Bennigsen, Rudolf von, 卞尼格先, 鲁道夫·冯, 德国自由党人, 263, 278, 291
Bentham, Jeremy, 边沁, 杰里米, 英国作家, 114, 115, 119
Bentinck, Lord William, 本廷克勋爵, 威廉, 第一任印度总督, 413, 414, 419, 420, 426, 427, 432
Bergés, 贝尔热, 水力发电的创始人, 57
Bergson, Henri, 柏格森, 亨利, 法国哲学家 109, 113, 322
Berlin to Baghdad Railway, 柏林—巴格达铁路, 297—298, 591
Berlin Conference on Africa (1884), 1884 年关于非洲问题的柏林会议, 38, 45, 253, 555, 584, 587, 605—607, 608, 612
Berlin, Congress of (1878—1879), 1878—1879 年柏林会议, 38, 44, 249, 336, 341, 343, 361, 388, 547, 548—549, 550, 551, 553, 573
Berlin Discount Company, 柏林贴现公司, 292
Berlin Memorandum (1876), 1876 年柏林备忘录, 545
Berlin, Treaty of (1878), 1878 年柏林条约, 337, 342—343, 346, 361, 561, 573
Bernard, Émile, 贝尔纳, 埃米尔, 法国画家, 166—167, 169, 170, 171
Berne Convention (1886), 1886 年伯尔尼公约, 254
Berne Treaty (1874), 1874 年伯尔尼条约 254
Bernhardi, Heinrich von, 伯恩哈迪, 海因里希·冯, 德国将军, 219
Bernstein, Eduard, 伯恩施坦, 爱德华, 德国社会民主党领袖, 110,

111，281
  他的《进化的社会主义》，112，269
Besika Bay，贝西卡湾，545，572
Bessarabia，比萨拉比亚，39n.，336，342，361，374
Bessemer, Sir Henry，贝色麦爵士，亨利，英国发明家，51，95，230
Bethmann-Hollweg，贝特曼－霍尔威克，德国政治家，297，299
Beust, Friedrich Ferdinand, Count von，博伊斯特伯爵，弗里德里希·斐迪南·冯，奥地利政治家，331，333
Bible，圣经
  圣经的校勘，116—117
  圣经在学校中，195
  圣经在英国畅销，406
Bicycle，自行车
  新式自行车的发展，3，97，395
  军队使用自行车，209
Binet, Alfred，比纳，阿尔弗雷德，法国心理学家，197
Biology, developments in，生物学的发展，80—83，103—104
Bird, R. M.，伯德，英国在印度的行政官员，420
Birmingham University，伯明翰大学，181
Bismarck, Otto Edward Leopold von, Prince Bismarck，俾斯麦，奥托·爱德华·利奥波德·冯，俾斯麦亲王，普鲁士—德国政治家，帝国首相
  与工人保险法，21，264，273，289
  与政治选举权，29，280
  欧洲政策，36，41，104，288，291，301，310，331，339，361，366，543—560各处，561，581，649
  对格莱斯顿的蔑视，38
  与工业界，61，286
  与对工会的镇压，74
  与国家的最高权力，188，289
  与陆军的规模，220，293
  与毛奇的关系，223
  辞职，224，294—295
  有限责任政策，236，248，275，562，579
  德意志帝国的建立，243
  他的国内政策，250，257，263，275，276—280，287—293
  他的殖民政策，252，292，555，587，593，605，612，616，632，635，647
  与政教关系，267，287—288
  担任帝国首相，276
  他对路德教的信仰，287
  关于预防性战争的见解，287，544
  他的健康情况和性格，291—292
  向岩仓讲解"现实政治"问题，470
  与埃及，585，587，604—605
Bizet, Georges，比才，乔治，法国作曲家，322
Björko Agreement，毕由克协定，367
Black Sea，黑海
  俄国对巴黎条约条款的谴责，37，543，569
  黑海海峡，548，549，554，556，561，569，570，572，581
Blaine, James Gillespie，布莱恩，詹

姆斯·吉莱斯皮，美国国务卿（共和党人），487，670

Blanc, Jean Joseph Louis, 勃朗，让·约瑟夫·路易，法国激进党领袖，305

Blanco, Antonio Gúzman, 布兰科，安东尼奥·古斯曼，委内瑞拉总统，529

Blanes, Juan Manuel, 布拉内斯，胡安·曼努埃尔，乌拉圭画家，538

Blanqui, Louis Auguste, 布朗基，路易·奥古斯特，法国社会主义者，271

　他的社会革命党，316

Blignières, de, 布利尼埃，德，埃及政府官员，585

Bloch, Jean (Ivan) Gottlieb de, 布洛克，让（伊凡）·戈特利埃布，波兰财政家，他的《现代战争》，43，240

Blow, Susan, 布洛，苏珊，193

Boer Republics, 布尔共和国，见 South Africa 条

Boer War, 布尔战争，见 South Africa 条

Bohemia, 波希米亚，249，259，332，338，339

　参见 Czechs 条

Boisdeffre, Raoul-F.-C. Le Mouton de, 德布瓦戴弗尔，拉乌尔，-F.-C. 勒穆东·德，法国将军，副参谋总长，224

Bokhara, 布哈拉，576，639

Bolivia, 玻利维亚，525，530，534—535

Bolshevism, 布尔什维主义，110，120，272，371，373

　参见 Marxism 条

Bonchamps, Christian de, 邦尚，克里斯蒂昂·德，在非洲，628

Bonin Islands, 小笠原群岛，647

Book-Production, 书籍出版业，98

Booth, Charles, 布思，查尔斯，英国船业主，他的《伦敦人民的生活和劳动》，402

Booth, William, 布思，威廉，救世军创办人，他的《最黑暗的英国》，402

Borgnis-Desbordes, 波尔涅斯－戴波德尔，法国军人，603

Borgu, 博尔古，630—631

Borneo, British chartered company in, 英国在婆罗洲的特许公司，384

Bosanquet, Bernard, 博赞克特，伯纳德，英国哲学家，115

Bosnia, 波斯尼亚，39n.，334

　在土耳其统治下，328，330，333，342，544

　与奥匈帝国，333—335，336，337，339，340，342，343，344，348，548

Boulanger, Georges Ernest Jean Marie, 布朗热，若尔日·厄内斯特·让·玛丽，法国将军，221，256，293，310—312，557

Bourgeois, Léon, 布尔热瓦，莱昂，法国激进党领袖，319

Bourget, Paul, 布尔热，保罗，法国作家，139

Bournville model village, 伯恩维尔式工业村，69，164

Bowen, Edward, 鲍恩, 爱德华, 哈罗公学校长, 179

Boxer Movement, 义和团运动, 见China条

Boyen, Hermann von, 博伊恩, 海尔曼·冯, 普鲁士军国主义者, 214

Bradley, Francis Herbert, 布雷德利, 弗朗西斯·赫伯特, 英国哲学家, 他的《伦理研究》, 115

Brabm, Otto, 布拉姆, 奥托, 德国戏剧导演, 142

Brahminism, 婆罗门教, 423

Brailsford, H. N., 布雷斯福德, 他的《钢铁与黄金的战争》, 591

Branco, Baron de Rio, 布兰科男爵, 德·里奥, 巴西政治家, 536

Brazil, 巴西
 人口, 12, 521, 524; 欧洲移民, 517—518, 520
 政治结构和发展: 君主政体的垮台, 25, 527; 建立巴西合众国, 527
 1870年的地位, 516
 经济发展: 外国投资, 517, 521; 银行机构, 519; 经济的增长, 520—521; 经济势力的南移, 527
 铁路, 520
 与邻国的关系, 533—534, 670
 武装力量, 534
 教育, 537
 参见 Latin America 条

Brazza, Pierre Savorgnan de, 布拉柴, 皮埃尔·萨沃尔尼昂·德, 法国探险家, 驻刚果共和国总专员, 603, 604, 607, 622

Brentano, Lujo, 布伦坦诺, 路约, 德国自由主义经济学家, 279

Brialmont, Henri, Alexis, 布里阿尔蒙, 亨利·亚历克西, 比利时将军, 208

Brisson, Henri, 布里松, 亨利, 法国政治家, 629

British and Foreign Schools Society, 英国和外国学校协会, 184

British Association for the Advancement of Science, The, 英国科学促进协会, 80, 86, 102

British Bank of South America, 英国南美银行, 519

British Cotton and Wool Dyers, 英国棉花和羊毛染色公司, 72

British East Africa Company, 英国东非公司, 612, 613

British Guiana, 英属圭亚那, 672

British India Association, 英属印度协会, 422, 433

British North America Act (1867), 英属北美法 (1867年), 104

British Soap Makers Association, 英国肥皂制造业协会, 70

British South Africa Company, 英国南非公司, 614

Broglie, Jacques Victor Albert, Ducde, 德·布洛利公爵, 雅克·维克托·阿尔贝, 303

Brougham, Henry, 1st Baron Brougham and Vaux, 布鲁厄姆, 亨利, 第一代布鲁厄姆和沃克斯男爵, 与伦敦大学, 180

Brousse, Paul, 布鲁斯, 保尔, 法国

索　引

可能派，111
　他的法国社会主义劳工联合会，316
Bruce's type-casting machine，布鲁斯的铸字机，99
Brunetière, Ferdinand，伯吕纳吉埃尔，费迪南，法国批评家，139
Brunner, Mond and Company，布伦纳蒙德公司，化学工厂，72
Brussels Conference（1874），1874 年布鲁塞尔会议，241，254
Bryan, William Jennings，布赖恩，威廉·詹宁斯，美国民主党人，503—504，677，684
Bryce, James, 1st Viscount，布赖斯，詹姆斯，第一代子爵，672
　他的《现代民主国家》，406，408
　他的《美利坚共和国》，487
Buddhism，佛教，433
Buganda，布干达，624，625，632
Bukovina，布科维纳，259，335，339
Bulgaria，保加利亚，39n.
　自治，25，244，249
　俄国人与保加利亚，208，212，348，556—557；"大保加利亚"计划，547，556，571—572
　1885—1888 年的危机，223，233，347，556—557，558
　选举权，260
　在土耳其统治下，329—330，342，346；"保加利亚惨案"，545，547
　与泛斯拉夫主义，335
　对罗多皮的穆斯林起义的镇压，343
　边界，343，361
　民族主义，347
Bullock, William，布洛克，威廉，发明家，99
Bülow, Prince Bernhard Heinrich von，比洛亲王，伯恩哈德·海因里希·冯，德国政治家，1900 年帝国首相、外交大臣，258，296，297，298
Bulygin, A. S.，布里根，亚·格，俄国内政大臣，377
Bunge, N. Kh.，本格，尼·赫，俄国财政大臣，367，370
Bunnerjea, Surendranath，班纳吉，苏伦德拉纳特，印度政治领袖，435
Bunsen, R. W. von，本生，罗·威·冯，德国化学家，79
Burma，缅甸，385，416，418，448，579，618
Burns, John，伯恩斯，约翰，英国劳工领袖，403
Buss, Frances Mary，巴斯，弗朗西斯·玛丽，英国教育家，197
Butler, Ben，巴特勒，本，美国激进派，502
Butler, Samuel，勃特勒，塞缪尔，英国作家，125
Buxton, Sir Thomas Fowell, 1st Bt，巴克斯顿爵士，托马斯·福埃尔，第一代从男爵，英国社会改革家，384

Cables，海底电缆，见 Transport and communication 条：电讯
Caland，卡兰德，荷兰工程师，53
Calico Printers，棉布印染公司，72
Cambridge University，剑桥大学，180
　与女子教育，198

Cameron treaties, West Africa, 卡梅伦条约, 西非, 603

Cameroons, 喀麦隆, 605, 606, 607

Campbell-Bannerman, Sir Henry, 坎贝尔-班纳曼爵士, 亨利, 英国自由党领袖, 579

Campos, Martínez, 坎波斯, 马丁内斯, 西班牙将军, 古巴总督, 532

Canada, 加拿大

人口: 移民, 4, 11, 401—402; 亚洲人成分, 393, 401; 向美国的移民, 401, 689—690

经济发展: 关税, 8, 64, 393, 396; 土地授予, 393; 银行业, 400—401

交通运输: 铁路建设, 51, 94, 394, 401; 运河, 395

贸易和工业: 贸易和工业中的海外投资, 67; 木材制造业, 92; 与法国的商业条约, 387; 小麦生产, 397

英属北美法, 104

政治结构和发展: 联邦, 104, 386, 407—408; 自治, 251, 386, 408; 宪法, 389; 政党政治, 393; 社会立法, 404; 民族主义, 409—410; 奥伦治党人协会, 409

教育: 蒙特利尔大学, 181; 宗教因素, 183, 405—406

防务, 226

地方政府, 391; 各省在社会立法方面的责任, 404

讲法语的加拿大人, 405, 409

宗教, 405—406

报纸, 406

与阿拉斯加边界纠纷, 673—676, 679

Canadian Pacific Railway, 加拿大太平洋铁路, 51, 94, 401

Canals, 运河, 见 Transport and communications 条

Canning, George, 坎宁, 乔治, 英国政治家, 415, 424, 425

Canning, Stratford, 坎宁, 斯特拉福德, 外交家, 568

Cape to Cairo route, 从好望角到开罗的通路, 614

Capital, investment and export of, 投资和资本输出, 4—5, 49—50, 55, 285

与加拿大, 67

与法国, 6

与德国, 4, 55, 285

与英国, 4, 49, 55, 66—67, 394, 400

与印度, 49—50

与拉丁美洲, 49—50, 516—517, 521, 525

与俄国, 355, 367—368, 369, 379

与土耳其, 328, 345, 571

与美国, 4, 49

与西印度群岛, 400

Caprivi, Georg Leo Count von, 卡普里维伯爵, 乔治·利奥·冯, 德意志帝国首相, 俾斯麦的继任者, 221, 295

Caran d'Ache (i.e. Emmanuel Poiré), 卡朗·达什（即埃马纽埃尔·普瓦雷）, 法国漫画家, 221

Cardwell, Eward, 1st Viscount Cardwell，卡德韦尔，爱德华，第一代卡德韦尔子爵，与陆军改革，226，227

Carey, Henry，凯里，亨利，美国经济学家，290，502

Caribbean，加勒比海地区，46
  控制权由英国转入美国手中，678

Carlyle, Thomas，卡莱尔，托马斯，历史学家，惠斯勒给他画的肖像，159

Carnarven, Henry Howard Molyneux Herbert, 4th Earl of，卡纳尔文第四代伯爵，亨利，霍华德·莫利纽·赫伯特，英国殖民大臣，634

Carnegie, Andrew，卡内基，安德鲁，美国实业家和慈善家，43，50，73，105，679
  他的《财富的福音》，505

Carnot, Marie François Sadi，卡诺，玛丽·弗朗索瓦·萨迪，法兰西共和国总统
  被刺，318
  与非洲，623，624

Caro, Heinrich，卡罗，海因里希，科学家，84，92

Caroline Islands，加罗林群岛，662

Carpet manufacture，地毯制造业，98

Cart, Comyns，卡尔，科明斯，与格罗夫纳画廊，160，164

Carr, Jonathan，卡尔，乔纳森，164

Carroll, Lewis (i.e. Charles Lutwidge Dodgson)，卡洛尔，刘易斯（即查尔斯·勒特威奇·道森），英国作家，127

Cartwright, Edmund，卡特赖特，埃德蒙，英国发明家，74

Cassel, Sir Ernest，卡斯尔爵士，欧内斯特，66

Castner, H. Y.，卡斯特纳，科学家，89，90

Cavaignac, Jacques-Marie-Eugène-Godefroy，卡芬雅克，雅克-玛丽-欧仁-戈德弗鲁瓦，法国激进党领袖，321

Cave, Stephen，凯夫，斯蒂芬，英国财政部主计长，他关于埃及财政情况的报告，583—584

Cavour, Count Camillo Bensi di，加富尔伯爵，卡米洛·本西·迪，243

Cazemajou，卡泽马儒，在西非的法国军人，630

Céard, Henri，塞阿尔，亨利，法国小说家，136

Celmán, Miguel Juárez，塞尔曼，米格尔·胡亚雷斯，阿根廷总统，530

Central America，中美洲，518，529，530，533，536

Central Labour College (South Wales)，中央劳工学院（南威尔士）203

Century，《世纪》，美国期刊，504

Cervera y Topete, Pascual, Count de Jerez and Marquis de Santa Ava，塞尔维拉·伊·托佩特，帕斯库亚尔，赫雷斯伯爵和圣阿瓦侯爵，西班牙海军上将，683

Céspedes, Carlos Maria de，塞斯佩德斯·卡洛斯·玛丽亚·德，古巴民族领袖，532

Ceylon，锡兰
  教育，181，404

经济的发展，398
Cézanne, Paul, 塞尚，保罗，166—167, 169, 170, 175, 176
Chabrier, Alexis Emmanuel, 夏布里埃，亚历克西·埃马纽埃尔，法国作曲家，321
Chad, Lake, 乍得湖，见 Tchad 条
Chamberlain, Houston Stewart, 张伯伦，豪斯顿·斯图尔特，他的《19世纪的基础》，108
Chamberlain, Joseph, 张伯伦，约瑟夫，英国政治家
　与伯明翰大学，181
　任殖民大臣，251, 396, 400
　与帝国政策，265, 383, 386, 387, 392, 614, 626, 630, 637, 638
　他的地位和政策，389, 409
　反对爱尔兰地方自治，389
　论政党组织，391
　论教育，405
　与外交政策，571
Chambers, Robert, 钱伯斯，罗伯特，生物学家，80
Chambord, Henri Charles Dieudonné, Comte de, 尚博尔伯爵，亨利·沙尔·迪厄多内，法国王位追求者，302
Chang Chih-tung, 张之洞，中国湖广总督，447, 452, 453, 455
　他的《中国的唯一希望》（1895年），179
　竭力主张镇压拳匪，458
　与南方各省中立（东南互保），460
Chanoine, 夏努安，法国探险家，631
Chantrey Bequest, 钱特里遗产基金会，164
Charcot, Jean Martin, 夏尔科，让·马丁，法国神经病学家，137
Charivari and French Impressionists, 嘲谑的批评与法国印象画派，157
Charmes, Gabriel, 夏尔姆，加布里埃尔，法国作家，232
Chartism, 宪章运动，202
Chase, Salmon Portland, 蔡斯，萨蒙·波特兰，美国最高法院院长，492
Chatterji, Bankim Chandra, 查特吉，般金·钱德拉，印度作家，431
Chefoo Gonvention, the, 烟台条约，448
Chekhov, Anton, 契诃夫，安东，俄国剧作家，149—150, 152
Chemical industry, 化学工业
　化学工业的发展，2, 89—93
　在法国，91
　在德国，59—60, 92
　在英国，59, 399
Chemistry, 化学，83—86, 103
　有机化学，83—84
　立体化学，84—85
　溶液的理论，85—86
Chen Fei, 珍妃，中国光绪皇帝的妃子，被杀害，462
Chernyaev, M. G., 车尔尼亚耶夫，塞尔维亚司令官，337
Chernyshevsky, N. G., 车尔尼雪夫斯基，尼·加，俄国社会主义作家，359
Chevreul, Michel Eugène, 谢弗罗尔，米歇尔·欧仁，法国科学家，165
Ch'ien Lung, 乾隆，中国皇帝，445

索　引

Children, decline in employment of, 雇佣童工的数目减少, 17

Chile, 智利

经济发展：关税, 9；氮的生产, 92；采矿业, 516, 522, 534；外资及其发展, 517；银行业, 519；经济的增长, 521—522

人口, 12, 521—522；欧洲移民, 517

铁路, 521

政治结构和发展, 526—527, 528, 531

工会, 531, 532

与太平洋战争, 533—536

与阿根廷的关系, 535—536, 540

教育, 537, 540

China, 中国

人口, 12n.；土地不足, 442

在中国争夺特许权, 43, 453—454, 563, 658—667, 662—667, 686—687

贸易和工业, 54, 55

教育：西方的影响, 179

中国沿海的海盗, 235

与法国的关系：在越南（安南、交趾支那、东京）的冲突, 252, 449—451, 650—652, 653, 654, 658；天津教案, 437—438, 443—444；李鸿章—福禄诺贸易协议, 449, 450, 651；法国要求建立加煤站和修筑铁路的权利, 661；法比铁路银行团, 663；参见 Arrow War 条

太平天国起义, 437, 438, 439, 441, 449, 452, 463

社会结构和发展：近代化问题, 437, 440, 452—453, 454；中国人的排外情绪, 437, 439, 448, 454；新兴的城市商人阶级, 440

外交, 437, 447—451, 644—647, 650—667；总理各国事务衙门（最初的外交部）, 441, 444, 450；修订条约, 443

同治中兴, 437—440, 442

清王朝, 438, 440—441, 452；皇位继承制度, 445, 456；清王朝权力的衰落, 448—449, 450, 453, 461

政治结构和发展："通向革命的道路", 438；第一次垂帘听政, 438, 441—442, 444；第二次垂帘听政, 446—451；南方与守旧的北方之间的不和, 452；百日维新, 454；义和团战争中南方各省总督宣布中立, 460—461；朝廷出走西安, 462；人民对王朝的忠诚, 463

通商口岸, 439, 448

武装力量：建立兵工厂和船坞, 439；成立军官学校, 453

穆斯林, 440；穆斯林作为叛乱者, 442, 445, 447, 448

满族的特权, 440—441

鸦片战争, 440, 441

缺乏交通设施, 442；修筑铁路和设立电报, 452—453

"亚罗"号战争（第二次鸦片战争）, 442, 443, 449, 450

义和团运动, 444, 454, 457—463, 485, 565, 598, 664, 677, 687

广西省，449，651

"维新派人士"，640

与日本的关系：644—647，652—662各处；通商条约，646；日本的影响，664；为威海卫支付的赔款，686；参见 Korea, Sino-Japanese War 各条

在中国的"门户开放"政策，664，686—687

与德国、英国、美国的关系，见 Germany, Great Britain, United States 各条

参见 Formosa, Korea, Manchuria 各条

Chinese Eastern Railway，中东铁路，659

Ch'ing, Prince（I K'uang），庆亲王（奕劻），450

Chirol, Valentine，契罗尔，瓦伦丁，他的《中东问题》，567n.

Choate, Joseph，乔特，约瑟夫，美国驻伦敦大使，678

Chocano, Jesé Santos，乔卡诺，何塞·桑托斯，秘鲁诗人，539

Chocolate，巧克力，4，68

Christianity，基督教，见 Church and state; Education; Missionary Activity; Religion; Roman Catholic Church; Theology; the Vatican 各条

Christian Science，基督教科学派，117

Christian Socialist Movement，基督教社会主义运动

奥匈帝国，119

英国，202

Chuang, Prince，庄亲王，中国支持义和团的亲王，460

Ch'un, Prince（I Huan），醇亲王（奕譞），恭亲王之弟，446，451，452

Ch'ung Hou，崇厚，清朝外交官，444，447

Church and state, relations between，政教关系，117—119，177，184—189，261，263，266—268，304，314—315

在澳大利亚，405—406

在奥地利，268

在比利时，268

在加拿大，181，405—406

在法国，117，187，267—268，303—304，314—315

在德国，267，287—288

在英国，181，184—185，202，268，404—405

在意大利，117—118，266，544

在俄国，365—366

在美国，202

在威尔士，405

参见 Religion; Roman Catholic Church; the Vatican 各条

Churchill, Lord Randolph，丘吉尔勋爵，伦道夫，英国保守党政治家，389，391，392

Circassian refugees from Russia，来自俄国的切尔克斯难民，329

Cis-leithania，内莱塔尼亚，249，259，331，333；参见 Austria-Hungary 条

City and Guilds of London Institute，伦

敦城市和行会学会，202
Civil Services，文官制，见 Government, reform and increased power of 条
Clam-Martinič, Count Henry，克拉姆－马提尼茨伯爵，亨利，捷克人领袖，333
Clarendon Commission, The，克拉伦敦委员会，177—178，179
Claretie, Jules，克拉雷提，朱尔，法国评论家，155
Claudel, Paul，克洛岱尔，保罗，法国诗人，138
Clay, Henry，克莱，亨利，美国演说家和政治家，490
Clemenceau, Georges，克列孟梭，乔治，法国政治家，306，320，321
Cleveland, Stephen Grover，克利夫兰，斯蒂芬·格罗弗，美国总统（民主党人），492，503，504，507，650，670，672—673，680—681，685
Clothing, ready-made，成衣，3，98
Clough, Anna Jemima，克拉夫，安娜·杰迈玛，剑桥大学纽纳姆学院创始人，198，203
Coal production，煤的生产，3
　在法国，58，308
　在德国，58，285
　在英国，58
　在印度，429—430
　在俄国，354，368
Coats, J. and P., Ltd，科茨股份有限公司，13，72
Cobden, Richard，科布顿，理查德，英国经济学家，396

Cobden Treaty (1860)，1860 年科布顿条约（英法商约），247
Cochin-China，交趾支那，449，450，650
Cockerton，科克顿，英国政府审计官，190
Colebrooke Commission (Scottish educational endowments)，科尔布鲁克委员会（调查苏格兰各教育捐款基金会），191
Colin，科兰，法国陆军上校，209
Colomb, Philip，科洛姆，菲利普，英国海军少将，他的《海战》，234—235
Colombia，哥伦比亚，525，530，536
Colonial Policies，殖民政策，250—254
　殖民地的教育，180
　关于自治、托管和联邦的概念，251
　参见各有关国家条
Colonial rivalries and expansion，殖民地竞争和扩张，567—688 各处
　参见各有关国家条
Combes, Justin-Louis-Émile，孔布，朱斯坦－路易－埃米尔，法国政治家，187
Comité de l'Afrique française，法属非洲委员会，621
Commune, The Paris (1871)，1871 年巴黎公社
　马克思论巴黎公社，105
　巴黎公社的性质，301
Communications，交通，见 Transport and communications 条
Communist Manifesto (Marx and Engels)，《共产党宣言》（马克思、

恩格斯),101,406
Compulsory insurance,强制保险,21,24,264
Comte, Auguste,孔德,奥古斯特,法国实证主义者,106,117
Concert of Europe,欧洲协同体,43,45,48,545—546,550,553,559
　基本原则,37
　1871年以后幸存下来,37
　欧洲协同体的衰落,38—46,542—550
Concrete,混凝土,3
Confédération Cénéral du Travail,劳动联合总会,74
Conger,康格,美国驻北京公使,461
Congo,刚果,26,253,555,603—604,605,606—607,610,621,624—625,630,632,636
　自由国的国际地位,45,606
　刚果的教育,180
　参见Berlin Conference条
Conrad, Joseph,康拉德,约瑟夫,英国小说家,125,126
Conrad, M. G.,康拉德,《社会》杂志主编,142
Conradi, Hermann,康拉第,赫尔曼,德国作家,143
Conscription,征兵制,41,188,204,214—217,219,225
Conservation, trend towards,保守的倾向
　在国内政治方面的保守倾向,25—34,244—245,513—515,692—693
　在国际关系方面的保守倾向,34—36,243,248
　参见各有关国家条
Consolidated Gold Fields,统一金矿,636
Constable, John,康斯太布尔,约翰,英国画家,印象画派的先驱,157
Constantinople Conference, The (1876),1876年君士坦丁堡会议,38,546
Consumer Goods,消费品,4,17,68—69
Contemporary Review,《当代评论》(英国期刊),105
Co-operative Societies,合作团体,14—16
Coppée, François,科佩,弗朗索瓦,法国诗人,138
Copper,铜,93—94
Coptic Church, in Africa,非洲的科普特基督教会,620
Corbett, Sir Julian,科贝特爵士,朱利安,英国历史学家,234
Corbière, Tristan,科比埃,特里斯坦,法国诗人,131
Cornell, Ezra,康奈尔,埃兹拉,美国电报承包商和慈善家,182
Cornell University,康奈尔大学,182,183
Cornwallis, Charles, 1st Marquis,康华理,查尔斯,第一代侯爵,420
Cotton, Sir Evan,科顿爵士,埃文,英国律师,印度国大党主席,434
Cotton, world production,世界棉花生产,3

索 引　　　　　　　　　　771

　　在昆士兰，385
　　在印度，399，429，434
　　在美国，399
Courbet, Gustave, 库尔贝, 古斯达夫, 法国画家, 155, 158, 163, 538
Courcel, de, 库塞尔, 德, 法国外交家, 605
Crampel, Paul, 克朗佩尔, 保罗, 法国非洲探险家, 621
Crete, 克里特岛, 348, 573
Creusot, armament manufacturers, 勒克勒佐军火工厂, 13
Crispi, Francesco, 克里斯比, 弗兰契斯科, 意大利政治家, 33, 252, 257, 265, 593, 614, 616, 626
Coratia, 克罗地亚, 333
　　克罗地亚民族主义，334，337，338，340
Croce, Benedetto, 柯罗齐, 贝内戴托, 113, 116, 268
Cromer, Evelyn Baring, Earl of, 克罗默伯爵, 伊夫林·巴林, 386, 583, 584, 585, 586—587, 589, 591, 592, 600—602, 613, 615, 622, 626
　　他的《近代埃及》，574
　　与英埃苏丹，590，627
Cross, R. A., 1st Baron, 克罗斯, 第一代男爵, 英国内政大臣, 392
Crossfields of Warrington, 沃林顿的克罗斯菲尔德, 63
Crystal Palace, 水晶宫, 175
Cuba, 古巴
　　推翻西班牙的统治，25，238，516，524，533，680—683
　　美国与古巴，239，532—533，680—683；普拉特修正案，533
　　外国投资和经济的增长，517，525
　　1868—1878年的独立战争，524，532
　　人口和移民，525
　　民主的理想，531
Cunha, Euclydes da, 达·库尼亚, 欧克利德斯, 巴西作家, 538
Cunningham, Sir Alexander, 坎宁安爵士, 亚历山大, 英国军人和考古学家, 434
Curie, Marie (née Sklowdowska), 居里, 玛丽（母家姓斯可罗多夫斯卡），波兰物理学家, 57, 80
Curie, Pierre, 居里, 皮埃尔, 法国物理学家, 57, 80
Curzon, George Nathaniel, Marquis Curzon of Kedleston, 寇松, 乔治·纳撒尼尔, 凯德莱斯敦的寇松侯爵
　　任印度总督，386，395，431，435—436，591
　　入侵西藏，416
　　改革加尔各答大学，428
　　孟加拉的分治，435
　　他的《俄国在中亚》，570
Cyprus, 塞浦路斯
　　英国占领该岛，251，548，553，573，575
　　土耳其来自塞浦路斯的税收，346
Czechs, 捷克人
　　与奥地利—德意志人的关系，249，332—333，338—339

社会主义，273
民族主义，332—333，337—339
青年捷克党，338—339

Dahn, Felix, 达恩，费利克斯，德国小说家，141
Dahomey, 达荷美，603，610，618，621，632
Daily Mail,《每日邮报》，406
Daily Telegraph,《每日电讯报》
　使用金属印版，99
　发表文章《德皇在英国》，298—299
Dakota, wheat exports, 达科他州，小麦出口，5
Dalhousie, James Andrew Broun-Ramsay, Marquis of, 大贺胥侯爵，詹姆斯·安德鲁·布龙-拉姆齐，任印度总督，415—416，417，418，419，421，422，425，427
Dalmatia, 达尔马提亚，333，334，335，339
Danilevsky, Nicholas Y., 达尼列夫斯基，尼古拉·雅，俄国社会学家，108，360
Darío, Rubén, 达里奥，鲁宾，尼加拉瓜诗人，539
D'Armar, 德阿马尔，他的《潜艇与对英战争》，232
Darwin, Charles, 达尔文，查尔斯，博物学家
　进化论，80—82
　《人类起源》，101，102
　《物种起源》，102
　与卡尔·马克思，103
　与尼采对比，113
Darwinism, 达尔文主义
　对哲学思想和政治思想的影响，81，101—109，114，194—195，232，360，409，505—506，507，640，671，679，692
　"适者生存"，194
Daubigny, Charles-François, 多比尼，沙尔-弗朗索瓦，法国画家，155
Daudet, Alphonse, 都德，阿尔丰斯，法国小说家，137
Dauthendey, Max, 道滕代，马克斯，德国诗人，144
Davies, Emily, 戴维斯，埃米莉，剑桥大学格顿学院创始人，198，200
Davy, Humphry, 戴维，汉弗莱，89
Daza, 达萨，玻利维亚总统，534—535
Deak, Francis, 德亚克，费伦茨，匈牙利政治家，334
Death duties, 遗产税，23—24
Death-rate, 死亡率
　死亡率的下降，20，24
　婴儿死亡率，24
　俄国的死亡率，369
De Beers, 德比尔斯公司，636
Debussy, Claude Achille, 德彪西，克劳德·阿希尔，法国作曲家，137，322
Decazes, Louis Charles, 德卡兹，路易·沙尔，法国外交部部长，544
Defence League (Germany), 国防协会（德国），296—297
Degas, Edgar, 德加，埃德加，法国印

象派画家，155，156，157，159，160，168，172

Dehmel, Richard, 戴默尔, 理查, 德国诗人, 144

Delagoa Bay, 迪拉果阿湾, 637—638

Delane, John Thaddeus, 德兰, 约翰·撒迪厄斯, 伦敦《泰晤士报》编辑, 406

de la Torre, Lisandro, 德拉托雷, 利桑德罗, 阿根廷自由主义者, 530

Delcassé, Théophile, 德卡塞, 泰奥菲尔, 法国政治家, 625

Delyanov, I. D., 捷里扬诺夫, 伊·达, 俄国教育大臣, 364

Democracy, 民主, 26—28, 32—33, 110, 255—262

 在德国, 277, 279

 在英国, 31, 110, 244, 255, 390—393, 403—404, 408

 在印度, 431—433；民主和维多利亚女王, 394

Demolin, 德莫兰, 他的《盎格鲁—撒克逊民族的优越性是怎样产生的？》, 192

Denis, Maurice, 德尼, 莫里斯, 法国评论家, 170

Denmark, 丹麦

 农业, 8, 200, 398

 贸易和工业：在世界市场上的竞争, 8, 200, 397；自由贸易, 8

 社会结构：劳动条件, 21

 政治结构和发展：有限制的选举权, 30；社会立法, 265；社会主义政党, 270

 德国的丹麦人少数民族, 44, 249, 282

 与德国的战争, 104；丧失石勒苏益格—荷尔斯泰因, 200

 教育：教师协会, 185；教育的世俗地位, 187；成人教育, 200—201

Dent, Palmer of London, 伦敦的登特和帕尔默财团, 贷款给土耳其政府, 328

Depretis, Agostino, 德普列蒂斯, 阿戈斯蒂诺, 意大利政治家, 33, 257

Derby, Edward Henry Smith Stanley, 15th Earl, 德比, 爱德华·亨利·史密斯·斯坦利, 第十五代伯爵

 论帝国主义, 265, 612

 论英国在中东的利益, 569

 论埃及, 583

Dernburg, 德恩伯格, 德国殖民地行政官员, 682

Déroulède, Paul, 戴鲁莱德, 保罗, 法国政治家, 221

Derozio, 德罗齐奥, 在印度的影响, 430

Derrécagaix, Victor-Bernard, 戴莱加盖, 维克托-贝纳, 法国将军, 他的《现代战争》, 211, 213

D'Estournelles, Baron, 德斯土尔内耳男爵, 与国际合作, 43

Détaille, Jean Baptiste Édouard, 德泰, 让·巴蒂斯特·爱德华, 法国战争画家, 221

Deussen, 多伊森, 德国东方学家, 433

Devonshire, 8th Duke of, 第八代德文希尔公爵, 见 Hartington 条

Dewey, George, 杜威, 乔治, 美国海军上将, 238, 683

Dewey, John, 杜威, 约翰, 美国哲学家, 202

Dialectical materialism, 辩证唯物主义, 104, 112

Díaz, Porfirio, 迪亚斯, 波菲里奥, 墨西哥总统, 524, 528—529

Dicey, Albert Venn, 戴西, 艾伯特·维恩, 英国法学家
    《英国19世纪法律与舆论的关系讲演集》, 114
    《宪法之法的研究导论》, 114n.

Dickens, Charles, 狄更斯, 查尔斯, 英国小说家, 137, 193, 407

Diesel engines, 内燃机, 96

Dilke, Sir Charles Wentworth, 迪尔克爵士, 查尔斯·温特沃思, 英国激进派政治家和作家, 52, 227
    他的《大英帝国问题》, 265
    论埃及政策, 585, 589

Dilthey, Wilhelm, 狄尔泰, 威廉, 115

Disarmament proposals, 裁军建议 43, 241

Disraeli, Benjamin, 1st Earl of Beaconsfield, 迪斯累里, 本杰明, 第一代比康斯菲尔德伯爵, 英国保守党领袖
    与参政权, 29
    与苏伊士运河, 53, 584
    与劳资协议法, 75
    论国家教育, 184
    与议会活动, 255
    他的地位和政策, 387, 388, 408; 帝国政策和殖民政策, 251, 383, 388, 407, 603; 与对外政策, 431, 571, 572, 573
    逝世, 389
    与劳工选票, 392
    论英俄竞争, 575
    论通往印度的路线, 598
    与西非, 603

Dodds, Alfred Amédée, 多兹, 阿尔弗雷德·阿梅代, 法国将军, 621

Dominican Republic, 多米尼加共和国, 516, 530

Dooley (i. e. Dunne, Finley Peter), 杜利（即邓恩, 芬利·彼得）, 美国幽默家, 73

Dorgut Pasha, Dervish, 多尔古特帕夏, 德尔维希, 土耳其军司令, 344

Douglas, Stephen Arnold, 道格拉斯, 斯蒂芬·阿诺德, 美国民主党人, 489

Dragomiroff, 德拉格米罗夫, 俄国将军, 209

Dreikaiserbund, 三皇同盟, 见 Three Emperors' Alliance and League 条

Dreyfus, Alfred, 德雷福斯, 阿尔弗雷德, 法国陆军上尉
    "德雷福斯案件", 120, 216, 222, 263, 319—321, 629
    左拉为德雷福斯的辩护, 135

Dreyfus et Cie, 德雷福斯公司, 法国银行, 523

Drumont, Édouard, 德律蒙, 爱德华, 与反犹太主义, 108, 321

Dual Alliance (Austria-Hungary and Germany, 1879), 两国同盟（奥匈帝

国和德国，1879），38，39n.，40—
　41，223，323，551—552
Duff, Alexander，达夫，亚历山大，
　在印度的苏格兰传教士，420，
　430
Dufferin and Ava, Frederick Temple
　Hamilton Temple Blackwood, 1st
　Marquis of，第一代达弗林和阿瓦
　侯爵，弗雷德里克·坦普尔·汉
　密尔顿·坦普尔·布莱克伍德
　任印度总督，425，432，435
　论埃及，586
Dupré，杜白蕾，法国海军上将和交趾
　支那总督，650
Dupuis, Jean，迪皮伊，让，法国高
　人，650
Dupuy de Lôme，迪皮伊·德·洛姆，
　法国海军上将，228
Durand-Ruel，迪朗-吕艾尔，艺术品
　商人，157
Duret, Théodore，迪雷，泰奥多尔，
　他的《印象派画家》，157
Durham University，达勒姆大学，创立
　福拉湾学院，180
Durkheim, Émile，涂尔干，埃米尔，
　法国社会学家，117
Durnovo, P. N.，杜尔诺沃，彼·尼，
　俄国内政大臣，367，378
Duruy, Victor，杜律伊，维克多，法
　国教育家，191，199，200
Dybowskie，迪波夫斯基，法国非洲探
　险家，622
Dyestuffs，染料，见 Chemical industry
　条
Dynamite，甘油炸药，93

Dynamite Trust Ltd，甘油炸药托拉斯
　有限公司，13

Eastern Question, The，东方问题，35，
　37—38，44—45，544—561 各处
　参见 Turkey 条
East India Company，东印度公司，412
Ebner-Eschenbach, Marie von，埃布
　纳-埃申巴赫，玛丽·冯，德国
　作家，141
Eckmann, Otto，埃克曼，奥托，德国
　艺术家，171—172
Economic organisation, increase of，经
　济组织的增加，12—14，21，61，
　71—75
Economist, The，《经济学家》，英国
　期刊，394
Ecuador，厄瓜多尔，525，530，536
Edinburgh University，爱丁堡大学，
　181，198
Edison, Thomas，爱迪生，托马斯，
　美国发明家，白炽灯的发明，
　87—88
Education，教育，20，24，32，177—
　203
　国家管理和世俗化，20—21，177，
　　184—189，304
　科学的重要性，59，177，179，183；
　　194—197
　现代学科，179
　殖民地教育，180
　大学教育，180—183
　作为公民的一种权利，184—185
　义务教育，184，187，188，189
　教师团体，185

中等教育制度，189—193
教育理论，193—194
妇女教育，197—200
男女同校教育，199
成人教育，200—203
非洲的教育，180
澳大拉西亚的教育，183，187，404—406
奥地利的教育，268
比利时的教育，183，188，268
加拿大的教育，183，405—406
锡兰的教育，181，404
中国的教育，179
芬兰的教育，201
法国的教育，117，178—179，182，185，187，191—193，199—200，267—268，313
德国的教育，59，178，182，187—188，191，196，199，201，288，404
英国的教育，20，59，177—184，189—194，196—199，391，404—405
印度的教育，22，179，404，413，415，420—421，425，427，431，435
日本的教育，20，179，472，474
拉丁美洲的教育，537，540
荷兰的教育，268
俄国的教育，188，358—359，364—365
斯堪的纳维亚的教育，183，185，187，197，200—201
西班牙的教育，188—189
瑞士的教育，183，185—187，196—197，199—201
土耳其的教育，326，350
美国的教育，182—183，186—187，197，199，202，500，504，511

Egypt，埃及，346，546，567，574
英国与埃及，35，38，45，251，347，385，386，554—555，557，561，564，579，583—592，594，595，597—602，605，613，615，617，622—629；俾斯麦建议索尔兹伯里"占领埃及"，550；亚历山大遭到炮击，579，586，599，601
向土耳其纳贡，328
法国与埃及，554—555，559，560，584—590，600，601，611，622—629
欧洲债券持有者的利益，555，583，584，595，597
两国（英法）共管，585，587，597—599，604
1879—1882年的民族主义革命，594，597
对埃及危机的反应，608，610，611，612，613，629，632
民族主义，632，640
参见 Sudan，Suez Canal 条

Ehrlich，Paul，埃尔利希，保罗，科学家，82，83
Fiffel，Gustave，埃菲尔，居斯塔夫，法国建筑家，175
Eiffel Tower，埃菲尔铁塔，96，175
Einstein，Albert，爱因斯坦，阿尔贝特，德国出生的数学家和物理学家，79

索　引　777

Eldon, John Scott, 1st Earl of, 第一代埃尔登伯爵, 约翰·斯科特, 415

Electrical industry, 电力工业, 2
　水力发电, 57
　德国的电力工业, 60, 88, 285
　技术的进步, 86—89
　英国的电力工业, 87—88

Electricity, 电学, 2, 78—79

Elgin, Victor Alexander Bruce, 9th Earl of Elgin and 13th Earl of Kincardine, 额尔金, 维克托·亚历山大·布鲁斯, 第九代额尔金伯爵和十三代金卡丁伯爵, 任印度总督, 432, 433

El Hadj Omar, 埃尔·哈吉·奥马尔, 西非穆斯林领袖, 610

Eliot, Charles William, 埃利奥特, 查尔斯·威廉, 哈佛大学校长, 182

Eliot, George, 爱略特, 乔治, 英国小说家, 140

Ellenborough, Edward Law, 1st Earl of, 第一代埃伦伯勒伯爵, 爱德华·劳, 英国政治家, 任印度总督, 414, 417

Ellis, Peter, 埃利斯, 彼得, 英国建筑家, 175

Elphinstone, Mountstuart, 埃尔芬斯通, 蒙斯图尔特, 英国在印度的行政官员, 427

Emigration from Europe, 来自欧洲的移民, 4, 30, 247, 688—693
　参见 Population 条

Emin 'Alī Pasha, Mehmed, 埃明·阿里帕夏, 穆罕默德, 土耳其首相, 324, 325, 326; 他的死, 327

Engels, Friedrich, 恩格斯, 弗里德里希, 101, 102, 103, 109, 110
　他的《反杜林论》, 102, 103
　他的《家庭、私有制和国家的起源》,《法德农民问题》, 103
　他的《自然辩证法》, 106n.
　与《资本论》第2, 3卷, 268

Engineering Employers Federation, 工程界雇工联合会, 75

English Agricultural Society, 英国农业学会, 397

Eötvös, Baron Joseph, 埃特韦什男爵, 约瑟夫, 匈牙利政治家, 334

Erfurt Programme, 爱尔福特纲领, 111

Eritrea, 厄立特里亚, 615

Eros fountain, London, 伦敦厄洛斯（爱神）喷泉, 171

Espinas, Alfred, 埃斯皮纳斯, 阿尔弗雷德他的《动物社会》, 105

Esterhazy, Marie Charles Ferdinand Walzin, Count, 埃斯特哈济伯爵, 玛丽·查理·斐迪南·瓦尔金, 320

Estonians, 爱沙尼亚人, 366, 372
　参见 Baltic provinces 条

Ethiopia, 埃塞俄比亚, 252, 593, 599, 613, 614—615, 620, 623, 625—627, 632, 640
　在阿杜瓦击败意大利人, 252, 626
　法国—埃塞俄比亚远征法绍达, 628

Étienne, Eugène, 艾蒂安, 欧仁, 法国负责阿尔及利亚殖民地事务的副国务秘书, 610, 621

Eto Shinpei, 江藤新平, 日本武士叛乱领袖, 476

Eugénie, Empress, 欧仁妮皇后, 为苏伊士运河开航, 53

Europe, 欧洲
与其他地区的关系, 1, 42, 45—47, 49—56, 246—247, 562—566; 与中东的关系, 567—592; 与非洲的关系, 593—640; 与远东的关系, 641—667; 与美国的关系, 668—693
从欧洲的移民, 4, 30, 247, 688—693
资本输出, 4—5, 49—50, 55
欧洲的民族国家, 25, 44, 243—244, 248—251, 274
欧洲协同体, 37, 43, 45, 48, 545—546, 550, 553, 599; 参见 International relations 条

Evolution, 进化论, 见 Darwin 和 Darwinism 各条

Explosives, 炸药, 92—93

Fabian Society and Fabianism, 费边社和费边主义, 108—109, 269, 270, 272

Factory legislation, 工厂立法, 21, 24

Faguet, Émile, 法盖, 埃米尔, 法国评论家, 117

Faidherbe, Louis Léon César, 费德尔布, 路易·莱昂·塞扎尔, 法国将军, 603

Falk, Adalbert, 福尔克, 阿道尔伯特, 普鲁士政治家, 188, 266

Family, decline in size of, 家庭规模的缩小, 17

Faraday, Michael, 法拉第, 迈克尔, 英国科学家, 78, 86, 88

Farming, 农业耕作, 见 Agriculture 条

Fashoda crisis, 法绍达危机, 见 Sudan 条

Fauré, Gabriel Urbain, 福莱, 加布里埃尔-于尔班, 法国作曲家, 322

Fawcett, Philippa, 福塞特, 菲利帕, 198

Fénéon, Félix, 费内昂, 费利克斯, 法国评论家, 165—166

Ferdinand of Coburg, 科堡的斐迪南, 与保加利亚的王位, 557

Fergusson, James, 弗格森, 詹姆斯, 苏格兰艺术史家, 434

Ferranti, Ziani de, 费朗蒂, 齐阿尼·德, 发明家, 与德特福德发电厂, 87

Ferry, Jules François Camille, 费里, 朱尔·弗朗索瓦·卡米尔, 法国政治家, 187, 305, 306, 311, 587, 593, 595, 596, 604—605, 606, 607, 647—648, 651

Fertilisers, 肥料, 91—92

Fichte, Immanuel Hermann von, 费希特, 伊曼努尔·赫尔曼·冯, 德国哲学家, 200

Figaro, 《费加罗报》
与印象派画家, 157
与德雷福斯案件, 320

Fiji Islands, 斐济群岛, 385, 386, 393, 401, 639, 641—642, 649

fin de siècle, 世界末日, 121, 159

Finance, international, 国际金融, 6, 55—56

Finland, 芬兰, 29, 201, 248, 372,

374，381

Fisher, John Arbuthnot, 1st Baron Fisher，费希尔，约翰·阿巴思诺特，第一代费希尔男爵，英国海军上将，海军大臣，222，223

论潜水艇，232

Fisk University, U.S.A.，美国菲斯克大学，186

Fizeau, Armand Hyppolyte Louis，菲梭，阿蒙·伊波利特·路易，法国物理学家，79

Flatters, Paul-François-Xavier，弗拉泰尔斯，保罗-弗朗索瓦-格扎维埃，法国的非洲探险家，621

Flaubert, Gustave，福楼拜，居斯塔夫，法国小说家，126，132，134，136，140，141

Flores, Venancio，弗洛雷斯，贝南西奥，乌拉圭政治领袖，530

Fonseca, Manoel Deodoro da，丰塞卡，马诺埃尔·迪奥多罗·达，巴西第一任总统，528

Fontane, Theodor，冯塔纳，泰奥多尔，德国作家，139，140，141，142

Fontanier，丰大业，法国驻天津领事，437，444

Formosa，福摩萨（台湾）

1895年割让给日本，453，484，657—658

1884年法国进攻台湾，651

19世纪70年代中日关于台湾的争执，645—647

Fortnightly Review，《双周评论》，英国期刊，117

Forum，《论坛》，美国期刊，504

Fouillée, Alfred，富耶，阿尔弗雷德，法国社会理论家，117

Fourah Bay College，福拉湾学院，180

Foureau, Fernand，富罗，费尔南，法国探险家，622，631

Fournier, François Ernest，福禄诺，弗朗索瓦·欧内斯特，法国在中国的海军上将，与李鸿章—福禄诺贸易协定，449，450，651

France，法国

贸易和工业：工业的发展，3，57；冶金工业，3，57，96，308；出口贸易，7，56，57，63，307；原料进口，54；纺织工业，57，308；煤，58，308；萧条的年代，307—308

经济结构和发展：投资，4；关税，8，64，309；经济的衰落，307—309；税收，319；在拉丁美洲的金融利益，519；向奥斯曼帝国提供的贷款，571

人口，12，48，245，246，247，308—309

农业，14，307，309；葡蚜的灾害，307；拥有土地的农民人数增加，309

社会结构和发展：工会和工人团体，15，74，112，312，313，315—316；劳动条件和生活水平，21，309；来自意大利的移民，247；社会生活中个人主义和区域观念的心理状态，261；阶级结构，300；经济危机带来的社会变化，309；社会改革，

313—314；总罢工的主张，317；劳工联合会，317；反犹太主义，321；知识界的生活和其他阶层生活的差别，321—322

第二帝国的崩溃，25，542

政治结构和发展：机会主义者，27，305—307，310—314，315，318，321；自由行动党，33；巴黎公社，104，105，301，315，322；法国工人党，或称盖德派（马克思主义者），110，271，316—317；可能派，111，270，316；政教关系，117，187，267—268，303，304，314—315；共和运动，244，263，301—302，304，318；宪法，249—250，256，302，303—304，306—307；政党的软弱，259，261—262；选举权，260，322；社会立法，265，312—314；社会主义政党，270，271，314，315—318，321；1899年瓦尔德克-卢梭内阁，272；选举：1871年，301—302；1876年，303；1877年，304；1885年，310，314；1889年，312，314；1893年，315，317；保皇派，301，302，311，315，318；道德秩序内阁，303；赋予基本自由，305；激进党人，305—307，310，315，318，320；贝尔维尔纲领，306；保守党人，310，312，314，317；反议会趋势，310；布朗热运动，310—312，313，314，315，316，322；民族主义，310，322，557；（天主教）归顺派，314—315，318，321；农村选民的影响，313，319；法国社会主义劳工联盟，316；社会革命党，316；工会联合会，316；无政府主义者，316，318；"巴拿马（运河公司）事件"中的贿赂行为，317—318；政治性报纸，318；卡诺总统被刺，318；激进派和社会主义者的和解，318—319；财政制度，319；由德雷福斯案件引起的重新组合，320；反犹太主义，321

与德国的关系，36，310，544，554—555，604—606，616；法国的社会主义者和德国的社会主义者不和，111；施奈贝累事件，310；参见 Franco-Prussian War 条

与意大利的关系，39

与俄国的关系，39—40，216，224—225，312，366—367，546，557，561，601，657—658；参见 Franco-Russian alliance 条

与中国的关系，42；在天津，437—438，443—444；在越南（安南、交趾支那、东京）的冲突，252，449—451，650—652，653，654，658；李鸿章—福禄诺贸易协议（1883年），449，450，651；要求建立加煤站和修筑铁路的权利，661；法比铁路银行团，663

殖民政策和扩张，42，180，252，312，384，575；在赤道非洲，252，611，619，621—623，629—630，631；在西非，560，602—606，608—611，620—625，

629—631，632；统一的法属非洲概念，610，621；阿尔及利亚、法属苏丹和法属刚果的联合，631；参见 Algeria, Morocco, Tunisia, Vietnam 各条

交通运输：铁路，51

巴黎展览会：1881 年，87，97；1889 年，175

教育，117，178，172，182；中学体制，178，189，191—193；教师协会，185；国家管理和世俗化，187，267—268，304—305；义务教育，187，267—268，313；妇女教育，199—200；成人教育，201；驱逐耶稣会会士出教育界，304

德雷福斯案件，120，216，222，263，319—321，629；各政党的态度，320—321；参见 Dreyfus, Alfred 条

文学，126，130—139，322

艺术与建筑，154—159，165—176，321—322

武装力量和军备：军事理论，206，209；勒贝尔式步枪，207；步兵操典，209；依靠质量，211；动员准备，211，213；战略铁路，212；军事改革和征兵制，216，223，293，310—311，543；海外军事义务，216，225；陆军编制的规模，217；与德国的比较，286，293；总参谋部（玛丽亚·特雷西亚学院），218；军官的社会成分，219；军队与政治事件，219，220，224；团结精神，221；

声誉，221—222；防务开支，240

海军事务：海军的重要性居第二位，228；铁甲舰，229；发展海军的先驱，231—233；潜艇的优势，231—232；与英国的海军竞赛，570

与日本的关系：赴日军事使团，239

地方政府：市长的任命，305

音乐，322

外交：在巴尔干半岛各国的利益，348；重新采取积极的政策，544；在利凡得，571；参见与各有关国家的关系各条

与埃及，559，560，584—590，611，622—629，630

与英国的关系，见 Great Britain 条

France, Anatole，法朗士，阿纳托尔，法国作家，139，322

Franchise，选举权，见 Surfrage 条

Francis Joseph，弗兰茨·约瑟夫，奥地利皇帝

与马扎尔人结盟，331—333

宪法改革，331

与德意志人，332

与捷克人，333

与柏林条约，337

权力的增加，338

Franck, César，弗兰克，塞扎尔，法国作曲家，322

Franco-Prussian War，普法战争，35，36，104，192，244，542—543

法兰克福和约，204，222，302，542，544

法国崩溃的原因，205

普法战争中的军备，206，207，

208, 212
战争中骑兵的大屠杀, 210
德国战略的成功, 211
对德国统一的影响, 274
色当战役, 274
和谈, 301
Franco-Russian Alliance (1892—1894),
　1892—1894年法俄同盟, 39n.,
　40, 42, 224—225, 312, 366,
　552, 558, 559—560, 566, 570,
　613, 623, 657, 658
Frankfurt, Bismarck's annexation of, 俾
　斯麦并吞法兰克福, 278
Frankfurt, Peace of (1871), 1871年
　法兰克福和约, 204, 222, 302,
　542, 544, 561
Frankland, Sir Edward, 弗兰克兰爵
　士, 爱德华, 英国科学家, 氩的
　命名, 79
Frederick the Great, 腓特烈大王, 210
Frederick Ⅲ, 弗里德里希三世, 德国
　皇帝, 293
Frederick William Ⅳ of Prussia, 普鲁
　士的弗里德里希·威廉四世, 相
　信君权神授, 188
Free Trade, decline of, 自由贸易的衰
　落, 1, 7—8, 64, 264—265
　参见 Tariffs and Free Trade 条
Freeman, E. A., 弗里曼, 爱·奥, 与
　种族主义, 108
French Equatorial Africa, 法属赤道非洲,
　252, 611, 619, 621—623, 629—
　631
　参见各属地条
Frere, Sir (Henry) Bartle Edward, 弗

里尔爵士, (亨利·) 巴特尔·
爱德华, 英国殖民地行政官员,
576
Freud, Sigmund, 弗洛伊德, 西格蒙
　德, 心理学家, 113, 115, 120,
　125
《释梦》, 120
Freycinet, Charles de, 弗雷西内, 沙
　尔·德, 法国陆军部长, 216,
　224, 314, 587, 598, 607
Friendly Societies, 互助会, 14—16
Froebel, Friedrich Wilhelm August, 福
　禄培尔, 弗里德里希·威廉·奥
　古斯特, 德国教育家, 193
Fu'ād Pasha, Mehmed Kecheji-zāde, 法
　德帕夏, 穆罕默德·克谢吉-扎
　德, 土耳其首相, 324, 325
Fulani emirate, 富拉尼人的酋长国,
　609—610

Gabon, 加蓬, 603, 607
Gaj, 盖伊, 克罗地亚民族主义者,
　334
Galicia (Polish Austria), 加里西亚
　(波属奥地利), 332, 339
Galié, Émile, 加莱, 埃米尔, 法国艺
　术家, 171, 173
Gallegos, 加列戈斯, 拉丁美洲作家,
　538
Galliéni, Joseph Simon, 加利埃尼, 约
　瑟夫·西蒙, 法国军人, 225,
　606, 608, 610
Gallifet, Gaston-Alexandre-Auguste, mar-
　guis de, 加利费侯爵, 加斯东-亚
　历山大-奥古斯特, 法国将军,

216

Gallipoli peninsula，加利波利半岛，572，573

Gambetta, Léon Michel，甘必大，莱昂·米歇尔，法国共和党领袖，301，306，543，585，596，597，598，614

Gambia，冈比亚，602，610

Gamboa, Federico，甘博亚，费德里科，墨西哥作家，538

Gana, Alberto Blest，加纳，阿尔维托·布莱斯特，智利作家，538

Gandhi, Mohandâs Karamchand，甘地，莫汉达斯·卡拉姆昌德，印度领袖，435

Gandu，甘杜，尼日利亚酋长国，606

Gapon, G. A.，加邦（神甫），格·阿，俄国工人领袖，376

Garden cities，花园城市，69，164

Garfield, James Abram，加菲尔德，詹姆斯·艾布拉姆，美国总统（共和党人），670

Gaudí, Antoni，高迪，安东尼，西班牙建筑师，154，173—174，175，176

Gauguin, Paul，高庚，保罗，法国画家，156，166—168，169，170，171，175，176

Gautier, Théophile，戈蒂埃，泰奥菲尔，法国诗人，130

General stores, development of，百货商店的发展，68

Geneva Convention (1864)，1864年日内瓦公约，241

Gentil，让蒂尔，法国的刚果探险家，631

Genyosha，玄洋社，日本政治组织，483

Geography, increased knowledge of，地理知识的增加，4

Geology，地质学，2，4—5

George, Henry，乔治，亨利，美国经济学家

他的《进步和贫穷》，108，506—507

他的单一税，392

George, Stefan，盖欧尔格，斯蒂凡，德国诗人，143—145

Georgia (Russia)，格鲁吉亚（俄国），372

German Association of the Eastern Marches, The，德国东进协会，292，296

German Colonial Union, The，德国殖民协会，296

German East Africa，德属东非，252，292，612—614，632

German East Africa Company，德国东非公司，612

Germanisation of Poles，波兰人的德意志化，44，249，292—293

Germany，德国

贸易和工业：工业生产，3，30，47，58—60，285；棉花，3；钢铁，13，48，51，58，74，95，285，290，398；商船，52；与英国的竞争，54，56，58—64，395—396，398—399，605；出口贸易，56，60，285，295；煤，58，285；化学制品，59，285，399；电子工

业，60，285；卡特尔，72—74，291；染料工业，92；克虏伯工厂，96；发动机，285；粮食进口，285；海上利益，296

经济结构和发展：投资，4，51，285；关税和自由贸易，8，9，10，62，64，264，290，396；依靠进口原料，54；工业化，58—62，246—247，284—286；银行，62，74，292；按人口平均收入，62；经济的波动，284—285，286；国家岁入和税收，289—291，298；繁荣的年代，295；在拉丁美洲的银行利益，519

人口，12，30，48，58，246，285—286

社会结构和组织：工会，15，62，74，281；社会保险，21，264，273，289；劳动条件和生活水平，21，58，264，285，286，289；中产阶级的解放和影响，191，286，297；对政治的关心的增加，275，279，280；阶级关系的紧张，280；普鲁士贵族的特权，280；矿工的罢工，294

政治结构和发展：强制社会保险，21，264—265，273，289；国家对公用事业的控制，22；社会民主党（马克思主义者），26，28，31，110—111，261，270—271，273，280—281，283—284，288—289，294，296，298；选举权，30，257，260；自由主义，33，34，263，264，278，279，280，289；帝国主义，42，48，60，265；民族主义，44，119，297；非德意志少数民族，44，249，282，287；国家对经济事务的干预，61；帝国的统一，104，243，244，274；强权政治，107；民族纯化和反犹太主义，108；马克思主义，110—111，112，280—281；国家社会主义，110，270—271，289；哥达纲领，110，271，280；爱尔福特纲领，111，271，280；讲坛社会主义者，112；文化斗争，117，119，267，282，284，287—288，292，544；天主教中央党，119，261—262，278，281，282—284，287—288，290—291，298，299；保守派政党，244，278，279，283，296，299；君主政体，244，250，258，259，276，277，280；宪法，257—258，259，276—278，284，289，291，298—299；联邦议会，257；国会的地位，257，277，278，280，283，294，298—299；民族自由党，264，277，278，282，283，288，290—291；自由派反对关税政策，264；政教关系，267，282，287—288（参见"文化斗争"）；保守派的僵化和民族的活力，275；民主，277，279；联邦主义，277—278，282；政党体制，277，278—284，291；进步党，278，287，296；土地所有者联盟，279；普鲁士的三级选举制，280；非常法（反社会主义者的），280，288，294；分

立主义者，282，284；帝国国会议员选举制，283；教皇党，287；国家财政，289—291；七年选举制（1887年），293，310；"政党联盟"（1887年右翼联盟），293，294，298；政治团体，296；泛德意志联盟，297；政治上的达尔文主义，297；1906年自由党和保守党的联盟，298

与法国的关系，36，310，544，554—555，604—606，616；法国社会主义者与德国社会主义者不和，111；德国惧怕法国的联盟，233，287，543，557；施奈贝累事件，310；参见 Franco-Prussian War 条

对外关系：柏林成为外交中心，36，555，587；成为世界强国，47—48，562；在欧洲的野心，48（参见 Bismarck 条：欧洲政策）；法俄的威胁，216，244—245，233；派往日本的军事使团，240；威廉二世时期活动增加，295—296；战争目的的演变，297；在拉丁美洲的利益，519；致克留格尔的电报，561；参见与有关国家关系部分，Berlin Conference；Berlin, Congress of 各条

与奥匈帝国的关系，40—41，104，223，244，274，287，288，323，331，546，551—552，647；奥地利的泛德意志民族主义，119，275；参见 Dual Alliance；Three Emperors' Alliance；Three Emperors' League；Triple Alliance 各条

与土耳其的关系，42，347—348；德国在土耳其修筑铁路，591

丹麦人少数民族，44，249，282

波兰人少数民族，44，249，282，287，292；德意志东进协会，292

交通运输：铁路，51；第一条电气铁路，88；在战略上的作用，211，212，224；国有化，273；航运业，52；基尔运河，53，237

教育，59，178；大学，182；国家控制与世俗化，187—188，199，288；中学体制，191；科学和现代学科，196，404；妇女教育，199；成人教育，201

哲学，81，115

文学，139—145

武装力量（1）：征兵制，188，214—215，216，219，225；技术和组织上的优势，205，210—211，213；军事理论，206，210；枪炮，207，208，210；步兵操典，209；骑兵，210，217；战略铁路，211，212，224；陆军的规模，217，220，293；总参谋部和普鲁士军事科学院，218，228；军官的社会成分，219；政治的影响，219—225；军纪和优越感，220—201；陆军成为国家的象征，222；在非洲承担的义务，225；防务开支，240；与法国的对比，286，293；在威廉二世统治时期陆军和海军的独立地位，294—295；国防协会，296—297

武装力量（2）：海军事务，48；海军法，61；海军只具有有限的重要性，228；德国作为海军强国的发展，235—237，295—296，563；殖民力量和海军力量的联合，292；提尔皮茨任海军大臣，296；海军协会，296

普鲁士的霸权地位，205，278

与中国的关系：在中国海的舰队，235；在中国的殖民据点，296；攫取青岛，457，485；占领胶州湾，563，659；支持中国反对日本，657—658

殖民政策和发展，252，292，298，384，562，579，605；在东非，252，292，612—614，632；德意志殖民协会，292；德国殖民地协会，292；在太平洋的扩张，292，296，385，642，643—644，647—649，662；在西南非洲的扩张，298；宣布多哥兰和喀麦隆为保护国，605；参见与中国的关系，Angra Pequena 条

农业，285，286；农业和关税，9—10，290

与俄国的关系，366—367，368，545—546，551；与俄国签订再保险条约，39n.，40n.，224，294，366，558，559，613；惧怕俄国，223，233；与俄国在远东的关系，657，660；参见 Three Emperors' Alliance 条

与意大利的关系，553—554；参见 Triple Alliance 条

与美国在太平洋上的关系，662

与英国的关系，见 Great Britain 条；与德国的关系

Gerov, Naiden, 格罗夫, 纳伊丁, 保加利亚领袖, 329

Ghana, 加纳, 609
　参见 Gold Coast 条

Ghil, René, 吉尔, 勒内, 法国诗人, 137

Gibbs, Josiah Willard, 吉布斯, 乔赛亚·威拉德, 美国物理学家, 78

Gibraltar, 直布罗陀, 570, 575, 579

Giers, Nicholas de, 吉尔斯, 尼古拉·德, 俄国政治家, 224, 570, 579, 580, 582

Giffen, Sir Robert, 吉芬爵士, 罗伯特, 统计学家, 69

Gilbert, Alfred, 吉尔伯特, 艾尔弗雷德, 英国雕塑家, 171

Gilbert, William Schwenk, 吉尔伯特, 威廉·施文克, 剧作家和幽默家, 127, 160, 163

Gilchrist, P. C., 吉尔克里斯特, 英国科学家, 他的炼钢法, 51

Gilman, D. G., 吉尔曼, 丹·科, 约翰·霍普金斯大学校长, 182

Gimson, Ernest, 吉姆森, 欧内斯特, 英国设计家, 172

Girls' Public Day School Company, 女子公立走读学校协会, 198

Gissing, George, 吉辛, 乔治, 英国作家, 125, 126

Gladstone, William Ewart, 格莱斯顿, 威廉·尤尔特, 英国自由党领袖, 44, 45, 114, 263, 387—388, 400, 408

与欧洲协同体，38，45，550，553
与埃及，38，590，595，598，600—602，612，616
与宗教争论，102；政教关系，268
与海军预算，220；由于海军的需要问题而辞职，233
与爱尔兰，249，264，388
在中洛锡安的竞选活动，255，391—392，569
与民主，255，391
维多利亚女王与格莱斯顿，256
与巴尔干政策，344—345
退休，389，392
"人民的威廉"，392
与殖民地事务，407，593，606，612，625
他的《坚如磐石的圣经》，409
与印度自治，432
抗议移交阿尔萨斯和洛林，543
就"保加利亚惨案"提出抗议，546
与俄国的争论，556

Glasgow School of Art, 格拉斯哥艺术学校，173

Glasgow University, 格拉斯哥大学，181，198

Globe The,《环球报》，多伦多报纸，406

Glyn Mills, Currie and Company, 格林·米尔斯，柯里公司，向土耳其提供国防贷款，345

Gobineau, Count Alfred de, 戈宾诺伯爵，阿尔蒂尔·德，种族主义的代表人物，108

Godeffroy and Son, 哥德弗洛伊父子公司，德国商行，644

Godwin, Edward, 戈德温，爱德华，建筑师，159—160，161，163
他的家具设计，172

Goethe, Johann Wolfgang von, 歌德，约翰·沃尔夫冈·冯，德国作家，140，188

Gokhale, Gopal Krishna, 戈卡尔，戈帕尔·克里希纳，印度政治家，433，435

Gold Coast, 黄金海岸，385，602，626

Gold discoveries, 黄金的发现，71，385，401，635，636，637

Gold Standard, 金本位，55，506
俄国采用金本位制，369

Goldie, Sir George, 戈尔迪爵士，乔治，603，606，607，621，630

Golovnin, A. V., 戈洛夫宁，亚·瓦，俄国自由主义者，教育大臣，358

Gompers, Samuel, 龚帕斯，塞缪尔，美国劳工联合会第一任主席，510

Goncourt, Edmond de, 龚古尔，爱德蒙·德，法国作家，126，134，135，164

Goncourt, Jules de, 龚古尔，于勒·德，法国作家，126，134，135

Gorchakov, Prince Alexander Michaelovich, 哥恰可夫亲王，亚历山大·米哈伊洛维奇，俄国政治家，545—546，547，570，577
论俄国的文明使命，576

Gordon, Sir Arthur, 戈登爵士，阿瑟，英国殖民地行政官员，407

Gordon, Charles George, 戈登，查尔

斯·乔治,英国将军,587,600
Goremykin, I. L., 哥烈梅金,伊·洛,俄国内政大臣,372;后任首相,379
Goschen, George Joachim Goschen, 1st Viscount,第一代戈申子爵,乔治·乔基姆·戈申,英国政治家,584
Gotha Programme,哥达纲领,110
Goto Shojiro,后藤象二郎,日本官员,468,476,477,481
Government, reform and increased power of,政府的改革和权力的增强,11,17—25,28—29,30—33,75,104,177,184—189,245,248—250,262—264,319,403,419,468,471,473—474,479,484,493,507—510
　在公共卫生方面,19—21
　在教育方面,20—21,177,184—189
　在强制保险方面,21,24,264
　在税收方面,23—25,319
Goya,戈雅,印象画派的先驱,157
Crant, Ulysses Simpson,格兰特,尤利塞斯·辛普森,美国总统(共和党人),491,502,643
Granville, George Leveson-Gower, 2nd Earl Granville,格兰维尔,乔治·莱维森-高尔,第二代格兰维尔伯爵,英国政治家,586,589,598,604—605,606,612
Gray, Asa,格雷,阿萨,美国植物学家,183
Great Britain,英国
　经济结构和发展:高度工业化的经济,2;按人口平均的收入,4,62;海外投资,4,49,55,66—67,394,400;国内投资,4;自由贸易和关税,7—9,64,396;国民收入的分配,23;税收,23—24,400;贸易平衡,54,55—56,65—66,400;依靠制造业,65;经济的增长,69;在远东的利益,386;金本位,399;银行业,399,400—401(参见 Banks 条);国债,400;殖民地贷款法案,400
　贸易和工业:外国的竞争,3,7,48,54,56,63,348;企业的经营管理,13,63;钢铁生产,48,95,308,398;铁路技术,49,394;原料,54;与德国的竞争,54,56,58—64,92,395,398—399,605;煤,58;煤产量,58;贸易萧条问题委员会(1885年),63,395;主要出口物资的价值,64—65;与美国的竞争,64—65,95,395,398—399;纺织工业,64,98,398,399;销售方法,65,71;制造业的重要性,65,398;国内市场,68;广告,69;卡特尔和联合企业,71—72;商业性供电,87—88;波动,395;化学工业,399;印度市场,413,414;西非市场,603—607
　社会结构和发展:生活水平和劳动条件,4,16,17,21,23,68,69,402;友谊和合作团体,14;工会,14,15,68,75,186,

203，272，392，403；失业，16；熟练工人的增加，16—17；公共卫生，20，23；强制保险，21，23；中产阶级的增加，31，68；罢工，68，75，403；利润的分配和模范乡村，69；工业化和都市化，246；贵族的结构，31—32，393；实行分配办法，403；宗教作为社会力量，406；体育，407；唯物主义日益盛行，409；社会上的虚荣风气，409

农业：自由贸易和关税政策的影响，7，9，64，396；海外竞争，395，396—397；农业财富的消长，397；成立农业部，397；成立英国农业协会，397

政治结构和发展：国家对行政事务的干预，18n.，19，22，29，408；内阁的控制权，26；政党制度，26—27，33，256，262，391—393；宪法，26，250；共和派的情绪，27，394；选举权，31，255—256，260，390；秘密投票法（1872年），31；选区重新划分法（1885年），31，255；民主制的进展，31，110，244，255，390；社会民主联盟，110，403；工党的成立，111，270，272，392；考试法（1871年），180；宪章运动，202；基督教社会主义运动，202；第三次选举改革法案，255；格莱斯顿在中洛锡安的竞选活动，255，391—392；国王任命政府的权力，255—256；激进主义，272；独立工党，272，403；费边社，272，403；贵族院（上议院），390；妇女作为不拿报酬的政党工作者，391；政治教育，391；参见保守党；自由党

地方政府，18，185，190；地方政府法案，25；地方政府的改革，390—391；设立选举产生的教区议会和区议会，391

教育，20，59；公学，177，178，189；克拉伦敦委员会，177；古典学术、近代学科和科学，178—179，194—196；汤顿（或称学校情况调查）委员会，178；教育委员会，178，190，195；大学，180—183，196，197—198，404—405；在教育方面教会和国家的关系，181，184—185，268，404，405；威尔士的教育，181，190；苏格兰的教育，181，185，189，190—191；教育法规（1862年），184，191；地方教育委员会，184，190—191，195；强制入学，181，185，391；教师联合会，185；纽卡斯尔委员会，189；中等教育，189—190，199；科克顿的审查意见，190；地方政府的责任，190；布赖斯委员会，190；阿盖尔委员会，191；科尔布鲁克委员会，191；保留圣经课，195；科学学校，195—196；妇女教育，197—199，405；男女同校，199；成人教育，202—203；受教育机会均等的主张，405；废除宗教考试，405

立法：工厂法，21；秘密投票法，

31，390；选区重新划分法，31，255；英属北美法，104；伦敦教区慈善事业法，203；陆军入伍法，227；海军防务法，233；地方自治法案，249；选举改革法，255，390，391；爱尔兰土地法（1881年），264；工人赔偿法，265；太平洋岛民保护法，385；惩治舞弊行为法，391；殖民地公债券法，400；

参见"教育"

交通运输：电讯，22，89，395；航运，52，399；曼彻斯特通航运河，53，395；海底电缆，53；伦敦地下铁道，88；英国成为发展的先驱，383；商路，385；对帝国发展的影响，394；商船，394；冷藏船，394，397；电车和自行车，393；内燃机，395；铁路政策，401；参见 India："英国通往印度的路线"；Suez Canal 各条

自由党，27，256，552；与政治教育，261，391—392；格莱斯顿的领导，263，387—388；与宗教问题，268；激进主义，272；支持工人阶级，392；与阿富汗，578—579；与英俄关系，581；与埃及，590，598，599，625；与南非，634

保守党：20年连续执政，27；"民主托利主义"，244；在迪斯累里的领导下，388；地方政府的改革，390；被格莱斯顿指责为"道德松弛"，391；与非洲事务，603；与取得斐济岛，642

与埃及，35，38，45，251，347，385，386，554—555，557，561，564，575，579，583—592，594，595，597—602，605，613，615，617，622—629；俾斯麦建议索尔兹伯里"占领埃及"，550；亚历山大港被炮击，579，586，599，601；参见 Sudan，Suez Canl 各条

外交：对法俄关系的态度，36，542；在东欧的外交活动，38，323，341，344，545—546，548—549，551，556；有关地中海的历次协定，41，557，558；孤立，41，545，555，556，559，560，562，564，566，571；需要保卫商路，385（参见 India 条"英国通往印度的路线"）；在远东的外交活动，563—564，565，653—654，660（参见"与中国的关系"）；中东政策，568—570，575（参见 Egypt 条）；需要欧洲同盟国，571；"中亚问题"，575—579；参见与有关国家的关系部分

与日本的关系：英日同盟（1902年），38—39，40，486，566，583，592，666—667；派赴日本的海军使团，239；1894年条约，482；合作谈判，563，565；与太平洋岛屿，647；在中国，665，666

爱尔兰问题：为地方自治而进行的斗争，44，104，249，250，264，388—389；格莱斯顿的政策，388；张伯伦的反对，389；在地方自治问题的辩论中的宗教偏

见，406

殖民帝国，66，71，251，265，383—410各处；各殖民地的选举权，29；自由贸易和保护关税，64，387，396；各殖民地的教育，180，404—405；自治，250，386—387，407—408；建立联邦的主张，251；帝国会议，251，387；特许公司，384；传教活动，384，404；人道主义政策，385；间接统治的原则，386；移民政策，386，393，401—402；各殖民地的政治民主，390，403—404，408；各殖民地的社会民主，393；交通改进带来的影响，394；鼓励发展经济，398，400，401；黄金的发现，401；英国向各殖民地提供人力，401；英国社会与各殖民地社会的差异，407，409；各殖民地在文化和经济方面的依赖性，408；"帝国地位造成的必然结果"，583；反对帝国的传统，590；参见各有关国家条

与拉丁美洲的关系：在拉丁美洲的商业和财政利益，66，517，519，524，525；英属圭亚那与委内瑞拉的边界，672

报纸：大众化报纸，68，403，406；新闻事业由于使用电报而发生巨大变革，395；参见各报纸条

政治思想，114—115，117，272，403，408；马克思的社会主义，392，403

宗教：救世军，117，402；威尔士的不遵奉国教者，181；在教育领域中的政教关系，184—185，268，404，405；基督教青年会，203；政教分离问题，268，405；海外传教团体，384，402，404，406，420，423；作为一种社会力量，402，405—406

文学，121—129

艺术和建筑：惠斯勒，158—160；莫里斯和拉斐尔前派，160—163，171；"工艺美术运动"，162，171，172；住宅建筑复兴运动，163—164，"维多利亚全盛时期"的建筑，163，175；花园城市，164；"新艺术"运动，170—176；参见各艺术家条

教育立法：公学法，178；考试法（1871年），180；教育法规（1862年），184；初等教育法（1870年），184，189，268，390；（1880年），184；（1888年），185；苏格兰教育法（1872年）185，191；教育法（1900年），180；市镇和教区学校法，185；1899年法，190；中间教育法，190；1902年法，190，268；捐款管理法（1878年），191；技术教育法，196；威尔士中间教育法（1889年），199

慈善组织，203，402

武装力量（1）：军事思想，206；坎伯利参谋学院，218；防务开支，220，240；与国王的关系，221；在海外承担的义务：225；军事改革，226—228；陆军入伍法，227；在布尔战争中暴露出的弱

点，227，237，239；设立国防委员会，228

武装力量（2），海军事务：在皇家海军周围聚集了一批政论家，222；需要海外基地，223；海军事务的重要性，228；舰艇和装备的发展，229—230；定购潜水艇，232；两强标准，233，570；海军防务法，233；与海军造舰计划，233；海军协会，233；与德国的竞争，237；舰队派往贝希卡湾，545，572；在君士坦丁堡，547；控制地中海，555，564；海军实力，561，565；从爱琴海撤退分遣舰队，561，570；与法国的竞争，570，648；海军的声望，592；在汉密尔顿港（巨文岛）的海军基地，653—654；舰队派往朝鲜，660

人口，245，246；移民，5，401；都市化，12，402；来自波兰的犹太移民，402

与土耳其的关系，344，347，349，545，568，613；参见 Egypt 条

与俄国的关系，361，545，550—551，554，556，569—570，572，577，581—582，590，591，592，653—654；与俄国在中国的关系，374，660—661，663，665，686；英国公众的惧俄症，568；英俄协约（1907年），577；与俄国在波斯的关系，579—583；斯科特-穆拉维约夫协议，686；参见 Afghanistan；India 各条有关部分

与美国的关系，388，684；贸易竞争，395—396；在太平洋，649，663；在拉丁美洲，672；与加拿大—阿拉斯加边界问题，673—676，679；与巴拿马运河，676—679

与法国的关系：在亚洲的竞争，416，418，641，658；1898年的战争威胁，545；与法国在埃及的关系，554，559，560，564，584—590，594，597—599，600—601，602，615，617；与法国在非洲的关系，560，594，602—607，610—612，629—623；海军竞争，570，648；恢复英法协约（1904年），592；英法关于非洲的声明（1899年），629

与中国的关系：阿礼国（北京）协议（即中英新订条约十六款和新修条约善后章程十款），437，442—443，444；商业利益，437，443，658；马嘉理案和烟台条约，448；支持光绪，546；干预义和团叛乱，458—459；保证教会独立，565，666；英中谅解，654；派遣军事教官，655；财政援助，660，686；与俄国的威胁，660—661，665—666；英国占领威海卫，686；参见 Arrow War；Hong Kong；Korea 各条

与德国的关系，557，559，563，587，591，602；工业和贸易的竞争，54，56，58—64，92，395，398—399，605；海军竞争，237；"每日电讯报事件"，298—299；与德国在远东的关系，563—564，

565，647—649，662，663，665，666；与德国在非洲的关系，604—607，612—614，616；参见 South Africa 条 "德国的影响"

与意大利的关系，571；在非洲与意大利的关系，614，625—626

与波斯的关系，580—582

在非洲与葡萄牙的关系，604—605，614，637

Great Depression, The, 大萧条，见 Trade and industry 条

Great Powers, 列强

欧洲以外的强国的兴起，35

与小国的对比，36

Greece, 希腊，36n.，260，571

基督教团体的独立，328—329

在伊皮鲁斯的要求，344

与奥地利接近以结成联盟，348

参见 Macedonia 条

Greek Orthodox Church, 希腊正教，329，343

Green, Thomas Hill, 格林，托马斯·希尔，英国哲学家，114，115，264，408

他的《政治义务原理讲演》，115

Grenfell, Sir Wilfred Thomason, 格伦费尔爵士，威尔弗雷德·托马森，英国医生，他在拉布拉多岛的医疗团体，402

Grévy, Jules, 格雷维，朱尔，法国总统，共和党人，304

Grey, Edward, Viscount Grey of Fallodon, 格雷，爱德华，法洛顿的格雷子爵，582，583，626

Grey, Maria, 格雷，玛丽亚，英国教育家，198

Grosvenor Gallery, The, 格罗夫纳美术馆，160

Grundtvig, Nikolai Frederik Severin, 格隆德维格，尼古拉·弗雷德里克·塞韦林，丹麦诗人，神学家，教育家，200，201

Grünewald, 格吕内瓦尔德，168

Guam, island of, 关岛，662，683

Guatemala, 危地马拉，525，529

Guesde, Jules, 盖德，朱尔，他的法国工人党，110，316

Guimard, Hector, 吉马尔，埃克托尔，法国建筑家，172，173，174

Guinea, French, 法属几内亚，610，611

Gumplowicz, Ludwig, 龚普洛维奇，路德维希，奥地利社会学家，106—107

Guyot, Yves, 居奥，伊夫，法国激进党人，313

Habsburg dynasty, 哈布斯堡王朝，104，219，323，332，335，340

Hague Conference (1899), 海牙会议（1899年），38，43，46，206，241—242，254，562

Hague Conference (1907), 海牙会议（1907年），254

Hague Congress (1872), 海牙代表大会（1872年），269

Hague Court, The, 海牙法庭，242，254，562

Haiti, 海地，235，516，530

Halbe, Max, 哈尔伯，马克斯，德国

剧作家，142

Hall, C. M.，霍尔，科学家，89

Hall, Granville Stanley，霍尔，格兰维尔·斯坦利，美国心理学家，他的《青春期：它的心理学和它与生理学、人类学、社会学、科学和教育的关系》，194

Hamilton, Alexander，汉密尔顿，亚历山大，美国政治家，515

Hanotaux, Gabriel，阿诺托，加布里埃尔，法国政治家，625，630

Hanover，汉诺威，278，282

Hardenberg, Carl August, Fürst Von，哈登堡公爵，卡尔·奥古斯特·冯，普鲁士政治家，280

Hardinge, Henry Handinge 1st Viscount，哈丁，亨利·哈丁，第一代子爵，任印度总督，414，421

Hardy, Thomas，哈代，托马斯，小说家和诗人，122—123

Hare，黑尔，印度民族主义者，430

Harkort，哈尔科特，德国工程师，62

Harmsworth, Alfred Charles William, 1st Viscount Northcliffe，哈姆斯沃思，艾尔弗雷德·查尔斯·威廉，第一代诺思克利夫子爵，英国报业主，68，406

Harper's，《哈泼斯》月刊，美国期刊，504

Harriman，哈里曼，美国商人，53，73

Harris, W. H.，哈里斯，美国教育家，193

Harrison, Benjamin，哈里逊，本杰明，美国总统，650，670

Harrison, Frederic，哈里逊，弗雷德里克，英国法学家和哲学家，117

Harrow School, first "modern" side，哈罗公学，最初的"现代"方面，179

Hart, Heinrich，哈特，海因里希，《批评的论战》编者之一，142

Hart, Julius，哈特，尤利乌斯，《批评的论战》编者之一，142

Hart, Sir Robert，赫德爵士，罗伯特，任中国海关总税务司的英国人，450

Hartington, Spencer Compton Cavendish, Marquis of and 8th Duke of Devonshire，哈廷顿侯爵，斯宾塞·康普顿·卡文迪什，第八代戴文希尔公爵，227

Hartington Commission，哈廷顿委员会，227，228

Harvey, Hayward Augustus，哈维，海沃德，奥古斯塔斯，美国发明家，230

Hashemites of the Hejaz，汉志的哈希姆，567

Hastings, Warren，哈斯丁，沃伦，在印度的英国行政官员，412

Hauptmann, Gerhart，霍普特曼，格哈特，德国剧作家，142，143

Havemeyer, Henry，哈夫迈耶，亨利，美国艺术赞助家，157

Hawaii，夏威夷，35，641，649—650，662，670，673，685

Hay, John，海，约翰，美国国务卿，663—664，674，675

海—庞斯福特运河条约，676—678
关于（在中国）"门户开放"的照

会，686—687

论对华政策，688

Hayes, Rutherford Birchard, 海斯，拉瑟福德·伯查德，美国总统（共和党人），670

Hegel, Georg Wilhelm Friedrich, 黑格尔，乔治·威廉·费里德里希，德国哲学家，106，113，115

Heligoland, 赫尔戈兰，605，611，613

Heligoland-Zanzibar Treaty, 赫尔戈兰—桑给巴尔条约，611，614

Helium, discovery of, 氦的发现，79，103

Helmholtz, Hermann, 赫尔姆霍茨，赫尔曼，科学家，与热力学第一定律，103

Henley, William, 亨利，威廉，英国诗人，128

Hennique, Léon, 埃尼克，莱昂，法国小说家，136

Henry, Commandant, 亨利少校，法国情报局官员，320

Herat, 赫拉特，580，581，582

Herbart, Johann Friedrich, 赫尔巴特，约翰·弗里德里希，德国哲学家和教育家，193，194

Herbert, Hilary, 赫伯特，希拉里，美国海军部长，238

Herbst, Edward, 赫布斯特，爱德华，在奥地利的德国自由主义者，337

Hercegovina, 黑塞哥维那，39n.，330，335，336，342，361，548

Heredia, José-Maria de, 埃雷迪亚，约瑟-玛丽亚·德，法国诗人，138

Hernández, José, 埃尔南德斯，何塞，拉丁美洲作家，538

Héroult, P. L. T., 埃鲁，保·路·图，科学家，89

Herschell, Farrar Herschell, Lord, 赫谢尔勋爵，法勒·赫谢尔，英国政治家，574

Hertz, Heinrich von, 赫兹，海因里希·冯，物理学家，78，89

Herzen, A. I., 赫尔岑，亚·伊，俄国流亡者的报纸《钟声》报编辑，359

Herzl, Theodor, 赫茨尔，泰奥多尔，他的《犹太国家》，119

Hesse, Bismarck's annexation of, 俾斯麦兼并黑森，278

Hesse, Grand Duke of, 黑森大公爵，他在达姆施塔特的宫室，164

Hewett, 休伊特，英国驻尼日尔领地的领事，604，606

Heyse, Paul, 海泽，保罗，德国作家，141

Hicks, William (Hicks Pasha), 希克斯，威廉（希克斯帕夏），指挥埃及军队的英国军官，628

Hicks-Beach, Sir Michael Edward, Later Viscount St Aldwyn, 希克斯－比奇爵士，迈克尔·爱德华，后封为圣奥尔德温子爵，英国政治家，638

Hill, James J., 希尔，詹姆斯，美国商人，50

在铁路方面的活动，73

Hindus, 印度教徒，423，433—434

Hispaniola, 伊斯帕尼奥拉岛，518

History, philosophy and study of, 哲学与历史研究, 115—117

Hitler, Adolf, 希特勒, 阿道夫, 豪·斯·张伯伦对他的影响, 108
奥地利种族主义对他的影响, 119

Hobart Pasha (August Charles Hobart Hampden), 霍巴特帕夏（奥古斯特·查尔斯·霍巴特-汉普登）, 土耳其海军司令, 326

Hodler, Ferdinand, 贺德勒, 斐迪南, 瑞士画家, 170

Hoffmann, Josef, 霍夫曼, 约瑟夫, 奥地利建筑家, 174

Hofmannsthal, Hugo von, 霍夫曼斯塔尔, 胡果·冯, 德国诗人, 145

Hofmeyr, Jan Hendrik, 霍夫麦耶, 扬·亨德里克, 南非布尔人政治家, 634, 636

Hogg, Quintin, 霍格, 昆廷, 英国慈善家, 203

Hohenlohe-Schillingfürst, Prince Chlodwig von, 霍亨洛埃-席林格菲尔斯特亲王, 克洛德维希·冯, 德国自由派政治家, 1894年帝国首相, 295

Hohenwart, Count E. de, 霍亨瓦尔特伯爵, 奥地利首相, 249, 332, 333

Hohenzollern dynasty, 霍亨索伦王朝, 274, 291

Holland, 霍兰, 英国海军发明家, 231

Holland, 荷兰, 见 Netherlands 条

Holstein, Baron von, 霍尔施坦男爵, 冯, 德国外交家, 43, 294

Holy Land, 圣地, 584

Holz, Arno, 霍尔兹, 阿尔诺, 德国作家, 142

Home, Colonel, 霍姆上校, 英国军人, 572—573

Hong Kong, 香港, 579, 659

Hong Kong and Shanghai Banking Corporation (British), 汇丰银行（英国）, 660

Hopkins, Gerard Manley, 霍普金斯, 杰勒德·曼利, 诗人, 128, 129

Horta, Victor, 霍尔塔, 维克托, 比利时建筑家, 172, 173, 174

Hosiery industry, 针织工业, 98

Hostos, Eugenio María de, 奥斯托斯, 欧亨尼奥·玛丽亚·德, 波多黎各改革家, 539

Howard, Ebenezer, 霍华德, 埃比尼泽, 他的《明天的花园城市》, 164

Hötzendorf, Conrad von, 霍曾道夫, 康拉德·冯, 奥地利总参谋长, 218, 222, 223

Hsien Feng (I Chu), 咸丰（奕詝）, 中国皇帝, 438, 445

Hsü Ching-ch'ong, 许景澄, 461

Hsü T'ung, 徐桐, 中国守旧派领袖, 452, 455

Huggins, Sir William, 哈金斯爵士, 威廉, 英国天文学家, 79

Hugo, Victor, 雨果, 维克多, 法国作家, 322

Humbert I, 亨伯特一世, 意大利国王, 553

Hume, A. S., 休姆, 在印度的英国行

政官员，434
Hungary，匈牙利
　选举权，27
　自由主义，30，264，323
　马扎尔人的影响和民族主义，249，339—340
　在奥匈帝国中的地位，331—333，337—338，340
　克罗地亚人的不满，334
　参见 Austria-Hungary 条
Hunter, Sir William Wilson，亨特爵士，威廉·威尔逊，在印度任文官的苏格兰人，他的《女王的印度》，424
Husain Awnī Pasha，侯赛因·阿伍尼帕夏，土耳其改革家，326
Huskisson, William，赫斯基森，威廉，英国政治家，415
Huxley, Thomas Henry，赫胥黎，托马斯·亨利，英国生物学家，80，102，109，184
　他的拉丁语讲演《进化论与伦理学》（即《天演论》），107
　他对教育的影响，194—196
Huysmans, Joris-Karl，于伊斯芒斯，若里斯·卡尔，法国作家，126，132—133，134，136
Hydro-electricity，水力发电，57
Hyndman, Henry，海德门，亨利，英国社会主义者，110

I Wei, Prince，奕纬，王子，道光皇帝长子，445
Ibsen, Henrik，易卜生，亨利克，挪威剧作家，127，137，142，146—147，148
Idealism，唯心主义，102，105，113—116，119
Iglesias, Miguel，伊格莱西亚斯，米格尔，秘鲁将军，535
Ignatyev, Nikolai Pavlovich，伊格纳切夫，尼古拉·巴甫洛维奇，俄国外交家，329，335；任内政大臣，363
Iloron，伊洛林，631
Imperial East Africa Company，帝国东非公司，385
Imperial Federation League（British），帝国联邦同盟（英国），251
Imperial League against Social Democracy（Germany），帝国反社会民主联盟（德国），296
Imperialism，帝国主义，42，45—48，60，107，128，234，245，248，250—253，265—266，383—387，449，512，555，560—566，629，632—633，639—640，641，647，668—670，679—682
　参见各国条
Impressionist school of painting，印象画派，154—159
　18世纪以前的美术大师们的影响，157
　与英国"住宅建筑复兴运动"的联系，163
　传统的风格未受印象派的影响，164
Income tax，所得税，23—25，319
India，印度
　贸易和工业：与欧洲的贸易，6，54，55，429；靛蓝种植的衰落，92；

橡胶，98；棉花加工工业，399，429，434；黄麻和茶叶，429；煤和钢铁，429—430

人口，12

社会结构和发展：社会改革，22，415；西方化，412，413，415，419—422，423，425，426—427，428，432；一个新阶级的兴起，413，420，430—431，432，433；土地整理和土地贵族的没落，420；英文代替波斯文成为法庭使用的语言，421；种族歧视的增加，434；中产阶级运动成为半群众性的政党，435

交通运输：铁路，22，415，421—422；成为经济发展的转折点，428—429；公路，包括通往白沙瓦的大干线，421

灌溉，22，415，421—422，428—429

征服饥馑，22，428，435

教育，22，179，404，413，420，421，435；大学，415，423；传教活动，420；王公的教育，425，427；亨特委员会，428；阿利加尔学院，431

政治结构和发展，30，31，413，419；维多利亚女王成为印度女皇，251，431；印度王公的地位，386，412，418—419，425；政府的独立地位，414；丧失权利说，415，419，425；旁遮普摄政会议，417；1833年的特许状法宣布英王对印度的统治权，418；立法会议，419，426；进步的行政管理措施，425；宗教中立的理论，425；文官的印度人化，426，433；莫利—明托改革，426；印度立法会议法，426，433；"觐见"制，427，432；"帝国的印度"时期，431—432，435—436；民主自治政策，431—432；地方代议机构的建立，432—433；本地语言新闻法，434；欧洲人强烈抗议关于印度司法权的伊尔伯特法案，434；孟加拉分治，435，436；参见"孟加拉兵变""民族主义"

经济结构和发展：英国的经济利益，55，66，67，412；税收结构，396；英国用于发展工业的资金，400，430；财政改革，428；英国用于修筑铁路的资金，428；印度用于发展工业的资金，429；卢比的贬值，435

穆斯林：支持土耳其，350；反对英国统治，433；瓦哈比派，430

英国并吞俾路支，385；并吞信德，414，417；并吞旁遮普，415，417—418，419；并吞那格浦尔、萨塔拉和贝拉尔，419；并吞奥德，419，422

边境政策和安全，385，386，412，416—418，435，569，578，579，580，581；并吞俾路支，385；与并吞缅甸，385，416，418；与俄国的威胁，412，413，416，417，431—432，575—577，590；杜兰德线的划定，435；参见 Afghanistan 条

民族主义，394，409，411，431，433—435；印度国大党成立，

394，435；印度人提出的第一个宪法方案，433

莫卧儿帝国，412，413，417，418

东印度公司，412，569；撤销，424

国际地位，413

文化活动，413，433—434

第一次锡克战争，414

孟加拉兵变（1857年），414，419，422—424，430；尼尔事件和库珀事件，424；其后果，426，434

文官组织，419，434

伊纳姆事务委员会，420

刑法典，421

土地所有者协会，422

英属印度协会，422，433

武装力量：普遍服役征兵法案，423；1857年兵变后的改编，424—425；成立帝国军团，425；在印度国外使用印度军队，434，572，575；

参见"孟加拉兵变"

旁遮普行政管理学校，427

宗教思想，430；婆罗门教，423；印度教，423，433—434；佛教，433

英国通往印度的路线，554，568—570，575，580，591，595，598，601，612，633

与阿曼和科威特的条约，591

Indo-China，印度支那，见 Vietnam 条

Indonesia，印度尼西亚，416

Industrialisation, Industry，工业化，工业，见 Trade and industry 条

Ingersoll watches，英格索尔的钟表，57

Ingres, Jean Auguste Dominique，安格尔，让·奥古斯特·多米尼克，法国画家，157，170

Inoue Kaoru，井上馨，日本外相，652

Insurance against accident and sickness, introduction of，实行事故和疾病保险，21，24，264

International Africa Association，国际非洲协会，26，253，603

International co-operation, increase of in administrative and technical direction，行政管理和技术的指导方面国际合作的增加，43，253—254，555

参见 Hague Conferences 条

International law，国际法，253

国际私法协定，254

International relations，国际关系，542—688各处

拉丁美洲的国际关系，532—536

参见 Alliances; Balance of Power; Concert of Europe; Great Powers; International Co-operation; War 各条

International Workers' Union, First，第一个国际工人协会（即第一国际），110，269，543；第二个（即第二国际），109，111，112，271，562

Investment yields, decline in，投资效益的下降，2，10，71

Iran，伊朗，见 Persia 条

Ireland，爱尔兰

农业：合作社，14；改革运动，397

地方自治运动，44，104，249，250，

388—389；巴涅尔的爱尔兰民族主义党，256，391；地方自治运动使英国自由党分裂，264，388

教育：大学，183，197—198

移民，247，388

土地法案（1881年），264

爱尔兰教会与政府的分离，268，405

地方政府的选举原则，391

Ireland, Royal University of, 爱尔兰皇家大学，183，197—198

Irigoyen, Hipólito, 伊里戈延，伊波利特，阿根廷自由主义者，530—531

Iron, 铁

世界产量的增加，3

斯堪的纳维亚半岛铁生产的发展，6

参见 Steel industry 条

Irwin, Edwin Frederick Lindley Wood, Baron Irwin, later Earl of Halifax, 欧文，埃德温·弗雷德里克·林德利·伍德，欧文男爵，后封为哈利法克斯伯爵，432

Islam, 伊斯兰教，574，594，595，598，609

印度的瓦哈比运动，423

在非洲抵抗欧洲，619—620

参见 Muslims 条

Ismail Pasha, 易斯马仪帕夏，埃及总督，571，584，585，597，599

Itagaki Taisuke, 板垣退助，日本官员，468，469，476，477，478，479，480，481

Italo-Prussian Alliance（1866年），意普联盟（1866年），39

Italy, 意大利

贸易和工业：棉纺业，3

经济状况：关税，10；所得税，23

社会结构和发展：工会，15；劳动条件，21

政治结构和发展：国家对公用事业的控制，22；选举权，30，257，260；自由主义，33，264；与帝国主义，265—266；人民行动党，34；民族主义，44，409；统一，104，243，248，257，262；社会主义，111，116，273；政治理论，116；国家与梵蒂冈的关系，117—118，261，266—267，544；民族统一主义，243；君主政体，244，257；中央集权政府，250；在宪政方针上动摇不定，256—257；政党，259，260，262；社会立法，265；社会主义政党成立，270

人口，30，246

对外关系：联盟体系，39—40，244，553—554；国际地位，553；参见与各有关国家关系部分，Triple Alliance 各条

武装力量：海军事务，228

殖民帝国，252，384，614—615；乌西阿利条约（1889年），252；在阿杜瓦遭到挫败，252，626；在东北非的野心，571；在厄立特里亚的野心，614—615，626

交通：铁路国有化，273

与奥匈帝国的关系，553—554

与英国的关系，571，625

与中国的关系，661，663
Ito Hirobumi，伊藤博文，日本官员，451，468，470，471，478，479，480；任首相，481—482，483，484，486，653，656
Ivory Coast，象牙海岸，603，604，606，609，610，621，625
Iwakura Tomomi，岩仓具视，日本政治家，468，470，471，478，480，646
Iwasaki (Mitsubishi)，岩崎（三菱），日本工业联合企业，478
Izzet Pasha el-Abid，伊泽特帕夏，阿比德，349

Jamaica, emigrants to Cuba，牙买加，向古巴移民，525
James, Henry，詹姆斯，亨利，小说家，121—122，127
James, William，詹姆斯，威廉，美国心理学家和哲学家，117，120
他的《心理学原理》和《与教师谈心理学》，194
Jameson, Sir Leander Starr, 1st Bart，詹姆森爵士，利安德·斯塔尔，第一代从男爵，南非公司行政官员，"詹姆森袭击事件"，561，594，637
Japan，日本
 经济结构和发展：工业化，2，484；为反德川幕府的起义提供资金，466；明治政府的财政，469—470；政府干预经济发展，473，474，484；贸易平衡，473；通货膨胀，474；银行，484；国债，485
 人口，12，485
 政治结构和发展：政府的集权，19，22，31，468，471，479；革命的起因和明治政权的政策，25，47，440，465—466；选举权，30，480；德川幕府的垮台，179，464—467；明治天皇成为效忠的中心，239，465；明治行政机构的建立，466；五条誓文，467；太政官，467；废藩置县，468—470；开始实行改革计划，471；萨摩叛乱，476，483；"自由主义"运动，476—477；政党的出现和联盟，477—478，479，481；镇压性立法，478；成文的宪法，479—480；预算危机，481；玄洋社组织，483；先进的力量，655
 教育，20；作为担任公职的资格，179；义务教育，472；创办东京帝国大学，472；技术学校，474
 贸易和工业，55；政府的主动行动，473—474；外国技术人员，473；进口纺纱机，474；纺织品贸易的增长，484，485；政府协助重工业，484；商船队，484—485；钢铁，485
 社会结构和发展：西方化，179，471—472，646；武士和农民中的骚乱，465，475—476；近代日本统治阶级的起源，465；藩主的独立地位，466，468；高级官员让位给低级官员，467—468；封建主义的废除，468；政府注意社会习俗，471—472；各

阶级在法律上的平等，475

武装力量：军事思想，206；海军力量，230，235，240，660；组织与训练，239—240；征兵制，240，470，475；帝国陆军的建立，466；战略工业，473，474；武士叛乱时陆军的规模，476；武装力量的实力，483

外交：作为亚洲强国的地位，239，449，482—483，484，486；孤立的威胁，465，与西方强国的关系，465，470；修订条约，470，471，482，484；对千岛群岛和琉球群岛提出领土要求，483，645，646，647；对马关条约的"三国干涉"，484；参见与各国关系部分

与朝鲜，374，450—451，471，483—486，646—647，652—653；中日保护国，654—655；日俄竞争，559—561，664，666—667

与中国的关系，465，644—647各处，652—662各处；在义和团叛乱中援助各公使馆，485；通商条约，646；参见 Kerea；Sino-Japanese War 各条

与美国的关系，465，470，482，647

东京代替江户成为首都的名称，466

神道教，468

交通通讯，472—473

农业，475；农民反对政府，477；人口超过粮食生产，485

新闻控制，478

与俄国的关系，484，485，486，565，647，656—658，661—667，665，666；西—罗申协定，661；参见 Russo-Japanese War 条

与满洲，656，657，665

与英国的关系，见 Great Britain 条

Japanese influence on Western art，日本对西方艺术的影响，156，160，168，171—172

Jaureguiberry，若雷吉贝里，法国海军上将，海军和殖民地部长，651

Jaurès，Jean，饶勒斯，让，法国社会主义者，110，111，272，317

作为德雷福斯的支持者，321

Jefferson，Thomas，杰斐逊，托马斯，美国总统，515

Jenatsch，Jürg，耶纳奇，于尔格，瑞士爱国者，140

Jesuits（Society of Jesus），耶稣会杰勒德·曼利·霍普金斯为耶稣会会士，129

在法国禁止耶稣会士任教，304

Jevons，William Stanley，杰文斯，威廉·斯坦利，英国经济学家，408

Jews，犹太人

反犹太主义，108，119，321，339，365—366

犹太复国主义，119，372

在俄国的政治组织，371，374

Johnson，Andrew，约翰逊，安德鲁，美国总统（民主党人），491，495，669

Johnston，Sir Harry Hamilton，约翰斯顿爵士，哈里·汉密尔顿，英国探险家，384

Joint-stock Companies，development of，股份公司的发展，12—13

Jones, Viriamu, 琼斯, 弗里亚姆, 威尔士教育家, 181, 190

Jones, Sir William, 琼斯爵士, 威廉, 英国东方学家, 433

Jongkind, Johan-Berthold, 容金, 约翰-贝尔托特, 荷兰画家, 155

Joseph II, 约瑟夫二世, 德国皇帝 (1741—1790 年), 249

Joubert, 若贝尔, 法国财政家, 584

Joule, James, 焦耳, 詹姆斯, 科学家, 103

Jowett, Benjamin, 乔伊特, 本杰明, 牛津大学贝利奥尔学院院长, 405

Juárez, Benito Pablo, 胡亚雷斯, 贝尼托·巴勃罗, 墨西哥总统, 528

Jung, Carl, 荣格, 卡尔, 心理学家, 113

Jung Lu, 荣禄, 中国直隶总督兼北洋大臣, 458, 460

Justo, Juan B., 胡斯托, 胡安, 阿根廷社会主义者, 531

Kahn, Gustave, 卡恩, 居斯塔夫, 法国诗人, 137

Kallay, Benjamin, 卡莱, 本亚明, 匈牙利领袖, 333, 340

Kang, I, 刚毅, 中国守旧派领袖, 452, 458

K'ang Yu-wei, 康有为, 中国的改良派, 455, 456, 463

Kangwha, Treaty of, 江华条约, 652

Kant, Immanuel, 康德, 伊曼努尔, 德国哲学家, 其影响, 115

Kapital, Das (Marx and Engels), 《资本论》(马克思、恩格斯), 101, 112, 268—269

Kardorff, Wilhelm von, 卡尔多尔夫, 威廉·冯, 德国保守派领袖, 290

Kars, 卡尔斯, 572

Kashmir, 克什米尔, 590

Kassala, 卡萨拉, 615

Katanga, 加丹加, 619

Katkov, M. N., 卡特柯夫, 米·尼, 俄国民族主义者, 360

Kato Takaaki, 加藤高明, 日本政治家, 485—486, 661

Katsura, 桂太郎, 日本官员, 482

Kaufman, Constantinc Petrovich von, 考夫曼, 康斯坦丁·彼得罗维奇·冯, 俄国将军, 土耳其斯坦边区总督, 576, 578

Kautsky, Karl, 考茨基, 卡尔, 德国社会民主党人, 281

他的《社会民主党问答》, 281

Kekulé, Friedrich, 凯库勒, 弗里德里希, 科学家, 84

Keller, Gottfried, 凯勒, 哥特弗里德, 瑞士作家, 139, 140—141

Kelley, William G., 凯利, 威廉, 美国激进分子, 502, 504

Kelvin, William Thomson, 1st Baron, 凯尔文, 威廉·汤姆森, 第一代男爵, 苏格兰物理学家, 103

Kemāl Bey, 凯末尔贝伊, 青年土耳其党人, 341

Kenya, 肯尼亚, 632

Kerschensteiner, 克申施泰内, 德国教育家, 201

Ketteler, von, 凯特勒, 冯, 主教, 119

Kettler, Baron von, 克林德男爵, 冯, 德国驻北京公使, 460

Keynes, John Maynard, 凯恩斯, 约翰·梅纳德, 英国经济学家, 119

Khair al-Din Pasha, 哈伊尔丁帕夏, 突尼斯大臣, 342

Khérédine, 赫雷丁, 突尼斯首相, 595

Khiva, 希瓦（汗国）, 576, 578, 580, 639

Khokand, 浩罕（汗国）, 574, 576

Khojend, 霍占特（一译忽禅）, 576

Khorassan, 霍拉桑, 580

Kiao-Chow, taken by Germany, 德国夺取胶州湾, 563

Kido Koin, 木户孝允, 日本官员, 468, 469, 470, 471, 477

Kiel Canal, 基尔运河, 53, 237

Kierkegaard, Søren, 克尔恺郭尔, 泽伦, 201

Kim Ok-kyun, 金玉均, 朝鲜领袖, 655

King, Clarence, 金, 克拉伦斯, 美国科学家, 183

Kingsley, Charles, 金斯莱, 查尔斯, 英国作家, 与种族主义, 108

Kipling, Rudyard, 吉卜林, 拉迪亚德, 英国作家, 128, 227, 435, 515

Kirchhoff, G. R., 基尔霍夫, 古·罗, 化学家, 79

Kitchener, Horatio Herbert, 1st Earl Kitchener of Khartoum, 吉钦纳, 霍雷肖·赫伯特, 喀土穆的第一代吉钦纳伯爵, 225, 573, 626—629

Knights of Labour (United States), 劳动骑士团（美国）, 509—510

Koch, Robert, 科赫, 罗伯特, 科学家, 19, 82

Kold, Kristen, 科尔德, 克里斯滕, 丹麦教育家, 200

Kollar, General, 科勒将军, 布拉格军事总督, 333

Kolping, Adolf, 柯尔平, 阿道尔夫, 119

Korea, 朝鲜, 374, 449, 450—451, 471, 483—486, 644, 646—647, 652—661 各处
东学党起义, 453, 655—656
与西方强国缔结的条约, 652
英国在汉密尔顿港（巨文岛）的基地, 653—654
成为中日保护国, 654—655
日俄竞争, 659—661, 664, 666—667
英国海军的示威, 660
拒绝俄国在马山浦（马山港）建立基地, 664
英日协定保证朝鲜独立, 666

Kosagovsky, 科萨戈夫斯基, 俄国将军, 580

Kropotkin, Prince, Petr, 克鲁泡特金亲王, 彼得, 他的《互助论》, 109

Kruger, Stephanus Johannes Paulus, 克留格尔, 斯蒂凡努斯·约翰内斯·保卢斯, 德兰士瓦总统, 43, 561, 634, 635, 636, 637, 638

Kruger telegram, 致克留格尔的电报, 43, 561

Krupp Works，克虏伯工厂，13，96，240

Kuang Hsü（personal name Tsai T'ien），光绪（本人名载湉）中国皇帝，446—447，449，451—452，454—456，463

    反对义和团，459

Ku-Klux-Klan，三K党，498

Kung, Prince（I Hsin），恭亲王（奕䜣），同治皇帝之叔父，总理各国事务衙门大臣，438，441—448 各处，450

    在阿礼国协议问题上丢了面子，443

    被解职，450

Kurile Islands，千岛群岛，483，645—647

Kuwait，科威特，591

Labrador, Grenfell Mission to，格伦费尔赴拉布拉多岛的医疗团体，402

Labriola, Antonio，拉布里奥拉，安东尼奥，意大利马克思主义者，116

Lachelier, Jules，拉希利埃，朱尔，法国哲学家，322

Laforgue, Jules，拉福格，朱尔，法国诗人，138

Lagarde，拉加尔德，法国将军，628

Laing, Samuel，莱思，塞缪尔，在印度的英国行政官员，428

Laissez-faire，自由放任主义

    在国际政治中，37—40，542，550，562

    在国内事务中，见 Economic organisation; Government 各条

    在国际贸易中，见 Tariffs and Free Trade 条

Lamarck, Jean Baptiste Pierre Antoine de Monet, Chevalier de，拉马克，让·巴蒂斯特·比埃尔·安托万·德·莫奈，舍伐利埃·德，法国生物学家，80

Lamennais, Hugues-Félicité Robert de, Abbé，拉梅耐神父，雨盖-费利西泰·罗贝尔·德，118

Lamy，拉米，法国探险家，631

Lang, John，兰，约翰，澳大利亚帝国主义分子，641

Lange, Helene，朗格，海伦，德国教育家，199

Lansdowne, Henry Charles Keith Petty-Fitzmaurice, 5th Marguis of，兰斯多恩，亨利·查尔斯·基思·佩蒂-菲茨莫里斯，第五代侯爵，582，678

Laplène, Treich，拉普莱纳，特莱克，法国殖民地行政官员，604

Lasker, Eduard，拉斯克尔，爱德华，普鲁士犹太人自由主义领袖，律师，279

Lassalle, Ferdinand，拉萨尔，斐迪南，德国社会主义者，110，111，270—271，289

Latin American，拉丁美洲

    人口和移民，4，516，517—518

    经济事务：贸易，5，9，525，670；关税，9；英国在拉丁美洲的利益，66—67，517，519，524，525；成为橡胶供应者，97；欧洲的投资及随后的发展，516—517；银行业，519

社会结构：劳工组织，14，15，531—532；工业无产者，517

政治和宪政的发展，19，22，26，27，31，525—526，528，530—532，540；军事首领的影响，219

拉美各国之间的竞争和力量均势，35，533—536

文化生活，516，536—540

交通运输，518；铁路，519—523各处，525

参见各有关国家 War of the Pacific 条

La Tour du Pin, René de，拉图尔·杜班，勒内·德，118

Latvia (and Letts)，拉脱维亚（和拉脱维亚人〔列特人〕），366，372，381

参见 Baltic provinces 条

Laurier, Sir Wilfrid，洛里埃爵士，威尔弗里德，加拿大自由党领袖，389，393，410，675

Lavigerie, Charles Martial Allemand，拉维热里，沙尔·马夏尔·阿莱蒙，非洲大主教，46，315

Lavoisier, Antoine-Laurent，拉瓦锡，安托万-洛朗，法国化学家，77

Lavrov, P. L.，拉甫罗夫，彼·拉，俄国社会主义者，362

Lawes, John Bennet，劳斯，约翰·贝内特，过磷酸钙的制造者，91

Lawrence, Sir Henry Montgomery，劳伦斯爵士，亨利·蒙哥马利，在印度的英国军人和行政官员，417，427

Lawrence, John Laird Mair, 1st Baron，劳伦斯，约翰·莱尔德·梅尔，第一代男爵，在印度的英国行政官员，418，422，424，427

Layard, Sir Austin Henry，莱亚德爵士，奥斯汀·亨利，英国驻土耳其大使，341，342

Lear, Edward，利尔，爱德华，英国作家，127

Lebanon，黎巴嫩，571

Le Bel, J. A.，勒贝尔，约·阿，法国化学家，84

Leblanc, Nicholas，勒布兰，尼古拉，法国化学家，91

Le Bon, Gustave，勒蓬，居斯塔夫，法国社会学家，108

Le Cour, Paul，勒科尔，保尔，丹麦教育家，200

Lee, Robert Edward，李，罗伯特·爱德华，美国将军，200，494

Leeds University，利兹大学，196

Le Gendre, Charles William，李仙得，查尔斯·威廉，美国军人，645，647

Legouvé, Ernest，勒古韦，欧内斯特，法国教育家，200

Leighton, Frederick, Lord Leighton of Sketton，莱顿，弗雷德里克，斯克顿的莱顿勋爵，英国画家，皇家艺术院院长，164

Lemnos，利姆诺斯，573

Lenin, Vladimir Ilyich，列宁，弗拉基米尔·伊里奇，俄国革命家，101，111—112，268，272—273

他的《怎么办？》，120

与《火星报》，373

Leo XIII, Pope，教皇利奥十三世关于

国家和社会的理论，118，314，315

他的通谕：《自由》，118，314；《新事物》，118；《在关怀中》，315

俾斯麦与利奥十三世的谈判，288

Leopold Ⅱ of Belgium, 利奥波德二世，比利时国王

 掌管海外事务，26

 在刚果，26，253，603—604，605，606，624—625

 他的国际非洲协会，253

 他对非洲的兴趣，593，597，616

Lepic, Vicomte, Manet's picture of, 马奈为莱皮克子爵画的画，156

Lesseps, Ferdinand, vicomte de, 德莱塞普斯子爵，斐迪南，法国工程师，53，584

Letchworth Garden City, 莱奇沃思花园城，164

Levant, the, 利凡得，567n.，568，571，590，640

 利凡得特有的文明，573—574

Levassor, 勒瓦瑟，法国工程师，57

Lever, William Hesketh, 1st Viscount Leverhulme, 利弗，威廉·赫斯基恩，第一代利弗赫尔姆子爵，英国肥皂制造商和慈善家，63，66

Leyland, F. R., 莱兰，船业大王，160

Liang Ch'i-ch'ao, 梁启超，中国改良派，455，456

Liaotung Peninsula, 辽东半岛

 日本被排斥出辽东半岛，484，657

 俄国攫取辽东半岛，485，660

Liberalism, 自由主义，8，27—28，33—34，114，118，243，262—268，273，289

参见各国条

Liberty's London store, 利伯蒂在伦敦开设的商店，171

Libya, 利比亚，632

Liebermann, Max, 李卜曼，马克斯，德国画家，158

Liebig, original plant at Fray Bentos, 利比格，最早在弗赖本托斯建立的工厂，522

Liebknecht, Wilhelm, 李卜克内西，威廉，德国社会主义者，112，270

Li Hung-Chang, 李鸿章，中国外交家，两广总督，448，450—451，452—453，455，460，462，463，484，651—652，653，654，655，656，657，658，661，666

Liliencron, Detlev von, 里林克隆，迪特莱夫·冯，德国诗人，144

Liliuokalani, 丽里奥卡拉尼，夏威夷女王，650

Lincoln, Abraham, 林肯，亚伯拉罕，美国总统（共和党人），489，490，494

Linoleum, 亚麻油毡，3，98

Linotype machine, 行型排铸机，99

Liotard, Victor, 利奥塔尔，维克托，在非洲的法国军官，622，623

Li Ping-heng, 李秉衡，中国将军，462

Lipton, Sir Thomas Johnstone, 利普顿爵士，托马斯·约翰逊，苏格兰

商人, 66, 68
Li Shan, 立山, 中国官员, 459
Lisle, Leconte de, 李尔, 勒孔特·德, 法国诗人, 138
Lister, Joseph, 1st Baron, O.M., 李斯特, 约瑟夫, 第一代男爵, 有功勋章获得者, 英国外科医生, 19, 82
Literature, 文学, 121—153
  文学书籍的大量出版, 98
  "为艺术而艺术"的理论, 125, 127
  基督教文化和希腊文化的结合, 125
  象征主义, 129—132, 133, 137, 143—145
  自然主义, 134, 142—143
  "罗曼派", 138
  德国的诗歌现实主义, 139
  保护文艺作品的伯尔尼公约, 254
  参见各国和各作家条
Lithuanians, 立陶宛人, 366
  参见 Baltic provinces 条
Littré, Émile, 利特雷, 埃米尔, 法国辞典编纂家, 117
Liu K'un-i, 刘坤一, 中国两江总督兼南洋通商大臣, 452, 455, 456, 460
Liu Yung-fu, 刘永福, 在越南的中国叛乱领袖, 650, 651
Livadia, Treaty of, 里瓦几亚条约, 447
Livery Companies of London, 伦敦同业公会, 与成人教育, 202
Livingstone, David, 利文斯顿, 戴维, 苏格兰传教士和探险家, 384, 637

Lloyd, Henry Demarest, 劳埃德, 亨利·德马雷斯特, 73
Lobengula, 洛本古拉, 马塔贝莱国王, 636
Local government, 地方政府, 18—20, 24
  在澳大利亚, 391
  在奥地利, 18
  在加拿大, 391, 404
  在法国, 305
  在英国, 18, 25, 185, 190, 390—391
  在印度, 432—433
  在俄国, 357—358, 364, 371—373
  在南非, 391
  在美国, 493—494
Lockyer, Sir Joseph Norman, 洛克耶爵士, 约瑟夫·诺曼, 英国天文学家, 79
Lomakin, 洛马金, 俄国将军, 580
London and Brazilian Bank, 伦敦和巴西银行, 519
London and River Plate Bank, 伦敦和拉普拉塔河银行, 519
London Conference, The (1871), 伦敦会议 (1871年), 37, 543
London Conference (1884), 伦敦会议 (1884年), 605
London University, 伦敦大学, 180—181, 197, 202, 203
Long, Edwin, 朗, 埃德温, 英国画家, 164
Loos, Adolf, 鲁斯, 阿道夫, 奥地利建筑家, 174
López, Francisco Solano, 洛佩斯, 弗

朗西斯科·索拉诺，巴拉圭总统，534

Loris-Melikov, M. T., 洛利斯 - 梅里柯夫，米·塔，俄国内政大臣，362—363

Loti, Pierre（pseud.）洛蒂，皮埃尔（笔名），法国小说家，139

Lowe, Robert, 1st Viscount Sherbrooke, 洛，罗伯特，第一代舍布鲁克子爵，英国保守派政治家，391, 407

Lüderitz, 吕德里茨, 605

Lueger, Karl, 卢格，卡尔，108, 119

Lugard, Frederick John Dealtry, 1st Baron, 卢加德，弗雷德里克·约翰·迪尔特里，第一代男爵，384, 624, 630

Lugné-Poe, and Théâtre de l'C Euvre, 吕尼埃 - 波埃，与"作品剧院"，137

Lugenes, Leopoldo, 卢格内斯，莱奥波尔多，阿根廷诗人，539

Luxembourg, and Hague Conference, 卢森堡，与海牙会议，241

Lyautey, Louis Hubert Gonzalve, 利奥泰，路易·于贝尔·贡扎尔夫，法国元帅，225

Lyons, Richard Bickerton Pemell, 1st Earl, 莱昂斯·理查德·比克尔顿·佩梅尔，第一代伯爵，英国外交家，586

Lytton, Edward Robert Bulwer, 1st Earl of, 第一代利顿伯爵，爱德华·罗伯特·布尔沃，任印度总督，425, 427, 431, 572, 578, 590

Macaulay, Thomas Babington, 1st Baron Macaulay, 麦考莱，托马斯·巴宾顿，第一代麦考莱男爵，411, 419, 420, 427, 540

McCosh, James, 麦科什，詹姆斯，普林斯顿大学校长，182

Macdonald sisters, 麦克唐纳姐妹，苏格兰艺术家，172

Macdonald, Sir Claude Maxwell, 窦纳乐爵士，克劳德·马克斯韦尔，英国驻北京公使，458, 459

Macdonald, Sir John Alexander, 麦克唐纳爵士，约翰·亚历山大，加拿大保守党领袖，389, 393

Macdonald, 麦克唐纳，在非洲的英国将军，628

Macedonia, 马其顿，335, 336, 344, 548, 549

反对土耳其当局的起义，348

Machine-tools, 机床，99—100

McKim, Mead and White, 麦金、米德和怀特公司，美国建筑公司，164—165

McKinley, William, 麦金莱，威廉，美国总统（共和党人），492, 493, 504, 673, 675, 681, 685

麦金莱关税法，57, 64

Mackinnon, William, 麦金农，威廉，英国船主，612, 613, 624

Mackintosh, Charles Rennie, 麦金托什，查尔斯·雷尼，苏格兰艺术家，172—173, 174, 176

Mackmurdo, Arthur H., 麦克默多，阿瑟，英国艺术家，170, 171,

173，174

他的《雷恩的伦敦城教堂》，171

MacMahon, Marie-Edmé Patrice Maurice, 麦克马洪, 玛丽-埃德梅·帕特里斯·莫里斯, 法国元帅, 第三共和国总统, 256, 263, 302—304

Madagascar, 马达加斯加, 252

Maeterlinck, Maurice, 梅特林克, 莫里斯, 比利时剧作家, 哲学家, 137—138, 149

Magnus, Sir Philip, 马格纳斯爵士, 菲利普, 伦敦城市和行会学会会长, 202

Magón, Enrique, 马冈, 恩里克, 墨西哥激进派, 531

Magón, Ricardo Flores, 马冈, 里卡多·弗洛雷斯, 墨西哥激进派领袖, 531

Mahan, Alfred Hhayer, 马汉, 艾尔弗雷德·塞耶, 美国海军史学家, 206, 236, 237, 238, 239, 514

他的《海上力量对历史的影响》, 234—235, 238

Mahdi, the, 马赫迪, 见 Mohammed Ahmad 条

Mahdists and Muslims in Sudan, 苏丹的马赫迪派和穆斯林, 385, 587, 594, 596, 598, 600, 601, 623, 626, 628, 629, 632

MahmūdⅡ, 马哈穆德二世, 土耳其苏丹, 326, 328, 330

Malaria research, 疟疾研究, 82

Malaya, 马来亚, 54, 385, 386, 398

英国对马来邦的托管, 251

在马来亚使用印度军队, 575

Mali, 马里, 609

Mallarmé, Stéphane, 马拉美, 斯特凡, 法国诗人, 130—131, 143, 322

Malta, 马耳他, 548, 570, 572, 573, 575

Manchester School of liberals, 自由主义者的曼彻斯特学派, 262, 265

Manchester Ship Canal, 曼彻斯特通航运河, 53

Manchu Dynasty, 满清王朝, 见 China 条

Manchuria, 满洲, 42, 462, 484, 654—661, 663—667 各处

俄国取得旅顺港, 374, 485, 563—564, 583, 660—661

Manding empire, 曼丁帝国, 610

Manet, Édouard, 马奈, 爱德华, 法国画家, 155—156, 157, 168, 538

Mann, Horace, 曼, 贺拉斯, 美国教育家, 186

Mann, Tom, 曼, 托姆, 英国劳工领袖, 403

Manning, Henry Edward, 曼宁, 亨利·爱德华, 英国红衣主教, 403

Mansfield, Katherine (i. e. Kathleen Mansfield Beauchamp), 曼斯菲尔德, 凯瑟琳（即凯思林·曼斯菲尔德·比彻姆）, 新西兰作家, 408

Marchand, Jean Baptiste, 马尔尚, 让·巴蒂斯特, 法国将军, 564, 628—631 各处

Marconi, Guglielmo, 马可尼, 古利耶利莫, 他的无线电报公司, 89

Marées, Hans von, 马雷, 汉斯·冯, 德国画家, 165

Margary A. R., 马嘉理, 在中国被杀害的英国人, 448

Mariana Islands, 马里亚纳群岛, 662

Marlitt, 马尔利特, 德国作家, 141—142

Married women, decline in wage-employment of, 已婚妇女就业人数下降, 17

Marshall, Alfred, 马歇尔, 艾尔弗雷德, 经济学家, 69

Martí, José, 马蒂, 何塞, 古巴民族主义者, 531, 532, 539

Martin, Pierre, 马丁, 比埃尔, 法国炼钢专家, 95

Marx, Karl, 马克思, 卡尔, 109, 543
  《资本论》, 101, 103, 112
  《共产党宣言》, 101
  《政治经济学批判》, 101
  辩证唯物主义, 104
  批判哥达纲领, 110
  与尼采的比较, 113
  与科学社会主义, 268
  在（第一国际）总委员会中的影响, 269

Marxism, 马克思主义, 28, 101—120, 268—273, 315, 403
  与达尔文主义, 101—106
  反对马尔萨斯学说, 106
  第二国际, 109, 111, 112, 271, 562
  第一国际, 110, 269, 543
  与罗马教会, 118
  参见 Bolshevism 条

Mason, Charlotte M., 梅森, 夏洛特 英国教育家, 193

Mason, Sir Josiah, 梅森爵士, 乔赛亚, 英国慈善家, 制笔商, 181

Massachusetts Institute of Technology 马萨诸塞理工学院（麻省理工学院）, 183, 202

Matabeleland, 马塔贝勒兰, 614, 618, 636, 637

Matsukata Masayoshi, 松方正义, 日本大藏大臣, 474, 479
  任首相, 481

Maulvi of Fyzabad, the, 法扎巴德的毛勒维, 印度教领袖, 424

Maupassant, Guy de, 莫泊桑, 居伊·德, 法国作家, 126, 136—137, 149

Maurras, Charles, 莫拉斯, 沙尔, 法国作家, 120, 138

Maxim, Sir Hiram Stevens, 马克辛爵士, 海勒姆·史蒂文斯, 美国人, 机关枪的发明者, 41, 208

Maximilian, Ferdinand-Joseph, 马克西米连, 斐迪南-约瑟夫, 墨西哥皇帝, 156, 528

Maxwell, James Clerk, 麦克斯韦, 詹姆斯·克拉克, 数学家, 他的《电学和磁学论》, 78, 101, 104

Mayo, Richard Southwell Bourke, Earl of, 梅奥伯爵, 理查德·索思韦尔·伯克, 任印度总督, 425

Mažuranić, Ivan, 马茹腊尼克, 伊凡, 克罗地亚诗人, 334

Meade, Robert Leamy, 米德, 罗伯

特·利米，美国海军司令官，643

Mecklenburg，梅克伦堡，26n.

Medical practice, improvement in，医学实践的改进，19—20, 57, 82—84

Mediterranean Agreements (1887)，地中海协定（1887年），38, 41, 557, 558, 561, 571

Mehemet Ali, of Egypt，埃及的穆罕默德·阿里，567, 568, 599

Meiggs, Henry，梅格斯，亨利，美国铁路建筑商，523

Meiji (Mutsuhito)，明治（睦仁），日本天皇

参见 Japan 条：明治政权

Meinecke, Friedrich，迈内克，弗里德里希，德国哲学家和历史学家，115

Melbourne, William Lamb, 2nd Viscount，墨尔本，威廉·拉姆，第二代子爵，29, 414

Méline, Félix-Jules，梅利纳，费利克斯-朱尔，法国政治家，309, 319, 321

Mendel, Gregor Johann，孟德尔，格莱哥尔·约翰，奥地利生物学家，60

Mendeleev, Dimitri，门捷列夫，德米特里，化学家，76

他的化学元素周期表，103

Menilek，曼涅里克，埃塞俄比亚皇帝，615, 623, 626, 627, 628

Meredith, George，梅瑞狄斯，乔治，英国小说家，123—125, 144

Merrill, Stuart，梅里尔，斯图尔特，美裔法国诗人，137

Mesopetamia，美索不达米亚，572

Metcalfe, Charles Theophilus Metcalfe, 1st Baron，梅特卡夫，查尔斯·西奥菲勒斯·梅特卡夫，第一代男爵，418

Metternich, Prince Clemens Lothar Wenzel，梅特涅亲王，克雷门斯·洛塔尔·温采尔，奥地利政治家，562

Mevissen，梅维森，德国银行家，62

Mexican Petroleum Company，墨西哥石油公司，524

Mexico，墨西哥，516, 517, 518, 524, 528, 529, 531, 532, 668

Meyer, Conrad Ferdinand，迈尔，康拉德·斐迪南，德国作家，139, 140

Michelet, Jules，米希勒，朱尔，法国历史学家，117

Michelson, Albert Abraham，迈克耳孙，艾伯特·亚伯拉罕，美国物理学家，79, 80

Middle classes，中产阶级

人数和财富的增加，17

对政治的态度，28—30, 244—245, 262, 296—297

Midhat Pasha.，米德哈特帕夏，土耳其领袖，324, 325, 329, 341, 351

Migration of population，人口的外移，见 Population 条

Mikhailovsky, N. K.，米海洛夫斯基，尼·康，俄国社会主义者，362

Milan，米兰，塞尔维亚国王，348

Miletić, Svetozar，米莱蒂奇，斯韦托扎尔，匈牙利塞尔维亚人领袖，

索　引　　813

335

Miliyukov, P. N., 米留可夫，巴·尼，俄国"大同盟"领袖，377

Mill, James, 穆勒，詹姆斯，他的《英属印度史》，411, 433

Mill, John, Stuart, 穆勒，约翰·斯图尔特，114, 115, 408

　　他的《自传》，114

　　他的《论自由》受到詹·菲·史蒂芬的抨击，114

　　他的《奥古斯特·孔德与实证主义》，117

Millais, John, Everett, 密莱司，约翰·埃弗雷特，英国画家，164

Millerand, Étienne Alexandre, 米勒兰，埃蒂耶纳·亚历山大，法国社会主义者，271—272, 317, 318

Millet, Jean François, 米勒，让·弗朗索瓦，法国画家，154

Milligan, 米利根，美国诉讼案当事人，492

Milner, Alfred, 1st Viscount Milner, 米尔纳，艾尔弗雷德，第一代米尔纳子爵，英国政治家，任驻南非高级专员，638

Milyutin, Dmitry A., 米柳亭，德米特里·阿，俄国将军，213, 215, 223, 361

Mines, naval, 海军水雷，231

Mining, improvements in, 采矿业的改进，3, 5, 93

Miquel, Johann, 米凯尔，约翰，德国民族自由党领袖，258

Missionary activities, 传教活动，46, 118, 180

英国传教团体，384, 402, 404, 406, 420, 423

天津屠杀法国人事件（天津教案），437—438, 443—444

成为中国排外的原因，439—440

义和团打击中国的基督教信徒，457, 459

美国传教士协会，504

在非洲，624

在太平洋，642

Mistral, Frédéric, 米斯特拉尔，弗雷德里克，法国诗人，138

Mitre, Bartolomé, 米特雷，巴托洛梅，阿根廷政治领袖，539—540

Mohammed Ahmad el Mahdi, 穆罕默德·艾哈迈德·马赫迪，苏丹的穆斯林领袖，596, 600, 619—620

　　参见 Mahdists 条

Moltke, Helmuth, Count von, 毛奇伯爵，赫尔穆特·冯，普鲁士陆军元帅，211, 218, 220, 222, 223, 228, 287

Monarchy, 君主政体，25—26, 44, 550

　　君权神授，188

　　欧洲君主政体的体制，244

　　新世界唯一的君主政体巴西君主政权的被推翻，527—528

Mond, Ludwig, 蒙德，路德维希，德国商人，63, 94

Monet, Claude, 莫奈，克劳德，法国印象派画家，154, 155—156, 157, 158, 159

Monroe Doctrine, 门罗主义，35, 46, 669, 672—673, 677

Monroe, James, 门罗，詹姆斯，美国

总统，669

Montague, Frnacis C., 蒙塔古, 弗朗西斯·查, 英国社会学家, 论《个人自由的限度》, 264

Montalembert, Charles Forbes, Comte de, 蒙塔朗贝尔伯爵, 沙尔·福尔贝, 118

Montenegro, 门的内哥罗（黑山）, 26n., 36n., 241, 329, 330, 333, 334, 335, 336, 344, 361
  阿尔巴尼亚边界冲突, 343—344

Moore, George, 摩尔, 乔治, 爱尔兰作家, 126

Morant, Sir Robert, 莫兰特爵士, 罗伯特, 英国教育家, 190

Moravia, 摩拉维亚, 249, 259, 333, 338

Moréas, Jean, 莫雷阿斯, 让, 法国诗人, 130, 138

Morgan, John Pierpont, 摩根, 约翰·皮尔庞特, 美国金融家, 50, 73, 503, 506

Morgan, Lewis Henry, 摩尔根, 刘易斯·亨利, 美国人类学家, 106, 183

Mori, 毛利, 日本长州藩主, 469

Mori Arinori, 森有礼, 日本文部大臣, 472

Morley, John, 1st Viscount Morley, 莫利, 约翰, 第一代莫利子爵, 英国政治家和历史学家, 117, 387, 391, 432, 586
  莫利—明托在印度的改革, 426

Morocco, 摩洛哥, 570, 592, 593, 632, 640

Morris, William, 莫里斯, 威廉, 英国艺术家, 诗人, 社会学家, 144, 160—164, 172
  他的美术工匠公司, 160, 162
  韦布为他设计的"红房子", 161, 163
  他设计的壁纸, 161, 171
  他关于艺术和社会改革的理论, 161—163, 175
  他的著作被译为多种文字, 164

Moscow Art Theatre, 莫斯科艺术剧院, 149

Motor-cars, 汽车, 96

Mozambique, 莫桑比克, 180, 614

Muirhead, John Henry, 米尔黑德, 约翰·亨利, 苏格兰哲学家, 115

Mul Raj, 穆尔拉吉, 415

Müller, Friedrich Max, 缪勒, 弗里德里希·马克斯, 英裔德国东方学家, 433

Mun, Albert de, 门, 阿尔贝·德, 118

Munch, Edvard, 蒙克, 爱德华, 挪威画家, 170, 175

Murād V, 穆拉德五世, 土耳其苏丹, 341, 350

Murat Bey, 穆拉特贝伊, 土耳其领袖, 323, 350—351

Muraviev, Count Michael, 穆拉维约夫伯爵, 米哈伊尔, 俄国外交大臣, 660

Murray, James, 默里, 詹姆斯, 爱尔兰化学家, 91

Muslims, 穆斯林
  在土耳其, 325, 328—330, 340
  巴尔干的罗多皮起义, 343

在中国, 440, 442, 445, 447

在利凡得, 574, 591

在非洲, 594—597各处, 603, 608, 609—610, 617, 619—620, 622, 624

参见 Islam; Mohammed Ahmad el Mahdi; Mahdists and Muslims in Sudan 各条

Mussolini, Benito, 墨索里尼, 贝尼托, 120

Mustapha ben lsmail, 穆斯塔发·本·易斯马仪, 突尼斯首相, 595

Muthesius, Hermann, 米特希乌斯, 赫尔曼, 德国建筑家, 164

Mutual Improvement Societies, 互进会, 203

Mutsu, 陆奥, 日本外务大臣, 482

Mutton, exports to Europe, 向欧洲输出羊肉, 5

Mytilene, 米蒂利尼, 573

Nachtigal, Gustav, 纳赫提加尔, 古斯塔夫, 德国探险家, 606

Nacion, La,《民族报》, 阿根廷报纸, 540

Nadaud, Martin, 纳多, 马丁, 法国泥瓦工, 共和派, 312

Nāmik Kemal, 那米克·凯末尔, 土耳其剧作家和爱国者, 326

Napier, Sir Charles James, 纳皮尔爵士, 查尔斯·詹姆斯, 英国将军, 417, 626

Napoleon I, 拿破仑一世, 192, 210, 543, 555, 602

Napoleon Ⅲ, 拿破仑三世

铁甲汽船的最早使用者, 228

普法战争后被俘, 542

Nasir-el-Din, 纳赛尔·埃尔·丁, 波斯国王, 574

Nasmyth, James, 内史密斯, 詹姆斯, 英国工程师, 94

Nation, The,《民族》周刊, 美国期刊, 492—494

National Africa Company, 国家非洲公司, 603

National Society (of Britain), The, (英国) 全国协会, 184

National Union for the Improvement of the Education of Women of all Classes, 改进各阶层妇女教育全国同盟, 198

National Union of Teachers, 全国教师联合会, 186

Nationalisation of Public Services, 公共服务事业的国有化, 22, 273

Nationalism, 民族主义, 44, 243—244, 248—252, 262, 640

受到教皇的谴责, 118

与伊斯兰教, 423, 430, 619—620

在非洲, 617—620, 629, 639—640

(参见 South Africa 条)

在阿尔巴尼亚, 336, 343—345

在澳大拉西亚和加拿大, 409—410

在奥地利, 249, 324, 332—339, 340

在巴尔干半岛各国, 25, 323—324, 328, 333—336, 337, 343—345

在保加利亚, 347

在中国, 437, 439, 448, 454

在克罗地亚, 334, 337, 338, 340

捷克的民族主义，249，332—333，337—339

在埃及和突尼斯，595—601，632，640

在芬兰，201

在法国，310，322，557

在德国，44，119，280，283，297

在匈牙利，249，339—340

 在印度，394，409，411，423，430—431，433—435

 在爱尔兰，44，104，248—249，250，256，389，391

 在意大利，44，409

 在波兰，44，249，282，287，292，360

 在俄国，51，248，335，360，366，370—372，546—547，553，556—557（参见 Par-Sla-vism 条）

 在斯堪的纳维亚，249

 在南非，阿非利加人，410，594，634—635，637—638

 在土耳其，249，325，637，638

 在美国，512—513，692

 在威尔士，181

Naturalism in Literature，文学中的自然主义，134，142—143

Naumann, Friedrich，瑙曼，弗里德里希，德国社会学家，244，265，279

 他的《民主制度与帝国的尊严》，295

Navies，海军

 技术发展，41—42，228—234

 国际竞争，48，61，206，220，228，231—240，292，295—296，570，648，660

 参见各国条

Navy Leagues，海军协会，233，234，296

Négrier, Franço is-Oscar de，奈格里埃，弗朗索瓦-奥斯卡·德，法国将军，209

Negroes，黑人，见 United States of A-merica 条

Nelidov，涅利多夫，俄国外交家，588

Nervo, Amado，内尔沃，阿马多，墨西哥诗人，539

Nesfield, Eden，内斯菲尔德，伊登，英国建筑家，163

Netherlands，荷兰

 贸易和工业，8

 劳动条件，21

 政治结构和发展：自由主义，33，264；教士的政党，34，261；宪法的修正，260；选举权，260；社会立法，265；社会主义政党，270

 教育：创办阿姆斯特丹大学，183；教派的和国立的学校，268

Newcastle Education Commission，纽卡斯尔教育委员会，189

Newfoundland，纽芬兰，386，400，401，674

New Guinea，新几内亚，252，385，587，643，648，649

 德商新几内亚公司，648

Newman, John Henry, Cardinal，纽曼，约翰·亨利，红衣主教，英国神学家，他的《大学教育论文集》，180

New South Wales and Pacific expansion, 新南威尔士与在太平洋的扩张, 642, 648

Newspapers, 报纸

　　廉价报纸, 4, 68, 98

　　新闻的影响, 32, 120

　　采用新的印刷方法, 98—99

　　在澳大利亚和加拿大, 406

　　在法国, 120, 318, 320

　　在英国, 68, 395, 403, 406

　　在印度, 434

　　在日本, 478

　　在俄国, 359, 373

　　在美国, 504

"New Unionism", "新工联主义", 15

　　参见 Trade unions 条

New Zealand, 新西兰

　　人口: 向新西兰的移民, 4, 11

　　经济结构和发展: 农业的发展和初级产品的生产, 5, 397—398; 政府在银行危机中采取的行动, 400

　　贸易和工业, 5; 肉类和奶制品, 397, 398

　　政治发展: 选举权, 29, 390, 391; 自治, 251, 386; 统一, 389; 自由党—工党联盟, 393

　　教育: 创办大学, 183

　　国防, 226

　　没收毛利人的土地, 386

　　着意于太平洋上的扩张, 641—642, 648—649, 663

　　联邦法案, 648

　　参见 Australasia 条

Nicholas I, 尼古拉一世, 俄国沙皇, 562, 567, 568

Nicholas II, 尼古拉二世, 俄国沙皇, 254, 372, 374, 375, 378, 379, 382, 570, 592

Nicholas of Montenegro, Prince, 门的内哥罗的尼古拉亲王, 335

Nicholson, Sir William, 尼科尔森爵士, 威廉, 英国画家, 172

Nickel, 镍, 94

Nieh Shil-ch'eng, 聂士成, 中国军官, 458

Nietzsche, Friedrich, 尼采, 弗里德里希, 81, 113, 114, 120, 144

　　他的《悲剧的诞生》, 101, 113

Niger territory, 尼日尔领地, 603, 604, 606—610 各处, 620—621, 626, 629—631

　　拉各斯, 602

　　在柏林会议上领地被瓜分, 606

Nigeria, 尼日利亚

　　皇家尼日尔公司, 385

　　英国统治的巩固, 386

Nile, struggle for control of, 控制尼罗河的斗争, 见 Sudan 条

Nitro-glycerine, 硝化甘油, 92—93

Nittis, Giuseppe de, 尼蒂斯, 朱塞佩·德, 意大利画家, 158

Nobel, Alfred, 诺贝尔, 阿尔弗雷德, 瑞典制造商, 13, 14, 43, 93, 207

North America, 北美洲

　　向北美的移民, 4, 11, 247

　　北美的公共卫生, 20

　　油井, 97

　　北美英国殖民地的自治, 104, 386

　　工业化, 247

　　英国殖民地的联邦, 386

黄金的发现，401

教育，404

参见 Canada, United States of America 各条

Northcliffe, 1st Viscount, 诺思克利夫, 第一代子爵, 见 Harmsworth, Alfred Charles William 条

Northrop, J. H., 诺思罗普, 发明自动织机的美国发明家, 98

Norway, 挪威, 22, 23, 29, 30, 201, 245, 249, 260, 270, 273

Novipazar, Sanjak of, 新帕扎尔行政区, 336, 342, 344

Nubar Pasha, 努巴尔帕夏, 埃及大臣, 585

Nuri Bey, 努里贝伊, 土耳其作家, 326

Nyasa, Lake, 尼亚萨湖, 613, 636

Nyasaland, 尼亚萨兰, 618, 632, 637

Oceania, 大洋洲, 385

O'Conor, Sir Nicolas, 奥康纳爵士, 尼古拉斯, 英国外交官, 570

Oil, 石油, 见 Petroleum 条

Oil-firing, in ships, 石油作为船舶的燃料, 97

Oil tankers, 油轮和油罐车, 97

Okubo Toshimichi, 大久保利通, 日本官员, 468, 469, 470, 471, 476, 477—478, 646, 647

Okuma Shigenobu, 大隈重信, 日本官员, 468, 469, 478—479, 480, 481, 482

Olney, Richard, 奥尔尼, 理查德, 美国国务卿, 472, 673, 679

Oman, 阿曼, 591

Omdurman, British defeat of dervish army at, 英国在恩图曼打败马赫迪军队, 564

Omer Pasha, 奥马尔帕夏, 330

Ordóñez, 奥多涅斯, 见 Batlle Ordóñez 条

Osman Pasha, 奥斯曼帕夏, 208, 342

Ostwald, Wilhelm, 奥斯特瓦尔德, 威廉, 化学家, 85—86

Ottoman empire, 奥斯曼帝国, 见 Turkey 条

Oxford University, 牛津大学, 125, 180, 成为神学和科学争论的中心, 125

与妇女教育, 198

Pacific, War of the, 太平洋战争, 522, 523, 533—536, 540

Pago Pago, 帕果帕果, 见 Samoa 条

Pahlen K. I., 巴伦, 俄国司法大臣, 357

Palacios, Alfredo, 帕拉西奥斯, 阿尔弗雷多, 阿根廷社会主义者, 531

Palacký, František, 帕拉茨基, 弗兰蒂舍克, 捷克政治家和历史学家, 323

Palmerston, Henry John Temple, 3rd Viscount, 帕麦斯顿, 亨利·约翰·坦普尔, 第三代子爵, 英国政治家, 414, 416, 568, 571, 583, 586, 592

Pamir Russian invasion of, 俄国侵犯帕米尔, 590

Panama, 巴拿马, 518

Panama Canal, 巴拿马运河, 46, 71, 317, 676—679, 686

Pan-Germanism, 泛日耳曼主义, 297

Pan-Slavism, 泛斯拉夫主义, 51, 208, 212, 248, 335, 348, 360, 546—547, 553, 556—557

Papacy, 教皇, 见 Vatican; Roman Catholic Church 各条

Paper industry, 造纸工业, 3

Paraffin stoves, introduction of, 煤油炉的使用, 97

Paraguay, 巴拉圭, 525, 530, 533, 670

Paraguayan War, 巴拉圭战争, 530, 534, 540

Parents' National Education Union, 全国家长教育协会, 193

Pareto, Vilfredo, 帕雷托, 维尔弗雷多, 意大利实证主义者, 他的《社会主义制度》, 116

Paris, Louis Philippe, Comte de, 巴黎伯爵, 路易·菲力浦, 302

Paris Salon of Art, 巴黎艺术沙龙, 164, 171

Paris, Treaty of (1856), 巴黎条约（1856年）, 543
　巴黎条约的黑海条款, 37, 543, 569

Parker, Barry, 帕克, 巴里, 英国建筑家, 164

Parkes, Sir Henry, 帕克斯爵士, 亨利, 澳大利亚政治领袖, 407

Parliaments, 议会
　增加议会权力的努力普遍遭到失败, 25—26
　在欧洲, 255—262
　在美国, 490—493

Parnell, Charles Stewart, 巴涅尔, 查尔斯·斯图尔特, 爱尔兰领袖, 256, 389, 391

Parochial Charities of London Act, 伦敦教区慈善事业法, 203

Parsons, Sir Charles Algernon, 帕森斯爵士, 查尔斯·阿尔杰农, 英国工程师, 与汽轮机船, 96

Pasteur, Louis, 巴斯德, 路易, 法国生物学家, 19, 59, 81, 82, 83, 84

Patagonia, 巴塔戈尼亚, 540

Pater, Walter, 佩特, 沃尔特, 英国作家, 126, 127, 132

Pattison, Mark, 帕蒂森, 马克, 牛津大学林肯学院院长, 182

Pauncefote, Sir Julian, 庞斯福特爵士, 朱利安, 英国驻美大使, 676
　海—庞斯福特巴拿马运河条约, 676—678

Peabody, Elizabeth, 皮博迪, 伊丽莎白, 美国慈善家, 193

Peabody Education Fund, U.S.A., 美国皮博迪教育基金会, 186

Peacock, Thomas Love, 皮科克, 托马斯·洛夫, 英国小说家, 180

Pearl Harbour leased to U.S.A., 珍珠港出租给美国, 650

Pearson, Arthur, 皮尔逊, 阿瑟, 英国报业主, 68

Pease, Edward, 皮斯, 爱德华, 费边社秘书, 他的《费边社历史》, 108

Pedro Ⅱ，佩德罗二世，巴西皇帝，
　　527，528，537
Peel，Sir Robert，皮尔爵士，罗伯特，
　　英国政治家，400，414，415
Peerage，Great Britain，英国的贵族
　　贵族成分的变化，31—32
　　贵族的政治影响，31—32，393
　　与美国女继承人结婚的风气，32
Péguy，Charles Pierre，贝玑，沙尔·
　　皮埃尔，法国诗人和小品文作
　　家，138，320，321
Peixoto，Floriano，佩绍托，弗洛里亚
　　诺，巴西总统，528
Peking，Treaty of，北京条约，374
Peking (Alcock) Convention，The，北
　　京（阿礼国）协议，437，442—
　　443，444
Pelew Islands，帛琉群岛，662
Pelloutier，Fernand，佩卢蒂埃，费尔
　　南，法国工会活动家，317
Penjdeh incident，平狄事件，556，
　　579，581，587，653
Pepper，John Henry，佩珀，约翰·亨
　　利，英国化学家，195
Perkin，William，柏琴，威廉，英国
　　化学家，84，92
Perret，Auguste，佩雷，奥古斯特，法
　　国建筑家，174
Perry，Matthew Galbraith，佩里，马修·
　　加尔布雷思，美国舰队司令，670
Persia，波斯，412，416，572
　　萨非王朝，417
　　与阿富汗，567，578
　　在英国—印度商路上的地位，569，
　　577，580

俄国和英国在波斯的利益，579—
　　583
Persian Gulf，波斯湾，385，580，582，
　　583
　　英国炮舰在波斯湾，567
　　德国铁路计划，591
Peru，秘鲁，517，523，525，530，
　　531，534
　　在太平洋战争中，523，533—535
Pescadores，佩斯卡多尔列岛（即澎湖
　　列岛），484，657，658
Pestalozzi，Johann Heinrich，裴斯泰洛
　　齐，约翰·亨利希，瑞士教育
　　家，193，199
Peters，Karl，彼得斯，卡尔，德国探
　　险家，612
Petrol engine，汽油发动机，41，96，
　　209，395
Petroleum，石油，3，73，96—97，
　　368
Phayre，Sir Arthur Purves，费尔爵士，
　　阿瑟·珀维斯，英国驻缅甸首席
　　专员，418
Philadelphia Enquirer，《费城问询报》，
　　轮转式印刷，99
Philippines，菲律宾，35，239，563，
　　662，683—684，685—686
Phillips，Peregrine，菲利普斯，佩里
　　格林，英国制造商，91
Phylloxera，葡蚜，307
Physics，物理学
　　物理学的发展，77—80，103—104
　　原子物理学的开端，80
Picquart，Colonel，皮卡尔上校，320
Picric acid，苦酸，93

Pierce, Charles, 皮尔斯, 查尔斯, 美国哲学家, 117

Piérola, Nicolās de, 彼罗拉, 尼古拉斯·德, 秘鲁领袖, 535

Pirandello, Luigi, 皮兰德娄, 鲁伊治, 剧作家, 137

Pisarev, D. I., 皮萨列夫, 德·伊, 俄国虚无主义作家, 359

Pissarro, Camille, 毕沙罗, 卡米耶, 法国印象派画家, 155, 157, 158, 166

Pius Ⅸ, 庇护九世, 教皇
  他的《现代错误学院汇编》, 118, 304, 314
  任期的结束, 118
  因禁于梵蒂冈, 544

Pius Ⅹ, Pope, accession of, 庇护十世教皇即位, 118

Pixii, Hippolyte, 皮克西, 伊波利特, 法国科学家, 86

Plehve, V. K., 普列维, 维·康, 俄国警察首脑和内政大臣, 373

Plekhanov, and Swiss Liberation of Labour Group, 普列汉诺夫, 与瑞士劳动解放社, 110

Plevna, Turkish defence of, 土耳其防守普列文, 208, 547

Plombières, Pact of, 普朗比埃尔条约, 39

Plunkett, Sir Horace Curzon, 普隆克特爵士, 霍勒斯·柯曾, 爱尔兰, 农业改革家, 397

Pneumatic tyres, 充气胎, 3, 97—98

Pobedonostsev, K. P., 波别多诺斯采夫, 康·彼, 俄国东正教最高会议总监, 363—364, 365, 366

Poe, Edgar Allan, 爱伦·坡, 埃德加, 美国诗人和短篇小说作家, 132

Poincaré, Raymond Nicolas Landry, 彭加勒, 雷蒙·尼古拉·朗德里, 法国机会主义者, 321

Poland, 波兰, 25
  德国的波兰人, 44, 249, 282, 287, 292—293
  民族主义, 44, 249, 282, 287, 292, 360
  驻波兰的俄国军队, 214
  移民, 247
  俄罗斯化, 248—249, 366
  在奥地利（加里西亚）的波兰人, 332, 338
  土地改革, 360
  社会主义者, 371

Polish minority in Germany, 德国的波兰人少数民族, 44, 249, 282, 287, 292—293

Political parties, 政党
  政党的发展和性质, 26—27, 30—32, 34, 110—111, 225—264, 270—273
  参见各国条

Polytechnics, 工艺, 202—203

Pomak rising, 波马克人起义, 343

Ponty, 蓬蒂, 法国殖民地行政官员, 632

Popular Science Monthly,《大众科学月刊》, 105

Population, increase in, and migratios of, 人口的增长与移民, 4—5,

11—12, 14, 30, 245—247, 689—691
在澳大拉西亚，4, 11—12, 393, 401—402
在奥地利，12, 246, 337
在中国，12n.
在古巴，525
在欧洲，245—246
在法国，12, 48, 245—247, 308—309
在德国，12, 30, 48, 58, 246, 285—286
在英国，5, 12, 245—247, 386, 393, 401—402
在爱尔兰，247, 388
在意大利，30, 246
在日本，12, 485
在拉丁美洲，4, 12, 516—519, 520—522, 525
在波兰，247
在俄国，12, 30, 48, 246, 354, 369
在南非，4, 11, 393, 401, 633
在瑞典，245
在美国和加拿大，4, 11—12, 48, 50, 247, 401—402, 489, 501, 511, 671, 689—691
Populism，平民主义，民粹主义
在美国，27, 500—504
在俄国，362, 371, 373
Portal, Sir Gerald Herbert，波特尔爵士，杰拉尔德·赫伯特，英国外交家，624, 625
Port Arthur, Russians in，俄国人在旅顺港，374, 485, 563—564, 583, 660—661

Porter, Noah，波特，诺亚，美国牧师，耶鲁大学校长，182
Portsmouth, Treaty of (1905)，朴次茅斯条约（1905年），374
Port Sunlight，桑莱特港，69, 164
Portugal，葡萄牙，30, 36n., 189, 260, 261
殖民地事务，563, 604, 637, 662
Positivism，实证主义，101, 109, 114—117, 119
Post-Impressionist school of painting，后印象画派，154, 171
Poussin, Nicolas，普桑，尼古拉，法国画家，157
Poverty，贫穷，1, 17, 24, 30
Powell, John Wesley，鲍威尔，约翰·韦斯利，美国地质学家，183
Prada, Manuel González，普拉达，曼努埃尔·冈萨雷斯，秘鲁爱国者和自由主义者，531
Prado, Mariano，普拉多，马里亚诺，秘鲁总统，535
Pragmatism，实用主义，117, 120
Prague Treaty (1866)，布拉格条约（1866年），249, 282
Pre-Raphaelite movement，拉斐尔前派运动，160, 171
Press，新闻，见 Newspapers 条
Prices, decline in，价格的下降，2, 10—11, 70
Primrose League, The，樱草会（英国保守党的选举团体），391
Prinsep, Henry Thoby，普林塞普，亨利·索比，在印度的英国文职人员，433

Printing,印刷术,98—99
Profits, decline in,利润的下降,2,10—12,70—71
Protectionism,保护贸易主义,见 Tariffs and Free Trade 条
Protestantism, new trends in,新教的新派别,117—118
Proudhon, Pierre Joseph,蒲鲁东,比埃尔·约瑟夫,法国社会主义者和思想家,109,313
Prudhomme, Sully,普律多姆,苏利,法国诗人,138
Pryde, James,普赖德,詹姆斯,英国画家和广告艺术家,172
Public health, advances in,公共卫生的进步,18—21,24
Public schools,公学
  在英国,177—179,189
  法国模仿英国,192
P'u Chün, Prince,溥儁,王子,被指定为中国的王位继承人,456,462—463
Puerto Rico,波多黎各,516,683
Pueyrredón, Prilidiano,普埃雷东,普里利迪亚诺,阿根廷画家,538
P'u Lun, Prince,溥伦,亲王,道光皇帝的长孙,445,446,456
Punch,《笨拙》周刊,70
Puttkamer, Robert Viktor von,普特卡默,罗伯特·维克多·冯,普鲁士内政大臣,280
Puvis de Chavannes, Pierre,皮维斯·德夏凡纳,皮埃尔,法国画家,165

Queensland,昆士兰
  昆士兰的棉花和糖,385
  对东新几内亚提出领土要求,648
Rabih,拉比赫,穆斯林领袖,619,622,630,631
Racialism,种族主义,107—108,119,297,434
  见 Anti-semitism 条
Radetzky, Count Johann Josef,拉德茨基伯爵,约翰·约瑟夫,奥地利陆军元帅,214
Radio-activity, study of,放射性的研究,80
Radiowaves, discovery of,无线电波的发现,78
Radium, isolation of,镭的分离,80
Radowitz, Joseph Maria von,拉多维茨,约瑟夫·玛丽亚·冯,德国外交家,589
Railways,铁路,见 Transport and Communications 条
Ramkrishna,罗摩克里希纳,印度思想家,430
Ram Mohan Roy,拉姆·摩罕·罗易,孟加拉思想家,412,422,431
  "梵社"的创始人,430
Ramsay, Sir William,拉姆赛爵士,威廉,科学家,79
Ramsey, Agnata,拉姆齐,阿格纳塔,198
Ranjit Singh,兰吉特·辛格,旁遮普的锡克统治者,417
Ranke, Leopold von,兰克,利奥波德·冯,德国历史学家,115

Raphael，拉斐尔，意大利画家，157；对雷诺阿的影响，170

Rawlinson, Sir Henry，罗林森爵士，亨利，英国印度事务参事会参事，576

Redistribution Act，选区重新划分法（1885年，英国），31，255

Reeves, William Pember，里夫斯，威廉·彭伯，新西兰社会和经济改革家，389

他的《澳大利亚和新西兰的国家实验》，403

Refrigerated ships，冷藏船，5，394，397，520

Regent Street Polytechnic，摄政街工艺学校，203

Regnier, Henri de，雷尼埃，亨利·德，法国诗人，138

Reid, Whitelaw，里德，怀特洛，美国政论作家，495

Reinach, Joseph，赖纳克，约瑟夫，法国政治家，321

Reinhardt, Max，赖因哈特，马克斯，德国导演，142

Reinsurance Treaty, The (Germany-Russia, 1887)，再保险条约（德俄，1887年），39n.，40n.，224，366，558，559，613

Religion，宗教
  新教中的新派别，117—118
  基督教科学派，117
  救世军，117
  基督教与希腊文化，125—126
  穆斯林与基督教之间的关系，325，328—330
  希腊正教，329，343
  婆罗门教，324
  印度教，423，433—434
  芝加哥世界宗教代表大会（1893年），430
  佛教，433
  伊斯兰教，574，594，595，598，609，619—620（参见 Muslims 条）
  萨努西派，596，619，622
  泛灵教，618，632
  非洲的科普特基督教会，620
 参见 Church and state；Education；Missionary activities；Roman Catholic Church；Theology；The Vatican 各条

Rembrandt，伦勃朗，印象画派的先驱，157

Renan, Ernest，勒南，厄内斯特，法国语文学家和历史学家，322

他的《精神和道德的改革》和《科学的未来》，116

Renoir, Auguste，雷诺阿，奥古斯特，法国印象派画家，155，156—158，159，170

Reutern, M. von，路特恩，冯，俄国财政大臣，355

Rhodes，罗得岛，573

Rhodes, Cecil John，罗得斯，塞西尔·约翰，南非政治家，66，614，636，637，638

Rhodesia，罗得西亚，385，614，637，638

Rhodope rising，罗多皮起义，343

Rhys, Sir John，里斯爵士，约翰，威尔士语文学家和教育家，190

Ribot, Alexandre, 利鲍, 亚历山大, 法国政治家, 192, 224
利鲍委员会, 179, 192
Richardson, Henry Hobson, 理查森, 亨利·霍布森, 美国建筑家, 154, 164, 174, 176
Richter, Eugen, 李希特尔, 欧根, 德国自由主义领袖, 279, 296, 298
Rieger, Ladislaus, 里格尔·拉迪斯劳斯, 捷克领袖, 333, 337, 338, 339
Rifat Bey, 里法特贝伊, 青年土耳其党杂志编辑, 326
Riis, Jacob, 里斯, 雅可布, 丹麦出生的美国新闻工作者, 他的《另一半人是怎样生活的》, 511
Rilke, Rainer Maria, 里尔克, 雷纳·玛丽亚, 德国诗人, 145
Rimbaud, Arthur, 兰波, 阿尔图尔, 法国诗人, 130—131, 138
Ripon, George Frederick Samuel Robinson, Marquis of, 里彭侯爵, 乔治·弗雷德里克·塞缪尔·鲁宾逊, 任印度总督, 425, 432, 434
Ritchie, D. G., 里奇, 戴·乔, 英国哲学家, 105
Rivera, Diego, 里维拉, 迭戈, 墨西哥画家, 538
Roberts, Sir Frederick Sleigh, later Earl Roberts of Kandahar, Pretoria and Waterford, 罗伯茨爵士, 弗雷德里克·斯莱, 后为坎大哈、比勒陀利亚和沃特福德的罗伯茨伯爵, 英军总司令, 227, 576
Roberts, Isaac P., of Cornell University, 康奈尔大学的艾萨克·罗伯茨, 183
Robilant, Count di, 罗比兰特伯爵, 意大利外交大臣, 614
Robinson, Hercules George Robert, Lord Rosmead, 罗宾逊, 赫尔克里士·乔治·罗伯特, 罗斯米德勋爵, 任驻南非高级专员, 638
Rockefeller, John Davison, 洛克菲勒, 约翰·戴维森, 美国商人和慈善家, 13, 14, 50, 73, 506, 508
Rodd, Sir James Rennell, later 1st Baron Rennell of Rodd, 罗德爵士, 詹姆斯, 伦内尔, 后为罗德的第一代伦内尔男爵, 任英国驻埃塞俄比亚使节, 628
Rodó, José Enrique, 罗多, 何塞·恩里克, 乌拉圭作家, 539
Roedean School, 罗丁学校, 198
Roentgen, Wilhelm Konrad, 伦琴, 威廉·康拉德, 德国物理学家, 80
Roggenbach, Freiherr von, 罗根巴赫男爵, 冯, 293
Roman Catholic Church, 罗马天主教
与工会, 15, 117—118
与政党, 34, 117—119, 261, 267—268, 282, 284, 287—288, 292, 544
与传教团体, 46, 118, 624
理论和发展, 117—118, 266—268, 282, 304, 314—315
社会天主教和天主教民主, 117—118
参见 Church and state; Leo XIII; Pius IX; the Vatican 各条

Roon, Albrecht Theodor Emil, Count von, 罗昂伯爵, 阿尔勃莱希特·泰奥多尔·艾米尔, 冯, 普鲁士陆军大臣, 215
  与德国海军的创建, 235
Roosevelt, Theodore, 罗斯福, 西奥多, 美国总统（共和党人）, 73, 238, 515, 672, 675, 679, 688
Root, Elihu, 鲁特, 伊莱休, 美国陆军部长, 239, 675
Rosas, Juan Manuel de, 罗萨斯, 胡安·曼努埃尔·德, 阿根廷独裁者, 540
Roscoe, Henry, 罗斯科, 亨利, 英国化学家, 59
Rosebery, Archibald Philip Primrose, 5th Earl of, 第五代罗斯伯里伯爵, 阿奇博尔德·菲利普·普里姆罗斯
  任英国外交大臣, 571, 575, 587, 591, 622, 624, 625
  任首相, 590
Ross, Sir Ronald, 罗斯爵士, 罗纳德, 82
Rossetti, Dante Gabriel, 罗赛蒂, 丹特·加布里埃尔, 英国画家和诗人, 155, 160
Rotary printing press, 轮转式印刷机, 99
Rothschild, N. M. and Sons, 路特希尔德家族, 商业银行家
  与苏伊士运河, 584
  与南非, 636
Roulin, Madame, painted by Van Gogh, 梵高画的卢兰夫人像, 169

Roumania, 罗马尼亚, 6, 22, 25, 30, 40n., 244, 249, 260, 261, 264, 273, 335, 348
Roume, 鲁梅, 法国殖民地行政官员, 632
Roumelia, 鲁米利亚, 328, 346, 347, 548, 556, 572
Roy, 罗易, 见 Ram Mohan Roy 条
Royal Academy, Chantry Bequest purchases, 皇家艺术院（钱特里遗产基金会购买）, 164
Royal Botanic Gardens, Kew, 丘镇皇家植物园（一译丘园）, 398
Royal College of Science, 皇家科学学院, 196
Royal Institution, The, 英国科学研究所, 203
Royal Niger Company, 皇家尼日尔公司, 385, 607
Royal School of Mines, 皇家矿业学校, 196
Rubber industry, 橡胶工业, 3, 97—98
  在印度建立橡胶种植园, 97—98
Rudini, Marchese Antonio di, 鲁迪尼侯爵, 安东尼奥, 意大利大臣, 615
Ruskin College, 罗斯金学院, 203
Ruskin, John, 罗斯金, 约翰, 英国作家, 126, 157, 160, 175, 202
Russel, John, 1st Earl Russel, 拉塞尔, 约翰, 第一代拉塞尔伯爵, 414, 571, 577
Russia, 俄国
  贸易和工业：工业生产, 3, 6, 48,

354—355；纺织业，3，368；作为初级产品的出口者，6，10，54；关税，10；政府的管理，22；技术的发展，48；煤和生铁的产量，354，368；在外高加索发现石油，368

经济结构和发展：关税，10，64，368；外国工业投资，355，367，368；外国工业投资与国家，369，379；私营银行，355；国债，355，369；税收，355，367，369；贵族土地银行向土地所有者提供的补助金，365；财政改革，367；工业化，368—369；采用金本位制，369；农民土地银行，370，380

人口，12，30，48，246，354；死亡率，20，369

社会结构和发展：工会，15，371，376，380；为警方的密探所操纵的工会，373，374；群众的不满，30，370；工人的保险，265；农民在政治上的迟钝，352；知识界，352，359，362，370；原来的农奴的状况，353—354，367，369；土地贵族的衰落，354，365，370；在西伯利亚的强制劳动，357；地方自治会所起的社会桥梁作用，357；饥馑，367，370；工业中的劳动条件，370；总罢工，377；第一届杜马中的农民成分，379；不断壮大的城市无产阶级，380；宗教信仰自由，381

政治结构和发展：政府对公用事业的控制，22；政治上的落后状况和缺少宪法，23，26，30，263；保守主义，27；自由主义，27，263，264，371，373，377，381；选举制度，30，364，377—379；废除农奴制，47，243，352—353；民族主义（泛斯拉夫主义），51，248，335，360，546—547，553；无政府主义，108，269，359；布尔什维克党，110，272，373，376；马克思主义和社会主义，111，112，272，371，373；1905年的革命，120，188，245，376—378，382；专制君主政体，244，352，372，378—379；用武力反对民主，225；革命的因素，260，261—262，272—273，354，358—359，362，370—374，375—379；警察国家的状况，270，373—374，379—380；学生的骚动，358；新闻和检查制度，359，373；虚无主义者，359；对柏林条约的不满，361；民粹派的政党，362，371，373；反犹太主义，365—366，374；社会民主党，371，376；边境地区的工人运动，371—372；地方自治会的领袖们要求制订宪法，372，375，377；"社会革命党"（民粹派），373；解放同盟，373；孟什维克，373，376；全俄农民联合会，376；杜马，377，378，380，381；十月诏书，377—378；圣彼得堡苏维埃，377—378；立宪民主党，378，

379，380；俄国人民同盟，378；帝国根本法，378—379

外交：谴责巴黎条约有关黑海的条款，37，543，569；联盟体系，39—42，361，366—367（参见 Three Emperors' League 条）；在波斯的行动，42，583；提议召开海牙会议，43；扩张主义政策，384；惧怕在黑海的英国舰队，548；在中亚的行动，556，569，575—576（参见 Afghanistan 条）；在近东的地位，561；与法国和德国一起保护中国，657—658；参见与各有关国家的关系部分

与法国的关系，39—40，216，224—225，312，366—367，546，557，561，601，657—658；法俄联盟（1892—1894 年），39n.，40，42，224—225，312，366，552，558，559—560，566，570，613，623，657，658

与中国的关系：在华北和满洲的扩张，42，563，583，654，657—667 各处，686—688；取得旅顺港，374，485，563—564，583，660—661；占领新疆伊犁地区，447；里瓦几亚条约和圣彼得堡条约（中俄改订条约），447；占领满洲（1900 年），462，664；财政援助，657—658，659；支持中国反对日本，657—658；要求筑路权，658—659，661，663；支持中国反对德国，659—660；俄华道胜银行，659，663，667；对朝鲜的阴谋计划，664；从满洲撤退，667

武装力量（1）：防务开支，43，240；军事装备，206，208；骑兵，210；动员方法，213—214；米柳亭的改革，213，215，23，361；波兰人的部队，214；征兵制，215，219，361；陆军的规模，217，223；尼古拉总参谋学院，218；政治影响，219—220；作为国家的象征，222；部署，223—224；在高加索，225；提议限制军备，241；士气低落，376；从征服的穆斯林民族中征募军队，574

武装力量（2），海军事务：海军的重要性有限，228；兵变，376

交通运输：铁路发展计划，51，212，355，368；西伯利亚铁路，51，212，368，564，655，658，666；铁路不适应战略要求（1876 年），214；修筑铁路的费用，224，240，564；里海铁路，581；要求在满洲的筑路权，658—659

教育，188，358—359，364—365

与波兰的关系，214，248—249，360，波兰社会民主党，371

波罗的海各省，248，360，366；在波罗的海各省的政治行动，372

巴尔干事务，323，336，337，342，345，348，360—361，367，544—548；泛斯拉夫主义，51，248，335，360，546—547，553；与保加利亚，208，212，348，556—557；比萨拉比亚割让给俄国，342；俄国撤出巴尔干半岛，

346；在马其顿进行改革的建议，348；参见"与土耳其的关系"

与土耳其的关系，328，329，342，345，346，347，583；参见 Russo-Turkish War 条

与奥匈帝国的关系，336，361，366—367，545，546—548，551—552，557；参见 Three Emperors' League 条

农业的萧条，354；土地使用权，367，370；土地改革，369，380—381

司法制度，356—357，364

地方政府改革，357；地方自治会的建立和工作，357—358，364，371，372—373

政教关系，365；在波罗的海各省，366

与德国的关系，366—367，368，545—546，551；与德国签订再保险条约，39n.，40n.，224，294，366，558，559，613；在远东，657，660；参见 Three Emperors' Alliance 条

与日本的关系，484，485，486，647，656—658，661—667；参见 Russo-Japanese War 条

与波斯的关系，577，579—582，583

与英国的关系，见 Great Britain 条下，参见 Armenia；Baltic Provinces；Finland；Georgia 各条

Russo-Japanese War，日俄战争，35，42，212，240，374，554，566，688

朴次茅斯条约，374

对马海战，377，569，579

Russo-Turkish War，俄土战争，35，38，204，337，341，355，360—361，547

圣斯特法诺条约，38，343，344，361，547—548，572，573

Ruthenians in Austria，奥地利的罗塞尼亚人，332

Rutherford, Mark (i. e. William White)，拉瑟福德，马克（即威廉·怀特）英国小说家，125

Ryukyu Islands，琉球群岛，483，644，645，646，653

被日本接管，647

Sagasta, Práxedes Mateo，萨加斯塔，普拉塞德斯·马特奥，西班牙自由党领袖，188

Sahara，撒哈拉，611

修筑穿过撒哈拉沙漠的铁路的计划，603

Said Pasha，赛义德帕夏，埃及总督，583

Saigo Takamori，西乡隆盛，日本官员，468，471

武士叛乱的首领，476

与朝鲜战争的计划，646

Saigo Tsugumichi，西乡从道，日本军人，647

Sailing ship, survival of，仍在使用的帆船，52

St Andrews University，圣安德鲁斯大学，181，198

Saint-Hilaire, Étienne，圣伊雷尔，埃蒂耶纳，法国生物学家，80

Saint-Hilaire, Jules Barthélemy，圣伊

雷尔，朱尔·巴特尔米，法国外交部长，596

St Leonards School，圣伦纳兹学校，198

St Lucia Bay，圣卢西亚湾，635

St Pancras Station，圣潘克拉斯车站，154，163，175

St Petersburg, Treaty of (1881)，圣彼得堡条约（1881年），447

Saionji，西园寺，日本官员，482

Sakhalin Island，萨哈林岛（库页岛），647

Salisbury, Robert Arthur Talbot Gascoyne Cecil, 3rd Marquis of，索尔兹伯里，罗伯特·阿瑟·塔尔伯特·盖斯科因·塞西尔，第三代索尔兹伯里侯爵，英国保守党政治家，38

　论海牙会议，43

　论要求建立海外基地，223

　建立国防委员会，228

　与国会活动，255

　论给土耳其的贷款，345

　任首相，389，390，392

　与党的组织，391

　论《每日邮报》，406

　论在印度的安全措施，416，590

　与东欧政策，548，553，556，557，558

　论联盟，560

　论防御君士坦丁堡，568

　论英国在欧洲的地位，571

　论地中海和利凡得的安全，572—573，575

　论利凡得文明，573

　论喀布尔埃米尔舍尔·阿里，578

　与同波斯的关系，580，582

　与埃及的问题，587—588，601，610—611，613，615，622，628，631，632

　与非洲帝国，593，610—611，612，614，615，616，637

　与东非铁路，629

　命令吉钦纳入侵苏丹，626—627

　他的关于"垂死的民族"的讲话，661—662

　论门罗主义，672

　与巴拿马谈判，676

　与取得威海卫，686

Salt Union (British)，联合制盐公司（英国），72

Salvation Army, The，救世军，117，402

Samain, Albert，萨曼，阿尔贝，法国诗人，137

Samoa，萨摩亚群岛，563，642—644，648，649，662，670

Samori，萨摩利，西非穆斯林领袖，608，610，620，625，629

Sampson, William Thomas，桑普森，威廉·托马斯，美国海军上将，239

Sangnier, Marc，桑尼埃，马克，118

San Stefano, Treaty of (1878)，圣斯特法诺条约（1878年），38，343，344，361，547—548，572，573

Santillán, Pedro Abad de，桑蒂连，佩德罗·阿巴德·德，阿根廷工联主义者，531

Sanusi，萨努西，教派，596，619，622

Sarmiento, Domingo Faustino，萨米恩托，多明戈·福斯蒂诺，阿根廷总统，537，539，540

Savaii（Samoa），萨瓦伊岛（萨摩亚群岛），663

Sayyid al-Mahdi，赛义德·阿里-马赫迪，萨努西派领袖，619

Scandinavia，斯堪的纳维亚半岛，木材和铁生产的发展，6

Schellendorf, Bronsart von，舍伦多夫，布龙扎尔特·冯，德国将军，他的《总参谋部的职责》，212

Scheurer-Kestner, Auguste，舒勒-凯斯特纳，奥古斯特，法国政治家，321

Schiller, Johann Friedrich von，席勒，约翰·弗里德里希·冯（1805年卒），140

Schlaf, Johannes，施拉夫，约翰奈斯，德国作家，142

Schleswig-Holstein，石勒苏益格-荷尔斯泰因，200，249，278，282

Schlieffen, Alfred, Count von，史里芬伯爵，阿尔弗雷德·冯，普鲁士将军，217，220，224，297

Schmoller, Gustav，施莫勒尔，古斯塔夫，德国经济学家，60

Schneider Works, and armaments，施奈德工厂与军备，240

Schönerer, Georg von，舍纳雷尔，格奥尔格·冯，奥地利德意志人，119，339

Schools Enquiry（Taunton）Commission，学校情况调查（汤顿）委员会，178，197

Schreiner, Olive，旭莱纳，奥利夫，南非作家，《一个非洲庄园的故事》，408

Schroeder, Ludwig，施罗德，路德维希，丹麦教育家，200

Schwarzenberg, Prince Charles，施瓦尔岑堡亲王，查理，奥地利人，323

Schwegel, Baron，施韦格尔男爵，奥地利外交部官员，336

Science，科学
　科学与政府力量的增长，18—19
　科学的进步，77—86，103—104
　科学与政治思想，103—104（参见Darwinism条）
　科学与宗教，117，125
　科学与文学，133
　科学与技术，（参见Technology条）

Scotland，苏格兰
　艺术，172—173
　教育，181—182，185，189，190—191，198
　农业，397
　任命苏格兰大臣，409

Scott, Dred，斯科特，德雷德，美国黑人，492

Scott, Sir George Gilbert，斯科特爵士，乔治·吉尔伯特，英国建筑家，154，163，175

Scott, R. W.，斯科特，美国发明家，98

Seddon, Richard John，塞登，理查德·约翰，新西兰政治领袖，407

Sée, Camille，塞，卡米耶，法国教育

家，200

Seeley, Sir John Robert，西利爵士，约翰·罗伯特，英国历史学家，251

Selborne, William Waldegrave Palmer, 2nd Earl of，第二代塞尔伯恩伯爵，威廉·沃尔德格雷夫·帕尔默，任殖民地事务次官，638

Selīm III，谢里姆三世，土耳其苏丹，324

Senegal，塞内加尔，603，609，610，611，621

Serbia，塞尔维亚
 政治结构：对公用事业的管理，22；选举权，30
 与土耳其的关系，36n.，328—329，330，335
 交通运输：铁路国有化，273
 与波斯尼亚的分治，333—334，335
 与俄国的关系，334，337，361
 秘密团体"塞尔维亚青年联盟"，335
 奥地利人的统治，336，348
 与阿尔巴尼亚，343—344
 通过柏林条约得到的领土，361

Seurat, Georges，修拉，若尔日，法国艺术家，154，165—166，167，170，175

Seward, William Henry，西沃德，威廉·亨利，美国国务卿，669，670

Sewing-machines, introduction of cheap，使用廉价的缝纫机，98

Seymour, Beauchamp，西摩尔，比彻姆，英国海军提督，458，599，601

Seymour, Sir Hamilton，西摩爵士，汉密尔顿，英国政治家，568

Shamil，沙密尔，切尔克斯人领袖，567

Shantung, Germans in，德国人在山东，457，485，563，569，660

Shaw, George Bernard，萧伯纳，乔治，剧作家和讽刺作家，127，128

Shaw, Richard Norman，萧，理查德·诺曼，英国建筑家，154，163—164，174，176

Sheng Hsüan-huai，盛宣怀，中国邮电局长，460

Sher Ali，舍尔·阿里，喀布尔埃米尔，567，574，577，578

Sherbrooke，舍布鲁克，见 Lowe, Robert, 1st Viscount 条

Sherman, John，谢尔曼，约翰，美国政治家，21，73，492，508，685

Sherman Anti-trust Act，谢尔曼反托拉斯法，21，508

Shimonoseki, Treaty of (1895)，马关条约（1895年），484，485，657

Shināsi Efendi，希纳西·埃芬迪，土耳其作家，326

Shipov D. N.，希波夫，德·尼，俄国保守派贵族，372，377，378

Shipping，航运业，见 Transport and communications 条

Shoes, ready-made，成品鞋，3

Shuvalov, Peter，舒瓦洛夫，彼得，俄国外交家，576

Siam，暹罗，241，418，560，590

Siberia，西伯利亚，357，380，564
　　西伯利亚铁路，51，212，368，564，655，658，666
Sickert, Walter，西克特，沃尔特，英国画家，158
Sidgwick, Henry，西奇威克，亨利，英国哲学家，198
　　他的《政治学精义》，114—115
Siemens, Frederick, and steet-making，西门子，弗里德里希，与炼钢技术，51，95
Siemens, Werner von，西门子，威纳尔·冯，德国科学家，60，62
Siemens, William，西门子，威廉，科学家，53，60
Sierra Leone，塞拉利昂，602，611
　　福拉湾学院，180
Signac, Paul，西涅克，保罗，法国画家，165—166
Simon, John，西蒙，约翰，医生，20n.
Sino-Japanese Treaty of commerce，中日商约，646
Sino-Japanese War (1894)，中日战争（1894年），35，179，204，240，451，453，475，481，654，656—658，684
　　中国舰队的失败，230—231，656
　　朝鲜成为战争的导火线，483，655—656
　　马关条约，484，485，657
Sipyagin, D. S.，斯皮亚金，德·谢，俄国内政大臣，372
Sisley, Alfred，西斯莱，阿尔弗雷德，印象派画家，155，157

Sivori, Eduardo，西沃里，爱德华多，阿根廷画家，538
Skobolev, Mikhail Dmitrievich，斯科鲍列夫，米哈伊尔·德米特里耶维奇，俄国军人，222
Skoda Works, and armaments，斯科达工厂与军备，240
Skyscrapers，摩天大楼，96，175
Slave Coast，奴隶海岸，606
Slave trade，奴隶贸易，384—385，611，618，622，632
Slavonia united with Croatia，斯拉沃尼亚，与克罗地亚联合，334
Smiles, Samuel，斯迈尔斯，塞缪尔，苏格兰著作家和社会改革家，69
Snow, John，斯诺，约翰，英国麻醉医师，82
Soap industry，肥皂工业，4，68，70—72
Social legislation，社会立法，14—15，20—24，265
　　在澳大利亚，404，408
　　在比利时，15，265
　　在丹麦和瑞典，265
　　在法国，15，265，312—314
　　在德国，15，21，264—265，273，289
　　在英国，14—15，20—21，23，75，203，264
　　在印度，265，415
　　在意大利，265
　　在荷兰，265
　　在俄国，265
　　在西班牙，15，21，265
Socialism，社会主义，34，111，243，

268—273

参见 Marxism；各国条下

Sociology，社会学，105—106，115，506—507

Soejima Taneomi，副岛种臣，日本外务大臣，645—646

Sokoto，索科托，尼日利亚酋长国，606，610，630—331

Solomon Islands, Lesser，小所罗门群岛，663

Somaliland, use of Indian troops in，在索马里兰使用印度军队，575

Sorel, Georges，索列尔，若尔日，法国哲学家，112—113，120

他的《工会的社会主义前途》，113

South Africa，南非

人口：向南非的移民，4，11；非欧洲成分，393，401；欧洲成分的迅速增加，633

贸易和工业，5，6；黄金，71，385，594，633，635，637；钻石，633

布尔战争，25，35，75，120，204，239，251，385，410，564—565，566，570，677，682；布尔战争中的装甲列车，212；布尔战争暴露了英国武装力量的弱点，227，237，239；从澳大拉西亚和加拿大来的志愿人员，407；布尔战争的爆发，638

布尔共和国：武装力量的优势，225；抵抗兼并，385（参见 Boer War 条）；阿非利卡民族主义，410，594，634—635，637，638；阿非利卡语的地位，410；德兰士瓦起义（第一次布尔战争，1881年），634，638

英国人居留地和防御能力，226

部族的反抗，385

德国的影响，385，561，633，635，637—638

"致克留格尔的电报"，43，561

地方政府，391

未遇到过的社会问题，404

英国在南非的统治，410，633—639；与自治问题，251，386，633

詹姆森袭击事件，561，594，637

班图人，633，634

荷兰改革派教会，634

阿非利卡协会，635，636，637

迪拉果阿湾铁路，637

浅滩危机，637

South Africa Chartered Company，南非特许公司，385，614，636，637

Spain，西班牙

经济发展：关税，10

政治和宪政的发展：社会立法，15，21，265；君主专制政体压倒共和政体，25，244；选举权，30，260；卡洛斯战争，244；国会和政党，260，261

教育，188—189

武装力量：军事领袖的影响，219；在海外承担的义务，225；海军在美西战争中，238

帝国在美洲的灭亡，533，662

参见 Spanish-American War 条

Spanish-American War，美西战争，35，120，202，204，238—239，512，533，563，662，671，676，

679—683，685，688

菲律宾为美国所占领，563，662

西班牙舰队在马尼拉湾遭到失败，662，683

宣战，682

Spencer, Herbert, 斯宾塞, 赫伯特, 英国哲学家，105，506

Spengler, Oswald, 施本格勒, 奥斯瓦尔德, 德国历史学家，162

Spurgeon, Charles Haddon, 斯珀吉昂, 查尔斯·哈登, 英国浸礼会传教士，406

Stalin, Joseph, 斯大林, 约瑟夫, 俄国领袖，120

Standard of living, 生活水平

生活水平的改善，4，17，28—29，71

德国和英国的对比，62

Standard Oil Trust (U.S.A.), 美孚石油托拉斯（美国），13，73，506，508

Stanislavsky (i.e. Konstantin Sergeivitch Alexeyevl), 斯坦尼斯拉夫斯基（即康斯坦丁·谢尔盖耶维奇·阿列克谢也夫），俄国戏剧导演，149

Stanley, Sir Henry Morton, 斯坦利爵士, 亨利·莫顿, 英国探险家，603

State, increased intervention and power of, 国家干预和国家权力的增强, 见 Government 条

Stead, William Thomas, 斯特德, 威廉·托马斯, 英国新闻工作者，406

Steam-ship, development of, 汽船的发展，5，52，228

Steam-turbine, 汽轮机，96

Steel industry, 炼钢工业

技术的发展，3，10，50—52，94—96，100

钢轨，95；钢管，96

第一艘钢壳船，95

成为建筑材料，96

用于装甲材料，96，230

在法国，57，95

在德国，13，48，51，58，74—76，240，285，290，398

在英国，48，50，95，100，308，398

在印度，429

在日本，485

在美国，4，10，48，50，57，96，398

Stein, Heinrich Friedrich Carl, Baron von, 施泰因男爵, 海因里希·弗里德里希·卡尔, 冯，246，280

Stein, Lorenz, 施泰因, 洛仑兹, 德国社会学家，244

Steinberger, Albert, 斯坦伯格, 艾伯特, 美国军人，643

Stephen, Sir James Fitzjames, Bt, 斯蒂芬爵士, 詹姆斯·法策詹姆斯, 从男爵, 英国法官, 他的《自由、平等、博爱》，114

Stephen, Sir Leslie, 斯蒂芬爵士, 莱斯利, 英国文人,《双周评论》撰稿人，117

Stevens, Thaddeus, 史蒂文斯, 撒迪厄斯, 美国共和党人，495，497，502

Stevenson, J.J., 史蒂文森, 英国建

筑家，163
Stevenson, Robert Louis，斯蒂文生，罗伯特·路易斯，作家，125
Stifter, Adalbert，施蒂弗特，阿达尔贝特，奥地利作家，140
Stöcker, Adolf，施特克尔，阿道夫，德国宫廷牧师，108，294
Stocks and shares，股票，13，73
Stolypin, P. A.，斯托雷平，彼·阿，俄国首相，379—381
Storm, Theodor，史托姆，泰奥多尔，139，140—141
Straits Settlements，海峡殖民地，398
Strauss, Richard，施特劳斯，理查，德国作曲家，145
Strindberg, August，斯特林堡，奥古斯特，瑞典剧作家，147—149，150，152
Strong, Josiah，斯特朗，乔赛亚，美国牧师，他的《我国：其未来前途和当前危机》，107
Strossmayer, Bishop，斯特罗斯迈尔，主教，与斯拉夫宣传，334
Struve, P. B.，司徒卢威，彼·别，俄国激进派，373
Stuart, James，斯图尔特，詹姆斯，大学补习部讲师，203
The Studio，《画室》，英国期刊，171
Submarines, development of，潜水艇的发展，231—233
Sudan，苏丹
　法绍达危机，35，43，232，564，594，601，622，623，627—629，630
　苏丹的穆斯林和马赫迪派，385，587，594，596，598，600，601，623，626，628，632；被吉钦纳所打败（1898年），564，629
　建立了英埃共管（1899年），386，590，629
　英国重新征服苏丹（1896年），564，626—629；恩图曼战役，564，629
　印度军队在苏丹，575
　土耳其在苏丹的利益，587
　埃及的统治和马赫迪派的叛乱（1883年），587，599—600
　为控制苏丹而进行的国际斗争，615—616，622—629
Sudan, western (French)，西苏丹（法属），609—610，620—621，622，630
　西苏丹穆斯林国家，603
Sudermann, Hermann，苏德曼，赫尔曼，德国剧作家，142
Suez Canal，苏伊士运河，5，52，53，385，395，568，569，570，583—585，589，595，597，599，600，676
　迪斯累里购买苏伊士运河股票，53，388，584
Suffrage，选举权
　选举权的民主化，29—31，255，260—261
　在澳大拉西非，29，390—391
　在奥匈帝国，27，30，259
　在巴伐利亚，31
　在比利时，30，261
　在保加利亚，260
　在丹麦，30

索　引　837

　　在德意志帝国，29—30，257，279—283
　　在英国，31，255—256，260，390
　　在意大利，30，257，260
　　在日本，30，480
　　在荷兰，30
　　在葡萄牙，29—30
　　在普鲁士，279—280
　　在西班牙，30
　　在瑞典，30，201
　　在瑞士，260
　　在土耳其，30
　　在美国，29，32，496
　　在美国（黑人），496—500
Sugiyama，杉山，在中国被杀害的日本外交官，459
Sullivan，Sir Arthur，沙利文爵士，阿瑟，作曲家，127
Sullivan，Louis，沙利文，路易斯，美国建筑家，175，176
Sumner，Charles，萨姆纳，查尔斯，美国共和党政治家，495，496，499
Sumner William Graham，萨姆纳，威廉·格雷厄姆，美国社会学家，105
Svyatopolk-Mirsky，P. D.，斯维亚托波尔克-米尔斯基，彼·达，俄国内政大臣，375
Swan，Sir Joseph，斯旺爵士，约瑟夫，英国科学家，88
Sweden，瑞典
　　贸易和工业：生铁向德国出口，6，285
　　政治和宪政的发展：选举权，30，201；自由派的统治，33，201；与挪威的联合解体，240；社会立法，265；社会主义政党，270
　　教育，201
　　人口，245
Swinburne，Algernon Charles，史文朋，阿尔杰农·查尔斯，英国诗人，126
Switzerland，瑞士
　　劳动条件，21
　　政治状况和发展：教士党，34，261；劳动解放社，110；政府体制，244，249，258；宪法修正案，260；选举权，260
　　中立，36n.
　　教育，183，185—186，187，196，197，199，200，201
　　铁路国有化，273
Sybel，Heinrich von，济贝耳，海因里希·冯，德国历史学家，219
Symbolism in poetry，诗歌中的象征主义，129—132，133，137，143—145
Syndicalism，工联主义，15，112—113，120，531—532
Syria，叙利亚，570，571，572，584，588，590

Taaffe，Count Eduard，塔菲伯爵，爱德华，奥地利政治家，338—339
Taewongun，大院君，朝鲜领袖，652
Tagore family，泰戈尔家族，422
Tagore，Satyendra Nath，泰戈尔，萨蒂恩德拉·纳特，第一个担任印度文官的印度人，426

Tahsīn Pasha, 达赫辛帕夏, 349

Taine, Hippolyte, 泰纳, 伊波利特, 法国哲学家, 116, 117, 322

Takezoe, 竹添（进一郎）, 日本驻朝鲜公使, 652

T'an Ssu-t'ung, 谭嗣同, 中国改良派, 455, 456

Tanganyika, 坦噶尼喀, 612, 613

Tanguy, 唐居伊, 法国艺术作品商, 168

Tao Kuang, 道光, 中国皇帝, 445—446

Tariffs and Free Trade, 关税和自由贸易, 7—10, 57, 64, 247—248, 264, 290, 309, 393, 396, 507

　在澳大拉西亚, 64, 393, 396

　在比利时, 8

　在加拿大, 8, 64, 393, 396

　在智利, 9

　在法国, 8, 64, 309

　在德国, 8, 10, 62, 64, 264, 290, 368, 396

　在英国, 7—9, 64, 387, 396

　在意大利, 10

　在俄国, 10, 64, 368

　在土耳其, 8

　在美国, 8, 10, 57, 64, 396, 507

Tashkent, 塔什干, 569, 576, 580

Tata, Jamsetji Nasarwanji, 塔塔, 詹谢德奇·纳沙尔旺吉, 印度工业家, 429

Taunton (or Schools Enquiry) Commission, 汤顿（或称学校情况调查）委员会, 178, 197

Taxation, 税收

作为社会改革, 23—25, 391

参见各国条下

Taylor and White's alloy steels, 泰勒和怀特的合金钢, 100

Tchad, Lake, 乍得湖, 611, 621, 622, 623, 629, 630, 631

Tchemkend, 奇姆肯特, 569, 576, 578

Technology, 工艺学

工艺学的经济效果, 2—3, 49—56

与科学的紧密联系, 76—77

在工业上的应用: 电力工业, 60, 76, 86—88; 涡轮发电机, 96; 染料, 76, 84, 91—92; 铝, 89, 93; 有色金属的冶炼, 89, 93—94; 钢铁, 94—96, 100; 工程学, 96; 苛性钠, 90; 硝酸钠, 90—91; 硫酸, 91; 化肥, 91; 烈性炸药, 92—93; 石油, 96—97; 橡胶, 97; 纺织机械化, 98; 印刷术, 98—99; 机床, 99; 自动化, 100

Tegetthoff, Baron Wilhelm von, 泰格特霍夫男爵, 威廉·冯, 奥地利海军上将, 229

Tel-el-Kebir, Battle of, 特勒凯比尔战役, 586, 599, 601

Telegraph, 电报, 88—89, 94

Telephone, 电报, 3, 89

Temo, Ibrahim, 特莫, 易卜拉欣, 阿尔巴尼亚革命家, 350

Temperance movements, 禁酒运动, 118

Templs, Sir Richard, 坦普尔爵士, 理查德, 他的《1880 年的印度》,

索 引

576

Tenasserim，丹那沙林（即德林达依），418

Teodros Ⅱ，提奥德罗斯二世，埃塞俄比亚皇帝，626

Test Act (1871)，考试法（1871 年），180

Tewfik Pasha，特伍菲克帕夏，埃及总督，585，597，599，600

Textile industries，纺织工业
  纺织工业中的技术发展，92，98
  在法国，57，308
  在德国，3，59
  在英国，64，98，398—399
  在印度，399，429，434
  在意大利，3
  在日本，474，484—485
  在俄国，3，368

Théâtre Libre，自由剧院，137

Theebaw，锡袍，缅甸国王，418

Theology，神学，117—118

Thermodynamics, laws of，热力学定律，77—78，103—104

Thiers, Louis Adolphe，梯也尔，路易·阿道夫，法国政治家和历史学家，214，301，302，303，543，543，544

Thomas, Sidney Gilchrist，托马斯，西德尼·吉尔克里斯特，发明家，与炼钢法，51，95

Thomason, J.，托马森，在印度的英国行政官员，420

Thomism，托马斯主义，118

Thomson, Joseph，汤姆森，约瑟夫，苏格兰探险家，606

Three Emperors' League (Austria-Hungary, Germany and Russia, 1873)，三皇同盟（奥匈帝国、德、俄，1873 年），39n.，40n.，361，543—544

Three Emperors' League or Alliance (Austria-Hungary, Germany and Russia, 1881)，三皇同盟或联盟（奥匈帝国、德、俄，1881 年），39n.，40n.，347，348，361，366，551，552—553，554，647
  三皇的最后一次会议，555
  同盟的终结，557，558
  重新恢复（1897 年），562

Tibet，西藏，416

Tientsin, Treaty of，天津条约，442

Tientsin Massacre，天津教案，437—438，444

Tiffany, Louis C.，蒂法尼，路易斯，英国玻璃艺术家，173

Tiflis，第比利斯，572

Tilak, B. G.，提拉克，巴尔·甘加德哈尔，印度政治领袖，435

Tillett, Ben，提列特，本杰明，英国劳工领袖，403

Tillman, Ben，蒂尔曼，本，美国民主党人，500

Times, The，《泰晤士报》
  城市新闻专栏，73
  引用泰晤士报的话，75
  沃尔特印刷厂采用转轮印刷机，99
  与爱尔兰自治，406

Tirpitz, Alfred P. Friedrich von，提尔皮茨，阿尔弗雷德·P. 弗里德里希·冯，普鲁士海军上将，236—

237, 296
Tisza, Koloman, 蒂萨, 科洛曼, 匈牙利自由党领袖, 337—338, 340
Titian, 提香, 作为印象画派的先驱, 155, 157
Tocqueville, Comte de, 托克维尔伯爵, 法国外交家, 345
Tod, James, 托德, 詹姆斯, 433
Togoland, 多哥（兰）, 605, 607, 663
 被宣布为德国的保护国, 605
Toit, S. J. du, 杜托伊特, 南非布尔人民族主义者, 634
Tokolor empire, 图库勒帝国, 609, 610
Tokugawa family, 德川家族, 464—467
Tolain, 托伦, 法国铸铜工人和机会主义领袖, 312—313
Tolstoy, Count Dmitri Andreievich, 托尔斯泰伯爵, 德米特里·安德列耶维奇, 俄国守旧分子
 任教育大臣 358—359
 任内政大臣, 363, 364, 367
Tolstoy, Count Leo, 托尔斯泰伯爵, 列夫, 俄国小说家, 141, 150—153
Tonga, 汤加, 649, 663
Tongking, 东京, 252, 310, 449—451, 639, 650—651, 658
 黑旗军, 449, 651
Toorop, Jan, 托罗普, 扬, 荷兰画家, 170, 175
Torpedo, 鱼雷, 231
Torpedo-boat, development of, 鱼雷艇的发展, 231—233

Torre, 托雷, 见 de la Torre 条
Toulouse-Lautrec, Henri de, 土鲁斯-劳特累克, 亨利·德, 法国艺术家, 172
Toynbee, Arnold, 汤因比, 阿诺德, 英国历史学家和社会改革家, 203, 402
Tracy, Benjamin F., 特雷西, 本杰明, 美国海军部长, 238
Trade and industry, 贸易和工业
 工业化, 2—4, 60, 246—247, 383
 大萧条, 2, 7—8, 10—11, 46, 49, 71
 工艺的增加, 3, 86—100, 308
 世界贸易的增加, 5—7, 53—56, 73
 国际支付平衡和财政的发展, 6, 55—56
 国际贸易脱离了自由放任政策, 7—10, 57, 64, 247—248, 264, 290, 309, 393, 396, 507; 参见 Tariffs 条
 经济的波动, 10, 70—74; 参见 Prices; Profits 各条
 经济均势的变化, 47—48, 56
 组织和政府控制的加强, 见 Economic organisation; Government 各条
 参见各种产品、工业和各国条
Trade Union Congress (British), 工会代表大会（英国）, 392, 403
Trade unions, 工会, 14—17, 33, 62, 74, 272
 天主教工会, 15, 118
 "新工联主义", 15, 509

索引   841

索列尔与工联主义，112—113
工会与教育，203
　在澳大利亚，16
　在奥地利，15
　在比利时，15，74
　在法国，15，74，112，312—313，315—317
　在德国，15，62，74，109—111，281
　在英国，14—15，68，75，186，203，272，392，403
　在意大利，15
　在拉丁美洲，14—15，531—532
　在俄国，15，371，373—374，376，380
　在美国，15—16，74—75，509—510
Transport and Communications，交通运输
　世界范围的改进，5，32，49—53；对不发达地区的影响，5—6，45，53—56；对世界贸易的影响，6—10，53；政府控制，22，273；在巴尔干的商路，51，336，348；技术的发展，88—89，94—96；通往白沙瓦的大干道，421；在缅甸的商路，448；从好望角到开罗的商路，614
　航运：世界范围的增加，5，52；汽轮，5，52，228；冷藏船，5，394，397，520；仍在使用帆船，52；第一艘钢壳船，95；汽轮机，96；油船，97；通往拉丁美洲的航线，518
　电讯，6；在英国，22，89，395；海底电缆，53；技术的发展，88—89，94；在拉丁美洲，518
　铁路：铁路的发展，5，49，51，95；国有化，22，273；英国在铁路技术上的领先地位，49，383；西伯利亚铁路，51，212，368，564，655，658，666；巴尔的摩—俄亥俄铁路，88；电气化，88；钢轨的使用，95—96；在战略上的重要地位，205，211—213，224；柏林到巴格达的铁路，297—298，591；东方铁路（维也纳到君士坦丁堡），336；对英帝国发展的影响，394；里海铁路，581；可通往波斯湾的铁路线，591；修筑横贯撒哈拉沙漠的铁路的计划，603；中东铁路（中国），659
　在非洲，628—629
　在澳大拉西亚，394，401
　在奥地利，336，338，344
　在巴尔干，51，336，348，591
　在加拿大，51，94，394，401
　在中国，452—453，658—659，661，663
　在法国，51
　在德国，51，88，211—212，224，273
　在英国，22，49，89，394，401
　在印度，22，415，421—422，428—429
　在意大利，51，273
　在日本，472—473
　在拉丁美洲，519—523，525
　在俄国，51，212，214，355，368，

581，655，658，666

在南非，637

在土耳其，350，591

在美国，5，49—50，88，501，508

内燃机，41，77，96，209，399；汽车，96

运河，52—53

苏伊士运河，5，53，568，569，570，677；巴拿马运河，46，71，317，676—679，686；基尔运河，53，237；曼彻斯特通航运河，53；在加拿大，395

Transvaal，德兰士瓦，见 South Africa 条

Treaties，条约，见 Alliances 条

Treitschke, Heinrich von，特赖奇克，海因里希·冯，德国思想家和历史学家，107，219，296

Trentinian，特朗坦尼安，法国殖民地行政官员，631

Trinity College, Dublin，都柏林大学三一学院，183

Triple Alliance (Austria-Hungary, Germany and Italy, 1882)，三国同盟（奥匈帝国、德国和意大利，1882 年），39n.，40，42，224，244，552，553—554，557，559，560，566，571，615，638，647

Troeltsche, Ernst，特勒尔奇，恩斯特，德国哲学家，115

Trollope, Frances，特罗洛普，弗朗西斯，英国作家，407

Trotsky, Leon Davidovich，托洛茨基，列甫·达威多维奇，俄国孟什维克，377

Tsai Chih, Prince，载漪，亲王，中国王子奕纬的嗣子，445

Tsai Ch'un，载淳，见 T'ung Chih 条

Tsai T'ien，载湉（慈禧太后的姨侄、恭亲王的侄子），中国皇帝，见 Kuang Hsü 条

Tsai Ying，载滢，中国恭亲王的儿子，446

Ts'en Yü-ying，岑毓英，中国云南总督，448

Tseng Chi-tse，曾纪泽，中国外交家，447，654

Tseng Kuo-fan，曾国藩，中国南方的领导人，452

Tso Tsung-t'ang，左宗棠，中国将军，445，452

Tsushima, occupied by Russians in 1861，对马岛，俄国于 1861 年占领该岛，654

参见 Russo-Japanese War 条

Tuan, Prince，端王，中国道光皇帝的孙子，456

亲义和团的行动，458，459，460

被任命为总理各国事务衙门大臣，459

被流放，463

T'ung Chih，同治（本人名字载淳），中国皇帝，444—445

T'ung Fu-hsiang，董福祥，中国将军，460

Tunisia, French occupation of，法国占领突尼斯，252，550，553，567，570，571，573，584，587，595—597，598，599，600，632

Turati, Filippo，屠拉梯，菲利波，意

大利社会主义者，111

Turkestan，土耳其斯坦，417，569，572，574，576，589

  中国土耳其斯坦的穆斯林叛乱，447

  俄国军队在土耳其斯坦，570，580，592

Turkey，土耳其，30，323—330，340—351

  经济结构和发展：关税，8；破产的威胁，325，327—328；税收，330；帝国银行拒绝向苏丹提供贷款，328；外国贷款，328，345，571；财源，328，346；穆哈兰敕令，345—346；从君士坦丁堡各银行获得的贷款，345

  奥斯曼帝国的地位，25，35，45，204，323，342，351，545，547—548，561，574，595；柏林条约签订后割让的领土，44，342

  政治结构和发展，26n.；自由主义，27，263；保守主义，27；选举权，30；政治改革，324—328；坦齐马特运动的支持者，324，330；知识界的民族主义，325；要求西方化，325；青年土耳其（新奥斯曼）运动，326，327，341，350—351；税收的政治作用，330；穆斯林的影响，343，349—350；警察国家的出现，346，348—349；新的革命运动，350—351

  与奥地利的关系，42，323—324，333，336—338，342，348

  武装力量，206，325，326—327；舰队的覆灭（1853年），228；被俄国所战败（1877年），337

  保加利亚的叛乱，244，329—330，342，346，347，545，547

  穆斯林和基督教的关系，325，328—330，340；罗多皮起义，343

  教育，326；在安纳托利亚，350

  与俄国的关系，328，329，337，342，345，346，347，588

  （参见 Russo-Turkish War 条）

  波斯尼亚的叛乱，328，330，333，544

  与埃及，328，347，557，585，588—589，598，600，601，613

  亚美尼亚大屠杀，347，350，561

  交通运输：赫贾兹铁路，350；德国的铁路计划，591

  与英国的关系，见 Great Britain 条

Turkey in Asia guaranteed by British，英国保证土耳其亚洲部分的安全，548

Turkmanchai, Treaty of，土库曼查伊条约，577

Turkoman territory，土库曼地区，580，581

Turner, F. J.，特纳，弗·杰，美国历史学家，513

Tylor, E. B.，泰勒，爱·伯，人类学家，106

Typewriter，打字机，3

Tz'u An，慈安，中国皇太后，438，447

Tz'u Hsi，慈禧（叶赫那拉氏），中国皇太后，同治之母，438，441—448 各处

计议第二次听政，446—447

退休，451

反对光绪的阴谋，455—456

支持义和团，458，459—461

逃出北京，462

由于她的政策而引起的混乱，463

Ubanghi-Shari territory，乌班吉沙里领地，622，623，624，625，630

Ucciali, Treaty of，乌西阿利条约，252，615

Uganda，乌干达，384，601，613，614，624，625，628，632

Ukraine，乌克兰，354，360，370，371

　　乌克兰的农民叛乱，373

　　总罢工（1903年），374

Ukrainians in Austria，奥地利的乌克兰人，332

Unemployment，失业

　　失业的状况，16—17，24，71

　　没有防止失业的保证，24

United Alkali Company，联合制碱公司，72

United States of America，美国

　　经济结构和发展：工业化，2，50，247，487；投资，4；关税和自由贸易，8，10，57，64，396，507；国家对资本主义的控制，21，507—509；进出口平衡，54；北方的经济利益，494；南方的工业革命，498；通货危机，501—504；问题和理论，505—507；州际商务法，508

　　贸易和工业：工业生产和发展，2，48，50，71，247；棉花，3，399；钢铁，4，10，48，50，57，96，398；国际贸易所占的份额，5，55—57；反托拉斯法，21，73，492，508；南方成为初级产品的产地，54；国内市场，56—57；工业的效率，57，73；广告，57；托拉斯和联合企业，73，508—509；宾夕法尼亚的石油，97；自动化，99—100；与欧洲的贸易，688—689

　　交通运输：铁路，5，49—50；巴尔的摩—俄亥俄铁路，88；铁路的管理，501，508

　　农业与土地占有：小麦的生产，5，396；农业教育，202；大平原，500—501；农业激进派和货币改革，501—504

　　外交：孤立主义，8，671，686，688；门罗主义，35，46，669，672—673，677；跃为太平洋强国，35；在加勒比海的扩张，46；跃为世界强国，225，680，693；在远东的利益，235；参见"与中国的关系"；在刚果会议上，253；参见"在拉丁美洲的利益"、"在太平洋的利益"部分；与各国的关系；Spanish-American War 条

　　人口和都市化，12，48，50，671；欧洲移民，4，11，247，509，511，689—692；西部的罗马天主教徒移民，489；南北战争后的向西部移民，501；黑人移居北方，511；来自中国的移民，689

社会结构和组织：合作团体，14；劳工联合会，15，16，75，510；劳动条件和生活水平，16，21，28，511；工会，16，74—75，509—510；基于利害关系的结婚，32；北部和中西部的资本家集团，487；缺少上层阶级的领导，490；三K党，498；南方的落后状况，500；文化来源，504，511；突然出现的商业文明，504—506；劳动骑士团，509—510；罢工行动，510；物质的进步成为富有浪漫色彩的观念，512；达到了社会的稳定，514；多种族问题，691—692；参见"黑人"部分

政治结构和发展：中央政府控制的扩大，21—23；南北战争，25，104，202，487，668，689，692；为立法至上而进行的宪法上的斗争，26，32，490—491，493；最高法院，26，492—493，499，508；自由放任态度，27，105，505，507，691；共和党，27，28，488—514各处；民主党，28，488—514各处；平民党的骚乱，27，494，502—504，513，691；选举权，29，32，496；政教在宪法上分离，202；联邦形式，251—252；重建问题和政策，487，491，494—498，499，513；官位分肥和政治手腕，488，493；坦慕尼协会，489；任职法，491；总统的否决权，491—492；联邦所得税法遭到否决，492；州际商务法，492；文官制的改革（彭德尔顿文官服务法），493；市政改革，493—494；共和党在南方统治的结束，498；南方的"自治"，499；南北方保守联盟，499，514；农民协进会，501，507；要求实行货币改革，501—504（参见"平民党"）；绿背纸币劳工党，502；谢尔曼收购白银法，503；民族主义，512—513，692；制定了宪法，515；"一个保守的国家"，693

艺术和建筑，164—165；摩天大楼，96，175；参见各艺术家条

教育：大学，182—183，186，197，504；莫里尔法，182，202；政府拨地建立的学院，183；马萨诸塞理工学院（麻省理工学院），183，202；全国教育协会，186；黑人的教育，186，202；国家管理，186—187，511；义务教育，187，511；妇女教育和男女同校，199；成人教育，202；教会捐赠，202；南方的落后状况，500；美国公民的教育，511

黑人：黑人的教育，186，202；共和党保护黑人，489；公民权利（德雷德案和米利根案），492；种族平等原则，494—498，499；选举权，496，497，498；黑人中产阶级的出现，497，500；剥夺公民权的措施，499—500；从南方移居北方城市，511

武装力量（1）：军事思想，206；陆军：规模和组织，239；与裁

军建议，241

武装力量（2）：海军事务，228，231；战略考虑，235；扩充237—238；海外基地，238

与英国的关系：由爱尔兰移民造成的对英国的仇视，388；贸易竞争，395—396；在拉丁美洲，672；与加拿大—阿拉斯加边界问题，673—676，679；与巴拿马运河，676—679

与日本的关系，465，470，482，647，670，688

慈善活动，505

与拉丁美洲的关系，516—519；国际美洲会议，670

在拉丁美洲的利益，517，518—519，524，670；与古巴的关系，238，239，532—533，680—683；与太平洋战争，535

在太平洋的利益，641，647，669；在萨摩亚，642—643，649，662，670；在福摩萨（台湾），646；在夏威夷，649—650，662，670，673

在太平洋与德国的关系，662

与中国的关系，663—664，669—670，684—688

阿拉斯加，669，670，673—679

政治思想，671，679

阿拉斯加—加拿大边界争执，673—676，679

Universities，大学，180—184，197—198，203

在非洲，180

在加拿大，181

在德国，182

在英国，180—183，196—198，200，202—203，404—405，409

在印度，415，428，431

在爱尔兰，183，197—198

在日本，474

在荷兰，183

在新西兰，183

在俄国，358—359，364—365

在美国，182—183，186，197，504

Unwin, Raymond, 昂温, 雷蒙德, 英国建筑家，164

Upolu (Samoa) 乌波卢岛（萨摩亚），663

Upper Niger, 上尼日尔，603，604，606—608，620—621

Upper Volta, 上沃尔特，620，621，630—631

Uranium, discovery of radiation, 铀，放射线的发现，80

Urbanisation, 都市化，11—12，17，19，58，246—247，510—511，691

Uruguay, 乌拉圭，517，518，519，522，530，531，533—534，537

Utilitarianism, 功利主义，101，114—116，119

Valéry, Paul, 瓦勒里, 保罗, 法国作家，132

Van de Velde, Henri, 范德威尔德, 亨利, 法国画家和建筑家，165，166，171，172，174

Van Gogh, Vincent, 梵高, 文森特, 荷兰画家，156，166，167，168—170，175，176

索　引　847

Van Kerckhoven, 范·克尔克霍芬, 比利时将军, 624
Van't Hoff J. H., 范特荷甫, 雅科布·亨利, 科学家, 84—86
Varela José Pedro, 巴雷拉, 何塞·佩德罗, 乌拉圭领袖, 537, 539
Varona, Enrique José, 巴罗纳, 恩里克·何塞, 古巴作家, 539
Vatican, The, 梵蒂冈
　　与教皇权力, 104, 118
　　梵蒂冈公会议（1870 年）, 104, 118, 266, 282
　　与意大利国家的冲突, 117—118, 266, 544
　　攻击自由主义和民族主义, 118
　　态度的变化, 118—119, 314—315
　　与德国的文化斗争, 267, 387—388
　　与法国的归顺运动, 314—315, 318, 321
　　参见 Church and State; Leo XIII Pius IX, Roman Catholic Church 各条
Vaughan, Bolckow, of Middles-brough, 米德尔斯布勒的博尔考·沃恩, 矿业主, 73
Velasco, José Maria, 贝拉斯科, 何塞·玛丽亚, 墨西哥画家, 538
Velasquez, Diego, 委拉斯开兹, 迭戈
　　马奈论委拉斯开兹, 155
　　对印象画派的影响, 157
Venezuela, 委内瑞拉, 525, 529, 536, 671—673
Verhaeren, Émile, 维尔哈伦, 艾米尔, 比利时诗人, 138
Verlaine, Paul, 魏尔伦, 保罗, 法国诗人, 130, 131—132, 539

Victor Emanuel II, of Italy, monument to, 意大利的维克托·埃曼努埃尔二世的纪念碑, 164
Victoria, 维多利亚, 德皇弗里德里希三世的皇后, 293
Victoria, Queen, 维多利亚女王, 386, 575, 637
　　与哈廷顿报告, 227
　　任印度女皇, 251, 388
　　反对任命格莱斯顿, 256
　　她属意于迪斯累里, 388
　　与在中洛锡安的竞选活动, 392
　　维多利亚的声望, 394
　　不喜欢民主, 394
　　她在历史上的地位, 410
　　不赞成进行法绍达战役, 629
Victoria University, 维多利亚大学（曼彻斯特、利兹和利物浦）, 181, 197
Viélé-Griffin, Francis, 维厄莱－格里芬, 弗朗西斯, 法国诗人, 137
Vienna, Congress of, 维也纳会议, 35, 38, 204, 243, 248, 551
Vienna, municipal planning in, 维也纳市政规划, 18
Vietnam (Annam, Cochin-China, Tong-King), 越南（安南、交趾支那、东京）, 252, 449—451, 563, 590, 639, 644, 650—652, 658
Villiers de L'Isle-Adam, Auguste, Comte de, 维里埃尔·德·伊斯勒·亚当, 奥古斯特, 伯爵, 法国作家, 132, 134
Virchow, Rudolf, 微耳和, 鲁道夫, 德国病理学家和进步党政治家,

19，267，287

Vitalism，生机论，80

Vivekananda，维韦卡南达，印度思想家，430

Vogel, Sir Julius，沃格尔爵士，朱利叶斯，新西兰总理，389，642—643

Vogelsang, Baron Karl von，福格耳臧男爵，卡尔·冯，119

Voulet，武莱，法国探险家，631

Voysey, Charles F. Annesley，沃伊齐，查尔斯·F.安斯利，英国建筑家，174

Vyshnegradsky, I. A.，维什涅格拉茨基，伊·阿，俄国财政大臣，367

Waddington, William Henry，瓦丹通，威廉·亨利，法国外交部部长，573，588

Wade, Sir Thomas，威妥玛爵士，英国驻北京公使，448

Wages，工资
  实际工资的增加，16，71，75
  熟练工人和非熟练工人工资差别的增大，17
  最低工资率，24
  德国和英国的比较，62

Wagner, Richard，瓦格纳，理查，德国作曲家，131，134，135，322

Wainwright Building, St Louis，圣路易斯的温赖特大厦，175

Waldeck-Rousseau, Pierre-Marie-René，瓦尔德克-卢梭，皮埃尔-玛丽-勒内，法国政治家，321

Waldersee, Count von，瓦德西伯爵，冯，德国将军，222，223，224，287，294

Wales，威尔士
  教育，181，190，199；威尔士国立大学，409
  民族主义，181
  教会与政府的分离，405

Wallace, Alfred Russell，华莱士，艾尔弗雷德·拉塞尔，英国博物学家，与进化论，80

Walter, John，沃尔特，约翰，《泰晤士报》的业主，99

War，战争
  在此时期不经常发生战争，34—40，204—205，542
  战争方法的变化，41—43，204—240
  防止战争的试图，43，254
  战争的耗费增加，240—242
  控制战争的国际规定，241—242，254
  俾斯麦与"预防性战争"，287，544
  参见 Armed forces；World War 各条

Ward, Mrs Humphry，华德夫人，汉弗莱，小说家，125

Ward, Lester，华德，莱斯特，美国社会学家，107
  他的《动态社会学》，507

Washington, Booker Taliaferro，华盛顿，布克·托利弗，美国黑人领袖，186，500

Weapons，武器，见 Armed forces and armaments 条

Webb, Philip，韦布，菲利普，英国建筑家，154，160，161，164，

176
为莫里斯设计的"红房子",161,163

Webb, Sidney James, 维伯,西德尼·詹姆斯,英国社会改革家

与《费边社会主义论丛》,108,127

与萧伯纳,127

Weber, Max, 维贝尔,马克斯,德国社会学家,115—116,265,279,295

Webster, Daniel, 韦伯斯特,丹尼尔,美国演说家,490

Wedderburn, Sir William, Bt, 韦德伯恩爵士,威廉,次男爵,印度文官,印度国大党主席,434

Weights and Measures Union, 度量衡协会,254

Weihaiwei, British lease of, 英国租借威海卫,686

Wellesley, Richard Colley Wellesley, 1st Marquis, 卫尔兹力,理查德·科利·卫尔兹力,第一代侯爵,418

Wellington, Arthur Wellesley, 1st Duke of, 第一代威灵顿公爵,阿瑟·卫尔兹力,415

Wells, Herbert George, 威尔斯,赫伯特·乔治,英国作家,128,196

Weng T'ung-ho, 翁同龢,中国开明派领袖,452

被革职,455

West Africa Frontier Force (British), 西非边境部队(英国),631

West Indies, 西印度群岛,386,398,404,405,516

西印度群岛的亚洲劳工,393,401

不利的贸易状况,396,399

英国的发展贷款,400

Wheat, 小麦,5,396,397

小麦价格的下降,9,307

Whistler, James Abbot MeNeill, 惠司勒,詹姆斯·艾博特·麦克尼尔,美国画家,156,157,158—160,164,168

White, Andrew D., 怀特,安德鲁,康奈尔大学第一任校长,182

White, Stanford, 怀特,斯坦福,美国建筑家,154,164

White, 怀特,美国最高法院院长,507

White, Sir William, 怀特爵士,威廉,英国外交家,347

Whitehead, Arthur, 怀特黑德,阿瑟,自动鱼雷的发明者,231

Whitworth, Sir Joseph, Bt, 惠特沃思爵士,约瑟夫,次男爵,英国工程师,他与自动化,100

Wicks, Friedrich, 威克勒,弗里德里希,发明家,99

Wilberforce, Samuel, 威尔伯福斯,塞缪尔,牛津主教,80

Wilde, Oscar Fingal O'Flahertie Wills, 王尔德,奥斯卡·芬戈·奥弗莱厄蒂·威尔斯,爱尔兰作家,126—127,159

Wildenbruch, Ernest von, 维登布鲁赫,厄内斯特·冯,德国作家,141

Wilfley process, the, 威尔弗莱选矿法,93

Wilkinson, Spenser, 威尔金森, 斯潘塞, 英国作家, 227
William Ⅰ, 威廉一世, 德国皇帝, 40, 275, 293
 刺杀威廉一世的企图, 288
 威廉一世之死, 293
 会见俄皇亚历山大二世, 361
William Ⅱ, 威廉二世, 德国皇帝, 289, 348
 论海牙会议, 43
 与教育, 188
 为征募陆军军官提出的呼吁, 219
 滥授军职, 221
 与奥地利联盟, 223—224
 与海军政策, 236—237
 "亲政", 250, 294—295, 298
 威廉二世的性格, 293—294
 与俾斯麦的冲突, 294
 "《每日电讯报》事件", 298—299
 访问利凡得, 591
 与再保险条约, 613
 与意大利人在阿杜瓦的失败, 627
Wilson, Horace Hayman, 威尔逊, 霍勒斯·海曼, 英国东方学家, 433
Wilson, H. W., 威尔逊, 英国海军专家, 他的《战斗中的铁甲舰》, 231
Wilson, James, 威尔逊, 詹姆斯, 英国经济学家, 428
Wilson, Rivers, 威尔逊, 里弗斯, 埃及政府官员, 585
Wilson, Thomas Woodrow, 威尔逊, 托马斯·伍德罗, 美国政治家, 513
Wire, 金属丝

 铜丝, 94
 镀锌铁丝, 94
 刺铁丝的使用, 94
Wislicenns, Johannes, 维斯里辛努斯, 约翰奈斯, 德国化学家, 85
Witte, Count S. Yu., 维特伯爵, 谢·尤, 51
 任俄国财政大臣, 368—369, 371, 372—373, 375, 377
 他的外交政策, 374, 570, 660, 664
 任首相, 377—379
 他的进步的独裁统治的思想, 382
Wöhler, Friedrich, 维勒, 弗里德里希, 德国化学家, 83
Wolff, Sir Henry Drummond, 沃尔夫爵士, 亨利·德拉蒙德, 英国外交家, 582, 588, 589, 613
Wolff, Julius, 沃尔夫, 尤利乌斯, 德国小说家, 141
Wolseley, Sir Garnet Joseph, later Viscount, 沃尔斯利（吴士礼）爵士, 加尼特·约瑟夫, 后为子爵, 英国总司令, 227, 573, 585, 589, 599, 601
Women, 妇女
 已婚妇女为了挣取工资而就业的情况减少, 17
 选举权, 29, 390, 391
 妇女教育, 197—198, 200, 203, 405
Women's Liberal Federation (of Great Britain), （英国）妇女自由协会, 391
Wood, Sir Charles, later 1st Viscount Halifax, 伍德爵士, 查尔斯, 后为第一代哈利法克斯子爵

与印度的教育，415，420

与印度的铁路，421

Woods governnment, in Fiji, 斐济的伍兹政府，642

Workers' Educational Association, 工人教育协会，203

Working classes, 工人阶级

　　生活水平的改善，4，17，20，62，68，285

　　与工会，14—16，74，509—510，530—532

　　与政治组织，16，28—31，34，244—245，260，269—273，509—510，530—532

　　人数的增加，16，262

　　熟练工人的比例增加，16—11，24—25

　　与工资，16，24，62，71，75

　　挣工资的就业妇女数目减少，17

　　与失业状况，17，24，71，285

　　国家对劳动条件的注意，17，21—24，71，264，289

　　与教育，20—21，201—203

World, The，《世界》，纽约民主党刊物，489

World Congress of Faiths, Chicago 1893, 芝加哥世界宗教代表大会（1893年），430

World Postal Treaty (1878), 万国邮政公约（1878年），254

World Postal Union, 万国邮政联盟，254

World War, First, 第一次世界大战，112，211，214，243，254，689

　　战争的起因和对战争的策划，47—48，204，224，297，549，552，592，632

　　印度各王公在战争中的忠诚，425

　　预示将出现堑壕战，547

Wortley, Colonel Stuart, 沃尔特利上校，斯图尔特，298

Wright, Frank Lloyd, 赖特，弗兰克·劳埃德，美国建筑家，175

Wundt, W., 冯特·威廉，人类学家，106

Württemberg, 符腾堡，31，278

Wycombe Abbey School, 威科姆修道院学校，198

X-rays, discovery of, X射线的发现，80

Yakub of Kokand, 浩罕的阿古柏，新疆穆斯林领袖，447

Yamagata Aritomo, 山县有朋，日本官员，468，471，481

Yeats, William Butler, 叶芝，威廉·巴特勒，诗人，128—129，137，144

Yellow Book, The, 黄皮书，127

Yohannes, 约翰尼斯（四世），埃塞俄比亚皇帝，615，620

Yorkshire Wool Combers, 约克夏羊毛精梳公司，72

Young Men's Christian Association, 基督教青年会，203

Young Turk Movement, 青年土耳其运动，325—327，341，350—351

Yü Hsien, 毓贤，支持义和团的山东巡抚，457，463

Yü Lu，裕禄，中国直隶总督，457
　与义和团叛乱，458
　被八国联军打败，462
Yüan Ch'ang，袁昶，中国军机大臣（据原文译，按袁之职务为太常寺卿在总理衙门行走），459；被处决，461
Yüan Shih-k'ai，袁世凯，中国政治家，任山东巡抚，457，458，460，461，656
"Yugoslav idea"，"南斯拉夫思想"，334
Yule, Sir David，裕尔爵士，戴维，英国东方学家，434
Yunnan province, of China，中国云南省，449，651

Zambezi river，赞比西河，613，633，636，639
Zamyatin, D. N.，扎米亚金，俄国司法大臣，357
Zanzibar，桑给巴尔，235，384，611，612，613，614
Zasulich, V. I.，查苏利奇，薇·伊，俄国革命者，362
Zhelyabov, A. I.，热里雅波夫，安·伊，俄国民粹派领袖，362
　被绞死，363
Ziller，齐累尔，教育家，193
Zinc，锌，94
Zionism，犹太复国主义，119，371—372
Zionist Congress，犹太复国运动大会，119
Zīyā Bey，齐亚贝伊，青年土耳其派作家，326，341
Zola, Émile，左拉，埃米尔，法国小说家，134—137，142，149，150，322，538
　马奈为左拉画的像，156
　论印象派画家，157
Zubatov, S. V.，祖巴托夫，谢·瓦，莫斯科警察首脑，374，376
Zürich Polytechnic，苏黎世工艺学院，201，202